Industrielles Rechnungswesen IKR

Finanzbuchhaltung
Analyse und Kritik des Jahresabschlusses
Kosten- und Leistungsrechnung

Einführung und Praxis

von

Dipl.-Kfm. Dipl.-Hdl.
Manfred Deitermann

Dipl.-Kfm. Dipl.-Hdl.
Dr. Siegfried Schmolke

Dipl.-Hdl.
Wolf-Dieter Rückwart

Diplom-Ökonomin
Prof. Dr. Susanne Stobbe

Studiendirektor
Björn Flader

Winklers
westermann

Vorwort

„**Industrielles Rechnungswesen – IKR**" ist eine umfassendere und weiterführende Ausgabe des von den gleichen Autoren herausgegebenen Lehrbuchs „Industriebuchführung mit Kosten- und Leistungsrechnung – IKR" (ISBN 978-3-8045-7596-7). Es hat ein höheres Anspruchsniveau und ist insbesondere einzusetzen in der Höheren Berufsfachschule für Wirtschaft, Fachoberschule, Wirtschaftsgymnasium sowie im Ausbildungsberuf „Industriekaufmann/-kauffrau". Zudem hat sich das Lehrbuch an vielen Fachhochschulen und Universitäten bewährt.

Das Lehrbuch enthält Einführung und Praxis des industriellen Rechnungswesens und erfasst somit auch die Stoffgebiete des Rahmenlehrplans für Industriekaufleute:
- Finanzbuchhaltung nach dem Industriekontenrahmen (IKR)
- Jahresabschluss der Unternehmensformen nach Handels- und Steuerrecht
- Betriebswirtschaftliche Auswertung des Jahresabschlusses
- Industrielle Kosten- und Leistungsrechnung als Voll-, Teil- und Plankostenrechnung

Zwei Beleggeschäftsgänge, die sowohl konventionell als auch mit einer **FIBU-Software** bearbeitet werden können, simulieren in hervorragender Weise moderne Buchungspraxis.

Die Vermittlung beruflicher Handlungsfähigkeit erfüllen die Autoren durch
- komplexe, praxisgerechte Aufgabenstellungen,
- Bearbeitung realistischer Belege in Beispielunternehmen,
- Berücksichtigung aller relevanten Rechnungslegungsvorschriften des Handelsgesetzbuches (Kapitel J),
- Darstellung der Inhalte anhand durchgehender Situationen – insbesondere in den Kapiteln „Betriebswirtschaftliche Auswertung des Jahresabschlusses" und „Industrielle Kosten- und Leistungsrechnung" –, wodurch Zusammenhänge leichter erkannt werden.

Im Übrigen entspricht das Lehrbuch dem bewährten **Konzept der Autoren**:
- Klärung der buchhalterischen, betriebswirtschaftlichen und rechtlichen Fragen
- Konkretisierung in Situationen und Beispielen mit Lösungen
- Zusammenfassung in knappen Merksätzen
- Sicherung des Lernerfolgs durch eine Vielzahl differenzierter Aufgaben und Fragen mit unterschiedlichem Schwierigkeitsgrad in den einzelnen Kapiteln und im Kapitel I „Aufgaben zur Wiederholung und Vertiefung".

Das Arbeitsheft (ISBN 978-3-8045-**7594**-3) erleichtert die Arbeit des Lernenden. Zusammen mit den „Übungen zur Finanzbuchhaltung" (ISBN 978-3-8045-**6663**-7) und den „Übungen zur Kosten- und Leistungsrechnung" (ISBN 978-3-8045-**6664**-4) wird ein optimaler Lernerfolg erzielt.

Vorwort zur 48. Auflage

Die 48. Auflage berücksichtigt alle wesentlichen Veränderungen im Handels- und Steuerrecht bis zum Frühjahr 2019. Nachdem in der 47. Auflage der Themenbereich Kosten- und Leistungsrechnung um ein Kapitel zum Kostenmanagement durch Target costing (Zielkostenrechnung) ergänzt worden ist, ist nun das Kapitel zur Angebotskalkulation um die Rückwärts- und Differenzkalkulation erweitert worden. In gewohnter Weise komplettieren praxisnahe Übungsaufgaben die Sachdarstellung zur Angebotskalkulation.

Alle Texte wurden auf sprachliche Verständlichkeit und Klarheit sowie inhaltliche Vollständigkeit und Aktualität überprüft.

Manfred Deitermann   *Dr. Susanne Stobbe*
Wolf-Dieter Rückwart   *Björn Flader*

Druck: westermann druck GmbH, Braunschweig

service@winklers.de
www.winklers.de

Bildungshaus Schulbuchverlage Westermann Schroedel Diesterweg Schöningh Winklers GmbH, Postfach 33 20, 38023 Braunschweig

ISBN 978-3-8045-**7592**-9

westermann GRUPPE

© Copyright 2019: Bildungshaus Schulbuchverlage
Westermann Schroedel Diesterweg Schöningh Winklers GmbH, Braunschweig
Das Werk und seine Teile sind urheberrechtlich geschützt. Jede Nutzung in anderen als den gesetzlich zugelassenen Fällen bedarf der vorherigen schriftlichen Einwilligung des Verlages.
Hinweis zu § 52a UrhG: Weder das Werk noch seine Teile dürfen ohne eine solche Einwilligung eingescannt und in ein Netzwerk eingestellt werden. Dies gilt auch für Intranets von Schulen und sonstigen Bildungseinrichtungen.

Inhaltsverzeichnis

A Aufgaben und Bereiche des industriellen Rechnungswesens ... 7

- 1 Aufgaben des Rechnungswesens ... 7
- 2 Bereiche des Rechnungswesens ... 7
- 2.1 Buchführung ... 7
- 2.2 Kosten- und Leistungsrechnung ... 8
- 2.3 Statistik ... 8
- 2.4 Planungsrechnung ... 8

B Einführung in die Industriebuchführung ... 9

- 1 Bedeutung der Buchführung ... 9
- 1.1 Aufgaben der Buchführung ... 9
- 1.2 Gesetzliche Grundlagen der Buchführung ... 10
- 1.3 Ordnungsmäßigkeit der Buchführung ... 11
- 2 Inventur, Inventar und Bilanz ... 12
- 2.1 Inventur ... 12
- 2.2 Inventurverfahren für das Vorratsvermögen ... 13
- 2.3 Inventar ... 14
- 2.4 Erfolgsermittlung durch Eigenkapitalvergleich ... 18
- 2.5 Bilanz ... 20
- 2.6 Aussagewert der Bilanz ... 21
- 2.7 Vergleich zwischen Inventar und Bilanz ... 22
- 3 Buchen auf Bestandskonten ... 24
- 3.1 Wertveränderungen in der Bilanz ... 24
- 3.2 Auflösung der Bilanz in Bestandskonten ... 26
- 3.3 Buchung von Geschäftsfällen und Abschluss der Bestandskonten ... 28
- 3.4 Buchungssatz ... 32
- 3.4.1 Einfacher Buchungssatz ... 32
- 3.4.2 Zusammengesetzter Buchungssatz ... 36
- 3.5 Eröffnungsbilanzkonto (EBK) und Schlussbilanzkonto (SBK) ... 38
- 4 Buchen auf Erfolgskonten ... 41
- 4.1 Aufwendungen und Erträge ... 41
- 4.2 Gewinn- und Verlustkonto als Abschlusskonto der Erfolgskonten ... 45
- 5 Einführung in die Abschreibung der Sachanlagen ... 54
- 5.1 Ursachen, Buchung und Wirkung der Abschreibung ... 54
- 5.2 Berechnung der Abschreibung ... 55
- 6 Gewinn- und Verlustrechnung mit Bestandsveränderungen an fertigen und unfertigen Erzeugnissen ... 58
- 7 Umsatzsteuer beim Einkauf und Verkauf ... 64
- 7.1 Wesen der Umsatzsteuer (Mehrwertsteuer) ... 64
- 7.2 Ermittlung der Zahllast aus Umsatzsteuer und Vorsteuer ... 65
- 7.3 Die Umsatzsteuer – ein durchlaufender Posten der Unternehmen ... 66
- 7.4 Buchung der Umsatzsteuer im Einkaufs- und Verkaufsbereich ... 67
- 7.4.1 Buchung beim Einkauf von Rohstoffen u. a. ... 67
- 7.4.2 Buchung beim Verkauf von eigenen Erzeugnissen ... 68
- 7.4.3 Vorsteuerabzug und Ermittlung der Zahllast ... 69
- 7.5 Bilanzierung der Zahllast und des Vorsteuerüberhangs ... 70
- 8 Privatentnahmen und Privateinlagen ... 76
- 8.1 Privatkonto ... 76
- 8.2 Unentgeltliche Entnahme von Gegenständen und sonstigen Leistungen ... 77
- 9 Organisation der Buchführung ... 83
- 9.1 Industrie-Kontenrahmen (IKR) ... 83
- 9.1.1 Aufgaben und Aufbau des IKR ... 83
- 9.1.2 Erläuterung der Kontenklassen 0 bis 8 ... 85
- 9.1.3 Kontenrahmen und Kontenplan ... 86
- 9.2 Die Belegorganisation ... 89
- 9.2.1 Bedeutung und Arten der Belege ... 89
- 9.2.2 Bearbeitung der Belege ... 89
- 9.3 Die Bücher der Finanzbuchhaltung ... 91
- 9.3.1 Das Grundbuch ... 91
- 9.3.2 Das Hauptbuch ... 92
- 9.3.3 Die Nebenbücher im Überblick ... 93
- 10 Buchen mit Finanzbuchhaltungsprogrammen ... 97
- 10.1 Finanzbuchhaltung in der betrieblichen Praxis ... 97
- 10.1.1 Merkmale kommerzieller Finanzbuchhaltungssoftware ... 97
- 10.1.2 Buchen der laufenden Geschäftsfälle ... 98
- 10.2 Offene-Posten-Buchhaltung ... 99
- 10.2.1 Einsatz der Finanzbuchhaltungssoftware „Lexware Buchhalter" ... 99
- 10.2.2 Einsatz der Finanzbuchhaltungssoftware „Sage New Classic" ... 101
- 10.3 Stammdatenpflege im Rahmen der Finanzbuchhaltung ... 103
- 11 Beleggeschäftsgang 1 – computergestützt ... 105

C Berechnungen und Buchungen in wichtigen Sachbereichen des Industriebetriebes ... 119

- 1 Beschaffungsbereich ... 119
- 1.1 Bestandsorientierte Buchung des Werkstoffeinkaufs und des Werkstoffverbrauchs ... 119
- 1.2 Bestandsorientierter Ein- und Verkauf von Handelswaren ... 123
- 1.3 Bezugskosten ... 125
- 1.3.1 Bestandsorientierte Erfassung der Bezugskosten ... 125
- 1.3.2 Kalkulation der Bezugspreise der Werkstoffe und Handelswaren ... 128
- 1.4 Rücksendung von Werkstoffen und Handelswaren an den Lieferanten ... 132
- 1.5 Nachträgliche Preisnachlässe im Beschaffungsbereich ... 134
- 1.6 Nachlässe in Form von Lieferantenskonti ... 137
- 1.7 Aufwandsorientierte Buchung der Werkstoffeinkäufe ... 139

Inhaltsverzeichnis

2	Absatzbereich	144
2.1	Erfassung der Umsatzerlöse und Vertriebskosten	144
2.2	Gutschriften an Kunden aufgrund von Rücksendungen	147
2.3	Nachträgliche Preisnachlässe im Absatzbereich	148
2.4	Die Kalkulation von Handelswaren	155

3	Sonderfälle im Beschaffungs- und Absatzbereich	159
3.1	Der Güterverkehr im Gemeinschaftsgebiet der EU	159
3.2	Güterverkehr mit Drittländern (Ein- und Ausfuhr)	162

4	Personalbereich	165
4.1	Grundlagen der Lohn- und Gehaltsabrechnung	165
4.1.1	Tarifvertrag	165
4.1.2	Lohnformen	166
4.1.3	Die Ermittlung der Abzüge vom Bruttoverdienst	172
4.1.4	Der Einsatz von Lohnberechnungsprogrammen	178
4.2	Buchungen im Personalbereich	179
4.2.1	Buchung der Löhne und Gehälter	179
4.2.2	Buchung von Vorschusszahlungen an Mitarbeiter	180
4.2.3	Sonstige geldliche und Sachwertbezüge	180
4.3	Vermögenswirksame Leistungen	189

5	Finanz- und Zahlungsbereich	191
5.1	Scheckverkehr	191
5.2	Anzahlungen	192
5.2.1	Geleistete Anzahlungen	192
5.2.2	Erhaltene Anzahlungen	193
5.3	Darlehensaufnahme	194
5.4	Leasing	196
5.4.1	Operating Leasing	196
5.4.2	Spezial-Leasing	196
5.4.3	Finanzierungs-Leasing	197
5.4.4	Buchungen und Bilanzierungen bei Leasing	197
5.5	Wertpapiere	202
5.5.1	Wertpapierarten der Bilanz	202
5.5.2	Kauf und Verkauf von Wertpapieren	203

6	Buchhalterische Behandlung der Steuern	208
6.1	Aktivierungspflichtige Steuern	208
6.2	Abzugsfähige Steuern	208
6.3	Nichtabzugsfähige Steuern	209
6.4	Durchlaufende Steuern	210
6.5	Steuernachzahlung, -erstattung und Steuerberatung	210

7	Sachanlagenbereich	213
7.1	Anlagenbuchhaltung (Anlagenkartei)	213
7.2	Anschaffung von Anlagegegenständen	214
7.3	Aktivierungspflichtige Eigenleistungen	216
7.4	Anzahlungen auf Anlagen und Anlagen im Bau	218
7.5	Abschreibungen auf Sachanlagen	219
7.5.1	Planmäßige und außerplanmäßige Abschreibungen	219
7.5.2	Planmäßige Abschreibungen im Zugangs-/Abgangsjahr	220
7.5.3	Methoden der planmäßigen Abschreibung	222
7.5.4	Geringwertige Wirtschaftsgüter (GWG)	224
7.6	Ausscheiden von Anlagegütern	229
7.6.1	Verkauf von Anlagegütern	229
7.6.2	Entnahme von Anlagegütern	231
7.6.3	Inzahlungnahme von Anlagegütern	232
7.7	Der Anlagenspiegel (Anlagegitter) als Bestandteil des Jahresabschlusses der Kapitalgesellschaften	234

D Jahresabschluss ... 236

1	Jahresabschlussarbeiten im Überblick	236
2	Erfassung von Inventurdifferenzen	237
3	Zeitliche Abgrenzung der Aufwendungen/Erträge	238
3.1	Sonstige Forderungen und Sonstige Verbindlichkeiten	239
3.2	Aktive und Passive Rechnungsabgrenzungsposten	242
3.3	Rückstellungen	248
4	Bewertung der Vermögensteile und Schulden	253
4.1	Maßgeblichkeit der handelsrechtlichen Bewertung	253
4.2	Allgemeine Bewertungsgrundsätze nach § 252 HGB	255
4.3	Wertmaßstäbe bei Vermögensgegenständen	257
4.4	Besondere Bewertungsprinzipien	260
4.5	Bewertung des Anlagevermögens	262
4.5.1	Bewertung der abnutzbaren Anlagegegenstände	262
4.5.2	Bewertung der nicht abnutzbaren Anlagegegenstände	262
4.6	Bewertung des Umlaufvermögens	264
4.6.1	Bewertung der Vorräte	264
4.6.2	Bewertung der Forderungen	269
4.7	Bewertung der Verbindlichkeiten	278
4.8	Diverse Aufgaben zur Bewertung der Wirtschaftsgüter	283
5	Jahresabschluss der Personengesellschaften	287
5.1	Abschluss der Offenen Handelsgesellschaft (OHG)	287
5.2	Abschluss der Kommanditgesellschaft (KG)	289
6	Jahresabschluss der Kapitalgesellschaften	291
6.1	Publizitäts- und Prüfungspflicht	291
6.2	Gliederung der Bilanz nach § 266 HGB	292
6.3	Ausweis des Eigenkapitals in der Bilanz	294
6.4	Gliederung der GuV-Rechnung nach § 275 HGB	296
6.5	Jahresabschluss der Gesellschaft mit beschränkter Haftung	300
6.6	Jahresabschluss der Aktiengesellschaft	306

E Beleggeschäftsgang 2 – computergestützt ... 308

F Auswertung des Jahresabschlusses ... 322

1	Auswertung der Bilanz	322
1.1	Aufbereitung der Bilanz (Bilanzanalyse)	322
1.2	Beurteilung der Bilanz (Bilanzkritik)	324
1.2.1	Beurteilung der Kapitalausstattung (Finanzierung)	324
1.2.2	Beurteilung der Anlagenfinanzierung (Investierung)	326
1.2.3	Beurteilung des Vermögensaufbaues (Konstitution)	327
1.2.4	Beurteilung der Zahlungsfähigkeit (Liquidität)	329
2	Bewegungsbilanz als Instrument zur Aufdeckung der Finanzierungs- und Investitionsvorgänge	332
3	Auswertung der Erfolgsrechnung	337
3.1	Umschlagskennzahlen	338
3.1.1	Lagerumschlag der Werkstoffbestände	338
3.1.2	Umschlag der Forderungen	339
3.1.3	Kapitalumschlag	339
3.2	Kennzahlen der Rentabilität	340
3.2.1	Rentabilität des Eigenkapitals (Unternehmerrentabilität)	341
3.2.2	Rentabilität des Gesamtkapitals (Unternehmungsrentabilität)	341
3.2.3	Umsatzrentabilität (Umsatzverdienstrate)	342
3.3	Cashflow-Analyse	343
3.4	Return on Investment (ROI-Analyse)	345
3.5	Erfolgs- und Kostenstrukturanalyse	347
3.5.1	Die Erfolgsstruktur des Unternehmens	347
3.5.2	Die Kostenstruktur des Betriebes	348

G Kosten- und Leistungsrechnung (KLR) im Industriebetrieb ... 351

1	Aufgaben und Grundbegriffe der KLR	351
1.1	Zweikreissystem des Industriekontenrahmens	351
1.2	Aufgaben und Systeme der Kosten- und Leistungsrechnung	353
1.3	Ausgangssituation	354
1.4	Grundbegriffe der Kosten- und Leistungsrechnung	355
1.4.1	Einnahmen und Ausgaben	355
1.4.2	Aufwendungen und Erträge	355
1.4.3	Aufwendungen – Kosten	356
1.4.4	Erträge – Leistungen	358
2	Abgrenzungsrechnung	361
2.1	Ergebnistabelle als Hilfsmittel der Abgrenzungsrechnung	361
2.1.1	Abgrenzung der neutralen Aufwendungen und Erträge von den Kosten und Leistungen (Unternehmensbezogene Abgrenzung)	362
2.1.2	Erläuterungen zur Ergebnistabelle	363
2.2	Berücksichtigung kalkulatorischer Kosten in der Betriebsergebnisrechnung (Kostenrechnerische Korrekturen)	367
2.2.1	Kalkulatorische Abschreibungen	369
2.2.2	Kalkulatorische Zinsen	372
2.2.3	Kalkulatorischer Unternehmerlohn	373
2.2.4	Kalkulatorische Wagnisse	375
2.2.5	Kalkulatorische Miete	377
2.2.6	Kostenrechnerische Korrekturen durch Verrechnungspreise	378
2.3	Erstellung und Auswertung der endgültigen Ergebnistabelle	382
3	Kostenartenrechnung (KAR)	386
4	Vollkostenrechnung im Mehrproduktunternehmen	388
4.1	Fragestellungen und Zusammenhänge	388
4.2	Kostenstellenrechnung in Betrieben mit Serienfertigung	389
4.2.1	Gliederung des Unternehmens in Kostenstellen	390
4.2.2	Betriebsabrechnungsbogen (BAB) als Hilfsmittel der Kostenstellenrechnung	392
4.3	Innerbetriebliche Leistungsverrechnung im erweiterten Betriebsabrechnungsbogen	402
4.3.1	Innerbetriebliche Leistungsverrechnung nach dem Stufenleiterverfahren	402
4.3.2	Innerbetriebliche Leistungsverrechnung nach dem Gleichungsverfahren	411
4.4	Kostenträgerzeitrechnung bei Serienfertigung (Gesamtkostenverfahren)	415
4.4.1	Kostenträgerblatt (BAB II) mit Istkosten als Hilfsmittel der Kostenträgerzeitrechnung	415
4.4.2	Kostenstellenrechnung und Kostenträgerzeitrechnung auf Normalkostenbasis	417
4.4.3	Kostenüberdeckung und Kostenunterdeckung im BAB	419
4.4.4	Kostenträgerblatt (BAB II) auf Normalkostenbasis	420
4.5	Kostenträgerstückrechnung in Betrieben mit Serienfertigung	426
4.5.1	Zuschlagskalkulation	426
4.5.2	Zuschlagskalkulation als Angebotskalkulation	427
4.5.2.1	Vorwärtskalkulation	427
4.5.2.2	Rückwärtskalkulation	431
4.5.2.3	Differenzkalkulation	434
4.5.3	Zuschlagskalkulation als Nachkalkulation	437
4.6	Maschinenstundensatzrechnung	439
4.6.1	Grundlagen der Maschinenstundensatzrechnung	439
4.6.2	Maschinenabhängige Fertigungsgemeinkosten	440
4.6.3	Restgemeinkosten	441
4.6.4	Berechnung des Maschinenstundensatzes im BAB	441
4.6.5	Abhängigkeit des Maschinenstundensatzes von der Maschinenlaufzeit	443
4.7	Vollkostenrechnung in Betrieben mit Sortenfertigung (Äquivalenzziffernkalkulation)	449
4.8	Vollkostenrechnung in Betrieben mit Massenfertigung (Divisionskalkulation)	451

5	**Deckungsbeitragsrechnung als Teilkostenrechnung**	453
5.1	Vergleich zwischen Vollkosten- und Teilkostenrechnung	453
5.2	Abhängigkeit der Kosten von der Beschäftigung – variable und fixe Kosten –	454
5.2.1	Abhängigkeit der variablen Kosten von der Beschäftigung	456
5.2.2	Abhängigkeit der fixen Kosten von der Beschäftigung	458
5.2.3	Abhängigkeit der Mischkosten von der Beschäftigung	459
5.2.4	Kostenplanung bei linearem Kostenverlauf – Direkte Kostenauflösung –	462
5.3	Deckungsbeitragsrechnung als Kostenträgerrechnung	467
5.3.1	Deckungsbeitragsrechnung als Kostenträgerstückrechnung	467
5.3.2	Deckungsbeitragsrechnung als Kostenträgerzeitrechnung im Einproduktunternehmen	469
5.3.3	Deckungsbeitragsrechnung als Kostenträgerzeitrechnung im Mehrproduktunternehmen	475
5.4	Deckungsbeitragsrechnung als Grundlage für marktorientierte Entscheidungen	479
5.4.1	Bestimmung der Preisuntergrenze	479
5.4.2	Annahme von Zusatzaufträgen	481
5.4.3	Optimales Produktionsprogramm	483
5.4.4	Eigenfertigung oder Fremdbezug	487
6	**Controlling als Führungsinstrument im Industriebetrieb**	490
6.1	Controlling ist etwas anderes als „Kontrolle"	490
6.2	Stellung des Controllings in der Aufbauorganisation	491
6.3	Plankostenrechnung als Controllinginstrument	492
6.3.1	Wesen der flexiblen Plankostenrechnung	492
6.3.2	Planung der Einzel- und Gemeinkosten	493
6.3.3	Zuschlagskalkulation mit Plankostenverrechnungssätzen	496
6.3.4	Sollkosten	497
6.3.5	Soll-Ist-Kostenvergleich (Kostenkontrolle)	499
6.3.6	Kostenkontrolle im Betriebsabrechnungsbogen	503
6.4	Finanzplanung als Controllinginstrument	505
6.4.1	Kapitalbedarfsplan	505
6.4.2	Statische Investitionsrechnungen	506
6.4.3	Finanzierung und Kreditsicherung	509
6.4.4	Cashflow-Planung zur Kreditsicherung	510
6.4.5	Liquiditätsplan	510
7	**Grundlagen der Prozesskostenrechnung**	512
7.1	Veränderte Kostenstrukturen erfordern Anpassung der Kalkulation	512
7.2	Aufbau einer Prozesskostenrechnung	513
7.2.1	Ermittlung der Teilprozesse über eine Tätigkeitsanalyse	513
7.2.2	Bestimmung der Gemeinkosten für jeden Teilprozess	515
7.2.3	Festlegung von Maßgrößen (= Kostentreibern) für Teilprozesse	516
7.2.4	Errechnung der Prozesskostensätze	517
7.3	Hauptprozesskostensätze als Grundlage der Prozesskostenkalkulation	518
7.4	Beispiel einer Prozesskostenkalkulation	519
8	**Kostenmanagement durch Target costing**	522
8.1	Ansatz und Vorgehen	522
8.2	Produktfunktionen und Allowable costs	524
8.3	Produktkonzept und Drifting costs	526
8.4	Zielkostenplanung	527
8.5	Zielkostenindizes und Zielkostenkontrolldiagramm	532
8.6	Kostenmanagement	536
9	**Zusammenfassende Aufgabe zur Kosten- und Leistungsrechnung**	538

H	**Grundzüge der nationalen und internationalen Rechnungslegung**	542
1	**HGB-Bilanzrecht**	542
1.1	Wesentliche Änderungen des HGB-Bilanzrechts durch BilRUG im Überblick	542
1.2	Rechnungslegung nach HGB	543
2	**Internationale Rechnungslegung: Jahresabschluss gemäß IAS/IFRS**	545
3	**Wesentliche Abweichungen der IAS/IFRS zum deutschen Bilanzrecht (HGB)**	545
3.1	Bestandteile des IAS-/IFRS-Jahresabschlusses	545
3.1.1	Bilanz und Gewinn- und Verlustrechnung	546
3.1.2	Eigenkapitalveränderungsrechnung	546
3.1.3	Kapitalflussrechnung	547
3.1.4	Anhang (notes)	547
3.2	Übersicht: Wesentliche Bewertungsunterschiede zwischen HGB und IAS/IFRS	548

I	**Aufgaben zur Wiederholung und Vertiefung**	550

J	**HGB-Rechnungslegungsvorschriften**	559

Sachregister	571

Anhang: Industrie-Kontenrahmen (IKR)
Gliederung der Bilanz (§ 266 HGB)
Gliederung der Gewinn- und Verlustrechnung (§ 275 HGB)
Anmerkungen zum Jahresabschluss der Kapitalgesellschaften
Steuerbuchungen (Überblick)

A Aufgaben und Bereiche des industriellen Rechnungswesens

1 Aufgaben des Rechnungswesens

Das industrielle Rechnungswesen erfasst, überwacht und wertet das Unternehmensgeschehen[1] zahlenmäßig aus, insbesondere

- die **Beschaffung** der Werkstoffe und Betriebsmittel (Maschinen u. a.),
- die **Fertigung** (Produktion) der Erzeugnisse unter Einsatz der Arbeitskräfte sowie
- den **Absatz** (Verkauf) der Erzeugnisse und Waren.

Industrielles Rechnungswesen

> **Die Hauptaufgaben des Rechnungswesens im Industriebetrieb sind somit:**
>
> - **Dokumentationsaufgabe**
>   Zeitlich und sachlich geordnete **Aufzeichnung aller Geschäftsfälle aufgrund von Belegen**, die die Vermögenswerte, das Eigen- und Fremdkapital sowie den Jahreserfolg (Gewinn oder Verlust) des Unternehmens verändern.
> - **Rechenschaftslegungs- und Informationsaufgabe**
>   Aufgrund **gesetzlicher** Vorschriften **jährliche** Rechenschaftslegung und Information der Unternehmenseigner, der Finanzbehörde und evtl. der Gläubiger (Kreditgeber) über die Vermögens-, Schulden- und Erfolgslage des Unternehmens (**Jahresabschluss**).
> - **Kontrollaufgabe**
>   Ausgestaltung des Rechnungswesens zu einem aussagefähigen Informations- und Kontrollsystem, das der Unternehmensleitung jederzeit eine **Überwachung der Wirtschaftlichkeit** der betrieblichen Prozesse sowie der **Zahlungsfähigkeit** (Liquidität) des Unternehmens ermöglicht.
> - **Dispositionsaufgabe**
>   Bereitstellung des aufbereiteten Zahlenmaterials als **Grundlage für** alle **Planungen und Entscheidungen**, z. B. über Investitionen.

2 Bereiche des Rechnungswesens

Die Verschiedenheit der Aufgaben bedingt eine Aufteilung des Rechnungswesens:

Bereiche des Rechnungswesens			
Buchführung	Kosten- und Leistungsrechnung	Statistik	Planung

2.1 Buchführung

Die Buchführung erfasst Höhe und Veränderungen von Vermögen und Kapital sowie von Aufwendungen (Werteverbrauch) und Erträgen (Wertezuwachs) des Unternehmens für eine bestimmte **Rechnungsperiode: Geschäftsjahr, Quartal, Monat.** Sie ist also eine Zeitrechnung.

Zeitrechnung

Die Buchführung dient in erster Linie der Dokumentation (Aufzeichnung) aller Geschäftsfälle, die zu einer **Veränderung des Vermögens und des Eigen- und Fremdkapitals** des Unternehmens führen. Sie erfasst also primär alle Zahlen, die im Unternehmen aufgrund von Belegen anfallen, und zeichnet sie zeitlich und sachlich geordnet entsprechend auf. Die Buchführung, auch als **Finanz- oder Geschäftsbuchhaltung** bezeichnet, ist damit der wichtigste Zweig, der das Zahlenmaterial für die drei übrigen Bereiche des Rechnungswesens liefert.

Dokumentation

Im gesetzlich vorgeschriebenen **Jahresabschluss** (Bilanz und Gewinn- und Verlustrechnung) hat die Buchführung Rechenschaft abzulegen über **Höhe und Zusammensetzung des Vermögens** und des **Kapitals sowie den Erfolg** des Unternehmens im Geschäftsjahr.

Rechenschaftslegung

---

[1] Zu den Transaktionsbeziehungen des Unternehmens siehe www.schmolke-deitermann.de Beiträge/Downloads.

A — Aufgaben und Bereiche des industriellen Rechnungswesens

2.2 Kosten- und Leistungsrechnung

Betrieb

Im Gegensatz zur **Buchführung**, die **unternehmensbezogen** ist, indem sie alle wirtschaftlichen Vorgänge des gesamten Unternehmens festhält, ist die **Kosten- und Leistungsrechnung betriebsbezogen**. Sie befasst sich mit den wirtschaftlichen Daten des Betriebs als **Stätte des Leistungsprozesses, vor allem mit**

- dem Einsatz von Werkstoffen, Betriebsmitteln, Arbeitskräften im Produktionsprozess,
- Betriebsabrechnungen (Kalkulation der Herstellungs- und Selbstkosten) und
- der Kalkulation der Verkaufspreise von Erzeugnissen und Waren.

Kosten und Leistungen

Die Kosten- und Leistungsrechnung erfasst somit nur den Teil des **Werteverbrauchs** (= Kosten) und des **Wertezuwachses** (= Leistungen), der durch die Erfüllung der eigentlichen betrieblichen Tätigkeit verursacht wird, und ermittelt daraus das **Betriebsergebnis** (Betriebsgewinn oder Betriebsverlust).

Überwachung der Wirtschaftlichkeit

Die Überwachung der Wirtschaftlichkeit des Leistungsprozesses ist die **wichtigste Aufgabe** der Kosten- und Leistungsrechnung (KLR). Erst auf der Grundlage der ermittelten **Selbstkosten** ist eine Kalkulation des Angebotspreises für das einzelne Erzeugnis (Stückrechnung) möglich.

2.3 Statistik

Aufgaben

Die betriebswirtschaftliche Statistik befasst sich mit der **Aufbereitung und Auswertung der Zahlen** der Buchführung und der Kosten- und Leistungsrechnung mit dem Ziel der Überwachung des Betriebsgeschehens und der Gewinnung von Unterlagen für die unternehmerische Planung und Disposition. **Beschaffungs-, Lager-, Umsatz-, Personal-, Kosten-, Bilanz- und Erfolgsstatistiken** werden übersichtlich in tabellarischer und grafischer Form dargestellt.

Vergleichsrechnung

Durch Vergleich der statistisch aufbereiteten Daten mit früheren Zeitabschnitten (**Zeitvergleich**) oder mit Unternehmen der gleichen Branche (**Betriebsvergleich**) ergeben sich für die Unternehmensleitung wichtige Erkenntnisse.

2.4 Planungsrechnung

Vorschaurechnung

Die Planungsrechnung basiert auf den Zahlen der Buchführung, Kosten- und Leistungsrechnung und Statistik. Ihre Aufgabe ist es, die zukünftige betriebliche Entwicklung in Form von Vorgaben und Prognosen zu berechnen.

Teilpläne

Teilpläne werden im Rahmen der Planungsrechnung nach entsprechenden Funktionen erstellt: **Investitionsplan, Beschaffungsplan, Absatzplan, Finanz- und Liquiditätsplan**. Ein Vergleich der in den Plänen vorgegebenen Zahlen (Sollzahlen) mit den tatsächlichen Ergebnissen (Istzahlen) vermittelt aussagefähige Erkenntnisse über Abweichungen und deren Ursachen. Damit wird die **Planungsrechnung** zu einem echten **Führungs- und Kontrollinstrument**.

Organisation des Rechnungswesens

Die **vier Bereiche des Rechnungswesens** unterscheiden sich zwar in ihrer speziellen Aufgabenstellung, sie stehen aber in enger Verbindung zueinander und ergänzen sich gegenseitig. Diese **enge Verzahnung** bedarf daher einer entsprechenden Organisation des gesamten Rechnungswesens. Sie trägt entscheidend zur **Erhöhung der Wirtschaftlichkeit** bei.

Merke

Das betriebliche Rechnungswesen gliedert sich in vier Bereiche:

- Buchführung: Zeitrechnung
- Kosten- und Leistungsrechnung: Stück- und Zeitrechnung
- Statistik: Vergleichsrechnung
- Planungsrechnung: Vorschaurechnung

B Einführung in die Industriebuchführung

1 Bedeutung der Buchführung

1.1 Aufgaben der Buchführung

In einem Industriebetrieb werden täglich vielfältige Arbeiten ausgeführt: Werkstoffe werden eingekauft, gelagert und zu fertigen Erzeugnissen verarbeitet, Rechnungen werden geschrieben, eingehende Rechnungen werden geprüft und bezahlt, Löhne und Gehälter werden überwiesen usw. Sofern diese Tätigkeiten

- das **Anlage- und Umlaufvermögen** sowie die **Schulden** der Unternehmung verändern,
- zu **Geldeinnahmen** oder **Geldausgaben** führen,
- **Werteverzehr (Aufwand)** oder **Wertezuwachs (Ertrag)** darstellen,

heißen sie **Geschäftsfälle**.

Geschäftsfälle

Jedem Geschäftsfall muss ein Beleg zugrunde liegen, der über **Vorgang**, **Datum** und **Betrag** Auskunft gibt. Der Beleg (Rechnung, Kontoauszug, Quittung u. a.) ist der **Nachweis für die Richtigkeit der Aufzeichnung** (Buchung).

Beleg

Bereich	Geschäftsfall	Beleg
Beschaffung	Einkauf von Spanplatten	Eingangsrechnung
Fertigung	Verbrauch von Spanplatten	Materialentnahmeschein
Absatz	Verkauf von Möbeln	Ausgangsrechnung

> **Merke**
> Zu jedem Geschäftsfall gehört ein Beleg als Nachweis der Buchung.

Die Buchführung muss alle Geschäftsfälle laufend, lückenlos und sachlich geordnet nach Materialeinkäufen, Verkaufserlösen (Umsatzerlösen), Verbindlichkeiten gegenüber Lieferanten, Forderungen an Kunden usw. **erfassen und aufzeichnen** (buchen). Ohne eine ordnungsgemäße Aufzeichnung der Geschäftsfälle würde die Unternehmensleitung in kürzester Zeit den Überblick über die Vermögens-, Finanz- und Erfolgslage sowie das gesamte Betriebsgeschehen verlieren. Außerdem fehlten ihr dann die zahlenmäßigen Grundlagen für alle Planungen, Entscheidungen und Kontrollen.

Aufgaben der Buchführung

> **Die Buchführung im Industriebetrieb erfüllt wichtige Aufgaben:**
> - Sie stellt den **Stand des Vermögens und der Schulden** fest.
> - Sie zeichnet **alle Veränderungen** der Vermögens- und Schuldenwerte lückenlos und sachlich geordnet auf.
> - Sie ermittelt den **Erfolg des Unternehmens**, also den **Gewinn** oder den **Verlust**, indem sie alle Aufwendungen und Erträge erfasst.
> - Sie liefert die Zahlen für die **Preisberechnung (Kalkulation)** der Erzeugnisse.
> - Sie stellt Zahlen für **innerbetriebliche Kontrollen** zur Verfügung, die der Überprüfung und Verbesserung der Wirtschaftlichkeit, der Rentabilität und der Liquidität dienen.
> - Sie ist die Grundlage zur **Berechnung der Steuern**.
> - Sie ist wichtiges **Beweismittel** bei Rechtsstreitigkeiten mit Kunden, Lieferanten, Banken, Behörden (Finanzamt, Gerichte) u. a.

> **Merke**
> - Die Buchführung ist die sachlich geordnete und lückenlose Aufzeichnung aller Geschäftsfälle eines Unternehmens aufgrund von Belegen.
> - Die Buchführung, auch Finanz- oder Geschäftsbuchhaltung genannt, liefert auch die Zahlen für die übrigen Zweige des industriellen Rechnungswesens:
>   Kosten- und Leistungsrechnung, Statistik und Planung.

1.2 Gesetzliche Grundlagen der Buchführung

Buchführungspflicht
§ 238 [1] HGB
§ 140 AO

Die Buchführung erfasst aufgrund von Belegen die Ausgaben, Einnahmen, Aufwendungen und Erträge des Unternehmens und ermittelt daraus den **Gewinn oder Verlust des Geschäftsjahres**. Sie schafft damit wichtige **Grundlagen für unternehmerische Entscheidungen** und die **Besteuerung**. Eine **ordnungsmäßige** Buchführung dient zugleich der Information und dem **Schutz der Gläubiger** des Unternehmens. Das **Handelsgesetzbuch** (§ 238 [1] HGB) und die **Abgabenordnung** (§ 140 AO) verpflichten daher den Kaufmann zur Buchführung.

§ 238 [1] HGB

> „Jeder Kaufmann ist verpflichtet, Bücher zu führen und in diesen seine Handelsgeschäfte und die Lage seines Vermögens nach den Grundsätzen ordnungsmäßiger Buchführung ersichtlich zu machen."

§ 241a HGB

Die Vorschriften zur **Buchführungspflicht** betreffen den Kaufmann, der im Handelsregister eingetragen ist. Befreit von der Buchführungspflicht des § 238 [1] HGB sind Einzelkaufleute (e. K., e. Kfm., e. Kffr.), die in **zwei** aufeinander folgenden Geschäftsjahren **nicht mehr** als jeweils 600.000,00 € Jahresumsatz und jeweils 60.000,00 € Jahresgewinn erzielen (§ 241a HGB). Sie dürfen den Gewinn bzw. Verlust des Geschäftsjahres durch einfache **Einnahmenüberschussrechnung** (Betriebseinnahmen abzüglich Betriebsausgaben) ermitteln.

§ 141 AO

Neben der o. g. steuerrechtlichen Buchführungspflicht nach § 140 AO sind nach § 141 AO auch **Nichtkaufleute** (z. B. Kleingewerbetreibende) zur Buchführung verpflichtet, wenn deren Jahresumsatz 600.000,00 € <u>oder</u> Jahresgewinn 60.000,00 € im Wirtschaftsjahr übersteigt.

Merke

- Im Handelsregister eingetragene Einzelkaufleute, Personengesellschaften (OHG, KG) und Kapitalgesellschaften (AG, KGaA, GmbH) unterliegen der Buchführungspflicht nach § 238 [1] HGB und § 140 AO.[1]
- Die Schwellenwerte „Jahresumsatz" und/oder „Jahresgewinn" sind nach § 241a HGB und § 141 AO von besonderer Bedeutung.

Rechnungslegungsvorschriften nach HGB

Die handelsrechtlichen Vorschriften über die **Buchführung** und den **Jahresabschluss** enthält das „Dritte Buch" im Handelsgesetzbuch in **sechs Abschnitten**:

- Der 1. Abschnitt (§§ 238–263 HGB)[2] enthält Vorschriften, die auf **alle Kaufleute** anzuwenden sind. Zu diesen **grundlegenden Vorschriften** zählen die Buchführungspflicht, die Führung von Handelsbüchern, das Inventar, die Pflicht zur Aufstellung des Jahresabschlusses (Bilanz und Gewinn- und Verlustrechnung), die Bewertung der Vermögensteile und Schulden sowie die Aufbewahrung von Buchführungsunterlagen u. a. m.
- Der 2. Abschnitt (§§ 264–335c HGB)[2] beinhaltet ergänzende Vorschriften **für Kapitalgesellschaften und haftungsbeschränkte Personenhandelsgesellschaften**[3], insbesondere über **die Gliederung, Prüfung und Veröffentlichung des Jahresabschlusses**.
- Der 3. Abschnitt (§§ 336–339 HGB) enthält ergänzende Vorschriften für **eingetragene Genossenschaften**.
- Der 4. Abschnitt (§§ 340–341y HGB) umfasst ergänzende Vorschriften für **Unternehmen bestimmter Geschäftszweige** (Banken, Versicherungen, Rohstoffsektor u. a.).
- Der 5. und 6. Abschnitt (§§ 342–342e HGB) beinhaltet Vorschriften über die Anerkennung und die Aufgaben **privater Institutionen der Rechnungslegung**.

Rechtsformspezifische Vorschriften

Rechtsformspezifische Vorschriften der jeweiligen Unternehmensform sind im **Aktiengesetz** (AktG), **GmbH-Gesetz** (GmbHG) und **Genossenschaftsgesetz** (GenG) enthalten.

Steuerrechtliche Vorschriften

Steuerrechtliche Vorschriften über die Buchführung enthalten z. B. die **Abgabenordnung** (AO), das **Einkommensteuergesetz** (EStG), **Körperschaftsteuergesetz** (KStG) und **Umsatzsteuergesetz** (z. B. UStG), die **Richtlinien** (z. B. EStR, KStR) und **Erlasse** (z. B. UStAE[4]).

---

1 OHG-Offene Handelsgesellschaft, KG-Kommanditgesellschaft, AG-Aktiengesellschaft, KGaA-Kommanditgesellschaft auf Aktien, GmbH-Gesellschaft mit beschränkter Haftung. Zu Rechtsformen s. www.schmolke-deitermann.de Beiträge/Downloads.
2 Siehe HGB-Rechnungslegungsvorschriften, S. 559 ff.   3 Z. B. GmbH & Co. KG
4 Umsatzsteueranwendungserlass

1.3 Ordnungsmäßigkeit der Buchführung

Nach § 238 [1] HGB muss der Kaufmann bei der Buchführung die **Grundsätze ordnungsmäßiger Buchführung (GoB)** beachten. Dabei handelt es sich um **allgemein anerkannte und sachgerechte Regeln und Handelsbräuche**, die aus den Aufgaben der Rechnungslegung abgeleitet sind. Beispielsweise muss die Buchführung so beschaffen sein, dass sie einem sachverständigen Dritten (Steuerberater, Betriebsprüfer der Finanzbehörde) in angemessener Zeit einen Überblick über die Geschäftsfälle und Lage des Unternehmens vermitteln kann.

GoB

Für DV-gestützte Buchführungssysteme präzisieren die **Grundsätze zur ordnungsmäßigen Führung und Aufbewahrung von Büchern, Aufzeichnungen und Unterlagen in elektronischer Form sowie zum Datenzugriff (GoBD)**[1] die GoB. Sie enthalten z. B. Anforderungen in Bezug auf das interne Kontrollsystem und die Verfahrensdokumentation, die Datensicherheit, die Aufbewahrung von steuerrechtlich relevanten elektronischen Daten und Papierdokumenten sowie Regeln zum elektronischen Datenzugriff der Finanzverwaltung.

GoBD

Quellen der GoB sind Wissenschaft, Praxis, Rechtsprechung sowie Empfehlungen der Wirtschaftsverbände. Teilweise haben die GoB Niederschlag im Handels- und Steuerrecht gefunden. Die **GoBD** sind eine durch das Bundesfinanzministerium erlassene Verwaltungsvorschrift.

Quellen der GoB

Wesentliche Grundsätze ordnungsmäßiger Buchführung (GoB)

- **Klarheit und Übersichtlichkeit der Buchführung**
  - Sachgerechte und überschaubare Organisation der Buchführung (§ 238 [1] HGB, § 145 [1] AO).
  - Verwendung einer lebenden Sprache und eindeutiger Abkürzungen, Ziffern, Buchstaben oder Symbole (§ 239 [1] HGB, § 146 [3] AO).
  - Übersichtliche Gliederung des Jahresabschlusses (§§ 243 [2], 266, 275 HGB).
  - Verrechnungsverbot von Vermögensgegenständen und Schulden sowie von Aufwendungen und Erträgen (§ 246 [2] HGB).
  - Nachvollziehbarkeit der Veränderung von Buchungen, so dass der ursprüngliche Inhalt feststellbar ist (Protokolle von Änderungen/Löschungen; § 239 [3] HGB, § 146 [4] AO).
- **Ordnungsmäßige Erfassung aller Geschäftsfälle**
  Geschäftsfälle müssen vollständig, richtig, zeitgerecht und geordnet erfasst werden (§ 239 [2] HGB, § 146 [1] AO). Kasseneinnahmen/-ausgaben sind täglich aufzuzeichnen (§ 146 [1] AO).
- **Keine Buchung ohne Beleg (Belegprinzip)**
  Sämtliche Buchungen müssen anhand der Belege jederzeit nachprüfbar sein.
- **Ordnungsmäßige Aufbewahrung der Buchführungsunterlagen**
  Buchungsbelege, Buchungsprogramme, Konten, Bücher, Inventare, Eröffnungsbilanzen, Jahresabschlüsse und Lageberichte sind **10 Jahre**, empfangene und Kopien verschickter Handelsbriefe sind **6 Jahre** geordnet aufzubewahren. Die Aufbewahrungsfrist beginnt mit dem Schluss des Kalenderjahrs (§ 257 HGB, § 147 AO).
  Mit Ausnahme der Eröffnungsbilanzen und der Jahresabschlüsse dürfen die Buchführungsunterlagen auf einem Bild- oder Datenträger aufbewahrt werden, wenn sie jederzeit lesbar gemacht werden können (§§ 239 [4], 257 [3] HGB, § 147 [2] AO).

Verstöße gegen die GoB oder GoBD können eine **Schätzung der Besteuerungsgrundlagen** (Umsatz, Gewinn) durch die Finanzbehörden (§ 162 AO) sowie **Freiheits- oder Geldstrafen** (§ 331 HGB, § 370 AO, § 283 Strafgesetzbuch) zur Folge haben.

Verstöße gegen die GoB/GoBD

> Der Kaufmann hat die Grundsätze ordnungsmäßiger Buchführung (GoB) zu beachten.

Merke

---

1. Nennen Sie mindestens drei wichtige Aufgaben der Buchführung.
2. Nennen Sie mindestens vier Geschäftsfälle mit den zugehörigen Belegen.
3. Welche Bedeutung hat die Buchführung für die übrigen Bereiche des Rechnungswesens?
4. Welchen Sinn haben die „Grundsätze ordnungsmäßiger Buchführung"?

Aufgabe 1

---

[1] Zu den GoBD siehe www.schmolke-deitermann.de Beiträge/Downloads.

B Einführung in die Industriebuchführung

2 Inventur, Inventar und Bilanz

2.1 Inventur

Feststellen des Vermögens und der Schulden

Nach § 240 HGB sowie §§ 140, 141 AO ist der Kaufmann verpflichtet, **Vermögen** und **Schulden** seines Unternehmens festzustellen, und zwar

- bei **Gründung** oder **Übernahme** eines Unternehmens,
- für den **Schluss eines jeden Geschäftsjahres** (in der Regel zum 31. Dezember),
- bei **Auflösung** oder **Veräußerung** seines Unternehmens.

Die hierzu erforderliche Tätigkeit nennt man **Inventur** (lat. invenire = vorfinden).

Inventur

Die Inventur, auch **Bestandsaufnahme** genannt, erstreckt sich auf **alle Vermögensteile und alle Schulden** des Unternehmens, die **einzeln** nach **Art** (Bezeichnung), **Menge** (Stückzahl, Gewicht, Länge u. a.) und **Wert** (in Euro) zu einem bestimmten Zeitpunkt (Stichtag) zu erfassen sind. Sie dient auch der **Überprüfung der Buchführung**, weil Differenzen zwischen dem tatsächlichen Istbestand laut Inventur und dem buchmäßigen Sollbestand (Buchbestand) laut Finanzbuchhaltung ersichtlich werden und korrigiert werden können (Inventurdifferenzen[1]).

> **Merke** Inventur ist die mengen- und wertmäßige Bestandsaufnahme aller Vermögensteile und Schulden eines Unternehmens zu einem bestimmten Zeitpunkt.

Arten der Inventur

Nach der Art ihrer Durchführung unterscheidet man

- **körperliche Inventur** und
- **Buchinventur**.

Körperliche Inventur

Die körperliche Inventur ist die **mengenmäßige Aufnahme** aller körperlichen Vermögensgegenstände (z. B. Technische Anlagen und Maschinen, Fahrzeuge, Betriebs- und Geschäftsausstattung, Bestände an Werkstoffen und Erzeugnissen, Barmittel) durch **Zählen**, **Messen**, **Wiegen** und notfalls durch **Schätzen** mit **nachfolgender Bewertung** der Mengen in Euro.

Buchinventur

Die Buchinventur erstreckt sich auf alle **nicht körperlichen** Vermögensteile und Schulden. Forderungen, Bankguthaben sowie alle Arten von Schulden sind **wertmäßig** aufgrund der buchhalterischen **Aufzeichnungen und Belege** (z. B. Kontoauszüge) festzustellen und nachzuweisen. Im Rahmen dieser **buchmäßigen Bestandsaufnahme** werden häufig auch Saldenbestätigungen bei Kunden und Lieferanten eingeholt.

Anlagenverzeichnis

Die jährliche körperliche Bestandsaufnahme des **beweglichen** Anlagevermögens (Maschinen, Fahrzeuge u. a.) entfällt, wenn ein Anlagenverzeichnis laufend geführt wird (Anlagenbuchführung). Für jeden Anlagegegenstand muss ein gesonderter Datensatz oder eine Anlagenkarte mit folgenden Angaben vorhanden sein: Bezeichnung, Tag der Anschaffung, Anschaffungswert, Nutzungsdauer, jährliche Abschreibung, Tag des Abgangs u. a. (siehe auch S. 213, 219 und R 5.4 [4] Einkommensteuerrichtlinien [EStR]).

Vorbereitung und Durchführung der Inventur

Die körperliche (mengenmäßige) Inventur des Vorratsvermögens (Werkstoffe, Handelswaren, Erzeugnisse) bedarf vor allem einer sorgfältigen Vorbereitung und Durchführung. Zunächst wird ein **Inventurleiter** ernannt. Der Inventurleiter erstellt einen genauen **Aufnahmeplan**. Dieser Aufnahmeplan legt die einzelnen **Inventurbereiche** sowie die **personelle Besetzung** der Aufnahmegruppen, die **Aufnahmevordrucke und -richtlinien**, die Hilfsmittel (z. B. mobile Datenerfassungsgeräte/Barcodescanner) und den **Zeitpunkt der Inventur** fest. Bestimmte Aufsichtspersonen müssen durch **Stichproben** die Bestandsaufnahme überprüfen.

> **Merke**
> - Körperliche Inventur: mengen- und wertmäßige Bestandsaufnahme
> - Buchinventur: nur wertmäßige Bestandsaufnahme aufgrund von Aufzeichnungen und Belegen

---

[1] Siehe S. 237 und Kurzaufsatz unter www.schmolke-deitermann.de Beiträge/Downloads.

2.2 Inventurverfahren für das Vorratsvermögen

Die Bestandsaufnahme der Vorräte an Werkstoffen, Erzeugnissen und Waren ist in der Regel mit erheblichem Arbeitsaufwand verbunden. Der Gesetzgeber erlaubt deshalb folgende Verfahren zur **Vereinfachung der Inventur** der Lagervorräte (§ 241 HGB, R 5.3 EStR):

Inventurvereinfachungsverfahren

Bei der Stichtagsinventur muss die **mengenmäßige** Bestandsaufnahme der Vorräte nicht am Abschlussstichtag (z. B. 31. Dez.) erfolgen. Sie muss aber **zeitnah** innerhalb einer **Frist von 10 Tagen vor oder nach dem Abschlussstichtag** durchgeführt werden. Zugänge und Abgänge zwischen dem Aufnahmetag und dem Abschlussstichtag werden anhand von Belegen **mengen- und wertmäßig** auf den Abschlussstichtag **fortgeschrieben bzw. zurückgerechnet**. Der Nachteil der Stichtagsinventur besteht darin, dass sie einen großen Arbeitsanfall innerhalb weniger Tage hervorruft, der oft Betriebsunterbrechungen zur Folge hat.

Stichtagsinventur = zeitnahe körperliche Bestandsaufnahme

Die vor- bzw. nachverlegte Inventur stellt gegenüber der Stichtagsinventur bereits eine wesentliche Erleichterung dar. Die **körperliche** Bestandsaufnahme erfolgt an einem beliebigen Tag innerhalb der letzten **drei Monate vor oder der ersten zwei Monate nach dem Abschlussstichtag**. Die einzelnen Artikel dürfen zu unterschiedlichen Zeitpunkten aufgenommen werden. Der am Tag der Inventur ermittelte Bestand wird **nur wertmäßig** (nicht mengenmäßig!) auf den Abschlussstichtag fortgeschrieben oder zurückgerechnet:

Verlegte Inventur = vor- bzw. nachverlegte körperliche Bestandsaufnahme

Wertfortschreibung	Wertrückrechnung
Wert am Tag der Inventur (z. B. 15. Okt.)	Wert am Tag der Inventur (z. B. 28. Febr.)
+ Wert der Zugänge vom 15. Okt. – 31. Dez.	– Wert der Zugänge vom 1. Jan. – 28. Febr.
– Wert der Abgänge vom 15. Okt. – 31. Dez.	+ Wert der Abgänge vom 1. Jan. – 28. Febr.
= Wert am Abschlussstichtag (31. Dez.)	= Wert am Abschlussstichtag (31. Dez.)

Die permanente Inventur ermöglicht es, den am Abschlussstichtag vorhandenen Bestand des Vorratsvermögens nach Art, Menge und Wert auch ohne gleichzeitige körperliche Bestandsaufnahme festzustellen. Der Bestand für den Abschlussstichtag kann in diesem Fall nach Art und Menge der **Lagerbuchführung oder Lagerkartei** entnommen werden. Für jeden einzelnen Artikel werden alle Mengenbewegungen (Zu- und Abgänge) laufend buchmäßig erfasst. In jedem Geschäftsjahr muss **mindestens einmal** – der Zeitpunkt ist beliebig! – durch **körperliche Bestandsaufnahme** geprüft werden, ob der in der Lagerbuchführung ausgewiesene Sollbestand (Buchbestand) des Vorratsvermögens mit dem tatsächlich vorhandenen Bestand (Istbestand) übereinstimmt. Tag und Ergebnis der körperlichen Inventur sind in der Lagerbuchführung zu vermerken. Die Inventuraufzeichnungen müssen unterschrieben werden.

Permanente Inventur = laufende Inventur anhand der Lagerbuchführung

Die permanente Inventur ist ein rationelles und aussagefähiges Inventurverfahren, das der Unternehmensleitung **täglich**, vor allem beim Einsatz von Datenverarbeitungsanlagen, **wichtige Daten** über die Bestandsbewegungen liefert. Ihr besonderer **Vorteil** liegt darin, dass die körperliche Bestandsaufnahme der einzelnen Gruppen des Vorratsvermögens zu beliebigen Zeitpunkten, z. B. in arbeits- oder auftragsschwachen Phasen, durchgeführt werden kann.

Bei vollautomatisch gesteuerten Lagersystemen (z. B. Hochregallager) kann eine **Einlagerungsinventur** die körperliche Inventur ersetzen, wenn eine zuverlässige Fortschreibung der Lagerbuchführung entsprechend der automatischen Lagersteuerung gewährleistet ist.

Einlagerungsinventur

Der Lagerbestand nach Art, Menge und Wert kann auch mithilfe **anerkannter mathematisch-statistischer Verfahren** (z. B. Mittelwertschätzung aufgrund von Stichproben) ermittelt werden. Dabei werden die als **Stichprobe** ausgewählten Lagerpositionen zunächst körperlich aufgenommen und bewertet. Das **Stichprobenergebnis** wird sodann auf den Gesamtinventurwert der Lagervorräte **hochgerechnet**. Die Stichprobeninventur gilt als zuverlässiges, Zeit und Kosten sparendes Hilfsverfahren der Inventur.

Stichprobeninventur mithilfe mathematisch-statistischer Methoden

2.3 Inventar

Die mithilfe der Inventur ermittelten **Bestände der einzelnen Vermögensposten und Schulden** werden in einem besonderen **Bestandsverzeichnis, dem Inventar,** zusammengefasst.

Das Inventar besteht in der Regel aus **drei Teilen:**

| A. Vermögen | B. Schulden | C. Eigenkapital (= Reinvermögen) |

Das Vermögen gliedert sich in **Anlage- und Umlaufvermögen.**

Anlagevermögen
Das Anlagevermögen bildet die **Grundlage der Betriebsbereitschaft.** Deshalb gehören dazu alle Vermögensposten, die dem Unternehmen **langfristig** dienen, wie z. B.:

- **Immaterielle Vermögensgegenstände**, z. B. gewerbliche Schutzrechte, Lizenzen
- **Grundstücke und Gebäude**
- **Technische Anlagen und Maschinen**
- **Fahrzeuge** (Fuhrpark)
- **Betriebs- und Geschäftsausstattung** (BGA), z. B. Werkstatt- und Büroeinrichtung

Umlaufvermögen
Das Umlaufvermögen umfasst alle Vermögensposten, die sich **kurzfristig** in ihrer Höhe verändern, weil sie sich ständig „im Umlauf" befinden: **Werkstoffe** werden eingekauft und dann zu **Fertigerzeugnissen** verarbeitet. Werden Fertigerzeugnisse mit einem Zahlungsziel verkauft, entstehen im Unternehmen **Forderungen aus Lieferungen und Leistungen (a. LL).** Begleichen die Kunden ihre Rechnungen durch Banküberweisung, vermindert sich der Forderungsbestand, wobei sich zugleich das **Bankguthaben** erhöht, das wiederum zum Kauf von Werkstoffen verwendet werden kann. **Zum Umlaufvermögen rechnen vor allem folgende Posten:**

- **Rohstoffe**, die den Hauptbestandteil des Erzeugnisses bilden, z. B. Stahlblech, Holz
- **Vorprodukte/Fremdbauteile** als fertig bezogene Einbauteile
- **Hilfsstoffe** als Nebenbestandteile des Erzeugnisses, z. B. Farbe, Klebstoff, Schrauben
- **Betriebsstoffe**, die nicht direkt in das Erzeugnis eingehen, z. B. Schmieröl, Brennstoffe
- **Unfertige Erzeugnisse**, also Erzeugnisse, die sich noch in der Fertigung befinden
- **Fertige Erzeugnisse**, also Erzeugnisse, die zum Verkauf bereitliegen
- **Forderungen aus Lieferungen und Leistungen** (a. LL)
- **Bankguthaben**
- **Kassenbestand** (Bargeld)

Vermögensposten
Die Vermögensposten werden im Inventar **nach steigender Flüssigkeit** (Liquidität) geordnet, also nach dem Grad, wie schnell sie in Geld umgesetzt werden können. So sind die weniger „flüssigen" (liquiden) Posten, wie z. B. Grundstücke, im Inventar zuerst und die bereits liquiden Mittel, wie Bankguthaben und Bargeld, zuletzt aufzuführen.

Schulden
Die Schulden (Verbindlichkeiten) werden im Inventar nach ihrer **Fälligkeit** geordnet:

- **Langfristige Verbindlichkeiten**, wie z. B. Hypotheken- und Darlehensschulden
- **Kurzfristige Verbindlichkeiten**, wie z. B. Verbindlichkeiten a. LL, Steuerschulden

Fremdkapital
Die Verbindlichkeiten stellen das im Unternehmen arbeitende **Fremdkapital** dar.

Eigenkapital
Das Eigenkapital oder **Reinvermögen** des Unternehmens ergibt sich durch Abzug der Schulden vom Vermögen. Das Eigenkapital ist kein Pflichtbestandteil des Inventars.

> **Summe des Vermögens**
> **− Summe der Schulden**
> **= Eigenkapital (Reinvermögen)**

Merke
- Das Inventar weist zu einem bestimmten Tag (Abschlussstichtag) alle Vermögensposten und Schulden eines Unternehmens nach Art, Menge und Wert aus.
- Das Vermögen wird in Anlage- und Umlaufvermögen gegliedert, wobei die Vermögensposten nach steigender Flüssigkeit geordnet werden.
- Die Schulden bzw. Verbindlichkeiten werden nach ihrer Fälligkeit geordnet.

Inventar
der Möbelwerke Lutz Weise e. Kfm., Leverkusen, für den 31. Dezember 20..

	€	€
A. Vermögen		
I. Anlagevermögen		
1. Grundstücke und Gebäude		
Unbebaute Grundstücke, Hansastraße 50–52	250.000,00	
Bebaute Grundstücke, Hansastraße 10–48	805.000,00	
Betriebsgebäude	5.104.000,00	
Verwaltungsgebäude	2.251.000,00	8.410.000,00
2. Technische Anlagen und Maschinen		
lt. Anlagenverzeichnis AV 1		2.703.000,00
3. Fuhrpark lt. Anlagenverzeichnis AV 2		427.000,00
4. Betriebs- und Geschäftsausstattung lt. Anlagenverzeichnis AV 3		460.000,00
II. Umlaufvermögen		
1. Rohstoffe lt. Inventurliste IV 4		2.405.000,00
2. Hilfsstoffe lt. Inventurliste IV 5		824.000,00
3. Betriebsstoffe lt. Inventurliste IV 6		154.000,00
4. Unfertige Erzeugnisse lt. Inventurliste IV 7		628.000,00
5. Fertige Erzeugnisse		
960 Schreibtische T 18 je 490,00 €	470.400,00	
1 040 Schränke S 24 je 700,00 €	728.000,00	
Diverse Kleinmöbel lt. Inventurliste IV 8	853.600,00	2.052.000,00
6. Forderungen a. LL		
Schnickmann OHG, Köln	452.000,00	
Hamm KG, Mainz	279.000,00	
Bodo Herms e. K., Düsseldorf	263.000,00	994.000,00
7. Bankguthaben		
Leverkusener Kreditbank	590.000,00	
Deutsche Bank, Leverkusen	326.000,00	916.000,00
8. Kassenbestand		27.000,00
Summe des Vermögens		**20.000.000,00**
B. Schulden		
1. Hypothekendarlehen der Leverkusener Kreditbank		4.106.000,00
2. Darlehen der Deutschen Bank, Köln		1.204.000,00
3. Verbindlichkeiten a. LL		
Heyn GmbH, Münster	457.000,00	
Jutta Hermanns e. Kffr., Rheine	233.000,00	690.000,00
Summe der Schulden		**6.000.000,00**
C. Ermittlung des Eigenkapitals		
Summe des Vermögens		20.000.000,00
– Summe der Schulden		6.000.000,00
= **Eigenkapital** (Reinvermögen)		**14.000.000,00**

Aufbewahrung des Inventars

Inventare sind **zehn Jahre** geordnet aufzubewahren (§ 257 [4] HGB, § 147 [3] AO). Die Aufbewahrung kann auch auf einem **Bildträger** (Mikrofilm) oder auf einem anderen **Datenträger** erfolgen, wenn sichergestellt ist, dass die Wiedergabe oder die Daten jederzeit verfügbar sind und unverzüglich lesbar gemacht werden können (§§ 239 [4], 257 [3] HGB, § 147 [2] AO).

Merke

- **Inventur = Bestandsaufnahme,**   **Inventar = Bestandsverzeichnis.**
- **Das Inventar ist Grundlage eines ordnungsgemäßen Jahresabschlusses.**

B Einführung in die Industriebuchführung

Aufgabe 2

a) Ordnen Sie die Vermögensposten 1–16 im Bereich des Anlagevermögens (I) und des Umlaufvermögens (II) nach steigender Flüssigkeit:

1. Bankguthaben
2. Technische Anlagen (TA) und Maschinen
3. Rohstoffe
4. Kassenbestand
5. Gebäude
6. Fertige Erzeugnisse
7. Fuhrpark
8. Forderungen aus Lieferungen und Leistungen (a. LL)
9. Hilfsstoffe
10. Fremdbauteile (Fertigteile von Zulieferern)
11. Wertpapiere als langfristige Anlage
12. Betriebs- und Geschäftsausstattung
13. Grundstücke
14. Unfertige Erzeugnisse
15. Maschinelle Anlagen (Fließband)
16. Betriebsstoffe

b) Ordnen Sie die folgenden Verbindlichkeiten nach ihrer Laufzeit (Fälligkeit):

1. Verbindlichkeiten aus Lieferungen und Leistungen (a. LL)
2. Hypothekenschulden
3. Verbindlichkeiten gegenüber Finanzbehörden
4. Darlehensschulden

Aufgabe 3

Nennen Sie Beispiele für

a) Rohstoffe,
b) Fremdbauteile (Fertigteile von Zulieferern),
c) Hilfsstoffe und
d) Betriebsstoffe

in einer Büromöbelfabrik.

Aufgaben 4, 5

Die Textilwerke U. Brandt e. K., Wuppertal, stellten zum 31. Dezember 01 (Aufgabe 4) und zum 31. Dezember 02[1] (Aufgabe 5) folgende Inventurwerte fest:

Grundstücke und Gebäude:	4	5
Bebaute Grundstücke, Grünstraße 8–22	500.000,00	400.000,00
Betriebsgebäude	3.300.000,00	3.324.000,00
Verwaltungsgebäude	1.200.000,00	1.176.000,00
Technische Anlagen und Maschinen lt. Anlagenverzeichnis 1	2.654.000,00	3.264.000,00
Werkzeuge lt. Anlagenverzeichnis 2	336.000,00	285.000,00
Fuhrpark: 1 Lkw	223.000,00	178.400,00
3 Pkw	127.000,00	101.600,00
Betriebs- und Geschäftsausstattung lt. Inventurliste 3	480.000,00	384.000,00
Rohstoffe lt. Inventurliste 4	2.052.000,00	2.486.000,00
Hilfsstoffe lt. Inventurliste 5	188.000,00	194.000,00
Betriebsstoffe lt. Inventurliste 6	43.000,00	48.000,00
Unfertige Erzeugnisse lt. Inventurliste 7	469.000,00	324.000,00
Fertige Erzeugnisse lt. Inventurliste 8	2.081.000,00	2.362.000,00
Forderungen a. LL: F. Schmelz e. K., Tübingen	528.000,00	728.000,00
R. Tauber OHG, Frankfurt	335.000,00	615.000,00
Postbankguthaben	189.000,00	294.000,00
Bankguthaben bei der Commerzbank Wuppertal	1.267.000,00	1.310.000,00
Kasse (Barbestand)	28.000,00	26.000,00
Hypothekenschulden: Stadtsparkasse Wuppertal	2.805.000,00	2.524.500,00
Darlehensschulden: Stadtsparkasse Wuppertal	1.603.000,00	1.202.250,00
Handelsbank Düsseldorf	1.207.000,00	905.250,00
Verbindlichkeiten a. LL lt. Verzeichnis 9	785.000,00	1.368.000,00

1. Erstellen Sie die Inventare der beiden aufeinander folgenden Geschäftsjahre.
2. Vergleichen Sie die beiden Inventare und erklären Sie die Veränderungen im Anlage- und Umlaufvermögen, in den Schulden und im Eigenkapital.

---

[1] In diesem Lehrbuch bedeuten die Ziffern „00" = Vorjahr, „01" = 1. Jahr, „02" = 2. Jahr usw.

Inventur, Inventar und Bilanz B

Aufgaben 6, 7

Die Maschinenfabrik W. Pätzold e. K., Köln, stellte zum 31. Dezember 01 (Aufgabe 6) und zum 31. Dezember 02 (Aufgabe 7) folgende Inventurwerte fest:

	6	7
Grundstücke und Gebäude:		
Bebaute Grundstücke, Steinstraße 18–32	350.000,00	300.000,00
Verwaltungsgebäude	3.150.000,00	3.125.000,00
Betriebsgebäude	4.900.000,00	4.802.000,00
Rohstoffe lt. Inventurliste 5	734.000,00	562.000,00
Hilfs- und Betriebsstoffe lt. Inventurliste 6	416.000,00	424.000,00
Fertige Erzeugnisse lt. Inventurliste 8	486.000,00	786.000,00
Technische Anlagen und Maschinen lt. Anlagenverzeichnis 1	2.615.000,00	3.562.000,00
Werkzeuge lt. Anlagenverzeichnis 2	537.000,00	494.000,00
Kundenforderungen a. LL lt. Inventurliste 9	350.000,00	567.000,00
Kassenbestand	48.000,00	39.000,00
Fuhrpark lt. Anlagenverzeichnis 3	375.000,00	314.000,00
Betriebs- und Geschäftsausstattung lt. Anlagenverzeichnis 4	366.000,00	445.000,00
Unfertige Erzeugnisse lt. Inventurliste 7	233.000,00	315.000,00
Bankguthaben bei der Deutschen Bank, Köln	731.000,00	842.000,00
bei der Sparkasse KölnBonn	514.000,00	423.000,00
Verbindlichkeiten a. LL lt. Verzeichnis 10	486.000,00	671.000,00
Hypothekenschulden	4.140.000,00	3.900.000,00
Darlehensschulden: Deutsche Bank, Köln	920.000,00	864.000,00
Sparkasse KölnBonn	654.000,00	515.000,00

1. Gliedern Sie die Vermögensteile nach der Liquidität und die Schulden nach der Fälligkeit.
2. Erstellen Sie die Inventare der beiden aufeinander folgenden Geschäftsjahre.
3. Vergleichen Sie die beiden Inventare und erklären Sie die Veränderungen im Anlage- und Umlaufvermögen, in den Schulden und im Eigenkapital.

Aufgabe 8

Ermitteln Sie im Rahmen der zeitlich verlegten Inventur durch Wertfortschreibung bzw. Wertrückrechnung jeweils den Vorratsbestand an Profileisen U 642 zum Abschlussstichtag (31. Dezember):

a) Bestand am Tag der Inventur (1. Oktober): 32.800,00 €; Wert der Zugänge vom 1. Oktober bis 31. Dezember: 58.300,00 €. Wert der Abgänge in die Fertigung (Verbrauch) vom 1. Oktober bis 31. Dezember: 76.300,00 €.

b) Bestand am Aufnahmetag (20. Februar): 43.600,00 €; Wert der Abgänge vom 1. Januar bis 20. Februar: 22.800,00 €; Wert der Zugänge vom 1. Januar bis 20. Februar: 15.200,00 €.

Aufgabe 9

1. Nach welchen Gesetzen ist der Unternehmer zur Buchführung und zu regelmäßigen Jahresabschlüssen verpflichtet?
2. Die Buchführung muss den „Grundsätzen ordnungsmäßiger Buchführung" (GoB) entsprechen. *Erläutern Sie die Quellen der GoB.*
3. Unterscheiden Sie zwischen Inventur und Inventar.
4. Worin unterscheiden sich Anlage- und Umlaufvermögen?
5. Was versteht man unter körperlicher Bestandsaufnahme?
6. Die körperliche Inventur erfolgt durch Zählen, Messen, Wiegen und gegebenenfalls Schätzen. *Nennen Sie jeweils ein Beispiel.*
7. Welche Bestände können nur aufgrund von Belegen oder Aufzeichnungen, also durch eine „Buchinventur", festgestellt werden?
8. Wie lange sind a) Inventare und b) Belege aufzubewahren?
9. Worin sehen Sie die Nachteile der Stichtagsinventur?
10. Welche Vorteile hat die permanente Inventur?
11. Unterscheiden Sie zwischen vorverlegter und nachverlegter Inventur.

2.4 Erfolgsermittlung durch Eigenkapitalvergleich

Erfolg des Unternehmens

Der **Erfolg eines Unternehmens**, also der **Gewinn oder Verlust** des Geschäftsjahres, lässt sich auf einfache Weise durch einen **Eigenkapitalvergleich** ermitteln, der dem Betriebsvermögensvergleich nach § 4 [1] EStG entspricht.

Eigenkapitalvergleich

Das Eigenkapital am Ende eines Geschäftsjahres wird mit dem Eigenkapital am Schluss des vorangegangenen Geschäftsjahres verglichen. Hat es sich **erhöht**, lässt diese Entwicklung grundsätzlich auf einen im Geschäftsjahr erzielten **Gewinn** schließen. Eine Verminderung des Eigenkapitals deutet dagegen auf einen Verlust hin.

Beispiel

Die Möbelwerke Lutz Weise e. Kfm. weisen in ihrem Inventar auf S. 15 zum Schluss des Geschäftsjahres 02 ein Eigenkapital von 14.000.000,00 € aus. Zum Schluss des vorangegangenen Geschäftsjahres 01 betrug das Eigenkapital 12.200.000,00 €.

Eigenkapital zum 31. Dezember 02	14.000.000,00	€
− Eigenkapital zum 31. Dezember 01	12.200.000,00	€
= **Erhöhung des Eigenkapitals**	1.800.000,00	€

Privatentnahmen

Die Erhöhung des Eigenkapitals um 1.800.000,00 € kann nur dann zugleich als Gewinn des Geschäftsjahres gedeutet werden, wenn dem Betriebsvermögen während des Geschäftsjahres weder Vermögensposten für private Zwecke des Unternehmers entzogen noch private Kapitaleinlagen gemacht wurden. Hat der Unternehmer Lutz Weise im Vorgriff auf den erwarteten Gewinn 60.000,00 € für die Anschaffung eines Sportwagens dem betrieblichen Bankkonto gegen Quittung (Beleg) entnommen, ist im Inventar die Summe des Vermögens und damit auch das Reinvermögen bzw. Eigenkapital um diesen Betrag geringer ausgewiesen. Zur genauen Ermittlung des Jahresgewinns müssen deshalb alle **Privatentnahmen** der Eigenkapitalerhöhung wieder **hinzugerechnet** werden:

> **Entnahmebeleg**
>
> Dem Geschäftskonto 119 233 815 bei der Leverkusener Kreditbank wurden heute durch Überweisung an die Sportcar GmbH 60.000,00 € privat entnommen.
>
> Leverkusen, 10. Nov. 02   L. Weise

Eigenkapital zum 31. Dezember 02	14.000.000,00	€
− Eigenkapital zum 31. Dezember 01	12.200.000,00	€
= Erhöhung des Eigenkapitals	1.800.000,00	€
+ **Privatentnahme**	60.000,00	€
= **Gewinn zum 31. Dezember 02**	1.860.000,00	€

Privateinlagen

Geld- und Sachwerte, die der Unternehmer während des Geschäftsjahres in das Betriebsvermögen eingebracht hat, sind nicht vom Unternehmen erwirtschaftet worden und stellen somit auch keinen Gewinn dar. Deshalb muss der Möbelfabrikant Lutz Weise, der ein geerbtes Grundstück im Wert von 250.000,00 € auf sein Unternehmen übertragen hat, diesen Betrag wieder von der Erhöhung des Eigenkapitals **abziehen**:

> **Kapitaleinlagebeleg**
>
> Das unbebaute Grundstück in Leverkusen, Hansastraße 50–52, wurde lt. Grundbuchauszug vom 15. Dezember 02 von mir zum Zeitwert von 250.000,00 € in das Betriebsvermögen meiner Möbelwerke eingebracht.
>
> Leverkusen, 19. Dez. 02   L. Weise

Erfolgsermittlung durch Eigenkapitalvergleich

	Eigenkapital zum 31. Dezember 02	14.000.000,00 €
–	Eigenkapital zum 31. Dezember 01	12.200.000,00 €
=	Erhöhung des Eigenkapitals	1.800.000,00 €
+	Privatentnahme	60.000,00 €
–	Privateinlage	250.000,00 €
=	Gewinn zum 31. Dezember 02	1.610.000,00 €

Merke

Erfolg ist der Unterschiedsbetrag zwischen dem Eigenkapital am Schluss des Geschäftsjahres und dem Eigenkapital am Schluss des vorangegangenen Geschäftsjahres, vermehrt um den Wert der Privatentnahmen und vermindert um den Wert der Privateinlagen (§ 4 [1] EStG).

Verzinsung des Eigenkapitals

Das Verhältnis zwischen dem Jahresgewinn und dem durchschnittlichen Eigenkapital (= durchschn. EK) ergibt die Verzinsung (Rentabilität) des im Unternehmen arbeitenden Eigenkapitals. Ein Vergleich des Ergebnisses mit einer anderen langfristigen Kapitalanlage, z. B. in Form von festverzinslichen Wertpapieren (2 % bis 5 %), zeigt, ob sich der Einsatz des Eigenkapitals gelohnt (rentiert) hat.

$$13.100.000,00 \ € \ \text{durchschn. EK} \ \triangleq \ 100\,\%$$
$$1.610.000,00 \ € \ \text{Gewinn} \ \triangleq \ x\,\%$$

$$x\,\% = \frac{1.610.000,00 \ €}{13.100.000,00 \ €} = 0{,}1229 = 12{,}29\,\%$$

$$\text{Durchschn. EK} = \frac{\text{EK Jahr 01} + \text{EK Jahr 02}}{2} \qquad \text{Rentabilität des Eigenkapitals} = \frac{\text{Jahresgewinn}}{\text{Durchschn. EK}}$$

Aufgabe 10

Die Textilfabrik F. Schnell e. K., Hamburg, weist im Inventar zum 31. Dezember 02 ein Eigenkapital in Höhe von 480.000,00 € aus. Am 31. Dezember 01 betrug das Eigenkapital 450.000,00 €. Im Geschäftsjahr 02 hatte F. Schnell insgesamt 72.000,00 € dem Vermögen (Bargeld) seines Unternehmens für private Zwecke entnommen.

Wie hoch ist der Gewinn des Unternehmens zum 31. Dezember 02?

Aufgabe 11

Das Inventar der Möbelwerke Lutz Weise e. Kfm. (vgl. S. 15) weist ein Eigenkapital von 14.000.000,00 € aus. Am Ende des darauf folgenden Geschäftsjahres ergibt sich aus dem Inventar ein Eigenkapital von 14.850.000,00 €.

Für Privatzwecke hatte Lutz Weise dem Geschäftsbankkonto 180.000,00 € entnommen.

a) *Wie hoch ist der Gewinn des Geschäftsjahres? Ermitteln Sie die Rentabilität des durchschnittlichen Eigenkapitals.*

b) *Wie hoch ist der Verlust, wenn das Eigenkapital lediglich 13.500.000,00 € beträgt?*

Aufgaben 12, 13

Die Maschinenfabrik Klaus Barth e. K., Leverkusen, hat am Anfang des Geschäftsjahres ein Eigenkapital von 590.000,00 € (680.000,00 €). Am Ende des Geschäftsjahres betragen lt. Inventur die Vermögensteile 870.000,00 € (985.000,00 €), die Schulden 210.000,00 € (150.000,00 €).

Während des Geschäftsjahres sind als Privatentnahmen 48.000,00 € (36.000,00 €) und als Einlagen 25.000,00 € (20.000,00 €) gebucht worden.

a) *Ermitteln Sie den Erfolg des Unternehmens durch Eigenkapitalvergleich.*

b) *Ermitteln Sie die Rentabilität des durchschnittlichen Eigenkapitals.*

2.5 Bilanz

Inventar
Das Inventar ist eine ausführliche Aufstellung der einzelnen Vermögensteile und Schulden nach Art, Menge und Wert, das ganze Bände umfassen kann. Dadurch verliert es erheblich an Übersichtlichkeit.

Bilanz
§ 242 HGB verlangt daher außer der regelmäßigen Aufstellung des Inventars noch eine **kurz gefasste Übersicht**, die es ermöglicht, mit einem Blick das **Verhältnis zwischen Vermögen und Schulden** des Unternehmens zu überschauen. Eine solche Übersicht ist die **Bilanz**.

Aktiva und Passiva
Die Bilanz ist eine Kurzfassung des Inventars in Kontoform. Sie enthält auf der linken Seite die Vermögensteile, auf der rechten Seite die Schulden bzw. Verbindlichkeiten (Fremdkapital) und das **Eigenkapital als Ausgleich (Saldo)**. Beide Seiten der Bilanz (ital. bilancia = Waage) weisen daher die **gleichen Summen** aus. **Aktiva** heißen die Vermögenswerte, **Passiva** die Kapitalwerte. Aktiva werden nach der Flüssigkeit und Passiva nach der Fälligkeit geordnet.

Beispiel

Aus dem Inventar auf Seite 15 ergibt sich folgende **Bilanz**:

Aktiva	Bilanz zum 31. Dezember 20..		Passiva
I. Anlagevermögen		**I. Eigenkapital**	14.000.000,00
1. Grundst. und Gebäude	8.410.000,00		
2. TA und Maschinen	2.703.000,00	**II. Fremdkapital (Schulden)**	
3. Fuhrpark	427.000,00	1. Hypothekenschulden	4.106.000,00
4. Betriebs- und		2. Darlehen	1.204.000,00
Geschäftsausstattung	460.000,00	3. Verbindlichk. a. LL	690.000,00
II. Umlaufvermögen			
1. Rohstoffe	2.405.000,00		
2. Hilfsstoffe	824.000,00		
3. Betriebsstoffe	154.000,00		
4. Unfertige Erzeugnisse	628.000,00		
5. Fertige Erzeugnisse	2.052.000,00		
6. Forderungen a. LL	994.000,00		
7. Bankguthaben	916.000,00		
8. Kassenbestand	27.000,00		
	20.000.000,00		**20.000.000,00**

Leverkusen, 10. März 20..   *Lutz Weise*

Merke

- Die Bilanz ist eine kurz gefasste Gegenüberstellung von Vermögen (Aktiva) und Kapital (Passiva) in Kontoform.
- Grundlage für die Aufstellung der Bilanz ist das Inventar.
- Die Bilanz muss klar und übersichtlich gegliedert sein (§ 243 [2] HGB). Anlage- und Umlaufvermögen, Eigenkapital und Verbindlichkeiten sind gesondert auszuweisen und aufzugliedern (§§ 247, 266 HGB siehe Anhang).

    Vermögensposten (Aktiva):   Ordnung nach der Flüssigkeit
    Kapitalposten (Passiva):   Ordnung nach der Fälligkeit

- Der Jahresabschluss (Bilanz und Gewinn- und Verlustrechnung) ist vom Unternehmer unter Angabe des Datums persönlich zu unterzeichnen (§ 245 HGB).

B INVENTUR, INVENTAR UND BILANZ

2.6 Aussagewert der Bilanz

Inhalt der Bilanz

Die Bilanz lässt auf einen Blick erkennen, woher das Kapital stammt und wo es im Einzelnen angelegt (investiert) worden ist:

Aktiva	Bilanz		Passiva
Vermögensformen		**Vermögensquellen**	
Vermögens- oder Aktivseite zeigt die **Formen** des Vermögens:		Kapital- oder Passivseite zeigt die **Herkunft** des Vermögens:	
I. Anlagevermögen	12.000.000,00	I. Eigenkapital	14.000.000,00
II. Umlaufvermögen	8.000.000,00	II. Fremdkapital	6.000.000,00
Vermögen	20.000.000,00 =	Kapital	20.000.000,00
Wo ist das Kapital angelegt?		Woher stammt das Kapital?	
Investition		**Finanzierung**	

> **Merke**
> - Die Passivseite der Bilanz gibt Auskunft über die Herkunft (Quellen) der finanziellen Mittel. Sie zeigt also die Mittelherkunft oder Finanzierung.
> - Die Aktivseite weist dagegen die Anlage bzw. Verwendung des Kapitals aus. Sie gibt also Auskunft über die Mittelverwendung oder Investition.

Aussagewert der Bilanz

Die oben dargestellte Kurzfassung der Bilanz zeigt deutlich die **Zusammensetzung (Struktur) des Kapitals und des Vermögens** in absoluten Zahlen. Es ist zu erkennen, dass das Unternehmen überwiegend mit eigenen Mitteln arbeitet (14.000.000,00 € Eigenkapital zu 6.000.000,00 € Fremdkapital). Der Unternehmer bewahrt dadurch seine Unabhängigkeit gegenüber Gläubigern. Außerdem ist die Zinsbelastung durch fremde Mittel nicht zu hoch. Die solide Ausstattung des Unternehmens mit Kapital (Finanzierung) kommt auch dadurch zum Ausdruck, dass nicht nur das gesamte Anlagevermögen, sondern auch ein Teil des Umlaufvermögens mit Eigenkapital beschafft (finanziert) worden ist (14.000.000,00 € Eigenkapital zu 12.000.000,00 € Anlagevermögen). **Die Darstellung der Bilanzstruktur in Gliederungszahlen (%)[1]** erhöht die Aussagekraft und Überschaubarkeit der Verhältnisse:

Bilanzstruktur

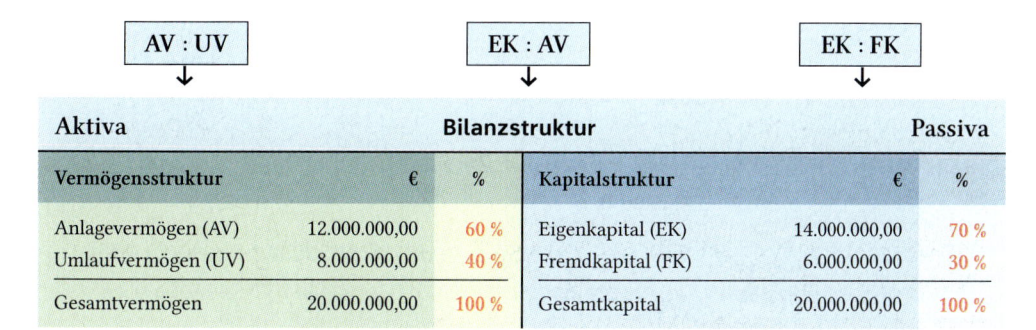

AV : UV   EK : AV   EK : FK

Aktiva	Bilanzstruktur		Passiva		
Vermögensstruktur	€	%	**Kapitalstruktur**	€	%
Anlagevermögen (AV)	12.000.000,00	60 %	Eigenkapital (EK)	14.000.000,00	70 %
Umlaufvermögen (UV)	8.000.000,00	40 %	Fremdkapital (FK)	6.000.000,00	30 %
Gesamtvermögen	20.000.000,00	100 %	Gesamtkapital	20.000.000,00	100 %

> **Merke**
> - Die Bilanz ist eine kurz gefasste Gegenüberstellung von:
>   - Vermögensformen und Vermögensquellen,
>   - Mittelverwendung und Mittelherkunft,
>   - Investition und Finanzierung.
> - Die Bilanzstruktur zeigt deutlich die Zusammensetzung des Vermögens und Kapitals.

[1] Siehe auch Kapitel F Auswertung des Jahresabschlusses, S. 322 ff.

Rechnerische Gleichheit

Das Eigenkapital ist die Differenz aus Vermögen und Fremdkapital. Daher ist die rechnerische Gleichheit beider Bilanzseiten, also von Aktiva und Passiva bzw. von Vermögen und Kapital, immer gegeben, und es gelten die folgenden Bilanzgleichungen:

Bilanzgleichungen
Aktiva = Passiva
Vermögen = Kapital
Vermögen = Eigenkapital + Fremdkapital
Eigenkapital = Vermögen – Fremdkapital
Fremdkapital = Vermögen – Eigenkapital

2.7 Vergleich zwischen Inventar und Bilanz

Die Inventur ist die Voraussetzung für die Aufstellung des Inventars. Das Inventar bildet die Grundlage für die Erstellung der Bilanz:

Inventur
↓
Inventar
↓
Bilanz

Erstellen von Inventar und Bilanz

Inventar und Bilanz sind aufzustellen:

- bei **Gründung** oder **Übernahme** eines Unternehmens,
- regelmäßig zum **Schluss des Geschäftsjahres**,
- bei **Veräußerung** oder **Auflösung** des Unternehmens.

Inventar und Bilanz zeigen beide den Stand des Vermögens und des Kapitals eines Unternehmens.[1] Sie unterscheiden sich in der Art der Darstellung:

Inventar	Bilanz
■ **Ausführliche** Darstellung der einzelnen Vermögens- und Schuldenwerte	■ **Kurz gefasste** überschaubare Darstellung des Vermögens und des Kapitals
■ Angabe der Mengen, Einzelwerte und Gesamtwerte	■ **Nur** Angabe der **Gesamtwerte** der einzelnen Bilanzposten
■ Darstellung des Vermögens und des Kapitals **untereinander: Staffelform**	■ Darstellung des Vermögens und des Kapitals **nebeneinander: Kontoform**

Merke

- Inventar und Bilanz sind nach § 257 [4] HGB bzw. § 147 [3] AO zehn Jahre aufzubewahren.
- Den Jahresabschluss (Bilanz und Gewinn- und Verlustrechnung) unterzeichnen (§ 245 HGB):
  - bei der Einzelunternehmung: Inhaber persönlich,
  - bei der Offenen Handelsgesellschaft (OHG): alle Gesellschafter,
  - bei der Kommanditgesellschaft (KG): alle persönlich haftenden Gesellschafter,
  - bei der Aktiengesellschaft (AG): alle Mitglieder des Vorstands,
  - bei der Kommanditgesellschaft auf Aktien (KGaA): alle persönlich haftenden geschäftsführenden Gesellschafter,
  - bei der Gesellschaft mit beschränkter Haftung (GmbH): alle Geschäftsführer.

[1] **Inhaltlich** können Unterschiede dann auftreten, wenn in der Bilanz Jahresabgrenzungen vorgenommen werden, die im Inventar nicht berücksichtigt wurden (z. B. Rückstellungen).

INVENTUR, INVENTAR UND BILANZ

Aufgaben 14, 15

Beachten Sie die Gliederung der Bilanz auf Seite 20.

Stellen Sie nach folgenden Angaben die Bilanz für die Elektromotorenfabrik Rolf Röhrig e. Kfm., Frankfurt (Main), zum 31. Dezember .. auf.

	14	15
Technische Anlagen und Maschinen	1.300.000,00	1.150.000,00
Betriebs- und Geschäftsausstattung	380.000,00	350.000,00
Rohstoffe	450.000,00	550.000,00
Fertige Erzeugnisse	100.000,00	250.000,00
Forderungen a. LL	220.000,00	350.000,00
Bankguthaben	300.000,00	320.000,00
Kassenbestand	50.000,00	30.000,00
Darlehensschulden	500.000,00	800.000,00
Verbindlichkeiten a. LL	200.000,00	400.000,00

1. Mit welchem Gesamtkapital, Eigenkapital und Fremdkapital arbeitet die Unternehmung?
2. Wie beurteilen Sie das Verhältnis der eigenen zu den fremden Mitteln?
3. Reichten die eigenen Mittel zur Beschaffung (Finanzierung) des Anlagevermögens aus?

Aufgaben 16, 17

Stellen Sie nach folgenden Angaben die Bilanz für die Metallwarenfabrik Gerd Badicke e. Kfm., Leverkusen, zum 31. Dezember .. auf. Ordnen Sie die Vermögens- und Kapitalposten.

	16	17
Rohstoffe	850.000,00	1.200.000,00
Verbindlichkeiten a. LL	500.000,00	900.000,00
Kassenbestand	50.000,00	40.000,00
Forderungen a. LL	400.000,00	700.000,00
Grundstücke und Gebäude	3.200.000,00	3.000.000,00
Darlehensschulden	700.000,00	1.500.000,00
Technische Anlagen und Maschinen	1.100.000,00	900.000,00
Hypothekenschulden	1.600.000,00	2.100.000,00
Fuhrpark	220.000,00	250.000,00
Betriebs- und Geschäftsausstattung	280.000,00	350.000,00
Hilfsstoffe	450.000,00	650.000,00
Betriebsstoffe	100.000,00	200.000,00
Bankguthaben	800.000,00	960.000,00
Fertige Erzeugnisse	450.000,00	750.000,00

Beantworten Sie die gleichen Fragen wie zu den Aufgaben 14/15.

Aufgabe 18

Stellen Sie die Bilanzen aufgrund der Inventare (Aufgaben 4 und 5) der Textilwerke U. Brandt e. K., Wuppertal, zum 31. Dezember .. auf.

Aufgabe 19

Die Bilanzen der Maschinenfabrik W. Pätzold e. K., Köln, sind aufgrund der Inventare (Aufgaben 6 und 7) zum 31. Dezember .. aufzustellen.

Aufgabe 20

1. Stellen Sie für die Bilanzen der Aufgaben 14 bis 19 jeweils die Bilanzstruktur dar, indem Sie den Prozentanteil des Eigen- und Fremdkapitals sowie des Anlage- und Umlaufvermögens an der Bilanzsumme (= 100 %) ermitteln (vgl. auch Muster auf S. 21 unten).
2. Beurteilen Sie vor allem das Verhältnis der eigenen zu den fremden Mitteln.
3. Wie viel Eigenkapital verbleibt nach Deckung (= Finanzierung) des Anlagevermögens noch für die Deckung des Umlaufvermögens?

3 Buchen auf Bestandskonten

3.1 Wertveränderungen in der Bilanz

Jeder Geschäftsfall verändert mindestens zwei Posten in der Bilanz, so dass **vier Möglichkeiten der Bilanzveränderung** unterschieden werden können.

Aktivtausch

❶ **Aktivtausch**: Der Geschäftsfall betrifft **nur die Aktivseite** der Bilanz. Die Bilanzsumme ändert sich somit nicht:

| Kauf einer EDV-Anlage gegen Banküberweisung für 2.000,00 €. | BGA | + | Bankguthaben | − |

Passivtausch

❷ **Passivtausch**: Der Geschäftsfall wirkt sich **nur auf der Passivseite** aus. Daher ändert sich die Bilanzsumme nicht:

| Eine kurzfristige Lieferantenschuld wird durch ein langfristiges Darlehen abgelöst: 3.000,00 € (Umschuldung). | Verbindlichk. | − | Darlehen | + |

Aktiv-Passivmehrung

❸ **Aktiv-Passivmehrung**: Der Geschäftsfall betrifft **beide Seiten** der Bilanz. Der Erhöhung eines Aktivpostens steht auch die Erhöhung eines Passivpostens gegenüber. Die Bilanzsummen nehmen auf beiden Seiten um den gleichen Betrag zu. Die Bilanzgleichung bleibt somit gewahrt.

| Kauf von Rohstoffen auf Ziel[1] (Verbindlichkeit) für 4.000,00 €. | Rohstoffe | + | Verbindlichk. | + |

Aktiv-Passivminderung

❹ **Aktiv-Passiv-Minderung**: Der Geschäftsfall betrifft auch hier **beide Seiten** der Bilanz. Der Verminderung eines Aktivpostens entspricht die Verminderung eines Passivpostens. Die Bilanzgleichung bleibt durch Abnahme der Bilanzsumme auf beiden Seiten gewahrt.

| Eine bereits gebuchte Lieferantenrechnung über 1.500,00 € wird durch Banküberweisung beglichen. | Bankguthaben | − | Verbindlichk. | − |

	Aktiva			Bilanz		Passiva		
	BGA	Rohstoffe	Bankguthaben			Eigenkapital	Darlehensschulden	Verbindlichkeiten
I	50.000	20.000	5.000	= 75.000	= 75.000	51.000	15.000	9.000
❶	+ 2.000		− 2.000					
II	52.000	20.000	3.000	= 75.000	= 75.000	51.000	15.000	9.000
❷							+ 3.000	− 3.000
III	52.000	20.000	3.000	= 75.000	= 75.000	51.000	18.000	6.000
❸		+ 4.000						+ 4.000
IV	52.000	24.000	3.000	= 79.000	= 79.000	51.000	18.000	10.000
❹			− 1.500					− 1.500
V	52.000	24.000	1.500	= 77.500	= 77.500	51.000	18.000	8.500

1 Zielkäufe und Zielverkäufe sind Geschäftsfälle, bei denen ein Zahlungsziel gewährt wird, z. B. „zahlbar innerhalb von 30 Tagen". Bei dem Lieferanten entsteht dadurch eine Forderung, bei dem Kunden eine Verbindlichkeit.

Buchen auf Bestandskonten

Merke

Jeder Geschäftsfall wirkt sich auf mindestens zwei Posten der Bilanz aus.
Möglich sind:
- **Aktivtausch:** Tauschvorgang auf der Aktivseite
- **Passivtausch:** Tauschvorgang auf der Passivseite
- **Aktiv-Passivmehrung:** Erhöhung auf beiden Bilanzseiten
- **Aktiv-Passivminderung:** Verminderung auf beiden Bilanzseiten

Bei allen vier Möglichkeiten der Wertveränderungen bleibt das Gleichgewicht der Bilanzseiten (Bilanzgleichung) erhalten. Es verändert sich lediglich der zahlenmäßige Inhalt bestimmter Bilanzposten.

Bei jedem Geschäftsfall sind folgende Fragen zu beantworten:
1. Welche Posten der Bilanz werden berührt?
2. Handelt es sich um Aktiv- oder/und Passivposten der Bilanz?
3. Wie wirkt sich der Geschäftsfall auf die Bilanzposten aus?
4. Um welche der vier Arten der Bilanzveränderung handelt es sich?

Aufgabe 21

Aktiva: Grundstücke und Gebäude 480.000,00 €, Technische Anlagen und Maschinen 130.000,00 €, Rohstoffe 50.000,00 €, Forderungen a. LL 25.000,00 €, Bank 30.000,00 €, Kasse 5.000,00 €.

Passiva: Eigenkapital 671.000,00 €, Darlehensschulden 20.000,00 €, Verbindlichkeiten a. LL 29.000,00 €.

Stellen Sie sich für die folgenden Geschäftsfälle zuerst die o. g. vier Fragen. Buchen Sie danach in der Bilanzwaage:

1. Kauf einer Maschine gegen Banküberweisung 18.000,00
2. Einkauf von Rohstoffen auf Ziel (Verbindlichkeit a. LL ggü. dem Lieferanten) lt. Eingangsrechnung 9.000,00
3. Ausgleich der gebuchten Lieferantenrechnung durch Banküberweisung 9.000,00
4. Ein Kunde begleicht eine gebuchte Rechnung (Forderungen a. LL) bar 650,00
5. Eine kurzfristige Lieferantenschuld wird in eine langfristige Darlehensschuld umgewandelt 6.000,00
6. Ein Kunde begleicht die gebuchten Rechnung (Forderung) durch Banküberweisung 3.500,00
7. Bareinzahlung auf das betriebliche Bankkonto 2.000,00
8. Teilrückzahlung des aufgenommenen Darlehens durch Banküberweisung 2.000,00

Aufgabe 22

Aktiva: TA und Maschinen 490.000,00 €, Fuhrpark 40.000,00 €, Rohstoffe 42.000,00 €, Forderungen a. LL 15.000,00 €, Bank 28.000,00 €, Kasse 6.000,00 €.

Passiva: Eigenkapital ?, Darlehen 30.000,00 €, Verbindlichkeiten a. LL 20.000,00 €.

Beantworten Sie zunächst zu jedem Geschäftsfall die o. g. vier Fragen. Buchen Sie die Änderungen in der Bilanzwaage und erstellen Sie anschließend eine ordnungsmäßige Schlussbilanz.

1. Buchung einer Eingangsrechnung für Zieleinkauf von Rohstoffen 1.700,00
2. Banküberweisung für Lieferantenrechnung (Fall 1) 1.700,00
3. Verkauf einer gebrauchten Maschine bar für 2.500,00
4. Einkauf von Rohstoffen gegen Banküberweisung für 4.500,00
5. Ausgleich einer gebuchten Lieferantenrechnung durch Banküberweisung 5.500,00
6. Kunde begleicht eine gebuchte Rechnung (Forderung) durch Banküberweisung 3.400,00
7. Tilgung einer Darlehensschuld durch Banküberweisung 8.000,00

3.2 Auflösung der Bilanz in Bestandskonten

Jeder Geschäftsfall wirkt sich auf mindestens zwei Posten der Bilanz aus. In der täglichen Praxis ist es aber nicht handhabbar, die Veränderungen der Aktiv- und Passivposten ständig in einer Bilanz vorzunehmen. Deshalb wird die **Eröffnungsbilanz** eines Geschäftsjahres **in Konten aufgelöst**. Für jeden Bilanzposten werden **Bestandskonten eingerichtet**. Nach den Seiten der Bilanz erfolgt eine Unterscheidung in

- Aktivkonten = Vermögenskonten und
- Passivkonten = Kapitalkonten.

Bestandskonten

Aktiv- und Passivkonten weisen die **Bestände an Vermögen und Kapital** des Unternehmens aus und erfassen in übersichtlicher Weise die **Veränderungen** dieser Bestände aufgrund der Geschäftsfälle. Sie stellen daher Bestandskonten dar. Man spricht von **aktiven und passiven Bestandskonten**. Die linke Seite des Kontos wird mit „Soll" (S), die rechte Seite mit „Haben" (H) bezeichnet.

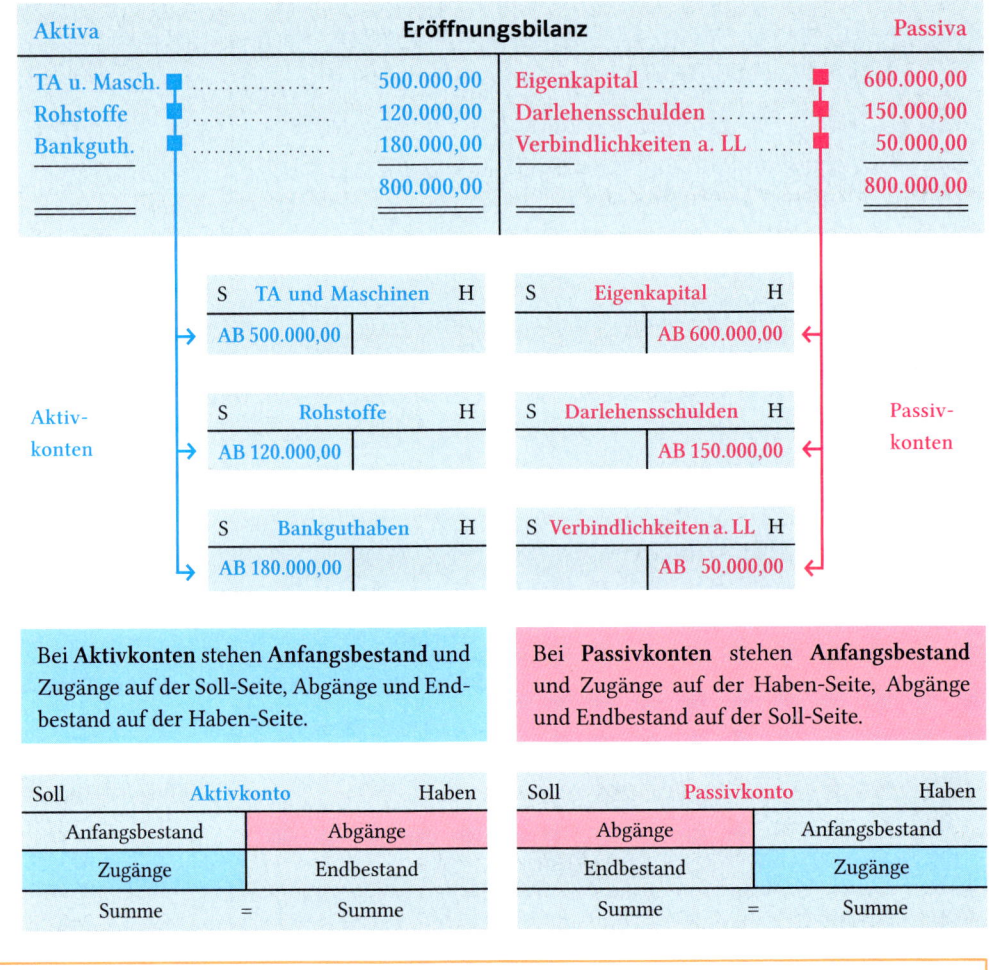

Aktiva	Eröffnungsbilanz		Passiva
TA u. Masch.	500.000,00	Eigenkapital	600.000,00
Rohstoffe	120.000,00	Darlehensschulden	150.000,00
Bankguth.	180.000,00	Verbindlichkeiten a. LL	50.000,00
	800.000,00		800.000,00

Aktivkonten

S	TA und Maschinen	H
AB 500.000,00		

S	Rohstoffe	H
AB 120.000,00		

S	Bankguthaben	H
AB 180.000,00		

Passivkonten

S	Eigenkapital	H
		AB 600.000,00

S	Darlehensschulden	H
		AB 150.000,00

S	Verbindlichkeiten a. LL	H
		AB 50.000,00

Bei **Aktivkonten** stehen **Anfangsbestand** und Zugänge auf der Soll-Seite, Abgänge und Endbestand auf der Haben-Seite.

Bei **Passivkonten** stehen **Anfangsbestand** und Zugänge auf der Haben-Seite, Abgänge und Endbestand auf der Soll-Seite.

Soll	Aktivkonto	Haben
Anfangsbestand		Abgänge
Zugänge		Endbestand
Summe	=	Summe

Soll	Passivkonto	Haben
Abgänge		Anfangsbestand
Endbestand		Zugänge
Summe	=	Summe

Merke

- Die Zugänge stehen im Konto auf der Seite der Anfangsbestände, weil sie die Bestände erhöhen, die Abgänge stehen jeweils auf der entgegengesetzten Seite.
- Die Saldierung der Abgänge mit den Beträgen der Gegenseite ergibt als Saldo den Schlussbestand. Die Summe der Soll- und Haben-Seite eines Kontos ist am Ende gleich hoch.
- Aktiv- und Passivkonten sind Bestandskonten.

Buchen auf Bestandskonten — B

Nach Eintragung des Anfangsbestands und Buchung der Geschäftsfälle wird das Konto folgendermaßen abgeschlossen:

Kontoabschluss

❶ Addition der wertmäßig größeren Seite (hier: Soll 2.520,00 €).

❷ Übertragung dieser Summe auf die wertmäßig **kleinere** Seite (hier: Haben).

❸ Ermittlung des Saldos als Unterschiedsbetrag zwischen Soll und Haben, also des Schlussbestands durch Nebenrechnung (hier: 1.213,00 €), und **Eintragung des Saldos** auf der **kleineren** Seite, damit das Konto im Soll und Haben summenmäßig gleich ist.[1]

Soll (Einzahlungen)			Kassenkonto		Haben (Auszahlungen)	
Datum	Text	€	Datum	Text		€
1. Jan.	Anfangsbestand	1.550,00	5. Jan.	Zahlung an H. Steinbring		850,00
5. Jan.	Bankabhebung	300,00	21. Jan.	Postwertzeichen		120,00
16. Jan.	Zahlung von H. Krüger	260,00	26. Jan.	Bürobedarf		165,00
20. Jan.	Zahlung von Harlinghausen	220,00	28. Jan.	Zeitungsinserat		172,00
29. Jan.	Barverkauf	190,00	31. Jan.	Schlussbestand (Saldo)	❸	1.213,00
		❶ 2.520,00			❷	2.520,00
1. Febr.	Saldovortrag	1.213,00				

Aufgabe 23

Führen Sie ein Kassenkonto vom 25. bis 31. Januar.

25. Jan.	Anfangsbestand	2.855,00
25. Jan.	Barzahlung eines Kunden	220,00
26. Jan.	Barzahlung an einen Lieferanten	380,00
26. Jan.	Zahlung für eine Zeitungsanzeige	120,00
27. Jan.	Bezahlung der Rechnung für Büromaterial	180,00
27. Jan.	Privatentnahme des Inhabers	400,00
28. Jan.	Abhebung von der Bank	2.800,00
28. Jan.	Gehaltsabschlagszahlungen	1.620,00
29. Jan.	Zahlung für Postwertzeichen	144,00
29. Jan.	Zahlung für Bahn- und Hausfracht	65,00
30. Jan.	Zahlung an Fensterputzer	280,00
31. Jan.	Mieteinnahme	1.500,00
31. Jan.	Zahlung für Lohnabschläge	2.900,00

Das Kassenkonto ist abzuschließen. Wie hoch ist der Schlussbestand (Saldo)?

Aufgabe 24

Führen Sie das Konto „Verbindlichkeiten a. LL" vom 1. bis 6. Februar.

1. Febr.	Anfangsbestand (Saldovortrag)	16.200,00
2. Febr.	Eingangsrechnung: Zielkauf von Rohstoffen	11.100,00
3. Febr.	Ausgleich einer Lieferantenrechnung durch Banküberweisung	2.250,00
4. Febr.	Eingangsrechnung: Zielkauf von Hilfsstoffen	3.450,00
5. Febr.	Ausgleich einer Lieferantenrechnung durch Banküberweisung	980,00
6. Febr.	Ausgleich einer Lieferantenrechnung durch Banküberweisung	2.300,00

Das Konto ist abzuschließen. Wie hoch ist der Schlussbestand (Saldo) am 6. Februar?

Aufgabe 25

1. Nennen Sie jeweils einen Geschäftsfall für eine der vier möglichen Wertveränderungen in der Bilanz und erläutern Sie die Auswirkung auf die Bilanzsumme.
2. Auf welcher Seite des Kontos „Forderungen a. LL" werden Zugänge (Mehrungen) und auf welcher Abgänge (Minderungen) gebucht?
3. Auf welcher Seite bucht man bei Darlehensschulden jeweils die Zugänge und Abgänge?

---

[1] Der Schlussbestand (Saldo) ist mit dem Bestand laut Inventur abzugleichen (s. S. 237 ff.).

B Einführung in die Industriebuchführung

3.3 Buchung von Geschäftsfällen und Abschluss der Bestandskonten

Eröffnung der Aktiv- und Passivkonten

Die zum Abschluss eines Geschäftsjahres erstellte Bilanz heißt **Schlussbilanz**. Sie ist zugleich die **Eröffnungsbilanz** des folgenden Geschäftsjahres und somit Grundlage für die Eröffnung der Aktiv- und Passivkonten. Für jeden Bilanzposten werden mehrere Bestandskonten eingerichtet, deren Anfangsbestände zusammen dem Wert des Bilanzpostens entsprechen.

Die folgenden fünf Geschäftsfälle werden auf den entsprechenden Bestandskonten gebucht, wobei jeder Soll-Buchung eine betragsmäßig **gleich hohe** Haben-Buchung auf einem anderen Konto gegenübersteht. Dabei ist jeweils das Gegenkonto anzugeben. Diesen **laufenden** Buchungen müssen entsprechende **Belege** (z. B. Rechnungen) zugrunde liegen.

> **Vor jeder Buchung sind folgende Überlegungen anzustellen:**
> 1. Welche Konten werden durch den Geschäftsfall berührt?
> 2. Sind es Aktiv- oder Passivkonten?
> 3. Liegt ein Zugang (+) oder Abgang (−) auf dem jeweiligen Konto vor?
> 4. Sind etwa auf beiden Konten Zugänge oder Abgänge zu buchen?
> 5. Auf welcher Kontenseite ist demnach jeweils zu buchen?

❶ Kauf einer EDV-Anlage gegen Banküberweisung: 20.000,00 € Rechnungsbetrag.

		Buchung
Die Geschäftsausstattung erhöht sich:	Aktivkonto:	Soll
Das Bankguthaben vermindert sich:	Aktivkonto:	Haben

❷ Zieleinkauf von Rohstoffen für 15.000,00 € laut Eingangsrechnung.

Der Rohstoffbestand nimmt zu:	Aktivkonto:	Soll
Die Verbindlichkeiten a. LL nehmen auch zu:	Passivkonto:	Haben

❸ Ein Kunde begleicht eine bereits gebuchte Rechnung durch Banküberweisung über 14.000,00 €.

Das Bankguthaben nimmt zu:	Aktivkonto:	Soll
Der Bestand an Forderungen a. LL nimmt ab:	Aktivkonto:	Haben

❹ Eine bereits gebuchte Lieferantenrechnung wird durch Banküberweisung beglichen: 3.000,00 €.

Die Verbindlichkeiten a. LL nehmen ab:	Passivkonto:	Soll
Das Bankguthaben nimmt ab:	Aktivkonto:	Haben

❺ Eine Lieferantenverbindlichkeit über 18.000,00 € wird vereinbarungsgemäß in eine Darlehensschuld umgewandelt.

Die Verbindlichkeiten a. LL nehmen ab:	Passivkonto:	Soll
Die Darlehensschulden erhöhen sich:	Passivkonto:	Haben

Erklären Sie anhand der oben genannten fünf Geschäftsfälle, welche Art der Wertveränderung in der Bilanz vorliegt. Nennen Sie auch jeweils die Auswirkung auf die Bilanzsumme.

> **Merke**
> - Jeder Geschäftsfall wird doppelt gebucht, und zwar zuerst im Soll und danach im Haben.
> - Bei der Buchung in den Konten wird jeweils das Gegenkonto angegeben.

BUCHEN AUF BESTANDSKONTEN

Abschluss der Bestandskonten

Sind alle Geschäftsfälle bis zum Jahresende gebucht, wird für jedes Aktiv- und Passivkonto der Schlussbestand ermittelt. Dieser ist mit dem Ergebnis der Inventur abzustimmen. Eine Abweichung zwischen dem tatsächlich im Unternehmen vorhandenen **Istbestand** (Inventurwert) und dem **Sollbestand** der Finanzbuchhaltung (Schlussbestand des Kontos) führt zu einer Berichtigung des Bestandskontos durch Buchung der **Inventurdifferenz**[1]. Die ggf. berichtigten Schlussbestände der Bestandskonten werden in die Schlussbilanz übernommen, und zwar stehen die Schlussbestände der Aktivkonten auf der Aktivseite und die Schlussbestände der Passivkonten auf der Passivseite. Die **Schlussbilanz** stimmt in der Regel **wertmäßig mit** dem aufgrund der Inventur aufgestellten **Inventar überein** und zeigt ebenfalls die im Unternehmen vorhandenen Vermögenswerte und Schulden.

Aktiva	Eröffnungsbilanz		Passiva
Betriebs- u. Geschäftsausstattg.	270.000,00	Eigenkapital	320.000,00
Rohstoffe	60.000,00	Darlehensschulden	102.000,00
Forderungen a. LL	85.000,00	Verbindlichkeiten a. LL	68.000,00
Bank	75.000,00		
	490.000,00		490.000,00

S	Betriebs- und Geschäftsausstattung		H
AB	270.000,00	SB	290.000,00
❶ Bank	20.000,00		
	290.000,00		290.000,00

S	Rohstoffe		H
AB	60.000,00	SB	75.000,00
❷ Verb.	15.000,00		
	75.000,00		75.000,00

S	Forderungen a. LL		H
AB	85.000,00	❸ Bank	14.000,00
		SB	71.000,00
	85.000,00		85.000,00

S	Bank		H
AB	75.000,00	❶ BGA	20.000,00
❸ Ford.	14.000,00	❹ Verb.	3.000,00
		SB	66.000,00
	89.000,00		89.000,00

S	Eigenkapital		H
SB	320.000,00	AB	320.000,00
	320.000,00		320.000,00

S	Darlehensschulden		H
SB	120.000,00	AB	102.000,00
		❺ Verb.	18.000,00
	120.000,00		120.000,00

S	Verbindlichkeiten a. LL		H
❹ Bank	3.000,00	AB	68.000,00
❺ Darl.	18.000,00	❷ R-St.	15.000,00
SB	62.000,00		
	83.000,00		83.000,00

Aktiva	Schlussbilanz		Passiva
Betriebs- u. Geschäftsausstattg.	290.000,00	Eigenkapital	320.000,00
Rohstoffe	75.000,00	Darlehensschulden	120.000,00
Forderungen a. LL	71.000,00	Verbindlichkeiten a. LL	62.000,00
Bank	66.000,00		
	502.000,00		502.000,00

---

1 Siehe S. 237 f. und Kurzaufsatz auf www.schmolke-deitermann.de Beiträge/Downloads.

B Einführung in die Industriebuchführung

Von der Eröffnungsbilanz über die Bestandskonten zur Schlussbilanz

Reihenfolge der Buchungsarbeiten:
1. Eröffnungsbilanz aufstellen
2. Anfangsbestände auf Aktiv- und Passivkonten vortragen
3. Geschäftsfälle auf den entsprechenden Bestandskonten buchen
4. Schlussbestände (Salden) auf den Aktiv- und Passivkonten ermitteln, mit den Inventurwerten abstimmen und bei Abweichungen um Inventurdifferenzen korrigieren
5. Konten abschließen
6. Schlussbilanz aufstellen

Belegabkürzungen

ER = Eingangsrechnung ME = Materialentnahmeschein KB = Kassenbeleg
AR = Ausgangsrechnung KA = Kontoauszug (z. B. Quittung)

Aufgabe 26

Anfangsbestände

Grundstücke und Gebäude	310.000,00	Bank	55.000,00
TA und Maschinen	170.000,00	Kasse	5.000,00
Rohstoffe	30.000,00	Darlehensschulden	20.000,00
Forderungen a. LL	35.000,00	Verbindlichkeiten a. LL	46.000,00
		Eigenkapital	?

Geschäftsfälle

1. Ausgleich der bereits gebuchten Eingangsrechnung 402 durch Banküberweisung ... 11.300,00
2. Einkauf von Rohstoffen auf Ziel lt. Eingangsrechnung 414 ... 7.200,00
3. Tilgung einer Darlehensschuld durch Überweisung lt. Kontoauszug ... 5.000,00
4. Überweisung des bereits gebuchten Rechnungsbetrags (Forderung) durch einen Kunden ... 5.200,00
5. Bareinzahlung auf das betriebliche Bankkonto lt. Kontoauszug ... 2.200,00

Abschlussangabe: Die Schlussbestände auf den Konten stimmen mit der Inventur überein.

Führen Sie die Buchungsarbeiten durch und stellen Sie die Schlussbilanz auf.

Aufgabe 27

Anfangsbestände

TA und Maschinen	235.000,00	Bank	36.000,00
BGA	75.000,00	Kasse	4.500,00
Rohstoffe	22.000,00	Darlehensschulden	24.000,00
Forderungen a. LL	19.000,00	Verbindlichkeiten a. LL	20.000,00
		Eigenkapital	?

Geschäftsfälle

1. ER 422: Eingangsrechnung für Kauf von Rohstoffen auf Ziel ... 2.300,00
2. KA 120: Kauf einer EDV-Anlage gegen Banküberweisung ... 8.500,00
3. KA 121: Tilgung einer Darlehensschuld durch Banküberweisung ... 5.000,00
4. KA 122: Überweisung eines Kunden zum Rechnungsausgleich ... 3.400,00
5. ER 423: Kauf einer Fertigungsmaschine auf Ziel ... 12.000,00
6. KA 123: Ausgleich einer Lieferantenrechnung durch Banküberweisung ... 4.300,00
7. KA 124: Verkauf einer nicht mehr benötigten Maschine gegen Banküberweisung ... 2.400,00

Abschlussangabe: Die Schlussbestände auf den Konten entsprechen den Inventurwerten.

Führen Sie die Buchungsarbeiten durch und stellen Sie die Schlussbilanz auf.

BUCHEN AUF BESTANDSKONTEN

Aufgabe 28

1. Warum müssen die Schlussbestände auf den Aktiv- und Passivkonten mit den Inventurwerten abgestimmt werden?
2. Begründen Sie, dass Aktiv- und Passivkonten als Bestandskonten gelten.
3. Was ist unter einem Saldo zu verstehen? Wie wird er bei Bestandskonten ermittelt?
4. Vervollständigen Sie jeweils das aktive bzw. passive Bestandskonto:

a)
Soll	?	Haben
?		Abgänge
?		?

b)
Soll	?	Haben
?		?
?		Zugänge

Aufgabe 29

Nennen Sie jeweils den Geschäftsfall zu den Buchungen im folgenden Konto:

Soll		Bank		Haben
Anfangsbestand	150.000,00	2. Darlehensschulden		12.600,00
1. Forderungen a. LL	23.000,00	3. Kasse		5.400,00
4. BGA	4.600,00	5. Verbindlichkeiten a. LL		6.700,00
6. Darlehensschulden	120.000,00	Schlussbestand		272.900,00
	297.600,00			297.600,00

Aufgabe 30

Nennen Sie jeweils den Geschäftsfall zu den Buchungen im folgenden Konto:

Soll		Verbindlichkeiten a. LL		Haben
3. Darlehensschulden	60.000,00	Anfangsbestand		207.000,00
4. Postbank	10.350,00	1. Hilfsstoffe		5.700,00
Schlussbestand	156.150,00	2. BGA		13.800,00
	226.500,00			226.500,00

Aufgabe 31

Erläutern Sie den Zusammenhang zwischen den Buchungen 1. und 2. im folgenden Konto:

Soll		Verbindlichkeiten a. LL		Haben
2. BGA	23.000,00	Anfangsbestand		138.000,00
		1. BGA		23.000,00

Aufgabe 32

Anfangsbestände

TA und Maschinen	262.000,00	Postbankguthaben	400,00
BGA	81.000,00	Kasse	4.500,00
Rohstoffe	22.000,00	Darlehensschulden	27.000,00
Forderungen a. LL	26.000,00	Verbindlichkeiten a. LL	40.000,00
Bankguthaben	39.000,00	Eigenkapital	?

Geschäftsfälle

1. KA 141: Ausgleich der Lieferantenrechnung ER 418 durch Banküberweisung ... 3.200,00
2. ER 432: Eingangsrechnung für Kauf von Rohstoffen auf Ziel ... 9.500,00
3. KA 142: Kunde überweist Rechnungsbetrag auf das Postbankkonto ... 1.750,00
4. KA 143: Überweisung vom Postbankkonto auf Bankkonto ... 1.900,00
5. KA 144: Rechnungsausgleich des Kunden durch Banküberweisung ... 2.150,00
6. KA 145: Tilgung einer Darlehensschuld durch Banküberweisung ... 4.000,00
7. KB 82: Verkauf eines nicht mehr benötigten Kopiergerätes bar ... 250,00
8. KA 146: Bareinzahlung auf das betriebliche Bankkonto ... 2.400,00

Abschlussangabe

Die Buchbestände der Aktiv- und Passivkonten stimmen mit den Inventurwerten überein.
Buchen Sie die Geschäftsfälle und erstellen Sie die Schlussbilanz.

3.4 Buchungssatz

3.4.1 Einfacher Buchungssatz

Ordnungsgemäße Buchführung

Eine Buchführung gilt als **ordnungsgemäß**, wenn sich „**die Geschäftsfälle […] in ihrer Entstehung und Abwicklung verfolgen lassen**" (§ 238 [1] HGB). Deshalb muss jeder Buchung zunächst ein **Beleg** als Nachweis für die Richtigkeit zugrunde liegen. Darüber hinaus sind alle Buchungen nicht nur sachlich, sondern auch zeitlich (chronologisch) zu ordnen.

Sachliche Ordnung

Die **sachliche** Ordnung der Buchungen erfolgt durch Erfassung der Geschäftsfälle auf **Sachkonten**. So werden beispielsweise alle Bargeschäfte auf dem Sachkonto „Kasse" und alle Rohstoffeinkäufe auf dem Sachkonto „Rohstoffe" erfasst. Die Sachkonten bilden das wichtigste „Buch" der Buchführung: das **„Hauptbuch"**.

Zeitliche Ordnung

Die **zeitliche** Ordnung der Buchungen erfolgt im **„Grundbuch"**, das auch **„Tagebuch"** oder **„Journal"** (frz. jour = Tag) genannt wird. Hier werden die Geschäftsfälle in chronologischer Reihenfolge in Form von

Buchungsanweisungen bzw. **Buchungssätzen**

erfasst, die kurz das jeweilige Konto mit der Soll- und Habenbuchung nennen. Das **Grundbuch** bildet damit die **Grundlage** für die Buchungen auf den entsprechenden **Sachkonten des Hauptbuches**.

Beispiel

Rohstoffeinkauf aufgrund der folgenden Eingangsrechnung:

Vereinigte Holzwerke GmbH Meißen

Holzwerke GmbH · Postfach 12 15 · 01662 Meißen

Telefon 03521 54234
Telefax 03521 55238
Steuer-Nr. 065 213 45678
USt-IdNr. DE 156 387 298

Büromöbelwerke
Werner Peters e. Kfm.
Stauffenbergallee 22 - 30
01099 Dresden

E-Mail service@Holzwerke-meissen-wvd.com
Internet www.holzwerke-meissen-wvd.com

Soll	Haben
Konto Rohstoffe 37.500,00	37.500,00
Verbindl. a. LL	

Gebucht: ..-12-17 / J 58 Dt   ER 07   ..-12-15

Rechnung Nr. 45 688 - Ihre Bestellung vom 30. Nov. ..

Wir lieferten am 12. Dezember .. frachtfrei:

500 Platten Nussbaumfurnier SP 28   37.500,00 €[1]

Zahlungsbedingungen: Der Rechnungsbetrag ist ohne Abzug spätestens in 30 Tagen zu zahlen.

Volksbank Meißen, Konto 60 345, BLZ 850 950 04
IBAN: DE19 8509 5004 0000 0603 45   BIC: GENODEF1MEI

Buchungssatz

Der Buchungssatz gibt die Sachkonten an, auf denen im Soll und Haben zu buchen ist. Er nennt **zuerst** das Konto, in dem im **Soll** gebucht wird, und **danach** das Konto mit der **Haben**buchung. Beide Konten werden durch das Wort „**an**" verbunden. Außer dem **Buchungssatz** werden noch **Buchungsdatum, Kurzbezeichnung und Nummer des jeweiligen Belegs** in das Grundbuch eingetragen.

---

[1] Die Umsatzsteuer wird in den Belegen aus methodischen Gründen erst nach Behandlung des Abschnitts 7.3 (siehe S. 66 ff.) ausgewiesen.

Buchen auf Bestandskonten

Beispiel

Grundbuch				
Datum	Beleg	Buchungssatz	Soll	Haben
..-12-17	ER 407	Rohstoffe	37.500,00	
		an Verbindlichkeiten a. LL		37.500,00

Im **Hauptbuch** erfolgt nun die Eintragung der Buchung auf den **Sachkonten**:

Hauptbuch

Soll	Rohstoffe	Haben		Soll	Verbindlichkeiten a. LL	Haben
Verb. a. LL	37.500,00				Rohstoffe	37.500,00

Bevor die Buchungen im Grund- und Hauptbuch erfolgen, werden die Belege mithilfe eines **Buchungsstempels** vorkontiert, der jeweils die Konten und den Betrag im Soll und Haben nennt. Datum, Journalseite und Namenszeichen des Buchhalters bestätigen die Durchführung der Buchung im Grund- und Hauptbuch.

Vorkontierung der Belege

Merke

- Keine Buchung ohne Beleg!
- Der Buchungssatz nennt die Buchung auf den Konten in der Reihenfolge Soll-Buchung an Haben-Buchung.
- Zur Bildung des Buchungssatzes sind fünf Fragen zu beantworten (siehe S. 28).
- Das Grundbuch erfasst die Buchungen in zeitlicher Reihenfolge. Das Hauptbuch übernimmt die sachliche Ordnung der Buchungen auf den Sachkonten.

Aufgabe 33

In der Finanzbuchhaltung der Büromöbelwerke Werner Peters e. Kfm. sind am 12. Dezember .. folgende Geschäftsfälle im Grundbuch zu erfassen. *Tragen Sie Buchungsdatum, Beleg und Buchungssatz ein:*

1. Barverkauf eines gebrauchten Personalcomputers lt. KB 412 450,00
2. Barabhebung vom Bankkonto lt. KA 210 .... 5.800,00
3. Zielkauf von Rohstoffen lt. ER 469 .... 14.600,00
4. Umwandlung einer Lieferantenschuld in eine Darlehensschuld lt. Brief 46 .. 13.500,00
5. Kunde überweist lt. KA 211 fälligen Rechnungsbetrag auf das Bankkonto 400,00
6. Barkauf von Hilfsstoffen lt. KB 413 800,00
7. Eingangsrechnung (ER 470) für Kauf von Betriebsstoffen auf Ziel 3.600,00
8. Kauf einer Maschine für den Produktionsbetrieb auf Ziel lt. ER 471 .... 34.700,00
9. Überweisung vom Postbankkonto auf das Bankkonto lt. KA 212 .... 1.900,00
10. Ausgleich einer Eingangsrechnung lt. KA 213 durch Banküberweisung 1.800,00
11. Bareinzahlung auf Bankkonto lt. KA 214 .... 2.800,00
12. Kunde begleicht lt. KA 215 eine fällige Rechnung (AR 447) durch Überweisung 2.400,00
13. Kauf eines Kopiergerätes lt. KA 216 gegen Banküberweisung 2.850,00
14. Lt. KA 217 Überweisung an Lieferanten zum Ausgleich von ER 468 600,00
15. Aufnahme eines Hypothekendarlehens bei der Sparkasse lt. KA 218 .... 14.000,00
16. Kauf eines Baugrundstücks gegen Banküberweisung lt. KA 219 .... 166.000,00
17. Lt. KB 414 Barverkauf eines gebrauchten Geschäfts-Pkw 4.100,00
18. Lt. KA 220 Tilgung einer Darlehensschuld durch Banküberweisung 12.000,00
19. Kunde begleicht lt. KA 221 die AR 451 durch Banküberweisung 12.600,00

B Einführung in die Industriebuchführung

Aufgabe 34

Welche Geschäftsfälle liegen folgenden Buchungssätzen zugrunde?

1. Fuhrpark an Bank	30.000,00
2. Verbindlichkeiten a. LL an Bank	5.000,00
3. Bank an Kasse	8.500,00
4. Rohstoffe an Verbindlichkeiten a. LL	11.400,00
5. Kasse an Bank	2.500,00
6. Postbank an Forderungen a. LL	3.800,00
7. Kasse an Betriebs- und Geschäftsausstattung	1.200,00
8. Bank an Darlehensschulden	40.000,00
9. Betriebs- und Geschäftsausstattung an Bank	2.300,00
10. Bank an Postbank	5.400,00
11. Bank an Forderungen a. LL	6.700,00
12. Darlehensschulden an Bank	3.800,00

Aufgabe 35

Nennen Sie jeweils den Geschäftsfall und den Buchungssatz zu den Buchungen im folgenden Bankkonto:

Soll		Bank	Haben
Anfangsbestand	24.000,00	2. Kasse	6.000,00
1. Forderungen a. LL	4.500,00	3. Verbindlichkeiten a. LL	5.300,00
4. Darlehensschulden	50.000,00	5. Hypothekenschulden	6.700,00
6. BGA	1.500,00	Schlussbestand	62.000,00
	80.000,00		80.000,00

Aufgabe 36

Kontieren Sie für die Küchentechnik-Werke Karl Wirtz e. K. den folgenden Beleg:

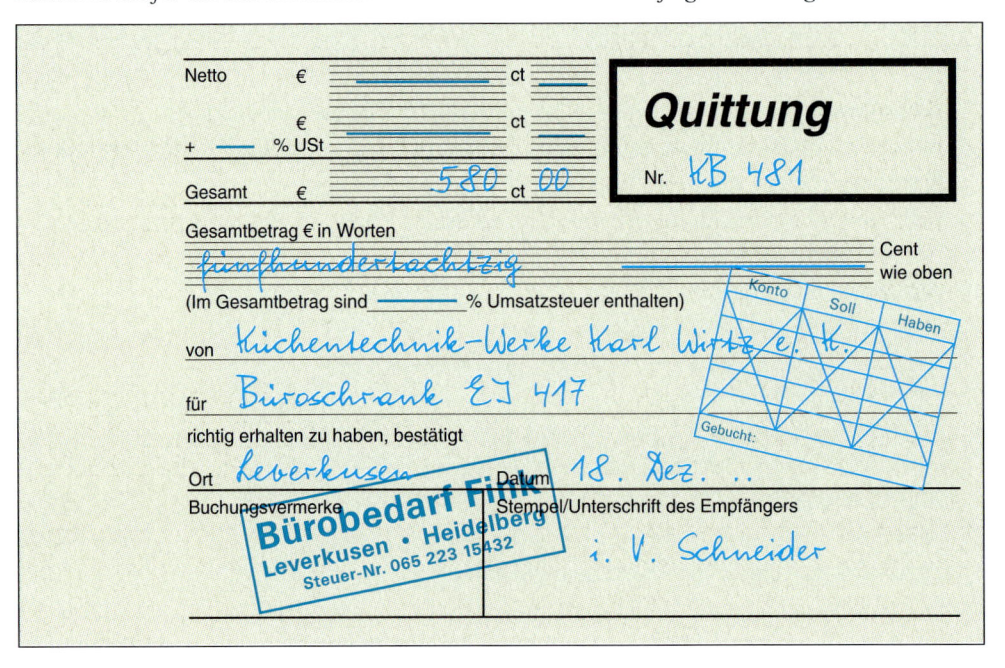

Quittung Nr. KB 481
Gesamt € 580,00
Gesamtbetrag in Worten: fünfhundertachtzig
von Küchentechnik-Werke Karl Wirtz e. K.
für Büroschrank EJ 417
Ort: Leverkusen Datum: 18. Dez.
i. V. Schneider

Bürobedarf Fink
Leverkusen · Heidelberg
Steuer-Nr. 065 223 15432

BUCHEN AUF BESTANDSKONTEN   B

Aufgabe 37

Kontieren Sie die folgenden Belege für die Küchentechnik-Werke Karl Wirtz e. K.:

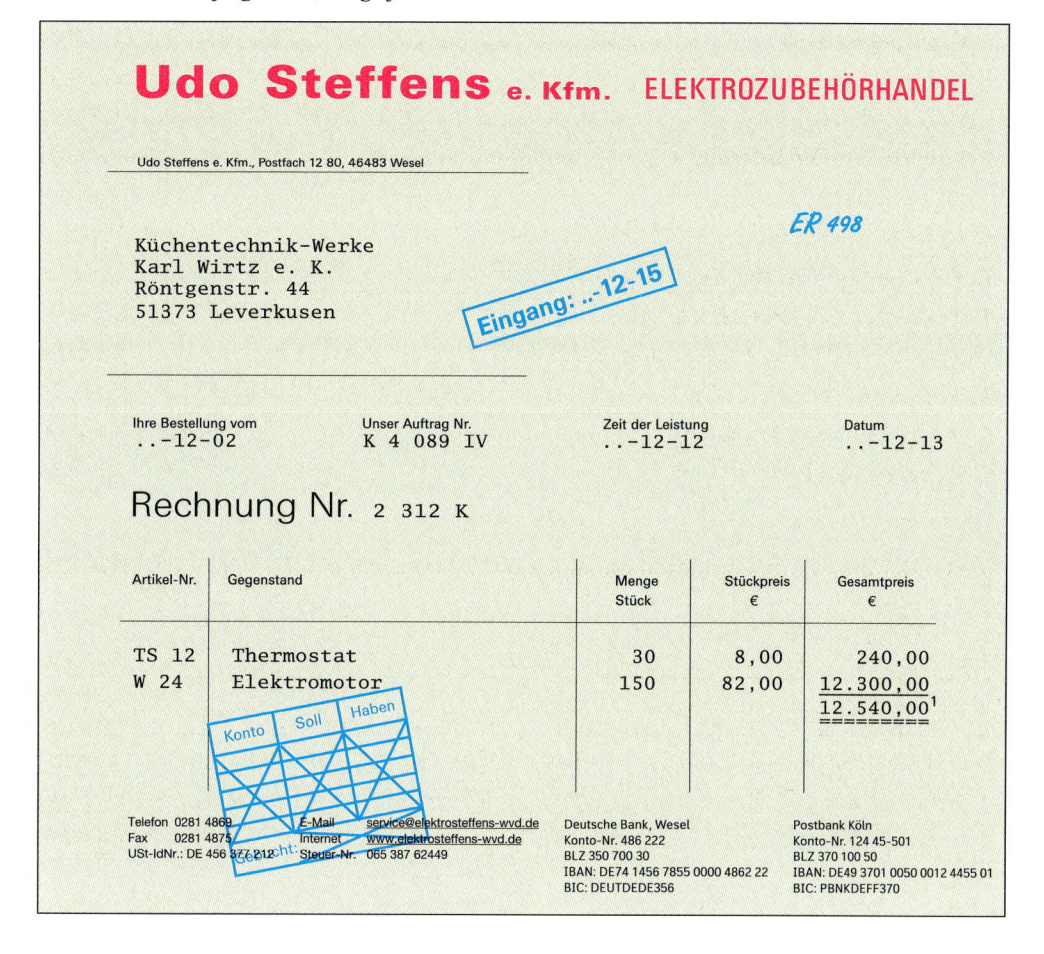

Udo Steffens e. Kfm.   ELEKTROZUBEHÖRHANDEL

Udo Steffens e. Kfm., Postfach 12 80, 46483 Wesel

Küchentechnik-Werke
Karl Wirtz e. K.
Röntgenstr. 44
51373 Leverkusen

ER 498

Eingang: ..-12-15

Ihre Bestellung vom	Unser Auftrag Nr.	Zeit der Leistung	Datum
..-12-02	K 4 089 IV	..-12-12	..-12-13

Rechnung Nr. 2 312 K

Artikel-Nr.	Gegenstand	Menge Stück	Stückpreis €	Gesamtpreis €
TS 12	Thermostat	30	8,00	240,00
W 24	Elektromotor	150	82,00	12.300,00
				12.540,00[1]

Konto | Soll | Haben

Telefon 0281 4869   E-Mail   service@elektrosteffens-wvd.de
Fax   0281 4875   Internet www.elektrosteffens-wvd.de
USt-IdNr.: DE 456 876 212   Steuer-Nr. 065 387 62449

Deutsche Bank, Wesel
Konto-Nr. 486 222
BLZ 350 700 30
IBAN: DE74 1456 7855 0000 4862 22
BIC: DEUTDEDE356

Postbank Köln
Konto-Nr. 124 45-501
BLZ 370 100 50
IBAN: DE49 3701 0050 0012 4455 01
BIC: PBNKDEFF370

Kontoauszug   Leverkusener Kreditbank KGaA

Konto-Nr.	Datum	Ausz.-Nr.	Blatt	Buchungstag	PN-Nr.	Wert	Umsatz
218 435 717	..-12-27	158	1				

ÜBERWEISUNG   12-22   8744   12-22   12.540,00 S
ELEKTROZUBEHÖR UDO STEFFENS E. KFM.
46483 WESEL
RE NR. 2 312 K VOM 13. DEZ. ..

Konto | Soll | Haben
Gebucht:

KÜCHENTECHNIK-WERKE
KARL WIRTZ E. K.
RÖNTGENSTRASSE 44
51373 LEVERKUSEN

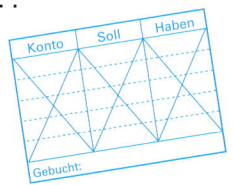

Alter Saldo
H 117.560,00 EUR
Neuer Saldo
H 105.020,00 EUR

---

[1] Aus methodischen Gründen bleibt die Umsatzsteuer noch unberücksichtigt.

3.4.2 Zusammengesetzter Buchungssatz

Bisher wurden durch die Geschäftsfälle jeweils **nur zwei Konten angerufen**. Es handelte sich um **einfache** Buchungssätze.

Zusammengesetzte Buchungssätze

Zusammengesetzte Buchungssätze entstehen, wenn durch einen Geschäftsfall **mehr als zwei Konten** berührt werden. Dabei muss die Summe der Soll-Buchungen stets mit der Summe der Haben-Buchungen übereinstimmen.

Beispiel 1

Die Rechnung eines Lieferanten (ER 66) über 3.000,00 € wird durch Banküberweisung 2.600,00 € (KA 44) und Postbanküberweisung 400,00 € (KA 45) beglichen.

Buchung im Grundbuch:

Grundbuch				
Datum	Beleg	Buchungssatz	Soll	Haben
..-06-20	ER 66	Verbindlichkeiten a. LL	3.000,00	
	KA 44	an Bank		2.600,00
	KA 45	an Postbank		400,00

Buchung auf den Konten des Hauptbuchs:

S	Verbindlichkeiten a. LL		H
Bank/Postbank	3.000,00	AB	12.000,00

S	Bank		H
AB	14.000,00	Verbindlk.	2.600,00

S	Postbank		H
AB	800,00	Verbindlk.	400,00

Beispiel 2

Ein Kunde begleicht eine Rechnung (AR 1401) über 1.000,00 €, und zwar durch Banküberweisung (KA 46) 700,00 € und bar 300,00 € (KB 86).

Buchung im Grundbuch:

Grundbuch				
Datum	Beleg	Buchungssatz	Soll	Haben
..-06-24	KA 46	Bank	700,00	
	KB 86	Kasse	300,00	
	AR 1401	an Forderungen a. LL		1.000,00

Übertragen Sie die Buchung auf die Konten des Hauptbuchs.

Merke

Bei einfachen und zusammengesetzten Buchungssätzen gilt stets:
Summe der Soll-Buchung(en) = Summe der Haben-Buchung(en)

Aufgabe 38

Wie lauten die Buchungssätze für folgende Geschäftsfälle? Tragen Sie die Buchungssätze in das Grundbuch ein.

1. Kauf von Rohstoffen gegen bar 500,00
   auf Ziel .... 11.500,00 | 12.000,00
2. Kauf eines Baugrundstückes gegen Banküberweisung 168.000,00
   gegen bar .... 2.000,00 | 170.000,00
3. Verkauf eines gebrauchten Lkw gegen bar 2.000,00
   gegen Banküberweisung .... 14.000,00 | 16.000,00
4. Kunde begleicht Rechnung durch Banküberweisung 12.000,00
   bar .... 500,00 | 12.500,00
5. Kauf von Büromöbeln gegen bar 1.500,00
   gegen Banküberweisung .... 4.000,00 | 5.500,00
6. Tilgung eines Hypothekendarlehens durch Banküberweisung 17.000,00
   durch Postbanküberweisung 2.000,00
   bar .... 1.000,00 | 20.000,00
7. Ausgleich einer Lieferantenrechnung
   durch Banküberweisung 8.000,00
   durch Postbanküberweisung 1.000,00
   bar .... 500,00 | 9.500,00
8. Tilgung einer Darlehensschuld durch Banküberweisung 15.000,00
   durch Postbanküberweisung .... 1.000,00 | 16.000,00
9. Kauf einer EDV-Anlage gegen Postbanküberweisung 3.000,00
   gegen Banküberweisung 17.000,00
   gegen bar .... 1.000,00 | 21.000,00

Aufgabe 39

Welche Geschäftsfälle liegen folgenden Buchungssätzen zugrunde?

	Soll	Haben
1. Kasse	1.000,00	
Bank	12.000,00	
an Fuhrpark		13.000,00
2. Hilfsstoffe	8.000,00	
an Kasse		1.000,00
an Bank		7.000,00
3. BGA	4.000,00	
an Bank		3.000,00
an Postbank		1.000,00
4. Darlehensschulden	7.000,00	
an Kasse		1.000,00
an Bank		6.000,00
5. Bank	7.000,00	
Postbank	1.000,00	
Kasse	1.000,00	
an Forderungen a. LL		9.000,00
6. Technische Anlagen und Maschinen	14.000,00	
an Kasse		2.000,00
an Bank		12.000,00
7. Verbindlichkeiten a. LL	22.000,00	
an Bank		19.000,00
an Postbank		2.000,00
an Kasse		1.000,00

3.5 Eröffnungsbilanzkonto (EBK) und Schlussbilanzkonto (SBK)

Doppelte Buchführung

In der **doppelten** Buchführung steht einer Soll-Buchung stets eine Haben-Buchung in gleicher Höhe gegenüber. Dieses **Prinzip der Doppik** muss natürlich auch **für die Buchung der Anfangsbestände** der Aktiv- und Passivkonten gelten. Dazu bedarf es eines **Hilfskontos** im Hauptbuch, das die **Gegenbuchungen** für die Eröffnung der aktiven und passiven Bestandskonten aufnimmt: das **Eröffnungsbilanzkonto (EBK)**.

Die Eröffnungsbuchungssätze für die aktiven und passiven Bestandskonten lauten:

- Aktivkonten an Eröffnungsbilanzkonto (EBK)
- Eröffnungsbilanzkonto (EBK) an Passivkonten

Das **Eröffnungsbilanzkonto** weist somit die Aktivposten im Haben und die Passivposten im Soll aus und ist deshalb das genaue **Spiegelbild der Eröffnungsbilanz**:

Aktiva	Eröffnungsbilanz	Passiva
AB der Aktivposten		AB der Passivposten

Soll	Eröffnungsbilanzkonto	Haben
AB der Passivposten		AB der Aktivposten

Soll	Aktivkonto	Haben
Anfangsbestand		

Soll	Passivkonto	Haben
		Anfangsbestand

Jahresabschluss

Zum Abschlussstichtag werden die Aktiv- und Passivkonten nach Abstimmung der Buchbestände mit den Inventurbeständen abgeschlossen über das **Schlussbilanzkonto (SBK)**.

Die Abschlussbuchungssätze lauten:

- Schlussbilanzkonto (SBK) an Aktivkonten
- Passivkonten an Schlussbilanzkonto (SBK)

Soll	Aktivkonto	Haben
Anfangsbestand	Abgänge	
Zugänge	Schlussbestand (SB)	
Summe	=	Summe

Soll	Passivkonto	Haben
Abgänge	Anfangsbestand	
Schlussbestand (SB)	Zugänge	
Summe	=	Summe

Soll	Schlussbilanzkonto	Haben
SB der Passivkonten		SB der Aktivkonten

Merke

- In der Schluss- und Eröffnungsbilanz heißen die Seiten „Aktiva" und „Passiva", im Eröffnungsbilanzkonto und Schlussbilanzkonto dagegen „Soll" und „Haben".
- Das Eröffnungsbilanzkonto ist das Hilfskonto zur Eröffnung der Aktiv- und Passivkonten.
- Das Schlussbilanzkonto dient dem buchhalterischen Abschluss dieser Bestandskonten.
- Vor dem buchhalterischen Abschluss der Bestandskonten über das Schlussbilanzkonto bedarf es der Inventur und der Abstimmung der Schlussbestände der Konten mit den Inventurwerten.

Buchen auf Bestandskonten

Inventur zum 31. Dezember 01
↓
Inventar zum 31. Dezember 01
↓
Schlussbilanz zum 31. Dezember 01 ist zugleich die
↓

Aktiva	Eröffnungsbilanz zum 1. Januar 02		Passiva
Rohstoffe	28.000,00	Eigenkapital	50.000,00
Bank	47.000,00	Verbindlichkeiten a. LL	25.000,00
	75.000,00		75.000,00
Ort, Datum			Unterschrift

Hauptbuch

Soll	Eröffnungsbilanzkonto		Haben
Eigenkapital	50.000,00	Rohstoffe	28.000,00
Verbindlichkeiten a. LL	25.000,00	Bank	47.000,00
	75.000,00		75.000,00

S	Rohstoffe		H	S	Eigenkapital		H
EBK	28.000,00	SBK	48.000,00	SBK	50.000,00	EBK	50.000,00
❶	20.000,00						
	48.000,00		48.000,00				

S	Bank		H	S	Verbindlichkeiten a. LL		H
EBK	47.000,00	❷	10.000,00	❷	10.000,00	EBK	25.000,00
		SBK	37.000,00	SBK	35.000,00	❶	20.000,00
	47.000,00		47.000,00		45.000,00		45.000,00

Soll	Schlussbilanzkonto		Haben
Rohstoffe	48.000,00	Eigenkapital	50.000,00
Bank	37.000,00	Verbindlichkeiten a. LL	35.000,00
	85.000,00		85.000,00

Inventur zum 31. Dezember 02
↓
Inventar zum 31. Dezember 02
↓

Aktiva	Schlussbilanz zum 31. Dezember 02		Passiva
Rohstoffe	48.000,00	Eigenkapital	50.000,00
Bank	37.000,00	Verbindlichkeiten a. LL	35.000,00
	85.000,00		85.000,00
Ort, Datum			Unterschrift

1. Nennen Sie die Buchungssätze zur Eröffnung der obigen Aktiv- und Passivkonten.
2. Nennen Sie die Geschäftsfälle und Buchungssätze zu den Kontenbuchungen ❶ und ❷.
3. Wie lauten die Abschlussbuchungen der obigen Aktiv- und Passivkonten?

> **Merke**
> Die Schlussbilanz eines Geschäftsjahres ist zugleich die Eröffnungsbilanz des Folgejahres.
> Beide müssen inhaltlich gleich sein: Grundsatz der Bilanzidentität.

B Einführung in die Industriebuchführung

Beachten Sie die Reihenfolge der Buchungs- und Abschlussarbeiten:

1. Erstellen Sie zunächst die Eröffnungsbilanz (= Schlussbilanz des Vorjahres).
2. Eröffnen Sie danach die Bestandskonten mithilfe des Eröffnungsbilanzkontos (EBK).
3. Buchen Sie die Geschäftsfälle auf den jeweiligen Bestandskonten.
4. Schließen Sie die Bestandskonten über das Schlussbilanzkonto (SBK) ab.
5. Erstellen Sie eine ordnungsgemäß gegliederte Schlussbilanz.

Aufgabe 40

Anfangsbestände

TA und Maschinen	270.000,00	Bankguthaben	32.000,00
BGA	140.000,00	Kasse	6.000,00
Rohstoffe	60.000,00	Verbindlichkeiten a. LL	48.000,00
Forderungen a. LL	35.000,00	Eigenkapital	495.000,00

Geschäftsfälle

1. ER 408: Kauf von Rohstoffen auf Ziel	12.200,00
2. KB 25: Barkauf eines Aktenschrankes	600,00
3. Kunde begleicht lt. KA 82 eine fällige Rechnung durch Banküberweisung	1.800,00
4. ER 409: Zielkauf eines Stanzautomaten	11.100,00
5. Lt. KA 83 Bareinzahlung auf Bankkonto	1.300,00
6. Ausgleich einer fälligen Lieferantenrechnung lt. KA 84 durch Banküberweisung	1.700,00
7. Kauf von Rohstoffen lt. ER 410 auf Ziel	4.000,00
8. Lt. KA 85 Ausgleich einer fälligen Kundenrechnung durch Überweisung	2.400,00

Abschlussangabe: Die Schlussbestände auf den Konten entsprechen den Inventurwerten.

Aufgabe 41

Anfangsbestände

Grundstücke und Gebäude	380.000,00	Bankguthaben	49.000,00
TA und Maschinen	290.000,00	Postbankguthaben	3.400,00
BGA	130.000,00	Kasse	6.000,00
Rohstoffe	48.000,00	Darlehensschulden	178.000,00
Hilfsstoffe	14.000,00	Verbindlichkeiten a. LL	55.000,00
Forderungen a. LL	34.000,00	Eigenkapital	?

Geschäftsfälle

1. Lt. KA 112 Aufnahme eines Darlehens bei der Bank	42.600,00
2. Zielkauf von Rohstoffen lt. ER 510	4.000,00
3. Lt. AR 156 Zielverkauf einer gebrauchten Maschine zum Buchwert	12.100,00
4. Zielkauf von Rohstoffen lt. ER 511	2.950,00
5. Lt. KA 113 Überweisung an Lieferanten zum Ausgleich von ER 499	8.150,00
6. Lt. KB 93 Barkauf eines Aktenvernichters	300,00
7. Lt. KA 114 Bareinzahlung auf Bankkonto	1.200,00
8. Zieleinkauf von Hilfsstoffen lt. ER 512	1.200,00
9. Lt. KA 115 Überweisung vom Postbankkonto auf Bankkonto	1.400,00
10. Lt. KA 116 Darlehenstilgung durch Banküberweisung	14.000,00
11. Kunde begleicht lt. KA 117 fällige Rechnung durch Überweisung	4.400,00

Abschlussangabe: Die Schlussbestände auf den Konten entsprechen den Inventurwerten.

Aufgabe 42

1. Begründen Sie, weshalb Aktiv- und Passivkonten Bestandskonten darstellen.
2. Unterscheiden Sie zwischen a) Grundbuch und b) Hauptbuch.
3. Erklären Sie den Grundsatz der Bilanzidentität.
4. Worin unterscheiden sich Schlussbilanz und Schlussbilanzkonto? Welcher Zusammenhang besteht zwischen beiden?

4 Buchen auf Erfolgskonten
4.1 Aufwendungen und Erträge

Die bisher gebuchten Geschäftsfälle veränderten lediglich die Bestände der Vermögens- und Fremdkapitalposten der Bilanz, nicht aber das Eigenkapital. Nun ist es aber **Aufgabe eines Industriebetriebes**, durch Einsatz von Werkstoffen, Arbeitskräften, Maschinen u. a. eigene **Erzeugnisse herzustellen und mit Gewinn zu verkaufen**. Dabei entstehen **Geschäftsfälle, die das Eigenkapital vermindern oder erhöhen**. Im ersten Fall handelt es sich um „Aufwendungen", im zweiten um „Erträge".

Werden beispielsweise in einem Industriebetrieb lt. Materialentnahmeschein **Rohstoffe** im Wert von 35.000,00 € **zur Verarbeitung in die Fertigung gegeben**, vermindern sich durch diesen **Aufwand** der Bestand an Rohstoffen und zugleich das Eigenkapital. Der Buchungssatz würde dann lauten: „**Eigenkapital an Rohstoffe**". Geht laut Kontoauszug eine **Zinsgutschrift** von 700,00 € ein, erhöhen sich durch diesen **Ertrag** das Bankguthaben und zugleich auch das Eigenkapital. Die Buchung müsste somit „**Bank an Eigenkapital**" lauten. Gleiche Buchungen ergeben sich, wenn eine Gutschrift auf dem Bankkonto über 2.500,00 € **Provision** (Bank an Eigenkapital) oder eine Banküberweisung über 25.000,00 € für **Löhne** (Eigenkapital an Bank) erfolgt.

> **Merke**
> Aufwendungen vermindern, Erträge erhöhen das Eigenkapital.

Aus Gründen der Übersichtlichkeit bucht man in der Praxis die verschiedenen **Arten von Aufwendungen und Erträgen** nicht unmittelbar auf dem Eigenkapitalkonto, sondern gesondert auf **Unterkonten des Eigenkapitalkontos**, den

        Aufwandskonten und **Ertragskonten**,

die man als **Erfolgskonten** bezeichnet. Nur so lässt sich nachträglich schnell feststellen, für welchen Aufwand im obigen Beispiel 25.000,00 € überwiesen wurden oder für welchen Ertrag eine Bankgutschrift über 700,00 € erteilt wurde. Im ersten Fall wird das **Aufwandskonto „Löhne"** durch die Buchung „**Löhne an Bank**" im Soll mit 25.000,00 € belastet. Im zweiten Fall werden im **Ertragskonto „Zinserträge"** mit der Buchung „**Bank an Zinserträge**" 700,00 € im Haben gebucht.

Aufwands- und Ertragskonten

Erfolgskonten

Wie die Beispiele zeigen, wird auf den Erfolgskonten wie auf dem Passivkonto „Eigenkapital" gebucht: **Aufwandskonten** erfassen die Eigenkapital**minderungen im Soll**, **Ertragskonten** die Eigenkapital**mehrungen im Haben**.

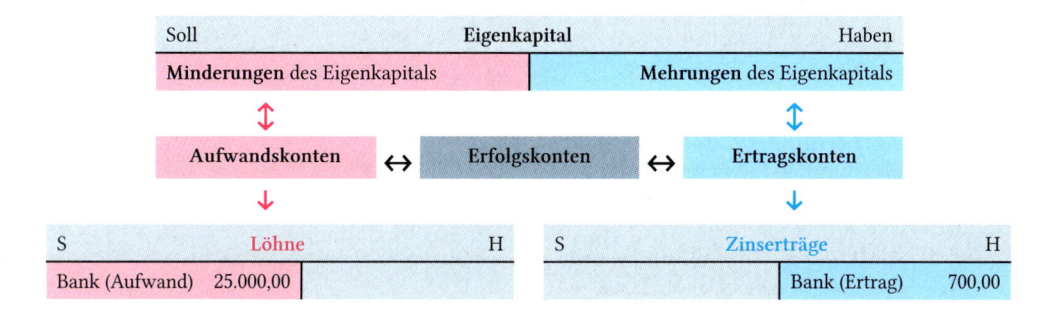

Soll	Eigenkapital	Haben
Minderungen des Eigenkapitals		**Mehrungen** des Eigenkapitals
↕		↕
Aufwandskonten	↔ Erfolgskonten ↔	Ertragskonten
↓		↓

S	Löhne	H		S	Zinserträge	H
Bank (Aufwand)	25.000,00				Bank (Ertrag)	700,00

> **Merke**
> Erfolgskonten sind Unterkonten des Eigenkapitalkontos. Aufwendungen werden auf Aufwandskonten daher im Soll, Erträge auf Ertragskonten im Haben gebucht.

B Einführung in die Industriebuchführung

Aufwendungen

Aufwendungen stellen den gesamten **Werteverzehr an Gütern, Diensten und Abgaben** dar, der zu einer **Verminderung von Vermögensposten** (z. B. Rohstoffe, Bankguthaben) führt **und** damit auch zu einer **Verminderung des Eigenkapitals**. Im Industriebetrieb rechnen vor allem **folgende Aufwendungen** dazu:

Werkstoffaufwendungen

Werkstoffaufwendungen entstehen durch den Verbrauch von Roh-, Hilfs- und Betriebsstoffen, der auf **folgenden Aufwandskonten** erfasst wird:

- **Aufwendungen für Rohstoffe**
  Rohstoffe sind Werkstoffe, die den **wesentlichen Bestandteil** des fertigen Erzeugnisses bilden, z. B. Stahlblech, Stabholz, Spanplatten, Glas, Wolle, Kunstfasern, Rohöl u. a.
- **Aufwendungen für Hilfsstoffe**
  Hilfsstoffe sind Werkstoffe, die als **Nebenbestandteil** in das Erzeugnis eingehen, z. B. Lack, Leim, Schrauben, Nägel, Schweißmaterial, Säuren u. a.
- **Aufwendungen für Betriebsstoffe**
  Betriebsstoffe sind Stoffe, die nicht in das fertige Erzeugnis eingehen, z. B. Brenn- und Treibstoffe, Schmiermittel, Schleif- und Reparaturmaterial u. a.

Aufwendungen für Vorprodukte/ Fremdbauteile

Aufwendungen für Vorprodukte/Fremdbauteile entstehen durch Verbrauch der von Zulieferern bezogenen Fertigteile, z. B. Elektroartikel, Beschläge, Vorprodukte u. a.

Der Verbrauch an Werkstoffen und Fertigteilen kann auf zweifache Weise ermittelt werden:

- **Laufend mithilfe von Materialentnahmescheinen**. Bei dieser **direkten** Methode wird der Verbrauch bei der Entnahme **belegmäßig** erfasst und gebucht.
- **Nachträglich durch Inventur** am Ende der Rechnungsperiode (= **indirekte** Methode):
  Anfangsbestand + Zugänge – Schlussbestand lt. Inventur = Verbrauch

Beispiel

	Anfangsbestand an Rohstoffen	50.000,00	
+	Zugänge (Einkäufe, netto)	30.000,00	80.000,00 €
–	Schlussbestand lt. Inventur		10.000,00 €
=	Rohstoffverbrauch		70.000,00 €

Aufwendungen für Handelswaren

Hierbei handelt es sich um Artikel, die meist als Zubehör zu den eigenen Fertigerzeugnissen angeschafft und unverarbeitet verkauft werden, z. B. Fußmatten, Kindersitze in der Kraftfahrzeugindustrie.

Personalaufwand

- **Löhne** für alle Arbeiter des Industriebetriebes
- **Gehälter** für alle Angestellten
- **Gesetzliche und freiwillige Sozialabgaben**

Abschreibungen

Wertminderungen des Sachanlagevermögens (z. B. durch Abnutzung) werden durch jährliche Abschreibungen auf dem Aufwandskonto „**Abschreibungen auf Sachanlagen**" erfasst.

weitere Aufwendungen

Aufwendungen für Miete, Zinsen, Werbung, Telekommunikation, Büromaterial, Betriebssteuern u. a. Für diese Aufwendungen müssen entsprechende Aufwandskonten eingerichtet werden.

Erträge

Erträge sind alle **Wertzuflüsse** eines Unternehmens, die zu einer **Erhöhung eines Vermögenspostens** (z. B. Bankguthaben, Forderungen a. LL) führen **und** damit auch zu einer **Erhöhung des Eigenkapitals**. **Haupertrag des Industriebetriebes** sind die Erlöse aus dem Verkauf der eigenen Erzeugnisse. Diese „**Umsatzerlöse für eigene Erzeugnisse**" sollen nicht nur die Selbstkosten der Erzeugnisse decken, sondern darüber hinaus auch einen Gewinn erbringen. Daneben fallen in einem Industriebetrieb u. a. auch **Zinserträge**, **Mieterträge** und **Provisionserträge** an.

Merke

- Aufwendungen stellen den gesamten Eigenkapital mindernden Werteverzehr eines Unternehmens in einer bestimmten Rechnungsperiode dar.
- Erträge sind alle Eigenkapital erhöhenden Wertzuflüsse.

Buchen auf Erfolgskonten B

Beispiel 1

Für die Herstellung im Betrieb werden lt. Materialentnahmescheine (ME) für 12.000,00 € Rohstoffe, für 2.000,00 € Hilfsstoffe und für 1.000,00 € Betriebsstoffe verbraucht.

Werkstofflager (Bestände) → Lagerabgang → Fertigung (Verbrauch)

S	Rohstoffe		H
Bestände	60.000,00	AfR	12.000,00

S	Aufwendungen für Rohstoffe		H
Rohstoffe	12.000,00		

S	Hilfsstoffe		H
Bestände	15.000,00	AfH	2.000,00

S	Aufwendungen für Hilfsstoffe		H
Hilfsstoffe	2.000,00		

S	Betriebsstoffe		H
Bestände	5.000,00	AfB	1.000,00

S	Aufwendungen für Betriebsstoffe		H
Betriebsstoffe	1.000,00		

Buchung:
Aufwendungen für Rohstoffe .... an Rohstoffe 12.000,00
Aufwendungen für Hilfsstoffe .... an Hilfsstoffe 2.000,00
Aufwendungen für Betriebsstoffe .... an Betriebsstoffe 1.000,00

Beispiel 2

Löhne 15.000,00 €, Gehälter 13.000,00 €, Miete 1.500,00 € werden durch Banküberweisung gezahlt.

S	Löhne	H
Bank	15.000,00	

S	Gehälter	H
Bank	13.000,00	

S	Mietaufwendungen	H
Bank	1.500,00	

Buchung:
Löhne 15.000,00
Gehälter 13.000,00
Mietaufwendungen 1.500,00
an Bank 29.500,00

S	Bank		H
...	80.000,00	Diverse	29.500,00

Beispiel 3

Im Betrieb entstehen weitere Aufwendungen. Banküberweisung für: Büromaterial 800,00 €, Reparaturen 300,00 €, Betriebsteuern 400,00 €.

S	Büromaterial	H
Bank	800,00	

S	Fremdinstandhaltung	H
Bank	300,00	

S	Betriebsteuern	H
Bank	400,00	

Buchung:
Büromaterial 800,00
Fremdinstandhaltung 300,00
Betriebsteuern 400,00
an Bank 1.500,00

S	Bank		H
...	80.000,00	Diverse	29.500,00
		Diverse	1.500,00

Beispiel 4

Alle im Betrieb hergestellten Erzeugnisse wurden auf Ziel verkauft. Die Ausgangsrechnungen weisen insgesamt 55.000,00 € aus.

S	Forderungen a. LL	H
Erlöse	55.000,00	

S	Umsatzerlöse für eigene Erzeugnisse		H
		Ford. a. LL	55.000,00

Buchung: Forderungen a. LL .... an Umsatzerlöse für eigene Erzeugnisse 55.000,00

Merke

- Aufwands- und Ertragskonten sind Erfolgskonten.
- Aktiv- und Passivkonten sind Bestandskonten.

B Einführung in die Industriebuchführung

Abschluss der Erfolgskonten

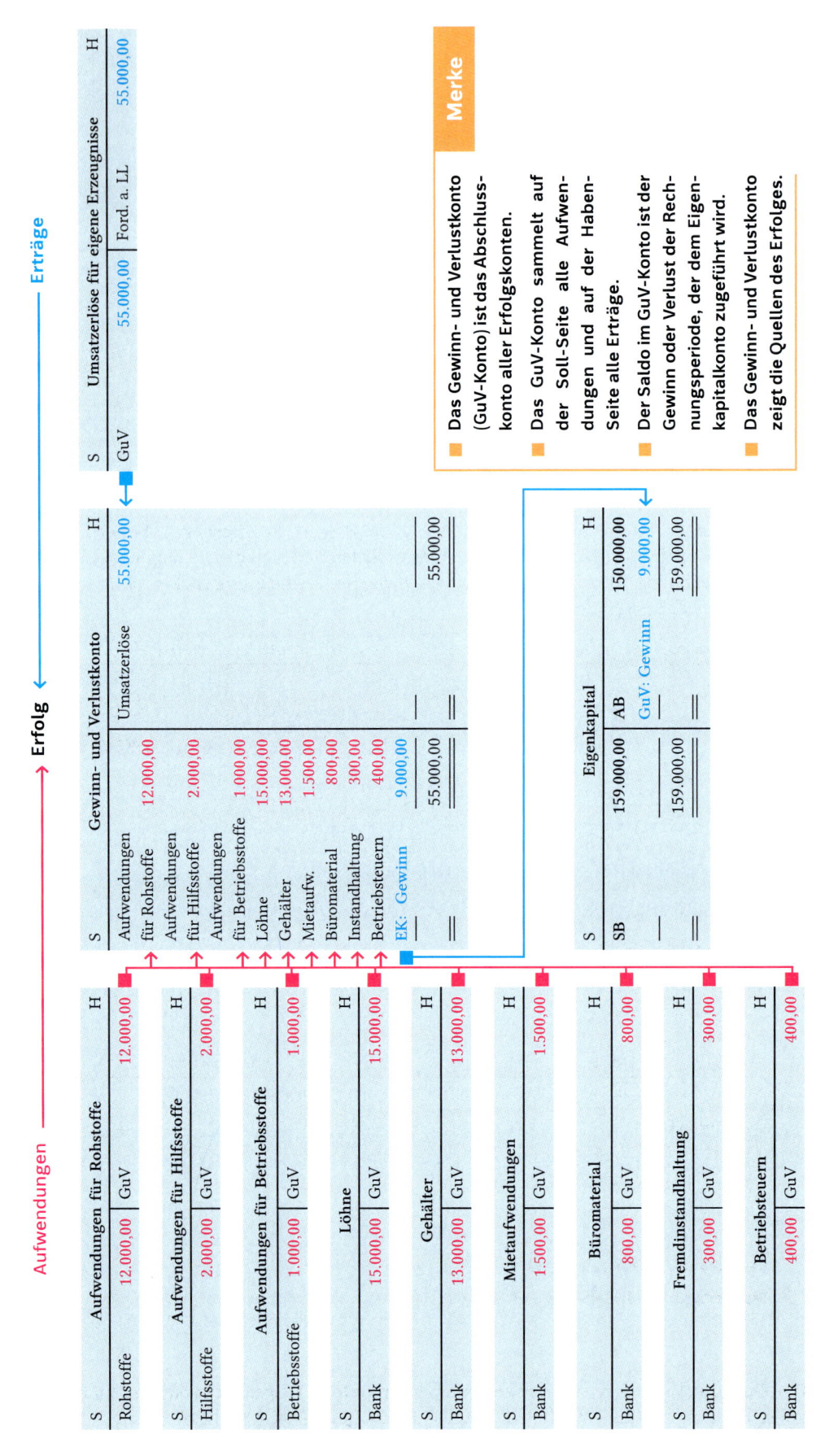

Aufwendungen

S	Aufwendungen für Rohstoffe	H
Rohstoffe 12.000,00		GuV 12.000,00

S	Aufwendungen für Hilfsstoffe	H
Hilfsstoffe 2.000,00		GuV 2.000,00

S	Aufwendungen für Betriebsstoffe	H
Betriebsstoffe 1.000,00		GuV 1.000,00

S	Löhne	H
Bank 15.000,00		GuV 15.000,00

S	Gehälter	H
Bank 13.000,00		GuV 13.000,00

S	Mietaufwendungen	H
Bank 1.500,00		GuV 1.500,00

S	Büromaterial	H
Bank 800,00		GuV 800,00

S	Fremdinstandhaltung	H
Bank 300,00		GuV 300,00

S	Betriebsteuern	H
Bank 400,00		GuV 400,00

Erfolg

S	Gewinn- und Verlustkonto		H
Aufwendungen für Rohstoffe	12.000,00	Umsatzerlöse	55.000,00
Aufwendungen für Hilfsstoffe	2.000,00		
Aufwendungen für Betriebsstoffe	1.000,00		
Löhne	15.000,00		
Gehälter	13.000,00		
Mietaufw.	1.500,00		
Büromaterial	800,00		
Instandhaltung	300,00		
Betriebsteuern	400,00		
EK: Gewinn	9.000,00		
	55.000,00		55.000,00

Erträge

S	Umsatzerlöse für eigene Erzeugnisse	H
GuV 55.000,00		Ford. a. LL 55.000,00

S	Eigenkapital	H
		AB 150.000,00
SB 159.000,00		GuV: Gewinn 9.000,00
159.000,00		159.000,00

Merke

- Das Gewinn- und Verlustkonto (GuV-Konto) ist das Abschlusskonto aller Erfolgskonten.
- Das GuV-Konto sammelt auf der Soll-Seite alle Aufwendungen und auf der Haben-Seite alle Erträge.
- Der Saldo im GuV-Konto ist der Gewinn oder Verlust der Rechnungsperiode, der dem Eigenkapitalkonto zugeführt wird.
- Das Gewinn- und Verlustkonto zeigt die Quellen des Erfolges.

4.2 Gewinn- und Verlustkonto als Abschlusskonto der Erfolgskonten

Am Ende des Geschäftsjahres müssen

        Aufwendungen und **Erträge**

einander **gegenübergestellt** werden, um den **Erfolg** des Unternehmens festzustellen.

Feststellen des Unternehmenserfolgs

Diese Aufgabe übernimmt das

        Konto „Gewinn und Verlust" (GuV).

Alle Aufwands- und Ertragskonten werden daher über das Gewinn- und Verlustkonto abgeschlossen. Die Buchungssätze lauten:

- GuV-Konto   an alle Aufwandskonten
- Alle Ertragskonten an GuV-Konto

Das **Gewinn- und Verlustkonto** weist somit auf der Soll-Seite die gesamten **Aufwendungen** aus, auf der Haben-Seite dagegen die **Erträge**. Aus dieser Gegenüberstellung ergibt sich als **Saldo** der Erfolg des Unternehmens: ein **Gewinn oder Verlust**, je nachdem, ob die Erträge oder die Aufwendungen überwiegen:

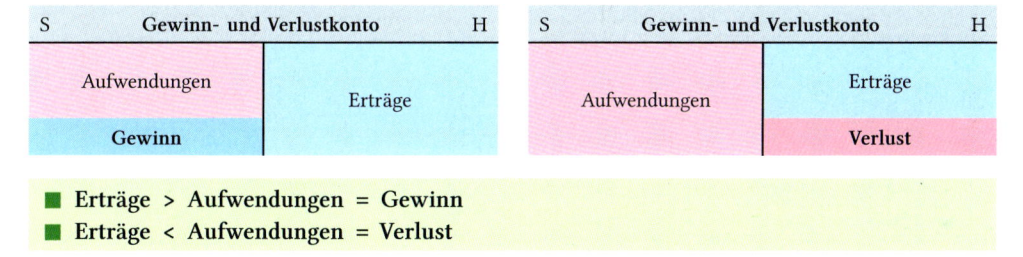

S	Gewinn- und Verlustkonto	H
Aufwendungen		Erträge
Gewinn		

S	Gewinn- und Verlustkonto	H
Aufwendungen		Erträge
		Verlust

- Erträge > Aufwendungen = Gewinn
- Erträge < Aufwendungen = Verlust

Der ermittelte Gewinn oder Verlust wird sodann auf das Eigenkapitalkonto übertragen.

Abschluss des Gewinn- und Verlustkontos über Eigenkapitalkonto

Die **Abschlussbuchungen** lauten:

- bei **Gewinn**: GuV-Konto   an Eigenkapitalkonto
- bei **Verlust**: Eigenkapitalkonto an GuV-Konto

S	Eigenkapital	H
Schlusskapital		Anfangskapital
		Gewinn

S	Eigenkapital	H
	Verlust	
	Schlusskapital	Anfangskapital

Merke

- Der Gewinn erhöht das Eigenkapital.
- Der Verlust vermindert das Eigenkapital.

Das GuV-Konto ist somit ein unmittelbares **Unterkonto des Eigenkapitalkontos**. Im Beispiel hat sich das Eigenkapital durch den Gewinn um 9.000,00 € erhöht (siehe S. 44).

B Einführung in die Industriebuchführung

Geschäftsgang mit Bestands- und Erfolgskonten

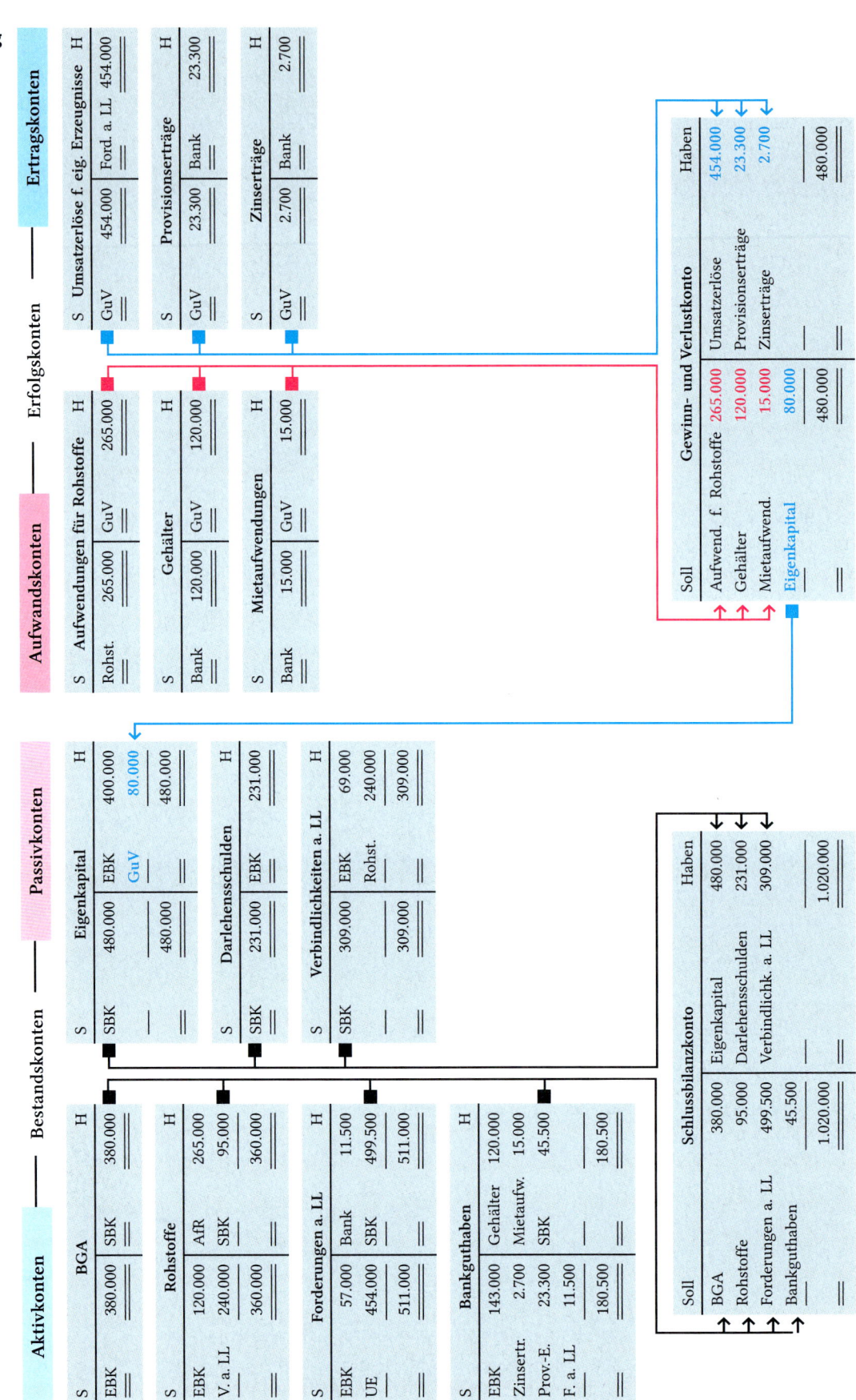

Erfolgskonten

Ertragskonten

Umsatzerlöse f. eig. Erzeugnisse
S			H
GuV	454.000	Ford. a. LL	454.000

Provisionserträge
S			H
GuV	23.300	Bank	23.300

Zinserträge
S			H
GuV	2.700	Bank	2.700

Aufwandskonten

Aufwendungen für Rohstoffe
S			H
Rohst.	265.000	GuV	265.000

Gehälter
S			H
Bank	120.000	GuV	120.000

Mietaufwendungen
S			H
Bank	15.000	GuV	15.000

Gewinn- und Verlustkonto
Soll		Haben	
Aufwend. f. Rohstoffe	265.000	Umsatzerlöse	454.000
Gehälter	120.000	Provisionserträge	23.300
Mietaufwend.	15.000	Zinserträge	2.700
Eigenkapital	80.000		
	480.000		480.000

Bestandskonten

Passivkonten

Eigenkapital
S			H
SBK	480.000	EBK	400.000
		GuV	80.000
	480.000		480.000

Darlehensschulden
S			H
SBK	231.000	EBK	231.000

Verbindlichkeiten a. LL
S			H
SBK	309.000	EBK	69.000
		Rohst.	240.000
	309.000		309.000

Aktivkonten

BGA
S			H
EBK	380.000	SBK	380.000

Rohstoffe
S			H
EBK	120.000	AfR	265.000
V. a. LL	240.000	SBK	95.000
	360.000		360.000

Forderungen a. LL
S			H
EBK	57.000	Bank	11.500
UE	454.000	SBK	499.500
	511.000		511.000

Bankguthaben
S			H
EBK	143.000	Gehälter	120.000
Zinsertr.	2.700	Mietaufw.	15.000
Prov.-E.	23.300	SBK	45.500
F. a. LL	11.500		
	180.500		180.500

Schlussbilanzkonto
Soll		Haben	
BGA	380.000	Eigenkapital	480.000
Rohstoffe	95.000	Darlehensschulden	231.000
Forderungen a. LL	499.500	Verbindlichk. a. LL	309.000
Bankguthaben	45.500		
	1.020.000		1.020.000

Buchen auf Bestands- und Erfolgskonten

Reihenfolge der buchungstechnischen Arbeiten:

Ausgangspunkt: Schlussbilanz des Vorjahres = Eröffnungsbilanz des Folgejahres:

Schlussbilanz

Aktiva	Schlussbilanz zum 31. Dezember des Vorjahres		Passiva
BGA	380.000,00	Eigenkapital	400.000,00
Rohstoffe	120.000,00	Darlehensschulden	231.000,00
Forderungen a. LL	57.000,00	Verbindlichkeiten a. LL	69.000,00
Bankguthaben	143.000,00		
	700.000,00		700.000,00

I. **Eröffnung der Bestandskonten über Eröffnungsbilanzkonto (EBK)**
  1. Eröffnung der Aktivkonten:
     BGA an EBK 380.000,00
     Rohstoffe an EBK 120.000,00
     Ford. a. LL an EBK 57.000,00
     Bankguthaben an EBK 143.000,00
  2. Eröffnung der Passivkonten:
     EBK an Eigenkapital 400.000,00
     EBK an Darlehensschulden 231.000,00
     EBK an Verbindlichk. a. LL 69.000,00

Eröffnungsbilanzkonto

Soll	Eröffnungsbilanzkonto		Haben
Eigenkapital	400.000,00	BGA	380.000,00
Darlehensschulden	231.000,00	Rohstoffe	120.000,00
Verbindlichkeiten a. LL	69.000,00	Forderungen a. LL	57.000,00
		Bankguthaben	143.000,00
	700.000,00		700.000,00

II. **Buchung der Geschäftsfälle in der Finanzbuchhaltung des Metallwerks M. Gruppe e. K.**
  1. Zieleinkauf von Breitstahlband lt. ER 01–05: 240.000,00 €
     Buchung: Rohstoffe an Verbindlichkeiten a. LL 240.000,00
  2. Lt. ME 01–10 wurde Breitstahlband i. d. Fertigung gegeben: 265.000,00 €
     Buchung: Aufwendungen für Rohstoffe an Rohstoffe 265.000,00
  3. Zahlung der Gehälter lt. Kontoauszug KA 01: 120.000,00 €
     Buchung: Gehälter an Bank 120.000,00
  4. Zielverkauf v. Stahlblechgehäusen a. d. Computer GmbH, Rostock, lt. AR 01: 454.000,00 €
     Buchung: Forderungen a. LL an Umsatzerlöse für eig. Erzeugnisse 454.000,00
  5. Zahlung der Miete für die Betriebsräume lt. KA 02: 15.000,00 €
     Buchung: Mietaufwendungen an Bank 15.000,00
  6. Gutschrift der Bank für Zinsen lt. KA 03: 2.700,00 €
     Buchung: Bank an Zinserträge 2.700,00
  7. Lt. KA 04 Eingang einer Vermittlungsprovision: 23.300,00 €
     Buchung: Bank an Provisionserträge 23.300,00
  8. Die Weinert GmbH begleicht die AR 456 d. Vorj. lt. KA 05: 11.500,00 €
     Buchung: Bank an Forderungen a. LL 11.500,00

Buchung der Geschäftsfälle

III. **Abschluss der Erfolgskonten**
  1. Abschluss der **Aufwandskonten**:
     GuV an Aufwendungen für Rohstoffe 265.000,00
     GuV an Gehälter 120.000,00
     GuV an Mietaufwendungen 15.000,00
  2. Abschluss der **Ertragskonten**:
     Umsatzerlöse f. eig. Erzeugn. an GuV 454.000,00
     Zinserträge an GuV 2.700,00
     Provisionserträge an GuV 23.300,00
  3. Abschluss des **GuV-Kontos**: bei Gewinn: GuV an Eigenkapital 80.000,00

Abschluss der Erfolgskonten

IV. **Abschluss der Bestandskonten nach Abstimmung mit den Inventurergebnissen**
  1. Abschluss der **Aktivkonten**: SBK an vier Aktivkonten
  2. Abschluss der **Passivkonten**: drei Passivkonten an SBK

Abschluss der Bestandskonten

Einführung in die Industriebuchführung

Die Kontenkreise der doppelten Buchführung

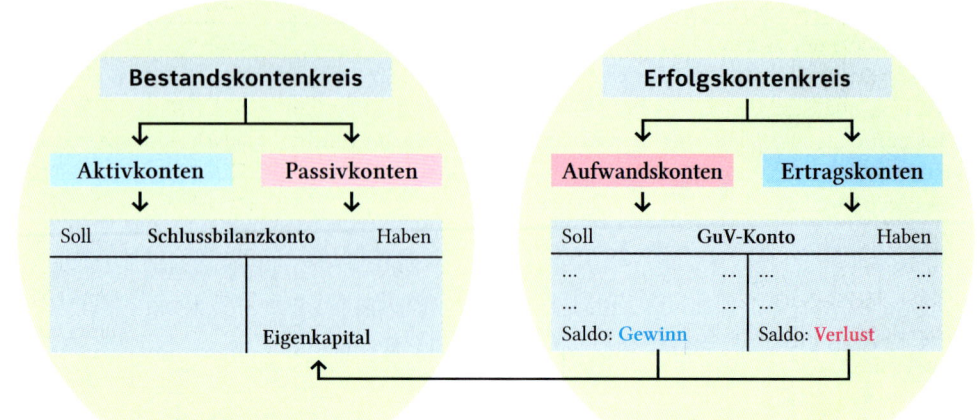

Bestandskontenkreis
- Aktivkonten
- Passivkonten
→ Schlussbilanzkonto (Soll | Haben), Eigenkapital

Erfolgskontenkreis
- Aufwandskonten
- Ertragskonten
→ GuV-Konto (Soll | Haben), Saldo: Gewinn / Saldo: Verlust

Merke

- Bestands- und Erfolgskonten bilden in der Buchführung je einen eigenen Kontenkreis. Das Eigenkapitalkonto ist das Bindeglied beider Kreise.
- Die Buchführung weist den Jahreserfolg auf zweifache Weise nach:
  1. durch Gegenüberstellung der Aufwendungen und Erträge im GuV-Konto (Erfolgsquellen),
  2. durch Eigenkapitalvergleich (siehe S. 18 f.).
  Daher: Doppelte Buchführung beinhaltet doppelte Erfolgsermittlung.
- Schlussbilanz und Gewinn- und Verlustrechnung bilden den Jahresabschluss eines Unternehmens (§ 242 [3] HGB).

Aufgabe 43

Bilden Sie zu den folgenden Geschäftsfällen die Buchungssätze und erläutern Sie jeweils die Auswirkung auf den entsprechenden Vermögensposten und das Eigenkapital.

Bestandskonten: BGA 350.000,00 €, Rohstoffe 120.000,00 €, Hilfsstoffe 35.000,00 €, Forderungen a. LL 81.200,00 €, Bank 95.700,00 €, Kasse 6.100,00 €, Eigenkapital 572.000,00 €, Verbindlichkeiten a. LL 116.000,00 €.

Erfolgskonten: Umsatzerlöse für eigene Erzeugnisse, Zinserträge, Provisionserträge, Aufwendungen für Rohstoffe, Aufwendungen für Hilfsstoffe, Löhne, Gehälter, Mietaufwendungen, Büromaterial, Werbung, Portokosten, Kosten der Telekommunikation.

1. Zielkauf einer PC-Anlage lt. ER 506 — 12.500,00
2. Lt. KB 210: Barkauf von Büromaterial — 450,00
3. ME 420: Abgabe von Rohstoffen in die Fertigung — 45.000,00
4. Überweisung der Löhne lt. KA 280 — 26.800,00
5. Zielverkauf von eigenen Erzeugnissen lt. AR 612 — 67.000,00
6. Lt. KA 281 erfolgte Gutschrift der Bank für Zinsen — 250,00
7. Lt. ME 421 wurden in der Fertigung Hilfsstoffe verbraucht — 2.800,00
8. Lt. KA 282 überweist ein Kunde den fälligen Rechnungsbetrag — 8.900,00
9. Materialeinkauf auf Ziel lt. ER 507: Rohstoffe 45.600,00
   Hilfsstoffe 5.400,00 — 51.000,00
10. KA 283: Gutschrift für Erhalt von Vermittlungsprovision — 4.800,00
11. KA 284: Begleichung einer fälligen Rohstoffrechnung — 22.950,00
12. Barkauf von Postwertzeichen lt. KB 211 — 380,00
13. Lt. KA 285 Lastschriften der Bank für Überweisung der Lagermiete — 8.700,00
    der Telekom-Rechnung — 2.860,00
    der Gehälter — 16.800,00
14. ER 508: Eingang einer Rechnung über Werbeanzeigen — 12.860,00

Buchen auf Bestands- und Erfolgskonten

Aufgabe 44

Bestands- und Erfolgskonten der Metall GmbH zum 31. Dez.	Soll	Haben
Grundstücke und Gebäude	520.000,00	15.000,00
Technische Anlagen und Maschinen	182.000,00	17.000,00
Betriebs- und Geschäftsausstattung	63.000,00	5.500,00
Rohstoffe	380.000,00	335.000,00
Hilfsstoffe	78.000,00	55.000,00
Forderungen a. LL	116.000,00	29.000,00
Bank	824.000,00	623.000,00
Eigenkapital	–	635.000,00
Verbindlichkeiten a. LL	229.000,00	507.000,00
Umsatzerlöse für eigene Erzeugnisse	–	858.400,00
Mieterträge	–	42.000,00
Zinserträge	–	4.700,00
Aufwendungen für Rohstoffe	335.000,00	–
Aufwendungen für Hilfsstoffe	55.000,00	–
Löhne und Gehälter	326.000,00	–
Kosten der Telekommunikation	12.800,00	–
Büromaterial	5.800,00	–
Abschlusskonten: GuV und SBK	3.126.600,00	3.126.600,00

1. Richten Sie die obigen Konten mit den Soll- und Haben-Summen ein.
2. Schließen Sie zunächst die Erfolgskonten über das GuV-Konto ab und übertragen Sie den ermittelten Gewinn oder Verlust auf das Eigenkapitalkonto (Buchungssatz?).
3. Schließen Sie die Bestandskonten zum SBK ab.
4. Ermitteln Sie die Verzinsung (Rentabilität) des Eigenkapitals, indem Sie den Gewinn zum durchschnittlichen Eigenkapital ins Verhältnis setzen.

Aufgabe 45

Nennen Sie die Buchungssätze für die folgenden Belege der Textilwerke GmbH:

Beleg 1

Material-Entnahmeschein Nr.: 11 350 — Textilwerke GmbH
Rohstoffe ☒ Hilfsstoffe ☐
Datum: ..-01-15   Kostenstelle: Zuschneiderei 3

Artikel-Nr.	Menge	Einheit	Bezeichnung	€/Einheit	Summe
486	800	m	Frottee L	4,00	3.200,00
487	600	m	Walk-Frottee	6,00	3.600,00
				Buchhaltung	6.800,00

ausgestellt: Zimmer   ausgegeben: Koch

Beleg 2

Quittung Nr. KB 132
Gesamt: 270,00
Gesamtbetrag in Worten: zweihundertsiebzig
von: Textilwerke GmbH
für: Reparatur des Kopiergerätes
Ort: Stuttgart   Datum: 21. Febr. ..
Elektronik GmbH, Kaisersbacher Str. 12, 70374 Stuttgart

Beleg 3

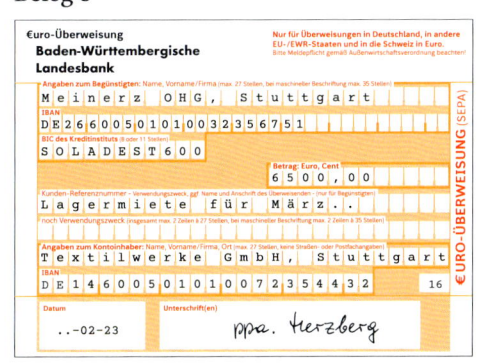

Euro-Überweisung — Baden-Württembergische Landesbank
Begünstigter: Meinerz OHG, Stuttgart
IBAN: DE26 6005 0101 0032 3567 51
BIC: SOLADEST600
Betrag: 6.500,00
Verwendungszweck: Lagermiete für März
Kontoinhaber: Textilwerke GmbH, Stuttgart
IBAN: DE14 6005 0101 0072 3544 32
Datum: ..-02-23   Unterschrift: ppa. Herzberg

Aufgabe 46

Die Textilwerke GmbH ermittelt den Verbrauch an Nähgarn monatlich durch Inventur. Der Durchschnittspreis je Rolle beträgt 25,00 €.

1. Ermitteln Sie anhand der folgenden Lagerkarte den Werkstoffverbrauch im Monat Januar.
2. Nennen Sie den Buchungssatz.

Lagerkarte			Textilwerke GmbH
Artikel-Nr.: 0568		Mindestbestand:	200 Stück
Artikel-Bez.: Nähgarnrollen		Höchstbestand:	500 Stück
Datum	Beleg	Bestand in Stück	Zugang in Stück
..-01-01	Vortrag (AB)	250	–
..-01-12	Lieferschein L 425	–	150
..-01-18	Lieferschein L 431	–	180
..-01-28	Lieferschein L 488	–	300
..-01-31	Inventurliste (SB)	280	–

Aufgabe 47

Die Kleinmöbelfabrik Hanna Schnell e. Kffr. erstellt Computertische und verarbeitet Spanplatten und Stahlrohre als Rohstoffe, Leim und Schrauben als Hilfsstoffe.

Richten Sie die Konten mit ihren Soll-/Haben-Summen ein:	Soll	Haben
Rohstoffe	350.000,00	220.000,00
Hilfsstoffe	60.000,00	45.000,00
Betriebsstoffe	42.000,00	31.000,00
Forderungen a. LL	799.000,00	610.000,00
Bankguthaben	850.000,00	595.000,00
Eigenkapital	–	850.000,00
Verbindlichkeiten a. LL	218.000,00	297.000,00
Aufwendungen für Rohstoffe	220.000,00	–
Aufwendungen für Hilfsstoffe	45.000,00	–
Aufwendungen für Betriebsstoffe	31.000,00	–
Löhne	285.000,00	–
Gehälter	198.000,00	–
Mietaufwendungen	160.000,00	–
Umsatzerlöse für eigene Erzeugnisse	–	610.000,00

Buchen Sie auf den Bestands- und Erfolgskonten die folgenden Geschäftsfälle:
1. Eingangsrechnungen (ER) für Zielkäufe von
   - Spanplatten 72.000,00
   - Leim 2.000,00
2. Materialentnahmescheine (ME) für
   - Spanplatten 80.000,00
   - Schrauben 4.000,00
   - Treibstoffe 2.000,00
3. Lastschriften der Bank für
   - Lohnzahlungen 16.000,00
   - Gehälter 8.000,00
   - Miete 12.000,00
4. Ausgangsrechnungen (AR): Zielverkäufe von Computertischen 590.000,00

Schließen Sie die Erfolgskonten über das GuV-Konto ab, ermitteln und buchen Sie den Gewinn.

Schließen Sie danach die Bestandskonten über das Schlussbilanzkonto ab.

Haben sich Produktion und Absatz der Computertische „gelohnt"? Vergleichen Sie den Gewinn mit dem durchschnittlichen Eigenkapital, ermitteln und beurteilen Sie die Verzinsung (Rentabilität).

Buchen auf Bestands- und Erfolgskonten

Beachten Sie die Reihenfolge der Buchungsarbeiten:

1. *Richten Sie die Bestands- und Erfolgskonten ein.*
2. *Eröffnen Sie die Bestandskonten über das Eröffnungsbilanzkonto (EBK).*
3. *Bilden Sie zu den Geschäftsfällen die Buchungssätze (Grundbuch).*
4. *Übertragen Sie die Buchungen auf die Bestands- und Erfolgskonten (Hauptbuch).*
5. *Schließen Sie die Erfolgskonten über das GuV-Konto ab und übertragen Sie den Gewinn oder Verlust auf das Eigenkapitalkonto.*
6. *Erst zum Schluss werden alle Bestandskonten zum Schlussbilanzkonto (SBK) abgeschlossen, sofern die Inventur keine Abweichungen zwischen Buch- und Istbeständen ergibt.*

Aufgabe 48

Bestandskonten: Rohstoffe 60.000,00 €, Hilfsstoffe 16.000,00 €, Betriebsstoffe 8.000,00 €, Forderungen a. LL 14.000,00 €, Bank 20.000,00 €, Kasse 10.000,00 €, Eigenkapital 128.000,00 €, Schlussbilanzkonto.

Erfolgskonten: Aufwendungen für Rohstoffe, Aufwendungen für Hilfsstoffe, Aufwendungen für Betriebsstoffe, Löhne, Gehälter, Betriebsteuern, Werbeaufwendungen, Umsatzerlöse für eigene Erzeugnisse, Zinserträge, GuV-Konto.

Geschäftsfälle

1. Verbrauch von Hilfsstoffen lt. Materialentnahmeschein (ME) 101	1.300,00
2. Verbrauch von Rohstoffen für die Herstellung lt. ME 102	14.000,00
3. Verbrauch von Betriebstoffen für die Herstellung lt. ME 103	1.300,00
4. Betriebsteuern wurden lt. KA 10 durch Überweisung beglichen	1.800,00
5. Fertigungslöhne wurden lt. KA 11 überwiesen	9.000,00
6. Lt. KA 12 erfolgte Gehaltszahlung durch Überweisung	2.400,00
7. Bezahlung einer Werbeanzeige lt. KA 13 durch Banküberweisung	250,00
8. Verkauf aller hergestellten Erzeugnisse auf Ziel lt. AR 10	47.300,00
9. Lt. KA 14 erfolgte eine Gutschrift für Zinsen	400,00

Abschlussangabe: Die Salden der Bestandskonten entsprechen der Inventur.

Auswertung: *Wie hoch sind die gesamten Aufwendungen der Rechnungsperiode und welche Erträge stehen diesen Aufwendungen gegenüber? Wie hoch ist das Ergebnis und wie wirkt es sich auf das Eigenkapital aus?*

Aufgabe 49

Bestandskonten: Betriebs- und Geschäftsausstattung 200.000,00 €, Rohstoffe 82.000,00 €, Hilfsstoffe 24.000,00 €, Betriebsstoffe 12.000,00 €, Forderungen a. LL 13.000,00 €, Bankguthaben 23.000,00 €, Kasse 7.000,00 €, Eigenkapital 346.000,00 €, Verbindlichkeiten a. LL 15.000,00 €, Schlussbilanzkonto.

Erfolgskonten: Aufwendungen für Rohstoffe, Aufwendungen für Hilfsstoffe, Aufwendungen für Betriebsstoffe, Löhne, Fremdinstandhaltung, Büromaterial, Umsatzerlöse für eigene Erzeugnisse, Provisionserträge, GuV-Konto.

Geschäftsfälle

1. Eingangsrechnung für Zielkauf von Rohstoffen: ER 10	13.500,00
2. Verbrauch von Rohstoffen für die Herstellung lt. ME 104	14.100,00
3. Lohnzahlung erfolgte lt. KA 15 durch Überweisung	6.200,00
4. Zielverkauf von eigenen Erzeugnissen lt. AR 11	12.400,00
5. Ausgleich einer Rechnung (ER 8) über Reparaturkosten (Bank)	350,00
6. Barzahlung für Büromaterial lt. KB 11	250,00
7. Verbrauch von Betriebsstoffen lt. ME 105	1.400,00
8. Verbrauch von Hilfsstoffen lt. ME 106	1.900,00
9. Kunden begleichen lt. KA 16 fällige Rechnungen durch Überweisung	9.500,00
10. Verkauf aller eigenen Erzeugnisse auf Ziel lt. AR 12	35.900,00
11. Eingang von Provision lt. KA 17 durch Überweisung	3.500,00

Abschlussangabe: Die Salden der Bestandskonten entsprechen der Inventur.

Auswertung: *Wie hoch ist der Erfolg und wie wirkt er sich auf das Eigenkapital aus?*

Aufgabe 50

Anfangsbestände

Techn. Anlagen und Maschinen	150.000,00	Bankguthaben	25.000,00
Rohstoffe	60.000,00	Kasse	3.000,00
Vorprodukte/Fremdbauteile	30.000,00	Eigenkapital	200.000,00
Betriebsstoffe	15.000,00	Darlehensschulden	60.000,00
Forderungen a. LL	10.000,00	Verbindlichkeiten a. LL	33.000,00

Bestandskonten

Technische Anlagen und Maschinen, Rohstoffe, Vorprodukte/Fremdbauteile, Betriebsstoffe, Forderungen a. LL, Bank, Kasse, Darlehensschulden, Verbindlichkeiten a. LL, Eigenkapital, Schlussbilanzkonto.

Erfolgskonten

Aufwendungen für Rohstoffe, Aufwendungen für Vorprodukte/Fremdbauteile, Aufwendungen für Betriebsstoffe, Löhne, Gehälter, Büromaterial, Werbeaufwendungen, Mietaufwendungen, Fremdinstandhaltung, Kosten der Telekommunikation, Umsatzerlöse für eigene Erzeugnisse, Zinserträge, GuV-Konto.

Geschäftsfälle

1. Zieleinkauf von Rohstoffen lt. ER 179 ... 4.500,00
   von Vorprodukten/Fremdbauteilen lt. ER 180 ... 1.500,00
   von Betriebsstoffen lt. ER 181 ... 1.200,00
2. Barkauf von Büromaterial lt. KB 88 ... 250,00
3. Überweisung für Maschinenreparatur lt. KA 121 ... 400,00
4. Verkauf von eigenen Erzeugnissen
   auf Ziel lt. AR 210 ... 19.500,00
   gegen Barzahlung lt. KB 89 ... 700,00
5. Lt. KA 122 Überweisung für
   Löhne ... 8.700,00
   Gehälter ... 4.300,00
6. Lt. KA 123 Überweisung von Kunden für fällige Rechnungen ... 9.500,00
7. KA 124: Überweisungen zulasten des betrieblichen Bankkontos
   Miete ... 1.800,00
   Telekommunikationskosten ... 350,00
   Werbeanzeigen ... 780,00
   Ausgleich einer fälligen Lieferantenrechnung ... 4.520,00
8. Verkauf aller eigenen Erzeugnisse auf Ziel lt. AR 211 ... 38.000,00
9. Gutschrift der Bank für Zinsen lt. KA 125 ... 600,00

Abschlussangaben

Im vorliegenden Industriebetrieb wird der Materialverbrauch durch Inventur ermittelt. Die Schlussbestände betragen lt. Inventur für

Rohstoffe ... 28.000,00
Vorprodukte/Fremdbauteile ... 22.700,00
Betriebsstoffe ... 11.600,00

Buchen Sie zunächst jeweils den Endbestand lt. Inventur und ermitteln und buchen Sie danach den Verbrauch an Rohstoffen, Vorprodukten/Fremdbauteilen und Betriebsstoffen (vgl. S. 42).

Auswertung

1. Nennen Sie die Auswirkung des Erfolges (Ergebnisses) auf das Eigenkapital.
2. Worauf führen Sie den Verlust in der Aufgabe zurück?
3. Ermitteln Sie auch den Erfolg durch Kapitalvergleich, indem Sie das Eigenkapital der Eröffnungsbilanz mit dem der Schlussbilanz vergleichen.
4. Begründen Sie, dass ein hoher Gewinn das oberste Unternehmensziel ist.

Buchen auf Bestands- und Erfolgskonten

Aufgabe 51

Anfangsbestände

TA und Maschinen	420.000,00	Bankguthaben	125.000,00
BGA	210.000,00	Kasse	700,00
Rohstoffe	89.000,00	Eigenkapital	577.000,00
Hilfsstoffe	12.500,00	Darlehensschulden	260.000,00
Betriebsstoffe	2.800,00	Verbindlichkeiten a. LL	69.000,00
Forderungen a. LL	46.000,00		

Bestandskonten

TA und Maschinen, BGA, Rohstoffe, Hilfsstoffe, Betriebsstoffe, Forderungen a. LL, Bank, Kasse, Eigenkapital, Darlehensschulden, Verbindlichkeiten a. LL, Schlussbilanzkonto.

Erfolgskonten

Umsatzerlöse für eigene Erzeugnisse, Provisionserträge, Aufwendungen für Rohstoffe, Aufwendungen für Hilfsstoffe, Aufwendungen für Betriebsstoffe, Löhne, Gehälter, Mietaufwendungen, Kosten der Telekommunikation, Zinsaufwendungen, Versicherungsbeiträge, GuV-Konto.

Geschäftsfälle

1. Eingangsrechnungen	für Zielkäufe von Rohstoffen	65.000,00	
	für Zielkäufe von Hilfsstoffen	12.000,00	
	für Zielkäufe von Betriebsstoffen	8.500,00	85.500,00
2. Ausgangsrechnung für den Verkauf eigener Erzeugnisse	auf Ziel	123.000,00	
	gegen Banküberweisung	7.500,00	130.500,00
3. Kontoauszug: Lastschriften	für Löhne	18.600,00	
	für Gehälter	12.400,00	
	für Darlehenszinsen	6.800,00	
	für Telekommunikation	2.500,00	
	für Haftpflichtversicherung	2.700,00	43.000,00
4. Materialentnahmescheine	für Rohstoffe	72.000,00	
	für Hilfsstoffe	5.800,00	
	für Betriebsstoffe	2.300,00	80.100,00
5. Kontoauszug: Gutschriften	für Überweisungen		
	von Kunden	88.600,00	
	von Provisionen	2.300,00	90.900,00
6. Kontoauszug: Lastschriften für Überweisungen			
an Lieferanten zum Ausgleich von Lieferantenrechnungen		82.600,00	
an Vermieter für Miete von Lagerräumen		6.700,00	89.300,00
7. Ausgangsrechnung:			
Verkauf von eigenen Erzeugnissen auf Ziel			62.000,00

Abschlussangabe

Die Salden der Bestandskonten entsprechen der Inventur.

Auswertung

1. Wie hoch sind die Aufwendungen des Industriebetriebes und welche Erträge stehen ihnen gegenüber?

2. Ermitteln Sie die Rentabilität des Eigenkapitals, indem Sie den Gewinn dem durchschnittlichen Eigenkapital gegenüberstellen.

5 Einführung in die Abschreibung der Sachanlagen

5.1 Ursachen, Buchung und Wirkung der Abschreibung

Sachanlagen

Das **Anlagevermögen** ist dazu bestimmt, dem Unternehmen **langfristig** zu dienen. Bei **abnutzbaren Anlagegütern** (z. B. Gebäude, Maschinen, Computer) ist die Nutzungsdauer jedoch begrenzt. Der Wert dieser **Sachanlagen** mindert sich durch

- **Nutzung** (Gebrauch),
- **natürlichen Verschleiß,**
- **technischen Fortschritt** und
- **außergewöhnliche Ereignisse.**

Diese Wertminderungen werden in der Regel zum Abschlussstichtag direkt als **Aufwand** auf dem Konto

Abschreibungen auf Sachanlagen (SA)

erfasst.[1] Statt Abschreibung heißt es im Steuerrecht „**A**bsetzung **f**ür **A**bnutzung" (**AfA**).

Beispiel

Die Anschaffungskosten einer Maschine, die eine Nutzungsdauer von zehn Jahren hat, betragen 120.000,00 €. Die Maschine kann somit **jährlich gleich bleibend (linear)** mit 12.000,00 € (120.000,00 € : 10 Jahre = 12.000,00 €/Jahr)) abgeschrieben werden. Dadurch vermindert sich der Jahreserfolg des Unternehmens um 12.000,00 €.

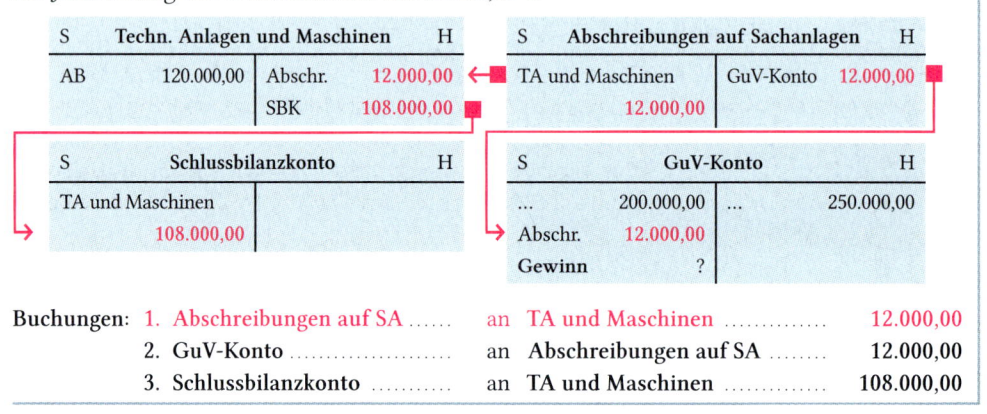

S	Techn. Anlagen und Maschinen	H		S	Abschreibungen auf Sachanlagen	H
AB	120.000,00	Abschr. 12.000,00		TA und Maschinen	GuV-Konto	12.000,00
		SBK 108.000,00		12.000,00		

S	Schlussbilanzkonto	H		S	GuV-Konto	H
TA und Maschinen				... 200.000,00	...	250.000,00
108.000,00				Abschr. 12.000,00		
				Gewinn ?		

Buchungen:
1. Abschreibungen auf SA .... an TA und Maschinen 12.000,00
2. GuV-Konto .... an Abschreibungen auf SA 12.000,00
3. Schlussbilanzkonto .... an TA und Maschinen 108.000,00

Merke

- Die Wertminderung der Anlagegüter wird durch Abschreibungen erfasst.
- Durch die Abschreibung werden die Anschaffungskosten eines Anlagegutes auf seine Nutzungsdauer (Jahre) verteilt.
- Abschreibungen mindern als Aufwand den Gewinn und somit auch die gewinnabhängigen Steuern, wie z. B. die Einkommensteuer.

Abschreibungen

In der Kalkulation der Verkaufspreise der Erzeugnisse werden die **Abschreibungen als Kosten** eingesetzt. **Über die Umsatzerlöse fließen** die einkalkulierten **Abschreibungsbeträge** in Form von liquiden Mitteln (Geld) in das Unternehmen **zurück**. Diese Mittel stehen nun wiederum für **Anschaffungen (Investitionen)** im Sachanlagevermögen zur Verfügung. Das Unternehmen finanziert somit die Anschaffung von Sachanlagegütern in erster Linie aus **Abschreibungsrückflüssen**. Die Abschreibung stellt deshalb ein bedeutendes **Mittel der Finanzierung** dar.

Abschreibungskreislauf

Abschreibungen bewegen sich in einem Kreislauf. Aus dem Anlagevermögen fließen sie über die Umsatzerlöse in das Umlaufvermögen (Bank) und von dort durch Neuanschaffungen in das Anlagevermögen zurück.

Merke

Über Abschreibungen werden Investitionen in Sachanlagen finanziert.

---

[1] Siehe ausführliche Behandlung der direkten Abschreibungen auf Sachanlagen auf S. 219 ff. Zu den indirekten Abschreibungen auf Sachanlagen siehe: www.schmolke-deitermann.de Beiträge/Downloads.

5.2 Berechnung der Abschreibung

Der jährliche Abschreibungsbetrag wird aufgrund **handelsrechtlicher** Vorschriften in der Regel nach der linearen oder degressiven Methode berechnet. Im Ausgangsbeispiel soll die Maschine jeweils zum Abschlussstichtag **linear mit 10 %** der Anschaffungskosten bzw. **degressiv mit 25 %** vom jeweiligen Buchwert (Restwert) abgeschrieben werden. Im ersten Fall ergeben sich jährlich **gleich bleibende** und im zweiten **fallende** Abschreibungsbeträge. Durch die Abschreibung verringert sich jährlich der Buch- bzw. Restwert des Anlagegutes:

Jährlicher Abschreibungsbetrag

Beispiel

Lineare Abschreibung	Ermittlung des Buchwertes	Degressive Abschreibung
120.000,00 €	Anschaffungskosten	120.000,00 €
− 12.000,00 €	− Abschreibung am Ende des 1. Jahres	− 30.000,00 €
= 108.000,00 €	= Buchwert am Ende des 1. Jahres	= 90.000,00 €
− 12.000,00 €	− Abschreibung am Ende des 2. Jahres	− 22.500,00 €
= 96.000,00 €	= Buchwert am Ende des 2. Jahres	= 67.500,00 €
10 % Abschreibung von den **Anschaffungskosten**	*Führen Sie das Beispiel zu Ende.*	**25 % Abschreibung** vom **Buchwert**

Bei der linearen Abschreibung erfolgt die Abschreibung in jedem Jahr der Nutzung von den **Anschaffungskosten** des Anlagegutes. Die **Abschreibungsbeträge** sind daher **gleich hoch**. Nach Ablauf der Nutzungsdauer ist der Buchwert gleich null. Sollte sich das Anlagegut danach weiterhin im Betrieb befinden, ist es mit einem **Erinnerungswert von 1,00 €** im Anlagekonto auszuweisen. Im Beispiel wären dann am Ende des 10. Jahres nur 11.999,00 € abzuschreiben.

Lineare Abschreibung

$$\text{Abschreibungsbetrag} = \frac{\text{Anschaffungskosten}}{\text{Nutzungsjahre}} = \frac{120.000,00\ €}{10\ \text{Jahre}} = 12.000,00\ €/\text{Jahr}$$

$$\text{Abschreibungssatz} = \frac{1}{\text{Nutzungsjahre}} = \frac{1}{10\ \text{Jahre}} = 0,1/\text{Jahr} = 10\ \%/\text{Jahr}$$

Bei der degressiven Abschreibung wird die Abschreibung nur im ersten Nutzungsjahr von den Anschaffungskosten vorgenommen, in den folgenden Jahren dagegen vom jeweiligen **Buch- oder Restwert**. Dadurch ergeben sich **jährlich fallende Abschreibungsbeträge**. Bei der degressiven Abschreibung wird der Nullwert des Anlagegutes nach Ablauf der Nutzungsdauer nie erreicht. Der **Abschreibungssatz** sollte daher bei degressiver Abschreibung **höher** sein als bei linearer Abschreibung, wodurch insbesondere auch einer **Wertminderung durch technischen Fortschritt** (z. B. Modellwechsel) Rechnung getragen wird.

Degressive Abschreibung

Handelsrechtlich sind beide Abschreibungsmethoden zugelassen. Im **Steuerrecht** ist die degressive Abschreibung abgeschafft worden. Abnutzbare Anlagegüter, die im Jahr 2008 oder ab 2011 angeschafft wurden, müssen daher für die **Steuerbilanz** linear abgeschrieben werden. Auf Anschaffungen aus den Jahren vor 2008 sowie 2009 und 2010 dürfen auch für steuerliche Zwecke weiter degressive Abschreibungen verrechnet werden, wobei je nach Zugangsjahr unterschiedliche Prozentsätze und Höchstbeträge zulässig sind (siehe S. 222).

Steuerrechtliche Regelung

Merke

- Handelsrechtlich dürfen abnutzbare Anlagegüter über ihre Nutzungsdauer linear oder degressiv abgeschrieben werden.
- Steuerrechtlich ist für Zugänge von beweglichen Wirtschaftsgütern in 2008 und ab 2011 die degressive Abschreibungsmethode abgeschafft, sodass linear abgeschrieben werden muss.
- Abschreibungsgrundlage sind die Anschaffungs- bzw. Herstellungskosten.

B EINFÜHRUNG IN DIE INDUSTRIEBUCHFÜHRUNG

Beispiele

Nutzungsdauer (Jahre) von Anlagegütern lt. AfA-Tabelle:

1. Betriebliche Gebäude 25–33
2. Krananlagen 14–21
3. Be- und Verarbeitungsmaschinen 5–16
4. Lastkraftwagen .... 9[1]
5. Personenwagen .... 6[1]
6. Büromöbel 13
7. Großrechner 7
8. Personalcomputer 3
9. Drucker, Scanner u. a. 3
10. Registrierkassen 6

Ermitteln Sie die entsprechenden Abschreibungssätze (in Prozent).

Aufgabe 52

Die Anschaffungskosten einer Maschine, die am 3. Januar 2010 angeschafft wurde, belaufen sich auf 200.000,00 €. Die Nutzungsdauer beträgt zehn Jahre.

a) Ermitteln Sie bei linearer Abschreibung jeweils den Abschreibungsbetrag und -satz.
b) Welcher AfA-Satz ist steuerlich für die degressive Abschreibung anzuwenden?
c) Stellen Sie die Abschreibungsbeträge bei linearer und degressiver Abschreibung für die ersten vier Jahre in einer Tabelle gegenüber und ermitteln Sie für jedes Jahr den Buch- bzw. Restwert.
d) Buchen Sie für das 1. Jahr die (lineare) Abschreibung auf Maschinen. Richten Sie folgende Konten ein: TA und Maschinen, Abschreibungen auf Sachanlagen, GuV-Konto, Schlussbilanzkonto.
e) Wie hätte sich der Maschinenkauf im Jahr 2018 steuerlich ausgewirkt?

Aufgabe 53

Es sind folgende Konten einzurichten:
Technische Anlagen und Maschinen 290.000,00 €, BGA 120.000,00 €, Abschreibungen auf Sachanlagen, GuV-Konto, Schlussbilanzkonto.

a) Buchen Sie die Abschreibungen auf Maschinen 58.000,00 €, auf BGA 12.000,00 €.
b) Schließen Sie die Bestandskonten und das Konto Abschreibungen auf Sachanlagen ab und stellen Sie danach das Schlussbilanzkonto auf.

Aufgabe 54

Folgende Konten sind einzurichten:
TA und Maschinen 220.000,00 €, Fuhrpark 140.000,00 €, BGA 90.000,00 €, Abschreibungen auf Sachanlagen, GuV-Konto, Schlussbilanzkonto.

Lt. Inventur sind folgende Schlussbestände vorhanden:
TA und Maschinen 196.000,00 €, Fuhrpark 113.000,00 €, BGA 81.000,00 €.

Buchen Sie die Abschreibungen und schließen Sie diese Konten ab.

Aufgabe 55

Anfangsbestände
TA und Maschinen 90.000,00 €, Fuhrpark 50.000,00 €, BGA 25.000,00 €, Rohstoffe 31.000,00 €, Hilfsstoffe 3.500,00 €, Betriebsstoffe 2.500,00 €, Forderungen a. LL 9.000,00 €, Bank 28.000,00 €, Kasse 6.000,00 €, Darlehensschulden 10.000,00 €, Verbindlichkeiten a. LL 14.000,00 €, Eigenkapital 221.000,00 €.

Bestandskonten
TA und Maschinen, Fuhrpark, BGA, Rohstoffe, Hilfsstoffe, Betriebsstoffe, Forderungen a. LL, Bank, Kasse, Verbindlichkeiten a. LL, Darlehensschulden, Eigenkapital, Schlussbilanzkonto.

Erfolgskonten
Aufwendungen für Rohstoffe, Aufwendungen für Hilfsstoffe, Aufwendungen für Betriebsstoffe, Löhne, Betriebsteuern, Abschreibungen auf Sachanlagen, Umsatzerlöse für eigene Erzeugnisse, GuV-Konto.

Geschäftsfälle

1. Lt. KA Überweisung eines Kunden zum Ausgleich einer Rechnung	1.200,00
2. Materialentnahmescheine für die Herstellung der Erzeugnisse:	
Rohstoffe	13.000,00
Betriebsstoffe	1.600,00
3. Lt. KA Überweisung an einen Lieferanten zum Ausgleich einer Rechnung	3.300,00
4. Kauf von Rohstoffen auf Ziel lt. ER	2.850,00

[1] Bei besonders starker Belastung ist eine Verkürzung der Nutzungsdauer möglich.

Einführung in die Abschreibung der Sachanlagen — B

5. Lt. KA Überweisung für Gewerbesteuer[1] 750,00
6. Lt. KA Überweisung für Löhne 5.100,00
7. Lt. KA Teilrückzahlung eines Darlehens durch Überweisung 3.500,00
8. Verkauf aller fertigen Erzeugnisse auf Ziel lt. AR 72.700,00

Abschlussangaben
1. Abschreibungen: 20 % auf TA und Maschinen; Fuhrpark: 10.000,00 €; BGA: 2.500,00 €.
2. Endbestand an Hilfsstoffen lt. Inventur 1.700,00
   Der Verbrauch an Hilfsstoffen ist noch zu ermitteln und zu buchen.
3. Keine Bestände an eigenen Erzeugnissen.

Auswertung
1. Wie hoch sind die Aufwendungen der Abrechnungsperiode?
2. Welche Erträge stehen diesen Aufwendungen gegenüber?
3. Wie hoch ist demnach der Erfolg (Gewinn oder Verlust)?
4. Weisen Sie den Erfolg auch durch Kapitalvergleich (Betriebsvermögensvergleich) nach, indem Sie das Eigenkapital der Schlussbilanz mit dem der Eröffnungsbilanz vergleichen.

Aufgabe 56

Anfangsbestände
TA und Maschinen 120.000,00 €, Fuhrpark 40.000,00 €, BGA 30.000,00 €, Rohstoffe 16.000,00 €, Hilfsstoffe 5.000,00 €, Betriebsstoffe 3.000,00 €, Forderungen a. LL 10.000,00 €, Bank 28.000,00 €, Kasse 8.000,00 €, Darlehensschulden 20.000,00 €, Verbindlichkeiten a. LL 18.000,00 €, Eigenkapital 222.000,00 €.

Kontenplan
Wie in Aufgabe 55, zusätzlich Konto „Gehälter".

Geschäftsfälle
1. Lt. ME Verbrauch von Rohstoffen 3.100,00
   Hilfsstoffen 800,00
   Betriebsstoffen 700,00
2. Lt. KA Kauf einer Maschine gegen Banküberweisung 5.000,00
3. Lt. KA Aufnahme eines Darlehens bei der Bank 45.000,00
4. Lt. KA Zahlung der Löhne durch Überweisung 4.100,00
5. Lt. KA Banküberweisung eines Kunden zum Ausgleich einer Rechnung 2.950,00
6. Lt. KA Lastschrifteinzug für Kraftfahrzeugsteuer 900,00
7. Zieleinkauf von Hilfsstoffen lt. ER 6.100,00
8. Zieleinkauf von Rohstoffen lt. ER 13.400,00
9. Lt. KA Gehaltszahlung durch Überweisung 2.500,00
10. Verkauf aller fertigen Erzeugnisse, davon
    gegen Banküberweisung 5.500,00
    auf Ziel lt. AR 48.800,00

Abschlussangaben
1. Abschreibungen: TA und Maschinen 5.000,00 €, Fuhrpark 6.000,00 €, BGA 2.000,00 €.
2. Keine Bestände an eigenen Erzeugnissen.

Aufgabe 57

1. Unterscheiden Sie zwischen linearer und degressiver Abschreibung.
2. Erläutern Sie die Gewinnauswirkung bei beiden Abschreibungsmethoden im Jahr der Anschaffung des Vermögensgegenstandes.
3. Welchen besonderen Vorteil hat die degressive Abschreibung?
4. Erläutern Sie den Kreislauf der Abschreibung.
5. Inwiefern ist die Abschreibung ein bedeutendes Mittel der Finanzierung?
6. Nennen Sie Beispiele für Rohstoffe und Hilfsstoffe.

---

[1] Siehe Fußnote auf S. 75.

6 Gewinn- und Verlustrechnung mit Bestandsveränderungen an fertigen und unfertigen Erzeugnissen

Fertige und unfertige Erzeugnisse

Bisher haben wir unterstellt, dass alle in einem Geschäftsjahr hergestellten Erzeugnisse auch im gleichen Jahr verkauft wurden. Bestände an **fertigen** (absatzfähigen) sowie **unfertigen** (noch in Arbeit befindlichen) **Erzeugnissen** lagen weder zu Beginn noch am Ende des Geschäftsjahres vor. In diesem Fall lässt sich der **Betriebserfolg des Industrieunternehmens** einfach ermitteln, indem den **Herstellungsaufwendungen** des Geschäftsjahres die **Umsatzerlöse** dieser Rechnungsperiode gegenübergestellt werden.

Beispiel 1

Eine Fahrradfabrik hat in ihrem 1. Geschäftsjahr 1 000 Fahrräder einer bestimmten Marke hergestellt. Die Herstellungsaufwendungen betragen je Fahrrad 100,00 €. Bis zum 31. Dezember wurden alle Fahrräder zum Stückpreis von 150,00 € verkauft.

Soll	Gewinn- und Verlustkonto		Haben
Herstellungsaufwand des GJ für 1000 Stück	100.000,00	Umsatzerlöse des GJ für 1000 Stück	150.000,00
Gewinn	?		

Merke

Stimmen in einem Geschäftsjahr (GJ) Herstellungs- und Verkaufsmenge der Erzeugnisse überein, errechnet sich der Betriebserfolg durch Gegenüberstellung der Herstellungsaufwendungen und Umsatzerlöse dieses Geschäftsjahres.

Bestandsveränderungen

In der Regel werden jedoch in einem Industriebetrieb Produktions- und Absatzmenge eines Geschäftsjahres **nicht** übereinstimmen. Diese Unternehmen haben dann in diesem Jahr entweder mehr Erzeugnisse hergestellt als verkauft oder mehr Erzeugnisse verkauft als hergestellt. Im ersten Fall führt das zum **Jahresschluss im Lager** zu einem **Mehrbestand**, im zweiten zu einem **Minderbestand** an Erzeugnissen. Diese **Bestandsveränderungen** müssen bei der Erfolgsermittlung berücksichtigt werden, da sie bei Mehrbeständen zwar in den Herstellungsaufwendungen, jedoch nicht in den Umsatzerlösen bzw. bei Minderbeständen zwar in den Umsatzerlösen, aber nicht in den Herstellungsaufwendungen enthalten sind.

Beispiel 2

Im 2. Geschäftsjahr stellt die Fahrradfabrik 2 000 Fahrräder her, von denen bis zum 31. Dezember jedoch nur 1 500 Stück verkauft wurden. 500 Fahrräder mussten daher auf Lager genommen werden. Der Schlussbestand an Fahrrädern zum 31. Dezember beträgt somit 50.000,00 € (500 Stück zu 100,00 €/Stück).

Buchung des Schlussbestandes zum 31. Dezember:

❶ Schlussbilanzkonto .... an Fertige Erzeugnisse 50.000,00

Im zweiten Geschäftsjahr wurden also 500 Fahrräder **mehr hergestellt als verkauft**. Deshalb ist der **Schlussbestand** an Fahrrädern (500 Stück) **größer als** der **Anfangsbestand** (0 Stück).

Merke

Herstellungsmenge > Absatzmenge → SB > AB = Bestandsmehrung

Mehrbestand

Im Konto „Fertige Erzeugnisse" ergibt sich **als Saldo** ein **Mehrbestand** von 50.000,00 € (500 Fahrräder je 100,00 €). Da das GuV-Konto im Soll die Herstellungsaufwendungen für 2 000 Fahrräder ausweist, im Haben aber die Erlöse für nur 1 500 Fahrräder, wird der auf Lager produzierte **Mehrbestand** an Erzeugnissen zum Ausgleich **als Ertragsposten** auf die Haben-Seite des GuV-Kontos übertragen und damit den Herstellungsaufwendungen gegenübergestellt. Das **GuV-Konto** weist nun im Haben die **Gesamtleistung** des Unternehmens aus: die Umsatzerlöse als **Umsatzleistung** und die Bestandsmehrung als **Lagerleistung**.

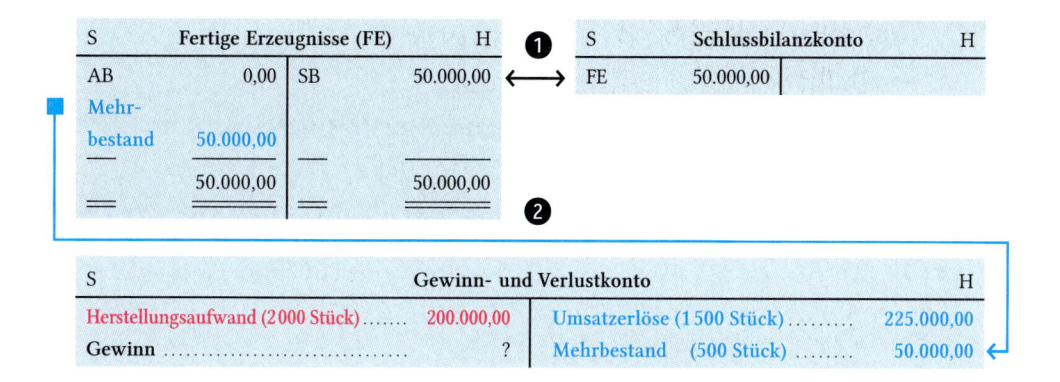

Gewinn- und Verlustrechnung mit Bestandsveränderungen B

S	Fertige Erzeugnisse (FE)		H
AB	0,00	SB	50.000,00
Mehrbestand	50.000,00		
	50.000,00		50.000,00

S	Schlussbilanzkonto		H
FE	50.000,00		

S	Gewinn- und Verlustkonto		H
Herstellungsaufwand (2 000 Stück)	200.000,00	Umsatzerlöse (1 500 Stück)	225.000,00
Gewinn	?	Mehrbestand (500 Stück)	50.000,00

Merke

Eine Bestandsmehrung entsteht, wenn in einem Geschäftsjahr mehr Erzeugnisse hergestellt als verkauft wurden. Der Mehrbestand wird im GuV-Konto als Ertrag den entsprechenden Herstellungsaufwendungen gegenübergestellt.

Beispiel 3

Im 3. Geschäftsjahr stellt die Fahrradfabrik 3 000 Fahrräder her. Im gleichen Zeitraum werden jedoch 3 400 Fahrräder verkauft. 400 Fahrräder wurden somit aus dem Lagerbestand des Vorjahres (500 Stück) verkauft. Der Schlussbestand beträgt daher zum 31. Dezember 100 Stück je 100,00 €/Stück = 10.000,00 €.

Buchung: ❶ Schlussbilanzkonto .... an Fertige Erzeugnisse 10.000,00

Im dritten Geschäftsjahr wurden also 400 Fahrräder mehr verkauft als hergestellt. Somit ist der Schlussbestand an Fahrrädern (100 Stück) kleiner als der Anfangsbestand (500 Stück).

Absatzmenge > Herstellungsmenge → AB > SB = Bestandsminderung

Merke

Minderbestand

Im Konto „Fertige Erzeugnisse" zeigt sich **als Saldo** ein **Minderbestand** von 40.000,00 € (400 Fahrräder zu je 100,00 €). Im GuV-Konto muss nun den Umsatzerlösen der 400 Fahrräder, die aus Lagerbeständen des Vorjahres verkauft wurden, auch der **Minderbestand** im Herstellungswert von 40.000,00 € **als Aufwandsposten** auf der Soll-Seite des GuV-Kontos gegenübergestellt werden.

S	Fertige Erzeugnisse (FE)		H
AB	50.000,00	SB	10.000,00
		Minderbestand	40.000,00
	50.000,00		50.000,00

S	Schlussbilanzkonto		H
FE	10.000,00		

S	Gewinn- und Verlustkonto		H
Herstellungsaufwand (3 000 Stück)	300.000,00	Umsatzerlöse (3 400 Stück)	510.000,00
Minderbestand (400 Stück)	40.000,00		
Gewinn	?		

Merke

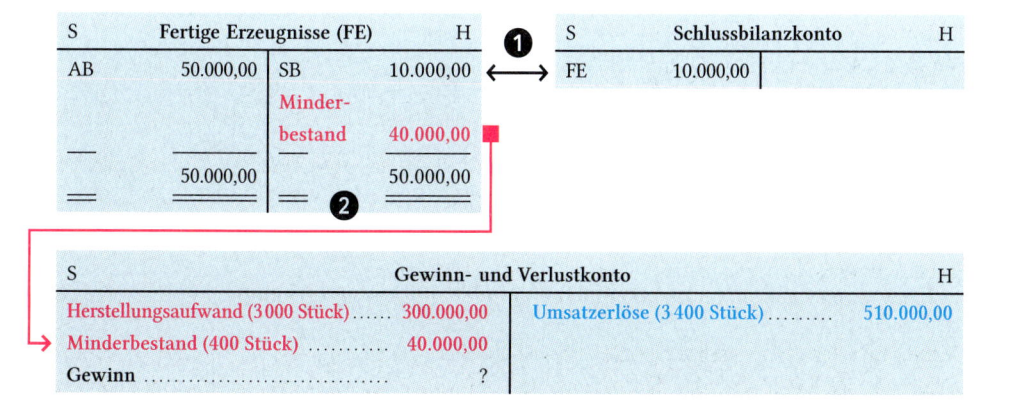

Eine Bestandsminderung entsteht, wenn in einem Geschäftsjahr mehr Erzeugnisse verkauft als hergestellt wurden. Der Minderbestand muss dann im GuV-Konto als Aufwand den Umsatzerlösen der aus dem Vorjahresbestand verkauften Erzeugnisse gegenübergestellt werden.

B Einführung in die Industriebuchführung

Konto „Bestandsveränderungen"

Zum Jahresabschluss haben Industriebetriebe in der Regel sowohl Bestände an **fertigen** als auch **unfertigen** Erzeugnissen, für die **gesonderte Bestandskonten** einzurichten sind. Die **Mehr- und Minderbestände** an unfertigen und fertigen Erzeugnissen werden aus Gründen der Übersichtlichkeit nicht unmittelbar auf dem GuV-Konto gebucht, sondern zunächst auf einem besonderen Erfolgskonto „**Bestandsveränderungen**"[1] gesammelt.

Dieses **Sammelkonto** erfasst die **im Soll** die **Minderbestände** und **im Haben** die **Mehrbestände** der Erzeugnisse. Nach Eintragung der Schlussbestände lt. Inventur in den Konten „Unfertige Erzeugnisse" (UE) und „Fertige Erzeugnisse" (FE) – Buchungssatz: Schlussbilanzkonto an UE und FE – ergeben sich folgende

Umbuchungen bei Bestands**mehrungen**:
Unfertige Erzeugnisse .... an Bestandsveränderungen
Fertige Erzeugnisse .... an Bestandsveränderungen

Umbuchungen bei Bestands**minderungen**:
Bestandsveränderungen .... an Unfertige Erzeugnisse
Bestandsveränderungen .... an Fertige Erzeugnisse

Auf dem Konto „Bestandsveränderungen" werden nun die **Mehr- und Minderbestände** der unfertigen und fertigen Erzeugnisse miteinander **verrechnet**. Der **Saldo** wird auf das **GuV-Konto** übertragen.

Abschlussbuchung
bei **Minder**bestand: Gewinn- und Verlustkonto ... an Bestandsveränderungen
bei **Mehr**bestand: Bestandsveränderungen .... an Gewinn- und Verlustkonto

Beispiel 4

Am Schluss des 4. Geschäftsjahres beträgt der Endbestand an fertigen Fahrrädern lt. Inventur 2.000,00 €, bewertet zum Herstellungswert. Der Herstellungswert des Schlussbestandes an noch nicht fertig gestellten Fahrrädern beträgt lt. Inventur 48.000,00 €. Nach Buchung dieser Schlussbestände (SBK an FE und UE) ergibt sich der Abschluss der Konten: *Nennen Sie die Buchungssätze zu ❶ bis ❺.*

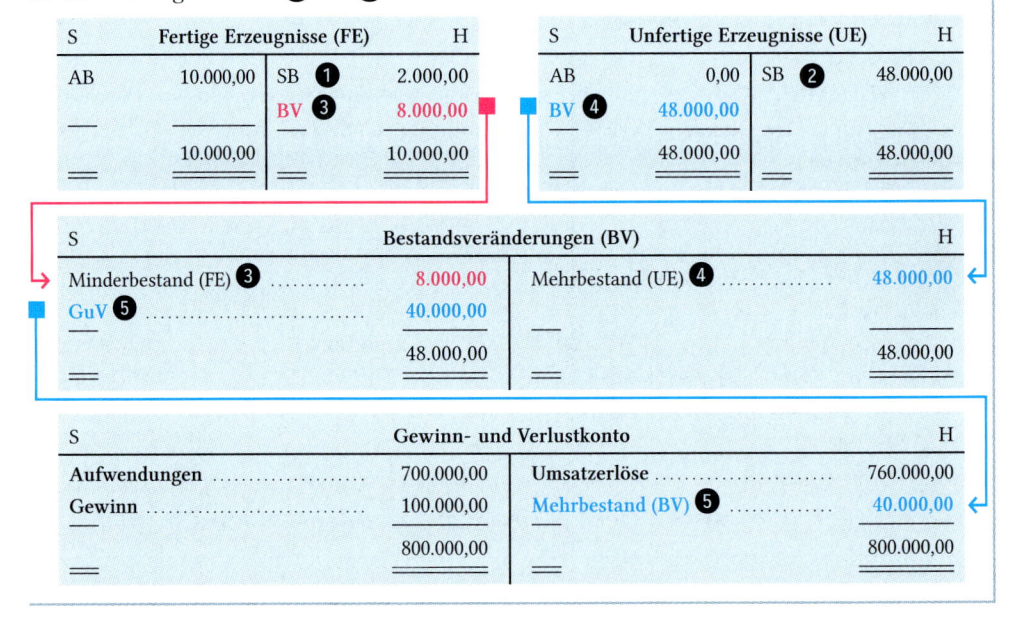

S	Fertige Erzeugnisse (FE)		H
AB	10.000,00	SB ❶	2.000,00
		BV ❸	8.000,00
	10.000,00		10.000,00

S	Unfertige Erzeugnisse (UE)		H
AB	0,00	SB ❷	48.000,00
BV ❹	48.000,00		
	48.000,00		48.000,00

S	Bestandsveränderungen (BV)		H
Minderbestand (FE) ❸	8.000,00	Mehrbestand (UE) ❹	48.000,00
GuV ❺	40.000,00		
	48.000,00		48.000,00

S	Gewinn- und Verlustkonto		H
Aufwendungen	700.000,00	Umsatzerlöse	760.000,00
Gewinn	100.000,00	Mehrbestand (BV) ❺	40.000,00
	800.000,00		800.000,00

Merke

Wenn Herstellungs- und Absatzmenge in einer Rechnungsperiode nicht übereinstimmen, ergibt sich der Erfolg des Industriebetriebes erst unter Berücksichtigung der Bestandsveränderungen an unfertigen und fertigen Erzeugnissen.

---

[1] Nach dem Industriekontenrahmen (IKR) können die Bestandsveränderungen auch auf getrennten Konten gebucht werden: „Bestandsveränderungen an unfertigen Erzeugnissen" und „Bestandsveränderungen an fertigen Erzeugnissen".

GEWINN- UND VERLUSTRECHNUNG MIT BESTANDSVERÄNDERUNGEN B

Merke

Die Konten „Unfertige Erzeugnisse" und „Fertige Erzeugnisse" weisen in der Regel nur drei Posten aus:
- den Anfangsbestand,
- den Schlussbestand lt. Inventur und
- die Bestandsveränderung (Mehrung oder Minderung).

Aufgabe 58

Führen Sie folgende Konten: Unfertige Erzeugnisse, Fertige Erzeugnisse, Bestandsveränderungen, Gewinn- und Verlustkonto, Schlussbilanzkonto.

Anfangsbestände
Unfertige Erzeugnisse .... 12.000,00 €   Fertige Erzeugnisse .... 18.000,00 €
Die Aufwendungen betragen im GuV-Konto insgesamt .... 85.000,00 €
Die Umsatzerlöse betragen im GuV-Konto insgesamt .... 120.000,00 €

Schlussbestände
Unfertige Erzeugnisse .... 16.000,00 €   Fertige Erzeugnisse .... 26.000,00 €

1. Buchen Sie die Schlussbestände an UE und FE.
2. Buchen und erläutern Sie jeweils die Bestandsveränderung an UE und FE.
3. Ermitteln Sie buchhalterisch den Erfolg des Industriebetriebes.
4. Wie hoch wäre der Erfolg ohne Berücksichtigung der Bestandsveränderungen?
5. Wie wirken sich demnach Bestandsmehrungen auf den Erfolg aus?

Aufgabe 59

Übernehmen Sie den Kontenplan der Aufgabe 58.

Anfangsbestände
Unfertige Erzeugnisse .... 10.200,00 €   Fertige Erzeugnisse .... 22.400,00 €
Die Aufwendungen betragen insgesamt .... 62.840,00 €
Die Umsatzerlöse betragen insgesamt .... 96.920,00 €

Schlussbestände
Unfertige Erzeugnisse .... 8.000,00 €   Fertige Erzeugnisse .... 10.200,00 €

1. Schließen Sie die Konten unter Angabe der Buchungssätze ab und ermitteln Sie den Erfolg des Industriebetriebes.
2. Wie wirken sich Bestandsminderungen auf den Erfolg aus?

Aufgabe 60

Übernehmen Sie den Kontenplan der Aufgabe 58.

Anfangsbestände
Unfertige Erzeugnisse .... 20.000,00 €   Fertige Erzeugnisse .... 60.000,00 €
Die Aufwendungen betragen insgesamt .... 280.000,00 €
Die Umsatzerlöse betragen insgesamt .... 330.000,00 €

Schlussbestände
Unfertige Erzeugnisse .... 5.000,00 €   Fertige Erzeugnisse .... 90.000,00 €

Schließen Sie die Konten unter Angabe der Buchungssätze ab und ermitteln Sie den Erfolg.

Aufgabe 61

1. Begründen Sie, warum der Minderbestand an Erzeugnissen auf der Soll-Seite des Gewinn- und Verlustkontos auszuweisen ist.
2. Warum ist entsprechend der Mehrbestand an Erzeugnissen auf der Haben-Seite des Gewinn- und Verlustkontos auszuweisen?
3. Erklären Sie: Erlöse + Mehrbestände > Aufwendungen   = ?
                  Erlöse < Aufwendungen + Minderbestände   = ?
4. Woraus setzt sich die Gesamtleistung des Industriebetriebes zusammen?

Aufgabe 62

Der Summenbilanz eines Industriebetriebes entnehmen wir folgende Konten:

Konten	Soll	Haben
Rohstoffe	83.500,00	–
Hilfsstoffe	37.600,00	–
Aufwendungen für Rohstoffe	–	–
Aufwendungen für Hilfsstoffe	–	–
Löhne	54.600,00	–
Gehälter	36.200,00	–
Mietaufwendungen	28.000,00	–
Abschreibungen auf Sachanlagen	16.400,00	–
Werbeaufwendungen	1.600,00	–
Unfertige Erzeugnisse (Anfangsbestand)	13.100,00	–
Fertige Erzeugnisse (Anfangsbestand)	22.300,00	–
Umsatzerlöse für eigene Erzeugnisse	–	235.800,00
Bestandsveränderungen	–	–
Gewinn- und Verlustkonto	–	–
Eigenkapital	–	255.000,00
Schlussbilanzkonto	–	–

Abschlussangaben

Schlussbestände lt. Inventur:
- Rohstoffe 33.700,00
- Hilfsstoffe 22.300,00
- Unfertige Erzeugnisse 16.000,00
- Fertige Erzeugnisse 10.400,00

1. Eröffnen Sie die Konten.
2. Buchen Sie zunächst die Schlussbestände lt. Inventur und nennen Sie jeweils den entsprechenden Buchungssatz.
3. Führen Sie den Abschluss der Konten unter Angabe der Buchungssätze durch.
4. Nennen Sie die Verfahren zur Ermittlung des Werkstoffverbrauchs und deren Vor- bzw. Nachteile. Wodurch wird der Verbrauch an Roh- und Hilfsstoffen in diesem Betrieb erfasst?
5. Welche grundsätzliche Wirkung hat in diesem Falle die Bestandsveränderung?

Aufgabe 63

Anfangsbestände

Technische Anlagen und Maschinen	210.000,00
Rohstoffe	53.600,00
Fremdbauteile	18.300,00
Betriebsstoffe	5.100,00
Unfertige Erzeugnisse	11.900,00
Fertige Erzeugnisse	28.600,00
Forderungen a. LL	44.400,00
Bank	27.200,00
Kasse	14.900,00
Verbindlichkeiten a. LL	114.000,00
Eigenkapital	300.000,00

GEWINN- UND VERLUSTRECHNUNG MIT BESTANDSVERÄNDERUNGEN — B

Kontenplan

Bestandskonten: Technische Anlagen und Maschinen, Rohstoffe, Fremdbauteile, Betriebsstoffe, Unfertige Erzeugnisse, Fertige Erzeugnisse, Forderungen a. LL, Bank, Kasse, Verbindlichkeiten a. LL, Eigenkapital, Schlussbilanzkonto.

Erfolgskonten: Aufwendungen für Rohstoffe, Aufwendungen für Fremdbauteile, Aufwendungen für Betriebsstoffe, Löhne, Gehälter, Vertriebsprovisionen, Ausgangsfrachten, Reisekosten, Mietaufwendungen, Fremdinstandhaltung, Abschreibungen auf Sachanlagen, Umsatzerlöse für eigene Erzeugnisse, Bestandsveränderungen, Zinserträge, Gewinn- und Verlustkonto.

Geschäftsfälle

1. Verbrauch lt. Materialentnahmescheine
   Rohstoffe 28.600,00
   Fremdbauteile 6.000,00
2. Zielverkauf von eigenen Erzeugnissen lt. AR 1206 .... 29.700,00
3. Barabhebung von der Bank 1.900,00
4. Lt. KA Zahlung von Löhnen durch Überweisung 6.800,00
5. Zielkauf von Rohstoffen lt. ER 806 .... 19.800,00
   von Fremdbauteilen lt. ER 807 .... 3.400,00
6. Verkauf von eigenen Erzeugnissen auf Ziel lt. AR 1207 ab Werk 25.400,00
7. Überweisung der Provisionen an Handelsvertreter lt. KA 950,00
8. Kunden begleichen lt. KA Rechnung durch Überweisung 23.650,00
9. Überweisung für Gehälter lt. KA 9.400,00
10. Überweisung für eine Maschinenreparatur lt. KA 1.950,00
11. Barausgaben für Reisekosten 490,00
12. Zielverkauf von eigenen Erzeugnissen lt. AR 1208 frei Haus 8.900,00
13. Ausgangsfracht hierauf bar 290,00
14. Überweisung an Vermieter für angemietete Lagerräume lt. KA 700,00
15. Lt. KA Gutschrift der Bank für Zinsen 800,00

Abschlussangaben

1. Abschreibung auf Technische Anlagen und Maschinen 24.400,00
2. Inventurbestände:
   Betriebsstoffe 3.200,00
   Unfertige Erzeugnisse 11.600,00
   Fertige Erzeugnisse 35.300,00
3. Im Übrigen entsprechen die Buchwerte der Inventur.

Aufgabe 64

1. In welchem Fall entsteht
   a) ein Mehrbestand und
   b) ein Minderbestand an Erzeugnissen?
2. Wie lautet der Abschlussbuchungssatz des Kontos „Bestandsveränderungen"
   a) bei Mehrbeständen und
   b) bei Minderbeständen?
3. Wie wirken sich a) Mehrbestände und b) Minderbestände auf den Gewinn der Abrechnungsperiode aus?
4. Erläutern Sie kritisch die beiden Verfahren zur Ermittlung des Werkstoffverbrauchs.

7 Umsatzsteuer beim Einkauf und Verkauf

7.1 Wesen der Umsatzsteuer (Mehrwertsteuer)

Mehrwert

Viele zum Verkauf angebotene Waren durchlaufen einen langen Produktionsprozess: vom Betrieb der Urerzeugung über Betriebe der Weiterverarbeitung, des Groß- und Einzelhandels bis zum Endverbraucher. Menschen und Kapital schaffen **auf jeder Stufe** dieses Warenwegs „mehr Wert". Diesen **Mehrwert**, der sich jeweils aus der **Differenz zwischen Verkaufs- und Einkaufspreis** der Ware ergibt, besteuert der Staat mit der „**Mehrwertsteuer**[1]", deren Grundlage das **Umsatzsteuergesetz** ist. Die Mehrwertsteuer heißt deshalb auch offiziell **Umsatzsteuer**. Wie die Grunderwerbsteuer und die Versicherungsteuer zählt sie in der verwaltungsrechtlichen Einteilung der Steuern zu den Verkehrsteuern, die rechtliche oder wirtschaftliche Vorgänge besteuern. Der **allgemeine** Umsatzsteuersatz beträgt **19 %**, der **ermäßigte 7 %**, z. B. für Lebensmittel und Bücher.

Beispiel

Eine Wohnzimmerschrankwand, die in einem Möbeleinzelhandelsgeschäft an einen Privatkunden für **11.900,00 €** (10.000,00 € **Warenwert** + 1.900,00 € **Umsatzsteuer**) verkauft wurde, legt in der Regel vier Umsatzstufen zurück. Der Forstbetrieb mit angeschlossenem Sägewerk liefert das Holz an die Möbelwerke, die daraus die Schrankwand herstellen und an den Möbelgroßhändler verkaufen, der wiederum das Möbeleinzelhandelsgeschäft beliefert. Von dem **auf jeder Umsatzstufe** entstandenen **Mehrwert** werden 19 % **Umsatzsteuer** berechnet und als **Zahllast** an das Finanzamt abgeführt. Das sind für alle vier Umsatzstufen **insgesamt 1.900,00 €** Umsatzsteuer, also genau der Betrag, den der **Privatkunde als Endverbraucher** an Umsatzsteuer **zu tragen und zu zahlen** hat:

Umsatzstufen	Einkaufspreis lt. ER	Verkaufspreis lt. AR	Mehrwert	Zahllast: 19 % USt vom Mehrwert
Forstbetrieb	0,00 €	2.000,00 €	2.000,00 €	380,00 € USt
↓ Möbelwerke	2.000,00 €	6.500,00 €	4.500,00 €	855,00 € USt
↓ Möbelgroßhandel	6.500,00 €	8.000,00 €	1.500,00 €	285,00 € USt
↓ Möbeleinzelhandel	8.000,00 €	10.000,00 €	2.000,00 €	380,00 € USt
Privatkunde zahlt an Einzelhandel:		11.900,00 € =	10.000,00 € +	1.900,00 € USt

Die Umsatzsteuer, die auf jeder Stufe des Warenwegs an das Finanzamt abgeführt wird, **belastet nicht die Unternehmen**, sondern, wie das Beispiel zeigt, **allein den Privatkunden**, der die Rechnung des Möbeleinzelhändlers einschließlich der Umsatzsteuer im **Preis von 11.900,00 €** bezahlt. Der Einzelhändler vereinnahmt die Umsatzsteuer im Namen des Finanzamtes und führt sie entsprechend ab.

Die Umsatzsteuer ist eine indirekte Steuer, weil der Steuerschuldner (Unternehmer) und der Steuerträger (mit der Umsatzsteuer belasteter privater Endverbraucher) verschiedene Personen sind.

Merke

- Auf jeder Stufe des Warenwegs entsteht ein Mehrwert.
- Nettoverkaufspreis > Nettoeinkaufspreis = Mehrwert
- Jeder Unternehmer hat zwar die Umsatzsteuer von seiner Mehrwertschöpfung als Zahllast an das Finanzamt abzuführen, sie belastet ihn jedoch nicht.
- Die Umsatzsteuer wird ausschließlich vom Privatkunden getragen.

---

1 Weitere Ausführungen auf S. 77 f. und S. 159 f.

7.2 Ermittlung der Zahllast aus Umsatzsteuer und Vorsteuer

Wenn die Umsatzsteuer auf allen Rechnungen offen ausgewiesen wird, kann die an das Finanzamt abzuführende **Umsatzsteuer-Zahllast auf jeder Stufe des Warenwegs** sehr **schnell ermittelt** werden, wie das folgende Beispiel zeigt:

Umsatzsteuer-Zahllast

Beispiel

Der Forstbetrieb Hölzer KG verkauft an die Möbelwerke Kurz Eichenholz aufgrund der nebenstehenden Ausgangsrechnung:

Ausgangsrechnung des Forstbetriebs Hölzer:	
Eichenholz, netto	2.000,00 €
+ 19 % Umsatzsteuer	380,00 €
Rechnungsbetrag	2.380,00 €

Die Möbelwerke W. Kurz e. K. verkaufen die aus Eichenholz hergestellte Wohnzimmerschrankwand an den Möbelgroßhandel Schnell aufgrund der Ausgangsrechnung:

Ausgangsrechnung der Möbelwerke Kurz:	
Wohnzimmerschrankwand S 404, netto	6.500,00 €
+ 19 % Umsatzsteuer	1.235,00 €
Rechnungsbetrag	7.735,00 €

Die **Warenlieferung** des Forstbetriebs an die Möbelwerke **unterliegt nach § 1 Umsatzsteuergesetz der Umsatzsteuer.** Der Forstbetrieb **schuldet** dem Finanzamt somit 380,00 € **Umsatzsteuer,** die er aber von den Möbelwerken zurückhaben will. Deshalb ist der Lieferant der Ware gesetzlich verpflichtet, die **Umsatzsteuer** in der **Ausgangsrechnung** neben dem Warenwert (Nettowert) **gesondert auszuweisen.**

Die Ausgangsrechnung des Forstbetriebs ist zugleich die **Eingangsrechnung** der Möbelwerke. Die in der Eingangsrechnung genannte Umsatzsteuer (380,00 €) dürfen die Möbelwerke als **Vorsteuer** von der aufgrund ihrer Ausgangsrechnung geschuldeten Umsatzsteuer (1.235,00 €) abziehen. **Die Vorsteuer,** also die Umsatzsteuer auf Eingangsrechnungen, **stellt** damit eine **Forderung gegenüber dem Finanzamt dar.**

Aus der Differenz zwischen den Umsatzsteuerschulden aufgrund der Ausgangsrechnungen **und den Vorsteuern** aufgrund der Eingangsrechnungen ergibt sich die an das Finanzamt abzuführende **Umsatzsteuer-Zahllast,** sofern die Schulden das Vorsteuerguthaben überwiegen. Die Umsatzsteuer-Zahllast ist dem Finanzamt in Form einer **Umsatzsteuervoranmeldung** grundsätzlich **vierteljährlich** und bei einer Vorjahres-Umsatzsteuer von mehr als 7.500,00 € **monatlich online** mitzuteilen (§ 18 [2] UStG). Vereinfacht ergibt sich für das Beispiel der Möbelwerke Folgendes:

Umsatzsteuerverbindlichkeiten aufgrund der Ausgangsrechnung	1.235,00 €
− Vorsteuerguthaben aufgrund der Eingangsrechnung	380,00 €
= Umsatzsteuer-Zahllast	855,00 €

Durch den Abzug der Vorsteuer erreicht man, **dass** jeweils **nur der Mehrwert besteuert wird,** wie ein Vergleich mit der Tabelle auf Seite 64 zeigt. Die **Möbelwerke** werden durch die Umsatzsteuer **nicht belastet.** Sie vereinnahmen vom Großhandel 1.235,00 € Umsatzsteuer, von der sie 380,00 € Vorsteuer an den Forstbetrieb Hölzer und 855,00 € Zahllast an das Finanzamt abführen. Gleiches gilt für den Möbelgroß- und -einzelhandel.

Merke

- Die Umsatzsteuerbeträge auf Ausgangsrechnungen sind Verbindlichkeiten gegenüber dem Finanzamt.
- Die Umsatzsteuerbeträge auf Eingangsrechnungen sind Vorsteuern, die Forderungen gegenüber dem Finanzamt darstellen.
- Die Zahllast wird meist monatlich ermittelt und bis zum 10. des Folgemonats abgeführt: Umsatzsteuer aus AR > Vorsteuer aus ER = Zahllast
- Nur Unternehmen und Selbstständige sind zum Vorsteuerabzug berechtigt.

7.3 Die Umsatzsteuer – ein durchlaufender Posten der Unternehmen

Umsatzsteuer

Der Umsatzsteuer unterliegen nach § 1 UStG alle **Lieferungen und Leistungen**, die im **Inland** gegen **Entgelt** von einem **Unternehmen** erbracht werden. Auch **unentgeltliche Entnahmen** von Sachgütern und sonstigen Leistungen des Unternehmens durch den Unternehmer (z. B. für Privatzwecke)[1] sind umsatzsteuerpflichtig. **Der gewerbliche Erwerb von Gütern aus EU-Mitgliedstaaten** gegen Entgelt, der sog. **„Innergemeinschaftliche Erwerb"**, unterliegt ebenfalls der **deutschen Umsatzsteuer**. Während der **Export in Nicht-EU-Staaten**, in sog. Drittländer (z. B. Schweiz), **von der Umsatzsteuer befreit** ist, ist für den **Import** aus diesen Staaten **Einfuhrumsatzsteuer** zu zahlen.[2]

Durchlaufender Posten

Für alle vorsteuerabzugsberechtigten Unternehmen und Selbstständige (Industrie- und Handelsunternehmen, Handwerker, Notare, Anwälte, Handelsvertreter u. a.) ist die Umsatzsteuer ein durchlaufender Posten, da die den Kunden in Rechnung gestellte Umsatzsteuer im Namen des Finanzamts vereinnahmt und an dieses abgeführt wird. Die an Vorlieferanten gezahlten Umsatzsteuerbeträge mindern als Vorsteuer die an das Finanzamt abzuführende Zahllast. Diese Zusammenhänge verdeutlicht noch einmal das untenstehende Umsatzstufenbeispiel. Die Zahllast belastet allerdings die Liquidität der Unternehmen, da im Regelfall eine Soll-Besteuerung nach vereinbarten Entgelten stattfindet.[3] Das bedeutet, dass die Umsatzsteuerschuld gegenüber dem Finanzamt in dem Umsatzsteuervoranmeldungszeitraum entsteht, in dem die Leistung des Unternehmers erbracht wurde. Bei Verkäufen auf Ziel erfolgt der Rechnungsausgleich durch den Kunden und damit die Vereinnahmung der Umsatzsteuer jedoch häufig erst nachdem die Umsatzsteuerzahllast abgeführt wurde.

Beispiel

Umsatzstufen	Ausgangsrechnung/ Eingangsrechnung		Umsatzsteuer	Vorsteuer	Zahllast
Forstbetrieb	Nettopreis	2.000,00 €	380,00 €	0,00 €	380,00 €
	+ 19 % USt	380,00 €			
	Bruttopreis	2.380,00 €			
Möbelwerke	Nettopreis	6.500,00 €	1.235,00 €	380,00 €	855,00 €
	+ 19 % USt	1.235,00 €			
	Bruttopreis	7.735,00 €			
Großhandel	Nettopreis	8.000,00 €	1.520,00 €	1.235,00 €	285,00 €
	+ 19 % USt	1.520,00 €			
	Bruttopreis	9.520,00 €			
Einzelhandel	Nettopreis	10.000,00 €	1.900,00 €	1.520,00 €	380,00 €
	+ 19 % USt	1.900,00 €			
	Bruttopreis	11.900,00 €			
Privatkunde	bezahlt brutto	11.900,00 €	5.035,00 €	3.135,00 €	1.900,00 €
	Probe:		Schuld	− Forderung =	Zahllast

Umsatzsteuer-Jahreserklärung

Die aufgrund der **Umsatzsteuervoranmeldungen** abgeführten Zahllasten stellen lediglich **Vorauszahlungen** an das Finanzamt dar. Deshalb ist für das abgelaufene Geschäftsjahr noch eine **Umsatzsteuer-Jahreserklärung** zu erstellen, die zusammen mit der Einkommen- bzw. Körperschaftsteuererklärung **bis zum 31. Juli des Folgejahres** beim Finanzamt einzureichen ist.

---

1 Siehe auch S. 77 f.
2 Siehe auch S. 159 f.
3 Selbstständige und kleinere Unternehmen (Umsatz nicht mehr als 500 T€ im vorangegangenen Kalenderjahr) können eine Ist-Besteuerung nach vereinnahmten Entgelten beantragen.

Umsatzsteuer beim Ein- und Verkauf   B

Sind die Vorsteuern eines Monats, Quartals oder Jahres **höher** als die Umsatzsteuer, erstattet das Finanzamt diesen **Vorsteuerüberhang** durch Überweisung.

Vorsteuerüberhang

Beispiel

Die Umsatzsteuervoranmeldung der Möbelwerke Werner Kurz e. K. weist zum 31. März folgende Zahlen aus:

	Umsatzsteuer	112.000,00 €
−	Vorsteuer	136.000,00 €
=	**Vorsteuerguthaben** zum 31. März	24.000,00 €

Merke

- Bemessungsgrundlage der Umsatzsteuer ist das Entgelt[1], also der Nettopreis der bezogenen Lieferung oder Leistung zuzüglich aller Nebenkosten.
- Die Umsatzsteuer ist auf allen Ausgangsrechnungen gesondert auszuweisen, sofern diese auf Unternehmen oder Selbstständige ausgestellt sind.
- Bei Kleinbetragsrechnungen bis zu 250,00 € einschl. USt (z. B. Tankstellenbeleg) genügt die Angabe des Steuersatzes für die im Bruttobetrag enthaltene Umsatzsteuer.
- Die Umsatzsteuervoranmeldung ist grundsätzlich vierteljährlich und bei einer Vorjahres-Umsatzsteuer von mehr als 7.500,00 € monatlich online beim Finanzamt einzureichen.
- Für jedes Geschäftsjahr ist eine Umsatzsteuer-Jahreserklärung abzugeben.
- Ein Vorsteuerüberhang (Vorsteuer > Umsatzsteuer) wird vom Finanzamt erstattet.
- Bei Unternehmen und Selbstständigen ist die Umsatzsteuer ein durchlaufender Posten.

7.4 Buchung der Umsatzsteuer im Einkaufs- und Verkaufsbereich

7.4.1 Buchung beim Einkauf von Rohstoffen u. a.

Der Einkauf von Roh-, Hilfs- und Betriebsstoffen sowie von Fertigteilen und Handelswaren wird aufgrund einer Eingangsrechnung (ER) gebucht. Sie weist den **Nettowert** des bezogenen Materials und die darauf entfallende **Umsatzsteuer** gesondert aus. In unserem Stufenbeispiel auf Seite 66 erhalten die Möbelwerke für die Lieferung von Eichenholz vom Forstbetrieb Hölzer folgende Rechnung:

Umsatzsteuer im Einkauf

Eingangsrechnung der Möbelwerke W. Kurz e. K.	
Eichenholz, netto	2.000,00 €
+ 19 % Umsatzsteuer	380,00 €
Rechnungsbetrag	**2.380,00 €**

Die in der **Eingangsrechnung** ausgewiesene Umsatzsteuer – die sog. **Vorsteuer** – begründet für die Möbelwerke eine **Forderung gegenüber dem Finanzamt**; daher wird die beim **Einkauf** der Rohstoffe in Rechnung gestellte Vorsteuer zunächst im

Aktivkonto Vorsteuer

Aktivkonto „Vorsteuer"

auf der Soll-Seite gebucht. Im „Rohstoffkonto" wird im Soll nur der Nettobetrag erfasst. Der Rechnungsbetrag wird auf dem Konto „Verbindlichkeiten a. LL" im Haben gebucht.

Der Buchungssatz aufgrund der **Eingangsrechnung** lautet:

Rohstoffe	2.000,00	
Vorsteuer	380,00	
an Verbindlichkeiten a. LL		2.380,00

---

[1] Nach § 10 UStG ist Entgelt alles, was der Leistungsempfänger aufwendet, um die Leistung zu erhalten, jedoch abzüglich der Umsatzsteuer.

S	Rohstoffe		H
Verb. a. LL	2.000,00		

S	Vorsteuer		H
Verb. a. LL	380,00		

S	Verbindlichkeiten a. LL		H
		Rohstoffe/ Vorsteuer	2.380,00

Merke Die Umsatzsteuer in der Eingangsrechnung ist die Vorsteuer. Das Konto „Vorsteuer" ist ein Aktivkonto. Es weist ein Guthaben, d. h. eine Forderung gegenüber dem Finanzamt aus.

7.4.2 Buchung beim Verkauf von eigenen Erzeugnissen

Umsatzsteuer im Verkauf

Der **Verkauf** von eigenen Erzeugnissen wird aufgrund einer Ausgangsrechnung (AR) gebucht. Sie weist den **Nettopreis** der Erzeugnisse und die darauf entfallende **Umsatzsteuer** gesondert aus. In dem Beispiel von Seite 64 erstellen die Möbelwerke Kurz aus Eichenholz Wohnzimmerschrankwände und verkaufen eine davon an den Möbelgroßhandel Schnell auf Ziel (Nettopreis 6.500,00 €). Die Möbelwerke Kurz schicken dem Möbelgroßhändler folgende Rechnung:

Ausgangsrechnung der Möbelwerke W. Kurz e. K.	
Wohnzimmerschrankwand S 404, netto	6.500,00 €
+ 19 % Umsatzsteuer	1.235,00 €
Rechnungsbetrag	**7.735,00 €**

Passivkonto Umsatzsteuer

Die Möbelwerke Kurz belasten den Großhändler Schnell auf dem Konto „Forderungen a. LL" mit dem Rechnungsbetrag von 7.735,00 €, denn der Möbelgroßhändler ist verpflichtet, den Möbelwerken den Nettowert des Erzeugnisses und deren Umsatzsteuerverbindlichkeiten aus dieser Lieferung zu bezahlen. Das Konto „Umsatzerlöse für eigene Erzeugnisse" übernimmt im Haben den Nettopreis von 6.500,00 €. Die darauf entfallende Umsatzsteuer, also die Umsatzsteuer aus dem **Verkauf** der Erzeugnisse, wird dem Finanzamt auf dem

Passivkonto „Umsatzsteuer"

im Haben gutgeschrieben.

Der Buchungssatz aufgrund der **Ausgangsrechnung** lautet:

Forderungen a. LL	7.735,00	
an Umsatzerlöse für eigene Erzeugnisse		6.500,00
an Umsatzsteuer		1.235,00

S	Forderungen a. LL		H
Umsatzerlöse/ USt	7.735,00		

S	Umsatzerlöse für eigene Erzeugnisse		H
		Ford. a. LL	6.500,00

S	Umsatzsteuer		H
		Ford. a. LL	1.235,00

Merke Das Konto „Umsatzsteuer" ist ein Passivkonto. Es weist Umsatzsteuerverbindlichkeiten gegenüber dem Finanzamt aus.

7.4.3 Vorsteuerabzug und Ermittlung der Zahllast

Ermittlung der Zahllast

Mit dem Verkauf der Wohnzimmerschrankwand an den Möbelgroßhandel Schnell entsteht für die Möbelwerke Kurz zunächst eine **Umsatzsteuerschuld** in Höhe von 1.235,00 € gegenüber dem Finanzamt. Die Möbelwerke haben jedoch durch die beim Einkauf der Rohstoffe geleistete Vorsteuer ein **Guthaben**, d. h. eine Forderung an das Finanzamt in Höhe von 380,00 €. Sie brauchen also nur noch den **Unterschiedsbetrag** zwischen der Umsatzsteuer beim Verkauf und der Umsatzsteuer beim Einkauf (= Vorsteuer) an das Finanzamt zu zahlen (**= Zahllast**):

	Umsatzsteuerverbindlichkeit aus dem Verkauf	1.235,00 €
−	**Vorsteuerguthaben** aus dem Einkauf	380,00 €
=	**Zahllast**	855,00 €

Die Zahllast in Höhe von 855,00 € entspricht somit 19 % der eigenen Wertschöpfung (19 % von 4.500,00 € = 855,00 €).

Zum Schluss des Umsatzsteuervoranmeldungszeitraums[1] ist der Saldo des Kontos „Vorsteuer" (= sonstige Forderung) auf das Konto „Umsatzsteuer" (= sonstige Verbindlichkeit) zu übertragen, um die Zahllast buchhalterisch zu ermitteln:

Buchung: Umsatzsteuer an Vorsteuer 380,00

S	Vorsteuer		H
Verb. a. LL	380,00	Saldo	380,00

→

S	Umsatzsteuer		H
VSt	380,00	Ford. a. LL	1.235,00
Zahllast	855,00		

Überweisung der Zahllast

Nach dieser Umbuchung weist nun der Saldo des Kontos „Umsatzsteuer" die Zahllast aus, die spätestens **bis zum 10. des folgenden Monats** an das Finanzamt abzuführen ist:

Buchung: Umsatzsteuer an Bank 855,00

S	Bank		H
...	25.000,00	USt	855,00

←

S	Umsatzsteuer		H
VSt	380,00	Ford. a. LL	1.235,00
Bank	855,00		
	1.235,00		1.235,00

Merke

- Zur buchhalterischen Ermittlung der Zahllast wird das Konto „Vorsteuer" über das Konto „Umsatzsteuer" abgeschlossen.
- Nach der Verrechnung zeigt der Saldo auf dem Konto „Umsatzsteuer" den an das Finanzamt abzuführenden Betrag: die Zahllast.

Bei einem Steuersatz von 19 % entspricht der Rechnungs- oder Bruttobetrag stets 119 %: Warennettobetrag (= 100 %) + 19 % Umsatzsteuer. Aus dem Bruttobetrag lässt sich der Anteil der Umsatzsteuer wie folgt herausrechnen:

119 % ≙ Bruttobetrag
19 % ≙ x

$$x = \text{Steueranteil in €} = \frac{\text{Bruttobetrag in €} \cdot 19\,\%}{119\,\%}$$

---

[1] Siehe S. 65 und S. 67.

7.5 Bilanzierung der Zahllast und des Vorsteuerüberhangs

Passivierung der Zahllast

Zum Abschlussstichtag 31. Dezember ist die Zahllast des Monats Dezember als „**Sonstige Verbindlichkeit**" in die Schlussbilanz einzusetzen, also zu **passivieren**.

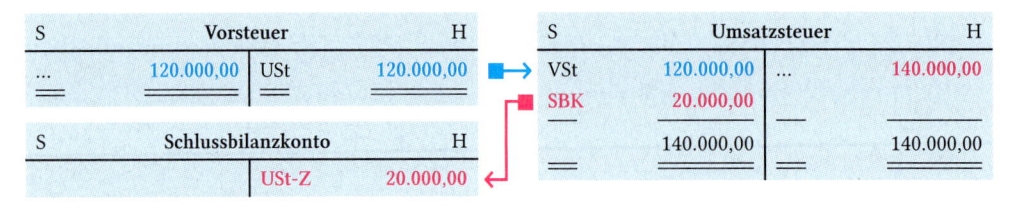

S	Vorsteuer		H
...	120.000,00	USt	120.000,00

S	Umsatzsteuer		H
VSt	120.000,00	...	140.000,00
SBK	20.000,00		
	140.000,00		140.000,00

S	Schlussbilanzkonto		H
		USt-Z	20.000,00

Buchungen zum 31. Dezember:
❶ Umsatzsteuer .... an Vorsteuer 120.000,00
❷ Umsatzsteuer .... an Schlussbilanzkonto 20.000,00

Aktivierung des Vorsteuerüberhangs

Entsprechend ist ein Vorsteuerüberhang zum 31. Dezember als „**Sonstige Forderung**" in der Schlussbilanz auszuweisen, also zu **aktivieren**. In diesem Fall ist das Konto „Umsatzsteuer" über das Konto „Vorsteuer" abzuschließen.

S	Vorsteuer		H
...	80.000,00	USt	50.000,00
		SBK	30.000,00
	80.000,00		80.000,00

S	Umsatzsteuer		H
VSt	50.000,00	...	50.000,00

S	Schlussbilanzkonto		H
VSt	30.000,00		

Buchungen zum 31. Dezember:
❶ Umsatzsteuer .... an Vorsteuer 50.000,00
❷ Schlussbilanzkonto .... an Vorsteuer 30.000,00

Merke

Zum Abschlussstichtag (31. Dezember) ist in der Schlussbilanz
- die Zahllast als „Sonstige Verbindlichkeit" auszuweisen (zu passivieren),
- ein Vorsteuerüberhang als „Sonstige Forderung" zu aktivieren.

Aufgabe 65

Ein Unternehmen der Grundstoffindustrie verkauft an einen Industriebetrieb Rohstoffe im Wert von 2.000,00 € netto. Der Industriebetrieb erstellt aus den Rohstoffen fertige Erzeugnisse und verkauft diese für 6.000,00 € an den Großhandel. Der Großhandel veräußert diese Waren an den Einzelhandel für 7.600,00 €. Der Einzelhandel setzt die Waren an verschiedene Konsumenten für 11.000,00 € ab. Die Preise sind Nettopreise, allgemeiner Steuersatz.

Erstellen Sie ein Stufenschema (siehe S. 66), das den Rechnungsbetrag, die Umsatzsteuer beim Verkauf, die Vorsteuer und die Zahllast enthält. Buchen Sie auf jeder Stufe.

Aufgabe 66

Ein Industrieunternehmen hat im Monat Oktober insgesamt Umsatzerlöse von netto 50.000,00 € und Einkäufe von Rohstoffen von netto 30.000,00 € getätigt. Allgemeiner Steuersatz.

Konten: Rohstoffe, Vorsteuer, Verbindlichkeiten a. LL, Umsatzerlöse für eigene Erzeugnisse, Umsatzsteuer, Forderungen a. LL, Bank (Anfangsbestand 10.000,00 €).

1. Buchen Sie die a) Umsatzerlöse, b) Rohstoffeinkäufe, c) Ermittlung der Zahllast (31. Oktober).
2. Bis wann ist die Zahllast an das Finanzamt zu überweisen? Buchen Sie die Überweisung.

Aufgabe 67

Buchen Sie den folgenden Beleg
1. als Ausgangsrechnung im Forstbetrieb Hölzer KG und
2. als Eingangsrechnung in den Möbelwerken W. Kurz e. K.:

Forstbetrieb Hölzer KG, Gewerbestraße 40 – 52, 86131 Augsburg

Möbelwerke
Werner Kurz e. K.
Industriestraße 30 – 36
70565 Stuttgart

Forstbetrieb Hölzer KG
www.hoelzer-wvd.com

Telefon 0821 286929-0
Telefax 0821 286929-31
E-Mail vertrieb@hoelzer-wvd.com
Steuer-Nr. 065 435 45768
USt-IdNr. DE 223 441 678

EINGEGANGEN ..-05-15

..-05-10

Rechnung 39 456

Ihre Bestellung vom 30. April ..

Wir lieferten am 8. Mai .. auf Ihre Rechnung und Gefahr
40 Eichenholzpaneele
je 50,00 € netto   2.000,00 €
+ 19 % Umsatzsteuer   380,00 €
                                               2.380,00 €

Zahlungsbedingungen: 30 Tage netto Kasse
Commerzbank AG, Augsburg, Konto 345 678 90, BLZ 720 400 46
IBAN: DE39 7204 0046 0034 5678 90   BIC: COBADEFF

Aufgabe 68

In den Möbelwerken W. Kurz e. K. liegen folgende Belege zur Buchung vor:

Beleg 1

Netto € 570,00
+ 19 % USt € 108,30
Gesamt € 678,30
Nr. KB 287

Gesamtbetrag € in Worten: sechshundertachtundsiebzig Cent wie oben
(Im Gesamtbetrag sind 19 % Umsatzsteuer enthalten)
von Möbelwerke W. Kurz e. K.
für Reparaturarbeiten an der Heizungsanlage
richtig erhalten zu haben, bestätigt
Ort Stuttgart Datum ..-12-30
Buchungsvermerke Stempel/Unterschrift des Empfängers
Gunnar Gunst e. Kfm.
Sanitär und Heizung
Sonnenhof 15
70378 Stuttgart
Steuer-Nr. 065 321 45739

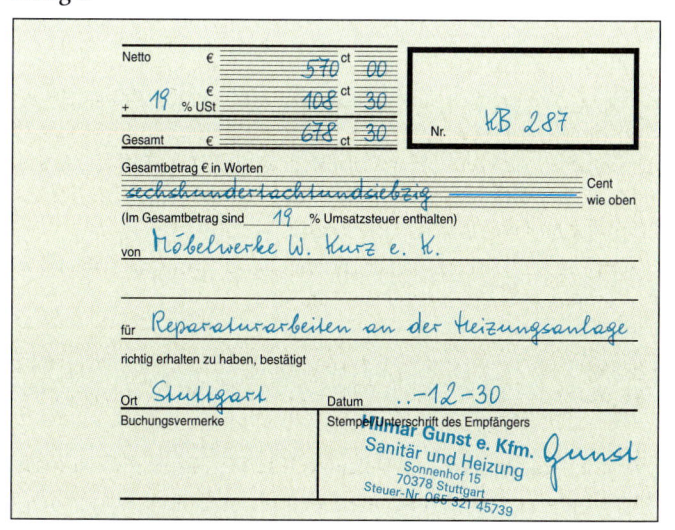

Beleg 2

```
TANK - RAST
S. Gunkel GmbH
Sollingstrasse 54
70469 STUTTGART
Steuer-Nr.
065 292 34560

* SÄULEN-NR. 10        9
* Diesel
* Liter 85,05 x 1,129 EUR
    TOTAL   96,02

Im Gesamtbetrag sind
19 % Umsatzsteuer
enthalten.

....-12-29  14:32

VIELEN DANK
GUTE FAHRT!
```

Nennen Sie zu den Belegen 1 und 2 jeweils den Buchungssatz.

Aufgabe 69

1. Bilden Sie zu folgenden Geschäftsfällen die Buchungssätze und buchen Sie auf den Konten:

   Rohstoffe, Vorsteuer, Verbindlichkeiten a. LL, Forderungen a. LL, Umsatzerlöse für eigene Erzeugnisse, Umsatzsteuer, Bankguthaben (AB 200.000,00 €).

   a) ER 407: Rohstoffe, netto .... 50.000,00 €
                  + 19 % Umsatzsteuer .... 9.500,00 €
                  Rechnungsbetrag .... 59.500,00 €

   b) AR 354: Eigene Erzeugnisse, netto .... 70.000,00 €
                  + 19 % Umsatzsteuer .... 13.300,00 €
                  Rechnungsbetrag .... 83.300,00 €

2. Ermitteln Sie buchhalterisch die Zahllast und nennen Sie den Buchungssatz.
3. Nennen Sie den Buchungssatz für die Überweisung der Zahllast zum 10. des Folgemonats.
4. Buchen Sie auf den entsprechenden Konten.

Aufgabe 70

Bilden Sie zu den Geschäftsfällen der Möbelwerke W. Kurz e. K. die Buchungssätze:

1. Zielkauf von Buchenholz lt. ER 234, netto .... 30.000,00 €
   + Umsatzsteuer .... 5.700,00 € 35.700,00 €

2. ER 235: Reparatur des Lkw, netto .... 2.400,00 €
   + Umsatzsteuer .... 456,00 € 2.856,00 €

3. Zielverkauf von Kleiderschränken lt. AR 345, netto ... 45.000,00 €
   + Umsatzsteuer .... 8.550,00 € 53.550,00 €

4. AR 346: Verkauf von Esstischen
   gegen Banküberweisung, netto .... 12.000,00 €
   + Umsatzsteuer .... 2.280,00 € 14.280,00 €

5. ER 236: Zielkauf eines Farbplotters, netto .... 900,00 €
   + Umsatzsteuer .... 171,00 € 1.071,00 €

6. ER 237: Dachreparatur am Betriebsgebäude, netto .... 15.600,00 €
   + Umsatzsteuer .... 2.964,00 € 18.564,00 €

7. ER 238: Zielkauf eines Kleintransporters, netto .... 36.500,00 €
   + Umsatzsteuer .... 6.935,00 € 43.435,00 €

8. ER 239: Zielkauf von Lack, netto .... 450,00 €
   + Umsatzsteuer .... 85,50 € 535,50 €

Aufgabe 71

Die Möbelwerke W. Kurz e. K. haben lt. ER 123 Büromaterial für brutto 285,60 €, also einschließlich 19 % Umsatzsteuer, gegen Barzahlung erworben.

Ermitteln Sie aus dem Bruttopreis (= 119 %)

1. die darin enthaltene Umsatzsteuer (= 19 %) und
2. den Nettopreis (= 100 %).

Aufgabe 72

Die Möbelwerke W. Kurz e. K. haben in der Buchhandlung Badicke das Fachbuch „Die Umsatzbesteuerung im innergemeinschaftlichen Warenverkehr" für brutto 42,80 € gegen Barzahlung erworben. Der Beleg enthält den Hinweis: „Im Betrag sind 7 % Umsatzsteuer enthalten."

Ermitteln Sie aus dem Bruttobetrag

1. den Nettowert und
2. die Umsatzsteuer.

UMSATZSTEUER BEIM EIN- UND VERKAUF — B

Aufgabe 73

Zum 31. Dezember weisen die Konten „Vorsteuer" und „Umsatzsteuer" folgende Beträge aus:

S	Vorsteuer		H	S	Umsatzsteuer		H
...	330.000,00	...	300.000,00	...	620.000,00	...	700.000,00

1. Schließen Sie die obigen Konten ab. Richten Sie dazu das Schlussbilanzkonto ein.
2. Nennen Sie die Buchungssätze.
3. Was sagt Ihnen der Saldo zum 31. Dezember?

Aufgabe 74

Die nachstehenden Konten weisen zum 31. Dezember folgende Summen aus:

S	Vorsteuer		H	S	Umsatzsteuer		H
...	550.000,00	...	460.000,00	...	830.000,00	...	870.000,00

1. Schließen Sie die obigen Konten ab. Richten Sie dazu das Schlussbilanzkonto ein.
2. Nennen Sie die Buchungssätze.
3. Was sagt Ihnen der Saldo zum 31. Dezember?

Aufgabe 75

Ergänzen Sie die folgenden Aussagen:

1. Die Umsatzsteuer ist nur vom ... zu tragen. Sie belastet das ... nicht.
2. Nur Unternehmen und Personen, die umsatzsteuerpflichtige Lieferungen und Leistungen im ... gegen ... im Rahmen des Unternehmens erbringen, sind zum Abzug der ... berechtigt.
3. Die Vorsteuer stellt eine ... gegenüber dem Finanzamt dar. Die Umsatzsteuer ist dagegen eine ... gegenüber dem Finanzamt.
4. Die Zahllast wird in der Regel ... ermittelt und bis zum ... des ... an das Finanzamt überwiesen.
5. Die Zahllast des Monats Dezember ist in der Schlussbilanz zu ... . Ein Vorsteuerüberhang ist zum 31. Dezember zu ... .
6. Mehrwert ist der ... zwischen dem Nettoverkaufs- und Nettoeinkaufspreis. Durch den Vorsteuerabzug wird erreicht, dass auf jeder Stufe des Warenwegs nur der ... dieser Stufe besteuert wird.
7. In Rechnungen an ... ist die Umsatzsteuer ... auszuweisen. Die Rechnungen enthalten den ... , die ... und den ... .
8. In Kleinbetragsrechnungen bis ... € (einschließlich Umsatzsteuer) genügt die Angabe des im Rechnungsbetrag enthaltenen ... .

Aufgabe 76

Ordnen Sie die Begriffe Zahllast, Vorsteuerüberhang, Aktivierung und Passivierung entsprechend zu.

1. Umsatzsteuer des Monats Dezember > Vorsteuer des Monats Dezember
2. Umsatzsteuer des Monats Dezember < Vorsteuer des Monats Dezember

Aufgabe 77

Im Dezember hatten die Möbelwerke W. Kurz e. K. folgende Umsätze: Verkäufe von eigenen Erzeugnissen netto 600.000,00 € auf Ziel, Einkäufe von Roh-, Hilfs- und Betriebsstoffen u. a. netto 800.000,00 € auf Ziel, allgemeiner Steuersatz.

1. Richten Sie die erforderlichen Konten ein.
2. Buchen Sie die Vorgänge summarisch und nennen Sie die entsprechenden Buchungssätze.
3. Warum ergibt sich zum 31. Dezember keine Zahllast?
4. Wohin gelangt der Vorsteuerüberhang beim Jahresabschluss? Buchen Sie.
5. Inwiefern stellt die Vorsteuer eine Forderung gegenüber dem Finanzamt dar? Begründen Sie.

Aufgabe 78

Anfangsbestände

TA und Maschinen	230.000,00	Fertige Erzeugnisse	15.000,00
Andere Anlagen/BGA	90.000,00	Forderungen a. LL	44.000,00
Rohstoffe	62.000,00	Bankguthaben	40.000,00
Hilfsstoffe	42.000,00	Kasse	6.000,00
Betriebsstoffe	15.000,00	Verbindlichkeiten a. LL	43.000,00
Unfertige Erzeugnisse	22.000,00	Eigenkapital	523.000,00

Kontenplan

TA und Maschinen, Andere Anlagen/BGA, Rohstoffe, Hilfsstoffe, Betriebsstoffe, Unfertige Erzeugnisse, Fertige Erzeugnisse, Forderungen a. LL, Vorsteuer, Bank, Kasse, Verbindlichkeiten a. LL, Umsatzsteuer, Aufwendungen für Rohstoffe, Aufwendungen für Hilfsstoffe, Aufwendungen für Betriebsstoffe, Löhne, Werbeaufwendungen, Portokosten, Büromaterial, Fremdinstandhaltung, Abschreibungen auf Sachanlagen, Umsatzerlöse für eigene Erzeugnisse, Bestandsveränderungen, Gewinn- und Verlustkonto, Eigenkapital, Schlussbilanzkonto.

Geschäftsfälle

1. Zieleinkauf von Rohstoffen lt. ER 22–29, netto	9.600,00	
+ Umsatzsteuer	1.824,00	11.424,00
2. Verbrauch lt. Materialentnahmescheine:		
ME 1: Rohstoffe		32.000,00
ME 2: Betriebsstoffe		2.500,00
3. Barkauf von Büromaterial lt. KB 5, Nettopreis	280,00	
+ Umsatzsteuer	53,20	333,20
4. KA 1: Überweisung der Löhne		8.500,00
5. KA 2: Überweisung für Werbeanzeigen, Nettopreis	800,00	
+ Umsatzsteuer	152,00	952,00
6. Zielverkäufe von eigenen Erzeugnissen lt. AR 35–40, netto	25.000,00	
+ Umsatzsteuer	4.750,00	29.750,00
7. Barzahlung für Maschinenreparatur lt. KB 6, Nettopreis	700,00	
+ Umsatzsteuer	133,00	833,00
8. Hilfsstoffverbrauch lt. Materialentnahmeschein ME 3		6.200,00
9. Zieleinkauf von Betriebsstoffen lt. ER 30–34, netto	4.500,00	
+ Umsatzsteuer	855,00	5.355,00
10. KA 3: Überweisungen von Kunden, Rechnungsbeträge		18.564,00
11. Zielverkäufe von eigenen Erzeugnissen lt. AR 41–48, netto	42.000,00	
+ Umsatzsteuer	7.980,00	49.980,00
12. KB 7: Kauf von Postwertzeichen, bar		550,00

Abschlussangaben

1. Abschreibungen auf TA und Maschinen 5.000,00 €; auf Andere Anlagen/BGA 1.400,00 €.
2. Schlussbestände lt. Inventur: Unfertige Erzeugnisse 18.000,00
   Fertige Erzeugnisse 26.000,00
3. Ermittlung und Passivierung der Umsatzsteuer-Zahllast.

Aufgabe 79

Anfangsbestände

TA und Maschinen	230.000,00	Forderungen a. LL	24.000,00
Andere Anlagen/BGA	75.000,00	Bankguthaben	34.200,00
Rohstoffe	32.000,00	Kasse	7.100,00
Hilfsstoffe	15.000,00	Verbindlichkeiten a. LL	50.000,00
Unfertige Erzeugnisse	14.000,00	Umsatzsteuerschuld	4.500,00
Fertige Erzeugnisse	18.000,00	Eigenkapital	394.800,00

Kontenplan

Weitere einzurichtende Konten: Vorsteuer, Aufwendungen für Rohstoffe, Aufwendungen für Hilfsstoffe, Löhne, Gehälter, Fremdinstandhaltung, Betriebsteuern, Büromaterial, Mietaufwendungen, Abschreibungen auf Sachanlagen, Umsatzerlöse für eigene Erzeugnisse, Bestandsveränderungen, Gewinn- und Verlustkonto, Schlussbilanzkonto.

Geschäftsfälle

1. KA 1: Überweisung für Miete an Vermieter der Lagerhalle (steuerfrei) ... 2.400,00
2. Verbrauch lt. Materialentnahmescheine:
   - ME 1: Rohstoffe ... 22.500,00
   - ME 2: Hilfsstoffe ... 6.400,00
3. KA 2: Überweisung der Umsatzsteuer an das Finanzamt ... 4.500,00
4. KB 1: Barkauf von Büromaterial, netto ... 380,00
   - + Umsatzsteuer ... 72,20 ... 452,20
5. Zielkauf von Rohstoffen lt. ER 412–418, netto ... 19.600,00
   - + Umsatzsteuer ... 3.724,00 ... 23.324,00
6. KA 3: Überweisung der Löhne ... 15.200,00
7. KB 2: Barzahlung einer Maschinenreparatur, Nettopreis ... 800,00
   - + Umsatzsteuer ... 152,00 ... 952,00
8. KA 4: Überweisung der Gewerbesteuer[1] ... 1.600,00
9. KA 5: Gehaltszahlungen durch Überweisung ... 8.400,00
10. Zielkauf von Hilfsstoffen lt. ER 449–451, netto ... 4.600,00
    - + Umsatzsteuer ... 874,00 ... 5.474,00
11. KA 6: Überweisungen an die Lieferanten, Rechnungsbeträge ... 6.664,00
12. Zielverkauf von eigenen Erzeugnissen lt. AR 512–516, netto ... 89.400,00
    - + Umsatzsteuer ... 16.986,00 ... 106.386,00

Abschlussangaben

1. Abschreibungen auf TA und Maschinen 6.000,00 €; auf Andere Anlagen/BGA 1.500,00 €
2. Schlussbestände lt. Inventur:
   - Unfertige Erzeugnisse ... 16.000,00
   - Fertige Erzeugnisse ... 15.000,00

Aufgabe 80

1. Sowohl Lieferungen als auch Leistungen unterliegen nach § 1 UStG der Umsatzsteuer. Nennen Sie jeweils einige Beispiele.
2. Was versteht man unter der Umsatzsteuerzahllast? Für welchen Zeitraum wird sie in der Regel ermittelt? Bis zu welchem Termin ist die Zahllast spätestens abzuführen?
3. Im Monat Dezember beträgt die Vorsteuer 120.000,00 €, die Umsatzsteuer aufgrund der Ausgangsrechnungen nur 80.000,00 €. Schließen Sie die Konten zum 31. Dezember ab.
4. Erläutern Sie, inwiefern die Umsatzsteuer für Unternehmen grundsätzlich ein „durchlaufender" Posten ist.

---

[1] Beachten Sie: Die Gewerbesteuer muss handelsrechtlich als Aufwand gebucht werden (§ 242 [2] HGB) und mindert damit den Gewinn der Handelsbilanz. Zur Ermittlung des steuerpflichtigen Gewinns muss aber die Gewerbesteuer, die keine Betriebsausgabe ist (§ 4 [5b] EStG), außerhalb der Buchführung dem handelsrechtlichen Gewinn wieder hinzugerechnet werden. Siehe auch S. 209.

8 Privatentnahmen und Privateinlagen

8.1 Privatkonto

Zum Lebensunterhalt entnimmt der persönlich haftende Unternehmer seinem Unternehmen Geld- und Sachwerte. Überweisungen für Privatzwecke erfolgen oft über die betrieblichen Bankkonten, wie z. B. Zahlungen für Lebens- und Krankenversicherung, Einkommen- und Kirchensteuer u. a. Diese **Privatentnahmen**, die meist im Vorgriff auf den zu erwartenden Jahresgewinn erfolgen, **mindern** jedoch zunächst das im Unternehmen arbeitende Vermögen und damit das **Eigenkapital**. Zuweilen bringt der Unternehmer aber auch Geld- oder Sachwerte aus seinem Privatvermögen in das Unternehmen ein, wie z. B. ein Grundstück aus einer Erbschaft. Diese **Privateinlagen erhöhen das Vermögen und damit das Eigenkapital** seines Unternehmens.

Privatkonto

Privatentnahmen und Privateinlagen beeinflussen über die Vermögensänderung das Eigenkapital. Aus Gründen der Übersichtlichkeit werden sie jedoch nicht direkt über das Eigenkapitalkonto, sondern zunächst auf einem **Unterkonto des Eigenkapitalkontos** gebucht, dem so genannten

Privatkonto[1].

Das Privatkonto erfasst im Soll die Entnahmen und im Haben die Einlagen. Zum Abschlussstichtag wird das Privatkonto über das Eigenkapitalkonto abgeschlossen.

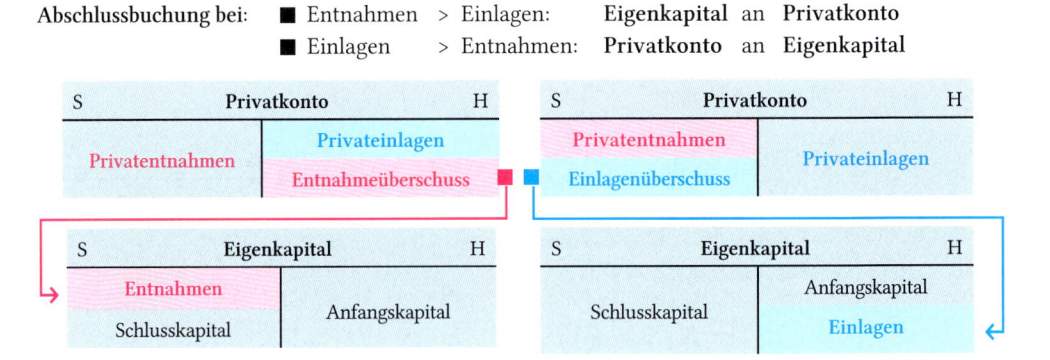

Abschlussbuchung bei:
- Entnahmen > Einlagen: Eigenkapital an Privatkonto
- Einlagen > Entnahmen: Privatkonto an Eigenkapital

S	Privatkonto	H
Privatentnahmen	Privateinlagen	
	Entnahmeüberschuss	

S	Privatkonto	H
Privatentnahmen	Privateinlagen	
Einlagenüberschuss		

S	Eigenkapital	H
Entnahmen	Anfangskapital	
Schlusskapital		

S	Eigenkapital	H
	Anfangskapital	
Schlusskapital	Einlagen	

Beispiele

1. Fabrikant Kurz entnimmt dem betrieblichen Bankkonto 30.000,00 € für Privatzwecke.
   Buchung: Privatkonto an Bank 30.000,00

2. Kurz bringt seinen Privat-Pkw ins Betriebsvermögen ein: 18.000,00 € Zeitwert.
   Buchung: Fuhrpark an Privatkonto 18.000,00

S	Privatkonto		H
Bank	30.000,00	Fuhrpark	18.000,00
		EK	12.000,00
	30.000,00		30.000,00

S	Gewinn- und Verlustkonto		H
Aufw.	410.000,00	U-Erlöse	460.000,00
EK: Gewinn	50.000,00		
	460.000,00		460.000,00

S	Eigenkapital		H
Privat	12.000,00	EBK	200.000,00
SBK	238.000,00	Gewinn lt. GuV	50.000,00
	250.000,00		250.000,00

Merke

Das Privatkonto ist ein Unterkonto des Eigenkapitalkontos. Privatentnahmen und Einlagen aus dem Privatvermögen sowie Gewinn oder Verlust des Geschäftsjahres verändern das Eigenkapital.

[1] Das Privatkonto kann nur für den Einzelunternehmer oder den unbeschränkt haftenden Gesellschafter einer Offenen Handelsgesellschaft (OHG) oder Kommanditgesellschaft (KG) eingerichtet werden.

8.2 Unentgeltliche Entnahme von Gegenständen und sonstigen Leistungen

Der Umsatzsteuer unterliegen nicht nur Lieferungen und Leistungen eines Unternehmens gegen Entgelt, sondern auch **unentgeltliche Entnahmen von Sachgütern und sonstigen Leistungen** des Unternehmens durch den Unternehmer **zu unternehmensfremden** (z. B. privaten) Zwecken. Dabei handelt es sich im Wesentlichen um

- Privatentnahmen von Gegenständen wie Erzeugnissen und Anlagegütern,
- den privaten Einsatz betrieblicher Gegenstände wie Fahrzeuge, Werkzeuge, Maschinen,
- die private Inanspruchnahme betrieblicher Leistungen wie Reparaturarbeiten,

sofern die entnommenen oder genutzten Gegenstände zum Vorsteuerabzug berechtigt haben. Der **Unternehmer** wird dadurch umsatzsteuerlich **dem Endverbraucher gleichgestellt**. Die genannten Vorgänge werden im Haben des Ertragskontos

„Entnahme von Gegenständen und sonstigen Leistungen" (kurz: Entnahme v. G. u. s. L.)

gebucht. Für jede Entnahme ist ein **Eigenbeleg** zu erstellen, der den Nettoentnahmewert sowie die Umsatzsteuer ausweist.

Entnahme
§ 3 [1b] und [9a] UStG

Beispiel 1

Möbelfabrikant Kurz entnimmt dem Fertigwarenlager den Esstisch TE 56 zum Herstellungswert von 700,00 € + 19 % Umsatzsteuer für Privatzwecke.

Buchungen: ❶ Privatkonto 833,00   an Entnahme v. G. u. s. L. 700,00
                                                     an Umsatzsteuer 133,00
            ❷ Entnahme v. G. u. s. L. ... 700,00   an GuV-Konto 700,00

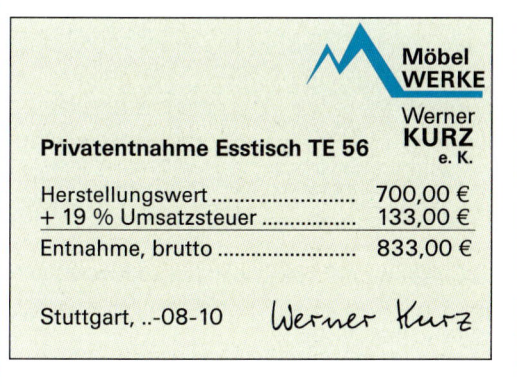

Möbel WERKE
Werner KURZ e. K.

Privatentnahme Esstisch TE 56

Herstellungswert .... 700,00 €
+ 19 % Umsatzsteuer .... 133,00 €
Entnahme, brutto .... 833,00 €

Stuttgart, ..-08-10   *Werner Kurz*

S	Privatkonto	H
❶ Entn./USt 833,00		

S	Entnahme v. G. u. s. L.	H
❷ GuV 700,00	❶ Privat 700,00	

S	Umsatzsteuer	H
	❶ Privat 133,00	

S	GuV-Konto	H
	❷ Entnahme 700,00	

Beispiel 2

Möbelfabrikant Kurz lässt die Heizung seines Wohnhauses durch den eigenen Betrieb warten. **Die Buchungsanweisung für diese private Inanspruchnahme einer betrieblichen Leistung lautet:**

7,5 Arbeitsstunden zu je 40,00 €	300,00 €
+ 19 % Umsatzsteuer	57,00 €
Entnahme, brutto	**357,00 €**

Buchung: Privatkonto 357,00   an Entnahme v. G. u. s. L. 300,00
                                                an Umsatzsteuer 57,00

Bei der **Anschaffung eines betrieblich genutzten Fahrzeugs** wird der **volle Vorsteuerbetrag** durch die Buchung: Fuhrpark und Vorsteuer an Verbindlichkeiten a. LL. **geltend gemacht**.

Bei der Ermittlung dieses USt-pflichtigen privaten Nutzungsanteils an den Fahrzeugkosten bleiben die **vorsteuerfreien** Kosten (z. B. Kfz-Steuer/-Versicherung) **außer Ansatz**.

Private Nutzung des Geschäftswagens

B Einführung in die Industriebuchführung

Der **private Nutzungsanteil** an den Geschäftswagenkosten kann **ermittelt werden**
1. **durch Einzelnachweis, indem die** zurückgelegten Kilometer jeweils für Dienst- und Privatfahrten getrennt in einem Fahrtenbuch ordnungsgemäß nachgewiesen werden, oder
2. mit der **Bruttolistenpreisregelung**, bei der bei Elektro- und Hybridfahrzeugen monatlich **0,5 %**[1], bei übrigen Fahrzeugen **1 % des inländischen Listenpreises zum Zeitpunkt der Erstzulassung zuzüglich Sonderausstattung und einschließlich Umsatzsteuer** angesetzt werden. Diese Pauschalmethode kann nur angewendet werden, wenn die **betriebliche Nutzung** des Firmenwagens **mehr als 50 %** beträgt.

Beispiel

Ein Geschäftswagen der Möbelfabrik Kurz verursacht im Geschäftsjahr 500,00 € umsatzsteuerfreie Kosten (z. B. Kfz-Versicherung) und 10.000,00 € umsatzsteuerpflichtige Kosten (z. B. AfA, Wartung, Treibstoff). Herr Kurz nutzt das Fahrzeug lt. Fahrtenbuch zu 25 % privat.

Nutzungsentnahme, netto ([500,00 € + 10.000,00 €] • 25 %)	2.625,00 €
+ 19 % Umsatzsteuer (10.000,00 € • 25 % • 19 %)	475,00 €
Nutzungsentnahme, brutto	**3.100,00 €**

Buchung: Privatkonto   3.100,00   an Entnahme v. G. u. s. L.   2.625,00
                                   an Umsatzsteuer   475,00

Der private Anteil an den laufenden Telekommunikationskosten (Telefonmiete[2], Grund-/Gesprächsgebühren) ist **keine umsatzsteuerpflichtige Leistungsentnahme** (A 3.4 [4] UStAE). Deshalb sind die **Telekommunikationskosten** und die **Vorsteuer** um den **privaten Anteil zu korrigieren**.

Beispiel

Möbelfabrikant Kurz nutzt das Geschäftstelefon zu 10 % privat, Januar-Telefonrechnung:

Miete, Grund-/Gesprächsgebühren	1.000,00 €
+ 19 % Umsatzsteuer	190,00 €
Rechnungsbetrag	**1.190,00 €**

Buchungen:
❶ Kosten d. Telekommunikation   1.000,00
   Vorsteuer   190,00   an Bank   1.190,00
❷ Privatkonto   119,00   an Kosten d. Telekommunikation   100,00
                        an Vorsteuer   19,00

Merke

Unentgeltliche Entnahmen von vorsteuerabzugsberechtigten Gegenständen und sonstigen Leistungen eines Unternehmens durch den Unternehmer zu unternehmensfremden Zwecken sind grundsätzlich umsatzsteuerpflichtig (§ 3 [1b] und [9a] UStG).

Aufgabe 81

Richten Sie das Bankkonto (AB 200.000,00 €), das Konto „Unbebaute Grundstücke" (AB 0,00 €), das Eigenkapitalkonto (AB 300.000,00 € + 80.000,00 € Gewinn lt. GuV-Konto) und das Privatkonto ein. Buchen Sie für die Möbelwerke W. Kurz e. K. unter Nennung des jeweiligen Buchungssatzes die folgenden Geschäftsfälle auf den genannten Konten:

1. W. Kurz zahlt aus seinem Privatvermögen 20.000,00 € auf das betriebliche Bankkonto ein.
2. W. Kurz überweist 2.800,00 € Miete für ein Ferienhaus vom Geschäftsbankkonto.
3. Für private Ausgaben entnimmt W. Kurz 2.500,00 € dem Geschäftsbankkonto.
4. W. Kurz begleicht seine Zahnarztrechnung über das Geschäftsbankkonto: 640,00 €.
5. Kurz hat sein Erbgrundstück ins Betriebsvermögen eingebracht: 160.000,00 € Zeitwert.
6. W. Kurz überweist seine Einkommen- und Kirchensteuervorauszahlung in Höhe von 36.500,00 € über das Geschäftsbankkonto an das Finanzamt.

Schließen Sie das Privatkonto unter Nennung des Buchungssatzes ab, ermitteln Sie danach den Schlussbestand im Eigenkapitalkonto und erläutern Sie die Veränderungen in diesem Konto.

---

1 Für nach dem 01.01.2019 angeschaffte Fahrzeuge. Für ältere Fahrzeuge vermindert sich der Listenpreis um die darin enthaltenen Kosten des Batteriesystems (§ 6 [1] Nr. 4 S. 2 EStG).
2 Bei gekauften Telefonanlagen sind die Abschreibungen in Höhe der Privatnutzung anteilig als umsatzsteuerpflichtige Entnahme zu buchen: Privatkonto an Entnahme v. G. u. s. L. und Umsatzsteuer.

PRIVATENTNAHMEN UND PRIVATEINLAGEN — B

Aufgabe 82

Richten Sie die Konten Eigenkapital, Gewinn und Verlust und Privat ein und übertragen Sie die folgenden Buchungsbeträge:

	a) €	b) €
Anfangsbestand des Eigenkapitalkontos	500.000,00	400.000,00
Gesamtaufwendungen	650.000,00	580.000,00
Gesamterträge	790.000,00	540.000,00
Privatentnahmen	120.000,00	60.000,00
Privateinlagen	40.000,00	50.000,00

1. Schließen Sie das Gewinn- und Verlustkonto und das Privatkonto ab.
2. Ermitteln Sie im Eigenkapitalkonto den Schlussbestand.
3. Erläutern Sie die Auswirkungen der privaten Vorgänge und des Gewinn- und Verlustkontos auf den Anfangsbestand des Eigenkapitals.

Aufgabe 83

Erläutern Sie jeweils die Auswirkung auf das Anfangseigenkapital:

1. Gewinn > Entnahmen
2. Gewinn < Entnahmen
3. Verlust < Einlagen
4. Verlust > Einlagen

Aufgabe 84

Richten Sie für die Möbelwerke W. Kurz e. K. folgende Konten ein: Fuhrpark, Privat, Bank (AB 95.000,00 €), Vorsteuer, Umsatzsteuer, Entnahme v. G. u. s. L., Kosten der Telekommunikation, GuV-Konto. Buchen Sie jeweils unter Nennung des Buchungssatzes die folgenden Geschäftsfälle auf Konten und schließen Sie die Konten „Entnahme v. G. u. s. L." und „Privat" ab.

1. Die Telefonrechnung für Februar (gemietete Anlage) wird mit 1.785,00 € (1.500,00 € netto + 285,00 € USt) durch Bankabbuchung beglichen. Der private Nutzungsanteil beträgt 250,00 € netto + USt.
2. W. Kurz entnimmt einen Kleiderschrank S 345 zum Herstellungswert von 600,00 € für Privatzwecke.
3. Das neu angeschaffte Geschäftsfahrzeug (50.000,00 € Anschaffungskosten + 19 % USt) wird von Herrn Kurz auch privat genutzt (Gesamtkosten 12.000,00 €, privater Nutzungsanteil lt. Fahrtenbuch 25 %). Buchen Sie Anschaffung und Nutzung.
4. W. Kurz überweist die Rechnung für den Kauf eines Kleinwagens seiner Tochter in Höhe von 10.500,00 € über das Geschäftsbankkonto.
5. Das Geschäftsbankkonto weist für Herrn Kurz eine Gutschrift für erstattete Einkommen- und Kirchensteuer aus: 12.800,00 €.

Aufgabe 85

Nennen Sie als Buchhalter/-in der Möbelwerke W. Kurz e. K. die Buchungssätze zu folgenden fünf Belegen:

Beleg 1

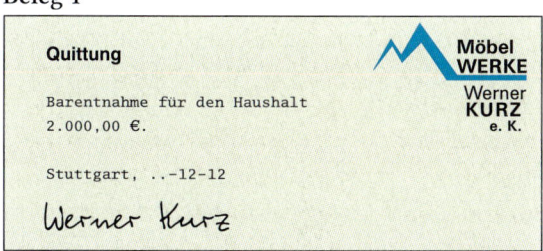

Quittung — Möbel WERKE Werner KURZ e. K.
Barentnahme für den Haushalt
2.000,00 €
Stuttgart, ..-12-12
Werner Kurz

Beleg 2

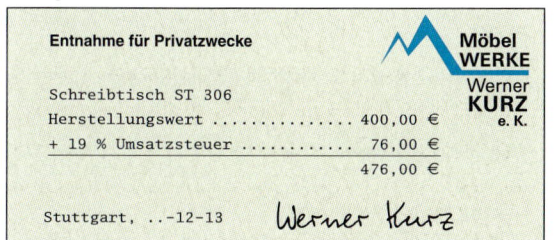

Entnahme für Privatzwecke — Möbel WERKE Werner KURZ e. K.
Schreibtisch ST 306
Herstellungswert .... 400,00 €
+ 19 % Umsatzsteuer .... 76,00 €
476,00 €
Stuttgart, ..-12-13   Werner Kurz

Beleg 3

Beleg für Kontoinhaber/Zahler-Quittung
BIC des Kreditinstituts des Kontoinhabers: SOLADEST600
Zahlungsempfänger: Hermann-Gmeiner-Fonds Deutschland e. V., Menzinger Straße 23, 80638 München
IBAN des Zahlungsempfängers: DE69 7007 0010 0001 1111 11
BIC des Kreditinstituts des Zahlungsempfängers: DEUTDEMM
Betrag: Euro, Cent: 650,00
Kunden-Referenznummer – noch Verwendungszweck (nur für Zahlungsempfänger): Spende zur Förderung der SOS-Kinderdörfer in aller Welt
Kontoinhaber/Zahler: Name, Vorname: W. Kurz e. K., Stuttgart
IBAN des Kontoinhabers: DE14 6005 0101 0072 3814 79

Beleg 4

Euro-Überweisung
Baden-Württembergische Landesbank

Begünstigter: Dr. med. Heinz Klein
IBAN: DE24 6005 0101 0065 0342 44
BIC: SOLADEST600
Betrag: 450,00
Verwendungszweck: Arztrechnung vom 28. Nov.
Kontoinhaber: Möbelwerke Werner Kurz e.K.
IBAN: DE14 6005 0101 0072 3814 79
Datum: ..-12-12
Unterschrift: Werner Kurz

Beleg 5

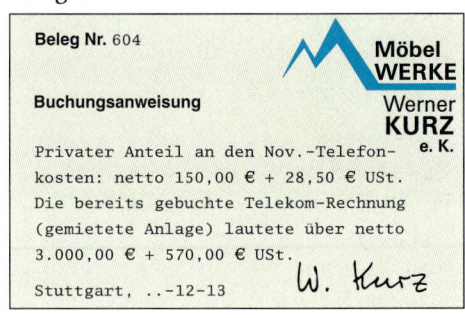

Beleg Nr. 604
Möbel WERKE Werner KURZ e. K.

Buchungsanweisung

Privater Anteil an den Nov.-Telefonkosten: netto 150,00 € + 28,50 € USt. Die bereits gebuchte Telekom-Rechnung (gemietete Anlage) lautete über netto 3.000,00 € + 570,00 € USt.

Stuttgart, ..-12-13   W. Kurz

Aufgabe 86

Anfangsbestände

TA und Maschinen	282.000,00	Kasse	12.000,00
Andere Anlagen/BGA	138.000,00	Eigenkapital	400.000,00
Rohstoffe	230.000,00	Darlehensschulden	286.500,00
Forderungen a. LL	115.000,00	Verbindlichkeiten a. LL	172.500,00
Bankguthaben	82.000,00		

Konten: TA und Maschinen, Andere Anlagen/BGA, Rohstoffe, Forderungen a. LL, Vorsteuer, Bank, Kasse, Eigenkapital, Privat, Darlehensschulden, Verbindlichkeiten a. LL., Umsatzsteuer, Umsatzerlöse für eigene Erzeugnisse, Zinserträge, Entnahme v. G. u. s. L., Aufwendungen für Rohstoffe, Gehälter, Abschreibungen auf Sachanlagen, Büromaterial, GuV, SBK.

Geschäftsfälle

1. KA 1: Begleichung der Lieferantenrechnung ER 456 durch Überweisung — 23.800,00
2. Zielverkauf von eigenen Erzeugnissen lt. AR 552, netto — 148.000,00
   + Umsatzsteuer — 28.120,00 — 176.120,00
3. KB 8: Geschäftsinhaber entnimmt der Kasse für Urlaubsreise — 2.500,00
4. Zieleinkauf von Rohstoffen lt. ER 482, netto — 12.000,00
   + Umsatzsteuer — 2.280,00 — 14.280,00
5. KA 2: Überweisung für eine Spende an UNICEF — 600,00
6. Bareinkauf von Büromaterial lt. KB 9, netto — 700,00
   + Umsatzsteuer — 133,00 — 833,00
7. KA 3: Lastschrift der Bank für Gehaltsüberweisungen — 15.000,00
8. KA 4: Wohnungsmiete des Geschäftsinhabers wird vom Geschäftsbankkonto überwiesen — 1.200,00
9. KA 5: Zinsgutschrift der Bank — 1.500,00
10. Beseitigung einer Rohrverstopfung im Privathaus des Unternehmers durch Handwerker des eigenen Betriebes, Nettokosten — 650,00
    + Umsatzsteuer — 123,50 — 773,50
11. KA 6: Überweisung f. Reparatur am Privathaus des Unternehmers — 595,00
12. Verbrauch von Rohstoffen lt. ME 1 — 97.000,00

Abschlussangaben

1. Abschreibungen auf TA und Maschinen: 11.000,00 €; auf And. Anlagen/BGA: 5.500,00 €.
2. Die Buchwerte der Bestandskonten entsprechen der Inventur.

Aufgabe 87

1. Kauf eines Geschäfts-Pkw, der vom Unternehmer auch privat genutzt wird. Nettokaufpreis 52.000,00 € + 19 % USt. Private Nutzungsentnahme: 4.000,00 € netto. *Buchen Sie.*
2. Das Eigenkapital des Metallwerks Horn KG betrug zum 1. Januar 500.000,00 € und zum 31. Dezember 580.000,00 €. Die Privatentnahmen betrugen 60.000,00 € und die Privateinlagen 40.000,00 €. *Wie hoch war der Jahreserfolg?*
3. *Sehen Sie einen Zusammenhang zwischen Privatentnahmen und Gewinn?*

Privatentnahmen und Privateinlagen — B

Aufgabe 88

Ermitteln Sie aus den folgenden Nettobeträgen für den Monat Mai

a) die Umsatzsteuerverbindlichkeit,

b) die Vorsteuer und

c) die Zahllast:

Umsatzerlöse für eigene Erzeugnisse	850.000,00 €
Private Entnahme von Erzeugnissen	15.000,00 €
Einkauf von Roh-, Hilfs- und Betriebsstoffen	520.000,00 €
Instandsetzung der Verpackungsanlage	12.500,00 €
Kauf von Büromaterial	600,00 €

Aufgabe 89

Stellen Sie die Konten Privat, Entnahme v. G. u. s. L., Gewinn und Verlust, Eigenkapital auf und schließen Sie diese ab. Führen Sie auch das Konto „Umsatzsteuer".
Privatentnahmen vom betriebl. Bankkonto 44.000,00 €; Entnahme von Erzeugnissen 2.000,00 € netto; Inanspruchnahme betrieblicher Leistungen 1.500,00 € netto; der Unternehmer bringt seinen Privat-Pkw in das Betriebsvermögen ein: 15.000,00 €; Aufwendungen insgesamt 160.000,00 €; Umsatzerlöse für eigene Erzeugnisse insgesamt 220.000,00 €; Eigenkapital 150.000,00 €.

Aufgabe 90

Anfangsbestände

TA und Maschinen	152.000,00	Kasse	8.000,00
Andere Anlagen/BGA	73.000,00	Verbindlichkeiten a. LL	48.000,00
Rohstoffe	87.000,00	Umsatzsteuer	6.000,00
Forderungen a. LL	44.000,00	Eigenkapital	343.000,00
Bankguthaben	33.000,00		

Weitere einzurichtende Konten: Privat, Vorsteuer, Aufwendungen für Rohstoffe, Löhne, Fremdinstandhaltung, Abschreibungen auf Sachanlagen, Büromaterial, Mietaufwendungen, Umsatzsteuer, Umsatzerlöse für eigene Erzeugnisse, Entnahme v. G. u. s. L., GuV, SBK.

Geschäftsfälle

1. KA 1: Überweisung der Miete an Vermieter: Betrieb 1.200,00
   privat 300,00
2. KA 2: Überweisung an Lieferanten: Rechnungsbetrag 14.875,00
3. KB 1: Privatentnahme in bar 350,00
4. Zielverkauf von eigenen Erzeugnissen lt. AR 966–978, netto 54.800,00
   + Umsatzsteuer 10.412,00
5. KB 2: Zahlung aus der Geschäftskasse für privates Nachnahmepaket 700,00
6. KA 3: Überweisung der Umsatzsteuer-Zahllast 6.000,00
7. Zielkauf von Rohstoffen lt. ER 806–809, netto 9.500,00
   + Umsatzsteuer 1.805,00
8. KB 3: Barentnahme des Inhabers für Urlaubsreise 1.200,00
9. KA 4: Überweisung für Löhne 4.200,00
10. KB 4: Barkauf von Schreibmaterial, brutto 309,40
11. KB 5: Barzahlung der Fahrzeugreparatur, brutto 476,00
12. Privatentnahme von eigenen Erzeugnissen, Nettowert 1.260,00
13. Die Heizungsanlage im Einfamilienhaus des Geschäftsinhabers wurde durch den eigenen Betrieb instand gesetzt. Kosten 500,00
    + Umsatzsteuer 95,00
14. KA 5: Kapitaleinlage des Geschäftsinhabers durch Bankeinzahlung 20.000,00
15. Lt. ME wurden Rohstoffe in die Fertigung gegeben 72.000,00

Abschlussangaben
1. Abschreibungen auf TA und Maschinen: 6.800,00 €; auf Andere Anlagen/BGA: 3.000,00 €.
2. Die Salden der Bestandskonten entsprechen der Inventur.

B Einführung in die Industriebuchführung

Aufgabe 91

In der Finanzbuchhaltung der Werkzeugfabrik H. Lenz e. K. weisen die Konten zum 31. Dezember die unten stehenden Summen im Soll und Haben aus.

Führen Sie diese Konten weiter, indem Sie die restlichen Geschäftsfälle 1 bis 8 buchen und den Abschluss durchführen.

Summenbilanz	Soll	Haben
TA und Maschinen	146.000,00	3.500,00
Andere Anlagen/BGA	73.060,00	1.500,00
Rohstoffe	250.000,00	–
Forderungen a. LL	920.000,00	755.000,00
Bank	878.511,00	648.000,00
Eigenkapital	–	300.000,00
Privatkonto	85.000,00	17.625,00
Verbindlichkeiten a. LL	437.000,00	713.000,00
Vorsteuer	91.344,00	72.000,00
Umsatzsteuer	81.125,00	173.375,00
Umsatzerlöse für eigene Erzeugnisse	–	910.000,00
Entnahme v. G. u. s. L.	–	2.500,00
Aufwendungen für Rohstoffe	420.000,00	–
Gehälter	140.000,00	–
Abschreibungen auf Sachanlagen	–	–
Mietaufwendungen	68.000,00	–
Werbung	5.600,00	–
Büromaterial	860,00	–
Abschlusskonten: GuV, SBK	3.596.500,00	3.596.500,00

Geschäftsfälle

1. Banküberweisung für Gehälter 66.000,00
   für Gehalt der Hausgehilfin 1.600,00 67.600,00
2. Privatentnahme von eigenen Erzeugnissen, netto 600,00
   + Umsatzsteuer 114,00 714,00
3. Verkauf von Werkzeugen lt. AR 234 auf Ziel, netto 25.000,00
   + Umsatzsteuer 4.750,00 29.750,00
4. Banküberweisung an Vermieter für Geschäftsmiete 8.500,00
   der Wohnung des Inhabers 1.500,00 10.000,00
5. Einkauf von Rohstoffen lt. ER 345 auf Ziel, netto 32.000,00
   + Umsatzsteuer 6.080,00 38.080,00
6. Reparatur des Privat-Pkw des Inhabers durch d. eig. Betrieb.. 840,00
   + Umsatzsteuer 159,60 999,60
7. Verbrauch von Rohstoffen lt. ME 152.000,00
8. Abschreibungen auf TA und Maschinen: 5.600,00; auf Andere Anlagen/BGA: 3.200,00

Aufgabe 92

Ergänzen Sie:

1. Die unentgeltliche Entnahme von Gegenständen und sonstigen Leistungen durch den Unternehmer unterliegt der … .
2. Zur unentgeltlichen Entnahme zählen
   a) die private Nutzung von … ,
   b) die private Entnahme von … sowie
   c) die private Inanspruchnahme von … des eigenen Betriebes.
3. Durch die Besteuerung der Entnahmen wird der Unternehmer dem … gleichgestellt.
4. Damit die Umsatzsteuerschuld für die monatliche Umsatzsteuervoranmeldung schneller ermittelt und überprüft (= Umsatzsteuerverprobung) werden kann, müssen neben den Umsatzerlösen auch die … gesondert in der Buchhaltung ausgewiesen werden.

9 Organisation der Buchführung

9.1 Industrie-Kontenrahmen (IKR)

9.1.1 Aufgaben und Aufbau des IKR

Die **Konten der Buchführung** bilden zugleich die **zahlenmäßige Grundlage für die Planungen und Entscheidungen** der Unternehmensleitung. Dazu sind **wichtige Vermögens-, Schuld-, Aufwands- und Ertragsposten** durch Vergleich mit den Zahlen früherer Geschäftsjahre (**Zeitvergleich**) sowie mit branchengleichen Betrieben (**Betriebsvergleich**) betriebswirtschaftlich **auszuwerten**. Die Buchführung mit ihren zahlreichen Konten bedarf daher einer bestimmten **Ordnung**, die die **Konten** des Unternehmens und der branchengleichen Betriebe nicht nur **systematisch und detailliert sowie EDV-gerecht gliedert**, sondern vor allem auch **einheitlich benennt**.

Der **Industrie-Kontenrahmen (IKR)**[1], der 1971 vom Bundesverband der Deutschen Industrie (BDI) herausgegeben wurde, ist ein übersichtliches **Kontenordnungssystem**, das allen Industriebetrieben zur Anwendung **empfohlen** wird. Für den Groß- und Außenhandel, den Einzelhandel und das Handwerk sowie für Banken und Versicherungen gibt es eigene Kontenrahmen.

Diesem Lehrbuch liegt der „**Industrie-Kontenrahmen (IKR) für Aus- und Fortbildung**" des BDI zugrunde. Wie alle Kontenrahmen ist auch der Industrie-Kontenrahmen nach dem **dekadischen System (Zehnersystem)** aufgebaut. Die Konten werden zunächst eingeteilt in

10 Kontenklassen

      10 Klassen von 0 bis 9,

wobei die **Klassen 0 bis 8** der **Finanz- bzw. Geschäftsbuchhaltung (= Rechnungskreis I)** vorbehalten sind. Die **Klasse 9** kann für eine **kontenmäßige Darstellung der Kosten- und Leistungsrechnung (= Rechnungskreis II)** genutzt werden, sofern sie nicht – wie **in der Praxis** üblich – **tabellarisch** durchgeführt wird.

Die beiden Hauptbereiche des Rechnungswesens bilden somit im IKR jeweils einen eigenen Kontenkreis. Der IKR ist deshalb kontenmäßig ein echtes **Zweikreissystem**.

Rechnungskreis I und II

	Kontenklasse		Inhalt der Kontenklasse
Finanzbuchhaltung	Bestandskonten	0	Immaterielle Vermögensgegenstände und Sachanlagen
		1	Finanzanlagen
		2	Umlaufvermögen und aktive Rechnungsabgrenzung
		3	Eigenkapital und Rückstellungen
		4	Verbindlichkeiten und passive Rechnungsabgrenzung
	Erfolgskonten	5	Erträge
		6	Betriebliche Aufwendungen
		7	Weitere Aufwendungen
		8	Ergebnisrechnungen (Eröffnungs- und Abschlusskonten)
KLR		9	Buchhalterische Abwicklung der Kosten- und Leistungsrechnung (KLR)

> **Merke**
>
> Die Finanzbuchhaltung (Rechnungskreis I) und die Kosten- und Leistungsrechnung (Rechnungskreis II) bilden im IKR jeweils einen in sich geschlossenen Kontenkreis. Die beiden Zweige des Rechnungswesens werden somit klar getrennt.

---

1 Siehe Anlage im Anhang.

B Einführung in die Industriebuchführung

Gliederung der Konten nach dem Jahresabschluss

Bilanz und Gewinn- und Verlustrechnung bilden den Jahresabschluss der Finanzbuchhaltung. Um die **Abschlussarbeiten zu vereinfachen**, wurden die Konten im Kontenrahmen auf den Jahresabschluss ausgerichtet. **In Reihenfolge und Bezeichnung der Posten entsprechen die Konten der**

- **Gliederung der Bilanz** im § 266 HGB[1] und der
- **Gliederung der Gewinn- und Verlustrechnung** im § 275 HGB[1].

Bilanz und Gewinn- und Verlustrechnung lassen sich nach Abstimmung mit den Inventurwerten **direkt aus** den Salden der **Bestands- und Erfolgskonten** der Finanzbuchhaltung erstellen:

Soll		8010 Schlussbilanzkonto		Haben
Kontenklasse	Aktiva	Passiva		Kontenklasse
0	Immaterielle Vermögensgegenstände Sachanlagen	Eigenkapital Rückstellungen		3
1	Finanzanlagen	Verbindlichkeiten Passive Rechnungsabgrenzung		4
2	Umlaufvermögen Aktive Rechnungsabgrenzung			

Soll		8020 Gewinn- und Verlustkonto		Haben
Kontenklasse	Aufwendungen	Erträge		Kontenklasse
6	Betriebliche Aufwendungen	Erträge		5
7	Weitere Aufwendungen			

Die **Abschlussbuchungssätze** lauten somit für die

Bestandskonten:	8010 Schlussbilanzkonto an Aktivkonten der Klassen 0, 1 und 2
	Passivkonten der Klassen 3 und 4 an 8010 Schlussbilanzkonto
Erfolgskonten:	Ertragskonten der Klasse 5 an 8020 Gewinn- und Verlustkonto
	8020 Gewinn- und Verlustkonto an Aufwandskonten der Klassen 6 und 7

> **Merke** Der abschlussorientierte Industrie-Kontenrahmen, also die Ausrichtung der Konten auf die Bilanz und Gewinn- und Verlustrechnung, führt zu einer wesentlichen Vereinfachung der Abschlussarbeiten und damit zu einer rationellen Erstellung des Jahresabschlusses.

---

1 Vgl. §§ 266, 275 HGB auf der Rückseite des Industrie-Kontenrahmens (IKR) im Anhang des Lehrbuches.

9.1.2 Erläuterung der Kontenklassen 0 bis 8

Immaterielle Vermögensgegenstände und Sachanlagen	**Klasse 0**
Die Kontenklasse 0 enthält v. a. die **Sachanlagen** (Kontengruppen 05 bis 09), die die Betriebsbereitschaft herstellen, wie Grundstücke, Gebäude, technische Anlagen und Maschinen, Betriebs- und Geschäftsausstattung u. a. Die Kontengruppen 02 und 03 erfassen **immaterielle Anlagewerte** (Lizenzen, Konzessionen, Geschäfts- oder Firmenwert).	
Finanzanlagen	**Klasse 1**
Hier werden die **langfristigen Finanzanlagen** eines Unternehmens erfasst, wie z. B. **Kapitalbeteiligungen** an anderen Unternehmen, **langfristige Ausleihungen** sowie **Wertpapiere**, die als **langfristige Kapitalanlage** angeschafft wurden.	
Umlaufvermögen und aktive Rechnungsabgrenzung	**Klasse 2**
Diese Klasse enthält die Bestandskonten für **Roh-, Hilfs- und Betriebsstoffe, unfertige und fertige Erzeugnisse** sowie **Handelswaren**, die **Forderungen a. LL**, die **Vorsteuer**, als **kurzfristige Anlage** erworbene **Wertpapiere** sowie die **flüssigen Mittel** (Kasse, Bankguthaben). Die **aktive Rechnungsabgrenzung** dient der **periodengerechten** Abgrenzung des Jahreserfolges.	
Eigenkapital und Rückstellungen	**Klasse 3**
Die Klasse 3 enthält die **Eigenkapitalkonten** der Einzelunternehmen und Personengesellschaften (OHG, KG) sowie der Kapitalgesellschaften (AG, KGaA, GmbH). Das **Privatkonto** wird als Unterkonto den Eigenkapitalkonten der Personenunternehmen zugeordnet. **Rücklagen** werden in Form der **Kapital- und Gewinnrücklagen** in der Klasse 3 erfasst und offen in der Bilanz der **Kapitalgesellschaft** – getrennt vom „Gezeichneten Kapital" – ausgewiesen. Gewinnrücklagen entstehen durch Einbehaltung von Teilen des Gewinns, Kapitalrücklagen durch Zuzahlung der Gesellschafter der Kapitalgesellschaft. Verbindlichkeiten, deren Höhe oder Fälligkeit zum Bilanzstichtag noch nicht feststehen, werden in der Klasse 3 als **Rückstellungen** geführt: Pensions-, Steuer- und sonstige Rückstellungen.	
Verbindlichkeiten und passive Rechnungsabgrenzung	**Klasse 4**
In der Kontenklasse 4 werden **alle kurz- und langfristigen Verbindlichkeiten** gegenüber Banken, Lieferanten, Finanzbehörden u. a. sowie die **passive Rechnungsabgrenzung** erfasst.	
Erträge	**Klasse 5**
Die **Kontengruppen 50, 51 und 54** enthalten die **eigentlichen betrieblichen Erträge** der Unternehmen: Die **Umsatzerlöse für eigene Erzeugnisse und Handelswaren** werden einschließlich der **Unterkonten** z. B. für Miet-, Provisions-, Lizenzerträge[1] in der Klasse 5 erfasst. Die Kontengruppe 54 enthält die Konten der **„sonstigen" betrieblichen Erträge**, wie Erträge aus Anlagenabgängen, der Auflösung von Rückstellungen, abgeschriebenen Forderungen und unentgeltliche Entnahmen durch den Unternehmer u. a. In den übrigen Kontengruppen werden sowohl Erträge aus Beteiligungen als auch **Zinserträge** berücksichtigt.	
Betriebliche Aufwendungen	**Klasse 6**
Vor allem: **Aufwendungen für Roh-, Hilfs- und Betriebsstoffe und Handelswaren, Personalaufwand, Abschreibungen** und diverse „Sonstige betriebliche Aufwendungen".	
Weitere Aufwendungen	**Klasse 7**
Die Klasse 7 enthält insbesondere **alle Steuern und Zinsen**.	
Ergebnisrechnungen	**Klasse 8**
Die Klasse 8 dient vor allem der Eröffnung und dem Abschluss der Konten: **8000 Eröffnungsbilanzkonto** **8010 Schlussbilanzkonto** **8020 GuV-Konto**	

> **Merke**
> Die Klassen 0 bis 8 enthalten die Konten der Finanzbuchhaltung (RK I).

---

[1] Die Bezeichnung „Erträge" wurde trotz der durch das BilRUG bedingten Zuordnung zu den Umsatzerlösen (siehe S. 297) aus Gründen der Kontinuität zunächst beibehalten.

9.1.3 Kontenrahmen und Kontenplan

Im **Kontenrahmen** lässt sich jede der **10 Kontenklassen** (**ein**stellige Ziffer) in **10 Kontengruppen** (**zwei**stellige Ziffer), jede Kontengruppe in **10 Kontenarten** (**drei**stellige Ziffer) und jede Kontenart in **10 Kontenunterarten** (**vier**stellige Ziffer) untergliedern.

Beispiel

Die Kontennummer „2801" bezeichnet z. B. die

Kontenklasse:	2	Umlaufvermögen und ARA	
Kontengruppe:	28	Flüssige Mittel	**Kontenrahmen**
Kontenart:	280	Guthaben bei Kreditinstituten	
Kontenunterart:	2800	Kreissparkasse	**Kontenplan**
	2801	Deutsche Bank	

Kontenplan

Der **Kontenrahmen** bildet die **einheitliche Grundordnung** für die Aufstellung **betriebsindividueller Kontenpläne** der Unternehmen eines Wirtschaftszweiges. **Aus dem Kontenrahmen** entwickelt jedes Unternehmen seinen **eigenen Kontenplan**, der auf seine **besonderen Belange** (Branche, Struktur, Größe, Rechtsform) ausgerichtet ist. So lässt sich im Kontenplan eine weitere Untergliederung der Kontenarten in Kontenunterarten entsprechend den Bedürfnissen des Unternehmens vornehmen. Der Kontenplan enthält somit nur die im Unternehmen geführten Konten.

Vereinfachung der Buchungsarbeit

Der Kontenplan vereinfacht die Buchungen in den Konten, da die Kontenbezeichnungen durch Kontennummern ersetzt werden.

Beispiel

Geschäftsfall: Herr Kurz entnimmt der Geschäftskasse für Privatzwecke 1.800,00 €.

Buchungssatz	statt:	Privat an Kasse	1.800,00
	nunmehr kurz:	3001 an 2880	1.800,00

S	3001 Privat	H		S	2880 Kasse	H
2880	1.800,00			...	7.500,00	3001 1.800,00

EDV-Kontenrahmen

Soll der IKR – wie in diesem Buch beabsichtigt – zugleich auch in der EDV-Buchführung verwendet werden, ist jedes **Sachkonto** (= Hauptbuchkonto) in der Regel mit einer **vierstelligen** Kontenziffer zu versehen. **Personenkonten** (Kunden- und Lieferantenkonten) haben stets **fünfstellige** Kontenziffern.

Merke

■ Der Kontenrahmen bildet für alle Unternehmen eines Wirtschaftszweiges die einheitliche Grundordnung für die Gliederung und Bezeichnung der Konten. Der Kontenrahmen ermöglicht damit
  – eine Vereinfachung und Vereinheitlichung der Buchungs- und Abschlussarbeiten sowie
  – Zeit- und Betriebsvergleiche zur Überwachung der Wirtschaftlichkeit.

■ Der Kontenplan enthält nur die im Unternehmen geführten Konten.

Aufgabe 93

Wie lauten die Kontenbezeichnungen und die zugrunde liegenden Geschäftsfälle?

1. 0870 und 2600 an 2800
2. 2000 und 2600 an 4400
3. 2400 an 5000 und 4800
4. 6300 an 2800
5. 6520 an 0870
6. 6870 und 2600 an 2880
7. 4400 an 2800
8. 3001 an 5420 und 4800
9. 2800 an 2400

Aufgabe 94

Nennen Sie jeweils den Geschäftsfall der folgenden Buchungen auf dem Bankkonto:

Soll		2800 Bank		Haben
1. 8000	86.000,00	5. 4400		18.400,00
2. 2880	5.000,00	6. 4800		12.300,00
3. 4250	25.000,00	7. 6300		24.300,00
4. 2400	12.000,00	8. 8010		73.000,00
	128.000,00			128.000,00

Aufgabe 95

Anfangsbestände

0700 TA und Maschinen	250.000,00	2400 Forderungen a. LL	17.000,00
2000 Rohstoffe	40.000,00	2800 Bank	28.000,00
2020 Hilfsstoffe	12.000,00	2880 Kasse	6.000,00
2030 Betriebsstoffe	8.000,00	4250 Darlehensschulden	83.000,00
2100 Unfertige Erzeugnisse	15.000,00	4400 Verbindlichkeiten a. LL	25.000,00
2200 Fertige Erzeugnisse	12.000,00	3000 Eigenkapital	280.000,00

Kontenplan

0700, 2000, 2020, 2030, 2100, 2200, 2400, 2600, 2800, 2880, 3000, 3001, 4250, 4400, 4800, 5000, 5200, 5420, 6000, 6020, 6030, 6140, 6160, 6200, 6520, 6700, 7510, 7700, 8010, 8020.

Geschäftsfälle

1.	Überweisung der Miete an den Vermieter lt. KA 1	3.800,00
2.	Zielverkauf von eigenen Erzeugnissen lt. AR 605 frei Haus	26.700,00
	+ Umsatzsteuer	5.073,00
3.	Ausgangsfracht hierauf bar lt. KB 1, Nettofracht	1.400,00
	+ Umsatzsteuer	266,00
4.	Zieleinkauf von Rohstoffen lt. ER 807, netto	15.000,00
	+ Umsatzsteuer	2.850,00
5.	Verbrauch von Brenn- und Treibstoffen lt. ME 1	1.600,00
6.	Überweisung von Kunden zum Ausgleich von AR 601–604 lt. KA 2	12.852,00
7.	Verbrauch von Rohstoffen lt. ME 2	14.800,00
8.	Lt. KA 3 Lastschrift der Bank für Darlehenszinsen	2.200,00
9.	Lt. KB 2 Privatentnahme bar	1.400,00
10.	Zielverkauf von eigenen Erzeugnissen lt. AR 606 ab Werk, netto	18.600,00
	+ Umsatzsteuer	3.534,00
11.	KA 4: Überweisung für Fertigungslöhne lt. Lohnliste	11.700,00
12.	Überweisung der Gewerbesteuer[1] lt. KA 5	2.100,00
13.	Zieleinkauf von Hilfsstoffen lt. ER 808, netto	3.500,00
	+ Umsatzsteuer	665,00
14.	KA 6: Überweisung für Maschinenreparatur, netto	600,00
	+ Umsatzsteuer	114,00
15.	Eigenbeleg: Privatentnahme von Erzeugnissen, netto	1.600,00
	+ Umsatzsteuer	304,00

Abschlussangaben

1. Schlussbestand an Hilfsstoffen lt. Inventur 7.000,00
   Der Verbrauch ist noch zu berechnen und zu buchen.
2. Inventurbestände: Unfertige Erzeugnisse 13.000,00
   Fertige Erzeugnisse 28.000,00
3. Abschreibungen auf TA und Maschinen 5.000,00

Bilden Sie die Buchungssätze und buchen Sie auf Konten.

---

1 Siehe Fußnote auf S. 75.

Aufgabe 96

Anfangsbestände

0700 TA und Maschinen	242.000,00	2880 Kasse	5.800,00
0800 Andere Anlagen/BGA	88.000,00	3000 Eigenkapital	479.800,00
2000 Rohstoffe	160.000,00	4250 Darlehensschulden	150.000,00
2020 Hilfsstoffe	20.000,00	4400 Verbindlichkeiten a. LL	112.600,00
2400 Forderungen a. LL	98.000,00	4800 Umsatzsteuer	13.400,00
2800 Bankguthaben	142.000,00		

Kontenplan

0700, 0800, 2000, 2020, 2400, 2600, 2800, 2880, 3000, 3001, 4250, 4400, 4800, 5000, 5420, 5710, 6000, 6020, 6160, 6300, 6520, 6700, 6820, 6870, 7510, 8010, 8020.

Geschäftsfälle

1.	KA 1: Überweisung der Umsatzsteuer-Zahllast	13.400,00
2.	KA 2: Banklastschrift für Darlehenstilgung	22.000,00
3.	KA 3: Überweisung der Miete an Vermieter: Produktionshalle	16.500,00
	Privatwohnung	1.200,00
4.	Rohstoffeinkäufe lt. ER 79–83, brutto, auf Ziel	29.155,00
5.	KB 1: Barzahlung der Heizungsreparatur, brutto	595,00
6.	Verkäufe von eigenen Erzeugnissen lt. AR 97–103, brutto, auf Ziel	232.050,00
7.	KA 4: Überweisung der Gehälter	11.400,00
8.	KB 2: Barentnahme des Unternehmers für den Haushalt	800,00
9.	KA 5: Bezahlung von Werbeanzeigen durch Banküberweisung, brutto	2.082,50
10.	KB 3: Barzahlung der Wertmarken für Frankiermaschine	1.200,00
11.	KA 6: Überweisung von Kunden zum Ausgleich von AR 95–96	14.161,00
12.	KA 7: Lastschrift der Bank für Darlehenszinsen	2.400,00
13.	Entnahme von Erzeugnissen für Privatzwecke, Warenwert	2.500,00
14.	KA 8: Zinsgutschrift der Bank	2.300,00
15.	Betrieb belastet Unternehmer für private Lkw-Nutzung mit netto	1.500,00
16.	KA 9: Privateinlage des Unternehmers durch Bankeinzahlung	20.000,00
17.	ME 201 für Rohstoffe	72.300,00
	ME 202 für Hilfsstoffe	12.200,00

Abschlussangaben

1. Abschreibungen: TA und Maschinen: 11.000,00 €, Andere Anlagen/BGA: 6.000,00 €.
2. Die Buchwerte der Bestandskonten entsprechen der Inventur.

Auswertung

Ermitteln Sie die Verzinsung (Rentabilität) des Eigenkapitals, indem Sie den Gewinn zum durchschnittlichen Eigenkapital ins Verhältnis setzen.

Aufgabe 97

1. Worin unterscheiden sich Kontenrahmen und Kontenplan?
2. Unterscheiden Sie im Kontenrahmen und Kontenplan zwischen Kontenklasse, Kontengruppe, Kontenart, Kontenunterart.
3. Begründen Sie die Notwendigkeit eines Kontenrahmens.
4. Welches Prinzip liegt dem Aufbau des Industrie-Kontenrahmens (IKR) zugrunde?
5. Vergleichen Sie die Kontenklassen und Kontengruppen des Industrie-Kontenrahmens (IKR) mit den Posten der Bilanz (§ 266 HGB) und der GuV-Rechnung (§ 275 HGB) (siehe Anhang).
6. Welche Kontenklassen werden im Kontenrahmen
    a) der Finanzbuchhaltung und
    b) der Kosten- und Leistungsrechnung zugeordnet?
7. Begründen Sie das „Zweikreissystem" im Kontenrahmen.

9.2 Die Belegorganisation

9.2.1 Bedeutung und Arten der Belege

Die Berechtigung und die Richtigkeit der Buchungen kann nur anhand der Belege überprüft werden. Deshalb muss jeder Buchung ein entsprechender Beleg zugrunde liegen. Der wichtigste **Grundsatz ordnungsmäßiger Buchführung (§ 238 [1] HGB)** lautet deshalb:

> **Keine Buchung ohne Beleg!** — *Merke*

Nach der Herkunft der Belege unterscheidet man zwischen **externen** Belegen (= Fremdbelege) und **internen** Belegen (= Eigenbelege).

Externe Belege (Fremdbelege) werden von Außenstehenden ausgestellt.	Interne Belege (Eigenbelege) werden im Unternehmen ausgestellt.
Beispiele:	**Beispiele:**
■ Eingangsrechnungen	■ Kopien von Ausgangsrechnungen
■ Quittungen	■ Quittungsdurchschriften
■ Gutschriftsanzeige des Lieferanten für Werkstoffrücksendung und nachträglichen Preisnachlass	■ Durchschrift der Gutschriftsanzeige an Kunden für Rücksendung von Erzeugnissen und nachträglichen Preisnachlass
■ Begleitbriefe zu erhaltenen Schecks	■ Durchschriften von Begleitbriefen zu weitergegebenen Schecks
■ Erhaltene sonstige Geschäftsbriefe über z. B. nachträgliche Belastungen	■ Durchschriften von abgesandten sonstigen Geschäftsbriefen
■ Bankbelege (z. B. Kontoauszüge, Kontrollmitteilungen u. a.)	■ Lohn- und Gehaltslisten
■ Postbelege (z. B. Quittungen über Einzahlungen, Versand u. a.)	■ Belege über Privatentnahmen (Entnahme v. G. u. s. L.)
	■ Belege über Storno- und Umbuchungen sowie Abschlussbuchungen

Belegarten

Nach der Anzahl der in den Belegen erfassten Geschäftsfälle können Einzelbelege und Sammelbelege unterschieden werden. Während der Einzelbeleg für einen Geschäftsfall erstellt wird (z. B. Gutschriftsanzeige, Quittung), beinhaltet ein Sammelbeleg mehrere gleichartige Geschäftsfälle (z. B. Lohn- und Gehaltsliste).

Einzelbelege / Sammelbelege

Ersatzbelege sind auszustellen, wenn ein **Originalbeleg abhanden gekommen** ist oder ein Fremdbeleg nicht zu erhalten war. Bei verloren gegangenen Fremdbelegen wird man in der Regel eine Abschrift erbitten. Fehlen z. B. über eine Taxifahrt, Telefongespräche, Parkgebühren oder Trinkgelder die erforderlichen Belege, so ist ein Ersatzbeleg zu erstellen, der **Zeitpunkt, Grund und Höhe der Ausgabe** enthält.

Ersatzbelege

9.2.2 Bearbeitung der Belege

Folgende Arbeitsstufen umfasst die Bearbeitung der Belege in der Buchhaltung:

- **Vorbereitung** der Belege zur Buchung
- **Buchung** der Belege im Grund- und Hauptbuch
- **Ablage** und Aufbewahrung der Belege

B EINFÜHRUNG IN DIE INDUSTRIEBUCHFÜHRUNG

Vorbereitung der Belege

Die sorgfältige Vorbereitung der Belege ist unerlässliche Voraussetzung ordnungsmäßiger Buchführung. Dazu gehören:

- **Überprüfung der Belege** auf ihre **sachliche und rechnerische Richtigkeit**.
- **Bestimmung des Buchungsbeleges.** Gehören zu einem Geschäftsfall mehrere Belege (z. B. bei Banküberweisungen: Überweisungsvordruck und Kontoauszug/Kontrollmitteilung), muss vorab bestimmt werden, welcher Beleg als Buchungsunterlage verwendet werden soll, um mehrfache Buchungen zu vermeiden.
- **Ordnen der Belege nach Belegarten (Belegsortierung)** als **Voraussetzung für Sammelbuchungen** und eine ordnungsmäßige Ablage und **Aufbewahrung** der Belege:
  - Ausgangsrechnungen
  - Gutschriften an Kunden
  - Eingangsrechnungen
  - Gutschriften von Lieferanten
  - Lohn- und Gehaltslisten
  - Bankbelege
  - Postbelege
  - Kassenbelege
  - Privatentnahmen/-einlagen
  - Sonstige Belege
- **Fortlaufende Nummerierung** der Belege innerhalb jeder Belegart.
- **Vorkontierung der Belege,** indem die Buchungssätze mithilfe eines Kontierungsstempels auf den Belegen oder gesondert auf einem Kontierungsformular angegeben werden.

Belegvermerk/ Buchungsvermerk

Jede Buchung im Grund- und Hauptbuch enthält den Hinweis auf die **Belegart und die Belegnummer.** Dieser **Belegvermerk** (z. B. AR 15) stellt sicher, dass zu jeder Buchung der zugehörige Beleg sofort auffindbar ist. Umgekehrt muss nach jeder Buchung der **Buchungsvermerk auf dem Beleg** eingetragen werden, der die Journalseite, das Buchungsdatum sowie das Zeichen des Buchhalters angibt. Durch diese **wechselseitigen Hinweise** wird der **Beleg zum Bindeglied** zwischen Geschäftsfall und Buchung.

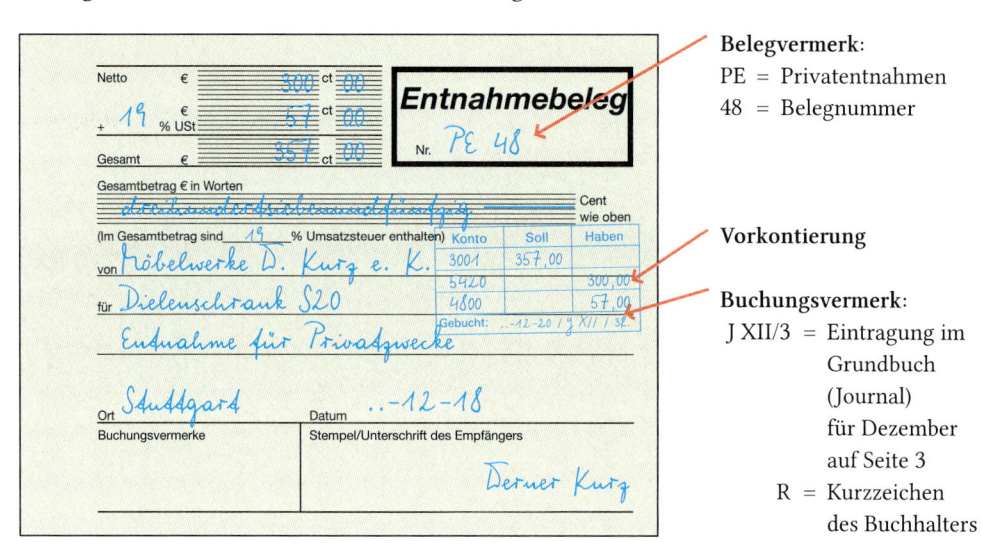

Belegvermerk:
PE = Privatentnahmen
48 = Belegnummer

Vorkontierung

Buchungsvermerk:
J XII/3 = Eintragung im Grundbuch (Journal) für Dezember auf Seite 3
R = Kurzzeichen des Buchhalters

Belegaufbewahrung

Nach der Buchung müssen die Belege sorgfältig abgelegt und **zehn Jahre** aufbewahrt werden, **gerechnet vom Schluss des Kalenderjahres,** in dem der Beleg entstanden ist (§ 257 [4] HGB, § 147 [3] AO). **Für jede Belegart** werden in der Regel **Ordner** angelegt, in denen die Belege nach fortlaufender Nummer abgeheftet sind. Bei einer **Mikrofilmablage** oder der **Speicherung auf Datenträgern** muss die jederzeitige Wiedergabe der mikroverfilmten oder eingescannten Belege bzw. der gespeicherten Daten sichergestellt sein (vgl. S. 11). In elektronischer Form empfangene Belege müssen ebenso wie die in der elektronischen Buchführung erzeugten Daten und Dokumente grundsätzlich im Ursprungsformat aufbewahrt werden.

Merke | Die Belegorganisation ist die Grundlage ordnungsmäßiger Buchführung.

9.3 Die Bücher der Finanzbuchhaltung

Die Buchungen müssen **jederzeit nachprüfbar** sein. Sie sind deshalb jeweils

- in **zeitlicher Reihenfolge** zu erfassen,
- nach **sachlichen Gesichtspunkten** zu ordnen und
- gegebenenfalls **durch Nebenaufzeichnungen zu erläutern**.

Diese Ordnung der Buchungen erfolgt in bestimmten „**Büchern**" der Buchführung.

9.3.1 Das Grundbuch

Im Grundbuch (Journal) werden die Buchungen in **zeitlicher (chronologischer) Reihenfolge** erfasst. Im Einzelnen nimmt das Grundbuch folgende Buchungen auf:

Grundbuch (Journal)

1. **Eröffnungsbuchungen über EBK**
2. **Laufende Buchungen** aufgrund der vorkontierten Belege
3. **Vorbereitende Abschlussbuchungen**, die auch **Umbuchungen** genannt werden:
   – Buchung der Abschreibungen
   – Abschluss der Unterkonten (z. B. Privat)
   – Verrechnung der Vor- und Umsatzsteuer
4. **Abschlussbuchungen**
   – Abschluss der **Erfolgskonten** über das GuV-Konto
   – Abschluss des **GuV-Kontos** über das Eigenkapitalkonto
   – Abschluss der **Bestandskonten** nach Abstimmung mit den Inventurbeständen über das Schlussbilanzkonto

Wichtige Daten sind im Grundbuch bzw. Journal auszuweisen: Belegdatum, Belegvermerk, Buchungstext, Kontierung und der Buchungsbetrag:

Journal		Monat November ..			Seite ...	
Datum	Beleg	Buchungstext	Kontierung		Betrag in €	
			Soll	Haben	Soll	Haben
12. Nov. ..		Übertrag von Seite ...			...	...
12. Nov. ..	KA 158	Überweisung an Vits KG	4400	2800	4.760,00	4.760,00
13. Nov. ..	AR 896	Verkauf an Holzen OHG	2400	5000	7.140,00	6.000,00
				4800		1.140,00
14. Nov. ..	KA 159	Überweisung von Decker	2800	2400	2.856,00	2.856,00
...	...	...				
...	...	...				

Die chronologischen Aufzeichnungen im Journal ermöglichen es, jeden einzelnen Geschäftsfall während der Aufbewahrungsfristen schnell bis zum Beleg zurückzuverfolgen und damit nachzuweisen.

Bedeutung des Grundbuches

Jede Grundbuchung muss auf dem entsprechenden Sachkonto des Hauptbuchs und gegebenenfalls auf dem Konto eines Nebenbuchs (Lagerbuchführung, Kunden- und Lieferantenkonten u. a.) erfasst werden. Im Rahmen der EDV-Buchführung erfolgen die Buchungen auf den Sachkonten des Hauptbuchs gleichzeitig automatisch mit der Eingabe im Grundbuch.

Buchungsverfahren

9.3.2 Das Hauptbuch

Sachliche Ordnung

Aus dem Grundbuch lässt sich der Stand der einzelnen Vermögensteile und Schulden nicht erkennen. Deshalb müssen die Geschäftsfälle noch in **sachlicher** Ordnung auf entsprechenden **Sachkonten** gebucht werden, z. B. alle Gehaltszahlungen auf einem Konto „Gehälter", alle Bargeschäfte auf einem Kassenkonto u. a. Die Sachkonten stellen wegen ihrer Bedeutung für die Buchführung das **Hauptbuch** dar. Sie werden in der Regel EDV-mäßig geführt.

Sachkonten

Die Sachkonten sind die **im Kontenplan** des Betriebes **verzeichneten Bestands- und Erfolgskonten**. Ihr Abschluss führt über das Gewinn- und Verlustkonto zur Gewinn- und Verlustrechnung und über das Schlussbilanzkonto zur Bilanz. Bei jeder Buchung auf einem Sachkonto müssen ähnlich wie im Grundbuch vermerkt werden: Datum, Belegvermerk, Buchungstext, Gegenkonto, Betrag im Soll und im Haben:

Konto: 2800 Bank					
Beleg- datum	Beleg- vermerk	Buchungstext	Gegen- konto	Betrag in €	
				Soll	Haben
12. Nov. ...	KA 158	Überweisung an Vits KG	4400	–	4.760,00
14. Nov. ...	KA 159	Überweisung von Decker	2400	2.856,00	–
...	...	...			
...	...	...			

Zusammenhang zwischen Belegen, Grund- und Hauptbuch

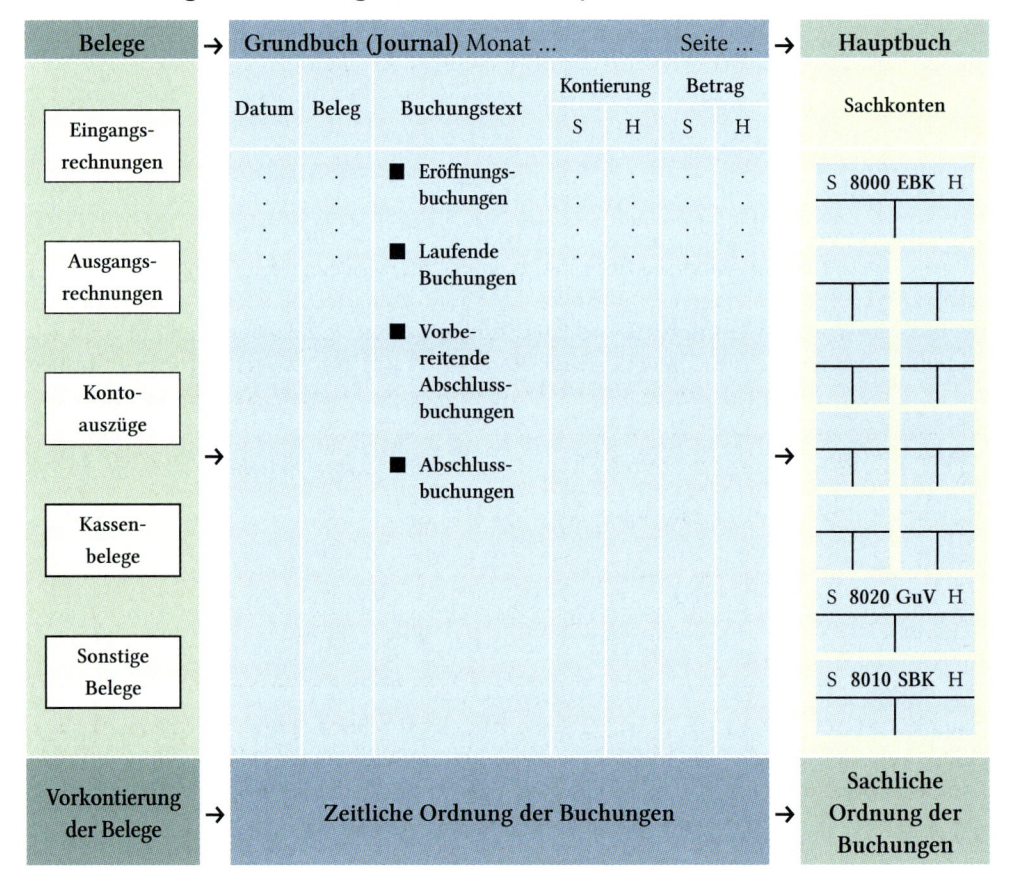

Belege	→	Grundbuch (Journal) Monat ... Seite ...	→	Hauptbuch
Eingangsrechnungen Ausgangsrechnungen Kontoauszüge Kassenbelege Sonstige Belege		Datum	Beleg	Buchungstext	Kontierung S/H	Betrag S/H ■ Eröffnungsbuchungen ■ Laufende Buchungen ■ Vorbereitende Abschlussbuchungen ■ Abschlussbuchungen		Sachkonten S 8000 EBK H S 8020 GuV H S 8010 SBK H
Vorkontierung der Belege	→	**Zeitliche Ordnung der Buchungen**	→	**Sachliche Ordnung der Buchungen**

> **Merke**
>
> ■ Das Grundbuch (Journal) erfasst die Geschäftsfälle in zeitlicher Reihenfolge.
> ■ Das Hauptbuch erfasst die Geschäftsfälle in sachlicher Ordnung auf Sachkonten.

9.3.3 Die Nebenbücher im Überblick

Bestimmte Sachkonten des Hauptbuches müssen **näher erläutert** werden, um **wichtige Einzelheiten** zu erfahren. Das geschieht in entsprechenden **Nebenbüchern**.

Sachkonten	Nebenbücher
Forderungen a. LL, Verbindlichkeiten a. LL	**Kontokorrentbuch** erfasst den unbaren Geschäftsverkehr mit jedem einzelnen Kunden und Lieferanten.
Bestandskonten für Roh-, Hilfs- und Betriebsstoffe, unfertige und fertige Erzeugnisse sowie Handelswaren	**Lagerbuchführung** erfasst für jede einzelne Werkstoff- und Warenart Zugänge und Abgänge und ermittelt jederzeit (permanent) den Buchbestand; siehe S. 120.
Löhne und Gehälter	**Lohn-/Gehaltsbuchhaltung** Für jeden Arbeitnehmer wird ein Lohn- bzw. Gehaltskonto geführt; siehe S. 165 ff.
Anlagekonten	**Anlagenverzeichnis** Für jeden Anlagegegenstand gibt es einen Datensatz oder eine Anlagenkarte mit Bezeichnung, Tag der Anschaffung, Anschaffungskosten, Nutzungsdauer, Abschreibung und Buchwert zum Abschlussstichtag; siehe S. 213.

> **Merke:** Die Nebenbücher dienen der Erläuterung bestimmter Sachkonten im Hauptbuch.

Kontokorrentbuchhaltung

Die Kontokorrentbuchhaltung erfasst den Geschäftsverkehr mit Kunden und Lieferanten. Die Einrichtung von **Personenkonten für Kunden und Lieferanten** ist erforderlich, weil aus den Sachkonten „2400 Forderungen a. LL" und „4400 Verbindlichkeiten a. LL" nicht zu ersehen ist, wie hoch die Forderungen gegenüber den einzelnen **Kunden (Debitoren)** und die Schulden gegenüber den einzelnen **Lieferanten (Kreditoren)** sind. Die Kunden- und Lieferantenkonten dienen vor allem der **Überwachung der Zahlungstermine**. Sie bilden das Kontokorrentbuch[1].

Kunden- und Lieferantenkonten

Kundenkonto: Computer GmbH, Rostock						Kontonummer: 10001
Datum	Beleg	Buchungstext	Journalseite	Soll	Haben	Saldo
2. Jan. ..	–	Saldovortrag	J 1	4.760,00	–	4.760,00
4. Jan. ..	KA 1	Banküberweisung	J 1	–	3.570,00	1.190,00
12. Jan. ..	AR 38	Verkauf Artikel-Nr. 567	J 3	2.856,00	–	4.046,00
...	...	...				

In der **EDV-Buchführung** wird auf den **Personenkonten** gebucht. Die dort erfassten Beträge werden beim Abschluss der Konten automatisch auf den Sachkonten „2400 Forderungen a. LL" bzw. „4400 Verbindlichkeiten a. LL" ausgewiesen. Die Summe der Personenkonten ergibt also den Bestand des entsprechenden Sachkontos.

---
1 ital.: conto corrente = laufende Rechnung

B Einführung in die Industriebuchführung

Sachkonten sind in der Regel vierstellig, **Personenkonten fünfstellig**.

Debitoren: 10000–59999   z. B. 10000 Kunde A,   10001 Kunde B, usw.
Kreditoren: 60000–99999   z. B. 60000 Lieferant A,   60001 Lieferant B, usw.

Kundenkonten erhalten z. B. an der **fünften** Stelle (die EDV-Anlage liest die Kennziffern von rechts nach links) die **Kennziffern 1 bis 5, Lieferantenkonten** die Ziffern **6 bis 9**.

Beispiel

In den Möbelwerken Kurz weisen die Saldenlisten der Kunden- und Lieferantenkonten sowie die Sachkonten 2400 und 4400 zum 31. Dezember folgende Zahlen aus:

Konto-Nr.	Kunden	Salden
10001	Möbelgroßhandel Hein	115.000,00
10002	Möbelcenter MC	86.250,00
10003	SB-Möbelmarkt	165.000,00
	Saldensumme	**366.250,00**

Konto-Nr.	Lieferanten	Salden
60001	Holzwerke GmbH	135.000,00
60002	Furnierwerke AG	247.250,00
60003	Scharnierwerke OHG	143.750,00
	Saldensumme	**526.000,00**

2400 Forderungen a. LL

Datum	Beleg	Text	Soll	Haben
31. Dez.	–	...	2.875.000,00	2.508.750,00
		Saldo	–	366.250,00
			2.875.000,00	2.875.000,00

4400 Verbindlichkeiten a. LL

Datum	Beleg	Text	Soll	Haben
31. Dez.	–	...	1.889.000,00	2.415.000,00
		Saldo	526.000,00	–
			2.415.000,00	2.415.000,00

Merke

Die Saldensumme der Kundenkonten (Debitoren) und Lieferantenkonten (Kreditoren) im Kontokorrentbuch muss jeweils mit dem Saldo des Sachkontos „2400 Forderungen a. LL" bzw. „4400 Verbindlichkeiten a. LL" im Hauptbuch übereinstimmen.

Aufgabe 98

In der Finanzbuchhaltung der Möbelwerke Kurz weisen die **Kundenkonten** Möbelgroßhandel Hein und Möbelcenter MC folgende **offene Posten**, also noch nicht bezahlte Rechnungen, aus:

S	10001 Möbelgroßhandel Hein e. K.	H
AR 407	23.800,00	
AR 409	11.900,00	

S	10002 Möbelcenter MC	H
AR 408	35.700,00	
AR 410	5.950,00	

Richten Sie außer den Kundenkonten noch folgende Sachkonten ein: 2400 Forderungen a. LL (AB 77.350,00 €), 2800 Bank (AB 109.500,00 €), 4800 Umsatzsteuer, 5000 Umsatzerlöse für eigene Erzeugnisse.

Buchen Sie die folgenden Geschäftsfälle auf den Sachkonten und nehmen Sie zugleich die entsprechenden Eintragungen auf den Kundenkonten vor:

1. Kunde Möbelgroßhandel Hein begleicht AR 407 lt. KA 12 .... 23.800,00 €
2. Zielverkauf von 20 Eicheschränken ES 44 lt. AR 411 an das
   Möbelcenter MC, netto .... 50.000,00 €
   + Umsatzsteuer .... 9.500,00 €   59.500,00 €
3. Möbelcenter MC begleicht lt. KA 13 die fällige AR 408 .... 35.700,00 €
4. Zielverkauf v. Schreibtischen ST 45 an den Möbelgroßhandel
   Hein lt. AR 412, netto .... 15.000,00 €
   + Umsatzsteuer .... 2.850,00 €   17.850,00 €

1. Ermitteln Sie die Salden der Kundenkonten und stellen Sie diese in einer Saldenliste „Debitoren" zusammen.
2. Ermitteln Sie den Saldo im Sachkonto 2400 Forderungen a. LL und stimmen Sie diesen mit der Summe der Salden der Debitoren-Saldenliste ab.

Organisation der Buchführung — B

Aufgabe 99

Die **Lieferantenkonten** Holzwerke GmbH und Furnierwerke AG der Möbelwerke Kurz weisen folgende **offene Posten** aus:

S	60001 Holzwerke GmbH		H		S	60002 Furnierwerke AG		H
		ER 580	29.750,00				ER 581	47.600,00
		ER 582	14.280,00				ER 583	20.230,00

Richten Sie noch folgende Sachkonten ein:

2000 Rohstoffe, 2600 Vorsteuer, 2800 Bank (AB 167.000,00 €), 4400 Verbindlichkeiten a. LL (AB 111.860,00 €).

Buchen Sie die folgenden Geschäftsfälle auf den erforderlichen Sachkonten und ergänzen Sie entsprechend die beiden Lieferantenkonten:

1. ER 580 wird bei Fälligkeit beglichen. KA 45 .... 29.750,00 €
2. Zieleinkauf von Eichenfurnier EF 200 lt. ER 584
   bei Furnierwerke AG, netto .... 44.000,00 €
   + Umsatzsteuer .... 8.360,00 €   52.360,00 €
3. Ausgleich von ER 581 lt. KA 46 .... 47.600,00 €
4. Zieleinkauf von Spanplatten SP 405 bei
   Holzwerke GmbH lt. ER 585, netto .... 8.500,00 €
   + Umsatzsteuer .... 1.615,00 €   10.115,00 €

1. Ermitteln Sie die Salden der Lieferantenkonten und des Kontos 4400 Verbindlichkeiten a. LL.
2. Erstellen Sie die Kreditoren-Saldenliste und nehmen Sie die Abstimmung mit dem Sachkonto 4400 vor.

Aufgabe 100

1. Erläutern Sie Aufgaben und Bedeutung der Bücher der Buchführung:
   a) Grundbuch,
   b) Hauptbuch,
   c) Nebenbücher.
2. Inwiefern ist der Beleg Bindeglied zwischen Geschäftsfall und Buchung?
3. Belege lassen sich nach ihrer Entstehung in
   a) Fremd- bzw. externe Belege und
   b) Eigen- bzw. interne Belege
   unterscheiden. *Nennen Sie Beispiele.*
4. Nennen Sie die Aufbewahrungsfrist für Geschäftsbelege, die Bücher der Buchführung, das Inventar und die Bilanz.
5. Von welchem Zeitpunkt an beginnt die Aufbewahrungsfrist?
6. Welche Möglichkeiten der Belegaufbewahrung bestehen?

Aufgabe 101

Geschäftsgang mit Grund-, Haupt- und Kontokorrentbuch

1. Richten Sie die Sachkonten ein und tragen Sie die Beträge der Summenbilanz vor.
2. Richten Sie die Personenkonten ein und tragen Sie die Soll- und Haben-Beträge vor.
3. Buchen Sie die Geschäftsfälle für Dezember auf den entsprechenden Konten.
4. Erstellen Sie zum 31. Dezember die Saldenlisten der Personenkonten und stimmen Sie diese mit den Sachkonten „2400 Forderungen a. LL" und „4400 Verbindlichkeiten a. LL" ab.
5. Führen Sie den kontenmäßigen Jahresabschluss im Hauptbuch durch.
6. Erstellen Sie eine ordnungsmäßig gegliederte Bilanz.

Belegabkürzungen: AR (Ausgangsrechnung), ER (Eingangsrechnung), KA (Kontoauszug), KB (Kassenbeleg), ME (Materialentnahmeschein), PE (Privatentnahmebeleg), SB (Sonstige Belege).

B Einführung in die Industriebuchführung

Kundenkonten der Maschinenfabrik Werner Stark e. K.		Soll	Haben
10000	F. Walter e. Kffr., Leverkusen	344.500,00	322.400,00
10001	Kühn KG, Köln	241.250,00	221.400,00
10002	R. Schulze e. Kfm., Bergheim	225.000,00	175.580,00
Summe		810.750,00	719.380,00

Lieferantenkonten der Maschinenfabrik Werner Stark e. K.		Soll	Haben
60000	M. Blau e. K., Rheine	189.400,00	224.600,00
60001	S. Schneider e. K., Emsdetten	180.200,00	215.800,00
60002	Weber GmbH, Soest	155.400,00	184.480,00
Summe		525.000,00	624.880,00

Sachkonten der Maschinenfabrik Werner Stark e. K.		Soll	Haben
0700	Technische Anlagen und Maschinen	156.000,00	8.500,00
0800	Andere Anlagen /BGA	62.000,00	4.500,00
2000	Rohstoffe	189.000,00	–
2400	Forderungen a. LL	810.750,00	719.380,00
2600	Vorsteuer	99.586,50	83.640,00
2800	Bank	782.220,00	646.070,00
2850	Postbankguthaben	69.343,00	14.000,00
2880	Kasse	28.940,00	21.150,00
3000	Eigenkapital	–	429.000,00
3001	Privat	40.000,00	–
4400	Verbindlichkeiten a. LL	525.000,00	624.880,00
4800	Umsatzsteuer	91.048,00	150.907,50
5000	Umsatzerlöse für eigene Erzeugnisse	–	780.150,00
5420	Entnahme v. G. u. s. L.	–	14.100,00
6000	Aufwendungen für Rohstoffe	460.000,00	–
62–64	Personalkosten	102.000,00	–
6520	Abschreibungen auf Sachanlagen	–	–
6700	Mietaufwendungen	45.070.00	–
6800	Aufwendungen für Kommunikation	35.320,00	–
8010	Schlussbilanzkonto	–	–
8020	Gewinn- und Verlustkonto	–	–
Summen zum 17. Dezember		3.496.277,50	3.496.277,50

Geschäftsfälle ab 18. Dezember bis 31. Dezember ..

Datum	Beleg	Buchungstext	€
18. Dez.	AR 949	Zielverkauf von eigenen Erzeugnissen an F. Walter, brutto	10.472,00
19. Dez.	ER 468	Rohstoffeinkauf bei M. Blau auf Ziel, brutto	14.637,00
20. Dez.	KA 91	Überweisung von Kühn KG	13.685,00
		Überweisung an S. Schneider	23.205,00
21. Dez.	KB 248	Barkauf von Postwertzeichen	650,00
	PE 35	Private Erzeugnisentnahme, netto	750,00
23. Dez.	ER 469	Rohstoffeinkauf bei Weber GmbH auf Ziel, brutto	14.042,00
27. Dez.	KB 249	Privatentnahme, bar	800,00
28. Dez.	AR 950	Zielverkauf von eigenen Erzeugnissen an R. Schulze, brutto	18.564,00
29. Dez.	KA 92	Überweisung von R. Schulze	28.560,00
		Überweisung der Telekommunikationsgebühren, netto	1.200,00
30. Dez.	KB 250	Barkauf von Büromaterial, brutto	535,50
31. Dez.	KB 251	Barverkäufe von eigenen Erzeugnissen, brutto	6.664,00
31. Dez.	ME 310	Verbrauch von Rohstoffen	45.100,00

Abschlussangaben

31. Dez.	SB 116	Abschreibungen auf 0700: 5.200,00 €; auf 0800: 2.400,00 €.	
31. Dez.	Inventar	Buchbestände = Inventurbestände	

10 Buchen mit Finanzbuchhaltungsprogrammen

10.1 Finanzbuchhaltung in der betrieblichen Praxis

Die Zahl der täglichen Geschäftsfälle ist selbst in kleineren Unternehmen so groß, dass **nur eine EDV-gestützte Buchführung** es ermöglicht,

- eine Vielzahl von Buchungsdaten in kürzester Zeit zu erfassen,
- automatisch zu verarbeiten,
- auszuwerten und zu speichern sowie
- die Ergebnisse jederzeit abzurufen.

EDV-gestützte Buchführung

Drei Schritte kennzeichnen **die Arbeitsweise der EDV** in der Buchführung:

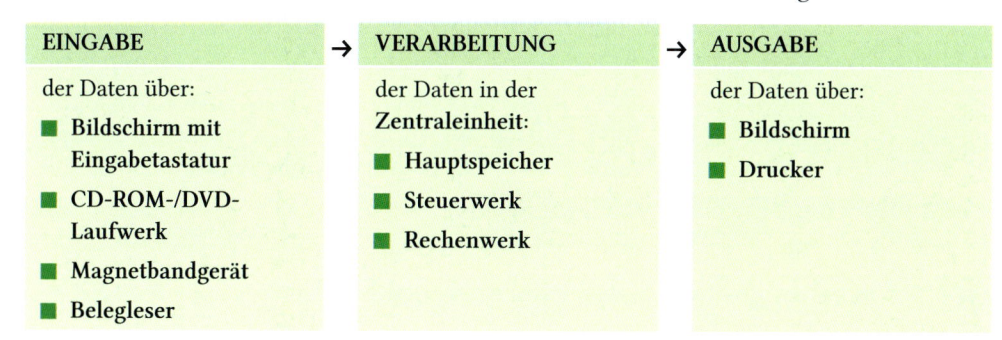

EINGABE	→	VERARBEITUNG	→	AUSGABE
der Daten über: ■ Bildschirm mit Eingabetastatur ■ CD-ROM-/DVD-Laufwerk ■ Magnetbandgerät ■ Belegleser		der Daten in der Zentraleinheit: ■ Hauptspeicher ■ Steuerwerk ■ Rechenwerk		der Daten über: ■ Bildschirm ■ Drucker

10.1.1 Merkmale kommerzieller Finanzbuchhaltungssoftware

Zur Steuerung und Verwaltung der betrieblichen Prozesse wird in der Praxis i. d. R. betriebswirtschaftliche **Standard- oder Individualsoftware** eingesetzt.[1] Diese **Programme** beinhalten neben den prozesssteuernden Modulen (Warenwirtschaftssystem, Produktions- und Planungssystem, Maschinensteuerung) auch kaufmännische Module wie die Finanzbuchhaltung, die Kostenrechnung oder das Personalwesen. Im Folgenden werden die Merkmale der betrieblichen Finanzbuchhaltungssoftware kurz dargestellt:

Standard- oder Individualsoftware

- Die Programme haben eine **komfortable Benutzerführung**. Die Menüstruktur ist schnell erkennbar, die Eingabemasken sind übersichtlich gestaltet. Eingabefehler werden teilweise durch Plausibilitätskontrollen abgefangen.
- Die für den Betrieb einzurichtenden **Stammdaten** können **flexibel** gestaltet werden. Konten, Bilanzstruktur, GuV-Aufbau usw. lassen sich veränderten betrieblichen Bedingungen oder neuen gesetzlichen Bestimmungen schnell anpassen.
- Das **Buchen von Eingangs- und Ausgangsrechnungen** erfolgt im Rahmen einer **Offene-Posten-Buchhaltung**. Es wird also nicht auf einem Konto „Forderungen" oder „Verbindlichkeiten" gebucht, sondern auf **einzelnen Debitoren- und Kreditorenkonten**, deren Salden in ihrer Summe den Forderungen bzw. Verbindlichkeiten entsprechen.
- **Bestimmte Buchungen** werden **automatisch** durchgeführt. Die **Umsatzsteuer bzw. Vorsteuer**, aber auch die **Steuerberichtigungen** bei Skontozahlungen oder Gutschriften werden in der Regel automatisch aufgrund der Einstellungen in den Stammdaten gebucht.
- Buchungen lassen sich als **Dialog-** oder als **Stapelbuchungen** erfassen. Bei einer **Dialogbuchung** wird jede Buchung **sofort** nach ihrer Eingabe **auf** die entsprechenden **Konten übertragen**. Die Erfassung als **Stapelbuchung** hat den Vorteil, dass die **erfassten Daten** zunächst nur als Text gespeichert werden und damit **ohne Stornierung korrigiert** werden können.

---

[1] Anbieter für branchenneutrale betriebswirtschaftliche Software sind u. a. SAP, Sage und Lexware.

- Die Programme bieten umfangreiche **Auswertungen**. Neben der Bilanz und der GuV-Rechnung werden **Saldenlisten, Offene-Posten-Listen, Mahnlisten, Fälligkeitslisten** usw. gedruckt. Die **Umsatzsteuer-Voranmeldung** (Voraussetzung für die Überweisung der Zahllast an das Finanzamt) und so genannte **betriebswirtschaftliche Auswertungen** wie Bilanzkennziffern können jederzeit erstellt werden.
- Die **Benutzeroberfläche des Moduls Finanzbuchhaltung** entspricht den Oberflächen der anderen betriebswirtschaftlichen Anwendungen (Kostenrechnung, Bestellwesen, Fakturierung, Gehaltsabrechnung u. a.). Welcher Benutzer (Mitarbeiter, User) welches Modul mit welchen Rechten nutzen darf, wird über **Passwörter** geregelt.
- Die **Daten sämtlicher betriebswirtschaftlicher Anwendungen** werden in einer **zentralen Datenbank** gehalten, sodass von vielen Arbeitsplätzen und unterschiedlichen Anwendungen auf aktuelle Daten zugegriffen werden kann. Zum Beispiel werden die Daten der mithilfe des Programmmoduls Fakturierung in der Verkaufsabteilung erstellten Ausgangsrechnungen an das Programmmodul Finanzbuchhaltung übergeben und dort automatisch gebucht.
- Zu beachten sind bei der Arbeit mit Finanzbuchhaltungsprogrammen neben den **Grundsätzen ordnungsmäßiger Buchführung (GoB,** siehe S. 11) die **Grundsätze zur ordnungsmäßigen Führung und Aufbewahrung von Büchern, Aufzeichnungen und Unterlagen in elektronischer Form sowie zum Datenzugriff (GoBD).**[1]

10.1.2 Buchen der laufenden Geschäftsfälle

Arbeitsablauf

Der **typische** Arbeitsablauf für die Buchung der laufenden Geschäftsfälle beinhaltet:

1. **Sortieren der Belege.** Belege gleicher Art bilden „Stapel". Ein Beispiel für einen sinnvollen Stapel sind die Eingangsrechnungen der beiden letzten Tage, die den Einkauf von Rohstoffen betreffen.
2. **Vorkontierung der Belege.** Auf dem Beleg werden die Konten, i. d. R. auch die Kostenstellen, manuell vermerkt.
3. **Ermitteln einer Buchungskontrollsumme.** Die Endbeträge der zu buchenden Belege des Stapels werden summenmäßig erfasst.
4. **Erfassen der Kontierungsdaten am Bildschirmarbeitsplatz über „Stapelbuchen".** Das Modul Finanzbuchhaltung der betriebswirtschaftlichen Software wird aufgerufen und das **Menü „Buchungserfassung"** gewählt. Die Kontierungsdaten jedes einzelnen Beleges werden mithilfe der **Erfassungsmaske** eingegeben.
5. **Abstimmen der Kontrollsumme.** Bei Abweichung ist eine Fehlersuche notwendig. Das heißt konkret: Eine Mitarbeiterin bzw. ein Mitarbeiter liest die Daten der gebuchten Belege vor, eine andere (ein anderer) hakt die Buchungen im Journal ab.
6. **Übernahme der Buchungen und Drucken des Journals.** Sofern keine offensichtlichen Fehler vorliegen, wird der Stapel „ausgebucht", das heißt, die Buchungen werden in das Finanzbuchhaltungssystem übernommen. Anschließend kann das Journal (Grundbuch) gedruckt und abgeheftet werden.

Erstellen von Auswertungen

Das Erstellen von **Auswertungen** (Offene-Posten-Listen, Zahlungsvorschlagslisten, Umsatzsteuer-Voranmeldung, vorläufige Bilanz, GuV-Rechnung und andere) wird von den dafür jeweils zuständigen Mitarbeitern angefordert. Die Auswertungen können mithilfe der Finanzbuchhaltungssoftware jederzeit zur Verfügung gestellt werden.

Merke

- **In der betrieblichen Praxis wird die Finanzbuchhaltung mithilfe kommerzieller Finanzbuchhaltungssoftware durchgeführt.**
- **Das Modul Finanzbuchhaltung ist Bestandteil integrierter kaufmännischer Software.**

[1] Zu den GoBD siehe www.schmolke-deitermann.de Beiträge/Downloads.

BUCHEN MIT FINANZBUCHHALTUNGSPROGRAMMEN B

Merke

- Konten, Bilanzstruktur und GuV-Aufbau können in der Stammdatenpflege jederzeit verändert werden.
- Wesentlicher Bestandteil des Finanzbuchhaltungssystems ist die Offene-Posten-Buchhaltung.
- Buchungen werden in eine Buchungserfassungsmaske eingetragen. Die Auswirkungen der Buchungen werden von der Finanzbuchhaltungssoftware als Auswertungen erstellt.
- Für das Erstellen von Auswertungen, wie z. B. Bilanz und GuV-Rechnung, werden keine Konten abgeschlossen. Die Salden bleiben erhalten.

10.2 Offene-Posten-Buchhaltung

Bei Buchung einer Eingangs- bzw. Ausgangsrechnung wird jeweils ein **offener Posten** angelegt. Bei der Buchung des Zahlungsausgangs bzw. Zahlungseingangs wird die **Belegnummer** des entsprechenden offenen Postens angegeben und der offene Posten wird ausgeglichen. Die Sachkonten **2400 Forderungen a. LL** und **4400 Verbindlichkeiten a. LL** können **nicht manuell** angebucht werden, da sie als **Sammelkonten** die Buchungen auf den Personenkonten **automatisch**, also softwarebedingt, aufnehmen.

Offene Posten

Beispiel

Die Textilwerke Edgar Tuch e. K. (siehe Aufgabe 104) erhalten am 15. Januar .. von dem Lieferanten Velox GmbH die folgende **Rechnung**, die die **Belegnummer 101** erhält:

Menge	Bezeichnung	Einzelpreis in €	Gesamtpreis in €
100 Rollen	Jeansstoff 800/A	35,00	3.500,00
		Rechnungspreis netto	3.500,00
		+ 19 % Umsatzsteuer	665,00
		Rechnungspreis brutto	4.165,00

Die Textilwerke Tuch bezahlen die Rechnung am 20. Januar per **Banküberweisung**. Die **Belegnummer des Kontoauszuges ist 102**.

Die Buchungen lauten:

101 2000 Rohstoffe 3.500,00
     2600 Vorsteuer 665,00   an 60000 Velox GmbH
                                                       (Kreditorenkonto) 4.165,00
102 60000 Velox GmbH
     (Kreditorenkonto) .... 4.165,00   an 2800 Bank 4.165,00

Sollen beide Buchungen **sofort** nacheinander erfasst werden, ist es sinnvoll, die Methode „**Dialogbuchen**" zu wählen.

Dialogbuchen

Bevor die Buchungen mithilfe eines Finanzbuchhaltungsprogramms erfasst werden, sollten die Eingabedaten in einen **Kontierungsbogen** eingetragen werden. Der Kontierungsbogen ist wie die Buchungsmaske der eingesetzten Software aufgebaut.

Kontierungsbogen

10.2.1 Einsatz der Finanzbuchhaltungssoftware „Lexware Buchhalter"

Der **Kontierungsbogen** weist nach Eintragung der o. g. Buchungen Folgendes aus:

Datum	Beleg-Nr.	Buchungstext	Betrag in €	Soll-konto	Haben-konto	USt-Text	OP-Nr.
15. Jan.	101	Eingangsrechnung	4.165,00	2000	60000	VoSt19	
20. Jan.	102	Zahlungsausgang	4.165,00	60000	2800		101

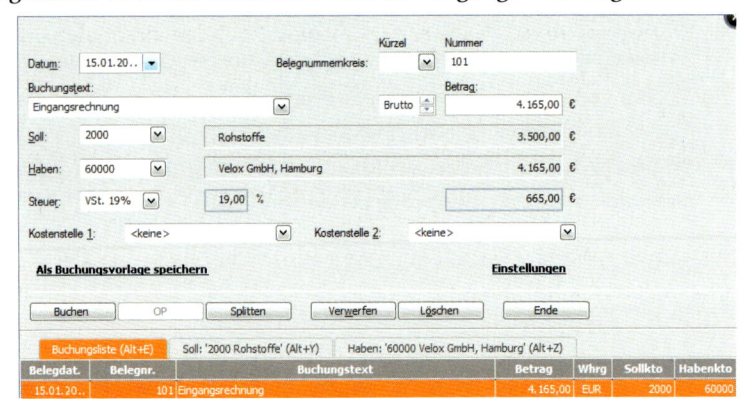

Die Buchungserfassungsmaske weist die erfassten **Daten der Eingangsrechnung** aus:

Der Schalter vor dem Betragsfeld ermöglicht die Eingabe des Brutto- oder Nettobetrages **(Voreinstellung „brutto")**. Mit der Eintragung der Kontonummern erscheinen die Kontobezeichnung und der Saldo einschl. der aktuell erfassten Buchung. In den Stammdaten des Kontos „2000 Rohstoffe" ist der **Steuertext VoSt. 19%** (19 % Vorsteuer) eingetragen. Der Text erscheint **automatisch** im Feld „Steuer". Anhand des Steuertextes ermittelt die Software den Steuerbetrag. Steuersatz und Steuerbetrag werden angezeigt. Mit Betätigen der **Schaltfläche „Buchen"** wird die Buchung in das **Journal** übertragen und im unteren Teil angezeigt.

Das unten stehende Bild zeigt die **Buchung des Zahlungsausgangs** vor Betätigen der OP-Schaltfläche:

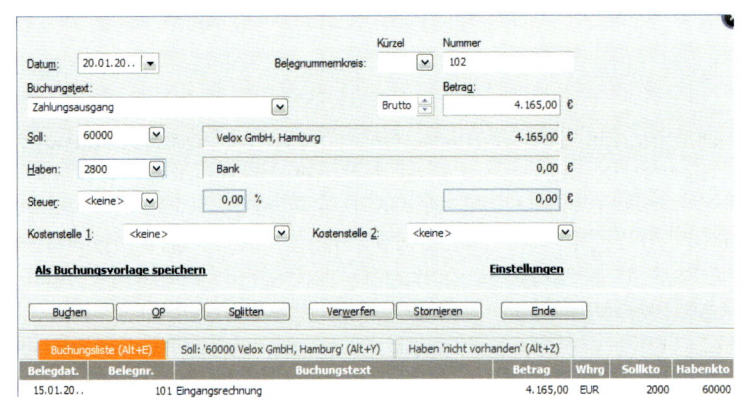

Nach Klicken auf die OP-Schaltfläche erscheinen in einem weiteren Fenster die **offenen Posten des** in der Buchung angegebenen **Personenkontos**:

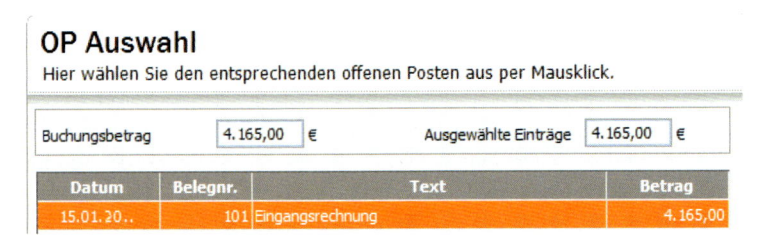

Im obigen Beispiel liegt nur **ein** offener Posten vor. Erfasster Zahlungsbetrag und offener Posten sind identisch. Der offene Posten wird markiert und nach Klicken auf die Schaltfläche „Buchen" ist der Zahlungsausgang gebucht.

Sollte der Buchungsbetrag nicht mit dem Betrag des gewählten offenen Postens identisch sein, bietet das Programm in einem weiteren Fenster die Auswahl „Weiterführen" oder „Ausbuchen" an. **Weiterführen** wird gewählt, wenn der Restbetrag als offener Posten weiterhin bestehen soll. Es handelt sich um eine Teilzahlung. **Ausbuchen** wird gewählt, wenn der offene Posten ausgeglichen ist, zum Beispiel bei Skontoabzug.

10.2.2 Einsatz der Finanzbuchhaltungssoftware „Sage New Classic"

Die **Eintragung in den Kontierungsbogen** sollte folgendermaßen erfolgen:

Soll-konto	Beleg-Nr.	Beleg-datum	Haben-konto	Betrag in €	SA	SC	Buchungstext	OP-Nr.
S2000	101	15. Jan.	K60000	4.165,00	VS	101	Eingangsrechnung	101
K60000	102	20. Jan.	S2800	4.165,00			Zahlungsausgang	101

Die unten stehende Darstellung zeigt die erfassten Daten der Eingangsrechnung in der **Buchungserfassungsmaske**:

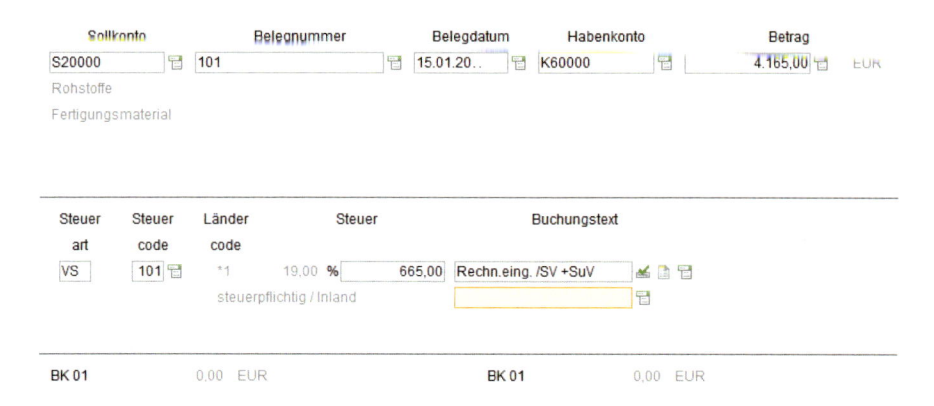

Sollkonto	Belegnummer	Belegdatum	Habenkonto	Betrag
S20000	101	15.01.20..	K60000	4.165,00 EUR
Rohstoffe				
Fertigungsmaterial				

Steuerart	Steuercode	Ländercode	Steuer		Buchungstext
VS	101	*1	19,00 %	665,00	Rechn.eing. /SV +SuV
		steuerpflichtig / Inland			

BK 01   0,00 EUR   BK 01   0,00 EUR

Nach Aufrufen der Buchungserfassungsmaske (*Finanzbuchhaltung* → *Buchen* → *Buchungserfassung* → *Buchungserfassung*) ist ein **Buchungskreis** (in der Regel 01) und die **Buchungsperiode** (aktueller Monat) einzutragen. Anschließend steht die Erfassungsmaske zur Verfügung.

Jede Eingabe in ein Datenfeld wird mit der Eingabetaste bestätigt. Nach **Eingabe der Kontonummer** wird die Bezeichnung des Kontos eingeblendet. Gleichzeitig wird unterhalb der Buchungserfassungsmaske der **aktuelle Saldo des Kontos** angezeigt.

Bei Kontonummern brauchen nachfolgende Nullen nicht eingegeben zu werden. Die Kontonummern können vollständig über den numerischen Block der Tastatur eingegeben werden. Das „D" für **Debitoren** wird mit einer „1", das „K" für **Kreditoren** wird mit einer „2" und das „S" für **Sachkonten** wird mit einer „3" eingegeben.

Bei der **Anzeige der aktuellen Salden** werden Soll-Salden ohne Vorzeichen und Haben-Salden mit einem Minuszeichen hinter dem Betrag dargestellt.

In den **Datenfeldern „Steuerart" und „Steuercode"** werden die **Voreinstellungen** (VS: Vorsteuer Soll) und 101 (Steuersatz: 19 %) aus den Stammdaten des Kontos „2000 Rohstoffe" angezeigt. Wird, wie in diesem Beispiel, bei der Buchung ein offener Posten angelegt, erscheint nach Eingabe des Buchungstextes ein weiteres Fenster für die **Daten des offenen Postens**:

Offene Posten | 01 Gesamtbuchführung | Periode 01 = Januar 2012

OP-Nummer	Val.-Dat.	Zahlungskonditionen	Betrag	ZSKZ
101	15.01.20..	000/0000/000/0000/000	4.165,00	F= Frei

Rest   0,00   Summen   4.165,00

Als **Belegnummer** wird die interne Nummer der **Firma** und als **OP-Nummer** die Belegnummer des Lieferanten angegeben.

Es kann eine **Zahlungsbedingung** erfasst werden (Tage Skonto 1, Skontosatz1, Tage Skonto 2, Skontosatz 2, Tage Ziel). In den Feldern „Betrag" und „Valuta-Datum" werden die Voreinstellungen normalerweise übernommen. Bei der Buchung auf Personenkonten erscheint anschließend in einem weiteren Fenster die Frage: **„Buchung abschließen und speichern?"**. Nach Klicken auf „Ja" ist die Buchung erfolgt.

Der unten stehende Bildschirmausdruck zeigt die Buchung des Zahlungsausgangs:

Die zuletzt erfassten Buchungen werden im unteren Teil des Erfassungsbildschirmes angezeigt. Nach Eingabe des Buchungstextes werden in einem gesonderten Fenster die **offenen Posten des Kreditorenkontos**, auf dem im Soll gebucht wird, angezeigt.

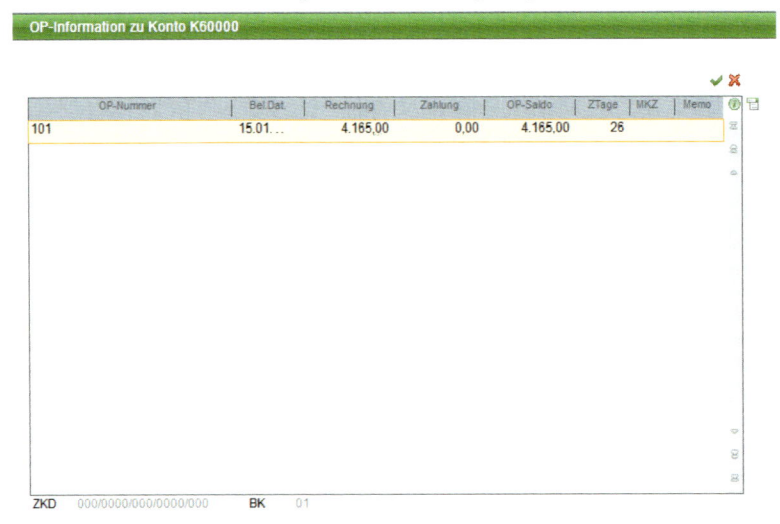

Die durch die Zahlung auszugleichende **Rechnung wird markiert**. Nach Bestätigen mit der Eingabetaste werden die **OP-Daten in die Buchungserfassungsmaske** übernommen. Mit Übernahme dieser Daten wird die **Buchung gespeichert.**

Falls Buchungsbetrag und Betrag des offenen Postens nicht übereinstimmen, wird der **Restbetrag** angezeigt. Soll dieser Restbetrag „ausgebucht" werden (OP ist ausgeglichen, Zahlung ist vollständig erfolgt), wird der **Restbetrag als Skonto** eingetragen. Wird in das Skontofeld nichts eingetragen, bleibt der **Restbetrag als Verbindlichkeit** (bei Kunden als Forderung) bestehen. Die Voreinstellung des Datenfeldes „Skonto" hängt von der erfassten Zahlungskondition bei Buchung der zu zahlenden Rechnung ab.

> - Bei der Buchung von Eingangs- und Ausgangsrechnungen werden offene Posten angelegt.
> - Zahlungen an Lieferanten und Zahlungen von Kunden werden jeweils einem vorher gebuchten offenen Posten zugeordnet.
> - Die Offene-Posten-Buchhaltung der Kreditoren (Lieferanten) unterstützt die Entscheidungen bei eigenen Zahlungen (Zeitpunkt, Nutzen von Skonto, ...).
> - Die Offene-Posten-Buchhaltung der Debitoren (Kunden) unterstützt das Mahnwesen.
> - Alle Debitoren werden dem Sammelkonto „Forderungen a. LL", alle Kreditoren dem Sammelkonto „Verbindlichkeiten a. LL" zugewiesen.

10.3 Stammdatenpflege im Rahmen der Finanzbuchhaltung

Kommerzielle Finanzbuchhaltungsprogramme zeichnen sich dadurch aus, dass der Kontenplan des Unternehmens völlig frei gestaltet werden kann. Das heißt, Sachkonten, Debitoren und Kreditoren können jederzeit neu eingerichtet bzw. verändert werden.

Das unten stehende Fenster zeigt Daten des **Kunden Hartmann KG** der **Textilwerke Edgar Tuch e. K.**, erstellt mit „**Lexware Buchhalter**". Am linken Rand ist die Auswahl der Bearbeitungsmasken für die Kundenstammdaten aufgeführt.

Das unten stehende Beispiel, erstellt mit der „**Sage-New-Classic**"-**Finanzbuchhaltung**, zeigt die **Stammdaten des Sachkontos „2000 Rohstoffe"**. Über das Auswertungskennzeichen BA032 wird gesteuert, dass der Saldo des Kontos in der Bilanz unter dem Posten „1. Roh-, Hilfs- und Betriebsstoffe" erscheint.

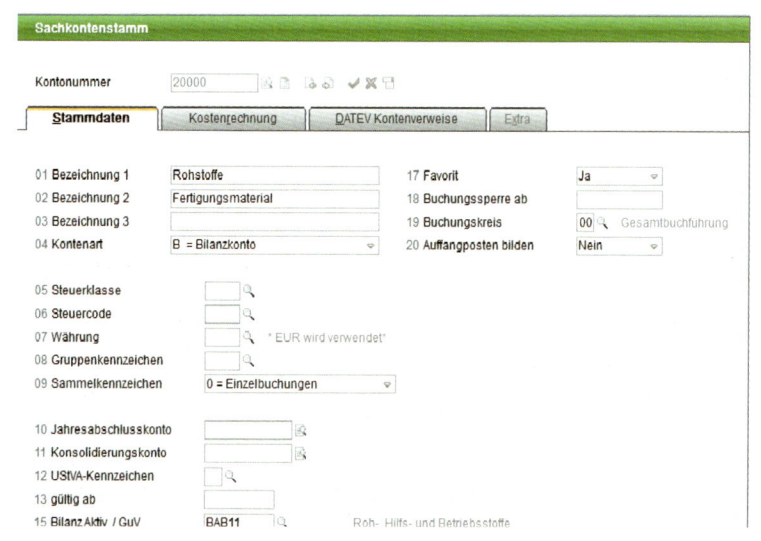

B Einführung in die Industriebuchführung

> **Merke**
> - Die Konten (Debitoren, Kreditoren, Sachkonten) werden in der Finanzbuchhaltung als Stammdaten geführt.
> - Bei der Erfassung eines neuen Kunden werden neben dem Debitorenkonto auch Daten für andere Module (Kundenadresse für die Fakturierung) erfasst.
> - Alle Sachkonten müssen genau einem Posten in der Bilanz (Bestandskonten) oder einem Posten in der GuV-Rechnung (Erfolgskonten) zugeordnet werden.
> - Weitere wichtige Stammdaten sind Steuerschlüssel, Zahlungsbedingungen und vorformulierte Buchungssätze.

Aufgabe 102

Sie sind Mitarbeiter/-in in der Finanzbuchhaltung der Textilwerke Edgar Tuch e. K. Der folgende Geschäftsgang ist im November des aktuellen Geschäftsjahres zu buchen. Den Kontenplan der Textilwerke Tuch können Sie der Aufgabe 104 entnehmen.

Geschäftsfälle (Hinweis: Der Umsatzsteuersatz beträgt in allen Fällen 19 %.)

Nr.	Datum	Text	
101	10. Nov.	Ausgangsrechnung an den Kunden Hartmann KG für die Lieferung von eigenen Erzeugnissen, brutto	13.090,00
102	10. Nov.	Eingangsrechnung für Rohstoffe von der Velox GmbH, brutto	4.760,00
103	15. Nov.	Privateinlage des Inhabers bar	2.000,00
104	15. Nov.	Die Hartmann KG bezahlt AR 101 durch Banküberweisung	13.090,00
105	15. Nov.	Zahlung einer Reparatur bar, brutto	59,50
106	15. Nov.	Verbrauch von Rohstoffen laut ME	3.500,00
107	15. Nov.	Banküberweisung an die Velox GmbH. Ausgleich der ER 102	4.760,00
108	15. Nov.	Eingangsrechnung für Hilfsstoffe von der Velox GmbH, brutto	1.785,00
109	17. Nov.	Eingangsrechnung für Rohstoffe von der Velox GmbH, brutto	3.927,00
110	20. Nov.	Banküberweisung der Löhne	1.120,00
111	20. Nov.	Privatentnahme des Inhabers bar	500,00
112	20. Nov.	Abbuchung der Bank für Zinsen	250,00

Arbeitsanweisungen

1. Buchen Sie die Geschäftsfälle im Grundbuch.
2. Führen Sie die Konten „Umsatzsteuer" und „Vorsteuer" und ermitteln Sie die Zahllast.
3. Tragen Sie die Buchungen in einen Kontierungsbogen ein. Die Struktur des Kontierungsbogens ist abhängig von der Software, die Ihnen zur Verfügung steht.
4. Erfassen Sie die Buchungen mithilfe eines kommerziellen Finanzbuchhaltungsprogramms (z. B. Lexware oder Sage).
5. Erstellen Sie folgende Auswertungen:
   a) Journal des Monats November,
   b) Saldenliste Sachkonten zum 30. November,
   c) Saldenliste Kreditoren zum 30. November,
   d) Offene-Posten-Liste Kreditoren zum 30. November,
   e) Umsatzsteuer-Voranmeldung für November.

Aufgabe 103

1. Sie richten für ein kommerzielles Finanzbuchhaltungsprogramm das Konto 6800 Büromaterial neu ein. *Warum ist es sinnvoll, einen Steuertext bzw. Steuercode zu erfassen?*
2. Kommerzielle Finanzbuchhaltungsprogramme kennen das Konto SBK nicht. Dafür lässt sich jederzeit eine Saldenliste erstellen. *Worin unterscheidet sich die Auswertung „Saldenliste Sachkonten" von dem Konto SBK?*
3. *Welche Informationen enthält die Offene-Posten-Liste Kreditoren im Vergleich zur Saldenliste Kreditoren?*
4. Die Sachkonten 2400 Forderungen a. LL und 4400 Verbindlichkeiten a. LL sind eingerichtet. Sie haben auf diesen Konten jedoch nicht gebucht. Trotzdem weisen diese Konten in der Saldenliste Buchungen auf. *Welche sind das?*
5. Die Umsatzsteuer-Voranmeldung weist die Zahllast bzw. den Vorsteuer-Überhang aus. *Welche anderen wesentlichen Daten werden ausgedruckt?*

11 Beleggeschäftsgang 1 - computergestützt

Aufgabe 104

Die **Textilwerke Edgar Tuch e. K.**, Parkstraße 44, 90409 Nürnberg, Bankverbindungen: Nürnberger Kreditbank KGaA: DE04 6606 4210 0218 4357 17, BIC GENODE4210; Handelsbank AG Nürnberg: DE72 7604 0160 0998 7968 50, BIC HABADEFFXXX, haben sich auf die Herstellung von Frotteeartikeln und Decken spezialisiert. In ihrer **Finanzbuchhaltung** werden folgende **Bücher** geführt:

- **Grundbuch** (Journal) für die laufenden Buchungen, die vorbereitenden Abschlussbuchungen und die Abschlussbuchungen.
- **Hauptbuch** für die Sachkonten: Bestandskonten, Erfolgskonten, Abschlusskonten.
- **Kontokorrentbuch** für die Personenkonten: Kundenkonten, Lieferantenkonten.
- **Bilanzbuch** für die Aufnahme des ordnungsmäßig gegliederten Jahresabschlusses: Jahresbilanz und Gewinn- und Verlustrechnung mit Unterschrift.

In der **EDV-Fibu** müssen die folgenden **Salden der Sach- und Personenkonten** über das **Hilfs- bzw. Gegenkonto „8050 Saldenvorträge"** gebucht werden.

I. Die Sachkonten der Textilwerke E. Tuch e. K. weisen zum 27. Dez. .. folgende Salden aus:

Kontenplan und vorläufige Saldenbilanz		Soll	Haben
0700	Technische Anlagen und Maschinen	886.900,00	–
0800	Andere Anlagen/BGA	278.000,00	–
2000	Rohstoffe	120.000,00	–
2020	Hilfsstoffe	28.000,00	–
2030	Betriebsstoffe	48.000,00	–
2100	Unfertige Erzeugnisse	28.000,00	–
2200	Fertige Erzeugnisse	69.000,00	–
2400	Forderungen aus Lieferungen und Leistungen	74.018,00	–
2600	Vorsteuer	61.200,00	–
2810	Nürnberger Kreditbank	312.975,00	–
2840	Handelsbank AG Nürnberg	28.100,00	–
2880	Kasse	21.000,00	–
3000	Eigenkapital	–	922.000,00
3001	Privat	84.000,00	–
4250	Darlehensschulden	–	342.930,00
4400	Verbindlichkeiten aus Lieferungen und Leistungen	–	104.363,00
4800	Umsatzsteuer	–	267.900,00
5000	Umsatzerlöse für eigene Erzeugnisse	–	1.400.000,00
5200	Bestandsveränderungen	–	–
5420	Entnahme v. G. u. s. L.	–	10.000,00
5430	Andere sonstige betriebliche Erträge	–	18.000,00
5710	Zinserträge	–	42.000,00
6000	Aufwendungen für Rohstoffe	540.000,00	–
6020	Aufwendungen für Hilfsstoffe	60.000,00	–
6030	Aufwendungen für Betriebsstoffe	15.000,00	–
6160	Fremdinstandhaltung	88.000,00	–
6200	Löhne	186.000,00	–
6300	Gehälter	145.000,00	–
6520	Abschreibungen auf Sachanlagen	–	–
6820	Portokosten	3.600,00	–
6830	Kosten der Telekommunikation	6.400,00	–
6850	Reisekosten	2.000,00	–
7510	Zinsaufwendungen	22.000,00	–
Abschlusskonten: 8010 SBK, 8020 GuV		3.107.193,00	3.107.193,00

B BELEGGESCHÄFTSGANG 1

II. **Die Personenkonten** weisen die folgenden offenen Posten und Salden aus:

Kundenkonten (Debitoren)		Offene Posten – Kunden			
Konto-Nr.	Kunden	Datum	Rechnungs-Nr.	Betrag	Salden
10 000	Hartmann KG Saalestraße 16 39126 Magdeburg	..-12-04 ..-12-06	4563 4565	12.614,00 5.236,00	17.850,00
10 001	Kaufring GmbH Bendstraße 10 52066 Aachen	..-12-02 ..-12-04 ..-12-07	4558 4564 4566	1.844,50 8.151,50 2.201,50	12.197,50
10 002	Holzmann OHG Amselweg 14 67063 Ludwigshafen	..-12-03 ..-12-04	4560 4562	892,50 34.807,50	35.700,00
10 003	Wolfgang Kunde e. Kfm. Hauptstraße 7 06132 Halle	..-12-02 ..-12-03 ..-12-10	4559 4561 4567	2.142,00 1.130,50 4.998,00	8.270,50
Saldensumme der Kundenkonten (Abstimmung mit Konto 2400)					**74.018,00**

Lieferantenkonten (Kreditoren)		Offene Posten – Lieferanten			
Konto-Nr.	Lieferanten	Datum	Rechnungs-Nr.	Betrag	Salden
60 000	Velox GmbH Postfach 67 11 20 22359 Hamburg	..-12-18	24502	43.911,00	43.911,00
60 001	Schneider KG Am Wiesenrain 16 75181 Pforzheim	..-12-03 ..-12-17	14678 14701	3.094,00 26.418,00	29.512,00
60 002	Garne GmbH Kantstraße 22 19063 Schwerin	..-12-09 ..-12-15	1496 1528	6.842,50 24.097,50	30.940,00
60 003	Offermann OHG Industriestraße 200 90765 Fürth	–	–	–	–
60 004	Walter Schreiber e. K. Ring 12 65779 Kelkheim	–	–	–	–
Saldensumme der Lieferantenkonten (Abstimmung mit Konto 4400)					**104.363,00**

III. **Die Belege 1–24** stellen die Geschäftsfälle der Textilwerke E. Tuch e. K. vom 28. Dezember bis 31. Dezember dar.

IV. **Abschlussangaben aufgrund der Inventur** (siehe Belege 25–27)

1. Abschreibungen auf TA u. Maschinen 110.000,00 €; auf And. Anlagen/BGA 30.000,00 €.
2. Inventurbestände: Betriebsstoffe 22.000,00 €; Unfertige Erzeugnisse 15.000,00 €; Fertige Erzeugnisse 95.000,00 €.
3. Die Kasse hat lt. Inventur einen Bestand von 13.100,00 €. Das Kassenkonto weist einen Buchbestand von 12.939,70 € aus. Die Differenz konnte nicht aufgeklärt werden.
4. Im Übrigen stimmen alle Buchbestände mit den Inventurwerten überein.

V. **Aufgaben**

1. Führen Sie die **Vorkontierung der Belege** auf einem Grundbuchblatt durch.
2. Buchen Sie **konventionell oder computergestützt** auf den Sach- und Personenkonten.
3. Erstellen Sie den **Jahresabschluss** konventionell oder mithilfe des Computers.

Belegbuchung 1

Textilwerke Edgar Tuch e. K.

Material-Entnahmeschein

Rohstoffe ☒
Hilfsstoffe ☐

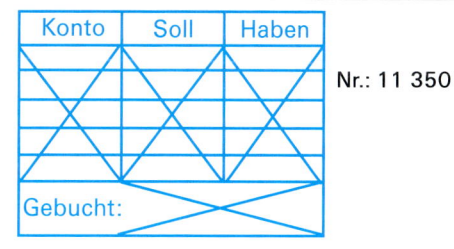

Nr.: 11 350

Datum: ..-12-28 Kostenstelle: 3 Zuschneiderei

Artikel-Nr.	Menge	Einheit	Bezeichnung	€/Einheit	Summe
486 FR	400	m	Frottee L	4,00	1.600,00
487 FR	300	m	Walk-Frottee	6,00	1.800,00
				Buchhaltung	3.400,00

ausgestellt: *Körber*   ausgegeben: *Bach*

Belegbuchung 2

Textilwerke Edgar Tuch e. K.

Material-Entnahmeschein

Rohstoffe ☐
Hilfsstoffe ☒

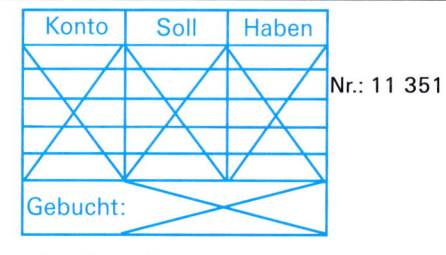

Nr.: 11 351

Datum: ..-12-29 Kostenstelle: 16 Näherei IV

Artikel-Nr.	Menge	Einheit	Bezeichnung	€/Einheit	Summe
4586	1 800	Rolle	Nähgarn	2,50	4.500,00
5814	900	m	Stoßband	1,25	1.125,00
				Buchhaltung	5.625,00

ausgestellt: *Leyer*   ausgegeben: *Kirsten*

B BELEGGESCHÄFTSGANG 1

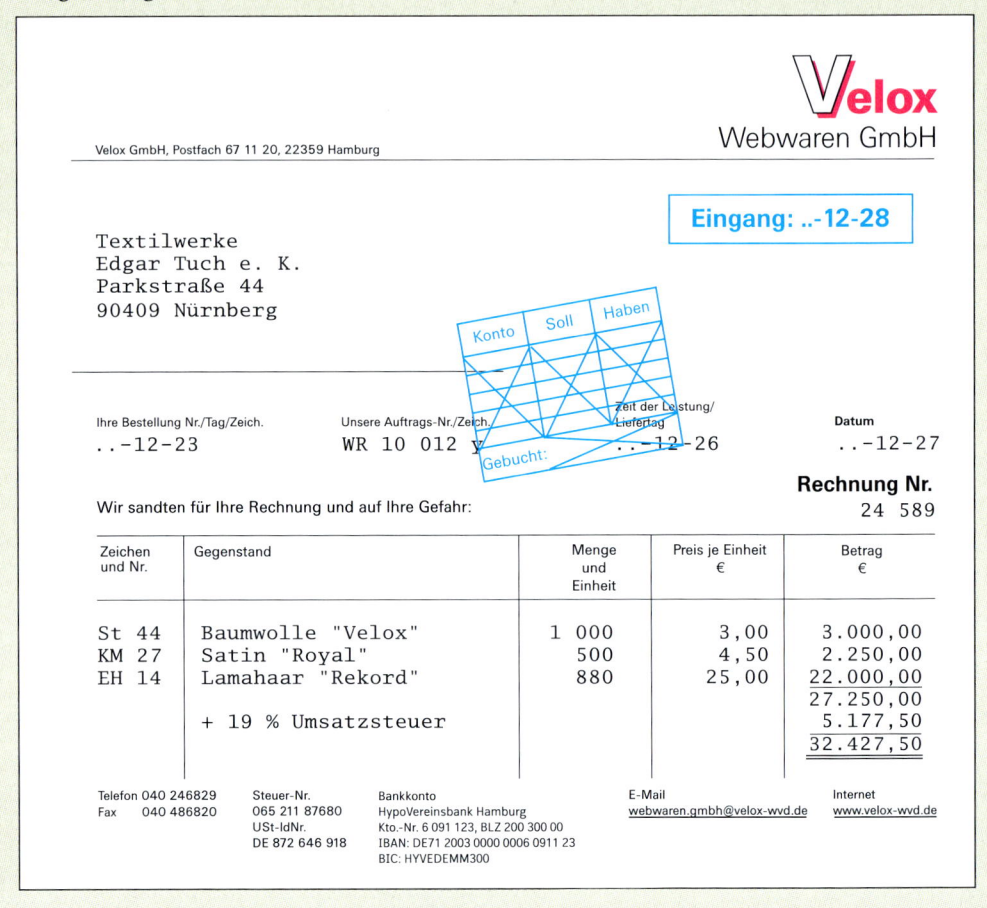

Belegbuchung 3

Velox Webwaren GmbH

Velox GmbH, Postfach 67 11 20, 22359 Hamburg

Textilwerke
Edgar Tuch e. K.
Parkstraße 44
90409 Nürnberg

Eingang: ..-12-28

Ihre Bestellung Nr./Tag/Zeich.	Unsere Auftrags-Nr./Zeich.	Zeit der Leistung/Liefertag	Datum
..-12-23	WR 10 012	..-12-26	..-12-27

Rechnung Nr. 24 589

Wir sandten für Ihre Rechnung und auf Ihre Gefahr:

Zeichen und Nr.	Gegenstand	Menge und Einheit	Preis je Einheit €	Betrag €
St 44	Baumwolle "Velox"	1 000	3,00	3.000,00
KM 27	Satin "Royal"	500	4,50	2.250,00
EH 14	Lamahaar "Rekord"	880	25,00	22.000,00
				27.250,00
	+ 19 % Umsatzsteuer			5.177,50
				32.427,50

Telefon 040 246829 Steuer-Nr. Bankkonto E-Mail Internet
Fax 040 486820 065 211 87680 HypoVereinsbank Hamburg webwaren.gmbh@velox-wvd.de www.velox-wvd.de
USt-IdNr. Kto.-Nr. 6 091 123, BLZ 200 300 00
DE 872 646 918 IBAN: DE71 2003 0000 0006 0911 23
BIC: HYVEDEMM300

Belegbuchung 4

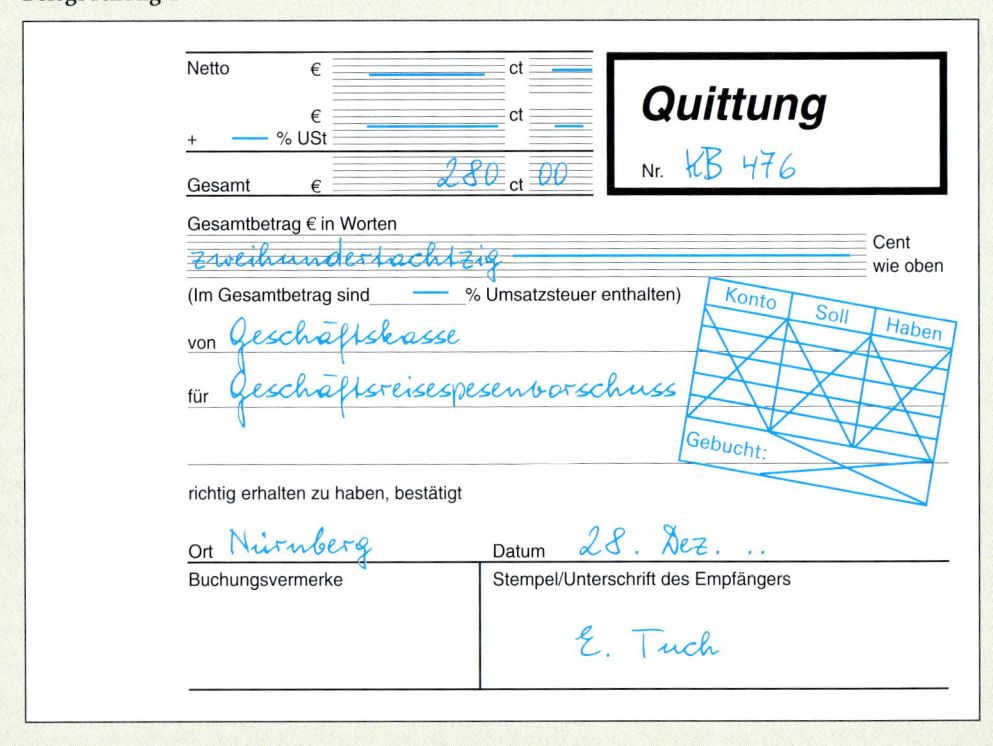

Netto	€		ct	**Quittung**
	€		ct	Nr. *KB 476*
+ ___ % USt				
Gesamt	€	*280*	*00*	

Gesamtbetrag € in Worten
zweihundertachtzig _____ Cent wie oben

(Im Gesamtbetrag sind ___ % Umsatzsteuer enthalten)

von *Geschäftskasse*

für *Geschäftsreisespesenvorschuss*

richtig erhalten zu haben, bestätigt

Ort *Nürnberg*   Datum *28. Dez. ..*

Buchungsvermerke | Stempel/Unterschrift des Empfängers

E. Tuch

Belegbuchung 5

Edgar Tuch e. K. TEXTILWERKE

Textilwerke E. Tuch e. K., Parkstr. 44, 90409 Nürnberg

Textil-Großhandel
Hartmann KG
Saalestr. 16
39126 Magdeburg

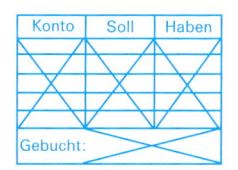

Konto	Soll	Haben
Gebucht:		

Unsere Auftrags-Nr. 20 336
Lieferschein-Nr. 20 586
Versanddatum: ..-12-28
Versandart: LKW
Verpackungsart: Kartons
USt-IdNr.: DE 463 569 847

Bitte bei Zahlung angeben:
Rechnungs-Nr. 4 568
Rechnungsdatum: ..-12-28

Ihr Zeichen/Bestellung Nr. vom   Kunden-Nr.
WA/4 896/..-12-18   10 000

Rechnung

Position	Sachnummer	Bezeichnung der Lieferung/Leistung	Menge und Einheit	Preis je Einheit	Betrag €
L	4 842	Badetücher "Luxor"	840	10,00	8.400,00
K	2 245	Saunamäntel "S"	620	22,50	13.950,00
H	3 451	Lama-Decken	80	50,00	4.000,00
					26.350,00
		+ 19 % Umsatzsteuer			5.006,50
					31.356,50

Zahlbar rein netto innerhalb von 20 Tagen. Skontoabzug ist nicht zulässig.

Geschäftsräume Telefon 0911 56356   Nürnberger Kreditbank KGaA   Handelsbank AG Nürnberg
Parkstraße 44   Telefax 0911 44481   Konto-Nr. 218 435 717   Konto-Nr. 0998 796 850
90409 Nürnberg E-Mail textilwerke@tuch-wvd.de BLZ 660 642 10   BLZ 760 401 60
Steuer-Nr. 065 382 76551 Internet www.tuch-wvd.de IBAN: DE04 6606 4210 0218 4357 17 IBAN: DE72 7604 0160 0998 7968 50
                                          BIC: GENODEFF210   BIC: HABADEFFXXX

Belegbuchung 6

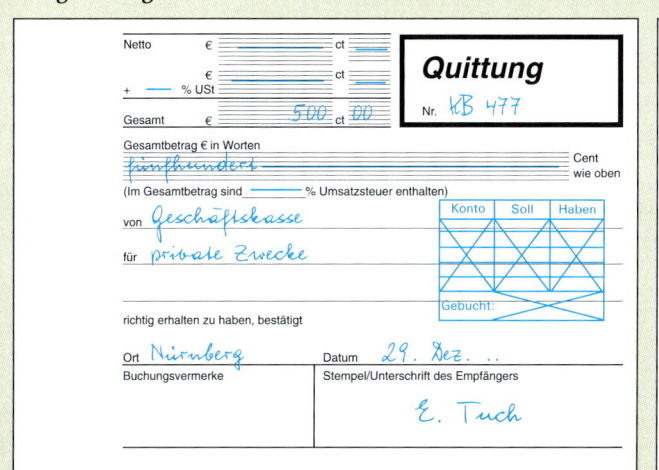

Quittung Nr. KB 477

Netto ___ € ___ ct
+ ___ % USt ___ € ___ ct
Gesamt 500 00

Gesamtbetrag € in Worten
fünfhundert _____ Cent wie oben
(Im Gesamtbetrag sind ___ % Umsatzsteuer enthalten)

von Geschäftskasse
für private Zwecke

Konto	Soll	Haben
Gebucht:		

richtig erhalten zu haben, bestätigt

Ort Nürnberg   Datum 29. Dez. ..
Buchungsvermerke   Stempel/Unterschrift des Empfängers
                   E. Tuch

Belegbuchung 7

Deutsche Post AG   KB 478
90403 Nürnberg
82062580   ..-12-29

7204
Postwertzeichen ohne Zuschlag
*340,00 EUR   A

Bruttoumsatz   *340,00 EUR
mehrwertsteuerbefreit A
Nettoumsatz A   *340,00 EUR

Steuernummer der Deutschen
Post AG: 5205/5777/1510

Vielen Dank für Ihren Besuch.
Ihre Deutsche Post AG

Konto	Soll	Haben
Gebucht:		

Belegbuchung 8

Kontoauszug **Nürnberger Kreditbank KGaA**

Konto-Nr.	Datum	Ausz.-Nr.	Blatt	Buchungstag	PN-Nr.	Wert	Umsatz
218 435 717	..-12-27	66	1				

GUTSCHRIFT　　　　　　　　　　　　　　　　12-27　0678　12-27　5.236,00 H
HARTMANN KG, MAGDEBURG
RE 4 565 VOM 6. DEZ. ..
(KONTO 10 000)

TEXTILWERKE
E. TUCH E. K.
PARKSTR. 44
90409 NÜRNBERG

Alter Saldo: H 312.975,00 EUR
Neuer Saldo: H 318.211,00 EUR

Belegbuchungen 9 und 10

Kontoauszug **Nürnberger Kreditbank KGaA**

Konto-Nr.	Datum	Ausz.-Nr.	Blatt	Buchungstag	PN-Nr.	Wert	Umsatz
218 435 717	..-12-28	67	1				

ÜBERWEISUNG **(Belegbuchung 9)**　　　　　12-27　0677　12-27　3.094,00 S
SCHNEIDER KG, PFORZHEIM
RE 14 678 VOM 3. DEZ. ..
(KONTO 60 001)
EINZAHLUNG **(Belegbuchung 10)**　　　　　12-27　0679　12-27　6.500,00 H

TEXTILWERKE
E. TUCH E. K.
PARKSTR. 44
90409 NÜRNBERG

Alter Saldo: H 318.211,00 EUR
Neuer Saldo: H 321.617,00 EUR

zu Belegbuchung 10

Nürnberger Kreditbank KGaA

Empfangsbescheinigung
über Bar-Einzahlung auf eigenes Konto

Kontonummer: 218 435 717
Kontoinhaber: Textilwerke E. Tuch e. K.
Betrag: Euro, Cent: 6.500,00------

..-12-27   6.500,00
Nürnberger Kreditbank KGaA

Für den Einzahlungstag und den Betrag ist der Maschinendruck maßgebend.

Belegbuchung 11

Ernst Offermann & Sohn OHG

Transporte · Heizöle · Kohlen

Ernst Offermann & Sohn OHG, Industriestr. 200, 90765 Fürth

Eingang: ..-12-30

Industriestraße 200 · Telefon 0911 51799 · Telefax 0911 53529
90765 Fürth   Steuer-Nr. 065 553 84217

Textilwerke
E. Tuch e. K.
Parkstraße 44
90409 Nürnberg

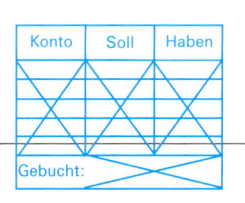

Konto	Soll	Haben

Gebucht:

Rechnungs-Nr.	Rechnungsdatum
12 954	..-12-29

Rechnung

Lieferdatum	Bezeichnung	Menge	ME	E-Preis	Betrag
..-12-27	Heizöl EL	9 150	l	0,40	3.660,00

Warenwert	Bruttobetrag	USt	USt €	Rechnungsbetrag
3.660,00		19 %	695,40	4.355,40 €

Zahlbar innerhalb 14 Tagen nach Rechnungseingang ohne Skontoabzug. Die gelieferte Ware bleibt bis zur vollständigen Bezahlung unser Eigentum. Gerichtsstand für beide Teile ist Fürth.

Bankverbindungen:
Vereinigte Sparkasse Fürth,Nr. 218 211 936, BLZ 762 500 00
IBAN: DE10 7625 0110 0218 2119 36
BIC: BYLADEM1SFU

Raiffeisen-Volksbank Fürth, Nr. 724 320, BLZ 762 604 51
IBAN: DE10 7626 0451 0000 7243 20
BIC: GENODEF1FUE

B BELEGGESCHÄFTSGANG 1

Belegbuchung 12

Deutsche Telefongesellschaft AG

Deutsche Telefongesellschaft AG
90426 Nürnberg

DV 12 0,70

Textilwerke
Edgar Tuch e. K.
Parkstraße 44
90409 Nürnberg

Datum	: ..-12-21
Seite	: **1 von 4**
Kundennummer	: **298 100 9725**
Rechnungsnummer	: **913 685 3071**
Ihr Buchungskonto	: **476 020 3885**
Infos zur Rechnung	: **www.telefonag.de/hilfe-rechnung**
Info-Telefon	: **0800 4440004**

Rechnung für Dezember 20..

Leistungen	Beträge in EUR
monatliche Beträge	33,36
nutzungsabhängige Beträge	485,82
Beträge von Drittanbietern	4,24
Summe	523,42
19 % Umsatzsteuer	99,45
Rechnungsbetrag	**622,87**

Der Rechnungsbetrag wird ab dem 7. Tag
nach Zugang dieser Rechnung von Ihrem Konto
DE72 7604 0160 0998 7968 50, HABADEFFXXX abgebucht.

Weitere Informationen finden Sie auf der Rückseite.

Kontoauszug zu Belegbuchung 12

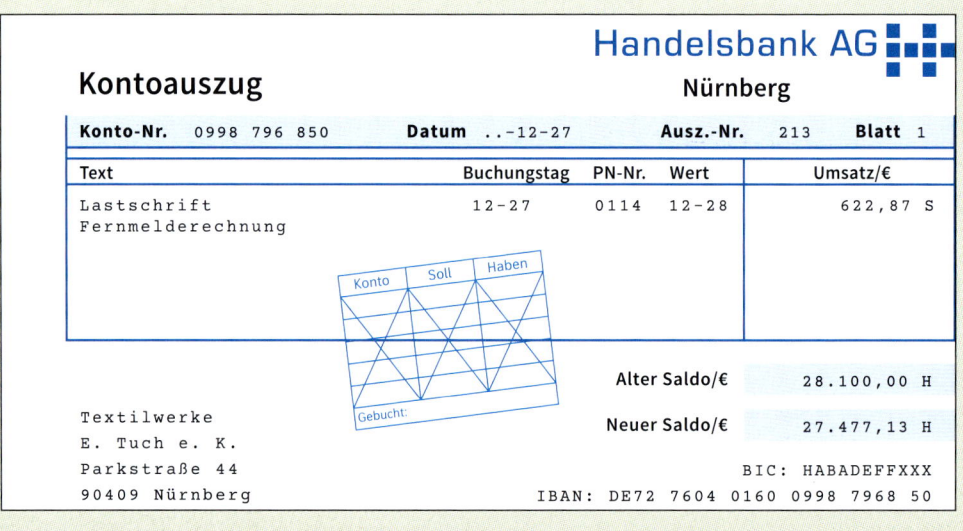

Handelsbank AG

Kontoauszug Nürnberg

Konto-Nr. 0998 796 850	Datum ..-12-27		Ausz.-Nr. 213	Blatt 1
Text	Buchungstag	PN-Nr.	Wert	Umsatz/€
Lastschrift Fernmelderechnung	12-27	0114	12-28	622,87 S
			Alter Saldo/€	28.100,00 H
			Neuer Saldo/€	27.477,13 H

Textilwerke
E. Tuch e. K.
Parkstraße 44
90409 Nürnberg

BIC: HABADEFFXXX
IBAN: DE72 7604 0160 0998 7968 50

(Kontierungsstempel: Konto / Soll / Haben / Gebucht:)

BELEGGESCHÄFTSGANG 1

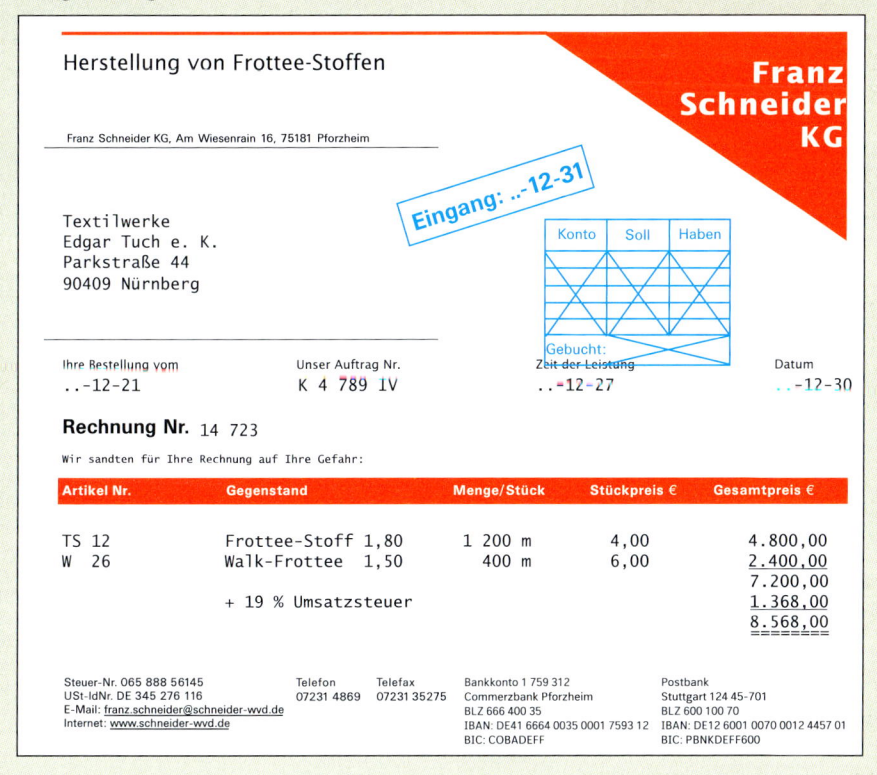

Belegbuchung 13

Franz Schneider KG

Herstellung von Frottee-Stoffen

Franz Schneider KG, Am Wiesenrain 16, 75181 Pforzheim

Textilwerke
Edgar Tuch e. K.
Parkstraße 44
90409 Nürnberg

Eingang: ..-12-31

Konto	Soll	Haben

Gebucht:

Ihre Bestellung vom	Unser Auftrag Nr.	Zeit der Leistung	Datum
..-12-21	K 4 789 1V	..-12-27	..-12-30

Rechnung Nr. 14 723

Wir sandten für Ihre Rechnung auf Ihre Gefahr:

Artikel Nr.	Gegenstand	Menge/Stück	Stückpreis €	Gesamtpreis €
TS 12	Frottee-Stoff 1,80	1 200 m	4,00	4.800,00
W 26	Walk-Frottee 1,50	400 m	6,00	2.400,00
				7.200,00
	+ 19 % Umsatzsteuer			1.368,00
				8.568,00

Steuer-Nr. 065 888 56145
USt-IdNr. DE 345 276 116
E-Mail: franz.schneider@schneider-wvd.de
Internet: www.schneider-wvd.de

Telefon 07231 4869
Telefax 07231 35275

Bankkonto 1 759 312
Commerzbank Pforzheim
BLZ 666 400 35
IBAN: DE41 6664 0035 0001 7593 12
BIC: COBADEFF

Postbank
Stuttgart 124 45-701
BLZ 600 100 70
IBAN: DE12 6001 0070 0012 4457 01
BIC: PBNKDEFF600

Belegbuchung 14

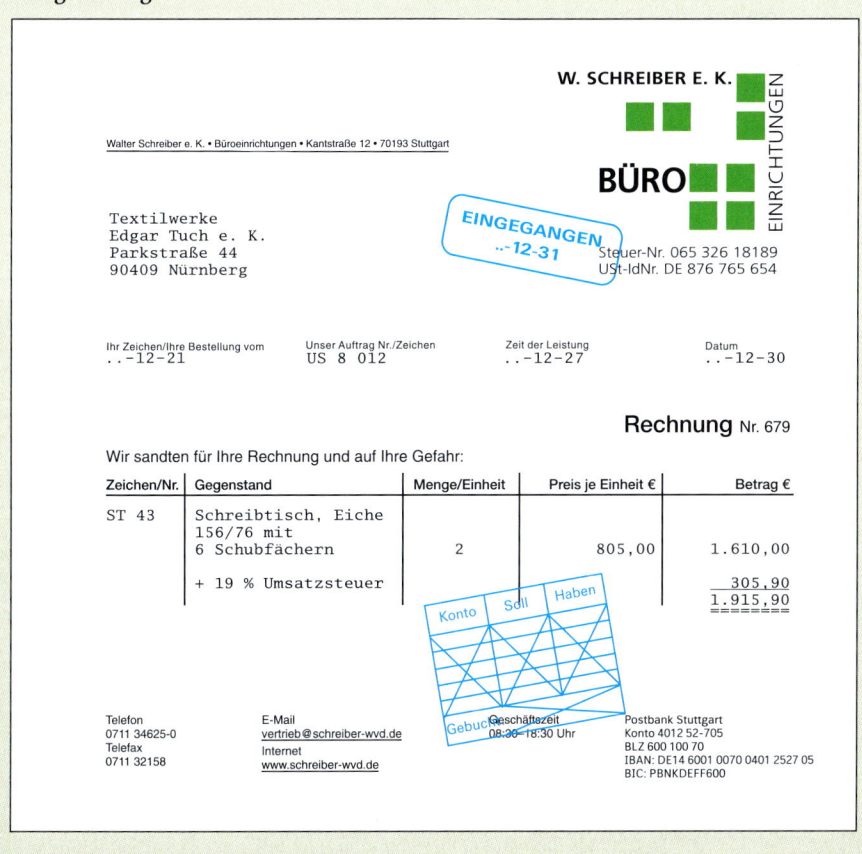

W. SCHREIBER E. K.
BÜRO EINRICHTUNGEN

Walter Schreiber e. K. • Büroeinrichtungen • Kantstraße 12 • 70193 Stuttgart

Textilwerke
Edgar Tuch e. K.
Parkstraße 44
90409 Nürnberg

EINGEGANGEN
..-12-31

Steuer-Nr. 065 326 18189
USt-IdNr. DE 876 765 654

Ihr Zeichen/Ihre Bestellung vom	Unser Auftrag Nr./Zeichen	Zeit der Leistung	Datum
..-12-21	US 8 012	..-12-27	..-12-30

Rechnung Nr. 679

Wir sandten für Ihre Rechnung und auf Ihre Gefahr:

Zeichen/Nr.	Gegenstand	Menge/Einheit	Preis je Einheit €	Betrag €
ST 43	Schreibtisch, Eiche 156/76 mit 6 Schubfächern	2	805,00	1.610,00
	+ 19 % Umsatzsteuer			305,90
				1.915,90

Konto	Soll	Haben

Gebucht:

Telefon 0711 34625-0
Telefax 0711 32158

E-Mail vertrieb@schreiber-wvd.de
Internet www.schreiber-wvd.de

Geschäftszeit
08:30–18:30 Uhr

Postbank Stuttgart
Konto 4012 52-705
BLZ 600 100 70
IBAN: DE14 6001 0070 0401 2527 05
BIC: PBNKDEFF600

B BELEGGESCHÄFTSGANG 1

Belegbuchung 15

Netto €	450 ct 00	**Entnahmebeleg**
+ 19 % USt €	85 ct 50	Nr. PE 36
Gesamt €	535 ct 50	

Gesamtbetrag € in Worten: *fünfhundertfünfunddreißig* — Cent wie oben

(Im Gesamtbetrag sind 19 % Umsatzsteuer enthalten)

von Auslieferungslager Textilwerke
für private Zwecke
6 Lama-Decken LS je 75,00 Euro

Ort Nürnberg   Datum 30. Dez. ..

Buchungsvermerke | Stempel/Unterschrift des Empfängers
E. Tuch

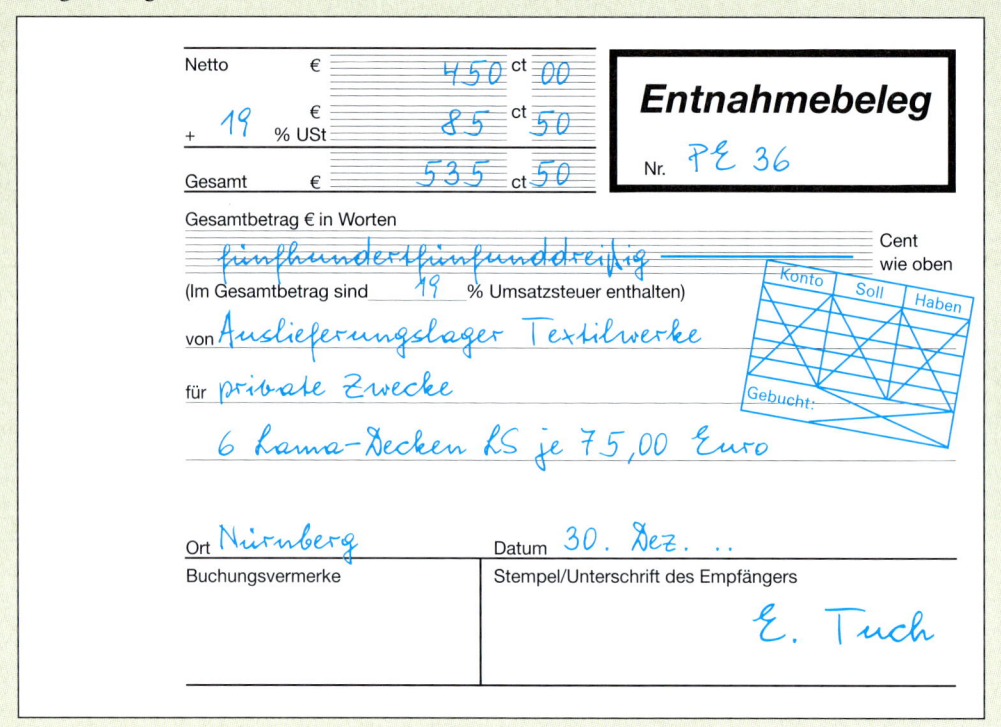

Belegbuchung 16

Netto €	370 ct 00	**Quittung**
+ 19 % USt €	70 ct 30	Nr. KB 479
Gesamt €	440 ct 30	

Gesamtbetrag € in Worten: *vierhundertvierzig* — Cent wie oben

(Im Gesamtbetrag sind 19 % Umsatzsteuer enthalten)

von Textilwerke Tuch e. K.
für Reparaturarbeiten
     der Zuschneidemaschine

richtig erhalten zu haben, bestätigt

Ort Erlangen   Datum 30. Dez. ..

Buchungsvermerke | Stempel/Unterschrift des Empfängers
Hartmut Götz e. Kfm.
Feinmechanik-Meisterbetrieb
Sonnenstraße 15
91058 Erlangen
Steuer-Nr. 065 123 05228

Götz

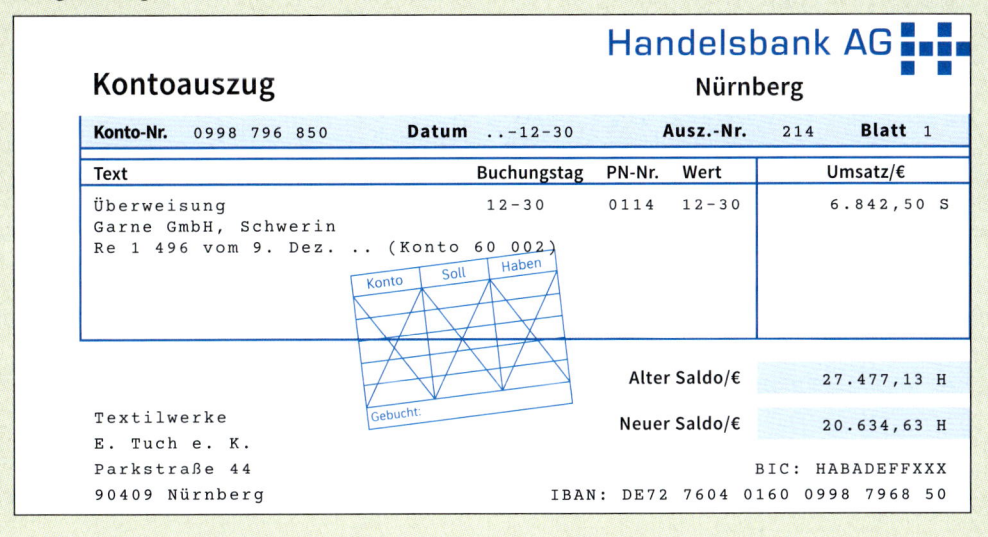

Belegbuchung 17

Handelsbank AG
Kontoauszug — Nürnberg

Konto-Nr. 0998 796 850	Datum ..-12-30	Ausz.-Nr. 214	Blatt 1

Text	Buchungstag	PN-Nr.	Wert	Umsatz/€
Überweisung Garne GmbH, Schwerin Re 1 496 vom 9. Dez. .. (Konto 60 002)	12-30	0114	12-30	6.842,50 S

		Alter Saldo/€	27.477,13 H
Textilwerke		Neuer Saldo/€	20.634,63 H
E. Tuch e. K.			
Parkstraße 44		BIC: HABADEFFXXX	
90409 Nürnberg	IBAN: DE72 7604 0160 0998 7968 50		

Belegbuchungen 18 und 19

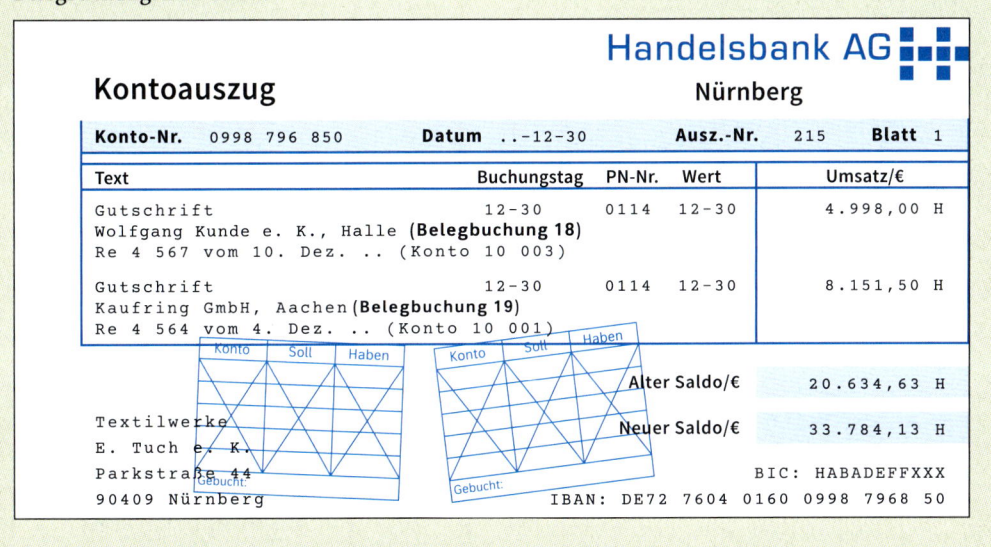

Handelsbank AG
Kontoauszug — Nürnberg

Konto-Nr. 0998 796 850	Datum ..-12-30	Ausz.-Nr. 215	Blatt 1

Text	Buchungstag	PN-Nr.	Wert	Umsatz/€
Gutschrift Wolfgang Kunde e. K., Halle **(Belegbuchung 18)** Re 4 567 vom 10. Dez. .. (Konto 10 003)	12-30	0114	12-30	4.998,00 H
Gutschrift Kaufring GmbH, Aachen **(Belegbuchung 19)** Re 4 564 vom 4. Dez. .. (Konto 10 001)	12-30	0114	12-30	8.151,50 H

		Alter Saldo/€	20.634,63 H
Textilwerke		Neuer Saldo/€	33.784,13 H
E. Tuch e. K.			
Parkstraße 44		BIC: HABADEFFXXX	
90409 Nürnberg	IBAN: DE72 7604 0160 0998 7968 50		

Belegbuchung 20

Edgar Tuch e. K. TEXTILWERKE

Textilwerke E. Tuch e. K., Parkstr. 44, 90409 Nürnberg

Textil-Großhandel
Holzmann OHG
Amselweg 14
67063 Ludwigshafen

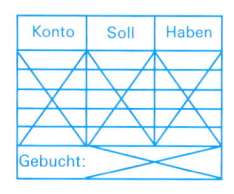

Konto	Soll	Haben
Gebucht:		

Unsere Auftrags-Nr. 20 337
Lieferschein-Nr. 20 587
Versanddatum: ..-12-29
Versandart: LKW
Verpackungsart: Original
USt-IdNr.: DE 463 569 847

Bitte bei Zahlung angeben:
Rechnungs-Nr. 4 569
Rechnungsdatum: ..-12-30

Ihr Zeichen/Bestellung Nr. vom   Kunden-Nr.
LZ/2 112/..-12-27   10 002

Rechnung

Position	Sachnummer	Bezeichnung der Lieferung/Leistung	Menge und Einheit	Preis je Einheit	Betrag €
KS	5 634	Bademäntel 100 % Bw	600	40,00	24.000,00
GT	4 321	Badetücher 50/70	900	5,00	4.500,00
					28.500,00
		+ 19 % Umsatzsteuer			5.415,00
					33.915,00

Zahlbar rein netto innerhalb von 20 Tagen. Skontoabzug ist nicht zulässig.

Geschäftsräume   Telefon 0911 56356   Nürnberger Kreditbank KGaA   Handelsbank AG Nürnberg
Parkstraße 44   Telefax 0911 44481   Konto-Nr. 218 435 717   Konto-Nr. 0998 796 850
90409 Nürnberg   E-Mail   textilwerke@tuch-wvd.de   BLZ 660 642 10   BLZ: 760 401 60
Steuer-Nr. 065 382 76551   Internet www.tuch-wvd.de   IBAN: DE04 6606 4210 0218 4357 17   IBAN: DE72 7604 0160 0998 7968 50
                                                    BIC: GENODE4210   BIC: HABADEFFXXX

Belegbuchung 21

Kontoauszug   Nürnberger Kreditbank KGaA

Konto-Nr.	Datum	Ausz.-Nr.	Blatt	Buchungstag	PN-Nr.	Wert	Umsatz
218 435 717	..-12-30	68	1				
GUTSCHRIFT KAUFRING GMBH, AACHEN RE 4 566 VOM 7. DEZ. .. (KONTO 10 001)				12-29	0678	12-29	2.201,50 H

Konto	Soll	Haben
Gebucht:		

TEXTILWERKE
E. TUCH E. K.
PARKSTR. 44
90409 NÜRNBERG

Alter Saldo
H 321.617,00 EUR
Neuer Saldo
H 323.818,50 EUR

Belegbuchungen 22 und 23

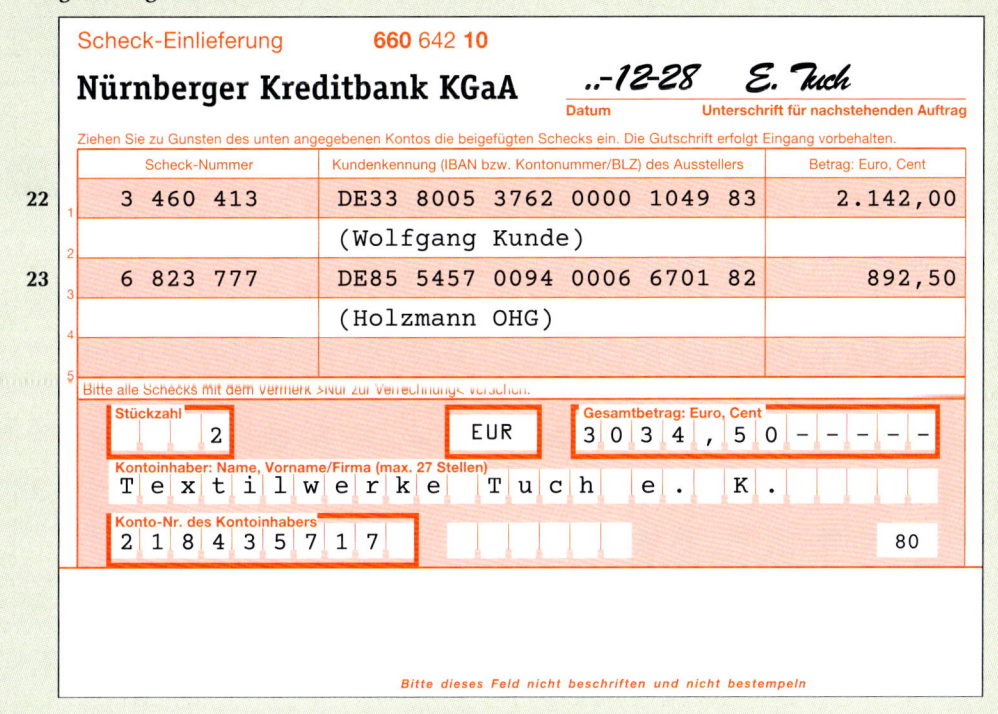

Scheck-Einlieferung   **660 642 10**

Nürnberger Kreditbank KGaA   ..-12-28   E. Tuch

Datum   Unterschrift für nachstehenden Auftrag

Ziehen Sie zu Gunsten des unten angegebenen Kontos die beigefügten Schecks ein. Die Gutschrift erfolgt Eingang vorbehalten.

	Scheck-Nummer	Kundenkennung (IBAN bzw. Kontonummer/BLZ) des Ausstellers	Betrag: Euro, Cent
22	3 460 413	DE33 8005 3762 0000 1049 83	2.142,00
		(Wolfgang Kunde)	
23	6 823 777	DE85 5457 0094 0006 6701 82	892,50
		(Holzmann OHG)	

Bitte alle Schecks mit dem Vermerk »Nur zur Verrechnung« versehen.

Stückzahl: 2   EUR   Gesamtbetrag: Euro, Cent: 3 034,50 - - - - -

Kontoinhaber: Name, Vorname/Firma (max. 27 Stellen): Textilwerke Tuch e. K.

Konto-Nr. des Kontoinhabers: 2 1 8 4 3 5 7 1 7   80

Bitte dieses Feld nicht beschriften und nicht bestempeln

Kontoauszug zu den Belegbuchungen 22 bis 24[1]

Kontoauszug   **Nürnberger Kreditbank KGaA**

Konto-Nr.	Datum	Ausz.-Nr.	Blatt	Buchungstag	PN-Nr.	Wert	Umsatz
218 435 717	..-12-31	69	1				
SCHECKEINLIEFERUNG				12-31	0685	12-28	3.034,50 H
DA MIETE[1]				12-31	0688	12-30	860,00 S

TEXTILWERKE
E. TUCH E. K.
PARKSTR. 44
90409 NÜRNBERG

Alter Saldo: H 323.818,50 EUR
Neuer Saldo: H 325.993,00 EUR

---

1 Belegbuchung 24: DA = Dauerauftrag für die Wohnungsmiete des Geschäftsinhabers

Belegbuchung 25

Buchungsanweisung		Datum: ..-12-31		Beleg-Nr.:	
Betreff: Abschreibungen auf Sachanlagen				Gebucht: Datum:	
Buchungstext	Soll		Haben		
	Konto	Betrag	Konto	Betrag	
– Technische Anlagen und Maschinen .... – Andere Anlagen/BGA					

Belegbuchung 26

Buchungsanweisung		Datum: ..-12-31		Beleg-Nr.:
Betreff: Bestandsveränderungen				Gebucht: Datum:
Buchungstext	Soll		Haben	
	Konto	Betrag	Konto	Betrag
Bestandsveränderungen – unfertige Erzeugnisse .... – fertige Erzeugnisse				

Belegbuchung 27

Buchungsanweisung		Datum: ..-12-31		Beleg-Nr.:
Betreff: Umbuchungen/Vorbereitende Abschlussbuchungen				Gebucht: Datum:
Buchungstext	Soll		Haben	
	Konto	Betrag	Konto	Betrag
– Betriebsstoffverbrauch ..... – Kassendifferenz .... – Vorsteuerverrechnung .... – Privatentnahmen				

C Berechnungen und Buchungen in wichtigen Sachbereichen des Industriebetriebes

1 Beschaffungsbereich

Der Einkauf von Werkstoffen, also von Roh-, Hilfs- und Betriebsstoffen sowie von Vorprodukten und Fremdbauteilen, kann buchhalterisch

>entweder auf Bestandskonten   oder   direkt auf Aufwandskonten

erfasst werden, je nachdem, ob die Werkstoffe zunächst gelagert oder sofort nach Eingang in der Fertigung verarbeitet werden. Im ersten Fall spricht man deshalb von einer **bestandsorientierten**, im zweiten von einer **aufwandsorientierten** Buchung. Beide **Buchungsverfahren**, die auch bei Handelswareneinkäufen anzuwenden sind, werden im Folgenden erläutert.

Einkauf von Werkstoffen

1.1 Bestandsorientierte Buchung des Werkstoffeinkaufs und des Werkstoffverbrauchs

Der **Werkstoffeinkauf** wird beim **bestandsorientierten Verfahren**[1] – wie bisher – als Mehrung des Lagerbestandes im Soll des entsprechenden Bestandskontos gebucht:

- 2000 Rohstoffe
- 2010 Vorprodukte/Fremdbauteile
- 2020 Hilfsstoffe
- 2030 Betriebsstoffe

Mehrung des Lagerbestandes

Beispiel

Die Eingangsrechnung ER 4567 lautet im Metallwerk Thomas Berg e. K. über

100 Gebinde Lack LS 200 je 60,00 € netto	6.000,00 €
+ 19 % Umsatzsteuer	1.140,00 €
Rechnungsbetrag	**7.140,00 €**

Buchung: 2020 Hilfsstoffe 6.000,00
            2600 Vorsteuer .... 1.140,00   an 4400 Verbindlichkeiten a. LL 7.140,00

S	2020 Hilfsstoffe	H		S	4400 Verbindlichkeiten a. LL	H
4400	6.000,00				2020/2600	7.140,00

S	2600 Vorsteuer	H
4400	1.140,00	

Die **Ermittlung des Werkstoffverbrauchs** wird beim bestandsorientierten Verfahren
- **fortlaufend** aufgrund von **Materialentnahmescheinen (ME)** oder
- **nachträglich** aufgrund einer **körperlichen Inventur** am Schluss einer Rechnungsperiode (Monat u. a.)[2] vorgenommen:

Bestandsorientiertes Verfahren

    Anfangsbestand an Werkstoffen
+ **Werkstoffeinkäufe**
− **Schlussbestand lt. Inventur**
= **Verbrauch von Werkstoffen**

---
[1] Das aufwandsorientierte Buchungsverfahren wird im Kapitel C 1.7, S. 139 ff., behandelt.
[2] Siehe Erläuterungen auf S. 42.

C — Berechnungen und Buchungen in wichtigen Sachbereichen des Industriebetriebes

Buchung des Werkstoffverbrauchs

Die Buchung des Werkstoffverbrauchs erfolgt beim **bestandsorientierten** Verfahren – wie bisher – als **Aufwand** im Soll des entsprechenden Aufwandskontos und zugleich als **Minderung des Lagerbestandes** im Haben des zugehörigen Bestandskontos:

6000 Aufwend. für Rohstoffe	an 2000 Rohstoffe
6010 Aufwend. für Vorprodukte/Fremdbauteile	an 2010 Vorprodukte/Fremdbauteile
6020 Aufwend. für Hilfsstoffe	an 2020 Hilfsstoffe
6030 Aufwend. für Betriebsstoffe	an 2030 Betriebsstoffe

Lagerbuchhaltung

Die Lagerbuchhaltung (Lagerkartei) ist eine **Nebenbuchführung** der Finanzbuchhaltung. Ihre **Aufgabe** besteht darin, alle **Zu- und Abgänge der Vorräte** (Werkstoffe, eigene Erzeugnisse und Handelswaren) **nach Art, Menge und Wert zu erfassen. Zugänge** werden aufgrund von **Lieferscheinen** erfasst, die entsprechenden **Abgänge**, also z. B. der **Werkstoffverbrauch**, mithilfe von **Materialentnahmescheinen**, die bei jedem Lagerabgang unter Angabe der empfangenden Kostenstelle und der Auftragsnummer ausgestellt werden. Der art-, mengen- und wertmäßige Nachweis des Werkstoffverbrauchs ist **Voraussetzung für die Richtigkeit der Buchführung und der Kalkulation** der Materialkosten.

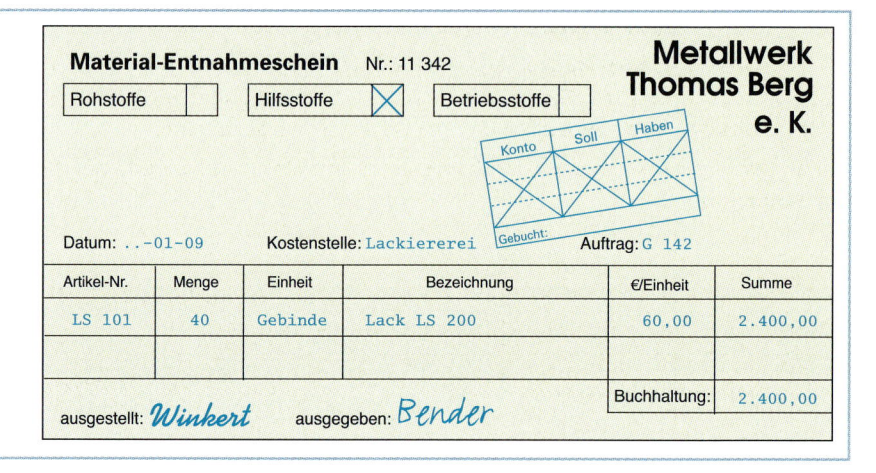

Beispiel

Material-Entnahmeschein Nr.: 11 342   **Metallwerk Thomas Berg e. K.**

Rohstoffe [ ]   Hilfsstoffe [X]   Betriebsstoffe [ ]

Konto | Soll | Haben

Datum: ..-01-09   Kostenstelle: Lackiererei   Gebucht: Auftrag: G 142

Artikel-Nr.	Menge	Einheit	Bezeichnung	€/Einheit	Summe
LS 101	40	Gebinde	Lack LS 200	60,00	2.400,00

Buchhaltung: 2.400,00

ausgestellt: *Winkert*   ausgegeben: *Bender*

Laufende Fortschreibung

Die laufende Fortschreibung (Skontration) der Lagerzu- und -abgänge kann für die einzelne Werkstoffart mithilfe der **Lagerkarte manuell oder EDV-mäßig** durchgeführt werden.[1] So kann der **Lagerbestand** eines Artikels buchmäßig „permanent" nachgewiesen werden. Dieser Buchbestand muss allerdings **einmal jährlich** durch eine **körperliche Inventur** überprüft werden (siehe auch S. 13). Durch Vergleich des Buchbestandes mit dem Inventurbestand (Istbestand) zeigt sich dann der Lagerverlust durch Schwund und Diebstahl. Somit bildet die Lagerbuchhaltung nicht nur die **Grundlage für die Erfassung des Werkstoffverbrauchs**, sondern auch für den **Nachweis des Inventurbestandes** der **Vorräte** an Werkstoffen, eigenen Erzeugnissen und Handelswaren in Inventar und Bilanz.

Beispiel

Lagerkarte des Metallwerks Thomas Berg e. K.   **Bereich:** Hilfsstoffe L

Artikel: Lack LS 200   **Lieferant:** Glöckner GmbH   **Mindestbestand:** 110 Gebinde
Artikel-Nr.: LS 101   **Höchstbestand:** 300 Gebinde

Datum	Beleg	Preis je Gebinde	Zugang	Abgang	Bestand
..-01-01	Anfangsbestand	60,00 €	–	–	120
..-01-06	Lieferschein L 01	60,00 €	60	–	180
..-01-07	Materialentnahmeschein 340	–	–	40	140
..-01-08	Lieferschein L 02	60,00 €	100	–	240
..-01-09	Materialentnahmeschein 342	–	–	40	200
usw.					

[1] In modernen Lagersystemen ist die Lagerbuchführung mit der automatischen Lagersteuerung mit Buchungen synchronisiert.

BESCHAFFUNGSBEREICH C

Beispiel

Laut Materialentnahmeschein (vgl. S. 120) werden am -01-09 insgesamt 40 Gebinde Lack LS 200 zu 60,00 €/Gebinde, also im Wert von 2.400,00 €, entnommen.

Buchung:

6020 Aufwendungen für Hilfsstoffe ... 2.400,00 €   an   2020 Hilfsstoffe .... 2.400,00 €

Soll	2020 Hilfsstoffe		Haben
4400	6.000,00	6020	2.400,00

Soll	4400 Verbindlichkeiten a. LL		Haben
		2020/2600	7.140,00

Soll	6020 Aufwendg. für Hilfsstoffe	Haben
2020	2.400,00	

Soll	2600 Vorsteuer	Haben
4400	1.140,00	

Merke

- Beim bestandsorientierten Verfahren wird der Werkstoffeinkauf als Bestandsmehrung im Soll des entsprechenden Werkstoffbestandskontos der Klasse 2 gebucht.
- Der Werkstoffverbrauch wird durch Materialentnahmescheine ermittelt und im Haben des betreffenden Werkstoffbestandskontos als Bestandsminderung sowie als Aufwand im Soll des zugehörigen Werkstoffaufwandskontos der Klasse 6 erfasst.
- Wird der Verbrauch durch Inventur ermittelt, ist zunächst der Inventurbestand zu buchen (SBK an Werkstoffkonto). Der Saldo auf dem Werkstoffkonto ist dann der Verbrauch. Buchung: Werkstoffaufwandskonto an Werkstoffbestandskonto.
- Hauptaufgabe der Lagerbuchhaltung ist die mengen- und wertmäßige Bestandsführung der Lagervorräte.

Aufgabe 105

Buchen Sie den folgenden Beleg in der Finanzbuchhaltung des Metallwerks Matthias Hein e. Kfm. auf den entsprechenden Konten und nennen Sie den Buchungssatz:

Material-Entnahmeschein Nr.: 13 150   **Metallwerk Matthias Hein e. Kfm.**

Rohstoffe [X]   Hilfsstoffe [ ]

Datum: ..-01-15   Kostenstelle: Stanze 1

Artikel-Nr.	Menge	Einheit	Bezeichnung	€/Einheit	Summe
486	40	t	Breitstahlband	1.050,00	42.000,00
487	30	t	Breitstahlband	980,00	29.400,00
				Buchhaltung:	71.400,00

ausgestellt: Zeiger   ausgegeben: Neff

Aufgabe 106

Auszug aus der Summenbilanz der Möbelwerke Kurz e. K.	Soll	Haben
2000 Rohstoffe	540.000,00	340.000,00
2010 Vorprodukte/Fremdbauteile	88.900,00	50.200,00
2020 Hilfsstoffe	68.600,00	45.400,00
2030 Betriebsstoffe	56.400,00	43.100,00
2600 Vorsteuer	75.800,00	62.800,00
4400 Verbindlichkeiten a. LL	464.000,00	696.000,00
6000 Aufwendungen für Rohstoffe	340.000,00	–
6010 Aufwendungen für Vorprodukte/Fremdbauteile	50.200,00	–
6020 Aufwendungen für Hilfsstoffe	45.400,00	–
6030 Aufwendungen für Betriebsstoffe	43.100,00	–
8010 Schlussbilanzkonto	–	–
8020 Gewinn- und Verlustkonto	–	–

C — Berechnungen und Buchungen in wichtigen Sachbereichen des Industriebetriebes

Buchen Sie die folgenden Geschäftsfälle auf Konten und nennen Sie jeweils den Buchungssatz:

1. ER 411: 800 Eichenfurnierplatten 40 x 120 je 50,00 € 40.000,00
    + Umsatzsteuer 7.600,00   47.600,00
2. ER 412: 40 Gebinde Klarlack L 100 je 60,00 € 2.400,00
    + Umsatzsteuer 456,00   2.856,00
3. ME 345: 192 Eichenfurnierplatten 40 x 120 je 50,00 € 9.600,00
4. ER 413: 360 Schlossbeschläge SM 1234 je 12,50 € 4.500,00
    + Umsatzsteuer 855,00   5.355,00
5. ME 346: 10 Gebinde Klarlack L 100 je 60,00 € 600,00
6. ER 414: 900 Schleif- und Polierscheiben SP 3000 je 6,00 € ... 5.400,00
    + Umsatzsteuer 1.026,00   6.426,00
7. ME 347: 100 Schlossbeschläge SM 1234 je 12,50 € 1.250,00
8. ME 348: 100 Schleif- und Polierscheiben SP 3000 je 6,00 € 600,00

Die Buchbestände der Werkstoffkonten entsprechen den Inventurwerten. *Schließen Sie die Konten entsprechend ab und ermitteln Sie den gesamten Materialaufwand im GuV-Konto.*

Aufgabe 107

In der Bau GmbH wird der Werkstoffverbrauch jeweils durch körperliche Bestandsaufnahme ermittelt. Zum 31. Dezember weisen die Werkstoffbestandskonten folgende Summen im Soll aus:

2000 Rohstoffe .... 986.400,00 €   2020 Hilfsstoffe .... 87.900,00 €
2010 Fremdbauteile .... 245.700,00 €

Die Schlussbestände lt. Inventur betragen: 78.700,00 € Rohstoffe; 54.600,00 € Fremdbauteile; 12.400,00 € Hilfsstoffe. Zusätzliche Konten: 6000, 6010, 6020, 8010 und 8020.

1. Buchen Sie die Schlussbestände lt. Inventur und nennen Sie den jeweiligen Buchungssatz.
2. Ermitteln und buchen Sie den Werkstoffverbrauch. Nennen Sie jeweils den Buchungssatz.
3. Schließen Sie die Werkstoffaufwandskonten unter Nennung des Buchungssatzes ab.

Aufgabe 108

Auszug aus der Summenbilanz der Textilwerke GmbH zum 31. Jan.	Soll	Haben
2000 Rohstoffe	856.000,00	–
2010 Vorprodukte/Fremdbauteile	45.700,00	–
2020 Hilfsstoffe	35.680,00	–
2030 Betriebsstoffe	23.560,00	–
6000 Aufwendungen für Rohstoffe	–	–
6010 Aufwendungen für Vorprodukte/Fremdbauteile	–	–
6020 Aufwendungen für Hilfsstoffe	–	–
6030 Aufwendungen für Betriebsstoffe	–	–
8010 Schlussbilanzkonto	–	–
8020 Gewinn- und Verlustkonto	–	–

Die Textilwerke GmbH ermitteln den Werkstoffverbrauch monatlich durch körperliche Bestandsaufnahme. Zum 31. Januar liegen für den Monatsabschluss folgende Inventurwerte vor:

Rohstoffe .... 145.600,00 €   Betriebsstoffe .... 15.680,00 €
Hilfsstoffe .... 14.800,00 €   Vorprodukte/Fremdbauteile ... 26.870,00 €

1. Buchen Sie die Werkstoffinventurwerte zum 31. Januar.
2. Ermitteln und buchen Sie den Verbrauch jeder Werkstoffart.
3. Wie hoch ist lt. GuV-Konto der gesamte Werkstoffverbrauch zum 31. Januar?

Aufgabe 109

Im Metallwerk Koch KG wurde der Rohstoffverbrauch aufgrund von Materialentnahmescheinen ermittelt und gebucht. Das Konto 2000 Rohstoffe hatte zum 31. Dezember einen Saldo von 245.600,00 €. Zum gleichen Zeitpunkt ergab die körperliche Inventur einen Schlussbestand in Höhe von 241.400,00 €.

1. Worauf könnte die Differenz zwischen Soll- und Istbestand zum 31. Dez. zurückzuführen sein?
2. Wie lautet die Buchung zur Erfassung des Schlussbestandes lt. Inventur?
3. Nennen Sie den Buchungssatz für die Korrekturbuchung.

C BESCHAFFUNGSBEREICH

1.2 Bestandsorientierter Ein- und Verkauf von Handelswaren

Handelswaren sind Güter, die **unverändert**, also ohne Be- oder Verarbeitung, **weiterverkauft** werden. Sie werden auch von Industriebetrieben **zur Ergänzung des eigenen Verkaufsprogramms** eingekauft. So könnte beispielsweise eine Büromöbelfabrik zu ihren Schreibtischen auch die von einem Elektrowerk bezogenen Arbeitsleuchten als Zubehör anbieten.

Bei bestandsorientierter Buchung werden die **Wareneinkäufe** auf dem Konto 2280 Waren erfasst.

Dieses **Bestandskonto** weist im Soll den Anfangsbestand und die Wareneinkäufe aus. Nach **Buchung des Warenschlussbestandes lt. Inventur** ergibt sich im Haben als **Saldo** der **Wareneinsatz (Warenaufwand)**, der auf das Konto 6080 Aufwendungen für Waren umgebucht wird.

Der **Wareneinsatz** wird beim bestandsorientierten Buchungsverfahren – ebenso wie bei den Werkstoffen – **durch Inventur ermittelt**[1]:

```
  Anfangsbestand an Waren
+ Wareneinkäufe
– Schlussbestand lt. Inventur
─────────────────────────────
= Wareneinsatz (Warenaufwand)
```

Die Erlöse für Handelswaren werden – getrennt von den „Umsatzerlösen für eigene Erzeugnisse" – erfasst auf dem Ertragskonto 5100 Umsatzerlöse für Waren.

Beispiel

In der Büromöbelwerke GmbH beträgt der Bestand an Handelswaren zu Beginn eines Geschäftsjahres 12.000,00 €. Lt. ER wurden Handelswaren für 24.000,00 € + 4.560,00 € USt eingekauft. Im gleichen Geschäftsjahr wurden lt. AR Handelswaren für 40.000,00 € + 7.600,00 € USt verkauft. Der Warenschlussbestand lt. Inventur betrug 8.000,00 €.

Buchungen:

❶ 2280 Waren .... an 8000 Eröffnungsbilanzkonto 12.000,00
❷ 2280 Waren 24.000,00
   2600 Vorsteuer .... 4.560,00 an 4400 Verbindlichkeiten a. LL 28.560,00
❸ 2400 Forderungen a. LL ..... 47.600,00 an 5100 Umsatzerlöse für Waren 40.000,00
                                         an 4800 Umsatzsteuer 7.600,00
❹ 8010 Schlussbilanzkonto .... an 2280 Waren 8.000,00
❺ 6080 Aufwendungen für Waren .... an 2280 Waren 28.000,00

AB an Waren	12.000,00 €
+ Wareneinkäufe	24.000,00 €
	36.000,00 €
− SB an Waren	8.000,00 €
= Wareneinsatz	28.000,00 €

S	2280 Waren		H
8000	12.000,00	8010	8.000,00
Einkäufe	24.000,00	6080	28.000,00
	36.000,00		36.000,00

S	6080 Aufwendungen für Waren		H
2280	28.000,00	8020	28.000,00

S	5100 Umsatzerlöse für Waren		H
8020	40.000,00	Verkäufe	40.000,00

Soll	8020 Gewinn- und Verlustkonto		Haben
6080 Aufwendungen für Waren	28.000,00	5100 Umsatzerlöse für Waren	40.000,00

Nennen Sie jeweils den Abschlussbuchungssatz für die Konten 5100 und 6080.

Das GuV-Konto weist damit die **Erfolgsquellen aus dem Ein- und Verkauf von Handelswaren** aus.

---
[1] Das aufwandsorientierte Buchungsverfahren wird im Kapitel C, 1.7, S. 139 ff., behandelt.

C Berechnungen und Buchungen in wichtigen Sachbereichen des Industriebetriebes

S	2280 Waren	H
Anfangsbestand	Schlussbestand lt. Inventur	
Einkäufe	Saldo = Wareneinsatz	

S	6080 Aufwendungen für Waren	H
Wareneinsatz		

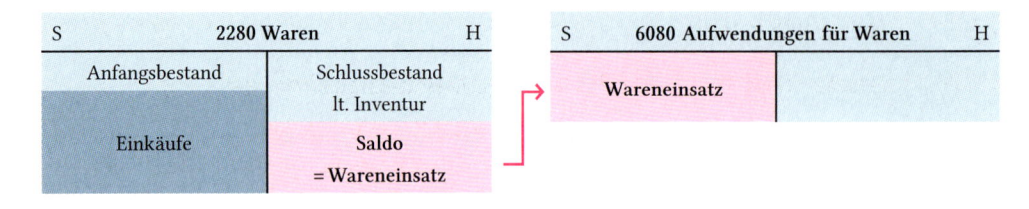

Merke

- Handelswaren sind Güter, die in einem Industriebetrieb ohne Be- oder Verarbeitung neben den eigenen Erzeugnissen verkauft werden.
- Bei bestandsorientierter Buchung werden die Wareneinkäufe auf dem Bestandskonto „2280 Waren" erfasst. Der Wareneinsatz (Warenaufwand) wird über den Inventurbestand ermittelt und auf das Konto „6080 Aufwendungen für Waren" umgebucht.

Aufgabe 110

Das Konto „2280 Waren" weist zum 31. Dezember im Soll 120.000,00 € aus. Die Umsatzerlöse für Waren (Konto 5100) betragen 150.000,00 €. Schlussbestand lt. Inventur: 20.000,00 €.
1. Richten Sie die Konten 2280, 5100, 6080, 8010 und 8020 ein. Wie hoch ist der Warengewinn?
2. Nennen Sie jeweils den Buchungssatz einschließlich der Abschlussbuchungen.

Aufgabe 111

Saldenbilanz des Metallwerks Hein e. Kfm. zum 31. Dezember ..	Soll	Haben
0700 Technische Anlagen und Maschinen	370.000,00	–
0800 Andere Anlagen/Betriebs- und Geschäftsausstattung	180.000,00	–
2000 Rohstoffe	288.528,00	–
2020 Hilfsstoffe	15.600,00	–
2100 Unfertige Erzeugnisse	94.600,00	–
2200 Fertige Erzeugnisse	23.400,00	–
2280 Waren	52.600,00	–
2400 Forderungen a. LL	174.000,00	–
2600 Vorsteuer	186.324,00	–
2800 Bank	256.400,00	–
3000 Eigenkapital	–	600.000,00
4400 Verbindlichkeiten a. LL	–	324.800,00
4800 Umsatzsteuer	–	226.252,00
5000 Umsatzerlöse für eigene Erzeugnisse	–	1.130.000,00
5100 Umsatzerlöse für Waren	–	60.800,00
6000 Aufwendungen für Rohstoffe	420.000,00	–
6020 Aufwendungen für Hilfsstoffe	–	–
6080 Aufwendungen für Waren	–	–
6200 Löhne	280.400,00	–
Weitere Konten: 5200, 6520, 8010, 8020.	2.341.852,00	2.341.852,00

1. Buchen Sie die folgenden Geschäftsfälle auf den Konten und nennen Sie die Buchungssätze:
   1. ER 406: Rohstoffe, netto 85.000,00
      Hilfsstoffe, netto 15.000,00
      + Umsatzsteuer 19.000,00 119.000,00
   2. ME 132: Rohstoffentnahme für die Fertigung 188.500,00
   3. KA 110: Überweisung der Löhne 34.400,00
   4. ER 407: Handelswareneinkauf, netto 18.500,00
      + Umsatzsteuer 3.515,00 22.015,00
   5. AR 454: Eigene Erzeugnisse, netto 40.600,00
      Handelswaren, netto 12.400,00
      + Umsatzsteuer 10.070,00 63.070,00

2. Buchen Sie die folgenden Abschlussangaben und führen Sie danach den Abschluss durch:
   a) Abschreibungen: 0700: 48.000,00 €; 0800: 22.000,00 €.
   b) Schlussbestände Waren: 20.900,00 €; Hilfsstoffe: 8.200,00 €;
      lt. Inventur: Unfertige Erzeugnisse: 32.000,00 €; Fertige Erzeugnisse: 32.000,00 €.
3. Ermitteln Sie die Rentabilität des durchschnittlichen Eigenkapitals.

1.3 Bezugskosten

1.3.1 Bestandsorientierte Erfassung der Bezugskosten

Beim Einkauf von Werkstoffen und Handelswaren fallen neben dem **Kauf- bzw. Anschaffungspreis** oft noch **Bezugskosten** an. Dazu zählen alle Aufwendungen, die bis zum eigenen Lager entstehen und somit den **Anschaffungspreis der Güter erhöhen**:

Bezugskosten

Verpackungskosten, Versicherungskosten, Transportkosten, Einfuhrzölle u. a.

Bezugskosten sind Anschaffungsnebenkosten und damit neben dem Anschaffungspreis wichtiger Bestandteil der nach § 255 [1] HGB **aktivierungspflichtigen Anschaffungskosten** der Wirtschaftsgüter. **Preisnachlässe**, wie z. B. Skonti, **mindern nachträglich den Anschaffungspreis**. Bezugskosten können bei bestandsorientierter Erfassung **direkt auf dem jeweiligen Bestandskonto** der Werkstoffe und Handelswaren **oder** zunächst auf dem entsprechenden **Unterkonto „Bezugskosten"** gebucht werden:

2000 Rohstoffe	2010 Vorprodukte/ Fremdbauteile	2020 Hilfsstoffe	2030 Betriebsstoffe	2280 Waren
2001 Bezugskosten	2011 Bezugskosten	2021 Bezugskosten	2031 Bezugskosten	2281 Bezugskosten

Die gesonderte Erfassung der Bezugskosten auf Unterkonten ermöglicht die **Überwachung der Wirtschaftlichkeit** dieser Kosten und zugleich eine aussagefähige **Bezugskalkulation**.

Bezugskalkulation

Beispiel

Für den Kauf von Rohstoffen weist die Eingangsrechnung ER 456 Folgendes aus:

	Rohstoffe	44.000,00 €	
+	Verpackungs- und Transportkosten	2.000,00 €	46.000,00 €
+	19 % Umsatzsteuer		8.740,00 €
	Rechnungsbetrag		**54.740,00 €**

Buchung: ❶ 2000 Rohstoffe 44.000,00
2001 Bezugskosten .. 2.000,00
2600 Vorsteuer ...... 8.740,00 an 4400 Verbindlichk. a. LL 54.740,00

Die Umbuchung der Bezugskosten auf das entsprechende Bestandskonto erfolgt in der Regel **monatlich**. Die Bestandskonten der Werkstoffe und Waren weisen danach die nach § 255 [1] HGB vorgeschriebenen **Anschaffungskosten (= Bezugspreise)** aus.

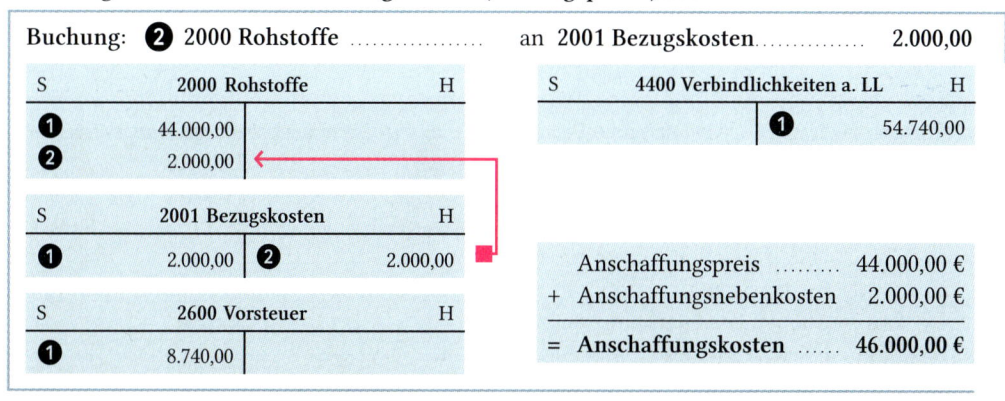

Beispiel

Buchung: ❷ 2000 Rohstoffe .... an 2001 Bezugskosten 2.000,00

S	2000 Rohstoffe	H
❶ 44.000,00		
❷ 2.000,00		

S	2001 Bezugskosten	H
❶ 2.000,00	❷ 2.000,00

S	2600 Vorsteuer	H
❶ 8.740,00	

S	4400 Verbindlichkeiten a. LL	H
	❶ 54.740,00

	Anschaffungspreis	44.000,00 €
+	Anschaffungsnebenkosten	2.000,00 €
=	**Anschaffungskosten**	**46.000,00 €**

Merke

Alle Wirtschaftsgüter sind bei Erwerb zu Anschaffungskosten zu aktivieren:

	Anschaffungspreis	(Listenpreis abzüglich Sofortrabatt)
−	Anschaffungspreisminderungen	(nachträgliche Preisnachlässe, Skonti u. a.)
+	Anschaffungsnebenkosten	(Bezugskosten, Montagekosten u. a.)
=	**Anschaffungskosten (§ 255 [1] HGB)**	

C — Berechnungen und Buchungen in wichtigen Sachbereichen des Industriebetriebes

Aufgabe 112

1. Richten Sie im Metallwerk Hein e. Kfm. die Konten 2000, 2001, 2600 und 4400 ein und buchen Sie die Rechnungen a) und b) unter jeweiliger Nennung des Buchungssatzes auf Konten.
2. Weisen Sie durch Umbuchung die Anschaffungskosten der Stahlträger nach.
3. Ermitteln Sie den prozentualen Anteil der Bezugskosten an den Anschaffungskosten.

a) ER 412: Eingangsrechnung über Rohstoffe

Listenpreis: 12 Stahlträger XT je 1.250,00 €	15.000,00 €
− 10 % Sonderrabatt	1.500,00 €
netto	13.500,00 €
+ 19 % Umsatzsteuer	2.565,00 €
Rechnungsbetrag	16.065,00 €

b) ER 413: Speditionsrechnung zu a):

Verladekosten und Entladekosten	450,00 €
Transportkosten	1.300,00 €
Versicherung	250,00 €
netto	2.000,00 €
+ 19 % Umsatzsteuer	380,00 €
Rechnungsbetrag	2.380,00 €

Aufgabe 113

1. Buchen Sie für die Möbelwerke Kurz e. K. die folgenden Rechnungen auf den erforderlichen Konten und nehmen Sie danach die entsprechenden Umbuchungen vor. Nennen Sie auch jeweils den Buchungssatz.
2. Ermitteln Sie für beide Artikel jeweils die Anschaffungskosten insgesamt und je Stück.

a) ER 380:
2 000 Schrankschlösser je 17,50 €	?
− 20 % Mengenrabatt	?
+ Verpackungs- und Transportkosten	850,00
+ Transportversicherung	80,00
+ Umsatzsteuer	?

b) ER 381:
800 Flaschen Möbelpolitur je 5,00 € für den Zubehörverkauf	?
+ Frachtkosten	400,00
+ Umsatzsteuer	?

Aufgabe 114

Die Eingangsrechnung ER 1234 über 4.400,00 € Rohstoffwert, 100,00 € Fracht und 855,00 € Umsatzsteuer wurde wie folgt gebucht:

2000	Rohstoffe	4.400,00
2001	Bezugskosten	100,00
4800	Umsatzsteuer	855,00
	an 4400 Verbindlichkeiten a. LL	5.355,00

Erstellen Sie einen Beleg für die Berichtigung der Falschbuchung und nennen Sie die Korrekturbuchung (Stornobuchung).

Aufgabe 115

Kontenauszug der Büromöbelwerke GmbH	Soll	Haben
2000 Rohstoffe	690.000,00	–
2001 Bezugskosten	35.000,00	–
2020 Hilfsstoffe	56.000,00	–
2021 Bezugskosten	1.800,00	–
2600 Vorsteuer	22.700,00	–
2800 Bank	135.600,00	–
4400 Verbindlichkeiten a. LL	–	114.000,00
4800 Umsatzsteuer	–	10.300,00
6000 Aufwendungen für Rohstoffe	–	–
6020 Aufwendungen für Hilfsstoffe	–	–

Geschäftsfälle

1. ER 489 für Stahlrohre SZ 345, netto	65.000,00	
+ Verpackung	500,00	
+ Transportversicherung	200,00	
+ Bahnfracht	800,00	66.500,00
+ Umsatzsteuer		12.635,00
Rechnungsbetrag		79.135,00
2. Hausfracht für ER 489 gegen Banküberweisung, netto	250,00	
+ Umsatzsteuer	47,50	297,50
3. ER 490 für Farben, netto	2.500,00	
+ Lkw-Fracht	200,00	
+ Umsatzsteuer	513,00	3.213,00

Schlussbestände: Rohstoffe: 140.000,00 €; Hilfsstoffe: 10.000,00 €.

Abschlusskonten: 8010 SBK und 8020 GuV.

1. Buchen Sie die Geschäftsfälle 1 bis 3. Schließen Sie die Konten ab.
2. Wie hoch sind die Anschaffungskosten der Rohstoffe und Hilfsstoffe?
3. Ermitteln Sie jeweils den Prozentanteil der Bezugskosten an den entsprechenden Anschaffungskosten der Rohstoffe und Hilfsstoffe.
4. Erläutern Sie den Saldo aus den Steuerkonten.
5. Weshalb zählt die Vorsteuer nicht zu den Anschaffungskosten?

Aufgabe 116

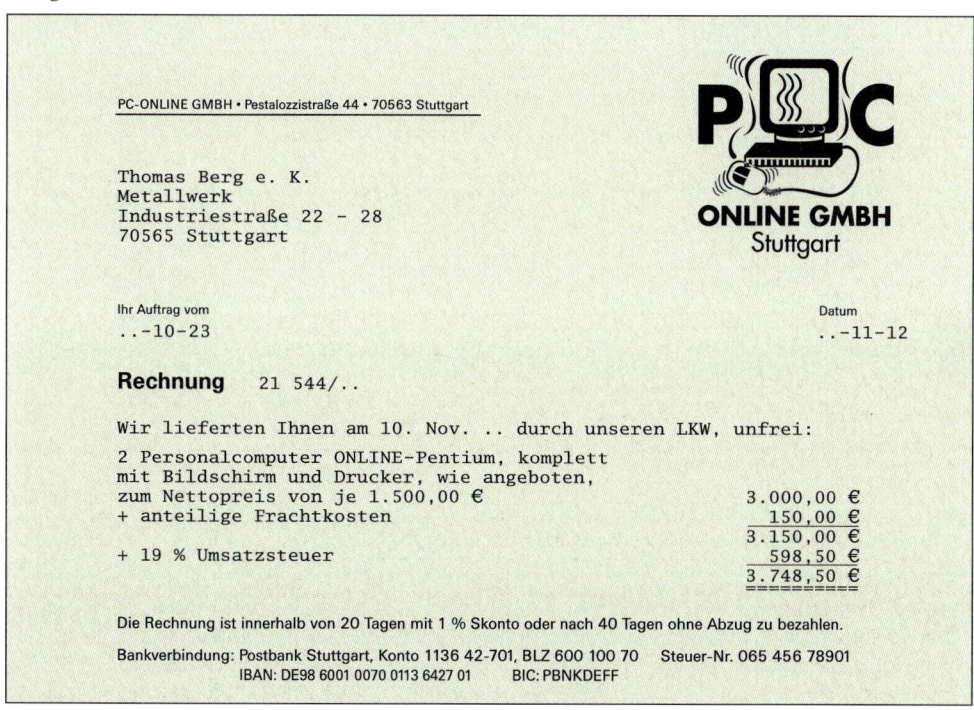

Das Metallwerk Thomas Berg erhält für die Anschaffung von zwei PCs die folgende Rechnung:

```
PC-ONLINE GMBH • Pestalozzistraße 44 • 70563 Stuttgart

Thomas Berg e. K.
Metallwerk
Industriestraße 22 - 28
70565 Stuttgart

Ihr Auftrag vom                                    Datum
..-10-23                                           ..-11-12

Rechnung   21 544/..

Wir lieferten Ihnen am 10. Nov. .. durch unseren LKW, unfrei:

2 Personalcomputer ONLINE-Pentium, komplett
mit Bildschirm und Drucker, wie angeboten,
zum Nettopreis von je 1.500,00 €            3.000,00 €
+ anteilige Frachtkosten                      150,00 €
                                            3.150,00 €
+ 19 % Umsatzsteuer                           598,50 €
                                            3.748,50 €
                                            =========

Die Rechnung ist innerhalb von 20 Tagen mit 1 % Skonto oder nach 40 Tagen ohne Abzug zu bezahlen.
Bankverbindung: Postbank Stuttgart, Konto 1136 42-701, BLZ 600 100 70   Steuer-Nr. 065 456 78901
          IBAN: DE98 6001 0070 0113 6427 01   BIC: PBNKDEFF
```

1. Buchen Sie die Eingangsrechnung für das Metallwerk Berg.
2. Warum erübrigt sich im vorliegenden Fall die Einrichtung eines Bezugskostenkontos?
3. Wie hoch sind die Anschaffungskosten der PCs?

C BERECHNUNGEN UND BUCHUNGEN IN WICHTIGEN SACHBEREICHEN DES INDUSTRIEBETRIEBES

1.3.2 Kalkulation der Bezugspreise der Werkstoffe und Handelswaren

Angebotsvergleich

Für die Kalkulation der Verkaufspreise der eigenen Erzeugnisse und Handelswaren bilden die **Bezugspreise (Einstandspreise)** der Werkstoffe und Handelswaren eine wichtige Grundlage. Durch **Angebotsvergleich** lässt sich jeweils der günstigste Lieferant ermitteln. Der Bezugspreis (Einstandspreis) entspricht o. g. **Anschaffungskosten**.

Beispiel

Das Metallwerk Thomas Berg e. K. benötigt 30 Tonnen Feinblech in einer Stärke von 2 mm und hat bereits ein Angebot der Walzwerke GmbH in Höhe von 730,00 € je Tonne erhalten. Von der Vereinigte Stahlwerke AG weist das angeforderte Vergleichsangebot folgende Daten aus:

> Listenpreis netto 800,00 € je Tonne, 20 % Mengenrabatt,
> 2 % Skonto bei Zahlung innerhalb von 10 Tagen, ohne Abzug in 30 Tagen.
> Lieferung ab Werk mit Spediteur: 1.704,00 € netto.

Aus den Angaben lässt sich der **Bezugs- bzw. Einstandspreis** für eine Tonne Feinblech der Vereinigte Stahlwerke AG nach folgendem **Kalkulationsschema** berechnen:

Bezugskalkulation	
Listeneinkaufspreis für 30 Tonnen Feinblech je 800,00 € netto	24.000,00 €
– 20 % Lieferantenrabatt	4.800,00 €
= **Zieleinkaufspreis**	19.200,00 €
– 2 % Lieferantenskonto	384,00 €
= **Bareinkaufspreis**	18.816,00 €
+ Bezugskosten: Lkw-Speditionsfracht	1.704,00 €
= **Bezugspreis** (Einstandspreis) für 30 Tonnen Feinblech	20.520,00 €
Bezugspreis für 1 Tonne: 20.520,00 € : 30 t =	684,00 €

Der Bezugspreis von 684,00 € gibt also an, wie viel Euro das Metallwerk Thomas Berg e. K. nach **Abzug aller Nachlässe und Einrechnung der Bezugskosten** für eine Tonne Feinblech zahlen muss. Im Angebotsvergleich mit der Walzwerke GmbH (730,00 €/t) ist der Bezugspreis der Stahlwerke AG somit um 46,00 € je Tonne Feinblech günstiger.

Nachlässe

Typische Nachlässe auf den im Angebot genannten Listenpreis sind

- **Rabatte**, wie Mengen-, Treue-, Wiederverkäufer- oder Sonderrabatt, und
- **Skonto** als Abzug vom Rechnungspreis für fristgerechte Zahlung.

Bezugskosten

Typische Bezugskosten, die beim Einkauf von Werkstoffen und Handelswaren anfallen und die den Einkaufspreis erhöhen, sind

- **Frachten** (Lkw- und Bahnfracht),
- **Hausfracht** für die Zustellung der Ware ab Empfangsbahnhof,
- **Porto** der Post- und Paketdienste,
- **Verlade-, Umlade- und Lagerkosten**,
- **Verpackungskosten**,
- **Versicherungskosten** und
- **Vermittlungskosten** der Handelsvertreter und Handelsmakler.

Aufteilung der Bezugskosten

Enthält eine Eingangsrechnung mehrere Werkstoffsorten, so sind die anfallenden Bezugskosten **verursachungsgerecht nach Gewicht und Wert** der Werkstoffsorten **aufzuteilen**. Man unterscheidet zwischen **Gewichts- und Wertspesen**.

Beschaffungsbereich

Gewichtsspesen	Wertspesen
■ Porto ■ Lkw- und Bahnfracht ■ Hausfracht ■ Verlade-, Umlade- und Lagerkosten	■ Verpackungskosten ■ Versicherungskosten ■ Provisionen der Handelsvertreter ■ Maklergebühren (Courtage)

Beispiel

Das Metallwerk Thomas Berg e.K. bezieht von der Stahlhandel GmbH in einer Lieferung

10 t Walzblech zum Einkaufspreis von	4.500,00 €
12 t Feinblech zum Einkaufspreis von	6.000,00 €
9 t Weißblech zum Einkaufspreis von	3.600,00 €

1. **Die Frachtkosten** in Höhe von 1.860,00 € netto sollen den einzelnen Blechsorten **nach ihrem Gewicht** zugeordnet werden.
2. **Die in Rechnung gestellten Versicherungskosten** in Höhe von 987,00 € sind **nach dem Wert der Blechsorten** (Einkaufspreise) zu verteilen.

Zu 1. Aufteilung der Gewichtsspesen in folgenden Schritten:
1. Eintragung der in der Aufgabe enthaltenen Größen in das unten stehende Lösungsschema.
2. Ermittlung des **Gesamtgewichts** der drei Blechsorten (31 Tonnen). Zwischen dieser Größe und **den gesamten Frachtkosten** (1.860,00 €) besteht ein **direktes Verhältnis**.
3. Berechnung der **Gewichtsspesen je Einheit** (Tonne): 1.860,00 € : 31 t = **60,00 €/t**.
4. Multiplikation der Gewichtsspesen je Tonne mit den Einzelgewichten der Blechsorten: **10 t, 12 t und 9 t**.

Blechsorten	Gewicht	Gewichtsspesen je t	Frachtkosten
Walzblech	10 t	60,00 €	600,00 €
Feinblech	12 t	60,00 €	720,00 €
Weißblech	9 t	60,00 €	540,00 €
	31 t		1.860,00 €

Zu 2. Aufteilung der Wertspesen in folgenden Schritten:
1. Eintragung der Blechsorten mit ihrem jeweiligen Einkaufspreis in das **Lösungsschema**.
2. Ermittlung des **Gesamteinkaufspreises** durch Addition der Einkaufspreise je Sorte.
3. Berechnung der **Wertspesen je 1,00 €** durch Division der Wertspesen durch den Gesamteinkaufspreis: 987,00 € : 14.100,00 € = **0,07 €**. Zwischen den **Einkaufspreisen der Sorten** und den **Wertspesen** bestehen **direkte Verhältnisse**.
4. Berechnung d.Wertspesen je Sorte durch Multiplikation des Einkaufspreises je Sorte mit 0,07 €.

Blechsorten	Einkaufspreise	Wertspesen je 1,00 €	Versicherungskosten
Walzblech	4.500,00 €	0,07 €	315,00 €
Feinblech	6.000,00 €	0,07 €	420,00 €
Weißblech	3.600,00 €	0,07 €	252,00 €
	14.100,00 €		987,00 €

Berechnung der Bezugspreise der Werkstoffsorten

Bezugskalkulation	Walzblech	Feinblech	Weißblech
Einkaufspreis	4.500,00 €	6.000,00 €	3.600,00 €
+ Frachtkosten	600,00 €	720,00 €	540,00 €
+ Versicherungskosten	315,00 €	420,00 €	252,00 €
= Bezugspreis	5.415,00 €	7.140,00 €	4.392,00 €

Merke

■ Die Bezugskalkulation ermöglicht die Ermittlung des günstigsten Angebotes. Sie geht vom Listenpreis aus und schließt nach Berücksichtigung aller Nachlässe und Bezugskosten mit dem Bezugspreis (= Einstandspreis oder Anschaffungskosten gemäß § 255 [1] HGB) ab.

■ Werden mehrere Werkstoff- und Warensorten in einer Sendung bezogen, sind die Bezugskosten in Gewichts- und Wertspesen aufzuteilen und entsprechend zu verrechnen.

C — Berechnungen und Buchungen in wichtigen Sachbereichen des Industriebetriebes

Aufgabe 117

1. Ermitteln Sie im vorhergehenden Beispiel auf Seite 129 den Prozentanteil der Bezugskosten am Bezugspreis der einzelnen Werkstoffsorten:
   a) Walzblech,
   b) Feinblech und
   c) Weißblech.

2. Berechnen Sie für die o. g. Werkstoffsorten den Bezugskostenzuschlag in Prozent des jeweiligen Einkaufspreises:
   a) Walzblech,
   b) Feinblech und
   c) Weißblech.

Aufgabe 118

Das Metallwerk Thomas Berg e. K. hat zwei Angebote über Platinen vorliegen, die in Stahlblechgehäuse eingebaut werden:

1. Lieferant Schneider GmbH, Berlin, bietet an: 2 000 Platinen, Listenpreis 25,20 € je Platine. Der Lieferant gewährt 12,5 % Mengenrabatt und bei Zahlung innerhalb von 20 Tagen 1,5 % Lieferantenskonto. An Frachtkosten des Spediteurs werden 52,00 € je 100 Platinen berechnet.

2. Lieferant Sauermann, Leipzig, bietet an: 2 000 Platinen zum Listenpreis von je 28,40 €, 15 % Mengenrabatt und bei Zahlung innerhalb von 20 Tagen 2 % Lieferantenskonto. Die Frachtkosten des Spediteurs betragen 54,00 € je 100 Platinen.

Berechnen Sie den Bezugspreis für eine Platine und entscheiden Sie sich.

Aufgabe 119

Die Fertigbeton GmbH bezieht von der Baustoffgroßhandlung H. Dirksen KG 4 000 Sack Zement zu je 8,25 €/Sack. Sie erhält 25 % Rabatt und bei Zahlung innerhalb von 10 Tagen 2 % Skonto.

Die Lkw-Fracht des Spediteurs wird mit 350,00 € berechnet.

Berechnen Sie den Bezugspreis für einen Sack Zement.

Aufgabe 120

Die Möbelwerke W. Kurz e. K. beziehen von der Furnierwerk GmbH 500 Eiche-Furnierplatten zu je 80,00 € und 300 Nussbaum-Furnierplatten zu je 60,00 € mit einem Rabatt von 10 %.

Die Lieferfirma berechnet für Verpackung 600,00 €, für die Transportversicherung 450,00 € und für die Lkw-Fracht 1.200,00 €.

Die Rechnung für die Furnierplatten kann mit 2 % Skonto beglichen werden.

Berechnen Sie den Bezugspreis für eine Eiche- und eine Nussbaum-Furnierplatte.

Aufgabe 121

Das Karosseriewerk S. Schneider KG bezieht folgende Lacke in einer Sendung:

    100 Gebinde XS 400 zu je 78,00 €
    200 Gebinde XS 200 zu je 82,00 €

Der Lieferant gewährt 10 % Mengenrabatt.

Für die Lieferung werden 860,00 € Fracht und 480,00 € Transportversicherung berechnet.

Die Rechnung (einschl. Fracht und Transportversicherung) kann mit 2 % Skonto beglichen werden.

Wie hoch ist der Bezugspreis je Gebinde XS 400 und XS 200?

Aufgabe 122

1. Wie wird der Bezugspreis häufig auch genannt?
2. Welche Wertabzüge sind in der Bezugskalkulation zu berücksichtigen?
3. Welche Nebenkosten können beim Bezug von Wirtschaftsgütern anfallen?
4. Wann sind Bezugskosten nach ihrem Gewicht und wann nach dem Wert zu verteilen?
5. Nennen Sie Beispiele für
   a) Gewichtsspesen und
   b) Wertspesen.

Aufgabe 123

1. Was ist an dem folgenden Rechenschema zu beanstanden?
2. Hat die Anwendung des „falschen" Rechenschemas Auswirkung auf den Bezugspreis? (Begründung!)

	Listenpreis für eine Tonne Edelstahl 2001	940,00 €
−	2,5 % Lieferantenskonto	23,50 €
=	Zieleinkaufspreis	916,50 €
−	10 % Mengenrabatt	91,65 €
=	Bareinkaufspreis	824,85 €
+	Bezugskosten (Fracht, Verpackung)	16,15 €
=	Bezugspreis für eine Tonne Edelstahl 2001	841,00 €

Aufgabe 124

Die Fertigbau GmbH erhält folgende Rechnung:

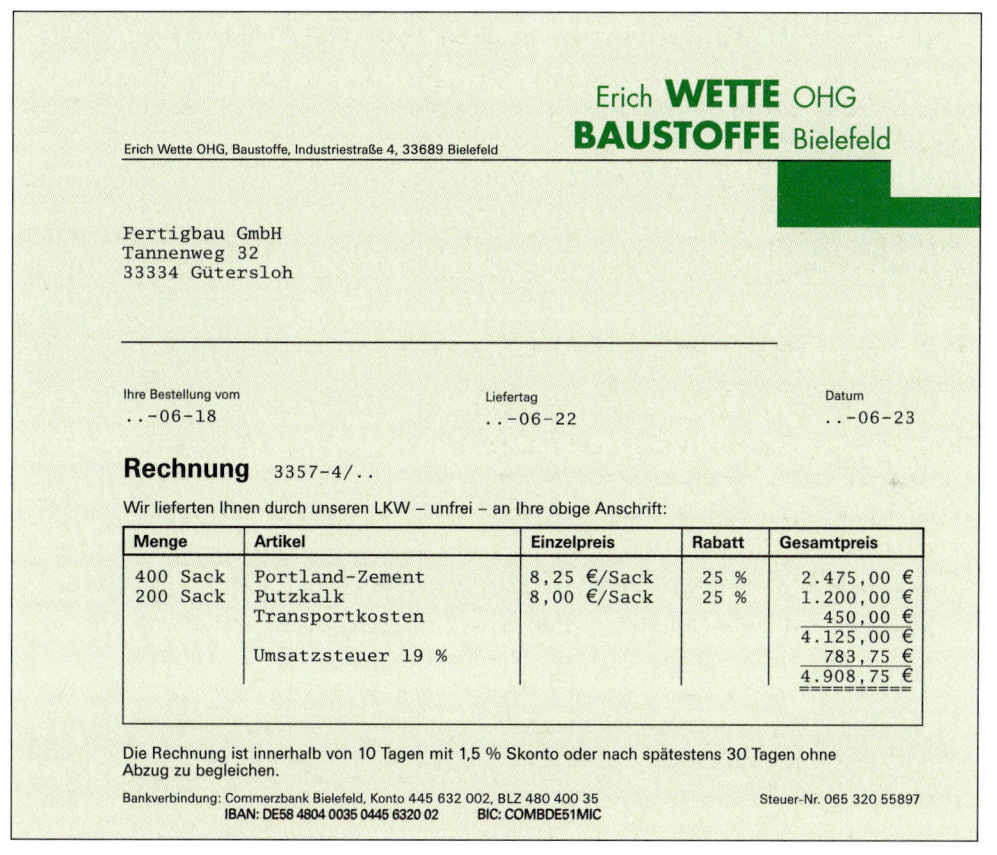

Erich WETTE OHG BAUSTOFFE Bielefeld

Erich Wette OHG, Baustoffe, Industriestraße 4, 33689 Bielefeld

Fertigbau GmbH
Tannenweg 32
33334 Gütersloh

Ihre Bestellung vom	Liefertag	Datum
..–06–18	..–06–22	..–06–23

Rechnung 3357-4/..

Wir lieferten Ihnen durch unseren LKW – unfrei – an Ihre obige Anschrift:

Menge	Artikel	Einzelpreis	Rabatt	Gesamtpreis
400 Sack	Portland-Zement	8,25 €/Sack	25 %	2.475,00 €
200 Sack	Putzkalk	8,00 €/Sack	25 %	1.200,00 €
	Transportkosten			450,00 €
				4.125,00 €
	Umsatzsteuer 19 %			783,75 €
				4.908,75 €

Die Rechnung ist innerhalb von 10 Tagen mit 1,5 % Skonto oder nach spätestens 30 Tagen ohne Abzug zu begleichen.

Bankverbindung: Commerzbank Bielefeld, Konto 445 632 002, BLZ 480 400 35
IBAN: DE58 4804 0035 0445 6320 02   BIC: COMBDE51MIC   Steuer-Nr. 065 320 55897

Berechnen Sie für die Fertigbau GmbH den Bezugspreis für je einen Sack Zement und Kalk. Die Transportkosten sind skontierfähig.

Aufgabe 125

Die Bauunternehmung Meyrich GmbH, Aachen, bezieht 200 Pakete Wandfliesen der Größe 16,5 x 16,5 cm von dem Fliesenhersteller Deutsche Keramik GmbH, Neuwied. In jedem Paket befinden sich 35 Fliesen. Der Hersteller gewährt 2 % Mengenabzug für Bruch und berechnet die Restmenge zu einem Preis von 31,50 € je Paket. Außerdem zieht der Hersteller 5 % Mengenrabatt ab. Die Lkw-Fracht berechnet der Hersteller mit insgesamt 820,00 €, die Transportversicherung mit 64,50 €. Bei Zahlung innerhalb von 10 Tagen erhält der Kunde 1 % Skonto vom Nettorechnungsbetrag der Wandfliesen.

Berechnen Sie den Bezugspreis für ein Paket Fliesen.

C BERECHNUNGEN UND BUCHUNGEN IN WICHTIGEN SACHBEREICHEN DES INDUSTRIEBETRIEBES

1.4 Rücksendung von Werkstoffen und Handelswaren an den Lieferanten

Vorsteuerberichtigung

Bemessungsgrundlage der Umsatzsteuer ist der auf Eingangsrechnungen ausgewiesene **Nettobetrag** der eingekauften Werkstoffe und Handelswaren. Bei einer **Rücksendung** mangelhafter Werkstoffe und Handelswaren **an den Lieferanten ändert sich nachträglich** auch die Bemessungsgrundlage der Umsatzsteuer und damit auch **die bereits gebuchte Vorsteuer**.

Schicken wir Werkstoffe und Handelswaren an den Lieferanten zurück, weil sie falsch oder mit Mängeln behaftet geliefert wurden, vermindert sich nicht nur deren Bestand im Haben des betreffenden Werkstoff- und Warenkontos, sondern zugleich auch **anteilig die Vorsteuer** im Haben des Vorsteuerkontos. Die Verbindlichkeiten a. LL verringern sich im Soll um den Gesamtbetrag der Gutschriftsanzeige des Lieferanten.

Beispiel

1. Kauf von Rohstoffen auf Ziel lt. ER 413:

Rohstoffe, netto	4.000,00 €
+ 19 % Umsatzsteuer	760,00 €
Rechnungsbetrag	**4.760,00 €**

2. Nach Erhalt der Lieferung wurde festgestellt, dass ein Teil der Rohstoffe beschädigt ist, der zurückgeschickt wird. Vom Lieferanten erhalten wir die folgende **Gutschriftsanzeige**:

Nettowert der zurückgesandten Rohstoffe	800,00 €
+ 19 % Umsatzsteuer	152,00 €
Gutschrift (brutto)	**952,00 €**

Buchung aufgrund der Eingangsrechnung:
❶ 2000 Rohstoffe 4.000,00
    2600 Vorsteuer 760,00   an 4400 Verbindlichkeiten a. LL 4.760,00

Buchung der Rücksendung aufgrund der Gutschriftsanzeige des Lieferanten:
❷ 4400 Verbindlichkeiten a. LL 952,00   an 2000 Rohstoffe 800,00
                                                                   an 2600 Vorsteuer 152,00

S	2000 Rohstoffe	H		S	4400 Verbindlichkeiten a. LL	H
❶ 4.000,00		❷ 800,00		❷ 952,00		❶ 4.760,00

S	2600 Vorsteuer	H
❶ 760,00		❷ 152,00

Merke   Bei Rücksendungen an die Lieferanten ist die Vorsteuer anteilig zu berichtigen.

Rücksendungen von Sonderverpackung

Werden beim Kauf von Werkstoffen und Handelswaren Behälter oder Fässer in Rechnung gestellt, so können diese in der Regel gegen eine entsprechende **Gutschrift** zurückgeschickt werden. In diesem Fall sind die Konten „Bezugskosten" und „Vorsteuer" auf ihrer Haben-Seite entsprechend zu berichtigen, während das Konto „Verbindlichkeiten a. LL" mit dem Gesamtbetrag im Soll zu entlasten ist.

Merke   Gutschriften für die Rücksendung von Werkstoffen, Handelswaren und Sonderverpackungen vermindern nachträglich die USt-Bemessungsgrundlage und damit anteilig die gebuchte Vorsteuer.

Aufgabe 126

Buchen Sie auf den Konten 2280, 2281, 2600 und 4400 die folgenden Geschäftsfälle. Nennen Sie auch jeweils den Buchungssatz.

1. ER 234 für Handelswaren, Listenpreis netto 18.000,00
   - 20 % Mengenrabatt .... ?
   + Umsatzsteuer .... ?
2. Eingangsfracht lt. Speditionsrechnung, netto 800,00
   + Umsatzsteuer 152,00
3. Gutschrift des Lieferanten für Rücksendung beschädigter Ware (ER 234), netto 2.500,00
   + Umsatzsteuer 475,00

Aufgabe 127

Das Metallwerk Matthias Hein e. Kfm. hat am 10. April von den Walzwerken Sauerland AG vier Tonnen Stahlprofil S 2003 zum Listenpreis von 1.500,00 €/t unter Abzug von 10 % Mengenrabatt bezogen.

1. Erstellen Sie die Rechnung bei 19 % Umsatzsteuer.
2. Nennen Sie den Buchungssatz und buchen Sie im Metallwerk Hein.

Aufgabe 128

In der Fertigung des Metallwerks M. Hein e. Kfm. wurde festgestellt, dass eine Tonne des Stahlprofils (siehe Aufgabe 127) einen versteckten Mangel aufweist. Die Lieferfirma Sauerland AG erteilt nach Mängelrüge eine Gutschrift über die Rücksendung der beanstandeten Werkstoffe.

1. Erstellen Sie die Gutschriftsanzeige rechnerisch.
2. Nennen Sie den Buchungssatz und buchen Sie im Metallwerk Hein.

Aufgabe 129

Buchen Sie folgende Geschäftsfälle:
1. ER 405: Zielkauf von Hilfsstoffen, netto 2.600,00 € + Umsatzsteuer .... ?
2. Beschädigte Hilfsstoffe (siehe Fall 1) werden an den Lieferanten zurückgeschickt, und zwar im Nettowert von 750,00
3. Rücksendung mangelhafter Fremdbauteile an den Lieferanten,
   Listenpreis 8.600,00 € – 10 % Rabatt + Umsatzsteuer .... ?
4. ER 406: Zielkauf von Rohstoffen, Listenpreis 15.800,00
   - 20 % Rabatt .... ?
   + Lkw-Fracht 350,00
   + Umsatzsteuer .... ?

Aufgabe 130

Bei Überprüfung der Rohstofflieferung (siehe Fall 4 der Aufgabe 129) wurde festgestellt, dass Rohstoffe zum Listenpreis von 2.500,00 € beschädigt sind. Nach Rücksendung der fehlerhaften Werkstoffe erhält der Kunde die Gutschriftsanzeige des Lieferanten.

1. Erstellen Sie die Gutschriftsanzeige.
2. Wie bucht der Kunde?

Aufgabe 131

1.
ER 567: Kauf von 20 Fässern Schmieröl, netto	3.000,00	
20 Fässer je 40,00 €, netto	800,00	3.800,00
+ 19 % Umsatzsteuer		722,00
Rechnungsbetrag		4.522,00

2. Gutschriftsanzeige des Lieferanten für zurückgesandte Fässer:

25 % Gutschrift von 800,00 € berechnete Leihverpackung, netto	200,00
+ 19 % Umsatzsteuer	38,00
Gutschrift, brutto	238,00

Nennen Sie die Buchungssätze zu 1. und 2. und buchen Sie auf den entsprechenden Konten.

1.5 Nachträgliche Preisnachlässe im Beschaffungsbereich

Nachlässe, die uns **nachträglich von Lieferanten** in Form von

- **Preisnachlässen aufgrund von Mängelrügen**,
- **Boni bzw. Treue- oder Umsatzrabatten** und
- **Skonti**

gewährt werden, **mindern den Anschaffungs- bzw. Einkaufspreis** der bezogenen Werkstoffe bzw. Handelswaren **und** damit auch die darauf entfallende **Vorsteuer**.

Zur besseren Übersicht und für Zwecke der Kalkulation sowie der Umsatzsteuerverprobung werden die vom Lieferanten erhaltenen Nachlässe auf einem **Unterkonto** des betreffenden Werkstoff- bzw. Warenbestandskontos erfasst:

2000 Rohstoffe	2010 Vorprodukte/Fremdbauteile	2020 Hilfsstoffe	2030 Betriebsstoffe	2280 Waren
2002 Nachlässe	2012 Nachlässe	2022 Nachlässe	2032 Nachlässe	2282 Nachlässe

Zum Monats- oder Jahresschluss werden die **Unterkonten über** die entsprechenden **Bestandskonten abgeschlossen**, die danach die **Anschaffungskosten** der betreffenden Werkstoffe bzw. Waren ausweisen.

Beispiel

Das Unternehmen Thomas Berg e. K. bezieht lt. ER 688 Rohstoffe zum Nettopreis von 3.000,00 € + 570,00 € Umsatzsteuer = 3.570,00 €. Der Lieferant gewährt aufgrund einer Mängelrüge einen Preisnachlass von 20 %. Die **Gutschriftsanzeige** des Lieferanten lautet:

20 % Nachlass von 3.000,00 € netto	600,00 €
+ 19 % Umsatzsteuer	114,00 €
Gutschrift für Preisnachlass, brutto	**714,00 €**

Nettoverfahren

Aufgrund der **Gutschriftsanzeige des Lieferanten** kann der **Preisnachlass direkt netto bei sofortiger Vorsteuerberichtigung** gebucht werden. Deshalb wird dieses Buchungsverfahren auch „Nettoverfahren" genannt:

Buchung aufgrund der Eingangsrechnung:
❶ 2000 Rohstoffe 3.000,00
   2600 Vorsteuer 570,00   an 4400 Verbindlichkeiten a. LL 3.570,00

Nettobuchung des Preisnachlasses aufgrund der Gutschriftsanzeige:
❷ 4400 Verbindlichkeiten a. LL 714,00   an 2002 Nachlässe für Rohstoffe 600,00
                                              an 2600 Vorsteuer 114,00

Umbuchung am Ende der Rechnungsperiode:
❸ 2002 Nachlässe für Rohstoffe ....   an 2000 Rohstoffe 600,00

S	2000 Rohstoffe		H
❶	3.000,00	❸	600,00

S	4400 Verbindlichkeiten a. LL		H
❷	714,00	❶	3.570,00

S	2002 Nachlässe für Rohstoffe		H
❸	600,00	❷	600,00

S	2600 Vorsteuer		H
❶	570,00	❷	114,00

Anschaffungspreis	3.000,00 €
– Preisminderung	600,00 €
= **Anschaffungskosten**	**2.400,00 €**

Bruttoverfahren

Wird der **Nachlass zunächst brutto,** also einschließlich der Umsatzsteuer, gebucht und die **Vorsteuerberichtigung erst am Ende des Umsatzsteuervoranmeldungszeitraums** vorgenommen, spricht man vom Bruttobuchungsverfahren:

Buchungen beim Bruttoverfahren:

❶ 4400 Verbindlichkeiten a. LL .... an 2002 Nachlässe für Rohstoffe 714,00

Ermittlung der Vorsteuerberichtigung aus dem Bruttonachlass am Monatsende:

$$119\,\% \;\hat{=}\; 714{,}00\,€$$
$$19\,\% \;\hat{=}\; x\,€$$

$$x = \frac{714{,}00\,€ \cdot 19\,\%}{119\,\%} = \frac{714{,}00\,€ \cdot 0{,}19}{1{,}19} = 114{,}00\,€$$

❷ 2002 Nachlässe für Rohstoffe .... an 2600 Vorsteuer 114,00

S	2002 Nachlässe für Rohstoffe	H
❷ 114,00	❶	714,00

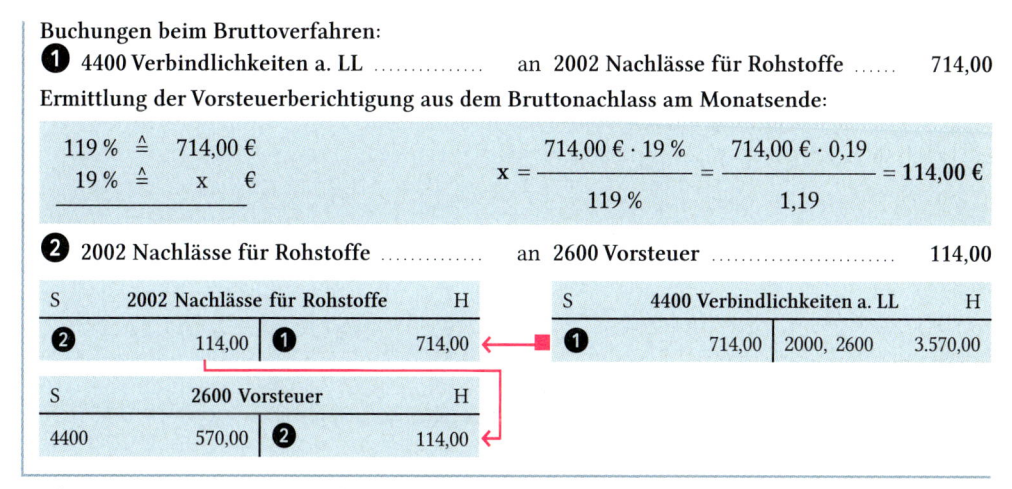

S	4400 Verbindlichkeiten a. LL	H
❶ 714,00	2000, 2600	3.570,00

S	2600 Vorsteuer	H
4400 570,00	❷	114,00

In der EDV-gestützten Finanzbuchhaltung erfolgt die **Errechnung und Buchung der Steuerberichtigung** nach Eingabe des Bruttonachlasses **automatisch.**[1]

> **Merke**
> - Preisnachlässe werden nachträglich aufgrund Mängelrüge, Bonus oder Skonto gewährt.
> - Nachlässe des Lieferanten mindern die Anschaffungskosten der Werkstoffe und Waren.
> - Bei Nettobuchung der Nachlässe wird die Steuer jeweils sofort, bei Bruttobuchung dagegen erst am Ende des Monats summarisch berichtigt und gebucht.

Aufgabe 132

Die Fertigbau GmbH hat für die Erstellung einer Lagerhalle vier Stahlträger von der Stahlhandel GmbH bezogen. Die Eingangsrechnung ER 678 weist Folgendes aus:

4 Stahlträger ST 5000 zu je 2.700,00 €, netto	10.800,00 €
+ 19 % Umsatzsteuer	2.052,00 €
Rechnungsbetrag	12.852,00 €

Bei Montagebeginn wurde festgestellt, dass der Schutzanstrich bei einem Stahlträger fehlerhaft ist. Die Lieferfirma gewährt auf diesen Träger einen nachträglichen Preisnachlass von 20 %.
1. Erstellen Sie die Gutschriftsanzeige der Lieferfirma. Nennen Sie alle Buchungssätze.
2. Buchen Sie Eingangsrechnung und Gutschriftsanzeige auf den Konten der Fertigbau GmbH.

Aufgabe 133

Nennen Sie die Buchungssätze zu folgenden Geschäftsfällen:
1. Zieleinkauf von Rohstoffen lt. ER 409, Rechnungsbetrag 59.500,00
2. Lieferant (ER 409) gewährt nachträglich Preisnachlass wegen
   Mängelrüge, netto 850,00
3. Zielverkauf von eigenen Erzeugnissen lt. AR 789, netto........ 45.000,00
   + Umsatzsteuer 8.550,00   53.550,00
4. Verbrauch von Hilfsstoffen lt. Materialentnahmeschein 321 .... 15.600,00
5. Rohstofflieferant gewährt uns einen Bonus, brutto 2.915,50
6. Rücksendung beschädigter Hilfsstoffe an den Lieferanten, netto 1.200,00

Aufgabe 134

Buchen Sie die folgenden Geschäftsfälle auf den Konten 2020, 2021, 2022, 2600 und 4400:
1. Zieleinkauf von Hilfsstoffen lt. ER 456. Der Listeneinkaufspreis beträgt 18.000,00 €. Der Lieferant gewährt einen Mengenrabatt von 8 %. Für Transport und Verpackung berechnet er 300,00 €. Umsatzsteuer: 19 %. *Erstellen Sie die Rechnung und buchen Sie.*
2. Beschädigte Hilfsstoffe (Fall 1) werden zurückgeschickt: Hilfsstoffwert 2.500,00 € netto. *Erstellen Sie die Gutschrift und buchen Sie aus der Sicht des Kunden.*
3. Auf den Restbetrag gewährt der Lieferant aus Kulanz noch nachträglich einen Preisnachlass von 10 %. *Erstellen Sie eine neue Gutschriftsanzeige und buchen Sie. Wie hoch ist der Überweisungsbetrag an den Lieferanten?*

---

[1] In den folgenden Aufgaben sind Preisnachlässe nach dem Nettoverfahren zu buchen, sofern keine anderslautende Angabe vorliegt.

C — Berechnungen und Buchungen in wichtigen Sachbereichen des Industriebetriebes

Aufgabe 135

Auszug aus der Summenbilanz der Fertigbau GmbH	Soll	Haben
2000 Rohstoffe	456.000,00	25.000,00
2001 Bezugskosten	23.800,00	–
2002 Nachlässe	–	5.000,00
2020 Hilfsstoffe	67.800,00	800,00
2021 Bezugskosten	2.200,00	–
2022 Nachlässe	–	580,00
6000 Aufwendungen für Rohstoffe	–	–
6020 Aufwendungen für Hilfsstoffe	–	–
8010 Schlussbilanzkonto	–	–
8020 Gewinn- und Verlustkonto	–	–

Richten Sie die obigen Konten ein und führen Sie den Abschluss durch.
Schlussbestände lt. Inventur: 78.800,00 € Rohstoffe, 22.600,00 € Hilfsstoffe.

Aufgabe 136

Anfangsbestände

0700	TA und Maschinen	450.000,00	2800	Bankguthaben	129.900,00
0800	Andere Anlagen/BGA	221.000,00	2880	Kasse	12.800,00
2000	Rohstoffe	234.000,00	3000	Eigenkapital	600.000,00
2020	Hilfsstoffe	67.800,00	4250	Darlehensschulden	383.250,00
2400	Forderungen a. LL	40.250,00	4400	Verbindlichk. a. LL	172.500,00

Kontenplan: 0700, 0800, 2000, 2001, 2002, 2020, 2021, 2400, 2600, 2800, 2880, 3000, 3001, 4250, 4400, 4800, 5000, 5420, 6000, 6020, 6160, 6200, 6300, 6520, 6800, 7510, 8000, 8010, 8020.

Geschäftsfälle

1. ER 201: Zielkauf von Rohstoffen, Listenpreis ab Werk 55.600,00
   − 5 % Mengenrabatt 2.780,00
   + Frachtkosten 880,00
   + Umsatzsteuer 10.203,00   63.903,00
2. ER 202: Maschinenreparatur, netto 1.800,00
   + Umsatzsteuer 342,00   2.142,00
3. KB 89: Barkauf von Büromaterial, netto 450,00
   + Umsatzsteuer 85,50   535,50
4. KB 90: Barentnahme für Privatzwecke 1.500,00
5. AR 209: Zielverkauf von eigenen Erzeugnissen, netto 125.000,00
   + Umsatzsteuer 23.750,00   148.750,00
6. Lieferant (Fall 1: ER 201) gewährt Preisnachlass
   wegen Mängelrüge, brutto 6.545,00
7. ER 203: Zielkauf von Hilfsstoffen 6.200,00
   + Transportkosten 300,00
   + Umsatzsteuer 1.235,00   7.735,00
8. KA 123: Banküberweisung von Kunden 89.250,00
9. Lieferantengutschrift auf ER 203: Rücksendung beschädigter
   Hilfsstoffe (Fall 7), brutto 1.785,00
10. ME 200: Entnahme von Rohstoffen für die Fertigung 28.000,00
11. PE 02: Entnahme eines Fertigerzeugnisses für Privatzwecke, netto 1.800,00
12. KA 124: Lastschrift für Gehaltsüberweisungen 12.800,00
    Lohnüberweisungen 15.200,00
    Darlehenszinsen 6.000,00
    Darlehenstilgung 5.000,00   39.000,00
13. ER 204: Zielkauf einer EDV-Anlage, brutto 10.115,00

Abschlussangaben: Inventurbestand an Hilfsstoffen 52.000,00
Abschreibungen: 0700: 15.000,00 €; 0800: 6.000,00 €.

1.6 Nachlässe in Form von Lieferantenskonti

Rechnungen werden in der Regel innerhalb einer bestimmten Zahlungsfrist unter Abzug von Skonto beglichen. Der Skonto ist eine **Zinsvergütung für vorzeitige Zahlung**. Er enthält aber auch eine **Prämie für die Ersparung von Risiko und Aufwand**, die mit Zielverkäufen verbunden sind.

Bedeutung des Skontos

Beispiel

ER 4235:	Rohstoffe, netto	10.000,00 €
+	19 % Umsatzsteuer	1.900,00 €
	Rechnungsbetrag	**11.900,00 €**

Zahlungsbedingungen: Die Rechnung ist zahlbar innerhalb von 10 Tagen mit **2 % Skonto** (= 238,00 €) oder in 30 Tagen ohne Abzug.

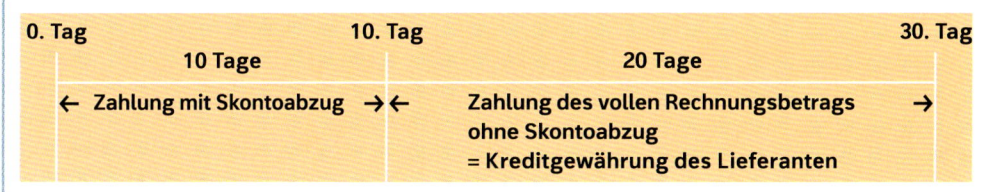

Lohnt sich die vorzeitige Zahlung der Rechnung unter Abzug von Skonto?

```
0. Tag              10. Tag                                   30. Tag
       10 Tage                      20 Tage
   ← Zahlung mit Skontoabzug → ←  Zahlung des vollen Rechnungsbetrags  →
                                   ohne Skontoabzug
                                   = Kreditgewährung des Lieferanten
```

Zur Beantwortung der oben gestellten Frage muss der **Skontosatz in einen effektiven Zinssatz umgerechnet werden**, und zwar alternativ als Überschlagslösung mithilfe des Dreisatzes oder genau mithilfe der Zinsformel.

Bei der Überschlagslösung werden der tatsächliche Zahlungsbetrag und der Skontoabzug in € nicht berücksichtigt, sondern nur der **Skontosatz und** die **Kreditzeit**:

$$\begin{array}{l} 20 \text{ Tage} \triangleq 2\% \text{ Skonto} \\ 360 \text{ Tage} \triangleq p\% \text{ Skonto} \end{array} \qquad p\% = \frac{2\% \cdot 360 \text{ Tage}}{20 \text{ Tage}} = 0{,}36 = 36\%$$

Der auf **ein Jahr** umgerechnete Skontosatz beträgt **36 %**.

Die genaue Lösung mithilfe der Zinsformel berücksichtigt den Skontoabzug in € (238,00 €) und die tatsächliche Zahlung von 11.662,00 € (11.900,00 € − 238,00 €):

$$p\% = \frac{Z \cdot 360}{K \cdot t} = \frac{238{,}00 \,€ \cdot 360 \text{ Tage}}{11.662{,}00 \,€ \cdot 20 \text{ Tage}} = 0{,}3673 = 36{,}73\%$$

Die Berechnungen belegen, dass es wirtschaftlich sinnvoll ist, Rechnungen vorzeitig mit Skontoabzug zu begleichen:

ER 4235:	Rohstoffe, netto	10.000,00 €
+	19 % Umsatzsteuer	1.900,00 €
	Bruttorechnungsbetrag	11.900,00 €
−	2 % Skonto von 11.900,00 €	238,00 €
	Überweisungsbetrag	**11.662,00 €**

Ermittlung der Vorsteuerberichtigung und des Nettoskontobetrages:

$$\begin{array}{l} 119\% \text{ Skonto} \triangleq 238{,}00\,€ \\ 19\% \text{ Vorsteuer} \triangleq x\,€ \end{array} \qquad x = \frac{238{,}00\,€ \cdot 19\%}{119\%} = \frac{238{,}00\,€ \cdot 0{,}19}{1{,}19} = 38{,}00\,€$$

238,00 € Bruttoskonto − 38,00 € Vorsteuerberichtigung = 200,00 € Nettoskonto

Der vom Lieferanten gewährte **Nettoskonto** in Höhe von 200,00 € wird bei **sofortiger Vorsteuerberichtigung** zunächst im Haben des Unterkontos „2002 Nachlässe" erfasst und zum

Nettobuchung

C BERECHNUNGEN UND BUCHUNGEN IN WICHTIGEN SACHBEREICHEN DES INDUSTRIEBETRIEBES

Monats- oder Jahresschluss **auf** das zugehörige Bestandskonto „**2000 Rohstoffe**" umgebucht, das danach die **Anschaffungskosten** der bezogenen Rohstoffe mit 9.800,00 € ausweist:

❶ Buchung aufgrund der ER 4235: *Nennen Sie den Buchungssatz.*

❷ Buchung des Rechnungsausgleichs (Nettoverfahren):

4400 Verbindlichkeiten a. LL	11.900,00	
an 2002 Nachlässe		200,00
an 2600 Vorsteuer		38,00
an 2800 Bank		11.662,00

❸ Umbuchung: 2002 Nachlässe   an 2000 Rohstoffe   200,00

S	2000 Rohstoffe	H
❶ 10.000,00	❸	200,00

S	4400 Verbindlichkeiten a. LL	H
❷ 11.900,00	❶	11.900,00

S	2002 Nachlässe	H
❸ 200,00	❷	200,00

S	2600 Vorsteuer	H
❶ 1.900,00	❷	38,00

Anschaffungspreis	10.000,00 €	
− Lieferantenskonto, netto	200,00 €	
= **Anschaffungskosten**	**9.800,00 €**	

S	2800 Bank	H
	❷	11.662,00

Bruttobuchung

Beim **Bruttoverfahren** wird der **Skonto** zunächst **brutto**, also einschließlich Steueranteil, auf dem Konto „**2002 Nachlässe**" erfasst. Erst zum Schluss des Umsatzsteuervoranmeldungszeitraumes wird die **Vorsteuer summarisch berichtigt**:

❷ Bruttobuchung:

4400 Verbindlich. a. LL	11.900,00	an 2002 Nachlässe	238,00
		an 2800 Bank	11.662,00

❸ Vorsteuerberichtigung:

2002 Nachlässe	an 2600 Vorsteuer	38,00

❹ Umbuchung:

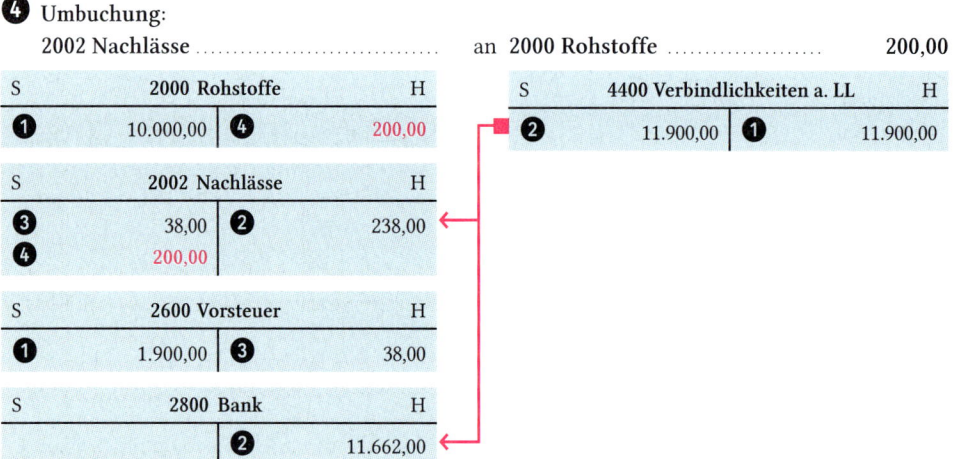

2002 Nachlässe	an 2000 Rohstoffe	200,00

S	2000 Rohstoffe	H
❶ 10.000,00	❹	200,00

S	4400 Verbindlichkeiten a. LL	H
❷ 11.900,00	❶	11.900,00

S	2002 Nachlässe	H
❸ 38,00	❷	238,00
❹ 200,00		

S	2600 Vorsteuer	H
❶ 1.900,00	❸	38,00

S	2800 Bank	H
	❷	11.662,00

Merke

■ Lieferantenskonti werden in der Regel netto, also ohne Steueranteil, auf dem Konto „Nachlässe" erfasst und monatlich auf das betreffende Werkstoff- bzw. Warenbestandskonto umgebucht. Zuvor ist die Vorsteuer zu berichtigen:

$$\text{Steuerberichtigungsbetrag} = \frac{\text{Bruttoskontobetrag} \cdot 19\,\%}{119\,\%}$$

■ **Bei EDV-gestützter Buchführung wird der Skontobetrag brutto eingegeben (Bruttobuchungsverfahren). Die Vorsteuerberichtigung erfolgt automatisch.**

BESCHAFFUNGSBEREICH   C

Aufgabe 137

Die Eingangsrechnung 8857 über 2.975,00 € (Rohstoffwert 2.500,00 € + 475,00 € USt) wird unter Abzug von 2 % Skonto durch Banküberweisung an den Lieferanten beglichen.

Konten: 2000, 2002, 2600, 2800 (AB 85.000,00 €), 4400.

1. Buchen Sie den Eingang der Rohstoffe aufgrund der ER 8857.
2. Ermitteln Sie die Steuerberichtigung und buchen Sie beim Rechnungsausgleich den Skonto
   a) netto und b) brutto. Nennen Sie auch jeweils die Buchungssätze.

Aufgabe 138

Auszug aus der vorläufigen Summenbilanz	Soll	Haben
2600 Vorsteuer	52.500,00	48.350,00
4800 Umsatzsteuer	72.150,00	83.450,00
2002 Nachlässe (brutto)	?	3.808,00

1. Ermitteln Sie am Monatsende die Steuerberichtigung und buchen Sie.
2. Ermitteln Sie nach der Berichtigungsbuchung die Umsatzsteuer-Zahllast.

1.7 Aufwandsorientierte Buchung der Werkstoffeinkäufe

Bisher haben wir die **Werkstoffeinkäufe auf Bestandskonten** der Klasse 2 erfasst. Der **Werkstoffverbrauch** wurde **mithilfe von Materialentnahmescheinen oder über die Inventur** ermittelt und auf die entsprechenden Aufwandskonten der Klasse 6 gebucht. Industriebetriebe lassen die Werkstoffe zur **Senkung der Lagerkosten** meist erst dann anliefern, wenn sie in der Fertigung benötigt werden („**Just-in-time-Fertigung**"). Deshalb ist es buchhalterisch sinnvoll, den **Werkstoffeinkauf direkt als Aufwand auf** den entsprechenden **Aufwandskonten** der Klasse 6 zu erfassen. Die **Werkstoffbestandskonten** der Klasse 2 weisen dann **nur noch drei Posten** aus: den Anfangsbestand, den Schlussbestand lt. Inventur und **als Saldo die Veränderung des Anfangsbestandes**:

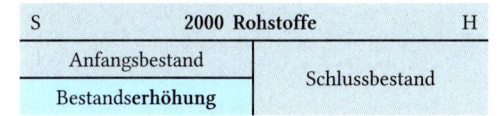

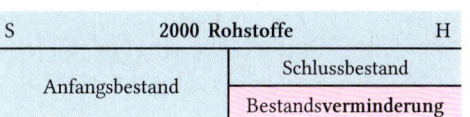

S	2000 Rohstoffe	H
Anfangsbestand	Schlussbestand	
Bestandserhöhung		

S	2000 Rohstoffe	H
Anfangsbestand	Schlussbestand	
	Bestandsverminderung	

Die **Bestandsveränderung** weist im obigen Rohstoffbestandskonto entweder eine **Erhöhung oder Verminderung** des Anfangsbestands aus, je nachdem, ob der Schlussbestand lt. Inventur größer oder kleiner als der Anfangsbestand ist. Im Falle einer **Bestandserhöhung** wurden im Abrechnungszeitraum mehr Rohstoffe eingekauft als verbraucht. Bei einer **Bestandsverminderung** mussten dagegen zusätzlich Rohstoffe aus dem Lagerbestand des Vorjahres in die Fertigung gegeben werden.

Um den tatsächlichen Rohstoffverbrauch auf dem Konto „6000 Aufwendungen für Rohstoffe (AfR)" **ermitteln zu können**, muss man die **Bestandsveränderung** des Rohstoffbestandskontos **auf das Rohstoffaufwandskonto umbuchen**:

Umbuchung der Bestandserhöhung		Umbuchung der Bestandsverminderung	
S 2000 Rohstoffe H		S 2000 Rohstoffe H	
Anfangsbestand	Schlussbestand	Anfangsbestand	Schlussbestand
Bestandserhöhung			Bestandsverminderung
S 6000 Aufwendungen für Rohstoffe H		S 6000 Aufwendungen für Rohstoffe H	
Einkauf von Rohstoffen	Bestandserhöhung	Einkauf von Rohstoffen	Saldo = **Verbrauch** von Rohstoffen → GuV
	Saldo = **Verbrauch** von Rohstoffen → GuV	Bestandsverminderung	

Buchung: 2000 Rohstoffe an 6000 AfR | Buchung: 6000 AfR an 2000 Rohstoffe

C · Berechnungen und Buchungen in wichtigen Sachbereichen des Industriebetriebes

Beispiel 1
Bestandserhöhung

Zu Beginn des Geschäftsjahres beträgt der Lagerbestand an Rohstoffen 50.000,00 €. Während des Geschäftsjahres wurden Rohstoffe im Nettowert von 200.000,00 € eingekauft. Zum Schluss des Geschäftsjahres beträgt der Bestand an Rohstoffen lt. Inventur 70.000,00 €.

Buchung des Anfangsbestands an Rohstoffen:
❶ 2000 Rohstoffe .... an 8000 Eröffnungsbilanzkonto 50.000,00

Buchung des Rohstoffeinkaufs direkt als Aufwand:
❷ 6000 Aufwendungen f. Rohstoffe 200.000,00
    2600 Vorsteuer 38.000,00
    an 4400 Verbindlichkeiten a. LL 238.000,00

Buchung des Schlussbestands an Rohstoffen:
❸ 8010 Schlussbilanzkonto .... an 2000 Rohstoffe 70.000,00

Umbuchung der Bestandsveränderung (Mehrbestand):
❹ 2000 Rohstoffe .... an 6000 Aufwendungen für Rohstoffe 20.000,00

Abschluss des Kontos „6000 Aufwendungen für Rohstoffe":
❺ 8020 GuV-Konto .... an 6000 Aufwendungen für Rohstoffe ... 180.000,00

S	2000 Rohstoffe		H
❶ 8000	50.000,00	❸ 8010	70.000,00
❹ 6000	20.000,00		

S	6000 Aufwendungen f. Rohstoffe		H
❷ 4400	200.000,00	❹ 2000	20.000,00
		❺ 8020	180.000,00

S	8010 Schlussbilanzkonto		H
❸ 2000	70.000,00		

S	8020 GuV-Konto		H
❺ 6000	180.000,00		

Beispiel 2
Bestandsverminderung

Die Angaben des 1. Beispiels werden bis auf den Schlussbestand an Rohstoffen, der jetzt 10.000,00 € betragen soll, übernommen.

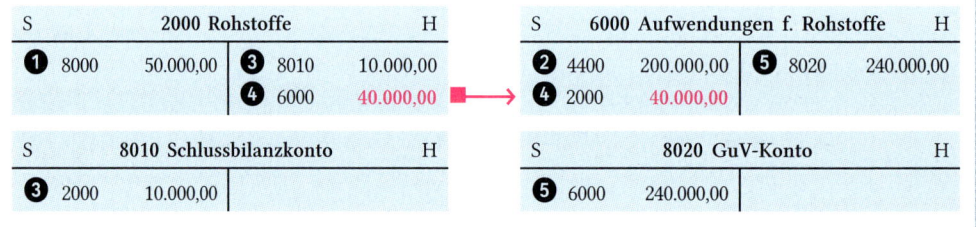

S	2000 Rohstoffe		H
❶ 8000	50.000,00	❸ 8010	10.000,00
		❹ 6000	40.000,00

S	6000 Aufwendungen f. Rohstoffe		H
❷ 4400	200.000,00	❺ 8020	240.000,00
❹ 2000	40.000,00		

S	8010 Schlussbilanzkonto		H
❸ 2000	10.000,00		

S	8020 GuV-Konto		H
❺ 6000	240.000,00		

Nennen Sie selbst jeweils den Buchungssatz für die Erfassung des Schlussbestands an Rohstoffen ❸, die Umbuchung des Minderbestands an Rohstoffen ❹ sowie den Abschluss des Kontos „6000 Aufwendungen für Rohstoffe" ❺.

In der Praxis wird der Einkauf von Werkstoffen und Handelswaren entweder auf Konten der Kontenklasse 2 (bestandsorientiert) oder als sofortiger Verbrauch auf Konten der Kontenklasse 6 (aufwandsorientiert) erfasst. Deshalb werden weiterhin beide Buchungsverfahren geprüft.

Merke

Werden die Werkstoffeinkäufe direkt als Aufwand erfasst, ergibt sich der tatsächliche Werkstoffverbrauch auf den Aufwandskonten der Kontengruppe 60 erst nach Berücksichtigung der Bestandsveränderungen der Kontengruppe 20.

Wert der Werkstoffeinkäufe	Wert der Werkstoffeinkäufe
− Mehrbestand an Werkstoffen	+ Minderbestand an Werkstoffen
= Werkstoffverbrauch	= Werkstoffverbrauch

Beschaffungsbereich C

Werden Werkstoffeinkäufe direkt als Aufwand in der Kontengruppe 60 gebucht, sind auch Bezugskosten und Lieferantennachlässe in der Kontengruppe 60 auf entsprechenden Unterkonten zu erfassen[1]:

Unterkonten der Werkstoffaufwandskonten

6000 Aufwendungen für Rohstoffe	6010 Aufw. für Vorprodukte/Fremdbauteile
6001 Bezugskosten für Rohstoffe	6011 Bezugskosten für Vorprod./Fremdbauteile
6002 Nachlässe für Rohstoffe	6012 Nachlässe für Vorprod./Fremdbauteile
6020 Aufwendungen für Hilfsstoffe	6030 Aufwendungen für Betriebsstoffe
6021 Bezugskosten für Hilfsstoffe	6031 Bezugskosten für Betriebsstoffe
6022 Nachlässe für Hilfsstoffe	6032 Nachlässe für Betriebsstoffe

Merke

Werkstoffrücksendungen an die Lieferanten sind direkt auf der Haben-Seite des entsprechenden Aufwandskontos der Kontengruppe 60 zu buchen.

Beispiel

Auf den Konten 2600, 4400, 6000, 6001 und 6002 sind zu buchen:
1. Rohstoffeinkauf auf Ziel: 50.000,00 € + 19 % USt
2. Eingang der Speditionsrechnung: 2.000,00 € + 19 % USt
3. Rücksendung beschädigter Rohstoffe: 3.000,00 € netto + 19 % USt
4. Nachträglicher Preisnachlass des Lieferanten (Fall 1): 4.760,00 € brutto

Buchungen:

❶ 6000 Aufwendungen für Rohstoffe 50.000,00
   2600 Vorsteuer 9.500,00
   an 4400 Verbindlichkeiten a. LL 59.500,00

❷ 6001 Bezugskosten für Rohstoffe 2.000,00
   2600 Vorsteuer 380,00
   an 4400 Verbindlichkeiten a. LL 2.380,00

❸ 4400 Verbindlichkeiten a. LL 3.570,00
   an 6000 Aufwendungen für Rohstoffe 3.000,00
   an 2600 Vorsteuer 570,00

❹ 4400 Verbindlichkeiten a. LL 4.760,00
   an 6002 Nachlässe für Rohstoffe 4.000,00
   an 2600 Vorsteuer 760,00

S	6000 Aufwendungen f. Rohstoffe		H
❶	50.000,00	❸	3.000,00
❺	2.000,00	❻	4.000,00

S	2600 Vorsteuer		H
❶	9.500,00	❸	570,00
❷	380,00	❹	760,00

S	6001 Bezugskosten für Rohstoffe		H
❷	2.000,00	❺	2.000,00

S	4400 Verbindlichkeiten a. LL		H
❸	3.570,00	❶	59.500,00
❹	4.760,00	❷	2.380,00

S	6002 Nachlässe für Rohstoffe		H
❻	4.000,00	❹	4.000,00

1. Nennen Sie die Buchungssätze für die Umbuchung der Bezugskosten ❺ und Nachlässe ❻.
2. Wie hoch ist der Rohstoffverbrauch auf dem Konto 6000, wenn sich auf dem Konto „2000 Rohstoffe" a) ein Mehrbestand von 10.000,00 €, b) ein Minderbestand von 30.000,00 € ergibt?

S	6000 Aufwendungen für Rohstoffe	H
Einkauf	Rücksendungen	
	Nachlässe	
	Mehrbestand	
Bezugskosten	Saldo = Verbrauch	

S	6000 Aufwendungen für Rohstoffe	H
Einkauf	Rücksendungen	
	Nachlässe	
Bezugskosten	Saldo = Verbrauch	
Minderbestand		

---
[1] Handelswareneinkäufe werden in der gleichen Weise direkt in der Kontengruppe 60 gebucht.

C — Berechnungen und Buchungen in wichtigen Sachbereichen des Industriebetriebes

Aufgabe 139

Die Metall GmbH erfasst die Werkstoffeinkäufe aufwandsorientiert.

Buchen Sie die folgenden Geschäftsfälle, bilden Sie die Buchungssätze und schließen Sie die Konten 2000, 6000, 6001 und 6002 ab. Wie hoch ist der Rohstoffverbrauch?

Auszug aus der Saldenbilanz der Metall GmbH	Soll	Haben
2000 Rohstoffe	150.000,00	–
2600 Vorsteuer	10.000,00	–
4400 Verbindlichkeiten a. LL	–	160.000,00
6000 Aufwendungen für Rohstoffe	280.000,00	–
6001 Bezugskosten für Rohstoffe	7.000,00	–
6002 Nachlässe für Rohstoffe	–	12.000,00

Geschäftsfälle

1. Zieleinkauf von Rohstoffen lt. ER 34: 60.000,00 € netto + 11.400,00 € USt 71.400,00
2. Bezugskosten hierauf lt. ER 35: 3.000,00 € netto + 570,00 € USt 3.570,00
3. Preisnachlass des Rohstofflieferers wegen Mängelrüge, brutto 5.950,00
4. Rücksendung beschädigter Rohstoffe an den Lieferanten, netto 1.500,00
5. Schlussbestand an Rohstoffen lt. Inventur 180.000,00

Aufgabe 140

Auszug aus der Saldenbilanz der Fertigbau GmbH	Soll	Haben
2000 Rohstoffe	450.000,00	–
2010 Vorprodukte/Fremdbauteile	80.000,00	–
2600 Vorsteuer	25.000,00	–
4400 Verbindlichkeiten a. LL	–	120.000,00
6000 Aufwendungen für Rohstoffe	320.000,00	–
6001 Bezugskosten für Rohstoffe	15.000,00	–
6002 Nachlässe für Rohstoffe	–	12.000,00
6010 Aufwendungen für Vorprodukte/Fremdbauteile	95.000,00	–
6011 Bezugskosten für Vorprodukte/Fremdbauteile	4.000,00	–
6012 Nachlässe für Vorprodukte/Fremdbauteile	–	5.000,00
Abschlusskonten: 8010 und 8020		

Schlussbestände lt. Inventur

Rohstoffe 150.000,00 €; Vorprodukte/Fremdbauteile 100.000,00 €

1. Buchen Sie noch folgende Geschäftsfälle:
   a) Zielkauf von Vorprodukten/Fremdbauteilen lt. ER 456: 25.000,00 € + USt
   b) Nachträglicher Preisnachlass des Lieferanten auf ER 456: 10 %
   c) Rücksendungen beanstandeter Rohstoffe an den Lieferanten: 5.000,00 € netto

2. Welche betriebswirtschaftlichen Vorteile hat die aufwandsorientierte Anlieferung der Werkstoffe („just in time")?

3. a) Werkstoffverbrauch = Werkstoffeinkauf ? Mehrbestand an Werkstoffen
   b) Werkstoffverbrauch = Werkstoffeinkauf ? Minderbestand an Werkstoffen

Aufgabe 141

In einem Geschäftsjahr beträgt der Rohstoffverbrauch 600.000,00 €.

Ermitteln Sie den Rohstoffeinkauf, wenn zum 31. Dezember 1. ein Mehrbestand an Rohstoffen in Höhe von 150.000,00 € und 2. ein Minderbestand an Rohstoffen über 100.000,00 € vorliegen.

Aufgabe 142

Nennen Sie jeweils die Auswirkung auf den Rohstofflagerschlussbestand:

1. Einkaufsmenge = Verbrauchsmenge
2. Einkaufsmenge > Verbrauchsmenge
3. Einkaufsmenge < Verbrauchsmenge

Beschaffungsbereich C

Aufgabe 143

Für die **Erfassung der Werkstoffeinkäufe** gibt es **zwei Methoden**:
1. **Bestandskontenmethode**: Buchung auf Bestandskonten der Klasse 2
2. **Aufwandskontenmethode**: Buchung auf Aufwandskonten der Klasse 6

Kontenplan für die **Bestandsmethode**: 2000, 2001, 2002, 2010, 2011, 2012.
Kontenplan für die **Aufwandsmethode**: 6000, 6001, 6002, 6010, 6011, 6012.

Nennen Sie jeweils den Buchungssatz nach beiden Methoden.

1.	ER 465 über Rohstoffe	20.000,00	
	+ Umsatzsteuer	3.800,00	23.800,00
2.	Barzahlung der Fracht für Fall 1	800,00	
	+ Umsatzsteuer	152,00	952,00
3.	Rücksendung von Rohstoffen	700,00	
	+ Umsatzsteuer	133,00	833,00
4.	Lieferant gewährt einen Preisnachlass für Rohstoffe	600,00	
	+ Umsatzsteuer	114,00	714,00
5.	ER 467 für Vorprodukte/Fremdbauteile	60.000,00	
	+ Umsatzsteuer	11.400,00	71.400,00
6.	Barzahlung von Hausfracht für ER 467	200,00	
	+ Umsatzsteuer	38,00	238,00
7.	Rücksendung von Vorprodukten/Fremdbauteilen	1.500,00	
	+ Umsatzsteuer	285,00	1.785,00
8.	Lieferant gewährt einen Nachlass für Vorprodukte/Fremdbauteile	300,00	
	+ Umsatzsteuer	57,00	357,00

Aufgabe 144

Buchen Sie die Geschäftsfälle a) nach der Bestands- und b) nach der Aufwandsmethode.

Anfangsbestände

2000 Rohstoffe	200.000,00		2800 Bankguthaben	45.000,00
2010 Vorprod./Fremdbauteile	130.000,00		3000 Eigenkapital	360.000,00
2400 Forderungen a. LL	25.000,00		4400 Verbindlichk. a. LL	40.000,00

Kontenplan
2000, 2010, 2400, 2600, 2800, 3000, 4400, 4800, 5000, 6000, 6010, 8000, 8010, 8020.
Zusatzkonten für **Bestands**methode: 2001, 2002, 2012.
für **Aufwands**methode: 6001, 6002, 6012.

Geschäftsfälle

1.	ER 720 über Rohstoffe	20.000,00	
	+ Umsatzsteuer	3.800,00	23.800,00
2.	Banküberweisung für Eingangsfracht (Fall 1)	500,00	
	+ Umsatzsteuer	95,00	595,00
3.	Lieferant gewährt aufgrund einer Mängelrüge		
	Preisnachlass für Rohstoffe	600,00	
	für Vorprodukte/Fremdbauteile	700,00	
	+ Umsatzsteuer	247,00	1.547,00
4.	ER 721 über Vorprodukte/Fremdbauteile	15.000,00	
	+ Umsatzsteuer	2.850,00	17.850,00
5.	Rücksendung von Vorprodukten/Fremdbauteilen	800,00	
	+ Umsatzsteuer	152,00	952,00
6.	AR 508 für eigene Erzeugnisse	65.000,00	
	+ Umsatzsteuer	12.350,00	77.350,00

Inventurbestände
Rohstoffe 180.000,00 €; Vorprodukte/Fremdbauteile 140.000,00 €.

2 Absatzbereich

2.1 Erfassung der Umsatzerlöse und Vertriebskosten

Haupterlös bzw. wichtigste Leistung des Industriebetriebes bilden die Erlöse aus dem Verkauf der eigenen Erzeugnisse, die auf dem Konto

> 5000 Umsatzerlöse für eigene Erzeugnisse

erfasst werden.

Bezieht der Industriebetrieb auch **Handelswaren**, die ohne weitere Be- oder Verarbeitung **als Zubehör zu den eigenen Erzeugnissen** verkauft werden, so sind die Erlöse gesondert auf folgendem Ertragskonto auszuweisen (siehe auch S. 123):

> 5100 Umsatzerlöse für Waren.

Die Gliederung der Umsatzerlöse nach Erzeugnis- und bei Handelswaren nach Artikelgruppen vermittelt eine aussagefähige **Übersicht über den Anteil** der einzelnen Erzeugnisgruppen bzw. Artikel **am Monats-, Quartals- oder Jahresumsatz**. Unter Berücksichtigung der **Selbstkosten** der einzelnen Erzeugnisgruppen und Artikel lässt sich schnell der **Gewinn/Verlust je Erzeugnis- oder Artikelgruppe** ersehen:

Beispiel

Im Metallwerk Matthias Hein e. Kfm. werden Stahltüren je nach Abmessung und Verwendung in drei Erzeugnisgruppen produziert und verkauft. Das Rechnungswesen stellt für Januar folgende Zahlen zur Verfügung:

	5010 Umsatzerlöse für Stahltür ST 01	5020 Umsatzerlöse für Stahltür ST 02	5030 Umsatzerlöse für Stahltür ST 03	Gesamtrechnung
Umsatzerlöse	84.000,00	92.000,00	64.000,00	240.000,00
– Selbstkosten	73.920,00	78.200,00	69.400,00	221.520,00
= Gewinn/Verlust	10.080,00	13.800,00	– 5.400,00	18.480,00

1. Ermitteln Sie den Prozentanteil der Erzeugnisgruppen
    a) am Gesamtumsatz,
    b) an den gesamten Selbstkosten und
    c) am Gesamtgewinn.
2. Erläutern Sie die Ergebnisse und machen Sie Verbesserungsvorschläge.

Vertriebskosten

Während bei der Beschaffung von Werkstoffen und Handelswaren Bezugskosten anfallen, entstehen beim Absatz der eigenen Erzeugnisse und Handelswaren Vertriebskosten, die in der **Kontenklasse 6** erfasst werden:

- **6040 Aufwendungen für Verpackungsmaterial**
- **6140 Frachten und Fremdlager** (zuzüglich Versicherungen u. a.)
- **6150 Vertriebsprovisionen**

Verpackungsmaterial (z. B. Kartons, Wellpappe, Verpackungsfolien) ist bei vielen Erzeugnissen und Waren zunächst einmal erforderlich, um diese in einen **verkaufsreifen** Zustand zu versetzen. Diese Art von Verpackung geht über das **Konto „6040 Aufwendungen für Verpackungsmaterial" als Kosten in die Kalkulation** der Verkaufspreise ein. Das für den **Transport der Güter** benötigte Verpackungsmaterial wird ebenfalls auf dem vorgenannten Konto erfasst und in der Regel an den **Kunden weiterbelastet**. Dazu gehören auch Spezialverpackungen, die z. B. see- und tropenfest sind. **In Rechnung gestellte Verpackungskosten** werden buchhalterisch als **Umsatzerlöse** ausgewiesen.

ABSATZBEREICH C

Fracht- und Lagerkosten in einem Fremdlager entstehen, wenn die Lieferung der eigenen Erzeugnisse und Handelswaren vereinbarungsgemäß „ab Werk" erfolgt. Übernehmen Speditionsunternehmen den Transport und die Lagerung der Güter, sind die Kosten auf dem Konto „**6140 Frachten und Fremdlager**" zu erfassen. Die Fracht- und Fremdlagerkosten fallen für jede Sendung in genau bestimmbarer Höhe an, auch bei Zustellung mit eigenen Fahrzeugen des Lieferanten. Sie werden in der Ausgangsrechnung gesondert ausgewiesen und buchhalterisch als **Umsatzerlöse** erfasst. Auf dem Konto „6140 Frachten und Fremdlager" wird auch die Transportversicherung gebucht.

Vertriebsprovisionen fallen in Industriebetrieben an, wenn Aufträge durch Handelsvertreter vermittelt worden sind. Sie werden auf dem Konto „**6150 Vertriebsprovisionen**" erfasst und gehen als **Kosten** in die **Preiskalkulation** ein.

Der Käufer hat grundsätzlich alle Vertriebskosten zu tragen, sofern nichts anderes vereinbart wurde. Dem **Kunden in Rechnung gestellte Vertriebskosten sind** buchhalterisch und umsatzsteuerlich **Bestandteil der Umsatzerlöse** und unterliegen damit in der Ausgangsrechnung der **Umsatzsteuer**. Somit ist die erforderliche **Umsatzsteuerverprobung** sichergestellt.

> **Warenschulden sind Holschulden**

Beispiel

❶ Für die Fracht der an einen Kunden ab Werk gelieferten Erzeugnisse begleichen die Möbelwerke W. Kurz e. K. die Speditionsrechnung durch Banküberweisung:

Frachtkosten einschließlich Ver- und Entladung	1.800,00 €
+ 19 % Umsatzsteuer	342,00 €
Rechnungsbetrag	2.142,00 €

❷ Die Ausgangsrechnung AR 3456 der Möbelwerke W. Kurz e. K. lautet:

50 Schreibtische je 425,00 €	21.250,00 €
+ verauslagte Frachtkosten	1.800,00 €
	23.050,00 €
+ 19 % Umsatzsteuer	4.379,50 €
Rechnungsbetrag	27.429,50 €

Buchungen:

❶ 6140 Frachten und Fremdlager 1.800,00
    2600 Vorsteuer 342,00
    an 2800 Bank 2.142,00
❷ 2400 Forderungen a. LL 27.429,50
    an 5000 Umsatzerlöse für eigene Erzeugnisse 23.050,00
    an 4800 Umsatzsteuer 4.379,50

S	6140 Frachten und Fremdlager	H
❶ 1.800,00		

S	2400 Forderungen a. LL	H
❷ 27.429,50		

S	2600 Vorsteuer	H
❶ 342,00		

S	5000 Umsatzerlöse f. eigene Erzeugnisse	H
		❷ 23.050,00

S	2800 Bank	H
		❶ 2.142,00

S	4800 Umsatzsteuer	H
		❷ 4.379,50

Merke

- Die Umsatzerlöskonten für eigene Erzeugnisse und Handelswaren lassen sich nach Erzeugnis- bzw. Artikelgruppen gliedern.
- Dem Kunden in Rechnung gestellte Vertriebskosten werden wegen der umsatzsteuerlichen Verprobung als Umsatzerlöse behandelt und entsprechend gebucht.

C — Berechnungen und Buchungen in wichtigen Sachbereichen des Industriebetriebes

Aufgabe 145

Nennen Sie die Buchungssätze zu folgenden Geschäftsfällen:

1. Ausgangsrechnung 4567: Nettowert 14.500,00
   + Transportversicherung 500,00
   + Umsatzsteuer 2.850,00   17.850,00

2. ER 2345: Verpackungsmaterialkauf für den Versand 7.500,00
   + Umsatzsteuer 1.425,00   8.925,00

3. ER 2347: Unser Handelsvertreter stellt uns
   an Verkaufsprovisionen in Rechnung, netto 4.500,00
   + Umsatzsteuer 855,00   5.355,00

4. ER 2348: Spediteur berechnet für Lieferung an
   Kunden (siehe Fall 1), netto 650,00
   + Umsatzsteuer 123,50   773,50

Aufgabe 146

a) Barzahlung der Ausgangsfracht für AR 607: netto 350,00 € + 66,50 € Umsatzsteuer.

b)
AR 607 der Stahlwerke AG		
7 t Stahl TX, Nettowert		7.650,00 €
Verpackungskosten	200,00 €	
Verladekosten	150,00 €	
Fracht	350,00 €	700,00 €
		8.350,00 €
+ 19 % Umsatzsteuer		1.586,50 €
Rechnungsbetrag		9.936,50 €

1. Buchen Sie aus der Sicht des Lieferanten.
2. Wie hoch sind die Umsatzerlöse?

Aufgabe 147

a) Die Aufgabe 146 b) ist als Rohstoffrechnung beim Kunden zu buchen.

b) Der Kunde zahlt die Hausfracht bar: 250,00 € netto + 47,50 € Umsatzsteuer.

1. Wie lauten die Buchungssätze für die Fälle a) und b)?
2. Ermitteln Sie die Anschaffungskosten der Rohstoffe.

Aufgabe 148

AR 608 der Chemiewerke GmbH		
10 Behälter Chlor zu je 250,00 €		2.500,00 €
abzüglich 20 % Rabatt	500,00 €	2.000,00 €
Transportversicherung	80,00 €	
Fracht	220,00 €	300,00 €
		2.300,00 €
+ 19 % Umsatzsteuer		437,00 €
Rechnungsbetrag		2.737,00 €

1. Buchen Sie den Vorgang für den Verkäufer und erläutern Sie die Höhe und Zusammensetzung der Umsatzerlöse.
2. Buchen Sie die Aufgabe als Eingangsrechnung für Hilfsstoffe beim Kunden.

Aufgabe 149

Erläutern Sie den Grundsatz „Warenschulden sind Holschulden" aus der Sicht des Verkäufers und schildern Sie die buchhalterischen Auswirkungen, wenn der Verkäufer Vertriebskosten in der Ausgangsrechnung geltend macht.

2.2 Gutschriften an Kunden aufgrund von Rücksendungen

Senden Kunden Erzeugnisse oder Waren zurück, die falsch oder mit Mängeln behaftet geliefert wurden, wird der bereits gebuchte Zielverkauf eigener Erzeugnisse oder Waren entsprechend rückgängig gemacht. Die Rückbuchung erfolgt aufgrund der dem Kunden zugesandten Gutschriftsanzeige.

Gutschriftsanzeige

Beispiel

Ein Kunde, dem wir lt. AR 765 eigene Erzeugnisse für 5.000,00 € netto + 950,00 € Umsatzsteuer auf Ziel verkauft hatten, sendet beschädigte Erzeugnisse zurück. Unsere **Gutschriftsanzeige** an den Kunden lautet:

Nettowert der zurückgeschickten Erzeugnisse	600,00 €
+ 19 % Umsatzsteuer	114,00 €
Gutschrift	**714,00 €**

Buchung aufgrund der Ausgangsrechnung:
- ❶ 2400 Forderungen a. LL 5.950,00
  - an 5000 Umsatzerlöse für eigene Erzeugnisse 5.000,00
  - an 4800 Umsatzsteuer 950,00

Buchung der Rücksendung durch den Kunden aufgrund unserer Gutschriftsanzeige:
- ❷ 5000 Umsatzerlöse für eigene Erzeugnisse 600,00
  - 4800 Umsatzsteuer 114,00
  - an 2400 Forderungen a. LL 714,00

S	2400 Forderungen a. LL	H		S	5000 Umsatzerlöse f. eigene Erzeugnisse	H
❶	5.950,00	❷ 714,00		❷ 600,00	❶	5.000,00

S	4800 Umsatzsteuer	H
❷ 114,00	❶	950,00

Merke

Senden Kunden beanstandete Erzeugnisse und Waren zurück, führt das zu einer entsprechenden Rückbuchung auf den Konten Umsatzerlöse, Umsatzsteuer und Forderungen.

Aufgabe 150

Kontenplanauszug: 2400, 2600, 4400, 4800, 5000, 5100, 6000, 6001, 6080, 6081.

Ermitteln Sie für die folgenden Geschäftsfälle jeweils den Rechnungs- bzw. Gutschriftsbetrag, nennen Sie den Buchungssatz und buchen Sie auf den entsprechenden Konten.

1. ER 2356 für Rohstoffe: Listenpreis	20.000,00
Gewährter Mengenrabatt	20 %
+ Umsatzsteuer	?
2. Eingangsfracht (Fall 1) lt. Speditionsrechnung, netto	800,00
+ Umsatzsteuer	152,00
3. Rücksendung beschädigter Rohstoffe (ER 2356), Nettowert	5.000,00
+ Umsatzsteuer	950,00
4. AR 3456: Verkauf von eigenen Erzeugnissen, Listenpreis	40.000,00
Gewährter Wiederverkäuferrabatt	25 %
+ Umsatzsteuer	?
5. Kunde (AR 3456) sendet uns beschädigte Erzeugnisse zurück, Nettowert	4.000,00
6. ER 2357: Kauf von Handelswaren, netto	14.600,00
Verpackung, netto	400,00
7. AR 3457: Verkauf von Handelswaren, Listenpreis	2.500,00
Gewährter Mengenrabatt	10 %
+ Umsatzsteuer	?
8. Kunde (AR 3457) erhält Gutschrift wegen Falschlieferung, netto	1.300,00

2.3 Nachträgliche Preisnachlässe im Absatzbereich

Preisnachlässe, die den Kunden aufgrund von **Mängelrügen**, **Boni** und **Skonti** nachträglich gewährt werden, **schmälern die Umsatzerlöse**.

Zur besseren Übersicht und für Zwecke der Kalkulation und Umsatzsteuerverprobung werden sie aber nicht direkt im Soll des betreffenden Umsatzerlöskontos gebucht, sondern zunächst auf einem besonderen

Unterkonto „Erlösberichtigungen":

5000 Umsatzerlöse für eigene Erzeugnisse	5100 Umsatzerlöse für Waren
5001 Erlösberichtigungen für eig. Erzeugnisse	5101 Erlösberichtigungen für Waren

Umbuchung

Beim Monats- oder Jahresabschluss werden die **Unterkonten** im Rahmen der vorbereitenden Abschlussbuchungen **über das entsprechende Erlöskonto** abgeschlossen. Die gewährten **Nachlässe mindern nachträglich die Umsatzerlöse** und damit auch die Bemessungsgrundlage der Umsatzsteuer, was eine **Berichtigung der Umsatzsteuer** erforderlich macht.

Beispiel

Das Unternehmen Thomas Berg e. K. hat lt. AR 812 Erzeugnisse für 10.000,00 € netto + 1.900,00 € Umsatzsteuer = 11.900,00 € an einen Kunden verkauft. Aufgrund einer Mängelrüge gewährt Thomas Berg einen Preisnachlass von 20 %. Die **Gutschriftsanzeige** lautet:

20 % Preisnachlass von 10.000,00 € netto	2.000,00 €
+ 19 % Umsatzsteuer	380,00 €
Bruttogutschrift	**2.380,00 €**

Buchung aufgrund der Ausgangsrechnung:
❶ 2400 Forderungen a. LL 11.900,00
   an 5000 Umsatzerlöse für eigene Erzeugnisse 10.000,00
   an 4800 Umsatzsteuer 1.900,00

Nettobuchung des dem Kunden gewährten Preisnachlasses:
❷ 5001 Erlösberichtigungen für eigene Erzeugnisse 2.000,00
   4800 Umsatzsteuer 380,00
   an 2400 Forderungen a. LL 2.380,00

Umbuchung am Ende der Rechnungsperiode:
❸ 5000 Umsatzerlöse für eig. Erz. ...... an 5001 Erlösberichtigungen f. e. E. 2.000,00

S	2400 Forderungen a. LL	H
❶ 11.900,00	❷	2.380,00

S	5000 Umsatzerlöse f. eigene Erzeugnisse	H
❸ 2.000,00	❶	10.000,00

S	5001 Erlösberichtigungen für eig. Erz.	H
❷ 2.000,00	❸	2.000,00

S	4800 Umsatzsteuer	H
❷ 380,00	❶	1.900,00

Umsatzerlöse	10.000,00 €
− Preisminderung	2.000,00 €
= **Berichtigte Erlöse**	**8.000,00 €**

Nennen Sie die Buchungen des vorhergehenden Beispiels nach dem Bruttoverfahren.

Absatzbereich C

Die **Kundenskonti** können wie die Lieferantenskonti nach dem **Nettoverfahren** (sofortige USt-Berichtigung) **oder** nach dem **Bruttoverfahren** (spätere USt-Berichtigung) gebucht werden. In der **EDV-Buchführung wird** – wie bereits weiter oben behandelt – der Bruttoskontobetrag eingegeben, wobei das Programm dann die Steuerberichtigung automatisch errechnet und direkt bucht.

Beispiel

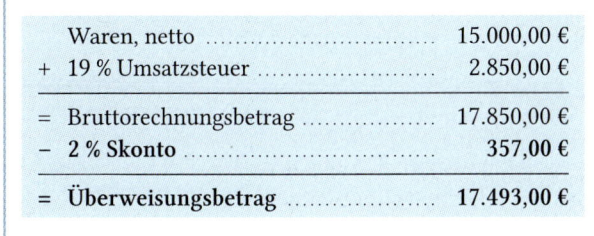

Wir haben lt. AR 813 Handelswaren für 15.000,00 € + 2.850,00 € USt = 17.850,00 € auf Ziel verkauft. Der Kunde begleicht vereinbarungsgemäß den Rechnungsbetrag durch Banküberweisung unter Abzug von 2 % Skonto.

	Waren, netto	15.000,00 €
+	19 % Umsatzsteuer	2.850,00 €
=	Bruttorechnungsbetrag	17.850,00 €
−	2 % Skonto	357,00 €
=	Überweisungsbetrag	17.493,00 €

Steuerberichtigung

$$= \frac{\text{Bruttoskonto} \cdot 19\,\%}{119\,\%}$$

$$= \frac{357{,}00\ \text{€} \cdot 0{,}19}{1{,}19} = 57{,}00\ \text{€}$$

Der **Bruttoskontobetrag** (357,00 €) ist **in** den **USt-Anteil** (57,00 €) und den **Erlösanteil** (357,00 € − 57,00 € = 300,00 €) **aufzuteilen**.

❶ Buchung der AR 813: *Nennen Sie den Buchungssatz.*

Nettobuchungsverfahren

Nettobuchung:
❷ 2800 Bank 17.493,00
    5101 Erlösberichtigungen f. W.   300,00
    4800 Umsatzsteuer 57,00   an 2400 Forderungen a. LL 17.850,00

Umbuchung am Ende der Rechnungsperiode:
❸ 5100 Umsatzerlöse für Waren .... an 5101 Erlösberichtigungen f. W.   300,00

S	2400 Forderungen a. LL	H
❶ 17.850,00	❷	17.850,00

S	5100 Umsatzerlöse für Waren	H
❸ 300,00	❶	15.000,00

S	4800 Umsatzsteuer	H
❷ 57,00	❶	2.850,00

S	2800 Bank	H
❷ 17.493,00		

S	5101 Erlösberichtigungen für Waren	H
❷ 300,00	❸	300,00

	Umsatzerlöse	15.000,00 €
−	Kundenskonti, netto	300,00 €
=	Berichtigte Erlöse	14.700,00 €

Bruttobuchungsverfahren

Buchung des Zahlungseingangs:
❷ 2800 Bank 17.493,00
    5101 Erlösberichtigungen f. W.   357,00   an 2400 Forderungen a. LL 17.850,00

USt-Berichtigungsbuchung zum Schluss des Umsatzsteuervoranmeldungszeitraums:
❸ 4800 Umsatzsteuer   an 5101 Erlösberichtigungen f. W.   57,00

S	5101 Erlösberichtigungen für Waren	H		S	4800 Umsatzsteuer	H
❷ 2400	357,00	❸ 4800	57,00	❸ 5101	57,00	❷ 2400	2.850,00
		❹ 5100	300,00				

C — Berechnungen und Buchungen in wichtigen Sachbereichen des Industriebetriebes

Merke

- Preisnachlässe aufgrund von Mängelrügen, Kundenboni und Kundenskonti mindern nachträglich die Umsatzerlöse und Umsatzsteuer.
- Kundenskonti mindern die Erlöse, Lieferantenskonti die Anschaffungskosten.
- Die Umsatzsteuer-Zahllast kann am Ende des USt-Voranmeldungszeitraumes erst nach Vornahme der anteiligen Berichtigungen auf den Steuerkonten ermittelt werden.

S	2600 Vorsteuer	H
Vorsteuerbeträge aufgrund von Eingangsrechnungen	Berichtigungen – Rücksendungen an Lieferanten, – Preisnachlässe von Lieferanten, – Lieferantenboni, – Lieferantenskonti	

S	4800 Umsatzsteuer	H
Berichtigungen – Rücksendungen von Kunden, – Preisnachlässe an Kunden, – Kundenboni, – Kundenskonti	Umsatzsteuerbeträge aufgrund von Ausgangsrechnungen	

In den folgenden Aufgaben sind Preisnachlässe nach dem Nettoverfahren zu buchen, wenn keine anderslautende Angabe vorliegt.

Aufgabe 151

Die Eingangsrechnung 2853 über 3.570,00 € (Rohstoffwert 3.000,00 € + 570,00 € Umsatzsteuer) wird unter Abzug von 2 % Skonto durch Banküberweisung an den Lieferanten beglichen.

Konten: 2600, 2800 (AB 85.000,00 €), 4400, 6000, 6002.

1. Buchen Sie den Eingang der Rohstoffe aufgrund der ER 2853.
2. Buchen Sie beim Rechnungsausgleich den Skonto
   a) netto und
   b) brutto.
3. Ermitteln und buchen Sie die Steuerberichtigung beim Bruttoverfahren.
4. Wie lauten die entsprechenden Buchungen beim Lieferanten?

Aufgabe 152

Ein Kunde begleicht die Ausgangsrechnung 4459 über 17.850,00 € (Erzeugniswert 15.000,00 € + 2.850,00 € Umsatzsteuer) abzüglich 2 % Skonto durch Postbanküberweisung.

Konten: 2400, 2850, 4800, 5000, 5001.

1. Buchen Sie den Verkauf der eigenen Erzeugnisse aufgrund der AR 4459.
2. Buchen Sie den Skonto beim Zahlungseingang nach dem Nettoverfahren.
3. Nennen Sie die entsprechenden Buchungen zu 1. und 2. auch beim Kunden.

Aufgabe 153

Auszug aus der vorläufigen Summenbilanz	Soll	Haben
2600 Vorsteuer	52.500,00	48.350,00
4800 Umsatzsteuer	72.150,00	83.450,00
5001 Erlösberichtigungen (einschl. Umsatzsteuer)	2.975,00	?
6002 Nachlässe (einschl. Umsatzsteuer)	?	3.808,00

1. Ermitteln Sie am Monatsende die Steuerberichtigungen und buchen Sie.
2. Ermitteln Sie nach den Berichtigungsbuchungen die Umsatzsteuer-Zahllast.

Aufgabe 154

Gutschrift über eine Umsatzvergütung von 3 % auf den Handelswarenumsatz des 2. Halbjahres in Höhe von 350.000,00 € netto.

1. Erstellen Sie die Gutschriftsanzeige.
2. Wie bucht
   a) der Lieferant und
   b) der Kunde?
3. Erläutern Sie die Auswirkung der Boni im Ein- und Verkaufsbereich.

Absatzbereich

Aufgabe 155

a) Ein Rohstofflieferant gewährt wegen Mängelrüge einen Preisnachlass von 10 % des Rechnungsbetrages. Der Rechnungsbetrag (ER 488) lautete über 11.900,00 €.

b) Einem Kunden wird aufgrund seiner Mängelrüge nachträglich ein Preisnachlass von 20 % des Rechnungsbetrages (AR 811) in Höhe von 17.850,00 € gewährt.

1. Ermitteln Sie jeweils die Gesamtgutschrift und die Steuerberichtigung.
2. Erstellen Sie die Gutschriftsanzeigen und nennen Sie die Buchungssätze (netto).

Aufgabe 156

Anfangsbestände

0700	TA und Maschinen	285.000,00	2280 Handelswaren	6.000,00
0800	Andere Anlagen/BGA	138.500,00	2400 Forderungen a. LL	32.600,00
2000	Rohstoffe	42.000,00	2800 Bankguthaben	38.600,00
2020	Hilfsstoffe	13.000,00	2880 Kasse	12.800,00
2100	Unfertige Erzeugnisse	18.000,00	3000 Eigenkapital	564.000,00
2200	Fertige Erzeugnisse	21.500,00	4400 Verbindlichkeiten a. LL	44.000,00

Kontenplan
0700, 0800, 2000, 2002, 2020, 2100, 2200, 2280, 2281, 2400, 2600, 2800, 2880, 3000, 3001, 4400, 4800, 5000, 5100, 5101, 5200, 5420, 6000, 6020, 6080, 6140, 6160, 6200, 6520, 6700, 8010, 8020.

Geschäftsfälle (bestandsorientiertes Buchungsverfahren)

1.	Zielkauf von Handelswaren lt. ER 505–510, netto	25.700,00
	+ Umsatzsteuer	4.883,00
2.	Eingangsfrachten hierauf bar, netto	400,00
	+ Umsatzsteuer	76,00
3.	Zielverkauf von Handelswaren lt. AR 980–986	15.400,00
	+ Umsatzsteuer	2.926,00
4.	Banküberweisung der Fertigungslöhne	5.250,00
5.	Barzahlung einer Maschinenreparatur, Nettopreis	600,00
	+ Umsatzsteuer	114,00
6.	Verbrauch lt. Entnahmescheine: Rohstoffe	12.500,00
	Hilfsstoffe	4.000,00
7.	Zielverkauf von eigenen Erzeugnissen lt. AR 987–988, netto	64.700,00
	+ Umsatzsteuer	12.293,00
8.	Ausgangsfrachten hierauf bar, netto	700,00
	+ Umsatzsteuer	133,00
9.	Rücksendung beschädigter Rohstoffe an Lieferanten, brutto	595,00
10.	Lieferant (Rohstoffe) gewährt einen Bonus, brutto	1.190,00
11.	Kunde sendet beschädigte Erzeugnisse zurück, Nettowert	2.000,00
12.	Ein Kunde erhält einen Preisnachlass wegen beanstandeter Warenlieferung, brutto	1.428,00
13.	Zahlung der Geschäftsmiete an Vermieter durch Banküberweisung	2.800,00
14.	Privatentnahmen in bar	650,00
	von Handelswaren, netto	1.500,00

Abschlussangaben

1. Abschreibungen auf 0700: 9.600,00 €; auf 0800: 2.300,00 €.
2. Endbestand lt. Inventur:

Unfertige Erzeugnisse	16.000,00
Fertige Erzeugnisse	29.000,00
Handelswaren	20.000,00

Ermitteln Sie auch den Rohgewinn aus dem Verkauf der Handelswaren.

C — Berechnungen und Buchungen in wichtigen Sachbereichen des Industriebetriebes

Aufgabe 157

Kontenplan und vorläufige Saldenbilanz	Soll	Haben
0700 TA und Maschinen	123.000,00	–
0800 Andere Anlagen/BGA	65.000,00	–
2000 Rohstoffe	80.000,00	–
2200 Fertige Erzeugnisse	20.000,00	–
2400 Forderungen a. LL	155.426,00	–
2600 Vorsteuer	179.898,00	–
2800 Bank	158.380,00	–
3000 Eigenkapital	–	300.000,00
3001 Privat	76.000,00	–
4400 Verbindlichkeiten a. LL	–	104.410,00
4800 Umsatzsteuer	–	277.894,00
5000 Umsatzerlöse für eigene Erzeugnisse	–	1.535.000,00
5001 Erlösberichtigungen	72.400,00	–
5200 Bestandsveränderungen	–	–
6000 Aufwendungen für Rohstoffe	919.200,00	–
6001 Bezugskosten	18.800,00	–
6002 Nachlässe	–	31.200,00
7800 Diverse Aufwendungen	380.400,00	–
Weitere Konten: 6520, 8010 und 8020.	2.248.504,00	2.248.504,00

Geschäftsfälle (aufwandsorientierte Materialbeschaffung)

1. Banküberweisungen von Kunden:
   Rechnungsbeträge 33.320,00
   – Skonti (2 %) 666,40   32.653,60
2. Gutschriftsanzeige an Kunden für Bonus:
   2,5 % von 480.000,00 € Jahres-Nettoumsatz 12.000,00
   + Umsatzsteuer 2.280,00   14.280,00
3. Die Eingangsrechnung ER 1406, Rohstoffwert 22.500,00
   + Umsatzsteuer 4.275,00   26.775,00
   wurde versehentlich als Ausgangsrechnung gebucht. Stornieren Sie die Falschbuchung.
4. Buchen Sie die Eingangsrechnung 1406.
5. AR 1450–1460 für eigene Erzeugnisse, netto 78.600,00
   + Transportkosten 3.400,00
   + Umsatzsteuer 15.580,00   97.580,00
6. Banküberweisungen an Lieferanten: Rechnungsbeträge 29.750,00
   – Skonti (2 %) 595,00   29.155,00
7. Kunde erhält Preisnachlass wegen Mängelrüge, brutto   595,00
8. Rohstofflieferant schreibt Bonus gut:
   3 % auf den Umsatz von 680.000,00 € 20.400,00
   + Umsatzsteuer 3.876,00   24.276,00
9. Rücksendung beschädigter Rohstoffe an Lieferanten,
   Nettowert 3.500,00
   + Umsatzsteuer 665,00   4.165,00

Abschlussangaben: 1. Schlussbestand an Rohstoffen lt. Inventur 60.000,00
   Schlussbestand an fertigen Erzeugnissen 35.000,00
2. Abschreibungen auf 0700: 14.000,00 €; auf 0800: 6.000,00 €.

Auswertung

1. Ermitteln und beurteilen Sie die Rentabilität (Verzinsung) des Eigenkapitals in %, indem Sie den Reingewinn nach Abzug eines jährlichen Unternehmerlohnes in Höhe von 100.000,00 € zum durchschnittlichen Eigenkapital in Beziehung setzen.
2. Wie beurteilen Sie das Verhältnis zwischen Eigenkapital und Fremdkapital?
3. Welche Vermögensteile sind durch eigene Mittel (Eigenkapital) gedeckt?

ABSATZBEREICH **C**

Aufgabe 158

Buchen Sie die folgenden Geschäftsfälle auf den Konten 2400, 2600, 4400, 4800, 5000, 5001, 6000, 6002 und ermitteln Sie jeweils die erforderlichen Steuerberichtigungen.

1. Zieleinkauf von Rohstoffen, Nettowert lt. ER 567: 5.800,00 €.
2. Rücksendung beschädigter Rohstoffe an Lieferanten (ER 567): Nettowert 1.800,00 €.
3. Auf die übrigen Rohstoffe (ER 567) gewährt der Lieferant 20 % Nachlass.
4. Zielverkauf von eigenen Erzeugnissen, Nettowert lt. AR 859: 6.000,00 €.
5. Kunde sendet beschädigte Erzeugnisse (AR 859) zurück: 2.000,00 € netto.
6. Kunde (AR 859) erhält im Übrigen noch einen Preisnachlass von brutto 238,00 €.

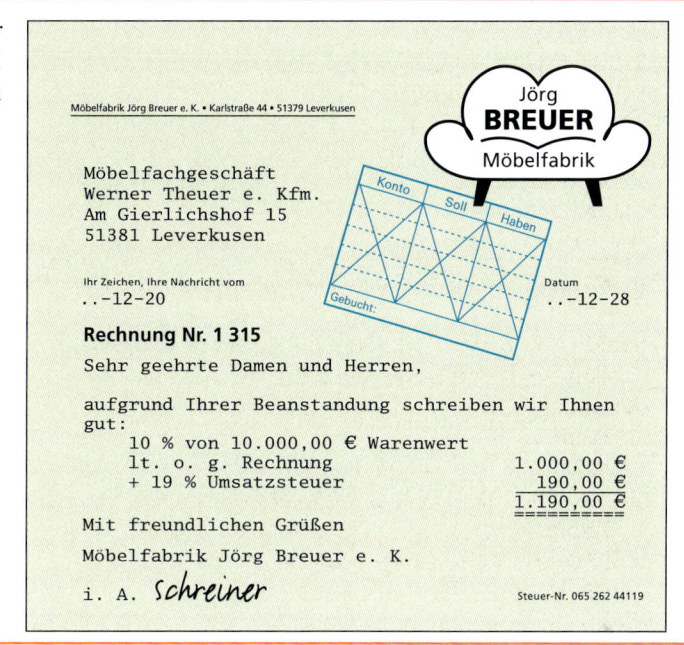

Aufgabe 159

In der Finanzbuchhaltung der Möbelfabrik Jörg Breuer e. K. haben Sie den nebenstehenden Beleg zu buchen:

Möbelfabrik Jörg Breuer e. K. • Karlstraße 44 • 51379 Leverkusen

Möbelfachgeschäft
Werner Theuer e. Kfm.
Am Gierlichshof 15
51381 Leverkusen

Ihr Zeichen, Ihre Nachricht vom
..-12-20

Datum
..-12-28

Rechnung Nr. 1 315

Sehr geehrte Damen und Herren,

aufgrund Ihrer Beanstandung schreiben wir Ihnen gut:

```
10 % von 10.000,00 € Warenwert
lt. o. g. Rechnung              1.000,00 €
+ 19 % Umsatzsteuer               190,00 €
                                1.190,00 €
```

Mit freundlichen Grüßen

Möbelfabrik Jörg Breuer e. K.

i. A. *Schreiner*

Steuer-Nr. 065 262 44119

Aufgabe 160

Buchen Sie den nebenstehenden Beleg in der Finanzbuchhaltung der Möbelfabrik Jörg Breuer e. K.

Max KAISER KG
Herstellung von Spanplatten

Möbelfabrik
Jörg Breuer e. K.
Karlstraße 44
51379 Leverkusen

Ihr Zeichen, Ihre Nachricht
..-12-16

Datum
..-12-30

Rechnung Nr. 8 765

Sehr geehrter Herr Breuer,

Eingang: ..-12-31

auf die von Ihnen zu Recht beanstandete Spanplattenlieferung vom 15. Dez. .. erhalten Sie nachträglich einen

```
Preisnachlass von netto         600,00 €
+ 19 % Umsatzsteuer             114,00 €
                                714,00 €
```

Wir bitten um gleich lautende Buchung.

Mit freundlichen Grüßen

Max Kaiser KG

ppa. *W. Herrhausen*

Steuer-Nr. 065 362 87653

Aufgabe 161

Buchen Sie die Belege der Aufgaben 159 und 160 in den Buchhaltungen von Werner Theuer und Max Kaiser.

C — Berechnungen und Buchungen in wichtigen Sachbereichen des Industriebetriebes

Aufgabe 162

Anfangsbestände

0700 TA und Maschinen	400.000,00	
0800 Andere Anlagen/BGA	60.000,00	
2000 Rohstoffe	50.000,00	
2020 Hilfsstoffe	20.000,00	
2100 Unfertige Erzeugnisse	10.000,00	
2200 Fertige Erzeugnisse	30.000,00	
2400 Forderungen a. LL	29.000,00	
2800 Bankguthaben	68.000,00	
2880 Kasse	3.000,00	
3000 Eigenkapital	470.000,00	
4250 Darlehensschulden	145.000,00	
4400 Verbindlichkeiten a. LL	55.000,00	

Kontenplan

0700, 0800, 2000, 2020, 2100, 2200, 2400, 2600, 2800, 2880, 3000, 3001, 4250, 4400, 4800, 5000, 5001, 5200, 5420, 5710, 6000, 6001, 6002, 6020, 6021, 6022, 6200, 6520, 6700, 8010, 8020.

Geschäftsfälle (aufwandsorientierte Materialbeschaffung)

1. ER 621–624 über Rohstoffe 30.000,00
   ER 625–626 über Hilfsstoffe 10.000,00
   + Umsatzsteuer .... 7.600,00 ... 47.600,00
2. Barzahlung der Bezugskosten für Rohstoffe ... 1.200,00
   für Hilfsstoffe ... 800,00
   + Umsatzsteuer ... 380,00 ... 2.380,00
3. Banküberweisung von Kunden, Rechnungsbetrag ... 5.950,00
   – 2 % Skonto (brutto) ... 119,00 ... 5.831,00
4. Gutschrift für Rücksendung beschädigter Rohstoffe, brutto ... 952,00
5. Banküberweisung an Rohstofflieferanten,
   Rechnungsbetrag ... 11.900,00
   – 2 % Skonto (brutto) ... 238,00 ... 11.662,00
6. Gutschrift des Hilfsstofflieferanten wegen Mängelrüge, brutto ... 1.785,00
7. Privatentnahme von Erzeugnissen ... 700,00
   + Umsatzsteuer ... 133,00 ... 833,00
8. Zinsgutschrift der Bank ... 600,00
9. Banküberweisung der Löhne ... 6.300,00
10. AR 728–736 über fertige Erzeugnisse ... 65.000,00
    + Umsatzsteuer ... 12.350,00 ... 77.350,00
11. Bonusgutschrift des Rohstofflieferanten, brutto ... 1.190,00
12. Banküberweisung für Miete an den Vermieter der Betriebsstätte ... 8.000,00
13. Banklastschrift für Darlehenstilgung ... 4.000,00

Abschlussangaben

1. Abschreibungen auf 0700: 10.000,00 €; auf 0800: 5.000,00 €.
2. Schlussbestände lt. Inventur: Rohstoffe 60.000,00 €, Hilfsstoffe 8.000,00 €, Unfertige Erzeugnisse 15.000,00 €, Fertige Erzeugnisse 22.000,00 €.

Aufgabe 163

1. Begründen Sie, dass bei Rücksendungen und Nachlässen jeweils die Umsatzsteuer bzw. Vorsteuer zu berichtigen ist.
2. Wie wirken sich Boni, Skonti und Preisnachlässe aufgrund von Mängelrügen
   a) im Beschaffungsbereich und
   b) im Absatzbereich aus?
3. Warum ist es sinnvoll, Nachlässe im Beschaffungs- und Absatzbereich auf entsprechenden Unterkonten zu erfassen?
4. Welche Nachlässe bewirken
   a) eine Anschaffungspreisminderung und
   b) eine Gewinnminderung?
5. Was versteht man bei der Skontibuchung unter
   a) Nettoverfahren und
   b) Bruttoverfahren?
6. Welchen Vorteil hat die EDV-Buchführung im Hinblick auf die Skontibuchungen?

2.4 Die Kalkulation von Handelswaren

Handelswaren werden in Industriebetrieben **zur Ergänzung des eigentlichen Verkaufsprogramms** eingekauft (siehe S. 123 f.) und **unverändert** verkauft. Die Unternehmensleitung will vor allem wissen, zu welchem **Bezugspreis** (siehe S. 128 f.) die Ware angeschafft wird und zu welchem **Verkaufs- bzw. Angebotspreis** die Ware abgesetzt werden kann. Das **Kalkulationsschema** besteht somit aus der bereits behandelten **Bezugskalkulation** und der **Selbstkosten- und Verkaufskalkulation**:

	Listeneinkaufspreis (netto)	
–	Lieferantenrabatt	
=	**Zieleinkaufspreis**	**Bezugskalkulation**
–	Lieferantenskonto	(siehe S. 128 f.)
=	**Bareinkaufspreis**	
+	Bezugskosten	
=	**Bezugspreis** (Einstandspreis)	
+	Handlungskosten (Personal-, Lager-, Vertriebskosten u. a.)	
=	**Selbstkosten**	
+	Gewinn	
=	**Barverkaufspreis**	**Selbstkosten- und**
+	Kundenskonto	**Verkaufskalkulation**
=	**Zielverkaufspreis**	
+	Kundenrabatt	
=	**Listenverkaufspreis** bzw. Angebotspreis (netto)	

Beispiel

Die Büromöbelwerke Richter KG beziehen von der Schnell OHG Schreibtischsets, die sie ihren Kunden zu den Schreibtischen zusätzlich anbieten. Der **Bezugspreis** wurde mit **10,40 €** kalkuliert. Im Unternehmen wird mit einem **Handlungskostenzuschlag von 25 %** und einem **Gewinnzuschlag von 10 %** gerechnet. Mit dem Handlungskostenzuschlag werden alle o. g. Kosten anteilig der jeweiligen Ware zugerechnet. Bei Zahlung innerhalb von 10 Tagen werden **2 % Skonto** gewährt. **10 % Mengenrabatt** erhalten Kunden bei Abnahme von mindestens 20 Sets.

Selbstkosten- und Verkaufskalkulation

	Bezugspreis für ein Schreibtischset	10,40 €		
+	25 % Handlungskosten	2,60 €		
=	Selbstkostenpreis	13,00 €		
+	10 % Gewinn	1,30 €		
=	Barverkaufspreis	14,30 €	= 98 %	
+	2 % Kundenskonto	0,29 €	= 2 %	
=	Zielverkaufspreis	14,59 €	= 100 %	= 90 %
+	10 % Kundenrabatt	1,62 €		= 10 %
=	Listenverkaufs- bzw. Angebotspreis (netto)	16,21 €		= 100 %

Vereinfachung der Verkaufskalkulation

Sofern die Zuschlagssätze über längere Zeit konstant bleiben, lässt sich die Verkaufskalkulation **durch Bildung eines Kalkulationszuschlags** vereinfachen. Er ergibt sich aus der **Differenz zwischen Bezugspreis und Listenverkaufspreis, ausgedrückt in Prozenten des Bezugspreises**.

$$\text{Kalkulationszuschlag} = \frac{(\text{Listenverkaufspreis} - \text{Bezugspreis})}{\text{Bezugspreis}} = \frac{(16{,}21\ \text{€} - 10{,}40\ \text{€})}{10{,}40\ \text{€}} = 0{,}5587 = 55{,}87\ \%$$

	Bezugspreis für ein Schreibtischset	10,40 € =	100,00 %
+	55,87 % Kalkulationszuschlag	5,81 € =	55,87 %
=	Listenverkaufspreis (netto)	16,21 € =	155,87 %

C — Berechnungen und Buchungen in wichtigen Sachbereichen des Industriebetriebes

Merke

Der Kalkulationszuschlag ist die Differenz zwischen Bezugspreis und Listenverkaufspreis, ausgedrückt in Prozenten des Bezugspreises. Er vereinfacht die Preiskalkulation:

$$\text{Kalkulationszuschlag} = \frac{(\text{Listenverkaufspreis} - \text{Bezugspreis})}{\text{Bezugspreis}}$$

Aufgabe 164

Buchen Sie auf den Konten 2280, 2281, 2282, 2400, 2600, 4400, 4800, 5100, 5101, 6080, 8000 unter Angabe der Buchungssätze die folgenden Geschäftsfälle und schließen Sie die Konten über 8010 SBK und 8020 GuV ab:

1. Anfangsbestand an Handelswaren 46.000,00
2. Zieleinkauf von Handelswaren lt. ER 234, Warenwert 25.000,00
3. Eingang der Speditionsrechnung 245 für ER 234, netto 450,00
4. Zielverkauf von Handelswaren lt. AR 456, Warenwert 48.500,00
   + Verpackungskosten 500,00
   + Umsatzsteuer 9.310,00   58.310,00
5. Gutschrift eines Lieferanten für Warenrücksendung, brutto 1.011,50
6. Der Lieferant gewährt Bonus auf Warenumsatz, brutto 952,00
7. Gutschriftsanzeige an Kunden für Warenrücksendung, netto 1.500,00
8. Gutschriftsanzeige an Kunden wegen Mängelrüge, netto 750,00
9. Schlussbestand an Handelswaren 27.800,00

Aufgabe 165

1. Buchen Sie die Geschäftsfälle der vorstehenden Aufgabe aufwandsorientiert auf den Konten 2280, 2400, 2600, 4400, 4800, 5100, 5101, 6080, 6081, 6082, 8000 und nennen Sie jeweils den Buchungssatz.
2. Führen Sie unter Angabe der Buchungssätze die Umbuchungen durch und schließen Sie die Konten über 8010 und 8020 ab.

Aufgabe 166

Die Kartonagenfabrik Pütz GmbH ergänzt ihr Verkaufsprogramm durch Verpackungsfolie, die sie zum Bezugspreis von 230,00 € je 100 m einkauft. Sie kalkuliert die Ware mit 30 % Handlungskosten, 2 % Gewinn, 3 % Kundenskonto und – bei Abnahme von 10000 m – mit einem Mengenrabatt von 15 %.

1. Berechnen Sie
   a) den Angebotspreis für 100 m Folie und
   b) den Kalkulationszuschlag.
2. Welchen Vorteil bietet die Anwendung des Kalkulationszuschlages in der Preiskalkulation der Waren?

Aufgabe 167

Berechnen Sie den Angebots- bzw. Listenverkaufspreis einer Ware:

Listeneinkaufspreis netto 120,00 €, Lieferantenrabatt 20 %, Lieferantenskonto 2 %, Frachtkosten 12,00 €, Handlungskostenzuschlag 25 %, Gewinn 15 %, Kundenskonto 3 % und Kundenrabatt 20 %.

Wie hoch ist der Kalkulationszuschlag?

Aufgabe 168

In einem Industriebetrieb soll die Zuschlagskalkulation auf die einfachere Kalkulation mit dem Kalkulationszuschlag umgestellt werden. Bisher wurde mit folgenden Einzelzuschlägen gerechnet:

34 % Handlungskosten, 8 % Gewinn, 2 % Kundenskonto, 15 % Kundenrabatt.

1. Berechnen Sie den Kalkulationszuschlag.
2. Ermitteln Sie den Angebotspreis einer Ware, die zum Listenpreis von 345,00 € mit 12 % Lieferantenrabatt, 3 % Lieferantenskonto und 21,50 € Bezugskosten eingekauft wurde.

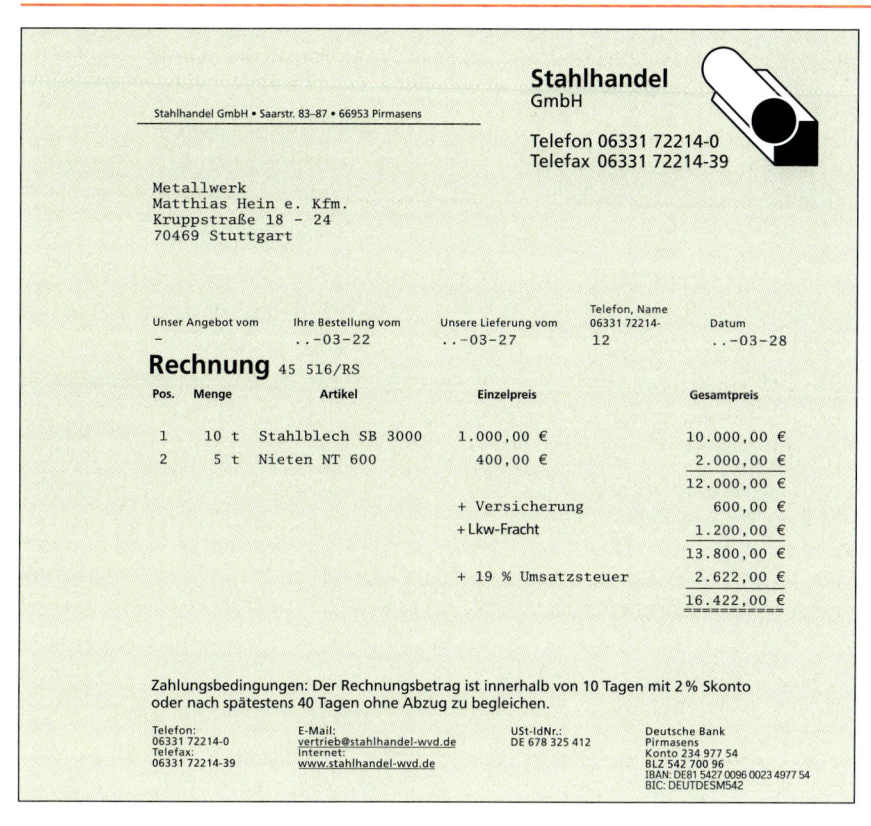

Aufgabe 169

Stahlhandel GmbH
Stahlhandel GmbH • Saarstr. 83–87 • 66953 Pirmasens
Telefon 06331 72214-0
Telefax 06331 72214-39

Metallwerk
Matthias Hein e. Kfm.
Kruppstraße 18 – 24
70469 Stuttgart

Unser Angebot vom	Ihre Bestellung vom	Unsere Lieferung vom	Telefon, Name 06331 72214-	Datum
–	..-03-22	..-03-27	12	..-03-28

Rechnung 45 516/RS

Pos.	Menge	Artikel	Einzelpreis	Gesamtpreis
1	10 t	Stahlblech SB 3000	1.000,00 €	10.000,00 €
2	5 t	Nieten NT 600	400,00 €	2.000,00 €
				12.000,00 €
		+ Versicherung		600,00 €
		+ Lkw-Fracht		1.200,00 €
				13.800,00 €
		+ 19 % Umsatzsteuer		2.622,00 €
				16.422,00 €

Zahlungsbedingungen: Der Rechnungsbetrag ist innerhalb von 10 Tagen mit 2 % Skonto oder nach spätestens 40 Tagen ohne Abzug zu begleichen.

Telefon: 06331 72214-0
Telefax: 06331 72214-39
E-Mail: vertrieb@stahlhandel-wvd.de
Internet: www.stahlhandel-wvd.de
USt-IdNr.: DE 678 325 412
Deutsche Bank Pirmasens
Konto 234 977 54
BLZ 542 700 96
IBAN: DE81 5427 0096 0023 4977 54
BIC: DEUTDESM542

1. Ermitteln Sie die Gewichts- und Wertspesen für die beiden Werkstoffe.
2. Buchen Sie die Eingangsrechnung bestandsorientiert auf den Konten 2000, 2001, 2020 und 2021. Schließen Sie die Konten 2001 und 2021 entsprechend ab.

Aufgabe 170

Buchen Sie den folgenden Beleg im Metallwerk Matthias Hein e. Kfm.:

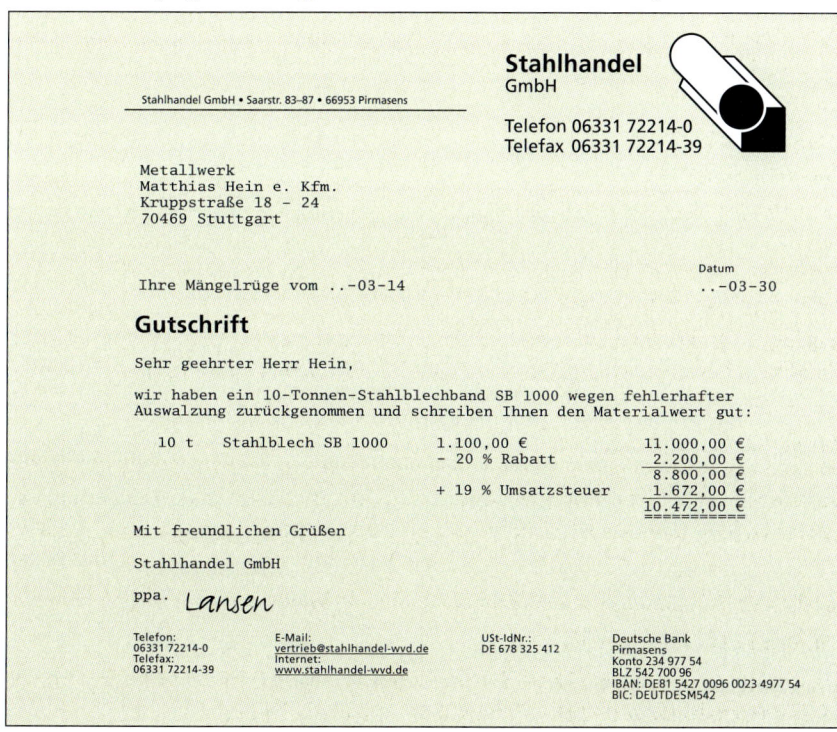

Stahlhandel GmbH
Stahlhandel GmbH • Saarstr. 83–87 • 66953 Pirmasens
Telefon 06331 72214-0
Telefax 06331 72214-39

Metallwerk
Matthias Hein e. Kfm.
Kruppstraße 18 – 24
70469 Stuttgart

Ihre Mängelrüge vom ..-03-14
Datum ..-03-30

Gutschrift

Sehr geehrter Herr Hein,

wir haben ein 10-Tonnen-Stahlblechband SB 1000 wegen fehlerhafter Auswalzung zurückgenommen und schreiben Ihnen den Materialwert gut:

10 t	Stahlblech SB 1000	1.100,00 €		11.000,00 €
		– 20 % Rabatt		2.200,00 €
				8.800,00 €
		+ 19 % Umsatzsteuer		1.672,00 €
				10.472,00 €

Mit freundlichen Grüßen

Stahlhandel GmbH

ppa. *Lansen*

Telefon: 06331 72214-0
Telefax: 06331 72214-39
E-Mail: vertrieb@stahlhandel-wvd.de
Internet: www.stahlhandel-wvd.de
USt-IdNr.: DE 678 325 412
Deutsche Bank Pirmasens
Konto 234 977 54
BLZ 542 700 96
IBAN: DE81 5427 0096 0023 4977 54
BIC: DEUTDESM542

Aufgabe 171

Salden der Sachkonten des Textilwerks Edgar Tuch e. K.	Soll	Haben
0700 TA und Maschinen	200.000,00	–
0800 Andere Anlagen/BGA	110.000,00	–
2000 Rohstoffe (Anfangsbestand)	97.500,00	–
2100 Unfertige Erzeugnisse (Anfangsbestand)	35.900,00	–
2200 Fertige Erzeugnisse (Anfangsbestand)	90.600,00	–
2280 Handelswaren (Anfangsbestand)	34.800,00	–
2400 Forderungen a. LL	229.161,00	–
2600 Vorsteuer	130.338,00	–
2800 Bankguthaben	283.000,00	–
3000 Eigenkapital	–	700.000,00
4400 Verbindlichkeiten a. LL	–	200.340,00
4800 Umsatzsteuer	–	202.559,00
5000 Umsatzerlöse für eigene Erzeugnisse	–	997.000,00
5001 Erlösberichtigungen	15.900,00	–
5100 Umsatzerlöse für Handelswaren	–	85.000,00
6000 Aufwendungen für Rohstoffe	578.000,00	–
6001 Bezugskosten	16.600,00	–
6002 Nachlässe	–	12.900,00
6080 Aufwendungen für Handelswaren	74.000,00	–
6200 Löhne	206.000,00	–
6700 Mietaufwendungen	96.000,00	–
Weitere Konten: 5200, 6520, 8010, 8020.	2.197.799,00	2.197.799,00

Geschäftsfälle (aufwandsorientierte Erfassung der Rohstoffe/Handelswaren)

1. Zieleinkauf von Rohstoffen lt. ER 345, netto 40.000,00
   + Fracht und Verpackung 2.000,00
   + Umsatzsteuer 7.980,00   49.980,00
2. Zieleinkauf von Handelswaren lt. ER 346, netto 15.000,00
   + Umsatzsteuer 2.850,00   17.850,00
3. Lastschriften der Bank lt. KA 56 für Geschäftsmiete .. 18.000,00
   für Lohnzahlungen 12.000,00   30.000,00
4. Zielverkauf von eigenen Erzeugnissen lt. AR 406, netto .. 38.000,00
   + Fracht und Verpackung 2.000,00
   + Umsatzsteuer 7.600,00   47.600,00
5. Gutschrift des Lieferanten für Warenrücksendung 800,00
   + Umsatzsteuer 152,00   952,00
6. Zielverkauf von Handelswaren lt. AR 407, netto 25.000,00
   + Verpackung 500,00
   + Umsatzsteuer 4.845,00   30.345,00
7. Gutschrift an Kunden für mangelhafte Erzeugnisse 750,00
   + Umsatzsteuer 142,50   892,50
8. KA 57: Überweisung zum Ausgleich von ER 342 an Lieferanten .. 23.800,00
9. Gutschriftsanzeige des Rohstofflieferanten für Bonus .. 2.500,00
   + Umsatzsteuer 475,00   2.975,00

Schlussbestände lt. Inventur

Rohstoffe .... 75.000,00 €   Handelswaren .... 44.800,00 €
Unfertige Erzeugnisse .... 30.000,00 €   Fertige Erzeugnisse ..... 110.000,00 €

Abschreibungen: TA und Maschinen: 15.000,00 €; Andere Anlagen/BGA: 7.000,00 €

1. Richten Sie die obigen Konten mit ihren Salden ein.
2. Führen Sie den Abschluss der Konten durch.
3. Ermitteln Sie die Rentabilität des durchschnittlichen Eigenkapitals.

3 Sonderfälle im Beschaffungs- und Absatzbereich

3.1 Der Güterverkehr im Gemeinschaftsgebiet der EU

Seit der Verwirklichung des Europäischen Binnenmarktes muss im Handel mit ausländischen Staaten unterschieden werden zwischen dem

- **Warenverkehr mit EU-Mitgliedstaaten** und dem
- **Warenverkehr mit Nicht-EU-Mitgliedstaaten**, den so genannten **Drittländern**, wie USA, Schweiz u. a.

> **Beispiel** — weiter auf S. 160
>
> ❶ Die Papierfabrik Horn KG, Köln, verkauft am 10. Januar .. an eine französische Druckerei in Paris Druckpapier im Wert von netto 35.000,00 € mit einem Zahlungsziel von 60 Tagen.
>
> ❷ Am 15. Januar .. erwirbt die Papierfabrik Horn KG von einem belgischen Unternehmen in Brüssel Farbstoffe für die Papierherstellung zum Nettopreis von 40.000,00 €. Das Zahlungsziel beträgt 30 Tage.

Die **Europäische Union (EU)** ist umsatzsteuerrechtlich ein **Gemeinschaftsgebiet**. Deshalb ist der **Warenverkehr zwischen den einzelnen EU-Mitgliedstaaten** auch als eine **innergemeinschaftliche Lieferung** bzw. als ein **innergemeinschaftlicher Erwerb** von Waren zu verstehen. Nur im **Warenhandel mit Drittländern** liegt umsatzsteuerrechtlich eine **Einfuhr bzw. Ausfuhr** von Waren vor.

Innergemeinschaftlicher Warenverkehr

Wegen der unterschiedlich hohen Umsatzsteuersätze in den einzelnen EU-Mitgliedstaaten musste der Ministerrat der Europäischen Union zunächst eine **umsatzsteuerliche Übergangsregelung** erlassen. Bis zu einer endgültigen Regelung **ist nicht die Lieferung** von einem EU-Mitgliedstaat in einen anderen **umsatzsteuerpflichtig, sondern der Erwerb der Ware**, und zwar mit dem **Umsatzsteuersatz des jeweiligen Bestimmungslandes**. Umsatzsteuer wird also erst dort erhoben, wo die Ware den **gewerblichen Erwerber** erreicht (**Bestimmungslandprinzip**). Sie ist also praktisch eine „Erwerbsteuer".

Normalsteuersätze in den 27 EU-Mitgliedstaaten[1]			
Staaten	Steuersatz	Staaten	Steuersatz
Belgien	21,0 %	Luxemburg	17,0 %
Bulgarien	20,0 %	Malta	18,0 %
Dänemark	25,0 %	Niederlande	21,0 %
Deutschland	19,0 %	Österreich	20,0 %
Estland	20,0 %	Polen	23,0 %
Finnland	24,0 %	Portugal	23,0 %
Frankreich	20,0 %	Rumänien	19,0 %
Griechenland	24,0 %	Schweden	25,0 %
Großbritannien	20,0 %	Slowakische Republik	20,0 %
Irland	23,0 %	Slowenien	22,0 %
Italien	22,0 %	Spanien	21,0 %
Kroatien	25,0 %	Tschechische Republik	21,0 %
Lettland	21,0 %	Ungarn	27,0 %
Litauen	21,0 %	Zypern	19,0 %

Der Erwerber der Ware **schuldet seinem Finanzamt die Umsatzsteuer**, die er jedoch auch **zugleich als Vorsteuer** abziehen kann, soweit er **Unternehmer** ist und die Ware für **sein Unternehmen** erworben hat. **Die Umsatzsteuer belastet** also den **gewerblichen Erwerber** der Ware **nicht**.

In den Umsatzsteuervoranmeldungen sind die **steuerpflichtigen innergemeinschaftlichen Erwerbe (i. E.)** und die **steuerfreien innergemeinschaftlichen Lieferungen (i. L.)** getrennt

---
[1] Stand Januar 2019

auszuweisen. Deshalb sollten in der Finanzbuchhaltung **gesonderte Konten** eingerichtet werden, nicht zuletzt auch wegen der **Verprobung der Umsatzsteuer**:

> 2500 Innergemeinschaftlicher Erwerb (i. E.)[1]
> 5060 Erlöse aus innergemeinschaftlicher Lieferung (i. L.)[1]
> 2602 Vorsteuer (19 %) für i. E.
> 4802 Umsatzsteuer (19 %) für i. E.

Das Konto „**2500 Innergemeinschaftlicher Erwerb**" erfasst **alle Erwerbe** von Werkstoffen, Handelswaren, Anlagegütern u. a. als **Nachweis** der Umsatzsteuervoranmeldung und Umsatzsteuerverprobung. Es ist lediglich ein **Zwischenkonto**, von dem dann später die erforderlichen **Umbuchungen** auf das betreffende Werkstoff-, Waren- oder Anlagekonto erfolgen.

Beispiel
Fortsetzung von S. 159

Die Buchungen in der Papierfabrik Horn KG lauten:

Buchung der umsatzsteuerfreien innergemeinschaftlichen Lieferung:

❶ 2400 Forderungen a. LL .... an 5060 Erlöse aus i. L. 35.000,00

Buchung des umsatzsteuerpflichtigen innergemeinschaftlichen Erwerbs:

❷ 1. 2500 Innergem. Erwerb .... an 4400 Verbindlichkeiten a. LL 40.000,00
   2. 2602 Vorsteuer für i. E. .... an 4802 Umsatzsteuer für i. E. 7.600,00

Umbuchung des innergemeinschaftlichen Erwerbs auf das Konto „2020 Hilfsstoffe"[2]:

❸ 2020 Hilfsstoffe .... an 2500 Innergem. Erwerb 40.000,00

Umsatzsteuer-Identifikationsnummer

Zur Kontrolle der Umsatzsteuer im innergemeinschaftlichen Handelsverkehr wird allen zum Vorsteuerabzug berechtigten Unternehmen eine **Umsatzsteuer-Identifikationsnummer (USt-IdNr.)** zugeteilt, die mit dem jeweiligen Ländercode (z. B. DE für Deutschland) beginnt. **Ausgangsrechnungen** müssen jeweils die eigene Identifikationsnummer und die des Kunden ausweisen. Das ermöglicht einen schnellen Informationsaustausch zwischen den Finanzbehörden der einzelnen EU-Mitgliedstaaten.

Merke

- Der Warenverkehr zwischen den EU-Mitgliedstaaten ist umsatzsteuerlich ein innergemeinschaftlicher Vorgang. Ein- und Ausfuhr von Waren gibt es nur im Handelsverkehr mit Nicht-EU-Mitgliedstaaten (= Drittländer).
- Bis zu einer endgültigen Regelung gibt es umsatzsteuerlich eine befristete Übergangsregelung:
  - Eine innergemeinschaftliche gewerbliche Lieferung von Gütern ist umsatzsteuerfrei (§ 4 Nr. 1b UStG).
  - Ein innergemeinschaftlicher gewerblicher Erwerb von Gütern unterliegt der Umsatzsteuer des jeweiligen Bestimmungslandes (Erwerbsteuer; § 1 [1] Nr. 5, § 13a Nr. 2 UStG).
  - Die geschuldete Umsatzsteuer kann zugleich als Vorsteuer verrechnet werden. Die Umsatzsteuer belastet das Unternehmen nicht (§ 15 [1] Nr. 3 UStG).
- Zur Kontrolle des Umsatzsteueraufkommens müssen Ausgangsrechnungen die USt-Identifikationsnummern des Lieferanten und des Kunden enthalten.
- In den Umsatzsteuervoranmeldungen sind die innergemeinschaftlichen Lieferungen und Erwerbe gesondert auszuweisen (Umsatzsteuerverprobung).
- Zusatzinformation: Für Privatpersonen gilt die Besteuerung nach dem Bestimmungslandprinzip nicht. Sie werden mit der Umsatzsteuer des jeweiligen Einkaufslandes belastet (Ausnahme: Pkw-Kauf).

---

[1] Unterkonten: 2501 Bezugskosten, 2502 Nachlässe, 5061 Erlösberichtigungen
[2] Bei aufwandsorientierter Buchung: 6020 Aufwendungen für Hilfsstoffe

Sonderfälle im Beschaffungs- und Absatzbereich — C

Aufgabe 172
Die Papierfabrik Horn KG kauft bei einem italienischen Unternehmen in Mailand Rohstoffe im Wert von 45.000,00 €. Die Rechnung weist die Umsatzsteuer-Identifikationsnummern der beiden Unternehmen aus.
1. Beurteilen Sie den Geschäftsfall umsatzsteuerrechtlich aus der Sicht
   a) des Lieferanten und
   b) des Kunden.
2. Wie lauten die Buchungen in der Papierfabrik Horn?
3. Nennen Sie die Buchung im italienischen Unternehmen.

Aufgabe 173
Das Büromöbelwerk Braun OHG in Hamburg liefert an ein Unternehmen in Paris Büromöbel im Wert von 150.000,00 €. Die Ausgangsrechnung weist die erforderlichen Umsatzsteuer-Identifikationsnummern aus.
1. Wie lautet die Buchung des Büromöbelwerks Braun OHG?
2. Begründen Sie die Buchung des Büromöbelwerks.
3. Wie lauten die Buchungen im französischen Unternehmen bei einem Umsatzsteuersatz von 20,0 %?

Aufgabe 174
Die Textilfabrik Schulz GmbH in Stuttgart kaufte bei einem Stoffgroßhändler in London Stoffe im Wert von 250.000,00 €. Die Rechnung enthält die USt-Identifikationsnummern.
Wie lauten die Buchungen
a) beim Kunden und
b) beim Lieferanten?
Begründen Sie.

Aufgabe 175
Ein deutscher Elektrofabrikant hat in einer Lampenfabrik in Amsterdam für sein Privathaus eine Lampe für 4.500,00 € anfertigen lassen.
Beurteilen Sie den Fall umsatzsteuerrechtlich.

Aufgabe 176
Die Textilfabrik Schulz GmbH in Stuttgart hat von einer Fabrik in Frankreich Handelswaren im Wert von 120.000,00 € bezogen. Die Rechnung ist ordnungsgemäß.
Nennen und begründen Sie die Buchungen für die Textilfabrik Schulz.

Aufgabe 177
1. Welche Staaten bilden den EU-Binnenmarkt?
2. Im Umsatzsteuerrecht aller EU-Mitgliedstaaten unterscheidet man die Begriffe
   a) Inland,
   b) Gemeinschaftsgebiet und
   c) Drittlandsgebiet.
   Ordnen Sie entsprechend zu:
   1. Niedersachsen, 2. Schweiz, 3. Stuttgart, 4. Italien, 5. Kanada, 6. Paris.

Aufgabe 178
1. Ergänzen Sie:
   Nach § 1 [1] Nr. 5 UStG unterliegt der innergemeinschaftliche ... im ... gegen ... der Umsatzsteuer.
2. Welche Voraussetzungen müssen nach § 1 [1] UStG für die Besteuerung des innergemeinschaftlichen Erwerbs im Einzelnen vorliegen?
3. Wo wird der innergemeinschaftliche Erwerb besteuert?
4. Warum unterliegt in der EU nicht die innergemeinschaftliche Lieferung, sondern der innergemeinschaftliche Erwerb der Ware der Umsatzsteuer?

Aufgabe 179
1. Ergänzen Sie:
   a) Was aus der Sicht des vorsteuerabzugsberechtigten Verkäufers eine innergemeinschaftliche Lieferung ist, wird spiegelbildlich beim vorsteuerabzugsberechtigten Abnehmer zu einem innergemeinschaftlichen ... .
   b) Die Lieferung im Ausgangsland des EU-Binnenmarktes ist stets steuer... , der Erwerb im Bestimmungsland ist steuer... .
   c) Der Erwerber kann die geschuldete Umsatzsteuer als ... abziehen.
2. Welchen Zweck haben die Umsatzsteuer-Identifikationsnummern?

3.2 Güterverkehr mit Drittländern (Ein- und Ausfuhr)

Während die **Einfuhr** von Gütern **aus Drittländern**, also aus Staaten, die nicht der EU angehören, der **Einfuhrumsatzsteuer** (§ 11 UStG) und gegebenenfalls dem **Zoll** unterliegt, ist die **Ausfuhr** von Gütern **umsatzsteuerfrei**. Aus Gründen der **Umsatzsteuerverprobung** sind folgende Sonderkonten einzurichten:

> 2510 Gütereinfuhr[1]
> 2604 Einfuhrumsatzsteuer
> 5070 Erlöse aus Güterausfuhr[1]

Einfuhr von Waren

Das Konto „**2510 Gütereinfuhr**" ist wie das Konto „2500 Innergemeinschaftlicher Erwerb" ein **Zwischenkonto**, von dem später die **Umbuchungen** auf das betreffende Werkstoff-, Waren- oder Anlagekonto erfolgen.

Die **Einfuhrumsatzsteuer** (19 % bzw. 7 %), die in Unternehmen als **Vorsteuer** abzugsfähig ist, und die **Zollabgabe** (in Prozent vom Zollwert) werden von der **Zollbehörde** erhoben. Beide Abgaben dienen dem **Schutz inländischer Erzeugnisse** vor ausländischer Konkurrenz. Sie haben **unterschiedliche Bemessungsgrundlagen**:

Ermittlung des Zollwertes als Bemessungsgrundlage für den Zoll	Ermittlung der Bemessungsgrundlage der Einfuhrumsatzsteuer
Warenwert + Verpackungskosten + Transportkosten (Auslandsfracht) − möglicher Skontoabzug	**Zollwert (= Bezugspreis)** + Zollabgabe + Verbrauchsteuern (z. B. Kaffeesteuer) + Beförderungskosten (bis zum ersten Bestimmungsort innerhalb der EU)
= **Zollwert (= Bezugspreis)**	= **EUSt-Bemessungsgrundlage**

Rechnungen in ausländischer Währung sind **vor** ihrer Buchung auf der Grundlage der Devisenkassamittelkurse **umzurechnen**. Von Banken in Rechnung gestellte **Kosten der Zahlungsabwicklung** (Maklergebühr, Abwicklungsgebühr, Spesen) werden auf folgendem Konto erfasst:

> 6750 Kosten des Geldverkehrs.

Kursunterschiede zwischen Rechnungseingang und -ausgleich werden gebucht auf:

> 5430 Andere sonstige betriebliche Erträge
> 6940 Sonstige Aufwendungen

Beispiel

Die Papierfabrik Horn KG bezieht aus den USA einen Posten Lackpapier, das sie ihren Kunden unverändert anbietet. Die **Eingangsrechnung** geht am 10. Januar ein und lautet:

Umrechnung zum Devisenkassamittelkurs: 1,2055 US-$/€[2]		
Lackpapier	30.000,00 US-$ =	24.885,94 €
+ Transportkosten (bis Hamburg)	2.000,00 US-$ =	1.659,06 €
Rechnungsbetrag	32.000,00 US-$ =	26.545,00 €

Die Ware wird mit firmeneigenem Lkw in Hamburg abgeholt.

Buchung der Importeingangsrechnung:

❶ 2510 Gütereinfuhr 24.885,94
    2511 Bezugskosten .... 1.659,06 an 4400 Verbindlichkeiten a. LL 26.545,00

---

[1] Unterkonten: 2511 Bezugskosten, 2512 Nachlässe, 5071 Erlösberichtigungen
[2] Währungskurse unterliegen ständigen und oft erheblichen Schwankungen. Kassakurse werden täglich an der Frankfurter Devisenbörse ermittelt. Aus Briefkurs und Geldkurs wird der Devisenkassamittelkurs berechnet. Die im Folgenden verwendeten Kurse entsprechen nicht unbedingt dem aktuellen Stand.

SONDERFÄLLE IM BESCHAFFUNGS- UND ABSATZBEREICH

Umbuchung der Bezugskosten:
❷ 2510 Gütereinfuhr .... an 2511 Bezugskosten 1.659,06

Umbuchung der Wareneinfuhr auf das Konto „2280 Waren"[1]:
❸ 2280 Waren .... an 2510 Gütereinfuhr 26.545,00

Die Papierfabrik Horn KG erhält vom zuständigen Zollamt den Bescheid über die **Zollabgabe** und die **Einfuhrumsatzsteuer**:

	Warenwert	24.885,94 €		Zollwert	26.545,00 €
+	Transportkosten	1.659,06 €	+	Zoll	2.123,60 €
=	**Zollwert**	**26.545,00 €**	=	**Bemessungswert**	**28.668,60 €**
	8 % Zoll:	2.123,60 €		19 % EUSt:	5.447,03 €

Buchung: 2511 Bezugskosten 2.123,60
          2604 Einfuhrumsatzsteuer 5.447,03
      an 4820 Zollverbindlichkeiten 7.570,63

Nennen Sie jeweils den Buchungssatz für
1. *die Umbuchung der Bezugskosten,*
2. *die Verrechnung der Einfuhrumsatzsteuer als Vorsteuer und*
3. *die Begleichung der Zollverbindlichkeiten durch Banküberweisung.*

Die Ausfuhr von Waren in Drittländer ist einschließlich aller Nebenkosten (Frachten u. a.) aus Gründen der Exportförderung **umsatzsteuerfrei** (§ 4 Nr. 1 und 3 UStG), sofern der **Nachweis der Ausfuhrlieferung** durch internationalen Frachtbrief oder Grenzübertrittsbescheinigung des Zolls erbracht wird.

Ausfuhr von Waren

Beispiel

Die Papierfabrik Horn KG exportiert Saugpapier in die Schweiz mit eigenem Lkw. Die **Ausgangsrechnung** vom 20. März lautet:

	Warenwert	13.500,00 sfr
+	Transportkosten	1.500,00 sfr
	Rechnungsbetrag	**15.000,00 sfr**

Der **Ausfuhrnachweis** in Form einer Grenzübertrittsbescheinigung liegt vor.
Devisenkassamittelkurs: 1,2022 sfr/€

$$\text{Rechnungsbetrag} = \frac{15.000,00}{1,2022} = 12.477,13 \text{ €}$$

Buchung der Exportausgangsrechnung:
2400 Forderungen a. LL .... an 5070 Erlöse aus Güterausfuhr 12.477,13

Merke

- Für Einfuhren aus Drittländern (Nicht-EU-Mitgliedstaaten) ist Einfuhrumsatzsteuer und in der Regel auch Zoll an die Zollbehörden zu entrichten.
- Bemessungsgrundlage für den Zoll ist der Zollwert, der dem Bezugspreis bis zur deutschen Grenze entspricht.
- Bemessungsgrundlage der Einfuhrumsatzsteuer ist die Summe aus Zollwert, Zoll und Inlandsfracht. Die Steuersätze entsprechen den üblichen Umsatzsteuersätzen (19 % bzw. 7 %).
- Die Einfuhrumsatzsteuer ist als Vorsteuer abzugsfähig.
- Ausfuhrlieferungen in Drittländer sind umsatzsteuerfrei. Deshalb entsteht in exportintensiven Unternehmen oft ein Vorsteuerüberhang.
- Aus Gründen der Umsatzsteuerverprobung sind Außenhandelsgeschäfte auf besonderen Konten zu buchen (siehe oben und Kontenrahmen).

---

1 Bei aufwandsorientierter Buchung: 6080 Aufwendungen für Waren.

C — BERECHNUNGEN UND BUCHUNGEN IN WICHTIGEN SACHBEREICHEN DES INDUSTRIEBETRIEBES

Aufgabe 180

Das Metallwerk Matthias Hein e. Kfm. importiert Rohstoffe aus den USA zum Preis von 45.000,00 US-$ FOB New York. Für Fracht werden 3.000,00 US-$ berechnet. Bei Rechnungseingang beträgt der Devisenkassamittelkurs 1,150 US-$/€. Die Rohstoffe werden mit eigenem Lkw in Rotterdam abgeholt. 10 % Zoll und 19 % Einfuhrumsatzsteuer.

1. Berechnen Sie Rohstoffwert, Frachtkosten, Verbindlichkeiten a. LL, Zollwert, Zoll und EUSt, Zollverbindlichkeiten.

Die Importrechnung wird zum Anschaffungskurs durch Banküberweisung beglichen. Die Bank belastet den Importeur mit 85,00 € Gebühren.

2. Nennen Sie die Buchungssätze und buchen Sie auf den Konten 2000, 2510, 2511, 2604, 2800, 4400, 4820 und 6750.

Aufgabe 181

Die in Aufgabe 180 genannte Importrechnung wird zum Devisenkassamittelkurs von 1. 1,1219 US-$/€ und 2. 1,1619 US-$/€ durch Banküberweisung beglichen. Für die Zahlungsabwicklung belastet die Bank das Metallwerk mit 78,00 €.

Nennen Sie die Buchungssätze und buchen Sie auf den Konten 2800, 4400, 5430, 6750 und 6940.

Aufgabe 182

Die Papierfabrik Horn KG in Köln importiert Handelswaren für 8.500.000 Yen CIF Duisburg. Bei Rechnungseingang beträgt der Devisenkassamittelkurs 133,755 Yen/€. Der Spediteur berechnet für die Fracht Duisburg-Köln 2.800,00 € + 19 % USt. 15 % Zoll, 19 % EUSt.

1. Berechnen Sie den Zollwert, den Zoll, die Einfuhrumsatzsteuer und die Anschaffungskosten der Warensendung.

2. Bilden Sie die Buchungssätze und buchen Sie auf den Konten 2280 (6080), 2510, 2511, 2600, 2604, 4400 und 4820.

Aufgabe 183

Ein Elektrogerätehersteller exportiert eigene Erzeugnisse in die Schweiz mit eigenem Lkw. Die Fakturierung erfolgt in sfr: 73.000,00 sfr Erzeugniswert + 2.000,00 sfr Transport. Devisenkassamittelkurs bei Rechnungserteilung am 30. April: 1,1340 sfr/€.

Am 28. Mai wird die Rechnung fristgerecht durch Banküberweisung beglichen. Die Bankgutschrift erfolgt zum Devisenkassamittelkurs von 1,1215 sfr/€ unter Abzug von 65,00 € Umrechnungsgebühr.

Nennen Sie die Buchungssätze und buchen Sie auf den Konten 2400, 2800, 5070, 5430 und 6750.

Aufgabe 184

Die vorhergehende Aufgabe 183 ist nunmehr unter folgender Bedingung zu buchen: Die Bankgutschrift erfolgt zum Devisenkassamittelkurs von 1,1415 sfr/€. 65,00 € Umrechnungsgebühr.

Wie lautet der Buchungssatz?

Aufgabe 185

Zum 30. April .. weist ein Industrieunternehmen folgende Konten aus:

		Soll	Haben
2600	Vorsteuer	210.000,00	5.000,00
2604	Einfuhrumsatzsteuer	25.000,00	–
4800	Umsatzsteuer	6.000,00	136.000,00

1. Ermitteln Sie buchhalterisch das Ergebnis der USt-Voranmeldung für April.

2. Das Finanzamt erstattet den Vorsteuerüberhang durch Banküberweisung. Die Bankgutschrift erfolgt zum 15. Mai .. Wie lautet der Buchungssatz?

Aufgabe 186

1. Warum sind Ausfuhrlieferungen in nahezu allen Staaten umsatzsteuerfrei?
2. Nennen Sie die Voraussetzung für eine steuerfreie Ausfuhrlieferung.
3. Inwiefern entsteht bei Exportunternehmen oft ein Vorsteuerüberhang?
4. Erläutern Sie Zweck und Zusammensetzung des Zollwertes.

4 Personalbereich

4.1 Grundlagen der Lohn- und Gehaltsabrechnung

Die Personalkosten eines Unternehmens setzen sich wie folgt zusammen:

Personalkosten

1. **Löhne und Gehälter** einschließlich Urlaubs- und Weihnachtsgeld, Überstundenvergütung, Sachbezüge u. a.
2. **Gesetzliche soziale Aufwendungen**, wie der Arbeitgeberanteil (i.d.R. 50 %)[1] zur gesetzlichen Kranken-, Pflege-, Renten- und Arbeitslosenversicherung und der Beitrag zur gesetzlichen Unfallversicherung (Berufsgenossenschaft).
3. **Freiwillige soziale Aufwendungen**, wie z. B. Essen- und Fahrtkostenzuschüsse u. a.

4.1.1 Tarifvertrag

Als Entgelt der Arbeitsleistung bezieht der Arbeiter Lohn und der Angestellte Gehalt. **Löhne und Gehälter** sind für die Arbeitnehmer **Einkommen** und für die Arbeitgeber **Aufwendungen**, die als Kosten in die Preiskalkulation der Erzeugnisse eingehen.

Lohn/Gehalt

Alle Fragen zur Entlohnung werden **rechtlich geregelt** entweder in

- einem **Einzelarbeitsvertrag** zwischen Arbeitgeber und Arbeitnehmer oder
- im Rahmen einer **Betriebsvereinbarung** zwischen Arbeitgeber und Betriebsrat oder
- in Form eines **Tarifvertrages** zwischen Arbeitgeberverband und Gewerkschaft.

Beim Tarifvertrag unterscheidet man **folgende Arten**:

Tarifvertragsarten

1. **Der Manteltarifvertrag**, auch Rahmentarifvertrag genannt, **enthält** die allgemeinen **Arbeitsbedingungen**, die für längere Zeit gleich bleiben, wie z. B.
    - Arbeitszeit,
    - Zuschläge für Mehrarbeit,
    - Sonn- und Feiertagsarbeit,
    - Urlaub,
    - Kündigungsfristen,
    - Schiedsverfahren u. a.

2. **Der Lohn- und Gehaltstarifvertrag** teilt die Arbeitnehmer jeweils **nach** ihren **Fachkenntnissen** oder nach dem Schwierigkeitsgrad ihrer Tätigkeit in **unterschiedliche Entgeltgruppen** ein und nennt die **Vergütung für die einzelnen Gruppen** in einer besonderen **Lohn- und Gehaltstafel**.

Entgeltgruppen Metall verarbeitendes Handwerk Niedersachsen (Auswahl aus 11 Entgeltgruppen)	
Entgeltgruppe 2	Tätigkeiten, die geringe berufsfachliche Kenntnisse und Fertigkeiten erfordern, wie sie in der Regel durch mehrwöchiges betriebliches Anleiten oder Anlernen erworben werden oder der Nachweis einer einjährigen fachbezogenen Tätigkeit.
Entgeltgruppe 4	Tätigkeiten, die eine einschlägige gewerblich-technische Berufsausbildung oder kaufmännische Berufsausbildung mit Abschluss und zweijähriger Berufspraxis (ab 3. Berufsjahr) im Ausbildungsberuf erfordern oder für die gleichwertige vertiefte Fachkenntnisse vorausgesetzt werden, wie sie durch Fortbildung und mehrjährige Berufspraxis erworben werden.
Entgeltgruppe 6	Hochwertige Tätigkeiten und die Fähigkeiten andere Mitarbeiter/innen anzuleiten oder Tätigkeiten, die spezielle gleichwertige Fachkenntnisse erfordern, die durch Fortbildung und mehrjährige Berufspraxis erworben werden.
Entgeltgruppe 8	Selbständige und verantwortliche Tätigkeiten mit Leitungsbefugnis für einen Arbeitsbereich. Tätigkeiten in anordnender und beaufsichtigender betrieblicher Funktion in einem schwierigen und verantwortungsvollen Aufgabengebiet oder Tätigkeiten in betrieblichen Funktionen, die im Rahmen betrieblicher Erfordernisse selbständige und eigenverantwortliche Entscheidungen verlangen.

---
[1] Siehe S. 175 ff.

4.1.2 Lohnformen

Die Ermittlung des Bruttolohnes hängt zunächst einmal davon ab, ob der Arbeitnehmer nach der Zeit oder nach der erbrachten Leistung entlohnt wird. Man unterscheidet deshalb zwischen **Zeit- und Leistungslohn**.

4.1.2.1 Zeitlohn

Normalleistung

Bei der Festsetzung des Zeitlohnsatzes geht man von einer bestimmten Normalleistung aus. Darunter versteht man die **Leistung, die ein Arbeitnehmer im Normalfall in einer Zeiteinheit** (Stunde, Monat) erbringen kann. Die Normalleistung wird durch **Arbeitswertstudien** ermittelt. Ein Unter- bzw. Überschreiten der Normalleistung hat beim **Zeitlohn** grundsätzlich **keinen** Einfluss auf die Entlohnung.

Beispiel

Im Januar hat der Facharbeiter Heinz Schnell bei einer Arbeitszeit von täglich 7,5 Stunden 22 Tage in der Lackiererei des Metallwerks Matthias Hein e. Kfm. gearbeitet. Sein Stundenlohn beträgt in seiner Entgeltgruppe 19,50 €. Überstunden liegen nicht vor.

Beim Zeitlohn ist die **Dauer der Arbeitszeit Maßstab der Entlohnung**. Der Bruttomonatslohn wird wie folgt ermittelt:

Anzahl der Arbeitsstunden · Lohnsatz je Stunde = Bruttoverdienst
165 Stunden · 19,50 € = 3.217,50 €

Anwendung

Die Entlohnung der Arbeitnehmer im Zeitlohn ist vor allem sinnvoll bei allen Arbeiten,
- die einen hohen Grad an **Genauigkeit** erfordern (z. B. Präzisionsarbeiten),
- die besonders **schwierig oder gefährlich** sind,
- die **keine Leistungsmessung** ermöglichen (z. B. Reparaturarbeiten, Büroarbeit, kreative und intellektuelle Tätigkeiten u. a.),
- deren **Arbeitstempo durch Maschinen** bestimmt wird (z. B. Fließbandarbeit).

Vorteile

Die Vorteile des Zeitlohnverfahrens für den Betrieb liegen vor allem in der einfachen Art der Lohnberechnung und der durch ruhiges Arbeiten bedingten Sicherung der Arbeitsqualität. Für den Arbeitnehmer bedeutet die Entlohnung im Zeitlohn, dass er mit einem festen Einkommen rechnen kann.

Nachteile

Der Zeitlohn bietet kaum einen Anreiz zur Leistungssteigerung und bedingt häufig Arbeitskontrollmaßnahmen, die zusätzliche Kosten verursachen.

4.1.2.2 Leistungslohn

Beim Leistungslohn unterscheidet man zwischen **Akkord- und Prämienlohn**.

4.1.2.2.1 Akkordlohn

Beim **Akkordlohn** richtet sich die Entlohnung nach der **Menge** der geleisteten Arbeit. **Je höher die Leistung, desto höher ist der Lohn.** Das setzt jedoch Folgendes voraus:
- Der Arbeitsauftrag muss aufgrund von Arbeitswertstudien in **einzelne bewertbare Arbeitsgänge zerlegt** werden können.
- Die **Arbeitsgänge** müssen **sich regelmäßig wiederholen**, da Arbeitswertstudien bei einmaligen Arbeiten unwirtschaftlich sind.
- Der Arbeitnehmer kann das **Arbeitsergebnis** durch seinen Einsatz **beeinflussen**.

PERSONALBEREICH C

> **Beispiel**
>
> In der Montageabteilung des Metallwerks Matthias Hein e. Kfm. baut der Facharbeiter Dirk Kunze Stahlblechgehäuse G I im Akkord zusammen. Die Arbeitsbewertung hat für diese Tätigkeit eine Normalleistung von acht Stahlblechgehäusen je Stunde ermittelt. Die Lohntafel weist für diese Tätigkeit einen Stundenlohn (= Akkordrichtsatz) von 18,80 € aus. Im Februar hat der Arbeitnehmer 1 310 Stahlblechgehäuse montiert.
>
> *Wie hoch ist der Bruttoakkordlohn im Monat Februar?*

Man unterscheidet zwei Formen des Akkordlohns:

Stückgeldakkord	Stückzeitakkord
Für jedes hergestellte Stück oder für jeden einzelnen Arbeitsgang wird ein fester Geldbetrag vergütet = **Stückgeld**.	Für jedes einzelne Stück oder für jeden einzelnen Arbeitsgang wird eine bestimmte Zeit vorgegeben = **Vorgabezeit**.

4.1.2.2.1.1 Stückgeldakkord

Beim Stückgeldakkord richtet sich der Lohn nach der **Menge** der gefertigten Stücke **und** der **Höhe des Stückgeldes**. Der in der Lohntafel der Metallindustrie ausgewiesene **Stundenlohn** gilt **zugleich** auch als **Akkordrichtsatz**. Aus dem Akkordrichtsatz und der **Normalleistung** (= Stückmenge je Stunde) ergibt sich das **Stückgeld**:

$$\text{Stückgeld} = \frac{\text{Akkordrichtsatz}}{\text{Normalleistung in Stück je Stunde}} \qquad \text{Bruttolohn} = \text{Stückzahl} \cdot \text{Stückgeld}$$

> **Beispiel**
>
> Für den Facharbeiter in der Montageabteilung (s. o.) ergibt sich somit folgender Bruttolohn:
>
> $$\text{Stückgeld} = \frac{18,80}{8} = 2,35\ € \qquad \text{Bruttolohn} = 1\ 310 \cdot 2,35 = 3.078,50\ €$$

4.1.2.2.1.2 Stückzeitakkord

Beim Stückzeitakkord wird dem Arbeitnehmer für die Fertigung einer Leistungseinheit eine bestimmte Zeit vorgegeben. Diese **Vorgabezeit** wird aufgrund der Normalleistung (= Stückzahl je Stunde) ermittelt und in Minuten je Stück angegeben:

$$\text{Vorgabezeit je Stück (in Zeitminuten)} = \frac{60\ (\text{Zeitminuten})}{\text{Normalleistung in Stück je Stunde}}$$

Der **Lohnsatz je Zeitminute**, der sog. **Minutenfaktor**, wird ermittelt, indem man den Akkordrichtsatz durch 60 dividiert. Der Minutenfaktor wird wie der Akkordrichtsatz in der o. g. Lohntafel ausgewiesen.

$$\text{Zeitminutenfaktor (Lohnsatz je Zeitminute)} = \frac{\text{Akkordrichtsatz}}{60}$$

Bruttolohn = Stückzahl · Vorgabeminuten je Stück · Zeitminutenfaktor

> **Beispiel**
>
> Der Bruttolohn bei **Zeitakkord** stellt sich für den o. g. Facharbeiter so dar:
>
> $$\text{Vorgabezeit} = \frac{60}{8} = 7,5\ \text{Zeitminuten je Stück}$$
>
> $$\text{Zeitminutenfaktor} = \frac{18,80}{60} = 0,3133\ €\ \text{je Minute}$$
>
> $$\text{Bruttolohn} = 1\ 310 \cdot 7,5 \cdot 0,3133 \approx 3.078,17\ €$$

C BERECHNUNGEN UND BUCHUNGEN IN WICHTIGEN SACHBEREICHEN DES INDUSTRIEBETRIEBES

Dezimalminuten

In vielen Industriebetrieben wird statt mit der Zeitstunde (= 60-Minuten-Stunde) mit der Dezimalstunde (= 100-Dezimalminuten-Stunde) gerechnet. Die Vorgabezeit je Stück wird dann in Dezimalminuten vorgegeben:

Beispiel

$$\text{Vorgabezeit je Stück (in Dezimalminuten)} = \frac{100 \text{ (Dezimalminuten)}}{\text{Normalleistung in St. je Std.}} = \frac{100}{8} = 12{,}5 \text{ Dezimalminuten je Stück}$$

$$\text{Dezimalminutenfaktor} = \frac{\text{Akkordrichtsatz}}{100} = \frac{18{,}80}{100} = 0{,}188 \text{ € je Dezimalminute}$$

$$\text{Bruttolohn} = 1\,310 \cdot 12{,}5 \cdot 0{,}188 = 3.078{,}50 \text{ €}$$

Der Vorteil des Zeitakkords liegt vor allem darin, dass sich bei Tariferhöhungen lediglich der Minutenfaktor ändert, nicht aber die Vorgabezeit. Beim Geldakkord bedingen Tarifveränderungen dagegen eine völlige Neuberechnung des Stückgeldes.

4.1.2.2.1.3 Gruppenakkord

Gruppenakkord

Eine Sonderform der Akkordentlohnung ist der Gruppenakkord. Der Bruttolohn, der von den Mitgliedern der Gruppe gemeinsam erwirtschaftet wurde, wird nach einem vorher ermittelten Schlüssel auf die Gruppenmitglieder verteilt. Der Verteilungsschlüssel wird in der Regel aufgrund von Arbeitswertstudien ermittelt.

Beispiel

Im Metallwerk Matthias Hein e. Kfm. erfolgt die Verpackung der Stahlblechgehäuse im Gruppenakkord durch die Gruppenmitglieder Bast, Heider und Sieg gemeinsam. Die Stahlblechgehäuse werden zunächst mit einer Schutzfolie versehen und einzeln in Kartons mit vorgeformtem Schutzschaumstoff verpackt und zu je 20 Stück auf Paletten gestapelt und befestigt. Für jede Palette erhält die Gruppe 30,00 €. Im März wurden 246 Paletten für den Transport verladen. Der Akkordlohn soll auf die o. g. Gruppenmitglieder im Verhältnis 1,6 : 1,4 : 1 verteilt werden.

Wie hoch ist der Akkordlohn der einzelnen Gruppenmitglieder?

$$\begin{aligned}\text{Gesamtlohn der Gruppe} &= \text{Stückzahl} \cdot \text{Stückgeld} \\ &= 246 \text{ Stück} \cdot 30{,}00 \text{ €} \\ &= 7.380{,}00 \text{ €}\end{aligned}$$

Gruppenmitglieder	Verteilungsschlüssel	Gruppenakkordanteile
Bast	1,6	2.952,00 €
Heider	1,4	2.583,00 €
Sieg	1,0	1.845,00 €
	4,0	7.380,00 €

4.1.2.2.2 Prämienlohn

Prämienlohn

Der Prämienlohn ist eine besondere Form des Leistungslohns. Zusätzlich zum Stundenlohn (= Zeitlohn) wird als **Anerkennung besonderer Leistungen** des Arbeitnehmers eine **Prämie** gezahlt. Man unterscheidet im Wesentlichen folgende **Prämienarten**:

- Qualitätsprämie   für geringe Ausschussquoten und Garantieinanspruchnahmen
- Ersparnisprämie   für sparsamen Material- und Energieverbrauch
- Nutzungsgradprämie   für kürzere Rüst- und Reparaturzeiten der Anlagen
- Mengenprämie   für höhere Ausbringungsquote an fertigen Erzeugnissen

Beispiel

Im Metallwerk Matthias Hein e. Kfm. sind in der Lackiererei je Arbeitstag durchschnittlich fünf Stahlblechgehäuse fehlerhaft lackiert. Das ergibt bei 22 Arbeitstagen im Monat Januar eine Anzahl von 110 Stück. Zur Verringerung dieser Ausschussquote wird eine Prämie von 2,50 € je Stück ausgesetzt. Der Facharbeiter Heinz Schnell (siehe S. 166) hat im Abrechnungszeitraum Januar lt. Beleg nur 95 Stahlblechgehäuse fehlerhaft lackiert.

Im obigen Beispiel errechnet sich der Prämienlohn im Monat Januar wie folgt:

Prämienlohn	= Stückprämie · Stückzahl
	= 2,50 € · 15
	= 37,50 €

Heinz Schnell bekommt also neben seinem Zeitlohn von 3.217,50 € (siehe S. 166) zusätzlich eine Prämie von 37,50 € ausgezahlt, also zusammen 3.255,00 €. Im Gegensatz zum Akkordlohn bietet der **Prämienlohn** meist einen **geringeren Leistungsanreiz**.

Merke

- Löhne und Gehälter sind für den Arbeitnehmer Einkommen, für den Arbeitgeber Aufwendungen.
- Die Höhe der Löhne und Gehälter wird durch Einzelarbeitsvertrag, Betriebsvereinbarung oder in der Regel durch Tarifvertrag vereinbart.
- Während der Lohn- und Gehaltstarifvertrag die unterschiedlichen Entgeltgruppen ausweist, enthält der Manteltarifvertrag die allgemeinen Arbeitsbedingungen. Die Lohn- und Gehaltstafel weist die Vergütung der Gruppen aus.

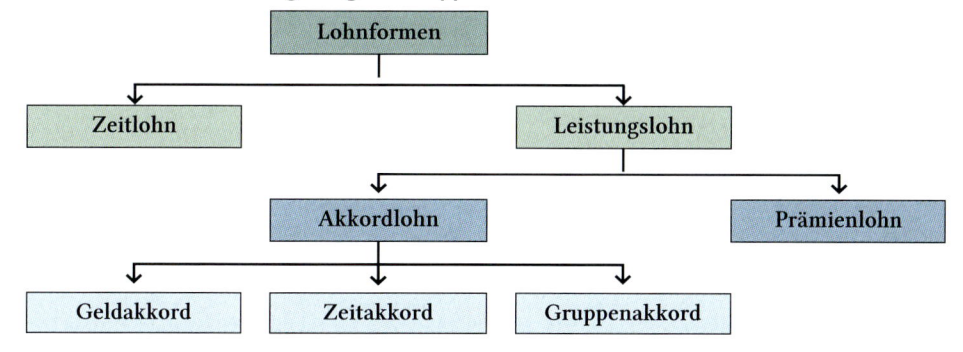

```
                        Lohnformen
                        /        \
                   Zeitlohn   Leistungslohn
                              /          \
                         Akkordlohn   Prämienlohn
                        /    |    \
              Geldakkord  Zeitakkord  Gruppenakkord
```

- Beim Zeitlohn richtet sich der Bruttoverdienst nach der Dauer der Arbeitszeit und der Höhe des Lohnsatzes je Zeiteinheit (z. B. Stundenlohn).
- Beim Akkordlohn werden die Arbeitnehmer nach ihrer mengenmäßigen Arbeitsleistung entlohnt. Stückgeld- und Stückzeitakkord führen zum gleichen Ergebnis.
- Beim Stückgeldakkord ist für jedes hergestellte Stück ein fester Geldbetrag (= Stückgeld) vorgegeben. Der Bruttolohn wird wie folgt ermittelt:

   Bruttolohn = Stückzahl · Stückgeld

- Beim Stückzeitakkord ist für die Herstellung eines Stücks eine bestimmte Zeit (= Vorgabezeit) vorgegeben. Der Bruttolohn errechnet sich dann wie folgt:

   Bruttolohn = Stückzahl · Vorgabeminuten/Stück · Lohnsatz/Min.

- Beim Gruppenakkord verteilt sich der in der Gruppe erwirtschaftete Bruttolohn auf die Mitglieder der Gruppe nach einem bestimmten Schlüssel.
- Der Prämienlohn ist eine Kombination von Zeit- und Leistungslohn. Er wird wie folgt berechnet:

   Prämienlohn = Stückprämie · Stückzahl

C — Berechnungen und Buchungen in wichtigen Sachbereichen des Industriebetriebes

Aufgabe 187
1. Unterscheiden Sie Manteltarifvertrag und Lohn- bzw. Gehaltstarifvertrag.
2. Nennen Sie wenigstens vier wichtige Rahmenvereinbarungen.
3. Wonach richtet sich die Höhe des Tariflohnes?
4. Welche Funktion hat die Lohn- bzw. Gehaltstafel?
5. Begründen Sie, dass sich der Zeitlohn bei Mehrleistungen degressiv auf die Lohnstückkosten auswirkt.

Aufgabe 188
Nach einem Manteltarifvertrag beträgt der Mehrarbeitszuschlag für die ersten sechs Wochenmehrarbeitsstunden 25 %. Ab der 7. Mehrarbeitsstunde in der Woche werden 50 % des Tariflohnes bezahlt. Die wöchentliche Regelarbeitszeit beträgt 37 Stunden.

Ermitteln Sie den Wochenlohn des Facharbeiters G. Kurz, der bei einem Lohn von 19,60 €/Std. 46 Stunden in der 44. Lohnwoche werktags gearbeitet hat.

Aufgabe 189
Führen Sie die Februar-Lohnabrechnung für folgende Arbeitnehmer durch:

Frank Heider: 148 Stunden, Tariflohn lt. Lohntafel 18,80 €/Std.

Horst Hein: 160 Stunden, davon 12 Stunden mit 25 % Mehrarbeitszuschlag, Tariflohn lt. Lohntafel 21,20 €/Std.

Dieter Körner: 166 Stunden, davon 10 Stunden mit einem Mehrarbeitszuschlag von 25 % und 8 Stunden mit einem Mehrarbeitszuschlag von 50 %. Der Stundenlohn lt. Lohntafel beträgt 20,80 €. Die Schmutzzulage beträgt 0,25 € je Stunde.

Rolf Göbel: 168 Stunden, davon 12 Überstunden mit einem Zuschlag von 25 % und 8 Stunden mit 50 %. Auf den Grundlohn (20,80 €/Std.) erhält der Arbeitnehmer noch eine Leistungsprämie von 10 %.

Aufgabe 190
1. Unterscheiden Sie Zeit- und Akkordlohn.
2. Nennen Sie Vor- und Nachteile des Zeit- und Akkordlohnes.
3. Inwiefern ist das Prämienlohnsystem eine Kombination aus zeit- und leistungsbedingter Entlohnung?
4. Unterscheiden Sie Geld- und Zeitakkord.
5. Was verstehen Sie unter Normalleistung?
6. Erläutern Sie:
   a) Akkordrichtsatz,
   b) Vorgabezeit und
   c) Minutenfaktor.
7. Welchen betrieblichen Vorteil hat der Zeitakkord gegenüber dem Stückakkord?
8. Unterscheiden Sie Zeit- und Dezimalminutenfaktor.
9. Nennen Sie die verschiedenen Möglichkeiten einer Prämienentlohnung.
10. Erläutern Sie die Entlohnung der Arbeitnehmer im Gruppenakkord.

Aufgabe 191
In der Berufsbekleidungswerke GmbH werden u. a. Kittel hergestellt. Die Facharbeiterin Jutta Fröhlich hat die Aufgabe, im Stückgeldakkord aus zugeschnittenem Material Kittel zu nähen. Die Normalleistung wird mit acht Kitteln je Stunde angesetzt. Der Akkordrichtsatz beträgt 15,60 €/Std.

Wie hoch sind
a) das Stückgeld und
b) der Bruttolohn,
wenn im Februar 1 280 Kittel fertig gestellt werden?

Aufgabe 192
Die Tätigkeit in der Aufgabe 191 soll im Zeitakkord durchgeführt werden.
1. Ermitteln Sie die Vorgabezeit je Kittel.
2. Errechnen Sie den Zeitminutenfaktor.
3. Ermitteln Sie den Bruttoverdienst und vergleichen Sie das Ergebnis mit dem des Stückgeldakkords.
4. Lösen Sie die Aufgabe auf der Grundlage von Dezimalminuten.

PERSONALBEREICH C

Aufgabe 193

In der Berufsbekleidungswerke GmbH werden die Knopflöcher der Kittel ebenfalls im Akkord gefertigt. Die zuständige Facharbeiterin erhält zu ihrem tariflichen Grundlohn von 14,80 €/Std. einen Akkordzuschlag von 20 %.

1. Wie hoch ist der Akkordrichtsatz?
2. Wie hoch ist die Vorgabezeit je Kittel bei einer Normalleistung von sechs Stück je Stunde?
3. Errechnen Sie den Zeitminutenfaktor.
4. Wie hoch ist der Bruttoverdienst, wenn insgesamt 850 Kittel fertig gestellt wurden?
5. Ermitteln Sie den Geldakkordsatz und berechnen Sie danach die Bruttolohnsumme.
6. Wie hoch wäre die Bruttolohnsumme, wenn die Tätigkeit im Zeitlohn erfolgt?

Aufgabe 194

Der Tariflohn der vorhergehenden Aufgabe 193 erhöht sich um 5 %.

1. Welche Auswirkung hat diese Tariferhöhung auf den Zeit- und Geldakkord?
2. Welches Akkordsystem ist bei Tariferhöhungen wirtschaftlicher?
3. Führen Sie die Berechnungen 1 bis 6 der Aufgabe 193 nunmehr unter Berücksichtigung der Tariferhöhung durch.

Aufgabe 195

In der Metallbau GmbH beträgt der Stundenlohn 19,40 €, der den Facharbeitern für den Einbau von Elektromotoren als Mindestlohn garantiert wird und zugleich als Akkordrichtsatz dient. Die Normalleistung je Stunde beträgt drei Stück.

1. Ermitteln Sie die Vorgabezeit je Stück.
2. Ermitteln Sie das Stückgeld.
3. Berechnen Sie den Bruttoverdienst der Facharbeiter
   a) im Zeitakkord und
   b) im Geldakkord,
   wenn sie an einem 8-Stunden-Tag folgende Leistungen erbracht haben:
   Bader: 30 Stück; Becker: 26 Stück; Christ: 22 Stück.
4. Wie hoch ist die Normalleistung je 8-Stunden-Tag?

Aufgabe 196

Die Facharbeiter A, B und C montieren Container im Gruppenakkord. Die Normalleistung beträgt zwei Container je Stunde. Die Stundenlöhne betragen für A: 18,00 €, B: 20,00 € und C: 17,00 €. Im Februar wurden insgesamt 340 Container fertig gestellt. Der Gesamtakkord ist im Verhältnis der Tariflöhne zu verteilen.
Wie hoch sind die Bruttolöhne der einzelnen Gruppenmitglieder?

Aufgabe 197

Für die Entlohnung entscheidend ist der jeweilige Leistungsgrad, der die tatsächliche Leistung in Prozent der Normalleistung ausdrückt:

$$\text{Leistungsgrad} = \frac{\text{Istleistung (Stück)}}{\text{Normalleistung}}$$

Die Normalleistung beträgt 16 Stück und die Istleistung 18 Stück.
Ermitteln Sie den Leistungsgrad des Facharbeiters.

Aufgabe 198

In einer Glasbläserei fertigt ein Facharbeiter mundgeblasene Gläser. Sein Stundenlohn beträgt 21,50 €. Im März hat er 126 Stunden gearbeitet und 780 Gläser fertig gestellt. Sein Ausschuss betrug lediglich 55 Stück. Der normale Ausschuss beträgt 15 %. Ausschussminderungen werden mit 0,50 €/Stück vergütet.

Ermitteln Sie den Monatsbruttolohn.

4.1.3 Die Ermittlung der Abzüge vom Bruttoverdienst

Abzüge

Der Arbeitgeber ist gesetzlich verpflichtet, vom **Bruttoverdienst** der Arbeitnehmer

- die **Lohnsteuer**, den **Solidaritätszuschlag** und die **Kirchensteuer** sowie
- den **Anteil der Arbeitnehmer** an der gesetzlichen **Kranken-**, **Pflege-**, **Renten-** und **Arbeitslosenversicherung** (= 50 % + Zuschläge)[1]

einzubehalten. Nach Abzug der o. g. Posten ergibt sich der **Nettoverdienst** des Arbeitnehmers:

Bruttolohn/-gehalt	Abzüge
– Steuern	■ Lohnsteuer (LSt)
	■ Solidaritätszuschlag (5,5 % der LSt)
	■ Kirchensteuer (8 % bzw. 9 % der LSt)
– Arbeitnehmeranteil zur gesetzlichen Sozialversicherung zuzüglich Zuschläge[1]	■ Krankenversicherung
	■ Pflegeversicherung
	■ Rentenversicherung
	■ Arbeitslosenversicherung
Nettolohn/-gehalt = Auszahlung	

Die Sozialversicherungsbeiträge (Arbeitnehmer- **und** Arbeitgeberanteil) sind spätestens **am drittletzten Bankarbeitstag** des laufenden Monats **fällig**. Bis zu diesem Zeitpunkt muss die zuständige Krankenkasse die **Sozialbeiträge durch Bankeinzug** (Lastschriftverfahren) vereinnahmt haben. Deshalb sind die Arbeitgeber gesetzlich verpflichtet, den betreffenden Kassen die **fälligen Sozialbeiträge** rechtzeitig und papierlos, also durch **Datenübertragung** mittels spezieller Software[2], zu **melden**. Die abgebuchte SV-Vorauszahlung wird auf dem Konto „2640 SV-Vorauszahlung" erfasst und bei der Buchung der Löhne und Gehälter und des SV-Arbeitgeberanteils **verrechnet**.[3]

Die einbehaltenen Steuerabzüge werden auf dem Konto „4830 FB-Verbindlichkeiten" gebucht und **bis zum 10. des Folgemonats** an das Finanzamt **überwiesen**.[3]

4.1.3.1 Lohn- und Kirchensteuerabzug

Lohnsteuer

Der Lohnsteuer unterliegen alle Einkünfte aus **nicht selbstständiger Arbeit**. Sie richtet sich nach **Lohnhöhe**, **Steuerklasse** und möglichen **Freibeträgen** (z. B. für Behinderte). Das Existenzminimum **(Grundfreibetrag)** ist **lohnsteuerfrei**: 9.168,00 €[4] für Ledige und 18.336,00 €[4] für Verheiratete und Lebenspartner. Es gibt **sechs Lohnsteuerklassen**:

Steuerklasse	Zuordnung der Arbeitnehmer[5]
I	Nicht verheiratete, verwitwete oder geschiedene Arbeitnehmer sowie Verheiratete, die ständig getrennt leben.
II	(Alleinerziehende) Arbeitnehmer der Steuerklasse I mit mindestens einem Kind.
III	Verheiratete, nicht ständig getrennt lebende Arbeitnehmer, deren Ehegatte keinen Arbeitslohn bezieht oder die Steuerklasse V hat.
IV	Verheiratete, nicht ständig getrennt lebende Arbeitnehmer, wenn beide Arbeitslohn beziehen.
V	Verheiratete, nicht ständig getrennt lebende Ehegatten, die beide Arbeitslohn beziehen, wobei ein Ehegatte auf gemeinsamen Antrag in Steuerklasse III ist.
VI	Arbeitnehmer, die Arbeitslohn von mehreren Arbeitgebern beziehen, für den Steuerabzug aus dem zweiten und weiteren Dienstverhältnissen.

---

1 Siehe S. 175.
2 Beispielsweise Lexware, LODAS (Datev)
3 Siehe S. 179.
4 Stand Januar 2019

5 Die Klassifizierung von Verheirateten bzw. Ehegatten ist auch auf Lebenspartner und Lebenspartnerschaften anzuwenden.

Steuerpflichtiges Arbeitsentgelt

Grundsätzlich sind alle Einnahmen, die ein Arbeitnehmer aus einem Arbeitsverhältnis erzielt, lohnsteuerpflichtig.

Lohnsteuerpflichtiger Arbeitslohn	
■ Löhne und Gehälter	■ Urlaubsgeld
■ Zulagen (z. B. Schmutzzulage)	■ Weihnachtsgratifikationen
■ Zuschläge (z. B. für Überstunden)[1]	■ Beihilfen jeder Art

Solidaritätszuschlag

Zur Finanzierung der deutschen Einheit wird ein Solidaritätszuschlag in Höhe von zz. 5,5 %[2] der Lohnsteuer erhoben.

Kirchensteuer

Die Kirchensteuer ist **nicht** in allen Bundesländern **einheitlich** hoch. Sie beträgt
- in Baden-Württemberg und Bayern **8 %** und
- in den übrigen Bundesländern **9 % der Lohnsteuer.**

Kinderfreibetrag

Im Gegensatz zur Lohnsteuer wird **bei der Bemessung der Kirchensteuer und des Solidaritätszuschlages** die **Anzahl der Kinder** einbezogen. Jedes Kind wird mit dem Zähler 0,5 (= 317,50 € monatlicher Kinderfreibetrag einschließlich Bedarfsfreibetrag) berücksichtigt. Der Zähler erhöht sich auf 1,0 (= 635,00 €) bei verheirateten und nicht dauernd getrennt lebenden Arbeitnehmern (§ 32 [6] EStG).[2]

Kindergeld

Das Kindergeld wird **von der Familienkasse** der Agentur für Arbeit **ausgezahlt**. Es beträgt für das erste und das zweite Kind je 194,00 € (ab 01.07.2019 204,00 €), für das dritte Kind 200,00 € (ab 01.07.2019 210,00 €) und für jedes weitere Kind je 225,00 € (ab 01.07.2019 235,00 €; § 66 [1] EStG).[2]

Elektronische Lohnsteuerkarte

Der Arbeitgeber benötigt die **Lohnsteuerabzugsmerkmale** seines Arbeitnehmers, um die Lohnsteuer und ggf. die Kirchensteuer berechnen und an das Finanzamt abführen zu können. Dabei handelt es sich um Informationen wie Steuerklasse, Anzahl der Kinder, Höhe der Freibeträge und Religionszugehörigkeit des Arbeitnehmers.

Elektronische LohnSteuer-AbzugsMerkmale (ELStAM)

Für die **Arbeitgeber** werden diese Elektronischen LohnSteuerAbzugsMerkmale (ELStAM) in einer **Datenbank der Finanzverwaltung** beim Bundeszentralamt für Steuern zur Verfügung gestellt. Der Zugriff auf die gespeicherten Daten setzt eine einmalige Registrierung des Arbeitgebers im ElsterOnline-Portal voraus. Danach können die Lohnsteuerabzugsmerkmale mit Angabe der Steuernummer des Betriebs sowie des Geburtsdatums und der steuerlichen Identifikationsnummer des Arbeitnehmers abgerufen werden.

Für **Arbeitnehmer** sind Änderungen der Elektronischen Lohnsteuerabzugsmerkmale aus der Lohn- bzw. Gehaltsabrechnung ersichtlich. Außerdem können die gespeicherten Lohnsteuerabzugsmerkmale bei den Finanzämtern erfragt oder im ElsterOnline-Portal nach Authentifizierung mit der persönlichen steuerlichen Identifikationsnummer abgerufen werden. Dort ist für den Arbeitnehmer auch ersichtlich, welche Arbeitgeber seine Lohnsteuerabzugsmerkmale innerhalb der letzten zwei Jahre abgerufen haben.

Die **Änderung der Lohnsteuerabzugsmerkmale** (z. B. Steuerklassenänderung, Eintragung von Freibeträgen) muss der Arbeitnehmer seinem Finanzamt mitteilen. Anschriftenänderungen und standesamtliche Veränderungen wie Eheschließung, Geburt eines Kindes, Kircheneintritt oder Kirchenaustritt werden von den Bürgerbüros der Städte und Gemeinden an die Finanzverwaltung übermittelt, damit dort die entsprechende Änderung der persönlichen Lohnsteuerabzugsmerkmale des Arbeitnehmers erfolgen kann. Der Arbeitgeber wird durch Änderungslisten von der Finanzverwaltung darüber informiert.

---

1 Außer Zuschläge für Sonn-, Feiertags- und Nachtarbeit bei einem Stundenlohn bis 50,00 €, soweit sie den Grundlohn nicht um die im § 3b EStG genannten Grenzen übersteigen (z. B. 25 % für Nachtarbeit, 50% für Sonntagsarbeit usw.).
2 Stand Januar 2019

C — Berechnungen und Buchungen in wichtigen Sachbereichen des Industriebetriebes

Zu Beginn des Arbeitsverhältnisses hat der Arbeitnehmer dem Arbeitgeber sein Geburtsdatum und seine steuerliche Identifikationsnummer mitzuteilen sowie anzugeben, ob es sich um ein Hauptarbeitsverhältnis (Steuerklasse I bis V) oder ein Nebenarbeitsverhältnis (Steuerklasse VI) handelt. Der Arbeitgeber muss den Arbeitnehmer im ELStAM-Verfahren anmelden, dessen Lohnsteuerabzugsmerkmale abrufen und diese in das Lohnkonto übernehmen. **Nach Beendigung des Arbeitsverhältnisses** meldet der Arbeitgeber den Arbeitnehmer ab.

Lohnsteuer- und Sozialversicherungsabzüge

Diese Abzüge werden in der Regel **nicht mehr** aus offiziellen Lohnsteuer-/Sozialversicherungstabellen **abgelesen**, sondern **online** mithilfe von **Abgabenrechnern** oder PC-Programmen, z. B. Lexware Lohnauskunft, **individuell** für jeden Lohn/jedes Gehalt **berechnet**.

Beispiel

Der kaufmännische Angestellte Herbert Till, geb. 1976, wohnhaft In den Mummelswiesen 30 in 64380 Roßdorf, ist verheiratet und hat ein Kind. Seine Ehefrau bezieht keinen Arbeitslohn. Beide Ehepartner gehören der katholischen Kirche an. Lohn- und Kirchensteuer sowie der Solidaritätszuschlag ergeben sich wie folgt:[1]

Tarifgehalt nach der Gehaltstafel	2.985,00 €
Steuerklasse	III
Kinderfreibetragszahl	1,0
Lohnsteuer	171,50 €
Solidaritätszuschlag	0,00 €
Kirchensteuer	3,56 €
Steuerabzüge insgesamt	**175,06 €**

Lohnkonto

In der Lohn- und Gehaltsbuchhaltung wird **für jeden Arbeitnehmer** ein besonderes **Lohnkonto** geführt, das monatlich **folgende Daten** erfasst:

> **Lohn bzw. Gehalt, Zulagen, Zuschläge, Bruttoverdienst; Abzüge: Lohnsteuer, Solidaritätszuschlag, Kirchensteuer, Krankenversicherung, Pflegeversicherung, Rentenversicherung, Arbeitslosenversicherung; Vorschuss, Nettoauszahlung.**

Lohn- und Gehaltsliste

Lohnabrechnungen werden in **Lohnlisten**, **Gehaltsabrechnungen** in **Gehaltslisten** zusammengestellt. Lohn- und Gehaltslisten bilden dann **Sammelbelege für die Buchung der Löhne und Gehälter** (siehe Beispiel auf S. 182).

Für die **schnelle Ermittlung der Steuerlast** steht unter **www.bmf-steuerrechner.de** ein Werkzeug des Bundesministeriums der Finanzen zur Verfügung. Hier lässt sich unter Berücksichtigung der jeweiligen Steuerklasse, der Freibeträge und der zu berücksichtigenden Familienangehörigen **die persönliche Lohnsteuer** errechnen, ebenso wie **die Gesamtbelastung**, bei der die individuellen Sozialversicherungsbeiträge berücksichtigt werden.

---

[1] Der Berechnung liegt ein Zusatzbeitragssatz der gesetzlichen Krankenversicherung von 0,9 % zugrunde (siehe S. 175).

Aufgabe 199

Im Metallwerk Matthias Hein e. Kfm., Stuttgart, sind sieben Angestellte beschäftigt. Die folgende Tabelle weist für den Monat Januar das jeweilige Bruttogehalt und die persönlichen Daten der Angestellten aus:

Nr.	Name	Geb.-jahr	Tarifgehalt	Familienstand	Sonstige Hinweise
1	W. Beyer	1980	2.990,00 €	verheiratet, 1,0 Kinder-Freibetrag	St.-Kl. V für Ehefrau
2	A. Fellner	1995	2.970,00 €	ledig, keine Kinder	–
3	B. Hübner	1974	2.985,00 €	geschieden, 0,5 Kinder-Freibetrag	–
4	G. Lamper	1968	3.000,00 €	verheiratet, keine Kinder	St.-Kl. IV für Ehefrau
5	R. Schmidt	1964	2.975,00 €	ledig, keine Kinder	–
6	J. Steiner	1958	2.995,00 €	verheiratet, keine Kinder	St.-Kl. V für Ehefrau
7	H. Winter	1956	2.980,00 €	verwitwet, keine Kinder	–

1. Bestimmen Sie für jeden Angestellten die Lohnsteuerklasse.
2. Ermitteln Sie anhand www.bmf-steuerrechner.de für jeden Angestellten
   a) die Lohnsteuer,   b) den Solidaritätszuschlag und   c) die Kirchensteuer.
   Der Zusatzbeitrag zur Krankenversicherung beträgt 0,9 %.

4.1.3.2 Sozialversicherungsabzüge

Die gesetzliche Sozialversicherung besteht aus der Krankenversicherung, der Pflegeversicherung, der Rentenversicherung und der Arbeitslosenversicherung. Der **Sozialversicherungsbeitrag** für den einzelnen Arbeiter und Angestellten wird im Allgemeinen **je zur Hälfte** vom Arbeitnehmer und Arbeitgeber getragen. Der **Arbeitnehmeranteil** wird vom Bruttoverdienst **einbehalten**. Der **Arbeitgeberanteil** zum Sozialversicherungsbeitrag **ist zusätzlicher Personalaufwand**, ebenso die Beiträge zur **gesetzlichen Unfallversicherung** der Arbeitnehmer bei der Berufsgenossenschaft.

Gesetzliche Sozialversicherung

Für die Berechnung der Beiträge werden in der Regel von Jahr zu Jahr bestimmte **Beitragsprozentsätze** und **Beitragsbemessungsgrenzen** (= Höchstgrenzen) festgelegt:

Versicherungszweig	Beitragssatz in %[1]	Beitragsbemessungsgrenze[1]
■ Krankenversicherung (KV)	14,6 %	4.537,50 € monatlich
■ Pflegeversicherung (PV)	3,05 %	4.537,50 € monatlich
■ Rentenversicherung (RV)	18,6 %	6.700,00 € monatlich
■ Arbeitslosenversicherung (AV)	2,5 %	6.700,00 € monatlich

Die Beiträge zu den o. g. Sozialversicherungen werden unter Beachtung der Beitragsbemessungsgrenzen vom **Bruttoarbeitsentgelt** berechnet und vom Arbeitnehmer und Arbeitgeber mit Ausnahme des Zuschlags zur Pflegeversicherung (siehe unten) zu gleichen Teilen getragen.[2]

Zusätzlich zu dem allgemeinen Beitragssatz von 14,6 % können die Krankenkassen Zusatzbeiträge erheben, die jeweils zur Hälfte vom Arbeitnehmer und Arbeitgeber zu tragen sind. Die Höhe des Zusatzbeitrags wird von der jeweiligen Krankenkasse individuell festgelegt. Als Richtgröße dient dabei der durchschnittliche Zusatzbeitragssatz für 2019 von 0,9 % des sozialversicherungspflichtigen Einkommens.

Zusatzbeitrag zur Krankenversicherung

Kinderlose Arbeitnehmer zwischen 23 und 64 Jahren müssen außerdem einen um 0,25 % erhöhten Beitrag zur **Pflegeversicherung** leisten. Der **Arbeitnehmeranteil** steigt dadurch von 1,525 % auf **1,775 %**.

Zuschlag zur Pflegeversicherung

---
[1] Stand 2019. In den neuen Bundesländern beträgt die Bemessungsgrenze für die Renten- und Arbeitslosenversicherung zz. 6.150,00 €.
[2] In Sachsen wird die Pflegeversicherung von 3,05 % zu 2,025 % vom Arbeitnehmer und zu 1,025 % vom Arbeitgeber getragen.

C Berechnungen und Buchungen in wichtigen Sachbereichen des Industriebetriebes

Beispiel
Fortsetzung

Herbert Till (vgl. S. 174) ist im Außendienst eines in Hessen angesiedelten Unternehmens, der Küchengeräte GmbH, angestellt. Er bezieht ein steuerpflichtiges Bruttogehalt von 2.985,00 € je Monat. Er ist verheiratet, hat ein Kind und gehört der katholischen Religionsgemeinschaft an. Seine Frau ist nicht berufstätig. Zusätzlich zu seinem Bruttogehalt hat er im Abrechnungsmonat August ein Urlaubsgeld von 250,00 € erhalten. Seine Krankenkasse erhebt einen Zusatzbeitrag von 0,9%.

Für den Monat August 01 erstellt sein Arbeitgeber die folgende Gehaltsabrechnung:

Gehaltsabrechnung August 01	
Herbert Till, III/1,0, römisch-katholisch	
Bruttogehalt	2.985,00 €
Urlaubsgeld	250,00 €
Steuer- und sozialversicherungspflichtiges Gehalt	**3.235,00 €**
− Lohnsteuer	222,50 €
− Solidaritätszuschlag	0,00 €
− Kirchensteuer (9 %)	7,02 €
= Steuern insgesamt	**229,52 €**
− Krankenversicherung	236,16 €
− Zusatzbeitrag zur Krankenversicherung	14,56 €
− Pflegeversicherung	49,33 €
− Rentenversicherung	300,86 €
− Arbeitslosenversicherung	40,44 €
= Sozialabgaben insgesamt	**641,34 €**
Nettogehalt	
= Auszahlungsbetrag/Überweisung	**2.364,14 €**

Übersicht über die vom Arbeitnehmer Herbert Till und von seinem Arbeitgeber zu zahlenden Sozialversicherungsbeiträge:

Steuer- und sozialversicherungspflichtiges Gehalt 3.235,00 €	Arbeitnehmer		Arbeitgeber		insgesamt
Krankenversicherung einschl. Zusatzbeitrag	7,75 %	250,72 €	7,75 %	250,72 €	501,44 €
Pflegeversicherung	1,525 %	49,33 €	1,525 %	49,33 €	98,66 €
Rentenversicherung	9,3 %	300,86 €	9,3 %	300,86 €	601,72 €
Arbeitslosenversicherung	1,25 %	40,44 €	1,25 %	40,44 €	80,88 €
Summe		**641,34 €**		**641,34 €**	**1.282,68 €**

PERSONALBEREICH **C**

Merke

- Arbeitnehmer sind grundsätzlich mit allen Einkünften aus nicht selbstständiger Arbeit lohnsteuer- und sozialversicherungspflichtig.
- Die Höhe der Lohnsteuer ist abhängig von der Höhe des Arbeitslohns, der Steuerklasse und möglichen Freibeträgen. Kirchensteuer und Solidaritätszuschlag berücksichtigen zusätzlich die Zahl der Kinder.
- Zur Sozialversicherung zählen die Krankenversicherung, die Pflegeversicherung, die Rentenversicherung und die Arbeitslosenversicherung.
- Für die Sozialversicherungen bestehen Beitragsbemessungsgrenzen (siehe S. 175).
- Arbeitnehmer und Arbeitgeber tragen die Sozialversicherungsbeiträge jeweils zur Hälfte. Nur bei der Pflegeversicherung bestehen Ausnahmen bei dem Zuschlag für Kinderlose und bei der Aufteilung der Beiträge in Sachsen (siehe S. 175). Der Arbeitgeberanteil stellt für das Unternehmen Aufwand dar.
- Die einzubehaltenden Sozialabgaben sowie der Arbeitgeberanteil zur Sozialversicherung müssen in voraussichtlicher Höhe spätestens bis zum drittletzten Bankarbeitstag des Monats, in dem die Beschäftigung ausgeübt wird, von der jeweiligen Krankenkasse im Lastschriftverfahren vereinnahmt werden. Vorab sind die Daten vom Arbeitgeber mittels Software an die Kasse zu übertragen (siehe S. 172).
- Die einbehaltenen Steuern sind bis zum 10. des Folgemonats an das Finanzamt abzuführen.
- Lohn- und Gehaltslisten, die die Einzelabrechnungen aller Arbeitnehmer monatlich zusammenfassen, bilden den Buchungssammelbeleg (siehe S. 182).

Die nachfolgenden Aufgaben 200–202 sind mit einem Online-Lohnrechner-Programm, z. B. www.bmf-steuerrechner.de, zu lösen.

Aufgabe 200

Berechnen Sie für die in Aufgabe 199, Seite 175, genannten Angestellten W. Beyer und A. Fellner die Sozialversicherungsbeiträge. Der Zusatzbeitrag zur Krankenversicherung beträgt 0,9 %.
1. Wie viel Euro Nettogehalt werden beiden Angestellten überwiesen?
2. Wie viel Prozent betragen jeweils die Gesamtabzüge vom Bruttogehalt?

Aufgabe 201

Der kaufm. Angestellte R. Hemmerle (geb. 1983) ist in der Textilfabrik Brückner KG tätig. Sein Tarifgehalt beträgt 2.975,00 €. Er ist verheiratet und hat ein Kind. Seine Ehefrau ist nicht erwerbstätig. Für seine mehr als 10-jährige Betriebszugehörigkeit erhält Herr Hemmerle eine monatliche Treueprämie von 30,00 €.
1. Ermitteln Sie die von Herrn Hemmerle zu zahlende Lohn- und Kirchensteuer (9 %) sowie den Solidaritätszuschlag.
2. Bestimmen Sie den Sozialversicherungsbeitrag für Herrn Hemmerle (Zusatzbeitrag 0,9 %).
3. Berechnen Sie den Prozentsatz der Gesamtabzüge vom Bruttogehalt.
4. Stellen Sie in einer Gehaltsabrechnung das Nettogehalt fest.

Aufgabe 202

Das Unternehmen Schätzke GmbH beschäftigt den Angestellten A. Wagner im Außendienst. Herr Wagner ist 36 Jahre alt (St.-Kl. I/0). Sein Tarifgehalt beträgt 4.455,00 €. Zusätzlich erhält er einen steuerpflichtigen Zuschuss für Kleidung von monatlich 50,00 €. Als Sachbezug sind monatlich 195,00 € für die kostenlose Unterkunft in einer Werkswohnung anzusetzen.

Für die Berechnung der Sozialversicherungsbeiträge wird das steuerpflichtige Bruttogehalt zugrunde gelegt. Der Kirchensteuersatz beträgt 9 %; Zusatzbeitrag zur Krankenversicherung 0,9 %.
1. Berechnen Sie das steuerpflichtige Bruttogehalt.
2. Ermitteln Sie das Nettogehalt und den Auszahlungsbetrag.

C — Berechnungen und Buchungen in wichtigen Sachbereichen des Industriebetriebes

Aufgabe 203

1. Welche vertraglichen Grundlagen sind für die Gehaltsberechnung maßgeblich?
2. Was zählt im Einzelnen zum steuerpflichtigen Arbeitseinkommen?
3. Nennen Sie Beispiele für „Zulagen" und „Zuschläge".
4. Nennen Sie die in die Lohnsteuertabelle eingearbeiteten Freibeträge.
5. Welche Merkmale liegen vor, wenn ein Arbeitnehmer nach Steuerklasse III besteuert wird?
6. Erläutern Sie den Begriff „Beitragsbemessungsgrenze".
7. Welches sind die wesentlichen Merkmale des Beitrags zu einer gesetzlichen Krankenkasse (Sozialversicherung) und des Zusatzbeitrags zu einer gesetzlichen Krankenkasse?

4.1.4 Der Einsatz von Lohnberechnungsprogrammen

Lohnberechnung am PC

Die Lohnberechnung am PC mithilfe eines geeigneten Programms ist in Personalabteilungen der Unternehmen sowie in Steuerberaterpraxen unverzichtbar. Sie ermöglicht nicht nur eine schnelle und übersichtliche Lohn- und Gehaltsabrechnung der Mitarbeiter bzw. Klientel, sondern liefert auch aussagefähige Zahlen für die Belastung des Arbeitgebers. Alle erforderlichen **Abzugstabellen für Steuern und Sozialabgaben** (Grund-, Splitting- und Gesamtabzugstabellen) sind in das Programm **integriert** und gewähren z. B. durch Vergleich der Steuerklassen oder bei geplanten Tariferhöhungen rationelle Fallentscheidungen. Die Zahlen der Lohnbuchhaltung werden gespeichert und stehen damit dem betrieblichen Rechnungswesen für unternehmerische Entscheidungen zur Verfügung.

Die vielfältigen Lohnberechnungsprogramme unterscheiden sich weniger in der Systematik ihres Aufbaues als in der Praktikabilität ihrer Einsatzmöglichkeiten. Sie sind grundsätzlich nach dem gleichen Schema aufgebaut, wobei der **Bildschirm in zwei Bereiche** aufgeteilt ist. Im **linken** Bereich befindet sich das Fenster, in dem die persönlichen **Daten zur Lohnberechnung** des Mitarbeiters eingegeben werden, während im **rechten** Fenster nach jeder Dateneingabe sofort das jeweilige **Ergebnis der Lohnberechnung**, z. B. die errechnete Lohnsteuer, ausgewiesen wird. Die Lohnberechnung führt somit in wenigen Minuten vom Ausweis des Bruttolohnes und der einzelnen Steuer- und Sozialabgaben bis zum **Nettolohnausweis**. Mit der Speicherung wird die Lohn- bzw. Gehaltsabrechnung des Mitarbeiters ausgedruckt. Mit einem Klick auf ein bestimmtes Symbol erscheint sofort die **Gesamtbelastung des Arbeitgebers**.

Bildschirm	
Dateneingabe zur Lohnberechnung	**Ausgabe der Berechnungsergebnisse**
■ Name des Mitarbeiters	■ Bruttogehalt
■ Monat, Jahr	■ Einmalzahlungen
■ Bundesland (8 %/9 % KiSt)	■ Dienstwagen
■ Bruttogehalt	■ Gesamt-Brutto
■ weitere Zulagen, Abzüge	■ LSt, SolZ, KiSt
■ Steuerklasse, Kinder	■ KV, PV, RV, AV
■ LSt, SolZ, KiSt	■ Zuschlag zur PV
■ KV, PV, RV, AV	■ Summe der Abzüge
■ Zuschlag zur PV	■ Nettoauszahlung

4.2 Buchungen im Personalbereich

4.2.1 Buchung der Löhne und Gehälter

Bruttolöhne und **Bruttogehälter** werden monatlich erfasst im Soll der Aufwandskonten **6200 Löhne** und **6300 Gehälter**.

Die einbehaltenen Steuerabzüge (Lohn- und Kirchensteuer, Solidaritätszuschlag) werden als „Sonstige Verbindlichkeit gegenüber Finanzbehörden" auf dem Konto „**4830 FB-Verbindlichkeiten**" erfasst und bis zum **10. des Folgemonats** überwiesen.

Der einzubehaltende Arbeitnehmeranteil zur SV wird **mit** dem **Arbeitgeberanteil** der Krankenkasse **vorzeitig gemeldet** und von dieser spätestens bis zum **drittletzten** Bankarbeitstag des laufenden Monats durch **Bankeinzug** vereinnahmt (siehe auch S. 172). Diese Vorauszahlung wird auf dem Konto „**2640 SV-Vorauszahlung**" erfasst und bei der Buchung der Löhne bzw. Gehälter und des Arbeitgeberanteils jeweils **verrechnet**.

Der Arbeitgeberanteil zur SV wird als zusätzlicher Aufwand gesondert auf dem Konto „**6400 Arbeitgeberanteil zur SV**" gebucht und auf dem Verrechnungskonto „**2640 SV-Vorauszahlung**" gegengebucht.

> **Beispiel**
>
> Auszug aus der Gehaltsliste Monat August: Gehaltsabrechnung Herbert Till (S. 176)
>
> | Name | Steuer-klasse | Brutto-gehalt | Abzüge | | | | | Gesamt-abzüge | Netto-gehalt (Ausz.) |
> |---|---|---|---|---|---|---|---|---|---|
> | | | | LSt | SolZ | KiSt | Steuer-abzüge | SV | | |
> | Till, H. | III/1,0 | 3.235,00 | 222,50 | 0,00 | 7,02 | 229,52 | 641,34 | 870,86 | 2.364,14 |
>
> SV-Meldung an die Krankenkasse: 641,34 € AN-Anteil + 641,34 € AG-Anteil[1]
> SV-Bankeinzug der Krankenkasse: 1.282,68 €
>
> Buchung des Bankeinzugs der SV-Beiträge:
> ❶ 2640 SV-Vorauszahlung .... an 2800 Bank 1.282,68
> Buchung bei Gehaltszahlung:
> ❷ 6300 Gehälter 3.235,00
>   an 4830 FB-Verbindlichkeiten 229,52
>   an 2640 SV-Vorauszahlung 641,34
>   an 2800 Bank 2.364,14
> ❸ 6400 AG-Anteil z. SV .... an 2640 SV-Vorauszahlung 641,34
> Überweisung der einbehaltenen und noch abzuführenden Steuerabzüge:
> ❹ 4830 FB-Verbindlichkeiten .... an 2800 Bank 229,52

S	6300 Gehälter	H
❷ 3.235,00		

S	4830 FB-Verbindlichkeiten	H
❹ 229,52	❷ 229,52	

S	6400 Arbeitgeberanteil zur Sozialvers.	H
❸ 641,34		

S	2640 SV-Vorauszahlung	H
❶ 1.282,68	❷ 641,34	
	❸ 641,34	

Bruttogehalt	3.235,00 €	
+ Arbeitgeberanteil SV	641,34 €	
= Personalkosten	3.876,34 €	

S	2800 Bank	H
	❶ 1.282,68	
	❷ 2.364,14	
	❹ 229,52	

Die aufgrund von **Lohn- und Gehaltspfändungen** einbehaltenen Beträge werden auf der Haben-Seite des Kontos „**4890 Übrige sonstige Verbindlichkeiten**" gebucht.

---
[1] Siehe S. 176.

4.2.2 Buchung von Vorschusszahlungen an Mitarbeiter

Vorschüsse

Vorschüsse sind Darlehen, die Arbeitnehmern kurzfristig gewährt und bei späteren Lohn- und Gehaltszahlungen verrechnet werden. Sie werden gebucht auf dem Konto

2650 Forderungen an Mitarbeiter.

Beispiel

Der Angestellte Herbert Till (vgl. S. 174) erhält im Februar 01 einen Vorschuss von 1.500,00 € bar, der bei den folgenden Gehaltszahlungen monatlich mit 300,00 € einbehalten wird.

Buchung im Februar 01: 2650 Forderungen an Mitarbeiter ... an 2880 Kasse 1.500,00

Verrechnung des Vorschusses

Bruttogehalt März 01	2.985,00 €
− Lohn- und Kirchensteuer (kein Solidaritätszuschlag)	175,06 €
− Arbeitnehmeranteil zur Sozialversicherung	591,78 €
= Nettogehalt	2.218,16 €
− Vorschuss	300,00 €
= **Auszahlung** (Bank)	1.918,16 €
Arbeitgeberanteil zur SV	591,78 €

Buchungen:
❶ 2640 SV-Vorauszahlung .... an 2800 Bank 1.183,56
❷ 6300 Gehälter 2.985,00
 an 2650 Forderungen an Mitarbeiter 300,00
 an 4830 FB-Verbindlichkeiten 175,06
 an 2640 SV-Vorauszahlung 591,78
 an 2800 Bank 1.918,16
❸ 6400 AG-Anteil z. SV .... an 2640 SV-Vorauszahlung 591,78
❹ 4830 FB-Verbindlichkeiten .... an 2800 Bank 175,06

4.2.3 Sonstige geldliche und Sachwertbezüge

Sonstige geldliche Bezüge

Sonstige geldliche Bezüge umfassen **einmalige** Arbeitslohnzahlungen, die **zusätzlich** zum laufenden Arbeitslohn gezahlt werden. Sie **werden auf den Lohn- oder Gehaltskonten** der Arbeitnehmer **gebucht** und unterliegen der Lohnsteuer. Zu ihnen zählen u. a.:

> Weihnachtsgeld, Urlaubsgeld, 13. und 14. Monatsgehalt, Gratifikationen, Jubiläumszuwendungen, Heiratsbeihilfe, Geburtsbeihilfe, sonstige Beihilfen.

Zuwendungen des Arbeitgebers zu Firmenjubiläen, Betriebsveranstaltungen sowie zu betrieblichen Fort- und Weiterbildungsmaßnahmen liegen im eigenbetrieblichen Interesse und **gehören** deshalb in der Regel **nicht zu den sonstigen Bezügen.**

Beispiel

❶ Der 25-jährige ledige Arbeiter Krause (St.-Kl. I/0) erhält im Juli zu seinem laufenden Lohn in Höhe von 2.060,00 € eine Erholungsbeihilfe von 200,00 €. Diese Zuwendung ist ein „sonstiger Bezug" und wird gemäß § 39 b EStG als „laufender Arbeitslohn" besteuert. Abzüge: 272,21 € LSt/SolZ/KiSt, 455,96 € SV (Zusatzbeitrag zur Krankenversicherung 1,1 %). Der Arbeitgeberanteil zur Sozialversicherung beträgt 450,31 €.
❷ Zuschuss des Betriebes für eine Betriebsfeier: 1.500,00 € bar.

Buchungen: ❶ 2640 SV-Vorauszahlung .... an 2800 Bank 906,27
 6200 Löhne 2.260,00
 an 4830 FB-Verbindlichkeiten 272,21
 an 2640 SV-Vorauszahlung 455,96
 an 2800 Bank 1.531,83
 6400 Arbeitgeberanteil zur Sozialversicherung 450,31
 an 2640 SV-Vorauszahlung 450,31
❷ 6495 Sonstige soziale Aufwendungen an 2880 Kasse 1.500,00

PERSONALBEREICH C

Wenn Arbeitnehmer zu ihrem Lohn oder Gehalt noch **Sachbezüge** erhalten, wie z. B. ständige private Nutzung von Dienstfahrzeugen, freie oder verbilligte Mahlzeiten und Wohnungen sowie kostenlose Überlassung von eigenen Erzeugnissen (Deputate), so **erhöhen** diese geldwerten Vorteile deren lohnsteuer- und sozialversicherungspflichtigen **Bruttobezüge**. Für den Arbeitgeber ist die Gewährung solcher geldwerten Vorteile grundsätzlich **umsatzsteuerpflichtig**.

Gewährung von geldwerten Vorteilen

Beispiel

Der 29 Jahre alte Angestellte Kreiber erhält ein Bruttogehalt von 2.500,00 € und wird nach St-Kl. III/0 besteuert. Herrn Kreiber steht kostenlos ein firmeneigener Pkw zur privaten Nutzung zur Verfügung, dessen Listeneinkaufspreis inkl. USt 23.857,00 € beträgt. Nach Steuerrecht ist diese **Nutzung als Sachbezug** mit 1 % des auf volle 100,00 € abgerundeten Bruttolistenpreises **dem Gehalt hinzuzurechnen**, also 238,00 €. Die darin enthaltene Umsatzsteuer von 38,00 € hat der Arbeitgeber an das Finanzamt abzuführen. Der Nettobetrag von 200,00 € wird auf dem Konto „5430 Andere sonstige betriebliche Erträge" ausgewiesen.

Gehaltsabrechnung

	Bruttogehalt	2.500,00 €
+	Sachbezug (private Pkw-Nutzung)	238,00 €
=	steuer- und sozialversicherungspflichtiges Gehalt	2.738,00 €
−	Lohn- und Kirchensteuer sowie SolZ	132,79 €
−	Arbeitnehmeranteil zur Sozialversicherung (Zusatzbeitrag 0,9 %)	549,65 €
−	Sachbezug	238,00 €
=	**Auszahlung** (Bank)	**1.817,56 €** [1]

Buchung:	6300 Gehälter	2.738,00	
	an 4830 FB-Verbindlichkeiten		132,79
	an 2640 SV-Vorauszahlung		549,65
	an 5430 Andere sonstige betriebliche Erträge		200,00
	an 4800 Umsatzsteuer		38,00
	an 2800 Bank		1.817,56

Merke

Ein geldwerter Vorteil erhöht als Sachbezug das lohnsteuer- und sozialversicherungspflichtige Bruttoentgelt des Arbeitnehmers und ist grundsätzlich umsatzsteuerpflichtig.

Erwerben Mitarbeiter Erzeugnisse oder Waren des eigenen Betriebes zum Vorzugspreis, die **mit ihrem Nettolohn oder -gehalt verrechnet** werden, sind der Nettowert der Erzeugnisse oder Waren als Umsatzerlös und die Umsatzsteuer gesondert zu buchen.

Verrechnung erworbener Sachgüter

Beispiel

Herbert Till ist Angestellter der Küchengeräte GmbH. Er erhält von seinem Arbeitgeber einen Kühlschrank zum Vorzugspreis von 250,00 € netto zuzüglich 47,50 € Umsatzsteuer, der mit seinem Gehalt verrechnet wird:

	Bruttogehalt	2.985,00 €
−	Lohn- und Kirchensteuer (kein Solidaritätszuschlag)	175,06 €
−	Arbeitnehmeranteil zur Sozialversicherung	591,78 €
=	Nettogehalt	2.218,16 €
−	Erzeugniswert	250,00 €
−	Umsatzsteuer	47,50 €
=	**Auszahlung** (Bank)	**1.920,66 €** [1]

Buchung:	6300 Gehälter	2.985,00	
	an 4830 FB-Verbindlichkeiten		175,06
	an 2640 SV-Vorauszahlung		591,78
	an 5000 Umsatzerlöse für eigene Erzeugnisse		250,00
	an 4800 Umsatzsteuer		47,50
	an 2800 Bank		1.920,66

---

[1] SV-Bankeinzug und Verrechnung eines Arbeitgeberanteils werden vorausgesetzt.

Aufgabe 204

Gehaltsliste Monat Januar

Name	Steuer-klasse	Brutto-gehalt	Abzüge					Netto-gehalt
			Lohn-steuer	Solidaritäts-zuschlag	Kirchen-steuer (9 %)	Steuer-abzüge	Sozialver-sicherung	
1. Tierjung, V.	III/2,0	3.540,00	286,50	0,00	1,13	287,63	701,81	2.550,56
2. Steinbring, W.	I/0	2.770,00	359,08	19,74	32,31	411,13	556,08	1.802,79
3. Walter, F.	II/0,5	3.296,00	446,33	19,30	31,58	497,21	653,43	2.145,36
		9.606,00	1.091,91	39,04	65,02	1.195,97	1.911,32	6.498,71

Der Arbeitgeberanteil zur SV beträgt 1.904,39 €. SV-Bankeinzug der Krankenkasse 3.815,71 €.

Buchen Sie auf den Konten 2640, 2800 (AB 35.000,00 €), 4830, 6300 und 6400

1. den SV-Bankeinzug,
2. die Gehaltsabrechnung lt. Gehaltsliste zum 31. Januar (Banküberweisung),
3. den Arbeitgeberanteil zur Sozialversicherung,
4. die Überweisung der einbehaltenen Steuerabzüge im Februar.

Wie hoch sind die Personalkosten des Betriebes?

Aufgabe 205

Buchen Sie auf den Konten 2640, 2650, 2800 (AB 32.000,00 €), 4830, 6200 und 6400

1. Zahlung eines Lohnvorschusses durch Banküberweisung: 4.000,00 €,
2. SV-Bankeinzug 3.200,00 €,
3. Lohnabrechnung mit Verrechnung des Vorschusses in Höhe von 250,00 € monatlich:

Brutto-löhne	LSt/SolZ/KiSt	Sozial-versicherung	Verrechneter Vorschuss	Auszahlung (Bank)	Arbeitgeber-anteil
7.800,00	860,00	1.630,00	250,00	5.060,00	1.570,00

4. Banküberweisung der einbehaltenen Steuerabzüge im Folgemonat.

Aufgabe 206

Zahlung der Gehälter durch Banküberweisung zum 31. Dezember.

Buchen Sie auf den Konten 2640, 2650 (AB 8.000,00 €), 2800 (AB 160.000,00 €), 4830, 6300, 6400, 8000, 8010 und 8020:

1. SV-Bankeinzug .... ?
2. Gehälter lt. Gehaltsliste für den Monat Dezember:
   Bruttobeträge .... 55.800,00 €
   Lohn- und Kirchensteuer sowie Solidaritätszuschlag .... 10.050,00 €
   Sozialversicherungsbeiträge der Arbeitnehmer .... 11.765,00 €
3. Verrechnung von Vorschüssen .... 2.500,00 €
4. Arbeitgeberanteil .... 11.245,00 €
5. Die einbehaltenen Steuerabzüge werden erst Anfang Januar nächsten Jahres an das Finanzamt überwiesen.

1. Nennen Sie die Buchungen bis zum Jahresabschluss.
2. Wie lauten
   a) die Eröffnungsbuchung zum 1. Januar nächsten Jahres und
   b) die Überweisungsbuchung?
3. Wie hoch sind die gesamten Personalkosten des Betriebes für Dezember?

Aufgabe 207

Zum 31. Dezember weisen die nachstehenden Konten folgende Salden aus:

2650 Forderungen an Mitarbeiter .... 16.000,00 €
4830 Sonstige Verbindlichkeiten gegenüber Finanzbehörden .... 12.600,00 €

Bilden Sie die Abschlussbuchungssätze.

Aufgabe 208

Die Miete der Arbeitnehmer für Werkswohnungen wird mit den Gehältern verrechnet. Die Nettogehälter werden durch Banküberweisung ausgezahlt:

Bruttogehälter lt. Gehaltsliste	66.300,00 €
Lohn- und Kirchensteuer sowie Solidaritätszuschlag	11.300,00 €
Sozialversicherungsbeiträge der Arbeitnehmer	12.600,00 €
des Arbeitgebers	11.950,00 €
Einbehaltene Mieten für Werkswohnungen	3.600,00 €

Ermitteln Sie den SV-Bankeinzug sowie die Nettoauszahlung und buchen Sie auf den entsprechenden Konten die Gehaltsabrechnung, den Arbeitgeberanteil zur Sozialversicherung und die Überweisung der Steuerabzüge. Konten: 2640, 2800 (50.000,00 € Bestand), 4830, 5081, 6300 und 6400.

Aufgabe 209

Bruttogehälter lt. Gehaltsliste	28.730,00 €
Abzüge: Lohn- und Kirchensteuer sowie SolZ	4.310,00 €
Arbeitnehmeranteil zur Sozialversicherung	5.680,00 €
Verrechnung von Vorschüssen	1.800,00 €
Einbehaltene Mieten für Werkswohnungen	1.750,00 €
Einbehaltene Beträge aufgrund von Gehaltspfändungen	1.450,00 €
Banküberweisung der Nettogehälter für Dez. am 30. Dezember	?
Arbeitgeberanteil zur Sozialversicherung	5.430,00 €

1. Erstellen Sie die Gehaltsabrechnung einschließlich Arbeitgeberanteil.
2. Wie hoch sind die gesamten Personalkosten? Wie hoch ist der SV-Bankeinzug?
3. Bilden Sie die Buchungssätze.
4. Buchen Sie auf den Konten 2640, 2650 (12.000,00 € Bestand), 2800 (80.000,00 € Bestand), 4830, 4890, 5081, 6300 und 6400.
5. Wie lautet der Abschlussbuchungssatz für die einbehaltenen Steuern?

Aufgabe 210

Bilden Sie die Buchungssätze:
1. Banküberweisung der Beiträge zur Berufsgenossenschaft: 1.200,00 €.
2. Ein Angestellter erhält einen Vorschuss durch Banküberweisung: 2.000,00 €.
3. *Beurteilen Sie:* Eine Angestellte erhält als Geburtsbeihilfe 300,00 € (Banküberweisung).
4. *Beurteilen Sie:* Einem Arbeiter wird eine Heiratsbeihilfe überwiesen: 200,00 €.

Aufgabe 211

Ein Angestellter eines Industriebetriebs (geb. 1962, 2.850,00 € Bruttogehalt, 213,34 € Steuerabzüge St.-Kl. III/0, SV-Abzüge Arbeitnehmer: 619,91 €, Arbeitgeberanteil: 612,20 €) nutzt das Dienstfahrzeug auch privat. Der Listenpreis des Pkw betrug einschl. Umsatzsteuer 23.800,00 €.

1. Berechnen Sie den monatlichen Sachbezug bzw. geldwerten Vorteil des Angestellten.
2. Erstellen Sie die Gehaltsabrechnung und nennen Sie die Buchungssätze (Banküberweisung).

Aufgabe 212

Der Angestellte Stefan Stein der Textilwerke GmbH, geb. 1970, bezieht ein Bruttogehalt von 2.780,00 €. Seine Abzüge für Steuern (St.-Kl. III/0) betragen 141,13 € und für Sozialabgaben 558,08 € (Arbeitgeberanteil: 551,14 €). Bei der Gehaltsabrechnung ist ein Anzug mit 150,00 € netto zuzüglich 28,50 € Umsatzsteuer zu verrechnen, den Stefan Stein von seinem Betrieb erworben hat. Die Gehaltszahlung erfolgt als Banküberweisung.

1. Erstellen Sie die Gehaltsabrechnung. Wie hoch ist der SV-Bankeinzug?
2. Buchen Sie auf den entsprechenden Konten.
3. Wie lautet die Buchung für den Arbeitgeberanteil zur Sozialversicherung?
4. Wie hoch sind die Personalkosten für den Angestellten Stefan Stein?

Aufgabe 213

Nach einer Gehaltserhöhung beträgt das Bruttogehalt des Angestellten (Aufgabe 211) nunmehr 2.980,00 €. 247,53 € Steuerabzüge, SV-Abzüge Arbeitnehmer: 646,01 €, Arbeitgeberanteil: 637,97 €. Der geldwerte monatliche Vorteil aus der privaten Nutzung des Geschäftsfahrzeuges ist zu berücksichtigen. Darüber hinaus sind noch vom Arbeitgeber erworbene Erzeugnisse im Wert von 300,00 € netto zuzüglich 57,00 € Umsatzsteuer mit dem Gehalt zu verrechnen.

1. Erstellen Sie die Gehaltsabrechnung. Wie hoch ist der SV-Bankeinzug?
2. Nennen Sie die Buchungssätze (Banküberweisung).
3. Buchen Sie auf den Konten 2640, 2800 (AB 9.000,00 €), 4800, 4830, 5000, 5430, 6300 und 6400.

C BERECHNUNGEN UND BUCHUNGEN IN WICHTIGEN SACHBEREICHEN DES INDUSTRIEBETRIEBES

Aufgabe 214

Buchen Sie für das Metallwerk Thomas Berg e. K. folgende Belege:

Beleg 1

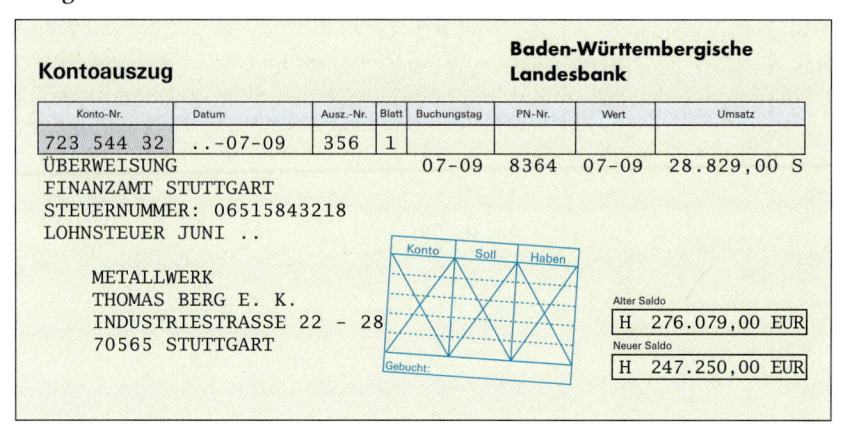

Kontoauszug — Baden-Württembergische Landesbank
- Konto-Nr.: 723 544 32
- Datum: ..-07-09
- Ausz.-Nr.: 356
- Blatt: 1
- Buchungstag: 07-09
- PN-Nr.: 8364
- Wert: 07-09
- Umsatz: 28.829,00 S

ÜBERWEISUNG
FINANZAMT STUTTGART
STEUERNUMMER: 06515843218
LOHNSTEUER JUNI ..

METALLWERK
THOMAS BERG E. K.
INDUSTRIESTRASSE 22 - 28
70565 STUTTGART

Alter Saldo: H 276.079,00 EUR
Neuer Saldo: H 247.250,00 EUR

Beleg 2

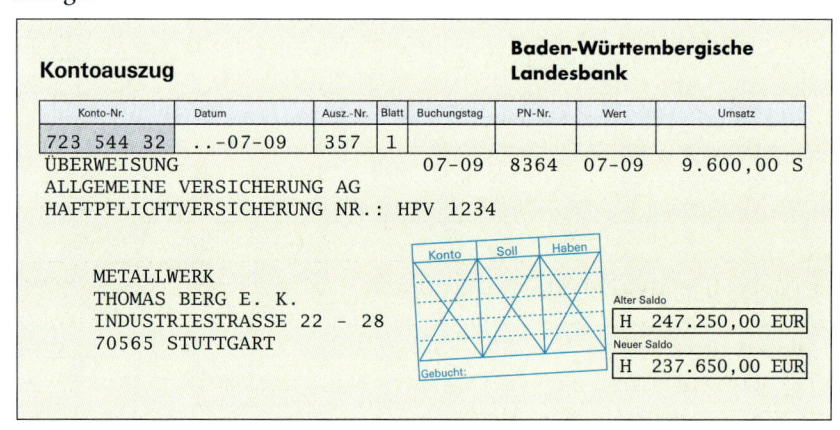

Kontoauszug — Baden-Württembergische Landesbank
- Konto-Nr.: 723 544 32
- Datum: ..-07-09
- Ausz.-Nr.: 357
- Blatt: 1
- Buchungstag: 07-09
- PN-Nr.: 8364
- Wert: 07-09
- Umsatz: 9.600,00 S

ÜBERWEISUNG
ALLGEMEINE VERSICHERUNG AG
HAFTPFLICHTVERSICHERUNG NR.: HPV 1234

METALLWERK
THOMAS BERG E. K.
INDUSTRIESTRASSE 22 - 28
70565 STUTTGART

Alter Saldo: H 247.250,00 EUR
Neuer Saldo: H 237.650,00 EUR

Lohnsteueranmeldung zu Beleg 1 (Auszug)

Arbeitgeber - Anschrift der Betriebsstätte - Telefonnummer - E-Mail:
Thomas Berg e. K.
Industriestraße 22-28
70565 Stuttgart
Telefon 0711/245671-0
service@berg-metall-wvd.de

- 19 04 Apr.
- 19 05 Mai
- 19 06 Juni [X]
- 19 10
- 19 11 Nov.
- 19 12 Dez.
- 19 44 IV. Kalendervierteljahr
- 19 19 Kalenderjahr

Berichtigte Anmeldung (falls ja, bitte eine „1" eintragen) — 10
Zahl der Arbeitnehmer (einschl. Aushilfs- und Teilzeitkräfte) — 86 — 29
zu Zeile 22: Zahl der Arbeitnehmer mit BAV-Förderbetrag — 90

Zeile	Bezeichnung	Kz	EUR	Ct
18	Summe der einzubehaltenden Lohnsteuer [1)2)]	42	25.400	00
19	Summe der pauschalen Lohnsteuer - ohne § 37b EStG - [1)]	41	—	—
20	Summe der pauschalen Lohnsteuer nach § 37b EStG [1)]	44	—	—
21	abzüglich Kürzungsbetrag für Besatzungsmitglieder von Handelsschiffen	33	—	—
22	abzüglich Förderbetrag zur betrieblichen Altersversorgung nach § 100 EStG (BAV-Förderbetrag) [1)]	45	—	—
23	Verbleiben [1)]	48	25.400	00
24	Solidaritätszuschlag [1)2)]	49	1.397	00
25	pauschale Kirchensteuer im vereinfachten Verfahren	47	—	—
26	Evangelische Kirchensteuer - ev [1)2)]	61	576	00
27	Römisch-Katholische Kirchensteuer - rk [1)2)]	62	1.456	00
28				
29				
30				
31				
32				
33	Gesamtbetrag [1)]	83	28.829	00

1) Negativen Beträgen ist ein **Minuszeichen** voranzustellen
2) Nach Abzug der im Lohnsteuer-Jahresausgleich erstatteten Beträge

PERSONALBEREICH C

Aufgabe 215

Anfangsbestände

0510	Bebaute Grundstücke	180.000,00	2650	Forderungen an Mitarbeiter	12.000,00
0530	Betriebsgebäude	420.000,00	2800	Bankguthaben	95.000,00
0700	TA und Maschinen	160.000,00	3000	Eigenkapital	721.000,00
0800	Andere Anlagen/BGA	87.000,00	4250	Darlehensschulden	380.000,00
2000	Rohstoffe	200.000,00	4400	Verbindlichkeiten a. LL	131.080,00
2200	Fertige Erzeugnisse	10.000,00	4800	Umsatzsteuer	12.000,00
2400	Forderungen a. LL	87.000,00	4830	FB-Verbindlichkeiten	6.920,00

Kontenplan

0510, 0530, 0700, 0800, 2000, 2200, 2400, 2600, 2640, 2650, 2800, 3000, 3001, 4250, 4400, 4800, 4830, 5000, 5200, 5420, 5710, 6000, 6200, 6300, 6400, 6420, 6520, 7510, 8010, 8020.

Geschäftsfälle

1. Angestellter erhält Gehaltsvorschuss (Banküberweisung) 2.000,00
2. Banküberweisung des Beitrags an die Berufsgenossenschaft 850,00
3. Banküberweisung der Lohn- und Kirchensteuer
   sowie des Solidaritätszuschlags 6.920,00
   der Umsatzsteuer-Zahllast 12.000,00   18.920,00
4. Privatentnahmen von eigenen Erzeugnissen, netto 800,00
   + Umsatzsteuer 152,00
5. SV-Bankeinzug durch gesetzliche Krankenkasse 5.265,00
6. Lohnzahlung durch Banküberweisung lt. Lohnliste:

Bruttolöhne	LSt/SolZ/KiSt	Sozialvers.	Nettolöhne	Arb.-geberanteil
5.400,00	760,00	1.100,00	3.540,00	1.045,00

7. Rohstoffeinkäufe auf Ziel lt. ER 01–09 .... 45.000,00
   + Umsatzsteuer 8.550,00
8. Zinsgutschrift der Bank 1.200,00
9. Kunde wird mit Verzugszinsen belastet 80,00
10. Banküberweisung der Gehälter lt. Gehaltsliste:

Brutto-gehälter	LSt/SolZ/KiSt	Sozial-versicherung	Verrechneter Vorschuss	Auszahlung (Bank)	Arbeitgeber-anteil
7.800,00	1.050,00	1.600,00	500,00	4.650,00	1.520,00

11. Zielverkäufe von eigenen Erzeugnissen lt. AR 01–12 .... 128.000,00
    + Umsatzsteuer 24.320,00
12. Lastschrift der Bank für Darlehenszinsen 7.200,00
13. Geschäftsinhaber überweist seine Lebensversicherungsprämie
    durch Banküberweisung 1.500,00
14. Ein Lieferant belastet uns mit Verzugszinsen 40,00

Abschlussangaben

Schlussbestände lt. Inventur: Rohstoffe 225.000,00
Fertige Erzeugnisse 15.000,00
Betriebsgebäude 410.000,00
TA und Maschinen 146.000,00
Andere Anlagen/BGA 80.000,00

Auswertung

Ermitteln Sie die Rentabilität des Eigenkapitals, indem Sie den Gewinn auf das durchschnittliche Eigenkapital beziehen.

C — Berechnungen und Buchungen in wichtigen Sachbereichen des Industriebetriebes

Aufgabe 216

Anfangsbestände

0510	Bebaute Grundstücke	100.000,00	2400	Forderungen a. LL	22.000,00
0530	Betriebsgebäude	320.000,00	2800	Bankguthaben	45.000,00
0700	TA und Maschinen	260.000,00	2880	Kasse	15.000,00
0800	Andere Anlagen/BGA	120.000,00	3000	Eigenkapital	740.000,00
2000	Rohstoffe	47.000,00	4250	Darlehensschulden	150.000,00
2100	Unfertige Erzeugnisse	5.000,00	4400	Verbindlichkeiten a. LL	46.000,00
2200	Fertige Erzeugnisse	6.000,00	4800	Umsatzsteuer	4.000,00

Kontenplan

0510, 0530, 0700, 0800, 2000, 2020, 2100, 2200, 2400, 2600, 2640, 2650, 2800, 2880, 3000, 4250, 4400, 4800, 4830, 5000, 5001, 5081, 5200, 5710, 6000, 6002, 6020, 6200, 6300, 6400, 6520, 6800, 6930, 7020, 8010, 8020.

Geschäftsfälle

1.	Zieleinkauf von Rohstoffen lt. ER 956, netto	15.600,00
	von Hilfsstoffen lt. ER 957, netto	8.400,00
	+ Umsatzsteuer	4.560,00
2.	Banküberweisung der Umsatzsteuer-Zahllast	4.000,00
3.	Kunde begleicht AR 1206 durch Bank	5.950,00
	– 2 % Skonto (brutto)	119,00
4.	Belastung des Kunden mit Verzugszinsen	50,00
5.	Angestellter erhält Gehaltsvorschuss bar	1.500,00
6.	Banküberweisung für Grundsteuern	350,00
7.	Zinsgutschrift der Bank	600,00
8.	SV-Bankeinzug durch gesetzliche Krankenkasse	6.315,00
9.	Banküberweisung von Fertigungslöhnen, brutto	12.400,00
	Abzüge: Steuer: 1.100,00 €; SV: 2.400,00 €	3.500,00
	netto	8.900,00
	Arbeitgeberanteil	2.280,00
10.	Rohstofflieferant gewährt Preisnachlass wegen Mängelrüge	500,00
	+ Umsatzsteuer	95,00
11.	Bankgutschrift für Mieteinnahmen	1.800,00
12.	AR 1256–1289 für Zielverkauf eigener Erzeugnisse ab Werk, netto	87.800,00
	+ Umsatzsteuer	16.682,00
13.	Banküberweisung für Gehälter, brutto	4.200,00
	Abzüge: Steuer: 330,00 €; SV: 840,00 €	1.170,00
	Gehaltsvorschuss	500,00
	netto	2.530,00
	Arbeitgeberanteil	795,00
14.	Brandschaden im Rohstofflager (kein Versicherungsanspruch)	2.500,00
15.	Barkauf von Büromaterial, Nettopreis	450,00
	+ Umsatzsteuer	85,50
16.	Banküberweisung der einbehaltenen Lohn- und Kirchensteuer einschließlich SolZ	?

Abschlussangaben

1. Abschreibungen auf 0530: 2.200,00 €; auf 0700: 4.300,00 €; auf 0800: 1.800,00 €.
2. Inventurbestände:

	Rohstoffe	28.600,00
	Hilfsstoffe	3.900,00
	Unfertige Erzeugnisse	7.000,00
	Fertige Erzeugnisse	10.000,00

Aufgabe 217

Kontenplan und vorläufige Saldenbilanz	Soll	Haben
0700 Technische Anlagen und Maschinen	850.000,00	–
0800 Andere Anlagen/BGA	240.000,00	–
2000 Rohstoffe	118.000,00	–
2020 Hilfsstoffe	17.000,00	–
2100 Unfertige Erzeugnisse	15.000,00	–
2200 Fertige Erzeugnisse	34.000,00	–
2400 Forderungen a. LL	285.000,00	–
2600 Vorsteuer	360.692,00	–
2640 SV-Vorauszahlung	–	–
2650 Forderungen an Mitarbeiter	2.500,00	–
2800 Bank	312.500,00	–
3000 Eigenkapital	–	1.100.000,00
3001 Privat	65.000,00	–
4250 Darlehensschulden	–	310.500,00
4400 Verbindlichkeiten a. LL	–	160.400,00
4800 Umsatzsteuer	–	356.592,00
4830 FB-Verbindlichkeiten	–	–
5000 Umsatzerlöse für eigene Erzeugnisse	–	1.884.100,00
5001 Erlösberichtigungen	25.700,00	–
5200 Bestandsveränderungen	–	–
5420 Entnahme v. G. u. s. L.	–	18.400,00
5710 Zinserträge	–	6.800,00
6000 Aufwendungen für Rohstoffe	890.000,00	–
6001 Bezugskosten	24.600,00	–
6002 Nachlässe	–	15.700,00
6020 Aufwendungen für Hilfsstoffe	98.500,00	–
6150 Vertriebsprovisionen	24.800,00	–
6200 Löhne	180.700,00	–
6300 Gehälter	124.700,00	–
6400 Arbeitgeberanteil zur Sozialversicherung	42.600,00	–
6420 Beiträge zur Berufsgenossenschaft	24.900,00	–
6520 Abschreibungen auf Sachanlagen	–	–
6700 Mietaufwendungen	90.000,00	–
7510 Zinsaufwendungen	26.300,00	–
Abschlusskonten: 8010 und 8020	3.852.492,00	3.852.492,00

Geschäftsfälle

1. Banküberweisung eines Gehaltsvorschusses
   an einen Arbeitnehmer ... 12.000,00
2. Lastschrift der Bank für Mietzahlung: Betrieb ... 12.000,00
   Privat ... 1.500,00
3. Banküberweisung für Vertreterprovisionen ... 2.800,00
   + Umsatzsteuer ... 532,00
4. Kunde erhält aufgrund seiner Mängelrüge einen Preisnachlass ... 800,00
   + Umsatzsteuer ... 152,00
5. Ein Arbeiter erhält durch Banküberweisung
   eine Nachzahlung von ... 300,00
6. Beschädigte Hilfsstoffe werden an Lieferanten zurückgeschickt,
   netto ... 2.500,00
   + Umsatzsteuer ... 475,00
7. Banküberweisung der Berufsgenossenschaftsbeiträge ... 15.800,00

8. Rohstofflieferant gewährt Bonus über netto 2.300,00
   + Umsatzsteuer 437,00
9. Arztrechnung für den Inhaber wird durch Bank überwiesen 240,00
10. Inhaber entnimmt Erzeugnisse für Privatzwecke 2.800,00
    + Umsatzsteuer 532,00
11. Kunde wird mit Verzugszinsen belastet 70,00
12. Nachlass vom Rohstofflieferanten wegen Mängelrüge, brutto 1.785,00
13. Banküberweisung der berechneten Verzugszinsen (Fall 11) 70,00
14. SV-Bankeinzug durch gesetzliche Krankenkasse 5.160,00
15. Banküberweisung der Fertigungslöhne lt. Lohnliste:

Bruttolöhne	LSt/SolZ/KiSt	Sozialvers.	Nettolöhne	Arb.-geberanteil
5.400,00	680,00	1.080,00	3.640,00	1.030,00

16. Banküberweisung für Gehälter lt. Gehaltsliste:

Brutto-gehälter	LSt/SolZ/KiSt	Sozial-versicherung	Verrechneter Vorschuss	Auszahlung	Arbeitgeber-anteil
7.800,00	760,00	1.560,00	500,00	4.980,00	1.490,00

Abschlussangaben
1. Abschreibungen auf: 0700 TA und Maschinen 88.000,00
                          0800 Andere Anlagen/BGA 12.000,00
2. Schlussbestände lt. Inventur: Rohstoffe 135.000,00
                                   Hilfsstoffe 22.000,00
                                   Unfertige Erzeugnisse 24.000,00
                                   Fertige Erzeugnisse 15.000,00
   Im Übrigen entsprechen die Buchbestände der Inventur.

Aufgabe 218

Beim Vergleich gleichartiger Industriebetriebe (Betriebsvergleich) ist die

$$\text{Lohnquote} = \frac{\text{Personalkosten}}{\text{Umsatzerlöse}}$$

besonders aussagefähig. Diese Kennzahl zeigt, wie hoch der Anteil der gesamten Personalkosten an den Umsatzerlösen ist und gibt Aufschluss über die Wirtschaftlichkeit des Leistungsprozesses der Industriebetriebe.

Industriebetriebe	A	B	C	D	E	F
Personalkosten in T€	630	1.056	684	1.196	703	943
Umsatzerlöse in T€	3.500	4.800	3.600	5.200	3.800	4.600

Ermitteln und beurteilen Sie die Lohnquoten im Betriebsvergleich.

Aufgabe 219

1. Welche Bedeutung haben die Steuerklassen für den Arbeitnehmer?
2. Welche Zweige der Sozialversicherung unterscheidet man?
3. Warum bucht die Praxis Sondervergütungen an die Arbeitnehmer direkt auf den Lohn- und Gehaltskonten?
4. Nennen Sie Beispiele für steuerpflichtige Sonderzuwendungen.
5. Nennen Sie die Zahlungsfrist für die einbehaltenen Steuerabzüge.
6. Woraus setzen sich die gesamten Personalkosten des Betriebes zusammen?

4.3 Vermögenswirksame Leistungen

Das **Fünfte Vermögensbildungsgesetz** erbringt vielen Arbeitnehmern eine **doppelte staatliche Sparzulage**, wenn sie ihr Geld **für mindestens sieben Jahre vermögenswirksam anlegen**, z. B. in einem **Bausparvertrag** und/oder in **Beteiligungen am Produktivkapital**, wie z. B. Investmentfonds mit einem Aktienanteil von mindestens 60 % am Fondsvermögen oder Kapitalbeteiligungen am Unternehmen des Arbeitgebers (Belegschaftsaktien oder stille Beteiligung).

Die Sparzulage beträgt **Sparzulage**

- für **Bausparbeiträge bis zu 470,00 € im Jahr 9 %**, also 43,00 € pro Jahr, und
- für **Beteiligungen am Produktivkapital bis zu 400,00 € im Jahr 20 %**, also höchstens 80,00 €.

Die Einkommensgrenze für die Sparzulage bildet das **zu versteuernde Einkommen: bei Beteiligungen am Produktivkapital 20.000,00 € bei Ledigen** und **40.000,00 € bei Ehepaaren und Lebenspartnerschaften. Bei den übrigen Anlageformen** beträgt die Einkommensgrenze 17.900,00 €/35.800,00 €. Für Kinder gibt es entsprechende Zulagen. **Einkommensgrenzen**

Die Beantragung der Sparzulage muss der Arbeitnehmer **jedes Jahr** zusammen mit der Steuererklärung und einer Bescheinigung des Anlageinstituts **beim Finanzamt** vornehmen. Nach Ablauf der Sperrfrist überweist das Finanzamt die **Sparzulage in einer Summe** auf das betreffende Anlagekonto. **Beantragung**

Die vermögenswirksamen Geldleistungen werden entweder **allein vom Arbeitnehmer oder nur vom Arbeitgeber** aufgrund eines Tarifvertrages oder einer Betriebsvereinbarung **oder von beiden gemeinsam** erbracht. Der **Arbeitgeber überweist** die vermögenswirksamen Leistungen an das Anlageinstitut einschließlich der Beträge, die der Arbeitnehmer zahlt. Der vermögenswirksame **Anteil des Arbeitgebers erhöht die Personalkosten und zugleich das lohnsteuerpflichtige Gehalt (Lohn)** des Arbeitnehmers.

Der Anteil des Arbeitgebers zur Vermögensbildung wird in der Regel auf den Konten

> 6220 Sonstige tarifliche oder vertragliche Aufwendungen
> (Lohnempfänger)

> 6320 Sonstige tarifliche oder vertragliche Aufwendungen
> (Gehaltsempfänger)

erfasst. Er kann **auch direkt auf den Lohn- und Gehaltskonten** gebucht werden.

Die an das Anlageinstitut abzuführenden vermögenswirksamen Beträge werden im Haben des folgenden Kontos gebucht:

> 4860 Verbindlichkeiten aus vermögenswirksamen Leistungen (VL).

Merke

Die Vermögensbildung vieler Arbeitnehmer wird durch hohe staatliche Sparzulagen gefördert, wenn sie Geldleistungen sieben Jahre vermögenswirksam anlegen in Bausparverträgen, Unternehmensbeteiligungen oder in Wertpapier-Sparverträgen (Aktien).

C — Berechnungen und Buchungen in wichtigen Sachbereichen des Industriebetriebes

Beispiel

Der Angestellte Heinz Klein, geb. 1981, verheiratet, keine Kinder (St.-Kl. III/0), bezieht ein Monatsgehalt von 2.841,00 €. Er hat einen Bausparvertrag abgeschlossen. Laut Tarifvertrag erhält er vom Arbeitgeber zusätzlich zu seinem Gehalt 19,00 € vermögenswirksame Leistung, die einschließlich seiner eigenen Sparleistung von 20,00 € auf sein Konto bei der Bausparkasse überwiesen werden.

Gehaltsabrechnung

Tarifgehalt	2.841,00 €
+ vermögenswirksame Leistung des Arbeitgebers	19,00 €
= steuer- und sozialversicherungspflichtige Bruttobezüge	2.860,00 €
− Lohn- und Kirchensteuer sowie SolZ	157,13 €
− Arbeitnehmeranteil zur Sozialversicherung (Zusatzbeitrag 1,1 %)	577,00 €
	2.125,87 €
− vermögenswirksame Sparleistung insgesamt	39,00 €
= **Nettogehalt** (= Auszahlung)	2.086,87 €
Arbeitgeberanteil zur Sozialversicherung	569,86 €

Buchungen:

❶ 2640 SV-Vorauszahlung 1.146,86
 an 2800 Bank 1.146,86

❷ 6300 Gehälter 2.841,00
 6320 Sonstige tarifl. oder vertragl. Aufwendungen 19,00
 an 4830 FB-Verbindlichkeiten 157,13
 an 2640 SV-Vorauszahlung 577,00
 an 4860 Verbindlichkeiten aus VL 39,00
 an 2800 Bank 2.086,87

❸ 6400 Arbeitgeberanteil zur Sozialversicherung 569,86
 an 2640 SV-Vorauszahlung 569,86

❹ Überweisung der Steuern und der Sparleistung:
 4830 FB-Verbindlichkeiten 157,13
 4860 Verbindlichkeiten aus VL 39,00
 an 2800 Bank 196,13

Merke

- Die vermögenswirksame Leistung des Arbeitgebers erhöht das Bruttoentgelt des Arbeitnehmers und ist somit steuer- und sozialversicherungspflichtig.
- Die gesamte Sparleistung wird vom Gehalt (Lohn) einbehalten und der Vermögensanlage des Arbeitnehmers zugeführt.

Aufgabe 220

Das Gehalt eines Angestellten, verheiratet, ein Kind (St.-Kl. III/1,0), beträgt 2.650,00 €. Für einen Bausparvertrag spart er selbst monatlich 39,00 €, während sein Arbeitgeber ihm 30,00 € zum Aktiensparen gewährt. Somit werden 69,00 € an die Anlageinstitute überwiesen. Seine Abzüge für Lohn- und Kirchensteuer betragen 110,66 € und für Sozialversicherung 531,31 €. Der Arbeitgeberanteil beträgt 531,31 €. *Erstellen Sie die Gehaltsabrechnung und buchen Sie.*

Aufgabe 221

Ein Angestellter, geschieden (St.-Kl. I/0), mit einem Tarifgehalt von 2.580,00 € hat mit einer Bausparkasse einen vermögenswirksamen Sparvertrag mit einer monatlichen Sparleistung von 40,00 € abgeschlossen. Aufgrund einer Betriebsvereinbarung beteiligt sich der Arbeitgeber mit 50 % (20,00 €) an der vermögenswirksamen Leistung. Lohn- und Kirchensteuer sowie SolZ 363,81 €; Sozialversicherungsanteil Arbeitnehmer: 521,95 €, Arbeitgeber: 515,45 €. *Erstellen Sie die Gehaltsabrechnung und buchen Sie.*

Aufgabe 222

Der Lohn eines Facharbeiters, ledig (St.-Kl. I/0), beträgt im Mai 2.466,00 €. Lt. Arbeitsvertrag erhält er von seinem Arbeitgeber zusätzlich zu seinem Lohn 33,00 € vermögenswirksame Leistung, die zum Erwerb von Anteilen an einem Aktienfonds überwiesen werden. Lohn- und Kirchensteuer sowie SolZ 336,33 €, Arbeitnehmeranteil zur Sozialversicherung 501,67 €, Arbeitgeberanteil 495,43 €. *Erstellen Sie die Lohnabrechnung und buchen Sie.*

5 Finanz- und Zahlungsbereich

5.1 Scheckverkehr

Die Abwicklung des nationalen und internationalen Zahlungsverkehrs können Unternehmen nicht nur durch Überweisung, sondern auch durch **Zahlung mit Scheck** vornehmen. **Man unterscheidet zwischen eigenen und Kundenschecks.**

Zahlung mit Scheck

Eigene Schecks, also Schecks, die das Unternehmen ausstellt und an Gläubiger zum Ausgleich einer Verbindlichkeit aus Lieferungen und Leistungen in Zahlung gibt, werden dem betrieblichen Bankkonto belastet. Der **Kontoauszug** der Bank **weist die Belastung aus** und ist deshalb auch zugleich **Buchungsbeleg**.

Eigene Schecks

> **Beispiel**
>
> Zum Ausgleich der bereits gebuchten Rechnung ER 4010 wird dem Lieferanten Koch OHG ein Scheck über 5.950,00 € zugesandt. Nach Einlösung des Schecks wird aufgrund der Lastschrift im Kontoauszug gebucht:
>
> Buchung: 4400 Verbindlichkeiten a. LL   an   2800 Bank   5.950,00

Kundenschecks, die ein Unternehmen zum Ausgleich von Forderungen aus Lieferungen und Leistungen erhält, werden in der Regel **direkt** der Hausbank zum Einzug und zur Gutschrift eingereicht. Das geschieht zusammen mit einem ausgefüllten **Scheck-Einlieferungs-Vordruck** (siehe S. 117), auf dem die Bank die Scheckeinlieferung bestätigt. Aufgrund der Gutschrift im Kontoauszug (z. B. 4.165,00 €) erfolgt dann die Buchung:

Kundenschecks

> **Beispiel**
>
> Buchung: 2800 Bank   an   2400 Forderungen a. LL   4.165,00

Kundenschecks, die **nicht sofort der Bank zum Einzug** eingereicht **oder an** einen **Lieferanten zum Ausgleich einer Verbindlichkeit** weitergegeben wurden, stellen Vermögen dar und werden deshalb auch zunächst buchhalterisch erfasst auf dem **Aktivkonto**

   2860 Schecks.

> **Beispiel**
>
> Ende Dezember erhält das Metallwerk Thomas Berg e. K. von einem Kunden zum Ausgleich einer Forderung einen Scheck über 7.140,00 €.
>
> Buchung bei Eingang des Kundenschecks:
> 2860 Schecks   an   2400 Forderungen a. LL   7.140,00
>
> Abschlussbuchung zum Bilanzstichtag:
> 8010 Schlussbilanzkonto   an   2860 Schecks   7.140,00
>
> Buchung der Gutschrift
> Anfang Januar nächsten Jahres:
> 2800 Bank   an   2860 Schecks   7.140,00
>
> Alternativ: Buchung der Weitergabe zahlungshalber:
> 4400 Verbindlichkeiten a. LL   an   2860 Schecks   7.140,00

> **Merke**
>
> Das Aktivkonto „2860 Schecks" ist ein Durchgangskonto, das alle Ein- und Ausgänge von Kundenschecks erfasst. Am Bilanzstichtag ist ein Bestand an Kundenschecks zu aktivieren.

Aufgabe 223

Zum Ausgleich einer Forderung a. LL geht am 31. Dezember ein Kundenscheck über 5.474,00 € ein.
1. Wie ist zu buchen bei
   a) Eingang, b) Bilanzierung, c) Bankgutschrift, d) Weitergabe des Schecks an Lieferanten?
2. Welche Gründe sprechen a) für und b) gegen die Einrichtung des Kontos „2860 Schecks"?

5.2 Anzahlungen

Anzahlungen (Vorauszahlungen) werden in der Regel vereinbart bei **Sonderanfertigung von Anlagegütern mit langer Fertigungszeit** zur teilweisen Vorfinanzierung der Planungs- und Herstellkosten (Fließbänder, Schiffe, Bauten u. a.), **Großaufträgen für bestimmte Rohstoffe, Fertigteile** u. a. sowie bei **unbekannten und unsicheren Auftraggebern.**

Eine **geleistete (eigene) Anzahlung** beinhaltet eine **Forderung auf eine zu erwartende Lieferung bzw. Leistung**, während eine **erhaltene Anzahlung** in einer **Schuld auf eine zu tätigende Lieferung bzw. Leistung** besteht. **Die folgenden Bestandskonten** erfassen die geleisteten und erhaltenen Anzahlungen:

> 0900 Geleistete Anzahlungen auf Sachanlagen
> 2300 Geleistete Anzahlungen auf Vorräte
> 4300 Erhaltene Anzahlungen

Anzahlungen sind umsatzsteuerpflichtig. Deshalb hat der Unternehmer, der die Anzahlung erhält, eine **Anzahlungsrechnung mit gesondertem Ausweis der Umsatzsteuer** auszustellen (§§ 13, 15 UStG).

5.2.1 Geleistete Anzahlungen

Beispiel

Vertragsgemäß leistet ein Kunde am 1. Juli auf seine Rohstoffbestellung über

> 80.000,00 € Rohstoffe + 15.200,00 € USt = 95.200,00 €

eine Anzahlung von 25 % durch Banküberweisung lt. **Anzahlungsrechnung**:

> 20.000,00 € Anzahlung + 3.800,00 € USt = 23.800,00 €

Für die am 31. Juli erfolgte Lieferung erhält er folgende **Endabrechnung**:

Rohstoffe, netto	80.000,00 €	
+ 19 % USt	15.200,00 €	95.200,00 €
– Anzahlung	20.000,00 €	
+ 19 % USt	3.800,00 €	23.800,00 €
Restzahlung		**71.400,00 €**

Buchung der geleisteten Anzahlung lt. Anzahlungsrechnung:
❶ 2300 Geleistete Anz. a. Vorräte   20.000,00
  2600 Vorsteuer   3.800,00   an 2800 Bank   23.800,00

Buchungen aufgrund der Endabrechnung nach Eingang der Rohstoffe:
❷ 6000 Aufwend. für Rohstoffe   80.000,00
  2600 Vorsteuer   15.200,00   an 4400 Verbindlichk. a. LL   95.200,00
❸ 4400 Verbindlichkeiten a. LL 23.800,00   an 2300 Geleistete Anzahlungen 20.000,00
                                            an 2600 Vorsteuer   3.800,00
❹ 4400 Verbindlichkeiten a. LL 71.400,00   an 2800 Bank   71.400,00

Die Buchungen ❸ und ❹ können auch zusammengefasst werden.

S	2300 Geleistete Anzahlungen a. V.		H
❶	20.000,00	❸	20.000,00

S	2600 Vorsteuer		H
❶	3.800,00	❸	3.800,00
❷	15.200,00		

S	6000 Aufwendungen für Rohstoffe		H
❷	80.000,00		

S	2800 Bank		H
		❶	23.800,00
		❹	71.400,00

S	4400 Verbindlichkeiten a. LL		H
❸	23.800,00	❷	95.200,00
❹	71.400,00		

5.2.2 Erhaltene Anzahlungen

Das vorstehende Beispiel wird nun aus der Sicht des Lieferanten spiegelbildlich gebucht.

Beispiel

Buchung nach Eingang der Anzahlung auf dem Bankkonto:
❶ 2800 Bank .... 23.800,00   an 4300 Erhaltene Anzahlungen .. 20.000,00
                                            an 4800 Umsatzsteuer 3.800,00

Buchungen nach erfolgter Lieferung aufgrund der Endabrechnung:
❷ 2400 Forderungen a. LL .... 95.200,00   an 5000 Umsatzerlöse f. eig. Erz. .. 80.000,00
                                                an 4800 Umsatzsteuer 15.200,00
❸ 4300 Erhaltene Anzahlungen .. 20.000,00
   4800 Umsatzsteuer .... 3.800,00   an 2400 Forderungen a. LL 23.800,00
❹ 2800 Bank .... 71.400,00   an 2400 Forderungen a. LL 71.400,00

Die Buchungen ❸ und ❹ können auch zusammengefasst werden.

S	2800 Bank	H
❶ 23.800,00		
❹ 71.400,00		

S	2400 Forderungen a.LL	H
❷ 95.200,00	❸ 23.800,00	
	❹ 71.400,00	

S	4300 Erhaltene Anzahlungen	H
❸ 20.000,00	❶ 20.000,00	

S	4800 Umsatzsteuer	H
❸ 3.800,00	❶ 3.800,00	
	❷ 15.200,00	

S	5000 Umsatzerlöse für eigene Erzeugnisse	H
	❷ 80.000,00	

Merke

- Für die Buchung einer Anzahlung muss eine Anzahlungsrechnung mit gesondertem USt-Ausweis vorliegen.
- Eine an den Lieferanten geleistete Anzahlung stellt eine Forderung auf Lieferung dar. Die vom Kunden erhaltene Anzahlung beinhaltet entsprechend eine Schuld zur Lieferung.
- Zum Abschlussstichtag sind Anzahlungen in der Bilanz gesondert auszuweisen:
  - Geleistete Anzahlungen sind zu aktivieren.
  - Erhaltene Anzahlungen sind zu passivieren.

Aufgabe 224
Bei einer Stahlbestellung über 24.000,00 € + 4.560,00 € USt leistet der Kunde eine Anzahlung durch Banküberweisung in Höhe von 8.000,00 € + 1.520,00 € USt = 9.520,00 € brutto.
Erstellen Sie die Rechnung nach Lieferung und buchen Sie bei dem Kunden aufgrund der
a) Anzahlungsrechnung und b) Eingangsrechnung.

Aufgabe 225
Die Aufgabe 224 ist aus der Sicht des Lieferanten zu buchen. Bilden Sie die Buchungssätze.

Aufgabe 226
Für die Lieferung von Elektromotoren über 90.000,00 € netto + USt zum 31. März 02 leistet der Kunde bei Auftragserteilung am 10. Dez. 01 10 % Anzahlung + USt durch Banküberweisung.
Bilden Sie die Buchungssätze und buchen Sie auf den Konten a) die Anzahlung am 10. Dezember 01, b) den Abschluss des Anzahlungskontos, c) die Eingangsrechnung und d) den Rechnungsausgleich.

Aufgabe 227
Die Aufgabe 226 ist aus der Sicht des Lieferanten zu buchen. Bilden Sie die Buchungssätze und buchen Sie auf den Konten.

Aufgabe 228
Für den Kauf einer CNC-Drehmaschine zum Anschaffungspreis von 550.000,00 € + USt wurden lt. Anzahlungsrechnung 150.000,00 € + USt im Voraus durch Banküberweisung gezahlt. Die Restzahlung erfolgt nach Auslieferung der Maschine durch Banküberweisung.
1. Erstellen Sie die Anzahlungsrechnung und die Endabrechnung nach Lieferung der Maschine.
2. Nennen Sie die Buchungssätze aus der Sicht des Kunden und buchen Sie auf Konten.
3. Nennen Sie die entsprechenden Buchungen beim Lieferanten.
4. Erläutern Sie die wirtschaftliche Bedeutung und Umsatzbesteuerung der Anzahlungen.

5.3 Darlehensaufnahme

Darlehen

Wenn die eigenen finanziellen Mittel nicht ausreichen, muss beispielsweise die **Anschaffung von Sachanlagen** durch Aufnahme von Fremdkapital finanziert werden. In Betracht kommen **Darlehen mit unterschiedlicher Laufzeit**.

Man unterscheidet **kurzfristige Darlehen** (Laufzeit **bis ein Jahr**), **mittelfristige Darlehen** (Laufzeit **ein bis fünf Jahre**) oder **langfristige Darlehen** (Laufzeit **über fünf Jahre**).

Langfristige Darlehen werden meist durch **Eintragung einer Grundschuld oder einer zweckgebundenen Hypothek** in das Grundbuch besonders abgesichert.

Die Kontengruppe „**42 Verbindlichkeiten gegenüber Kreditinstituten**" kann entsprechend der Laufzeit der Darlehen gegliedert werden:

> 4210 Kurzfristige Bankverbindlichkeiten
> 4230 Mittelfristige Bankverbindlichkeiten
> 4250 Langfristige Bankverbindlichkeiten (Darlehensschulden)

In der (zu veröffentlichenden) **Jahresbilanz** werden die Darlehen **in einer Summe als** „Verbindlichkeiten gegenüber Kreditinstituten" ausgewiesen.

> Nach **Art der Tilgung** unterscheidet man grundsätzlich **drei Darlehensarten**:
> - Bei einem **Fälligkeitsdarlehen** wird das Darlehen **am Ende der vereinbarten Laufzeit** in einer Summe **zurückgezahlt**.
> - Das **Ratendarlehen** wird **in jährlich gleichen Raten** zurückgezahlt.
> - Bei einem **Annuitätendarlehen** ist die jährliche Summe aus **Tilgung und Zinsen**, die man als Annuität bezeichnet, **stets gleich hoch**.

Darlehensschulden

Darlehensschulden sind wie alle übrigen Verbindlichkeiten **in der Bilanz** stets zum **Erfüllungsbetrag**[1] auszuweisen (§ 253 [1] HGB). Die **Passivierungspflicht zum Erfüllungsbetrag** entspricht auch den steuerrechtlichen Vorschriften (§ 6 [1] EStG).

Damnum, Disagio

Der **Auszahlungsbetrag** des aufgenommenen Darlehens kann **niedriger** als der **Erfüllungsbetrag** sein. Den **Unterschiedsbetrag** bezeichnet man als **Abgeld**, auch **Damnum** oder **Disagio** genannt. Das Disagio oder Damnum ist ein zinsähnlicher Abzug, der oft noch um eine Bearbeitungsgebühr der Bank erhöht wird.

Für die buchhalterische Behandlung des Disagios besteht **handelsrechtlich** nach § 250 [3] HGB ein **Wahlrecht**: Es darf als „Aktiver Rechnungsabgrenzungsposten" bilanziert und dann **auf die Laufzeit des Darlehens verteilt**, also planmäßig (linear) über das **Konto „7510 Zinsaufwendungen" abgeschrieben** werden. Das Disagio **kann aber auch im Jahr der Darlehensaufnahme in voller Höhe als Zinsaufwand** gebucht werden.

Steuerrechtlich muss das Disagio als „**Aktiver Rechnungsabgrenzungsposten**"[2] erfasst und entsprechend der Laufzeit des Darlehens abgeschrieben werden. **Steuerrechtlich** besteht also für das Disagio oder Damnum eine Aktivierungs**pflicht**, **handelsrechtlich** dagegen ein Aktivierungswahl**recht**. Für evtl. anfallende Bearbeitungsgebühren gilt dieselbe Verfahrensweise.

Mit der Verteilung des Auszahlungsabgeldes entsprechend der Laufzeit des Darlehens **bezweckt** die **steuerrechtliche Regelung** eine **gleichmäßige und damit steuergerechte Gewinnermittlung**.

---
1 „Erfüllungsbetrag" ist der Betrag, der zur Erfüllung einer Verbindlichkeit aufgebracht werden muss (Rückzahlungsbetrag).
2 Siehe auch Kapitel D, 3.2 Aktive und Passive Rechnungsabgrenzungsposten, S. 242 ff.

Finanz- und Zahlungsbereich

Beispiel

Zur Finanzierung einer Lagerhalle nimmt das Metallwerk Matthias Hein e. Kfm. Anfang des Geschäftsjahres bei seiner Hausbank ein Fälligkeitsdarlehen über 400.000,00 € auf, das eine Laufzeit von fünf Jahren hat. Die Zinsen werden bei einem Zinssatz von 6 % jährlich nachträglich gezahlt. Die Bank, die ein Disagio von 5 % und 0,5 % Bearbeitungsgebühren berechnet, schreibt auf dem Geschäftskonto des Metallwerks 378.000,00 € gut:

Darlehen (Erfüllungsbetrag)		400.000,00 €
– 5 % Disagio	20.000,00 €	
– 0,5 % Bearbeitungsgebühr	2.000,00 €	22.000,00 €
= Auszahlungsbetrag		378.000,00 €

$$\text{Abschreibung des Disagios} = \frac{\text{Disagio}}{\text{Laufzeit des Darlehens}} = \frac{22.000,00\ \text{€}}{5\ \text{Jahre}} = 4.400,00\ \text{€/Jahr}$$

Buchung bei Darlehensaufnahme:
❶ 2800 Bank 378.000,00
    2930 Disagio 22.000,00
    an 4250 Langfristige Bankverbindlichkeiten 400.000,00

Abschreibung des Disagios zum Abschlussstichtag:
❷ 7510 Zinsaufwendungen .... an 2930 Disagio 4.400,00

Jährliche Zinszahlung zum Jahresschluss:
❸ 7510 Zinsaufwendungen .... an 2800 Bank 24.000,00

Rückzahlung nach Ablauf des Darlehens:
❹ 4250 Langfr. Bankverbindlichk. .... an 2800 Bank 400.000,00

Merke

- Verbindlichkeiten sind mit ihrem Erfüllungsbetrag zu passivieren (§ 253 [1] HGB).
- Das Disagio und die Bearbeitungsgebühren der Darlehensaufnahme müssen in der Steuerbilanz als Rechnungsabgrenzungsposten aktiviert und der Laufzeit entsprechend (linear) abgeschrieben werden. Für die Handelsbilanz besteht ein Wahlrecht.

Aufgabe 229

Die Möbelwerke Werner Kurz e. K. haben am 8. Januar für den Neubau einer Werkshalle ein Hypothekendarlehen von 600.000,00 € zu einem Auszahlungskurs von 96 % aufgenommen. Die Bank berechnet zusätzlich 1 % Bearbeitungsgebühren. Es wurde eine Laufzeit von 10 Jahren vereinbart. Der Jahreszins beträgt 6 %. Für die buchhalterische Behandlung der Geldbeschaffungskosten soll die zwingende steuerrechtliche Regelung zugrunde gelegt werden.

1. Richten Sie die entsprechenden Konten ein und buchen Sie auch auf diesen Konten.
2. Wie lautet die Buchung bei Aufnahme des Darlehens?
3. Ermitteln Sie den jährlichen Abschreibungsbetrag der Geldbeschaffungskosten.
4. Wie lauten die Buchungen zum 31. Dezember?

Aufgabe 230

1. Unterscheiden Sie zwischen kurz-, mittel- und langfristigen Krediten.
2. Worin unterscheiden sich Fälligkeits-, Raten- und Annuitätendarlehen?
3. Warum muss das Disagio steuerlich als Rechnungsabgrenzungsposten aktiviert und planmäßig abgeschrieben werden?
4. Erläutern Sie die handelsrechtliche Regelung der buchhalterischen Behandlung der Geldbeschaffungskosten (Disagio und Bearbeitungsgebühren bei Darlehensaufnahme).

5.4 Leasing

Wenn Unternehmen zur Anschaffung von Anlagegütern nicht über ausreichende eigene oder fremde finanzielle Mittel verfügen, bleibt noch die Möglichkeit, erforderliche **Sachanlagen zu leasen**.

Leasing

Unter Leasing versteht man einen **miet- oder pachtähnlichen Vertrag** zwischen **Leasinggeber** und **Leasingnehmer** über die **Nutzung beweglicher oder unbeweglicher Anlagegüter.**

Der Leasing**nehmer** wird **Besitzer** und der Leasing**geber** bleibt **rechtlicher Eigentümer** des Gegenstandes.

Wer von beiden Vertragspartnern das **Anlagegut bilanzieren** muss, ist aus **handelsrechtlicher** Sicht derjenige, der über das **wirtschaftliche Eigentum** verfügt und deshalb auch das **Investitionsrisiko** trägt, wie z. B. eine Wertminderung des Leasingobjektes durch technischen Fortschritt. Ob das Leasinggut dem Leasinggeber oder Leasingnehmer zur **Aktivierung** zuzurechnen ist, ist in erster Linie von der jeweiligen **Leasingart** und der konkreten **Ausgestaltung des Leasingvertrages** abhängig, in der die **Kündigungsmöglichkeit** von Bedeutung ist.

Nach der vertraglichen Ausgestaltung unterscheidet man **drei Leasingarten**:

- Operating Leasing,
- Spezial-Leasing und
- Finanzierungs-Leasing.

5.4.1 Operating Leasing

Operating Leasing

Beim Operating Leasing sind in der Regel **gängige Wirtschaftsgüter**, wie z. B. EDV-Anlagen und Fahrzeuge, Gegenstand des **Vertrages**, dessen Laufzeit meist **kürzer ist als die Nutzungsdauer** der Leasingobjekte. Außerdem können die Verträge in der Regel **kurzfristig** oder jederzeit von beiden Vertragspartnern **gekündigt** werden. Die geleasten Anlagegegenstände, für die der **Leasinggeber** das volle **Investitionsrisiko** trägt, lassen sich nach Beendigung der meist **kurzen Mietzeit** oder bei vorzeitiger Kündigung auch **problemlos weitervermieten oder verkaufen**.

Handels- und steuerrechtlich ist das Operating Leasing somit wie ein normaler **Mietvertrag** zu behandeln. Deshalb ist das Leasingobjekt dem **Leasinggeber zuzurechnen**, der es mit seinen Anschaffungs- oder Herstellungskosten **aktivieren** und über die betriebsgewöhnliche Nutzungsdauer planmäßig **abschreiben** muss. Die monatlichen **Leasingraten** werden bei ihm als **Ertrag** und beim Leasingnehmer als **Aufwand** gebucht.

5.4.2 Spezial-Leasing

Spezial-Leasing

Beim Spezial-Leasing sind **Güter** Gegenstand des Vertrages, die **auf die speziellen Bedürfnisse des Leasingnehmers zugeschnitten** sind und die daher nach Ablauf des Vertrages von einem anderen Unternehmen nicht mehr genutzt werden können. Für diese beweglichen oder auch unbeweglichen Anlagegüter trägt somit der **Leasingnehmer** das **volle Investitionsrisiko**. Sie sind deshalb auch dem Leasingnehmer zuzuordnen und von ihm zu **bilanzieren** und über die betriebsgewöhnliche Nutzungsdauer planmäßig **abzuschreiben**.

5.4.3 Finanzierungs-Leasing

Finanzierungs-Leasing

Diese Leasingart dient, wie der Name schon sagt, in erster Linie der Finanzierung von Anlagegütern, die der Leasingnehmer bereits bei einem Hersteller oder Händler ausgewählt hat. Der **Leasinggeber kauft** den Gegenstand beim Hersteller oder Händler des betreffenden Kunden **und vermietet** ihn an diesen. Das Leasingobjekt wird dann in der Regel **direkt** vom Hersteller oder Händler an den Leasingnehmer ausgeliefert.

Beim Finanzierungs-Leasing wird eine **unkündbare Grundmietzeit** vereinbart, die in der Regel **kürzer ist als die betriebsgewöhnliche Nutzungsdauer** des Leasingobjektes. Im Gegensatz zum Operating Leasing und Spezial-Leasing, die grundsätzlich kein Bilanzierungsproblem darstellen, kommt es beim Finanzierungs-Leasing für die **Zurechnung eines Leasinggegenstandes** zum Leasinggeber oder Leasingnehmer vor allem auf das **Verhältnis der unkündbaren Grundmietzeit zur betriebsgewöhnlichen Nutzungsdauer** des geleasten Gegenstandes an:

- Beträgt die **Grundmietzeit weniger als 40 % oder mehr als 90 %** der betriebsgewöhnlichen Nutzungsdauer, so ist der Leasinggegenstand stets dem **Leasingnehmer** zuzurechnen, gleichgültig, ob er ein **Optionsrecht** auf Kauf oder Mietverlängerung hat oder nicht hat. Im **Mobilien-Leasing-Erlass des Bundesfinanzministers** wird unterstellt, dass der Leasingnehmer bei einer Grundmietzeit von weniger als 40 % der betriebsgewöhnlichen Nutzungsdauer den Leasinggegenstand behält, damit sich die hohen Leasingraten in der Grundmietzeit, die oft schon 80 % der Anschaffungskosten decken, für ihn lohnen. Bei einer Grundmietzeit von mehr als 90 % der betriebsgewöhnlichen Nutzungsdauer ist der Leasinggegenstand für den Leasinggeber nur noch von geringem Wert.

- Beträgt dagegen die **Grundmietzeit zwischen 40 % und 90 %** der betriebsgewöhnlichen Nutzungsdauer, so hat der Leasinggegenstand nach Ablauf der Grundmietzeit noch einen relativ hohen Zeitwert. Hat der Leasingnehmer **kein Optionsrecht**, so ist der Gegenstand dem **Leasinggeber** zuzuordnen. Im Falle einer Kauf- oder Mietverlängerungsoption ist der Gegenstand dem **Leasingnehmer** nur dann zuzurechnen, **wenn die Ausübung der Option** für ihn besonders **günstig ist**, also der Kaufpreis geringer ist als der Buchwert oder die Anschlussmiete niedriger ist als die lineare Abschreibung.

Bilanzierung beim Leasing

Betriebsgewöhnliche Nutzungsdauer	Grundmietzeit	Bilanzierung
90 %	**Grundmietzeit liegt über 90 %:**	Bilanzierung beim Leasingnehmer
	Grundmietzeit liegt zwischen 40 % und 90 %:	
	• **Ohne Option**	Bilanzierung beim Leasinggeber
	• **Mit Kaufoption** (Optionspreis > Restbuchwert)	Bilanzierung beim Leasinggeber
	• **Mit Verlängerungsoption** (Anschlussmiete > lineare AfA)	Bilanzierung beim Leasinggeber
40 %	**Grundmietzeit liegt unter 40 %:**	Bilanzierung beim Leasingnehmer
0 %		

5.4.4 Buchungen und Bilanzierungen bei Leasing

Die Bilanzierung bei Leasing **richtet sich danach**, **ob der Leasinggegenstand** dem **Leasinggeber oder Leasingnehmer zuzurechnen ist**:

Bilanzierung

Mit Ausnahme des oben dargestellten Spezial-Leasings sehen viele Leasingverträge bereits bei ihrer Ausgestaltung vor, dass der Leasinggegenstand dem Leasinggeber zuzurechnen ist. Dabei ergeben sich buchhalterisch keine Probleme. Der **Leasinggeber** hat den **Leasinggegenstand** mit seinen Anschaffungs- oder Herstellungskosten zu **aktivieren** und über die betriebsgewöhnliche Nutzungsdauer **abzuschreiben**.

Zurechnung zum Leasinggeber

Die monatlichen Leasingraten sind beim Leasing**geber** Betriebseinnahmen bzw. **Ertrag** und beim Leasing**nehmer** Betriebsausgaben bzw. **Aufwand**.

C BERECHNUNGEN UND BUCHUNGEN IN WICHTIGEN SACHBEREICHEN DES INDUSTRIEBETRIEBES

Beispiel

Die Industrie-Leasing GmbH erwirbt am 2. Januar einen Lkw und vermietet ihn sofort an das Metallwerk Matthias Hein e. Kfm. als Leasingnehmer für jährlich 25.000,00 € netto + 19 % Umsatzsteuer. Im Leasingvertrag wird eine unkündbare Mietzeit von drei Jahren ohne Kauf- und Mietverlängerungsoption vereinbart. Die Anschaffungskosten betragen 100.000,00 € netto + 19 % Umsatzsteuer. Die betriebsgewöhnliche Nutzungsdauer beträgt fünf Jahre. Alle Zahlungen erfolgen direkt über das Bankkonto.

Die Grundmietzeit beträgt 60 % der betriebsgewöhnlichen Nutzungsdauer, der Leasingnehmer hat kein Optionsrecht. Die **Zurechnung** erfolgt deshalb **beim Leasinggeber**. Somit ist auch bei ihm das **Leasingobjekt** zu **aktivieren**.

Buchungen beim Leasinggeber:
Anschaffung des Leasingobjektes:
❶ 0840 Fuhrpark 100.000,00
   2600 Vorsteuer .... 19.000,00   an 2800 Bank 119.000,00
Leasingrateneinnahme:
❷ 2800 Bank .... 29.750,00   an 5082 Leasingerträge 25.000,00
                                                 an 4800 Umsatzsteuer 4.750,00
Lineare Abschreibung nach der betriebsgewöhnlichen Nutzungsdauer = 20 %:
❸ 6520 Abschreibungen auf SA ....   an 0840 Fuhrpark 20.000,00

Buchung der Leasingrate beim Leasingnehmer:
   6710 Leasingaufwendungen ... 25.000,00
   2600 Vorsteuer .... 4.750,00   an 2800 Bank 29.750,00

Zurechnung zum Leasingnehmer

Der **Leasingnehmer** hat den **Leasinggegenstand** mit seinen Anschaffungs- oder Herstellungskosten zu **aktivieren** und ihn entsprechend der betriebsgewöhnlichen Nutzungsdauer **abzuschreiben**. Als Gegenbuchung hat der **Leasingnehmer** zugleich **in Höhe der Anschaffungs-oder Herstellungskosten** eine **Verbindlichkeit** gegenüber dem Leasinggeber zu **passivieren**. In gleicher Höhe aktiviert der **Leasinggeber** eine **Forderung** gegenüber dem Leasingnehmer und stellt dem Leasingnehmer die **Umsatzsteuer aus der Summe der Leasingraten** in Rechnung.

Die **Leasingraten** sind in einen erfolgsneutralen **Tilgungsanteil** und einen erfolgswirksamen **Zins- und Kostenanteil** aufzuteilen. Der **Tilgungsanteil** wird beim Leasingnehmer als **Minderung der Verbindlichkeit** und beim Leasinggeber als Minderung der entsprechenden **Forderung** gebucht. Die **Zins- und Kostenanteile** sind für den Leasingnehmer Betriebsausgaben bzw. **Aufwand** und für den Leasinggeber Betriebseinnahmen bzw. **Ertrag**.

Beispiel

Die Industrie-Leasing GmbH erwirbt am 2. Januar eine Maschine im Anschaffungswert von netto 500.000,00 €, die sie sogleich am 5. Januar an das Metallwerk Matthias Hein e. Kfm. für 120.000,00 €/Jahr + 19 % Umsatzsteuer vermietet. Es wird eine Grundmietzeit von fünf Jahren mit einer Kaufoption vereinbart, wonach das Metallwerk die Maschine nach Ablauf von fünf Jahren für 180.000,00 € erwerben kann. Die Nutzungsdauer der Maschine beträgt bei linearer Abschreibung zehn Jahre. Zahlungen erfolgen direkt über das Bankkonto.

Da der **Kaufpreis** nach fünf Jahren (180.000,00 €) **bedeutend geringer** ist als der **Restbuchwert** der Maschine (250.000,00 €), muss der Leasinggegenstand dem **Leasingnehmer** zugerechnet und von ihm aktiviert und abgeschrieben werden.

Buchungen beim Leasinggeber:
Anschaffung des Leasinggegenstandes:
❶ 2280 Waren[1] 500.000,00
   2600 Vorsteuer .... 95.000,00   an 2800 Bank 595.000,00
Übergabe des Leasinggegenstandes mit Kaufoption an den Leasingnehmer:
❷ 2420 Kaufpreisforderungen ....   an 5100 Umsatzerlöse für Waren 500.000,00

Finanz- und Zahlungsbereich

Umsatzsteuerforderung des Leasinggebers aus dem Leasinggeschäft:

Die Leasingraten unterliegen der Umsatzsteuer. Sie ist aus der Summe der Leasingraten mit 19 % von 600.000,00 € = 114.000,00 € zu ermitteln, **dem Leasingnehmer in Rechnung zu stellen und von diesem sofort zu zahlen:**

❸ 2421 Umsatzsteuerforderungen .... an 4800 Umsatzsteuerverbindl. ... 114.000,00
    2800 Bank .... an 2421 Umsatzsteuerford. 114.000,00

❹ Eingang der Leasingrate auf dem Bankkonto:

Die Leasingrate in Höhe von 120.000,00 € ist für jedes Jahr der Grundmietzeit in einen **Tilgungsanteil** und einen **Zins- und Kostenanteil aufzuteilen**, wobei der **Zins- und Kostenanteil** jeder Rate mithilfe der **Formel der Zinsstaffelmethode** ermittelt wird:

$$\frac{\text{Summe der Zins- und Kostenanteile aller Leasingraten}}{\text{Summe der Jahresziffernreihe aller Raten}} \cdot (\text{Anzahl der Restraten} + 1)$$

Ermittlung des Zins- und Kostenanteils aller Leasingraten:

5 Leasingraten je 120.000,00 €	600.000,00 €
− Anschaffungskosten (= Tilgungsanteil)	500.000,00 €
= Zins- und Kostenanteil aller Raten	100.000,00 €

Summe der Jahresziffernreihe: $1 + 2 + 3 + 4 + 5 = 15$ oder: $\frac{(1+5)}{2} \cdot 5 = 15$

Als **Zins- und Kostenanteil** sind bei der ersten Leasingrate somit $^5/_{15}$ von 100.000,00 € = 33.333,33 € anzusetzen; bei der zweiten Rate $^4/_{15}$ von 100.000,00 € = 26.666,67 € usw.

Jahre	Relativer Zins- und Kostenanteil/Rate	Absoluter Zins- und Kostenanteil/Rate	Tilgungsanteil je Rate	Leasingrate je Jahr
1	$^5/_{15}$	33.333,33 €	86.666,67 €	120.000,00 €
2	$^4/_{15}$	26.666,67 €	93.333,33 €	120.000,00 €
3	$^3/_{15}$	20.000,00 €	100.000,00 €	120.000,00 €
4	$^2/_{15}$	13.333,33 €	106.666,67 €	120.000,00 €
5	$^1/_{15}$	6.666,67 €	113.333,33 €	120.000,00 €
	$^{15}/_{15}$	100.000,00 €	500.000,00 €	600.000,00 €

Buchung der Leasingrate am Ende des ersten Jahres:
2800 Bank .... 120.000,00 an 2420 Kaufpreisforderungen ... 86.666,67
                                                                  an 5082 Leasingerträge 33.333,33

Buchungen beim Leasingnehmer:
Aktivierung des Leasinggegenstandes und Zahlung der Umsatzsteuer:
❶ 0700 TA und Maschinen .... an 4420 Kaufpreisverbindlichk. ... 500.000,00
    2600 Vorsteuer (siehe oben ❸)   an 2800 Bank 114.000,00

Zahlung der jährlichen Leasingrate:
❷ 4420 Kaufpreisverbindlichk. 86.666,67
    6710 Leasingaufwendungen .... 33.333,33 an 2800 Bank 120.000,00

Lineare Abschreibung nach der betriebsgewöhnlichen Nutzungsdauer = 10 %:
❸ 6520 Abschreibungen auf SA .... an 0700 TA und Maschinen 50.000,00

---

1 Der Leasinggegenstand zählt beim Leasinggeber zum Umlaufvermögen (Waren).

C — Berechnungen und Buchungen in wichtigen Sachbereichen des Industriebetriebes

Merke

- Leasingverträge sind miet- oder pachtähnliche Vereinbarungen zwischen Leasinggeber und Leasingnehmer über die zeitlich befristete Nutzung beweglicher oder unbeweglicher Anlagegüter gegen Entgelt. Der Leasingnehmer wird Besitzer und der Leasinggeber bleibt rechtlicher Eigentümer des Leasinggegenstandes.

- Ob das Leasinggut dem Leasinggeber oder Leasingnehmer als „wirtschaftlichem Eigentümer" zuzurechnen und somit zu bilanzieren ist, richtet sich nach der Leasingart und der vertraglichen Ausgestaltung, wie z. B. Kündigungsmöglichkeit und Verhältnis der Grundmietzeit zur betriebsgewöhnlichen Nutzungsdauer des Objekts.

- Operating Leasing wird buchhalterisch wie ein Mietvertrag behandelt. Der Leasinggegenstand wird vom Leasinggeber aktiviert und planmäßig abgeschrieben. Die Leasingraten sind für ihn Betriebseinnahmen (Ertrag) und für den Leasingnehmer Betriebsausgaben (Aufwand).

- Beim Spezial-Leasing ist das Leasinggut immer dem Leasingnehmer zuzurechnen, der das Leasingobjekt mit seinen Anschaffungs- oder Herstellungskosten aktivieren und in gleicher Höhe eine Kaufpreisverbindlichkeit gegenüber dem Leasinggeber passivieren muss. Der Leasinggeber hat eine entsprechende Kaufpreisforderung zu aktivieren. Die zu zahlenden Leasingraten sind in einen Tilgungs- und in einen Zins- und Kostenanteil aufzuspalten.

- Beim Finanzierungs-Leasing richtet sich die Frage der Zurechnung und Bilanzierung des Leasinggegenstandes nach dem Verhältnis der unkündbaren Grundmietzeit zur betriebsgewöhnlichen Nutzungsdauer des Anlagegutes, wobei auch eine Option auf Kauf oder Mietverlängerung eine entscheidende Rolle spielt.

- Die zu zahlenden Leasingraten stellen fixe (feste) Kosten des Unternehmens dar. Sie sind zugleich in Höhe des Zins- und Kostenanteils Betriebsausgaben, die den steuerpflichtigen Gewinn und damit die Einkommen-, Körperschaft- und Gewerbesteuer mindern (Steuerspareffekt).

Aufgabe 231

1. Erläutern Sie, was allgemein unter Leasing zu verstehen ist.
2. Wer ist beim Leasing generell rechtlicher und wer gilt als wirtschaftlicher Eigentümer des Leasinggegenstandes?
3. Welche Leasingarten können nach ihrer vertraglichen Gestaltung unterschieden werden?
4. Worin besteht das Investitionsrisiko bei einem Leasinggegenstand?

Aufgabe 232

1. Was ist unter Operating Leasing zu verstehen?
2. Wer ist beim Operating Leasing Besitzer, rechtlicher und wirtschaftlicher Eigentümer?
3. Wem obliegt beim Operating Leasing in der Regel die Bilanzierungspflicht?
4. Was beinhaltet buchhalterisch die Bilanzierung des Leasinggegenstandes?
5. Wie ist die Leasingrate im Rahmen des Operating Leasings
   a) beim Leasinggeber und
   b) beim Leasingnehmer
   zu buchen?

Aufgabe 233

1. Erläutern Sie, was unter Spezial-Leasing zu verstehen ist.
2. Warum sind beim Spezial-Leasing die Leasinggegenstände dem Leasingnehmer zuzurechnen?
3. Worin unterscheiden sich im Wesentlichen Operating Leasing und Spezial-Leasing?
4. Begründen Sie, warum der Leasingnehmer beim Spezial-Leasing das Leasingobjekt in Höhe der Anschaffungs- oder Herstellungskosten aktivieren und entsprechend der betriebsgewöhnlichen Nutzungsdauer abschreiben muss.
5. Begründen Sie, dass der Leasingnehmer in Höhe der Anschaffungs- oder Herstellungskosten auch eine Verbindlichkeit gegenüber dem Leasinggeber passivieren und der Leasinggeber eine entsprechende Forderung aktivieren muss.

Finanz- und Zahlungsbereich

Aufgabe 234

Ein Industriebetrieb hat am 10. Januar im Rahmen des Operating Leasings für drei Jahre einen Pkw gemietet, den der Leasinggeber am 5. Januar käuflich erworben hatte. Die Anschaffungskosten betrugen 40.000,00 € + 19 % Umsatzsteuer. Die betriebsgewöhnliche Nutzungsdauer beträgt fünf Jahre.

Im Leasingvertrag wurde ein jederzeitiges Kündigungsrecht vereinbart. Außerdem hat sich der Leasinggeber bereit erklärt die Inspektionskosten des Wagens zu übernehmen. Die Leasingraten sind jeweils für drei Monate im Voraus durch Banküberweisung zu zahlen: 3.000,00 € + 19 % Umsatzsteuer.

1. Muss der Leasinggegenstand dem Leasinggeber oder dem Leasingnehmer zugerechnet werden? Begründen Sie Ihre Meinung.
2. Buchen Sie die Anschaffung des Pkw.
3. Buchen Sie die Abschreibung nach der betriebsgewöhnlichen Nutzungsdauer.
4. Wie lautet die Buchung nach Bankgutschrift der Leasingrate beim Leasinggeber?
5. Nennen Sie den Buchungssatz nach Banklastschrift der Leasingrate beim Leasingnehmer.

Aufgabe 235

1. Erläutern Sie das Dreiecks-Rechtsverhältnis beim Finanzierungs-Leasing.
2. Welche Bedeutung hat das Verhältnis der unkündbaren Grundmietzeit im Verhältnis zur betriebsgewöhnlichen Nutzungsdauer des Leasinggegenstandes?
3. Welche Bedeutung hat beim Finanzierungs-Leasing die Vereinbarung über eine mögliche Option auf Kauf oder Mietverlängerung?

Aufgabe 236

Ergänzen Sie:
1. Beträgt die Grundmietzeit ... als 40 % oder ... als 90 % der betriebsgewöhnlichen Nutzungsdauer des Leasinggegenstandes, so ist dieser dem Leasing... zuzuordnen.
2. Beträgt die Grundmietzeit zwischen ... und ... der betriebsgewöhnlichen Nutzungsdauer, ist der Leasinggegenstand grundsätzlich dem Leasing... zuzurechnen.
3. Wenn der Leasinggegenstand dem Leasingnehmer zuzurechnen ist, muss er diesen Gegenstand in Höhe der ... oder ... ... und planmäßig ... . Zugleich hat er in Höhe der ... oder ... gegenüber dem Leasinggeber eine ... gegenzubuchen. Der Leasing... hat entsprechend eine ... in gleicher Höhe zu bilanzieren.
4. Bei Bilanzierung des Leasinggegenstandes durch den Leasingnehmer sind die Leasingraten aufzuteilen in einen erfolgsneutralen ... und einen erfolgswirksamen ... und ... .

Aufgabe 237

1. Welche a) Vorteile und b) Nachteile bringt Leasing für das Unternehmen?
2. Begründen Sie den Steuerspareffekt durch Leasing.

Aufgabe 238

Die Electronic GmbH hat zum 3. Januar eine Maschine für eine unkündbare Mietzeit von vier Jahren ohne Kauf- und Mietverlängerungsoption geleast. Die Anschaffungskosten der Maschine betrugen am 2. Januar 400.000,00 € netto + 19 % USt. Die monatlich zu überweisende Leasingrate beträgt 8.000,00 € netto + 19 % USt. Die betriebsgewöhnliche Nutzungsdauer der Maschine beträgt sechs Jahre.

1. Begründen Sie, wer den Leasinggegenstand zu bilanzieren hat.
2. Wie lauten die Buchungssätze beim Leasinggeber?
3. Nennen Sie die Buchung beim Leasingnehmer.

Aufgabe 239

Die Chemischen Werke AG haben bei der Maschinenbau GmbH eine vollautomatische Verpackungsanlage ausgewählt, die auf ihre speziellen Bedürfnisse zugeschnitten ist. Die Industrie-Leasing GmbH kauft diese Anlage für netto 1.000.000,00 € und vermietet sie für eine unkündbare Grundmietzeit von acht Jahren für jährlich 140.000,00 € netto + 19 % USt mit einer Kaufoption nach Ablauf von acht Jahren in Höhe von 120.000,00 €. Die betriebsgewöhnliche Nutzungsdauer beträgt zehn Jahre.

1. Begründen Sie, um welche Leasingart es sich handelt.
2. Wer hat den Leasinggegenstand zu bilanzieren?
3. Begründen Sie Ihre Buchungen beim Leasinggeber.
4. Wie lauten die Buchungen beim Leasingnehmer?

5.5 Wertpapiere
5.5.1 Wertpapierarten der Bilanz

Liquide Mittel des Unternehmens können in Wertpapieren angelegt werden. **Wertpapiere sind Urkunden**, die ein **Vermögensrecht** verbriefen. Nach der **Art des Ertrags** unterscheidet man zwischen **Dividenden- und Zinspapieren**:

Dividendenpapiere

- **Dividendenpapiere** (Aktien, Investmentanteile) **verbriefen Teilhaberrechte**. Der Inhaber ist am Grundkapital (Aktienkapital) des Unternehmens bzw. Fondsvermögen der Investmentgesellschaft beteiligt. Er erhält jährlich einen entsprechenden **Anteil am Gewinn nach Steuern in Form der Dividende** oder Ausschüttung. Gleichzeitig ist er am Vermögenszuwachs beteiligt, allerdings auch an einem Vermögensverlust.

Zinspapiere

- **Zinspapiere** (festverzinsliche Wertpapiere) **verbriefen Gläubigerrechte**: Anleihen der öffentlichen Hand, Obligationen der Industrie, Hypothekenpfandbriefe u. a. Der Inhaber dieser Papiere erhält einen **festen Zins**, der jährlich ausgezahlt wird.

Je nachdem, ob die Wertpapiere als **lang- oder kurzfristige Anlage** angeschafft werden, sind sie in der Bilanz im **Anlagevermögen als Finanzanlagen** oder im **Umlaufvermögen als Liquiditätsreserve** auszuweisen (siehe auch S. 293, § 266 [2, 3] HGB).

Anlagevermögen als Finanzanlage

- Aktien, die mit der Absicht erworben werden, auf ein anderes Unternehmen **Einfluss zu gewinnen**, sind im Anlagevermögen als **Beteiligung** (im Zweifel bei mindestens **20 %** des Aktienkapitals) auszuweisen (§ 271 HGB). Ist der Erwerb von Aktien **als langfristige Vermögensanlage** gedacht, so rechnen sie zu den **Wertpapieren des Anlagevermögens**.

Umlaufvermögen als Liquiditätsreserve

- Werden Wertpapiere zur **vorübergehenden Anlage** (als Liquiditätsreserve) erworben, handelt es sich um **Wertpapiere des Umlaufvermögens**.

Merke

Ausweis der Wertpapiere in der Bilanz im
- **Anlagevermögen als Finanzanlagen**
  - bei Beteiligungsabsicht   als 1300 Beteiligungen
  - bei langfristiger Kapitalanlage   als 1500 Wertpapiere des AV
- **Umlaufvermögen bei kurzfristiger Kapitalanlage**
  - bei Liquiditätsreserve   als 2700 Wertpapiere des UV

Private Kapitalanleger

Private Kapitalanleger unterliegen mit ihren **Einkünften aus Kapitalvermögen** (Zinserträge aus Geldanlagen bei Kreditinstituten, Dividenden, Erträge aus Investmentfonds, Gewinne aus privater Veräußerung von Wertpapieren, Investmentanteilen und Beteiligungen an Kapitalgesellschaften u. a.) der **Abgeltungsteuer** in Höhe von **25 %** (§ 32d EStG). Die Abgeltungsteuer wird von der Bank mit der darauf ggf. entfallenden Kirchensteuer von 8 % bzw. 9 % sowie dem Solidaritätszuschlag von 5,5 % einbehalten und direkt an das Finanzamt überwiesen. Die privaten Kapitaleinkünfte unterliegen somit nicht mehr der jährlichen persönlichen Veranlagung zur Einkommensteuer. Die Abgeltungsteuer hat abgeltende Wirkung.

Merke

Private Kapitaleinkünfte unterliegen der Abgeltungsteuer: 25 % + Kirchensteuer + SolZ.

Gewerbliche Kapitalanleger

Die **Besteuerung von Dividenden** erfolgt bei Einzelunternehmen und Personengesellschaften gemäß § 3 Nr. 40 EStG nach dem **Teileinkünfteverfahren**, wonach 40 % der Dividenden steuerfrei und 60 % steuerpflichtig sind. **Zinserträge** müssen dagegen in voller Höhe versteuert werden. Die von der Bank von den Dividenden bzw. Zinserträgen einbehaltene **Kapitalertragsteuer** von 25 % sowie der Solidaritätszuschlag von 5,5 % stellen bei Einzelunternehmen und Personengesellschaften Vorauszahlungen auf die für das Kalenderjahr zu veranlagende **Einkommensteuer** des Einzelunternehmers bzw. der Gesellschafter der Personengesellschaft dar. Sie sind deshalb als **Privatentnahme** zu buchen.

Merke

Bei Einzelunternehmen und Personengesellschaften sind Dividenden nach dem Teileinkünfteverfahren nur zu 60 % steuerpflichtig; Zinserträge müssen zu 100 % versteuert werden.

5.5.2 Kauf und Verkauf von Wertpapieren

Zum Zeitpunkt des Erwerbs sind **Wertpapiere** mit ihren **Anschaffungskosten** zu **aktivieren**. Dazu zählen nach § 255 [1] HGB außer dem Anschaffungs**preis** auch die Anschaffungs**nebenkosten**:

Anschaffungskurswert	Gebührentabelle (beispielhaft)			
	Aktien		Obligationen	
+ Anschaffungsnebenkosten Bankprovision Maklergebühr (Courtage)	1 % 0,6 ‰	vom Kurswert vom Kurswert	0,5 % 0,75 ‰	vom Nennwert vom Nennwert
	1,06 %	vom Kurswert	0,575 %	vom Nennwert
= Anschaffungskosten				

5.5.2.1 Aktien
5.5.2.1.1 Kauf und Verkauf von Aktien

Beispiel 1

Das Metallwerk Matthias Hein e. Kfm. kauft am 10. Januar 02 **zur kurzfristigen Anlage** 500 X-Aktien zum Stückkurs von 32,00 € über die Bank. Die Abrechnung der Bank lautet:

500 Stück X-Aktien, Kurs 32,00 €, Kurswert	16.000,00 €
+ 1 % Bankprovision	160,00 €
+ 0,6 ‰ Maklergebühr	9,60 €
= **Banklastschrift = Anschaffungskosten**	**16.169,60 €**

Da der Erwerb der Aktien als **kurzfristige Anlage** gedacht ist, werden sie mit ihren **Anschaffungskosten** auf dem Konto „2700 Wertpapiere des Umlaufvermögens" erfasst.

Buchung: ❶ 2700 Wertpapiere des Umlaufvermögens .. an 2800 Bank 16.169,60

S	2700 Wertpapiere des UV	H		S	2800 Bank	H
❶	16.169,60				❶	16.169,60

Merke

Wertpapiere sind mit ihren Anschaffungskosten zu aktivieren. Dazu rechnen der Anschaffungskurswert + Bankprovision und Maklergebühr als Nebenkosten.

Beim Verkauf von Wertpapieren entstehen entweder **Gewinne** oder **Verluste**:

Nettoerlös der verkauften Wertpapiere lt. Bankgutschrift
− Buchwert der verkauften Wertpapiere
= Gewinn oder Verlust aus Wertpapierverkauf

Beispiel 2

Am 15. September 02 verkauft das Metallwerk Hein 200 Stück X-Aktien zum Stückkurs von 40,00 €. Die Bank erteilt folgende Verkaufsabrechnung:

Verkauf von 200 X-Aktien	8.000,00 €
− 1,06 % Verkaufskosten	84,80 €
= **Nettoerlös**	**7.915,20 €**

Ermittlung des Veräußerungsgewinns und der darauf entfallenden Steuern:

Nettoerlös lt. Bank	7.915,20 €
− Buchwert der verkauften Wertpapiere 200 Stück, Stückkurs 32,00 €, zzgl. 1,06 % Nebenkosten	6.467,84 €
= **Gewinn**	**1.447,36 €**

Auf den Gewinn entfallen	
25 % Kapitalertragsteuer	361,84 €
+ 5,5 % Solidaritätszuschlag von 361,84 €	19,90 €
= **Steuerabzüge**	381,74 €

Der Betrag wird von der Bank einbehalten und im Unternehmen als Privatentnahme gebucht.

Nettoerlös	7.915,20 €
− Steuerabzüge	381,74 €
= **Bankgutschrift**	7.533,46 €

Buchung: ❷ 2800 Bank   7.533,46
               3001 Privat   381,74   an 2700 Wertpapiere des UV   6.467,84
                                           5460 Erträge a. d. Abgang von
                                                Vermögensgegenständen   1.447,36

S	2700 Wertpapiere des UV	H		S	2800 Bank	H
❶	16.169,60	❷ 6.467,84		❷	7.533,46	❶ 16.169,60

S	5460 Ertr. aus Abg. v. Vermögensgegenst.	H		S	3001 Privat	H
		❷ 1.447,36		❷	381,74	

Der Gewinn aus dem Abgang von Vermögensgegenständen in Höhe von 1.447,36 € unterliegt dem Teileinkünfteverfahren. *Ermitteln Sie die Besteuerungsgrundlage.*

Der sofortige **Steuerabzug auf Veräußerungsgewinne** kann vermieden werden, wenn der Bank eine **Erklärung zur Freistellung vom Kapitalertragsteuerabzug** eingereicht wird.

> **Merke**
>
> Beim Wertpapierverkauf ergeben sich Gewinne oder Verluste als Differenz zwischen Nettoerlös und Buchwert. Sie werden erfasst auf:
> - 5460 Erträge aus dem Abgang von Vermögensgegenständen
> - 7450 Verluste aus dem Abgang von Finanzanlagen
> - 7460 Verluste aus dem Abgang von Wertpapieren des Umlaufvermögens

5.5.2.1.2 Dividendenerträge

Der an die Aktionäre **ausgeschüttete Gewinn** heißt **Bardividende**, von der die Kapitalgesellschaft bzw. die Depotbank des Aktionärs 25 % **Kapitalertragsteuer** und 5,5 % **Solidaritätszuschlag** auf die Kapitalertragsteuer an das Finanzamt abführen muss. Die **Nettodividende** erhält der Aktionär durch Banküberweisung.

> **Beispiel**
>
> Das Metallwerk Matthias Hein e. Kfm. erhält im nächsten Jahr für die restlichen 300 X-Aktien eine Bardividende von 405,00 €. Die Bankabrechnung lautet:

Bardividende	405,00 €
− 25 % Kapitalertragsteuer	101,25 €
− 5,5 % Solidaritätszuschlag von 101,25 €	5,57 €
= **Nettodividende** (Bankgutschrift)	298,18 €
Steuervorauszahlung (Kapitalertragsteuer, SolZ)	106,82 €

Buchung: 2800 Bank   298,18
          3001 Privat 106,82   an 5780 Erträge aus Wertpapieren des UV   405,00

S	2800 Bank	H		S	5780 Ertr. aus Wertpapieren des UV	H
5780	298,18				2800/3001	405,00

S	3001 Privat	H
5780	106,82	

Die **Besteuerung der Bardividende** erfolgt beim Empfänger (siehe Beispiel) nach dem **Teileinkünfteverfahren**, wonach **40 % der Dividende** eines **betrieblichen** Kapitalanlegers **steuerfrei** sind. Die zuvor erhobene Kapitalertragsteuer und der Solidaritätszuschlag gelten als Vorauszahlung und sind anzurechnen. Außerdem können 60 % der Werbungskosten abgesetzt werden. Das Teileinkünfteverfahren gilt **nicht für private** Kapitalanleger, die mit ihren gesamten Kapitaleinkünften der **25%igen Abgeltungsteuer** + 5,5 % SolZ + ggf. KiSt von 8 % bzw. 9 % unterliegen, wodurch im Hinblick auf die Einkommensteuerveranlagung alles „abgegolten" ist.

Besteuerung beim Aktionär

> Bei Einzelunternehmen und Personengesellschaften gilt das Teileinkünfteverfahren.

Merke

5.5.2.2 Festverzinsliche Wertpapiere

Bei festverzinslichen Wertpapieren werden die **Zinsen** nachträglich für ein **halbes oder ganzes Jahr** aufgrund eines Zinsscheines gezahlt. Liegt der **Kauf** dieser Wertpapiere **zwischen zwei Zinsterminen**, sind **Stückzinsen** für die Zeit zwischen dem letzten Zinszahlungstermin und dem Kauftag zu **berücksichtigen**, da dem Käufer in der Regel auch der laufende **Zinsschein** mitgegeben wird. Der **Abrechnungszeitraum** für die Stückzinsen wird an den deutschen Börsen wie folgt ermittelt:

> Tage zwischen letztem Zinstermin und Kauftag
> + 2 Börsentage
> − 1 Kalendertag
>
> = Zinsanspruchstage des Verkäufers
>
> $$\text{Stückzinsen} = \frac{\text{Nennwert} \cdot \text{Prozentsatz} \cdot \text{Tage}}{100\,\% \cdot 360\,\text{Tage}}$$

Jeder Monat ist bei der Stückzinsenberechnung mit 30 Tagen anzusetzen.
Der **Kurs** festverzinslicher Wertpapiere wird **in Euro oder in Prozent** angegeben.

5.5.2.2.1 Kauf von Zinspapieren

Beispiel

> Zur **langfristigen** Anlage liquider Mittel erwirbt das Metallwerk Matthias Hein e. Kfm. am 31. August 03 eine Bundesanleihe im Nennwert von 10.000,00 € mit laufendem Zinsschein. Kurs 98 %; Zinssatz 6 %; Zinstermine M/N: 1. Mai/1. November. Die Abrechnung der Bank lautet:
>
> | | | |
> |---|---|---:|
> | | Kurswert (98 % von 10.000,00 €) | 9.800,00 € |
> | + | 0,5 % Bankprovision vom Nennwert | 50,00 € |
> | + | 0,75 ‰ Maklerprovision vom Nennwert | 7,50 € |
> | = | **Anschaffungskosten** der Wertpapiere | 9.857,50 € |
> | + | Stückzinsen (6 % von 10.000,00 € für 4 Monate) | 200,00 € |
> | = | **Lastschrift der Bank** | 10.057,50 € |
>
> Die Wertpapiere sind mit ihren **Anschaffungskosten** auf dem Konto „1500 Wertpapiere des Anlagevermögens" zu **aktivieren**:
>
> Buchung: ❶ 1500 Wertpapiere des AV   9.857,50
>   2690 Übrg. sonstg. Ford.   200,00   an 2800 Bank   10.057,50
>
> | S | 1500 Wertpapiere des AV | H |
> |---|---|---|
> | ❶ | 9.857,50 | |
>
> | S | 2800 Bank | H |
> |---|---|---|
> | | | ❶ 10.057,50 |
>
> | S | 2690 Übrg. sonstg. Ford. | H |
> |---|---|---|
> | ❶ | 200,00 | |

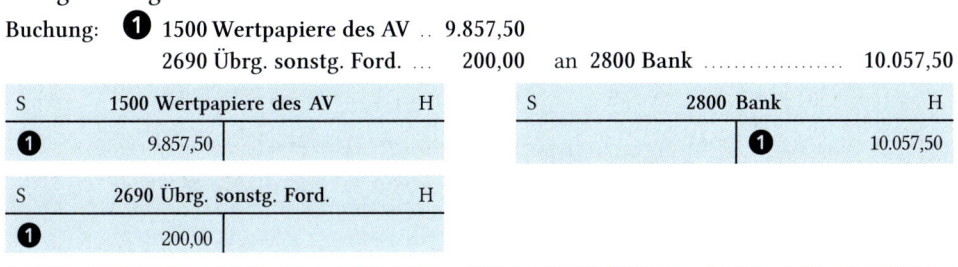

Die halbjährlich fälligen Zinsen der o. g. Bundesanleihe werden über die Bank, die die Wertpapiere für ihre Kunden im Depot verwahrt, gegen Übergabe des Zinsscheins eingezogen.

C BERECHNUNGEN UND BUCHUNGEN IN WICHTIGEN SACHBEREICHEN DES INDUSTRIEBETRIEBES

Beispiel

Die Bank hat für das Metallwerk Matthias Hein e. Kfm. die Halbjahreszinsen eingezogen und zum 1. November lt. folgender Abrechnung gutgeschrieben:

Bruttozinsen: 6 % von 10.000,00 € für 6 Monate	300,00 €
− Kapitalertragsteuer: 25 % von 300,00 €	75,00 €
− Solidaritätszuschlag: 5,5 % von 75,00 €	4,13 €
= **Nettozinsen**: Bankgutschrift	220,87 €

Buchung: ❷ 2800 Bank ... 220,87
3001 Privat ... 79,13 an 2690 Übrg. sonstg. Ford. ... 200,00
5710 Zinserträge ... 100,00

5.5.2.2.2 Verkauf von Zinspapieren

Beim Verkauf festverzinslicher Wertpapiere unter Mitgabe des **laufenden Zinsscheins** fallen wie beim Kauf **Stückzinsen** an. In diesem Fall hat der Erwerber dem Veräußerer den Stückzinsbetrag zu zahlen, der auf die Zeitspanne zwischen Beginn des laufenden Zinszahlungszeitraums bis zum Verkaufstag entfällt. Bei der Zinsabrechnung der Bank sind die **Kapitalertragsteuer und der Solidaritätszuschlag** zu berücksichtigen.

Beispiel

Das Metallwerk Matthias Hein e. Kfm. verkauft am 31. August 04 über die Bank eine Landesobligation (Nennwert 50.000,00 €, 6 % Zinssatz, Zinstermine M/N), die vor drei Jahren zu 50.437,50 € Anschaffungskosten erworben wurden, zum Börsenkurs von 105 %.

Die Abrechnung der Bank lautet:

Kurswert: Anleihe über 50.000,00 € zum Kurs von 105 %	52.500,00 €
− Bankprovision und Maklergebühr: 0,575 % vom Nennwert	287,50 €
= **Nettoerlös**	52.212,50 €
+ Stückzinsen: 6 % von 50.000,00 € für 4 Monate	1.000,00 €
− Kapitalertragsteuer: 25 % von 1.000,00 €	250,00 €
− Solidaritätszuschlag: 5,5 % von 250,00 €	13,75 €
= **Bankgutschrift**	52.948,75 €

Ermittlung des Veräußerungsgewinns:[1]

Nettoerlös lt. Bankabrechnung	52.212,50 €
− Buchwert der verkauften Wertpapiere: hier Anschaffungskosten	50.437,50 €
= **Kursgewinn**	1.775,00 €

Buchung: 2800 Bank ... 52.948,75
3001 Privat ... 263,75 an 1500 Wertpapiere des AV ... 50.437,50
an 5600 Erträge aus Finanzanl. ... 1.775,00
an 5710 Zinserträge ... 1.000,00

S	2800 Bank	H
Diverse	52.948,75	

S	3001 Privat	H
Diverse	263,75	

S	1500 Wertpapiere des AV		H
8000	50.437,50	2800/3001	50.437,50

S	5600 Erträge aus and. Finanzanlagen		H
		2800/3001	1.775,00

S	5710 Zinserträge		H
		2800/3001	1.000,00

Merke

Stückzinsen unterliegen der Kapitalertragsteuer (25 %) und dem Solidaritätszuschlag (5,5 %). Diese Steuerabzüge sind auf die Einkommensteuerschuld des Einzelunternehmers und Personengesellschafters anzurechnen.

[1] Annahme: Der Bank liegt eine Erklärung zur Freistellung vom Kapitalertragsteuerabzug (§ 43 [2] S. 3 Nr. 2 EStG) vor, sodass kein Abzug von Kapitalertragsteuer und Solidaritätszuschlag auf den Kursgewinn durch die Bank erfolgt (siehe S. 204).

Finanz- und Zahlungsbereich

Aufgabe 240

Das Kunststoffwerk Schneider KG erwirbt als Liquiditätsreserve 80 X-Aktien zum Stückkurs von 530,00 €, weil mit einer positiven Kursentwicklung gerechnet wird. Bankprovision 1 %; Maklergebühr 0,6 ‰.

1. Erstellen Sie die Bankabrechnung.
2. Wie hoch sind die Anschaffungskosten der Aktien? Begründen Sie die Zusammensetzung.
3. Nennen Sie den Buchungssatz und buchen Sie auf den entsprechenden Konten.
4. Wie lautet die Buchung, wenn die X-Aktien als Kapitalanlage erworben wurden?

Aufgabe 241

Das Kunststoffwerk Schneider KG (siehe vorhergehende Aufgabe) verkauft im Anschaffungsjahr 30 X-Aktien zum Stückkurs von 580,00 €. Bankprovision: 1 %; Maklergebühr 0,6 ‰.

1. Erstellen Sie die Bankabrechnung.
2. Ermitteln Sie den Erfolg aus dem Wertpapierverkauf.
3. Nennen Sie den Buchungssatz und buchen Sie auf den erforderlichen Konten.

Aufgabe 242

Die Bardividende, die auf das Kunststoffwerk Schneider KG als X-Aktienbesitzer entfällt, beträgt 562,50 €. Über die Hausbank des Unternehmens, die das Aktiendepot verwaltet, erfolgt die Abrechnung.

1. Erstellen Sie die Abrechnung der Bank.
2. Nennen Sie den Buchungssatz.
3. Buchen Sie auf den erforderlichen Konten.
4. Begründen Sie die buchhalterische Behandlung der Steuerabzüge für den Personengesellschafter Schneider.

Aufgabe 243

Das Chemiewerk Hans Sinda e. K. hat am 31. Juli als Kapitalanlage 6 %-Bundesanleihen im Nennwert von insgesamt 80.000,00 € zum Kurs von 98 % mit laufendem Zinsschein erworben. Zinstermine: 1. April/1. Oktober. Die Bankprovision beträgt 0,5 % vom Nennwert und die Maklergebühr (Courtage) 0,75 ‰ vom Nennwert.

1. Gehören die erworbenen Zinspapiere zum Anlage- oder Umlaufvermögen? Begründen Sie.
2. Ermitteln Sie die Anschaffungskosten der Wertpapiere.
3. Berechnen Sie die Stückzinsen, die dem Verkäufer zu erstatten sind.
4. Erstellen Sie die Bankabrechnung.
5. Wie lautet der Buchungssatz aufgrund der Bankabrechnung?
6. Buchen Sie auf den erforderlichen Konten.

Aufgabe 244

Das Chemiewerk Hans Sinda e. K. erhält zum 1. Oktober die Halbjahres-Zinsabrechnung der einzugsberechtigten Bank für die im Juli gekauften Bundesanleihen (Aufgabe 243).

1. Berechnen Sie die Halbjahreszinsen.
2. Erstellen Sie die Bankabrechnung mit allen erforderlichen Abzügen.
3. Wie lautet die Buchung aufgrund der Bankabrechnung? Buchen Sie auf Konten.
4. Wie wären die Steuerabzüge zu buchen, wenn es sich im vorliegenden Fall um die Kunststoff GmbH als Empfängerin der Nettozinsen handelte?

Aufgabe 245

Das Chemiewerk Hans Sinda e. K. verkauft am 30. September des Folgejahres von der in der Aufgabe 243 genannten Anleihe nominell 10.000,00 € zum Kurs von 102 % mit laufendem Zinsschein. Die Bank berechnet 0,5 % Provision und 0,75 ‰ Maklergebühr.

1. Ermitteln Sie den Buchwert und den Gewinn der verkauften Wertpapiere.
2. Erstellen Sie die Bankabrechnung.
3. Nennen Sie den Buchungssatz und buchen Sie auf den erforderlichen Konten.

Aufgabe 246

1. Unterscheiden Sie zwischen Wertpapieren des Anlage- und des Umlaufvermögens.
2. Unter welcher Voraussetzung sind Aktien im Finanzanlagevermögen als „Beteiligung" auszuweisen?
3. Ein Einzelunternehmen erhält als Aktienbesitzer (Nennwert 40.000,00 €) eine Bardividende von 4.500,00 €. Erstellen Sie die Bankabrechnung und nennen Sie den Buchungssatz.
4. Ermitteln Sie den Dividendensatz in Prozent.

6 Buchhalterische Behandlung der Steuern

Hinsichtlich ihrer buchhalterischen Behandlung unterscheidet man bei den Steuern **aktivierungspflichtige**, **abzugsfähige**, **nicht abzugsfähige** und **durchlaufende Steuern**.

6.1 Aktivierungspflichtige Steuern

Bestimmte Steuern und Abgaben sind als **Anschaffungsnebenkosten** auf den entsprechenden **Bestandskonten** zu buchen (**zu aktivieren**):

- **Grunderwerbsteuer** beim Kauf von inländischen Grundstücken und Gebäuden.[1]
- **Zölle** bei der **Einfuhr** von Erzeugnissen, Maschinen u. a. aus Nicht-EU-Staaten.

Beispiel

Kauf eines Grundstücks gegen Banküberweisung für 100.000,00 €. Die Grunderwerbsteuer über 5,0 % des Kaufpreises = 5.000,00 €, die Notariatskosten über 1.500,00 € netto + 19 % USt, die Vermessungskosten über 1.200,00 € netto + 19 % USt sowie die Grundbuchkosten in Höhe von 300,00 € werden durch die Bank überwiesen. Die Nebenkosten sind Teil der Anschaffungskosten (§ 255 [1] HGB); die Umsatzsteuer auf 2.700,00 € beträgt 513,00 €:

Anschaffungspreis des Grundstücks		100.000,00 €
+ Anschaffungsnebenkosten		
5,0 % Grunderwerbsteuer	5.000,00 €	
Notariats-, Grundbuch- und Vermessungskosten	3.000,00 €	8.000,00 €
= **Anschaffungskosten** des Grundstücks		**108.000,00 €**

Buchung: 0500 Unbeb. Grundstücke 108.000,00
2600 Vorsteuer 513,00 an 2800 Bank 108.513,00

Merke

Grunderwerbsteuern und Einfuhrzölle sind Anschaffungsnebenkosten (§ 255 [1] HGB).

6.2 Abzugsfähige Steuern

Abzugsfähige Steuern stellen handels- und steuerrechtlich gewinnmindernden **Aufwand** dar und sind als **betriebliche Steuern** auf folgenden Aufwandskonten zu erfassen:

■ Grundsteuer	7020
■ Kraftfahrzeugsteuer	7030
■ Verbrauchsteuern	7080
■ Sonstige betriebliche Steuern	7090

Grundsteuer zahlt das Unternehmen vierteljährlich für **betrieblich genutzte Grundstücke** an die Gemeinde. **Kraftfahrzeugsteuer** fällt jährlich für **Fahrzeuge des Fuhrparks** an. Sie fließt ebenso wie die Verbrauchsteuern (Energiesteuer, Stromsteuer, Tabaksteuer, Kaffeesteuer, Branntweinsteuer u. a.) dem Bund zu (Ausnahme: Biersteuer/Bundesländer). **Verbrauchsteuern** werden bei den Herstellern von verbrauchsteuerpflichtigen Gütern wie z. B. Mineralöl, Strom, Tabakwaren oder Kaffee erhoben. Die Verbrauchsteuern entstehen, wenn die Erzeugnisse oder Waren im Anschluss an ihre Herstellung und Lagerung dem Wirtschaftskreislauf und damit dem Verbraucher zugeführt werden. Sie sind Bestandteile der Verkaufspreise und werden von den Herstellern auf den Verbraucher abgewälzt.

Merke

■ Abzugsfähige Steuern sind betrieblich veranlasst (Betriebsteuern) und mindern als Aufwand den Gewinn des Unternehmens.

■ Betriebsteuern gehen als Kosten in die Kalkulation der Erzeugnisse ein.

---

[1] Bei bebauten Grundstücken ist die Grunderwerbsteuer anteilig auf Grundstück und Gebäude aufzuteilen. Der Steuersatz beträgt nach § 11 Grunderwerbsteuergesetz 3,5 %. Er kann von den Bundesländern in abweichender Höhe festgesetzt werden und beträgt zur Zeit je nach Bundesland zwischen 3,5 % und 6,5 % (Stand Januar 2018).

6.3 Nichtabzugsfähige Steuern

Nichtabzugsfähige Steuern dürfen den zu versteuernden Gewinn des Unternehmens nicht mindern und sind deshalb **aus dem Gewinn vor Steuern zu zahlen**. Dazu gehören zum einen die buchhalterisch als **Steuern vom Einkommen und Ertrag** zu erfassenden Beträge und zum anderen die als Privatentnahme zu buchenden **Privatsteuern** der Einzelunternehmer und Gesellschafter von Personengesellschaften (OHG, KG):

Steuern vom Einkommen und Ertrag		Privatsteuern	
■ Gewerbesteuer	7700	■ Einkommensteuer sowie Solidaritätszuschlag und Kirchensteuer	3001
■ Körperschaftsteuer sowie Solidaritätszuschlag	7710	■ Abgeltungsteuer[1]	3001
■ Kapitalertragsteuer[1]	7720	■ Erbschaft-/Schenkungsteuer[1]	3001

Steuern vom Einkommen und vom Ertrag sind zur Ermittlung des **steuerpflichtigen Gewinns** außerhalb der Buchführung zu dem Gewinn der Handelsbilanz hinzuzurechnen, weil die unterjährig gezahlten Steuervorauszahlungen als Aufwand gebucht wurden.

Gewerbesteuer

Gewerbesteuerpflichtig sind nach § 2 Gewerbesteuergesetz (GewStG) alle inländischen **Gewerbebetriebe**. Dazu zählen gewerbliche Einzelunternehmen und Personengesellschaften sowie Kapitalgesellschaften und Genossenschaften. Besteuert wird der **Gewerbeertrag**, der durch Hinzurechnungen (z. B. Zinsen) und Kürzungen (z. B. 1,2 % des Einheitswerts von Betriebsgrundstücken) aus dem steuerpflichtigen Gewinn des Unternehmens abgeleitet wird. Die Steuermesszahl für den Gewerbeertrag beträgt gem. § 11 GewStG 3,5 %. Da die Gewerbesteuer den Gemeinden zufließt, können diese den Gewerbesteuer-Hebesatz festlegen. Nach § 16 [4] GewStG beträgt der Hebesatz mindestens 200 %.

Bei **Einzelunternehmen und Personengesellschaften** wird nach § 11 [1] Nr. 1 GewStG ein **Freibetrag** von 24.500,00 € abgezogen. Außerdem vermindert sich die **Einkommensteuer** der Einzelunternehmer und Gesellschafter von Personengesellschaften um das **3,8-Fache des Gewerbesteuer-Messbetrags** (§ 35 [1] EStG).

Beispiel

Ermittlung der Gewerbe- und Einkommensteuer eines Einzelunternehmers:

Gewerbesteuer		Einkommensteuer	
Gewinn aus Gewerbebetrieb	100.000,00	Einkünfte aus Gewerbebetrieb	100.000,00
− Freibetrag	24.500,00	− Sonderausgaben	12.400,00
= Gewerbeertrag	75.500,00	= zu versteuerndes Einkommen	87.600,00
· Steuermesszahl (3,5 %)	· 0,035	Einkommensteuer lt. Grundtabelle, keine Kirchensteuer	28.620,00
= Gewerbesteuer-Messbetrag	2.642,50	− 3,8-facher GewSt-Messbetrag (2.642,50 · 3,8)	10.041,50
· Gewerbesteuer-Hebesatz (400 %)	· 4	= Einkommensteuerzahlung	18.578,50
= Gewerbesteuer	10.570,00	+ 5,5 % Solidaritätszuschlag	1.021,82

Körperschaftsteuer

Juristische Personen mit Geschäftsleitung oder Sitz im Inland wie z. B. Kapitalgesellschaften, Genossenschaften oder Vereine (§ 1 Körperschaftsteuergesetz) zahlen auf ihren zu versteuernden Gewinn **15 % Körperschaftsteuer** (KSt) zuzüglich 5,5 % Solidaritätszuschlag (SolZ). Aus dem handelsrechtlichen Jahresüberschuss wird der **körperschaftsteuerliche Gewinn** ermittelt, indem außerhalb der Finanzbuchhaltung **Korrekturen aufgrund spezieller steuerrechtlicher Regelungen** durchgeführt werden. Beispielsweise müssen die steuerlich nicht abzugsfähigen Ausgaben wieder hinzugerechnet werden. Dazu zählen die als Aufwand gebuchten KSt- und GewSt-Vorauszahlungen oder steuerlich nicht zulässige Abschreibungen und Rückstellungen.

---
[1] Siehe Steuerbuchungen im Anhang.

C   Berechnungen und Buchungen in wichtigen Sachbereichen des Industriebetriebes

Privatsteuern sind die vom betrieblichen Bankkonto an das Finanzamt überwiesenen **privaten Steuerschulden** (Einkommen-, Kirchen-, Erbschaft- und Schenkungsteuer sowie Solidaritätszuschlag) des **Einzelunternehmers** bzw. der **Gesellschafter von Personengesellschaften**. Diese Beträge sind als **Privatentnahme** über das **Privatkonto** zu buchen.

Einkommensteuer

Das **Einkommen von natürlichen Personen** mit Wohnsitz oder gewöhnlichem Aufenthalt im Inland unterliegt der **Einkommensteuer** zuzüglich 5,5 % Solidaritätszuschlag (SolZ). Bei Einzelunternehmern und Gesellschaftern von Personengesellschaften besteht das Einkommen aus dem (anteiligen) Unternehmensgewinn (Einkünfte aus Gewerbebetrieb) sowie gegebenenfalls weiteren Einkünften z. B. aus Vermietung und Verpachtung; Sonderausgaben wie Beiträge zur Lebens- und Krankenversicherung dürfen abgezogen werden. Die **Höhe der Einkommensteuer** ist abhängig von der Höhe des zu versteuernden Einkommens sowie von persönlichen Merkmalen. Die Einkommensteuersätze bewegen sich zurzeit zwischen 14 % und 45 %.

Kirchensteuer

Die Kirchensteuer (KiSt) beträgt je nach Bundesland 8 % bzw. 9 % der Einkommensteuer.

> **Merke**   Nichtabzugsfähige Steuern dürfen den steuerpflichtigen Gewinn nicht mindern.

6.4 Durchlaufende Steuern

Durchlaufende Posten

Die **Unternehmen** sind gesetzlich **verpflichtet, bestimmte Steuern** von anderen Steuerpflichtigen **im Auftrag des Finanzamtes** einzuziehen und abzuführen. Diese Steuern stellen für die Unternehmen **durchlaufende Posten** dar und sind als „Sonstige Verbindlichkeiten gegenüber dem Finanzamt" auszuweisen:

■ Umsatzsteuer	2600 und 4800
■ Vom Arbeitnehmer einbehaltene Lohn- und Kirchensteuer sowie SolZ	4830

> **Merke**   Durchlaufende Steuern werden durch die Unternehmen im Auftrag des Finanzamtes eingezogen und an das Finanzamt abgeführt.

6.5 Steuernachzahlung, -erstattung und Steuerberatung

Nicht durch Rückstellungen (S. 248 ff.) gedeckte **Steuernachzahlungen**[1] werden wie folgt erfasst:

- bei **abzugsfähigen Steuern** (Betriebsteuern) auf einem entsprechenden Unterkonto, z. B. „7021 Grundsteuer – Vorjahre" bei Grundsteuernachzahlungen,
- bei **Steuern vom Einkommen und Ertrag** auf dem Konto „7711 Körperschaftsteuer – Vorjahre" oder „7701 Gewerbesteuer – Vorjahre" bei KSt- oder GewSt-Nachzahlungen.

Steuererstattungen[1] werden folgendermaßen gebucht:

- bei **abzugsfähigen Steuern** (Betriebsteuern) auf einem entsprechenden Unterkonto, z. B. „7032 Steuererstattungen für Kfz-Steuer – Vorjahre" bei Kfz-Steuererstattungen,
- bei **Steuern vom Einkommen und Ertrag** z. B. auf den Konten „7712 Steuererstattungen für Körperschaftsteuer – Vorjahre" oder „7702 Steuererstattungen für GewSt – Vorjahre".

> **Beispiele**
>
> Aufgrund einer Betriebsprüfung ist für die vergangenen vier Jahre Gewerbesteuer in Höhe von 10.000,00 € durch Banküberweisung nachzuzahlen.
>
> Buchung: 7701 Gewerbesteuer – Vorjahre .... an   2800 Bank 10.000,00
>
> In Vorjahren zu viel gezahlte Gewerbesteuer von 2.000,00 € wird per Bank erstattet.
>
> Buchung: 2800 Bank .... an   7702 Steuererstattungen für GewSt – Vorjahre 2.000,00

Steuerberatungskosten

Betriebliche Steuerberatungskosten werden auf dem Konto „**6770 Rechts- und Beratungskosten**", Steuerberatungskosten für **Privatsteuern** werden über das **Privatkonto** gebucht.

---

[1] Siehe Seite 248, Fußnote 1.

C BUCHHALTERISCHE BEHANDLUNG DER STEUERN

Steuerstrafen wie Säumnis- und Verspätungszuschläge werden wie die betroffene Steuerart behandelt. Steuerstrafen auf abzugsfähige Steuern sind daher gewinnmindernder Aufwand, der auf dem Konto „**7590 Sonstige zinsähnliche Aufwendungen**" erfasst wird. Vom Unternehmen gezahlte Steuerstrafen bei Privatsteuern werden als Privatentnahme gebucht.

Säumnis- und Verspätungszuschläge

Aufgabe 247

Bilden Sie die Buchungssätze für folgende Zahlungen (Bank):

1. Einbehaltene Lohn- und Kirchensteuer sowie SolZ 20.000,00
2. Einkommensteuer, KiSt, SolZ 22.000,00
3. Grunderwerbsteuer (Betrieb) 14.000,00
4. Grundsteuer (Betrieb) 8.000,00
5. Nachzahlung von Privatsteuern 12.000,00
6. Rechnung des Steuerberaters: Erstellen der Steuerbilanz[1] ..... 20.700,00 Einkommensteuererklärung[1] 2.300,00
7. Säumniszuschlag für nicht fristgerechte Zahlung der Grundsteuer 100,00
8. Betriebsprüfung: Nachzahlung von Gewerbesteuer 12.000,00
9. Umsatzsteuervorauszahlung 29.800,00
10. Energiesteuer 6.000,00
11. Gewerbesteuer 4.000,00
12. Erbschaftsteuer des Inhabers 5.000,00
13. Kfz-Steuer (Betrieb) 3.600,00
    (privat) 500,00
14. Schenkungsteuer (Inhaber) 2.500,00
15. Erstattung von Gewerbesteuer 6.000,00
    Vorsteuerguthaben 8.000,00
    Einkommensteuer 9.000,00

Aufgabe 248

Buchen Sie zum 31. Dezember:	Soll	Haben
2600 Vorsteuer	243.500,00	1.600,00
4800 Umsatzsteuer	1.300,00	202.800,00

Aufgabe 249

Die Instandhaltungsaufwendungen des Geschäftsjahres betragen insgesamt 78.000,00 €. 1,5 % davon entfallen auf Reparaturen im Privathaus des Inhabers.
Erstellen Sie den Buchungsbeleg. Begründen Sie Ihre Buchung zum 31. Dezember.

Aufgabe 250

1. Buchen Sie den Eingang der Honorarrechnung des Steuerberaters für:
   a) Erstellen der Einkommensteuererklärung 1.600,00
      + Umsatzsteuer 304,00   1.904,00
   b) Erstellen der Gewerbesteuererklärung 800,00
   c) Erstellen der Steuerbilanz (Jahresabschluss) 2.600,00   3.400,00
      + Umsatzsteuer 646,00
2. Buchen Sie den Rechnungsausgleich (Fall 1) durch Banküberweisung. 5.950,00

Aufgabe 251

Bilden Sie die Buchungssätze:
1. Die Erbschaftsteuer des Geschäftsinhabers in Höhe von 4.800,00 € wurde wie folgt gebucht: 7090 Sonstige betriebliche Steuern an 2800 Bank.
2. Der Buchhalter hat die Einkommensteuervorauszahlung des Geschäftsinhabers über das Konto 7090 gebucht: 12.800,00 €.
3. Aufgrund einer Betriebsprüfung werden für die letzten drei Geschäftsjahre nachgezahlt (Banküberweisung): a) Einkommensteuer 12.800,00 €, b) Gewerbesteuer 16.448,00 €.

Aufgabe 252

Buchen Sie folgende Geschäftsfälle:
1. Geschäftsinhaber zahlt Säumniszuschläge für
   a) Einkommensteuer und b) Grundsteuer (Banküberweisung).
2. Geschäftsinhaber zahlt durch Bank Steuerstrafe: 5.000,00 €.
3. Bankgutschrift für Gewerbesteuererstattung des Vorjahres: 2.500,00 €.

Aufgabe 253

1. Nennen Sie Beispiele für a) aktivierungspflichtige Steuern, b) abzugsfähige Steuern, c) Steuern vom Einkommen und Ertrag, d) Privatsteuern, e) durchlaufende Steuern.
2. Welche sind a) erfolgswirksam, b) erfolgsneutral?

[1] Nettobetrag

C — Berechnungen und Buchungen in wichtigen Sachbereichen des Industriebetriebes

Aufgabe 254

Anfangsbestände

0500	Unbebaute Grundstücke	150.000,00	2650	Forderungen an Mitarbeiter	15.000,00
0530	Betriebsgebäude	510.000,00	2800	Bankguthaben	205.000,00
0700	TA und Maschinen	78.000,00	3000	Eigenkapital	900.000,00
0800	Andere Anlagen/BGA	95.000,00	4250	Darlehensschulden	410.000,00
2000	Rohstoffe	265.000,00	4400	Verbindlichkeiten a. LL	150.000,00
2100	Unfertige Erzeugnisse	40.000,00	4800	Umsatzsteuer	4.300,00
2200	Fertige Erzeugnisse	10.000,00	4830	FB-Verbindlichkeiten	1.700,00
2400	Forderungen a. LL	98.000,00			

Kontenplan

0500, 0530, 0700, 0800, 2000, 2100, 2200, 2400, 2600, 2640, 2650, 2800, 3000, 3001, 4250, 4400, 4800, 4830, 5000, 5200, 5420, 5710, 6000, 6300, 6400, 6520, 6700, 6770, 7020, 7030, 7510, 7700, 8010, 8020.

Geschäftsfälle

1. Banküberweisung der Lohn-/Kirchensteuer einschl. SolZ ... 1.700,00
   Umsatzsteuer-Zahllast ... 4.300,00 ... 6.000,00
2. Banküberweisung der Lagerhallenmiete an Vermieter ... 6.500,00
3. Rohstoffeinkäufe auf Ziel lt. ER 44–67 ... 50.000,00
   + Umsatzsteuer ... 9.500,00
4. SV-Bankeinzug durch gesetzliche Krankenkasse ... 7.520,00
5. Banküberweisung der Gehälter lt. Gehaltsliste:

Brutto-gehälter	LSt/SolZ/KiSt	Sozial-versicherung	Verrechnete Vorschüsse	Netto-auszahlung	Arbeitgeber-anteil
15.800,00	3.100,00	3.850,00	1.500,00	7.350,00	3.670,00

6. Banküberweisung der Gewerbesteuer ... 8.300,00
   Grundsteuer ... 1.800,00 ... 10.100,00
7. Ein Angestellter erhält einen Vorschuss durch Banküberweisung ... 2.500,00
8. Banküberweisung/-einzug der Einkommensteuer ... 22.500,00
   Erbschaftsteuer ... 1.500,00
   Kraftfahrzeugsteuer ... 2.400,00 ... 26.400,00
9. Verkäufe von eigenen Erzeugnissen auf Ziel lt. AR 56–98 ... 170.800,00
   + Umsatzsteuer ... 32.452,00
10. Banküberweisung an Steuerberater für Erstellung
    der Umsatz- und Gewerbesteuererklärung ... 8.000,00
    + Umsatzsteuer ... 1.520,00 ... 9.520,00
11. Bankeinzug von Darlehenszinsen ... 12.800,00
12. Entnahme von Erzeugnissen für Privatzwecke, netto ... 1.500,00
13. Belastung eines Kunden mit Verzugszinsen ... 85,00
14. Banküberweisung für Wohnungsmiete des Inhabers ... 1.500,00
15. Kauf eines unbebauten Grundstücks gegen Banküberweisung ... 50.000,00
16. Banküberweisung von 5,0 % Grunderwerbsteuer (Fall 15) ... ?
17. Banküberweisung für Einkommensteuererklärung ... 5.950,00

Abschlussangaben

1. Abschreibungen auf 0530: 2.400,00; auf 0700: 4.800,00; auf 0800: 3.200,00.
2. Rohstoffschlussbestand lt. Inventur ... 240.000,00
3. Inventurbestände: Unfertige Erzeugnisse: 5.000,00; Fertige Erzeugnisse: 50.000,00.

7 Sachanlagenbereich

7.1 Anlagenbuchhaltung (Anlagenkartei)

Zum Anlagevermögen eines Unternehmens zählen alle Vermögensgegenstände, die nach § 247 [2] HGB dazu bestimmt sind, dem Geschäftsbetrieb **dauernd** bzw. langfristig zu dienen. Es gliedert sich nach § 266 [2] HGB in **drei Hauptgruppen**[1]:

Anlagevermögen

Immaterielle Vermögensgegenstände	Sachanlagen	Finanzanlagen
■ Konzessionen ■ Schutzrechte ■ Lizenzen ■ gekaufter Geschäfts- oder Firmenwert	■ Grundstücke und Gebäude ■ Technische Anlagen und Maschinen ■ Andere Anlagen/Betriebs- und Geschäftsausstattung	■ Beteiligungen ■ Wertpapiere des Anlagevermögens ■ sonstige Ausleihungen

Die **Anlagekonten des Hauptbuches** werden **als Sammelkonten geführt**. Sie enthalten z. B. die **Anlagegruppen**: Grundstücke, Gebäude, Technische Anlagen und Maschinen, Fuhrpark, Betriebs- und Geschäftsausstattung u. a. Diese **Anlagegruppen setzen sich aus zahlreichen Einzelgegenständen und -werten zusammen.** Um bei der Vielfalt der Anlagegegenstände die **Abschreibungen** im Rahmen der Inventur zum Abschlussstichtag richtig ermitteln zu können, ist eine **Anlagenbuchführung als Nebenbuchhaltung** erforderlich (siehe auch S. 12).

Zweck der Anlagenbuchhaltung

Für jeden einzelnen Anlagegegenstand sind daher ein Datensatz oder eine Anlagenkarte zu führen. Die Datensätze oder Anlagenkarten enthalten alle wichtigen wirtschaftlichen und technischen Angaben über den Anlagegegenstand.

Anlagenkarte

Alle Datensätze oder Anlagenkarten bilden zusammen die Anlagenbuchhaltung oder Anlagenkartei, in der sie nach den Sachkonten der Klasse 0 entsprechend geordnet sind.

Anlagenkartei

Beispiel

Muster einer Anlagenkarteikarte

Inventar-Nr.: 418	Bezeichnung der Anlage: Verpackungsautomat	Baujahr: ..
Anlagen-Kto.: 0760	Kostenstelle: Vertrieb	Anschaffungsdatum: ..-01-10
Lieferant: Schneider GmbH, München		Bestellnummer: 3 648 Garantie: 2 Jahre
Voraussichtl. Nutzungsdauer: 10 Jahre	Voraussichtlicher Schrottwert: –	
Anschaffungskosten: 98.000,00 €	Versicherungswert: 100.000,00 €	

Jahr	Abschreibungen (linear)			Reparaturen		
	%satz	Betrag	Restbuchwert	Tag	Art	€
..-12-31	10 %	9.800,00	88.200,00			

Merke

Die Anlagenbuchhaltung erläutert und ergänzt als Nebenbuchhaltung die einzelnen Anlagenkonten des Hauptbuchs. Sie wird üblicherweise elektronisch geführt.

---

[1] Siehe auch Bilanz gemäß § 266 HGB auf Seite 293 sowie im Anhang des Lehrbuches und im Anlagenspiegel auf Seite 234 f.

7.2 Anschaffung von Anlagegegenständen

Gegenstände des Anlagevermögens sind zum Zeitpunkt des Erwerbs mit ihren **Anschaffungskosten** auf dem entsprechenden Anlagekonto zu **aktivieren**. Nach § 255 [1] HGB setzen sich die Anschaffungskosten zusammen aus:

> **Anschaffungspreis**
> **+ Anschaffungsnebenkosten**
> **− Anschaffungspreisminderungen**
> **= Anschaffungskosten**

Anschaffungspreis

Der Anschaffungspreis ist der **Nettowert** des Anlagegutes. Die Vorsteuer zählt nicht zu den Anschaffungskosten, weil sie von der Umsatzsteuer abgesetzt wird.

Anschaffungsnebenkosten

Anschaffungsnebenkosten sind alle Ausgaben und Aufwendungen, die neben dem Kaufpreis des Anlagegutes **sofort oder nachträglich anfallen, um das Anlagegut zu erwerben und in einen betriebsbereiten Zustand zu versetzen**, wie z. B.

- **Kosten** der Überführung und Zulassung **beim Kauf eines Kraftfahrzeugs**; Transport-, Fundamentierungs- und Montagekosten **bei Maschinen** u. a.
- **Kosten** der Vermittlung und Beurkundung sowie die Grunderwerbsteuer als auch Vermessungskosten **beim Erwerb von Grundstücken und Gebäuden**.

Handels- und Steuerrecht schreiben die **Aktivierung der Nebenkosten** vor, um sie **über die Abschreibungen** als Aufwand **auf** die gesamte **Nutzungsdauer** des Anlagegutes zu **verteilen**. **Die Erfolgsrechnungen** der einzelnen Nutzungsjahre werden somit **gleichmäßig belastet**, Gewinnverschiebungen treten nicht ein (siehe auch S. 257).

Anschaffungspreisminderungen

Anschaffungspreisminderungen sind alle **Preisnachlässe**, die beim Erwerb des Anlagegutes **sofort oder nachträglich** gewährt werden, wie **Rabatte**, **Boni** und **Skonti**.

Beispiel

Kauf eines Verpackungsautomaten auf Ziel zum Nettopreis von 94.000,00 € zuzüglich Transport- und Montagekosten in Höhe von netto 6.000,00 €. Die Umsatzsteuer beträgt lt. Rechnung 19.000,00 €. ❶

Rechnungsausgleich mit 2 % Skontoabzug durch Banküberweisung. ❷

Ermittlung der Anschaffungskosten des Verpackungsautomaten:

Anschaffungspreis	94.000,00 €
+ Anschaffungsnebenkosten	6.000,00 €
	100.000,00 €
− Anschaffungspreisminderung: 2 % Skonto	2.000,00 €
= aktivierungspflichtige Anschaffungskosten	98.000,00 €

Buchung bei Anschaffung des Verpackungsautomaten lt. Eingangsrechnung:
❶ 0700 Technische Anlagen und Maschinen ... 100.000,00
    2600 Vorsteuer ... 19.000,00
    an 4400 Verbindlichkeiten a. LL ... 119.000,00

Buchung beim Rechnungsausgleich:
❷ 4400 Verbindlichkeiten a. LL ... 119.000,00
    an 0700 TA und Maschinen (Nettoskonto) ... 2.000,00
    an 2600 Vorsteuer (Steuerberichtigung 2 % von 19.000,00 €) ... 380,00
    an 2800 Bank ... 116.620,00

Merke

Beim Erwerb von Anlagegütern ist der Nettoskonto auf der Haben-Seite des entsprechenden Anlagekontos als Minderung der Anschaffungskosten zu buchen.

Sachanlagenbereich

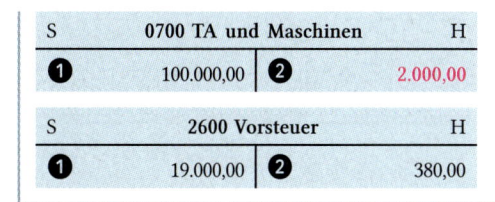

S	0700 TA und Maschinen	H
❶ 100.000,00	❷	2.000,00

S	4400 Verbindlichkeiten a. LL	H
❷ 119.000,00	❶	119.000,00

S	2600 Vorsteuer	H
❶ 19.000,00	❷	380,00

S	2800 Bank	H
	❷	116.620,00

Bemessungsgrundlage für die Abschreibungen (im Steuerrecht Absetzung für Abnutzung: AfA) bilden die aktivierungspflichtigen **Anschaffungskosten** des Anlagegutes.

> **Merke**
> - Anlagegüter sind bei Erwerb mit den Anschaffungskosten zu bewerten.
> - Finanzierungskosten gehören nicht zu den Anschaffungskosten.
> - Nachlässe, die dem Anlagegut einzeln zugerechnet werden können, mindern die Anschaffungskosten und sind deshalb unmittelbar auf dem entsprechenden Anlagekonto zu buchen.
> - Die Anschaffungskosten bilden die Bemessungsgrundlage für die Abschreibungen (AfA).

Aufgabe 255

Kauf einer Sortieranlage zum Nettopreis von 50.000,00 € + USt; Transportkosten 2.500,00 € + USt; Montagekosten 4.500,00 € + USt.
1. Ermitteln Sie die Anschaffungskosten des Anlagegutes.
2. Buchen Sie die vorstehenden Eingangsrechnungen auf den entsprechenden Konten.

Aufgabe 256

Auf den Nettopreis der Sortieranlage (Aufgabe 255) gewährt der Lieferant nachträglich wegen eines versteckten Mangels einen Nachlass von 10 %.
1. Ermitteln Sie die aktivierungspflichtigen Anschaffungskosten.
2. Buchen Sie den Preisnachlass.
3. Buchen Sie die Zahlungen (Banküberweisung).

Aufgabe 257

Die „Fahrzeughandel GmbH" stellt für den Kauf eines Lkw in Rechnung: Nettopreis 84.650,00 €, Spezialaufbau 12.600,00 €, Anhängerkupplung 1.400,00 €, Überführungskosten 1.200,00 €, Zulassungskosten 150,00 €, zuzüglich USt vom Gesamtbetrag. Für eine übliche Werbeaufschrift[1] stellt eine Lackiererei 3.100,00 € netto + USt in Rechnung.

Die Kfz-Steuer über 400,00 € und die Haftpflichtversicherung mit 1.200,00 € werden durch Lastschrifteinzug bezahlt. Die erste Tankfüllung wird bar bezahlt: 200,00 € netto + USt.
1. Ermitteln Sie die Anschaffungskosten des Lastkraftwagens.
2. Buchen Sie die Geschäftsfälle auf den entsprechenden Konten.

Aufgabe 258

Die Eingangsrechnung für den Lkw aus der Aufgabe 257 wird unter Abzug von 2 % Skonto von uns durch Banküberweisung beglichen.
1. Ermitteln Sie die Anschaffungskosten des Lkw und buchen Sie den Rechnungsausgleich.
2. Begründen Sie die Buchungsweise der Nachlässe beim Erwerb von Anlagegütern.

Aufgabe 259

Beim Kauf eines Betriebsgrundstückes zum Preis von 250.000,00 € fallen weitere Kosten an: 5,5 % Grunderwerbsteuer vom Kaufpreis, Vermessungskosten 3.800,00 € + USt, Maklergebühr 10.000,00 € + USt, Notariatskosten 2.600,00 € + USt, Kosten für die Eintragung in das Grundbuch des zuständigen Amtsgerichts 450,00 €. Für ein Entwässerungsgutachten wurden in Rechnung gestellt 1.500,00 € + USt. Für den Anschluss an den städtischen Kanal schickt die Tiefbaufirma eine Rechnung über 8.000,00 € + USt.

Für das laufende Quartal werden für das Grundstück an die Gemeinde überwiesen: Grundsteuer 750,00 €, Kanalbenutzungsgebühren 480,00 €.
1. Entscheiden Sie, welche Kosten aktivierungspflichtige Anschaffungsnebenkosten sind.
2. Ermitteln Sie die Anschaffungskosten des Grundstücks und buchen Sie entsprechend.

---

[1] Werbeaufschriften gehören nicht zu den Anschaffungskosten, sondern werden als Betriebsausgabe (6870 Werbung) gebucht (vgl. FG München, 10.05.2006 – 1 K 5521/04).

7.3 Aktivierungspflichtige Eigenleistungen

Im Industriebetrieb werden oft **Sachanlagen für den eigenen Betrieb erstellt**, wie z. B. maschinelle Anlagen, Ein- und Ausbauten u. a. Auch **Großreparaturen**, die eine Verlängerung der Nutzungsdauer der betreffenden Anlage bedeuten, werden häufig mit eigenen Arbeitskräften durchgeführt. Diese **Eigenleistungen verursachen** einerseits diverse **Herstellungsaufwendungen**, wie z. B. Werkstoffe und Löhne, **bewirken** aber auch eine **Werterhöhung des Sachanlagevermögens**. Deshalb werden die **Herstellungskosten**[1] **der Eigenleistung auf** dem entsprechenden Sachanlagekonto als Vermögenszugang aktiviert, z. B.

0700 Technische Anlagen und Maschinen,

und zum Ausgleich **als Ertrag** gegengebucht auf dem Konto **5300 Aktivierte Eigenleistungen**.

Beispiel

Die Mitarbeiter von Thomas Berg e. K. erstellen zu Beginn des Geschäftsjahres ein Fließband zur Eigennutzung (Nutzungsdauer 10 Jahre, lineare Abschreibung). An Herstellungsaufwendungen fallen 41.000,00 € für Rohstoffe und 22.500,00 € für Löhne an.

❶ **Buchung der Herstellungsaufwendungen:**
6000 Aufwendungen für Rohstoffe .... an 2000 Rohstoffe .... 41.000,00 €
6200 Löhne .... an 2800 Bank .... 22.500,00 €

❷ **Buchung bei Aktivierung der Eigenleistung:**
0700 TA und Maschinen .... an 5300 Aktivierte Eigenleistungen .. 63.500,00 €

❸ **Buchung der Abschreibung am Abschlussstichtag:**
6520 Abschreibungen auf SA .... an 0700 TA und Maschinen .... 6.350,00 €

❹ **Abschluss der Erfolgskonten:**
8020 GuV-Konto .... an 6000 Aufw. für Rohstoffe .... 41.000,00 €
8020 GuV-Konto .... an 6200 Löhne .... 22.500,00 €
8020 GuV-Konto .... an 6520 Abschreibungen auf SA .... 6.350,00 €
5300 Aktivierte Eigenleistungen .... an 8020 GuV-Konto .... 63.500,00 €

❺ **Abschluss des Kontos „0700 TA und Maschinen":**
8010 Schlussbilanzkonto .... an 0700 TA und Maschinen .... 57.150,00 €

S	0700 TA und Maschinen		H
❷ 5300	63.500,00	❸ 6520	6.350,00
		❺ 8010	57.150,00
	63.500,00		63.500,00

S	2000 Rohstoffe		H
AB	240.000,00	❶ 6000	41.000,00

S	2800 Bank		H
AB	125.000,00	❶ 6200	22.500,00

S	8020 Gewinn- und Verlustkonto		H
❹ 6000	41.000,00	❹ 5300	63.500,00
❹ 6200	22.500,00		
❹ 6520	6.350,00		

S	5300 Aktivierte Eigenleistungen		H
❹ 8020	63.500,00	❷ 0700	63.500

S	6000 Aufwendungen für Rohstoffe		H
❶ 2000	41.000,00	❹ 8020	41.000,00

S	6200 Löhne		H
❶ 2800	22.500,00	❹ 8020	22.500,00

S	Abschreibungen auf Sachanlagen		H
❸ 0700	6.350,00	❹ 8020	6.350,00

S	8010 Schlussbilanzkonto		H
❺ 0700	57.150,00		

Merke

■ Die Erstellung von Sachanlagen zur eigenen Nutzung ist als Eigenleistung mit ihren Herstellungskosten auf dem jeweiligen Anlagekonto zu aktivieren.

■ Die Herstellungskosten der selbst erstellten Anlagen bilden die Grundlage für die Abschreibung über die betriebsgewöhnliche Nutzungsdauer.

---
1 Siehe S. 257.
2 Zu beachten ist, dass im gleichen Umfang das Umlaufvermögen verringert wird.

SACHANLAGENBEREICH C

Aufgabe 260

Eine Maschinenfabrik erstellt mit eigenen Arbeitskräften und Material eine Lagerhalle für den eigenen Betrieb. Die Herstellungskosten betragen insgesamt 84.800,00 €.
1. Nennen und begründen Sie den Buchungssatz für die Aktivierung der Eigenleistung.
2. Wie wirkt sich die Aktivierung der Eigenleistung auf Vermögen und Gewinn aus?
3. Buchen Sie die lineare Abschreibung (Nutzungsdauer: 25 Jahre) für das erste Jahr.

Aufgabe 261

Eine Büromöbelfabrik stattet neue Büroräume im Betrieb mit zehn Schrankwänden aus eigener Fertigung aus. Lt. Angaben der Betriebsbuchhaltung betragen die Herstellungskosten je Schrankwand 930,00 €. Der Nettoverkaufspreis beträgt 1.240,00 €.
1. Mit welchem Wert sind die Büromöbel zu aktivieren?
2. Begründen Sie die Notwendigkeit der Aktivierung und buchen Sie entsprechend.
3. Nutzungsdauer zehn Jahre. Degressive Abschreibung 25 %. Buchen Sie zum 31. Dezember.

Aufgabe 262

Anfangsbestände
TA und Maschinen 280.000,00, Andere Anlagen/BGA 174.000,00, Rohstoffe 180.600,00, Hilfsstoffe 82.400,00, Unfertige Erzeugnisse 14.000,00, Fertige Erzeugnisse 32.000,00, Forderungen a. LL 133.200,00, Kasse 4.600,00, Bank 39.400,00, Eigenkapital 600.000,00, Darlehensschulden 270.000,00, Verbindlichkeiten a. LL 70.200,00.

Kontenplan
0700, 0800, 2000, 2020, 2100, 2200, 2400, 2600, 2640, 2800, 2880, 3000, 3001, 4250, 4400, 4800, 4830, 5000, 5001, 5200, 5300, 5420, 5710, 6000, 6002, 6020, 6200, 6400, 6520, 7510, 8010, 8020.

Geschäftsfälle

1.	Geschäftsinhaber entnimmt Erzeugnisse für Privatzwecke	1.500,00	
	+ Umsatzsteuer	285,00	1.785,00
2.	Banküberweisung an Rohstofflieferanten, Rechnungsbetrag	5.950,00	
	abzüglich 2 % Skonto (brutto)	119,00	5.831,00
3.	Belastung des Kunden mit Verzugszinsen		50,00
4.	Eingangsrechnung: Zielkauf einer Fertigungsmaschine	82.400,00	
	berechnete Verpackung	480,00	
	Transportkosten	1.320,00	84.200,00
	+ Umsatzsteuer		15.998,00
5.	Eingangsrechnung über Montagekosten (Fall 4), brutto		1.666,00
6.	SV-Bankeinzug durch gesetzliche Krankenkasse		4.400,00
7.	Banküberweisung der Fertigungslöhne, brutto	12.600,00	
	Abzüge: Steuern 1.950,00, Sozialversicherung 2.250,00	4.200,00	8.400,00
	Arbeitgeberanteil		2.150,00
8.	Banküberweisung von Kunden zum Ausgleich v. AR 837–839		
	Rechnungsbeträge	23.800,00	
	abzüglich 2 % Skonto (brutto)	476,00	23.324,00
9.	Aktivierung einer selbst erstellten maschinellen Anlage für die eigene Fertigung; Herstellungsaufwand		23.000,00
10.	Lastschrift der Bank für Zinsen		2.950,00
11.	AR 867–882 für eigene Erzeugnisse ab Werk, Rechnungsbetrag		180.880,00

Abschlussangaben
1. Abschreibungen: 0700: 6.800,00 €; 0800: 4.400,00 €.
2. Inventurbestände: Rohstoffe 117.700,00 €; Hilfsstoffe 51.200,00 €; Unfertige Erzeugnisse 16.000,00 €; Fertige Erzeugnisse 48.000,00 €.

7.4 Anzahlungen auf Anlagen und Anlagen im Bau

Anzahlungen auf bestellte Sachanlagen werden auf dem Konto

0900 Geleistete Anzahlungen auf Sachanlagen

gebucht und im Anlagevermögen der Bilanz gesondert ausgewiesen. Alle Anzahlungen sind **umsatzsteuerpflichtig**. Die Anzahlungsrechnung muss die Höhe der Anzahlung und die Umsatzsteuer ausweisen (siehe auch S. 192 f.).

> **Beispiel**
>
> Auf eine am 10. Dezember 01 bestellte CNC-Drehmaschine, Lieferungstermin 15. März 02, Kaufpreis 450.000,00 € netto + USt, leistet der Käufer ein Drittel Anzahlung durch Banküberweisung. Die **Anzahlungsrechnung** des Lieferanten lautet:
>
> 150.000,00 € Anzahlung + 28.500,00 € USt = 178.500,00 €
>
> Buchung: 0900 Geleist. Anzahlungen auf SA ... 150.000,00
>   2600 Vorsteuer .... 28.500,00   an 2800 Bank 178.500,00
>
> *Nennen Sie den Buchungssatz für den Abschluss des Kontos 0900.*

Anzahlungen auf im Bau befindliche Anlagen werden ebenfalls auf einem Anlagekonto erfasst: **0950 Anlagen im Bau.**

Nach Fertigstellung wird die Anlage auf das betreffende Anlagekonto **umgebucht**. Erst von diesem Zeitpunkt an kann die Abschreibung für das Anlagegut berechnet werden. Im Bau befindliche Anlagen sind ebenfalls gesondert im Anlagevermögen der Bilanz auszuweisen (siehe auch S. 293 und im Anhang des Lehrbuches).

> **Merke**
>
> **Anzahlungen auf Sachanlagen und Anlagen im Bau sind im Anlagevermögen der Bilanz gesondert auszuweisen, weil sie noch nicht der Abschreibung unterliegen.**

Aufgabe 263

Für die im obigen Beispiel genannte CNC-Drehmaschine erhält der Käufer nach Lieferung der Maschine am 20. März 02 die Rechnung:

450.000,00 € netto + 85.500,00 € USt = 535.500,00 €.

Nach Verrechnung der geleisteten Anzahlung in Höhe von brutto 178.500,00 € überweist der Käufer den Restbetrag durch die Bank.

1. Buchen Sie die Eingangsrechnung.
2. Nennen Sie den Buchungssatz zur Verrechnung der Bruttoanzahlung.
3. Nennen Sie den Buchungssatz für die Restüberweisung.
4. Buchen Sie auf den Konten 0700, 0900, 2600, 2800 und 4400.

Aufgabe 264

Auf eine in Auftrag gegebene automatische Lackieranlage zum Preis von 400.000,00 € netto + USt leistet der Käufer am 20. Dezember 01 eine Anzahlung von 25 % gegen Anzahlungsrechnung (Bank). Die Restzahlung erfolgt nach Lieferung am 22. März 02.

Buchen Sie für den Käufer 1. zum 20. Dezember 01,   2. zum 31. Dezember 01,   3. zum 22. März 02.

Aufgabe 265

Ein Industriebetrieb lässt über einen Generalunternehmer ein Lagergebäude zum Festpreis von 800.000,00 € + USt erstellen. Entsprechend dem Baufortschritt werden am 2. Dezember 100.000,00 € + USt und am 27. Dezember 200.000,00 € + USt gezahlt (Bank).

Buchen Sie für den Industriebetrieb 1. die Abschlagszahlungen, 2. zum Abschlussstichtag (31. Dez.).

Aufgabe 266

Nach Fertigstellung des Gebäudes (Aufgabe 265) wird im folgenden Jahr der Restbetrag + USt überwiesen.

Buchen Sie 1. die Restzahlung und   2. die endgültige Aktivierung des Lagergebäudes.

7.5 Abschreibungen auf Sachanlagen
7.5.1 Planmäßige und außerplanmäßige Abschreibungen

Abschreibungen erfassen **Wertminderungen der Sachanlagen**, die **durch Nutzung, technischen Fortschritt, wirtschaftliche Überholung** und **außergewöhnliche Ereignisse** verursacht werden (siehe auch S. 54 ff.).
Abschreibungen

Abschreibungen sind Aufwendungen, die den **Gewinn und die gewinnabhängigen Steuern mindern**, wie z. B. die Einkommen-, Körperschaft- und Gewerbesteuer[1].

Bei der Abschreibung von Sachanlagen muss man zunächst unterscheiden zwischen **abnutzbaren** Sachanlagen (z. B. Gebäude) und **nicht abnutzbaren** Sachanlagen (z. B. Grundstücke).

Im ersten Fall ist die **Nutzung zeitlich begrenzt**, im zweiten nicht begrenzt. Deshalb unterscheidet man auch zwischen **planmäßiger** und **außerplanmäßiger Abschreibung**.

Abnutzbare Sachanlagen sind nach § 253 [3] HGB planmäßig, d. h. **nach ihrer betriebsgewöhnlichen Nutzungsdauer, abzuschreiben**. Die Anschaffungs- oder Herstellungskosten werden je nach **Abschreibungsmethode linear, degressiv** oder **nach Leistungseinheiten** auf die Nutzungsjahre verteilt. Die planmäßige Abschreibung wird gebucht auf dem Konto
Planmäßige Abschreibung

      6520 Abschreibungen auf Sachanlagen.

Die Anlagenkarte (vgl. S. 213) bildet den „Plan" und **weist alle wichtigen Daten des abnutzbaren Anlagegegenstandes aus**: Anschaffungskosten, Herstellungskosten (z. B. bei Gebäuden), Zeitpunkt der Anschaffung oder Herstellung, Nutzungsdauer, Abschreibungsmethode, Abschreibungssatz in %, Restbuchwert je Nutzungsjahr u. a. Grundlage für die Ermittlung der Nutzungsdauer sind die **AfA-Tabellen** der Finanzverwaltung (vgl. S. 227).

Außerplanmäßige Abschreibungen müssen **bei abnutzbaren Sachanlagen** im Falle einer **außergewöhnlichen und dauernden Wertminderung** neben der **planmäßigen Abschreibung** vorgenommen werden. Bei einem Brandschaden muss beispielsweise nach § 253 [3] HGB eine **zusätzliche** außerplanmäßige Abschreibung erfolgen. **Nicht abnutzbare Anlagegegenstände** unterliegen keiner zeitlichen Nutzungsbegrenzung und können deshalb auch **nur außerplanmäßig** abgeschrieben werden, wenn eine dauerhafte Wertminderung eintritt. Außerplanmäßige Abschreibungen werden erfasst auf dem Konto
Außerplanmäßige Abschreibung

      6550 Außerplanmäßige Abschreibungen auf Sachanlagen.

Wenn die Gründe für eine außerplanmäßige Abschreibung nicht mehr bestehen, muss auf den höheren Wert zugeschrieben werden (§ 253 [5] HGB). Obergrenze sind die Anschaffungs- oder Herstellungskosten bzw. die fortgeführten Anschaffungs- oder Herstellungskosten.
Wertaufholungsgebot

> **Merke**
> - Abnutzbare Sachanlagen werden planmäßig nach ihrer Nutzungsdauer abgeschrieben. Daneben müssen außerplanmäßige Abschreibungen für außergewöhnliche und dauernde Wertminderungen vorgenommen werden.
> - Nicht abnutzbare Anlagen können nur außerplanmäßig abgeschrieben werden.

---
[1] Siehe S. 209 f.

7.5.2 Planmäßige Abschreibungen im Zugangs-/Abgangsjahr

Planmäßige Abschreibung im Zugangsjahr

Planmäßige Abschreibungen auf das Anlagevermögen sind **zeitanteilig** (pro rata temporis) vorzunehmen. Im Zugangsjahr beginnt die Abschreibung des Vermögensgegenstands mit dem Monat der Anschaffung oder Herstellung. Für den Zugangsmonat ist die Abschreibung in voller Höhe anzusetzen, auch wenn das Anlagegut erst im Laufe des Monats angeschafft oder hergestellt wurde[1].

Beispiel

Das Metallwerk Matthias Hein e. Kfm., Stuttgart, schafft für den Arbeitsplatz seines Angestellten J. Steiner am 25. August 01 einen neuen PC für 1.800,00 € netto an. Die voraussichtliche Nutzungsdauer beträgt drei Jahre.

Die planmäßigen Abschreibungen beginnen mit dem Zugangsmonat August 01 und enden 3 Jahre bzw. 36 Monate später mit dem Juli 04. Für den August 01 wird eine volle Monatsabschreibung angesetzt. Für das Jahr 01 beträgt der Abschreibungsbetrag somit 5/12 der Jahresabschreibung, für das Jahr 04 werden 7/12 der Jahresabschreibung verrechnet.

Jahr 01	Jahr 02	Jahr 03	Jahr 04
8 9 10 11 12	1 2 3 4 5 6 7 8 9 10 11 12	1 2 3 4 5 6 7 8 9 10 11 12	1 2 3 4 5 6 7
5 Monate	12 Monate	12 Monate	7 Monate

$$\text{Abschreibungsbetrag pro Jahr} = \frac{\text{Anschaffungskosten}}{\text{Nutzungsdauer}} = \frac{1.800{,}00\ \text{€}}{3\ \text{Jahre}} = 600{,}00\ \text{€/Jahr}$$

Während der dreijährigen Nutzungsdauer werden für den PC folgende Abschreibungsbeträge pro Jahr angesetzt:

Jahr 01 (anteilig für 5 Monate)	Jahr 02 (Jahresabschreibung 12 Monate)	Jahr 03 (Jahresabschreibung 12 Monate)	Jahr 04 (anteilig für 7 Monate)	gesamt
$600{,}00\ € \cdot \dfrac{5}{12}$ = 250,00 €	600,00 €	600,00 €	$600{,}00\ € \cdot \dfrac{7}{12}$ = 350,00 €	1.800,00 €

[1] Vgl. § 7 Abs. 1 Satz 4 EStG.

Finanz- und Zahlungsbereich

Bei einem Abgang von Anlagevermögen während der Nutzungsdauer, beispielsweise durch Verkauf oder Entnahme, sind planmäßige Abschreibungen im Abgangsjahr ebenfalls nur **zeitanteilig** vorzunehmen. Da bei einer Anschaffung oder Herstellung im Laufe eines Monats der Zugangsmonat voll abgeschrieben, also „aufgerundet" wird, scheint es folgerichtig, den angefangenen Abgangsmonat nicht mehr abzuschreiben, sondern „abzurunden". Möglich ist bei dem Ausscheiden eines Wirtschaftsguts jedoch auch der Ansatz einer vollen Monatsabschreibung[1]. Wegen der außerdem vorzunehmenden Restbuchwertabschreibung (vgl. Beispiel S. 221) ergibt sich im Allgemeinen keine Auswirkung auf den Gewinn, so dass es im Ermessen des Unternehmens liegt, ob der Abgangsmonat auf- oder abgerundet wird[1].

Planmäßige Abschreibung im Abgangsjahr

Beispiel
Fortsetzung

Der PC des Angestellten J. Steiner wird am 05. April 02 in der Folge eines Blitzeinschlags in das Leitungsnetz unbrauchbar und daher verschrottet. Das Metallwerk Matthias Hein e. Kfm. kann auf planmäßige Abschreibungen für den angefangenen Abgangsmonat April 02 verzichten (Fall 1) oder eine volle Monatsabschreibung für April 02 vornehmen (Fall 2):

Es werden folgende Abschreibungsbeträge angesetzt:

	Fall 1		Fall 2	
Anschaffungskosten PC		1.800,00 €		1.800,00 €
Jahr 1: Planmäßige Abschreibungen	600,00 € · 5/12	– 250,00 €	600,00 € · 5/12	– 250,00 €
Jahr 2: Planmäßige Abschreibungen	600,00 € · 3/12	– 150,00 €	600,00 € · 4/12	– 200,00 €
Restbuchwert		1.400,00 €		1.350,00 €
Außerplanmäßige Abschreibung des Restbuchwerts		– 1.400,00 €		– 1.350,00 €
		0,00 €		0,00 €
Summe der Abschreibungen		1.800,00 €		1.800,00 €

---
[1] Vgl. R 7.4 Abs. 8 EStR und z. B. Beck'scher Bilanzkommentar, 11. Aufl., 2018, § 253, Anm. 228.

7.5.3 Methoden der planmäßigen Abschreibung

Die planmäßige Abschreibung gemäß § 253 HGB erfolgt nach folgenden **Methoden**:
- linear,
- degressiv,
- nach Leistungseinheiten.

7.5.3.1 Lineare (gleich bleibende) Abschreibung

Die **Abschreibung** erfolgt stets in einem **gleich bleibenden Prozentsatz von den Anschaffungs- oder Herstellungskosten** des Anlagegegenstandes. Die **Anschaffungskosten** (Herstellungskosten) werden somit „planmäßig" **in gleichen Beträgen auf** die **Nutzungsjahre verteilt**. Deshalb ist der Anlagegegenstand bei linearer Abschreibung am Ende der Nutzungsdauer **voll** abgeschrieben. Bei linearer Abschreibung wird also eine gleichmäßige Nutzung und Wertminderung des Anlagegegenstandes unterstellt.

Beispiel

Bei Anschaffungskosten einer Maschine von 50.000,00 € und einer Nutzungsdauer von 10 Jahren betragen der jährliche Abschreibungsbetrag 5.000,00 € und der Abschreibungssatz 10 %:

$$\text{Abschreibungsbetrag} = \frac{\text{Anschaffungskosten}}{\text{Nutzungsdauer}} \qquad \text{Abschreibungssatz} = \frac{1}{\text{Nutzungsdauer}}$$

7.5.3.2 Degressive Abschreibung (Buchwertabschreibung)

Die Abschreibung wird nur im ersten Jahr von den Anschaffungs- oder Herstellungskosten des Anlagegegenstandes berechnet, in den folgenden Jahren dagegen mit einem gleich bleibenden **Prozentsatz vom jeweiligen Restbuchwert** (daher: Buchwertabschreibung). Da der Buchwert von Jahr zu Jahr kleiner wird, ergeben sich **fallende Abschreibungsbeträge**. Am Ende der Nutzungsdauer bleibt ein **Restwert**. Diese **Buchwertabschreibung** nennt man auch **geometrisch-degressive Abschreibung**.

Der degressive Abschreibungssatz muss höher sein als bei linearer Abschreibung, um nach Ablauf der Nutzungsdauer einen **möglichst niedrigen Restwert** zu erzielen. Dieser Restwert ist im letzten Nutzungsjahr mit der laufenden Jahresabschreibung abzuschreiben.

Vorteile der Buchwertabschreibung

Die degressive Abschreibung führt **in den ersten Jahren** der Nutzung des Anlagegegenstandes zu **wesentlich höheren Abschreibungsbeträgen** als die lineare Abschreibung und bewirkt einen starken **Investitionsanreiz** (vgl. Tabelle auf S. 223). **Außergewöhnliche Wertminderungen**, bedingt durch wirtschaftliche und technische Entwicklungen, **werden** somit **stärker berücksichtigt**. Der höhere Abschreibungsaufwand bewirkt zudem eine **stärkere Minderung des steuerpflichtigen Gewinns**. Die geringeren Steuerzahlungen **erhöhen** zugleich die **Liquidität** des Unternehmens. Die degressive Abschreibungsmethode wird daher in der Praxis bevorzugt, sofern sie steuerlich zulässig ist.

Der gültige degressive Abschreibungssatz des entsprechenden Jahres gilt für die gesamte Nutzungsdauer, d. h., ein Wirtschaftsgut, das beispielsweise im Jahr 2010 angeschafft wurde, kann degressiv während der gesamten Nutzungsdauer mit 25 % abgeschrieben werden.

Entwicklung der degressiven AfA für die Steuerbilanz im Laufe der Jahre[1]:

Anschaffungs- bzw. Herstellungsjahr	Höchstprozentsatz	höchstens
2001 bis 31. Dez. 2005	20 %	das Doppelte der linearen AfA
2006 bis 31. Dez. 2007	30 %	das Dreifache der linearen AfA
2008	abgeschafft	
2009 bis 31. Dez. 2010	25 %	das Zweieinhalbfache der linearen AfA
ab 2011	abgeschafft	

[1] In der Handelsbilanz kann in begründeten Fällen von diesen steuerlichen AfA-Sätzen abgewichen werden.

SACHANLAGENBEREICH — C

Wechsel der Abschreibungsmethode

Ein Wechsel von der degressiven zur linearen Abschreibung ist erlaubt und zu empfehlen, damit der Anlagegegenstand am Ende seiner Nutzungsdauer voll abgeschrieben ist.[1] Der Wechsel sollte erfolgen, wenn der **Abschreibungsbetrag bei linearer Restwertabschreibung gleich** bzw. **größer ist als bei** fortgeführter **degressiver Abschreibung**. Im folgenden Beispiel ist dies im 7. Jahr der Fall. Der Restbuchwert wird **in gleichen Beträgen** auf die verbleibenden Jahre verteilt:

$$\text{Abschreibungsbetrag} = \frac{\text{Restbuchwert zum Zeitpunkt des Wechsels}}{\text{Restnutzungsjahre}}$$

Beispiel

Anschaffungskosten einer Maschine 50.000,00 €, Nutzungsdauer nach AfA-Tabelle zehn Jahre. Das Anlagegut wird **linear mit 10 %** und **degressiv mit 25 %** abgeschrieben.

Die nachstehende Übersicht macht Folgendes deutlich:
1. Die **lineare Abschreibung** erreicht nach Ablauf der zehnjährigen Nutzungsdauer den **Nullwert**. Die **degressive** Buchwertabschreibung endet mit einem **Restwert** von 2.815,67 €.
2. Deshalb empfiehlt sich **im 7. Nutzungsjahr der Übergang** von der degressiven zur linearen Abschreibung: Linearer Abschreibungsbetrag ≥ degressiver Abschreibungsbetrag:

Degressiver Abschreibungsbetrag = 25 % von 8.898,92 € Buchwert = 2.224,73 €
Linearer Abschreibungsbetrag = 8.898,92 € Buchwert : 4 (Restjahre) = 2.224,73 €

	Lineare Abschreibung 10 %	Degressive Abschreibung 25 %	Übergang degressiv → linear
Anschaffungskosten	50.000,00	50.000,00	**Berechnung:**
Abschreibung: 1. Jahr	5.000,00	12.500,00	$i = \left(n - \dfrac{100}{p}\right) + 1$
Buchwert	45.000,00	37.500,00	
Abschreibung: 2. Jahr	5.000,00	9.375,00	i = Übergangsjahr
Buchwert	40.000,00	28.125,00	n = Nutzungsdauer
Abschreibung: 3. Jahr	5.000,00	7.031,25	p = Abschreibungssatz
Buchwert	35.000,00	21.093,75	$i = \left(10 - \dfrac{100}{25}\right) + 1$
Abschreibung: 4. Jahr	5.000,00	5.273,44	
Buchwert	30.000,00	15.820,31	i = 7
Abschreibung: 5. Jahr	5.000,00	3.955,08	
Buchwert	25.000,00	11.865,23	
Abschreibung: 6. Jahr	5.000,00	2.966,31	
			Lineare Abschreibung
Buchwert	20.000,00	8.898,92	8.898,92
Abschreibung: 7. Jahr	5.000,00	2.224,73	2.224,73
Buchwert	15.000,00	6.674,19	6.674,19
Abschreibung: 8. Jahr	5.000,00	1.668,55	2.224,73
Buchwert	10.000,00	5.005,64	4.449,46
Abschreibung: 9. Jahr	5.000,00	1.251,41	2.224,73
Buchwert	5.000,00	3.754,23	2.224,73
Abschreibung: 10. Jahr	5.000,00	938,56	2.224,73
Restbuchwert[1]	0,00	2.815,67	0,00

Merke

- Bewegliche Wirtschaftsgüter des Anlagevermögens, die 2008 und ab 2011 angeschafft oder hergestellt worden sind, dürfen steuerlich nicht degressiv abgeschrieben werden.
- In der Handelsbilanz darf degressiv abgeschrieben werden, wenn die degressive Abschreibung wirtschaftlich begründet ist.
- Ein Wechsel von der degressiven zur linearen Abschreibung ist erlaubt.

[1] Zum Erinnerungswert siehe S. 55 des Lehrbuchs. 1

7.5.3.3 Abschreibung nach Leistungseinheiten (Leistungsabschreibung)

Die Abschreibung kann bei **Anlagegegenständen**, **deren Leistung** in der Regel **erheblich schwankt** und deren Verschleiß dementsprechend wesentliche Unterschiede aufweist, auch **nach Maßgabe der Inanspruchnahme oder Leistung** (km, Stunden u. a.) vorgenommen werden. Diese auch **steuerrechtlich zulässige Abschreibungsmethode** kommt der technischen Abnutzung am nächsten.

Beispiel

Betragen die Anschaffungskosten eines Lkw 80.000,00 € und die voraussichtliche Gesamtleistung 200 000 km, so ergibt sich daraus ein Abschreibungsbetrag je Leistungseinheit (km) von 80.000 : 200 000 = 0,40 €/km. Den **Jahresabschreibungsbetrag** erhält man, indem man die jährliche **Fahrtleistung, nachzuweisen durch Fahrtenbuch**, mit dem Abschreibungsbetrag von 0,40 € je km multipliziert.

1. Jahr: 40 000 km · 0,40 € = **16.000,00 €**   3. Jahr: 35 000 km · 0,40 € = **14.000,00 €**
2. Jahr: 60 000 km · 0,40 € = **24.000,00 €**   4. Jahr: 65 000 km · 0,40 € = **26.000,00 €**

Merke   Bei Anwendung der Leistungsabschreibung ist die jährliche Leistung nachzuweisen.

7.5.4 Geringwertige Wirtschaftsgüter (GWG)

Wirtschaftsgüter des Anlagevermögens, die **selbstständig nutzbar, bewertbar** sowie **beweglich** und **abnutzbar** sind, werden steuerlich als „Geringwertige Wirtschaftsgüter" bezeichnet, wenn ihre **Anschaffungs- bzw. Herstellungskosten** (AK bzw. HK) bestimmte **Nettowerte des § 6 [2, 2a] EStG** nicht überschreiten:

1. GWG, deren AK/HK über 250,00 € bis 800,00 € netto betragen, können im Zugangsjahr **in voller Höhe als Betriebsausgabe abgesetzt** werden.[1] Sie werden i.d.R. **vorab auf dem Konto „0890 GWG" aktiviert und zum Jahresschluss abgeschrieben**. In diesem Fall verzichtet der Unternehmer auf die Einrichtung eines GWG-Sammelpostens (siehe unter 2.).

Beispiel

Kauf eines Bürowagens gegen Banküberweisung: 450,00 € netto + 85,50 € USt = 535,50 € brutto

Buchungen: ❶ 0890 GWG 450,00
            2600 Vorsteuer 85,50   an 2800 Bank 535,50
          ❷ 6540 Abschreibungen a. GWG 450,00   an 0890 GWG 450,00

2. GWG im Nettowert von über 250,00 € bis 1.000,00 € dürfen alternativ zu 1. in einem **jährlichen Sammelposten** (Pool) „0891 GWG-Sammelposten"[2] erfasst werden (Wahlrecht). „Der Sammelposten ist im Wirtschaftsjahr der Bildung und den folgenden vier Jahren mit jeweils einem Fünftel gewinnmindernd aufzulösen", d. h. mit jährlich 20 % linear abzuschreiben. **Für jedes Geschäftsjahr** ist ein **eigenes Sammelkonto** zu bilden, das nur durch Zugänge und die Jahresabschreibung verändert werden darf, nicht aber durch Abgänge (Entnahme und Verkauf). Der Verkauf eines geringwertigen Wirtschaftsgutes würde dann lediglich als Ertrag gebucht. Die Jahres-Sammelposten sind selbstverständlich ordnungsgemäß aufzubewahren.

Beispiel

Kauf eines Laptops gegen Banküberweisung: 1.000,00 € netto + 190,00 € USt = 1.190,00 € brutto ❶. Das Konto 0891 zeigt zum Jahresschluss den Bestand von 10.000,00 €. 20 % AfA. ❷

Buchungen: ❶ 0891 GWG-Sammelposten 1.000,00
            2600 Vorsteuer 190,00   an 2800 Bank 1.190,00
          ❷ 6541 Abschr. a. GWG-Sammelp. 2.000,00   an 0891 GWG-Sammelp. ... 2.000,00

Merke
- Die buchhalterische Erfassung der GWG richtet sich nach der Höhe der AK bzw. HK.
- Der je Geschäftsjahr gebildete GWG-Sammelposten ist linear in fünf Jahren abzuschreiben.
- Der GWG-Sammelposten darf nicht durch Entnahmen und Verkäufe verändert werden.

---

1 GWG mit AK/HK bis 250,00 € netto werden sofort über ein sachlich zutreffendes Aufwandskonto (z. B. „6800 Büromaterial") erfasst.

2 Der Industrie-Kontenrahmen sieht die Kontenart 0790 GWG-Sammelposten Anlagen und Maschinen mit den Kontenunterarten 0791 bis 0795 GWG-Sammelposten Anlagen und Maschinen Jahr 1 bis 5 vor, ebenso die entsprechenden Konten für BGA: 0890 GWG-Sammelposten BGA, 0891 bis 0895 GWG-Sammelposten BGA Jahr 1 bis 5. Passend hierzu werden die Abschreibungskonten geführt: Kontenart 6540 Abschreibungen auf GWG-Sammelposten, Kontenunterarten 6541 bis 6545 Abschreibungen auf GWG-Sammelposten Jahr 1 bis 5.

Sachanlagenbereich C

Merke

Zu den planmäßigen Abschreibungen zählen folgende Methoden:

lineare Abschreibung	degress. Abschreibung	Leistungsabschreibung
gleich bleibende Abschreibungsbeträge	fallende Abschreibungsbeträge	schwankende Abschreibungsbeträge

Aufgabe 267

Anschaffungskosten einer Drehmaschine 220.000,00 € in 2010. Nutzungsdauer zehn Jahre.
1. Stellen Sie in einer tabellarischen Übersicht a) die lineare Abschreibung, b) die degressive Abschreibung mit dem steuerrechtlich zulässigen Höchstsatz vergleichend gegenüber.
2. Nennen Sie die Vorteile a) der linearen und b) der degressiven Abschreibung.

Aufgabe 268

Die Abschreibungsmethoden der Aufgabe 267 sind als Abschreibungskurven in einem Koordinatenkreuz (Abszisse: Nutzungsjahre; Ordinate: Abschreibungsbeträge) darzustellen.
Erläutern Sie den Verlauf der Abschreibungskurven.

Aufgabe 269

Die Anschaffungskosten eines Lkw betragen 125.000,00 €. Die Gesamtleistung wird auf 250 000 km geschätzt. Nutzungsdauer: acht Jahre.
1. Nennen Sie die Voraussetzung für die steuerliche Anerkennung der Abschreibung nach Leistungseinheiten (Leistungsabschreibung) und ermitteln Sie die Abschreibung für: 1. Nutzungsjahr: 48 000 km, 2. Jahr: 30 000 km, 3. Jahr: 31 000 km, 4. Jahr: 27 000 km, 5. Jahr: 32 000 km, 6. Jahr: 24 000 km, 7. Jahr: 30 000 km, 8. Jahr: 28 000 km.
2. Stellen Sie den Verlauf der Leistungsabschreibung grafisch in einem Koordinatenkreuz dar.
3. Was spricht betriebswirtschaftlich für und gegen eine Abschreibung nach Maßgabe der Leistung?

Aufgabe 270

Ein Magnetabscheider wurde am 2. Mai für 120.000,00 € angeschafft. Er hat eine Nutzungsdauer von fünf Jahren und wird linear abgeschrieben.
1. Ermitteln Sie die zeitanteilige Abschreibung.
2. Wie hoch sind die fortgeführten Anschaffungskosten am Ende des 4. Nutzungsjahres?

Aufgabe 271

Eine Maschine mit einer Nutzungsdauer von fünf Jahren, die linear abgeschrieben wurde, hatte zum 31. Dezember des 2. Nutzungsjahres noch einen Restbuchwert (fortgeführte Anschaffungskosten) von 60.000,00 €. Zum Jahresende wird gleichzeitig bekannt, dass in den nächsten Monaten ein verbessertes Nachfolgemodell zu einem wesentlich günstigeren Preis angeboten wird. Dadurch sinkt der Wert der Maschine auf 45.000,00 € zum 31. Dezember.
1. Wie hoch waren die Anschaffungskosten und die bisherigen Abschreibungen?
2. Was empfehlen Sie dem Unternehmen?
3. Ermitteln Sie für die Restnutzungsdauer die Abschreibung je Jahr.

Aufgabe 272

Eine Maschine mit Anschaffungskosten von 150.000,00 € und einer Nutzungsdauer von zehn Jahren soll unter Beachtung der steuerlichen Höchstgrenzen ab 2009 abgeschrieben werden.
1. Welche Abschreibungsmethode empfehlen Sie dem Unternehmen? Begründen Sie.
2. Erstellen Sie den Abschreibungsplan für die Nutzungsdauer der Maschine.
3. Ist ein Wechsel von einer Abschreibungsmethode zu einer anderen steuerrechtlich möglich?
4. Welche Gründe sprechen für einen Wechsel von der degressiven zur linearen Abschreibung?
5. In welchem Jahr sollte Ihrer Meinung nach ein Wechsel vorgenommen werden?
6. Führen Sie den Wechsel in den Abschreibungsmethoden rechnerisch durch.

Aufgabe 273

Kauf a) eines Kopiergeräts bzw. b) eines PC-Monitors[1] gegen Banküberweisung am 2. Jan.: 360,00 € + USt. Begründen Sie jeweils Ihre Buchung 1. bei der Anschaffung und 2. zum 31. Dezember.

Aufgabe 274

Barkauf einer Heftmaschine: a) 189,21 € brutto, b) 309,40 € brutto. Buchen und begründen Sie.

Aufgabe 275

Kauf einer Hängeregistratur am 20. Mai: 900,00 € netto + 45,00 € Versandspesen + 179,55 € Umsatzsteuer. Der Rechnungsbetrag wird abzüglich 2 % Skonto durch die Bank überwiesen. Ermitteln Sie 1. die Anschaffungskosten und 2. buchen und begründen Sie a) die Anschaffung, b) den Rechnungsausgleich, c) zum 31. Dezember die Abschreibung.

---

[1] Siehe AfA-Tabelle S. 227.

C — Berechnungen und Buchungen in wichtigen Sachbereichen des Industriebetriebes

Aufgabe 276

Ordnen Sie die folgenden Aussagen der linearen und der degressiven Abschreibung zu:
1. Der Höchstsatz der Abschreibung für Anschaffungen in 2010 ist 25 %.
2. Die Abschreibung wird jedes Jahr von den Anschaffungskosten berechnet.
3. Am Ende der Nutzungsdauer ergibt sich stets ein Restwert.
4. Der Nullwert wird am Ende der Nutzungsdauer stets erreicht.
5. Die Abschreibung wird – bis auf das erste Jahr – stets vom verminderten Buchwert berechnet.
6. Der Abschreibungsbetrag ist in jedem Nutzungsjahr gleich.
7. Es handelt sich um fallende Abschreibungsbeträge.
8. Die Abschreibungsmethode berücksichtigt insbesondere die Wertminderungen, die sich in den ersten Nutzungsjahren durch den technischen Fortschritt ergeben.

Aufgabe 277

Die Anschaffungskosten eines Lastkraftwagens des Metallwerks Thomas Berg e. K. betragen 180.000,00 €. Die Gesamtleistung wird auf 300 000 km geschätzt. Die betriebsgewöhnliche Nutzungsdauer beträgt acht Jahre.
1. Worin sehen Sie den Vorteil einer Abschreibung nach Leistungseinheiten?
2. Ermitteln Sie die jährlichen Abschreibungsbeträge bei linearer Abschreibung.
3. Berechnen Sie die Abschreibung nach der Leistung:
   1. Jahr: 60 000 km, 2. Jahr: 45 000 km, 3. Jahr: 50 000 km, 4. Jahr: 35 000 km, 5. Jahr: 20 000 km, 6. Jahr: 45 000 km, 7. Jahr: 25 000 km, 8. Jahr: 20 000 km.
4. Stellen Sie im Koordinatenkreuz den Verlauf der linearen und der Leistungsabschreibung dar.

Aufgabe 278

Ein Grundstück wurde vor fünf Jahren für 200.000,00 € erworben. Aufgrund eines Gutachtens wurde festgestellt, dass das Grundstück mit Schadstoffen belastet ist und deshalb nur noch einen Verkehrswert von 120.000,00 € hat.
1. Mit welchem Wert ist das Grundstück zum 31. Dezember zu bewerten?
2. Nennen Sie die Buchung zum 31. Dezember.

Aufgabe 279

Das Metallwerk Matthias Hein e. Kfm. erwirbt einen Schreibtischsessel für 400,00 € + USt.
1. Begründen Sie, dass es sich hierbei um ein Geringwertiges Wirtschaftsgut handelt.
2. Nennen und begründen Sie die Buchung bei Anschaffung des Sessels.
3. Welche Buchung ergibt sich zum 31. Dezember?

Aufgabe 280

Anschaffung eines Aktenschranks für 875,00 € netto + Umsatzsteuer. Der Spediteur berechnet 32,50 € + Umsatzsteuer. Die Rechnung für den Aktenschrank wird unter Abzug von 2 % Skonto durch die Bank beglichen.
1. Ermitteln Sie die Anschaffungskosten des Anlagegutes.
2. Nennen Sie die Buchungen bei Anschaffung des Anlagegutes.
3. Begründen Sie Ihre Abschreibungsentscheidung zum 31. Dezember.
4. Wie lautet die Buchung zum 31. Dezember?

Aufgabe 281

Barkauf a) eines Tablets für 485,00 € + USt, b) eines Tisches für 960,00 € + USt und c) eines Taschenrechners für 75,00 € + USt.

Begründen Sie Ihre Buchungen.

Aufgabe 282

Welche Antwort ist a) falsch oder b) richtig?
1. Ein Übergang von der linearen zur degressiven Abschreibung ist ab 2008 steuerlich erlaubt.
2. Am Ende der Nutzungsdauer wird nur bei degressiver Abschreibung der Nullwert erreicht.
3. Abschreibungen vermindern als Aufwand den steuerpflichtigen Gewinn.
4. Die lineare Abschreibung ist nur bei beweglichen Anlagegütern erlaubt.
5. Skonti mindern nicht die Anschaffungskosten.
6. Die Vorsteuer zählt zu den Anschaffungskosten eines Anlagegutes.
7. Die Abschreibungen werden als Kosten in die Verkaufspreise einkalkuliert.
8. Aus Abschreibungserlösen lassen sich keine Neuinvestitionen finanzieren.
9. Eine EDV-Tastatur im Anschaffungswert von 65,00 € ist ein GWG.
10. Geringwertige Wirtschaftsgüter bis 250,00 € können sofort als Aufwand gebucht werden.

Aufgabe 283

Auszug aus der AfA-Tabelle für nicht branchengebundene Anlagegüter		
Anlagegegenstand	Nutzungsdauer (Jahre)	Lineare AfA (%)
Betriebs- und Verwaltungsgebäude	25–33	4–3,03
Hochregallager	15	6,67
Pkw	6	16,67
Lkw, Sattelschlepper, Kipper	9	11,11
Be- und Verarbeitungsmaschinen	5–16	20–6,25
Büromöbel	13	7,69
Büromaschinen und Organisationsmittel	6–10	16,67–10
Personalcomputer, PC-Drucker u. a.	3	33,33

1. Bei welchen Anlagegütern würden Sie eine degressive Buchwertabschreibung empfehlen?
2. Ermitteln Sie jeweils den steuerrechtlich höchstmöglichen degressiven AfA-Satz in %. (Legen Sie die AfA-Regelung für 2010 zugrunde.)

Aufgabe 284

Ein Industriebetrieb hat vor vier Jahren ein Grundstück erworben und seitdem zu Anschaffungskosten von 150.000,00 € bilanziert. Zum 31. Dezember des laufenden Jahres ist der Tageswert (Verkehrswert) des Grundstücks a) auf 180.000,00 € gestiegen, b) auf 50.000,00 € wegen Wegfalls der Verkehrsverbindung gefallen.
1. Begründen Sie Ihre Bewertung.
2. Nennen Sie gegebenenfalls auch die Buchung.

Aufgabe 285

Eine Maschine, Anschaffungskosten 180.000,00 €, hat eine Nutzungsdauer von zehn Jahren.
1. Erstellen Sie den tabellarischen Abschreibungsplan des Jahres 2010 für die gesamte Nutzungsdauer bei höchstzulässiger degressiver Abschreibung. (Beträge sind zu runden.)
2. In welchem Jahr ist ein Übergang zur linearen Abschreibung zu empfehlen?

Aufgabe 286

Eine Maschine, Anschaffungskosten 500.000,00 €, wurde bei einer zehnjährigen Nutzungsdauer linear abgeschrieben. Die Maschine ist zum Schluss des achten Nutzungsjahres nicht mehr verwendbar. Sie hat nur noch einen Wert von 20.000,00 € und soll bald veräußert werden.
1. Ermitteln Sie aufgrund der planmäßigen Abschreibungen den Buchwert zum 31. Dezember 08.
2. Wie hoch ist die außerplanmäßige Wertminderung zum gleichen Zeitpunkt?
3. Buchen Sie die planmäßige und außerplanmäßige Abschreibung zum 31. Dezember 08.

Aufgabe 287

Ein Industriebetrieb schließt im Geschäftsjahr .. mit einem Gesamtverlust von 80.000,00 € ab. Geringwertige Wirtschaftsgüter wurden im laufenden Geschäftsjahr für insgesamt 25.000,00 € angeschafft und über Konto „0891 GWG-Sammelposten" gebucht.
1. Begründen Sie Ihre Entscheidung hinsichtlich der Bewertung der GWG zum 31. Dezember.
2. Erklären Sie die Voraussetzungen für die steuerrechtliche Anerkennung als GWG.

Aufgabe 288

1. Nennen Sie Beispiele für a) abnutzbare und b) nicht abnutzbare Anlagegüter.
2. Unterscheiden Sie zwischen a) planmäßiger und b) außerplanmäßiger Abschreibung.
3. Nennen und unterscheiden Sie die Methoden der planmäßigen Abschreibung.
4. Welche Abschreibungsmethode berücksichtigt die tatsächliche Abnutzung des Anlagegutes?
5. Bei welchen Anlagegütern ist steuerrechtlich die degressive Abschreibung erlaubt?
6. Kann ein Unternehmen durch Abschreibungen Steuern sparen? Begründen Sie.

Aufgabe 289

1. Bei welchen Anlagegütern sind neben der planmäßigen Abschreibung auch außerplanmäßige Abschreibungen vorzunehmen?
2. Zu welchem Höchstwert sind a) abnutzbare und b) nicht abnutzbare Anlagegüter zum Jahresabschluss in das Inventar und die Schlussbilanz einzustellen?
3. Welchen Vorteil sieht die Praxis in der Anwendung der degressiven Abschreibung?
4. Nennen Sie wesentliche Unterschiede zwischen linearer und degressiver Abschreibung.
5. Warum können nicht abnutzbare Anlagegüter nicht planmäßig abgeschrieben werden?
6. Wodurch entstehen stille Reserven im Anlagevermögen?
7. Kann man durch Abschreibungen Ersatzinvestitionen finanzieren? Begründen Sie.

Aufgabe 290

Kontenplan und vorläufige Saldenbilanz	Soll	Haben
0500 Unbebaute Grundstücke	280.000,00	–
0510 Bebaute Grundstücke	200.000,00	–
0530 Betriebsgebäude	780.000,00	–
0700 Technische Anlagen und Maschinen	675.000,00	–
0800 Andere Anlagen/BGA	280.000,00	–
0891 GWG-Sammelposten	6.000,00	–
2000 Rohstoffe	155.600,00	–
2200 Fertige Erzeugnisse	33.325,00	–
2400 Forderungen a. LL	197.635,00	–
2600 Vorsteuer	101.580,00	–
2800 Bank	158.200,00	–
2880 Kasse	6.800,00	–
3000 Eigenkapital	–	1.300.000,00
3001 Privat	62.000,00	–
4250 Darlehensschulden	–	568.475,00
4400 Verbindlichkeiten a. LL	–	230.200,00
4800 Umsatzsteuer	–	259.065,00
5000 Umsatzerlöse für eigene Erzeugnisse	–	1.350.000,00
5001 Erlösberichtigungen	12.000,00	–
5081 Mieterträge	–	22.600,00
5420 Entnahme v. G. u. s. L.	–	25.500,00
5430 Andere sonstige betriebliche Erträge	–	14.800,00
6000 Aufwendungen für Rohstoffe	420.000,00	–
6001 Bezugskosten	3.000,00	–
6002 Nachlässe	–	18.500,00
6900 Versicherungsbeiträge	22.000,00	–
7510 Zinsaufwendungen	36.000,00	–
7800 Diverse Aufwendungen	360.000,00	–
Weitere Konten: 5200, 6520, 6541, 6550, 8010, 8020.	3.789.140,00	3.789.140,00

Abschlussangaben zum Bilanzstichtag (31. Dezember 2010)

1. Die Anschaffung einer Heftmaschine (GWG), Anschaffungskosten 500,00 €, wurde irrtümlich über das Konto „0700 TA und Maschinen" gebucht.
2. Die Steuerberichtigungen sind noch zu ermitteln und zu buchen:
   a) Lieferantenskonti, brutto: 952,00 €;
   b) Kundenskonti, brutto: 1.428,00 €.
3. Die Gutschriftsanzeige eines Lieferanten für fehlerhafte Rohstoffe ist noch zu buchen: 1.011,50 € brutto.
4. Ein Kunde erhält eine Bonus-Gutschriftsanzeige über 1.785,00 € brutto.
5. Kassenüberschuss lt. Inventur 300,00 € (Ursache ungeklärt).
6. Reparaturen im Haus des Unternehmers wurden durch eigenen Betrieb durchgeführt: netto 1.500,00 €.
7. Planmäßige Abschreibungen: Gebäude: 2 % von 900.000,00 € Herstellungskosten.
   TA und Maschinen: 25 % degressiv; Andere Anlagen/BGA: 10 % von 320.000,00 € Anschaffungskosten; 20 % auf 0891 GWG-Sammelposten.
8. Außerplanmäßige Abschreibung:
   Das mit 280.000,00 € bilanzierte unbebaute Grundstück hat lt. Gutachten nur noch einen Wert von 220.000,00 €.
9. Schlussbestände lt. Inventur:
   Rohstoffe .... 170.000,00 €
   Fertige Erzeugnisse .... 43.325,00 €
   Im Übrigen entsprechen die Buchwerte der Inventur.

Ermitteln Sie die Rentabilität des durchschnittlichen Eigenkapitals.

7.6 Ausscheiden von Anlagegütern

Der **Abgang von Anlagegütern durch Verkauf oder Entnahme** stellt einen **steuerpflichtigen Umsatz** dar. Grundlage für die Berechnung der Umsatzsteuer ist im Falle des Verkaufs der **Nettoverkaufspreis**, im Falle der Entnahme der **Teilwert (§ 6 [1] EStG)**, der dem **Tageswert** (Wiederbeschaffungswert) entspricht. Verkäufe und Entnahmen von Grundstücken und Gebäuden sind umsatzsteuerfrei, da der Erwerber hierfür bereits eine andere Verkehrsteuer, nämlich Grunderwerbsteuer, zu zahlen hat.

Erfolgsauswirkung

Der Buchwert des ausscheidenden Anlagegutes stimmt nur selten mit dem erzielten Nettoverkaufspreis oder mit dem Tageswert überein. In der Regel sind **Nettoverkaufspreis und Tageswert** entweder **höher oder niedriger als der Buchwert**. Im ersten Fall entsteht für das Unternehmen ein **Gewinn**, im zweiten Fall dagegen ein **Verlust**.

Ermittlung des Buchwertes

Anlagegüter scheiden in der Regel **während des Geschäftsjahres** aus, sodass die **Abschreibung noch zeitanteilig** vorzunehmen, ist (siehe S. 221). Nur so sind der Buchwert und damit die Erfolgsauswirkung aus dem Anlagenabgang genau zu ermitteln.

Merke

> Scheidet ein Anlagegut während des Geschäftsjahres durch Verkauf oder Entnahme aus, muss es noch zeitanteilig abgeschrieben werden.

7.6.1 Verkauf von Anlagegütern

Umsatzsteuer- und EDV-gerechtes Buchen ist gegeben, wenn **umsatzsteuerpflichtige Erlöse sowie die unentgeltlichen Entnahmen** kontenmäßig **gesondert erfasst** und zugleich durch die EDV-Anlage gespeichert werden. Der Verkauf eines Anlagegutes ist deshalb über das Zwischenkonto

> 5410 Erlöse aus Anlagenabgängen

zu buchen. Da die **Erlöskonten in der EDV** meist mit der **Programmfunktion „Umsatzsteuerautomatik"** ausgestattet sind, wird die Umsatzsteuer nach Eingabe des Bruttobetrages automatisch errechnet und umgebucht sowie der Nettoerlös dem **Nettoumsatzspeicher** zugeführt. So lassen sich die **steuerpflichtigen Umsätze** schnell **überprüfen** (§ 22 [2] UStG) und die **Umsatzsteuervoranmeldung automatisch** erstellen.

Bruttoabschluss

Anlagenabgänge werden in der Praxis mit ihrem Restbuchwert über das Aufwandskonto

> 6979 Anlagenabgänge

gebucht und den **Erlösen aus Anlagenverkäufen** (Konto 5410) **im GuV-Konto „brutto" gegenübergestellt**, wodurch der **Gewinn oder Verlust aus Anlagenverkäufen** deutlich wird. Diese praxisgerechte Buchungsmethode nennt man **„Bruttoabschluss"**. Sie entspricht § 246 [2] HGB (siehe Fußnote auf S. 231) und ermöglicht eine schnelle USt-Verprobung.

C — Berechnungen und Buchungen in wichtigen Sachbereichen des Industriebetriebes

Beispiel

Eine Maschine, die zum 1. Januar des Geschäftsjahres einen Buchwert von 24.000,00 € hatte und deren Buchwert zum Zeitpunkt des Ausscheidens aus dem Betrieb 16.000,00 € beträgt, wird gegen Banküberweisung verkauft, und zwar für:

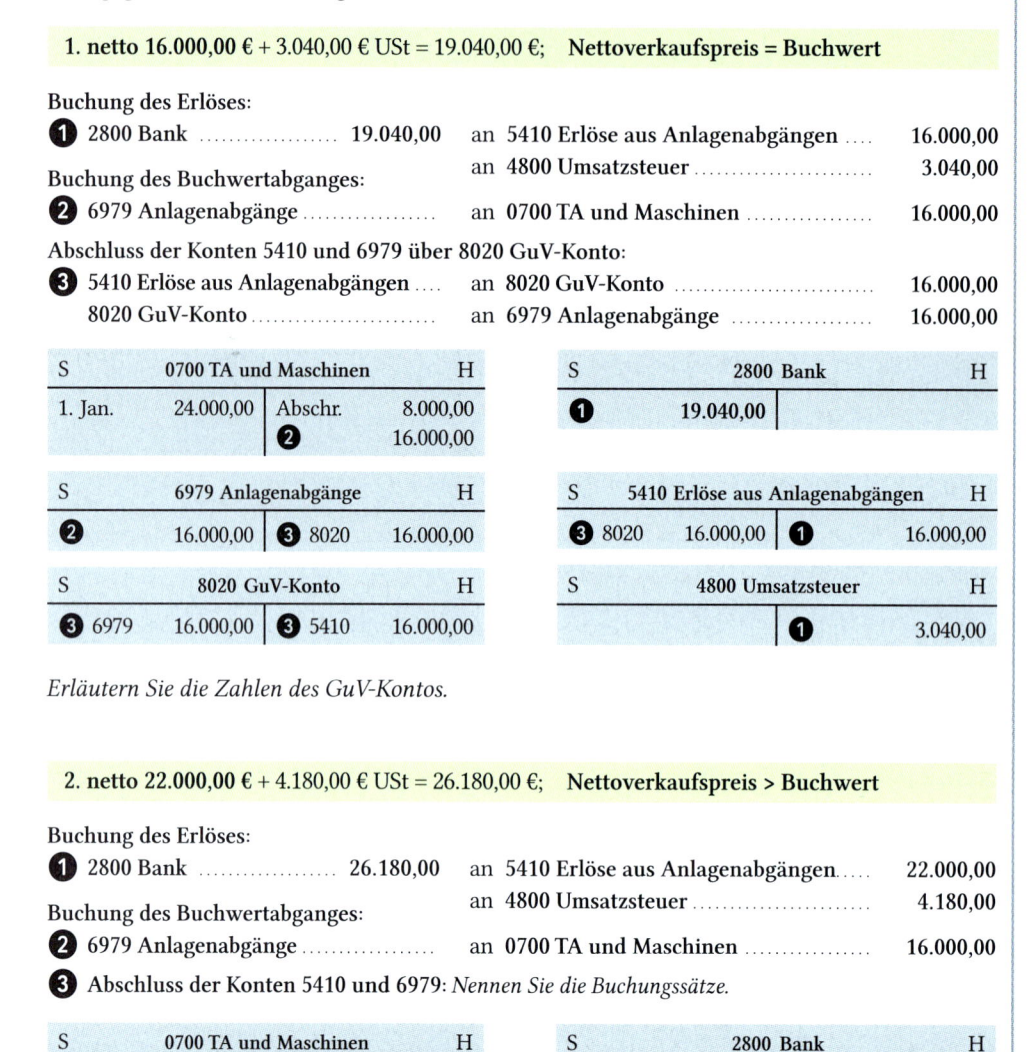

1. netto 16.000,00 € + 3.040,00 € USt = 19.040,00 €;   Nettoverkaufspreis = Buchwert

Buchung des Erlöses:
- ❶ 2800 Bank .... 19.040,00   an 5410 Erlöse aus Anlagenabgängen 16.000,00
- an 4800 Umsatzsteuer 3.040,00

Buchung des Buchwertabganges:
- ❷ 6979 Anlagenabgänge .... an 0700 TA und Maschinen 16.000,00

Abschluss der Konten 5410 und 6979 über 8020 GuV-Konto:
- ❸ 5410 Erlöse aus Anlagenabgängen .... an 8020 GuV-Konto 16.000,00
- 8020 GuV-Konto .... an 6979 Anlagenabgänge 16.000,00

S	0700 TA und Maschinen		H
1. Jan.	24.000,00	Abschr.	8.000,00
		❷	16.000,00

S	2800 Bank	H
❶	19.040,00	

S	6979 Anlagenabgänge		H
❷	16.000,00	❸ 8020	16.000,00

S	5410 Erlöse aus Anlagenabgängen		H
❸ 8020	16.000,00	❶	16.000,00

S	8020 GuV-Konto		H
❸ 6979	16.000,00	❸ 5410	16.000,00

S	4800 Umsatzsteuer	H
	❶	3.040,00

Erläutern Sie die Zahlen des GuV-Kontos.

2. netto 22.000,00 € + 4.180,00 € USt = 26.180,00 €;   Nettoverkaufspreis > Buchwert

Buchung des Erlöses:
- ❶ 2800 Bank .... 26.180,00   an 5410 Erlöse aus Anlagenabgängen 22.000,00
- an 4800 Umsatzsteuer 4.180,00

Buchung des Buchwertabganges:
- ❷ 6979 Anlagenabgänge .... an 0700 TA und Maschinen 16.000,00

❸ Abschluss der Konten 5410 und 6979: *Nennen Sie die Buchungssätze.*

S	0700 TA und Maschinen		H
1. Jan.	24.000,00	Abschr.	8.000,00
		❷	16.000,00

S	2800 Bank	H
❶	26.180,00	

S	6979 Anlagenabgänge		H
❷	16.000,00	❸ 8020	16.000,00

S	5410 Erlöse aus Anlagenabgängen		H
❸ 8020	22.000,00	❶	22.000,00

S	8020 GuV-Konto		H
❸ 6979	16.000,00	❸ 5410	22.000,00

S	4800 Umsatzsteuer	H
	❶	4.180,00

Ermitteln Sie den Gewinn bzw. Verlust aus dem Anlagenabgang.

Sachanlagenbereich C

3. netto 15.000,00 € + 2.850,00 € USt = 17.850,00 €; Nettoverkaufspreis < Buchwert

Buchungen: ❶ 2800 Bank .... 17.850,00   an 5410 Erlöse aus Anlagenabgängen ... 15.000,00
                                        an 4800 Umsatzsteuer 2.850,00
           ❷ 6979 Anlagenabgänge ...   an 0700 TA und Maschinen 16.000,00
           ❸ Abschluss der Konten 5410 und 6979: *Nennen Sie die Buchungssätze.*

S	0700 TA und Maschinen		H		S	2800 Bank		H
1. Jan.	24.000,00	Abschr.	8.000,00		❶	17.850,00		
		❷	16.000,00					

S	6979 Anlagenabgänge		H		S	5410 Erlöse aus Anlagenabgängen		H
❷	16.000,00	❸ 8020	16.000,00		❸ 8020	15.000,00	❶	15.000,00

S	8020 GuV-Konto		H		S	4800 Umsatzsteuer		H
❸ 6979	16.000,00	❸ 5410	15.000,00				❶	2.850,00

Ermitteln Sie den Gewinn bzw. Verlust aus dem Anlagenabgang.

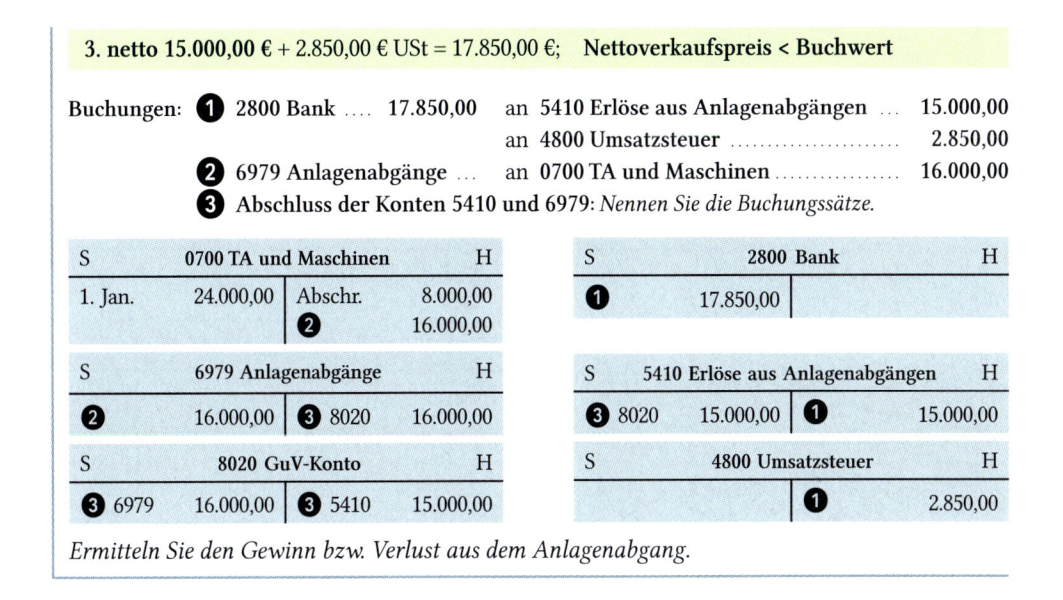

7.6.2 Entnahme von Anlagegütern

Wird ein Anlagegut in das Privatvermögen übernommen, handelt es sich um einen umsatzsteuerpflichtigen Tatbestand (siehe auch S. 77 f.). Die Entnahme ist zum **Tageswert (Teilwert)** anzusetzen und unterliegt mit diesem Wert der Umsatzsteuer. Zum Zwecke der **Umsatzsteuerverprobung** erfolgt die Buchung über Konto 5420 Entnahme von Gegenständen und sonstigen Leistungen (= Entnahme v. G. u. s. L.).

Unentgeltliche Entnahme

> **Beispiel**
>
> Ein betriebseigener Pkw wird am 10. Jan. privat entnommen. Der Buchwert beträgt 2.000,00 €, der Tageswert 3.000,00 €. 19 % USt von 3.000,00 € = 570,00 €.
>
> Buchungen: ❶ 3001 Privatkonto 3.570,00   an 5420 Entnahme v. G. u. s. L. 3.000,00
>   an 4800 Umsatzsteuer 570,00
>   ❷ 6979 Anlagenabgänge ......   an 0840 Fuhrpark 2.000,00
>   ❸ Abschluss der Konten 5420 und 6979: *Nennen Sie die Buchungssätze.*
>
> | S | 0840 Fuhrpark | | H | | S | 3001 Privatkonto | | H |
> |---|---|---|---|---|---|---|---|---|
> | 1. Jan. | 2.000,00 | ❷ | 2.000,00 | | ❶ | 3.570,00 | | |
>
> | S | 6979 Anlagenabgänge | | H | | S | 5420 Entnahme v. G. u. s. L. | | H |
> |---|---|---|---|---|---|---|---|---|
> | ❷ | 2.000,00 | ❸ 8020 | 2.000,00 | | ❸ 8020 | 3.000,00 | ❶ | 3.000,00 |
>
> | S | 8020 GuV-Konto | | H | | S | 4800 Umsatzsteuer | | H |
> |---|---|---|---|---|---|---|---|---|
> | ❸ 6979 | 2.000,00 | ❸ 5420 | 3.000,00 | | | | ❶ | 570,00 |
>
> *Erläutern Sie das Ergebnis im GuV-Konto.*

> **Merke**
>
> Bei Verkauf und Entnahme von Anlagegütern ist der steuerpflichtige Umsatz (Erlös, Entnahmewert) buchhalterisch gesondert zu erfassen (§ 22 [2] UStG).

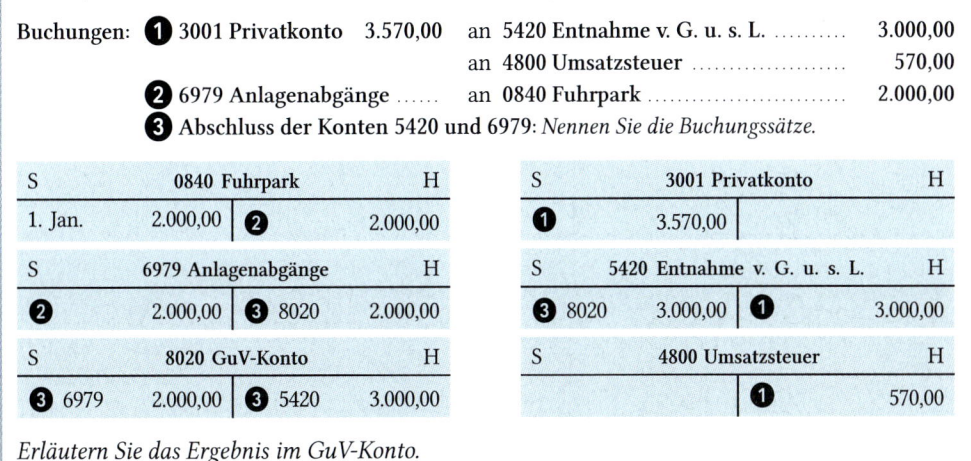

7.6.3 Inzahlungnahme von Anlagegütern

Bei Anschaffung eines neuen Anlagegutes wird oft ein gebrauchtes in Zahlung gegeben. Es ist buchhalterisch klarer, zunächst den **Kauf** des neuen Anlagegegenstandes **als Verbindlichkeit zu buchen.** Die Gutschrift über das in Zahlung gegebene Anlagegut wird dann über das Konto „4400 Verbindlichkeiten a. LL" gebucht. Der Saldo des Kontos „4400 Verbindlichkeiten a. LL" weist den zu zahlenden Restkaufpreis aus.

Beispiel

Kauf eines neuen Kleintransporters: 50.000,00 € + USt. Ein gebrauchter Pkw, der noch mit 1,00 € zu Buch steht, wird mit 2.000,00 € netto + USt in Zahlung gegeben.

Eingangsrechnung:

Kleintransporter		50.000,00 €
+ 19 % Umsatzsteuer		9.500,00 €
		59.500,00 €
− Gutschrift für Pkw, netto	2.000,00 €	
+ 19 % Umsatzsteuer	380,00 €	2.380,00 €
Restbetrag		**57.120,00 €**

Buchung der Anschaffung:[1]

❶ 0840 Fuhrpark 50.000,00
    2600 Vorsteuer .... 9.500,00   an 4400 Verbindlichkeiten a. LL 59.500,00

Buchung des Rechnungsausgleichs:[1]

❷ 4400 Verbindlichk. a. LL ... 59.500,00   an 5410 Erlöse aus Anlagenabgängen 2.000,00
                                          an 4800 Umsatzsteuer 380,00
                                          an 2800 Bank 57.120,00

Buchung des Buchwertabgangs:

❸ 6979 Anlagenabgänge 1,00   an 0840 Fuhrpark 1,00

❹ Abschluss der Konten 5410 und 6979:

S	0840 Fuhrpark	H
8000 1,00	❸	1,00
❶ 50.000,00		

S	4400 Verbindlichkeiten a. LL	H
❷ 59.500,00	❶	59.500,00

S	2600 Vorsteuer	H
❶ 9.500,00		

S	5410 Erlöse aus Anlagenabgängen	H
❹ 2.000,00	❷	2.000,00

S	6979 Anlagenabgänge	H
❸ 1,00	❹	1,00

S	4800 Umsatzsteuer	H
	❷	380,00

S	8020 GuV-Konto	H
❹ 1,00	❹	2.000,00

S	2800 Bank	H
	❷	57.120,00

Merke

Gutschriften für Inzahlungnahmen sind über „Verbindlichkeiten a. LL" zu verrechnen.

Aufgabe 291

Ein Lkw, der zum Zeitpunkt des Ausscheidens einen Buchwert von 20.000,00 € hat, wird gegen Banküberweisung verkauft für

a) 20.000,00 € + USt, b) 25.000,00 € + USt, c) 18.000,00 € + USt.

1. Ermitteln Sie die Erfolgsauswirkung in den Fällen a), b) und c).
2. Wie hoch ist der jeweils gesondert auszuweisende steuerpflichtige Umsatz?
3. Nennen Sie die Buchungssätze. Buchen Sie auf den Konten 0840, 2800, 4800, 5410, 6979, 8020.
4. Inwiefern ist es vorteilhaft, den umsatzsteuerpflichtigen Erlös gesondert zu erfassen?

---

[1] Die Buchungen ❶ und ❷ lassen sich ohne das Konto „4400 Verbindlichkeiten a. LL" zusammenfassen.

Aufgabe 292

Eine Maschine, Anschaffungskosten 300.000,00 €, Nutzungsdauer zehn Jahre, wurde linear abgeschrieben. Sie wird am 8. November des 9. Nutzungsjahres gegen Banküberweisung verkauft, und zwar
a) zum Buchwert + USt, b) 50 % über Buchwert + USt, c) 20 % unter Buchwert + USt.
1. Ermitteln Sie die zeitanteilige Abschreibung und den Buchwert der Maschine zum Zeitpunkt ihres Ausscheidens aus dem Betriebsvermögen.
2. Buchen Sie die zeitanteilige Abschreibung.
3. Nennen Sie in den Fällen a), b) und c) die auszuweisenden umsatzsteuerpflichtigen Erlöse.
4. Wie lauten die Buchungen in den Fällen a), b) und c)?

Aufgabe 293

Eine nicht mehr benötigte Maschine wird am 12. Oktober .. gegen Banküberweisung verkauft. Nettopreis 45.000,00 € + Umsatzsteuer.
Der Buchwert der Maschine betrug am 1. Januar des gleichen Jahres 48.000,00 €. Sie wurde linear mit jährlich 10 % = 24.0000,00 € abgeschrieben.
1. Wie hoch waren die Anschaffungskosten der Maschine?
2. Ermitteln Sie den Buchwert der Maschine. Buchen Sie die zeitanteilige Abschreibung.
3. Ermitteln Sie die Erfolgsauswirkung. Nennen Sie die erforderlichen Buchungen.

Aufgabe 294

Die in Aufgabe 293 genannte Maschine wird zunächst auf Ziel verkauft. Der Kunde überweist noch innerhalb der Skontofrist den Rechnungsbetrag abzüglich 2 % Skonto.
Buchen Sie 1. den Zielverkauf, 2. den Rechnungsausgleich und 3. die Erfolgsauswirkung.

Aufgabe 295

Der Geschäftsinhaber schenkt seinem Sohn einen PC, der zum Betriebsvermögen gehört und zum Zeitpunkt der Entnahme mit 1,00 € zu Buch steht. Der Tageswert beträgt 300,00 €.
1. Begründen Sie die Umsatzsteuerpflicht.
2. Erstellen Sie den Entnahmebeleg.
3. Nennen Sie die Buchungssätze. Buchen Sie auf den Konten 0860, 3001, 4800, 5420, 6979, 8020.

Aufgabe 296

Ein betriebseigener Pkw wird am 10. Mai zum Tageswert in das Privatvermögen übernommen. Zum 1. Januar betrug der Buchwert 24.000,00 €. Jährliche Abschreibung: 12.000,00 €.
1. Ermitteln Sie rechnerisch und buchmäßig den Buchwert des Pkw zum 10. Mai, wenn der Abgangsmonat nicht abgeschrieben wird.
2. Die Entnahme erfolgt zu folgenden Tageswerten:
   a) Buchwert = Tageswert, b) 30.000,00 €, c) 15.000,00 €. Wie lauten die Buchungen?
3. Nennen Sie die verschiedenen Arten der umsatzsteuerpflichtigen Entnahmen.

Aufgabe 297

Ein Industriebetrieb kauft am 10. August eine neue Telefonanlage zu netto 30.000,00 € + USt. Eine auf 1,00 € Erinnerungswert abgeschriebene Telefonanlage wird mit 400,00 € netto + USt in Zahlung gegeben. Restzahlung durch Banküberweisung.
1. Erstellen Sie die Rechnung. 2. Buchen Sie die Neuanschaffung.
3. Buchen Sie den Rechnungsausgleich.
4. Nennen Sie die Buchungen für den Buchwertabgang und die Erfassung des Erfolgs.

Aufgabe 298

Anschaffung einer neuen EDV-Anlage: 60.000,00 € + USt. Eine gebrauchte EDV-Anlage, die noch mit 5.000,00 € zu Buch steht, wird mit 10.000,00 € netto + USt in Zahlung gegeben. Restzahlung erfolgt durch Banküberweisung.
1. Erstellen Sie die Rechnung und erläutern Sie die Erfolgsauswirkung.
2. Nennen Sie die Buchungssätze und buchen Sie auf den entsprechenden Konten.

Aufgabe 299

Die in Aufgabe 298 genannte EDV-Anlage wird mit 3.000,00 € netto in Zahlung gegeben.
Erläutern Sie die Erfolgsauswirkung und nennen Sie die Buchungssätze.

Aufgabe 300

1. Begründen Sie, warum das Umsatzsteuergesetz (§ 22 [2] UStG) buchhalterisch den vollen Ausweis sowohl der steuerpflichtigen Umsätze als auch der Entnahmen verlangt.
2. Zu welchem Wert sind Entnahmen von Vermögensgegenständen anzusetzen?

Aufgabe 301

Erläutern Sie am Beispiel eines Anlagenverkaufs den Begriff „Stille Reserve".

7.7 Der Anlagenspiegel (Anlagengitter) als Bestandteil des Jahresabschlusses der Kapitalgesellschaften

§ 284 [3] HGB

Mittelgroße und große Kapitalgesellschaften (siehe S. 291 f.) sind verpflichtet, die **Entwicklung der einzelnen Posten des Anlagevermögens im Anhang des Jahresabschlusses** in einer gesonderten Aufgliederung, dem **Anlagenspiegel** oder **Anlagengitter**, darzustellen. Darin sind ausgehend von den gesamten Anschaffungs- und Herstellungskosten die Zugänge einschließlich der Zuschreibungen, Abgänge und Umbuchungen des Geschäftsjahrs sowie die Abschreibungen gesondert aufzuführen. Bei den Abschreibungen sind neben Höhe zu Beginn und Ende des Geschäftsjahrs, die im Geschäftsjahr vorgenommenen Abschreibungen, Änderungen im Zusammenhang mit Zu- und Abgängen sowie Umbuchungen anzugeben. Falls Zinsen für Fremdkapital in die Herstellungskosten einbezogen wurden (siehe S. 257), sind diese Beträge für jeden Posten des Anlagevermögens zu nennen.

Beispiel

Das Anlagenverzeichnis der Metallbau GmbH weist in dem Bilanzposten „Technische Anlagen und Maschinen" im Geschäftsjahr .. folgende Zahlen aus:

Anschaffungskosten aller technischen Anlagen und Maschinen zum 1. Jan. ..	4.000 T€
Anschaffung einer CNC-Drehbank im 1. Halbjahr ..: Anschaffungskosten	300 T€
Kumulierte (angesammelte) Abschreibungen bis zum 31. Dez. des Vorjahres	2.400 T€
Abschreibungen des Berichtsjahres zum 31. Dez. ..	430 T€
Buchwert zum 31. Dez. des Vorjahres	1.600 T€

Anlagenspiegel in T€ zum 31. Dezember .. (verkürzt)[1]

Anlage-posten	Anschaffungs-/Herstellungskosten (AK/HK)					Abschreibungen					Restbuchwerte	
	AK/HK 1.1.	Zugänge zu AK/HK	Abgänge zu AK/HK	Umbuchungen zu AK/HK	AK/HK 31.12.	Kumul. Abschreibungen 1.1.	Abschreibungen Gj.	Abgänge	Umbuchungen	Kumul. Abschreibungen 31.12.	Buchwert 31.12. Gj.	Buchwert 31.12. Vj.
		+	−	+/−	=		+	−	+/−	=	5−10	1−6
0	1	2	3	4	5	6	7	8	9	10	11	12
TA u. Masch.	4.000	300	−	−	4.300	2.400	430	−	−	2.830	1.470	1.600

Spalten		Erläuterung der Spalten des Anlagenspiegels
1	AK/HK 1.1.	Ausweis der ursprünglichen (historischen) Anschaffungs- bzw. Herstellungskosten aller zum 1. Januar vorhandenen Anlagegegenstände der entsprechenden Bilanzposten.
2	Zugänge zu AK/HK	Im Berichtsjahr angeschaffte bzw. hergestellte Anlagegüter bewertet zu AK/HK sowie Zuschreibungen aufgrund von Wertaufholungen, z. B. bei Korrektur einer außerplanmäßigen Abschreibung. Diese Zugänge erhöhen im nächsten Geschäftsjahr die gesamten AK/HK der Spalte 1.
3	Abgänge zu AK/HK	Anlagenabgänge durch Verkauf, Entnahmen oder Verschrottung bewertet zu AK/HK. Die Abgänge vermindern im folgenden Geschäftsjahr die gesamte AK/HK der Spalte 1.
4	Umbuchungen zu AK/HK	Umbuchungen zwischen einzelnen Posten des Anlagevermögens, z. B. von „Anlagen im Bau" zu „Gebäude".
5	AK/HK 31.12.	Summe der gesamten Anschaffungs-/Herstellungskosten am Ende des Geschäftsjahrs:
		Anschaffungs-/Herstellungskosten 1.1. .... 4.000 T€
		+ Zugänge .... 300 T€
		− Abgänge .... −
		+/− Umbuchungen .... −
		= **Anschaffungs-/Herstellungskosten 31.12.** .... **4.300 T€**
6/10	Kumul. Abschreibungen 1.1 bzw. 31.12.	Gesamte (kumulierte) Abschreibungen der Vorjahre zu Beginn des Geschäftsjahrs (1.1.) bzw. zum Ende des Geschäftsjahrs (31.12.).
7	Abschreibungen Gj.	Summe der im Geschäftsjahr vorgenommenen Abschreibungen (GuV-Ausweis).
8	Abgänge	Verminderung der gesamten Abschreibungen durch Anlagenabgänge. Während Spalte 3 die AK/HK der Abgänge zeigt, enthält Spalte 8 die auf diese Anlagen bis zum Abgangszeitpunkt vorgenommenen Abschreibungen.
9	Umbuchungen	Abschreibungen der umgebuchten Anlagegegenstände (siehe Spalte 4).
11	Buchwert 31.12.-Gj.	Bilanzansatz des abgelaufenen Geschäftsjahrs, der sich aus den AK/HK 31.12. (Spalte 5) abzüglich der kumulierten Abschreibungen 31.12 (Spalte 10) berechnet.
12	Buchwert 31.12.-Vj.	Bilanzansatz des Vorjahrs, der sich aus den AK/HK 1.1. (Spalte 1) abzüglich der kumulierten Abschreibungen 1.1. (Spalte 6) ergibt.

[1] Das vollständige Schema des Anlagenspiegels gemäß § 284 [3] HGB enthält der Anhang des Lehrbuches.

Sachanlagenbereich — C

Auswertung des Anlagenspiegels

Der Anlagenspiegel der Metallbau GmbH enthält wichtige Daten zur Beurteilung des Unternehmens. Er weist nicht nur die Investitionen des Berichtsjahres aus (300 T€), sondern auch die Jahresabschreibungen (430 T€). Die Anlageninvestitionen wurden mehr als voll durch Abschreibungen finanziert, wenn man unterstellt, dass die in die Verkaufspreise der Erzeugnisse einkalkulierten Abschreibungen über die Umsatzerlöse in das Unternehmen zurückgeflossen sind:

$$\text{Investitionsfinanzierung durch Abschreibungen} = \frac{\text{Jahresabschreibungen}}{\text{Anlageninvestitionen}} = 1{,}4333 = 143{,}33\,\%$$

Merke

- Der Anlagenspiegel zeigt die Entwicklung der Bilanzposten des Anlagevermögens, und zwar von den ursprünglichen Anschaffungs-/Herstellungskosten über die Zu- und Abgänge, Zuschreibungen sowie kumulierten Abschreibungen bis zum Buchwert am Schluss des Geschäftsjahres. Kapitalgesellschaften müssen ihn im Anhang ausweisen (§ 284 [3] HGB).
- Der Anlagenspiegel gewährt Einblick in die Abschreibungs- und Investitionspolitik des Unternehmens. Das Verhältnis Anschaffungs-/Herstellungskosten : Buchwert der Anlagen deutet auf Alter und technischen Standard hin.

Aufgabe 302

1. Die o. g. Metallbau GmbH (s. S. 234) besteht im 7. Jahr. Im Gründungsjahr wurden die „TA und Maschinen" für 4.000 T€ AK/HK erworben. Die kumulierten linearen Abschreibungen betragen am Schluss des 6. Geschäftsjahres 2.400 T€.
 Wie hoch waren die jährlichen Abschreibungen?
2. Zu Beginn des 7. Geschäftsjahres wurden in der Metallbau GmbH für 300 T€ Maschinen angeschafft.
 Mit welchem Betrag werden im Anlagenspiegel des 8. Jahres die gesamten AK/HK in Spalte 1 ausgewiesen?

Aufgabe 303

Erstellen Sie den Anlagenspiegel der Metallbau GmbH für das 8. Jahr nach dem Schema auf S. 234:
1. Übernahme aus dem Vorjahr in Spalte 1: 4.000 T€ + ? = ?
2. Übernahme in Spalte 12: Buchwert des Vorjahrs: ? T€.
3. Abschreibungen im 8. Geschäftsjahr: 410 T€.
4. Verkauf einer Maschine. Der Anschaffungswert betrug 200 T€. Der Buchwert zum Zeitpunkt des Verkaufs beträgt 60 T€. *Wie hoch sind die bis zum Verkauf entstandenen (kumulierten) Abschreibungen der Maschine? Tragen Sie diese in die Spalte 8 „Abgänge" ein.*
5. Ermitteln Sie die kumulierten Abschreibungen zum 31. Dez. 08. Übernehmen Sie dazu zunächst die kumulierten Abschreibungen 31.12. (Spalte 10) aus dem Schema auf S. 234 in die Spalte 6 „Kumul. Abschreibungen 1.1."
6. Ermitteln Sie den Buchwert der „TA und Maschinen" zum 31. Dez. 08.
7. Um welchen Wert vermindern sich die AK/HK des folgenden 9. Jahres?

Aufgabe 304

Die Anlagenkartei der Textilwerke GmbH weist zu „TA und Maschinen" aus:
1. Anschaffungskosten zu Beginn des Geschäftsjahres .... 850 T€
2. Kumulierte Abschreibungen zum Schluss des Vorjahres .... 340 T€
3. Anschaffung einer Maschine im Geschäftsjahr, netto .... 250 T€
4. Abschreibungen des Geschäftsjahres .... 95 T€

Erstellen Sie den Anlagenspiegel (Schema S. 234). Finanzieren die Abschreibungen die Investition?

Aufgabe 305

Erstellen Sie für die o. g. Textilwerke den Anlagenspiegel für das Folgejahr:
1. Eine nicht mehr benötigte Stoffzuschneidemaschine wird für netto 30 T€ verkauft. Anschaffungskosten: 200 T€. Bisherige Abschreibungen: 180 T€.
2. Die Abschreibungen des Geschäftsjahres betragen 85 T€.

D Jahresabschluss

1 Jahresabschlussarbeiten im Überblick

Bestandteile des Jahresabschlusses

Nach den handelsrechtlichen Vorschriften ist für den Schluss des Geschäftsjahres der Jahresabschluss aufzustellen. Bei **Einzelunternehmen** (e. K., e. Kfm., e. Kffr.; Befreiung § 241a HGB; siehe S. 10), und **Personengesellschaften** (OHG, KG) besteht der Jahresabschluss aus der **Bilanz** und der **Gewinn- und Verlustrechnung** (§ 242 [3] HGB). **Kapitalgesellschaften** (AG, KGaA, GmbH) und **bestimmte Personengesellschaften** (z. B. GmbH & Co KG; § 264a HGB) haben den Jahresabschluss **um einen Anhang zu erweitern**, der mit der Bilanz und der Gewinn- und Verlustrechnung eine Einheit bildet (§ 264 [1] HGB). **Kleinstkapitalgesellschaften** (§ 267a HGB) sind von der Verpflichtung zur Aufstellung eines Anhangs befreit, wenn sie bestimmte Angaben unter der Bilanz machen (§ 264 [1] Satz 5 HGB).

- **Die Schlussbilanz ist** eine **Zeitpunktrechnung**. Sie weist die Höhe des Vermögens, des Eigen- und Fremdkapitals **zum Bilanzstichtag** (z. B. 31. Dezember) aus und soll somit unter Beachtung der Grundsätze ordnungsmäßiger Buchführung ein den tatsächlichen Verhältnissen entsprechendes Bild der **Vermögens- und Finanzlage** des Unternehmens vermitteln. Die **Bilanzgliederung** sollte deshalb auch **§ 266 HGB** (siehe S. 293 und Anhang des Lehrbuches) entsprechen, die zwar nur für Kapital- und bestimmte Personengesellschaften verbindlich vorgeschrieben ist, jedoch auch von anderen Unternehmen beachtet werden sollte.

- **Die Gewinn- und Verlustrechnung** ist dagegen eine **Zeitraumrechnung**. Sie weist alle **Aufwendungen und Erträge des Geschäftsjahres** aus und gewährt damit Einblick in die **Quellen des Jahreserfolges**. **Personenunternehmen** können die GuV-Rechnung in Konto- oder Staffelform erstellen. **Kapitalgesellschaften** müssen die Gewinn- und Verlustrechnung in **Staffelform** gemäß **§ 275 HGB** (siehe S. 296 f. und Anhang des Lehrbuches) aufstellen.

- **Der Anhang** hat u. a. die Aufgabe, die **Posten der Bilanz und der Gewinn- und Verlustrechnung** einer Kapitalgesellschaft zu **erläutern** und zu **ergänzen** (siehe S. 291). Als **Erläuterungsbericht** enthält er z. B. Angaben zur Methode der Abschreibungen auf das Anlagevermögen.

Aufgaben des Jahresabschlusses

Der Jahresabschluss dient vor allem der **Rechenschaftslegung und Information** über die Vermögens-, Finanz- und Ertragslage sowie als **Grundlage der Gewinnverteilung** und der **Steuerermittlung**.

Jahresabschlussarbeiten

Der Jahresabschluss bedarf einer sorgfältigen **Planung** (Sachplan, Terminplan, Arbeitsplan) und **Organisation**, denn die **Salden der Bestands- und Erfolgskonten** können **nicht ohne Prüfung und Inventur** in die Schlussbilanz und die GuV-Rechnung übernommen werden.

Die wichtigsten Jahresabschlussarbeiten sind:

- **Zeitraumrichtige Erfassung und Abgrenzung der Aufwendungen und Erträge**, damit der **Erfolg** des Geschäftsjahres **periodengerecht** ausgewiesen wird.
- **Inventur der Vermögensteile und Schulden vor Abschluss der Konten.** So sind beispielsweise **Abschreibungen** auf Anlagegüter und zweifelhafte Forderungen vorzunehmen und Bestandsveränderungen zu buchen. **Inventurdifferenzen** (z. B. Kassenfehlbetrag, Wertminderungen im Vorratsvermögen) müssen buchmäßig noch erfasst werden. Schulden sind mit ihrem Höchstwert (z. B. Fremdwährungsverbindlichkeiten) zu ermitteln.
- **Abschluss der Unterkonten über die entsprechenden Hauptkonten.** Bezugskosten, Nachlässe, Erlösberichtigungen, Vorsteuer/Umsatzsteuer u. a. sind entsprechend umzubuchen.
- **Ordnungsmäßige Gliederung der Bilanz und der Gewinn- und Verlustrechnung.**

Merke

Der Jahresabschluss soll Anteilseignern und Gläubigern Einblick in die tatsächliche Vermögens-, Finanz- und Ertragslage eines Unternehmens gewähren.

2 Erfassung von Inventurdifferenzen

Die Inventur der Vermögensteile und Schulden ist die wichtigste Voraussetzung zur Erstellung des Jahresabschlusses (siehe S. 12 f.). Sie dient vor allem dem **Abgleich** der Soll- bzw. **Buchbestände** der Finanzbuchhaltung mit den **Istbeständen** der körperlichen und buchmäßigen Inventur, um in **Bestandskonten** etwaige **Inventurdifferenzen** sowie deren **Ursachen** zu **ermitteln** und durch entsprechende **Buchungen** zu **berichtigen**.

Inventurdifferenzen zwischen Buch- und Istbeständen entstehen vor allem durch

- **Buchungsfehler:** Buchungen auf falschen Konten, Doppelbuchungen
- **Nicht erfasste Wertveränderungen:** Schwund, Diebstahl, nicht gebuchte Belege, nicht gebuchte Abschreibungen bei Forderungen, Nichtbeachtung des Niederstwertprinzips[1] bei Lagervorräten, Nichtbeachtung des Höchstwertprinzips bei Fremdwährungsverbindlichkeiten mit einer Restlaufzeit von mehr als einem Jahr (vgl. § 256a HGB).

Die buchhalterische Berichtigung der Inventurdifferenzen erfolgt – je nach Ursache – durch

- **Rückbuchung** (Stornierung) mit nachfolgender Neubuchung bzw.
- **Nachbuchung.**

Beispiel 1

Das Kassenkonto der Papierwerke Schulz e. K. weist zum 31. Dez. im Soll eine Summe von 5.850,00 € und im Haben 4.400,00 € aus. Der **Sollbestand** beträgt somit **1.450,00 €**. Das Kassenprotokoll weist das Ergebnis der körperlichen Inventur der Kasse aus: **1.250,00 € Istbestand**. Nach **Buchung des Inventurschlussbestandes** ergibt sich im Kassenkonto ein **Fehlbetrag von 200,00 €**, der lt. Nachprüfung auf eine **nicht gebuchte Privatentnahme** zurückzuführen ist.

Buchung des Inventurbestandes: ❶ 8010 Schlussbilanzkonto an 2880 Kasse 1.250,00
Nachbuchung: ❷ 3001 Privatkonto an 2880 Kasse 200,00

S	2880 Kasse		H
...	5.850,00	...	4.400,00
		❶ 8010	1.250,00
		❷ 3001	200,00

S	8010 Schlussbilanzkonto		H
❶ 2880	1.250,00		

S	3001 Privatkonto		H
❷ 2880	200,00		

Beispiel 2

Das Rohstoffkonto weist zum 31. Dez. im Soll 45.000,00 € und im Haben 20.000,00 € aus. Der Soll- bzw. Buchbestand beträgt somit 25.000,00 €. Die Inventur ergab einen Istbestand von 18.000,00 €. Die Nachforschung ergab, dass die Inventurdifferenz von 7.000,00 € auf einen nicht gebuchten Materialentnahmeschein zurückzuführen ist.

Buchungen zum 31. Dez.: ❶ 8010 Schlussbilanzkonto .. an 2000 Rohstoffe 18.000,00
❷ 6000 Aufwend. f. Rohstoffe an 2000 Rohstoffe 7.000,00

Richten Sie die Konten 2000, 6000 und 8010 ein und führen Sie alle Buchungen aus.

Beispiel 3

Das Kassenkonto weist zum 31. Dez. im Soll 8.700,00 € und im Haben 6.500,00 € aus. Der Istbestand lt. Inventur wird 1. mit 2.400,00 € und 2. mit 1.900,00 € festgestellt. Die Inventurdifferenzen von + 200,00 € (Fall 1) und – 300,00 € (Fall 2) konnten belegmäßig nicht nachgewiesen werden.

Buchungen zum 31. Dez.: ❶ 2880 Kasse an 5430 Andere sonst. betriebl. Erträge 200,00
❷ 6940 Sonstige Aufwendungen an 2880 Kasse 300,00

Richten Sie zu den Fällen 1 und 2 die Konten ein und nehmen Sie die Buchungen vor.

---

[1] Zum Bilanzstichtag ist das Vorratsvermögen zum niedrigsten Tageswert anzusetzen (Niederstwertprinzip). Siehe auch S. 264 f.

D JAHRESABSCHLUSS

Beispiel 4

Rohstoffeinkauf auf Ziel wurde irrtümlich auf dem Konto Aufwendungen für Hilfsstoffe gebucht: 8.000,00 €.

Rückbuchung:	4400 Verbindlichkeiten a. LL	an 6020 Aufwend. für Hilfsstoffe	8.000,00
Neubuchung:	6000 Aufwend. für Rohstoffe	an 4400 Verbindlichkeiten a. LL	8.000,00
Kurze			
Stornobuchung:	6000 Aufwend. für Rohstoffe	an 6020 Aufwend. für Hilfsstoffe	8.000,00

Beispiel 5

Das Konto 2000 Rohstoffe weist zum 31. Dez. im Soll 150.000,00 € und im Haben 135.000,00 € aus. Der Sollbestand beträgt somit 15.000,00 €. Der Inventurbestand an Rohstoffen wurde nach dem strengen Niederstwertprinzip mit 10.000,00 € bewertet (siehe Fußnote auf S. 237).

Buchungen zum 31. Dez.:	8010 Schlussbilanzkonto an 2000 Rohstoffe	10.000,00
	6000 Aufwendungen f. Rohstoffe an 2000 Rohstoffe	5.000,00

Merke

Der Abgleich der Buchbestände der Finanzbuchhaltung mit den Istbeständen der Inventur führt u. U. zu Berichtigungsbuchungen auf den entsprechenden Bestands- und Erfolgskonten.

Aufgabe 306

Das Kassenkonto weist zum 31. Dez. im Soll 22.850,00 € und im Haben 22.560,00 € aus. Die Inventur ergab einen Istbestand von a) 232,00 € und b) 406,00 €.

Richten Sie für die Fälle a) und b) jeweils die Konten 2880, 8010, 5430 bzw. 6940 ein. Buchen Sie zuerst den Schlussbestand lt. Inventur für die Fälle a) und b) und ermitteln und buchen Sie danach jeweils die Abweichung. Die Abweichungsursachen konnten nicht geklärt werden. *Buchen Sie auf Konten und nennen Sie alle Buchungssätze.*

Aufgabe 307

1. Das Konto 2000 Rohstoffe weist zum 31. Dez. im Soll 400.000,00 € und im Haben 350.000,00 € aus. Die Inventur ergab einen Istbestand von a) 35.000,00 € und b) 60.000,00 €. *Richten Sie für a) die Konten 2000, 6000 und 8010 ein und für b) zusätzlich 2020.*

   Die Abweichung bei a) ist auf einen nicht gebuchten Materialentnahmeschein zurückzuführen. Im Fall b) handelt es sich um eine irrtümlich auf dem Konto 2020 gebuchte Rohstofflieferung (bestandsrechnerisches Verfahren). *Buchen Sie auf Konten.*

2. Nennen Sie die entsprechenden Berichtigungsbuchungen:
   a) Ein nicht selbstständig nutzbarer Drucker im Anschaffungswert von 340,00 € wurde irrtümlich auf dem Konto 0890 GWG gebucht.
   b) Unsere Mieteinnahme (Bankgutschrift) wurde versehentlich auf dem Konto 6700 Mieten gebucht.

3. Nennen Sie mögliche Ursachen für a) Kassen- und b) Lagerbestandsdifferenzen.

3 Zeitliche Abgrenzung der Aufwendungen/Erträge

Notwendigkeit der periodengerechten Erfolgsermittlung

Bisher wurden Aufwendungen und Erträge in der Periode gebucht, in der sie gezahlt wurden. Würde die Dezembermiete, die erst im Januar des neuen Geschäftsjahres überwiesen wird, auch erst im neuen Jahr als Aufwand gebucht, würde der Erfolg sowohl des alten als auch des neuen Geschäftsjahres falsch ausgewiesen. Um den **Jahreserfolg zeitraumrichtig zu ermitteln**, ist es erforderlich, **Aufwendungen und Erträge dem Geschäftsjahr zuzuordnen**, zu dem sie **wirtschaftlich** gehören, und zwar

unabhängig vom Zeitpunkt ihrer Ausgabe bzw. Einnahme (§ 252 [1] Nr. 5 HGB).

Nur so kann ein **periodengerechter Erfolg des Geschäftsjahres** ermittelt werden.

D ABGLEICH ZWISCHEN SOLL- UND ISTBESTÄNDEN

3.1 Sonstige Forderungen und Sonstige Verbindlichkeiten

Wenn Aufwendungen und Erträge des **alten** Geschäftsjahres erst im **neuen** Jahr **zu Ausgaben** bzw. **Einnahmen** führen, müssen sie **zum Jahresschluss** erfasst werden als

- Sonstige Verbindlichkeiten (Konto 4890) bzw.
- Sonstige Forderungen (Konto 2690).

Diese Posten bezeichnet man als „**antizipative Posten**" (lat. anticipere = vorwegnehmen).

Beispiel 1

Die Lagermiete für Dezember wird erst im Januar nächsten Jahres an den Vermieter überwiesen: 1.500,00 €.

Die Dezembermiete ist **Aufwand des alten Jahres**, der erst **im neuen Jahr** zu einer **Ausgabe** führt. Aus Gründen einer **periodengerechten** Erfolgsermittlung ist sie noch in der GuV-Rechnung des alten Jahres zu erfassen und zugleich als „**Sonstige Verbindlichkeit**" gegenüber dem Vermieter in der Schlussbilanz auszuweisen.

Buchungen zum 31. Dezember des alten Jahres:

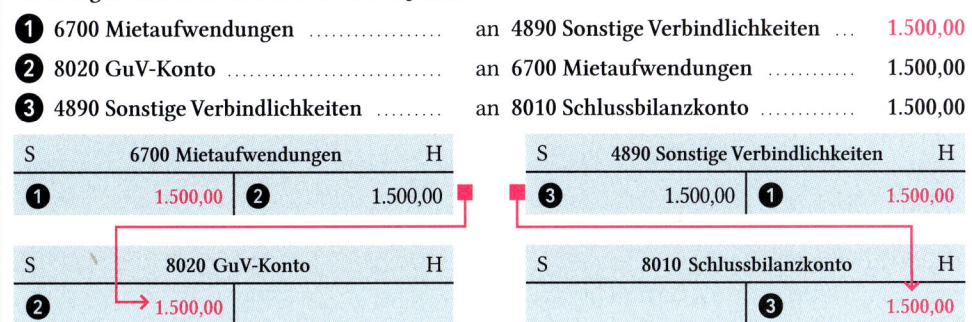

❶ 6700 Mietaufwendungen .... an 4890 Sonstige Verbindlichkeiten ... 1.500,00
❷ 8020 GuV-Konto .... an 6700 Mietaufwendungen 1.500,00
❸ 4890 Sonstige Verbindlichkeiten ...... an 8010 Schlussbilanzkonto 1.500,00

S	6700 Mietaufwendungen	H
❶ 1.500,00	❷	1.500,00

S	4890 Sonstige Verbindlichkeiten	H
❸ 1.500,00	❶	1.500,00

S	8020 GuV-Konto	H
❷ 1.500,00		

S	8010 Schlussbilanzkonto	H
❸ 1.500,00		

Buchungen im neuen Jahr:
Nach Eröffnung des Kontos „4890 Sonstige Verbindlichkeiten" ist die Mietausgabe zu buchen:

❶ 8000 Eröffnungsbilanzkonto .... an 4890 Sonstige Verbindlichkeiten ... 1.500,00
❷ 4890 Sonstige Verbindlichkeiten .... an 2800 Bank 1.500,00

S	2800 Bank	H
... 50.000,00	❷	1.500,00

S	4890 Sonstige Verbindlichkeiten	H
❷ 1.500,00	❶ 8000	1.500,00

Merke

Aufwendungen des alten Jahres, die erst im neuen Jahr zu Ausgaben führen, sind auf dem Konto „4890 Sonstige Verbindlichkeiten" zu erfassen.

Buchung: Aufwandskonto an Sonstige Verbindlichkeiten

Beispiel 2

Ein Vermieter erhält die Dezembermiete erst im Januar des nächsten Jahres: 800,00 €.

Die Dezembermiete stellt einen **Ertrag des alten Geschäftsjahres** dar, der erst **im neuen Jahr** zu einer **Einnahme** führt. Der Mietertrag ist deshalb der Erfolgsrechnung des alten Jahres zuzurechnen und zugleich als „**Sonstige Forderung**" zu erfassen.

Buchungen zum 31. Dezember des alten Geschäftsjahres:

❶ 2690 Sonstige Forderungen .... an 5081 Mieterträge 800,00
❷ 5081 Mieterträge .... an 8020 GuV-Konto 800,00
❸ 8010 Schlussbilanzkonto .... an 2690 Sonstige Forderungen 800,00

D JAHRESABSCHLUSS

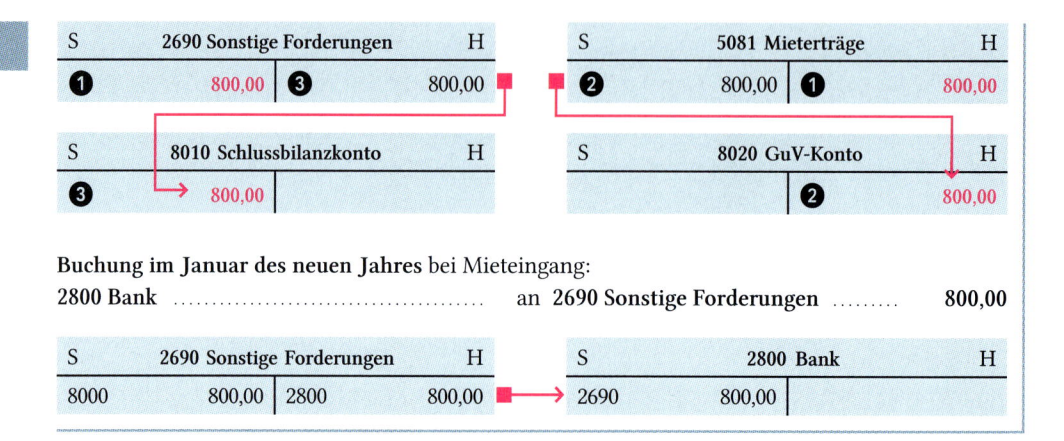

Beispiel 2 Fortsetzung

S	2690 Sonstige Forderungen	H
❶	800,00	❸ 800,00

S	5081 Mieterträge	H
❷	800,00	❶ 800,00

S	8010 Schlussbilanzkonto	H
❸	800,00	

S	8020 GuV-Konto	H
		❷ 800,00

Buchung im Januar des neuen Jahres bei Mieteingang:

2800 Bank .... an 2690 Sonstige Forderungen 800,00

S	2690 Sonstige Forderungen	H
8000	800,00	2800 800,00

S	2800 Bank	H
2690	800,00	

Merke

Erträge des alten Jahres, die erst im neuen Jahr zu Einnahmen führen, werden zum Jahresschluss auf dem Konto „2690 Sonstige Forderungen" gebucht.

Buchung: Sonstige Forderungen an Ertragskonto

Beispiel 3

Der Unternehmer Berg legt bei seiner Bank am 1. September 01 nicht benötigte liquide Mittel als Festgeld an. Die Zinsen schreibt die Bank halbjährlich gut, erstmals am 1. März 02 mit 300,00 €.

Von der am 1. März des neuen Jahres fälligen Zinszahlung sind ertragsmäßig 200,00 € dem alten und 100,00 € dem neuen Geschäftsjahr zuzurechnen.

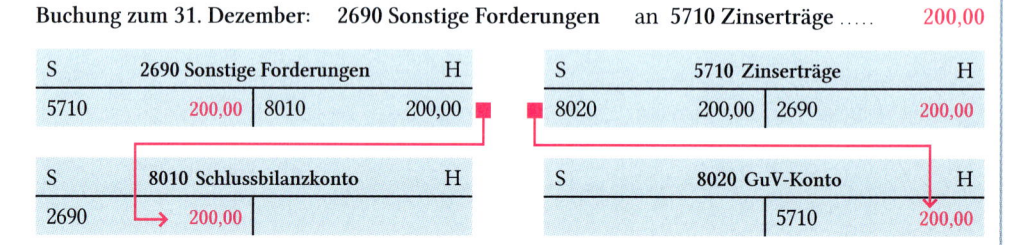

Buchung zum 31. Dezember: 2690 Sonstige Forderungen   an 5710 Zinserträge 200,00

S	2690 Sonstige Forderungen	H
5710	200,00	8010 200,00

S	5710 Zinserträge	H
8020	200,00	2690 200,00

S	8010 Schlussbilanzkonto	H
2690	200,00	

S	8020 GuV-Konto	H
		5710 200,00

Buchung im neuen Jahr:

Am 1. März 02 ist der gesamte Zinsbetrag als Einnahme zu buchen:

2800 Bank 300,00   an 2690 Sonstige Forderungen (Zinsertrag des alten J.) 200,00
                            an 5710 Zinserträge (Ertragsanteil des neuen Jahres) 100,00

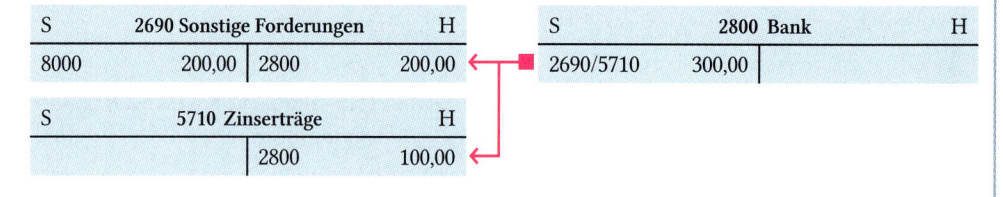

S	2690 Sonstige Forderungen	H
8000	200,00	2800 200,00

S	2800 Bank	H
2690/5710	300,00	

S	5710 Zinserträge	H
		2800 100,00

Merke

Aufwendungen und Erträge, die teils das alte und teils das neue Geschäftsjahr betreffen, sind den einzelnen Geschäftsjahren entsprechend zuzuordnen.

Periodengerechte Abgrenzungen

Aufgabe 308

Bilden Sie für nachstehende Geschäftsfälle die Buchungssätze
a) beim Jahresabschluss zum 31. Dezember,
b) nach Eröffnung der Konten im neuen Jahr für den Geldeingang und Geldausgang.

1. Die Dezembermiete für Geschäftsräume wird erst im Monat
   Januar an den Vermieter überwiesen 2.800,00
2. Ein Mieter im Geschäftshaus zahlt die Miete für Dezember erst
   im Januar 1.650,00
3. Eine Rechnung für Büromaterial steht am Jahresende noch aus 300,00
   + Umsatzsteuer[1] 57,00
4. Die vierteljährlichen Zinsen (November–Januar) für ein aufgenommenes
   Darlehen werden erst Ende Januar von der Bank eingezogen 1.500,00
5. Ein Kunde, dem ein Darlehen gewährt wurde, hat die Jahreszinsen
   (Darlehensjahr: 1. April–31. März) am 31. März des folgenden Jahres zu zahlen ... 2.400,00
6. Ein Mitarbeiter zahlt die Zinsen für den beim Arbeitgeber aufgenommenen
   Kredit für das Halbjahr 1. Juli–31. Dezember erst im Januar 700,00
7. Der Handelskammerbeitrag für das letzte Vierteljahr Oktober–Dezember
   wird erst im Monat Januar gezahlt 1.800,00
8. Für die Lohnwoche vom 28. Dezember bis 3. Januar sind 4.500,00 €
   Fertigungslöhne zu zahlen (Zahltag 3. Januar). Hiervon entfallen
   auf die Zeit vom 28. Dezember–31. Dezember 2.500,00
   Im neuen Jahr werden durch die Bank ausgezahlt 3.800,00
9. Die Zinsgutschrift der Bank für die Zeit vom 1. Oktober bis 31. Dezember
   steht noch aus und wird erst im Januar eingehen 315,00
10. Die Provision des Handelsvertreters für Dezember wird ihm erst im Januar
    überwiesen, netto 750,00
    + Umsatzsteuer 142,50
    Die Provisionsabrechnung (Beleg) ist am 29. Dezember erstellt worden.[2]

Aufgabe 309

Bilden Sie für nachstehende Geschäftsfälle jeweils die Buchungssätze
a) zum Bilanzstichtag (31. Dezember),
b) bei Zahlungseingang bzw. Zahlungsausgang (Bank) im neuen Jahr.

1. Bei Erstellung des Jahresabschlusses wird festgestellt, dass die Dezembermiete für eine Lagerhalle in Höhe von 2.000,00 € erst im Januar an den Vermieter überwiesen wurde.
2. Die Stromabrechnung für den Monat Dezember liegt zum 31. Dezember noch nicht vor. Die Rechnung geht Mitte Januar über 8.200,00 € zuzüglich Umsatzsteuer[1] ein.
3. Die Bank schreibt am 31. März die Zinsen für die Monate Oktober bis März gut: 600,00 €.
4. Die Garagenmiete für die Monate November, Dezember und Januar in Höhe von insgesamt 300,00 € wird lt. Vertrag nachträglich am 5. Februar des Folgejahres an den Vermieter gezahlt.
5. Jeweils zum 1. März und 1. September nachträglich werden die Darlehenszinsen für sechs Monate in Höhe von 2.400,00 € an die Bank überwiesen.
6. Für einen Wartungsvertrag, der für Büromaschinen abgeschlossen worden ist, werden vierteljährlich nachträglich 400,00 € zuzüglich Umsatzsteuer gezahlt. Die Rechnung für das letzte Jahresquartal liegt zum 31. Dezember noch nicht vor[1].

---

[1] Die Vorsteuer darf noch nicht verrechnet werden, da zum 31. Dezember noch keine Rechnung vorliegt.
[2] Der Vorsteuerabzug ist möglich, da die Leistung erbracht und die Abrechnung (Rechnung) vorliegt.

3.2 Aktive und Passive Rechnungsabgrenzungsposten

Auf den Konten „4890 Sonstige Verbindlichkeiten" und „2690 Sonstige Forderungen" werden **Aufwendungen und Erträge** des **alten** Geschäftsjahres erfasst, die erst im **neuen** Jahr zu **Ausgaben und Einnahmen** führen. Es handelt sich dabei um **echte** Verbindlichkeiten und Forderungen, die durch eine **Zahlung im neuen Jahr** beglichen werden.

Werden dagegen bereits **Zahlungen im alten Jahr für Aufwendungen und Erträge des neuen Jahres** geleistet, sind die **Aufwands- und Ertragskonten** zum Jahresabschluss mithilfe folgender Konten zu **berichtigen**:

> 2900 Aktive Rechnungsabgrenzung (ARA)
> 4900 Passive Rechnungsabgrenzung (PRA)

Aktive Rechnungsabgrenzung

Hierunter fallen **Aufwendungen**, die bereits im abzuschließenden Geschäftsjahr **im Voraus bezahlt und gebucht** wurden, aber entweder zum Teil oder auch ganz **wirtschaftlich dem neuen Geschäftsjahr zuzurechnen** sind, wie z. B. **geleistete Vorauszahlungen** für Versicherungen, Zinsen, Mieten u. a. Zum Bilanzstichtag sind die betreffenden Aufwandskonten durch eine „Aktive Rechnungsabgrenzung **(ARA)**" zu berichtigen. Sie stellt praktisch eine **Leistungsforderung** dar. So begründet z. B. die Mietvorauszahlung einen Anspruch auf Nutzung der gemieteten Räume im neuen Jahr.

Passive Rechnungsabgrenzung

Hierunter gehören **Erträge**, die im abzuschließenden Geschäftsjahr **bereits als Einnahme gebucht** worden sind, aber mit einem Teil oder auch ganz als Ertrag dem **neuen** Geschäftsjahr zuzuordnen sind, wie z. B. **im Voraus erhaltene** Miete, Pacht, Zinsen u. a. Zum Jahresabschluss sind die betreffenden Ertragskonten durch Vornahme einer entsprechenden „Passiven Rechnungsabgrenzung **(PRA)**" zu korrigieren. Die PRA stellen **Leistungsverbindlichkeiten** dar. Eine empfangene Zinsvorauszahlung begründet z. B. die Verpflichtung auf weitere Überlassung des gewährten Darlehens im neuen Jahr.

Transitorische Posten

Mithilfe der aktiven und passiven Rechnungsabgrenzungsposten werden die im alten Geschäftsjahr **im Voraus gezahlten Aufwendungen** und **vereinnahmten Erträge** über die Schlussbilanz in die Erfolgsrechnung des neuen Geschäftsjahres **übertragen**. Man nennt sie deshalb auch „transitorische Posten" (lat. transire = hinübergehen).

Periodengerechte Erfolgsermittlung

Die Rechnungsabgrenzungsposten dienen ebenso wie die Sonstigen Forderungen und Sonstigen Verbindlichkeiten der zeitraumrichtigen Abgrenzung der Aufwendungen und Erträge, damit das **Gesamtergebnis** einer Unternehmung **periodengerecht** zum Jahresabschluss **ermittelt** werden kann.

Merke

Nach § 250 HGB dürfen als Rechnungsabgrenzungsposten nur ausgewiesen werden:

- auf der Aktivseite Ausgaben vor dem Abschlussstichtag, soweit sie Aufwand für eine bestimmte Zeit nach diesem Tag darstellen: Aktive Rechnungsabgrenzung (ARA)
- auf der Passivseite Einnahmen vor dem Abschlussstichtag, soweit sie Ertrag für eine bestimmte Zeit nach diesem Tag darstellen: Passive Rechnungsabgrenzung (PRA)

Periodengerechte Abgrenzungen   D

Beispiel 1

Die Aufwendungen für die am 1. Dezember angemieteten Lagerräume betragen monatlich 1.500,00 €. Die Miete ist vierteljährlich im Voraus an den Vermieter zu zahlen.

Buchung der Mietvorauszahlung am 1. Dezember:

6700 Mietaufwendungen .... an 2800 Bank 4.500,00

Der **Mietaufwand von 4.500,00 €** ist zum Abschlussstichtag (z. B. 31. Dezember) **periodengerecht abzugrenzen**: 1.500,00 € entfallen auf Dezember des Abschlussjahres, 3.000,00 € auf Januar und Februar des Folgejahres. Das Konto „6700 Mietaufwendungen" ist daher im Haben um 3.000,00 € mithilfe des Kontos „2900 Aktive Rechnungsabgrenzung" zu berichtigen. Die Mietvorauszahlung beinhaltet die Überlassung des Lagers im neuen Jahr, also eine **Leistungsforderung**, die auf der Aktivseite der Bilanz als „**Aktive Rechnungsabgrenzung**" (ARA) auszuweisen ist.

Buchungen zum 31. Dezember des Abschlussjahres:

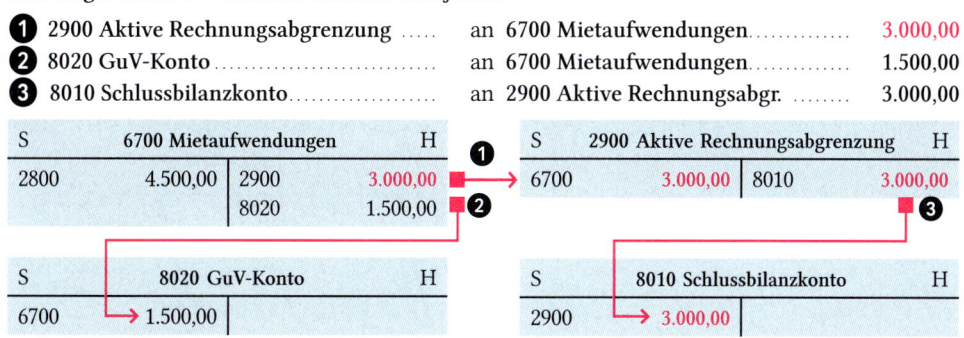

❶ 2900 Aktive Rechnungsabgrenzung ..... an 6700 Mietaufwendungen 3.000,00
❷ 8020 GuV-Konto .... an 6700 Mietaufwendungen 1.500,00
❸ 8010 Schlussbilanzkonto .... an 2900 Aktive Rechnungsabgr. 3.000,00

S	6700 Mietaufwendungen		H
2800	4.500,00	2900	3.000,00
		8020	1.500,00

S	2900 Aktive Rechnungsabgrenzung		H
6700	3.000,00	8010	3.000,00

S	8020 GuV-Konto	H
6700	1.500,00	

S	8010 Schlussbilanzkonto	H
2900	3.000,00	

Buchungen zum 1. Januar des Folgejahres:

Nach Eröffnung ist das Konto „2900 ARA" über das betreffende Aufwandskonto aufzulösen.

❶ 2900 Aktive Rechnungsabgrenzung ..... an 8000 Eröffnungsbilanzkonto 3.000,00
❷ 6700 Mietaufwendungen .... an 2900 Aktive Rechnungsabgr. 3.000,00

Das Konto „6700 Mietaufwendungen" weist nun die Miete für Januar und Februar des neuen Jahres periodengerecht aus. Das Konto „2900 ARA" hat seine „**transitorische**" Aufgabe erfüllt:

S	2900 Aktive Rechnungsabgrenzung		H
8000	3.000,00	6700	3.000,00

S	6700 Mietaufwendungen	H
2900	3.000,00	

> Ausgaben des laufenden Geschäftsjahres, die Aufwendungen des nächsten Jahres betreffen, können bereits direkt bei Zahlung entsprechend zeitlich abgegrenzt werden. Dadurch erübrigt sich zum Jahresabschluss eine besondere Überprüfung aller Ausgaben auf ihre periodengerechte Abgrenzung.

Direkte Rechnungsabgrenzung

Buchung bei direkter Periodenabgrenzung am 1. Dezember:

6700 Mietaufwendungen 1.500,00
2900 Aktive Rechnungsabgrenzung . 3.000,00 an 2800 Bank 4.500,00

S	6700 Mietaufwendungen	H
2800	1.500,00	

S	2800 Bank	H
	6700/2900	4.500,00

S	2900 Aktive Rechnungsabgrenzung	H
2800	3.000,00	

Nennen Sie die Abschlussbuchungen.

Merke

Das Konto „2900 Aktive Rechnungsabgrenzung" (ARA) erfasst zum Jahresabschluss alle Ausgaben des alten Geschäftsjahres, die wirtschaftlich Aufwand des nächsten Jahres sind.

Buchung: ARA an Aufwandskonto (bei Abgrenzung zum Abschlussstichtag)
          ARA an Bank (Kasse) (bei direkter Abgrenzung)

D JAHRESABSCHLUSS

Beispiel 2

Die Miete für ein vermietetes Lager zahlt der Mieter am 1. Dezember für ein Vierteljahr (Dezember–Februar) in Höhe von insgesamt 2.400,00 € **im Voraus**.

Buchung der Mieteinnahme am 1. Dezember:

2800 Bank .... an 5081 Mieterträge 2.400,00

Der gesamte **Mietertrag** in Höhe von 2.400,00 € ist zum 31. Dezember (= Abschlussstichtag) **periodengerecht abzugrenzen**: 800,00 € entfallen auf das Abschlussjahr, 1.600,00 € dagegen auf das neue Geschäftsjahr. Das Konto „5081 Mieterträge" muss daher auf seiner Sollseite um 1.600,00 € durch Bildung einer „Passiven Rechnungsabgrenzung" (PRA) berichtigt werden, da eine **Leistungsverbindlichkeit**, d. h. eine Verpflichtung zur Überlassung der Räume im nächsten Geschäftsjahr, besteht, die auf der Passivseite der Bilanz auszuweisen ist.

Buchungen zum 31. Dezember des Abschlussjahres:

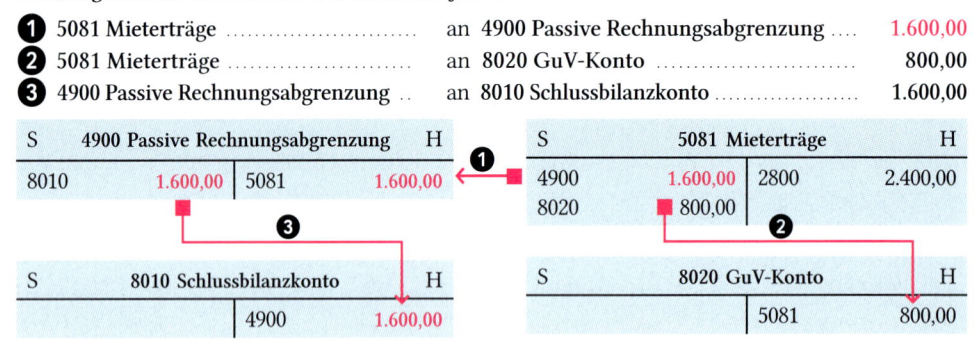

❶ 5081 Mieterträge .... an 4900 Passive Rechnungsabgrenzung 1.600,00
❷ 5081 Mieterträge .... an 8020 GuV-Konto 800,00
❸ 4900 Passive Rechnungsabgrenzung .. an 8010 Schlussbilanzkonto 1.600,00

S	4900 Passive Rechnungsabgrenzung		H
8010	1.600,00	5081	1.600,00

S	5081 Mieterträge		H
4900	1.600,00	2800	2.400,00
8020	800,00		

S	8010 Schlussbilanzkonto		H
		4900	1.600,00

S	8020 GuV-Konto		H
		5081	800,00

Buchungen zum 1. Januar des Folgejahres:

❶ 8000 Eröffnungsbilanzkonto .... an 4900 Passive Rechnungsabgrenzung 1.600,00
❷ 4900 Passive Rechnungsabgrenzung .. an 5081 Mieterträge 1.600,00

Das Konto „4900 PRA" ist zu Beginn des neuen Jahres über das entsprechende Ertragskonto aufzulösen. Nach der **Umbuchung** des passiven Rechnungsabgrenzungspostens weist das Konto „5081 Mieterträge" nun den **periodengerechten Mietertrag** für die Monate Januar und Februar des neuen Jahres aus:

S	5081 Mieterträge		H
		4900	1.600,00

S	4900 Passive Rechnungsabgrenzung		H
5081	1.600,00	8000	1.600,00

Bei direkter Rechnungsabgrenzung ist am 1. Dezember zu buchen:

2800 Bank .... 2.400,00 an 5081 Mieterträge 800,00
                                        an 4900 Passive Rechnungsabgrenzung 1.600,00

Buchen Sie die direkte Periodenabgrenzung auf den genannten Konten.

Merke

■ Das Konto „4900 Passive Rechnungsabgrenzung" (PRA) erfasst zum Abschlussstichtag alle Einnahmen des alten Jahres, die wirtschaftlich Erträge des nächsten Jahres sind.

> Buchung: Ertragskonto   an PRA (bei Abgrenzung zum Abschlussstichtag)
>   Bank (Kasse)   an PRA (bei direkter Abgrenzung)

■ Die Posten der Rechnungsabgrenzung werden zu Beginn des neuen Geschäftsjahres aufgelöst, indem sie auf das entsprechende Erfolgskonto umgebucht werden:

> Buchung: Aufwandskonto an ARA
>   PRA   an Ertragskonto

Periodengerechte Abgrenzungen   D

> **Merke**
>
> Die zeitliche Abgrenzung der Aufwendungen und Erträge bezweckt eine periodengerechte Ermittlung des Jahreserfolgs. Man unterscheidet vier Fälle:
>
> | Geschäftsfall | Vorgang | | Buchung zum |
> | --- | --- | --- | --- |
> | | im alten Jahr | im neuen Jahr | Abschlussstichtag: |
> | Noch zu zahlender Aufwand | Aufwand | Ausgabe | Aufwandskonto an Sonst. Verbindlichk. |
> | Noch zu vereinnahmender Ertrag | Ertrag | Einnahme | Sonstige Forderungen an Ertragskonto |
> | Im Voraus bezahlter Aufwand | Ausgabe | Aufwand | Aktive Rechnungsabgr. an Aufwandskonto |
> | Im Voraus vereinnahmter Ertrag | Einnahme | Ertrag | Ertragskonto an Pass. Rechnungsabgr. |

Aufgabe 310

a) Buchen Sie die folgenden Geschäftsfälle zunächst auf Konten.
b) Nehmen Sie danach die zeitliche Abgrenzung zum Abschlussstichtag 31. Dezember vor.
c) Welche Buchungen ergeben sich im neuen Jahr?

1. Die Kraftfahrzeugsteuer für die Geschäftswagen wird am 1. Juli für ein Jahr im Voraus per Lastschrifteinzug vom Bankkonto abgebucht: 600,00 €.
2. Am 1. Dezember geht die Miete für vermietete Geschäftsräume für Dezember, Januar und Februar im Voraus durch Banküberweisung von 4.500,00 € ein.
3. Für die EDV-Anlage besteht mit dem Lieferanten ein Wartungsvertrag. Am 2. Mai wird der Jahresbetrag lt. Rechnung ER 345 überwiesen: 1.200,00 € + 228,00 € Umsatzsteuer = 1.428,00 €.
4. Am 1. Oktober überweist ein Kunde die Jahreszinsen für ein an ihn gewährtes Darlehen im Voraus auf das Bankkonto: 960,00 €.
5. Die Gebäudeversicherung für Geschäftsgebäude wird am 1. November durch die Bank für ein Jahr im Voraus überwiesen: 3.600,00 €.
6. Bankgutschrift der Januarmiete für vermietete Lagerräume am 22. Dezember: 2.500,00 €.

Aufgabe 311

Nennen Sie die Buchungssätze für die Geschäftsfälle der vorhergehenden Aufgabe bei **direkter zeitlicher Abgrenzung**.

Aufgabe 312

Bilden Sie zu den nachfolgenden Geschäftsfällen die Buchungssätze zum Abschlussstichtag 31. Dez.:

1. Die Dezembermiete für angemietete Garagen wird erst am 3. Januar des folgenden Geschäftsjahres durch Banküberweisung an den Vermieter beglichen: 300,00 €.
2. Die Vierteljahreszinsen (November–Januar) für ein aufgenommenes Darlehen werden vereinbarungsgemäß nachträglich Ende Januar an die Bank überwiesen: 900,00 €.
3. Die Zinsen für das erste Quartal des neuen Geschäftsjahres überweist der Darlehensnehmer bereits am 15. Dezember des Abschlussjahres: 850,00 €.
4. Am 1. Dezember geht die Miete für ein vermietetes Gebäude für Dezember bis einschließlich Februar des nächsten Jahres ein: 3.600,00 €.
5. Am 1. November wurde die Kraftfahrzeugsteuer für die Geschäftswagen für ein Jahr im Voraus abgebucht: 600,00 €.
6. Der Handelskammerbeitrag für das letzte Quartal des Abschlussjahres wird erst Anfang Januar überwiesen: 2.400,00 €.
7. Die Zinsgutschrift der Bank für die Zeit vom 1. Oktober bis 31. Dezember steht zum Bilanzstichtag noch aus: 450,00 €.
8. Die Halbjahresmiete (Oktober–März) für eine vermietete Lagerhalle zahlte der Mieter im Voraus: 9.000,00 €.
9. Die Haftpflichtversicherung für das Betriebsgebäude wurde am 1. November für ein Jahr im Voraus bezahlt: 2.400,00 €.
10. Dem Handelsvertreter wird die Dezemberprovision erst Anfang Januar überwiesen. Die bereits erstellte Provisionsabrechnung weist aus: 4.000,00 € Provision + 760,00 € Umsatzsteuer = 4.760,00 €.

Aufgabe 313

Auszug aus der vorläufigen Summenbilanz zum 31. Dezember ..	Soll	Haben
2600 Vorsteuer	134.000,00	–
2690 Sonstige Forderungen	8.800,00	–
2900 Aktive Rechnungsabgrenzung	–	–
4800 Umsatzsteuer	–	124.600,00
4890 Sonstige Verbindlichkeiten	–	5.700,00
4900 Passive Rechnungsabgrenzung	–	–
5081 Mieterträge	–	22.800,00
5710 Zinserträge	–	1.600,00
6150 Vertriebsprovisionen	12.000,00	–
6700 Mietaufwendungen	26.400,00	–
6810 Zeitungen und Fachliteratur	2.100,00	–
6900 Versicherungsbeiträge	16.200,00	–
6920 Beiträge zu Wirtschaftsverbänden	12.600,00	–
7030 Kraftfahrzeugsteuer	7.600,00	–
7510 Zinsaufwendungen	14.700,00	–

Zum 31. Dezember .. (Abschlussstichtag) sind noch folgende zeitliche Abgrenzungen vorzunehmen:

1. Die Feuerversicherungsprämie (Gebäude) für das kommende Kalenderjahr wurde am 27. Dezember durch Banküberweisung beglichen: 850,00 €.
2. Die Bezugskosten für diverse Fachzeitschriften wurden am 28. Dezember mit 260,00 € netto im Voraus für das folgende Geschäftsjahr bezahlt.
3. Die Kraftfahrzeugsteuer für den Lkw wurde am 1. Dezember für ein Jahr im Voraus durch Lastschrifteinzug mit 660,00 € beglichen.
4. Der Handelskammerbeitrag für das letzte Quartal beträgt 750,00 €.
5. Vertreterprovision für Dezember über 1.700,00 € netto wird erst im Januar bei Rechnungserteilung überwiesen.
6. Die Dezember-Lagermiete über 2.850,00 € erhält der Vermieter erst Anfang Januar durch Banküberweisung.
7. Ein Mieter begleicht die Miete für Büroräume für Dezember in Höhe von 1.850,00 € erst im neuen Jahr.
8. Am 28. Dezember zahlte der Mieter 1.900,00 € Vierteljahresmiete für das neue Kalenderjahr durch Banküberweisung.
9. Ein Kunde hat die fälligen Darlehenszinsen von 450,00 € für die Zeit vom 1. Oktober bis 31. Dezember am Jahresende noch nicht gezahlt.
10. Darlehenszinsen in Höhe von 12.000,00 € für das Halbjahr 1. Juli bis 31. Dezember belastet die Bank erst im Januar.

Bilden Sie die Buchungssätze für den Abschluss dieser Konten.

Aufgabe 314

Ordnen Sie in Ihrem Arbeitsheft den vier Arten der zeitlichen Abgrenzung jeweils für das alte und das neue Geschäftsjahr die folgenden Begriffe entsprechend zu:
a) Aufwand, b) Ertrag, c) Ausgabe und d) Einnahme.

Altes Jahr	Neues Jahr	Abgrenzungsposten
?	?	Sonstige Forderungen
?	?	Sonstige Verbindlichkeiten
?	?	Aktive Rechnungsabgrenzung
?	?	Passive Rechnungsabgrenzung

Periodengerechte Abgrenzungen D

Aufgabe 315

Vervollständigen Sie folgende Aussagen:

1. Sonstige Verbindlichkeiten werden für Aufwendungen des … Geschäftsjahres gebucht, die Ausgaben des … Geschäftsjahres darstellen.
2. Aktive Rechnungsabgrenzungsposten werden für Ausgaben im … Jahr gebildet, die Aufwand des … Geschäftsjahres darstellen.
3. Sonstige Forderungen werden für Erträge des … Jahres gebildet, die Einnahmen des … Jahres darstellen.
4. Passive Rechnungsabgrenzungsposten werden für Einnahmen des … Jahres gebildet, die Ertrag des … Geschäftsjahres darstellen.

Aufgabe 316

1. Begründen Sie die Notwendigkeit einer zeitlichen Abgrenzung der Aufwendungen und Erträge.
2. Nennen Sie die vier Möglichkeiten einer zeitlichen Abgrenzung.
3. Bei welcher Art der zeitlichen Abgrenzung liegt der Zahlungsvorgang a) im alten und b) im neuen Jahr?
4. Warum werden aktive und passive Rechnungsabgrenzungsposten auch als „Transitorische Posten" bezeichnet?

Aufgabe 317

Im Metallwerk Thomas Berg e. K. liegen Ihnen folgende Belege zur Buchung vor. Die zeitliche (periodengerechte) Abgrenzung ist mit der Buchung der Zahlung vorzunehmen.

Nennen Sie die Buchungssätze.

Beleg 1

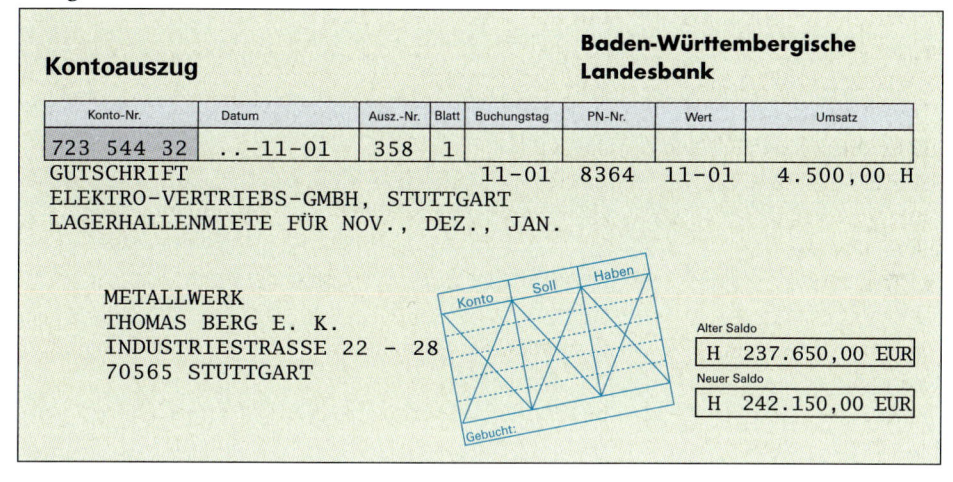

Kontoauszug					Baden-Württembergische Landesbank		
Konto-Nr.	Datum	Ausz.-Nr.	Blatt	Buchungstag	PN-Nr.	Wert	Umsatz
723 544 32	..-11-01	358	1	11-01	8364	11-01	4.500,00 H

GUTSCHRIFT
ELEKTRO-VERTRIEBS-GMBH, STUTTGART
LAGERHALLENMIETE FÜR NOV., DEZ., JAN.

METALLWERK
THOMAS BERG E. K.
INDUSTRIESTRASSE 22 – 28
70565 STUTTGART

Alter Saldo: H 237.650,00 EUR
Neuer Saldo: H 242.150,00 EUR

Beleg 2

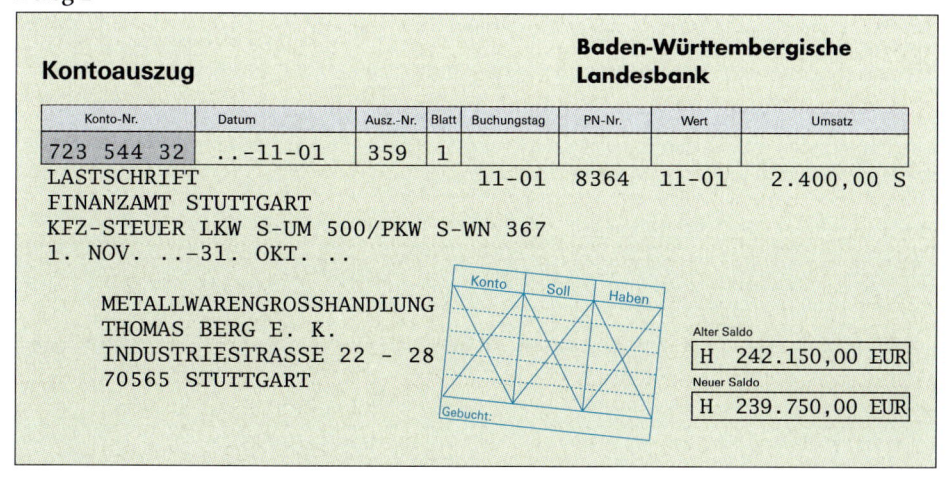

Kontoauszug					Baden-Württembergische Landesbank		
Konto-Nr.	Datum	Ausz.-Nr.	Blatt	Buchungstag	PN-Nr.	Wert	Umsatz
723 544 32	..-11-01	359	1	11-01	8364	11-01	2.400,00 S

LASTSCHRIFT
FINANZAMT STUTTGART
KFZ-STEUER LKW S-UM 500/PKW S-WN 367
1. NOV. ..–31. OKT. ..

METALLWARENGROSSHANDLUNG
THOMAS BERG E. K.
INDUSTRIESTRASSE 22 – 28
70565 STUTTGART

Alter Saldo: H 242.150,00 EUR
Neuer Saldo: H 239.750,00 EUR

3.3 Rückstellungen

Aus Gründen einer **periodengerechten Erfolgsermittlung** sind **zum Bilanzstichtag** auch solche **Aufwendungen** zu **erfassen**, die zwar ihrem Grunde nach, nicht aber ihrer **Höhe und/oder Fälligkeit nach bekannt** sind, die jedoch **wirtschaftlich dem Abschlussjahr** zugerechnet werden müssen. Für diese Aufwendungen sind die **Beträge vorsichtig zu schätzen** und jeweils als **Rückstellung** in Höhe des erwarteten **Erfüllungsbetrages** zu **passivieren**, also auf der Passivseite der Bilanz auszuweisen (§ 253 [1] HGB). Die **Ungewissheit über Höhe und/oder Fälligkeit** unterscheidet die **Rückstellungen von** den genau bestimmbaren **Verbindlichkeiten**.

Passivierungspflicht
§ 249 [1] HGB

Nach § 249 [1] HGB müssen Rückstellungen gebildet werden für

- **ungewisse Verbindlichkeiten** (z. B. zu erwartende Steuernachzahlungen für Gewerbesteuer, Prozesskosten, Garantieverpflichtungen, Pensionsverpflichtungen, Provisionsverbindlichkeiten, Inanspruchnahme aus Bürgschaften u. a.),
- **drohende Verluste aus schwebenden Geschäften** (z. B. erheblicher Preisrückgang bereits gekaufter, jedoch noch nicht gelieferter Rohstoffe),
- **unterlassene Instandhaltungsaufwendungen**, die im folgenden Geschäftsjahr **innerhalb von drei Monaten** nachgeholt werden,
- **Abraumbeseitigung**, die im folgenden Geschäftsjahr nachgeholt wird,
- **Gewährleistungen ohne rechtliche Verpflichtungen** (Kulanzgewährleistungen).

§ 249 [2] HGB

Für andere als die o. g. Zwecke dürfen Rückstellungen nicht gebildet werden.

Abzinsung

Rückstellungen mit einer Restlaufzeit von mehr als einem Jahr sind mit dem durchschnittlichen Marktzinssatz nach Angabe der Deutschen Bundesbank **abzuzinsen** (vgl. § 253 [2] HGB).

Bilanzausweis

Da Rückstellungen Schulden sind, zählen sie in der Bilanz auch zum **Fremdkapital**. Rückstellungen sind nach § 266 HGB in der Bilanz auszuweisen als **Pensionsrückstellungen**, **Steuerrückstellungen** und **Sonstige Rückstellungen**.

Bei Bildung der Rückstellung wird zunächst das betreffende **Aufwandskonto** im Soll mit dem **geschätzten** periodengerechten Betrag belastet. Die Gegenbuchung wird auf dem entsprechenden **Rückstellungskonto** im Haben vorgenommen.

Buchung: Aufwandskonto an Rückstellungskonto

Auswirkung auf den Jahreserfolg

Da Rückstellungen für **Aufwendungen** gebildet werden, **vermindert** sich der **auszuschüttende Gewinn** und damit im Allgemeinen zugleich auch die zu zahlende **Ertragsteuer**, wie z. B. die Einkommensteuer. Die Bildung von Rückstellungen hat deshalb **positive Auswirkungen auf** die flüssigen (liquiden) Mittel und somit auch auf die **Liquidität** des Unternehmens.

Auflösung von Rückstellungen

Rückstellungen sind aufzulösen, soweit die Gründe hierfür entfallen sind. Da sie auf Schätzungen beruhen, sind drei Fälle möglich:

- Die Rückstellung **entspricht** der Zahlung; eine Auflösung ist nicht erforderlich.
- Die Rückstellung ist **größer** als die Zahlung. Es ergibt sich ein Ertrag, zu erfassen auf Konto **5480 Erträge aus der Auflösung von Rückstellungen**[1].
- Die Rückstellung ist **kleiner** als die Zahlung. Es entsteht ein Aufwand, zu erfassen auf dem **zugehörigen Aufwandskonto** oder ggf. auf einem **Unterkonto**[1] (vgl. z. B. S. 210 und S. 249).

---

1 Früher erfolgte eine Buchung über periodenfremde Erträge bzw. periodenfremde Aufwendungen. Da das HGB periodenfremde Vorgänge schon länger nicht mehr in das außerordentliche Ergebnis der GuV einbezieht und dieses mit dem BilRUG außerdem nicht mehr gesondert ausgewiesen wird, erfolgt eine Zuordnung zu den sachlich entsprechenden Erfolgskonten. Der Zusatz „Vorjahre" (z. B. „7701 Gewerbesteuer-Vorjahre") liefert die für die Abgrenzungsrechnung erforderliche Information.

Periodengerechte Abgrenzungen D

Beispiel

Zum Bilanzstichtag wird mit einer Gewerbesteuernachzahlung[1] für das Abschlussjahr in Höhe von 4.500,00 € gerechnet.

Buchung bei Bildung der Rückstellung zum 31. Dezember:
- ❶ 7700 Gewerbesteuer .... an 3800 Steuerrückstellungen 4.500,00

Abschlussbuchungen:
- ❷ 8020 GuV-Konto .... an 7700 Gewerbesteuer 4.500,00
- ❸ 3800 Steuerrückstellungen .... an 8010 Schlussbilanzkonto 4.500,00

S	7700 Gewerbesteuer	H
❶	4.500,00	❷ 8020 4.500,00

S	3800 Steuerrückstellungen	H
❸ 8010 4.500,00		❶ 4.500,00

S	8020 GuV-Konto	H
❷ 4.500,00		

S	8010 Schlussbilanzkonto	H
		❸ 4.500,00

Die Gewerbesteuer wird im Juni nächsten Jahres überwiesen (Bank):

1. Fall 4.500,00 €,   2. Fall 4.000,00 €,   3. Fall 5.100,00 €.

Zu Beginn des Geschäftsjahres wird das Rückstellungskonto eröffnet:

8000 Eröffnungsbilanzkonto (EBK) .... an 3800 Steuerrückstellungen 4.500,00

Buchung im Fall 1: Rückstellung = Zahlung: 4.500,00 €

3800 Steuerrückstellungen .... an 2800 Bank 4.500,00

S	2800 Bank	H
	3800 4.500,00	

S	3800 Steuerrückstellungen	H
2800 4.500,00	8000 4.500,00	

Buchung im Fall 2: Rückstellung > Zahlung: 4.000,00 €

3800 Steuerrückstellungen .... 4.500,00   an 2800 Bank 4.000,00
                                                an 5480 Erträge aus der Auflösung
                                                    von Rückstellungen[2] 500,00

S	2800 Bank	H
	3800 4.000,00	

S	3800 Steuerrückstellungen	H
2800/5480 4.500,00	8000 4.500,00	

S	5480 Erträge a. d. Aufl. v. Rückst.	H
	3800 500,00	

Buchung im Fall 3: Rückstellung < Zahlung: 5.100,00 €

3800 Steuerrückstellungen 4.500,00
7701 Gewerbesteuer – Vorjahre   600,00   an 2800 Bank 5.100,00

S	2800 Bank	H
	3800/7701 5.100,00	

S	3800 Steuerrückstellungen	H
2800 4.500,00	8000 4.500,00	

S	7701 Gewerbesteuer – Vorjahre	H
2800 600,00		

---

[1] Siehe S. 210 und S. 248, Fußnote 1.
[2] In der GuV-Rechnung erfolgt in diesem Fall eine Saldierung mit dem Gewerbesteueraufwand.

D JAHRESABSCHLUSS

Drohende Verluste aus schwebenden Geschäften

Im Allgemeinen werden **schwebende** Rechtsgeschäfte – z. B. Kaufverträge, die noch **von keinem Vertragspartner erfüllt** sind, da Lieferung und Zahlung noch ausstehen – buchhalterisch überhaupt nicht erfasst. Ist aber **bei Bilanzaufstellung erkennbar**, dass dem Betrieb aus den Verträgen **Verluste** erwachsen (drohen), muss aus Gründen kaufmännischer **Vorsicht** in der **Handelsbilanz** eine **Rückstellung** in Höhe des zu **erwartenden Verlustes** gebildet werden (§ 249 [1] HGB). In der **Steuerbilanz** (steuerliche Gewinnermittlung) ist die Bildung von Rückstellungen für drohende Verluste aus schwebenden Geschäften **verboten** (§ 5 [4a] EStG).

Beispiel

Am 28. November wird ein Kaufvertrag über die Lieferung von 500 Stück Spanplatten (furniert) zu 80,00 € netto je Stück abgeschlossen. Der Gesamtnettopreis beträgt 40.000,00 €. Liefertermin: 15. Februar nächsten Jahres fix.

Bis zum Bilanzstichtag ist der Wiederbeschaffungswert (Tagespreis) der Spanplatten nachhaltig auf 70,00 € netto je Stück gesunken.

Rückstellung

Da der Käufer an den vereinbarten Preis von 80,00 € je Spanplatte gebunden ist und im nächsten Jahr nur mit dem **niedrigeren** Wiederbeschaffungspreis von 70,00 € je Stück kalkuliert werden kann, **droht ein Verlust von 5.000,00 €** (500 · 10,00 €), für den eine Rückstellung gebildet werden muss. Auf diese Weise wird der **Verlust** in **dem** Jahr erfasst, in dem er **verursacht** wurde:

Buchung der Rückstellung zum 31. Dezember:
6000 Aufwendungen für Rohstoffe .... an 3900 Sonstige Rückstellungen 5.000,00

Nennen Sie jeweils die Abschluss- und Eröffnungsbuchung für das Konto 3900.

Buchung nach Rechnungseingang am 15. Februar des folgenden Jahres:

❶ 6000 Aufwend. für Rohstoffe ... 40.000,00
    2600 Vorsteuer...................... 7.600,00   an 4400 Verbindlichkeiten a. LL 47.600,00
❷ 3900 Sonst. Rückstellungen .... an 6000 Aufwend. für Rohstoffe 5.000,00

S	6000 Aufwendungen für Rohstoffe	H		S	3900 Sonstige Rückstellungen	H
❶	40.000,00	❷ 5.000,00		❷ 5.000,00	8000	5.000,00

S	2600 Vorsteuer	H		S	4400 Verbindlichkeiten a. LL	H
❶	7.600,00				❶	47.600,00

Nach Übertragung des Rückstellungsbetrages auf das Konto „Aufwendungen für Rohstoffe" stehen die eingekauften Spanplatten mit dem niedrigeren Tageswert von 35.000,00 € zu Buch. Die Buchungen ❶ und ❷ können zusammengefasst werden:

3900 Sonstige Rückstellungen......... 5.000,00
6000 Aufwendungen f. Rohstoffe 35.000,00
2600 Vorsteuer.......................... 7.600,00   an 4400 Verbindlichkeiten a. LL 47.600,00

Merke

- **Rückstellungen sind Schulden, die am Bilanzstichtag ihrem Grunde nach bekannt sind, nicht aber in ihrer Höhe und/oder Fälligkeit. Sie dienen dem vollständigen Schuldenausweis sowie der periodengerechten Ermittlung des Jahreserfolgs.**
- **Rückstellungen sind in Höhe des zu erwartenden Erfüllungsbetrages anzusetzen, der nach vernünftiger kaufmännischer Beurteilung notwendig ist (§ 253 [1] HGB).**
- **Die Bildung von Rückstellungen mindert den Gewinn und damit im Allgemeinen auch die zu zahlenden Ertragsteuern (Einkommen-, Körperschaft-, Gewerbesteuer).**

Buchung: Aufwandskonto an Rückstellungen

Periodengerechte Abgrenzungen

Aufgabe 318

Das Metallwerk Thomas Berg e. K. rechnet zum 31. Dezember des Abschlussjahres mit einer Gewerbesteuernachzahlung von 12.000,00 €.
1. Bilden Sie den Buchungssatz zum 31. Dezember.
2. Wie wirkt sich die Bildung der Rückstellung handelsrechtlich auf a) den Gewinn bzw. b) den Verlust des Unternehmens aus?
3. Wie ist zu buchen, wenn der Industriebetrieb am 15. März des Folgejahres an das städtische Steueramt folgende Beträge durch die Bank überweist?
   a) 12.000,00 €,
   b) 10.000,00 €,
   c) 15.000,00 €.

Aufgabe 319

Eine erforderliche Gebäudereparatur konnte im Dezember nicht mehr durchgeführt werden. Der Kostenvoranschlag für die Instandsetzungsarbeiten, die im Laufe des Monats Januar des nächsten Jahres durchgeführt werden sollen, liegt zum 31. Dezember vor: 25.000,00 €.
1. Begründen Sie die Notwendigkeit einer Buchung und nennen Sie den Buchungssatz.
2. Nennen Sie die Abschlussbuchungen.
3. Nennen Sie für das Rückstellungskonto den Eröffnungsbuchungssatz zum 1. Januar.
4. Wie lautet der Buchungssatz, wenn Ende Januar nächsten Jahres nach erfolgter Instandsetzung des Gebäudes die folgende Rechnung durch Banküberweisung beglichen wird?
   a) 28.000,00 € + Umsatzsteuer,
   b) 24.000,00 € + Umsatzsteuer.

Aufgabe 320

Für einen schwebenden Prozess wird zum Bilanzstichtag mit Gerichtskosten von 12.000,00 € gerechnet. Der Gebührenbescheid des Gerichts am 20. April nächsten Jahres lautet über
a) 12.000,00 €,
b) 15.000,00 €,
c) 10.000,00 €.
Die Zahlung erfolgt durch Postbanküberweisung.
Nennen Sie den Buchungssatz zum Bilanzstichtag und am 20. April.

Aufgabe 321

Vervollständigen Sie in Ihrem Arbeitsheft folgende Sätze:
1. Rückstellungen sind ..., die ihrem Grunde nach ..., nicht aber nach ... und/oder ... .
2. Der Betrag der Rückstellung muss ... werden.
3. Rückstellungen dienen der ... Ermittlung des Jahreserfolgs.

Aufgabe 322

Die Bau-GmbH bestellt am 2. Dezember 3000 t Zement XR 304 zu 60,00 € je t + Umsatzsteuer. Lieferungstermin 15. Februar nächsten Jahres. Am Bilanzstichtag (31. Dezember) beträgt der Tagespreis 55,00 € je t.
1. Begründen Sie, dass es sich hierbei um ein schwebendes Geschäft handelt.
2. In welchem Fall sind schwebende Geschäfte im handelsrechtl. Jahresabschluss zu berücksichtigen?
3. Buchen Sie a) zum 31. Dezember und b) nach Rechnungseingang im Februar nächsten Jahres.

Aufgabe 323

Zum Bilanzstichtag werden Steuerberatungskosten in Höhe von 3.200,00 € netto erwartet. Im April nächsten Jahres geht die Rechnung des Steuerberaters über a) 3.500,00 € + Umsatzsteuer und b) 2.900,00 € + Umsatzsteuer ein.
1. Buchen Sie zum Bilanzstichtag und geben Sie die Abschlussbuchungen an.
2. Nennen Sie die Eröffnungsbuchung für das Rückstellungskonto.
3. Wie lautet jeweils die Buchung nach Rechnungseingang?

Aufgabe 324

1. Was ist unter dem Begriff „Rückstellungen" zu verstehen?
2. Worin unterscheiden sich Rückstellungen und Sonstige Verbindlichkeiten?
3. Haben Rückstellungen und Sonstige Verbindlichkeiten einen gemeinsamen Zweck?
4. Für welche Sachverhalte müssen nach § 249 [1] HGB Rückstellungen gebildet werden?
5. Kann man durch Bildung von Rückstellungen den Gewinn beeinflussen?
6. Zu welchem Zeitpunkt sind Rückstellungen aufzulösen?
7. Wozu führt a) eine zu hohe und b) eine zu niedrige Schätzung der Rückstellung bei Zahlung?

D Jahresabschluss

Aufgabe 325

Kontenplan und vorläufige Saldenbilanz		Soll	Haben
0700	Technische Anlagen und Maschinen	1.260.000,00	–
0800	Andere Anlagen/BGA	400.000,00	–
0891	GWG-Sammelposten	8.600,00	–
2000	Rohstoffe	95.000,00	–
2400	Forderungen a. LL	190.760,00	–
2600	Vorsteuer	154.380,00	–
2800	Bank	339.200,00	–
2880	Kasse	7.400,00	–
3000	Eigenkapital	–	900.000,00
3001	Privat	88.700,00	–
3900	Sonstige Rückstellungen	–	10.000,00
4250	Darlehensschulden	–	133.600,00
4400	Verbindlichkeiten a. LL	–	170.000,00
4800	Umsatzsteuer	–	375.440,00
4890	Sonstige Verbindlichkeiten	–	110.000,00
5000	Umsatzerlöse für eigene Erzeugnisse	–	1.976.000,00
5710	Zinserträge	–	4.000,00
6000	Aufwendungen für Rohstoffe	626.000,00	–
6160	Fremdinstandhaltung	8.000,00	–
6700	Mietaufwendungen	145.300,00	–
6770	Rechts- und Beratungskosten	14.000,00	–
6940	Sonstige Aufwendungen	16.000,00	–
7510	Zinsaufwendungen	46.400,00	–
7800	Diverse Aufwendungen	279.300,00	–
Weitere Konten: 2900, 4900, 5420, 6520, 6541, 6550, 8010, 8020.		3.679.040,00	3.679.040,00

Abschlussangaben zum Bilanzstichtag

1. Außerplanmäßige Abschreibung:
   Eine EDV-Anlage, Buchwert 8.500,00 €, hat nur noch einen Wert von 500,00 €.
2. Planmäßige Abschreibungen:
   TA und Maschinen: 25 % degressiv;
   BGA: 20 % linear von 500.000,00 € Anschaffungskosten;
   20 % auf GWG-Sammelposten.
3. Privatentnahme von Erzeugnissen im Wert von 1.200,00 € netto.
4. Bildung einer Prozesskostenrückstellung in Höhe von 32.800,00 € und einer Rückstellung für unterlassene Instandhaltungen über 68.000,00 €.
5. Die Dezembermiete für die Lagerhalle wird Anfang des nächsten Jahres mit 15.000,00 € an den Vermieter gezahlt.
6. Ein Kunde hatte uns für einen kurzfristigen Kredit die Halbjahreszinsen in Höhe von 600,00 € am 1. November im Voraus überwiesen.
7. Kassenfehlbetrag lt. Inventur 400,00 € (Ursache ungeklärt).
8. Am 1. Okt. zahlten wir 17.100,00 € Halbjahres-Darlehenszinsen im Voraus.
9. Der Tageswert des Inventurbestandes der Rohstoffe beträgt 92.000,00 €. Die durchschnittlichen Anschaffungskosten betragen 80.000,00 €.[1]

a) Erstellen Sie den Jahresabschluss. Gliedern Sie die Bilanz nach § 266 HGB (siehe S. 292 f. und Anhang des Lehrbuches).

b) Ermitteln Sie in Prozent die Rentabilität des Eigenkapitals, indem Sie vom Jahresgewinn für die Arbeitsleistung des Geschäftsinhabers zunächst einen Unternehmerlohn von 96.000,00 € abziehen und den Restgewinn zum durchschnittlichen Eigenkapital des Geschäftsjahres in Beziehung setzen (siehe auch S. 340 f.). Hat sich der Kapitaleinsatz gelohnt?

[1] Beachten Sie: Nach dem Prinzip der kaufmännischen Vorsicht sind Vermögensgegenstände des Umlaufvermögens in der Jahresbilanz zum niedrigsten Wert (Niederstwertprinzip) auszuweisen (siehe S. 260 und S. 264 f.).

4 Bewertung der Vermögensteile und Schulden
4.1 Maßgeblichkeit der handelsrechtlichen Bewertung

Vermögensgegenstände und Schulden (Verbindlichkeiten und Rückstellungen) sind bei ihrem Zugang und am Abschlussstichtag nach den rechtlichen Vorgaben zu bewerten. Die **Bewertung**, d. h. die **Bestimmung des Wertes** für den einzelnen Vermögens- und Schuldenposten, kann sich in entscheidendem Maße auf den **Jahresgewinn (Jahresverlust)** auswirken. Ein **Mehr oder Weniger im Wertansatz** hat ein **gleiches Mehr oder Weniger an Gewinn (Verlust)** zur Folge.

> **Beispiel**
>
> Das Metallwerk Matthias Hein e. Kfm. hat **Aktien** erworben und zu **Anschaffungskosten von 300.000,00 €** im Finanzanlagevermögen (Wertpapiere des Anlagevermögens) bilanziert. Am Abschlussstichtag ist der **Kurswert** der Aktien **vorübergehend auf 250.000,00 €** gesunken. Nach § 253 [3] HGB können die Aktien in der Handelsbilanz a) **auf den niedrigeren Börsenkurs abgeschrieben** oder b) **weiterhin mit den ursprünglichen Anschaffungskosten ausgewiesen werden**. Ohne Berücksichtigung der Fälle a) und b) beträgt der **Gewinn** des Unternehmens **200.000,00 €**. *Erläutern Sie in den Fällen a) und b) die Auswirkung auf den Gewinn.*

Falsche Bewertungen (z. B. überhöhte, zu niedrige oder unterlassene Abschreibungen und Rückstellungen) führen zu einer falschen Darstellung der Vermögens-, Schulden- und Erfolgslage des Unternehmens, vor der insbesondere die **Gläubiger** des Unternehmens **geschützt** werden müssen. Der Gesetzgeber hat deshalb handels- und steuerrechtliche **Bewertungsvorschriften** erlassen, **die willkürliche Über- und Unterbewertungen unterbinden**.

Bewertungsvorschriften

- **Die handelsrechtliche Bewertung** richtet sich nach dem **Handelsgesetzbuch (§§ 252–256a HGB)**. Die handelsrechtlichen Bewertungsvorschriften gelten für **alle** Unternehmen, gleich welcher Rechtsform. Sie dienen der **Kapitalerhaltung** und damit auch dem **Schutz der Gläubiger**. Vermögen, Schulden und Erfolg des Unternehmens sind deshalb zum Jahresabschluss **vorsichtig** zu ermitteln, d. h. Vermögen ist eher zu niedrig als zu hoch, Schulden sind eher zu hoch als zu niedrig anzusetzen. Das **Prinzip der Vorsicht ist oberster Bewertungsgrundsatz**.

   §§ 252–256a HGB

- **Die steuerrechtliche Bewertung** richtet sich nach **§§ 5–7 Einkommensteuergesetz**. Sie soll die **Ermittlung des Gewinns nach einheitlichen Grundsätzen** sicherstellen und damit eine „gerechte" Besteuerung ermöglichen. So weisen z. B. die amtlichen **AfA-Tabellen** einheitlich die Nutzungsdauer der verschiedenen Anlagegüter aus.

   §§ 5–7 EStG

Die nach den **handelsrechtlichen** Bewertungsvorschriften aufgestellte Bilanz heißt „Handelsbilanz". Die in der Handelsbilanz ausgewiesenen Wertansätze für die Vermögensteile und Schulden sind grundsätzlich auch **verbindlich für** die dem Finanzamt einzureichende „Steuerbilanz", sofern die steuerlichen Vorschriften keine andere Bewertung zwingend vorschreiben oder ein **Wahlrecht** gewähren. Dieser „Grundsatz der Maßgeblichkeit der Handelsbilanz für die Steuerbilanz" ergibt sich aus § 5 [1] Einkommensteuergesetz. Danach haben buchführungs- und bilanzierungspflichtige **Gewerbetreibende** „[…] für den Schluss des Wirtschaftsjahres **das Betriebsvermögen anzusetzen** […], **das nach den handelsrechtlichen Grundsätzen ordnungsmäßiger Buchführung auszuweisen** ist […]".

Grundsatz der Maßgeblichkeit § 5 [1] EStG

> **Beispiel**
>
> Die **Anschaffungskosten** der o. g. Aktien werden nach § 255 [1] HGB folgendermaßen ermittelt (siehe S. 203): **Anschaffungspreis** (Kurswert der Aktien) 295.275,59 € + **Anschaffungsnebenkosten** (1 % Bankprovision + 0,6 ‰ Maklergebühr) 4.724,41 € = **Anschaffungskosten 300.000,00 €**. Nach den **handelsrechtlichen Bewertungsvorschriften** für die Zugangsbewertung (§ 253 [1] HGB) müssen die Aktien mit diesem Wert aktiviert werden. Das **Steuerrecht** enthält in § 6 [1] Nr. 1 und 2 EStG ebenfalls die Vorschrift, dass Wirtschaftsgüter mit ihren **Anschaffungskosten** zu bewerten sind. Allerdings wird nicht gesagt, wie die Anschaffungskosten zu berechnen sind. Daher werden die **nach den handelsrechtlichen Vorschriften ermittelten Anschaffungskosten** der Aktien von 300.000,00 € **für steuerliche Zwecke übernommen**. Es gilt also die **Maßgeblichkeit der Handelsbilanz für die Steuerbilanz**.

D JAHRESABSCHLUSS

Durchbrechung der Maßgeblichkeit

Der **Grundsatz der Maßgeblichkeit** der Handelsbilanz für die Steuerbilanz **wird durchbrochen**, wenn das **Steuerrecht zwingend eine andere Bewertung vorschreibt**. In diesen Fällen weichen Handelsbilanz und Steuerbilanz voneinander ab.

Beispiel

Für die **Bewertung** der o. g. **Aktien** (Beispiel S. 253 oben) erlaubt § 6 [1] Nr. 2 EStG eine **Abschreibung in der Steuerbilanz** auf den niedrigeren Börsenkurs von 250.000,00 € bei einer **voraussichtlich dauernden Wertminderung**. Da der Aktienkurs nur vorübergehend gesunken ist, müssen die Aktien in der Steuerbilanz mit den Anschaffungskosten von 300.000,00 € ausgewiesen werden. Das handelsrechtliche Abschreibungswahlrecht gilt also für die Steuerbilanz nicht. Es liegt eine **Durchbrechung des Grundsatzes der Maßgeblichkeit** vor.

Werden die Aktien in der Handelsbilanz auf 250.000,00 € abgeschrieben und in der Steuerbilanz weiterhin mit 300.000,00 € bilanziert, weichen die Bilanzen voneinander ab. Der Handelsbilanzgewinn ist somit um 50.000,00 € niedriger als der Steuerbilanzgewinn.

Steuerliche Wahlrechte

Auch **steuerliche Wahlrechte** können zu einer Abweichung zwischen Handels- und Steuerbilanz führen. Kann das Unternehmen nach dem Steuerrecht verschiedene Wertansätze wählen, darf der gewählte Wertansatz nach § 5 [1] EStG vom handelsrechtlichen Wertansatz abweichen: „Bei Gewerbetreibenden […] ist für den Schluss des Wirtschaftsjahres das Betriebsvermögen anzusetzen […], das nach den handelsrechtlichen Grundsätzen ordnungsmäßiger Buchführung auszuweisen ist, **es sei denn, im Rahmen der Ausübung eines steuerlichen Wahlrechts wird** […] **ein anderer Ansatz gewählt**.“ Die Maßgeblichkeit der Handelsbilanz für die Steuerbilanz gilt nicht. **Steuerliche Wahlrechte** dürfen nur ausgeübt werden, wenn die **abweichend bewerteten Wirtschaftsgüter in einem besonderen Verzeichnis aufgeführt sind** (§ 5 [1] EStG).

Einheitsbilanz

Einzelunternehmen und kleinere Personengesellschaften stellen in der Regel nur **eine Bilanz** auf, die **zugleich Handels- und Steuerbilanz** ist. Das bedeutet, dass bereits bei den Jahresabschlussarbeiten die steuerrechtlichen Bewertungsmöglichkeiten berücksichtigt werden. Durch das BilMoG (Bilanzrechtsmodernisierungsgesetz) und die teilweise vom Handelsrecht abweichenden steuerlichen Vorschriften wird die Erstellung einer **Einheitsbilanz** erschwert.

Merke

- Bewertung bedeutet Bestimmung des Wertes für die einzelnen Vermögensteile und Schulden.
- Die Bewertung beeinflusst das im Jahresabschluss auszuweisende Vermögen, die Schulden und damit den Jahreserfolg.
- Handels- und steuerrechtliche Bewertungsvorschriften haben unterschiedliche Zielsetzungen.
- Allgemein gilt nach § 5 [1] EStG für die Bewertung der „Grundsatz der Maßgeblichkeit der Handelsbilanz für die Steuerbilanz", sofern die steuerlichen Vorschriften keine andere Bewertung zwingend vorschreiben oder ein Wahlrecht gewähren.

Aufgabe 326

Die Metall-AG hat zu Beginn des Geschäftsjahres 2018 eine CNC-Drehmaschine erworben: AK 400.000,00 €, Nutzungsdauer zehn Jahre. Wegen des technischen Fortschritts soll die Maschine nach Möglichkeit degressiv mit 25 % abgeschrieben werden.

Ermitteln Sie den Wertansatz zum 31. Dez. 2018 für die Handelsbilanz und die Steuerbilanz.

Aufgabe 327

Die Chemiewerke GmbH hat im Geschäftsjahr .. geringwertige Wirtschaftsgüter für insgesamt 35.000,00 € (Nettowerte der GWG über 250,00 € bis 1.000,00 €) erworben, die im zu veröffentlichenden handelsrechtlichen Jahresabschluss aktiviert und nach der Nutzungsdauer abgeschrieben werden. Um den steuerpflichtigen Gewinn zu mindern, wurden die geringwertigen Wirtschaftsgüter in der beim Finanzamt eingereichten Steuerbilanz voll abgeschrieben.

1. Welches Bilanzierungsrecht besteht steuerlich bei geringwertigen Wirtschaftsgütern?
2. Nehmen Sie kritisch Stellung zu der vorliegenden Bewertung in beiden Bilanzen.
3. Erläutern Sie die unterschiedliche Zielsetzung der handels- und steuerrechtlichen Bewertung.
4. Begründen Sie, inwiefern durch eine vorsichtige Bewertung in der Handelsbilanz dem Gläubigerschutz Rechnung getragen wird.
5. Nennen Sie mögliche Abweichungen zwischen Handels- und Steuerbilanz.
6. Welche Vor- und Nachteile hat jeweils eine   a) niedrige oder   b) hohe Abschreibung?

4.2 Allgemeine Bewertungsgrundsätze nach § 252 HGB

Die allgemeinen Bewertungsgrundsätze (Prinzipien) ergeben sich aus § 252 [1] HGB. Sie sind für alle Kaufleute verbindlich:

1. Grundsatz der Bilanzidentität (Bilanzgleichheit)

Der Grundsatz der Bilanzidentität verlangt, dass die Posten der **Schlussbilanz** eines Geschäftsjahres **wertmäßig** mit den Posten der **Eröffnungsbilanz** des folgenden Geschäftsjahres **übereinstimmen**, also **identisch** sein müssen. Die **Schlussbilanz** ist **gleichzeitig die Eröffnungsbilanz des Folgejahres**.

Der Grundsatz der Bilanzidentität soll verhindern, dass beim Übergang auf das neue Geschäftsjahr nachträglich Wertveränderungen vorgenommen werden.

2. Grundsatz der Unternehmensfortführung (Going-concern-Prinzip)

Bei der Bewertung ist grundsätzlich **von der Fortführung der Unternehmenstätigkeit auszugehen**. Die einzelnen Vermögensgegenstände dürfen **nicht mit ihren Liquidationswerten** (Einzelveräußerungspreis im Falle einer freiwilligen Auflösung des Unternehmens) in die Jahresbilanz eingesetzt werden, sondern nur zu dem Wert, der sich aus der angenommenen Unternehmensfortführung ergibt. Das sind z. B. bei abnutzbaren Anlagegütern die Anschaffungskosten abzüglich Abschreibungen.

Eine **Abweichung vom „Going-concern-Prinzip"** ist nur im Falle einer **Liquidation** (freiwillige Auflösung) oder einer **zwangsweisen** Auflösung eines Unternehmens im Rahmen eines Insolvenzverfahrens möglich.

3. Grundsatz der Einzelbewertung

Grundsätzlich sind alle **Vermögensgegenstände und Schulden einzeln zu bewerten**. Allerdings sind **Bewertungsvereinfachungsverfahren** aus Gründen der Wirtschaftlichkeit gesetzlich zugelassen, wie z. B. eine **Gruppen- oder Sammelbewertung** der Werkstoffbestände nach Durchschnittswerten (§ 240 [4] HGB) u. a.

4. Grundsatz der Stichtagsbezogenheit (Stichtagsprinzip)

Die **Bewertung** der einzelnen Vermögensgegenstände und Schulden hat sich **nach den Verhältnissen am Abschlussstichtag** zu richten. Dabei sind alle **Sachverhalte**, die am Bilanzstichtag (z. B. 31. Dezember 01) **objektiv** bestanden, zu berücksichtigen, auch wenn sie nach diesem Zeitpunkt, jedoch noch **vor dem Tag der Bilanzaufstellung** (z. B. 28. Januar 02), **bekannt** werden (sog. **wertaufhellende Tatsachen**).

> **Beispiel**
>
> Am 31. Dezember 01 besteht eine Forderung gegenüber einem Kunden in Höhe von 11.900,00 €. Am 12. Januar 02, also noch vor Bilanzaufstellung (28. Januar 02), wird bekannt, dass der Kunde bereits am 27. Dezember 01 nach Abschluss eines Insolvenzverfahrens zahlungsunfähig war.
>
> Die erlangte bessere Erkenntnis über den Wert der Forderung zum Abschlussstichtag muss bei der Bewertung berücksichtigt werden. Die Forderung ist zum 31. Dezember 01 abzuschreiben, da sie objektiv uneinbringlich war.

Vorgänge, die sich **nach** dem Bilanzstichtag ereignen und Tatsachen geschaffen haben, die am Abschlussstichtag objektiv noch nicht gegeben waren, **dürfen bei der Bewertung** zu diesem Zeitpunkt **nicht berücksichtigt werden**.

> **Beispiel**
>
> Am 31. Dezember 01 besteht gegenüber einem Kunden eine Forderung über 17.850,00 €. Wertmindernde Tatsachen waren zu diesem Zeitpunkt nicht gegeben. Am 15. Januar 02, also noch vor Bilanzaufstellung (28. Januar 02), brennt das Warenlager des Kunden ab. Mangels ausreichender Versicherungsleistung kommt es zu einem Insolvenzverfahren und damit zum Totalausfall der Forderung. Die durch Brand eingetretene Zahlungsunfähigkeit des Kunden ist ein **Vorgang im neuen Geschäftsjahr**. Eine Abschreibung der Forderung darf deshalb zum 31. Dezember 01 nicht vorgenommen werden.

D JAHRESABSCHLUSS

Vorsichtsprinzip

5. Grundsatz der Vorsicht (Vorsichtsprinzip)

Der Kaufmann muss **vorsichtig** bewerten, indem er **alle vorhersehbaren Risiken und Verluste**, die bis zum Abschlussstichtag entstanden sind oder drohen, berücksichtigt. Das bedeutet, dass er die **Vermögensgegenstände** eher zu niedrig als zu hoch (**Niederstwertprinzip**) und die **Schulden** eher zu hoch als zu niedrig (**Höchstwertprinzip**) ansetzt.

Gewinne dürfen nur dann ausgewiesen werden, wenn sie **durch Umsatz tatsächlich entstanden**, also **realisiert** sind (**Realisationsprinzip**; Ausnahme: kurzfristige Fremdwährungsverbindlichkeiten, vgl. S. 278 ff.).

Das Vorsichtsprinzip soll **überhöhte Gewinnausschüttungen verhindern** und trägt deshalb zur **Erhaltung des Eigenkapitals** und damit der **Haftungssubstanz** gegenüber den Gläubigern (**Gläubigerschutz**) bei.

Periodenabgrenzung

6. Grundsatz der Periodenabgrenzung

Nach dem Grundsatz der Periodenabgrenzung sind **Aufwendungen und Erträge dem Geschäftsjahr zuzuweisen**, in dem sie **wirtschaftlich verursacht** wurden, ohne Rücksicht auf den Zeitpunkt der Ausgabe und Einnahme.

Die **zeitliche Abgrenzung der Aufwendungen und Erträge** in der Form der „Aktiven und Passiven Rechnungsabgrenzung" sowie „Sonstigen Forderungen und Sonstigen Verbindlichkeiten" sowie „Rückstellungen" soll eine **periodengerechte Erfolgsermittlung ermöglichen**.

Bewertungsstetigkeit

7. Grundsatz der Bewertungsstetigkeit

Der Grundsatz der Bewertungsstetigkeit besagt, dass die einmal gewählten **Bewertungs- und Abschreibungsmethoden** grundsätzlich **beizubehalten** sind.

Die Bewertungsstetigkeit, auch **materielle Bilanzkontinuität** genannt, soll insbesondere einen willkürlichen Wechsel der Bewertungs- und Abschreibungsmethoden für dasselbe oder gleichwertige Wirtschaftsgüter verhindern, damit die **Vergleichbarkeit der Jahresabschlüsse** sichergestellt ist.

Zu berücksichtigen ist aber auch die **formale Bilanzkontinuität** (§ 265 [1] HGB), also eine **einheitliche Bezeichnung und Gliederung der Posten des Jahresabschlusses** in der **Bilanz** (§ 266 HGB) und in der **Gewinn- und Verlustrechnung** (§ 275 HGB).

Merke

■ **Die allgemeinen Bewertungsgrundsätze nach § 252 [1] HGB gelten für alle Kaufleute und Unternehmensformen:**
  – **Einzelunternehmen (e. K., e. Kffr., e. Kfm.),**
  – **Personengesellschaften (OHG, KG),**
  – **Kapitalgesellschaften (AG, KGaA, GmbH) und**
  – **Genossenschaften (eG).**

■ **Von den allgemeinen Bewertungsgrundsätzen darf nur in begründeten Ausnahmefällen abgewichen werden (§ 252 [2] HGB).**

Aufgabe 328

1. Welche Bedeutung hat das Stichtagsprinzip für die Bewertung der Vermögensgegenstände und Schulden?
2. Welchen Einfluss haben „werterhellende Tatsachen" auf die Bewertung?
3. Unterscheiden Sie zwischen dem Grundsatz der Bilanzidentität und Bilanzkontinuität.
4. Zum 31. Dezember 01 wurde für Prozesskosten eines schwebenden Prozesses eine Rückstellung in Höhe von 12.000,00 € gebildet. Noch vor Bilanzaufstellung am 10. März 02 geht der Prozess wider Erwarten zu unseren Gunsten aus. *Beurteilen Sie den Tatbestand.*
5. Am 31. Dezember 01 musste eine Forderung wegen Uneinbringlichkeit abgeschrieben werden. Vor Bilanzaufstellung am 25. Februar 02 wird der Schuldner durch eine Erbschaft wieder zahlungsfähig. *Wie ist die Forderung zum Bilanzstichtag zu bewerten?*

4.3 Wertmaßstäbe bei Vermögensgegenständen

Für die **Bewertung** sind insbesondere folgende Wertmaßstäbe von Bedeutung: **Anschaffungskosten** (AK), **Herstellungskosten** (HK), **Fortgeführte AK/HK**, **Tageswert** und **Teilwert**.

Anschaffungskosten sind nach § 255 [1] HGB „[...] die **Aufwendungen**, die geleistet werden, um einen **Vermögensgegenstand zu erwerben** und ihn in einen **betriebsbereiten Zustand zu versetzen**, soweit sie dem Vermögensgegenstand **einzeln** zugeordnet werden können":

Anschaffungskosten
§ 255 [1] HGB

	Anschaffungspreis	Netto-Kaufpreis
+	Nebenkosten	Bezugskosten, Zölle, Fundament, Montage, Zulassung, Grunderwerbsteuer, Notar, Makler
+	nachträgliche Anschaffungskosten	Erschließung, Straßenbau, Umbau, Ausbau, Zubehörteile für Anlagen u. a.
–	Anschaffungspreisminderungen	Rabatte, Skonti, Gutschriften, Zuschüsse u. a.
=	**Anschaffungskosten**	**Aktivierung**: handels- und steuerrechtlich

Herstellungskosten für im eigenen Betrieb erstellte Vermögensgegenstände (z. B. Erzeugnisse, selbst erstellte Anlagen, werterhöhende Großreparaturen) umfassen nach § 255 [2, 2a, 3] HGB die **Einzelkosten** (Fertigungsmaterial, Fertigungslöhne, Sonderkosten der Fertigung), die **Materialgemeinkosten** (z. B. Lagerhaltung, Materialprüfung, -transport), die **Fertigungsgemeinkosten** (z. B. Betriebsleitung, Vorbereitung und Kontrolle der Fertigung, Raumkosten) sowie den **fertigungsbedingten Werteverzehr** des Anlagevermögens (z. B. Abschreibungen auf Fertigungsanlagen). Für die Bewertung in der Handels- und Steuerbilanz dürfen wahlweise weitere Kosten bis zur Herstellungskostenobergrenze angesetzt werden. Diese Wahlrechte sind in der Steuerbilanz in Übereinstimmung mit der Handelsbilanz auszuüben (§ 6 [1] Nr. 1b EStG).

Herstellungskosten
§ 255 [2, 2a, 3] HGB

		Handelsrechtliche und steuerrechtliche Herstellungskosten (HK)			
Handels- und Steuerrecht: Pflicht	+ + + + +	Fertigungsmaterial Fertigungslöhne Sondereinzelkosten der Fertigung Materialgemeinkosten Fertigungsgemeinkosten fertigungsbedingter Werteverzehr des Anlagevermögens	+ + + +	Allgemeine Verwaltungskosten Aufwendungen für soziale Einrichtungen des Betriebs Aufwendungen für freiwillige soziale Leistungen Aufwendungen für betriebliche Altersversorgung	Handels- und Steuerrecht: Wahlrecht
	=	**Mindest-HK nach Handels- und Steuerrecht**	=	**Höchste HK nach Handels- und Steuerrecht**	

Forschungs- und Vertriebskosten dürfen nicht, **Fremdkapitalzinsen** dürfen nur bei unmittelbarem Zusammenhang mit der Herstellung eines Vermögensgegenstands angesetzt werden.

Fortgeführte Anschaffungs-/Herstellungskosten ergeben sich nach Abschreibungen:

Fortgeführte AK/HK

	Anschaffungskosten/Herstellungskosten abnutzbarer Anlagegüter
–	planmäßige Abschreibungen
=	fortgeführte Anschaffungskosten/Herstellungskosten

Tageswert, auch **Zeitwert** oder **Wiederbeschaffungswert** genannt, ist der (all-)gemeine Wert, der sich aus dem **Börsen- oder Marktpreis** ergibt. Falls ein Börsen- oder Marktpreis nicht festzustellen ist, gilt ein **geschätzter Wert**. Der Tageswert ist also lediglich als **Vergleichswert** anzuwenden bzw. anzusetzen.

Tageswert

Teilwert ist ein steuerlicher Wertbegriff, dem hilfsweise die o. g. Wertmaßstäbe entsprechen:

Teilwert
§ 6 [1] Nr. 1 EStG

> „Teilwert ist der Betrag, den ein Erwerber des ganzen Betriebes im Rahmen des Gesamtkaufpreises für das einzelne Wirtschaftsgut ansetzen würde; dabei ist davon auszugehen, dass der Erwerber den Betrieb fortführt."

Merke

Die Anschaffungs-/Herstellungskosten dürfen grundsätzlich nicht überschritten werden.

D JAHRESABSCHLUSS

Aufgabe 329

Ein Industriebetrieb hat am 12. Januar 2018 eine automatische Verpackungsanlage erworben. Der Listenpreis beträgt 350.000,00 €. Der Lieferant gewährt hierauf einen Sonderrabatt von 10 %.

Außerdem wurden vom Lieferanten in Rechnung gestellt: Transportkosten 3.000,00 €, Fundamentierungskosten 5.500,00 €, Montagekosten 1.500,00 €, zuzüglich Umsatzsteuer.

Der Rechnungsbetrag wurde mit 2 % Skonto durch Banküberweisung beglichen.

Zur Teilfinanzierung der Anlage wurde ein Darlehen aufgenommen: 150.000,00 €. Zinsen für das laufende Geschäftsjahr wurden mit 13.500,00 € dem Bankkonto belastet.

1. Erstellen Sie die Rechnung des Lieferanten.
2. Buchen Sie den Eingang der Rechnung.
3. Ermitteln Sie die Anschaffungskosten der Verpackungsanlage.
4. Nennen Sie den Buchungssatz für den Rechnungsausgleich.
5. Die Verpackungsanlage hat eine Nutzungsdauer von 10 Jahren. *Ermitteln Sie den Abschreibungsbetrag im ersten Jahr a) bei linearer und b) bei degressiver Abschreibung (25 %).*
6. Ermitteln Sie für die Verpackungsanlage den Wertansatz in der Handelsbilanz zum 31. Dezember 2018 in den Fällen 5. a) und 5. b).
7. Welche Auswirkung hat jeweils die Bewertung in den Fällen 5. a) und 5. b) auf den Gewinn des Unternehmens?
8. Für welchen Wertansatz würden Sie sich entscheiden, wenn das Unternehmen a) mit Verlust oder b) mit Gewinn abschließt? Begründen Sie.

Aufgabe 330

Die Kosten- und Leistungsrechnung stellt für die Bewertung des Schlussbestandes an Fertigen Erzeugnissen folgende Zahlen zur Verfügung:

Fertigungsmaterial	50.000,00 €
Fertigungslöhne	200.000,00 €
Sondereinzelkosten der Fertigung (Lizenzgebühren)	12.000,00 €
Materialgemeinkosten	10.000,00 €
Fertigungsgemeinkosten	80.000,00 €
Fertigungsbedingter Werteverzehr des Anlagevermögens	3.000,00 €
Allgemeine Verwaltungskosten	30.000,00 €
Vertriebsgemeinkosten	25.000,00 €

1. Ermitteln Sie den Wertansatz für den Inventurbestand der Erzeugnisse zum 31. Dezember 01
    a) bei handels- und steuerrechtlich zulässiger höchstmöglicher Bewertung,
    b) bei handels- und steuerrechtlich zulässiger niedrigster Bewertung,
2. Erläutern Sie jeweils die Gewinnauswirkung in den Fällen 1. a) und b).

Aufgabe 331

Die Metall GmbH hat eine CNC-Maschine, Anschaffungskosten 300.000,00 €, in ihrer Handelsbilanz für das Geschäftsjahr 2010 linear mit 10 % abgeschrieben. In der dem Finanzamt eingereichten Steuerbilanz wurde die Maschine mit 25 % degressiv abgeschrieben.

Ermitteln und begründen Sie jeweils den Wertansatz für die Handels- und Steuerbilanz.

Aufgabe 332

Ein Industriebetrieb hat am 28. Dezember 01 Rohstoffe im Wert von 150.000,00 € zuzüglich USt erworben. Der Rechnungsbetrag wurde nach dem Abschlussstichtag (31. Dezember 01) am 10. Januar 02 unter Abzug von 2 % Skonto überwiesen.

Ermitteln und begründen Sie den Wertansatz für die Rohstoffe in der Jahresbilanz zum 31. Dezember 01.

Aufgabe 333

Ein Industriebetrieb hat zum 31. Dezember 01 für einen noch schwebenden Prozess eine Rückstellung in Höhe von 15.000,00 € gebildet. Noch vor Bilanzaufstellung am 15. März des Folgejahres kommt der Prozess zum Abschluss. Der Prozessgegner hat alle Kosten zu tragen.

Begründen Sie, warum in der Jahresbilanz zum 31. Dezember 01 keine Rückstellung gebildet werden darf.

Aufgabe 334

Die Kosten- und Leistungsrechnung der Furnierwerke GmbH liefert für die Bewertung einer selbst erstellten maschinellen Anlage die folgenden Daten für entstandene Einzelkosten:

Fertigungsmaterial lt. Materialentnahmescheine	85.000,00 €
Fertigungslöhne lt. Lohnzettel	125.000,00 €
Fertigungsbedingter Werteverzehr des Anlagevermögens	5.000,00 €
TÜV-Abnahmegebühr	5.800,00 €

Die Zuschlagssätze für die entstandenen Gemeinkosten betragen:

Materialgemeinkosten	20 %
Fertigungsgemeinkosten	200 %

Allgemeine Verwaltungskosten sind in Höhe von 48.780,00 € angefallen.

1. Ermitteln Sie die Bewertungsobergrenze der Herstellungskosten.
2. Berechnen Sie die Bewertungsuntergrenze der Herstellungskosten.
3. Wie lautet die Buchung zur Aktivierung der selbst erstellten Anlage?
4. Erläutern Sie die Auswirkungen auf den Gewinn der Gesellschaft, wenn in der Handelsbilanz die Herstellungskosten
   a) mit der Bewertungsobergrenze und
   b) mit der Bewertungsuntergrenze
   angesetzt werden.

Aufgabe 335

Kauf eines bebauten Grundstücks für 800.000,00 € zu Beginn des Geschäftsjahres. Der Grundstücksanteil beträgt 200.000,00 €.

Die Grunderwerbsteuer beträgt 5,0 %. Im Übrigen fallen noch folgende Kosten an:

Maklergebühr 24.000,00 € + USt; Notariatskosten 5.000,00 € + USt und Grundbuchkosten in Höhe von 3.000,00 €.

Zur Finanzierung wurde ein Hypothekendarlehen von 500.000,00 € aufgenommen. Der Restbetrag wurde durch Banküberweisung beglichen.

1. Ermitteln Sie jeweils die Anschaffungskosten
   a) des Grundstücks und
   b) des Gebäudes.
2. Wie lauten die Buchungen?
3. Das Geschäftsgebäude hat eine Nutzungsdauer von 40 Jahren.
   Ermitteln und buchen Sie die Abschreibung zum 31. Dezember.

Aufgabe 336

Kauf einer CNC-Fräsmaschine ab Werk. Auf den Listenpreis von 400.000,00 € erhält das Unternehmen einen Sonderrabatt von 5 %. Die Transport- und Verpackungskosten werden mit 4.500,00 € berechnet. Nutzungsdauer zehn Jahre.

Die Fundamentierungs- und Montagekosten in Höhe von 5.500,00 € + USt werden ebenfalls vom Lieferanten in Rechnung gestellt.

14 Tage nach Eingang und Buchung der Rechnung wird der Rechnungsbetrag abzüglich 2 % Skonto an die Lieferfirma überwiesen.

1. Erstellen Sie die Rechnung für den Lieferanten.
2. Buchen Sie den Eingang der Rechnung.
3. Berechnen Sie die Anschaffungskosten der Maschine.
4. Buchen Sie den Rechnungsausgleich durch Banküberweisung.
5. Wie hoch ist die lineare Abschreibung zum 31. Dezember 01, wenn die Fräsmaschine am 1. April 01 angeschafft wurde?
6. Buchen Sie die Abschreibung für das 1. Nutzungsjahr.

4.4 Besondere Bewertungsprinzipien[1]

Vorsichtsprinzip
§ 252 [1] Nr. 4 HGB

Das **Prinzip der Vorsicht** ist der **wichtigste** handelsrechtliche Bewertungsgrundsatz, der insbesondere der **Kapitalerhaltung** des Unternehmens und damit dem **Gläubigerschutz** dient. Vorsichtige Bewertung bedeutet, dass **bei Vermögensteilen der niedrigere** und **bei Schulden der höhere Wert anzusetzen** ist, wenn zum Abschlussstichtag mehrere Wertansätze zur Verfügung stehen. Darüber hinaus sollen alle **vorhersehbaren Risiken und Verluste** erfasst werden.

Konkrete Anwendung des Vorsichtsprinzips. Das Prinzip der Vorsicht (§ 252 [1] Nr. 4 HGB) findet seine konkrete Anwendung in den folgenden Bewertungsprinzipien: **Anschaffungswertprinzip**, **Niederstwertprinzip** und **Höchstwertprinzip**.

Anschaffungswertprinzip
§ 253 [1] HGB

Die Anschaffungskosten dürfen nicht überschritten werden!

Bei der Bewertung der Vermögensgegenstände zum Abschlussstichtag dürfen nach § 253 [1] HGB die **Anschaffungs- oder Herstellungskosten** nicht überschritten werden. Durch diese **Bewertungsobergrenze** wird sichergestellt, dass **nur die** am Abschlussstichtag **durch Verkauf oder Zahlung realisierten (entstandenen) Gewinne ausgewiesen** werden.

> **Beispiel**
>
> Der Wert eines zu 250.000,00 € erworbenen Grundstücks ist inzwischen auf 300.000,00 € gestiegen.
>
> Solange das Grundstück nicht zu dem höheren Wert verkauft ist, spricht man von einer **stillen Reserve** oder einem nicht realisierten Gewinn. **Aus Gründen kaufmännischer Vorsicht sind nicht realisierte Gewinne noch keine Gewinne** und dürfen deshalb auch **nicht ausgewiesen** (und somit auch nicht ausgeschüttet) werden. Das Grundstück darf höchstens mit 250.000,00 € Anschaffungskosten in die Bilanz eingesetzt werden.

Niederstwertprinzip

Niederstwertprinzip für Gegenstände des Anlage- und Umlaufvermögens

Am Abschlussstichtag ist von zwei möglichen Wertansätzen – **Tageswert** (Börsen- oder Marktpreis) und **Anschaffungskosten** – grundsätzlich der **niedrigere** anzusetzen (§ 253 [3, 4] HGB).

> **Beispiel**
>
> Der Wert eines mit 220.000,00 € aktivierten Baugrundstücks ist aufgrund einer amtlich verordneten Baubeschränkung auf 100.000,00 € gesunken.
>
> Auch wenn das Grundstück noch nicht zu dem niedrigeren Wert verkauft ist, muss der Wert wegen der **dauerhaften** Wertminderung (§ 253 [3] HGB) um 120.000,00 € auf 100.000,00 € herabgesetzt werden. Das **Niederstwertprinzip** führt somit zum **Ausweis eines noch nicht realisierten Verlustes**. Denn: Nicht realisierte Verluste sind aus Gründen kaufmännischer **Vorsicht** Verluste und müssen deshalb **wie Verluste behandelt werden**.

§ 253 [3] HGB

Vermögensgegenstände des Anlagevermögens sind nach § 253 [3] HGB **planmäßig** nach ihrer Nutzungsdauer (z. B. linear) abzuschreiben. Daneben sind **bei voraussichtlich dauernder Wertminderung** auch **außerplanmäßige Abschreibungen** vorzunehmen, um die Anlagen mit dem niedrigeren Wert anzusetzen. Lediglich **Finanzanlagen** können auch bei voraussichtlich **nicht dauernder Wertminderung** außerplanmäßig abgeschrieben werden.

§ 253 [4] HGB

Bei **Vermögensgegenständen des Umlaufvermögens** sind ebenfalls Abschreibungen auf den jeweiligen niedrigeren Wert vorzunehmen, der sich aus einem Börsen- oder Marktpreis bzw. einem beizulegenden Wert am Abschlussstichtag ergibt.

> **Merke**
>
> ■ **Strenges Niederstwertprinzip:** Von zwei möglichen Wertansätzen eines Vermögensgegenstandes muss stets der niedrigste Wert angesetzt werden. Dieses Prinzip gilt für das Umlaufvermögen, also auch bei einer nur vorübergehenden Wertminderung (§ 253 [4] HGB). Für alle Gegenstände des Anlagevermögens gilt es nur im Falle einer dauernden Wertminderung (§ 253 [3] HGB). Ausnahme: siehe § 256a HGB.
>
> ■ Ein niedrigerer Wertansatz bei Vermögensgegenständen des Anlage- und Umlaufvermögens darf nicht beibehalten werden, wenn die Gründe dafür nicht mehr bestehen (§ 253 [5] HGB).

---

[1] § 252 HGB enthält die allgemeinen Bewertungsgrundsätze (siehe S. 255 f.).

Höchstwertprinzip für die Bewertung der Schulden des Unternehmens

Zu den Schulden des Unternehmens zählen die Verbindlichkeiten und die Rückstellungen (vgl. hierzu auch S. 248 ff. und S. 278 ff.).

Verbindlichkeiten sind zu ihrem **Erfüllungsbetrag**, **Rückstellungen** „[...] in Höhe des nach vernünftiger kaufmännischer Beurteilung notwendigen Erfüllungsbetrages [...]" zu passivieren. Der Erfüllungsbetrag drückt aus, dass bei der Bewertung „[...] alle vorhersehbaren Risiken und Verluste, die bis zum Abschlussstichtag entstanden sind [...]", berücksichtigt werden müssen (§ 252 [1] Nr. 4 HGB). Das bedeutet, dass in die Bewertung zukünftige Preis- und Kostensteigerungen einfließen, sofern sie am Abschlussstichtag voraussehbar sind.

Höchstwertprinzip
§ 253 [1] HGB

Rückstellungen mit einer Restlaufzeit von **mehr als einem Jahr** sind „[...] mit dem ihrer Restlaufzeit entsprechenden durchschnittlichen Marktzinssatz **abzuzinsen**". Die durchschnittlichen Marktzinssätze ermittelt die Deutsche Bundesbank monatlich und veröffentlicht sie auf ihrer Internetseite.

Abzinsungsgebot
§ 253 [2] HGB

Sofern für eine Verbindlichkeit am Abschlussstichtag zwei alternative Wertansätze wählbar sind, ist der höchste in der Bilanz anzusetzen. Dieser Fall tritt vor allem bei langfristigen Verbindlichkeiten auf, die auf eine **Fremdwährung** lauten (zu Fremdwährungsverbindlichkeiten vgl. die Beispiele auf S. 278 ff.).

Anschaffungs-, Niederst- und Höchstwertprinzip bewirken, dass nicht realisierte Verluste ausgewiesen werden. Nicht realisierte Gewinne bleiben dagegen unberücksichtigt. Dieses Prinzip der ungleichen Behandlung von nicht realisierten Gewinnen und Verlusten bezeichnet man als Imparitätsprinzip (Ungleichheitsprinzip). Es ist Ausdruck kaufmännischer Vorsicht als dem obersten Bewertungsgrundsatz. Bei der Bewertung kurzfristig fälliger Fremdwährungsverbindlichkeiten wird dieser Grundsatz durchbrochen (vgl. S. 278 ff.).

Imparitätsprinzip
§ 252 [1] Nr. 4 HGB

Sofern Gegenstände des Anlage- und Umlaufvermögens außerplanmäßig abgeschrieben wurden, und es stellt sich in einem späteren Geschäftsjahr heraus, dass die Gründe für die außerplanmäßige Abschreibung nicht mehr bestehen, ist eine **Zuschreibung** (= Wertaufholung) vorzunehmen, und zwar **höchstens** bis zu den – gegebenenfalls um die normalen Abschreibungen verminderten – Anschaffungs- oder Herstellungskosten.

Wertaufholungsgebot
§ 253 [5] HGB

> **Beispiel**
>
> Die Metallwerke GmbH kauft am 3. Januar 01 X-Aktien für 20.000,00 € zur kurzfristigen Vermögensanlage. Zum 31. Dezember 01 haben die X-Aktien gemäß strengem Niederstwertprinzip nur noch einen Bilanzwert von 15.000,00 €. Bis zum 31. Dezember 02 steigen die Aktien auf einen Wert von 23.000,00 €. In der Steuer- und Handelsbilanz der Metallwerke GmbH zum 31. Dezember 02 muss nun eine **Wertaufholung bzw. Zuschreibung** bis zu den ehemaligen Anschaffungskosten von 20.000,00 € erfolgen, wodurch eine **stille Reserve von 5.000,00 €** ertragswirksam aufgelöst wird:
>
> Buchung: 2700 Wertpapiere des Umlaufvermögens 5.000,00
>   an 5441 Erträge aus Zuschreibungen zum Umlaufvermögen 5.000,00

> **Merke**
>
> ■ Das Imparitätsprinzip ist Ausdruck kaufmännischer Vorsicht:
> – Nicht realisierte Gewinne dürfen grundsätzlich nicht ausgewiesen werden!
> – Nicht realisierte Verluste müssen ausgewiesen werden!
> ■ Das Imparitätsprinzip findet seine Anwendung im Anschaffungs-, Niederst- und Höchstwertprinzip.
> ■ Sowohl in der Handels- als auch in der Steuerbilanz besteht ein striktes Wertaufholungsgebot für Gegenstände des Anlage- und Umlaufvermögens (Ausnahme: entgeltlich erworbener Geschäfts- oder Firmenwert).

4.5 Bewertung des Anlagevermögens

Im Hinblick auf die Bewertung des Anlagevermögens unterscheidet man zwischen **abnutzbaren Gegenständen des Anlagevermögens** und **nicht abnutzbaren Gegenständen des Anlagevermögens**.

4.5.1 Bewertung der abnutzbaren Anlagegegenstände

Planmäßige Abschreibung § 253 [3] HGB

Abnutzbare Anlagegegenstände[1] (z. B. Gebäude u. a.) sind in ihrer Nutzung zeitlich begrenzt. Sie sind deshalb nach § 253 [3] HGB **planmäßig** abzuschreiben, d. h. entweder **linear bzw. degressiv** nach ihrer Nutzungsdauer oder nach der beanspruchten **Leistung** (z. B. km). Zum Abschlussstichtag sind sie grundsätzlich mit den **fortgeführten** Anschaffungs- bzw. Herstellungskosten anzusetzen.

Beispiel

Anschaffung einer CNC-Drehmaschine am 10. Januar 01. Die Anschaffungskosten betragen 400.000,00 €. Die Nutzungsdauer wird mit zehn Jahren angesetzt. Die Maschine soll linear mit 40.000,00 € jährlich planmäßig abgeschrieben werden.

Anschaffungskosten	400.000,00 €
– planmäßige Abschreibung	40.000,00 €
= fortgeführte Anschaffungskosten zum 31. Dez. 01	360.000,00 €

Außerplanmäßige Abschreibung § 253 [3] HGB

Außerordentliche und dauerhafte Wertminderungen (z. B. durch Schadensfall oder technischen Fortschritt) **bedingen** eine außerplanmäßige Abschreibung des abnutzbaren Anlagegutes auf den niedrigeren Tageswert. Nach § 253 [3] HGB besteht **Abschreibungspflicht** (strenges Niederstwertprinzip).

Beispiel

Die fortgeführten Anschaffungskosten der o. g. Maschine betragen am Ende des sechsten Nutzungsjahres 160.000,00 €. Durch Produktionsumstellung kann diese Maschine nicht mehr genutzt werden. Der Tageswert beträgt 60.000,00 €.

fortgeführte Anschaffungskosten zum 31. Dez. 06	160.000,00 €
– Tageswert zum 31. Dezember 06	60.000,00 €
= außerplanmäßige Abschreibung	100.000,00 €

Nennen Sie den Buchungssatz für die planmäßige und die außerplanmäßige Abschreibung.

Wertaufholung § 253 [5] HGB

Ein niedrigerer Wertansatz aufgrund einer außerplanmäßigen Abschreibung darf nicht beibehalten werden, wenn die Gründe dafür nicht mehr bestehen. Die Wertaufholung (= Zuschreibung) ist höchstens bis zu den (fortgeführten) Anschaffungs- oder Herstellungskosten möglich.

4.5.2 Bewertung der nicht abnutzbaren Anlagegegenstände

Anschaffungskosten

Nicht abnutzbare Anlagegegenstände[1] (z. B. Grundstücke, Finanzanlagen, wie Wertpapiere, die als Daueranlage angeschafft wurden, u. a.) sind zum Abschlussstichtag **höchstens** mit den **Anschaffungskosten** anzusetzen.

Niedrigerer Tageswert

Bei einer **dauerhaften Wertminderung muss** nach § 253 [3] HGB eine **außerplanmäßige Abschreibung** auf den niedrigeren Tageswert erfolgen (strenges Niederstwertprinzip).

Auf Finanzanlagen trifft das Niederstwertprinzip in gemilderter Form zu: Finanzanlagen **können** auch bei **nicht dauernder** Wertminderung außerplanmäßig abgeschrieben werden (vgl. § 253 [3] HGB).

---

[1] Siehe auch S. 219 ff.

BILANZIERUNG DER VERMÖGENS- UND SCHULDPOSTEN — D

Beispiel

Die Metallbau GmbH hat im Geschäftsjahr 01 ein Aktienpaket zum Kurswert von 250.000,00 € als dauerhafte Kapitalanlage erworben. Die Aktien, die noch mit ihren Anschaffungskosten bilanziert sind, haben am 31. Dez. 02 nur noch einen Kurswert von 200.000,00 €.

Anschaffungskosten der Aktien	250.000,00 €
− Tageswert zum 31. Dezember 02	200.000,00 €
= außerplanmäßige Abschreibung	50.000,00 €

Buchung: 7400 Abschreibungen a. Finanzanlagen an 1500 Wertpapiere d. AV 50.000,00

Wertaufholung

Sollte in Zukunft, z. B. im Geschäftsjahr 04, der Kurswert auf 260.000,00 € steigen, muss in der Handelsbilanz der o. g. Kapitalgesellschaft eine **Zuschreibung** (Wertaufholung) **höchstens bis zu den Anschaffungskosten**, also in Höhe von 50.000,00 €, gemäß § 253 [5] HGB erfolgen.[1]
Nennen Sie den Buchungssatz (siehe S. 261).

Merke

- Nur abnutzbare Anlagegüter unterliegen einer planmäßigen Abschreibung. Die fortgeführten Anschaffungskosten/Herstellungskosten bilden den Wertansatz.
- Die Anschaffungskosten stellen i. d. R. den Wertansatz nicht abnutzbarer Anlagegüter dar.
- Alle Anlagegüter müssen bei einer voraussichtlich dauernden Wertminderung außerplanmäßig auf den niedrigeren Tageswert abgeschrieben werden (Ausnahme: Finanzanlagen).

Aufgabe 337

Die Textilwerke GmbH hat im Geschäftsjahr 01 ein Aktienpaket zur langfristigen Anlage zum Kurswert von 150.000,00 € erworben.

a) Am 31. Dezember 01 beträgt der Kurswert 120.000,00 €.
b) Am 31. Dezember 02 ist der Kurswert wiederum auf 140.000,00 € gestiegen.
c) Am 31. Dezember 03 beträgt der Kurswert 200.000,00 €.

Ermitteln und begründen Sie die Wertansätze in den Fällen a), b) und c).

Aufgabe 338

Im Geschäftsjahr 01 hat die Textilwerke GmbH zur Erweiterung ein Baugrundstück zum Kaufpreis von 600.000,00 € erworben. Grunderwerbsteuer 4,5 %; Notariatskosten 5.000,00 € + USt; Maklergebühr 18.000,00 € + USt; Kanalanschlussgebühr 12.000,00 €; Grundbuchkosten 2.800,00 €. Alle Zahlungen erfolgen durch Banküberweisungen.

Im Laufe des folgenden Geschäftsjahres ergibt ein Gutachten, dass das Grundstück wegen eines sumpfigen Unterbodens nur unter beträchtlichem Aufwand bebaut werden kann. Die Wertminderung des Grundstücks beträgt lt. Gutachten 80.000,00 €.

1. Ermitteln Sie die Anschaffungskosten des Grundstücks.
2. Nennen Sie die Buchungen zur Bilanzierung des Grundstücks.
3. Begründen Sie Ihre Bewertungsentscheidung zum 31. Dez. 02 und nennen Sie die Buchung.

Aufgabe 339

Die Textilwerke GmbH hat im Januar des Geschäftsjahres 01 eine neue EDV-Anlage für 200.000,00 € angeschafft. Lineare Abschreibung bei einer Nutzungsdauer von fünf Jahren. Zum Schluss des dritten Geschäftsjahres ist die EDV-Anlage als wirtschaftlich und technisch überholt anzusehen, da der Lieferant ein verbessertes Nachfolgemodell zu einem erheblich günstigeren Preis anbietet. Der Tageswert der EDV-Anlage beträgt nur noch 20.000,00 €.

Ermitteln und begründen Sie jeweils den Wertansatz zum
a) 31. Dezember 01,   b) 31. Dezember 02 und   c) 31. Dezember 03.

Aufgabe 340

Die Textilwerke GmbH hat am 1. Juli 2010 einen computergesteuerten Stoffschneideautomaten in Betrieb genommen. Die Anschaffungskosten betrugen 350.000,00 €.

1. Ermitteln Sie die handelsrechtlichen Wertansätze der neuen Anlage für die ersten drei Geschäftsjahre a) bei linearer und b) bei degressiver Abschreibung (25 %). Nutzungsdauer: zehn Jahre.
2. Führen Sie den Wechsel von der degressiven zur linearen Abschreibung durch.

---
[1] Siehe auch S. 261.

4.6 Bewertung des Umlaufvermögens

Zum Umlaufvermögen zählen nach § 266 HGB (siehe Bilanzgliederung im Anhang des Lehrbuches und auf S. 293 des Lehrbuches) die folgenden Vermögensgruppen:

> I. Vorräte
> II. Forderungen und sonstige Vermögensgegenstände
> III. Wertpapiere
> IV. Kassenbestand, Bundesbankguthaben, Guthaben bei Kreditinstituten und Schecks

Strenges Niederstwertprinzip § 253 [4] HGB

Für die **Bewertung der Wirtschaftsgüter des Umlaufvermögens** gilt das **strenge Niederstwertprinzip**. Sie dürfen **höchstens** mit ihren **Anschaffungskosten (AK)** oder **Herstellungskosten (HK)** angesetzt werden. Liegt jedoch der Wert am Abschlussstichtag darunter, **muss** dieser **niedrigere Tageswert (TW)** nach § 253 [4] HGB in das Inventar und die Schlussbilanz eingesetzt werden.[1]

Wertaufholungsgebot § 253 [5] HGB

Eine Wertaufholung bis zu den Anschaffungs- bzw. Herstellungskosten ist **steuerrechtlich** grundsätzlich vorgeschrieben. Das gilt gemäß § 253 [5] HGB auch **verbindlich für die Handelsbilanz**.

Merke

- **Strenges Niederstwertprinzip** bedeutet, dass von zwei am Abschlussstichtag möglichen Wertansätzen, dem Tageswert (TW) und den Anschaffungskosten (AK) oder Herstellungskosten (HK), stets der niedrigere Wert in das Inventar und die Schlussbilanz einzusetzen ist:
    - AK/HK > TW = Bewertung zum TW
    - AK/HK < TW = Bewertung zu AK/HK
- Die Anschaffungs- oder Herstellungskosten bilden grundsätzlich die absolute Wertobergrenze.

4.6.1 Bewertung der Vorräte

Zum Vorratsvermögen eines Industriebetriebes, das im Umlaufvermögen an erster Stelle auszuweisen ist, zählen **folgende Bestände**:

> 1. Roh-, Hilfs- und Betriebsstoffe
> 2. Unfertige Erzeugnisse, unfertige Leistungen
> 3. Fertige Erzeugnisse und Waren
> 4. Geleistete Anzahlungen

Inventur

Zum Abschlussstichtag sind die Gegenstände des Vorratsvermögens **körperlich** (mengenmäßig) zu **erfassen und** zu **bewerten**. Anstelle dieser **Stichtagsinventur** kann die Bestandsaufnahme auch in Form einer **permanenten oder verlegten Inventur** (siehe auch S. 13) durchgeführt werden.

Ausgangswert für die Bewertung bilden

> - bei **Werkstoffen, Fremdbauteilen** und **Handelswaren**: die **Anschaffungskosten**;
> - bei **unfertigen** und **fertigen Erzeugnissen**: die **Herstellungskosten**.

Sammel- bzw. Gruppenbewertung

Wie für alle Vermögensteile und Schulden gilt auch für die **Bewertung der Vorräte** an Werkstoffen, Fremdbauteilen, eigenen Erzeugnissen und Handelswaren der **Grundsatz der Einzelbewertung**, d. h., **bei jedem Einzelposten** sind jeweils die ursprünglichen **Anschaffungskosten** (Herstellungskosten) **mit dem Tageswert am Abschlussstichtag zu vergleichen**,

---

[1] Ausnahme: Fremdwährungsforderungen mit einer Restlaufzeit bis zu einem Jahr gemäß § 256a HGB.

wobei der **niedrigere** von beiden Werten anzusetzen ist. Diese Einzelbewertung ist jedoch kaum möglich, wenn sich der zu bewertende Inventurbestand aus **verschiedenen Lieferungen und Preisen** zusammensetzt. Deshalb erlaubt der Gesetzgeber bei **gleichartigen** Vorräten eine **Sammel-** bzw. **Gruppenbewertung** in Form einer **Bewertung nach dem gewogenen Durchschnitt (§ 240 [4] HGB)** oder **einer Verbrauchsfolgebewertung (§ 256 HGB)**.

4.6.1.1 Durchschnittsbewertung nach § 240 [4] HGB

Hierbei werden die **durchschnittlichen Anschaffungskosten** (Herstellungskosten) aus Anfangsbestand und Zugängen sowie Stückzahl ermittelt und mit dem **Tageswert am Abschlussstichtag** verglichen:

Jährliche Durchschnittswertermittlung

Beispiel

E-Schalter		Menge	Anschaffungskosten je Einheit	Gesamtwert
Anfangsbestand	1. Jan.	1 000	5,00 €	5.000,00 €
Zugang	10. Jan.	2 000	6,00 €	12.000,00 €
Zugang	15. Juli	4 000	6,50 €	26.000,00 €
Zugang	20. Dez.	600	7,00 €	4.200,00 €
		7 600		47.200,00 €

Bewertung: Die **durchschnittlichen Anschaffungskosten** betragen 6,21 € (47.200 : 7 600). Bei einem **Tageswert** zum 31. Dezember von 7,20 € und einem Schlussbestand von 2 000 Einheiten ergibt sich nach dem **strengen Niederstwertprinzip** folgender **Bilanzansatz**:

Inventurmenge ·	Wert je Einheit	= Bilanzansatz
2 000 ·	6,21 €	= 12.420,00 €

Nennen Sie den Buchungssatz. Wie lauten Bilanzansatz und Buchung bei einem Tageswert (31. Dezember) von 5,80 €/Stück?

Die permanente Durchschnittswertermittlung ist im Ergebnis **genauer**. Hierbei ermittelt man die durchschnittlichen Anschaffungskosten **laufend (permanent) nach jedem Lagerzugang und -abgang** anhand der Lagerbuchführung. Die Abgänge werden jeweils zum neuesten Durchschnittswert abgesetzt. Nach der letzten Lagerbestandsveränderung erhält man zum Abschlussstichtag die **durchschnittlichen Anschaffungskosten des Endbestandes**, die mit dem Tageswert zum 31. Dezember (Niederstwertprinzip!) verglichen werden.

Permanente Durchschnittswertermittlung

Beispiel

	Anfangsbestand	1. Januar	1 000 Einheiten zu 5,00 €	=	5.000,00 €
+	Zugang	10. Januar	2 000 Einheiten zu 6,00 €	=	12.000,00 €
=	Bestand	11. Januar	3 000 Einheiten zu 5,67 €	=	17.000,00 €
–	Abgang	13. Juni	1 800 Einheiten zu 5,67 €	=	10.206,00 €
=	Bestand	14. Juni	1 200 Einheiten zu 5,66 €	=	6.794,00 €
+	Zugang	15. Juli	4 000 Einheiten zu 6,50 €	=	26.000,00 €
=	Bestand	16. Juli	5 200 Einheiten zu 6,31 €	=	32.794,00 €
–	Abgang	17. September	3 800 Einheiten zu 6,31 €	=	23.978,00 €
=	Bestand	18. September	1 400 Einheiten zu 6,30 €	=	8.816,00 €
+	Zugang	20. Dezember	600 Einheiten zu 7,00 €	=	4.200,00 €
=	**Schlussbestand**	31. Dezember	2 000 Einheiten zu 6,51 €	=	13.016,00 €

4.6.1.2 Verbrauchsfolgebewertung nach § 256 HGB

Die Bewertung **gleichartiger** Vorratsbestände kann zum Abschlussstichtag auch auf der Grundlage einer bestimmten **Verbrauchs- oder Veräußerungsfolge** vorgenommen werden. Für **handelsrechtliche** Abschlüsse sind die **Fifo- und Lifo-Methode** zulässig (vgl. § 256 HGB). Für **steuerliche** Abschlüsse ist nur die **Lifo-Methode** erlaubt (vgl. § 6 [1] Nr. 2a EStG).

Fifo-Methode

Die Fifo-Methode unterstellt, dass die **zuerst beschafften** (hergestellten) Güter auch **zuerst verbraucht** (verkauft) werden (first in – first out), sodass der **Endbestand** stets **aus den letzten Zugängen** stammt und deshalb auch jeweils zu deren Anschaffungs-/Herstellungskosten bzw. niedrigerem Tageswert bewertet wird.

Beispiel

E-Schalter		Menge	Anschaffungskosten je Einheit
Anfangsbestand	1. Jan.	1 000	5,00 €
Zugang	10. Jan.	2 000	6,00 €
Zugang	15. Juli	4 000	6,50 €
Zugang	20. Dez.	600	7,00 €

Für den **Inventurbestand** von 2 000 Schaltern ergibt sich folgender **Fifo-Wertansatz**:

```
  600 Einheiten zu 7,00 €   =   4.200,00 €
1 400 Einheiten zu 6,50 €   =   9.100,00 €
────────────────────────────────────────────
2 000 Einheiten Endbestand  =  13.300,00 € Bilanzansatz nach Fifo-Methode
```

Wegen des strengen Niederstwertprinzips ist der Fifo-Wertansatz mit dem **Tageswert am Abschlussstichtag** zu vergleichen. Bei einem **Tageswert von 7,20 €/Stück** muss der Fifo-Wertansatz von 13.300,00 € bilanziert werden. Beträgt der Tageswert am Abschlussstichtag 6,40 €/Stück, müsste **der Endbestand zum niedrigeren Tageswert von 12.800,00 €** bewertet werden.

Lifo-Methode

Die Lifo-Methode geht von der Annahme aus, dass die **zuletzt erworbenen** (hergestellten) Güter **als Erste verbraucht** (verkauft) werden (last in – first out). Somit setzt sich der **Endbestand aus dem Anfangsbestand und den ersten Zugängen** zusammen und ist zu deren Anschaffungs- oder Herstellungskosten bzw. zum niedrigeren Tageswert anzusetzen.

Beispiel

Für den o. g. **Inventurbestand** von 2 000 Schaltern ergibt sich folgender **Lifo-Wertansatz**:

```
1 000 Einheiten zu 5,00 €   =   5.000,00 €
1 000 Einheiten zu 6,00 €   =   6.000,00 €
────────────────────────────────────────────
2 000 Einheiten Endbestand  =  11.000,00 € Bilanzansatz nach Lifo-Methode
```

Wie lautet der Bilanzansatz bei einem Tageswert von a) 7,00 €/Stück und b) 5,00 €/Stück?

Bei steigenden Preisen führt die **Lifo-Methode** zu einer niedrigen Bewertung des Endbestandes (= Bildung stiller Reserven), wobei der Werkstoffverbrauch zu hohen Preisen in die Kostenrechnung eingeht. **Bei fallenden Preisen** führt das Lifo-Verfahren zu einer Überbewertung des Endbestandes. Da dieser nach dem Niederstwertprinzip auf den niedrigeren Stichtagswert abgewertet werden müsste, findet die Lifo-Methode bei fallenden Preisen keine Anwendung.

Handelsrechtlich kann die Bewertung **gleichartiger** Vorratsbestände sowohl nach den **Durchschnittsmethoden** als auch nach der **Verbrauchsfolge** vorgenommen werden, sofern das **strenge Niederstwertprinzip** beachtet wird. Steuerrechtlich sind Durchschnitts- und Lifo-Methode zulässig. Wegen der einfachen Durchführung wird **in der Praxis überwiegend das Durchschnittsverfahren** angewandt.

Merke

- Die Sammelbewertungsverfahren vereinfachen die Bewertung gleichartiger Güter, die zu unterschiedlichen Preisen und Zeitpunkten angeschafft wurden.
- Die Ergebnisse müssen jedoch mit dem Tageswert am Abschlussstichtag verglichen werden. Von beiden Werten ist dann der niedrigere anzusetzen (strenges Niederstwertprinzip).

BILANZIERUNG DER VERMÖGENS- UND SCHULDPOSTEN — D

Aufgabe 341

Die Maschinenfabrik Badicke KG, Leverkusen, hat am Abschlussstichtag noch Fertigteile (Elektromotoren) auf Lager. Der mengenmäßige Bestand beträgt lt. körperlicher Inventur 280 Stück. Die Anschaffungskosten betrugen 350,00 € je Stück.
a) Zum Abschlussstichtag beträgt der Tageswert 380,00 € je Stück.
b) Zum Abschlussstichtag beträgt der Tageswert 270,00 € je Stück.
1. Begründen Sie Ihre Bewertungsentscheidung und ermitteln Sie den Bilanzansatz für die Fertigteile. Wie lautet die Buchung?
2. Erklären Sie die Auswirkung auf den Erfolg.

Aufgabe 342

Der Lagerbestand einer bestimmten Handelsware beträgt in einem Industriebetrieb lt. Inventur 300 Stück, die für 40,00 € je Stück angeschafft wurden. Zum Abschlussstichtag beträgt der Wiederbeschaffungswert 50,00 € je Stück. Der Buchhalter bewertet diesen Bestand mit 300 · 50 = 15 000,00 € Bilanzansatz.
1. Nehmen Sie zu dieser Bewertungsentscheidung des Buchhalters Stellung und erklären Sie die Auswirkung auf die Erfolgsrechnung.
2. Ermitteln Sie gegebenenfalls den neuen Bilanzansatz, begründen und buchen Sie.

Aufgabe 343

Ein Industrieunternehmen, das sich mit der Fertigung von Haushaltsmaschinen befasst, hat zum Abschlussstichtag lt. Inventur noch einen Bestand von 2 500 Elektromotoren auf Lager. Diese Elektromotoren, die in Küchenmaschinen eingebaut werden, wurden während des Geschäftsjahres erworben, jedoch nicht nach Lieferungen getrennt gelagert.
Zum Abschlussstichtag ist somit nicht feststellbar, aus welchen Lieferungen die Elektromotoren stammen und zu welchen Preisen sie angeschafft wurden.
1. Unterscheiden Sie zwischen Einzel- und Sammelbewertung.
2. Begründen Sie, warum im vorliegenden Fall eine Sammelbewertung rechtlich möglich ist.
3. Schlagen Sie ein sowohl handels- als auch steuerrechtlich zulässiges Sammelbewertungsverfahren vor.

Aufgabe 344

Der Leiter des Rechnungswesens (Aufgabe 343) stellt Ihnen folgende Unterlagen für eine Sammelbewertung der Elektromotoren zum Abschlussstichtag zur Verfügung:

Anfangsbestand zum   1. Januar   2 000 Stück zu je 45,00 € Anschaffungskosten
Zugänge   10. Februar   3 000 Stück zu je 50,00 € Anschaffungskosten
                      10. August   2 000 Stück zu je 55,00 € Anschaffungskosten
                      10. Oktober   1 500 Stück zu je 58,00 € Anschaffungskosten

1. Ermitteln Sie zum Abschlussstichtag die durchschnittlichen jährlichen Anschaffungskosten je Stück (gewogener Durchschnittspreis).
2. Errechnen Sie den zulässigen Bilanzansatz für den Schlussbestand von 2 500 Stück,
    a) wenn die durchschnittlichen Anschaffungskosten dem Tageswert am Abschlussstichtag (31. Dezember) entsprechen,
    b) wenn der Tageswert 70,00 € je Stück beträgt,
    c) wenn der Tageswert zum Abschlussstichtag bei 50,00 € liegt.

Aufgabe 345

Führen Sie nun aufgrund der Angaben in den Aufgaben 343 und 344 eine permanente Durchschnittsrechnung durch.
Folgende Abgänge liegen vor:
20. Jan.: 1 000 Stück   15. Juli: 500 Stück   10. Sept.: 3 500 Stück   15. Dez.: 1 000 Stück

Aufgabe 346

Wie ist aufgrund der Angaben der Aufgaben 343 und 344 zu bewerten
a) nach dem Fifo-Verfahren und
b) nach der Lifo-Methode?

Aufgabe 347

1. Inwiefern ist das Niederstwertprinzip Ausdruck kaufmännischer Vorsicht?
2. Welchen Vorteil hat der jeweils niedrigstmögliche Wertansatz?
3. Begründen Sie, weshalb die Anschaffungs- bzw. Herstellungskosten eines Wirtschaftsgutes stets die Bewertungsobergrenze (Höchstwert!) bilden.
4. Unterscheiden Sie zwischen a) Stichtagsinventur, b) permanenter Inventur und c) verlegter (vor- bzw. nachverlegter) Inventur. Vgl. auch S. 13.

D JAHRESABSCHLUSS

Aufgabe 348

Metallwerk Matthias Hein e. Kfm.: Kontenplan und vorläufige Saldenbilanz	Soll	Haben
0700 Technische Anlagen und Maschinen	1.260.000,00	–
0800 Andere Anlagen/BGA	340.000,00	–
0891 GWG-Sammelposten	10.600,00	–
2000 Rohstoffe	95.000,00	–
2100 Unfertige Erzeugnisse	78.300,00	–
2200 Fertige Erzeugnisse	41.000,00	–
2400 Forderungen a. LL	437.160,00	–
2600 Vorsteuer	165.080,00	–
2800 Bank	348.500,00	–
2880 Kasse	10.400,00	–
3000 Eigenkapital	–	1.100.000,00
3001 Privat	88.700,00	–
3900 Sonstige Rückstellungen	–	10.000,00
4250 Darlehensschulden	–	280.000,00
4400 Verbindlichkeiten a. LL	–	170.000,00
4800 Umsatzsteuer	–	375.440,00
4890 Sonstige Verbindlichkeiten	–	110.000,00
5000 Umsatzerlöse für eigene Erzeugnisse	–	1.976.000,00
5710 Zinserträge	–	4.000,00
6000 Aufwendungen für Rohstoffe	626.000,00	–
6160 Fremdinstandhaltung	8.000,00	–
6700 Mietaufwendungen	120.300,00	–
6770 Rechts- und Beratungskosten	14.000,00	–
6940 Sonstige Aufwendungen	16.000,00	–
7510 Zinsaufwendungen	46.400,00	–
7800 Diverse Aufwendungen	320.000,00	–
Weitere Konten: 2900, 4900, 5200, 5420, 6520, 6541, 6550, 8010, 8020	4.025.440,00	4.025.440,00

Abschlussangaben zum Abschlussstichtag

1. Außerplanmäßige Abschreibung: Eine Fertigungsmaschine, Buchwert 15.500,00 €, hat nur noch einen Wert von 500,00 €.
2. Planmäßige Abschreibungen: TA und Maschinen: 25 % degressiv;
   BGA: 20 % linear von 500.000,00 € Anschaffungskosten;
   20 % auf GWG-Sammelposten.
3. Generalüberholung der Heizung im Privathaus des Unternehmers durch den eigenen Betrieb: 1.200,00 € netto.
4. Kassenfehlbetrag lt. Inventur 250,00 € (Ursache ungeklärt).
5. Am 1. Oktober zahlten wir 8.500,00 € Halbjahres-Darlehenszinsen im Voraus.
6. Ein Kunde hatte für einen kurzfristigen Kredit die Halbjahreszinsen in Höhe von 600,00 € am 1. November im Voraus überwiesen.
7. Bildung einer Prozesskostenrückstellung in Höhe von 21.500,00 € und einer Rückstellung für unterlassene Instandhaltungen über 79.300,00 €.
8. Die Dezembermiete für das Verwaltungsgebäude wird Anfang nächsten Jahres an den Vermieter gezahlt: 13.500,00 €.
9. Der Tageswert des Inventurbestandes der Rohstoffe beträgt 88.000,00 €. Die durchschnittlichen Anschaffungskosten betragen 80.000,00 €[1].
10. Inventurbestand an unfertigen Erzeugnissen: 20.000,00 €;
    an fertigen Erzeugnissen: 60.000,00 €.

a) Erstellen Sie den Jahresabschluss.
b) Ermitteln Sie die Rentabilität des durchschnittlichen Eigenkapitals nach Berücksichtigung eines Unternehmerlohnes von 120.000,00 €.

---

1 Siehe Fußnote auf S. 252.

4.6.2 Bewertung der Forderungen
4.6.2.1 Einführung

Zum Schluss des Geschäftsjahres sind die „Forderungen aus Lieferungen und Leistungen" hinsichtlich ihrer **Güte (Bonität)** zu überprüfen und zu **bewerten** (§ 253 [4] HGB). Dabei unterscheidet man **drei Gruppen: einwandfreie, zweifelhafte** und **uneinbringliche Forderungen**.

Bewertung zum Jahresabschluss

Einwandfrei sind Forderungen, wenn mit **ihrem Zahlungseingang in voller Höhe** gerechnet werden kann.

einwandfreie Forderungen

Zweifelhaft ist eine Forderung, wenn der Zahlungseingang unsicher ist, also ein vollständiger oder teilweiser **Forderungsausfall erwartet wird**. Das ist beispielsweise der Fall, wenn ein Insolvenzverfahren[1] eröffnet wurde, der Kunde trotz Mahnungen nicht gezahlt hat oder sich erkennbar in wirtschaftlichen und/oder finanziellen Schwierigkeiten befindet. **Zweifelhafte Forderungen** werden auch als „**Dubiose Forderungen**" bezeichnet.

zweifelhafte Forderungen

Uneinbringlich ist eine Forderung, wenn der **Forderungsausfall endgültig** feststeht. Davon kann zum Beispiel ausgegangen werden, wenn ein Insolvenzverfahren mangels Masse abgewiesen wurde, fruchtlos gepfändet worden oder die Forderung verjährt ist.

uneinbringliche Forderungen

- **einwandfreie** Forderungen sind mit dem **Nennbetrag** anzusetzen,
- **zweifelhafte** Forderungen sind mit ihrem **wahrscheinlichen Wert** zu bilanzieren,
- **uneinbringliche** Forderungen sind **voll abzuschreiben**.

Für die Bewertung von Forderungen zum Abschlussstichtag gibt es **drei Möglichkeiten**:

Bewertungsverfahren

1. **Einzelbewertung** für das **spezielle Ausfallrisiko** (z. B. Insolvenz)
2. **Pauschalbewertung** für das **allgemeine Ausfallrisiko**
3. **Einzel- und Pauschalbewertung** (gemischtes Bewertungsverfahren)

Die Bewertung der Forderungen a. LL bedingt oft **Abschreibungen** auf Forderungen. Dabei ist zu beachten, dass die Abschreibung wegen eines zu erwartenden oder bereits eingetretenen Forderungsverlustes **stets nur vom Nettowert** der Forderung vorgenommen wird. Die in der Forderung enthaltene **Umsatzsteuer** wird bei Ausfall der Forderung vom Finanzamt in entsprechender Höhe erstattet.

Abschreibung vom Nettowert der Forderung

Die Berichtigung der Umsatzsteuer darf erst erfolgen, wenn der **Ausfall (Verlust) der Forderung endgültig feststeht** und somit „[...] das vereinbarte Entgelt für eine steuerpflichtige Lieferung, sonstige Leistung oder einen innergemeinschaftlichen Erwerb **uneinbringlich** geworden ist" (§ 17 [2] Nr. 1 UStG).

Berichtigung der Umsatzsteuer

Die **Uneinbringlichkeit der gesamten Forderung** liegt im Zeitpunkt der **Insolvenzeröffnung** über das Vermögen eines Kunden vor, und zwar unabhängig von einer möglichen Insolvenzquote (A 17.1 [15] UStAE).[2] Wird die als uneinbringlich abgeschriebene Forderung zu einem späteren Zeitpunkt dennoch ganz oder teilweise vereinnahmt, ist die Umsatzsteuer erneut zu berichtigen.

> **Merke**
>
> - Die Abschreibung wegen eines zu erwartenden oder bereits eingetretenen Forderungsausfalls darf nur vom Nettowert der Forderung erfolgen.
> - Bei Abschreibungen auf Forderungen darf die Umsatzsteuer grundsätzlich erst berichtigt werden, wenn der Ausfall der Forderung endgültig feststeht.

---

1 Für steuerliche Zwecke ist bereits bei der Eröffnung des Insolvenzverfahrens von der Uneinbringlichkeit der Forderung auszugehen. Vgl. BFH-Urteil V R 14/08 vom 22. Oktober 2009 zur Berichtigung der Umsatzsteuer.
2 Diese Regelung ist auf nach dem 31. Dezember 2011 eröffnete Insolvenzverfahren anzuwenden (BMF vom 9. Dezember 2011). Vor diesem Zeitpunkt wurde erst bei Abschluss des Insolvenzverfahrens von einem endgültigen Forderungsausfall ausgegangen.

4.6.2.2 Einzelbewertung von Forderungen

Spezielles Ausfallrisiko

Zum Jahresende werden alle Forderungen aus Lieferungen und Leistungen einzeln auf ihre Bonität oder Einbringlichkeit überprüft. Die **Einzelbewertung** (§ 252 [1] Nr. 3 HGB) berücksichtigt das **individuelle Ausfallrisiko** beim Kunden, wie z. B. die Eröffnung eines Insolvenzverfahrens.

Aus Gründen der Klarheit werden die ermittelten **zweifelhaften Forderungen von** den **einwandfreien** (vollwertigen) Forderungen buchhalterisch **getrennt**. Das geschieht durch **Umbuchung** der gefährdeten Einzelforderungen auf das Konto

2470 Zweifelhafte Forderungen.

4.6.2.2.1 Direkte Abschreibung von uneinbringlichen Forderungen

Beispiel 1

Über das Vermögen des Kunden Anton Pleite e. K. wurde am 10. Dezember der Antrag auf Eröffnung eines Insolvenzverfahrens gestellt. Die als zweifelhaft bewertete Forderung beträgt 2.380,00 € (2.000,00 € netto + 380,00 € USt). Vor Aufstellung der Bilanz zum 31. Dezember steht fest, dass das Insolvenzverfahren mangels Masse, also wegen fehlender Deckung der Verfahrenskosten, nicht eröffnet wurde.

Die gefährdete Forderung wurde **kontenmäßig gesondert erfasst:**

Buchung: ❶ 2470 Zweifelhafte Forderungen   an 2400 Forderungen a. LL 2.380,00

Werden zweifelhafte Forderungen teilweise oder vollständig **uneinbringlich**, wird der **Nettobetrag** des entsprechenden Forderungsausfalls **direkt abgeschrieben:**

6951 Abschreibungen auf Forderungen wegen Uneinbringlichkeit.[1]

Gleichzeitig ist die **Umsatzsteuer** im Soll des Kontos „4800 USt" zu **berichtigen**, da durch den Forderungsausfall eine Rückforderung an das Finanzamt entsteht.[1]

Buchung: ❷ 6951 Abschreibungen auf Forderungen[1] 2.000,00
                 4800 Umsatzsteuer 380,00
            an 2470 Zweifelhafte Forderungen 2.380,00

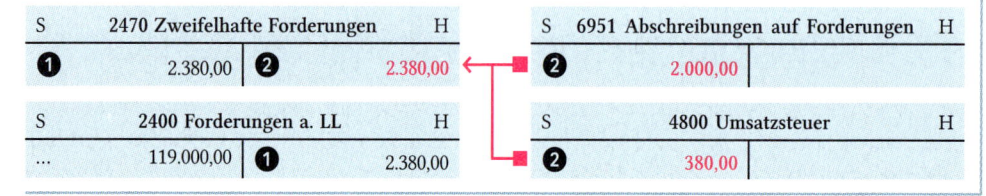

S	2470 Zweifelhafte Forderungen	H		S	6951 Abschreibungen auf Forderungen	H
❶	2.380,00	❷ 2.380,00		❷	2.000,00	

S	2400 Forderungen a. LL	H		S	4800 Umsatzsteuer	H
...	119.000,00	❶ 2.380,00		❷	380,00	

Beispiel 2

Auf eine im vorigen Jahr als uneinbringlich abgeschriebene Forderung gehen am 30. Dezember unerwartet 357,00 € (300,00 € netto + 57,00 € USt) durch Banküberweisung ein. Damit lebt die Umsatzsteuer wieder auf.

Buchung: 2800 Bank   357,00   an 5455 Erträge aus abgeschrie-
                                                              benen Forderungen 300,00
                                                   an 4800 Umsatzsteuer 57,00

Merke

- Uneinbringliche Forderungen sind direkt (6951 an 2470) abzuschreiben. Gleichzeitig ist die Umsatzsteuer auf Konto 4800 im Soll zu berichtigen.
- Bei Zahlungseingang einer abgeschriebenen Forderung lebt die Umsatzsteuer wieder auf.

---

[1] In der EDV-Fibu ist das Konto 6951 stets ein automatisches Konto. Nach Eingabe des Bruttobetrages wird die anteilige Umsatzsteuer automatisch herausgerechnet und gebucht (Umsatzsteuerverprobung!).

4.6.2.2.2 Einzelwertberichtigung (EWB) zweifelhafter Forderungen

Sind zum Abschlussstichtag bei Forderungen Verluste zu erwarten, so muss jeweils in Höhe des **vermuteten (geschätzten) Ausfalls** eine entsprechende Abschreibung vorgenommen werden. Diese **Abschreibung** erfolgt aus Gründen der Klarheit und Übersichtlichkeit in der Regel nicht direkt über das Konto „Zweifelhafte Forderungen", sondern **indirekt** über ein **Wertberichtigungskonto**:

Indirekte Abschreibung

3670 Einzelwertberichtigungen zu Forderungen (EWB).

Das Wertberichtigungskonto ist ein **Passivkonto**, das nur zum Abschlussstichtag angepasst wird (siehe S. 272). Die Zuführung, also die Bildung der EWB, erfolgt über das **Aufwandskonto**

6952 Einstellung in EWB.

> **Beispiel**
>
> Der Kunde Wolfgang Kurz e. K. hat trotz Mahnungen die Forderung von 11.900,00 € (= 10.000,00 € netto + 1.900,00 € USt) nicht beglichen. Zum 31. Dezember 01 wird der Verlust auf 80 % von 10.000,00 € (= 8.000,00 €) geschätzt. Aus dem Vorjahr besteht noch eine andere zweifelhafte Forderung über 5.950,00 €, die zu 70 % (= 3.500,00 €) einzelwertberichtigt ist.
>
> Umbuchung der zweifelhaft gewordenen Forderung zum 31. Dezember 01:
> ❶ 2470 Zweifelhafte Forderungen .... an 2400 Forderungen a. LL 11.900,00
> Indirekte Abschreibung des vermuteten Forderungsverlustes zum 31. Dezember 01:
> ❷ 6952 Einstellung in EWB .... an 3670 EWB zu Forderungen 8.000,00
>
> | S | 2400 Forderungen a. LL | | H |
> |---|---|---|---|
> | ... | 238.000,00 | ❶ 2470 | 11.900,00 |
> | | | 8010 | 226.100,00 |
>
> | S | 2470 Zweifelhafte Forderungen | | H |
> |---|---|---|---|
> | ... | 5.950,00 | 8010 | 17.850,00 |
> | ❶ 2400 | 11.900,00 | | |
>
> | S | 6952 Einstellung in EWB | | H |
> |---|---|---|---|
> | ❷ 3670 | 8.000,00 | 8020 | 8.000,00 |
>
> | S | 3670 EWB zu Forderungen | | H |
> |---|---|---|---|
> | 8010 | 11.500,00 | ... | 3.500,00 |
> | | | ❷ 6952 | 8.000,00 |
>
> | S | 8010 Schlussbilanzkonto | | H |
> |---|---|---|---|
> | 2400 Forderungen a. LL .... | 226.100,00 | 3670 EWB zu Forderungen .... | 11.500,00 |
> | 2470 Zweifelhafte Forderungen .... | 17.850,00 | | |
>
> *Nennen Sie den Abschlussbuchungssatz für die Bestandskonten 2400, 2470 und 3670.*

Der Bestand der zweifelhaften Forderungen wird zum Abschlussstichtag in voller Höhe ausgewiesen und stimmt mit dem Kontostand im Hauptbuch und im Kontokorrentbuch (Kundenkonten) überein, während die „Wertberichtigungen" zu den zweifelhaften Forderungen insgesamt die **Höhe des zu erwartenden Verlustes** ausweisen. Die indirekte Abschreibung auf Forderungen zum Abschlussstichtag entspricht somit dem **Grundsatz der Klarheit**. Zudem bewirkt sie eine **bessere Abstimmung der Kundenkonten mit den Sachkonten** „Forderungen a. LL" und „Zweifelhafte Forderungen".

Vorteile der indirekten Abschreibung

> In den Bilanzen werden zweifelhafte Forderungen nicht gesondert ausgewiesen. Wertberichtigungen sind bei Kapitalgesellschaften vorab aktivisch mit den Forderungen a. LL zu verrechnen (siehe Bilanz nach § 266 HGB auf S. 292 f. und im Anhang des Lehrbuches).

> **Merke**
>
> Zum Abschlussstichtag werden zweifelhafte Forderungen in Höhe des vermuteten Ausfalls indirekt in Form einer Einzelwertberichtigung (EWB) abgeschrieben.

Zu Beginn des neuen Jahres werden die Konten 2470 und 3670 über „8000 EBK" eröffnet:

Direkte Abschreibung des Forderungsausfalls

2470 Zweifelhafte Forderungen .... an 8000 EBK 17.850,00
8000 EBK .... an 3670 EWB zu Forderungen 11.500,00

Der sich im neuen Jahr ergebende **tatsächliche Ausfall** der zweifelhaften Forderung wird **direkt** abgeschrieben über das Konto

6951 Abschreibungen auf Forderungen wegen Uneinbringlichkeit,

obwohl für diese Forderung bereits eine Wertberichtigung besteht. Die Erfassung aller Umsatzsteuer mindernden Forderungsausfälle auf dem Konto 6951 ermöglicht wegen seiner **Umsatzsteuerautomatik** eine EDV-gerechte Umsatzsteuerverprobung. Die für die zweifelhafte Forderung gebildete **Einzelwertberichtigung** bleibt deshalb bis zum Jahresende **unberührt**.

Beispiel

Über das Vermögen des Kunden Wolfgang Kurz e. K. (siehe Beispiel auf S. 271) ist im März 02 das Insolvenzverfahren eröffnet worden. In der Folge muss die Umsatzsteuer berichtigt werden ❶ (siehe Seite 269). Im Dezember 02 überweist der Insolvenzverwalter nach Abschluss des Insolvenzverfahrens 2.380,00 €. Diese Gutschrift zieht eine erneute Berichtigung der Umsatzsteuer nach sich ❷. Die Restforderung in Höhe von 9.520,00 € (11.900,00 € – 2.380,00 €) ist endgültig verloren. Da die Umsatzsteuer bereits berichtigt worden ist, muss nun nur noch der Nettobetrag von 8.000,00 € abgeschrieben werden ❸.

❶ Buchung der Umsatzsteuerberichtigung:
4800 Umsatzsteuer 1.900,00
an 2470 Zweifelhafte Forderungen 1.900,00

❷ Buchung des Zahlungseingangs und der erneuten Umsatzsteuerberichtigung:
2800 Bank 2.380,00
an 2470 Zweifelhafte Forderungen 2.000,00
4800 Umsatzsteuer 380,00

❸ Buchung des tatsächlichen Forderungsausfalls:
6951 Abschreibungen auf Forderungen 8.000,00
an 2470 Zweifelhafte Forderungen 8.000,00

Anpassung der Einzelwertberichtigung

Das Konto „3670 EWB zu Forderungen" wird unterjährig nicht korrigiert, sondern nur **zum Abschlussstichtag angepasst**. Der Bestand an EWB zum 31. Dezember 01 (Vorjahr) wird verglichen mit der Summe der Einzelwertberichtigungen, die zum 31. Dezember 02 (Berichtsjahr) erforderlich ist. Dabei ergibt sich in der Regel ein Differenzbetrag. Sind für das Jahr 02 niedrigere EWB zu bilden als im Jahr 01, wird in Höhe der Differenz eine **Herabsetzung der EWB** zu Forderungen vorgenommen, die einen Ertrag darstellt. Müssen die EWB im Jahr 02 höher als im Jahr 01 sein, erfolgt eine **Erhöhung der EWB**, die zu Aufwand führt.

Beispiele

Die EWB zu Forderungen betrugen zum 31. Dez. 01: 11.500,00 € (siehe Beispiel S. 271). EWB zum 31. Dez. 02: ❶ 8.500,00 €, ❷ 12.500,00 €

❶ **Neue EWB < bisherige EWB:** In Höhe des Differenzbetrages (8.500,00 € – 11.500,00 € = –3.000,00 €) erfolgt eine **Herabsetzung der EWB**. Es entsteht ein **Ertrag von 3.000,00 €**.

Buchung: 3670 EWB zu Forderungen 3.000,00
an 5450 Erträge aus der Auflösung oder Herabsetzung
von WB auf Forderungen 3.000,00

S	5450 Erträge aus WB-Herabsetzung	H		S	3670 EWB zu Forderungen	H
8020	3.000,00	3670	3.000,00	5450	3.000,00	8000	11.500,00
				8010	8.500,00		

❷ **Neue EWB > bisherige EWB:** In Höhe des Differenzbetrages (12.500,00 € – 11.500,00 € = 1.000,00 €) erfolgt eine **Erhöhung der EWB**. Es entsteht ein **Aufwand von 1.000,00 €**.

Buchung: 6952 Einstellung in EWB .... an 3670 EWB zu Forderungen 1.000,00

S	6952 Einstellung in EWB	H		S	3670 EWB zu Forderungen	H
3670	1.000,00	8020	1.000,00	8010	12.500,00	8000	11.500,00
						6952	1.000,00

BILANZIERUNG DER VERMÖGENS- UND SCHULDPOSTEN   D

Merke

- Endgültige Ausfälle zweifelhafter Forderungen werden stets direkt abgeschrieben. Die hierfür gebildete EWB bleibt bis zum Jahresende unberührt.
- Zum Abschlussstichtag ist die EWB dem aktuellen Abschreibungsbedarf anzupassen.

Aufgabe 349

Der Kunde Mathias Schneider e. K. hat am 8. Nov. beim zuständigen Amtsgericht das Insolvenzverfahren beantragt. Die Forderung beträgt einschließlich Umsatzsteuer 5.950,00 €. Es wird mit dem vollständigen Ausfall der Forderung gerechnet.

1. Buchen Sie auf den entsprechenden Konten.
2. Begründen Sie die Trennung der zweifelhaften von den einwandfreien Forderungen.
3. Warum darf eine Wertberichtigung nur vom Nettowert der Forderung vorgenommen werden?

Aufgabe 350

Der Kunde Hans Moog e. K. hat am 2. Dezember das Insolvenzverfahren beantragt. Forderung: 1.190,00 €. Das Verfahren kommt am 28. Dezember zum Abschluss. Die Erstattungsquote beträgt 50 % = 595,00 €. Die Bankgutschrift erfolgt noch zum 29. Dezember.

Buchen Sie auf den entsprechenden Konten.

Aufgabe 351

Über das Vermögen des Kunden Dirk Krämer e. K. ist im Geschäftsjahr 01 das Insolvenzverfahren eröffnet worden. Die Forderung beträgt einschließlich Umsatzsteuer 4.760,00 €. Zum Abschlussstichtag wird mit dem Ausfall der Forderung gerechnet. Am 15. Dezember 02 überweist der Insolvenzverwalter nach Abschluss des Insolvenzverfahrens a) 50 % und b) 70 %.

Die Zahlung erfolgte zum gleichen Zeitpunkt durch Banküberweisung.

Bestand auf Konto 2400: 261.800,00 €, auf Konto 4800: 18.200,00 €.

1. Buchen Sie auf den erforderlichen Konten für das Geschäftsjahr 01.
2. Wie lauten die Buchungen zum 15. Dezember 02 a) bei 50 % und b) bei 70 % Erstattungsquote?
3. Warum werden uneinbringliche Forderungen direkt abgeschrieben?
4. Warum ergeben sich in diesem Fall Korrekturen der Umsatzsteuer?

Aufgabe 352

Im vergangenen Jahr war eine uneinbringlich gewordene Forderung von 3.570,00 € direkt in voller Höhe abgeschrieben worden. Unerwartet werden am 15. Mai des laufenden Jahres 1.785,00 € einschließlich USt auf unser Bankkonto überwiesen.

1. Buchen Sie.   2. Begründen Sie die Auswirkung des Falles auf die Umsatzsteuer.

Aufgabe 353

Kunde Martin Ohnesorg e. K. befindet sich erkennbar in finanziellen Schwierigkeiten. Die Forderung beträgt 4.760,00 € (4.000,00 € netto + 760,00 € USt). Zum Abschlussstichtag wird mit einem Ausfall von 70 % der Forderung gerechnet. Das Konto „2400 Forderungen a. LL" weist einen Bestand von 357.000,00 € aus.

1. Wie lautet die Buchung zum 31. Dezember 01?
2. Schließen Sie die Bestandskonten ab und erläutern Sie den Aussagewert dieser Bilanzposten.
3. Wie wäre zum 31. Dezember 01 bei einem EWB-Anfangsbestand von a) 0,00 €, b) 3.500,00 € und c) 1.000,00 € zu buchen?
4. Vergleichen Sie die Aussagefähigkeit der Kundenkonten bei direkter und bei indirekter Abschreibung der zweifelhaften Forderungen.
5. Warum darf im vorliegenden Fall zum 31. Dezember noch keine Umsatzsteuerkorrektur erfolgen?

Aufgabe 354

Die Bestandskonten der Aufgabe 353 sind mit ihren Beständen zum 1. Januar 02 zu eröffnen. Das Konto „4800 Umsatzsteuer" weist einen Bestand von 15.600,00 € aus.

Am 15. Februar des laufenden Geschäftsjahres werden nach Abschluss des Insolvenzverfahrens folgende Beträge einschließlich Umsatzsteuer überwiesen: a) 1.904,00 €; b) 952,00 €.

1. Ermitteln Sie rechnerisch jeweils die Umsatzsteuerkorrektur.
2. Buchen Sie auf den entsprechenden Konten die Fälle a) und b).
3. Bei der Bewertung der Forderungen zum Abschlussstichtag gilt – wie bei allen Wirtschaftsgütern – der Grundsatz der Einzelbewertung. *Begründen Sie das.*

4.6.2.3 Pauschalwertberichtigung (PWB) der Forderungen

Allgemeines Ausfallrisiko

Bei großem Kundenstamm ist eine Einzelbewertung aller Forderungen zum Abschlussstichtag zu zeitaufwendig. Erfahrungsgemäß ist aber auch bei einwandfreien Forderungen im Laufe des Geschäftsjahres mit Ausfällen zu rechnen. Kunden von an sich guter Bonität können durch nicht vorhergesehene Ereignisse in Zahlungsschwierigkeiten geraten. Ein Abschwächen der Konjunktur kann bei bisher zahlungsfähigen Kunden ebenfalls zu einem Liquiditätsengpass führen. Diesem nicht vorhersehbaren **allgemeinen Ausfall- bzw. Kreditrisiko** trägt der Unternehmer vorsorglich durch eine pauschale Abschreibung des Forderungsbestands, die **Pauschalwertberichtigung der Forderungen**, Rechnung.

Berechnung der Pauschalabschreibung

Aufgrund der betrieblichen **Erfahrungen** (Forderungsausfälle der letzten drei bis fünf Jahre) wird ein Prozentsatz ermittelt und auf den Bestand der Forderungen (Nettowert) angewandt. Dieser **Pauschalsatz** muss rechnerisch **nachweisbar** sein.

Indirekte Abschreibung

Die Pauschalabschreibung wird aus Gründen der Klarheit indirekt im Haben eines besonderen Wertberichtigungs- oder Korrekturkontos erfasst. Der Abschreibungsbetrag wird zunächst im Soll des Aufwandskontos

        6953 Einstellung in Pauschalwertberichtigung

gebucht. Die entsprechende Haben-Buchung erscheint auf dem Passivkonto

        3680 Pauschalwertberichtigung zu Forderungen (PWB).

Zum Jahresabschluss wird das Konto 6953 zum GuV-Konto, das Konto 3680 zum Schlussbilanzkonto abgeschlossen. **Im Schlussbilanzkonto** bildet somit die auf der Passivseite der Bilanz ausgewiesene „PWB zu Forderungen" einen **Korrekturposten** zu den „Forderungen a. LL" auf der Aktivseite der Bilanz.

Beispiel

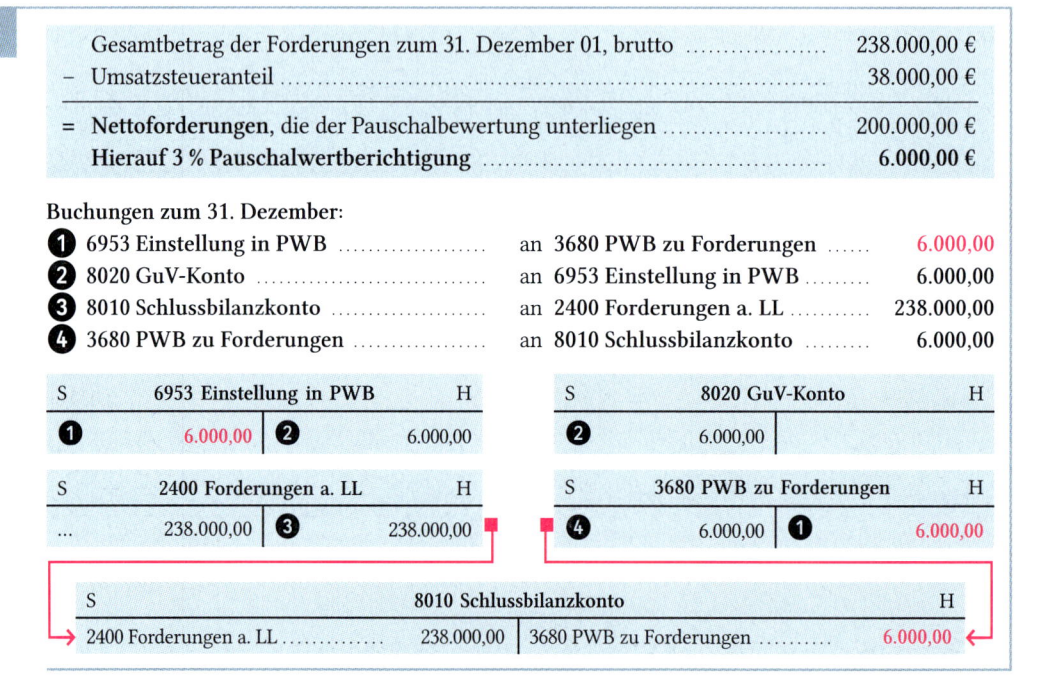

Gesamtbetrag der Forderungen zum 31. Dezember 01, brutto	238.000,00 €
– Umsatzsteueranteil	38.000,00 €
= **Nettoforderungen**, die der Pauschalbewertung unterliegen	200.000,00 €
Hierauf 3 % Pauschalwertberichtigung	6.000,00 €

Buchungen zum 31. Dezember:

❶ 6953 Einstellung in PWB   an 3680 PWB zu Forderungen   6.000,00
❷ 8020 GuV-Konto   an 6953 Einstellung in PWB   6.000,00
❸ 8010 Schlussbilanzkonto   an 2400 Forderungen a. LL   238.000,00
❹ 3680 PWB zu Forderungen   an 8010 Schlussbilanzkonto   6.000,00

S	6953 Einstellung in PWB	H		S	8020 GuV-Konto	H
❶ 6.000,00		❷ 6.000,00		❷ 6.000,00		

S	2400 Forderungen a. LL	H		S	3680 PWB zu Forderungen	H
... 238.000,00		❸ 238.000,00		❹ 6.000,00		❶ 6.000,00

S	8010 Schlussbilanzkonto		H
2400 Forderungen a. LL	238.000,00	3680 PWB zu Forderungen	6.000,00

Aussagewert der Bilanz

Das Schlussbilanzkonto weist nun im Soll den Gesamtbetrag der Forderungen a. LL aus, im Haben dagegen den vermuteten Forderungsausfall in Höhe der Pauschalwertberichtigung. In der **Bilanz** wird die **Pauschalwertberichtigung** jedoch vorher von den Forderungen **aktivisch abgesetzt**. Siehe Bilanz (§ 266 HGB) auf S. 292 f. und im Anhang des Lehrbuches.

BILANZIERUNG DER VERMÖGENS- UND SCHULDPOSTEN   D

Bei **Ausfall** einer Forderung **während** des Geschäftsjahres wird die **Pauschalwertberichtigung nicht in Anspruch genommen**. Der **Ausfall** wird **direkt über** das Konto 6951 (mit Steuerberichtigung) gebucht.

Buchungen während des Geschäftsjahres

Beispiel

Im März des neuen Geschäftsjahres wird ein Kunde zahlungsunfähig. Die Forderung in Höhe von 1.071,00 € (900,00 € + 171,00 € USt) ist uneinbringlich.

Buchung:	6951 Abschreibungen auf Forderungen	900,00	
	4800 Umsatzsteuer	171,00	
	an 2400 Forderungen a. LL		1.071,00

Die **Pauschalwertberichtigung** ist zum Jahresabschluss stets **dem neuen Forderungsbestand anzupassen**. Sie muss entweder **herauf- oder herabgesetzt** werden. Eine **Aufstockung** bedeutet eine **zusätzliche Neubildung** in Höhe des Unterschiedsbetrages zwischen dem Bestand der PWB und dem zu bildenden neuen Wert der Pauschalwertberichtigung. Eine **Herabsetzung** bedingt eine entsprechende Auflösung der PWB über das Konto

5450 Erträge aus der Auflösung oder Herabsetzung von WB auf Forderungen.

Anpassung zum Abschlussstichtag

Beispiel

Die PWB hat im obigen Beispiel am 31. Dezember 02 einen Bestand von 6.000,00 €. Aufgrund des relativ geringen Forderungsausfalls im letzten Jahr wird der Pauschalsatz von 3 % auf 2 % herabgesetzt. Zwei Fälle sind möglich:

1. Forderungsbestand zum 31. Dezember: netto 350.000,00 €; Pauschalsatz 2 %

	2 % von 350.000,00 € Forderungsbestand zum 31. Dez. 02	7.000,00 €
–	Bestand der PWB des Vorjahres	6.000,00 €
=	**Heraufsetzung** der PWB zum 31. Dezember 02	**1.000,00 €**

Buchung: 6953 Einstellung in PWB   an 3680 PWB zu Forderungen   1.000,00

S	6953 Einstellung in PWB	H		S	3680 PWB zu Forderungen	H
3680	1.000,00			8010	7.000,00	8000	6.000,00
						6953	1.000,00

2. Forderungsbestand am 31. Dezember: netto 200.000,00 €; Pauschalsatz 2 %

	2 % von 200.000,00 € Forderungsbestand zum 31. Dez. 02	4.000,00 €
–	Bestand der PWB des Vorjahres	6.000,00 €
=	**Auflösung** der PWB zum 31. Dezember 02	**2.000,00 €**

Buchung: 3680 PWB   an 5450 Erträge aus der Herabsetzung von WB a. F.   2.000,00

S	5450 Erträge aus WB-Herabsetzung	H		S	3680 PWB zu Forderungen	H
		3680	2.000,00	5450	2.000,00	8000	6.000,00
				8010	4.000,00		

Merke

- Die Pauschalwertberichtigung berücksichtigt lediglich das allgemeine Ausfallrisiko bei Forderungen.
- Während des Geschäftsjahres werden alle Forderungsausfälle zulasten des Kontos „6951 Abschreibungen auf Forderungen wegen Uneinbringlichkeit" gebucht.
- Zum Abschlussstichtag ist die Pauschalwertberichtigung dem neuen Forderungsbestand durch Aufstockung oder Herabsetzung anzupassen.

4.6.2.4 Kombination von Einzel- und Pauschalbewertung

In vielen Unternehmen werden die Forderungen zum Abschlussstichtag sowohl einzeln als auch pauschal bewertet und berichtigt. Bestimmte **zweifelhafte** Forderungen, bei denen am Abschlussstichtag ein **spezielles** Ausfallrisiko (z. B. wegen eines laufenden Mahnverfahrens) besteht, bedürfen einer Einzelbewertung durch Bildung einer **Einzelwertberichtigung**. Für die **einwandfreien** Forderungen wird wegen des **allgemeinen** Ausfallrisikos eine **Pauschalwertberichtigung** gebildet.

Zur Ermittlung der Pauschalwertberichtigung müssen die **zweifelhaften Forderungen** zunächst **vom Gesamtbetrag der Forderungen abgezogen** werden.

Beispiel

Der Forderungsbestand eines Industrieunternehmens beträgt zum Abschlussstichtag (31. Dezember) 357.000,00 €. Bei Inventur der Forderungen wird festgestellt, dass der Kunde Werner Theuer e. K. bereits zweimal gemahnt worden ist. Die Forderung gegen ihn beträgt 23.800,00 €. Da er sich erkennbar in Zahlungsschwierigkeiten befindet, wird mit einem Forderungsausfall von 80 % gerechnet.

Die einwandfreien Forderungen unterliegen einer Pauschalwertberichtigung von 2 %.

Anfangsbestände: 3670 EWB zu Forderungen: 12.000,00 €; 3680 PWB zu Forderungen: 7.500,00 €.

Berechnung und Buchung der Einzelwertberichtigung:

Mutmaßlicher Ausfall = 80 % von 20.000,00 € netto, also **16.000,00 €**.

Buchung:
① 2470 Zweifelhafte Forderungen .... an 2400 Forderungen a. LL 23.800,00
② 6952 Einstellung in EWB .... an 3670 EWB zu Forderungen 4.000,00

Berechnung und Buchung der Pauschalwertberichtigung:

Gesamtbetrag der Forderungen, brutto	357.000,00
− Zweifelhafte Forderungen (Einzelbewertung) Werner Theuer	23.800,00
= Forderungen, die der Pauschalbewertung unterliegen, brutto	333.200,00
− Umsatzsteueranteil	53.200,00
= Forderungen, die der Pauschalbewertung unterliegen, **netto**	280.000,00
Hierauf Pauschalwertberichtigung von 2 %	**5.600,00**

Buchung: 3680 PWB zu Forderungen 1.900,00
             an 5450 Erträge aus der Herabsetzung v. Wertb. a. F. 1.900,00

S	8010 Schlussbilanzkonto		H
2400 Forderungen a. LL 333.200,00		3680 PWB	5.600,00
2470 Zweifelhafte Forderungen 23.800,00		3670 EWB	16.000,00

Merke

- Die Einzelwertberichtigung berücksichtigt das besondere Ausfallrisiko.
- Die Pauschalwertberichtigung berücksichtigt das allgemeine Ausfallrisiko.

In der **Schlussbilanz** werden nach § 266 HGB (siehe Bilanzgliederung S. 293 und im Anhang des Lehrbuches) **keine Wertberichtigungsposten und zweifelhaften Forderungen** ausgewiesen. Diese Posten sind **vorab mit** den „Forderungen a. LL" zu **verrechnen**. Die Bilanz hat dann folgendes Aussehen:

Aktiva	Schlussbilanz		Passiva
Forderungen a. LL 335.400,00			

BILANZIERUNG DER VERMÖGENS- UND SCHULDPOSTEN

Aufgabe 355

Die Netto-Forderungsbestände der letzten fünf Jahre betragen insgesamt 1.506.000,00 €, die entsprechenden Forderungsverluste 45.180,00 € netto.

1. Ermitteln Sie den Prozentsatz für eine Pauschalwertberichtigung der Forderungen.
2. Bilden und buchen Sie die Pauschalwertberichtigung zum 31. Dezember des laufenden Jahres bei einem Forderungsbestand von 714.000,00 € und einem Anfangsbestand der PWB von
   a) 15.000,00 € und b) 25.000,00 €.

Aufgabe 356

Zum 31. Dezember betragen die Forderungen a. LL insgesamt 333.200,00 €. Die Forderung an den Kunden B. Trug OHG in Höhe von 29.750,00 € gilt wegen wirtschaftlicher Schwierigkeiten als zweifelhaft. Es wird mit einem Ausfall von 50 % der Forderung gerechnet.

Auf den Restbestand der Forderungen ist eine Pauschalwertberichtigung von 3 % zu bilden. Der Bestand auf dem Konto „3680 PWB zu Forderungen" beträgt a) 4.000,00 € und b) 10.650,00 €. Das Konto „3670 EWB zu Forderungen" weist einen Bestand von 7.000,00 € aus.

Führen Sie die notwendigen Berechnungen und Buchungen zum 31. Dezember durch.

Aufgabe 357

Im nächsten Jahr überweist der Kunde B. Trug OHG (Aufgabe 356):

a) 14.875,00 €, b) 17.850,00 € und c) 11.900,00 €.

Auf die restlichen Forderungen wird verzichtet. *Wie lauten die Buchungen zu a), b) und c)?*

Aufgabe 358

Auszug aus der Saldenbilanz		Soll	Haben
2400	Forderungen a. LL	530.740,00	–
2470	Zweifelhafte Forderungen	–	–
3670	Einzelwertberichtigung zu Forderungen	–	6.000,00
3680	Pauschalwertberichtigung zu Forderungen	–	24.000,00
3800	Steuerrückstellungen	–	–
3900	Sonstige Rückstellungen	–	35.000,00
4800	Umsatzsteuer	–	45.000,00
4890	Sonstige Verbindlichkeiten	–	26.000,00
5450	Erträge aus der Auflösung oder Herabsetzung von Wertberichtigungen auf Forderungen	–	5.000,00
5455	Erträge aus abgeschriebenen Forderungen	–	–
5480	Erträge aus der Auflösung von Rückstellungen	–	–
6700	Mietaufwendungen	33.000,00	–
6951	Abschreibungen auf Forderungen	14.000,00	–
6952	Einstellung in Einzelwertberichtigung	–	–
7700	Gewerbesteuer	22.000,00	–
8010	Schlussbilanzkonto	–	–
8020	Gewinn- und Verlustkonto	–	–

Zum Jahresschluss sind noch folgende Sachverhalte zu berücksichtigen:

1. Totalausfall der Forderung an den Kunden Bach GmbH: 2.380,00 €.
2. Im Rahmen der Einzelbewertung sind folgende Forderungen wegen eines speziellen Ausfallrisikos als zweifelhaft anzusehen:
   Forderung an den Kunden Willi Rüger e. K.: 19.040,00 €; geschätzter Ausfall: 40 %
   Forderung an die Kundin Rita Abel e. Kffr.: 14.280,00 €; geschätzter Ausfall: 50 %
3. Eine Rückstellung für Prozesskosten in Höhe von 8.600,00 € hat sich erübrigt.
4. Auf eine Forderung, die zu Beginn des Geschäftsjahres wegen Uneinbringlichkeit völlig abgeschrieben wurde, gehen unerwartet 2.142,00 € auf dem Bankkonto ein.
5. Die Dezembermiete für Lagerräume wird erst Anfang Januar des nächsten Jahres an den Vermieter überwiesen: 3.000,00 €.
6. Die Gewerbesteuerabschlusszahlung wird auf 24.000,00 € geschätzt.
7. Auf den verbleibenden Forderungsbestand ist eine PWB in Höhe von 3 % zu bilden.

Bilden Sie die Buchungssätze, buchen Sie auf den genannten Konten und schließen Sie diese ab.

4.7 Bewertung der Verbindlichkeiten

Höchstwertprinzip

Verbindlichkeiten sind gemäß § 253 [1] HGB zum Abschlussstichtag mit ihrem **Erfüllungsbetrag**, d. h. mit ihrem höheren Rückzahlungsbetrag in der Bilanz anzusetzen, sofern überhaupt eine Wahlmöglichkeit zwischen einem niedrigeren und einem höheren Wert besteht. Das ist z. B. bei Fremdwährungsverbindlichkeiten, Anleihen und hypothekarisch gesicherten Darlehen der Fall.

Fremdwährungsverbindlichkeiten § 256a HGB

Der Abschluss von Geschäften in ausländischen Währungen erfordert die Umrechnung der auf ausländische Währungen lautenden Werte in Euro, da die Buchführung in Euro zu führen ist. Dem trägt § 256a HGB Rechnung und legt fest, dass Fremdwährungsverbindlichkeiten bei ihrer Entstehung (= Zugang) und bei ihrer Bewertung zum Abschlussstichtag mit dem jeweils aktuellen **Devisenkassamittelkurs** umzurechnen sind. Der Devisenkassamittelkurs wird als arithmetisches Mittel aus (niedrigerem) Geld- und (höherem) Briefkurs berechnet. Zum **Geldkurs** kaufen Banken Euro an (Euroankaufskurs), wenn das Unternehmen Euro in fremde Währung tauscht (umrechnet). Zum **Briefkurs** verkaufen Banken Euro (Euroverkaufskurs), wenn das Unternehmen fremde Währung in Euro tauscht (umrechnet). Die Wechselkurse drücken bei dieser **Mengennotierung** also aus, wie viele ausländische Währungseinheiten das Unternehmen für 1 Euro bekommt (Geldkurs) oder für 1 Euro geben muss (Briefkurs).

Beispiel 1

Am 30. Juni 01 notiert der US-Dollar zum Euro wie folgt:[1]

Briefkurs	1,35 US-$/€
Geldkurs	1,25 US-$/€
Devisenkassamittelkurs = (1,35 + 1,25) : 2 =	**1,30 US-$/€**

Am 30. Juni 01 müsste also eine Fremdwährungsverbindlichkeit, die auf 39.000,00 US-Dollar lautet, zum Kurs von 1,30 US-$/€ in Euro umgerechnet werden:

39.000,00 US-$: 1,30 US-$ = 30.000,00 €

Die Umrechnungsvorschrift nach § 256a HGB macht es überflüssig zu prüfen, ob im Einzelfall der Geldkurs oder der Briefkurs anzuwenden ist.

Zugangsbewertung

Bei ihrer Entstehung (= Zugang) ist eine Fremdwährungsverbindlichkeit entsprechend § 256a HGB zum Devisenkassamittelkurs des Entstehungstages umzurechnen.

Bewertung zum Abschlussstichtag

§ 256a HGB macht in der Bewertung einer Fremdwährungsverbindlichkeit zum Abschlussstichtag einen Unterschied danach, ob die Verbindlichkeit eine Restlaufzeit von mehr als einem Jahr oder bis zu einem Jahr hat:

- **Restlaufzeit mehr als ein Jahr**: Dann sind Wertansatz im Zugangszeitpunkt und Wertansatz zum Abschlussstichtag zu vergleichen und der höhere der beiden Werte ist anzusetzen. Das Imparitätsprinzip wird dadurch gewahrt (vgl. Seite 261).

Durchbrechen des Imparitätsprinzips

- **Restlaufzeit bis zu einem Jahr**: Dann ist die Fremdwährungsverbindlichkeit ohne Rücksicht auf den Zugangswert zum Devisenkassamittelkurs am Abschlussstichtag zu bewerten. Damit wird das Imparitätsprinzip durchbrochen.

Beispiel 2

Die Gerbo AG, Düsseldorf, erhält von ihrer US-amerikanischen Muttergesellschaft am 30. Juni 01 ein mit 5 %/Jahr zu verzinsendes Darlehen über 100.000,00 US-$. Die Zinszahlung erfolgt jährlich nachträglich zum 30. Juni. Die Kurse des US-Dollars zum Euro sollen sich wie folgt entwickelt haben:

Datum	Devisenkassakurse US-$/€		
	Geldkurs	Briefkurs	Mittelkurs
30. Juni 01	1,25	1,35	1,30
31. Dez. 01	1,35	1,45	1,40

[1] Währungskurse unterliegen ständigen und oft erheblichen Schwankungen. Sie entsprechen im Folgenden nicht den aktuellen Notierungen.

BILANZIERUNG DER VERMÖGENS- UND SCHULDPOSTEN   D

❶ Zugangsbewertung des Darlehens zum 30. Juni:
100.000,00 US-$: 1,30 US-$/€ = ... 76.923,08 €

❷ Folgebewertung des Darlehens zum 31. Dezember 01:
100.000,00 US-$: 1,40 US-$/€ .... 71.428,57 €

❸ Vergleich des Zugangswertes mit dem Wert am Abschlussstichtag:
Die Fremdwährungsverbindlichkeit ist am 31. Dezember 01 mit dem **höheren**
Zugangswert anzusetzen .... 76.923,08 €

Buchung bei Darlehensaufnahme:
2800 Bank 76.923,08
an 4250 Darlehensschulden 76.923,08

Buchung am Abschlussstichtag:
4250 Darlehensschulden 76.923,08
an 8010 Schlussbilanzkonto 76.923,08

❹ Berechnung und Buchung der Zinsen zum 31. Dezember 01:
5 %/Jahr für ½ Jahr = 2,5 % von 100.000,00 US-$ = 2.500,00 US-$
Umrechnung zum Devisenkassamittelkurs (2.500,00 US-$: 1,40 =) .... 1.785,71 €

7510 Zinsaufwendungen 1.785,71
an 4890 Sonstige Verbindlichkeiten 1.785,71

Beispiel 3

Es soll gegenüber dem vorigen Beispiel eine Kurssteigerung des US-Dollars zum Euro angenommen werden:

Datum	Devisenkassakurse US-$/€		
	Geldkurs	Briefkurs	Mittelkurs
30. Juni 01	1,25	1,35	1,30
31. Dez. 01	1,15	1,25	1,20

❶ Zugangswert der Fremdwährungsverbindlichkeit:
Zugangswert des Darlehens (siehe oben) .... 76.923,08 €

❷ Umrechnung der Fremdwährungsverbindlichkeit zum
Devisenkassamittelkurs am 31. Dez. 01:
100.000,00 US-$: 1,20 US-$/€ .... 83.333,33 €

❸ Wertansatz zum Höchstwert .... 83.333,33 €

❹ Buchungen am Abschlussstichtag:
4250 Darlehensschulden 83.333,33
an 8010 Schlussbilanzkonto 83.333,33

6940 Sonstige Aufwendungen 6.410,25
an 4250 Darlehensschulden 6.410,25

❺ Berechnung und Buchung der Zinsen:
Umrechnung zum Devisenkassamittelkurs (2.500,00 US-$: 1,20 =) .... 2.083,33 €

7510 Zinsaufwendungen 2.083,33
an 4890 Sonstige Verbindlichkeiten 2.083,33

Beispiel 4

Die Gerbo AG importiert von einem US-amerikanischen Lieferanten mit Rechnung vom 14. Dezember 01 Rohstoffe im Wert von 100.000,00 US-$. Der Rechnungsbetrag ist nach spätestens 40 Tagen ohne Abzug fällig. Zum 31. Dezember 01 ist die Fremdwährungsverbindlichkeit zu bilanzieren. Die Kurse sollen sich wie folgt entwickeln:

Datum	Devisenkassakurse US-$/€		
	Geldkurs	Briefkurs	Mittelkurs
14. Dez. 01	1,25	1,35	1,30
31. Dez. 01	1,30	1,40	1,35

❶ Zugangsbewertung am 14. Dezember 01:
100.000,00 US-$: 1,30 US-$/€ = ... 76.923,08 €

❷ Folgebewertung am 31. Dezember 01:
100.000,00 US-$: 1,35 US-$/€ = ... 74.074,07 €

❸ Wertansatz zum 31. Dezember 01 .... 74.074,07 €
Mit diesem Wertansatz wird ein nicht realisierter Gewinn
ausgewiesen und somit das Imparitätsprinzip **durchbrochen**.

❹ Buchung des Rohstoffzugangs am 14. Dezember 01:

6000 Aufwendungen für Rohstoffe	76.923,08	
an 4400 Verbindlichkeiten a. LL		76.923,08

Buchung der Verbindlichkeit am Abschlussstichtag 31. Dezember 01:

4400 Verbindlichkeiten a. LL	74.074,07	
an 8010 Schlussbilanzkonto		74.074,07

Buchung des nicht realisierten Gewinns am 31. Dezember 01:

4400 Verbindlichkeiten a. LL	2.849,01	
an 5430 Andere sonstige betriebliche Erträge		2.849,01

Beispiel 5

Das obige Beispiel 4 soll für den Fall einer Kurssteigerung durchgespielt werden:

Datum	Devisenkassakurse US-$/€		
	Geldkurs	Briefkurs	Mittelkurs
14. Dez. 01	1,25	1,35	1,30
31. Dez. 01	1,15	1,25	1,20

❶ Zugangsbewertung am 14. Dezember 01:
100.000,00 US-$: 1,30 US-$/€ = ... 76.923,08 €

❷ Folgebewertung am 31. Dezember 01:
100.000,00 US-$: 1,20 US-$/€ = ... 83.333,33 €

❸ Wertansatz zum 31. Dezember 01 .... 83.333,33 €
Mit diesem Wertansatz wird ein nicht realisierter Verlust
ausgewiesen und somit das Imparitätsprinzip **gewahrt**.

❹ Buchung des Rohstoffzugangs am 14. Dezember 01:

6000 Aufwendungen für Rohstoffe	76.923,08	
an 4400 Verbindlichkeiten a. LL		76.923,08

Buchung der Verbindlichkeit am Abschlussstichtag 31. Dezember 01:

4400 Verbindlichkeiten a. LL	83.333,33	
an 8010 Schlussbilanzkonto		83.333,33

Buchung des nicht realisierten Verlustes am 31. Dezember 01:

6940 Sonstige Aufwendungen	6.410,25	
an 4400 Verbindlichkeiten a. LL		6.410,25

Merke

■ Am Abschlussstichtag sind Fremdwährungsverbindlichkeiten grundsätzlich zum höheren Erfüllungsbetrag in der Bilanz anzusetzen (Höchstwertprinzip):
– Devisenkassamittelkurs zum Abschlussstichtag < Devisenkassamittelkurs zum Anschaffungszeitpunkt: Ansatz zum Kurs am Abschlussstichtag;
– Devisenkassamittelkurs zum Abschlussstichtag > Devisenkassamittelkurs zum Anschaffungszeitpunkt: Ansatz zum Kurs am Anschaffungstag.

■ Fremdwährungsverbindlichkeiten mit einer Restlaufzeit bis zu einem Jahr werden ohne Beachtung des Imparitätsprinzips zum Devisenkassamittelkurs am Abschlussstichtag bewertet.

■ Das Höchstwertprinzip ist Ausdruck kaufmännischer Vorsicht.

Disagio

Bei **Hypothekenschulden** ist der Erfüllungsbetrag (= 100 %) meist höher als der vereinnahmte Betrag. Der **Unterschiedsbetrag**, das so genannte **Abgeld**, auch **Damnum** oder **Disagio** genannt, **darf** nach § 250 [3] HGB unter die Rechnungsabgrenzungsposten der Aktivseite (Konto 2930 Disagio) aufgenommen werden (Aktivierungs**wahlrecht**). Das Disagio ist dann durch **planmäßige Abschreibungen** auf die gesamte Laufzeit des Hypothekendarlehens zu verteilen. **Steuerrechtlich** muss das Disagio aus Gründen einer periodengerechten Ermittlung des steuerpflichtigen Gewinns aktiviert und gleichmäßig abgeschrieben werden (Aktivierungs**pflicht**).

Beispiel

Zur Finanzierung einer Produktionshalle wird bei der Bank ein Hypothekendarlehen von 500.000,00 € aufgenommen, das zu 96 % = 480.000,00 € ausgezahlt wurde. Das Disagio von 20.000,00 € ist als Zinsaufwand auf die zehnjährige Laufzeit des Darlehens planmäßig zu verteilen (abzuschreiben), also jährlich 2.000,00 €.

Buchung bei Aufnahme des Darlehens:
❶ 2800 Bank   480.000,00
    2930 Disagio ....   20.000,00   an   4250 Lfr. Bankverbindlichk. ...   500.000,00

Buchung zum 31. Dezember:
❷ 7510 Zinsaufwendungen   an   2930 Disagio 2.000,00

Industrieobligationen

Anleihen (Industrieobligationen) werden von bedeutenden Industrieunternehmen meist in Form von Teilschuldverschreibungen ausgegeben. Um einen Kaufanreiz zu schaffen, erfolgt die **Ausgabe oft unter pari** (Nennwert = 100 %), also mit einem **Disagio**. Zuweilen verpflichten sich die Industriebetriebe, diese Anleihen nach Ablauf einer bestimmten Zeit mit einem **höheren Wert (über pari)**, also mit einem **Aufgeld oder Agio**, zurückzuzahlen. Der **Unterschiedsbetrag** zwischen dem höheren Rückzahlungswert (Erfüllungsbetrag) und dem niedrigeren Ausgabebetrag der Anleihe **(Disagio + Rückzahlungsagio)** ist dann **aktiv abzugrenzen und** ebenfalls **planmäßig abzuschreiben**.

Beispiel

Ein Industriebetrieb gibt zur Finanzierung notwendiger Erweiterungsinvestitionen eine **Anleihe** mit einem Nennwert von 10 Millionen € aus. **Ausgabekurs 96 % = 9.600.000,00 €; Rückzahlungskurs 102 % = 10.200.000,00 €. Rückzahlung nach 10 Jahren.**

Buchung bei Ausgabe der Anleihe:
❶ 2800 Bank 9.600.000,00
    2930 Disagio ....   600.000,00   an   4100 Anleiheschulden 10.200.000,00

Buchung zum 31. Dezember:
❷ Planmäßige Abschreibung des Disagios und Rückzahlungsagios:
600.000,00 : 10 = 60.000,00 € jährlich.
    7510 Zinsaufwendungen   an   2930 Disagio 60.000,00

Merke

Bei Hypotheken- und Anleiheschulden werden Abgeld (Damnum bzw. Disagio) und Aufgeld (Rückzahlungsagio) auf dem Konto 2930 Disagio gesondert erfasst und durch planmäßige Abschreibungen (Konto 7510) auf die entsprechende Laufzeit verteilt.

Die übrigen Verbindlichkeiten, wie **Verbindlichkeiten a. LL, sonstige Verbindlichkeiten, Bankschulden u. a.**, werden in der Schlussbilanz mit ihrem **Nennwert (Nominalwert)** angesetzt.

D Jahresabschluss

Aufgabe 359
Die Elektrowerke GmbH bezieht aus den USA Mikrochips. Rechnungseingang am 18. Dez.: 15.000,00 US-$ zum Devisenkassamittelkurs von 1,3580 US-$/€. Zahlungsziel vier Wochen.
1. Wie lautet die Buchung bei Rechnungseingang?
2. Wie ist die Auslandsverbindlichkeit zum 31. Dezember zu bewerten, wenn der Devisenkassamittelkurs a) 1,3580 US-$/€; b) 1,3450 US-$/€; c) 1,3760 US-$/€ beträgt?
Begründen Sie Ihre Bewertung.

Aufgabe 360
Die Metallbau GmbH importiert Fertigteile aus der Schweiz im Wert von 25.000,00 sfrs. Zahlungsziel vier Wochen. Rechnungseingang 22. Dez. Devisenkassamittelkurs 1,6250 sfr/€.
1. Buchen Sie den Rechnungseingang am 22. Dezember.
2. Bewerten Sie die Fertigteile zum 31. Dez. zum Devisenkassamittelkurs von a) 1,7550; b) 1,5450.

Aufgabe 361
Ein Industriebetrieb hat am 2. Januar ein Hypothekendarlehen in Höhe von 300.000,00 € aufgenommen. Laufzeit 10 Jahre. Dem Bankkonto wurde der Auszahlungsbetrag von 282.000,00 € gutgeschrieben. 8 % Zinsen, jeweils zum 30. Juni und 31. Dezember, zuzüglich Tilgung.
1. Buchen Sie bei Aufnahme des Darlehens.
2. Buchen Sie die halbjährlichen Zahlungen für Zinsen und Tilgung.
3. Buchen Sie zum 31. Dezember.

Aufgabe 362
Das Konto „4400 Verbindlichkeiten a. LL" enthält eine Rohstoffverbindlichkeit von 20.000,00 US-$ zum Devisenkassamittelkurs von 1,3495 US-$/€. Am Abschlussstichtag beträgt der Devisenkassamittelkurs a) 1,3425 US-$/€; b) 1,3650 US-$/€. Die Restlaufzeit beträgt zwei Wochen.
1. Ermitteln und begründen Sie den Bilanzansatz zum 31. Dezember.
2. Wie lautet die Buchung?

Aufgabe 363
Aufnahme eines Hypothekendarlehens von 900.000,00 € am 10. Januar, Auszahlung zu 98 %. Laufzeit des Darlehens 20 Jahre.
1. Buchen Sie a) bei Aufnahme des Darlehens und b) zum 31. Dezember.
2. Begründen Sie, weshalb steuerlich das Disagio gleichmäßig auf die Laufzeit verteilt wird.

Aufgabe 364
Ein Industriebetrieb gibt zu Beginn des Geschäftsjahres eine Anleihe im Nennwert von 20 Millionen € aus. Ausgabekurs 97 %, Rückzahlungskurs 101 %; Rückzahlung nach zehn Jahren.
1. Ermitteln Sie das Disagio und das Rückzahlungsagio.
2. Zu welchem Betrag muss die Anleiheschuld passiviert werden?
3. Buchen Sie a) bei Ausgabe der Anleihe und b) zum 31. Dezember.

Aufgabe 365
Eine Dachreparatur konnte im Dezember nicht mehr durchgeführt werden und musste deshalb bis Mitte Januar aufgeschoben werden. Kostenvoranschlag: 5.800,00 € netto.
1. Buchen Sie zum 31. Dezember.
2. Wie ist zu buchen, wenn im neuen Jahr nach Durchführung der Reparatur folgende Rechnungen durch Bank beglichen werden: a) 5.800,00 € + USt; b) 6.400,00 € + USt; c) 5.400,00 € + USt?

Aufgabe 366
Bildung einer Rückstellung für die Gewerbesteuer über 18.600,00 €. Banküberweisung der Gewerbesteuer im März nächsten Jahres: a) 18.600,00 €; b) 17.200,00 €; c) 19.000,00 €.
Buchen Sie die Bildung und Auflösung der Gewerbesteuerrückstellung.

Aufgabe 367
Nennen Sie die Buchung: a) Am Jahresende werden der Pensionsrückstellung für unsere Belegschaftsmitglieder 150.000,00 € zugeführt. b) Pensionsrückstellungen in Höhe von 17.600,00 € werden wegen Kündigung von Belegschaftsmitgliedern aufgelöst.

Aufgabe 368
Wir bestellen am 2. Dezember 6 000 kg Rohstoffe zu 30,00 €/kg netto. Liefertermin: 10. Februar n. J. Der Wiederbeschaffungswert am 31. Dezember beträgt 20,00 €.
1. Erklären Sie, inwiefern es sich hierbei um ein „schwebendes" Geschäft handelt.
2. In welchem Fall müssen schwebende Geschäfte bilanzmäßig berücksichtigt werden?
3. Buchen Sie a) zum 31. Dezember und b) nach Erhalt der Rohstoffe im neuen Jahr.

Aufgabe 369
1. Nennen Sie Verbindlichkeiten, die zum Nennwert zu passivieren sind.
2. Bei welchen Schulden ergibt sich oft ein Bilanzansatz zum höheren Erfüllungsbetrag?
3. Welcher Zusammenhang besteht zwischen Höchstwert- und Niederstwertprinzip?

4.8 Diverse Aufgaben zur Bewertung der Wirtschaftsgüter

Aufgabe 370

Zum 31. Dezember 01 beträgt der Forderungsbestand insgesamt 416.500,00 €. Darin ist eine Forderung an die Illiquid GmbH in Höhe von 35.700,00 € enthalten, über deren Vermögen am 28. Dezember das Insolvenzverfahren eröffnet worden ist. Vor Bilanzaufstellung am 12. Februar 02 teilt der Insolvenzverwalter mit, dass mit einem Verlust von 80 % zu rechnen sei. Im Übrigen ist mit einem allgemeinen Ausfallrisiko von 4 % zu rechnen. Bestände zum 31. Dezember 01: 3670 EWB z. F.: 15.000,00 €; 3680 PWB z. F.: 12.000,00 €.

Führen Sie die Bewertung der Forderungen durch. Buchen Sie PWB und EWB zum 31. Dezemb. 01.

Aufgabe 371

Auf eine im Geschäftsjahr 01 voll abgeschriebene Forderung gehen am 5. Januar 02, also noch vor der Aufstellung der Bilanz zum 31. Dezember 01, unerwartet 5.950,00 € ein.

Wie bewerten Sie diesen Fall im Jahresabschluss zum 31. Dezember 01? Nennen Sie gegebenenfalls die Buchung.

Aufgabe 372

Die Textil GmbH exportiert am 15. November 01 Waren in die USA. Abrechnung erfolgt auf Dollarbasis. Dem Kunden werden 200.000,00 US-$ in Rechnung gestellt, zahlbar am 15. Januar 02. Am Tag der Rechnungsstellung beträgt der Devisenkassamittelkurs 1,3650 US-$/€.

1. Wie hoch sind die Anschaffungskosten der Fremdwährungsforderung? Buchen Sie.
2. Mit welchem Wert muss die Forderung zum 31. Dezember 01 angesetzt werden, wenn der Devisenkassamittelkurs a) 1,3595 US-$/€ und b) 1,3750 US-$/€ beträgt? Begründen Sie Ihre Bewertung und nennen Sie, sofern erforderlich, die entsprechende Buchung zum 31. Dezember.

Aufgabe 373

Kauf eines Betriebsgrundstücks für 300.000,00 €. Die Grunderwerbsteuer beträgt 5,5 %. Der Makler stellt 9.000,00 € + USt in Rechnung. Für ein Entwässerungsgutachten für das Grundstück wurden 2.000,00 € + USt gezahlt. Der Anschluss des Grundstücks an den Kanal verursachte Kosten in Höhe von 3.000,00 € + USt. Der Notar berechnet 1.500,00 € + USt. Die Grundbuchkosten belaufen sich auf 450,00 €. Alle Zahlungen erfolgen durch Banküberweisung.

Zur Finanzierung des Grundstücks musste bei der Sparkasse ein Hypothekendarlehen über 200.000,00 € bei 100%iger Auszahlung und 10 % Zinsen aufgenommen werden. Die Zinsen sind halbjährlich im Voraus, erstmalig am 1. Oktober, zu zahlen.

1. Ermitteln Sie die Anschaffungskosten des Grundstücks.
2. Begründen Sie, welche Kosten im vorliegenden Fall nicht zu den Anschaffungskosten gehören.
3. Buchen Sie die Anschaffung des Grundstücks aufgrund der vorliegenden Rechnungen.
4. Nennen Sie den Buchungssatz zur Aufnahme des Darlehens.
5. Buchen Sie die Darlehenszinsen bei Zahlung am 1. Okt. Wie ist zum 31. Dez. zu buchen?

Aufgabe 374

Das in Aufgabe 373 genannte Grundstück hat zum Abschlussstichtag des folgenden Geschäftsjahres einen Verkehrswert von 380.000,00 €.

1. Nennen Sie den Wertansatz zum 31. Dezember.
2. Begründen Sie Ihre Bewertungsentscheidung unter Berücksichtigung der Ihnen bekannten Bewertungsprinzipien.

Aufgabe 375

Es wird unterstellt, dass das in Aufgabe 373 genannte Grundstück nach fünf Jahren wegen Wegfalls der Hauptverkehrsanbindung nur noch einen Wert von 220.000,00 € hat.

1. Nennen Sie den Wertansatz für die Jahresbilanz.
2. Begründen Sie ausführlich Ihre Bewertung.
3. Nennen Sie den Buchungssatz.
4. Erläutern Sie die Auswirkung auf den Jahreserfolg.

Aufgabe 376

In der Elektronik GmbH beträgt der Inventurbestand 5 800 Einbauchips. Eine Einzelbewertung war nicht möglich. *(Nennen Sie Gründe.)* Die Anschaffungskosten werden aufgrund einer Durchschnittsrechnung ermittelt und betragen 156,00 € je Stück.

Der Tageswert zum 31. Dezember 01 beträgt a) 150,00 € und b) 162,00 €.

Begründen Sie den Wertansatz zum 31. Dezember 01.

D JAHRESABSCHLUSS

Aufgabe 377

Ein Textilverarbeitungsbetrieb hat einen Posten Stoffe am 4. Dezember für 15.000,00 € netto ab Werk gekauft. An den Spediteur wurden für Transport und Versicherung 680,00 € netto gezahlt. Bei Bezahlung der Ware wurden 2 % Skonto abgezogen.
1. Ermitteln Sie die Anschaffungskosten.
2. Wie ist die Ware zum 31. Dezember zu bewerten, wenn am Abschlussstichtag der Wiederbeschaffungswert (einschließlich Transport und Versicherung)
   a) 15.800,00 € und b) 14.000,00 € beträgt?
3. Begründen Sie jeweils Ihre Bewertungsentscheidung zu 2. a) und 2. b) und nennen Sie die Auswirkung auf den Jahreserfolg.

Aufgabe 378

Im Konto „4400 Verbindlichkeiten a. LL" ist eine kurzfristige Rohstoffverbindlichkeit von 20.000,00 US-$ zum Devisenkassamittelkurs von 1,3550 US-$/€ enthalten. Am Abschlussstichtag beträgt der Devisenkassamittelkurs a) 1,3725 US-$/€ und b) 1,3495 US-$/€. Die Restlaufzeit beträgt zwei Wochen.
1. Ermitteln Sie den Bilanzansatz zu a) und b).
2. Begründen Sie Ihre Bewertungsentscheidung auch im Hinblick auf den Jahreserfolg.
3. Wie lautet die Buchung zum 31. Dezember?

Aufgabe 379

Ein Industriebetrieb hat zur kurzfristigen Anlage 50 Aktien zum Stückkurs von 150,00 € erworben. Die Bank berechnet insgesamt für Nebenkosten (Maklergebühr, Bankprovision) 1,06 % vom Kurswert.
Zum 31. Dezember des Anschaffungsjahres beträgt der Stückkurs a) 160,00 € und b) 120,00 €.
1. Ermitteln Sie die Anschaffungskosten.
2. Begründen Sie den Wertansatz zum 31. Dezember des Anschaffungsjahres zu a) und b).
3. Welche Wertansätze sind möglich, wenn der Kurs zum Abschlussstichtag des folgenden Jahres a) 140,00 € und b) 170,00 € beträgt?
4. Begründen Sie buchhalterisch, dass durch Wertaufholungen stille Reserven aufgelöst werden.

Aufgabe 380

Die Textilwerke GmbH hat in der Handelsbilanz zum 31. Dezember 2010 eine im Januar zu 100.000,00 € Anschaffungskosten erworbene Maschine mit 10 % abgeschrieben.
In der dem Finanzamt eingereichten Steuerbilanz wurde die gleiche Maschine mit dem steuerlichen Höchstsatz degressiv mit 25 % abgeschrieben.
1. Nennen Sie den Wertansatz a) für die Handelsbilanz und b) für die Steuerbilanz.
2. In welchen Fällen ist es einem Unternehmen erlaubt, unterschiedliche Wertansätze für die Handels- und die Steuerbilanz zu wählen?

Aufgabe 381

Die Elektrowerke Horst Schneider e. K. haben zum 31. Dezember noch 80 Elektromotoren zum durchschnittlichen Anschaffungswert von 190,00 € auf Lager.
Die Wiederbeschaffungskosten betragen am Abschlussstichtag a) 210,00 € und b) 160,00 €.
Begründen Sie den Wertansatz a) und b) und erläutern Sie die Erfolgsauswirkung.

Aufgabe 382

Ein Industriebetrieb hat am 15. Januar 2010 eine Förderanlage erworben. Der Listenpreis beträgt 80.000,00 € netto. Der Lieferant gewährt hierauf 10 % Rabatt.
In Rechnung gestellt werden ferner: Transportkosten 2.000,00 €, Fundamentierungskosten 2.500,00 €, Montagekosten 3.500,00 €, zuzüglich Umsatzsteuer.
Der Rechnungsbetrag wurde mit 2 % Skonto durch Banküberweisung beglichen.
Zur Finanzierung der Anlage wurde ein Darlehen von 60.000,00 € aufgenommen. Die Zinsen für das laufende Geschäftsjahr wurden mit 5.600,00 € im Voraus überwiesen.
1. Ermitteln Sie die Anschaffungskosten der Förderanlage.
2. a) Erstellen Sie die Rechnung des Lieferanten. b) Buchen Sie den Eingang der Rechnung.
3. Nennen Sie die Buchung für den Rechnungsausgleich.
4. Die Förderanlage hat eine Nutzungsdauer von zehn Jahren. *Ermitteln Sie a) den niedrigsten und b) den höchstmöglichen Abschreibungsbetrag zum 31. Dezember 2010.*
5. Nennen Sie den Wertansatz für die Fälle 4. a) und 4. b).
6. Für welchen Wertansatz würden Sie sich entscheiden, wenn das Unternehmen a) mit Verlust und b) mit hohem Gewinn abschließt? Begründen Sie.

BILANZIERUNG DER VERMÖGENS- UND SCHULDPOSTEN — D

Aufgabe 383

Der Wert einer Maschine mit Anschaffungskosten von 200.000,00 €, die linear über zehn Jahre abgeschrieben wird, sinkt im Jahr 04 infolge des technischen Fortschritts zusätzlich um 20 % der Anschaffungskosten.

1. Begründen Sie Ihre Bewertungsentscheidung.
2. Ermitteln Sie die fortgeführten Anschaffungskosten zum 31. Dezember 04.
3. Nennen Sie den Buchungssatz zum 31. Dezember 04.
4. Ermitteln Sie die Abschreibung für die Restnutzungsdauer.

Aufgabe 384

Eine GmbH hat im Geschäftsjahr 01 diverse Wirtschaftsgüter mit Anschaffungskosten über 250,00 € und unter 1.000,00 € erworben und im Konto „0891 GWG-Sammelposten Jahr 01" aktiviert. In der Handelsbilanz erfolgt eine Abschreibung des GWG-Sammelpostens in Höhe von 20 %. In der Steuerbilanz soll eine Vollabschreibung dieser geringwertigen Wirtschaftsgüter vorgenommen werden.

1. Welche Überlegungen stehen bei der beabsichtigten Vollabscheibung im Vordergrund?
2. Beurteilen Sie die Zulässigkeit der Vollabschreibung.

Aufgabe 385

Die fortgeführten Anschaffungskosten einer Maschine betragen zum 31. Dezember .. 24.000,00 €. Der Wert (Teilwert) der Maschine ist infolge Preissteigerung auf 30.000,00 € gestiegen. Der Buchhalter möchte daher eine Zuschreibung in Höhe von 6.000,00 € vornehmen, die zu einem Wertansatz von 30.000,00 € führt.

Beraten Sie den Buchhalter und begründen Sie Ihre Auffassung.

Aufgabe 386

Rohstoffe wurden am 20. Dezember .. zu 5.000,00 € netto zuzüglich Bezugskosten 300,00 € netto angeschafft. Beim Rechnungsausgleich wurden 2 % Skonto abgezogen. Die Rohstoffe sind am 31. Dezember noch am Lager.

1. Ermitteln Sie die Anschaffungskosten.
2. Wie sind die Rohstoffe zum 31. Dezember zu bewerten, wenn der Tageswert
   a) 6.000,00 €   und
   b) 4.600,00 €
   beträgt? Begründen Sie Ihre Entscheidung.

Aufgabe 387

Die in Aufgabe 386 genannten Rohstoffe wurden in der Bilanz zum 31. Dezember .. nach dem strengen Niederstwertprinzip mit 4.600,00 € bewertet. Es wird unterstellt, dass die Rohstoffe auch noch zum 31. Dezember des folgenden Jahres vorhanden sind und der Tageswert nunmehr 5.100,00 € beträgt.

1. Nennen Sie den Wertansatz zum 31. Dezember des letzten Jahres.
2. Erläutern Sie die Auswirkungen auf den Gewinn.

Aufgabe 388

Ein Industriebetrieb hat ein Grundstück erworben. Anschaffungskosten 150.000,00 €. Am Abschlussstichtag beträgt der Tageswert (Teilwert)
a) 180.000,00 € und
b) 100.000,00 €.

Im Fall b) handelt es sich um eine Wertminderung, die auf ein Bauverbot für das Grundstück zurückzuführen ist.

1. Ermitteln und begründen Sie für die beiden Fälle den jeweiligen Wertansatz.
2. Mit welchem Wert ist das Grundstück zu bilanzieren, wenn nach vier Jahren das Bauverbot aufgehoben wird?

Aufgabe 389

Im Geschäftsjahr .. wurde eine Beteiligung an einer Aktiengesellschaft für 10 Millionen € erworben. Zum 31. Dezember des gleichen Jahres ist der Wert geringfügig auf 9,7 Millionen € gesunken. Die Unternehmensleitung erwartet für das nächste Jahr wieder eine Wertsteigerung.

Welche Möglichkeiten der Bewertung bestehen nach § 253 [3] HGB?

D JAHRESABSCHLUSS

Aufgabe 390

Ermitteln Sie die Herstellungskosten für den Bestand an fertigen Erzeugnissen zum 31. Dez. ...
1. bei handels- und steuerrechtlich zulässiger höchster Bewertung,
2. bei handels- und steuerrechtlich zulässiger niedrigster Bewertung.

Fertigungsmaterial	10.000,00 €
Materialgemeinkosten	2.000,00 €
Fertigungslöhne	15.000,00 €
Fertigungsgemeinkosten	44.000,00 €
Sondereinzelkosten der Fertigung	2.000,00 €
Fertigungsbedingter Werteverzehr des Anlagevermögens	1.000,00 €
Allgemeine Verwaltungskosten	8.000,00 €
Vertriebsgemeinkosten	6.000,00 €

Aufgabe 391

In der Maschinenbau GmbH wird ein Fließband für die eigene Fertigung erstellt. Die technische Abnahme erfolgt durch den TÜV, der 4.000,00 € netto in Rechnung stellt. Das Fließband wird am 18. Oktober 2010 in Betrieb genommen. Nutzungsdauer zehn Jahre. Die Kalkulation stellt folgende Zahlen zur Verfügung:

Fertigungsmaterial	60.000,00 €
Materialgemeinkosten	7.200,00 €
Fertigungslöhne	78.000,00 €
Fertigungsgemeinkosten	160.000,00 €
Fertigungsbedingter Werteverzehr des Anlagevermögens	2.000,00 €
Allgemeine Verwaltungskosten	5.000,00 €

1. Ermitteln Sie unter Berücksichtigung aller Angaben die handels- und steuerrechtlichen Herstellungskosten a) bei niedrigster und b) bei höchster Bewertung.
2. Wie lautet die Buchung zur Aktivierung der selbst erstellten Anlage, wenn sich das Unternehmen für den niedrigeren Wertansatz entscheidet?
3. Welche Auswirkung hat die Aktivierung von Eigenleistungen auf den Gewinn?
4. Der Buchhalter möchte in der Handelsbilanz linear abschreiben, in der Steuerbilanz jedoch die höchstmögliche Abschreibung vornehmen. *Beraten Sie den Buchhalter.*
5. Ermitteln Sie a) den Abschreibungsbetrag bei linearer Abschreibung zum 31. Dezember 2010 und b) die fortgeführten Herstellungskosten.
6. Am Ende des 4. Nutzungsjahres wird das Fließband wegen Produktionsumstellung nicht mehr benötigt. Zum 31. Dezember ist deshalb eine zusätzliche Wertminderung von 40 % der Herstellungskosten zu berücksichtigen. *Ermitteln Sie den Wertansatz zum 31. Dezember.*

Aufgabe 392

Ein Industriebetrieb hat am 15. November dieses Jahres 300 t Rohstoffe T 401 zu 700,00 €/t zur Lieferung am 28. Februar nächsten Jahres fix bestellt. Zum 31. Dezember dieses Jahres ist der Preis auf 550,00 €/t nachhaltig gefallen.

1. Begründen Sie Ihren Vorschlag an den Buchhalter für den Jahresabschluss zum 31. Dezember d. J.
2. Wie lautet gegebenenfalls die erforderliche Buchung zum 31. Dezember dieses Jahres?
3. Wie buchen Sie nach Eingang der Rohstoffe am 28. Februar nächsten Jahres?
4. Wie würden Sie den Fall behandeln, wenn der Preis am 31. Dezember d. J. 1.000,00 €/t beträgt?

Aufgabe 393

1. Nennen Sie die Zielsetzung a) der Handelsbilanz und b) der Steuerbilanz.
2. Was beinhaltet der „Grundsatz der Maßgeblichkeit der Handelsbilanz für die Steuerbilanz"?
3. Welche Unternehmen stellen sowohl eine Handels- als auch eine Steuerbilanz auf?
4. Erläutern Sie den Zusammenhang zwischen dem Prinzip der Vorsicht und dem Anschaffungswert-, Niederstwert-, Höchstwert- und Imparitätsprinzip.
5. Unterscheiden Sie zwischen strengem und gemildertem Niederstwertprinzip.
6. Nennen Sie Ausnahmen des Grundsatzes der Einzelbewertung.
7. Nennen Sie mögliche Abweichungen in der Handels- und Steuerbilanz.

5 Jahresabschluss der Personengesellschaften

5.1 Abschluss der Offenen Handelsgesellschaft (OHG)

Die Gesellschafter der OHG haften **in unbeschränkter Höhe**, also nicht nur mit ihren Kapitaleinlagen, sondern auch mit ihrem Privatvermögen. **Jeder Gesellschafter hat sein Eigenkapital- und Privatkonto.**

Unbeschränkte Haftung

Die Verteilung des Gesamtgewinns der OHG ist entweder von den Gesellschaftern **vertraglich** geregelt (Gesellschaftsstatut) **oder** richtet sich **nach den gesetzlichen Vorschriften** (§ 121 HGB). Danach erhalten die Gesellschafter ihre Kapitaleinlagen zu 4 % verzinst, der Rest des Gewinns wird nach Köpfen verteilt. Der **Verlust** wird von allen Gesellschaftern **zu gleichen Teilen** getragen. Für ihre **Arbeitsleistung** erhalten die geschäftsführenden Gesellschafter der OHG **vorab** entsprechende **Gewinnanteile**.

Gewinn- und Verlustverteilung

> **Beispiel**
>
> In einer OHG betragen die Kapitalanteile der Gesellschafter A 240.000,00 € und B 360.000,00 €. Das Privatkonto A weist 68.000,00 €, Privatkonto B 70.000,00 € Entnahmen aus. Der Gesamtgewinn von 200.000,00 € wird wie folgt verteilt:
> Gesellschafter B erhält für die Geschäftsführung vorab 72.000,00 €. Die Kapitaleinlagen werden mit 8 % verzinst. Der Restgewinn wird nach Köpfen verteilt.
>
> | Gesell-schafter | Kapital 1. Jan. | Arbeits-anteil | Kapital-verzinsung | Rest-gewinn | Gesamt-gewinn | Privat-entnahme | Kapital 31. Dez. |
> |---|---|---|---|---|---|---|---|
> | A | 240.000,00 | – | 19.200,00 | 40.000,00 | 59.200,00 | 68.000,00 | 231.200,00 |
> | B | 360.000,00 | 72.000,00 | 28.800,00 | 40.000,00 | 140.800,00 | 70.000,00 | 430.800,00 |
> | | 600.000,00 | 72.000,00 | 48.000,00 | 80.000,00 | 200.000,00 | 138.000,00 | 662.000,00 |

Die **Gewinnanteile** werden den **Kapitalkonten** der Gesellschafter aufgrund der **Gewinnverteilungstabelle** (Beleg!) **gutgeschrieben**. Bei Verlust sind die Kapitalkonten entsprechend zu belasten. Die **Privatkonten** werden über die zugehörigen Kapitalkonten abgeschlossen.

Buchungen

Nennen Sie die Abschlussbuchungssätze ❶*,* ❷ *und* ❸*.*

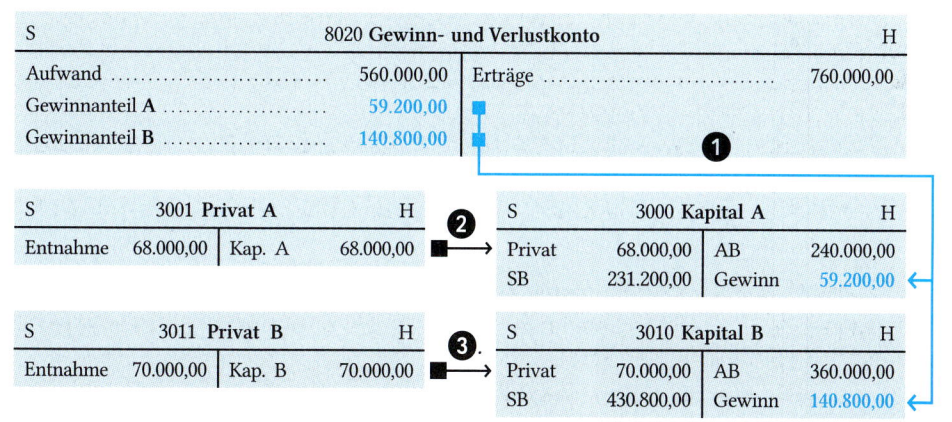

S	8020 Gewinn- und Verlustkonto		H
Aufwand	560.000,00	Erträge	760.000,00
Gewinnanteil A	59.200,00		
Gewinnanteil B	140.800,00		

❶

S	3001 Privat A		H
Entnahme	68.000,00	Kap. A	68.000,00

❷

S	3000 Kapital A		H
Privat	68.000,00	AB	240.000,00
SB	231.200,00	Gewinn	59.200,00

S	3011 Privat B		H
Entnahme	70.000,00	Kap. B	70.000,00

❸

S	3010 Kapital B		H
Privat	70.000,00	AB	360.000,00
SB	430.800,00	Gewinn	140.800,00

> **Merke**
> - Die OHG führt für jeden Gesellschafter ein Kapital- und Privatkonto.
> - Gewinn- und Verlustanteile werden deshalb unmittelbar auf dem Kapitalkonto des Gesellschafters gebucht.

Aufgabe 394

Der Jahresgewinn einer OHG in Höhe von 220.000,00 € soll nach § 121 HGB auf zwei Gesellschafter mit den Kapitalanteilen A 200.000,00 € und B 300.000,00 € verteilt werden. Die Privatentnahmen von A betragen 48.000,00 € und von B 50.000,00 €.
1. Erstellen Sie eine Gewinnverteilungstabelle mit Kapitalentwicklung und buchen Sie.
2. Nehmen Sie kritisch Stellung zur gesetzlichen Regelung der Gewinnverteilung.

Aufgabe 395

Saldenbilanz der Marc Gruppe OHG		Soll	Haben
0700	Technische Anlagen und Maschinen	620.000,00	–
0800	Andere Anlagen/Betriebs- und Geschäftsausstattung	360.000,00	–
2000	Rohstoffe	280.000,00	–
2200	Fertige Erzeugnisse	15.000,00	–
2400	Forderungen a. LL	348.480,00	–
2600	Vorsteuer	128.090,00	–
2690	Sonstige Forderungen	2.000,00	–
2800	Bank	328.000,00	–
3000	Kapital M. Gruppe	–	400.000,00
3001	Privat M. Gruppe	83.000,00	–
3010	Kapital S. Krüger	–	200.000,00
3011	Privat S. Krüger	79.000,00	–
3900	Sonstige Rückstellungen	–	15.500,00
4250	Darlehensschulden	–	444.000,00
4400	Verbindlichkeiten a. LL	–	215.000,00
4800	Umsatzsteuer	–	285.570,00
4890	Sonstige Verbindlichkeiten	–	17.500,00
5000	Umsatzerlöse für eigene Erzeugnisse	–	1.511.000,00
5001	Erlösberichtigungen	8.000,00	–
5480	Erträge aus der Auflösung von Rückstellungen	–	5.000,00
5710	Zinserträge	–	6.000,00
6000	Aufwendungen für Rohstoffe	460.000,00	–
6001	Bezugskosten	10.000,00	–
6002	Nachlässe	–	6.000,00
6700	Mietaufwendungen	120.000,00	–
6930	Verluste aus Schadensfällen	19.000,00	–
7510	Zinsaufwendungen	25.000,00	–
7800	Diverse Aufwendungen	220.000,00	–
Weitere Konten: 5200, 6520, 8010, 8020.		3.105.570,00	3.105.570,00

Abschlussangaben zum 31. Dezember

1. Planmäßige Abschreibungen: Maschinen: 180.000,00 €; BGA: 80.000,00 €.
2. Eine Maschine (11.500,00 € Buchwert) erleidet Totalschaden. Schrottwert: 0,00 €.
3. Eine im Vorjahr gebildete Garantierückstellung über 5.000,00 € erübrigt sich.
4. Kunde erhält Gutschrift für Bonus, Gutschriftsanzeige: 3.000,00 € + USt.
5. Steuerberichtigungen: Lieferantenkonti: 450,00 €; Kundenkonti: 380,00 €.
6. Darlehenszinsen von 12.000,00 € werden halbjährlich nachträglich jeweils zum 31. März und 30. September an die Bank gezahlt. Letzte Zahlung erfolgte am 30. September.
7. Brandschaden im Rohstofflager 15.000,00 € (kein Versicherungsanspruch).
8. Für einen drohenden Verlust aus einem schwebenden Geschäft (Kaufvertrag über die Lieferung von Rohstoffen) ist eine Rückstellung über 25.000,00 € zu bilden.
9. Die Hallenmiete für Dezember wird dem Vermieter am 2. Jan. überwiesen: 8.000,00 €.
10. Die Zinsgutschrift der Bank über 4.500,00 € erfolgt erst am 6. Januar nächsten Jahres.
11. Rohstoffschlussbestand: Anschaffungskosten: 180.000,00 €; Tageswert: 195.000,00 €.
12. Inventurbestand an fertigen Erzeugnissen: 25.000,00 €.
13. Gewinnverteilung: Der Gesellschafter Gruppe erhält vorab eine Arbeitsvergütung von 120.000,00 €. Im Übrigen: 8 % Kapitalverzinsung und der Restgewinn im Verhältnis 3 : 1.

a) Ermitteln Sie die Rendite der Kapitalanteile der Gesellschafter.
b) Erstellen Sie für die OHG die Bilanz gemäß § 266 HGB.

KG-GEWINNVERTEILUNG   D

5.2 Abschluss der Kommanditgesellschaft (KG)

Die unterschiedliche Haftung der Gesellschafter unterscheidet die KG von der OHG:

- **Der Vollhafter (Komplementär)** haftet wie der OHG-Gesellschafter **unbeschränkt** mit seinem Betriebs- und Privatvermögen (§ 161 HGB).
- **Der Teilhafter (Kommanditist)** haftet nur **beschränkt** in Höhe der **vertraglich festgesetzten** und im **Handelsregister eingetragenen Kapitaleinlage**. Der Kommanditist verfügt deshalb über **kein Privatkonto** (§§ 161, 171 HGB).

§§ 161, 171 HGB

Die **Gewinn- und Verlustverteilung** ist auch bei der KG entweder **vertraglich** geregelt **oder** richtet sich **nach den gesetzlichen Vorschriften** (§§ 167–169 HGB). Danach erhalten die Vollhafter wie auch die Teilhafter zunächst ihre Kapitaleinlage zu 4 % verzinst. Der **Restgewinn** wird in einem „**angemessenen Verhältnis**" der Kapitalanteile, also unter Berücksichtigung der Einlagenhöhe, der Mitarbeit im Unternehmen und der persönlichen Haftung, verteilt. Am **Verlust** sind die Gesellschafter ebenfalls **in angemessenem Verhältnis** zu beteiligen.

Gewinn- und Verlustverteilung §§ 167–169 HGB

> **Beispiel**
>
> In einer KG betragen die Kapitaleinlagen des Komplementärs A 500.000,00 € und des Kommanditisten B 200.000,00 €. Das Privatkonto A weist Entnahmen in Höhe von 80.000,00 € aus. Der Gesamtgewinn beträgt zum 31. Dez. 240.000,00 €.
>
> **Vertragliche Gewinnverteilung**: Der Komplementär erhält aus dem Jahresgewinn für seine Arbeitsleistung vorab 60.000,00 €. Die Kapitaleinlagen werden mit 4 % verzinst, der Restgewinn wird im Verhältnis 3 : 1 verteilt.

Gesell-schafter	Kapital 1. Jan.	Arbeits-anteil	Kapital-verzinsung	Rest-gewinn	Gesamt-gewinn	Privat-entnahme	Kapital 31. Dez.
A	500.000,00	60.000,00	20.000,00	114.000,00	194.000,00	80.000,00	614.000,00
B	200.000,00	–	8.000,00	38.000,00	46.000,00	–	200.000,00
	700.000,00	60.000,00	28.000,00	152.000,00	240.000,00	80.000,00	814.000,00

Die unterschiedliche Haftung der Gesellschafter der KG bedingt unterschiedliche Buchungen. Beim **Komplementär** ergeben sich die **gleichen Buchungen wie beim OHG-Gesellschafter**. Der **Gewinnanteil des Kommanditisten** darf jedoch wegen der **festen** Kapitaleinlage nicht seinem Kapitalkonto gutgeschrieben werden, sondern muss bis zur Auszahlung als „**Sonstige Verbindlichkeit**" auf dem Konto „4870 Verbindlichkeiten gegenüber Gesellschaftern" gebucht werden. Ein **Verlustanteil** ist als „**Sonstige Forderung**" der KG an den Kommanditisten zu buchen (2690 an 8020), damit das **Kommanditkapitalkonto** das vereinbarte Haftungskapital **unverändert** ausweist.

Buchungen

Buchung: 8020 Gewinn- und Verlustkonto 240.000,00
 an 3000 Kapital Vollhafter A 194.000,00
 an 4870 Verbindl. gegenüber Gesellschaftern 46.000,00

Aktiva	Bilanz der A-KG		Passiva
		1. Jan.	31. Dez.
Anlagevermögen	Kapital Vollhafter A	500.000,00	614.000,00
Umlaufvermögen	Kapital Teilhafter B	200.000,00	200.000,00
	Verb. gg. Gesellsch.	–	46.000,00

> **Merke**
> Gewinnanteile der Kommanditisten sind bis zur Auszahlung „Sonstige Verbindlichkeiten".

Aufgabe 396

Die Schulz KG besteht aus dem Vollhafter H. Schulz (400.000,00 € Kapitalanteil) und dem Teilhafter R. Schneider (200.000,00 € Kommanditkapital). Das Privatkonto Schulz weist 70.000,00 € Entnahmen zum 31. Dez. aus. Der Gesamtgewinn beträgt 180.000,00 €. Für die Geschäftsführung erhält Schulz monatlich 8.500,00 €. Jeder Gesellschafter erhält vorab 8 %. Der Restgewinn ist im Verhältnis 4 : 1 zu verteilen. *Erstellen Sie die Gewinnverteilungstabelle mit Kapitalentwicklung und buchen Sie. Beurteilen Sie auch den Erfolg der KG.*

Aufgabe 397

Saldenbilanz der Paul von Raupach KG zum 31. Dezember		Soll	Haben
0510	Bebaute Grundstücke	180.000,00	–
0530	Betriebsgebäude	800.000,00	–
0700	Technische Anlagen und Maschinen	780.000,00	–
0800	Andere Anlagen/Betriebs- und Geschäftsausstattung	260.000,00	–
2000	Rohstoffe	260.000,00	–
2002	Nachlässe	–	8.000,00
2200	Fertige Erzeugnisse	60.000,00	–
2400	Forderungen a. LL	434.350,00	–
2600	Vorsteuer	134.000,00	–
2690	Sonstige Forderungen	16.000,00	–
2800	Bank	293.000,00	–
2880	Kasse	12.000,00	–
3000	Kapital Vollhafter Paul von Raupach	–	900.000,00
3001	Privat P. von Raupach	70.000,00	–
3070	Kapital Teilhafter M. Breuer	–	300.000,00
3680	Pauschalwertberichtigung zu Forderungen	–	6.000,00
3900	Sonstige Rückstellungen	–	5.000,00
4250	Darlehensschulden	–	650.000,00
4400	Verbindlichkeiten a. LL	–	307.000,00
4800	Umsatzsteuer	–	316.350,00
4870	Verbindlichkeiten gegenüber Gesellschaftern	–	–
4890	Sonstige Verbindlichkeiten	–	95.000,00
5000	Umsatzerlöse für eigene Erzeugnisse	–	1.675.000,00
5001	Erlösberichtigungen	15.000,00	–
5081	Mieterträge	–	14.000,00
5420	Entnahme v. G. u. s. L. (Paul von Raupach)	–	5.000,00
6000	Aufwendungen für Rohstoffe	220.000,00	–
6160	Fremdinstandhaltung	10.000,00	–
6900	Versicherungsbeiträge	15.000,00	–
6951	Abschreibungen auf Forderungen	8.000,00	–
6940	Sonstige Aufwendungen	16.000,00	–
7510	Zinsaufwendungen	28.000,00	–
7800	Diverse Aufwendungen	670.000,00	–
Weitere Konten: 2900, 4900, 5200, 6520, 6550, 6953, 8010, 8020.		4.281.350,00	4.281.350,00

Abschlussangaben zum 31. Dezember

Beachten Sie: Werkstoffeinkäufe wurden **auf Bestandskonten** der Klasse 2 erfasst.
1. Planmäßige AfA: Gebäude: 18.000,00 €; Maschinen: 90.000,00 €; BGA: 30.000,00 €.
2. Dauernde Wertminderung des bebauten Grundstücks: 25.000,00 €.
3. Entnahmen des Vollhafters, netto: 2.500,00 € Erzeugnisse, 1.500,00 € betr. Leistungen
4. Eine Forderung über 4.760,00 € brutto wird uneinbringlich.
5. Maschinenreparatur erfolgt erst im März nächsten Jahres. Geschätzte Kosten: 15.600,00 €.
6. Verrechnung des Mietwertes: Privatwohnung Raupach im Geschäftsgebäude: 900,00 €.
7. Ein Mieter hatte die Lagerraummiete für Dezember bis Februar nächsten Jahres am 1. Dez. mit 2.700,00 € im Voraus an die KG überwiesen.
8. Die Kfz-Versicherungen wurden am 1. Okt. für ein Jahr im Voraus gezahlt: 2.400,00 €.
9. Rohstofflieferant gewährt Umsatzbonus für abgelaufenes Geschäftsjahr: 5.000,00 € netto.
10. Darlehenszinsen in Höhe von 12.000,00 € werden halbjährlich nachträglich jeweils zum 31. März und 30. September gezahlt. Letzte Zahlung erfolgte am 30. September.
11. Kassenfehlbetrag lt. Inventur 450,00 € (Ursache ungeklärt).
12. Die PWB ist auf 5 % des Forderungsbestands zu bemessen.
13. Rohstoffschlussbestand: Anschaffungskosten: 115.000,00 €; Tageswert: 100.000,00 €.
14. Schlussbestand an fertigen Erzeugnissen lt. Inventur: 90.000,00 €.
15. Gewinnverteilung: Der geschäftsführende Gesellschafter Paul von Raupach erhält vorab eine Arbeitsvergütung von 120.000,00 €. Im Übrigen ist der Gewinn im Verhältnis 4 : 1 zu verteilen. *Ermitteln Sie die Rendite der Kapitalanteile der Gesellschafter.*

6 Jahresabschluss der Kapitalgesellschaften
6.1 Publizitäts- und Prüfungspflicht

Kapitalgesellschaften und **bestimmte Personengesellschaften** (z. B. GmbH & Co. KG) haben den aus **Bilanz** und **GuV-Rechnung** bestehenden Jahresabschluss (§ 242 HGB) um einen **Anhang** zu erweitern und einen **Lagebericht** aufzustellen (§ 264 HGB). Kleine Gesellschaften (§ 267 [1] HGB) und Kleinstkapitalgesellschaften (§ 267a HGB) sind von der Aufstellung des Lageberichts befreit. Kleinstkapitalgesellschaften brauchen auch keinen Anhang zu erstellen, wenn sie bestimmte Angaben des Anhangs unter der Bilanz aufführen (§ 264 [1] Satz 5 HGB).

§§ 264, 266, 275, 284, 285 HGB

- Der Anhang enthält Angaben, die die **Bilanz** und **Gewinn- und Verlustrechnung erläutern** und **ergänzen**, z. B. Bilanzierungs- und Bewertungsmethoden wie Abschreibungsmethoden, Zusammensetzung der Herstellungskosten, Anwendung von Sammel- oder Gruppenbewertung, Anlagenspiegel, Verbindlichkeiten mit Restlaufzeit von über fünf Jahren, nicht bilanzierte Verpflichtungen, Aufgliederung der Umsatzerlöse, durchschnittliche Zahl der Arbeitnehmer, Vergütungen der Geschäftsleitung, Beteiligungen u. a. m.

Anhang
§§ 284, 285 HGB

- Der Lagebericht beinhaltet Erläuterungen zum **Geschäftsverlauf** und **Geschäftsergebnis**, zur **Lage der Gesellschaft** sowie zur **voraussichtlichen Entwicklung** mit ihren Chancen und Risiken. Außerdem soll u. a. über **Vorgänge** von besonderer Bedeutung **nach dem Abschlussstichtag**, **finanzwirtschaftliche Risiken** (z. B. Preisänderungs-, Ausfall-, Liquiditätsrisiken), **Forschung** und **Entwicklung** sowie **Zweigniederlassungen** berichtet werden.

Lagebericht
§ 289 HGB

Kapitalmarktorientierte Gesellschaften[1] (§ 264d HGB) haben den Jahresabschluss um **Kapitalflussrechnung** und **Eigenkapitalspiegel** zu erweitern. Die Kapitalflussrechnung zeigt Auswirkungen von Geschäftsfällen sowie Investitions- und Finanzierungsvorgängen auf die Liquidität, der Eigenkapitalspiegel verdeutlicht die Eigenkapitalveränderungen des Jahres.

§ 264 [1] Satz 2 HGB

Kapitalgesellschaften und **bestimmte Personengesellschaften** sind grundsätzlich **verpflichtet**, den **Jahresabschluss und** den **Lagebericht** durch unabhängige Abschlussprüfer **prüfen** zu lassen und zu **veröffentlichen**. Zum **Schutz** kleiner Unternehmen vor **Konkurrenzeinblick** richten sich jedoch die **Prüfungspflicht** sowie **Art und Umfang der Publizität** nach der **Größe** der Gesellschaft. **Für die Zuordnung** der Unternehmen zu einer **Größenklasse müssen zwei der drei Schwellenwerte** an zwei aufeinander folgenden Bilanzstichtagen **zutreffen**:[2]

Prüfung und Offenlegung

Schwellenwerte	Bilanzsumme	Umsatzerlöse	Beschäftigte[3]
Kleinstgesellschaften	bis 350.000,00 €	bis 700.000,00 €	bis 10
Kleine Gesellschaften	bis 6.000.000,00 €	bis 12.000.000,00 €	bis 50
Mittelgroße Gesellschaften	bis 20.000.000,00 €	bis 40.000.000,00 €	bis 250
Große Gesellschaften	über 20.000.000,00 €	über 40.000.000,00 €	über 250

Größenklassen
§ 267 HGB

Die nachfolgende Tabelle zeigt die Veröffentlichung der Jahresabschlussbestandteile und des Lageberichts im elektronischen Bundesanzeiger (eBAnz) sowie die Prüfungspflicht.

§§ 316, 325, 326 HGB

Kapital-gesellschaften	Offenlegung (§§ 325, 326 HGB)					Prüfung (§ 316 HGB)
	Jahresabschluss			Lage-bericht	Pub-lizität	
	Bilanz	GuV	Anhang			
Kleinst	X	–	–	–	eBAnz[4]	–
Kleine	X	–	X	–	eBAnz	–
Mittelgroße	X	X	X	X	eBAnz	X
Große	X	X	X	X	eBAnz	X

---

1. Kapitalmarktorientiert sind Kapitalgesellschaften und bestimmte Personengesellschaften, wenn die von ihnen ausgegebenen Wertpapiere (z. B. Aktien, Anleihen) an der Börse gehandelt werden.
2. Kapitalmarktorientierte Gesellschaften gelten stets als große Gesellschaften (§ 267 [3] HGB).
3. Im Jahresdurchschnitt
4. Wahlweise darf die Bilanz bei dem Betreiber des eBAnz nur hinterlegt statt veröffentlicht werden.

6.2 Gliederung der Bilanz nach § 266 HGB

Kapitalgesellschaften haben die Jahresbilanz nach § 266 HGB zu gliedern. Die **Gliederungstiefe** richtet sich jedoch **nach der Größe** der Kapitalgesellschaft.

- **Große und mittelgroße Kapitalgesellschaften** müssen ihre Bilanzen unter Berücksichtigung des in § 266 [2, 3] HGB ausgewiesenen **vollständigen Gliederungsschemas**[1] aufstellen. Die Veröffentlichung erfolgt bei großen Kapitalgesellschaften ebenfalls in dieser detaillierten Darstellung der Bilanzposten und ermöglicht somit einen **tiefen Einblick in die Vermögens- und Finanzlage** des Unternehmens. Mittelgroße Gesellschaften können ihre Bilanzen in der für kleine Kapitalgesellschaften vorgeschriebenen **Kurzform** veröffentlichen, wenn sie in der Bilanz oder im Anhang bestimmte Posten zusätzlich angeben, wie z. B. Grundstücke und Gebäude, Technische Anlagen und Maschinen, Beteiligungen, Anleihen, Verbindlichkeiten gegenüber Kreditinstituten u. a. m. (§ 327 HGB).
- **Kleine Kapitalgesellschaften** brauchen nur eine **verkürzte Bilanz** (siehe unten) aufzustellen und zu veröffentlichen, in der die **mit Buchstaben und römischen Zahlen** bezeichneten Posten des Gliederungsschemas aufgeführt sind (§ 266 [1] HGB). Durch Straffung der Bilanzposten sind diese Bilanzen für Außenstehende nur **von geringem Aussagewert**.
- **Kleinstkapitalgesellschaften** sind ebenfalls nur zur Aufstellung und Veröffentlichung einer verkürzten Bilanz verpflichtet, die aus den mit Buchstaben bezeichneten Posten des Gliederungsschemas besteht. Statt einer Veröffentlichung ist auch die dauerhafte Hinterlegung der Bilanz bei dem Betreiber des elektronischen Bundesanzeigers möglich.

Bilanzschema kleiner Kapitalgesellschaften

Aktiva	Bilanz zum 31. Dezember 20..	Passiva

A. Anlagevermögen
  I. Immaterielle Vermögensgegenstände
  II. Sachanlagen
  III. Finanzanlagen
B. Umlaufvermögen
  I. Vorräte
  II. Forderungen und sonstige Vermögensgegenstände
  III. Wertpapiere
  IV. Flüssige Mittel
C. Rechnungsabgrenzungsposten
D. Aktive latente Steuern
E. Aktiver Unterschiedsbetrag aus der Vermögensverrechnung
		A. Eigenkapital
		  I. Gezeichnetes Kapital
		  II. Kapitalrücklage
		  III. Gewinnrücklagen
		  IV. Gewinn-/Verlustvortrag
		  V. Jahresüberschuss/Jahresfehlbetrag
		B. Rückstellungen
		C. Verbindlichkeiten
		D. Rechnungsabgrenzungsposten
		E. Passive latente Steuern

Bei der Veröffentlichung von Bilanzen ist zusätzlich noch Folgendes zu beachten:

- **Zu jedem Bilanzposten** ist der entsprechende **Vorjahresbetrag** anzugeben.
- In der Bilanz muss der **Betrag der Forderungen** mit einer **Restlaufzeit von mehr als einem Jahr** sowie der **Verbindlichkeiten** mit einer **Restlaufzeit bis zu einem Jahr** angegeben werden. Das verbessert den **Einblick in die Liquiditätslage** des Unternehmens.
- Im Anhang sind **Eventualverbindlichkeiten**, beispielsweise aus Bürgschaften oder Gewährleistungsverträgen, anzugeben (§§ 251, 268 [7] HGB).

> **Merke**
> Art und Umfang der Veröffentlichung, Prüfungspflicht sowie Gliederung der Bilanz richten sich nach der Größe der Kapitalgesellschaft.

[1] Siehe S. 293 und im Anhang des Lehrbuches auf der Rückseite des Kontenrahmens.

Gliederung der Jahresbilanz
nach § 266 [2, 3] Handelsgesetzbuch

Aktiva

A. Anlagevermögen
  I. Immaterielle Vermögensgegenstände
     1. Selbst geschaffene gewerbliche Schutzrechte und ähnliche Rechte und Werte
     2. entgeltlich erworbene Konzessionen, gewerbliche Schutzrechte und ähnliche Rechte und Werte sowie Lizenzen an solchen Rechten und Werten
     3. Geschäfts- oder Firmenwert
     4. geleistete Anzahlungen
  II. Sachanlagen
     1. Grundstücke, grundstücksgleiche Rechte und Bauten einschließlich der Bauten auf fremden Grundstücken
     2. technische Anlagen und Maschinen
     3. andere Anlagen, Betriebs- und Geschäftsausstattung
     4. geleistete Anzahlungen und Anlagen im Bau
  III. Finanzanlagen
     1. Anteile an verbundenen Unternehmen
     2. Ausleihungen an verbundene Unternehmen
     3. Beteiligungen
     4. Ausleihungen an Unternehmen, mit denen ein Beteiligungsverhältnis besteht
     5. Wertpapiere des Anlagevermögens
     6. sonstige Ausleihungen

B. Umlaufvermögen
  I. Vorräte
     1. Roh-, Hilfs- und Betriebsstoffe
     2. unfertige Erzeugnisse, unfertige Leistungen
     3. fertige Erzeugnisse und Waren
     4. geleistete Anzahlungen
  II. Forderungen und sonstige Vermögensgegenstände
     1. Forderungen aus Lieferungen und Leistungen
     2. Forderungen gegen verbundene Unternehmen
     3. Forderungen gegen Unternehmen, mit denen ein Beteiligungsverhältnis besteht
     4. sonstige Vermögensgegenstände
  III. Wertpapiere
     1. Anteile an verbundenen Unternehmen
     2. sonstige Wertpapiere
  IV. Kassenbestand, Bundesbankguthaben, Guthaben bei Kreditinstituten und Schecks

C. Rechnungsabgrenzungsposten

D. Aktive latente Steuern

E. Aktiver Unterschiedsbetrag aus der Vermögensverrechnung

Passiva

A. Eigenkapital
  I. Gezeichnetes Kapital
  II. Kapitalrücklage
  III. Gewinnrücklagen
     1. gesetzliche Rücklage
     2. Rücklage für Anteile an einem herrschenden oder mehrheitlich beteiligten Unternehmen
     3. satzungsmäßige Rücklagen
     4. andere Gewinnrücklagen
  IV. Gewinnvortrag/Verlustvortrag
  V. Jahresüberschuss/Jahresfehlbetrag

B. Rückstellungen
  1. Rückstellungen für Pensionen und ähnliche Verpflichtungen
  2. Steuerrückstellungen
  3. sonstige Rückstellungen

C. Verbindlichkeiten
  1. Anleihen, davon konvertibel
  2. Verbindlichkeiten gegenüber Kreditinstituten
  3. erhaltene Anzahlungen auf Bestellungen
  4. Verbindlichkeiten aus Lieferungen und Leistungen
  5. Verbindlichkeiten aus der Annahme gezogener Wechsel und der Ausstellung eigener Wechsel
  6. Verbindlichkeiten gegenüber verbundenen Unternehmen
  7. Verbindlichkeiten gegenüber Unternehmen, mit denen ein Beteiligungsverhältnis besteht
  8. sonstige Verbindlichkeiten, davon aus Steuern davon im Rahmen der sozialen Sicherheit

D. Rechnungsabgrenzungsposten

E. Passive latente Steuern

6.3 Ausweis des Eigenkapitals in der Bilanz

Alle Posten des Eigenkapitals einer Kapitalgesellschaft werden in der Bilanz zu einer Gruppe „A. Eigenkapital" zusammengefasst.

Beispiel

Darstellung des Eigenkapitals in der Bilanz der X-GmbH für das
Berichtsjahr: Verlustvortrag und Jahres**überschuss** (Jahresgewinn)
Vorjahr: Gewinnvortrag und Jahres**fehlbetrag** (Jahresverlust)

Bilanz X-GmbH					Passiva
A. Eigenkapital	Berichtsjahr		Vorjahr		
I. Gezeichnetes Kapital	800.000,00		800.000,00		
II. Kapitalrücklage	100.000,00		100.000,00		
III. Gewinnrücklage	250.000,00		250.000,00		
IV. Verlust-/Gewinnvortrag	150.000,00[1]		50.000,00		
V. Jahresüberschuss/-fehlbetrag	300.000,00	1.300.000,00	200.000,00	1.000.000,00	

§ 272 [1] HGB

Gezeichnetes Kapital ist das im Handelsregister eingetragene Kapital, auf das die **Haftung der Gesellschafter** beschränkt ist. Bei der GmbH ist es das **Stammkapital** (mindestens 25.000,00 €), bei der AG das **Grundkapital** (mindestens 50.000,00 €). Es ist **auf der Passivseite** der Bilanz stets zum **Nennwert** auszuweisen. **Nicht eingeforderte ausstehende Einlagen** auf das gezeichnete Kapital müssen von dem Posten „Gezeichnetes Kapital" **offen abgesetzt werden**, wobei der verbleibende Betrag als „Eingefordertes Kapital" zu **passivieren** ist. **Ein eingeforderter, aber noch nicht eingezahlter Betrag** ist unter den Forderungen gesondert auszuweisen.

Beispiel

Bilanzausweis der „Ausstehenden Einlagen"

Aktiva	Bilanz der Y-GmbH		Passiva
A. Anlagevermögen		A. Eigenkapital	
B. Umlaufvermögen		I. Gezeichnetes Kapital	2.000.000,00
II. Forderungen und sonst. Vermögensgegenstd.		– nicht eingeforderte	
...		ausstehende Einlagen	400.000,00
4. Eingeforderte			
ausstehende Einlagen	1.200.000,00	= Eingefordertes Kapital ...	1.600.000,00

- ■ Der **Gewinn-/Verlustvortrag** ist der Gewinn- bzw. Verlust**rest des Vorjahres**.
- ■ Der **Jahresüberschuss/Jahresfehlbetrag** ist das in der Gewinn- und Verlustrechnung ermittelte **Ergebnis des Geschäftsjahres**, das in die Jahresbilanz einzustellen ist, sofern die Bilanz vor Verwendung des Jahresergebnisses (Gewinnverwendung bzw. Verlustdeckung) aufgestellt wird, was bei der GmbH die Regel ist.[2]
- ■ **Rücklagen sind getrennt ausgewiesenes Eigenkapital**, die es in der Regel nur bei Kapitalgesellschaften wegen des **konstanten** „Gezeichneten Kapitals" gibt. Nach § 272 [2, 3] HGB unterscheidet man **Kapital- und Gewinnrücklagen**.
- ■ **Kapitalrücklagen** entstehen durch ein **Aufgeld (Agio)**, das z. B. bei der **Ausgabe** von Anteilen (Stammanteile, Aktien) **über den Nennwert erzielt** wird, oder durch **Zuzahlungen** von Gesellschaftern **für die Gewährung einer Vorzugsdividende**.

Beispiel

Eine Aktiengesellschaft erhöht ihr „Gezeichnetes Kapital" durch Ausgabe junger Aktien: Nennwert 10.000.000,00 €, Ausgabekurs 150 % = 15.000.000,00 € (Bank). Das Agio ist der Kapitalrücklage zuzuführen.

Buchung: 2800 Bank .... 15.000.000,00 an 3000 Gezeichnetes Kapital ... 10.000.000,00
an 3100 Kapitalrücklage 5.000.000,00

---

[1] 200.000,00 € Jahresfehlbetrag des Vorjahres – 50.000,00 € Gewinnvortrag des Vorjahres = 150.000,00 € Verlustvortrag des Berichtsjahres

[2] Die Bilanz kann auch nach teilweiser oder vollständiger Verwendung des Jahresergebnisses gemäß § 268 [1] HGB aufgestellt werden.

Jahresabschluss der Kapitalgesellschaften

Gewinnrücklagen werden **aus dem versteuerten Jahresgewinn** (15 % KSt zzgl. 5,5 % SolZ) durch Einbehaltung (Nichtausschüttung) von Gewinnen gebildet (§ 272 [3] HGB). Man unterscheidet z. B. **gesetzliche, satzungsmäßige und andere (freie) Gewinnrücklagen**: **Gewinnrücklagen**

- **Gesetzliche Rücklagen** müssen **Aktiengesellschaften zur Deckung von Verlusten** bilden. Nach § 150 AktG sind jährlich **5 %** des um einen Verlustvortrag geminderten **Jahresüberschusses** in die gesetzliche Rücklage einzustellen, bis die **gesetzliche Rücklage und die Kapitalrücklage zusammen mindestens 10 %** oder den in der Satzung bestimmten höheren Anteil des **Grundkapitals** erreichen. Solange die gesetzliche und die Kapitalrücklage die Mindesthöhe nicht übersteigen, müssen ein Gewinnvortrag aus dem Vorjahr und freie Rücklagen zur Verlustdeckung herangezogen werden. Bei der **GmbH** gibt es eine vergleichbare Vorschrift nur für so genannte Unternehmergesellschaften, deren gezeichnetes Kapital weniger als 25.000,00 € beträgt. Diese müssen 25 % des um einen Verlustvortrag geminderten Jahresüberschusses in eine gesetzliche Rücklage einstellen, bis die Gesellschaft ihr Stammkapital auf mindestens 25.000,00 € erhöht hat (§ 5a GmbHG).
- **Satzungsmäßige oder auf Gesellschaftsvertrag beruhende Rücklagen**.
- **Andere (freie) Gewinnrücklagen** können bei der Aktiengesellschaft und bei der GmbH aus dem Teil des Jahresüberschusses gebildet werden, der nicht für die Zuführung zu der gesetzlichen und/oder satzungsmäßigen Rücklage verwendet wurde (§ 58 AktG; § 29 GmbHG).[1] Sie können **für beliebige Zwecke verwendet** werden, z. B. zur Finanzierung von Investitionen. Da Gewinnrücklagen aus nicht ausgeschütteten Gewinnen gebildet werden, dienen sie der **Selbstfinanzierung** und der **Stärkung der Eigenkapitalbasis** des Unternehmens.

Beispiel

In einer Aktiengesellschaft werden aus dem Jahresüberschuss 60.000,00 € der gesetzlichen Rücklage und 140.000,00 € den anderen (freien) Rücklagen zugeführt.

Buchung (vereinfacht): 8020 Gewinn- und Verlustkonto 200.000,00
 an 3210 Gesetzliche Rücklage 60.000,00
 an 3240 Andere Gewinnrücklagen 140.000,00

Kapital- und Gewinnrücklagen werden in der Bilanz offen als gesonderte Eigenkapitalposten ausgewiesen. Man spricht von „offenen" Rücklagen. **Offene Rücklagen**

Stille Rücklagen (stille Reserven) sind im Gegensatz zu den offenen Rücklagen aus der Bilanz nicht zu ersehen. Sie entstehen in der Regel durch **Unterbewertung der Vermögenswerte** (z. B. durch überhöhte Abschreibungen) oder durch **Überbewertung von Rückstellungen**. Stille Reserven sind auch stets in den Erinnerungswerten von 1,00 € enthalten. Die gesetzlichen Bewertungsvorschriften engen allerdings den Spielraum zur Bildung stiller Reserven ein. Die **Vollabschreibung** geringwertiger Wirtschaftsgüter (AK/HK bis 800,00 € netto) im Jahr ihrer Anschaffung oder Herstellung ist z. B. eine gesetzlich erlaubte Möglichkeit zur Bildung von stillen Reserven. Da Wirtschaftsgüter höchstens zu ihren Anschaffungs- bzw. Herstellungskosten aktiviert werden dürfen, entstehen zwangsläufig stille Reserven, wenn die **Preise am Markt (Tageswert) steigen**. Beträgt z. B. der Wiederbeschaffungspreis eines Grundstücks 280,00 € je m², das 1950 mit umgerechnet 10,00 € je m² angeschafft und bilanziert worden ist, so ist die stille Reserve 270,00 € je m². Auch langfristige Fremdwährungsverbindlichkeiten enthalten oft stille Reserven. **Stille Rücklagen (stille Reserven)**

Merke

- Kapitalgesellschaften müssen das „Gezeichnete Kapital" stets zum Nennwert ausweisen. Gewinne, Verluste und Rücklagen sind deshalb in der Bilanz gesondert auszuweisen.
- Kapitalrücklagen entstehen durch Zuzahlungen der Gesellschafter oder Aktionäre, Gewinnrücklagen dagegen aus dem bereits versteuerten Gewinn.
- Stille Rücklagen (Reserven) entstehen in der Regel durch Unterbewertung von Aktivposten und Überbewertung bestimmter Passivposten. Die Bildung stiller Reserven lässt den Gewinn und das Eigenkapital geringer erscheinen, als es der Wirklichkeit am Abschlussstichtag entspricht.
- Rücklagen stärken die Eigenkapitalbasis des Unternehmens.

---

1 Bei der AG können bis zu 50 % des ggfs. um die Zuführung zur gesetzlichen Rücklage und einen Verlustvortrag verminderten Jahresüberschusses durch Vorstand und Aufsichtsrat, darüber hinausgehende Beträge durch die Hauptversammlung, in die anderen Gewinnrücklagen eingestellt werden.

6.4 Gliederung der GuV-Rechnung nach § 275 HGB

Kapitalgesellschaften müssen ihre Gewinn- und Verlustrechnung nach § 275 HGB in **Staffelform** unter Angabe der **Vorjahresbeträge** aufstellen. Die Staffelform ermöglicht einen schnellen Überblick über Entstehung und Zusammensetzung des Jahresergebnisses.

Die GuV-Gliederung basiert entweder auf dem in der Praxis häufiger anzutreffenden **Gesamtkostenverfahren** (§ 275 [2] HGB) oder auf dem insbesondere von börsennotierten und international tätigen Unternehmen angewandten **Umsatzkostenverfahren** (§ 275 [3] HGB):

Gesamtkostenverfahren

> Beim Gesamtkostenverfahren werden zur **Ermittlung des Betriebsergebnisses** von den **gesamten Betriebserträgen** (Umsatzerlöse ± Bestandsveränderungen + aktivierte Eigenleistungen + sonstige betriebliche Erträge) die **gesamten Aufwendungen** des Geschäftsjahres abgezogen.

Umsatzkostenverfahren

> Beim Umsatzkostenverfahren werden zur Ermittlung des Betriebsergebnisses von den **Umsatzerlösen die Selbstkosten des Umsatzes** (ohne kalkulatorische Kosten) abgezogen (siehe § 275 [3] HGB im Anhang des Lehrbuches). Die Erfolgsrechnung nach dem Umsatzkostenverfahren setzt eine **Kostenstellenrechnung** (siehe S. 389 ff.) voraus.

Für ein Industrieunternehmen ergibt sich aus dem Gliederungsschema des **Gesamtkostenverfahrens** (§ 275 [2] HGB) folgender **kurz gefasster Aufbau** der Erfolgsrechnung:

1		Umsatzerlöse
2	±	Bestandsveränderungen
3	+	aktivierte Eigenleistungen
4	+	sonstige betriebliche Erträge
5	–	Materialaufwand
	=	**Rohergebnis**
6	–	Personalaufwand
7	–	Abschreibungen
8	–	sonstige betriebliche Aufwendungen
9 – 11	+	Erträge aus dem Finanzbereich
12 – 13	–	Aufwendungen aus dem Finanzbereich
14	–	Steuern vom Einkommen und vom Ertrag
15	=	**Ergebnis nach Steuern**
16	–	sonstige Steuern
17	=	**Jahresüberschuss/Jahresfehlbetrag**

Kleine und mittelgroße Kapitalgesellschaften dürfen in der Erfolgsrechnung die **Posten 1 bis 5 als Rohergebnis** zusammenfassen. **Kleinstkapitalgesellschaften** können ein auf **acht Posten** reduziertes Gliederungsschema für ihre GuV-Rechnung anwenden (§ 275 [5] HGB).

Merke

- Der Jahresabschluss von Kapitalgesellschaften besteht aus drei Teilen: Bilanz, GuV-Rechnung und Anhang. Darüber hinaus ist ein Lagebericht zu erstellen. Es bestehen größenabhängige Erleichterungen für kleine und Kleinstkapitalgesellschaften.
- Kapitalgesellschaften müssen die Entwicklung der Posten des Anlagevermögens als Anlagenspiegel im Anhang darstellen (siehe S. 234 f. und Anhang des Lehrbuches).
- Zur Beurteilung der Liquidität ist in der Bilanz jeweils der Betrag der Forderungen mit einer Restlaufzeit von über einem Jahr und der Verbindlichkeiten bis zu einem Jahr zu vermerken.
- Die GuV-Rechnung kann nach dem Gesamtkosten- oder dem Umsatzkostenverfahren aufgestellt werden.
- Im Anhang müssen jeweils zu den Verbindlichkeiten der Bilanz der Gesamtbetrag mit einer Restlaufzeit von mehr als fünf Jahren sowie Art und Höhe der gewährten Sicherheiten (z. B. Grundschulden oder Hypotheken) angegeben werden.

Jahresabschluss der Kapitalgesellschaften

Gliederung der Gewinn- und Verlustrechnung – Gesamtkostenverfahren (§ 275 [2] HGB)

1. Umsatzerlöse
2. Erhöhung oder Verminderung des Bestands an fertigen und unfertigen Erzeugnissen
3. Andere aktivierte Eigenleistungen (z. B. selbst erstellte Anlagen)
4. Sonstige betriebliche Erträge (z. B. Buchgewinne, Erträge aus der Auflösung von Rückstellungen u. a.)
5. Materialaufwand:
   a) Aufwendungen für Roh-, Hilfs- und Betriebsstoffe und für bezogene Waren
   b) Aufwendungen für bezogene Leistungen
6. Personalaufwand:
   a) Löhne und Gehälter
   b) Soziale Abgaben und Aufwendungen für Altersversorgung und für Unterstützung, davon für Altersversorgung
7. Abschreibungen:
   a) auf immaterielle Vermögensgegenstände des Anlagevermögens und Sachanlagen
   b) auf Vermögensgegenstände des Umlaufvermögens, soweit diese die in der Kapitalgesellschaft üblichen Abschreibungen überschreiten
8. Sonstige betriebliche Aufwendungen (z. B. Raumkosten, Buchverluste u. a.)
9. Erträge aus Beteiligungen[1]
10. Erträge aus anderen Wertpapieren und Ausleihungen des Finanzanlagevermögens[1]
11. Sonstige Zinsen und ähnliche Erträge[1]
12. Abschreibungen auf Finanzanlagen und auf Wertpapiere des Umlaufvermögens
13. Zinsen und ähnliche Aufwendungen[1]
14. Steuern vom Einkommen und vom Ertrag (Körperschaft-, Gewerbesteuer[2])
15. **Ergebnis nach Steuern** (= Saldo aus 1–14)
16. Sonstige Steuern (z. B. Grund-, Kfz-Steuer u. a.)
17. **Jahresüberschuss/Jahresfehlbetrag**

Erläuterungen (siehe auch Rückseite des Kontenrahmens):

Der Posten **1 Umsatzerlöse** (§ 277 [1] HGB) enthält die Erlöse aus dem Verkauf von eigenen Produkten und Waren, der Erbringung von Dienstleistungen, der Vermietung oder Verpachtung von Produkten sowie Nebenerlöse wie Mieterträge aus Immobilien, Verkäufe von RHB, Lizenzerträge u. a. nach Abzug von Erlösschmälerungen, Umsatzsteuer und sonstigen mit dem Umsatz verbundenen Steuern (z. B. Verbrauchsteuern).

Die Posten **2–4** sowie **5–8** beinhalten die übrigen **betrieblichen Erträge** und **Aufwendungen** der Kapitalgesellschaft.

Die Posten **4/8** sind **Sammelposten** für alle nicht gesondert auszuweisenden Erträge und Aufwendungen (siehe nebenstehende Beispiele). Dazu gehören auch Beträge von außergewöhnlicher Größenordnung oder Bedeutung (früher: außerordentliche Erträge und außerordentliche Aufwendungen).[3]

Die Posten **9–13** sind Erträge und Aufwendungen des **Finanzbereichs**.

In der Regel weisen Bilanz und Gewinn- und Verlustrechnung als Jahresergebnis einen **Jahresüberschuss oder Jahresfehlbetrag aus**. Die Verwendung des Jahresergebnisses erfolgt dann im **nächsten** Geschäftsjahr. Wird jedoch die **Bilanz nach teilweiser Verwendung des Jahresüberschusses** durch Einstellungen in die Gewinnrücklagen aufgestellt, so tritt an die Stelle der Posten „Jahresüberschuss" und „Gewinn-/Verlustvortrag" der Posten „**Bilanzgewinn**":

Beispiel

	Jahresüberschuss	420.000,00 €
+	Gewinnvortrag des Vorjahres	30.000,00 €
–	Einstellung in Gewinnrücklagen	300.000,00 €
=	**Bilanzgewinn**	150.000,00 €

Merke

Große und mittelgroße Kapitalgesellschaften müssen die Gewinn- und Verlustrechnung in Staffelform veröffentlichen. Kleine und mittelgroße Kapitalgesellschaften dürfen die Posten 1 bis 5 als Rohergebnis (§ 276 HGB) zusammenfassen.

---

[1] In der Vorspalte ist jeweils anzugeben: ... davon aus (an) verbundene(n) Unternehmen ...
[2] Siehe S. 209.
[3] Im Anhang sind Erträge und Aufwendungen von außergewöhnlicher Größenordnung oder Bedeutung anzugeben sowie die Erträge und Aufwendungen zu erläutern, die einem anderen Geschäftsjahr zuzurechnen sind (§ 285 Nr. 31 und 32 HGB).

D Jahresabschluss

Aufgabe 398

Das Schlussbilanzkonto der mittelgroßen Stahlbau GmbH (über 50 Arbeitnehmer) weist zum 31. Dezember folgende Zahlen aus:

Soll		8010 Schlussbilanzkonto			Haben
0510	Bebaute Grundstücke	410.000,00	3000	Gezeichnetes Kapital	3.200.000,00
0530	Betriebsgebäude	2.400.000,00	3200	Gewinnrücklagen	450.000,00
0700	Technische Anlagen und Maschinen	1.380.000,00	3400	Jahresüberschuss	360.000,00
0870	Geschäftsausstattung	390.000,00	3900	Sonstige Rückstellungen	70.000,00
1500	Wertpapiere des Anlagevermögens	120.000,00	4250	Langfristige Bankverbindlichkeiten	1.730.000,00
2000	Rohstoffe	360.000,00	4400	Verbindlichkeiten a. LL	230.000,00
2020	Hilfsstoffe	130.000,00	4800	Umsatzsteuer	50.000,00
2200	Fertige Erzeugnisse	310.000,00	4900	Passive Rechnungsabgr.	10.000,00
2400	Forderungen a. LL	207.000,00			
2800	Bankguthaben	243.000,00			
2850	Postbankguthaben	90.000,00			
2880	Kasse	45.000,00			
2900	Aktive Rechnungsabgr.	15.000,00			
		6.100.000,00			6.100.000,00

1. Erstellen Sie die Bilanz nach dem Gliederungsschema auf Seite 293.
2. Wie hoch ist das Eigenkapital zum 31. Dezember?
3. Inwieweit deckt das Eigenkapital das Anlagevermögen?

Aufgabe 399

Das Gewinn- und Verlustkonto der o. g. Stahlbau GmbH weist zum 31. Dezember folgende Zahlen aus:

Soll		8020 Gewinn- und Verlustkonto			Haben
6000	Aufw. für Rohstoffe	2.100.000,00	5000	Umsatzerlöse f. eig. Erz.	4.800.000,00
6020	Aufw. für Hilfsstoffe	260.000,00	5081	Mieterträge[1]	116.000,00
6160	Fremdinstandhaltung	140.000,00	5200	Bestandsveränderungen	450.000,00
6200	Löhne	940.000,00	5710	Zinserträge	78.000,00
6300	Gehälter	456.000,00			
6400	Arbeitgeberanteil zur SV	224.000,00			
6520	Abschreib. auf SA	184.000,00			
6700	Mietaufwendungen	16.000,00			
6800	Büromaterial, Telekommunikation, Porto	84.000,00			
6870	Werbung	126.000,00			
7000	Betriebliche Steuern	174.000,00			
7510	Zinsaufwendungen	86.000,00			
7710	Körperschaftsteuer	294.000,00			
3400	Jahresüberschuss	360.000,00			
		5.444.000,00			5.444.000,00

1. Erstellen Sie die Gewinn- und Verlustrechnung nach dem Schema des Gesamtkostenverfahrens (S. 297). Ermitteln Sie das Rohergebnis, das Ergebnis nach Steuern und den Jahresüberschuss.
2. Richten Sie für den Abschluss des Gewinn- und Verlustkontos das Konto „3400 Jahresüberschuss/Jahresfehlbetrag" ein. Wie lautet hier die Abschlussbuchung des Gewinn- und Verlustkontos?
3. Nennen Sie die Abschlussbuchung für das Konto „3400".
4. Ermitteln Sie die Rentabilität des durchschnittlichen Eigenkapitals.

[1] Mieterträge sind nach § 277 [1] HGB in der Gewinn- und Verlustrechnung unter den Umsatzerlösen auszuweisen.

Jahresabschluss der Kapitalgesellschaften

Aufgabe 400

Die Druckpapier GmbH weist zum 31. Dezember folgende Daten aus:

Saldenbilanz zum 31. Dezember ..	Soll	Haben
0700 Technische Anlagen und Maschinen	720.000,00	–
0840 Fuhrpark	65.000,00	–
0870 Geschäftsausstattung	70.000,00	–
1500 Wertpapiere des Anlagevermögens	145.000,00	–
2000 Rohstoffe	950.000,00	–
2020 Hilfsstoffe	280.000,00	–
2030 Betriebsstoffe	68.000,00	–
2200 Fertige Erzeugnisse	352.000,00	–
2400 Forderungen a. LL	360.000,00	–
2800 Bankguthaben	250.000,00	–
2880 Kasse	28.000,00	–
2900 Aktive Rechnungsabgrenzung	12.000,00	–
3000 Gezeichnetes Kapital	–	1.300.000,00
3200 Gewinnrücklagen	–	350.000,00
3390 Gewinnvortrag	–	10.000,00
3400 Jahresüberschuss	–	330.000,00
3900 Sonstige Rückstellungen	–	50.000,00
4250 Langfristige Bankverbindlichkeiten	–	670.000,00
4400 Verbindlichkeiten a. LL	–	575.000,00
4900 Passive Rechnungsabgrenzung	–	15.000,00
5000 Umsatzerlöse für eigene Erzeugnisse	–	8.000.000,00
5081 Mieterträge[1]	–	10.000,00
5200 Bestandsveränderungen	–	160.000,00
5430 Andere sonstige betriebliche Erträge	–	70.000,00
5710 Zinserträge	–	30.000,00
6000 Aufwendungen für Rohstoffe	5.570.000,00	–
6020 Aufwendungen für Hilfsstoffe	540.000,00	–
6030 Aufwendungen für Betriebsstoffe	110.000,00	–
6200 Löhne	540.000,00	–
6300 Gehälter	190.000,00	–
6400 Arbeitgeberanteil zur Sozialversicherung	90.000,00	–
6500 Abschreibungen auf Anlagevermögen	290.000,00	–
6800 Bürokosten	180.000,00	–
6870 Werbung	65.000,00	–
6940 Sonstige Aufwendungen	60.000,00	–
7000 Betriebliche Steuern	80.000,00	–
7510 Zinsaufwendungen	75.000,00	–
7700 Steuern vom Einkommen und Ertrag	150.000,00	–
8020 GuV-Konto (Saldo = Jahresüberschuss)	330.000,00	–
	11.570.000,00	11.570.000,00

1. Erstellen Sie die Bilanz gemäß § 266 HGB.
2. Erstellen Sie die Gewinn- und Verlustrechnung in Staffelform nach dem Schema des Gesamtkostenverfahrens auf Seite 297, indem Sie bestimmte Aufwands- und Ertragsposten zusammenfassen und folgende Zwischenergebnisse ausweisen:
   a) Rohergebnis,
   b) Ergebnis nach Steuern und
   c) Jahresüberschuss.
3. Wie hoch ist das gesamte Eigenkapital des Unternehmens zum 31. Dezember?
4. Beurteilen Sie die Kapitalausstattung des Unternehmens, indem Sie das Verhältnis zwischen Eigen- und Fremdkapital ermitteln.

[1] Mieterträge sind nach § 277 [1] HGB in der Gewinn- und Verlustrechnung unter den Umsatzerlösen auszuweisen.

D Jahresabschluss

6.5 Jahresabschluss der Gesellschaft mit beschränkter Haftung

Die **Aufstellung des Jahresabschlusses und des Lageberichtes** erfolgt **durch** die **Geschäftsführer** der Gesellschaft mit beschränkter Haftung. Die **Aufstellungsfrist** beträgt für **große und mittelgroße Kapitalgesellschaften drei Monate**, für **kleine und Kleinstkapitalgesellschaften sechs Monate** nach Ablauf des Geschäftsjahres (§ 264 [1] HGB).

Prüfung durch Abschlussprüfer

Jahresabschluss und Lagebericht großer und mittelgroßer Kapitalgesellschaften müssen unverzüglich nach ihrer Aufstellung durch besondere Abschlussprüfer (Wirtschaftsprüfer, vereidigte Buchprüfer) geprüft werden. **Für kleinere Kapitalgesellschaften** besteht **keine Prüfungspflicht** (siehe auch Seite 291).

Prüfung durch Aufsichtsrat

Hat die Gesellschaft einen Aufsichtsrat, so muss dieser zunächst noch den **Jahresabschluss**, den **Lagebericht** sowie den **Prüfungsbericht** der Abschlussprüfer prüfen und über das Ergebnis der Prüfung einen Bericht erstellen. Die Geschäftsführer haben sodann alle Unterlagen den **Gesellschaftern zur Beschlussfassung (Feststellung)** vorzulegen (§ 42a [1] GmbHG).

Beschlussfassung durch die Gesellschafter

Die Gesellschafter haben nun spätestens bis zum Ablauf von **acht Monaten** oder, wenn es sich um eine **kleine** oder **Kleinstgesellschaft** handelt, bis zum Ablauf von **elf Monaten** über die **Feststellung des Jahresabschlusses** und die **Verwendung des Ergebnisses** in der Gesellschafterversammlung zu beschließen (§ 42a [2] GmbHG).

Offenlegung §§ 325–328 HGB

Nach der Feststellung des Jahresabschlusses haben die Geschäftsführer folgende Unterlagen beim Betreiber des elektronischen Bundesanzeigers einzureichen und in diesem bekannt machen zu lassen (§ 325 [1, 2] HGB):

- Jahresabschluss
- Bestätigungsvermerk der Abschlussprüfer
- Lagebericht
- Bericht des Aufsichtsrates
- Vorschlag über die Verwendung des Ergebnisses
- Beschluss über die Ergebnisverwendung

Kleine GmbH müssen nur die Bilanz und den Anhang (ohne GuV-Angaben) offenlegen. **Mittelgroße GmbH** dürfen die Bilanz in der für kleine Kapitalgesellschaften vorgeschriebenen Form veröffentlichen, wenn die in § 327 HGB genannten Bilanzposten gesondert in der Bilanz oder im Anhang aufgeführt werden (siehe S. 292). **Kleinstkapitalgesellschaften** müssen nur ihre Bilanz offenlegen oder beim Betreiber des elektronischen Bundesanzeigers hinterlegen. Die eingereichten Unterlagen werden an das elektronisch geführte **Unternehmensregister** übermittelt, in das jeder zu Informationszwecken Einsicht nehmen kann.

Darstellung der Ergebnisverwendung

In der Regel wird der Jahresabschluss der GmbH **vor** Verwendung des Ergebnisses aufgestellt. **Bilanz und Gewinn- und Verlustrechnung** weisen deshalb einen **Jahresüberschuss oder** einen **Jahresfehlbetrag** als Ergebnis des Geschäftsjahres **aus**. Die **Verwendung des Gewinns**, also die Einstellung eines bestimmten Betrages in die Gewinnrücklage oder die Ausschüttung einer Dividende an die Gesellschafter, aber auch die Deckung des Verlustes durch entsprechende Auflösung von Rücklagen, kann in folgender Weise dargestellt und als **Ergebnisverwendungsbeschluss** veröffentlicht werden (§ 325 [1] HGB):

    Jahresüberschuss/Jahresfehlbetrag
- (±) Gewinnvortrag/Verlustvortrag aus dem Vorjahr
- (+) Entnahmen aus der Kapitalrücklage
- (+) Entnahmen aus Gewinnrücklagen
- (−) Einstellungen in Gewinnrücklagen
- (−) Gewinnausschüttung (Dividende)

= Gewinnvortrag/Verlustvortrag

Die erforderlichen Buchungen erfolgen **nach** Aufstellung des Jahresabschlusses.

Jahresabschluss der GmbH

Beispiel

Die X-GmbH (S. 294) weist zum 31. Dez. in der Schlussbilanz folgende Zahlen aus:

A. Eigenkapital		Berichtsjahr	
I.	Gezeichnetes Kapital	800.000,00	
II.	Kapitalrücklage	100.000,00	
III.	Gewinnrücklagen	250.000,00	
IV.	Verlustvortrag	150.000,00	
V.	Jahresüberschuss	300.000,00	1.300.000,00

Im neuen Jahr soll auf Beschluss der Gesellschafterversammlung der **Gewinn wie folgt verwendet werden**:
1. 60.000,00 € werden den Gewinnrücklagen zugeführt.
2. Die Gesellschafter erhalten 10 % Gewinn auf ihren Stammanteil unter Abzug von 25 % Kapitalertragsteuer und 5,5 % Solidaritätszuschlag.

Ausschüttung (10 % von 800.000,00 €)	80.000,00 €
− 25 % Kapitalertragsteuer	20.000,00 €
− 5,5 % Solidaritätszuschlag von 20.000,00 €	1.100,00 €
= **Netto-Ausschüttung**	**58.900,00 €**

Darstellung der Gewinnverwendung:		
Jahresüberschuss	300.000,00 €	
− Verlustvortrag aus dem Vorjahr	150.000,00 €	150.000,00 €
− Einstellung in die Gewinnrücklagen		60.000,00 €
− Gewinnausschüttung (Dividende)		80.000,00 €
= **Gewinnvortrag auf neue Rechnung**		**10.000,00 €**

Buchungen:
Eröffnung der Konten „3400 Jahresüberschuss" und „3320 Verlustvortrag":

❶ 8000 Eröffnungsbilanzkonto an 3400 Jahresüberschuss 300.000,00
   3320 Verlustvortrag an 8000 Eröffnungsbilanzkonto 150.000,00

Übernahme des Jahresüberschusses auf das Konto „3300 Ergebnisverwendung":

❷ 3400 Jahresüberschuss an 3300 Ergebnisverwendung 300.000,00

Deckung des Verlustvortrags:

❸ 3300 Ergebnisverwendung an 3320 Verlustvortrag 150.000,00

Einstellung in die Gewinnrücklagen:

❹ 3300 Ergebnisverwendung an 3240 Gewinnrücklagen 60.000,00

Ausschüttung der Dividende und Einbehaltung der Kapitalertragsteuer sowie des SolZ:

❺ 3300 Ergebnisverwendung 80.000,00 an 4830 Sonst. Verbindlichkeiten
                                                             gg. Finanzbehörden 21.100,00
                                         an 4870 Verbindlichkeiten gegenüber Gesellschaftern 58.900,00

Übernahme des Gewinnrestes auf das Gewinnvortragskonto:

❻ 3300 Ergebnisverwendung an 3320 Gewinnvortrag 10.000,00

Die Buchungen ❹ bis ❻ können auch zusammengefasst werden. Das **Gewinnvortragskonto** ist **als Bestandskonto** zum 31. Dezember des laufenden Geschäftsjahres über das **Schlussbilanzkonto** abzuschließen und unter „A. Eigenkapital" auszuweisen. Nach der Gewinnverwendung setzt sich das **bilanzielle Eigenkapital** wie folgt zusammen:

Gezeichnetes Kapital	800.000,00 €
+ Kapitalrücklage	100.000,00 €
+ Gewinnrücklagen	310.000,00 €
+ Gewinnvortrag	10.000,00 €
= **Eigenkapital**	**1.220.000,00 €**

Merke

Die Geschäftsführer erstellen den Jahresabschluss der GmbH. Die Gesellschafter der GmbH beschließen die Feststellung des Jahresabschlusses und die Verwendung des Ergebnisses (Jahresüberschuss/Jahresfehlbetrag).

D JAHRESABSCHLUSS

Aufgabe 401

Die Metallbau GmbH weist zum 31. Dezember des Berichtsjahres und des Vorjahres folgende zusammengefasste Bilanzposten aus:

Bilanzposten zum 31. Dezember	Berichtsjahr	Vorjahr
Sachanlagen	850.000,00	680.000,00
Finanzanlagen	150.000,00	120.000,00
Vorräte an Rohstoffen, Erzeugnissen u. a.	1.640.000,00	1.720.000,00
Forderungen a. LL	360.000,00	280.000,00
davon mit einer Restlaufzeit über ein Jahr	(20.000,00)	(10.000,00)
Wertpapiere	45.000,00	–
Bankguthaben	215.000,00	240.000,00
Kasse	30.000,00	40.000,00
Aktive Rechnungsabgrenzung	10.000,00	20.000,00
Gezeichnetes Kapital	1.200.000,00	1.000.000,00
Gewinnrücklage	450.000,00	250.000,00
Gewinnvortrag aus dem Vorjahr	10.000,00	20.000,00
Rückstellungen	45.000,00	60.000,00
Verbindlichkeiten gegenüber Kreditinstituten	675.000,00	800.000,00
davon mit einer Restlaufzeit bis zu einem Jahr	(80.000,00)	(70.000,00)
Verbindlichkeiten a. LL	570.000,00	680.000,00
davon mit einer Restlaufzeit bis zu einem Jahr	(570.000,00)	(680.000,00)
Passive Rechnungsabgrenzung	20.000,00	10.000,00

1. Ermitteln Sie den Jahresüberschuss als Saldo zwischen Aktiv- und Passivseite und weisen Sie ihn in der Bilanz entsprechend aus.
2. Erstellen Sie für das mittelgroße Unternehmen (150 Beschäftigte, 12,5 Mio. € Umsatz) eine ordnungsgemäß gegliederte Jahresbilanz für das Berichtsjahr (vgl. S. 293 und im Anhang).
3. Warum müssen Rücklagen in der Bilanz einer Kapitalgesellschaft gesondert ausgewiesen werden?
4. Wie hoch ist das Mindeststammkapital einer GmbH?
5. Unter welcher Bezeichnung und zu welchem Wert ist das Stammkapital in der Bilanz der GmbH auszuweisen?
6. Worauf führen Sie die Veränderung in den Posten „Gezeichnetes Kapital" und „Gewinnrücklage" zurück?
7. Beurteilen Sie die Veränderungen in der Finanzierung des Unternehmens mit Eigen- und Fremdkapital im Berichtsjahr.
8. Welche Veränderungen erscheinen Ihnen auf der Aktivseite von Bedeutung?

Aufgabe 402

Die Sachanlagen der Metallbau GmbH (Aufgabe 401) wiesen zum 31. Dezember des Vorjahres Anschaffungs- und Herstellungskosten in Höhe von 1.280.000,00 € aus. Die gesamten Abschreibungen betrugen zum gleichen Zeitpunkt 600.000,00 €.

Für das Abschlussjahr sind Zugänge (Investitionen) von 400.000,00 € Anschaffungskosten, Abgänge von 50.000,00 € und Abschreibungen von 210.000,00 € zu berücksichtigen. Auf die Abgänge waren bis zum Abgangszeitpunkt Abschreibungen von 30.000,00 € vorgenommen worden.

1. Erstellen Sie für das Sachanlagevermögen einen Anlagenspiegel nach dem Schema auf S. 234.
2. Welche Unternehmen müssen einen Anlagenspiegel erstellen?
3. Wo muss der Anlagenspiegel ausgewiesen werden?
4. Worin sehen Sie die besondere Bedeutung des Anlagenspiegels?
5. Wie viel Prozent der Anlageinvestitionen (Zugänge) wurden durch Abschreibungen im Abschlussjahr finanziert?

JAHRESABSCHLUSS DER GMBH D

Aufgabe 403

Die Buchwerte des Finanzanlagevermögens der Metallbau GmbH für das Berichts- und Vorjahr sind der Aufgabe 401 zu entnehmen. Bis zum 31. Dezember des Vorjahres wurden Gesamtabschreibungen in Höhe von 10.000,00 € vorgenommen. Im Abschlussjahr waren keine Abschreibungen erforderlich. Allerdings sind Neuanschaffungen von 35.000,00 € und Abgänge von 5.000,00 € zu berücksichtigen. Auf die Abgänge waren keine Abschreibungen vorgenommen worden.

1. Ermitteln Sie den Anschaffungswert der Finanzanlagen zum 31. Dezember des Vorjahres.
2. Stellen Sie die Entwicklung der Finanzanlagen in einem Anlagenspiegel dar.
3. Was ist im Einzelnen im Finanzanlagevermögen eines Unternehmens auszuweisen?
4. Unterscheiden Sie zwischen Wertpapieren des Anlage- und Umlaufvermögens.

Aufgabe 404

Die Metallbau GmbH (Aufgabe 401) stellt aus ihrer Erfolgsrechnung folgende zusammengefasste Aufwands- und Ertragsposten für das Berichtsjahr zur Verfügung:

Umsatzerlöse	12.500.000,00
Mehrbestand an Erzeugnissen	20.000,00
Sonstige betriebliche Erträge	60.000,00
Materialaufwand	9.150.000,00
Personalkosten	1.320.000,00
Abschreibungen auf Sachanlagen	180.000,00
Sonstige betriebliche Aufwendungen	1.300.000,00
Zinserträge	5.000,00
Zinsaufwendungen	75.000,00
Steuern vom Einkommen und Ertrag	144.000,00
Sonstige Steuern	86.000,00

1. Erstellen Sie die Gewinn- und Verlustrechnung in Staffelform nach dem Gesamtkostenverfahren gemäß § 275 [2] HGB (siehe S. 297 und Anhang des Lehrbuchs).
2. Stellen Sie die Erfolgsrechnung in der Kurzfassung der Staffelform (vgl. S. 296) dar und ermitteln Sie
    a) die betrieblichen Erträge,
    b) das Rohergebnis,
    c) das Ergebnis nach Steuern und
    d) das Jahresergebnis (Jahresüberschuss/Jahresfehlbetrag).
3. Worin liegen die Vorteile der Gewinn- und Verlustrechnung in Staffelform?
4. Warum erlaubt der Gesetzgeber mittelgroßen Kapitalgesellschaften in der zu veröffentlichenden Gewinn- und Verlustrechnung lediglich das „Rohergebnis" auszuweisen?
5. Das Gewinn- und Verlustkonto der Metallbau GmbH weist als Ergebnis des Abschlussjahres einen Jahresüberschuss in Höhe von 330.000,00 € aus, der zunächst auf das Konto „3400 Jahresüberschuss" zu übertragen ist. *Wie lautet dann der Buchungssatz?*
6. Das Konto „3400 Jahresüberschuss" wird zum Schlussbilanzkonto abgeschlossen. *Nennen Sie den Abschlussbuchungssatz.*

Aufgabe 405

Die Gesellschafterversammlung der Metallbau GmbH beschließt mit Mehrheit die Feststellung des Jahresabschlusses sowie die folgende Verwendung des Jahresgewinns in Höhe von 330.000,00 € und des Gewinnvortrages aus dem Vorjahr von 10.000,00 €:
    a) 140.000,00 € Einstellung in die Gewinnrücklage,
    b) 15 % Gewinnausschüttung auf das Stammkapital von 1.200.000,00 €,
    c) Vortrag des Restgewinns und
    d) Darstellung der Gewinnverwendung im Anhang des Jahresabschlusses.

1. Stellen Sie die Verwendung des Ergebnisses dar.
2. Statt gesondert im Anhang darf die Ergebnisverwendung auch bereits in der zu veröffentlichenden Bilanz (§ 268 [1] HGB) dargestellt werden. *Was spricht für und was gegen die einzelne Möglichkeit der Ergebnisdarstellung?*

D JAHRESABSCHLUSS

Aufgabe 406

Auf Beschluss der Gesellschafterversammlung der Metallbau GmbH werden 180.000,00 € Gewinn an die Gesellschafter ausgeschüttet. Kapitalertragsteuer 25 %, Solidaritätszuschlag 5,5 %.

1. Ermitteln Sie die Netto-Ausschüttung.
2. Welcher buchhalterische Zusammenhang besteht zwischen Kapitalertrag- und Lohnsteuer?
3. Ermitteln Sie die Rentabilität, indem Sie den Jahresgewinn von 330.000,00 €
   a) auf das Nominalkapital (1.200.000,00 € Gezeichnetes Kapital) und
   b) auf das durchschnittliche Eigenkapital beziehen (Eigenkapital am 01.01.: 1.660.000,00 €).
4. Beurteilen Sie die Rentabilität des durchschnittlichen Eigenkapitals.

Aufgabe 407

1. Aufgrund der Angaben in den Aufgaben 405 und 406 sind folgende Buchungen im Rahmen der Gewinnverwendung vorzunehmen:
   a) Eröffnung der Konten „3240 Gewinnrücklage", „3320 Gewinnvortrag" und „3400 Jahresüberschuss" durch Übernahme der Beträge aus der Schlussbilanz des Vorjahres (= Eröffnungsbilanz).
   b) Umbuchung des Gewinnvortrages und des Jahresüberschusses auf das Konto „3300 Ergebnisverwendung".
   c) Einstellung in die Gewinnrücklage.
   d) Gewinnausschüttung unter Einbehaltung der Steuern.
   e) Abschluss des Ergebnisverwendungskontos über das Konto „3320 Gewinnvortrag".
   f) Abschluss des Kontos „3320 Gewinnvortrag" am Ende des laufenden Geschäftsjahres.
   g) Banküberweisung der Netto-Dividende an die Gesellschafter.
2. Ermitteln Sie nach Durchführung der Buchungen das Eigenkapital der Metallbau GmbH in der neuen Zusammensetzung.

Aufgabe 408

Am Ende des laufenden Geschäftsjahres weist die Metallbau GmbH in ihrer Schlussbilanz und Gewinn- und Verlustrechnung einen Jahresfehlbetrag von 190.000,00 € aus. Auf Beschluss der Gesellschafterversammlung soll der Verlust durch den Gewinnvortrag des Vorjahres und durch Auflösung der Gewinnrücklage in Höhe von 150.000,00 € zum großen Teil gedeckt werden.

1. Stellen Sie die Verwendung des Ergebnisses rechnerisch-tabellarisch dar.
2. Eröffnen Sie die Konten „3240 Gewinnrücklage", „3320 Gewinnvortrag" und „3400 Jahresfehlbetrag".
3. Nennen Sie die Buchung für die Übernahme
   a) des Gewinnvortrages und
   b) des Jahresverlustes auf das Konto „3300 Ergebnisverwendung".
4. Wie lauten die Buchungen aufgrund der Ergebnisverwendungsrechnung?
5. Schließen Sie das Ergebnisverwendungskonto über „3320 Gewinn-/Verlustvortrag" ab.
6. Ermitteln Sie nach Durchführung der Buchungen das Eigenkapital der Metallbau GmbH in der neuen Zusammensetzung.

Aufgabe 409

Die Gesellschafterversammlung der Metallbau GmbH hat zur Stärkung der Eigenkapitalbasis eine Kapitalerhöhung von nominal 300.000,00 € beschlossen. Zum Ausgleich der im Unternehmen vorhandenen offenen und stillen Rücklagen soll der Stammanteil mit einem Aufgeld (Agio) von 50 % = 150.000,00 € ausgegeben werden. Ein Gesellschafter der Unternehmung übernimmt im Einvernehmen mit den übrigen Gesellschaftern den Anteil gegen Banküberweisung:

1. Wodurch ist die Kapitalerhöhung offenzulegen?
2. Wie viel Prozent beträgt die nominale Kapitalerhöhung?
3. In welche Rücklage ist das Aufgeld einzustellen?
4. Nennen Sie den Buchungssatz nach erfolgter Durchführung der Kapitalerhöhung.
5. Worin unterscheiden sich Kapital- und Gewinnrücklagen?
6. Unterscheiden Sie zwischen offenen und stillen Rücklagen.
7. Worin unterscheiden sich Rücklagen und Rückstellungen?

Jahresabschluss der GmbH

Aufgabe 410

Saldenbilanz der Maschinenbau GmbH		Soll	Haben
0700	Technische Anlagen und Maschinen	680.000,00	–
0800	Andere Anlagen/BGA	280.000,00	–
1500	Wertpapiere des Anlagevermögens	40.000,00	–
2000	Rohstoffe	240.000,00	–
2200	Fertige Erzeugnisse	120.000,00	–
2400	Forderungen aus Lieferungen und Leistungen	460.000,00	–
2600	Vorsteuer	131.880,00	–
2800	Bank	424.360,00	–
2880	Kasse	27.000,00	–
3000	Gezeichnetes Kapital	–	1.000.000,00
3240	Gewinnrücklagen	–	150.000,00
3320	Gewinnvortrag	–	10.000,00
3900	Sonstige Rückstellungen	–	58.000,00
4250	Darlehensschulden	–	180.000,00
4400	Verbindlichkeiten aus Lieferungen und Leistungen	–	160.000,00
4800	Umsatzsteuer	–	360.240,00
4890	Sonstige Verbindlichkeiten	–	38.000,00
5000	Umsatzerlöse für eigene Erzeugnisse	–	1.896.000,00
5430	Sonstige betriebliche Erträge	–	40.000,00
5710	Zinserträge	–	2.000,00
6000	Aufwendungen für Rohstoffe	770.000,00	–
62–64	Personalaufwendungen	360.000,00	–
6700	Mietaufwendungen	160.000,00	–
6770	Rechts- und Beratungskosten	15.000,00	–
6900	Versicherungsbeiträge	20.000,00	–
6940	Sonstige Aufwendungen	24.000,00	–
7510	Zinsaufwendungen	22.000,00	–
7700	Gewerbesteuer	60.000,00	–
7710	Körperschaftsteuer	60.000,00	–
Weitere Konten: 2900, 3400, 5200, 5480, 6520, 6951, 8010, 8020.		3.894.240,00	3.894.240,00

Abschlussangaben zum 31. Dezember

1. Planmäßige Abschreibungen: TA und Maschinen: 136.000,00 €; BGA: 38.000,00 €.
2. Der Tageswert der Wertpapiere des Anlagevermögens beträgt 48.000,00 €.
3. Von einer Forderung über 1.190,00 € gehen nur 595,00 € auf das Bankkonto ein. Der Rest ist uneinbringlich.
4. Kfz-Versicherungen über 4.800,00 € wurden am 1. Oktober für ein Jahr im Voraus gezahlt.
5. Die Geschäftsmiete für Dezember wird erst am 2. Januar nächsten Jahres an den Vermieter überwiesen: 9.875,00 €.
6. Kassenmehrbetrag lt. Inventur: 150,00 € (Ursache ungeklärt).
7. Eine Rückstellung für unterlassene Instandhaltung ist aufzulösen: 3.200,00 €.
8. Bildung einer Prozesskostenrückstellung in Höhe von 18.400,00 €.
9. Bestand an Erzeugnissen: Herstellungskosten: 150.000,00 €; Tageswert: 170.000,00 €.
10. Bestand an Rohstoffen: Anschaffungskosten: 240.000,00 €; Tageswert: 230.000,00 €.

a) Führen Sie den Abschluss durch. Übertragen Sie den Saldo des GuV-Kontos auf das Konto „3400 Jahresüberschuss". Das Konto 3400 wird danach zum Schlussbilanzkonto abgeschlossen.
b) Erstellen Sie eine nach § 266 HGB ordnungsgemäß gegliederte Jahresbilanz.
c) Erstellen Sie die GuV-Rechnung in Staffelform gemäß § 275 [2] HGB. Nicht gesondert ausgewiesene Aufwandsposten sind als „Sonstige betriebliche Aufwendungen" zusammenzufassen.
d) Stellen Sie rechnerisch die Gewinnverwendung dar: Rücklagenzuführung 100.000,00 €, 15 % Dividende. Nennen Sie die Buchungen für die Gewinnverwendung im Folgejahr.

6.6 Jahresabschluss der Aktiengesellschaft

Die Aufstellung des Jahresabschlusses erfolgt durch den Vorstand der AG in den ersten drei Monaten des neuen Geschäftsjahres (sechs Monate bei kleiner AG).

Ermittlung des Bilanzgewinns/ Bilanzverlustes

Während bei der GmbH (siehe S. 300 f.) die Schlussbilanz meist vor Verwendung des Jahresergebnisses aufgestellt wird, wird bei Aktiengesellschaften in der Regel bereits bei Aufstellung der Bilanz ein Teil des Jahresüberschusses den Gewinnrücklagen zugeführt oder ein Jahresfehlbetrag durch Auflösung von Rücklagen gedeckt. Bei einer solchen **teilweisen Verwendung des Jahresergebnisses vor Bilanzerstellung** tritt dann in der Schlussbilanz an die Stelle der Posten „Jahresüberschuss/Jahresfehlbetrag" und „Gewinnvortrag/Verlustvortrag" der Posten „**Bilanzgewinn/Bilanzverlust**" (§ 268 [1] HGB). Der **Bilanzgewinn** ist der Gewinn, den der Vorstand der Hauptversammlung **zur Ausschüttung** vorschlägt.

Jahresüberschuss/Jahresfehlbetrag ± Gewinn-/Verlustvortrag des Vorjahres + Entnahme aus Rücklagen – Einstellung in Gewinnrücklagen = **Bilanzgewinn/Bilanzverlust**	A. **Eigenkapital** (Bilanzausweis) I. Gezeichnetes Kapital II. Kapitalrücklage III. Gewinnrücklagen ⟶ IV. Bilanzgewinn/Bilanzverlust

Beispiel

Die Maschinenbau AG (2.000.000,00 € Gezeichnetes Kapital; 200.000,00 € Gesetzliche Rücklage; 40.000,00 € andere Gewinnrücklagen; 20.000,00 € Gewinnvortrag) weist zum 31. Dezember in ihrer Gewinn- und Verlustrechnung einen **Jahresüberschuss von 380.000,00 €** aus. Vor Bilanzerstellung sollen **160.000,00 €** den anderen (freien) **Gewinnrücklagen** zugeführt werden.

Buchungen:
8020 GuV-Konto	an 3400 Jahresüberschuss	380.000,00
3400 Jahresüberschuss	an 3300 Ergebnisverwendung	380.000,00
3320 Gewinnvortrag	an 3300 Ergebnisverwendung	20.000,00
3300 Ergebnisverwendung	an 3240 And. Gewinnrücklagen	160.000,00
3300 Ergebnisverwendung	an 3350 Bilanzgewinn	240.000,00
3350 Bilanzgewinn	an 8010 Schlussbilanzkonto	240.000,00

Buchen Sie auf Konten und ermitteln Sie das Eigenkapital vor und nach Bilanzerstellung.

Verwendung des Bilanzgewinns

Die Verwendung des Bilanzgewinns ist Aufgabe der Hauptversammlung. Sie beschließt über die an die Aktionäre **auszuschüttende Dividende** und/oder weitere in **Gewinnrücklagen** einzustellende Beträge sowie den **Gewinnvortrag** auf neue Rechnung. Die Verteilungsbuchungen entsprechen der GmbH (siehe S. 301).

Bilanzgewinn   – Dividende an Aktionäre[1]   – Einstellung in Gewinnrücklagen   = Gewinnvortrag

Die Prüfung des Jahresabschlusses erfolgt durch **unabhängige Abschlussprüfer**, und zwar wie bei der GmbH nur bei großen und mittelgroßen Aktiengesellschaften.

Die Feststellung (Billigung) des Jahresabschlusses und des Vorschlages zur Verwendung des Bilanzgewinns **obliegt dem Aufsichtsrat** (§§ 170 f. AktG).

Offenlegung

Jahresabschluss, Lagebericht und weitere Unterlagen (entsprechend der GmbH; siehe S. 300) werden **beim elektronischen Bundesanzeiger** eingereicht und dort veröffentlicht.

Merke

- Der Bilanzgewinn ist der zur Ausschüttung vorgeschlagene Gewinn.
- Der Vorstand ermittelt, die Hauptversammlung verwendet den Bilanzgewinn.

---

[1] Mitglieder des Vorstandes und Aufsichtsrates sind nur selten am Jahresgewinn (§ 113 AktG) beteiligt. Ihre Tantiemen werden meist in den Personalkosten oder sonstigen Aufwendungen Gewinn mindernd erfasst.

JAHRESABSCHLUSS DER AKTIENGESELLSCHAFT   D

Aufgabe 411

Eine neu gegründete Aktiengesellschaft hat ein voll eingezahltes Aktienkapital von 4.000.000,00 €. Zum 31. Dezember des Gründungsjahres weist das Gewinn- und Verlustkonto einen Jahresüberschuss von 600.000,00 € aus.

Vor Aufstellung der Bilanz werden auf Veranlassung des Vorstandes der gesetzlichen Rücklage der jährliche Mindestbetrag (siehe S. 295) und den anderen (freien) Gewinnrücklagen 200.000,00 € zugeführt.

1. Ermitteln Sie den Bilanzgewinn zum 31. Dezember.
2. Stellen Sie die Posten der Gruppe „A. Eigenkapital" in der Bilanz zum 31. Dezember in der vorgeschriebenen Reihenfolge zusammen.
3. Wie lauten die Buchungen für die Zuführungen zu der „Gesetzlichen Rücklage" und der „Anderen Gewinnrücklage" sowie den Bilanzgewinn?
4. Wie lautet die Buchung für die Übernahme des Bilanzgewinns in das Schlussbilanzkonto?
5. Buchen Sie die Fälle 3. und 4. auf folgenden Konten: Gewinn- und Verlustkonto, Ergebnisverwendung, Gesetzliche Rücklage, Andere Gewinnrücklagen, Bilanzgewinn, Schlussbilanzkonto.

Aufgabe 412

Die Hauptversammlung der in Aufgabe 411 genannten Aktiengesellschaft beschließt zu Beginn des folgenden Geschäftsjahres die Verwendung des Bilanzgewinns:
   a) 8 % Dividende auf das Aktienkapital,
   b) 40.000,00 € Zuführung in die Gesetzliche Rücklage.
   c) Der Restgewinn ist auf neue Rechnung vorzutragen.

1. Ermitteln Sie den Gewinnvortrag.
2. Ermitteln Sie a) die Bardividende, b) die einzubehaltende Kapitalertragsteuer einschließlich SolZ und c) die Nettodividende (siehe S. 204).
3. Nennen Sie den Buchungssatz für die Eröffnung des Kontos „Bilanzgewinn" und die Übernahme des Bilanzgewinns auf das „Ergebnisverwendungskonto".
4. Wie lauten die Buchungssätze für die o. g. Verwendung des Bilanzgewinns? Buchen Sie auf folgenden Konten: Eröffnungsbilanzkonto, Bilanzgewinn, Ergebnisverwendung, Gesetzliche Rücklage, Verbindlichkeiten aus Steuern, Verbindlichkeiten gegenüber Gesellschaftern, Gewinnvortrag.
5. Wie lauten die Buchungen für die Auszahlung der Dividende und die Überweisung der Steuern an das Finanzamt (Bank)?
6. Ermitteln Sie nach Durchführung der Buchungen das bilanzielle Eigenkapital.

Aufgabe 413

Eine AG hat ein Grundkapital von 10.000.000,00 €. Die gesetzliche Rücklage beträgt 1.110.000,00 €, die anderen Gewinnrücklagen 100.000,00 € und der Gewinnvortrag 10.000,00 €. Das Anlagevermögen beträgt zum Bilanzstichtag insgesamt 6.000.000,00 €, das Umlaufvermögen 9.500.000,00 €. Verbindlichkeiten mit einer Laufzeit von über fünf Jahren betragen 1.780.000,00 €, die kurzfristigen Verbindlichkeiten 900.000,00 €. Aus dem Jahresüberschuss werden bei Bilanzaufstellung 390.000,00 € den anderen Gewinnrücklagen zugeführt.

1. Ermitteln Sie den Jahresüberschuss, den Bilanzgewinn und den Stand der Rücklagen.
2. Erstellen Sie eine ordnungsmäßig gegliederte Bilanz gemäß § 266 HGB.
3. Ermitteln Sie den Gewinnvortrag, wenn im neuen Jahr auf Beschluss der Hauptversammlung 12 % Dividende aus dem Bilanzgewinn auszuschütten sind.
4. Führen Sie die Buchungen wie in Aufgabe 412 durch.
5. Ermitteln Sie das bilanzielle Eigenkapital nach Durchführung der Gewinnverwendung.

Aufgabe 414

Die in Aufgabe 413 genannte Aktiengesellschaft weist in ihrer Gewinn- und Verlustrechnung zum 31. Dezember des Folgejahres einen Jahresfehlbetrag in Höhe von 100.000,00 € aus, der bei Bilanzerstellung durch Entnahme von 70.000,00 € aus der gesetzlichen Rücklage und dem Gewinnvortrag von 20.000,00 € teilweise gedeckt wird.

1. Ermitteln Sie den Bilanzverlust und danach das bilanzielle Eigenkapital.
2. Nennen Sie die Buchungssätze.

E Beleggeschäftsgang 2 – computergestützt

Aufgabe 415

In der **Finanzbuchhaltung** der **Büromöbelwerke Werner Peters e. K.**, Stauffenbergallee 22–30, 01099 Dresden, werden folgende **Bücher** geführt:

- **Grundbuch** (Journal) für die laufenden Buchungen, die vorbereitenden Abschlussbuchungen und die Abschlussbuchungen.
- **Hauptbuch** für die Sachkonten: Bestandskonten, Erfolgskonten, Abschlusskonten.
- **Kontokorrentbuch** für die Personenkonten: Kundenkonten, Lieferantenkonten.
- **Bilanzbuch** für die Aufnahme des ordnungsmäßig gegliederten Jahresabschlusses: Jahresbilanz und Gewinn- und Verlustrechnung mit Unterschrift.

Bankverbindungen: Dresdener Mittelstandsbank AG, **IBAN** DE13 0660 6130 7218 3050 81, **BIC** MIBADE1307; Deutsche Bank AG Dresden, **IBAN** DE15 8707 0000 0000 0812 34, **BIC** DEUTDEDB870

Die Sachkonten weisen zum 27. Dezember .. folgende Salden aus:

Kontenplan und vorläufige Saldenbilanz	Soll	Haben
0700 Technische Anlagen und Maschinen	912.280,00	–
0800 Andere Anlagen/Betriebs- und Geschäftsausstattung	230.000,00	–
2000 Rohstoffe	85.000,00	–
2020 Hilfsstoffe	12.000,00	–
2100 Unfertige Erzeugnisse	25.000,00	–
2200 Fertige Erzeugnisse	30.000,00	–
2400 Forderungen a. LL	119.000,00	–
2600 Vorsteuer	71.460,00	–
2640 SV-Vorauszahlung	–	–
2650 Forderungen an Mitarbeiter	5.800,00	–
2800 Bank	221.600,00	–
2880 Kasse	18.540,00	–
2900 Aktive Rechnungsabgrenzung	–	–
3000 Eigenkapital	–	720.000,00
3001 Privat	93.400,00	–
3900 Sonstige Rückstellungen	–	45.400,00
4250 Darlehensschulden	–	283.200,00
4400 Verbindlichkeiten a. LL	–	160.412,00
4800 Umsatzsteuer	–	259.768,00
4830 FB-Verbindlichkeiten	–	–
4890 Sonstige Verbindlichkeiten	–	45.600,00
5000 Umsatzerlöse für eigene Erzeugnisse	–	1.385.000,00
5001 Erlösberichtigungen	22.600,00	–
5200 Bestandsveränderungen	–	–
5420 Entnahme v. G. u. s. L.	–	4.800,00
6000 Aufwendungen für Rohstoffe	364.800,00	–
6001 Bezugskosten	12.400,00	–
6002 Nachlässe	–	8.700,00
6020 Aufwendungen für Hilfsstoffe	78.000,00	–
6160 Fremdinstandsetzung	16.600,00	–
6200 Löhne	152.000,00	–
6300 Gehälter	90.400,00	–
6400 Soziale Abgaben	44.600,00	–
6520 Abschreibungen auf Sachanlagen	–	–
6700 Mietaufwendungen	260.000,00	–
6750 Kosten des Geldverkehrs	300,00	–
6800 Büromaterial	5.500,00	–
6820 Portokosten	3.400,00	–
6830 Kosten der Telekommunikation	6.200,00	–
7510 Zinsaufwendungen	32.000,00	–
Abschlusskonten: 8010 SBK und 8020 GuV	2.912.880,00	2.912.880,00

Beleggeschäftsgang 2 — E

Die **Personenkonten** weisen zum 27. Dezember .. im Einzelnen die unten stehenden **offenen Posten** (= unbezahlte Rechnungen) und **Salden** aus:

Kundenkonten (Debitoren)		Offene Posten – Kunden			
Konto-Nr.	Kunden	Datum	Rechnungs-Nr.	Betrag	Salden
10001	Karlsmann AG Sandstraße 4–10 70199 Stuttgart	..-12-10 ..-12-16 ..-12-18	1298 1305 1313	14.875,00 833,00 8.092,00	23.800,00
10002	Gruppe OHG Amselweg 14 76149 Karlsruhe	..-12-21 ..-12-23	1315[1] 1317[1]	11.900,00 41.650,00	53.550,00
10003	Heinrichs OHG Hohe Straße 44–46 21073 Hamburg	..-12-21 ..-12-23	1316[1] 1318[1]	5.950,00 11.900,00	17.850,00
10004	Hilgendorf KG Kölner Straße 50–54 51379 Leverkusen	..-12-12 ..-12-21	1301 1314	2.380,00 11.900,00	14.280,00
10005	Busch OHG Nibelungenring 10–12 04279 Leipzig	..-12-10 ..-12-17	1299 1312	2.142,00 7.378,00	9.520,00
Saldensumme der Kundenkonten (Abstimmung mit Konto 2400)					119.000,00

[1] Den Unternehmen Gruppe OHG und Heinrichs OHG werden 2 % Skonto gewährt.

Lieferantenkonten (Kreditoren)		Offene Posten – Lieferanten			
Konto-Nr.	Lieferanten	Datum	Rechnungs-Nr.	Betrag	Salden
60001	Chromstahl GmbH Hüttenstraße 2–16 45143 Essen	..-12-23	4567	29.750,00	29.750,00
60002	Chem. Werke GmbH Grüner Weg 44–50 51375 Leverkusen	..-12-09 ..-12-21	5500 5567	21.420,00 20.230,00	41.650,00
60003	Schneider KG Neue Landstraße 10–16 30655 Hannover	..-12-15	8765	38.080,00	38.080,00
60004	Holzwerke GmbH Postfach 12 15 01662 Meißen	..-12-20 ..-12-23	7654[1] 7660[1]	17.850,00 33.082,00	50.932,00
60005	Jutta Kolberg e. Kffr. Feldstraße 48 01109 Dresden	–	–	–	–
Saldensumme der Lieferantenkonten (Abstimmung mit Konto 4400)					160.412,00

[1] Rechnungen der Holzwerke GmbH werden mit 2 % Skonto beglichen.

Beleggeschäftsfälle

Die Belege auf den folgenden Seiten stellen die Geschäftsfälle der Büromöbelwerke Werner Peters e. K. vom 27. Dezember .. bis zum 31. Dezember .. dar. Die **Werkstoffeinkäufe** werden **direkt als Aufwand** gebucht (Just-in-time-Verfahren).

Abschlussangaben

1. Abschreibungen auf
    - Technische Anlagen und Maschinen .... 85.000,00 €
    - Andere Anlagen/Betriebs- und Geschäftsausstattung .... 35.000,00 €

2. Bestandsveränderungen lt. Inventur:
    - Mehrbestand an Rohstoffen .... 25.000,00 €
    - Minderbestand an Hilfsstoffen .... 2.000,00 €
    - Minderbestand an unfertigen Erzeugnissen .... 5.000,00 €
    - Mehrbestand an fertigen Erzeugnissen .... 25.000,00 €

3. Zeitliche Abgrenzungen:
    - Die Furnierpresse muss im Januar nächsten Jahres dringend überholt werden. Der Kostenvoranschlag beträgt 15.000,00 €.
    - Die Geschäftsmiete für Januar nächsten Jahres in Höhe von 20.000,00 € wurde bereits am 23. Dezember .. von den Büromöbelwerken überwiesen.
    - Die Darlehenszinsen für das zweite Halbjahr in Höhe von 12.000,00 € werden erst Anfang Januar nächsten Jahres bezahlt.

4. Im Übrigen entsprechen die Buchwerte der Inventur zum 31. Dezember ..

Aufgaben

1. Führen Sie die Vorkontierung der Belege zunächst nach folgendem Erfassungsschema durch. Das erleichtert die EDV-mäßige Eingabe der Buchungsdaten:

Soll-konto	Beleg-nummer	Beleg-datum	Haben-konto	Betrag	Steuerart V bzw. M	%-Satz	OP-Nr.	B-Text

2. Installieren Sie das entsprechende Finanzbuchhaltungsprogramm (z. B. Lexware, Sage KHK u. a.) auf die Festplatte.

3. Geben Sie die Stammdaten ein und buchen Sie die Salden der Sach- und Personenkonten über das Hilfs- bzw. Gegenkonto „8050 Saldenvorträge".

4. Geben Sie nun die Buchungsdaten der Aufgabe 1 in den Computer ein.

5. Erstellen Sie das Journal, die Bilanz und die Gewinn- und Verlustrechnung.

6. Ermitteln und beurteilen Sie die Rendite des Eigenkapitals, indem Sie vom Jahresgewinn für die Tätigkeit des Unternehmers Werner Peters zunächst einen Unternehmerlohn von 120.000,00 € abziehen und danach den Restgewinn zum durchschnittlichen Eigenkapital ins Verhältnis setzen.

BELEGGESCHÄFTSGANG 2 — E

Belegbuchung 1

EBERHARD ZACK
Bezirks-Schornsteinfegermeister
01127 Dresden
Heidestr. 84 – Telefon 051 52809

QUITTUNG
RECHNUNG

Firma/Herrn/Frau Büromöbelwerke Werner Peters e. K.

	Konto	Soll	Haben	
Rauchgasanalyse				35,00
Reinigung der Zentralheizung				115,00

Gebucht:

Dresden 27. Dez

Betrag erhalten:

Zack
Bezirks-Schornsteinfegermeister

Anlage: Bescheinigung über das Messergebnis

KB 284

Nettobetrag	150,00
+ 19 % Umsatzsteuer	28,50
Bruttobetrag	178,50

Steuer-Nr. 065 312 26587
Bankkonto: Deutsche Bank, Dresden
IBAN: DE22 8707 0000 0104 0007 00
Konto-Nr. 104 000 700, BLZ 870 700 00
BIC: DEUTDE8C

Fachgerechte Reinigung spart Heizkosten.

Belegbuchung 2

```
Deutsche Post AG      KB 285
01307 Dresden
72052590   ..-12-29

8152
Postwertzeichen ohne Zuschlag
*380,00 EUR              A

Bruttoumsatz     *380,00 EUR
mehrwertsteuerbefreit A
Nettoumsatz A    *380,00 EUR

Steuernummer der Deutschen
Post AG: 5205/5777/1510

Vielen Dank für Ihren Besuch.
Ihre Deutsche Post AG
```

Konto Soll Haben
Gebucht:

E BELEGGESCHÄFTSGANG 2

Belegbuchung 3

Büromöbelwerke Werner Peters e. K.

Büromöbelwerke W. Peters e. K., Postfach 10 15 26, 01097 Dresden

Stauffenbergallee 22–30
01099 Dresden
Telefon 051 4401-0
Telefax 051 441012
E-Mail bueromoebelwerke@peters-wvd.de
Internet www.peters-wvd.de
USt-IdNr. DE 245 344 789
Steuer-Nr. 065 216 33685

Büroausstattungsgroßhandel
Heinrichs OHG
Hohe Straße 44 - 46
21073 Hamburg

Bitte bei Zahlung angeben:

Rechnung-Nr.:	Kunden-Nr.:	Datum
1 319	10 003	..-12-27

Rechnung

Die Lieferung erfolgte am: 21. Dez. ..

Wir danken für Ihren Auftrag und berechnen Ihnen wie folgt:

Menge	Bezeichnung	Einzelpreis	Betrag in €
30	Schreibtisch ST 4 501	375,00	11.250,00
30	Anstelltisch ST 4 502	140,00	4.200,00
20	Aktenschrank SL 4 432	225,00	4.500,00
	Warenwert		19.950,00
	Umsatzsteuer 19 %		3.790,50
	Rechnungsbetrag		23.740,50

Bankverbindungen:
Dresdener Mittelstandsbank AG,
Konto-Nr. 218 305 081, BLZ 660 613 07
IBAN: DE12 6606 1307 0218 3050 81
BIC: MIBADE1307

Deutsche Bank AG,
Konto-Nr. 81 234, BLZ 870 700 00
IBAN: DE15 8707 0000 0000 0812 34
BIC: DEUTDEDB870

Belegbuchung 4

Vereinigte Holzwerke GmbH Meißen

Holzwerke GmbH · Postfach 12 15 · 01662 Meißen

Büromöbelwerke
Werner Peters e. K.
Postfach 10 15 26
01097 Dresden

Eingang: ..-12-28

Ihre Bestellung Nr./ Tag/Zeich.	Unsere Auftrags-Nr./Zeich.	Zeit der Leistung/ Liefertag	Datum
..-12-23	RS 4 500 y	..-12-26	..-12-27

Rechnung Nr.
7 668

USt-IdNr. DE 156 387 298
Steuer-Nr. 065 213 45678

Wir sandten für Ihre Rechnung und auf Ihre Gefahr:

Artikel-Nr.	Gegenstand	Menge und Einheit	Preis je Einheit €	Betrag €
SP 521	Spanplatten, natur	300	40,00	12.000,00
SP 522	Spanplatten, Nussbaum	240	80,00	19.200,00
SP 528	Spanplatten, weiß	400	25,00	10.000,00
	Warenwert			41.200,00
	+ 19 % Umsatzsteuer			7.828,00
				49.028,00

Zahlungsbedingungen: 10 Tage 2 % Skonto
30 Tage rein netto

Telefon 03521 54234
Telefax 03521 55238

E-Mail vertrieb@holzwerke-wvd.de
Internet www.holzwerke-wvd.de

Bankverbindung: Deutsche Bank Meißen, Konto-Nr. 100 869 752, BLZ 870 700 00
IBAN: DE21 8707 0000 0100 8697 52
BIC: DEUTDE8C894

Belegbuchung 5

Kontoauszug **Dresdener Mittelstandsbank AG**

Konto-Nr.	Datum	Ausz.-Nr.	Blatt	Buchungstag	PN-Nr.	Wert	Umsatz
218 305 081	..-12-27	69	1				
GUTSCHRIFT				12-27	3659	12-27	5.831,00 H

```
HEINRICHS OHG, HAMBURG
RE 1 316 VOM 21. DEZ. ..   5.950,00
- 2 % SKONTO                 119,00
(KONTO 10 003)


     BÜROMÖBELWERKE
     WERNER PETERS E. K.
     STAUFFENBERGALLEE 22 - 30
     01099 DRESDEN
```

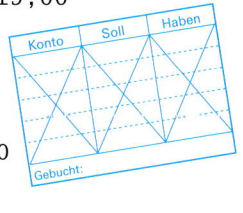

Alter Saldo: H 221.600,00 EUR
Neuer Saldo: H 227.431,00 EUR

Belegbuchung 6

Jutta Kolberg e. Kffr.
Büroausstattung

J. Kolberg e. Kffr. · Feldstraße 48 · 01109 Dresden

Büromöbelwerke
Werner Peters e. K.
Stauffenbergallee 22 - 30
01099 Dresden

Eingang: ..-12-28

Rechnung

Liefervermerke	Liefertag	Rechnungsdatum	Rechnungsnummer	Kunden-Nr.
Ihr Auftrag v. 23. Dez. ..	..-12-27	..-12-27	5 689	12 005

Artikel	Menge	Einzelpreis €	Betrag €
EDV-Endlospapier XZ 40	60	16,00	960,00
Ordner, gelb	100	2,40	240,00

Telefon 051 14583
Telefax 051 18296
E-Mail service@buero-kolberg-wvd.de
Internet www.buero-kolberg-wvd.de
Steuer-Nr. 065 336 22781
USt-IdNr. DE 222 867 551

Bankverbindung:
Commerzbank AG
Konto-Nr. 215 343 571
BLZ 850 400 00
IBAN: DE45 8504 0000 0215 3435 71
BIC: COBADEFF850

Summe	1.200,00
19 % USt	228,00
Rechnungsbetrag	1.428,00

E BELEGGESCHÄFTSGANG 2

Belegbuchung 7

Quittung Nr. *KB 286*

Netto € ___ ct ___
€ ___ ct ___
+ ___ % USt
Gesamt € *600* ct *00*

Gesamtbetrag € in Worten
sechshundert ___ Cent wie oben

(Im Gesamtbetrag sind ___ % Umsatzsteuer enthalten)

von *Geschäftskasse*

für *private Zwecke*

Konto	Soll	Haben

Gebucht:

richtig erhalten zu haben, bestätigt

Ort *Dresden* Datum *29. Dez. ..*

Buchungsvermerke Stempel/Unterschrift des Empfängers

Werner Peters

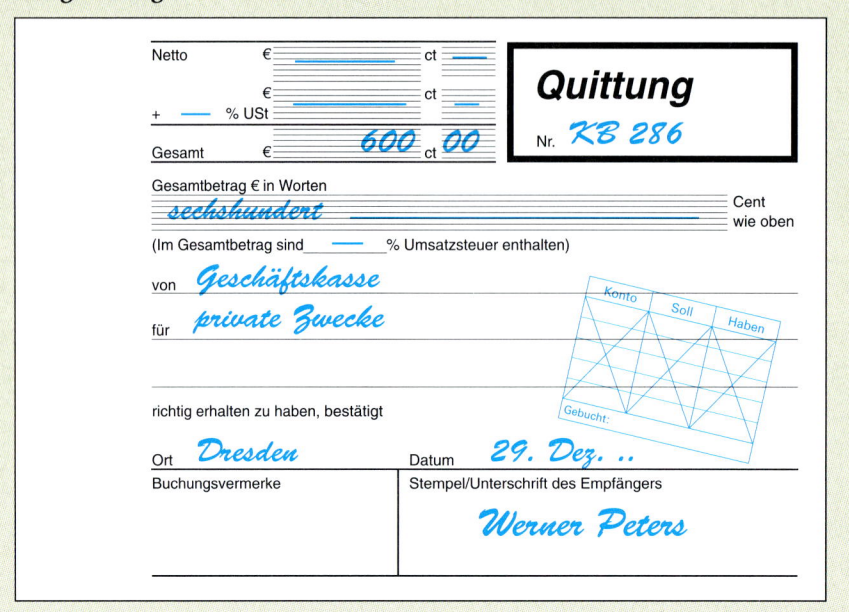

Belegbuchung 8

Büromöbelwerke Werner Peters e. K.

Büromöbelwerke W. Peters e. K., Postfach 10 15 26, 01097 Dresden

Stauffenbergallee 22–30
01099 Dresden
Telefon 051 4401-0
Telefax 051 441012
E-Mail bueromoebelwerke@peters-wvd.de
Internet www.peters-wvd.de
USt-IdNr. DE 245 344 789
Steuer-Nr. 065 216 33685

Büroausstattungsgroßhandel
Heinrichs OHG
Hohe Straße 44 - 46
21073 Hamburg

Ihre Nachricht vom	Unser Zeichen	Rechnung-Nr.:	Kunden-Nr.:	**Datum**
..-12-27	B/K	1 318	10 003	..-12-30

Ihre Mängelrüge

Sehr geehrte Damen und Herren,

auf die von Ihnen zu Recht beanstandete Lieferung vom 23. Dez. ..
(Rechnung-Nr. 1 318) erhalten Sie nachträglich einen

```
        Preisnachlass von netto .............   800,00 €
        + 19 % Umsatzsteuer ................    152,00 €
                                                952,00 €
                                               ========
```

Wir bitten um gleich lautende Buchung.

Mit freundlichen Grüßen

Büromöbelwerke
Werner Peters e. K.

ppa. *W. Leghausen*

Konto	Soll	Haben

Gebucht:

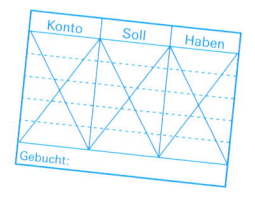

Belegbuchung 9

Deutsche Telefongesellschaft AG

Deutsche Telefongesellschaft AG
90426 Nürnberg

DV 12 0,70

Datum : ..-12-22
Seite : **1 von 4**

Kundennummer : **398 100 6725**
Rechnungsnummer : **913 685 3071**
Ihr Buchungskonto : **476 020 3775**

Büromöbelwerke
Werner Peters e. K.
Stauffenbergallee 22–30
01099 Dresden

Infos zur Rechnung : **www.telefonag.de/
hilfe-rechnung**

Info-Telefon : **0800 4440004**

Rechnung für Dezember 20..

Leistungen	Beträge in EUR
monatliche Beträge	33,36
nutzungsabhängige Beträge	937,40
Beträge von Drittanbietern	4,24
Summe	975,00
19 % Umsatzsteuer	185,25

Rechnungsbetrag   1.160,25

Der Rechnungsbetrag wird ab dem 7. Tag
nach Zugang dieser Rechnung von Ihrem Konto
IBAN: DE12 6606 1307 0218 3050 81, BIC: MIBADE1307 abgebucht.

Weitere Informationen finden Sie auf der Rückseite.

Kontoauszug zu den Belegbuchungen 9, 10 und 11

Kontoauszug   **Dresdener Mittelstandsbank AG**

Konto-Nr.	Datum	Ausz.-Nr.	Blatt	Buchungstag	PN-Nr.	Wert	Umsatz
218 305 081	..-12-30	70	1				

```
LASTSCHRIFT TELEFONRECHNUNG         12-30   3211   12-28     1.160,25 S
ÜBERWEISUNG                         12-30   3659   12-30    21.420,00 S
CHEMISCHE WERKE, LEVERKUSEN (Belegbuchung 10)
RE 5500 VOM 9. DEZ. .. (KONTO 60 002)
ÜBERWEISUNG                         12-30   3426   12-30       450,00 S
DR. MED. K. SEIBOLDT, DRESDEN (Belegbuchung 11)
RE VOM 18. DEZ. ..
```

BÜROMÖBELWERKE
WERNER PETERS E. K.
STAUFFENBERGALLEE 22 - 30
01099 DRESDEN

Alter Saldo
H   227.431,00 EUR
Neuer Saldo
H   204.400,75 EUR

zu Belegbuchung 11

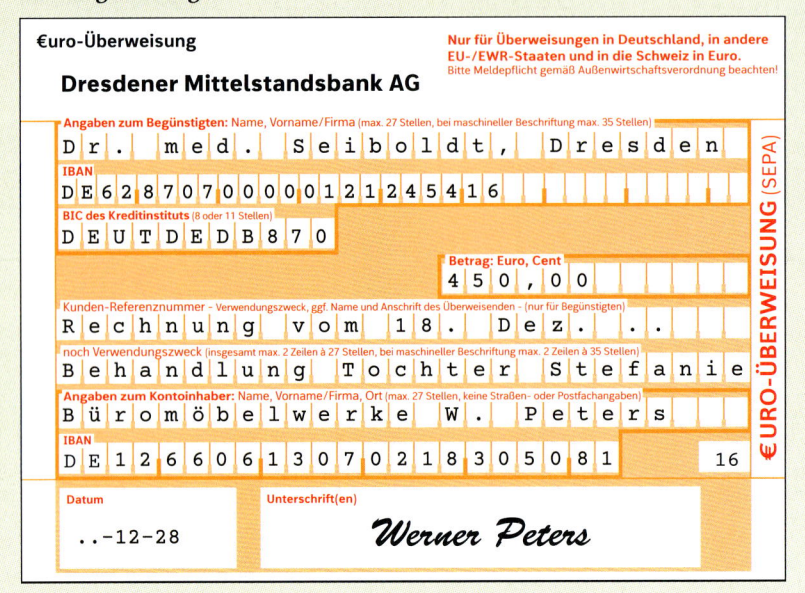

€uro-Überweisung
Nur für Überweisungen in Deutschland, in andere EU-/EWR-Staaten und in die Schweiz in Euro. Bitte Meldepflicht gemäß Außenwirtschaftsverordnung beachten!

Dresdener Mittelstandsbank AG

Angaben zum Begünstigten: Name, Vorname/Firma (max. 27 Stellen, bei maschineller Beschriftung max. 35 Stellen)
Dr. med. Seiboldt, Dresden

IBAN: DE62 8707 0000 0121 2454 16

BIC des Kreditinstituts: DEUTDEDB870

Betrag: Euro, Cent: 450,00

Kunden-Referenznummer – Verwendungszweck:
Rechnung vom 18. Dez.
Behandlung Tochter Stefanie

Angaben zum Kontoinhaber:
Büromöbelwerke W. Peters

IBAN: DE12 6606 1307 0218 3050 81 — 16

Datum: ..-12-28
Unterschrift: *Werner Peters*

Belegbuchung 12

Chemische Werke GmbH

Chemische Werke GmbH, Grüner Weg 44 - 50, 51375 Leverkusen

Büromöbelwerke
Werner Peters e. K.
Stauffenbergallee 22 - 30
01099 Dresden

Eingang: ..-12-28

Konto	Soll	Haben

Gebucht:

Auftrag vom	Lieferdatum	Rechnungsdatum	Rechnungsnummer	Kundennummer
..-12-20	..-12-22	..-12-27	5 582	14 009

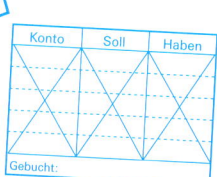

Artikelbezeichnung	Menge	Einzelpreis €	Betrag €
Kleber KZ 4 000	40	110,00	4.400,00
Farbe FL 3 800	30	40,00	1.200,00
			5.600,00
+ 19 % USt			1.064,00
Rechnungsbetrag			6.664,00

Telefon: 0214 22867-0
Telefax: 0214 22867-35
E-Mail: vertrieb@chemiwe-wvd.de
Internet: www.chemiwe-wvd.de

Bankverbindung:
Postbank Köln
Konto-Nr. 2638 45-578
BLZ 370 100 50
IBAN: DE47 3701 0050 0263 8455 78
BIC: PBNKDEFF370

USt-IdNr. DE 223 459 886
Steuer-Nr. 065 321 41138

BELEGGESCHÄFTSGANG 2 — E

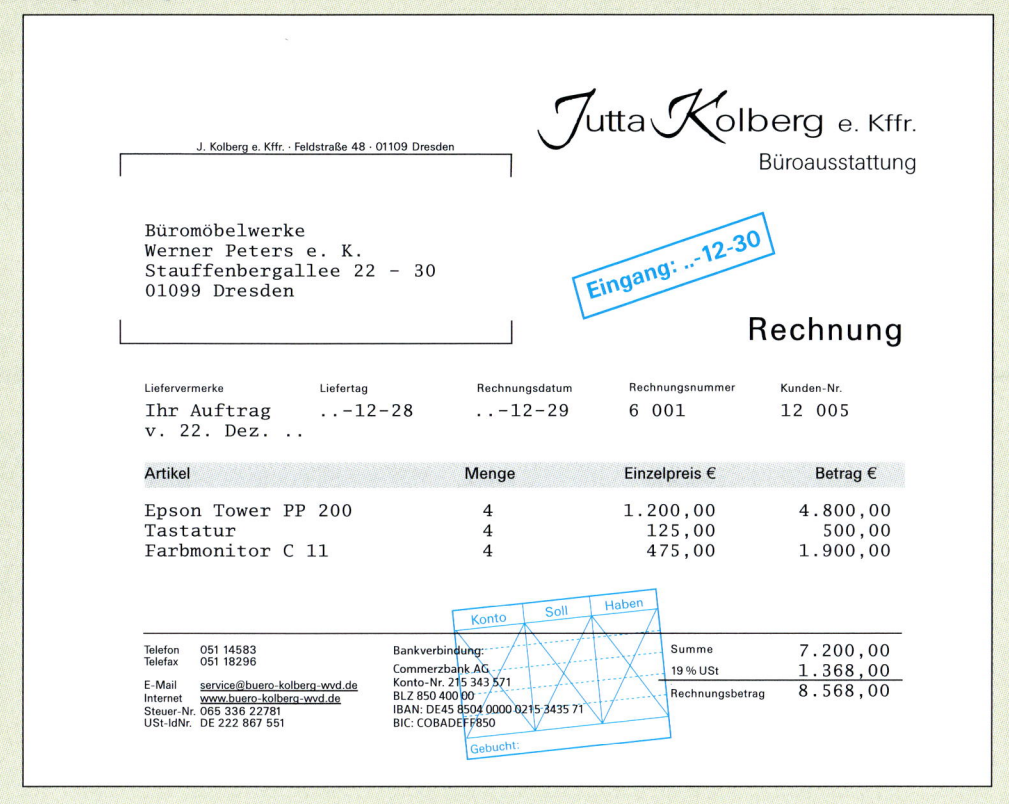

Belegbuchung 13

Jutta Kolberg e. Kffr.
Büroausstattung

J. Kolberg e. Kffr. · Feldstraße 48 · 01109 Dresden

Büromöbelwerke
Werner Peters e. K.
Stauffenbergallee 22 - 30
01099 Dresden

Eingang: ..-12-30

Rechnung

Liefervermerke	Liefertag	Rechnungsdatum	Rechnungsnummer	Kunden-Nr.
Ihr Auftrag v. 22. Dez. ..	..-12-28	..-12-29	6 001	12 005

Artikel	Menge	Einzelpreis €	Betrag €
Epson Tower PP 200	4	1.200,00	4.800,00
Tastatur	4	125,00	500,00
Farbmonitor C 11	4	475,00	1.900,00

Telefon 051 14583
Telefax 051 18296
E-Mail service@buero-kolberg-wvd.de
Internet www.buero-kolberg-wvd.de
Steuer-Nr. 065 336 22781
USt-IdNr. DE 222 867 551

Bankverbindung:
Commerzbank AG
Konto-Nr. 215 343 571
BLZ 850 400 00
IBAN: DE45 8504 0000 0215 3435 71
BIC: COBADEFF850

	Konto	Soll	Haben
Summe			7.200,00
19 % USt			1.368,00
Rechnungsbetrag			8.568,00

Gebucht:

Belegbuchung 14

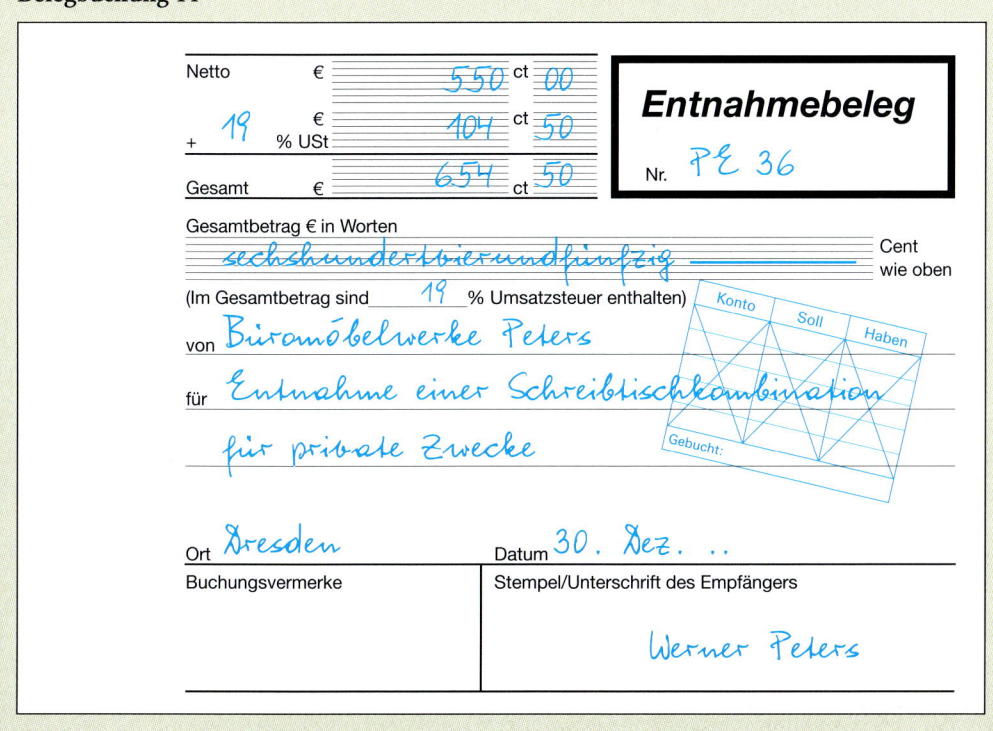

	€	ct	
Netto	550	00	
+ 19 % USt	104	50	
Gesamt	654	50	

Entnahmebeleg
Nr. PE 36

Gesamtbetrag € in Worten
sechshundertvierundfünfzig ———— Cent wie oben

(Im Gesamtbetrag sind __19__ % Umsatzsteuer enthalten)

von *Büromöbelwerke Peters*

für *Entnahme einer Schreibtischkombination für private Zwecke*

Konto	Soll	Haben

Gebucht:

Ort *Dresden* Datum *30. Dez. ..*

Buchungsvermerke   Stempel/Unterschrift des Empfängers

Werner Peters

E BELEGGESCHÄFTSGANG 2

Belegbuchungen 15 und 16

Buchungsanweisung		Datum: ..-12-31		Beleg-Nr.	
Betreff: Gehaltsabrechnung				Gebucht: ..-12-30 Datum: Dezember	
Buchungstext		Soll		Haben	
		Konto	Betrag	Konto	Betrag

15	SV-Bankeinzug 6.646,00
	Bruttogehälter 20.203,00
	Abzüge:
	  Lohn- und Kirchenst. 3.203,00
	  SV-Beiträge......... 3.338,00
	  Vorschüsse......... 2.300,00
	  Auszahlung (Bank).... 11.362,00				

16	Arbeitgeberanteil.... 3.308,00				

Kontoauszug zu den Belegbuchungen 15–18 (siehe Fußnoten)

Kontoauszug **Dresdener Mittelstandsbank AG**

Konto-Nr.	Datum	Ausz.-Nr.	Blatt	Buchungstag	PN-Nr.	Wert	Umsatz
218 305 081	..-12-30	71	1				
ABBUCHUNG AOK DRESDEN SV-BEITRÄGE DEZ. ..				12-30	3245	12-27	6.646,00 S
GEHÄLTER DEZ. ..				12-30	3269	12-29	11.362,00 S
DA MIETE[1]				12-30	3315	12-30	1.200,00 S
DA DARLEHEN[2]				12-30	3269	12-30	18.500,00 S

BÜROMÖBELWERKE
WERNER PETERS e.K.
STAUFFENBERGALLEE 22
01099 DRESDEN

Alter Saldo: H 204.400,75 EUR
Neuer Saldo: H 166.692,75 EUR

---

1 Belegbuchung 17: DA = Dauerauftrag für die Wohnungsmiete des Geschäftsinhabers
2 Belegbuchung 18: DA = Dauerauftrag für Darlehenstilgung

BELEGGESCHÄFTSGANG 2 — E

Belegbuchung 19

Büromöbelwerke Werner Peters e. K.

Stauffenbergallee 22–30
01099 Dresden
Telefon 051 4401-0
Telefax 051 441012
E-Mail bueromoebelwerke@peters-wvd.de
Internet www.peters-wvd.de
USt-IdNr. DE 245 344 789
Steuer-Nr. 065 316 33685

Büromöbelwerke W. Peters e. K., Postfach 10 15 26, 01097 Dresden

Möbelgroßhandel
Hilgendorf KG
Kölner Str. 50 - 54
51379 Leverkusen

Bitte bei Zahlung angeben:		
Rechnung-Nr.:	Kunden-Nr.:	**Datum**
1 320	10 004	..-12-29

Rechnung

Die Lieferung erfolgte am: 27. Dez. ..

Wir danken für Ihren Auftrag und berechnen Ihnen wie folgt:

Menge	Bezeichnung	Einzelpreis	Betrag in €
2	Chefzimmer SL 405	18.200,00	36.400,00
8	Konferenztisch KS 380	1.200,00	9.600,00
64	Stuhl St 602	112,50	7.200,00
	Warenwert		53.200,00
	Umsatzsteuer 19 %		10.108,00
	Rechnungsbetrag		63.308,00

Bankverbindungen:
Dresdener Mittelstandsbank AG,
Konto-Nr. 218 305 081, BLZ 660 613 07
IBAN: DE12 6606 1307 0218 3050 81
BIC: MIBADE1307

Deutsche Bank AG,
Konto-Nr. 81 234, BLZ 870 700 00
IBAN: DE15 8707 0000 0000 0812 34
BIC: DEUTDEDB870

Belegbuchung 20

Kontoauszug   **Dresdener Mittelstandsbank AG**

Konto-Nr.	Datum	Ausz.-Nr.	Blatt	Buchungstag	PN-Nr.	Wert	Umsatz
218 305 081	..-12-31	72	1				
GUTSCHRIFT				12-31	3315	12-31	11.662,00 H

GRUPPE OHG, KARLSRUHE
RE 1 315 VOM 21. DEZ. ..   11.900,00
- 2 % SKONTO   238,00
(KONTO 10 002)

BÜROMÖBELWERKE
WERNER PETERS E. K.
STAUFFENBERGALLEE 22 - 30
01099 DRESDEN

Alter Saldo
H 166.692,75 EUR

Neuer Saldo
H 178.354,75 EUR

E Beleggeschäftsgang 2

Belegbuchungen 21, 22 und 23

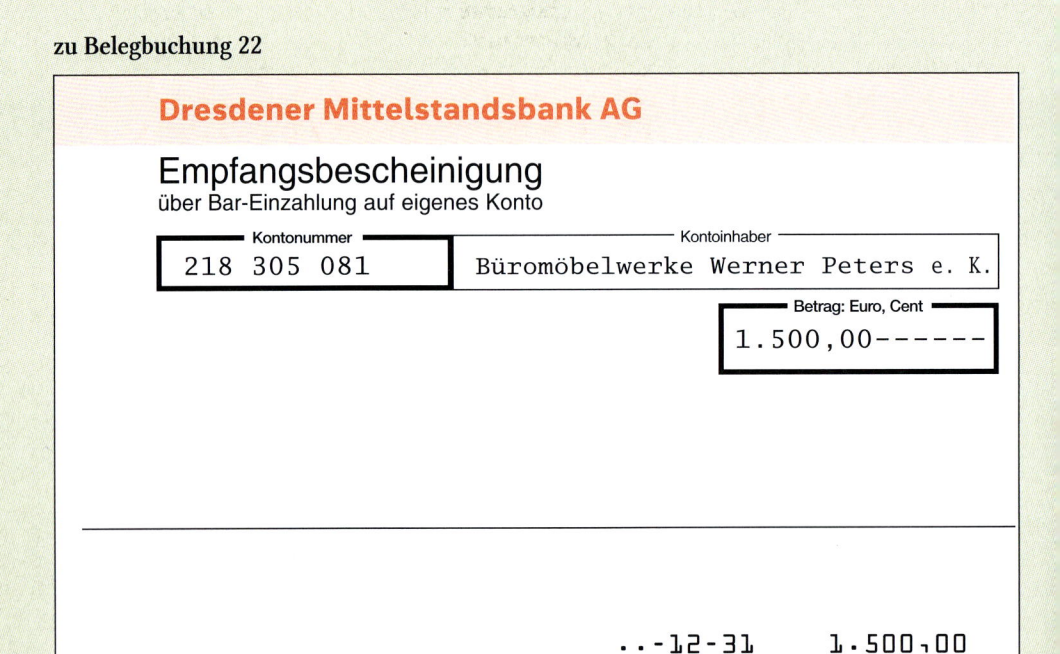

Kontoauszug — Dresdener Mittelstandsbank AG

Konto-Nr.	Datum	Ausz.-Nr.	Blatt	Buchungstag	PN-Nr.	Wert	Umsatz
218 305 081	..-12-31	73	1				

```
ÜBERWEISUNG                              12-31   3269   12-31   17.493,00 S
VEREINIGTE HOLZWERKE GMBH, MEISSEN (Belegbuchung 21)
RE 7 654 VOM 20. DEZ. ..  17.850,00
- 2 % SKONTO                 357,00
(KONTO 60 004)
EINZAHLUNG (Belegbuchung 22)             12-31   3311   12-31    1.500,00 H
KONTOGEBÜHREN (Belegbuchung 23)          12-31   3315   12-31       72,00 S
```

BÜROMÖBELWERKE
WERNER PETERS E. K.
STAUFFENBERGALLEE 22 – 30
01099 DRESDEN

Alter Saldo: H 178.354,75 EUR
Neuer Saldo: H 162.289,75 EUR

zu Belegbuchung 22

Dresdener Mittelstandsbank AG

Empfangsbescheinigung
über Bar-Einzahlung auf eigenes Konto

Kontonummer: 218 305 081
Kontoinhaber: Büromöbelwerke Werner Peters e. K.
Betrag: Euro, Cent: 1.500,00------

..-12-31   1.500,00

Dresdener Mittelstandsbank AG

Für den Einzahlungstag und den Betrag ist der Maschinendruck maßgebend.

Belegbuchung 24

Buchungsanweisung		Datum: ..-12-31		Beleg-Nr.	
Betreff: Abschreibungen auf Sachanlagen lt. Anlagenkartei				Gebucht: Datum:	
Buchungstext	Soll		Haben		
	Konto	Betrag	Konto	Betrag	
Abschreibungen auf SA					
– TA und Maschinen					
– Andere Anlagen/BGA					

Belegbuchungen 25–33

	Buchungsanweisung	Datum: ..-12-31		Beleg-Nr.	
	Betreff: Umbuchungen/Vorbereitende Abschlussbuchungen			Gebucht: Datum:	
	Buchungstext	Soll		Haben	
		Konto	Betrag	Konto	Betrag
25	2600 Vorsteuerübertragung.......				
26	3001 Privatentnahmen...........				
27	5001 Erlösberichtigungen........				
28	6001 Bezugskosten für Rohstoffe..				
29	6002 Nachlässe für Rohstoffe....				
30	2000 Mehrbestand an Rohstoffen...				
31	2020 Minderbestand an Hilfsst....				
32	2100 Minderbestand an unf. Erz...				
33	2200 Mehrbestand an fert. Erz....				

Belegbuchungen 34–36

	Buchungsanweisung	Datum: ..-12-31		Beleg-Nr.	
	Betreff: Zeitliche Abgrenzungen			Gebucht: Datum:	
	Buchungstext	Soll		Haben	
		Konto	Betrag	Konto	Betrag
34	Rückstellung für Reparatur der Furnierpresse lt. Kostenvoranschlag: 15.000,00 €				
35	Unsere Mietvorauszahlung für Januar n. J.: 20.000,00 €				
36	Fällige Darlehenszinsen werden im Januar n. J. gezahlt: 12.000,00 €				

F Betriebswirtschaftliche Auswertung des Jahresabschlusses

F Auswertung des Jahresabschlusses

Aus dem **Jahresabschluss** lassen sich wertvolle **Erkenntnisse über die Vermögens-, Finanz- und Ertragslage** des Unternehmens gewinnen, wenn man die Abschlusszahlen mithilfe von **Kennzahlen** auswertet. **Die betriebswirtschaftliche Auswertung des Jahresabschlusses umfasst** die **Aufbereitung (Bilanzanalyse)** und die **Beurteilung (Bilanzkritik)** des Zahlenmaterials.

Die Auswertung eines Jahresabschlusses wird durch einen **Zeitvergleich** und einen **Betriebsvergleich** aussagekräftiger:

- **Zeitvergleich:** Der aktuelle Jahresabschluss wird mit den Jahresabschlüssen der Vorjahre verglichen, sodass die betriebseigene Entwicklung erkennbar wird.
- **Betriebsvergleich:** Der Jahresabschluss wird mit den Zahlen branchengleicher Unternehmen verglichen, sodass die Stellung des Unternehmens innerhalb seiner Branche beurteilt werden kann.

1 Auswertung der Bilanz

1.1 Aufbereitung der Bilanz (Bilanzanalyse)

Umgliederung der Bilanzposten

Die Bilanzen müssen zunächst für eine kritische Beurteilung entsprechend aufbereitet werden. Die zahlreichen Bilanzposten sind daher nach bestimmten Gesichtspunkten umzugliedern und gruppenmäßig zusammenzufassen. Die Vermögensseite umfasst die beiden Hauptgruppen „**Anlagevermögen**" und „**Umlaufvermögen**", die Kapitalseite „**Eigenkapital**" und „**Fremdkapital**". Das Umlaufvermögen ist nach der **Flüssigkeit** in die Gruppen „Vorräte", „Forderungen" und „Flüssige Mittel" zu gliedern. Die Posten des Fremdkapitals sind nach der **Fälligkeit** in „Langfristiges Fremdkapital" und „Kurzfristiges Fremdkapital" zu ordnen. Aktive Rechnungsabgrenzungsposten werden den Forderungen, passive Rechnungsabgrenzungsposten den kurzfristigen Verbindlichkeiten zugeordnet.

Bilanzstruktur

Die Bilanzstruktur ist das Ergebnis der Aufbereitung der Bilanzposten. Sie lässt bereits deutlich den **Vermögens- und Kapitalaufbau** des Unternehmens erkennen:

Vermögen	Bilanzstruktur	Kapital
I. Anlagevermögen		**I. Eigenkapital**
II. Umlaufvermögen 1. Vorräte 2. Forderungen 3. Flüssige Mittel		**II. Fremdkapital** 1. langfristig 2. kurzfristig
Wie ist das Kapital angelegt?		*Woher stammt das Kapital?*
Investition		**Finanzierung**

Zur besseren Vergleichbarkeit und Überschaubarkeit stellt man die **Bilanzstruktur** nicht nur in absoluten Zahlen, sondern auch **in Prozentzahlen** dar, wobei die **Bilanzsumme die Basis (≙ 100 %)** bildet. Damit wird auf einen Blick erkennbar, welches Gewicht die einzelnen Hauptgruppen innerhalb des Gesamtvermögens (Aktiva) und Gesamtkapitals (Passiva) haben. Vermögens- und Kapitalaufbau werden dadurch noch anschaulicher dargestellt (vgl. S. 21 f., Seite 323).

> **Merke**
>
> Die aufbereiteten Bilanzen eines Unternehmens zeigen deutlich
> - **Gegenstand der Bilanzanalyse ist die Zusammenfassung der Vermögens- und Kapitalposten zu überschaubaren Größen.**
> - **Ergebnis der Bilanzanalyse ist die Bilanzstruktur.**
> - **Die Bilanzanalyse ist die Grundlage einer nachfolgenden Bilanzkritik.**

AUFBEREITUNG DER BILANZ (BILANZANALYSE) — F

Beispiel

Die **Chemiewerke GmbH** hat ihre Bilanzen nach einer **teilweisen Verwendung des Jahresgewinns**[1] (Zuführung zu den Gewinnrücklagen) aufgestellt:

Jahresüberschuss − Einstellung in die Gewinnrücklage = Bilanzgewinn

Da der **Bilanzgewinn** auf Beschluss der Gesellschafter kurzfristig in voller Höhe als **Dividende** ausgeschüttet wird, ist er im Rahmen der Bilanzaufbereitung den **kurzfristigen Verbindlichkeiten** zuzuordnen. Die **Rückstellungen** sind **je zur Hälfte kurz- und langfristig**.

Die bereits teilweise aufbereiteten **Bilanzen der Chemiewerke GmbH** lauten:

Aktiva	Berichtsjahr T€	Vorjahr T€	Passiva	Berichtsjahr T€	Vorjahr T€
Sachanlagen	1.660	1.420	Gezeichnetes Kapital	1.400	1.000
Finanzanlagen	260	200	Gewinnrücklagen	400	260
Vorräte:			Bilanzgewinn	110	30
Werkstoffe	110	740	Rückstellungen	80	60
Fertigerzeugnisse	1.090	810	langfr. Verbindl.	1.600	1.230
Forderungen a. LL	600	310	kurzfr. Verbindl.	410	1.020
Kassenbestand	35	18			
Bankguthaben	245	102			
	4.000	3.600		4.000	3.600

Die Aufbereitung der Bilanzen wird nach folgendem Schema vorgenommen:

Aktiva	Berichtsjahr (Bj) T€	%	Vorjahr (Vj) T€	%	Zu- oder Abnahme T€
Sachanlagen	1.660	41,5	1.420	39,4	+ 240
Finanzanlagen	260	6,5	200	5,6	+ 60
Anlagevermögen	**1.920**	**48,0**	**1.620**	**45,0**	**+ 300**
Vorräte	1.200	30,0	1.550	43,0	− 350
Forderungen a. LL	600	15,0	310	8,6	+ 290
Flüssige Mittel	280	7,0	120	3,4	+ 160
Umlaufvermögen	**2.080**	**52,0**	**1.980**	**55,0**	**+ 100**
Gesamtvermögen	4.000	100,0	3.600	100,0	+ 400

Passiva	Berichtsjahr (Bj) T€	%	Vorjahr (Vj) T€	%	Zu- oder Abnahme T€
Gezeichnetes Kapital	1.400	35,0	1.000	27,7	+ 400
Gewinnrücklagen	400	10,0	260	7,3	+ 140
Eigenkapital	**1.800**	**45,0**	**1.260**	**35,0**	**+ 540**
langfr. Rückstellungen	40	1,0	30	0,8	+ 10
langfr. Verbindlichkeiten	1.600	40,0	1.230	34,2	+ 370
Langfristiges Fremdkapital	**1.640**	**41,0**	**1.260**	**35,0**	**+ 380**
kurzfr. Rückstellungen	40	1,0	30	0,8	+ 10
kurzfr. Verbindlichkeiten	520	13,0	1.050	29,2	− 530
Kurzfristiges Fremdkapital	**560**	**14,0**	**1.080**	**30,0**	**− 520**
Gesamtkapital	4.000	100,0	3.600	100,0	+ 400

---

[1] Erläuterungen zur Gewinnverwendungsrechnung einer GmbH siehe Seite 301 ff.

1.2 Beurteilung der Bilanz (Bilanzkritik)

Aus den aufbereiteten Bilanzen lassen sich die wichtigsten **Kennzahlen zur Beurteilung der Kapitalausstattung (Finanzierung), der Anlagenfinanzierung (Investition), des Vermögensaufbaus (Konstitution)** und der **Zahlungsfähigkeit (Liquidität)** des Unternehmens herleiten. **Mithilfe dieser Kennzahlen** werden **Lage und Entwicklung** des Unternehmens beurteilt.

1.2.1 Beurteilung der Kapitalausstattung (Finanzierung)

Grad der Unabhängigkeit

Bei der Beurteilung der Finanzierung oder Kapitalausstattung geht es vor allem um die Frage, ob das Unternehmen überwiegend mit eigenen oder fremden Mitteln arbeitet. Dabei ist wichtig zu wissen, dass das **Eigenkapital** zwei Aufgaben zu erfüllen hat, nämlich zum einen die **Haftungs- oder Garantiefunktion** gegenüber den Gläubigern und zum anderen die **Finanzierungsfunktion**, also die fristgerechte Finanzierung von Vermögensteilen, die langfristig im Unternehmen gebunden sind **(Anlagendeckung)**.

Beispiel

Kennzahlen der Chemiewerke GmbH		Bj	Vj
❶ Grad der finanziellen Unabhängigkeit	= $\frac{\text{Eigenkapital}}{\text{Gesamtkapital}}$	0,45 = 45 %	0,35 = 35 %

Der Grad der finanziellen Unabhängigkeit des Unternehmens ❶, also der Anteil des Eigenkapitals am Gesamtkapital, hat sich im Berichtsjahr (Bj) gegenüber dem Vorjahr (Vj) sowohl absolut als auch relativ (von 35 % auf 45 %) **bedeutend verbessert**. Die Stärkung der Eigenkapitalbasis der Chemiewerke GmbH ist einerseits auf eine **Erhöhung des „Gezeichneten Kapitals"** (Stammkapital) um nominal 400.000,00 € als auch auf **Gewinnzuführung in die Rücklagen** in Höhe von 140.000,00 € (siehe GuV-Rechnung S. 337) zurückzuführen.

Die Unternehmensleitung sowie die Gesellschafter sind bemüht, die Kapitalstruktur entscheidend zu verbessern.

Der Anteil des Eigenkapitals am Gesamtkapital wird weitgehend von der **Anlagenintensität** des Unternehmens bestimmt. Sehr anlagenintensive Unternehmen (z. B. Schwerindustrie, Bergbau u. a.) benötigen eine höhere Eigenkapitalausstattung als Unternehmen der verarbeitenden Industrie. Eine allgemein gültige Regel über das Verhältnis zwischen Eigen- und Fremdkapitalanteil kann es daher nicht geben (z. B. 1 : 1-Regel). Grundlegend kann aber gesagt werden, dass die wirtschaftliche und finanzielle Stabilität des Unternehmens umso größer ist, je höher der Eigenkapitalanteil ist. Hohes Eigenkapital macht das Unternehmen unabhängiger gegenüber Gläubigern und sicherer in Krisenzeiten. Der **Anteil des Eigenkapitals** am Gesamtkapital drückt somit den **Grad der finanziellen Unabhängigkeit** aus und ist zugleich Maßstab für die **Kreditwürdigkeit und Krisenfestigkeit** des Unternehmens.

Verschuldungsgrad

Der Verschuldungsgrad des Unternehmens kommt durch das Verhältnis von Fremdkapital zu Eigenkapital zum Ausdruck. Als Richtschnur gilt, dass das Fremdkapital nicht mehr als doppelt so hoch sein sollte wie das Eigenkapital. Zu hohes Fremdkapital bedeutet eine erhebliche **Einengung der Selbstständigkeit** des Unternehmens, da mit jeder Kreditaufnahme der Nachweis der Kreditverwendung und ständige Kontrollen durch Gläubiger verbunden sind.

Für die Beurteilung der Finanzierung ist vor allem auch die Zusammensetzung des Fremdkapitals von Bedeutung. Ein relativ hohes kurzfristiges Fremdkapital bedingt eine kurzfristige Bereitstellung von entsprechend hohen flüssigen Mitteln und führt daher zu einer besonderen **Belastung der Liquidität** (Zahlungsfähigkeit) des Unternehmens. Denn unabhängig von der Ertragslage des Unternehmens sind die fälligen Tilgungs- und Zinszahlungen zu leisten.

Auswertung der Bilanz (Bilanzkritik) F

Beispiel

Kennzahlen der Finanzierung (Kapitalstruktur)		Bj	Vj
❷ Verschuldungsgrad	= $\dfrac{\text{Fremdkapital}}{\text{Eigenkapital}}$	1,222 = 122,2 %	1,857 = 185,7 %
❸ Anteil des langfristigen Fremdkapitals	= $\dfrac{\text{lfr. Fremdkapital}}{\text{Gesamtkapital}}$	0,41 = 41 %	0,35 = 35 %
❹ Anteil des kurzfristigen Fremdkapitals	= $\dfrac{\text{kfr. Fremdkapital}}{\text{Gesamtkapital}}$	0,14 = 14 %	0,30 = 30 %

Der Verschuldungsgrad ❷ ist im Zusammenhang mit der Kennzahl ❶ entsprechend von 185,7 % auf 122,2 % zurückgegangen. Der im Vorjahr noch sehr hohe Anteil der kurzfristigen Fremdmittel ❹ konnte erheblich von absolut 1.080.000,00 € auf 560.000,00 € bzw. relativ von 30 % auf nunmehr 14 % abgebaut werden. Hier zeigt sich deutlich die positive Auswirkung der Erhöhung der eigenen Mittel. Die Absicht der Unternehmensleitung, die im Vorjahr noch angespannte Liquiditätslage durch Abbau der kurzfristigen Verbindlichkeiten zu verbessern, wird erkennbar. Das bestätigt auch die Kennzahl ❸. Der Anteil des langfristigen Fremdkapitals ist zulasten des kurzfristigen Fremdkapitals erfreulicherweise von 35 % auf 41 % gestiegen. Offensichtlich steht der Rückgang der kurzfristigen Fremdmittel auch im Zusammenhang mit einer Umschuldung (Umwandlung kurzfristiger in langfristige Schulden).

Grad der Selbstfinanzierung

Gewinnrücklagen werden bei Kapitalgesellschaften aus einbehaltenen Gewinnen (**Gewinnthesaurierung**) gebildet. Sie dienen vor allem der Selbstfinanzierung von Investitionen oder ganz allgemein der **Stärkung der Eigenkapitalbasis**. Setzt man die **Gewinnrücklagen ins Verhältnis zum Gesamtkapital**, ergibt sich der Grad der Selbstfinanzierung des Unternehmens.

Beispiel

Kennzahlen der Finanzierung der Chemiewerke GmbH		Bj	Vj
❺ Grad der Selbstfinanzierung	= $\dfrac{\text{Gewinnrücklagen}}{\text{Gesamtkapital}}$	0,10 = 10 %	0,07 = 7 %

Der Grad der Selbstfinanzierung ❺ hat sich von 7 % auf 10 % verbessert. Es ist lobenswert, dass das Unternehmen durch Einbehaltung von wesentlichen Teilen des Gewinns, also durch Bildung von Gewinnrücklagen, zur Selbstfinanzierung und damit zur Stärkung der Eigenkapitalbasis beiträgt. Das entspricht auch offensichtlich den Vorstellungen der Gesellschafter der Chemiewerke GmbH, denn der auszuschüttende Bilanzgewinn ist recht bescheiden. Zusammenfassend kann die Finanzierung der Chemiewerke GmbH im Berichtsjahr durchaus als solide und krisenfest beurteilt werden. Besonders positiv ist herauszustellen, dass die Unternehmensleitung im Berichtsjahr entscheidende Maßnahmen zur Verbesserung der Kapitalstruktur durchgeführt hat. Die Abhängigkeit gegenüber den Gläubigern des Unternehmens ist dadurch erfreulicherweise erheblich geringer geworden. Der Abbau der kurzfristigen Fremdmittel kann im Hinblick auf die Liquidität als besonders positiv bezeichnet werden. Dass die Gläubiger Vertrauen in das Unternehmen haben, beweist die Tatsache, dass im Berichtsjahr die langfristigen Verbindlichkeiten absolut und relativ zulasten der kurzfristigen Fremdmittel zugenommen haben.

Merke

- Je größer das Eigenkapital im Verhältnis zum Fremdkapital ist, desto solider und krisenfester ist die Finanzierung und desto geringer ist die Abhängigkeit von den Gläubigern.
- Die Höhe des Eigenkapitals ist abhängig von der Anlagenintensität.

1.2.2 Beurteilung der Anlagenfinanzierung (Investierung)

Die Deckung (Finanzierung) des Anlagevermögens durch **Eigenkapital** (Deckungsgrad I) und durch das **gesamte langfristige Kapital**, also durch Eigen- und langfristiges Fremdkapital (Deckungsgrad II), ist zugleich ein wichtiger **Maßstab zur Beurteilung der Kapitalausstattung** und damit der **finanziellen Stabilität** des Unternehmens.

$$\text{Deckungsgrad I} = \frac{\text{Eigenkapital}}{\text{Anlagevermögen}}$$

$$\text{Deckungsgrad II} = \frac{\text{Langfristiges Kapital (Eigenkapital + langfr. Fremdkapital)}}{\text{Anlagevermögen}}$$

Goldene Bilanzregel

Das **Anlagevermögen** stellt in jedem Unternehmen **langfristig gebundenes Vermögen** dar. Es muss daher auch durch **entsprechend langfristiges Kapital** (Eigenkapital, Darlehen u. a.) **finanziert** werden. So müssen im Falle einer Krise keine Anlagegüter überstürzt veräußert werden (Notverkäufe), um den Tilgungsverpflichtungen rechtzeitig nachzukommen. Der **Grundsatz der Fristengleichheit** wird als „Goldene Bilanzregel" oder „Goldene Bankregel" bezeichnet.

Deckungsgrad I

Die **sicherste Deckung** des Anlagevermögens ist das Kapital, das von den Gläubigern nicht zurückgefordert werden kann: das **Eigenkapital**. Die Anlagendeckung ist daher als sehr gut zu beurteilen, wenn das Eigenkapital das Anlagevermögen **voll deckt**. Ausgezeichnet ist die Deckung, wenn das Eigenkapital darüber hinaus auch noch den **„eisernen Bestand" des Vorratsvermögens finanziert**. In der Praxis gibt es nur wenige Industriezweige, in denen das Anlagevermögen ganz durch Eigenkapital finanziert ist.

Deckungsgrad II

Reicht das Eigenkapital zur Finanzierung des Anlagevermögens nicht aus, so darf zusätzlich **nur langfristiges Fremdkapital** herangezogen werden (Goldene Bilanzregel!). Der **Quotient der Anlagendeckung II** muss dann **mindestens 100 %** betragen, wenn eine volle Deckung durch langfristiges Kapital gegeben sein soll. Je mehr dieser Mindestwert überschritten wird, umso größer ist die finanzielle Stabilität des Unternehmens. In diesem Fall finanzieren die langfristigen Mittel dann noch einen **Teil des Umlaufvermögens**. In jedem Fall müsste noch der eiserne Bestand des Vorratsvermögens langfristig finanziert sein.

Beispiel

Chemiewerke GmbH: Kennzahlen der Anlagendeckung	Berichtsjahr	Vorjahr
Deckungsgrad I = $\frac{\text{Eigenkapital}}{\text{Anlagevermögen}}$	0,94 = 94 %	0,78 = 78 %
Deckungsgrad II = $\frac{\text{Langfristiges Kapital}}{\text{Anlagevermögen}}$	1,79 = 179 %	1,56 = 156 %

Die Anlagendeckung durch Eigenkapital hat sich im Berichtsjahr grundlegend durch die erwähnte Erhöhung des Eigenkapitals von 78 % auf 94 % **verbessert**. Diese Verbesserung muss noch höher bewertet werden, da das Anlagevermögen im Berichtsjahr zugleich durch erhebliche Investitionen (300 T€) zugenommen hat. Das Unternehmen strebt eine volle Anlagendeckung durch eigene Mittel an, um die finanzielle Stabilität für die Zukunft abzusichern.

Die Anlagendeckung durch langfristiges Kapital (Deckungsgrad II) war schon im Vorjahr sehr günstig. Die **erhebliche Steigerung** im Berichtsjahr von 156 % auf 179 % ist auf die Zunahme der eigenen und auch der langfristigen Fremdmittel zurückzuführen. Diese Überdeckung (56 %-Punkte bzw. 79 %-Punkte) bedeutet, dass auch der größte Teil des Umlaufvermögens **langfristig** finanziert ist.

Zusammenfassend kann gesagt werden, dass die oben als **gut beurteilte Finanzierung** des Unternehmens **durch** die **Anlagendeckung bestätigt** wird.

AUSWERTUNG DER BILANZ (BILANZKRITIK)

Die **Anlagendeckung kann in Staffelform** zu einer Deckungsrechnung des gesamten Vermögens ausgebaut werden:

Vermögens-Deckungsrechnung

Beispiel

Chemiewerke GmbH: Vermögens-Deckungsrechnung in T€	Berichtsjahr	Vorjahr	+/−
Eigenkapital (EK)	1.800	1.260	+ 540
− Anlagevermögen	1.920	1.620	+ 300
= Über- oder Unterdeckung durch EK	− 120	− 360	+ 240
+ langfristiges Fremdkapital	1.640	1.260	+ 380
= langfristiges Kapital zur Finanzierung des Umlaufvermögens	1.520	900	+ 620
− Umlaufvermögen	2.080	1.980	+ 100
= kurzfristiges Fremdkapital zur Finanzierung des Umlaufvermögens	560	1.080	− 520

Die **Deckungsrechnung** zeigt die Finanzierung der Vermögensteile besonders deutlich. Das **langfristige Kapital** hat sich zulasten des kurzfristigen Fremdkapitals **erhöht**, was sich auf die **Liquidität** des Unternehmens **günstig** auswirkt.

Merke

- Die Anlagendeckung ist zugleich Maßstab zur Beurteilung der Finanzierung (Kapitalausstattung) des Unternehmens.
- Das Anlagevermögen und der eiserne Bestand des Vorratsvermögens sollten stets durch entsprechend langfristiges Kapital gedeckt (finanziert) sein.

1.2.3 Beurteilung des Vermögensaufbaues (Konstitution)

Die **Zusammensetzung (Struktur) des Vermögens**, das Verhältnis zwischen Anlage- und Umlaufvermögen, wird entscheidend durch die **Branche** und den **Grad der Mechanisierung und Automatisierung bestimmt**. So sind z. B. Unternehmen der Grundstoff- und Schwerindustrie (Bergbau, Hüttenwerke u. a.) mit einem Anlagenanteil von 60 % bis 70 % besonders **anlagenintensiv**, im Gegensatz zu Betrieben der Elektroindustrie und des Maschinenbaus mit 25 bis 35 %.

Anlagen binden langfristig Kapital und verursachen erhebliche **fixe (feste) Kosten**, wie Abschreibungen, Instandhaltungen, Zinsen des investierten Kapitals u. a., die **unabhängig von der Beschäftigungs- und Ertragslage** des Unternehmens **anfallen**. Diese fixen Kosten zwingen das Unternehmen dazu, **um volle Auslastung der Kapazität** und Absatzsteigerung bestrebt zu sein, damit die festen Kosten des Anlagevermögens auf eine möglichst große Anzahl von Erzeugnissen verteilt und deshalb je Erzeugnis (Stückkosten) möglichst niedrig gehalten werden (Gesetz der Massenproduktion). Es ist daher verständlich, dass eine **hohe Anlagenquote** auch die **Anpassungsfähigkeit** eines Unternehmens an Konjunkturschwankungen sowie Veränderungen in der Nachfrage **vermindert**. Je geringer die Anlagenquote ist, umso elastischer kann sich ein Unternehmen den veränderten Marktverhältnissen anpassen. Die **Anlagenintensität** ist daher zugleich ein **Maßstab für die Anpassungsfähigkeit** oder Flexibilität eines Unternehmens.

Anlagenintensität

F BETRIEBSWIRTSCHAFTLICHE AUSWERTUNG DES JAHRESABSCHLUSSES

Umlaufvermögen

Das Umlaufvermögen setzt sich aus **Vorräten, Forderungen und flüssigen Mitteln** zusammen. Anhand der Entwicklung der hierfür ermittelten Quoten am Gesamtvermögen lassen sich wertvolle Erkenntnisse über die **Absatzlage** des Unternehmens gewinnen, wenn man sie mit den **Umsatzerlösen** vergleicht. Ein erhöhter Bestand an Forderungen bedeutet Absatzsteigerung, wenn zugleich die Umsatzerlöse entsprechend gestiegen sind. Eine Veränderung der **Vorratsquote** kann nur im Zusammenhang mit den Umsatzerlösen betrachtet werden.

Beispiel

Chemiewerke GmbH: Vermögensstruktur		Bj	Vj
❶ Anlagenintensität	$= \dfrac{AV}{Gesamtvermögen}$	0,48 = 48,0 %	0,45 = 45,0 %
❷ Ausnutzungsgrad der Sachanlagen	$= \dfrac{Gesamtleistung}{Sachanlagen}$	5,1	3,9
❸ Umlaufintensität	$= \dfrac{UV}{Gesamtvermögen}$	0,52 = 52,0 %	0,55 = 55,0 %
❹ Vorratsquote	$= \dfrac{Vorräte}{Gesamtvermögen}$	0,30 = 30,0 %	0,43 = 43,0 %
❺ Forderungsquote	$= \dfrac{Forderungen}{Gesamtvermögen}$	0,15 = 15,0 %	0,086 = 8,6 %
❻ Anteil der flüssigen Mittel	$= \dfrac{Flüssige\ Mittel}{Gesamtvermögen}$	0,07 = 7,0 %	0,034 = 3,4 %

Angaben lt. GuV-Rechnung:	Berichtsjahr	Vorjahr
Umsatzerlöse (vgl. S. 337)	8.200 T€	5.500 T€
Gesamtleistung (vgl. S. 337)	8.480 T€	5.520 T€

Die Anlagenintensität ❶ hat im Berichtsjahr absolut um 240 T€ (Sachanlagen) und relativ von 45 % auf 48 % zugenommen. Im Gegenzug ist die ❸ **Umlaufintensität** von 55 % auf 52 % gesunken. Die Investitionen im Sachanlagenbereich deuten auf eine Kapazitätserweiterung hin, zumal die Gesamtleistung des Unternehmens ebenfalls beträchtlich von 5.520 T€ auf 8.480 T€ gestiegen ist.

Der Ausnutzungsgrad der Sachanlagen ❷ macht deutlich, dass die Kapazität des Unternehmens im Berichtsjahr besser ausgelastet ist. Hat das Unternehmen im Vorjahr mit 1 T€ Sachanlagen nur 3,9 T€ Gesamtleistung erzielt, so beträgt im Berichtsjahr die Gesamtleistung 5,1 T€ je 1 T€ Sachanlagen. ❸ Bei hoher Umlaufintensität ist eine höhere Finanzierung über Fremdkapital möglich, da das Umlaufvermögen nur eine kurze Zeit im Unternehmen verweilt.

Die Vorratsquote ❹ ist sowohl absolut als auch relativ zurückgegangen. Ein Blick auf die Umsatzerlöse lässt erkennen, dass der Abbau der Vorräte im Zusammenhang mit einer beträchtlichen Absatzsteigerung der Erzeugnisse steht. Die Umschlagskennzahlen (vgl. S. 338) machen das besonders deutlich.

Die Quote der Forderungen ❺ und der flüssigen Mittel ❻ zeigt ebenfalls, dass sich das Unternehmen in einer außerordentlich guten Absatzlage befindet.

Zusammenfassend kann festgestellt werden, dass sich die **Vermögensstruktur** im Berichtsjahr **entscheidend verbessert** hat. Die höhere Auslastung der Kapazität muss sich zwangsläufig **günstig** auf die Kostenstruktur (fixe Kosten) auswirken.

Merke

- **Die Anlagenintensität ist zugleich Maßstab für die Anpassungsfähigkeit und Flexibilität des Unternehmens.**
- **Vorrats- und Forderungsquoten geben Aufschluss über die Absatzlage des Unternehmens. Ein Vergleich mit den Umsatzerlösen ist notwendig.**

F AUSWERTUNG DER BILANZ (BILANZKRITIK)

1.2.4 Beurteilung der Zahlungsfähigkeit (Liquidität)

Liquidität ist die **Zahlungsfähigkeit** eines Unternehmens, die sich aus dem Verhältnis der flüssigen (liquiden) Mittel zu den **fälligen** Verbindlichkeiten ermitteln lässt. Es ist zu prüfen, ob die liquiden Mittel ausreichen, das kurzfristig fällige Fremdkapital zu decken. Denn **Zahlungsunfähigkeit** (Illiquidität) führt entweder zur **zwangsweisen Auflösung** eines Unternehmens im Rahmen eines **gerichtlichen Insolvenzverfahrens** oder in einen **außergerichtlichen Vergleich** (§ 17 Insolvenzordnung).

Der externe Bilanzkritiker kann lediglich die Stichtagsliquidität ermitteln, d. h. die **Zahlungsfähigkeit** des Unternehmens **zum Abschlussstichtag**. Diese hat nur begrenzten Aussagewert, da wichtige Daten der Liquiditätsberechnung aus den Abschlusszahlen nicht hervorgehen, wie **Fälligkeiten** der Verbindlichkeiten und Forderungen, **Kreditzusagen** der Banken, **laufende Ausgaben** für Personalkosten, Mieten, Steuern u. v. m. So kann sich die Liquiditätslage schon kurz nach dem Abschlussstichtag schlagartig verändern. Außerdem muss beachtet werden, dass Bilanzen in der Praxis erst weit nach dem Abschlussstichtag aufgestellt werden und deshalb lediglich eine „**historische**" Analyse der Liquiditätslage zulassen. Das Unternehmen selbst wird daher die Liquidität nicht stichtagsbezogen (statisch) aufgrund der Bilanz, sondern kurz- oder mittelfristig (dynamisch) anhand eines **Finanz- oder Liquiditätsplans** ermitteln, der auf zahlreichen Einzelplänen basiert, die den zu erwartenden Einnahmen- und Ausgabenstrom einschließlich geplanter Investitionen ausweisen. Wenn auch die bilanzmäßige Liquiditätsermittlung ungenau ist, so lassen sich aus einem Vergleich der Bilanzzahlen (Zeitvergleich) doch entsprechende Schlussfolgerungen über die **Liquiditätspolitik** des Unternehmens ziehen.

Stichtagsliquidität

Die Liquiditätskennzahlen berücksichtigen den Grad der Liquidität. Die **Liquidität I** (1. Grades), auch **Barliquidität** genannt, setzt die flüssigen Mittel (Kasse, Guthaben bei Kreditinstituten, börsenfähige Wertpapiere des Umlaufvermögens) ins Verhältnis zu den kurzfristigen Fremdmitteln. Die **Liquidität II** (2. Grades), auch **einzugsbedingte Liquidität** genannt, berücksichtigt zusätzlich die Forderungen. Die **umsatzbedingte Liquidität III** (3. Grades) setzt schließlich das gesamte Umlaufvermögen zum **kurzfristigen Fremdkapital** in Beziehung. Nach einer Erfahrungsregel sollte mindestens die Liquidität II eine volle Deckung des kurzfristigen Fremdkapitals bringen. Die Liquidität III müsste nach einer amerikanischen Faustregel mindestens zu einer zweifachen Deckung (200 %) führen.

Liquiditätskennzahlen

Beispiel

Chemiewerke GmbH: Liquiditätskennzahlen	Bj	Vj
Liquidität I = $\dfrac{\text{flüssige Mittel}}{\text{kurzfristiges Fremdkapital}}$	0,50 = 50 %	0,11 = 11 %
Liquidität II = $\dfrac{\text{(flüssige Mittel + Forderungen)}}{\text{kurzfristiges Fremdkapital}}$	1,57 = 157 %	0,40 = 40 %
Liquidität III = $\dfrac{\text{Umlaufvermögen}}{\text{kurzfristiges Fremdkapital}}$	3,71 = 371 %	1,83 = 183 %

Die Liquiditätslage des Unternehmens hat sich im Berichtsjahr gegenüber dem Vorjahr in allen drei Stufen ganz **entscheidend verbessert**. Im Vorjahr reichte die einzugsbedingte Liquidität II nicht aus, die kurzfristigen Verbindlichkeiten zu decken. Die auf den ersten Blick etwas angespannte Liquidität im Vorjahr kann aber unter Berücksichtigung der erheblichen Überdeckung durch das gesamte Umlaufvermögen (Liquidität III) noch als ausreichend bezeichnet werden. Die Verbesserung der Zahlungsfähigkeit ist auf die durchgeführte **Kapitalerhöhung** sowie **Umschuldung** und vor allem auf die erhebliche **Absatzsteigerung** zurückzuführen. Der Bestand an sofort flüssigen Mitteln ist recht hoch. **Zur Vermeidung einer** unwirtschaftlichen **Überliquidität** müsste die Unternehmensleitung rechtzeitig entsprechende Überlegungen anstellen, wie z. B. **Abbau der Fremdmittel, Investitionen** u. a. Die dadurch eingesparten Zinsen müssten sich günstig auf die Rentabilität des Unternehmens auswirken.

F Betriebswirtschaftliche Auswertung des Jahresabschlusses

Liquiditäts-Staffelrechnung

Die **Liquiditätsstufen** lassen sich auch anschaulich in Staffelform darstellen:

Beispiel

Chemiewerke GmbH: Liquiditäts-Staffelrechnung in T€	Berichtsjahr	Vorjahr
Flüssige Mittel	280	120
− Kurzfristiges Fremdkapital	560	1.080
= Unterdeckung (1. Stufe)	− 280	− 960
+ Forderungen	600	310
= Über- bzw. Unterdeckung (2. Stufe)	320	− 650
+ Vorräte	1.200	1.550
= Überdeckung (3. Stufe)	1.520	900

Zusammenfassende Beurteilung

Die Kennzahlen der Bilanzstruktur der Chemiewerke GmbH zeigen im Hinblick auf die **Finanzierung, Anlagendeckung, Konstitution und Liquidität** im Vergleich zum Vorjahr (Zeitvergleich) eine sehr **positive Entwicklung**. Die entscheidenden Verbesserungen wurden offensichtlich durch die **Kapitalerhöhung** und **Gewinnthesaurierung** sowie den **Abbau der kurzfristigen Fremdmittel** eingeleitet. Hinzu kommt, dass sich das Unternehmen im konjunkturellen Aufwind befindet. Die Unternehmensleitung ist offensichtlich bestrebt, die finanzielle Stabilität in dieser Phase noch weiter zu festigen.

Merke

- **Liquidität bedeutet, dass die flüssigen Mittel ausreichen, die fälligen kurzfristigen Verbindlichkeiten zu decken.**
- **Die bilanzmäßigen Liquiditätskennzahlen sind nur unter Vorbehalt als Maßstab der Zahlungsfähigkeit des Unternehmens zu betrachten.**

Aufgabe 416

1. Welche Möglichkeiten hat der Unternehmer, die Finanzierung zu verbessern?
2. Ein Unternehmer hat einen sehr großen Teil des Anlagevermögens mit einem kurzfristigen Bankkredit finanziert. Wie beurteilen Sie das?
3. Wodurch wird die Vermögensstruktur (AV : UV) bestimmt?
4. Welche Gefahr liegt in einem a) zu geringen und b) zu großen Anlagevermögen?
5. Welche Gefahr liegt in einem a) zu geringen und b) zu hohen Umlaufvermögen?

Aufgabe 417

1. Welche Möglichkeiten hat der Unternehmer, die Liquidität zu verbessern?
2. Der Bestand an sofort greifbaren flüssigen Mitteln ist im Verhältnis zu hoch. Was empfehlen Sie dem Unternehmer?
3. Vermittelt die Bilanz ein eindeutiges Bild der Zahlungsfähigkeit?
4. Beurteilen Sie die folgenden Bilanzstrukturen:

Bilanz 1

Anlagevermögen 40 %	Eigenkapital 50 %
Umlaufvermögen 60 %	Fremdkapital 50 %

Bilanz 2

Anlagevermögen 40 %	Eigenkapital 30 %
Umlaufvermögen 60 %	langfristiges Fremdkapital 10 % kurzfristiges Fremdkapital 60 %

Aufgabe 418

Aktiva	Berichtsjahr T€	Vorjahr T€	Passiva	Berichtsjahr T€	Vorjahr T€
TA und Maschinen	960	710	Eigenkapital 1. Jan.	1.160	1.030
Fuhrpark	130	160	– Entnahmen	80	60
And. Anlagen/BGA	610	390		1.080	970
Werkstoffe	350	720	+ Einlagen	400	–
Fertigerzeugnisse	800	1.100		1.480	970
Handelswaren	50	30	+ Gewinn	320	190
Forderungen a. LL	820	370	Eigenkapital 31. Dez.	1.800	1.160
Kasse	20	15	Rückstellungen	80	60
Bank	260	105	Darlehensschulden	1.600	1.230
			Verbindlichkeiten a. LL	520	1.150
	4.000	3.600		4.000	3.600

Anmerkungen: Der Jahresgewinn soll nicht entnommen werden. Die Rückstellungen sind je zur Hälfte lang- und kurzfristig. Die **Gesamtleistung** (Umsatzerlöse ± Bestandsveränderungen + aktivierte Eigenleistungen) betrug lt. GuV im Berichtsjahr 7.800 T€, im Vorjahr 5.800 T€.

1. Bereiten Sie die oben stehenden Bilanzen der Metallwerke Günter Heider e. K. entsprechend dem Aufbereitungsschema auf Seite 323 auf.
2. Ermitteln und beurteilen Sie die Kennzahlen a) der Finanzierung, b) der Anlagendeckung, c) der Liquidität und d) der Vermögensstruktur.
3. Worauf führen Sie die hohen Vorräte im Vorjahr zurück?
4. Fassen Sie das Ergebnis Ihrer Auswertung in einem Kurzbericht zusammen.

Aufgabe 419

Die teilweise aufbereiteten Bilanzen der Textilveredlungsgesellschaft mbH lauten:

Aktiva	Berichtsjahr T€	Vorjahr T€	Passiva	Berichtsjahr T€	Vorjahr T€
Sachanlagen	4.350	3.550	Gezeichnetes Kapital	3.500	2.500
Finanzanlagen	650	500	Gewinnrücklage	1.450	650
Vorräte	2.800	3.875	Bilanzgewinn	325	75
Forderungen a. LL	1.500	775	Rückstellungen	200	150
Flüssige Mittel	700	300	langfr. Verbindlichkeiten	3.500	2.575
			kurzfr. Verbindlichkeiten	1.025	3.050
	10.000	9.000		10.000	9.000

Angaben lt. GuV-Rechnung (vgl. S. 349)	Berichtsjahr	Vorjahr
Gesamtleistung	21.700 T€	13.500 T€
Jahresgewinn	1.125 T€	475 T€
– Einstellung in die Gewinnrücklage	800 T€	400 T€
= Bilanzgewinn	325 T€	75 T€

Anmerkungen zur Bilanzaufbereitung: Die Rückstellungen sind je zur Hälfte kurz- und langfristig. Der Bilanzgewinn wird jeweils im März n. J. voll ausgeschüttet.

1. Bereiten Sie die Bilanzen entsprechend dem Aufbereitungsschema auf Seite 323 auf und stellen Sie jeweils die Veränderungen der Vermögens- und Kapitalposten fest.
2. Errechnen Sie für die Vergleichsjahre jeweils die Kennzahlen a) der Finanzierung, b) der Anlagendeckung, c) der Konstitution, d) der Liquidität.
3. Führen Sie die Vermögens-Deckungsrechnung und Liquiditätsrechnung auch in Staffelform durch.
4. Beurteilen Sie die Entwicklung der Textilveredlungsgesellschaft mbH anhand der Kennzahlen in den beiden Vergleichsjahren und legen Sie die Ursachen der Veränderungen dar. Stellen Sie sich bei der Beurteilung stets folgende Fragen:
    a) Wie ist die Entwicklung in absoluten und relativen Zahlen?
    b) Worauf ist die positive oder negative Entwicklung zurückzuführen?
    c) Welche weiteren Maßnahmen zur Verbesserung der Finanzierung, Anlagendeckung, Vermögensstruktur und Liquidität empfehlen Sie der Unternehmensleitung?

2 Bewegungsbilanz als Instrument zur Aufdeckung der Finanzierungs- und Investitionsvorgänge

Beständebilanz vs. Bewegungsbilanz

Die Bestände der Schlussbilanz zum Abschlussstichtag (= Beständebilanz) sagen nichts über die Finanzierungsvorgänge im Geschäftsjahr aus, d. h. woher die finanziellen Mittel stammen, die dem Unternehmen im Abrechnungszeitraum zugeflossen sind (**Mittelherkunft**), und wofür diese Mittel im gleichen Zeitraum verwendet worden sind (**Mittelverwendung**). Herkunft und Verbleib der Finanzierungsmittel im Geschäftsjahr werden erst dadurch offengelegt, dass man **zwei** aufeinander folgende **Bilanzen** miteinander **vergleicht** und die **Veränderungen (Bewegungen)** in den Bilanzposten (+ bzw. –) ermittelt (= Bewegungsbilanz).

Aus einem Vergleich der Vermögens- und Kapitalposten zweier aufeinander folgender Jahresbilanzen stellen wir **vier typische Veränderungen** auf der Aktiv- und Passivseite fest:

Mittelverwendung	Bewegungsbilanz	Mittelherkunft
■ Erhöhung von Aktivposten (z. B. Zunahme TA und Maschinen) ■ Minderung von Passivposten (z. B. Abnahme Darlehensschulden)		■ Minderung von Aktivposten (z. B. Abnahme Forderungen a. LL) ■ Erhöhung von Passivposten (z. B. Zunahme von Eigen- und Fremdkapital)
Wohin sind die Mittel geflossen? (Investition)		**Woher** stammen die Mittel? (Finanzierung)

Stellt man diese vier Veränderungen nach Mittelherkunft und Mittelverbleib gegenüber, erhält man die **Bewegungsbilanz**. Sie gewährt Einblick in den Umfang und die Art der **Zu- und Abflüsse der Finanzierungsmittel** während des Geschäftsjahres.

Beispiel

Die aufbereiteten Bilanzen der Chemiewerke GmbH enthalten bereits die Veränderungen (+ bzw. –) der Vermögens- und Kapitalposten des Berichtsjahres gegenüber dem Vorjahr (vgl. S. 323). Daraus lässt sich die Bewegungsbilanz nach obigem Grundschema schnell erstellen:

Investition		Bewegungsbilanz	Finanzierung		
I. Zunahme der Aktiva		T€	**I. Zunahme der Passiva**		T€
1. Investitionen im AV			1. Eigenkapital		
Sachanlagen	240		Gezeichnetes Kapital	400	
Finanzanlagen	60	300	Rücklagen	140	540
2. Zugänge im UV			2. Fremdkapital		
Forderungen a. LL	290		langfristiges FK		380
Flüssige Mittel	160	450			
II. Abnahme der Passiva			**II. Abnahme der Aktiva**		
Rückzahlung kurzfr. FK		520	Vorräte		350
		1.270			**1.270**

Beurteilung

Die Bewegungsbilanz macht deutlich, dass der Chemiewerke GmbH im Berichtsjahr insgesamt **1.270 T€ Finanzierungsmittel zur Verfügung standen**. Diese stammten vor allem aus der Kapitalerhöhung in Höhe von 400 T€ und der Einbehaltung von Gewinn im Betrag von 140 T€. Weitere Mittel in Höhe von 380 T€ flossen dem Unternehmen durch Erhöhung des langfristigen Fremdkapitals zu. Durch den Abbau (Verkauf) der Vorräte wurden darüber hinaus 350 T€ an Mitteln freigesetzt. Die Finanzierungsmittel wurden im Bereich des Anlage- und Umlaufvermögens **investiert**. Vor allem dienten die finanziellen Mittel dem **Abbau des kurzfristigen Fremdkapitals** in Höhe von 520 T€.

BEWEGUNGSBILANZ

> **Merke**
> - Die Bewegungsbilanz legt Herkunft und Verbleib der Finanzierungsmittel eines Geschäftsjahres offen. Sie ist damit ein Instrument zur Beurteilung der Finanzierungsvorgänge und der Liquiditätspolitik eines Unternehmens.
> - Die Bewegungsbilanz wird auch als „Kapitalflussrechnung" bezeichnet (siehe S. 291), um die u. a. der Jahresabschluss der Kapitalgesellschaften zu erweitern ist (§ 264 [1] HGB).

Finanzierung aus Abschreibungen

Abschreibungen werden als Kostenbestandteil in die Verkaufspreise der Erzeugnisse einkalkuliert. Sie fließen über die Erlöse wieder in das Unternehmen zurück und stehen somit zur Finanzierung von Ersatz- und Neuinvestitionen zur Verfügung. Die Bewegungsbilanz wird aussagefähiger, wenn man den Anlagenzugängen die Abschreibungen und Abgänge gegenüberstellt. Dadurch wird auf einen Blick erkennbar, in welcher Höhe Abschreibungen und Anlagenabgänge zur **Finanzierung der Anlageninvestitionen** beigetragen haben.

Beispiel

Der **Anlagenspiegel** der Chemiewerke GmbH weist für das Berichtsjahr u. a. aus:

Anlagevermögen	Zugänge (T€)	Abgänge (T€)	Abschreibungen (T€)
Sachanlagen	510	20	250
Finanzanlagen	70	–	10
Gesamtsumme	**580**	**20**	**260**

Unter Berücksichtigung der **Bruttozugänge** von 580 T€ (Aktivmehrung) und der **Abschreibungen und Abgänge** von insgesamt 280 T€ (Aktivminderung) ergibt sich die folgende noch aussagefähigere Bewegungsbilanz:

Investition		Bewegungsbilanz in T€	Finanzierung	
I. Investitionen im AV			I. Finanzierung aus	
1. Sachanlagen	510		1. Abgängen 20	
2. Finanzanlagen	70	580	2. Abschreibungen 260	280
II. Zugänge im UV			II. Eigenkapitalmehrung	540
1. Forderungen a. LL	290		III. Langfristiges FK	380
2. Flüssige Mittel	160	450	IV. Mittelfreisetzung durch	
III. Tilgung von FK			Abbau der Vorräte	350
Kurzfristige Verbindl.		520		
		1.550		**1.550**

Investitionsfinanzierung aus Abschreibungen

Die Bewegungsbilanz lässt erkennen, dass 48 % der Anlageninvestitionen durch Abschreibungen und Abgänge finanziert wurden. Bezieht man die Abschreibungen auf die **Nettozugänge**, ergeben sich 46 %.

Anlagenzugänge	580 T€
– Abgänge	20 T€
= Nettozugänge (Nettoinvestitionen)	560 T€
Abschreibungen	260 T€
Abschreibungen in Prozent der Nettozugänge	46 %

> **Merke**
> Die Abschreibungen auf das Anlagevermögen stellen ein bedeutendes Mittel der Finanzierung von Anlageninvestitionen dar.

Aufgabe 420

Aktiva	Berichtsjahr T€	Vorjahr T€	Passiva	Berichtsjahr T€	Vorjahr T€
I. Anlagevermögen			I. Eigenkapital	3.000	1.600
1. TA u. Maschinen	1.480	1.000	II. Fremdkapital		
2. Fuhrpark	280	100	1. Darlehenssch.	1.530	1.200
3. And. Anl./BGA	500	200	2. Verbindlich-		
II. Umlaufvermögen			keiten a. LL	470	1.200
1. Vorräte	1.400	1.650			
2. Forderg. a. LL	800	600			
3. Kassenbestand	20	10			
4. Guthaben bei Kreditinstituten	520	440			
	5.000	4.000		5.000	4.000

1. Bereiten Sie die Bilanzen der Möbelfabrik Peter Möbs e. K. entsprechend dem Aufbereitungsschema auf Seite 323 auf und stellen Sie jeweils die Veränderungen der Vermögens- und Kapitalposten fest.
2. Ermitteln Sie die Kennzahlen zur Beurteilung der
   a) Finanzierung, b) Anlagendeckung, c) Liquidität, d) Vermögensstruktur.
3. Beurteilen Sie die Entwicklung des Unternehmens in den Vergleichsjahren aufgrund der Kennzahlen und legen Sie die Ursachen der Veränderungen dar. Stellen Sie sich dabei stets folgende Fragen:
   a) Wie ist die Entwicklung in absoluten und relativen Zahlen?
   b) Worauf könnte die positive oder negative Entwicklung zurückzuführen sein?
   c) Welche weiteren Maßnahmen zur Verbesserung der Finanzierung, Anlagendeckung, Liquidität und Vermögensstruktur empfehlen Sie der Unternehmensleitung?

Aufgabe 421

1. Erstellen Sie für die Möbelfabrik Peter Möbs e. K. (Aufgabe 420) anhand der Veränderungsspalte im Aufbereitungsschema eine Bewegungsbilanz.
2. Erläutern Sie die Mittelherkunft und Mittelverwendung im Berichtsjahr.

Aufgabe 422

1. Entwickeln Sie aus den Zahlen der aufbereiteten Bilanzen der Metallwerke Günter Heider e. K. (Aufgabe 418) eine Bewegungsbilanz für das Berichtsjahr.
2. Erläutern Sie anhand der Zahlen der Bewegungsbilanz die Finanzierungs- und Investitionsvorgänge des Unternehmens im Berichtsjahr.

Aufgabe 423

Der Anlagenspiegel (Auszug) der Textilveredlungsgesellschaft mbH (Aufgabe 419) weist für das Berichtsjahr u. a. folgende Zahlen aus:

Anlagevermögen	Zugänge	Abgänge	Abschreibungen
Sachanlagen	1.800 T€	120 T€	880 T€
Finanzanlagen	170 T€	–	20 T€
Gesamt	1.970 T€	120 T€	900 T€

1. Errechnen Sie die Nettozugänge (Nettoinvestitionen) im Anlagevermögen.
2. Stellen Sie den Nettozugängen die Abschreibungen gegenüber und ermitteln Sie den prozentualen Anteil der Abschreibungen zur Finanzierung der Nettoinvestitionen.
3. Wie beurteilen Sie im vorliegenden Fall die Investitionsfinanzierung durch Abschreibungen?
4. Begründen Sie, inwiefern der Abschreibungsrückfluss ein bedeutendes Mittel der Finanzierung des Unternehmens darstellt.

BEWEGUNGSBILANZ F

Aufgabe 424

1. Erstellen Sie für die Textilveredlungsgesellschaft mbH eine Bewegungsbilanz anhand der Zahlen der aufbereiteten Bilanzen (Aufgabe 419) und des Anlagenspiegels (Aufgabe 423).

2. Beurteilen Sie anhand der Bewegungsbilanz die Finanzierungsvorgänge (Mittelherkunft und Mittelverwendung) während des Berichtsjahres. Stellen Sie sich dazu folgende Fragen:

   a) Wie hoch war der Gesamtzufluss der Mittel im Berichtsjahr?
   b) Aus welchen Quellen stammen vor allem die finanziellen Mittel?
   c) In welcher Höhe ergaben sich Mittel aus der Selbstfinanzierung (Abschreibungen, Anlagenabgänge, Gewinnzuführung in die Rücklagen), der Eigenfinanzierung (Erhöhung des Gezeichneten Kapitals), der Fremdfinanzierung und der Mittelfreisetzung durch Abbau des Umlaufvermögens (Umfinanzierung)?
   d) Wie hoch waren die Investitionen im Anlagenbereich und im Bereich des Umlaufvermögens? In welcher Höhe wurden Fremdmittel abgebaut?

Aufgabe 425

Die bereits teilweise aufbereiteten Bilanzen der Maschinenbau AG lauten:

Aktiva	Berichtsjahr T€	Vorjahr T€	Passiva	Berichtsjahr T€	Vorjahr T€
Anlagevermögen			**Eigenkapital**		
Sachanlagen	4.190	3.977	Gezeichnetes Kapital	2.000	2.000
Finanzanlagen	162	153	Gesetzliche Rücklage	400	400
Umlaufvermögen			Andere Gewinnrückl.	880	980
Roh-, Hilfsstoffe	2.270	1.920	Bilanzgewinn	230	410
Unfertige Erzeugnisse	1.780	1.810	**Rückstellungen**		
Fertige Erzeugnisse	1.208	391	Pensionsrückstellungen	970	790
Forderungen a. LL	1.355	1.570	Sonst. Rückstellungen	580	610
Sonst. Forderungen	100	280	**Langfristige Verbindl.**	1.320	1.360
Flüssige Mittel	110	102	**Kurzfristige Verbindl.**		
ARA	15	17	Verbindlichk. a. LL	2.800	2.390
			Bankschulden	1.060	450
			Sonstige Verbindl.	940	810
			PRA	10	20
	11.190	10.220		11.190	10.220

Anmerkungen zur Aufbereitung der Bilanzen: Pensionsrückstellungen gelten als langfristig. Sonstige Rückstellungen sind je zur Hälfte als lang- und kurzfristig anzusehen. ARA gelten als kurzfristige Forderungen, PRA als kurzfristige Verbindlichkeiten. Im Vorjahr wurde eine Dividende von 15 %, im Berichtsjahr von 11 % vom Aktienkapital aus-geschüttet.

Angaben lt. GuV-Rechnung (vgl. S. 349)	Berichtsjahr	Vorjahr
Umsatzerlöse	17.210 T€	18.720 T€
+ Bestandsmehrung an Erzeugnissen	787 T€	10 T€
= Gesamtleistung	17.997 T€	18.730 T€
Jahresüberschuss	20 T€	320 T€
+ Gewinnvortrag	110 T€	90 T€
	130 T€	410 T€
+ Entnahmen aus Rücklagen	100 T€	–
= Bilanzgewinn	230 T€	410 T€

1. Bereiten Sie die Bilanzen für das Berichtsjahr und das Vorjahr unter Berücksichtigung der vorstehenden Angaben auf.
2. Errechnen Sie gleichzeitig die Veränderungen im Aufbereitungsschema.
3. Ermitteln Sie die Kennzahlen für die Beurteilung der
   a) Finanzierung,
   b) Anlagendeckung einschließlich Deckungsrechnung in Staffelform,
   c) Konstitution,
   d) Liquidität einschließlich der Liquiditäts-Staffelrechnung.
4. Wie beurteilen Sie die Kapitalausstattung in beiden Jahren?
5. Wie beurteilen Sie die Zusammensetzung des Fremdkapitals, d. h. das Verhältnis zwischen langfristigen und kurzfristigen Fremdmitteln? Welche Schlussfolgerungen ziehen Sie daraus?
6. Worauf führen Sie die absolute Abnahme des Eigenkapitals zurück?
7. Was kann über die Liquidität an den beiden Abschlussstichtagen gesagt werden?
8. Worauf führen Sie die Erhöhung der Vorräte im Berichtsjahr zurück? Beachten Sie in diesem Zusammenhang auch die Angaben zur Gewinn- und Verlustrechnung.
9. Wie beurteilen Sie die Anlagendeckung in beiden Jahren? Kann die Kapitalausstattung des Unternehmens unter Berücksichtigung der Anlagendeckung anders beurteilt werden?
10. Würden Sie eine Änderung der Kapitalausstattung für sinnvoll halten? Begründen Sie Ihre Meinung und machen Sie Verbesserungsvorschläge.
11. Halten Sie eine Dividendenausschüttung im Berichtsjahr in Höhe von 11 % vom wirtschaftlichen Standpunkt aus für gerechtfertigt? Schauen Sie sich in diesem Zusammenhang die Angaben zur Gewinn- und Verlustrechnung an, d. h. die Entwicklung vom Jahresgewinn zum Bilanzgewinn im Berichtsjahr.
12. Worauf führen Sie unter Beachtung der Angaben zur Erfolgsrechnung die negative Entwicklung vom Vorjahr zum Berichtsjahr vor allem zurück?
13. Fassen Sie das Ergebnis Ihrer Auswertung in einem kurzen Bericht zusammen und beurteilen Sie Lage und Entwicklung des Unternehmens. Machen Sie Vorschläge, wie die Kapitalausstattung und damit die Liquidität des Unternehmens entscheidend verbessert werden können.

Aufgabe 426

Das Sachanlagevermögen der Maschinenbau AG entwickelte sich in den Vergleichsjahren wie folgt:

Sachanlagenentwicklung	Berichtsjahr	Vorjahr
Bestand 1. Januar zum Buchwert	3.977 T€	4.120 T€
+ Zugänge	613 T€	325 T€
	4.590 T€	4.445 T€
– Abgänge	10 T€	–
	4.580 T€	4.445 T€
– Abschreibungen	390 T€	468 T€
= Bestand 31. Dezember zum Buchwert	4.190 T€	3.977 T€

1. Ermitteln Sie die Nettozugänge bzw. Nettoinvestitionen des Sachanlagevermögens.
2. Beurteilen Sie die Finanzierung der Nettoinvestitionen aus Abschreibungen. Errechnen Sie die Abschreibungen in Prozent der Nettozugänge.

Aufgabe 427

1. Erstellen Sie aufgrund der aufbereiteten Bilanzen (Aufgabe 425) und der Angaben über die Entwicklung des Sachanlagevermögens (Aufgabe 426) eine Bewegungsbilanz.
2. Erklären und begründen Sie anhand der Bewegungsbilanz, dass Ihre oben in Aufgabe 425 gemachten Aussagen über die Finanzierung und die Liquidität des Unternehmens durch die Mittelherkunfts- und Mittelverwendungsrechnung bestätigt werden.

3 Auswertung der Erfolgsrechnung

Notwendigkeit

Zur Beurteilung der Lage und Entwicklung eines Unternehmens reichen die Bilanzen allein nicht aus. Sie weisen zwar auch die Höhe des Erfolges aus, erklären aber nicht das **Zustandekommen des Erfolges**. Das ist Aufgabe der **Gewinn- und Verlustrechnung**. Eine Bilanzkritik kann deshalb nur dann vollständig und aussagefähig sein, wenn sie die Zahlen der Erfolgsrechnung in die betriebswirtschaftliche Auswertung einbezieht. Nur so lassen sich Kennzahlen bilden, die Aufschluss über die **Wirtschaftlichkeit** des betrieblichen Leistungsprozesses und die **Rentabilität** des Kapitaleinsatzes geben. Im Rahmen der Erfolgsanalyse geht es daher vor allem um die Beantwortung folgender Fragen:

Zentrale Fragen

Hat der Betrieb im Vergleichszeitraum wirtschaftlich gearbeitet?

Hat sich der Einsatz des Kapitals gelohnt (Rentabilität)?

Die Staffelform der Gewinn- und Verlustrechnung zeigt übersichtlich die Entstehung des Jahresergebnisses, wenn man wichtige Zwischenergebnisse ermittelt, wie **Gesamtleistung**, **Jahresüberschuss/Jahresfehlbetrag** und den **Bilanzgewinn/Bilanzverlust**.[1]

Grundlage für die in den folgenden Abschnitten dargestellten **Kennzahlen der Erfolgsanalyse** sind die Bilanzen (vgl. S. 323) und die Gewinn- und Verlustrechnungen des **Ausgangsbeispiels**. Die folgenden Erfolgsrechnungen wurden in einigen Positionen zusammengefasst:

Erfolgsrechnung der Chemiewerke GmbH	Berichtsjahr		Vorjahr	
	T€	T€	T€	T€
1. Umsatzerlöse		8.200		5.500
2. + Bestandserhöhung an Erzeugnissen		280		20
3. Gesamtleistung (betriebliche Erträge)		8.480		5.520
4. Sonstige Erträge		+ 75		+ 53
5. Materialaufwand	5.168		3.036	
6. Personalaufwand	2.550		1.892	
7. Abschreibungen	260		170	
8. Sonstige Aufwendungen	180	− 8.158	160	− 5.258
9. Zinserträge	12		4	
10. Zinsaufwendungen	130	− 118	180	− 176
11. Steuern		− 29		− 19
12. Jahresüberschuss		250		120
13. Einstellung in andere Gewinnrücklagen		140		90
14. Bilanzgewinn		110		30

Aus bestimmten Posten der Bilanz und GuV-Rechnung lassen sich **Umschlagskennzahlen** der Roh-, Hilfs- und Betriebsstoffe, der Forderungen a. LL und des Kapitals sowie **Rentabilitätskennzahlen** für das Eigen- und Gesamtkapital ermitteln. Um Zufallsschwankungen auszuschalten, rechnet man mit dem jeweiligen **Mittelwert** aus Anfangs- und Endbestand eines Jahres:

Durchschnittsbestände

Durchschnittsbestand (z. B. Material, Forderungen a. LL, Eigen-/Gesamtkapital)

$$= \frac{\text{Anfangsbestand} + \text{Schlussbestand}}{2}$$

---

[1] Aufgrund des BilRUG unterbleibt in der Gewinn- und Verlustrechnung für Geschäftsjahre ab dem 01.01.2016 eine Differenzierung nach gewöhnlicher und außerordentlicher Geschäftstätigkeit (siehe S. 542 f.).

F · Betriebswirtschaftliche Auswertung des Jahresabschlusses

3.1 Umschlagskennzahlen

Maßstab der Wirtschaftlichkeit

Umschlagskennzahlen sind ein Maßstab zur Beurteilung und Kontrolle der Wirtschaftlichkeit des Betriebsprozesses, also des **Verhältnisses der Leistungen zu den Kosten**: Sie werden ermittelt, indem man **bestimmte Posten der Bilanz** (Materialbestände, Forderungen a. LL, Kapital) zum **Materialaufwand** bzw. zu den **Umsatzerlösen** in Beziehung setzt.

3.1.1 Lagerumschlag der Werkstoffbestände

Die **Lagerumschlagshäufigkeit** der Werkstoffbestände errechnet sich aus dem Verhältnis von Materialaufwendungen zum Durchschnittsbestand der Roh-, Hilfs- und Betriebsstoffe. Sie gibt an, **wie oft** in einem Jahr der **durchschnittliche Lagerbestand umgesetzt**, d. h. verbraucht und ersetzt wurde:

$$\text{Lagerumschlagshäufigkeit} = \frac{\text{Materialaufwendungen}}{\text{durchschnittlicher Werkstoffbestand}}$$

Die **durchschnittliche Lagerdauer** ergibt sich, indem man das Jahr mit 360 Tagen ansetzt und durch die Umschlagshäufigkeit dividiert:

$$\text{Durchschnittliche Lagerdauer in Tagen} = \frac{360 \text{ Tage}}{\text{Lagerumschlagshäufigkeit}}$$

Beispiel

Chemiewerke GmbH	Berichtsjahr	Vorjahr
Roh-, Hilfs- und Betriebsstoffe	110 T€	740 T€
Fertige Erzeugnisse	1.090 T€	810 T€
Vorratsvermögen lt. Bilanz	1.200 T€	1.550 T€
Materialeinsatz lt. GuV-Rechnung	5.168 T€	3.036 T€
Durchschn. Werkstofflagerbestand	$\frac{110 + 740}{2} = 425$ T€	$\frac{740 + 20^1}{2} = 380$ T€
Lagerumschlagshäufigkeit	$\frac{5.168}{425} = 12$-mal	$\frac{3.036}{380} = 8$-mal
Durchschnittliche Lagerdauer	$\frac{360}{12} = 30$ Tage	$\frac{360}{8} = 45$ Tage

Lagerumschlagshäufigkeit und -dauer haben sich im Berichtsjahr ganz **entscheidend verbessert**. Die **hohe** Umschlagshäufigkeit trägt dazu bei, dass der **Kapitaleinsatz geringer** wird, da in **kürzeren** Abständen (30 statt 45 Tage) immer wieder **Kapital zurückfließt**. Dadurch werden **Zinsen und Lagerkosten geringer**, was sich **positiv auf** die **Wirtschaftlichkeit**, den **Gewinn** und die **Rentabilität** auswirkt.

Merke

Je höher die Umschlagshäufigkeit des Lagerbestandes ist, desto

- kürzer ist die Lagerdauer,
- geringer sind der Kapitaleinsatz und das Lagerrisiko,
- geringer sind die Kosten für die Lagerhaltung (Zinsen, Schwund, Verwaltungskosten),
- höher ist die Wirtschaftlichkeit und
- höher ist letztlich der Gewinn und damit die Rentabilität.

[1] 20 = Bestand vom 1. Januar des Vorjahres.

Auswertung der Gewinn- und Verlustrechnung

3.1.2 Umschlag der Forderungen

Die Kennzahlen des Forderungsumschlags sind zugleich ein Maßstab zur Beurteilung der Liquidität eines Unternehmens:

$$\text{Umschlagshäufigkeit der Forderungen} = \frac{\text{Umsatzerlöse}}{\text{durchschnittlicher Forderungsbestand}}$$

Daraus ergibt sich die **Laufzeit** der Forderungen, d. h. die von den Kunden durchschnittlich in Anspruch genommene **Kreditdauer (Zahlungsziel)**:

$$\text{Durchschnittliche Kreditdauer in Tagen} = \frac{360 \text{ Tage}}{\text{Umschlagshäufigkeit der Forderungen}}$$

Beispiel

Chemiewerke GmbH	Berichtsjahr	Vorjahr
Forderungen a. LL lt. Bilanz	600 T€	310 T€
Durchschnittlicher Forderungsbestand	$\frac{600 + 310}{2} = 455$ T€	$\frac{310 + 790^1}{2} = 550$ T€
Umsatzerlöse lt. GuV	8.200 T€	5.500 T€
Umschlagshäufigkeit	8.200 : 455 = 18-mal	5.500 : 550 = 10-mal
Durchschnittliche Kreditdauer	360 : 18 = 20 Tage	360 : 10 = 36 Tage

Im Berichtsjahr nahmen die Kunden durchschnittlich ein **Zahlungsziel von 20 Tagen** gegenüber 36 Tagen im Vorjahr in Anspruch. Unterstellt man ein übliches Zahlungsziel von 30 Tagen, so wird dieses im Berichtsjahr von der Mehrzahl der Kunden weit unterschritten (Skonto!). **Der hohe Forderungsumschlag hat sich günstig auf die Liquidität ausgewirkt.**

Merke

Je rascher der Forderungsumschlag, desto
- kürzer ist die durchschnittliche Kreditdauer,
- besser ist die eigene Liquidität,
- geringer sind Zinsbelastung und Ausfallrisiko,
- höher sind Wirtschaftlichkeit und Rentabilität.

3.1.3 Kapitalumschlag

Zur Ermittlung der Kapitalumschlagshäufigkeit wird der Umsatz mit dem Eigen- oder Gesamtkapital (= Eigen- und Fremdkapital) in Beziehung gesetzt:

$$\text{Umschlagshäufigkeit des Eigenkapitals} = \frac{\text{Umsatzerlöse}}{\text{durchschnittliches Eigenkapital}}$$

$$\text{Umschlagshäufigkeit des Gesamtkapitals} = \frac{\text{Umsatzerlöse}}{\text{durchschnittliches Gesamtkapital}}$$

$$\text{Durchschnittliche Kapitalumschlagsdauer} = \frac{360 \text{ Tage}}{\text{Kapitalumschlagshäufigkeit}}$$

Die **Kapitalumschlagshäufigkeit** gibt an, **wie oft** das **Kapital über die Umsatzerlöse zurückgeflossen ist**. Je rascher der Umschlagsprozess vor sich geht, desto geringer ist der erforderliche Kapitaleinsatz, da in kürzeren Abständen immer wieder Kapital vom Markt zurückfließt. Bei **hoher Kapitalumschlagshäufigkeit** kann man deshalb mit einem verhältnismäßig **niedrigen Kapitaleinsatz** zu einer entsprechend hohen Rendite und infolge des raschen Kapitalrückflusses zu einer **günstigen Liquidität** gelangen.

---
[1] 790 = Bestand vom 1. Januar des Vorjahres.

F Betriebswirtschaftliche Auswertung des Jahresabschlusses

Beispiel

Chemiewerke GmbH	Berichtsjahr	Vorjahr
Eigenkapital am 1. Januar	1.260 T€	1.170 T€[1]
Eigenkapital am 31. Dezember	1.800 T€	1.260 T€
Durchschnittliches Eigenkapital	3.060 : 2 = 1.530 T€	2.430 : 2 = 1.215 T€
Umsatzerlöse lt. GuV	8.200 T€	5.500 T€
EK-Umschlagshäufigkeit	8.200 : 1.530 = 5,36	5.500 : 1.215 = 4,53
EK-Umschlagsdauer	360 : 5,36 = 67 Tage	360 : 4,53 = 79 Tage
Gesamtkapital 1. Januar	3.600 T€	3.500 T€
Gesamtkapital 31. Dezember	4.000 T€	3.600 T€
Durchschnittliches Gesamtkapital	7.600 : 2 = 3.800 T€	7.100 : 2 = 3.550 T€
GK-Umschlagshäufigkeit	8.200 : 3.800 = 2,158	5.500 : 3.550 = 1,549
GK-Umschlagsdauer	360 : 2,158 = 167 Tage	360 : 1,549 = 232 Tage

Die **Kapitalumschlagszahlen** der Chemiewerke GmbH **kennzeichnen** ebenfalls die **positive Entwicklung** des Unternehmens im Berichtsjahr.

Merke Je höher die Kapitalumschlagshäufigkeit ist, desto
- rascher fließt das Kapital über die Erlöse zurück,
- geringer ist der erforderliche Kapitaleinsatz,
- höher ist die Rentabilität,
- günstiger ist die Liquidität des Unternehmens.

3.2 Kennzahlen der Rentabilität

Maßstab der Ertragskraft

Der Gewinn ist das Hauptziel jeder unternehmerischen Tätigkeit. Die absolute Höhe des Jahresgewinns allein ist allerdings ohne Aussagekraft. Erst wenn man den Gewinn zum durchschnittlich eingesetzten Kapital oder zum Umsatz in Beziehung setzt, erhält man Auskunft darüber, ob sich der Einsatz des Kapitals gelohnt hat. Die **Rentabilität**, also das **Verhältnis des Gewinns zum Eigenkapital, Gesamtkapital oder Umsatz**, ist ein wichtiger Maßstab zur Beurteilung der Ertragskraft eines Unternehmens. Man unterscheidet deshalb: **Rentabilität des Eigenkapitals (Unternehmerrentabilität), Rentabilität des Gesamtkapitals (Unternehmungsrentabilität) und Umsatzrentabilität (Umsatzverdienstrate)**.

Jahresgewinn[2]

Als Jahresgewinn wird der in der Gewinn- und Verlustrechnung ausgewiesene Jahresüberschuss zu Grunde gelegt, der sich aus der Differenz der Erträge zu den Aufwendungen und Steuern ergibt (siehe Seite 337). Der so ermittelte Jahresgewinn wird zum durchschnittlich eingesetzten Kapital (Mittelwert aus Anfangs- und Schlusskapital) in Beziehung gesetzt.

> Erträge
> − Aufwendungen
> − Steuern
> = Jahresgewinn

Unternehmerlohn

Bei **Einzelunternehmen und Personengesellschaften** muss der **Jahresgewinn** noch um den **Unternehmerlohn** für die mitarbeitenden Inhaber **gekürzt** werden. Nur dann ist ein Vergleich mit einer Kapitalgesellschaft (z. B. GmbH) der gleichen Branche möglich, in der die Gehälter der geschäftsführenden Gesellschafter als Aufwand (Betriebsausgabe) erfolgswirksam gebucht werden.

---
1 1.170 = Bestand vom 1. Januar des Vorjahres.
2 Aufgrund des BilRUG (siehe S. 542 f.) wird ein bereinigter Jahresgewinn nicht mehr ermittelt.

F AUSWERTUNG DER GEWINN- UND VERLUSTRECHNUNG

3.2.1 Rentabilität des Eigenkapitals (Unternehmerrentabilität)

Sie wird ermittelt, indem man den Jahresgewinn zum durchschnittlich eingesetzten Eigenkapital in Beziehung setzt:

$$\text{Eigenkapitalrentabilität} = \frac{\text{Jahresgewinn}}{\text{durchschnittliches Eigenkapital}}$$

Beispiel

Die verkürzten Gewinn- und Verlustrechnungen der Chemiewerke GmbH (vgl. S. 337) weisen folgende Werte aus:

Chemiewerke GmbH	Berichtsjahr		Vorjahr	
Gesamtleistung	8.480 T€		5.520 T€	
+ sonstige Erträge	75 T€	8.555 T€	53 T€	5.573 T€
− Steuern		−29 T€		−19 T€
− Aufwendungen		− 8.276 T€		− 5.434 T€
= Jahresüberschuss lt. GuV		250 T€		120 T€
Durchschnittliches Eigenkapital (S. 340)	1.530 T€		1.215 T€	
Eigenkapitalrentabilität	$\frac{250}{1.530} = 0{,}1634 = 16{,}34\,\%$		$\frac{120}{1.215} = 0{,}0988 = 9{,}88\,\%$	
− Landesübl. Verzinsung (unterstellt)		− 5,00 %		− 5,00 %
= Risikoprämie		11,34 %		4,88 %

Vergleicht man die **Eigenkapitalrentabilität** mit dem **landesüblichen Zinssatz** für langfristig angelegte Gelder, so stellt der Überschuss der EK-Verzinsung die Prämie für das Risiko (Unternehmerwagnis) dar:

Risikoprämie

Eigenkapitalrentabilität
− Zinssatz für langfristige Kapitalanlage
= Risikoprämie (Unternehmerwagnisprämie)

Die Eigenkapitalrentabilität der Chemiewerke GmbH hat sich **von 9,88 % auf 16,34 %**, die Wagnisprämie von 4,88 % auf 11,34 % verbessert. Unterstellt man eine branchenübliche Risikoprämie von 7 % in dem betreffenden Wirtschaftszweig, so kann die Entwicklung der Chemiewerke GmbH als **positiv** beurteilt werden.

Merke

Die Eigenkapitalrentabilität sollte über die landesübliche Verzinsung hinaus zumindest auch das Unternehmerrisiko (Risikoprämie) abdecken.

3.2.2 Rentabilität des Gesamtkapitals (Unternehmungsrentabilität)

Das Gesamtkapital der Unternehmung wird in Beziehung gesetzt zum **Gewinn zuzüglich** der als Aufwand gebuchten **Zinsen für das Fremdkapital**. Das Gesamtkapital „erwirtschaftet" nämlich nicht nur einen Gewinn auf das investierte Eigenkapital, sondern darüber hinaus auch die Zinsen für das Fremdkapital:

$$\text{Gesamtkapitalrentabilität} = \frac{(\text{Jahresgewinn} + \text{FK-Zinsen})}{\text{durchschnittliches Gesamtkapital}}$$

Beispiel

Chemiewerke GmbH	Berichtsjahr		Vorjahr	
Durchschn. Gesamtkapital (vgl. S. 340)	3.800 T€		3.550 T€	
Jahresgewinn	250 T€		120 T€	
+ Zinsen lt. GuV	130 T€	380 T€	180 T€	300 T€
Gesamtkapitalrentabilität	$\frac{380}{3.800} = 0{,}10 = 10{,}00\,\%$		$\frac{300}{3.550} = 0{,}0845 = 8{,}45\,\%$	

Steigerung der Eigenkapitalrendite durch zusätzliches Fremdkapital (Leverageeffekt)

Die Rentabilität des Gesamtkapitals wird ermittelt, um festzustellen, ob es sich lohnt, **zusätzliches Fremdkapital** für bestimmte Investitionen aufzunehmen. Solange der zu zahlende Fremdkapitalzins unter der Gesamtkapitalrentabilität liegt, **erhöht** sich die **Eigenkapitalverzinsung** durch die Aufnahme zusätzlichen Fremdkapitals. In diesem Fall wirkt das zusätzliche Fremdkapital zugleich als „**Hebel**" zur Steigerung der Eigenkapitalrentabilität (**Leverageeffekt**):

> **Beispiel**
>
> Die **Gesamtkapitalrentabilität** eines Unternehmens soll 9 % betragen, der **Fremdkapitalzins** 5 %. Das **Gesamtkapital** setzt sich wie folgt zusammen:
>
> | | |
> |---|---:|
> | Eigenkapital | 600.000,00 € |
> | Fremdkapital | 400.000,00 € |
> | Gesamtkapital | 1.000.000,00 € |
>
> **Aus den Angaben ist die Eigenkapitalrentabilität zu ermitteln:**
>
> | | | |
> |---|---:|---|
> | Ertrag (Verzinsung) des Gesamtkapitals | 90.000,00 € | (9 % v. 1.000.000) |
> | − Zinsen für das Fremdkapital | 20.000,00 € | (5 % v. 400.000) |
> | = Ertrag (Verzinsung) des Eigenkapitals | 70.000,00 € | (= 11,67 %) |
>
> $$\text{Eigenkapitalrentabilität} = \frac{70.000}{600.000} = 0{,}1167 = 11{,}67\ \%$$
>
> Werden bei konstanter Gesamtkapitalrentabilität **zusätzlich 200.000,00 € Fremdkapital** aufgenommen, **erhöht** sich die **Eigenkapitalrentabilität**:
>
> | | | |
> |---|---:|---|
> | Ertrag (Verzinsung) des Gesamtkapitals | 108.000,00 € | (9 % v. 1.200.000) |
> | − Zinsen für das Fremdkapital | 30.000,00 € | (5 % v. 600.000) |
> | = Ertrag (Verzinsung) des Eigenkapitals | 78.000,00 € | (= 13 %) |
>
> $$\text{Eigenkapitalrentabilität} = \frac{78.000}{600.000} = 0{,}13 = 13\ \%$$

Im Beispiel der **Chemiewerke GmbH** ergab sich eine **Gesamtkapitalrendite von 10,00 %** im Berichtsjahr. Das bedeutet, dass der Fremdkapitalzins in keinem Fall diesen Satz überschreiten darf. Unterstellt man im vorliegenden Fall einen **Fremdkapitalzins** von 5 %, so ist das Ergebnis als sehr **günstig** zu bezeichnen.

> **Merke**
>
> **Die Rentabilität des Eigenkapitals wird grundsätzlich durch Aufnahme zusätzlichen Fremdkapitals erhöht, solange der Zinssatz für das Fremdkapital unter der Gesamtkapitalrentabilität liegt (Hebelwirkung = Leverageeffekt).**

3.2.3 Umsatzrentabilität (Umsatzverdienstrate)

Die Umsatzrentabilität gibt an, wie viel Prozent der Umsatzerlöse dem Unternehmen als Gewinn für Investitionszwecke und Gewinnausschüttung zugeflossen sind; oder: wie viel € je 100,00 € Umsatzerlöse verdient wurden (**Umsatzverdienstrate**):

$$\text{Umsatzrentabilität} = \frac{\text{Jahresgewinn}}{\text{Umsatzerlöse}}$$

Die Umsatzverdienstrate wird noch aussagefähiger, wenn man den reinen Betriebsgewinn zu den Umsatzerlösen in Beziehung setzt.

> **Beispiel**
>
> | Chemiewerke GmbH | Berichtsjahr | Vorjahr |
> |---|---|---|
> | Umsatzrentabilität | $\frac{250}{8.200} = 0{,}0305 = 3{,}05\ \%$ | $\frac{120}{5.500} = 0{,}0218 = 2{,}18\ \%$ |
>
> Im Berichtsjahr wurden 3,05 € gegenüber 2,18 € je 100,00 € Umsatz verdient. Das bedeutet eine **erhebliche Steigerung der Ertragskraft** des Unternehmens.

3.3 Cashflow-Analyse

Der Cashflow ist die **Messzahl für die Selbstfinanzierungskraft** des Unternehmens. Er gibt an, wie hoch die im Geschäftsjahr erwirtschafteten **Mittel für die Finanzierung von Investitionen**, **Schuldentilgung** und **Gewinnausschüttung** sind.

Der Cashflow eines Geschäftsjahres berechnet sich wie folgt:

	Jahresüberschuss
+	nicht-zahlungswirksame Aufwendungen
–	nicht-zahlungswirksame Erträge
=	**Cashflow**

Nicht alle im Jahresabschluss aufgeführten Aufwendungen und Erträge sind von außen als eindeutig zahlungswirksam oder als eindeutig nicht-zahlungswirksam zu erkennen. Der Cashflow wird daher häufig vereinfacht ermittelt:

Vereinfachte Ermittlung des Cashflow

	Jahresüberschuss
+	**Abschreibungen auf Anlagen**
+	**Erhöhung (= Zuführung − Auflösung) langfristiger Rückstellungen**[1]
=	**Cashflow**

Aussagefähigkeit

Aus Höhe und Entwicklung des Cashflows können Rückschlüsse auf die **Ertragskraft**, **Selbstfinanzierungskraft**, **Kreditwürdigkeit** und **Expansionsfähigkeit** gezogen werden. Der Cashflow ist deshalb aussagefähiger als die rein gewinnorientierten Rentabilitätskennzahlen.

Cashflow-Kennzahlen

Wird der Cashflow zu den Umsatzerlösen in Beziehung gesetzt, wird erkennbar, wie viel Prozent der **Umsatzerlöse** zur Selbstfinanzierung zur Verfügung stehen. Darüber hinaus kann der Cashflow auf das **Nominalkapital**, **Eigen-**, **Fremd-** oder **Gesamtkapital** bezogen werden.

$$\text{Cashflow-Umsatzverdienstrate} = \frac{\text{Cashflow}}{\text{Umsatzerlöse}}$$

Beispiel

Chemiewerke GmbH	Berichtsjahr	Vorjahr
Jahresüberschuss lt. GuV (S. 337)	250 T€	120 T€
+ Abschreibungen auf Anlagen	260 T€	170 T€
+ Erhöhung lfr. Rückstellungen (S. 323)	10 T€	0 T€
= Cashflow	520 T€	290 T€
Umsatzerlöse lt. GuV	8.200 T€	5.500 T€
Cashflow-Umsatzverdienstrate	$\frac{520}{8.200} = 0{,}0634 = 6{,}34\,\%$	$\frac{290}{5.500} = 0{,}0527 = 5{,}27\,\%$

Im Berichtsjahr stehen somit der Chemiewerke GmbH **6,34 % der Umsatzerlöse** gegenüber 5,27 % im Vorjahr an selbst erwirtschafteten Finanzierungsmitteln **frei zur Verfügung**. Das ist auf den gestiegenen Gewinn und die höheren Abschreibungen zurückzuführen.

Merke

Der Cashflow zeigt die Selbstfinanzierungskraft eines Unternehmens.

---

[1] Rückstellungen stellen zwar juristisch Fremdkapital, wirtschaftlich jedoch eigenkapitalähnliche Mittel dar, da sie dem Unternehmen langfristig und zinslos zur Verfügung stehen.

Aufgabe 428

Werkstoffbestände (Rohstoffe u. a.) 31. Dez.	1. Jahr	2. Jahr	3. Jahr
Anfangsbestand	80.000,00	120.000,00	140.000,00
Schlussbestand	120.000,00	140.000,00	100.000,00
Werkstoffaufwand (Materialverbrauch)	800.000,00	1.170.000,00	1.440.000,00

1. Berechnen Sie jeweils a) den Durchschnittsbestand und b) die Lagerumschlagshäufigkeit und Lagerdauer. Beurteilen Sie die Entwicklung in den Vergleichsjahren.
2. Begründen Sie, inwiefern die Lagerumschlagshäufigkeit Kapitalbedarf, Kosten, Risiko, Wirtschaftlichkeit und damit die Rentabilität des Unternehmens beeinflusst.

Aufgabe 429

Forderungen zum 31. Dez.	1. Jahr	2. Jahr	3. Jahr
Anfangsbestand	450.000,00	580.000,00	800.000,00
Schlussbestand	580.000,00	800.000,00	1.200.000,00
Umsatzerlöse	5.150.000,00	8.280.000,00	12.000.000,00

1. Berechnen Sie für die einzelnen Jahre a) den durchschnittlichen Forderungsbestand, b) die Umschlagshäufigkeit der Forderungen, c) die durchschnittliche Laufzeit (Kreditdauer) der Außenstände. Beurteilen Sie die Entwicklung.
2. Erklären Sie den Zusammenhang zwischen der Umschlagshäufigkeit der Außenstände und der Liquidität, Wirtschaftlichkeit und Rentabilität.

Aufgabe 430

Kapital (Mittelwerte in T€) 31. Dez.	1. Jahr	2. Jahr	3. Jahr
Eigenkapital	2.000	2.500	2.500
Fremdkapital	1.000	1.500	600
Umsatzerlöse	15.000	16.400	13.200

1. Ermitteln Sie a) die Kapitalumschlagshäufigkeit des Eigen- und Gesamtkapitals und b) die Kapitalumschlagsdauer des Eigen- und Gesamtkapitals. Wie beurteilen Sie die Entwicklung?
2. Welcher Zusammenhang besteht zwischen Kapitalumschlagshäufigkeit einerseits und Kapitaleinsatz, Liquidität und Rentabilität andererseits?

Aufgabe 431

Jahresabschlusszahlen (in T€)	1. Jahr	2. Jahr	3. Jahr
Durchschnittliches Eigenkapital	2.500	3.000	4.000
Durchschnittliches Gesamtkapital	4.000	6.000	6.500
Jahresüberschuss	450	650	780
Zinsaufwendungen	90	200	180
Umsatzerlöse	13.860	16.200	19.100

1. Ermitteln Sie die Rentabilität a) des Eigenkapitals, b) des Gesamtkapitals, c) des Umsatzes. Beurteilen Sie die Entwicklung.
2. Welchen Einfluss haben Umschlagskennzahlen auf die Rentabilität?

Aufgabe 432

Jahresabschlusszahlen (in T€)	1. Jahr	2. Jahr	3. Jahr
Jahresüberschuss	560	620	680
Abschreibungen auf Anlagen	150	180	200
Erhöhung der Pensionsrückstellungen	10	20	30
Umsatzerlöse	8.400	9.300	10.500

1. Ermitteln Sie den Cashflow und berechnen Sie die Cashflow-Umsatzverdienstrate.
2. Inwiefern sind Cashflow-Kennzahlen aussagefähiger als Rentabilitätskennzahlen?
3. Nennen Sie Möglichkeiten der Selbstfinanzierung der Investitionen.
4. Worauf führen Sie die Erhöhung der Abschreibungen zurück?

3.4 Return-on-Investment-Analyse (ROI-Analyse)

Die **Rendite** des eingesetzten Eigen- bzw. Gesamtkapitals lässt sich zum Maßstab für den **Rückfluss** des investierten Eigen- bzw. Gesamtkapitals ausbauen. Erweitert man beispielsweise die Kennzahl der Eigenkapitalrentabilität der Chemiewerke GmbH (siehe S. 341 f.)

$$\text{Eigenkapitalrentabilität} = \frac{\text{Jahresgewinn}}{\text{durchschnittliches Eigenkapital}}$$

jeweils im Zähler und im Nenner um die Umsatzerlöse, erhält man eine Kennzahl von großer Aussagekraft, den

„Return on Investment (ROI)":

$$\text{ROI} = \frac{\text{Jahresgewinn}}{\text{Umsatzerlöse}} \cdot \frac{\text{Umsatzerlöse}}{\text{durchschnittliches Eigenkapital}}$$

$$\text{ROI} = \text{Umsatzrentabilität} \cdot \text{EK-Umschlagshäufigkeit}$$

Die ROI-Kennzahl, also das Produkt aus Umsatzrentabilität und Kapitalumschlagshäufigkeit, ergibt zwar im Endergebnis die **gleiche Rendite** wie bei der Eigenkapitalrentabilität, macht aber deutlich, dass eine **Steigerung der Eigenkapitalrentabilität durch** eine **Erhöhung der Umsatzrentabilität** und/oder eine **Erhöhung der Kapitalumschlagshäufigkeit** erzielt werden kann. So könnte eine Steigerung der Umsatzrentabilität durch eine Umsatzsteigerung und/oder Kostensenkung erfolgen. Die Umsatzausweitung sowie die Verringerung des investierten Kapitals durch den Verkauf nicht benötigter Anlagen würden die Umschlagshäufigkeit des eingesetzten Kapitals erhöhen. Die Zahlen der Chemiewerke GmbH sollen das veranschaulichen:

Beispiel

Jahr	Jahresgewinn	Ø Eigenkapital (EK)	EK-Rendite
Berichtsjahr	250 T€	1.530 T€	16,34 %
Vorjahr	120 T€	1.215 T€	9,88 %

Jahr	Umsatzerlöse	Jahresgewinn	Ø EK	Umsatz-R. ·	EK-Umschlag	=	ROI
Berichtsjahr	8.200 T€	250 T€	1.530 T€	3,05 % ·	5,36	=	16,35 %
Vorjahr	5.500 T€	120 T€	1.215 T€	2,18 % ·	4,53	=	9,88 %

Die Eigenkapitalrendite[1], also der **Rückfluss des investierten Eigenkapitals**, ist im Berichtsjahr um 6,47 %-Punkte gestiegen. Dazu haben eine Steigerung sowohl der Umsatzrentabilität als auch der Umschlagshäufigkeit des Eigenkapitals beigetragen. Die höhere Umsatzrentabilität ist dabei vor allem auf eine Gewinnsteigerung um über 100 % zurückzuführen.

Die **ROI-Kennzahl** ermöglicht somit eine sinnvolle **Analyse** der erzielten Eigenkapitalrendite und trägt damit auch zur **Steigerung der Wirtschaftlichkeit** bei.

Zur Analyse u. a. der ROI-Kennzahl haben Unternehmen Kennzahlensysteme entwickelt. Kennzahlensysteme bestehen aus mehreren Kennzahlen, die zueinander in Beziehung stehen und einander erklären. Das erste bekannt gewordene Kennzahlensystem ist das DuPont-Kennzahlensystem. Hier wird der ROI als Zielgröße in weitere Kennzahlen des betrieblichen Rechnungswesens (z. B. Deckungsbeitrag, Anlagevermögen etc.) aufgespalten. So können die Haupteinflussfaktoren für den Unternehmenserfolg analysiert werden.[2]

Kennzahlensystem

---
[1] Die Abweichung zur Eigenkapitalrentabilität ist rundungsbedingt.
[2] Einen Überblick über das DuPont-Kennzahlensystem finden Sie unter www.schmolke-deitermann.de Beiträge/Downloads.

Die **ROI-Analyse** lässt sich vor allem auf der Grundlage der **Gesamtkapitalrentabilität** durchführen, denn letztlich wird der wirtschaftliche Erfolg des Unternehmens durch das investierte Eigen- **und** Fremdkapital erzielt. Außerdem müssen neben dem Gewinn auch die Fremdkapitalzinsen erwirtschaftet werden. Die Zahlen der Chemiewerke GmbH (siehe S. 337 f.) weisen das im Einzelnen aus.

Beispiel

Jahr	Jahresgewinn + Fremdkapitalzinsen	Ø Gesamtkapital (GK)	GK-Rendite
Berichtsjahr	250 T€ + 130 T€ = 380 T€	3.800 T€	10,00 %
Vorjahr	120 T€ + 180 T€ = 300 T€	3.550 T€	8,45 %

Jahr	Umsatzerlöse	Gewinn + FK-Zinsen	Ø GK	Umsatz-R. ·	GK-Umschlag =	ROI
Berichtsjahr	8.200 T€	380 T€	3.800 T€	4,634 % ·	2,158	= 10,00 %
Vorjahr	5.500 T€	300 T€	3.550 T€	5,454 % ·	1,549	= 8,45 %

Der **Rückfluss des investierten Gesamtkapitals** hat sich im Berichtsjahr um 1,55 Prozentpunkte erhöht. Die Steigerung ist insbesondere auf den um 0,6 höheren Umschlag des Gesamtkapitals zurückzuführen. Die Umsatzrentabilität des Gesamtkapitals hat sich dagegen um 0,82 Prozentpunkte vermindert. Dazu hat auch die im Berichtsjahr erfolgte Umschuldung beigetragen, die zu einem Rückgang der Fremdkapitalzinsen in Höhe von 50.000,00 € führte (siehe auch S. 341).

Merke

Die ROI-Kennzahl ermöglicht durch Offenlegung der Umsatzrentabilität und Kapitalumschlagshäufigkeit Maßnahmen zur Steigerung der Wirtschaftlichkeit.

Aufgabe 433

Geschäftsjahre	01	02	03
durchschn. investiertes Gesamtkapital in T€	900	920	1.000
Umsatzerlöse in T€	16.000	18.000	20.000
Gewinn + Fremdkapitalzinsen in T€	1.600	1.800	2.000

1. Ermitteln Sie für die drei Geschäftsjahre die Umsatzrentabilität, die Kapitalumschlagshäufigkeit und den ROI in %.
2. Worauf beruht allein die Rentabilität des Gesamtkapitals?

Aufgabe 434

Das ROI-Kennzahlensystem kann auch nach Produktgruppen oder Verkaufsgebieten ausgebaut werden.

Produktgruppen	A	B	gesamt
durchschn. investiertes Eigenkapital in T€	1.000	1.000	2.000
Umsatzerlöse in T€	3.000	1.000	4.000
Gewinn in T€	300	100	400

1. Ermitteln Sie die Umsatzrentabilität, die Kapitalumschlagshäufigkeit und den ROI in %.
2. Worauf führen Sie die relativ hohe Kapitalrendite der Produktgruppe A zurück?
3. Welche Auswirkungen haben hohe Investitionen im Anlagenbereich auf den ROI?
4. Wodurch kann der ROI im Einzelnen verbessert werden?
5. Wie lassen sich Rentabilität und ROI auf der Basis des betriebsnotwendigen Kapitals ermitteln?

F AUSWERTUNG DER GEWINN- UND VERLUSTRECHNUNG

3.5 Erfolgs- und Kostenstrukturanalyse
3.5.1 Die Erfolgsstruktur des Unternehmens

Die Erfolgs- und Kostenstruktur eines Unternehmens kann **im Rahmen einer externen Bilanzkritik nur annähernd** aufgrund der zur Verfügung stehenden (veröffentlichten) Gewinn- und Verlustrechnung **analysiert** werden. Die Erfolgsrechnungen lassen zwar die Gesamtleistung des Betriebes (Betriebserträge) erkennen, **nicht aber die genauen Kosten** (Betriebsaufwendungen).

Das Betriebsergebnis kann schätzungsweise ermittelt werden, indem man vom Jahresüberschuss die neutralen Ertragsposten abzieht und die als neutral unterstellten Aufwendungen hinzurechnet. Das so ermittelte Betriebsergebnis wird mit dem Jahresergebnis entsprechend verrechnet, um **das neutrale Ergebnis** des Unternehmens zu erhalten.

Neutrales Ergebnis

Zu den neutralen Aufwendungen rechnen insbesondere (siehe Seite 357):
- **außerordentliche Aufwendungen** (Schadensfall, Anlagenverkauf unter Buchwert u. a.)
- **periodenfremde Aufwendungen** (Nachzahlung von Löhnen und Betriebsteuern)
- **sonstige Aufwendungen** (Aufwendungen aufgrund von Umstrukturierungen im Unternehmen, außerplanmäßige AfA, Kursverluste bei Veräußerung von Wertpapieren)

Zu den neutralen Erträgen rechnen insbesondere:
- **außerordentliche Erträge** (Buchgewinne bei Veräußerung von Anlagegegenständen u. a.)
- **periodenfremde Erträge** (Steuererstattung für vergangene Geschäftsjahre u. a.)
- **sonstige Erträge** (betriebsfremde Erträge, wie z. B. Zinserträge)

Beispiel

Grundlage für die Ermittlung des Betriebsergebnisses der Chemiewerke GmbH sind die GuV-Rechnungen auf Seite 337. Von den „Sonstigen Aufwendungen" (Position 8) sind im Berichtsjahr 60.000,00 € und im Vorjahr 40.000,00 € als neutral zu werten. Die übrigen sonstigen Aufwendungen sind betriebsbedingt. Von der Position 11 „Steuern" entfallen auf das Berichtsjahr 15.000,00 € und auf das Vorjahr 10.000,00 € Ertragsteuern (Körperschaftsteuer).

Betriebergebnisermittlung	Berichtsjahr		Vorjahr	
Jahresüberschuss		250 T€		120 T€
– Neutrale Erträge: (Positionen 4, 9)		87 T€		57 T€
		163 T€		63 T€
+ Neutrale Aufwendungen:				
Position 8: sonstige Aufwendungen	60 T€		40 T€	
Position 11: Steuern	15 T€	75 T€	10 T€	50 T€
= Betriebsgewinn		238 T€		113 T€

Daraus ergibt sich die **Erfolgsstruktur des Unternehmens**:

Erfolgsstruktur	Berichtsjahr		Vorjahr	
	T€	%	T€	%
Jahresüberschuss	250	100,0	120	100,0
– Betriebsgewinn	238	95,2	113	94,2
= Neutraler Gewinn	12	4,8	7	5,8

Die Erfolgsstrukturanalyse der Chemiewerke GmbH zeigt deutlich, dass der **Jahresüberschuss** in beiden Jahren **in erster Linie auf** den Erfolg der eigentlichen Leistungserstellung und Leistungsverwertung, also **Produktion und Absatz** der Erzeugnisse, **zurückzuführen** ist. Im Berichtsjahr besteht der Jahresgewinn zu 95,2 % und im Vergleichsjahr zu 94,2 % aus betrieblichem Gewinn. Der neutrale Gewinn ist von untergeordneter Bedeutung. Die Erfolgsstruktur der Chemiewerke GmbH kann daher als außerordentlich günstig beurteilt werden.

Merke

Die Erfolgsstrukturanalyse zeigt die Zusammensetzung des Jahreserfolges.

3.5.2 Die Kostenstruktur des Betriebes

Berechnet man den Prozentanteil der wichtigsten **Kostenartengruppen** an den **Gesamtkosten**, wird die **Kostenstruktur** oder die jeweilige **Kostenartenintensität** erkennbar.

Die wichtigsten Kostenartengruppen eines Industriebetriebes sind Materialkosten (Werkstoffverbrauch), Personalkosten (Löhne, Gehälter, AG-SV-Beiträge, Sonderzahlungen u. a.), Abschreibungen auf das Anlagevermögen, Betriebsteuern (Gewerbesteuer, Verbrauchssteuern, sonstige Abgaben u. a.), Zinsaufwendungen und sonstige betriebliche Aufwendungen (Verwaltungskosten, Mietaufwendungen u. a.).

Beispiel

Im Beispiel der Chemiewerke GmbH wird unterstellt, dass die Zinsaufwendungen in voller Höhe betriebsnotwendig sind. Somit ergibt sich folgende Kostenstruktur:

Kostenartenstruktur/-intensität	Berichtsjahr T€	Berichtsjahr %	Vorjahr T€	Vorjahr %
Materialkosten	5.168	62,7	3.036	56,1
Personalkosten	2.550	30,9	1.892	35,0
Abschreibungen	260	3,2	170	3,2
Betriebsteuern	14	0,2	9	0,2
Zinsaufwendungen	130	1,6	180	3,3
Sonstige betriebliche Aufwendungen[1]	120	1,4	120	2,2
Gesamtkosten	**8.242**	**100,0**	**5.407**	**100,0**
Gesamtleistung lt. GuV	8.480	100,0	5.520	100,0
− Gesamtkosten	8.242	97,2	5.407	98,0
= Betriebsgewinn	**238**	**2,8**	**113**	**2,0**

Es handelt sich um einen **materialintensiven** Industriebetrieb. Die absolute Steigerung der Materialkosten steht im Zusammenhang mit der **Absatzerhöhung**. Die relative Veränderung von 56 % im Vorjahr auf nahezu 63 % im Berichtsjahr ist sehr wahrscheinlich auf eine **Materialpreiserhöhung** zurückzuführen. Nach den Angaben im Anhang des Jahresabschlusses ist die **Beschäftigtenzahl von 80 auf 100** Arbeitnehmer gestiegen. Die absolute **Steigerung der Personalkosten** ist darauf zurückzuführen.

Aufschlussreich ist, wie sich die **Arbeitsproduktivität** entwickelt hat:

$$\text{Arbeitsproduktivität} = \frac{\text{Gesamtleistung}}{\text{Beschäftigtenzahl}}$$

Arbeitsproduktivität	Berichtsjahr	Vorjahr
Gesamtleistung	8.480 T€	5.520 T€
Beschäftigtenzahl	100	80
Arbeitsproduktivität je Beschäftigten	8.480 : 100 = 84,8 T€	5.520 : 80 = 69 T€

Die Arbeitsproduktivität ist im Berichtsjahr beachtlich um 15.800,00 € je Arbeitnehmer **gestiegen**, was offensichtlich auch auf **Rationalisierungsmaßnahmen** (vgl. Anlageinvestitionen) zurückzuführen ist. Die **Erhöhung der Abschreibungen** ist Folge der Anlagenzugänge. Erfreulich ist der **Rückgang der Zinsbelastung**. Der Anteil der Gesamtkosten an der Gesamtleistung ist relativ zurückgegangen, entsprechend hat sich das **Betriebsergebnis verbessert**.

Merke — Die Kostenstruktur zeigt die Zusammensetzung und Höhe der Kostenartengruppen.

[1] Von den sonstigen Aufwendungen laut GuV (siehe Seite 337) sind 60 T€ im Berichtsjahr und 40 T€ im Vorjahr als neutrale Aufwendungen zu werten. Sie bleiben daher unberücksichtigt.

Aufgabe 435

Erfolgsrechnungen der Textilveredlungs-GmbH (vgl. S. 331)	Berichtsjahr T€	T€	Vorjahr T€	T€
1. Umsatzerlöse		21.000		13.000
2. Mehrbestand an Erzeugnissen		+ 700		+ 500
3. Sonstige Erträge		+ 188		+ 125
		21.888		13.625
4. Materialaufwand	12.916		7.525	
5. Personalaufwand	5.975		4.150	
6. Abschreibungen	900		600	
7. Sonstige Aufwendungen	220	– 20.011	265	– 12.540
8. Zinserträge	30		10	
9. Zinsaufwendungen	– 310	– 280	– 340	– 330
10. Steuern		– 472		– 280
11. **Jahresüberschuss**		1.125		475
12. Einstellung in die Rücklage		800		400
13. **Bilanzgewinn**		325		75

Von der Position Steuern (10.) entfallen auf das Berichtsjahr 380.000,00 € und auf das Vorjahr 210.000,00 € Körperschaftsteuer. Sonstige Aufwendungen sind in voller Höhe betriebsbedingt. Beschäftigtenzahl: Berichtsjahr 140; Vorjahr 115.

1. Ermitteln Sie Kennzahlen des Kapitalumschlags, der Rentabilität und des Cashflows.
2. Stellen Sie jeweils die Erfolgs- und Kostenstruktur sowie die Arbeitsproduktivität dar.
3. Beurteilen Sie Lage und Entwicklung der Textilveredlungs-GmbH.
4. Was versteht man unter der Hebelwirkung des Fremdkapitals?
5. Inwiefern kann es steuerlich günstiger sein, Anlageinvestitionen durch Aufnahme zusätzlichen Fremdkapitals zu finanzieren?

Aufgabe 436

Erfolgsrechnungen der Maschinenbau AG (vgl. S. 335)	Berichtsjahr T€	T€	Vorjahr T€	T€
1. Umsatzerlöse		17.210		18.720
2. Mehrbestand an Erzeugnissen		+ 787		+ 10
3. Sonstige Erträge		+ 160		+ 80
		18.157		18.810
4. Materialaufwand	7.135		7.290	
5. Personalaufwand	7.217		6.982	
6. Abschreibungen	390		468	
7. Sonstige Aufwendungen	2.320		2.402	
8. Zinsaufwendungen	198	– 17.260	138	– 17.280
12. Steuern		– 877		– 1.210
13. **Jahresüberschuss**		20		320
14. Gewinnvortrag		110		90
		130		410
15. Entnahmen aus Rücklagen		100		–
16. **Bilanzgewinn**		230		410

Anmerkungen: Beschäftigtenzahl in beiden Jahren 560. Von den Steuern entfallen auf das Berichtsjahr 40.000,00 € und auf das Vorjahr 260.000,00 € Körperschaftsteuer. Von den sonstigen Aufwendungen sind im Berichtsjahr 50.000,00 € und im Vorjahr 70.000,00 € neutral.

Ermitteln und beurteilen Sie die Erfolgsstruktur, die Kostenintensität und die Arbeitsproduktivität.

F Betriebswirtschaftliche Auswertung des Jahresabschlusses

Aufgabe 437

Der Geschäftsbericht eines Industriebetriebes enthält folgende Fünfjahresübersicht:

Zahlen in Millionen €	1. Jahr	2. Jahr	3. Jahr	4. Jahr	5. Jahr
Vermögen					
Sachanlagen	2.390	2.270	2.373	2.559	2.608
Finanzanlagen	2.028	2.421	2.524	2.503	2.713
Anlagevermögen	4.418	4.691	4.897	5.062	5.321
Vorräte	860	818	861	1.365	1.212
Forderungen	1.270	1.156	1.528	1.727	1.481
Flüssige Mittel	569	599	686	678	413
Umlaufvermögen	2.699	2.573	3.075	3.770	3.106
Summe	7.117	7.264	7.972	8.832	8.427
Kapital					
Gezeichnetes Kapital	1.513	1.526	1.541	1.641	1.723
Rücklagen	1.809	1.836	1.929	1.991	2.081
Einbehaltener Gewinn	2	50	55	80	40
Eigenkapital	3.324	3.412	3.525	3.712	3.844
Rückstellungen	608	799	872	1.481	1.554
Langfristige Verbindlichkeiten	2.184	1.963	1.740	1.377	1.334
Kurzfristige Verbindlichkeiten	774	861	1.589	1.983	1.462
Bilanzgewinn (Dividende)	227	229	246	279	233
Fremdkapital	3.793	3.852	4.447	5.120	4.583
Summe	7.117	7.264	7.972	8.832	8.427
Umsatzerlöse	5.200	5.921	6.905	10.157	8.394
Jahresüberschuss	229	277	301	359	273
Sachanlageninvestitionen	315	385	620	784	625
Abschreibungen und Abgänge	525	505	517	597	576

1. Stellen Sie die Bilanzstruktur in Prozent für jedes Jahr dar. Die Rückstellungen sind je zur Hälfte lang- bzw. kurzfristig.
2. Beurteilen Sie im Rahmen der Fünfjahresübersicht die Entwicklung der Finanzierung, Investierung und Vermögensstruktur. Worauf führen Sie wichtige Veränderungen zurück?
3. Beurteilen Sie die Finanzierung der Investitionen in Sachanlagen durch Abschreibungen und Abgänge.
4. Worauf führen Sie die im Verhältnis sehr hohen Finanzanlagen des zu beurteilenden Industriebetriebes zurück?
5. Nehmen Sie Stellung zur Entwicklung der Umsatzerlöse im Vergleichszeitraum. Hat sich die Steigerung der Erlöse auf den Gewinn ausgewirkt? Ermitteln Sie hierzu die Umsatzrentabilität in den einzelnen Jahren.
6. Ermitteln Sie den Cashflow für jedes Jahr und erläutern Sie die Entwicklung. Berechnen Sie auch die Cashflow-Umsatzverdienstrate (ohne Zuführungen zu langfristigen Rückstellungen).
7. Beurteilen Sie die Selbstfinanzierung (Verhältnis der Rücklagen zum Gezeichneten Kapital).
8. Berechnen Sie die Dividende in Prozent vom Aktienkapital.
9. Nennen Sie kurz- und langfristige Rückstellungen.
10. Inwiefern bezeichnet man Pensionsrückstellungen auch als eigenkapitalähnliche Mittel?

Empfehlung: *Besorgen Sie sich von bekannten Aktiengesellschaften jeweils den aktuellen Geschäftsbericht, der auch oft in Klassensätzen abgegeben wird. Bereiten Sie die Bilanzen und Gewinn- und Verlustrechnungen für das Berichts- und Vorjahr auf und werten Sie diese – wie im vorliegenden Lehrbuch beschrieben – betriebswirtschaftlich aus.*

G Kosten- und Leistungsrechnung (KLR) im Industriebetrieb

1 Aufgaben und Grundbegriffe der KLR

1.1 Zweikreissystem des Industriekontenrahmens

Finanzbuchhaltung sowie Kosten- und Leistungsrechnung sind die beiden Hauptbereiche des industriellen Rechnungswesens.

Die Finanzbuchhaltung (FB) im **Rechnungskreis I (RK I)** mit den Kontenklassen 0 bis 8 des Kontenrahmens (vgl. S. 83) ist die offizielle Jahresrechnung der Unternehmung. Sie ist **unternehmensbezogen**, d. h. sie erfasst einerseits alle Geschäftsfälle, die zu Veränderungen der **Vermögens-** und **Schuldenposten** der Unternehmung führen. Am Ende des Geschäftsjahres finden die bewerteten Vermögens- und Schuldenposten Eingang in die Bilanz, die somit einen Überblick über die Vermögens- und Schuldensituation ermöglicht. Zum anderen werden in der FB **alle** Arten von **Aufwendungen** und **Erträgen** einer Rechnungsperiode aufgezeichnet – ohne Rücksicht darauf, ob sie betriebsbedingt oder betriebsfremd sind –, sodass sie in der Gewinn- und Verlustrechnung das

Finanzbuchhaltung

Gesamtergebnis der Unternehmung

ausweist; dabei gilt:

> **Erträge > Aufwendungen = Gesamtgewinn (= Unternehmensgewinn),**
> **Erträge < Aufwendungen = Gesamtverlust (= Unternehmensverlust).**

Die Kosten- und Leistungsrechnung (KLR) im **Rechnungskreis II (RK II)** ist die innerbetriebliche Planungs- und Kontrollrechnung. Sie ist **betriebsbezogen**, d. h. sie befasst sich mit den **Kosten** und **Leistungen**, die im Zusammenhang mit den geplanten betrieblichen Tätigkeiten des Industriebetriebes stehen, also mit den Beschaffungs-, Produktions- und Absatzprozessen.

Kosten- und Leistungsrechnung

Zu den Kosten zählen

Kosten

- die **betrieblichen Aufwendungen** der FB (z. B. Werkstoffaufwendungen, Personalaufwendungen, Mieten, Pachten),
- die in der **KLR eigenständig entwickelten Kostenansätze**, die aus betriebswirtschaftlichen Gründen sinnvoll sind und die in der FB gar nicht oder in anderer Höhe vorkommen (z. B. kalkulatorische Kosten, vgl. S. 367 f.).

Das Schaubild auf Seite 378 verdeutlicht den Unterschied zwischen Aufwendungen der FB und Kosten der KLR.

Zu den Leistungen zählen alle **betrieblichen Erträge**: Umsatzerlöse, Mehrbestand an fertigen und unfertigen Erzeugnissen, aktivierte Eigenleistungen sowie unentgeltliche Entnahmen von Gegenständen und sonstigen Leistungen.

Leistungen

Die Gegenüberstellung von Kosten und Leistungen ergibt im RK II das Ergebnis der eigentlichen betrieblichen Tätigkeit, nämlich das

Betriebsergebnis.

Dabei gilt:

> **Leistungen > Kosten = Betriebsgewinn,**
> **Leistungen < Kosten = Betriebsverlust.**

G Kosten- und Leistungsrechnung im Industriebetrieb

> **Merke**
> - Die Finanzbuchhaltung bildet in den Kontenklassen 0 bis 8 den Rechnungskreis I ab (RK I). Sie hat u. a. die Aufgabe, das Gesamtergebnis der Unternehmung zu ermitteln.
> - Die Kosten- und Leistungsrechnung (KLR) bildet den Rechnungskreis II (RK II). Sie hat u. a. die Aufgabe, das Betriebsergebnis zu ermitteln.
> - Zu den Kosten zählen die betrieblichen Aufwendungen sowie die in der KLR eigenständig entwickelten Kostenansätze. Zu den Leistungen gehören alle betrieblichen Erträge.

Wirtschaftlichkeit und Rentabilität

Die Kenntnis der Kosten und der Leistungen ermöglicht es dem Unternehmer, das Betriebsergebnis zu ermitteln und daraus Rückschlüsse auf die Wirtschaftlichkeit und die Rentabilität der Beschaffungs-, Produktions- und Absatzprozesse im Unternehmen zu ziehen. Unter Wirtschaftlichkeit wird das Verhältnis von Leistungen zu Kosten verstanden (siehe S. 383). Bei der Rentabilität wird der Betriebsgewinn auf das Eigenkapital oder die Umsatzerlöse bezogen. Der Unternehmer erhält so Informationen über die Verzinsung des eingesetzten Kapitals bzw. den Gewinnanteil je Euro Umsatz (siehe S. 340 ff.). Für die Steuerung des Unternehmens ist diese Kenntnis unverzichtbar.

Zweikreissystem des Industrie-Kontenrahmens

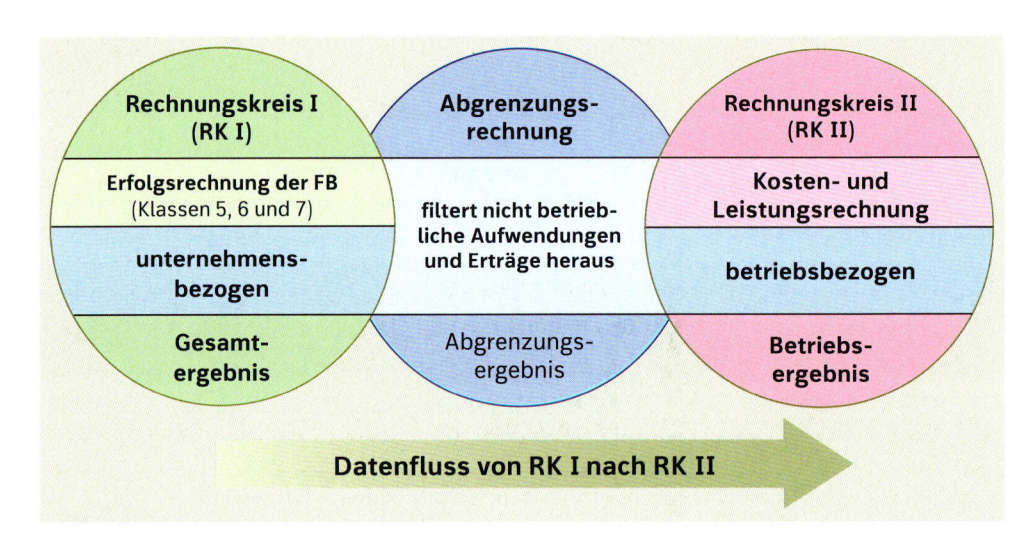

Rechnungskreis I (RK I) — Erfolgsrechnung der FB (Klassen 5, 6 und 7) — unternehmensbezogen — Gesamtergebnis

Abgrenzungsrechnung — filtert nicht betriebliche Aufwendungen und Erträge heraus — Abgrenzungsergebnis

Rechnungskreis II (RK II) — Kosten- und Leistungsrechnung — betriebsbezogen — Betriebsergebnis

Datenfluss von RK I nach RK II

Abgrenzungsrechnung

Die grafische Darstellung verdeutlicht die Zuordnung der Hauptbereiche des Rechnungswesens zu den Rechnungskreisen I und II. Die Verbindung zwischen ihnen stellt die sog. **Abgrenzungsrechnung** dar. Über sie läuft der Datenfluss aus dem RK I in den RK II. Bildhaft gesprochen ist damit Folgendes gemeint: Die FB gibt alle in ihr aufgezeichneten Aufwendungen und Erträge an die KLR ab. Bevor aber die Aufwendungen und Erträge in den KLR-Bereich einfließen, müssen sie die Abgrenzungsrechnung als Filter passieren. Aufgabe dieses Filters ist es, die nicht betrieblichen Aufwendungen und Erträge festzuhalten und nur die betrieblichen Aufwendungen und Erträge passieren zu lassen, um sie in der KLR entsprechend der dortigen Ziele weiterverarbeiten zu können.

Organisation der KLR

Die Kosten- und Leistungsrechnung kann kontenmäßig in der Kontenklasse 9 des Industriekontenrahmens durchgeführt werden. In der Praxis wird jedoch wegen der größeren Übersichtlichkeit die tabellarische Form außerhalb des Kontenrahmens bevorzugt (vgl. Ergebnistabelle, S. 361 f., Betriebsabrechnungsbogen, S. 392 f., Kostenträgerrechnung, S. 415 f.).

> **Merke**
> - Der Industriekontenrahmen ist nach dem Zweikreissystem aufgebaut. Finanzbuchhaltung sowie Kosten- und Leistungsrechnung bilden je einen in sich geschlossenen Rechnungskreis.
> - Die Verbindung zwischen den beiden Rechnungskreisen wird über die Abgrenzungsrechnung hergestellt. Sie übernimmt den Datenaustausch zwischen den Rechnungskreisen.
> - Die KLR wird in der Regel außerhalb des Kontenrahmens in tabellarischer Form durchgeführt.

1.2 Aufgaben und Systeme der Kosten- und Leistungsrechnung

Die Kosten- und Leistungsrechnung (KLR) befasst sich mit den wirtschaftlichen Daten des Betriebes und bezweckt die optimale Steuerung der betrieblichen Leistungserstellung (Sachziel der Unternehmung). Sie hat folgende wichtige Aufgaben für den Industriebetrieb zu erfüllen:

- **Ermittlung aller Kosten und Leistungen einer Abrechnungsperiode.**
  Die KLR leitet das Betriebsergebnis (= Leistungen – Kosten) ab und wird so zu einem hervorragenden Instrument der kurzfristigen (z. B. monatlichen) betrieblichen Erfolgsermittlung.
- **Ermittlung der Selbstkosten je Erzeugniseinheit.**
  Die Selbstkosten je Erzeugniseinheit bilden die Grundlage für die Berechnung der Verkaufspreise, die für den Unternehmer wirtschaftlich vertretbar sind.
- **Kontrolle der Wirtschaftlichkeit.**
  Zunehmender Wettbewerbsdruck zwingt Unternehmen, die Kosten und Leistungen laufend zu planen und zu überwachen. Die Bestimmung der Wirtschaftlichkeit (= Verhältnis zwischen Leistungen und Kosten) ist daher eine der wichtigsten Aufgaben der KLR.
- **Bewertung der fertigen und unfertigen Erzeugnisse in der Jahresbilanz.**
  Handels- und steuerrechtliche Vorschriften verlangen eine Bewertung der Schlussbestände an Erzeugnissen zu Herstellungskosten, die nur mithilfe einer Kostenrechnung ordnungsgemäß hergeleitet werden können.
- **Ermittlung von Deckungsbeiträgen auf der Basis der Teilkostenrechnung.**
  Ein Deckungsbeitrag (= erzielbare Umsatzerlöse – variable Kosten) zeigt an, ob ein Erzeugnis einen Beitrag zur Deckung der Fixkosten bzw. zur Verbesserung des Betriebserfolges leistet (vgl. S. 447 f.). So kann entschieden werden, ob die Herstellung des Erzeugnisses kurzfristig sinnvoll ist.
- **Grundlage für Planungen und Entscheidungen.**
  Die oben genannten Aufgaben der KLR bilden gemeinsam die Grundlage für Vorhaben und Entscheidungen des Unternehmens, die systematisch geplant, durchgeführt (gesteuert) und kontrolliert werden.

Einsatz von Kostenrechnungssystemen

Zur Erfüllung dieser Aufgaben werden mehrere **Kostenrechnungssysteme** (Vollkostenrechnung, Teilkostenrechnung, Prozesskostenrechnung, Plankostenrechnung) eingesetzt, die je nach Zielsetzung das Wertgerüst verursachungsgerecht abbilden.

Die Vorstufe der Kostenrechnungssysteme ist die **Abgrenzungsrechnung**, durch die zwischen dem betriebsbezogenen und dem unternehmensbezogenen Wertgerüst unterschieden werden kann (vgl. S. 361 f.).

Die **Vollkostenrechnung** erfasst alle Kosten periodengerecht nach Kostenarten (vgl. S. 386 f.), teilt sie auf Kostenstellen verursachungsgemäß auf (vgl. S. 388 f.) und weist sie den Kostenträgern (z. B. Erzeugnis) vollständig zu (vgl. S. 453 f.).

Die **Teilkostenrechnung** unterscheidet zwischen Kosten, die sich in Abhängigkeit von der hergestellten Erzeugnismenge verändern (variable Kosten) oder nicht verändern (fixe Kosten). Den Erzeugnissen werden nur die variablen Kosten zugerechnet, da nur sie kurzfristig entscheidungsrelevant sind (vgl. S. 447 f.).

Die **Prozesskostenrechnung** ist eine „moderne" Variante der Vollkostenrechnung, bei der eine Kostenzurechnung gemäß identifizierter Prozesse erfolgt. Hierdurch wird den veränderten Anforderungen einer prozessorientierten Organisation entsprochen (vgl. S. 512 f.).

Das **Controlling** nutzt die Kostenrechnungssysteme, um den Leistungsprozess zu planen, zu steuern und zu überwachen. So können z. B. durch den Einsatz der Plankostenrechnung (vgl. S. 491 f.) Soll-Ist-Vergleiche durchgeführt werden. Die anschließende Abweichungsanalyse liefert dann wichtige Informationen zur Unternehmensführung.

Kostenmanagement

Die Kostenrechnungssysteme bilden die Grundlage für ein umfassendes Kostenmanagement, z. B. für die Ableitung von Zielkostenvorgaben im Rahmen der Produktentwicklung. Durch eine derartige Zielkostenrechnung (Target costing) wird für neue Produkte ein wettbewerbsfähiges Preis-Leistungsverhältnis angestrebt (vgl. S. 522 f.).

G Kosten- und Leistungsrechnung im Industriebetrieb

1.3 Ausgangssituation

Für die nachfolgenden Darstellungen wird als Ausgangssituation der vereinfachte und verkürzte Jahresabschluss einer Personengesellschaft gewählt. Diese Ausgangssituation wird im weiteren Verlauf entsprechend der jeweiligen Problemstellung ergänzt und verändert. Am Beispiel der Personengesellschaft lassen sich alle Fragen der Kosten- und Leistungsrechnung überschaubar und nachvollziehbar behandeln, ohne dass eine Übertragung der Ergebnisse auf Einzelunternehmungen und Kapitalgesellschaften erschwert würde.

Situation

Das Unternehmen Schmolmann KG, Leverkusen, stellt als Zulieferer für Elektronik-Unternehmen Blechgehäuse in unterschiedlichen Größen und Ausführungen her. Für das abgelaufene Geschäftsjahr hat das Unternehmen das folgende vereinfachte Gewinn- und Verlustkonto sowie die unten stehende verkürzte Bilanz aufgestellt.

Soll		8020 Gewinn- und Verlustkonto	Haben
6000 Aufwendungen für Rohstoffe	2.800.000	5000 Umsatzerlöse für	
6020 Aufwendungen für Hilfsstoffe	795.000	eigene Erzeugnisse	10.520.000
6030 Aufwendungen für Betriebsstoffe	35.000	5202 Mehrbestand an Erzeugnissen	240.000
6200 Löhne	2.400.000	5410 Erlöse aus Anlagenabgängen	165.000
6300 Gehälter	500.000	5431 Erträge aus Versicherungs-	
6400 Soziale Abgaben	600.000	entschädigungen	40.000
6520 Abschreibungen auf Sachanlagen	650.000	5710 Zinserträge	50.000
6800 Büromaterial	50.000		
6870 Werbung	205.000		
6940 Sonstige Aufwendungen	260.000		
6979 Anlagenabgänge	100.000		
70/77 Betriebliche Steuern	190.000		
7460 Verluste aus Wertpapierverkäufen	40.000		
7510 Zinsaufwendungen	540.000		
Jahresüberschuss	1.850.000		
	11.015.000		11.015.000

Aktiva		Bilanz Schmolmann KG zum 31. Dezember 20..	Passiva
A. Anlagevermögen		A. Eigenkapital	9.700.000
I. Sachanlagen		Jahresüberschuss	1.850.000
1. Grundstücke/Gebäude	5.000.000	B. Rückstellungen, kurzfristig	120.000
2. TA und Maschinen	4.500.000	C. Verbindlichkeiten	
3. Andere Anlagen /BGA	1.500.000	1. gg. Kreditinstituten	4.500.000
B. Umlaufvermögen		2. aus Lieferungen	1.780.000
I. Vorräte		D. Rechnungsabgrenzungsposten	50.000
1. Roh-, Hilfs-, Betriebsstoffe	2.500.000		
2. fertige Erzeugnisse	1.200.000		
II. Forderungen a. LL	1.400.000		
III. Wertpapiere	320.000		
IV. Kasse/Bankguthaben	1.550.000		
C. Rechnungsabgrenzungsposten	30.000		
	18.000.000		18.000.000

Leverkusen, 18. März 20.. *Schmolmann*

Die nachfolgenden Betrachtungen beziehen sich auf diese Grundlagen; sie sind so strukturiert,
- dass zunächst Aufgaben und Grundbegriffe der Kosten- und Leistungsrechnung (KLR) geklärt,
- danach ausgehend von der Gewinn- und Verlustrechnung die Kosten als grundlegende Kategorie der KLR mithilfe der Abgrenzungsrechnung herausgearbeitet und
- darauf aufbauend bedeutsame Kostenrechnungssysteme dargestellt werden.

1.4 Grundbegriffe der Kosten- und Leistungsrechnung

1.4.1 Einnahmen und Ausgaben

In einem Industriebetrieb stellt die Summe des jederzeit verfügbaren Geldes, d. h. die Summe aus Kassenbestand und Guthaben bei Kreditinstituten, den **Zahlungsmittelbestand** dar. Der Zahlungsmittelbestand ist **Teil des Geldvermögens**. Das Geldvermögen wird darüber hinaus durch kurzfristige **Forderungen** und **Verbindlichkeiten** beeinflusst.

Geldvermögen

> **Beispiel**
>
> Aufgrund der Bilanz von Seite 354 verfügt das Unternehmen Schmolmann KG zum 31. Dezember .. über folgendes Geldvermögen:
>
> | | | |
> |---|---|---:|
> | | Zahlungsmittelbestand | 1.550.000,00 € |
> | + | kurzfristige Forderungen (einschl. Wertpapiere) | 1.720.000,00 € |
> | – | kurzfristige Verbindlichkeiten (einschl. kfr. Rückstellungen) | 1.900.000,00 € |
> | = | **Geldvermögen** | **1.370.000,00 €** |

Wird dieses Geldvermögen durch **Geschäftsfälle** verändert, so sprechen wir von **Einnahmen und Ausgaben**.

Alle Geschäftsfälle, die das **Geldvermögen erhöhen**, führen zu **Einnahmen**. So gehören z. B. **Bar- und Zielverkäufe von Erzeugnissen** zu einnahmewirksamen Vorgängen. Eine Kreditaufnahme bei einer Bank dagegen führt zwar zu einer Erhöhung des Zahlungsmittelbestandes, gleichzeitig erhöhen sich aber auch die Verbindlichkeiten; das Geldvermögen bleibt also gleich.

Einnahmen

Alle Geschäftsfälle, die das **Geldvermögen vermindern**, führen zu **Ausgaben**. Typische Ausgaben sind **Bar- und Zielkäufe von Roh-, Hilfs- und Betriebsstoffen**, nicht dagegen die Banküberweisung an einen Lieferanten.

Ausgaben

1.4.2 Aufwendungen und Erträge

Die Begriffe „Aufwendungen" und „Erträge" lassen sich recht anschaulich über das folgende „Bild" der Güter- und Werteströme verdeutlichen:

- In den produzierenden Industriebetrieb strömen ständig Güter und Dienste, die für die Herstellung von Erzeugnissen benötigt werden. Güter und Dienste repräsentieren **Werte**, die in den zugrunde liegenden Verträgen, Eingangsrechnungen und sonstigen Belegen dokumentiert sind. Diese Werte erfasst der Buchhalter als betriebliche **Aufwendungen** in der Buchführung. Die Aufwendungen werden jeweils für eine Abrechnungsperiode zusammengefasst.
- Den produzierenden Industriebetrieb verlassen ständig fertige Erzeugnisse und Waren, die von den Kunden nachgefragt werden. Fertige Erzeugnisse und Waren repräsentieren **Werte**, die in den zugrunde liegenden Verträgen und Ausgangsrechnungen dokumentiert sind. Diese Werte erfasst der Buchhalter als betriebliche **Erträge** in der Buchführung. Die Erträge werden jeweils für eine Abrechnungsperiode zusammengefasst.
- Zufließende Güter und Dienste sowie abfließende fertige Erzeugnisse und Waren verändern über die mit ihnen verbundenen Zahlungsvorgänge laufend das Vermögen und das Fremdkapital des Industriebetriebs. Sie wirken erhöhend oder vermindernd auf das **Eigenkapital** ein (siehe folgende Aufstellung und angeführte Beispiele):

Das Eigenkapital eines Industriebetriebes ergibt sich vereinfacht, wenn vom Vermögen das Fremdkapital abgezogen wird (vgl. Zahlen der Bilanz von S. 354):

Eigenkapital

	Anlagevermögen		11.000.000,00 €
+	Vorräte		3.700.000,00 €
+	kurzfristige Forderungen (Ford. a. LL, Wertpapiere, akt. RAP)		1.750.000,00 €
+	Zahlungsmittel		1.550.000,00 €
=	**Vermögen**		**18.000.000,00 €**
–	langfristiges Fremdkapital	4.500.000,00 €	
–	kurzfr. Fremdk. (Verb. a. LL., Rückst., pass. RAP)	1.950.000,00 €	
=	**Schulden**	**6.450.000,00 €**	– 6.450.000,00 €
=	**Eigenkapital**		**11.550.000,00 €**

Folgende Geschäftsfälle führen – neben vielen anderen – zu **Aufwendungen**:
- Das Unternehmen kauft Roh-, Hilfs- und Betriebsstoffe gegen Barzahlung. Die eingekauften Roh-, Hilfs- und Betriebsstoffe stellen bei aufwandsorientierter Buchung Werteverzehr im Produktionsprozess dar und werden als Aufwendungen für Roh-, Hilfs- bzw. Betriebsstoffe erfasst. Die mit dem Kauf verbundene Zahlung verringert die Zahlungsmittel (vgl. Aufstellung Seite 355) und damit rechnerisch auch das Eigenkapital.
- Auf einen betrieblich genutzten Pkw wird eine Abschreibung vorgenommen. Die Abschreibung stellt im Produktionsprozess einen Aufwand dar. Im Anlagevermögen wirkt sich die Abschreibung als Wertminderung aus. Sie verringert damit rechnerisch auch das Eigenkapital.
- Das Unternehmen zahlt für einen aufgenommenen Kredit Zinsen. Die Zinsen stellen in der Gewinn- und Verlustrechnung Aufwendungen dar. Ihre Zahlung verringert den Zahlungsmittelbestand (vgl. Aufstellung Seite 355) und damit rechnerisch das Eigenkapital.

Folgende Geschäftsfälle führen – neben vielen anderen – zu **Erträgen**:
- Das Unternehmen verkauft fertige Erzeugnisse gegen Rechnung. Der Wert der verkauften Erzeugnisse wird in der Buchführung als Umsatzerlös (= Ertrag) gebucht. Der Zahlungsanspruch, den das Unternehmen gegenüber dem Kunden hat, erhöht die Forderungen und damit rechnerisch das Eigenkapital.
- Das Unternehmen unterhält bei seiner Bank ein verzinstes Guthaben. Die Zinsgutschrift der Bank wird als Ertrag gebucht; sie erhöht zugleich den Zahlungsmittelbestand und damit rechnerisch das Eigenkapital.

1.4.3 Aufwendungen – Kosten

Aufwendungen

Zur Klärung der Begriffe „Aufwendungen" und „Kosten" ziehen wir das Gewinn-und Verlustkonto von Seite 354 heran. Das GuV-Konto zeigt auf der Soll-Seite (linke Seite) die gesamten Aufwendungen des Abrechnungsjahres. Im Einzelnen ist abzulesen, wie hoch die Aufwendungen durch den Einsatz von Roh-, Hilfs- und Betriebsstoffen, durch die Beanspruchung von Diensten anderer Unternehmungen und von Mitarbeitern des eigenen Unternehmens, durch die Wertminderung der Anlagen, durch gesetzlich vorgeschriebene Abgaben und durch sonstige Vorkommnisse waren. Dabei spielt es keine Rolle, ob diese Aufwendungen für betriebliche oder nicht betriebliche Zwecke entstanden sind.

> **Aufwendungen** bezeichnen den gesamten Eigenkapital mindernden Werteverzehr im Unternehmen an Gütern, Diensten und Abgaben während einer Abrechnungsperiode.

Beispiel

Im Gewinn- und Verlustkonto der Schmolmann KG (vgl. S. 354) sind auf der Sollseite (ohne den Jahresüberschuss) **Aufwendungen** in Höhe von **9.165.000,00 €** verzeichnet.

Für die Zwecke der Kostenrechnung werden die Aufwendungen unterschieden nach
- betrieblichen Aufwendungen = Kosten und
- neutralen Aufwendungen = Nichtkosten.

Kosten

Betriebliche Aufwendungen (= Kosten) stehen in unmittelbarem Zusammenhang mit dem eigentlichen Betriebszweck. Sie erfassen die Werte der Güter, Dienste und Abgaben, die im Rahmen der **geplanten betrieblichen Leistungserstellung** (= Beschaffung und Produktion) und **Leistungsverwertung** (= Absatz) anfallen. Diese Aufwendungen werden in der Regel als **Kosten** in die Kosten- und Leistungsrechnung übernommen.

> **Kosten** entstehen,
> - wenn ein **mengenmäßiger Verbrauch** (kg, t, m, h) oder eine **gesetzliche Abgabe** vorliegen,
> - die zur **Leistungserstellung und -verwertung** getätigt werden und
> - die in **Geldbeträgen** bewertet sind.

Aufgaben und Grundbegriffe der KLR

Beispiel

Von den Aufwendungen des GuV-Kontos der Schmolmann KG, Leverkusen, können die folgenden grundsätzlich als **Kosten** in die KLR übernommen werden:

6000 Aufwendungen für Rohstoffe	2.800.000,00 €
6020 Aufwendungen für Hilfsstoffe	795.000,00 €
6030 Aufwendungen für Betriebsstoffe	35.000,00 €
6200 Löhne	2.400.000,00 €
6300 Gehälter	500.000,00 €
6400 Soziale Abgaben	600.000,00 €
6520 Abschreibungen auf Sachanlagen[1]	650.000,00 €
6800 Büromaterial	50.000,00 €
6870 Werbung	205.000,00 €
70/77 Betriebliche Steuern	190.000,00 €
7510 Zinsaufwendungen[2]	540.000,00 €
Gesamtkosten des Betriebes	**8.765.000,00 €**

Neutrale Aufwendungen

Außer den Kosten gibt es im Industriebetrieb in der Regel auch Aufwendungen, die in **keinem Zusammenhang mit der Beschaffung, der Produktion und dem Absatz** stehen oder dabei **unregelmäßig** oder **in außergewöhnlicher Höhe** anfallen. Sie werden als **neutrale Aufwendungen** bezeichnet und nicht oder **nicht in der angefallenen Höhe** in die Kosten- und Leistungsrechnung übernommen, da sie bei der Ermittlung des Betriebsergebnisses und der Selbstkosten der Erzeugnisse nicht berücksichtigt werden dürfen.

Neutrale Aufwendungen entstehen
- bei der **Verfolgung betriebsfremder Ziele** (z. B. Verluste aus Wertpapierverkäufen),
- durch **Veränderungen in der Zusammensetzung des Vermögens** (z.B. Verluste aus dem Abgang von Vermögensgegenständen z.B. bei Verkauf von Sachanlagen unter Buchwert),
- aus **betrieblichen periodenfremden Vorgängen** (z. B. Nachzahlung von Löhnen und betrieblichen Steuern),
- als **außerordentliche Aufwendungen aufgrund ungewöhnlicher und selten vorkommender Geschäftsfälle** (z. B. Verluste aus der Insolvenz von Geschäftspartnern oder aus dem Verkauf von Betriebsteilen). Sie haben als sonstige betriebliche Aufwendungen neutralen Charakter.

Beispiel

Unter den Aufwendungen des GuV-Kontos der Schmolmann KG, Leverkusen, gelten die folgenden als **neutrale Aufwendungen**:

6940 Sonstige Aufwendungen	260.000,00 €
6979 Anlagenabgänge	100.000,00 €
7460 Verluste aus Wertpapierverkäufen	40.000,00 €
Gesamte neutrale Aufwendungen	**400.000,00 €**

Erläuterung: Anlagenabgänge lassen sich nicht vermeiden und werden auch im Zusammenhang mit betrieblichen Vorgängen verursacht. Ihnen fehlt aber die für Leistungsprozesse typische **Planmäßigkeit**, sodass sie nicht als Kosten in die Kostenrechnung eingebracht werden dürfen. Ihnen stehen Erlöse aus Anlagenabgängen gegenüber (vgl. S. 358). Die Verluste aus Wertpapierverkäufen haben **betriebsfremden Charakter**; sie gehören damit nicht zu den Kosten. Die sonstigen, i. d. R. außerordentlichen Aufwendungen (z. B. aus dem Verkauf eines Teilbetriebes oder aus nicht versicherten Brandschäden) gelten grundsätzlich **als nicht kalkulierbar** und werden daher von der KLR ferngehalten.

Das **Schaubild** auf Seite 378 verdeutlicht den Zusammenhang zwischen den Aufwendungen der Finanzbuchhaltung und den Kosten der Kosten- und Leistungsrechnung.

---

1 Vgl. hierzu Erläuterungen auf S. 369 zu kalkulatorischen Abschreibungen.
2 Vgl. hierzu die einschränkenden Erläuterungen auf S. 363/372.

1.4.4 Erträge – Leistungen

Das GuV-Konto einer Unternehmung zeigt auf der Habenseite (rechte Seite) die gesamten Erträge des Abrechnungsjahres. Im Einzelnen ist abzulesen, wie hoch die Erträge aus dem Verkauf und der Vermietung oder Verpachtung fertiger Erzeugnisse (= Umsatzerlöse), aus der Zunahme des Lagerbestandes (= Mehrbestand), aus Zinserträgen sowie aus dem Verkauf von Anlagegegenständen waren. Dabei spielt es keine Rolle, ob es sich um betriebliche oder neutrale Erträge handelt (vgl. S. 354).

> **Erträge** bezeichnen den gesamten erfolgswirksamen (Eigenkapital erhöhenden) Wertezufluss in ein Unternehmen innerhalb einer Abrechnungsperiode.

Beispiel

Im Gewinn- und Verlustkonto der Schmolmann KG sind auf der Habenseite **Erträge** in Höhe von insgesamt **11.015.000,00 €** verzeichnet.

Für die Zwecke der Kosten- und Leistungsrechnung werden die Erträge unterschieden nach

- **betrieblichen Erträgen = Leistungen** und
- **neutralen Erträgen**.

Leistungen

Leistungen (= betriebliche Erträge) sind das **Ergebnis der geplanten betrieblichen Leistungserstellung und -verwertung**.

> Zu den **Leistungen** eines Industriebetriebes zählen:
> - **Absatzleistungen**, d. h. Umsatzerlöse aus dem Verkauf und der Vermietung oder Verpachtung von Erzeugnissen, Waren sowie aus Dienstleistungen;
> - **Lagerleistungen**, d. h. in der Abrechnungsperiode hergestellte **Mehrbestände** an Erzeugnissen, die noch nicht abgesetzt worden sind;
> - **Aktivierte Eigenleistungen**, d. h. **selbst erstellte Anlagen**, die im eigenen Betrieb Verwendung finden;
> - **Entnahme** von Erzeugnissen und sonstigen Leistungen für private Zwecke.

Beispiel

Unter den Erträgen des Gewinn- und Verlustkontos der Schmolmann KG sind folgende Erträge **Leistungen**:

5000 Umsatzerlöse für eigene Erzeugnisse	10.520.000,00 €
5202 Mehrbestand an Erzeugnissen	240.000,00 €
Gesamtleistung des Betriebes	**10.760.000,00 €**

Neutrale Erträge

Außer den Leistungen gibt es im Industriebetrieb auch Erträge, die in **keinem Zusammenhang mit der Beschaffung, der Produktion und dem Absatz** stehen oder dabei **unregelmäßig oder in außergewöhnlicher Höhe** anfallen. Sie werden als **neutrale Erträge** bezeichnet und **von den Leistungen abgegrenzt**. Neutrale Erträge sind in den Kontengruppen „54 Sonstige betriebliche Erträge", „55/56 Erträge aus Beteiligungen und Wertpapieren" und „57 Sonstige Zinsen" enthalten.

> **Neutrale Erträge** entstehen
> - bei der **Verfolgung betriebsfremder Ziele** (z. B. Zinserträge, Erträge aus Wertpapierverkäufen),
> - durch **Erträge aus dem Abgang von Vermögensgegenständen** und durch **Wertkorrekturen** (z. B. Erlöse aus Anlagenabgängen),
> - aus zwar **betrieblichen, aber periodenfremden Erträgen** (z. B. Steuererstattung für vergangene Geschäftsjahre),
> - als **außerordentliche Erträge aufgrund ungewöhnlicher und selten vorkommender Geschäftsfälle** (z. B. Steuererlass, Erträge aus Gläubigerverzicht). Sie haben als sonstige betriebliche Erträge neutralen Charakter.

Beispiel

Unter den Erträgen des Gewinn- und Verlustkontos der Schmolmann KG zählen die folgenden zu den **neutralen Erträgen**:

5410 Erlöse aus Anlagenabgängen	165.000,00 €
5431 Erträge aus Versicherungsentschädigungen	40.000,00 €
5710 Zinserträge	50.000,00 €
Gesamte neutrale Erträge	**255.000,00 €**

Erläuterung: Erträgen aus Versicherungsentschädigungen liegen Vorgänge zugrunde, die nicht betriebsbedingt sind, z. B. Vermögensschäden aus Unfällen. Zinserträge haben im Industriebetrieb **betriebsfremden Charakter**; sie gehören somit grundsätzlich nicht zu den Leistungen. Zinserträge ergeben sich bei sehr guter Liquidität aus der vorübergehenden Geldanlage nicht benötigter Finanzmittel. Erlöse aus Anlagegegenständen entstehen immer dann, wenn ganz oder teilweise abgeschriebene Anlagegegenstände gegen Entgelt veräußert werden. Liegt hierbei der Erlös über dem Buchwert, entsteht ein Gewinn, im anderen Fall ein Verlust aus Anlagenabgang. Solche Erlöse sind zwar betriebsbedingt, ihnen fehlt aber die für Leistungsprozesse typische Zweckbindung und Planmäßigkeit, sodass sie **nicht** zu den Leistungen des Betriebes gehören.

Erträge der Periode			
Neutrale Erträge	**Betriebliche** Erträge = Leistungen		
Neutrale Erträge der FB sind keine Leistungen in der KLR	Absatzleistungen	Lagerleistungen	Eigenleistungen, Entnahmen
	Leistungen der Periode		

Merke

- Unter Aufwendungen wird der gesamte Werteverzehr im Unternehmen an Gütern, Diensten und Abgaben während einer Abrechnungsperiode verstanden. Aufwendungen lassen sich in betriebliche und neutrale Aufwendungen einteilen.
- Die mit Aufwendungen verbundenen Finanzvorgänge vermindern das Eigenkapital.
- Unter Erträgen versteht man den gesamten erfolgswirksamen Wertezufluss im Unternehmen innerhalb einer Abrechnungsperiode. Erträge lassen sich in betriebliche und neutrale Erträge einteilen.
- Die mit Erträgen einhergehenden Finanzvorgänge erhöhen das Eigenkapital.
- Betriebliche Aufwendungen werden als Kosten, betriebliche Erträge als Leistungen bezeichnet. Unter Kosten versteht man den Teil der Aufwendungen und unter Leistungen den Teil der Erträge, der im Rahmen der geplanten betrieblichen Beschaffungs-, Produktions- und Absatzprozesse anfällt.
- Neutrale Aufwendungen bzw. Erträge fallen im Unternehmen als betriebsfremde, periodenfremde und außerordentliche Aufwendungen bzw. Erträge an. Sie werden nicht in die Kosten- und Leistungsrechnung übernommen.

Aufgabe 438

In der Kosten- und Leistungsrechnung unterscheidet man zwischen Aufwendungen und Kosten. *Geben Sie ein Beispiel an für*
a) *Aufwendungen, die zugleich Kosten sind,*
b) *Aufwendungen, die keine Kosten sind.*

Aufgabe 439

In der Kosten- und Leistungsrechnung unterscheidet man zwischen Erträgen und Leistungen. *Geben Sie ein Beispiel an für*
a) *Erträge, die zugleich Leistungen sind,*
b) *Erträge, die nicht zugleich Leistungen sind.*

G Kosten- und Leistungsrechnung im Industriebetrieb

Aufgabe 440

Entscheiden Sie, ob folgende Vorgänge Einnahmen oder Ausgaben darstellen:
1. Zieleinkauf von Rohstoffen
2. Zielverkauf von fertigen Erzeugnissen
3. Banklastschrift für Zinsen
4. Mieter überweist die Miete für ein vermietetes Gebäude
5. Lohnzahlung durch Banküberweisung

Aufgabe 441

1. Nennen Sie die wichtigsten Aufgaben a) der Finanzbuchhaltung, b) der Kosten- und Leistungsrechnung.
2. Die Aufwendungen und Erträge der FB können betrieblich oder neutral sein.
   a) Nennen Sie die Unterschiede und die Auswirkungen auf die KLR.
   b) Geben Sie typische Beispiele mit den zugehörigen Konten für neutrale Aufwendungen und Erträge sowie für Kosten und Leistungen an.
3. Wie wird a) das Gesamtergebnis der Unternehmung, b) das eigentliche Betriebsergebnis errechnet?

Aufgabe 442

1. Die Gesamtleistung des Industriebetriebes besteht aus a) Absatzleistungen, b) Lagerleistungen, c) Aktivierten Eigenleistungen, d) unentgeltlichen Entnahmen.
   Nennen Sie Beispiele zu a) bis d).
2. In der FB spricht man von Aufwendungen und Erträgen, in der KLR dagegen von Kosten und Leistungen. *Welcher Zusammenhang besteht zwischen a) Aufwendungen und Kosten, b) Erträgen und Leistungen?*
3. *Welche Geschäftsfälle führen zu neutralen Aufwendungen?*
4. *Warum gehört die Kreditaufnahme bei einem Kreditinstitut nicht zu den einnahmewirksamen Vorgängen im Industriebetrieb?*
5. Der Industriekontenrahmen trennt in den Kontenklassen die beiden Hauptbereiche des Rechnungswesens in den RK I (= FB) und in den RK II (= KLR).
   Welche Gründe sprechen für die Trennung der beiden Rechnungskreise?

Aufgabe 443

Prüfen Sie, ob folgende Aussagen richtig oder falsch sind:
1. Aufwendungen sind zugleich auch immer Ausgaben des Unternehmens.
2. Einnahmen sind zugleich auch immer Erträge des Unternehmens.
3. Neutrale Aufwendungen entstehen bei der Verfolgung betriebsfremder Ziele.
4. Die Banküberweisung an einen Lieferanten stellt eine Ausgabe dar.
5. Das Betriebsergebnis wird aus der Gegenüberstellung der neutralen Aufwendungen und der Leistungen ermittelt.
6. Das Gesamtergebnis der Unternehmung im RK I enthält sowohl das Betriebsergebnis als auch das Neutrale Ergebnis (vgl. S. 361 f.).
7. Ein Betriebsgewinn wird erwirtschaftet, wenn die Leistungen höher sind als die Kosten.

Aufgabe 444

Ordnen Sie folgende Aufwands- und Ertragsarten den 1. neutralen Aufwendungen, 2. neutralen Erträgen, 3. betrieblichen Aufwendungen, 4. betrieblichen Erträgen zu.

a) Lohnzahlung
b) Verlust aus Wertpapierverkauf
c) Aufwendungen für Rohstoffe
d) Abschreibung auf ein nicht betriebsnotwendiges Mietshaus
e) Brandschaden im Hilfsstofflager
f) Abschreibungen auf Sachanlagen
g) Instandhaltungsaufwendungen für Maschinen
h) Hoher Forderungsausfall durch Insolvenz eines Kunden
i) Mietzahlung für gemietetes Lagergebäude
j) Zinsaufwendungen[1]
k) Soziale Abgaben
l) Erträge aus Versicherungsentschädigungen
m) Umsatzerlöse für Erzeugnisse
n) Mehrbestand an unfertigen Erzeugnissen
o) Zinserträge
p) Erlöse aus Anlagenabgängen

[1] Siehe hierzu die Erläuterungen auf S. 363/372.

2 Abgrenzungsrechnung

Situation

Unternehmer Schmolmann ist sehr daran interessiert, das Ergebnis aus den eigentlichen betrieblichen Tätigkeiten (= Betriebsgewinn oder Betriebsverlust) zu erfahren. Aus dem Gewinn- und Verlustkonto (vgl. S. 354) kennt er bisher lediglich seinen Jahresüberschuss von 1.850.000,00 €. Diese Zahl sagt noch nichts darüber aus, wie hoch das **Betriebsergebnis** gewesen ist. Dazu muss ihm die Höhe der Kosten und Leistungen bekannt sein. Um diese Aussage zu erhalten, filtert er aus allen Aufwendungen und Erträgen des GuV-Kontos die neutralen Aufwendungen und Erträge heraus und führt sie in einer besonderen Rechnung, der **Abgrenzungsrechnung**, zusammen. So bleiben die Kosten und Leistungen übrig, die er zum **Betriebsergebnis** zusammenfasst. Als Instrument für diese Rechnungen verwendet er die **Ergebnistabelle**.

2.1 Ergebnistabelle als Hilfsmittel der Abgrenzungsrechnung

Die Ergebnistabelle dient dazu, die neutralen Aufwendungen und Erträge von den Kosten und Leistungen abzugrenzen. Damit erfüllt sie ein wesentliches Ziel der Abgrenzungsrechnung: Kosten und Leistungen einer Abrechnungsperiode in der Betriebsergebnisrechnung nach Kosten- und Leistungsarten gegliedert zu erfassen sowie das Betriebsergebnis auszuweisen.

Ziel der Abgrenzungsrechnung

Die Ergebnistabelle spiegelt das **Zweikreissystem** des Kontenrahmens (vgl. S. 83 f.) wider: In ihrem **linken Teil** mit der Überschrift „Finanzbuchhaltung (= Rechnungskreis I)" nimmt sie **alle Aufwands- und Ertragskonten mit ihren jeweiligen Salden** aus den Kontenklassen 5, 6 und 7 der Finanzbuchhaltung auf. Damit wird in diesem Teil der Inhalt des GuV-Kontos aus dem Rechnungskreis I (= RK I) wiedergegeben und das **Gesamtergebnis der Unternehmung** ausgewiesen. ❶

Aufbau der Ergebnistabelle

Der **rechte Teil** der Tabelle ist der **Kosten- und Leistungsrechnung (= Rechnungskreis II)** vorbehalten. Er wird unterteilt in die **Abgrenzungsrechnung** und die **Betriebsergebnisrechnung**. ❷

Die **Abgrenzungsrechnung** übernimmt aus dem linken Teil der Tabelle, dem RK I, die **neutralen Aufwendungen und Erträge**. Sie schließt mit dem **Neutralen Ergebnis** (Neutraler Gewinn oder Neutraler Verlust) ab. ❸

Die **Betriebsergebnisrechnung** übernimmt aus dem linken Teil der Tabelle **die Kosten und Leistungen** und ermittelt daraus das **Betriebsergebnis**. ❹

Durch dieses Verfahren lassen sich in einer Tabelle das Gesamtergebnis der FB sowie das Neutrale Ergebnis und das Betriebsergebnis der KLR übersichtlich darstellen. Ebenso ist es möglich, die Ergebnisse der beiden Rechnungskreise auf ihre Richtigkeit hin abzustimmen. ❺

	Ergebnistabelle						
❶	Finanzbuchhaltung (= Rechnungskreis I)			❷ Kosten- und Leistungsrechnung (= Rechnungskreis II)			
	Gesamtergebnisrechnung der FB			❸ Abgrenzungsrechnung		❹ Betriebsergebnisrechnung	
				Unternehmensbezogene Abgrenzungen			
Kontenklassen 5, 6, 7	Aufwendungen (Klassen 6, 7)		Erträge (Klasse 5)	neutrale Aufwendungen	neutrale Erträge	Kosten	Leistungen
❺ Abstimmung	Gesamtergebnis		=	Neutrales Ergebnis (Abgrenzungsergebnis)	+	Betriebsergebnis	

G Kosten- und Leistungsrechnung im Industriebetrieb

2.1.1 Abgrenzung der neutralen Aufwendungen und Erträge von den Kosten und Leistungen (Unternehmensbezogene Abgrenzung)

Beispiel

Im Unternehmen Schmolmann KG wird aus dem Gewinn- und Verlustkonto (vgl. S. 354) für das abgelaufene Geschäftsjahr eine Ergebnistabelle erstellt, um das Neutrale Ergebnis und das Betriebsergebnis errechnen zu können. Hierbei ist jede Position des GuV-Kontos daraufhin zu untersuchen, ob sie dem Betriebszweck diente und somit als Leistung oder Kosten in die Betriebsergebnisrechnung hineingehört oder ob sie „neutral" ist und somit der Abgrenzungsrechnung zugeordnet werden muss.
Bei der Aufstellung der Ergebnistabelle sind folgende Vorgänge zu berücksichtigen:

1. Stillgelegte Anlagen sind im Geschäftsjahr mit 40.000,00 € abgeschrieben worden. Dieser Betrag ist in den Abschreibungen auf Sachanlagen enthalten.
2. Die GuV-Position „Betriebliche Steuern" enthält Steuerzahlungen, von denen 1.000,00 € Grundsteuern auf ein brach liegendes Grundstück und 1.000,00 € auf eine Gewerbesteuernachzahlung für das Vorjahr entfallen.

Ergebnistabelle

	Finanzbuchhaltung (= RK I)		Kosten- und Leistungsrechnung (= RK II)			
	Gesamtergebnisrechnung der FB		Abgrenzungsrechnung Unternehmensbezogene Abgrenzungen		Betriebsergebnis- rechnung	
Konto	Aufwendungen	Erträge	neutrale Aufwendungen	neutrale Erträge	Kosten	Leistungen
5000		10.520.000				10.520.000
5202		240.000				240.000
5410		165.000		165.000		
5431		40.000		40.000		
5710		50.000		50.000		
6000	2.800.000				2.800.000	
6020	795.000				795.000	
6030	35.000				35.000	
6200	2.400.000				2.400.000	
6300	500.000				500.000	
6400	600.000				600.000	
6520	650.000		40.000		610.000	
6800	50.000				50.000	
6870	205.000				205.000	
6940	260.000		260.000			
6979	100.000		100.000			
70/77	190.000		2.000		188.000	
7460	40.000		40.000			
7510	540.000				540.000	
	9.165.000	11.015.000	442.000	255.000	8.723.000	10.760.000
	1.850.000			187.000	2.037.000	
	11.015.000	11.015.000	442.000	442.000	10.760.000	10.760.000
	Gesamtergebnis		Neutrales Ergebnis		Betriebsergebnis	

Abstimmung der Ergebnisse:

1. Gesamtergebnis im Rechnungskreis I	(+)	1.850.000,00 €
2. Neutraler Verlust	(−)	187.000,00 €
3. Betriebsgewinn	(+)	2.037.000,00 €
4. Gesamtergebnis im Rechnungskreis II	(+)	1.850.000,00 €

2.1.2 Erläuterungen zur Ergebnistabelle

Nachdem die **Salden aller Erfolgskonten** – in der Reihenfolge ihrer Kontennummern – in die linken Spalten der Ergebnistabelle (Aufwendungen und Erträge der FB = RK I) übernommen und zum **Gesamtergebnis** zusammengefasst worden sind, erfolgt die **Übertragung** dieser Salden in die Betriebsergebnisrechnung oder in die Abgrenzungsrechnung nach folgenden Überlegungen:

Übertragung der Salden

1. **In die Betriebsergebnisrechnung** werden die Salden aus dem RK I dann übertragen,
   - wenn es sich um **Erträge** handelt, die in voller Höhe **Leistungen** darstellen, oder
   - wenn es sich um **Aufwendungen** handelt, die in voller Höhe **Kosten** darstellen.

   So werden z. B. die Umsatzerlöse (Konto 5000) aus der Ertragsspalte im RK I in die Spalte „Leistungen" der Betriebsergebnisrechnung des RK II übertragen, ebenso der Mehrbestand an fertigen Erzeugnissen (Konto 5202). Die Salden der Konten 6000 bis 6400, 6800, 6870 werden aus der Aufwandsspalte im RK I in die Spalte „Kosten" der Betriebsergebnisrechnung übernommen. Nicht einheitlich sind die Auffassungen dazu, wie die Zinsaufwendungen der Finanzbuchhaltung (Konto 7510) in der Ergebnistabelle aufzuführen sind. Unstrittig ist die Auffassung, dass Zinskosten generell in die Kostenrechnung Eingang finden müssen. Strittig ist, ob die Zinsen für das dem Unternehmen zur Verfügung gestellte Fremdkapital als Zinskosten in der KLR angesetzt werden können oder ob es der Berechnung sog. kalkulatorischer Zinsen bedarf (vgl. Seite 372 f.).

   Zinsaufwendungen

   Im ersten Fall gelangt eine finanzwirtschaftliche Komponente in die Kostenrechnung, da die Unternehmen Fremdkapital in unterschiedlicher Höhe nutzen und entsprechend unterschiedlich hohe Zinsen zahlen. Zum Teil ließe sich die Ungleichheit dadurch beheben, dass zusätzlich zu den Fremdkapitalzinsen auch Zinsen für das eingebrachte Eigenkapital angesetzt werden – als Äquivalent für die dem Unternehmer entgangenen Zinserträge, wenn er sein Eigenkapital „fremd" angelegt hätte (= sog. Opportunitätskosten). Im anderen Fall entscheidet die betriebswirtschaftliche Komponente über die Höhe der Zinskosten: Die Zinskosten werden von dem betriebswirtschaftlich notwendigen Gesamtkapital berechnet. Nähere Ausführungen hierzu finden Sie im Kapitel „2.2.2 Kalkulatorische Zinsen", Seite 372.

   Wir entscheiden uns an dieser Stelle dafür, in der Ergebnistabelle vorübergehend die Fremdkapitalzinsen als Kosten anzusetzen, um deren grundsätzlichen Kostencharakter zu betonen. Zu einem späteren Zeitpunkt wird die Korrektur in Form der kalkulatorischen Zinsen vorgenommen.

2. **In die Abgrenzungsrechnung** werden die Salden aus dem RK I dann übertragen,
   - wenn sie in voller Höhe **neutrale Erträge oder neutrale Aufwendungen** sind.

   So gehen die Salden der Konten 5410, 5431 und 5710 in die Ertragsspalte der Abgrenzungsrechnung über und werden somit **von der Kosten- und Leistungsrechnung ferngehalten**. Entsprechend ist bei den Aufwendungen zu verfahren: Die Konten 6940, 6979 und 7460 enthalten nicht kalkulierbare (= unternehmensbezogene) Aufwendungen, deren Beträge in die Aufwandsspalte der Abgrenzungsrechnung übertragen werden.

3. **Besondere Beachtung** verdienen das Konto „**6520 Abschreibungen auf Sachanlagen**" und die Kontengruppe „**70/77 Betriebliche Steuern**": Von den bilanzmäßigen Abschreibungen in Höhe von 650.000,00 € sind zunächst 40.000,00 € als neutraler Aufwand in die Abgrenzungsrechnung einzustellen. Dieser Betrag hat mit den Abschreibungen auf das **betrieblich genutzte** Anlagevermögen nichts zu tun; er wird über den **Filter „Unternehmensbezogene Abgrenzungen"** von der Kosten- und Leistungsrechnung ferngehalten. In die Spalte „Kosten" der Betriebsergebnisrechnung ist nur der Restbetrag von 610.000,00 € einzusetzen. Entsprechend ist bei der Kontengruppe 70/77 zu verfahren: Hier werden 1.000,00 € Grundsteuer auf das brach liegende Grundstück und 1.000,00 € Gewerbesteuernachzahlung für das Vorjahr als neutraler Aufwand abgegrenzt; der Restbetrag von 188.000,00 € gilt als Kosten.

4. **Ergebnisspaltung im Rechnungskreis II.** Während das **GuV-Konto** auf Seite 354 nur das **Gesamtergebnis** der Unternehmung (= Jahresüberschuss) in Höhe von **1.850.000,00 €** ausweist, lassen sich aus der **Ergebnistabelle** auf Seite 362 zusätzlich die **Teilergebnisse**

Neutraler Verlust		(−)	187.000,00 €
Betriebsgewinn		(+)	2.037.000,00 €

ablesen. Die Ergebnistabelle macht damit in der Spalte „Betriebsergebnisrechnung" eine für die Unternehmensleitung wichtige Aussage über das Ergebnis aus der betrieblichen Tätigkeit. Im obigen Beispiel stammt der **gesamte unternehmerische Erfolg aus der betrieblichen Tätigkeit**. Die sonstigen Vorgänge, die **nichts mit planvollen betrieblichen Geschäftsfällen** zu tun haben, führen zu einem **neutralen Verlust** von 187.000,00 €.

5. **Kosten und Leistungen.** Die Ergebnistabelle verdeutlicht, dass das Produktionsergebnis der Abrechnungsperiode (= Jahr) aus **Absatzleistungen** (= 10.520.000,00 €) und **Lagerleistungen** (= 240.000,00 €) besteht. Es wurde durch den Einsatz von insgesamt 8.723.000,00 € Kosten erzielt.

6. **Wirtschaftlichkeit.** Für Herrn Schmolmann ist die Wirtschaftlichkeit, d. h. der **sparsame Einsatz der Betriebsmittel und Werkstoffe**, eine wichtige Kennzahl zur Beurteilung seines betrieblichen Handelns. Er berechnet diese Zahl, indem er die **Leistungen durch die Kosten** dividiert:

$$\text{Wirtschaftlichkeit} = \frac{\text{Leistungen}}{\text{Kosten}} = \frac{10.760.000,00\ €}{8.723.000,00\ €} = 1{,}23$$

Diese Zahl besagt, dass für je 1,00 € eingesetzte Kosten 1,23 € Umsatzerlöse ins Unternehmen zurückgeflossen sind.

Aufgabe 445

Der Finanzbuchhaltung der Möbelfabrik Schneider OHG, die sich auf Regalfertigung spezialisiert hat, entstammen für den Monat Juni .. folgende Aufwendungen und Erträge:

5000	Umsatzerlöse für eigene Erzeugnisse	1.280.000,00
5202	Mehrbestand an fertigen Erzeugnissen	120.000,00
5410	Erlöse aus Anlagenabgängen	56.000,00
5431	Erträge aus Versicherungsentschädigungen	14.000,00
5500	Erträge aus Wertpapieren	30.000,00
5710	Zinserträge	4.000,00
60 ..	Aufwendungen für Roh- und Hilfsstoffe	330.000,00
6160	Fremdinstandhaltung	3.000,00
6200	Löhne	520.000,00
6300	Gehälter	130.000,00
6400	Soziale Abgaben	140.000,00
6520	Abschreibungen auf Sachanlagen	60.000,00
6979	Anlagenabgänge	47.000,00
7030	Kraftfahrzeugsteuer (für Betriebsfahrzeuge)	10.000,00
7460	Verluste aus Wertpapierverkäufen	16.000,00

Aufgaben für die Erstellung der Ergebnistabelle

1. Führen Sie im Rechnungskreis II die Abgrenzungsrechnung durch, indem Sie die neutralen Aufwendungen und Erträge aus der Gesamtergebnisrechnung in die Abgrenzungsrechnung übertragen.
2. Die betrieblichen Aufwendungen und Erträge sind entsprechend als Kosten und Leistungen in die Betriebsergebnisrechnung einzubringen. Hierbei ist zu beachten, dass von den Abschreibungen auf Sachanlagen 5.000,00 € auf still gelegte Anlagen entfallen.
3. Errechnen Sie
   a) das Neutrale Ergebnis,   b) das Betriebsergebnis,   c) das Gesamtergebnis der Unternehmung.
4. Stimmen Sie das Gesamtergebnis des Rechnungskreises I mit dem Gesamtergebnis des Rechnungskreises II anhand des Schemas auf Seite 362 ab.

Aufgabe 446

Die Buchhaltung eines Industriebetriebes liefert folgende Salden der Erfolgskonten:

5000	Umsatzerlöse für eigene Erzeugnisse	800.000,00
5410	Erlöse aus Anlagenabgängen	45.000,00
5431	Erträge aus Versicherungsentschädigungen	10.000,00
5710	Zinserträge	20.000,00
6000	Aufwendungen für Rohstoffe	270.000,00
6020	Aufwendungen für Hilfsstoffe	50.000,00
6200	Löhne	350.000,00
6300	Gehälter	90.000,00
6400	Soziale Abgaben	40.000,00
6800	Aufwendungen für Büromaterial	3.000,00
6979	Anlagenabgänge	9.000,00
7510	Zinsaufwendungen	10.000,00
70/77	Betriebliche Steuern	25.000,00

Aufgaben für die Erstellung der Ergebnistabelle

1. Führen Sie im Rechnungskreis II die Abgrenzungsrechnung durch, indem Sie die neutralen Aufwendungen und Erträge aus der Gesamtergebnisrechnung in die Abgrenzungsrechnung übertragen.
2. Die betrieblichen Aufwendungen und Erträge sind entsprechend als Kosten und Leistungen in die Betriebsergebnisrechnung einzubringen.

Aufgabe 447

Die Buchhaltung eines Industriebetriebes liefert folgende Salden der Erfolgskonten:

5000	Umsatzerlöse für eigene Erzeugnisse	1.450.000,00
5202	Erhöhung des Bestandes an fertigen Erzeugnissen	40.000,00
5410	Erlöse aus Anlagenabgängen	8.000,00
5710	Zinserträge	3.000,00
60..	Aufwendungen für Roh- und Betriebsstoffe	510.000,00
6200	Löhne	620.000,00
6300	Gehälter	175.000,00
6400	Soziale Abgaben	95.000,00
6700	Aufwendungen für Miete	15.000,00
6979	Anlagenabgänge	7.000,00
70/77	Betriebliche Steuern	34.000,00
7510	Zinsaufwendungen	12.000,00

Erstellen Sie die Ergebnistabelle nach den Angaben in Aufgabe 446.

Aufgabe 448

Auszug aus der Ergebnistabelle der Meyer GmbH:

5000	Umsatzerlöse für eigene Erzeugnisse	3.245.000,00
5431	Erträge aus Versicherungsentschädigungen	25.000,00
60..	Aufwendungen für Roh-, Hilfs-und Betriebsstoffe	1.220.000,00
62–64	Personalaufwendungen	1.550.000,00
6520	Abschreibungen auf Sachanlagevermögen	215.000,00

Stellen Sie folgenden Vorgang in der Ergebnistabelle dar:

Herr Meyer hat eine zum Betriebsvermögen gehörende Anlage stillgelegt. Die stillgelegte Anlage schreibt er mit 4.500,00 € ab; dieser Betrag ist in den Abschreibungen auf Sachanlagevermögen enthalten. Mit eigenen Arbeitskräften und Material aus dem Lager hat er die Anlage stillgelegt: Lohnkosten 24.000,00 €, Materialkosten 6.200,00 €.

G Kosten- und Leistungsrechnung im Industriebetrieb

Aufgabe 449

In der FB der Wilhelm KG, Kleiderfabrikation, sind für das 1. Quartal .. folgende Aufwendungen und Erträge erfasst worden:

5000	Umsatzerlöse für eigene Erzeugnisse	1.870.500,00
5100	Umsatzerlöse für Waren	200.000,00
5201	Mehrbestand an unfertigen Erzeugnissen	42.000,00
5300	Andere aktivierte Eigenleistungen	31.500,00
5410	Erlöse aus Anlagenabgängen	1.900,00
5431	Erträge aus Versicherungsentschädigungen	5.200,00
5600	Erträge aus Finanzanlagen	8.200,00
5700	Zins- und Dividendenerträge	4.100,00
6000	Aufwendungen für Rohstoffe	300.000,00
6080	Aufwendungen für Waren	150.000,00
6200	Löhne	798.000,00
6300	Gehälter	401.000,00
6400	Soziale Abgaben	185.100,00
6510	Abschreibungen auf Wertpapiere des Anlagevermögens	31.200,00
6520	Abschreibungen auf Sachanlagen	92.500,00
6700	Aufwendungen für Mieten und Pachten	4.900,00
6870	Aufwendungen für Werbung	12.200,00
6979	Anlagenabgänge	55.600,00
70/77	Betriebliche Steuern	22.400,00

1. Erstellen Sie die Ergebnistabelle entsprechend der Aufgabenstellung in der Aufgabe 446.
2. Beurteilen Sie die Erfolgslage des Unternehmens.

Aufgabe 450

Die FB der Fabrik für Bauelemente Heinz Schnell e. K. weist für das 1. Quartal .. folgende Aufwendungen und Erträge aus:

5000	Umsatzerlöse für eigene Erzeugnisse	1.381.500,00
5202	Minderbestand an fertigen Erzeugnissen	14.200,00
5300	Andere aktivierte Eigenleistungen	13.700,00
5410	Erlöse aus Anlagenabgängen	36.300,00
5431	Erträge aus Versicherungsentschädigungen	4.800,00
5600	Erträge aus Finanzanlagen	22.500,00
5710	Zinserträge	7.800,00
5780	Erträge aus Wertpapieren des Umlaufvermögens	8.200,00
6000	Aufwendungen für Rohstoffe	225.000,00
6150	Vertriebsprovisionen	28.500,00
6160	Instandhaltungsaufwendungen	39.600,00
6200	Fertigungs- und Hilfslöhne	375.000,00
6300	Gehälter	410.000,00
6400	Soziale Abgaben (gesetzliche)	165.000,00
6420	Beiträge zur Berufsgenossenschaft	13.200,00
6440	Aufwendungen für Altersversorgung	28.400,00
6520	Abschreibungen auf Sachanlagen	42.800,00
6700	Aufwendungen für Mieten und Pachten	21.200,00
6870	Aufwendungen für Werbung	36.100,00
6979	Anlagenabgänge	2.200,00
70/77	Betriebliche Steuern	8.400,00
7400	Abschreibungen auf Finanzanlagen	5.200,00
7510	Zinsaufwendungen	33.900,00

1. Erstellen Sie die Ergebnistabelle.
2. Beurteilen Sie die Erfolgssituation des Unternehmens.

2.2 Berücksichtigung kalkulatorischer Kosten in der Betriebsergebnisrechnung (Kostenrechnerische Korrekturen)

Situation

Bei der Aufstellung der Ergebnistabelle von Seite 362 ist Herrn Schmolmann bewusst gewesen, dass er einige der dort in der Betriebsergebnisrechnung ausgewiesenen Kosten so noch nicht in die Kostenstellen- und Kostenträgerrechnung übernehmen kann, weil sie den Anforderungen der Kostenrechnung (z. B. an eine verursachungsgerechte Kostenhöhe) nicht entsprechen. Auch hat er das Ziel einer vollständigen Kostenerfassung noch nicht erreicht; es fehlen noch jene Kosten, die überhaupt nicht als Aufwendungen in der FB erscheinen:

1. So hat Herr Schmolmann die Abschreibungen in der FB mit einem Wert berechnet und gebucht, der **für die Kostenrechnung ungeeignet** ist:

   Bei der Berechnung der bilanzmäßigen Abschreibungen hat er sich an die handelsrechtlichen Vorschriften gehalten, also ausgehend von den **Anschaffungskosten** abgeschrieben.

   In der KLR möchte er aus Gründen des Kostenvergleichs gleichmäßig – also linear – und von den zukünftigen (höheren) **Wiederbeschaffungskosten** abschreiben, damit er demnächst in der Lage ist, aus den über die Umsatzerlöse verdienten Abschreibungen die teureren Ersatzanlagen zu beschaffen.

   Anstelle der bilanzmäßigen Abschreibungen will er also in der Betriebsergebnisrechnung **kalkulatorische Abschreibungen** als Kosten ansetzen.

2. Die Zinsaufwendungen hat Herr Schmolmann mit 540.000,00 € als Kosten übernommen. In diesen Aufwendungen ist aber nur die Verzinsung des tatsächlichen langfristigen Fremdkapitals enthalten. Die Verzinsung des eingesetzten Eigenkapitals fehlt unter den Kosten. Ihm steht eine Verzinsung des Eigenkapitals – vergleichbar der Verzinsung einer langfristigen Geldanlage – zu.[1]

   Anstelle der tatsächlichen Fremdkapitalzinsen will er also **kalkulatorische Zinsen vom gesamten betriebsnotwendigen Kapital** als Kosten ansetzen.

3. Herr Schmolmann hat bisher nicht berücksichtigt, dass er für seine Mitarbeit im eigenen Unternehmen eine „Entlohnung" zu beanspruchen hat, die aber nicht als Lohn oder Gehalt in der FB gebucht werden kann. (Es besteht ja kein Arbeitsvertrag zwischen ihm und seinem Unternehmen.)

   Seine Arbeitskraft hat einen „Wert" – vergleichbar dem Gehalt eines leitenden Angestellten –, den er als **Kosten in der Betriebsergebnisrechnung** ansetzt. Dieser „Lohn" für die unternehmerische Tätigkeit heißt **Unternehmerlohn**. Herr Schmolmann kalkuliert ihn in die Verkaufspreise ein und lässt sich so diesen Lohn über die Umsatzerlöse von seinen Kunden vergüten.

4. Um die Kalkulation der Verkaufspreise auf eine feste Grundlage zu stellen und um die Verkaufspreise über längere Zeit konstant halten zu können, will Herr Schmolmann den Rohstoffaufwand nicht wie bisher zu aktuellen Bezugspreisen, sondern zu **festen Verrechnungspreisen** in der KLR bewerten.

Mit dem Ansatz **kalkulatorischer Kosten** in der Betriebsergebnisrechnung – anstelle der entstandenen Aufwendungen aus der FB – folgt Herr Schmolmann einem **wesentlichen Grundsatz der Kostenrechnung**:

Merke

In der Betriebsergebnisrechnung werden alle Kosten verursachungs- und periodengerecht in der für die Kostenrechnung geeigneten Höhe erfasst.

---

[1] Vgl. hierzu auch die Erläuterungen auf S. 363, 372, 373

G — Kosten- und Leistungsrechnung im Industriebetrieb

Situation

Fortsetzung

Für Herrn Schmolmann stellt sich die Frage, wie er die kalkulatorischen Kosten in der Betriebsergebnisrechnung erfassen kann, ohne das Gesamtergebnis zu verändern. Hierzu übernimmt er einen Vorschlag der IHK zur Organisation der Ergebnistabelle und fügt in der Abgrenzungsrechnung zwei zusätzliche Spalten mit der Überschrift „**Kostenrechnerische Korrekturen**" ein; die linke Spalte trägt die Bezeichnung „**Betriebliche Aufwendungen**", die rechte Spalte die Bezeichnung „**Verrechnete Kosten**". Mit diesem Vorgehen erreicht Herr Schmolmann, dass die kostenrechnerischen Korrekturen nicht mit den zuvor abgegrenzten neutralen Aufwendungen und Erträgen vermischt werden.

Die so gestaltete Ergebnistabelle weist in der Abgrenzungsrechnung **zwei Teilergebnisse** aus:

- das **Ergebnis aus unternehmensbezogenen Abgrenzungen** und
- das **Ergebnis aus kostenrechnerischen Korrekturen**.

Beide Teilergebnisse werden zusammengefasst zum

- **Neutralen Ergebnis**.

Die Ergebnistabelle der Schmolmann KG hat nunmehr folgendes Aussehen:

Ergebnistabelle								
Finanzbuchhaltung (= RK I)			Kosten- und Leistungsrechnung (= RK II)					
Gesamtergebnisrechnung der FB			Abgrenzungsrechnung				Betriebsergebnisrechnung	
			Unternehmensbezogene Abgrenzungen		Kostenrechnerische Korrekturen			
Konto	Aufwendungen	Erträge	neutrale Aufwendungen	neutrale Erträge	betriebliche Aufwendungen	verrechnete Kosten	Kosten	Leistungen
			Ergebnis aus unternehmensbezogenen Abgrenzungen		Ergebnis aus kostenrechnerischen Korrekturen			
	Gesamtergebnis	=	Neutrales Ergebnis			+	Betriebsergebnis	

Merke

- Die Abgrenzungsrechnung wird außerhalb der Finanzbuchhaltung tabellarisch in zwei Bereichen durchgeführt:
    - In einem ersten Bereich – auch unternehmensbezogene Abgrenzung genannt – werden aus den gesamten Aufwendungen und Erträgen der FB die nicht betrieblichen Aufwendungen und Erträge herausgefiltert und zum „Ergebnis aus unternehmensbezogenen Abgrenzungen" zusammengeführt.
    - In einem zweiten Bereich – den kostenrechnerischen Korrekturen – werden die korrekturbedürftigen betrieblichen Aufwendungen der FB (z. B. bilanzmäßige Abschreibungen, Zinsaufwendungen) von der Kostenrechnung ferngehalten. Ihnen sind kalkulatorische Kosten aus der Kostenrechnung gegenüberzustellen. Aus den korrekturbedürftigen betrieblichen Aufwendungen und den verrechneten Kosten wird das „Ergebnis aus kostenrechnerischen Korrekturen" errechnet.
- Die beiden Teilergebnisse der Abgrenzungsrechnung werden zum „Neutralen Ergebnis" zusammengefasst.

2.2.1 Kalkulatorische Abschreibungen

In der Ergebnistabelle auf Seite 362 wurden die bilanzmäßigen Abschreibungen in Höhe von 610.000,00 € als Kosten angesetzt. Das ist grundsätzlich korrekt, da dieser Aufwand **betriebsbedingt** ist. Es ist allerdings zu fragen, ob dieser Aufwand dem **tatsächlichen Werteverzehr der Anlagen** entspricht und damit **verursachungsgerechte Kosten** wiedergibt. Da bilanzmäßige Abschreibungen **im Rahmen handelsrechtlicher Vorschriften nach gewinnpolitischen Zweckmäßigkeiten** vorgenommen werden, eignen sie sich nicht für die Kostenrechnung, in der u. a. die **gleichmäßige Belastung** jeder Abrechnungsperiode mit Kosten angestrebt wird; dies wäre in Ansätzen über die **lineare Abschreibung** möglich.

Bilanzmäßige Abschreibungen

In der Regel sind also die bilanzmäßigen Abschreibungen für die Kostenrechnung ungeeignet und werden dort mit einem **anderen Betrag** eingesetzt. Folgende **Gründe** sprechen für den unterschiedlichen Wertansatz von bilanzmäßigen und kalkulatorischen Abschreibungen:

Kalkulatorische Abschreibungen als Anderskosten

- **Bilanzmäßig** abgeschrieben werden **alle** Wirtschaftsgüter des Anlagevermögens, unabhängig davon, ob sie dem eigentlichen Betriebszweck dienen oder nicht.
  Kalkulatorisch abgeschrieben werden dagegen **nur** solche **Anlagegüter, die betriebsnotwendig sind**. Als betriebsnotwendig gelten alle Anlagen, die **laufend** dem Betriebszweck und der Leistungserstellung und -verwertung dienen (einschließlich Reserveanlagen).

- **Bilanzabschreibungen** werden auf der Grundlage der **Anschaffungs- oder Herstellungskosten** des Anlagegutes vorgenommen.
  Kalkulatorische Abschreibungen werden dagegen von den **gestiegenen Wiederbeschaffungskosten** des Anlagegutes berechnet, um in der Zukunft so viele Abschreibungsbeträge über die zufließenden Umsatzerlöse ansammeln zu können, dass Ersatzinvestitionen möglich sind.

- **Bilanzmäßig** kann ein Anlagegut in der Finanzbuchhaltung nur bis zum Erinnerungswert von 1,00 € abgeschrieben werden.
  Kalkulatorische Abschreibungen werden dagegen so lange fortgesetzt, wie das betreffende Anlagegut noch im Betrieb verwendet wird, also unabhängig davon, ob es bilanziell bereits abgeschrieben ist oder nicht.

- Unterschiede zwischen der bilanzmäßigen und der kalkulatorischen Abschreibung bestehen auch in der Anwendung der **Abschreibungsmethoden**:
  In der Finanzbuchhaltung ist der Kaufmann gehalten, nach handelsrechtlichen Vorschriften abzuschreiben (z. B. linear oder degressiv).[1]
  In der Kosten- und Leistungsrechnung dagegen soll möglichst die tatsächliche Wertminderung der Anlagegüter durch die kalkulatorische Abschreibung berücksichtigt werden. Jedoch ist es hinsichtlich des Kostenvergleichs notwendig, in den Abrechnungsperioden gleiche Abschreibungsbeträge zu verrechnen. Kalkulatorisch wird daher in der Regel linear abgeschrieben.

Beispiel

In der Unternehmung Schmolmann KG werden die kalkulatorischen Abschreibungen linear aufgrund folgender Zahlen berechnet:

Sachanlagen	Wiederbeschaffungskosten (geschätzt)	Abschreibungssatz	Abschreibungsbetrag
Gebäude	2.500.000,00 €	4 %	100.000,00 €
Maschinen	4.000.000,00 €	10 %	400.000,00 €
Andere Anlagen	800.000,00 €	20 %	160.000,00 €
			660.000,00 €

---

1 Vgl. dazu Kapitel C, 7.5, S. 219 f.

G KOSTEN- UND LEISTUNGSRECHNUNG IM INDUSTRIEBETRIEB

Erfassung der kalkulatorischen und bilanzmäßigen Abschreibung im RK II

Die kalkulatorische Abschreibung wird mit **660.000,00 €** in die Spalte „Kosten" der Betriebsergebnisrechnung eingesetzt und durch die

Buchung: „Kosten" an „Verrechnete Kosten"

in der Spalte „**Verrechnete Kosten**" des Abgrenzungsbereichs „Kostenrechnerische Korrekturen" **erfolgswirksam „gegengebucht"**. Aus der Aufwandsspalte des Rechnungskreises I wird die bilanzmäßige Abschreibung (650.000,00 €) – nach Abfilterung der unternehmensbezogenen Abschreibung von 40.000,00 € für die stillgelegte Anlage – mit **610.000,00 €** in die Spalte „betriebliche Aufwendungen" des Abgrenzungsbereichs „Kostenrechnerische Korrekturen" übertragen. Hier stehen sich nun bilanzmäßige und kalkulatorische Abschreibung gegenüber. Beide Zahlen können zum Ergebnis aus kostenrechnerischen Korrekturen verrechnet werden. In diesem Fall ergibt sich ein **Ertrag aus kostenrechnerischen Korrekturen in Höhe von 50.000,00 €**.

Ergebnistabelle

	Finanzbuchhaltung (= RK I)		Kosten- und Leistungsrechnung (= RK II)					
	Gesamtergebnisrechnung der FB		Abgrenzungsrechnung				Betriebsergebnisrechnung	
			Unternehmensbezogene Abgrenzungen		Kostenrechnerische Korrekturen			
Konto	Aufwendungen	Erträge	neutrale Aufwendungen	neutrale Erträge	betriebliche Aufwendungen	verrechnete Kosten	Kosten	Leistungen
5000		660.000[1]						660.000[1]
6520	650.000 →		40.000 →		610.000	660.000 ←	660.000	
	650.000	660.000	40.000	0	610.000	660.000	660.000	660.000
Salden	10.000			40.000		50.000		0
	660.000	660.000	40.000	40.000	660.000	660.000	660.000	660.000

Auf das Gesamtergebnis im RK I wirken sich die über die Umsatzerlöse „verdienten" kalkulatorischen Abschreibungen mit einem **Gewinn von 10.000,00 €** aus.

Die Abgrenzungsrechnung im RK II weist einen **Gewinn von 10.000,00 €** aus, der sich aus 40.000,00 € Verlust aus „Unternehmensbezogenen Abgrenzungen" und 50.000,00 € Gewinn aus „Kostenrechnerischen Korrekturen" zusammensetzt.

Das Betriebsergebnis wird durch die kalkulatorischen Abschreibungen **nicht beeinflusst**, sofern diese Abschreibungen über die Umsatzerlöse **voll** erstattet werden. Es stehen sich hier also Kosten und Leistungen in gleicher Höhe gegenüber.

> **Merke**
>
> ■ Kalkulatorische Abschreibungen stellen Kosten dar, die die tatsächliche Wertminderung der Anlagen erfassen und in der Selbstkosten- und Betriebsergebnisrechnung verrechnet werden. Sofern sie höher als die bilanzmäßigen Abschreibungen sind und über die Marktpreise abgegolten werden, beeinflussen sie das Gesamtergebnis positiv.
>
> ■ Bilanzmäßige Abschreibungen stellen Aufwand in der Gesamtergebnisrechnung der FB dar und werden nach handelsrechtlichen Gesichtspunkten bemessen. Sie beeinflussen die Wertansätze des Anlagevermögens in der Bilanz.

---

[1] über die Umsatzerlöse zurückgeflossene kalkulatorische Abschreibungen

ABGRENZUNGSRECHNUNG G

Abschreibungskreislauf

Ein wesentliches Unternehmensziel muss die **Erhaltung der Vermögenssubstanz** sein; insbesondere geht es hierbei um die Erhaltung der im Anlagevermögen ruhenden Leistungsfähigkeit. Dies wird durch die **Ersatzbeschaffung** (= Reinvestition) **verbrauchter Anlagen** erreicht. Die **Finanzierung** solcher Anlagen hat grundsätzlich aus „verdienten" Kosten **ohne Zuführung von Eigenkapital oder Fremdkapital** zu erfolgen. Um dies zu erreichen, bedarf es des Ansatzes von Abschreibungen, und zwar

- in der **Finanzbuchhaltung** als **Aufwand**, um zu verhindern, dass in der Gewinn- und Verlustrechnung **ein zu hoher Gewinn ausgewiesen** und möglicherweise **ausgeschüttet** wird (= Gefahr der Substanzausschüttung),
- in der **Kosten- und Leistungsrechnung** als **Kosten**, um die Wiederbeschaffung der Anlagen über die Selbstfinanzierung zu ermöglichen. Hierzu werden die Kosten in die Preisberechnung einbezogen. In der Regel müssen dem Unternehmen im Preis für die Erzeugnisse **alle Kosten** zurückerstattet werden. In den Umsatzerlösen fließen also auch die Abschreibungsbeträge **(= Abschreibungsgegenwerte)** zurück und stehen in Form flüssiger Mittel für die Erneuerung von Anlagen zur Verfügung.

So ergibt sich – unter der Voraussetzung, dass die kalkulatorischen Abschreibungen vom Markt vergütet werden – folgender **Abschreibungskreislauf**:

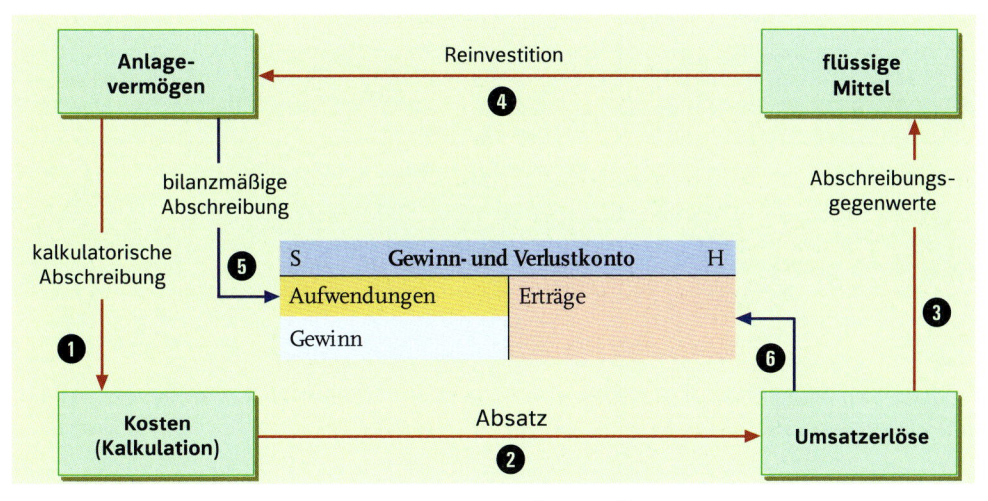

Aufgabe: Erläutern Sie den Abschreibungskreislauf ❶ bis ❻ anhand eines Zahlenbeispiels.

Die obige Darstellung macht deutlich, dass kein Unternehmen auf Abschreibungen als wesentliches Mittel der Finanzierung (= **Selbstfinanzierung**) verzichten kann.

Finanzierung aus Abschreibungsgegenwerten

Bei der Finanzierungswirkung der Abschreibung lassen sich drei Fälle unterscheiden:

- **Bilanzmäßige Abschreibungen und kalkulatorische Abschreibungen stimmen überein.** In diesem Fall findet eine **Vermögensumschichtung** vom Anlagevermögen zum Umlaufvermögen statt. Auf Dauer wird die Vermögenssubstanz nur nominell erhalten.
- **Bilanzmäßige Abschreibungen sind höher als kalkulatorische Abschreibungen.** In diesem Fall führt der gebuchte Mehraufwand zu einer **verdeckten Finanzierung aus dem Gewinn**. Auf Dauer wird die Vermögenssubstanz aufgezehrt.
- **Bilanzmäßige Abschreibungen sind niedriger als kalkulatorische Abschreibungen.** In diesem Fall führt der erzielte Mehrerlös zu einer **offenen Finanzierung aus dem Gewinn**. Dem Unternehmen stehen zusätzliche Mittel zur Finanzierung zur Verfügung.

2.2.2 Kalkulatorische Zinsen

Zinsen vom betriebsnotwendigen Kapital

In der Ergebnistabelle auf Seite 362 hat Unternehmer Schmolmann die in der Finanzbuchhaltung gebuchten Fremdkapitalzinsen in Höhe von 540.000,00 € als Kosten in die Kosten- und Leistungsrechnung übernommen. Das ist grundsätzlich richtig, da die Fremdkapitalzinsen einen **betrieblichen Aufwand** darstellen. Es stellt sich aber die Frage nach der Zweckmäßigkeit dieses Kostenansatzes. Herr Schmolmann wird danach streben, dass ihm in den Umsatzerlösen auch eine angemessene **Verzinsung des eingesetzten Eigenkapitals** zufließt. Um das zu erreichen, werden in der Kostenrechnung Zinsen für das **gesamte bei der Leistungserstellung und -verwertung erforderliche Kapital** angesetzt. Dadurch werden alle Industriebetriebe in der Selbstkosten- und Betriebsergebnisrechnung vergleichbar gemacht, unabhängig davon, in welchem Verhältnis sie mit Eigen- und Fremdkapital ausgestattet sind. Außerdem wird die Kostenrechnung von zufälligen Schwankungen befreit, die durch die Änderungen der Zinssätze für aufgenommene Kredite entstehen.

Betriebsnotwendiges Kapital

In der Kosten- und Leistungsrechnung werden somit anstelle der tatsächlich gezahlten Zinsen **kalkulatorische Zinsen** angesetzt und verrechnet. Sie werden auf der Grundlage des **betriebsnotwendigen Kapitals** ermittelt. Der kalkulatorische Zinssatz richtet sich meist nach dem im betreffenden Zeitraum üblichen Zinssatz für langfristige Darlehen.

> **Beispiel**
>
> Unternehmer Schmolmann ermittelt auf der Grundlage seiner Bilanzen das folgende **betriebsnotwendige Kapital**, das er mit 9 %/Jahr kalkulatorisch verzinsen will[1]:
>
> | | | |
> |---|---|---|
> | | Anlagevermögen (nach kalkulatorischen Restwerten, ohne still gelegte Anlagen) .... | 7.200.000,00 € |
> | + | Umlaufvermögen (nach kalkulatorischen Mittelwerten, ohne Wertpapiere) .... | 5.200.000,00 € |
> | | Betriebsnotwendiges Vermögen .... | 12.400.000,00 € |
> | – | Abzugskapital (Lieferantenkredite ohne Skontierung, Kundenanzahlungen) | 900.000,00 € |
> | = | **Betriebsnotwendiges Kapital** .... | **11.500.000,00 €** |
> | | Die **kalkulatorischen** Zinsen für das Jahr betragen dann: 11.500.000,00 € · 0,09 = ... | 1.035.000,00 € |

Zum betriebsnotwendigen Anlagevermögen zählen nur solche Anlagegüter, die **dauernd** dem eigentlichen **Betriebszweck** dienen. Das nicht abnutzbare betriebsnotwendige Anlagevermögen (z. B. Grundstücke) wird zu **Anschaffungskosten** bewertet. Das abnutzbare betriebsnotwendige Anlagevermögen (z. B. Gebäude, Technische Anlagen/Maschinen, Betriebs- und Geschäftsausstattung) wird nicht mit Bilanzwerten angesetzt, sondern mit **kalkulatorischen Restwerten** (= Anschaffungskosten minus kalkulatorische Abschreibungen).

Nicht betriebsnotwendige Anlagen, wie z. B. brach liegende Grundstücke, stillgelegte Anlagen u. a., bleiben **außer Ansatz**.

Reserveanlagen (z. B. Reservemaschinen) gehören stets zum betriebsnotwendigen Anlagevermögen, da sie für die Aufrechterhaltung der Betriebsbereitschaft erforderlich sind.

Das betriebsnotwendige Umlaufvermögen ist nach Ausgliederung der nicht betriebsbedingten Posten (z. B. Wertpapierbestände) mit den Beträgen anzusetzen, die während des Abrechnungszeitraumes **durchschnittlich** im Umlaufvermögen gebunden sind (sog. kalkulatorische Mittelwerte).

Das Abzugskapital besteht aus Kapitalposten, die dem Unternehmen **zinslos** zur Verfügung stehen, wie z. B. Anzahlungen von Kunden, sonstige Verbindlichkeiten, Rückstellungen, Lieferantenkredite, sofern keine Skontierungsmöglichkeit hierfür besteht.

---

[1] Die Werte sind geschätzt. Ihnen wurde die Bilanz der Schmolmann KG zum 31.12.20.. (S. 354) zu Grunde gelegt.

Strittig ist, ob ein Abzugskapital vom betriebsnotwendigen Vermögen überhaupt subtrahiert werden sollte. Für einen Abzug spricht, dass dadurch eine doppelte Anrechnung von Zinskosten verhindert wird. So ist z. B. in Lieferantenkrediten (= Verbindlichkeiten a. LL) der Zins bereits im Warenpreis enthalten und Kundenanzahlungen beinhalten eine Abzinsung – und damit einen Zinsvorteil für den Lieferanten – für eine erst später fällige Forderung. Lässt man das Abzugskapital aus der Berechnung heraus, so wird dadurch verhindert, dass die Höhe des betriebsnotwendigen Kapitals von Finanzierungsvorgängen beeinflusst wird. Wir haben uns hier entschieden, das Abzugskapital abzuziehen.

Die kalkulatorischen Zinsen werden mit 1.035.000,00 € (vgl. Beispiel S. 372) in die Spalte „Kosten" der Betriebsergebnisrechnung eingesetzt und in der Spalte **„Verrechnete Kosten"** der „Kostenrechnerischen Korrekturen" **gegengebucht**. Aus dem RK I werden die dort als Aufwand gebuchten Fremdkapitalzinsen (vgl. S. 362) mit 540.000,00 € in die Spalte „betriebliche Aufwendungen lt. FB" der „Kostenrechnerischen Korrekturen" übertragen. Hier stehen sich Fremdkapitalzinsen und kalkulatorische Zinsen gegenüber und können zum **„Ergebnis aus kostenrechnerischen Korrekturen"** verrechnet werden. In diesem Fall ergibt sich ein neutraler Gewinn von 495.000,00 €. Er stimmt mit dem in der FB ausgewiesenen Gewinn bei **vollem Kostenersatz durch die Umsatzerlöse** überein.

Erfassung der kalkulatorischen Zinsen in der KLR

Ergebnistabelle

Finanzbuchhaltung (= RK I)			Kosten- und Leistungsrechnung (= RK II)					
Gesamtergebnisrechnung der FB			Abgrenzungsrechnung				Betriebsergebnisrechnung	
			Unternehmensbezogene Abgrenzungen		Kostenrechnerische Korrekturen			
Konto	Aufwendungen	Erträge	neutrale Aufwendungen	neutrale Erträge	betriebliche Aufwendungen	verrechnete Kosten	Kosten	Leistungen
5000		1.035.000[1]						1.035.000[1]
7510	540.000				→ 540.000	1.035.000 ← 1.035.000		
	540.000	1.035.000			540.000	1.035.000	1.035.000	1.035.000
	495.000				495.000			0
	1.035.000	1.035.000			1.035.000	1.035.000	1.035.000	1.035.000

Merke

- Kalkulatorische Zinsen stellen Kosten für die Nutzung des betriebsnotwendigen Kapitals dar. Ihre Einbeziehung in die KLR ermöglicht eine gleichmäßige Belastung der Abrechnungsperioden mit Zinskosten. In den Umsatzerlösen werden die Zinsen dem Unternehmen i. d. R. vergütet.
- Die gezahlten Fremdkapitalzinsen stellen Aufwand in der Finanzbuchhaltung dar. In der Abgrenzungsrechnung werden sie den verrechneten kalkulatorischen Zinsen gegenübergestellt.

2.2.3 Kalkulatorischer Unternehmerlohn

In **Kapitalgesellschaften** beziehen die Vorstandsmitglieder (AG) und die Geschäftsführer (GmbH) **Gehälter**, die als **Aufwand in der FB** gebucht werden und als **Kosten in die KLR** dieser Unternehmungsformen eingehen. In Einzelunternehmungen und Personengesellschaften (e. K., OHG, KG) dagegen erhalten die mitarbeitenden Inhaber oder Gesellschafter keine Gehälter. Ihre Arbeitsleistung wird durch den Unternehmungsgewinn abgegolten. Ein angemessener Gewinn kann aber nur dann erzielt werden, wenn zuvor **für die Arbeitskraft des Unternehmers ein entsprechender Betrag als Kosten (= Unternehmerlohn) angesetzt** und **in die Preise für die Erzeugnisse einkalkuliert** wird. Nur dann können in den Umsatzerlösen die entsprechenden Finanzmittel in das Unternehmen zurückfließen.

Kalkulatorischer Unternehmerlohn als Kostenbestandteil in der Betriebsergebnisrechnung

---

[1] über die Umsatzerlöse erstattete kalkulatorische Zinsen

G Kosten- und Leistungsrechnung im Industriebetrieb

Kostenvergleich

Durch die Einrechnung des kalkulatorischen Unternehmerlohnes in die Kosten wird erreicht, dass sowohl Kapitalgesellschaften als auch Personengesellschaften und Einzelunternehmungen in der Selbstkosten- und Betriebsergebnisrechnung **gleichgestellt** sind.

Die Höhe des kalkulatorischen Unternehmerlohns richtet sich nach dem Gehalt eines leitenden Angestellten in **vergleichbarer** Position.

In § 202 Abs. 1 Nr. 2 Buchst. d Bewertungsgesetz (BewG) wird die Berechnung wie folgt beschrieben: „Die Höhe des Unternehmerlohnes wird nach der Vergütung bestimmt, die eine nicht beteiligte Geschäftsführung erhalten würde." Und ein mit dieser Thematik befasstes BGH-Urteil verlangt, dass der kalkulatorische Unternehmerlohn individuell zu berechnen ist.

Zusatzkosten

Der kalkulatorische Unternehmerlohn wird als Kostenbestandteil in die Kosten- und Leistungsrechnung eingebracht; er darf aber nicht – wie z. B. die Gehälter leitender Angestellter – in der Finanzbuchhaltung gebucht werden, da er nicht zu Aufwendungen und Ausgaben führt. Kosten mit dieser Eigenschaft heißen Zusatzkosten (vgl. S. 378).

> **Beispiel**
>
> In der Schmolmann KG wird die Mitarbeit der Eigentümer mit einem Betrag von jährlich 300.000,00 € als Kosten in der KLR angesetzt.
>
> Nachfolgend wird gezeigt, wie dieser Betrag in die Ergebnistabelle einzubringen ist. Zur Vereinfachung der Darstellung sind nur Unternehmerlohn (300.000,00 €) und Umsatzerlöse (10.520.000,00 €) berücksichtigt.

Ergebnistabelle							
Finanzbuchhaltung (= RK I)			Kosten- und Leistungsrechnung (= RK II)				
Gesamtergebnisrechnung der FB			Abgrenzungsrechnung			Betriebsergebnis-rechnung	
			Unternehmensbezogene Abgrenzungen		Kostenrechnerische Korrekturen		
Konto	Aufwendungen	Erträge	neutrale Aufwendungen	neutrale Erträge	betriebliche Aufwendungen	verrechnete Kosten	Kosten	Leistungen
5000		10.520.000						10.520.000
U.-Lohn	–					300.000	300.000	
		10.520.000			0	300.000	300.000	10.520.000
							10.220.000	
							10.520.000	10.520.000

Darstellung des kalkulatorischen Unternehmerlohns in der Ergebnistabelle

Der kalkulatorische Unternehmerlohn (300.000,00 €) wird zunächst in die Spalte „**Kosten**" der Betriebsergebnisrechnung eingesetzt. Er bildet (zusammen mit den übrigen Kosten) die Grundlage der Preiskalkulation. Im Normalfall wird er also in den Umsatzerlösen enthalten sein und in den Finanzmitteln dem Unternehmen zufließen.

Anschließend ist der Unternehmerlohn als **Ertrag** in die Spalte „**Verrechnete Kosten**" des Abgrenzungsbereichs „Kostenrechnerische Korrekturen" einzusetzen. Diese Verrechnung des kalkulatorischen Unternehmerlohns in der Ergebnistabelle entspricht damit der

Buchung: „Kosten" an „Verrechnete Kosten".

Durch dieses Vorgehen ist eine **Abstimmung der Teilergebnisse im RK II mit dem Gesamtergebnis im RK I** möglich.

Ergebnisauswirkungen

Der Unternehmer entscheidet, ob und in welcher Höhe er den kalkulatorischen Unternehmerlohn als Zusatzkosten ausweist und in die Kalkulation einbringt. Weist er den Unternehmerlohn in dieser Höhe aus (300.000,00 €) und der Markt erstattet ihm in den Umsatzerlösen diese Zusatzkosten, so wirken sie sich in der **Betriebsergebnisrechnung** nicht auf das Betriebsergebnis aus.

Im **Ergebnis aus kostenrechnerischen Korrekturen** bewirkt der Unternehmerlohn dagegen durch seine Buchung in der Spalte „Verrechnete Kosten" eine **Ertragserhöhung**.

Auf das **Gesamtergebnis** im RK I wirkt der in den Erlösen enthaltene Unternehmerlohn **Gewinn erhöhend**, da ihm hier kein entsprechender Aufwand gegenübersteht.

> **Merke**
>
> ■ Bei Einzelunternehmungen und Personengesellschaften wird für die mitarbeitenden Inhaber oder Gesellschafter ein angemessener Unternehmerlohn in die Selbstkosten- und Betriebsergebnisrechnung einbezogen. Hinsichtlich der Personalkosten sind diese Unternehmungsformen damit den Kapitalgesellschaften gleichgestellt.
> ■ Der kalkulatorische Unternehmerlohn stellt einen echten Kostenbestandteil in der KLR dar, dem kein Aufwand und keine Ausgabe in der FB gegenüberstehen.
> ■ Er wird in die Spalte „Kosten" der Betriebsergebnisrechnung der Ergebnistabelle eingesetzt und in der Spalte „Verrechnete Kosten" als kostenrechnerische Korrektur (= Ertrag) „gegengebucht".

2.2.4 Kalkulatorische Wagnisse

Jede unternehmerische und betriebliche Tätigkeit ist mit Wagnissen oder Risiken verbunden und kann daher zu Verlusten führen. Diese Wagnisverluste lassen sich in ihrer Höhe und in ihrem zeitlichen Eintreten nicht vorhersehen. Man unterscheidet zwischen dem **allgemeinen Unternehmerwagnis** und den **Einzelwagnissen**.

Arten

Das **allgemeine Unternehmerwagnis** betrifft Verluste, die das Unternehmen als Ganzes gefährden. Dazu zählen Wagnisverluste, die sich insbesondere aus der gesamtwirtschaftlichen Entwicklung ergeben, wie z. B. **Beschäftigungsrückgang, plötzliche Nachfrageverschiebung, technischer Fortschritt**. Das allgemeine Unternehmerrisiko ist **kein Kostenbestandteil**. Es wird im **Betriebsgewinn abgegolten**.

Einzelwagnisse stehen dagegen im unmittelbaren Zusammenhang mit der Beschaffung, der Produktion und dem Absatz der Erzeugnisse. Da sie voraussehbar und aufgrund von **Erfahrungswerten** berechenbar sind, haben sie grundsätzlich **Kostencharakter**.

Zu den Einzelwagnissen zählen:

- **Anlagewagnis**: Verluste an Anlagegütern durch besondere Schadensfälle (Brand), Gefahr des vorzeitigen Ausfalls von Anlagen, z. B. durch technischen Fortschritt.
- **Beständewagnis**: Verluste an Vorräten durch Schwund, Verderb, Diebstahl, Veralten oder Preissenkungen.
- **Gewährleistungswagnis**: Garantieleistungen, z. B. kostenlose Ersatzlieferung, Preisnachlass wegen Mängelrüge.
- **Vertriebswagnis**: Ausfälle und Währungsverluste bei Kundenforderungen.
- **Fertigungswagnis**: Mehrkosten aufgrund von Material-, Arbeits- und Konstruktionsfehlern, Ausschuss, Nacharbeit. Das Fertigungswagnis wird häufig auch Mehrkostenwagnis genannt.
- **Entwicklungswagnis**: Verluste, die sich aus fehlgeschlagenen Entwicklungsarbeiten im Rahmen des Fertigungsprogramms ergeben.

Die tatsächlichen Wagnisverluste fallen **zeitlich unregelmäßig** und in **unterschiedlicher Höhe** an und sind damit für die Kostenrechnung ungeeignet. Sie werden **als Aufwand** in der Gesamtergebnisrechnung der Finanzbuchhaltung erfasst (z. B. Konto „6930 Verluste aus Schadensfällen").

Eingetretene Wagnisverluste

G Kosten- und Leistungsrechnung im Industriebetrieb

Kalkulatorische Wagnisse

Anstelle der tatsächlich eingetretenen Wagnisverluste werden in der Kosten- und Leistungsrechnung kalkulatorische Wagniszuschläge für die betreffenden **Einzelrisiken** ermittelt und verrechnet. Die Verrechnung von konstanten kalkulatorischen Wagniszuschlägen führt zu einer **gleichmäßigen und anteiligen Belastung der Abrechnungsperioden** mit Wagniskosten und eliminiert somit die Zufallseinflüsse aus der Selbstkosten- und Betriebsergebnisrechnung.

Fremdversicherungen

Soweit die Einzelwagnisse bereits durch den Abschluss von entsprechenden Versicherungen gedeckt sind, werden in der Regel keine kalkulatorischen Wagniszuschläge verrechnet. In diesem Fall gelten die Versicherungsprämien als Kosten.

Berechnungsgrundlagen für Wagnisse

Je nach Wagnisart ist die Berechnungsgrundlage unterschiedlich:

Wagnis	Berechnungsgrundlage
■ Anlagewagnis	■ Anschaffungskosten
■ Beständewagnis	■ Bezugspreise der Werkstoffe
■ Gewährleistungswagnis	■ Umsatz zu Selbstkosten
■ Vertriebswagnis	■ Umsatz zu Selbstkosten
■ Fertigungswagnis	■ Herstellkosten
■ Entwicklungswagnis	■ Entwicklungskosten

Die Höhe der kalkulatorischen Wagniszuschläge richtet sich nach entsprechenden Erfahrungswerten. In der Regel wird aus den betreffenden Wagnisverlusten der letzten fünf Jahre ein **Durchschnittswert in Prozent** ermittelt.

Beispiel

Im Unternehmen Schmolmann KG betrug der Verlust an Vorräten durch Schwund, Verderb u. a. in den letzten fünf Jahren durchschnittlich 87.500,00 €.

Für den gleichen Zeitraum wurden durchschnittliche Bezugspreise von 3.500.000,00 € ermittelt.

$$\text{Kalkulatorischer Beständewagniszuschlag} = \frac{\text{Verlust}}{\text{Bezugspreise}} = \frac{87.500,00}{3.500.000,00} = 0{,}025 = 2{,}5\,\%$$

Das bedeutet, dass auf die gekauften Vorräte 2,5 % Wagniskosten zu verrechnen sind.

Die Bezugspreise für Rohstoffe betrugen im März 300.000,00 €. Der kalkulatorische Wagniszuschlag ist auf 2,5 % festgesetzt.

$$\text{Kalkulatorischer Wagniszuschlag} = 300.000{,}00\,€ \cdot 0{,}025 = 7.500{,}00\,€$$

Dieser Betrag wird in der Ergebnistabelle für den Monat März unter der Spalte „Kosten" der Betriebsergebnisrechnung erfasst und in der Spalte „Kostenrechnerische Korrekturen" der Abgrenzungsrechnung gegengebucht. Hier stehen ihm die tatsächlichen Wagnisverluste aus der FB gegenüber (z. B. Konten 6000, 6020, 6030, 6040, 6570, 6930, 6950).

Merke

- Die Verrechnung von konstanten kalkulatorischen Wagniszuschlägen trägt dazu bei, dass die Selbstkosten- und Betriebsergebnisrechnungen von Zufallsschwankungen befreit werden.
- Das allgemeine Unternehmerwagnis darf kalkulatorisch nicht erfasst werden.
- Die durch Fremdversicherungen abgedeckten Einzelwagnisse gehen i. d. R. als Kosten in die Kosten- und Leistungsrechnung ein.

2.2.5 Kalkulatorische Miete

In der Mehrzahl betreiben Einzelkaufleute und Personengesellschaften ihre Gewerbe in **gemieteten** Gebäuden. In diesem Fall werden die tatsächlich gezahlten Mieten oder Pachten als betrieblicher Aufwand auf dem Konto „6700 Mieten/Pachten" gebucht und als Kosten in die KLR übernommen.

Mietwert für die gemieteten Gebäude

Sofern ein Unternehmer sein Gewerbe in **betriebseigenen** Gebäuden betreibt, zahlt er keine Miete. In diesem Fall ist es aus betriebswirtschaftlicher Vergleichbarkeit heraus sinnvoll, in der Betriebsergebnisrechnung für die eigengenutzten Gebäude eine kalkulatorische Miete anzusetzen, deren Höhe sich nach dem örtlichen Mietspiegel richtet. Dabei ist jedoch zu beachten, dass für die eigenen Gebäude Aufwendungen entstehen, z. B. Gebäudeabschreibungen, Darlehenszinsen, Grundsteuern, Grundbesitzabgaben. Mithin kann der Unternehmer in der Kostenrechnung nicht zusätzlich zu der kalkulatorischen Miete auch noch die genannten Gebäudeaufwendungen als Kosten ansetzen. Er wird also die Gebäudeaufwendungen abgrenzen und nur die kalkulatorische Miete in die Betriebsergebnisrechnung einbringen.

Mietwert für die betriebseigenen Gebäude

Beispiel

Für ein betriebseigenes Gebäude sind im Geschäftsjahr 01 folgende Aufwendungen angefallen:

Abschreibungen	18.000,00 €
Anteiliger Hausmeisterlohn	6.000,00 €
Instandhaltungen	12.000,00 €
Zinsen	4.000,00 €
Gebäudeaufwendungen insgesamt	**40.000,00 €**

Die ortsübliche Miete für dieses Gebäude beträgt monatlich 3.750,00 €.
In diesem Beispiel betragen die Kosten in der Betriebsergebnisrechnung (12 · 3.750,00 € = 45.000,00 €). Sie sind um 5.000,00 € höher als die betrieblichen Aufwendungen in der FB. Dieser Unterschied wird in der Abgrenzungsrechnung als kostenrechnerische Korrektur mit + 5.000,00 € ausgeglichen.

Sofern wesentliche Teile der im Beispiel genannten Gebäude- und Grundstücksaufwendungen durch die kalkulatorischen Abschreibungen und die kalkulatorischen Zinsen in der KLR bereits berücksichtigt werden, entfällt in der Regel die Verrechnung einer besonderen kalkulatorischen Miete für die betriebseigenen Gebäude. Die dann noch nicht in den kalkulatorischen Kostenansätzen enthaltenen Gebäudeaufwendungen gehen als Kosten in die Betriebsergebnisrechnung ein.

Weichen die tatsächlichen Gebäudeaufwendungen nicht wesentlich von der kalkulatorischen Miete ab, wird das Unternehmen in der Regel darauf verzichten, einen kalkulatorischen Kostenansatz zu berechnen und in die KLR zu übernehmen. Stattdessen wird er mit den betrieblichen Aufwendungen als Kosten arbeiten.

Wenn ein Einzelunternehmer oder Personengesellschafter dem Betrieb unentgeltlich Privaträume zur Verfügung stellt, sollte die kalkulatorische Miete als fester Kostenbestandteil verrechnet werden. In diesem Fall setzt das Unternehmen die ortsübliche Miete als kalkulatorischen Mietwert an.

Mietwert betrieblich genutzter Privaträume

Merke

- Für die Nutzung der betriebseigenen Gebäude wird in der Regel kein kalkulatorischer Mietwert verrechnet, da dieser in der Regel nicht wesentlich von den tatsächlichen Gebäudeaufwendungen abweicht.
- Für die betriebliche Nutzung von unentgeltlich zur Verfügung gestellten Privaträumen ist ein kalkulatorischer Mietwert als Kostenbestandteil zu verrechnen.

G Kosten- und Leistungsrechnung im Industriebetrieb

2.2.6 Kostenrechnerische Korrekturen durch Verrechnungspreise

Werkstoffkosten

Der Verbrauch an Roh-, Hilfs- und Betriebsstoffen muss in der KLR zunächst mengenmäßig festgestellt und anschließend bewertet werden. Die Werkstoffkosten sind somit das Produkt aus Verbrauchsmenge und **Anschaffungskosten oder Verrechnungspreis je Mengeneinheit**.

Bewertung zu Anschaffungskosten

Die Bewertung zu Anschaffungskosten hat den Vorteil, dass die **tatsächlichen Werkstoffkosten** in die Kostenrechnung eingehen. Nachteilig ist aber, dass die Anschaffungspreise der Werkstoffe im Zeitablauf starken Schwankungen am Markt unterliegen können. Dadurch werden die Werkstoffkosten für gleiche Verbrauchsmengen in den einzelnen Abrechnungsperioden unterschiedlich hoch angesetzt, sodass Kostenvergleiche nicht ohne Weiteres durchführbar sind.

Bewertung zu Verrechnungspreisen

Verrechnungspreise führen zur meist gleich bleibenden Bewertung des Werkstoffverbrauchs. Denn Verrechnungspreise sind in der Regel Durchschnittspreise, die aus den Anschaffungskosten vergangener Perioden ermittelt und gegebenenfalls der neuen Marktlage angepasst werden.

Kostenrechnerische Korrektur

Die Verrechnung des Werkstoffverbrauchs in der KLR zu konstanten Verrechnungspreisen gleicht der Verrechnung kalkulatorischer Kosten. Im Rahmen der Abgrenzungsrechnung „Kostenrechnerische Korrekturen" werden den in der FB gebuchten Werkstoffaufwendungen (bewertet zu Anschaffungskosten) die in der KLR angesetzten Werkstoffkosten zum Verrechnungspreis gegenübergestellt.

Beispiel

In der KLR bewertet die Schmolmann KG den Werkstoffeinsatz (Bleche) zum Verrechnungspreis von durchschnittlich 210,00 € je 100 kg.

Daten aus dem Jahr 01: Verbrauch 1 400 t; Anschaffungskosten: Ø 200,00 € je 100 kg

Bewertung zu Anschaffungskosten in der FB: 200,00 € · 14 000 = 2.800.000,00 €
Bewertung zum Verrechnungspreis in der KLR: 210,00 € · 14 000 = 2.940.000,00 €[1]

Nachfolgende Übersicht stellt die behandelten Grundbegriffe der FB und der KLR gegenüber:

Aufwendungen der Finanzbuchhaltung (FB)			
Neutrale Aufwendungen	**Betriebliche Aufwendungen**		
Merkmale: ■ betriebsfremd ■ periodenfremd ■ außerordentlich	Merkmal: ■ zweckgebunden		Ein Teil der Anderskosten und die Zusatzkosten sind keine Aufwendungen in der FB.
Die neutralen Aufwendungen sind keine Kosten in der KLR.	**Grundkosten**	**Anderskosten**	**Zusatzkosten**
	Die Aufwendungen der FB sind zugleich Kosten in der KLR: Beispiele: ■ Rohstoffaufwand ■ Personalaufwand ■ …	Die Aufwendungen der FB werden in der KLR mit einem anderen – zumeist höheren – Wert angesetzt: ■ kalkulatorische Abschreibungen ■ kalkulatorische Zinsen ■ Verrechnungspreise	Für diese Kosten der KLR gibt es keine Aufwendungen in der FB: ■ kalkulatorischer Unternehmerlohn ■ kalkulatorische Miete (betrieblich unentgeltlich genutzte Privaträume)
	Kosten der Kosten- und Leistungsrechnung (KLR)		
	Merkmal: ■ betriebsbezogen		

[1] Diese Kosten werden im Folgenden zur Ausschaltung von Preisschwankungen in der KLR verwendet.

ABGRENZUNGSRECHNUNG G

Aufgabe 451

Eine Fertigungsmaschine wird mit 10 % bilanzmäßig linear abgeschrieben (AK 240.000,00 €). Die kalkulatorische Abschreibung beträgt 12,5 % von den Wiederbeschaffungskosten in Höhe von 280.000,00 €. Sie wird über die Umsatzerlöse voll erstattet.

Stellen Sie den Vorgang in einer Ergebnistabelle dar.

Aufgabe 452

Eine Maschine (Anschaffungskosten = 72.000,00 €, Nutzungsdauer laut AfA-Tabelle = neun Jahre) hat eine „betriebsgewöhnliche Nutzungsdauer" von fünf Jahren. Ihr Wiederbeschaffungswert wird derzeit mit 96.000,00 € taxiert.

1. Berechnen Sie die lineare Abschreibung dieser Maschine für die bilanzmäßige Abschreibung und für die kalkulatorische Abschreibung jeweils für das erste Nutzungsjahr (Anschaffung zum 2. Januar des Jahres).
2. Aus welchen Gründen ist es notwendig, für die Abschreibungen auf Sachanlagen in der FB und in der KLR unterschiedliche Wertansätze zu wählen?
3. Erläutern Sie die Auswirkungen auf den Verkaufspreis, wenn statt der bilanziellen die kalkulatorische Abschreibung die Kalkulationsbasis darstellt.

Aufgabe 453

Ein Industriebetrieb verfügt über folgende betriebsnotwendige Vermögenswerte:

Anlagevermögen:	Gebäude	750.000,00 €
	Maschinelle Anlagen	220.000,00 €
	Betriebs- und Geschäftsausstattung	170.000,00 €
	Fuhrpark	260.000,00 €
Umlaufvermögen:	Vorräte	530.000,00 €
	Kundenforderungen	280.000,00 €
	Zahlungsmittel	190.000,00 €

Das Abzugskapital besteht aus Lieferantenkrediten in Höhe von 200.000,00 €. Der kalkulatorische Zinssatz wird mit 9 % angesetzt. Die tatsächlich gezahlten Fremdkapitalzinsen betragen im Geschäftsjahr 135.000,00 €.

1. Ermitteln Sie das betriebsnotwendige Kapital sowie die jährlichen und monatlichen kalkulatorischen Zinsen.
2. Erstellen Sie die Ergebnistabelle.

Aufgabe 454

Ein Unternehmen weist zur Ermittlung der kalkulatorischen Zinsen folgende Informationen aus:

Anlagevermögen (kalkulatorische Restwerte)	8.000.000,00 €
Einige Anlagen sind still gelegt. Wert 320.000,00 €	
Ein Grundstück liegt brach. Wert 250.000,00 €	
Der durchschnittliche Wert der Vorräte beträgt	4.000.000,00 €
Forderungen	1.200.000,00 €
(darin enthalten: geleistete Kundenanzahlungen	300.000,00 €)
Kassenbestand/Bankguthaben	900.000,00 €
Lieferantenkredite	2.500.000,00 €

1. Ermitteln Sie das betriebsnotwendige Kapital und die kalkulatorischen Zinsen (marktüblicher Zinssatz: 4 %).
2. Erläutern Sie die Auswirkungen auf die Ergebnistabelle, wenn bislang ein Zinsaufwand (langfristige Verbindlichkeiten) von 258.000,00 € berücksichtigt wurde.
3. Erläutern Sie die Auswirkungen auf die Höhe der Verkaufspreise des Unternehmens.
4. Warum werden in der Betriebsbuchhaltung kalkulatorische Zinsen und nicht der tatsächlich gezahlte Zinsaufwand angesetzt?

G KOSTEN- UND LEISTUNGSRECHNUNG IM INDUSTRIEBETRIEB

Aufgabe 455

Die in der FB für das Jahr .. erfassten Fremdkapitalzinsen betragen aufgrund einer Zinserhöhung 112.000,00 €. Die kalkulatorischen Zinsen werden in der Kosten- und Leistungsrechnung mit 90.000,00 € verrechnet und über die Umsatzerlöse voll erstattet.

1. Um wie viel € unterschreiten die monatlichen Zusatzkosten, die durch die Verrechnung der kalkulatorischen Zinsen entstehen, die monatlichen Fremdkapitalzinsen?

2. Wie und in welcher Höhe beeinflusst die Erfassung kalkulatorischer Zinsen
    a) das Gesamtergebnis der Unternehmung,
    b) das Betriebsergebnis,
    c) das Neutrale Ergebnis?

Aufgabe 456

Ein Unternehmen hat aufgrund der angespannten Wirtschaftslage im abgelaufenen Jahr seine Erzeugnisse unter Selbstkosten verkauft. Folgende Angaben aus der Finanzbuchhaltung und der Kosten- und Leistungsrechnung liegen vor:

Umsatzerlöse	949.800,00 €
Kosten (ohne Abschreibungen und Zinsen)	864.700,00 €
Bilanzmäßige Abschreibungen	27.600,00 €
Gezahlte Fremdkapitalzinsen	32.700,00 €
Kalkulatorische Abschreibungen	75.000,00 €
Kalkulatorische Zinsen	46.800,00 €

1. Erstellen Sie die Ergebnistabelle.
2. Begründen Sie, warum trotz eines Betriebsverlustes ein Unternehmungsgewinn entsteht.

Aufgabe 457

Die Ergebnistabelle zu Aufgabe 445, Seite 364, ist um folgende kostenrechnerische Korrekturen zu ergänzen. Erläutern Sie die Auswirkungen auf Betriebsergebnis und Neutrales Ergebnis.

Kalkulatorische Abschreibungen auf das Sachanlagevermögen	45.000,00 €
Kalkulatorischer Unternehmerlohn	8.000,00 €

Aufgabe 458

In der Ergebnistabelle der Unternehmung Schmolmann KG auf Seite 362 ist der Unternehmerlohn nicht berücksichtigt worden.

Wie würden sich die Teilergebnisse ändern, wenn ein Unternehmerlohn von 300.000,00 € eingesetzt wird und sich die Umsatzerlöse nicht verändern sollen?

Aufgabe 459

Die Unternehmung Schmolmann KG rechnet damit, dass der angesetzte Unternehmerlohn (300.000,00 €) nur zu 70 % über die Umsatzerlöse in das Unternehmen zurückfließen wird.

Welche Auswirkungen ergeben sich hieraus auf das Betriebsergebnis, das Ergebnis aus kostenrechnerischen Korrekturen und das Gesamtergebnis?

Aufgabe 460

Begründen Sie, warum in der KLR von Einzelunternehmen und Personengesellschaften – im Gegensatz zu der KLR von Kapitalgesellschaften – ein kalkulatorischer Unternehmerlohn berücksichtigt wird.

Aufgabe 461

1. Klären Sie folgenden vermeintlichen Widerspruch auf:

    „Der erzielte Gewinn soll Arbeitsentgelt, Kapitalverzinsung und Risikoprämie für den Unternehmer enthalten. Andererseits verrechnet der Unternehmer auch noch Kosten für kalkulatorische Zinsen und kalkulatorischen Unternehmerlohn."

2. Erläutern Sie, was unter nomineller und substanzieller Kapitalerhaltung zu verstehen ist.

Aufgaben und Grundbegriffe der KLR

Aufgabe 462

Ordnen Sie den nachfolgend genannten Wagnisarten konkrete Beispiele der betrieblichen Realität zu:

a) Anlagewagnis,   c) Gewährleistungswagnis,   e) Fertigungswagnis,

b) Beständewagnis,   d) Vertriebswagnis,   f) Entwicklungswagnis.

Aufgabe 463

Wie hoch sind:
a) das jährliche Wagnis in Prozent,
b) der Wagniszuschlag für das 6. Geschäftsjahr aufgrund der Wagnisse der letzten fünf Jahre?

	Eingetretene Risiken	Umsatz zu Selbstkosten
1. Jahr	15.000,00	1.200.000,00
2. Jahr	28.000,00	1.400.000,00
3. Jahr	27.000,00	1.500.000,00
4. Jahr	17.500,00	1.250.000,00
5. Jahr	37.400,00	1.700.000,00

Aufgabe 464

1. Aus welchen Gründen werden kalkulatorische Wagnisse verrechnet?
2. Stellen kalkulatorische Wagniskosten Anders- oder Zusatzkosten dar?
3. Unterscheiden Sie zwischen Unternehmerrisiko und Einzelwagnis.

Aufgabe 465

Ermitteln Sie die kalkulatorischen Wagniszuschläge für die laufende Abrechnungsperiode:

a) Beständewagnis: 2 % vom Rohstoffverbrauch 800.000,00 €

b) Entwicklungswagnis: 3 % von 300.000,00 € Entwicklungskosten

c) Gewährleistungswagnis: 3 % der Umsatzerlöse von 4.200.000,00 €

d) Fertigungswagnis: 1 % der Herstellkosten in Höhe von 3.100.000,00 €

Aufgabe 466

Ergänzen Sie die Ergebnistabelle von Aufgabe 449, Seite 366, um folgende kostenrechnerische Korrekturen und erläutern Sie die Auswirkungen auf Betriebsergebnis und Neutrales Ergebnis.

Rohstoffverbrauch zu Verrechnungspreisen	312.000,00 €
Kalkulatorische Abschreibungen auf Maschinen	96.000,00 €
Kalkulatorischer Unternehmerlohn	18.000,00 €

Aufgabe 467

Ergänzen Sie die Ergebnistabelle von Aufgabe 450, Seite 366, um folgende kostenrechnerische Korrekturen und erläutern Sie die Auswirkungen auf Betriebsergebnis und Neutrales Ergebnis.

Rohstoffverbrauch zu Verrechnungspreisen	212.000,00 €
Kalkulatorische Abschreibungen auf Maschinen	36.000,00 €
Kalkulatorische Zinsen vom betriebsnotwendigen Kapital	44.000,00 €
Kalkulatorischer Unternehmerlohn	15.000,00 €

Aufgabe 468

Die Franz Kniep GmbH kalkuliert derzeit mit einem kalkulatorischen Wagnissatz von 3 %. Der Jahresumsatz beträgt 2,0 Milliarden €. 90 % des Jahresumsatzes entfallen auf Zielverkäufe.

Welcher Betrag ist für kalkulatorische Wagnisse in der kurzfristigen Erfolgsrechnung (monatlich) anzusetzen?

2.3 Erstellung und Auswertung der endgültigen Ergebnistabelle

Um die Kosten und Leistungen vollständig und periodengerecht zu erfassen, wird auf der Basis der vorläufigen Ergebnistabelle von Seite 362 unter Einbeziehung der kalkulatorischen Kosten und des Verrechnungspreises für Rohstoffe (vgl. S. 369 bis 378) folgende endgültige Ergebnistabelle erstellt.

Ergebnistabelle

Finanzbuchhaltung (= RK I)		Kosten- und Leistungsrechnung (= RK II)					
Gesamtergebnisrechnung der FB		Abgrenzungsrechnung				Betriebsergebnisrechnung	
		Unternehmensbezogene Abgrenzungen		Kostenrechnerische Korrekturen			
Konto	Aufwendungen	Erträge	neutrale Aufwendungen	neutrale Erträge	betriebliche Aufwendungen	verrechnete Kosten	Kosten	Leistungen
5000		10.520.000						10.520.000
5202		240.000						240.000
5431		40.000		40.000				
5410		165.000		165.000				
5710		50.000		50.000				
6000	2.800.000				2.800.000	2.940.000	2.940.000	
6020	795.000						795.000	
6030	35.000						35.000	
6200	2.400.000						2.400.000	
6300	500.000						500.000	
6400	600.000						600.000	
6520	650.000		40.000		610.000	660.000	660.000	
6800	50.000						50.000	
6870	205.000						205.000	
6940	260.000		260.000					
6979	100.000		100.000					
70/77	190.000		2.000				188.000	
7460	40.000		40.000					
7510	540.000				540.000	1.035.000	1.035.000	
U.-Lohn						300.000	300.000	
	9.165.000	11.015.000	442.000	255.000	3.950.000	4.935.000	9.708.000	10.760.000
	1.850.000			187.000	985.000		1.052.000	
	11.015.000	11.015.000	442.000	442.000	4.935.000	4.935.000	10.760.000	10.760.000
			Ergebnis aus unternehmensbez. Abgrenzungen		Ergebnis aus kostenrechnerischen Korrekturen			
	Gesamtergebnis	=	Neutrales Ergebnis				+ Betriebsergebnis	

Abstimmung der Ergebnisse:

1. Gesamtergebnis im Rechnungskreis I	(+) 1.850.000,00 €
2. Verlust aus unternehmensbezogenen Abgrenzungen (–)	187.000,00 €
3. Gewinn aus kostenrechnerischen Korrekturen (+)	985.000,00 €
4. Betriebsgewinn	(+) 1.052.000,00 €
5. Gesamtergebnis im Rechnungskreis II	(+) 1.850.000,00 €

AUFGABEN UND GRUNDBEGRIFFE DER KLR — G

Die **Teilergebnisse im RK II** (= Neutrales Ergebnis, Betriebsergebnis) zeigen die **Zusammensetzung** des im RK I ausgewiesenen Gesamtergebnisses in Höhe von 1.850.000,00 €: Dem Verlust aus unternehmensbezogenen Abgrenzungen (187.000,00 €) steht ein **Gewinn** aus kostenrechnerischen Korrekturen (985.000,00 €) gegenüber. Der **Neutrale Gewinn** beträgt somit 798.000,00 € und hat einen Anteil von 43,1 % am Gesamtgewinn. Der überwiegende Teil des Gesamtgewinnes ist mit 1.052.000,00 € aus der geplanten betrieblichen Tätigkeit erzielt worden.

Gesamtergebnis, Neutrales Ergebnis, Betriebsergebnis

Das Ergebnis aus kostenrechnerischen Korrekturen besagt, dass die Schmolmann KG hohe **kalkulatorische Wertansätze** zugrunde gelegt hat, die sich im Ergebnis aus kostenrechnerischen Korrekturen als **Ertrag** niederschlagen und hier zu einem entsprechend **hohen Überschuss über die Aufwendungen** der FB führen. Dieser Überschuss wird auch – so zeigt es das Gesamtergebnis – **voll als Gewinn verwirklicht**.

Das Betriebsergebnis erreicht eine **angemessene Höhe**. Das Unternehmen Schmolmann KG hat es geschafft, über die Umsatzerlöse **alle Kosten** – einschließlich **der gesamten kalkulatorischen Kosten** – zu „verdienen" und noch einen Überschuss von 1.052.000,00 € zu erwirtschaften. Da der Unternehmerlohn und die Verzinsung des Eigenkapitals in den Kosten bereits berücksichtigt wurden, kann dieser Überschuss zur **Abdeckung des allgemeinen Unternehmerrisikos** und zur **Finanzierung zukünftiger Investitionen** verwendet werden. Zudem zeigt dieser „Restgewinn", dass es dem Unternehmen bei seiner Kostensituation gelungen ist, **erfolgreich auf dem Markt zu bestehen**.

Der ausgewiesene **Gesamtgewinn** kann zur Bestimmung der **Rentabilität** (vgl. S. 340 f.), d. h. zur Bestimmung der **Ertragskraft des Unternehmens**, und zur Berechnung der **Wirtschaftlichkeit** herangezogen werden.

Rentabilität und Wirtschaftlichkeit

Beispiel

Für die Mitarbeit im Unternehmen setzt Herr Schmolmann einen Unternehmerlohn von jährlich 300.000,00 € an. Das durchschnittlich über das Jahr im Unternehmen gebundene **Eigenkapital** soll **10.500.000,00 €** betragen.

Wie hoch ist die Verzinsung des eingesetzten Eigenkapitals?

Gesamtgewinn	1.850.000,00 €
– Unternehmerlohn	300.000,00 €
= **Restgewinn** (zur Verzinsung des Eigenkapitals)	1.550.000,00 €

$$\text{Eigenkapitalrentabilität} = \frac{\text{Restgewinn}}{\text{Eigenkapital}} = \frac{1.550.000,00}{10.500.000,00} = 0{,}148 = 14{,}8\ \%$$

Im Vergleich zu einer langfristigen Geldanlage (ca. 2 % bis 3 %) ist die errechnete Verzinsung des Eigenkapitals sehr gut.

Beispiel

Anhand der Kennzahl der Wirtschaftlichkeit soll festgestellt werden, ob das Unternehmen Schmolmann KG **mit den eingesetzten Mitteln sparsam umgegangen** ist, ob also der **Ertrag** (= Leistungen) **in einem günstigen Verhältnis zum Aufwand** (= Kosten) steht.

$$\text{Wirtschaftlichkeit} = \frac{\text{Leistungen}}{\text{Kosten}} = \frac{10.760.000{,}00\ \text{€}}{9.708.000{,}00\ \text{€}} = 1{,}11$$

Die Wirtschaftlichkeitszahl 1,11 besagt, dass das Unternehmen für je 1,00 € Kosten Leistungen von 1,11 € geschaffen hat. Ob dies ein angemessenes Verhältnis ist, kann nur im Vergleich mehrerer Jahre oder im Vergleich mit ähnlich produzierenden Unternehmen festgestellt werden.

G Kosten- und Leistungsrechnung im Industriebetrieb

Aufgabe 469

Bei der Franz Kniep GmbH sind folgende Sachverhalte gegeben:

a) Die bilanzmäßigen Abschreibungen belaufen sich auf 900.000,00 €. Die kalkulatorischen Abschreibungen betragen 1.410.000,00 €.

b) Die gezahlten FK-Zinsen betragen 600.000 €. Das betriebsnotwendige Kapital wird kalkulatorisch mit 8 % p. a. verzinst. Zur Ermittlung des betriebsnotwendigen Kapitals gelten folgende Werte:
   – Die kalkulatorischen Restwerte des Anlagevermögens belaufen sich auf 8.000.000,00 €.
   – Das Anlagevermögen wird derzeit nur zu 80 % betrieblich genutzt.
   – Der Wert des Umlaufvermögens beträgt 6.000.000,00 € (kalkulatorische Mittelwerte).
   – Die Franz Kniep GmbH besitzt Wertpapiere im Wert von 400.000,00 €.
   – Lieferantenkredite und geleistete Kundenanzahlungen betragen jeweils 400.000,00 €.

c) In der abgelaufenen Periode sind Schadensfälle in Höhe von 66.000,00 € angefallen. In den vergangenen fünf Jahren betrug der Verlust an Vorräten durch Schwund, Verderb u. a. 600.000,00 €. Für den gleichen Zeitraum wurden durchschnittliche Bezugspreise von 15.000.000,00 € ermittelt. Die Bezugspreise in der abgelaufenen Periode betrugen 500.000,00 €.

d) Die Anschaffungskosten des Werkstoffeinsatzes (Profile) machten durchschnittlich 450,00 € je 100 kg aus. Die Kniep GmbH berücksichtigt in der KLR einen Verrechnungspreis von 470,00 € je 100 kg. Der Verbrauch betrug in der vergangenen Abrechnungsperiode 1 000 t.

1. Ermitteln Sie die kostenrechnerischen Korrekturen. Warum werden sie in der KLR berücksichtigt?
2. Ermitteln Sie den Unterschiedsbetrag zwischen Unternehmensergebnis und Betriebsergebnis aufgrund der kostenrechnerischen Korrekturen und begründen Sie kurz, ob unter sonst gleichen Bedingungen das Unternehmensergebnis oder das Betriebsergebnis einen höheren Wert haben wird.

Aufgabe 470

Die Finanzbuchhaltung der Betonwarenfabrik Klaus Barth e. K., Stuttgart, hat für den Monat September folgende Aufwendungen und Erträge erfasst:

5000	Umsatzerlöse für eigene Erzeugnisse	1.885.000,00
5100	Umsatzerlöse für Waren	40.000,00
5200	Mehrbestand an Erzeugnissen	12.000,00
5300	Andere aktivierte Eigenleistungen	8.000,00
5410	Erlöse aus Anlagenabgängen	4.000,00
5431	Erträge aus Versicherungsentschädigungen	6.000,00
60..	Aufwendungen für Roh-, Hilfs-, Betriebsstoffe und Waren	650.000,00
6100	Aufwendungen für bezogene Leistungen	25.000,00
6200	Löhne	720.000,00
6300	Gehälter	120.000,00
6400	Soziale Abgaben	160.000,00
6520	Abschreibungen auf Sachanlagen	180.000,00
6930	Schadensfälle	7.000,00
6979	Anlagenabgänge	3.000,00
7510	Zinsaufwendungen	25.000,00

Angaben aus der KLR

1. In den Umsatzerlösen sind Mieterträge in Höhe von 8.000,00 € enthalten.
2. Die kalkulatorischen Abschreibungen betragen monatlich 140.000,00
3. Die kalkulatorischen Zinsen sind noch für den Monat September zu ermitteln und zu verrechnen: Betriebsnotwendiges Kapital 6.000.000,00
   Kalkulatorischer Zinssatz (jährlich) .... 8 %
4. Der kalkulatorische Unternehmerlohn beträgt monatlich 6.000,00
5. Kalkulatorische Wagniskosten je Monat 12.000,00
6. Kalkulatorischer Mietwert für betrieblich genutzte Privaträume 2.000,00

Ermitteln Sie mithilfe der Ergebnistabelle die einzelnen Ergebnisse in den Rechnungskreisen I und II und stimmen Sie diese ab.

Aufgaben und Grundbegriffe der KLR

Aufgabe 471

Die Finanzbuchhaltung der Walter KG, Leverkusen, schließt die Abrechnungsperiode mit folgenden Aufwendungen und Erträgen ab:

Konto	Bezeichnung	Betrag
5000	Umsatzerlöse für eigene Erzeugnisse	3.100.000,00
5100	Umsatzerlöse für Waren	450.000,00
5202	Minderbestand an fertigen Erzeugnissen	20.000,00
5431	Erträge aus Versicherungsentschädigungen	65.000,00
5710	Zinserträge	30.000,00
6000	Aufwendungen für Rohstoffe	750.000,00
6080	Aufwendungen für Waren	300.000,00
6200	Löhne	900.000,00
6300	Gehälter	520.000,00
6400	Soziale Abgaben	250.000,00
6520	Abschreibungen auf Sachanlagen	210.000,00
6700	Mietaufwendungen	45.000,00
6900	Versicherungen	60.000,00
7000	Betriebliche Steuern	80.000,00
7510	Zinsaufwendungen	45.000,00

Aus der Kosten- und Leistungsrechnung liegen folgende Angaben vor:

Kalkulatorische Abschreibungen auf Sachanlagen	180.000,00
Kalkulatorische Zinsen	120.000,00
Kalkulatorischer Unternehmerlohn	20.000,00

Erstellen Sie die Ergebnistabelle, ermitteln Sie die Ergebnisse und werten Sie sie aus (durchschnittlich gebundenes Eigenkapital 5.500.000,00 €).

Aufgabe 472

Die Gewinn- und Verlustrechnung eines Industrieunternehmens enthält für den Abrechnungsmonat Oktober folgende Aufwendungen und Erträge:

Konto	Bezeichnung	Betrag
5000	Umsatzerlöse für eigene Erzeugnisse	670.000,00
5202	Minderbestand an fertigen Erzeugnissen	32.000,00
5300	Aktivierte Eigenleistungen (zu Herstellkosten)	35.000,00
5410	Erlöse aus Anlagenabgängen	29.600,00
5420	Entnahme von Erzeugnissen	2.200,00
5710	Zinserträge	3.100,00
60..	Aufwendungen für Roh-, Hilfs- und Betriebsstoffe	185.500,00
6160	Fremdinstandhaltung	1.850,00
6200	Löhne	138.600,00
6300	Gehälter	159.800,00
6400	Soziale Abgaben	27.400,00
6520	Abschreibungen auf Sachanlagen	61.000,00
6700	Miet- und Pachtaufwendungen	10.500,00
6800	Büromaterial	5.600,00
6930	Verluste aus Schadensfällen	45.000,00
6979	Anlagenabgänge	16.200,00
70/77	Betriebliche Steuern	21.400,00
7510	Zinsaufwendungen	2.300,00

Die Ergebnistabelle ist unter Beachtung folgender Vorgänge aufzustellen:

1. Kalkulatorische Abschreibungen auf Sachanlagen	45.000,00
2. Kalkulatorischer Unternehmerlohn	24.500,00
3. Kalkulatorische Zinsen	31.500,00
4. Kalkulatorisches Vertriebswagnis	24.000,00

a) Erstellen Sie die Ergebnistabelle und erläutern Sie die Teilergebnisse.
b) Werten Sie die Ergebnistabelle aus: durchschnittl. gebundenes Eigenkapital 11.500.000,00 €.

3 Kostenartenrechnung (KAR)

Die Kostenartenrechnung erfasst systematisch alle Kosten, die bei der Erstellung und Verwertung betrieblicher Leistungen angefallen sind, und unterscheidet sie nach verschiedenen Kriterien. Die Kriterien der Kostengliederung ergeben sich durch den Zweck der Weiterverrechnung:

Kriterium der Kostengliederung	Unterteilung der Kosten	Beispiele	Zweck
Gliederung der Kosten nach der Verbrauchsart	Werkstoffkosten	Verbrauch von Roh-, Hilfs- und Betriebsstoffen, an Fremdbauteilen und Handelswaren	Verbrauch an Produktionsfaktoren planen und kontrollieren
	Betriebsmittelkosten	Wertminderungen an Betriebsmitteln	
	Personalkosten	Löhne, Gehälter, Lohnnebenkosten	
	Dienstleistungskosten	Versicherungsprämien, Frachtkosten, Fremdinstandhaltung, Vertriebsprovisionen, Rechts- und Beratungskosten	
	Öffentliche Abgaben	Steuern, Gebühren, Zölle	
	Umweltkosten	Kosten der Abwasserreinigung und Abfallentsorgung	
Zurechnung der Kosten zu Kostenträgern	Einzelkosten	Rohstoffverbrauch, zeitunabhängige Fertigungslöhne, Verpackungs- und Frachtkosten	Kalkulationen auf Vollkostenbasis erstellen
	Sondereinzelkosten der Fertigung	Modellkosten, Spezialwerkzeuge, Lizenzgebühren	
	Sondereinzelkosten des Vertriebs	Spezialverpackung, Vertriebsprovisionen	
	Gemeinkosten	Zeitlöhne, Gehälter, Soziale Abgaben, Abschreibungen, Mieten, Betriebliche Steuern	
Verhalten der Kosten bei Beschäftigungsänderungen	Variable Kosten	Rohstoffverbrauch, Akkordlöhne	Marktorientierte Entscheidungen auf Teilkostenbasis treffen
	Fixe Kosten	Gehälter, zeitabhängige Löhne, Abschreibungen, Versicherungsprämien, Mieten	
	Mischkosten	Telekommunikationskosten, Kosten der Geräte- und Maschinenwartung	
Zurechnung der Kosten zu Teilprozessen	Aufteilung der Gemeinkosten auf Teilprozesse	Teilprozess-Gemeinkosten für einzelne Abteilungen oder Kostenstellen	Kundenorientierte Entscheidungen auf Prozesskostenbasis treffen

Gliederung der Kosten nach der Verbrauchsart

Die Gliederung der Kosten nach der Verbrauchsart bildet die Basis der systematischen Kostenermittlung. Die Kosten werden gemäß ihrer artmäßigen Zusammengehörigkeit gruppiert. Das Ergebnis dieser Systematisierung lässt erste Interpretationen hinsichtlich der Kostenstruktur im Unternehmen zu (z. B. Anlagenintensität oder Werkstoffintensität). Es kann jedoch nicht angegeben werden, wo und wofür die Kosten entstanden sind.

KOSTENARTENRECHNUNG | G

Zurechnung der Kosten zu Kostenträgern

Die Leistungseinheiten im Industriebetrieb sind in der Regel die **fertigen und unfertigen Erzeugnisse**, aber auch ein **einzelner Auftrag** oder eine **Serie** kann eine Leistungseinheit sein. In der KLR heißen diese Leistungseinheiten **„Kostenträger"**.

Kostenträger

Den Kostenträgern werden alle Kosten „aufgebürdet", die sie verursacht haben, sodass **kostendeckende Preise kalkuliert** werden (Selbstkosten) und durch den Verkauf der Kostenträger **alle Kosten** in Form von Umsatzerlösen wieder **in das Unternehmen zurückfließen**.

Selbstkosten

Die Zurechnung der Kosten zu den Kostenträgern erfolgt je nach Verschiedenartigkeit der hergestellten und angebotenen Erzeugnisse sowie je nach Fertigungstyp.

Nach der Verschiedenartigkeit der hergestellten und angebotenen Erzeugnisse ergeben sich:

- **Einproduktunternehmen**: Es wird ein Erzeugnis i. d. R. in Massenfertigung hergestellt und angeboten. Das Unternehmen verfügt also nur über einen Kostenträger.
- **Mehrproduktunternehmen**: Es werden mehrere, unterschiedliche Erzeugnisse i. d. R. in Serien-, Sorten- oder Einzelfertigung hergestellt und angeboten. Das Unternehmen verfügt also über mehrere Kostenträger.

Kostenzurechnung bei Einprodukt-/ Mehrproduktunternehmen

Die Verschiedenartigkeit der hergestellten und angebotenen Erzeugnisse bestimmt den **Fertigungstyp** und damit aus Sicht der Kostenrechnung das eingesetzte **Kalkulationsverfahren** zur Zurechnung der Kosten zu den Kostenträgern:

Fertigungstyp / Kalkulationsverfahren

- **Einproduktunternehmen mit Massenfertigung**: Da nur ein Erzeugnis in großen Mengen hergestellt wird, erfolgt die Zurechnung der Kosten durch die **Divisionskalkulation** (vgl. S. 451).
- **Mehrproduktunternehmen mit Einzelfertigung**: Die Kosten – mit Ausnahme der Verwaltungskosten – können jeweils einem Erzeugnis (Projekt) zugerechnet werden.
- **Mehrproduktunternehmen mit Sortenfertigung**: Aufgrund der Ähnlichkeit der verwendeten Werkstoffe und des Verfahrens erfolgt eine Zurechnung der Kosten mithilfe der **Äquivalenzziffernkalkulation** zu den verschiedenen Sorten (vgl. S. 449).
- **Mehrproduktunternehmen mit Serienfertigung**: Es werden mehrere Erzeugnisse auf den Fertigungslinien hergestellt, die aufgrund der Verschiedenartigkeit der Herstellung unterschiedliche Kosten verursachen. Die Zurechnung der Kosten erfolgt mithilfe der **Zuschlagskalkulation**, die eine Unterscheidung zwischen Einzel- und Gemeinkosten erfordert (vgl. S. 389 f.):

Einzelkosten	Kosten, die dem jeweiligen Kostenträger direkt zugerechnet werden können.
Gemeinkosten	Kosten, die dem jeweiligen Kostenträger indirekt über Kostenstellen zugerechnet werden können.

Verhalten der Kosten bei Beschäftigungsänderungen

Dem Ziel der Kostenrechnung, die Kosten so verursachungsgerecht wie möglich auf die Erzeugnisse umzulegen, entspricht die Teilkostenrechnung eher als die Vollkostenrechnung, sodass marktorientierte Entscheidungen ermöglicht werden. Bei der Teilkostenrechnung wird eine Kostenspaltung vorgenommen:

Variable Kosten	Kosten, die durch die Beschäftigungsmenge der Erzeugnisart beeinflusst werden (z. B. Rohstoffkosten).
Fixe Kosten	Kosten, die zeitabhängig anfallen (z. B. Abschreibungen).

Bei der Teilkostenrechnung gehen nur die variablen Kosten unmittelbar in die Preisberechnung ein. Das Unternehmen achtet darauf, dass der am Markt erzielbare Preis die variablen Kosten deutlich übersteigt, sodass auch die fixen Kosten gedeckt werden und ein angemessener Gewinn erzielt wird. (vgl. S. 454 f., S. 467 f.).

Zurechnung der Kosten zu Teilprozessen

In der Prozesskostenrechnung werden die Gemeinkosten den Arbeitsabläufen (Teilprozessen) zugeordnet. Der Kunde bezahlt dann neben dem eingerechneten Gewinn und den Einzelkosten nur noch die von ihm beanspruchten Teilprozesskosten. Dieses Vorgehen ermöglicht eine verursachungsgerechtere Zuordnung der Kosten auf den Leistungsempfänger (Kunden) (S. 512 f.).

4 Vollkostenrechnung im Mehrproduktunternehmen

4.1 Fragestellungen und Zusammenhänge

Situation

Unternehmer Schmolmann hat die Kosten des vergangenen Geschäftsjahres vollständig erfasst und nach unterschiedlichen Gesichtspunkten gegliedert (vgl. S. 386 f.). Die Einteilung nach **Einzel- und Gemeinkosten** wird ihm bei der Klärung folgender Fragen hilfreich sein:

1. **In welchen Abteilungen des Unternehmens** (vgl. S. 389 f.) **sind Kosten entstanden? Und wie hoch sind diese Kosten?**

Sind ihm die Kosten in jeder Abteilung für einen bestimmten Zeitabschnitt (z. B. Monat) bekannt, so ist es ihm möglich, den **Kostenverbrauch** in den Abteilungen zu **kontrollieren** sowie **Zuschlagsgrundlagen für seine Kalkulation** zu erhalten.

Das Problem der Zurechnung der Kosten zu den Abteilungen löst er über die **Kostenstellenrechnung**, die sich des **Betriebsabrechnungsbogens** als Hilfsmittel bedient (vgl. Kapitel 4.2.2).

2. Im vergangenen Geschäftsjahr wurden im Unternehmen Schmolmann **drei Gehäusetypen G I, G II und G III** gefertigt, die sich in ihren Abmessungen und in ihren vormontierten Ausstattungen (Platinensockel, Schalter, Stecker) unterscheiden. Die Einzelkosten „Fertigungsmaterial" und „Fertigungslöhne" sowie die Umsatzerlöse für jeden dieser drei Gehäusetypen kann Herr Schmolmann aus den Aufzeichnungen der Finanzbuchhaltung (Konto „6000 Fertigungsmaterial", Konto „6200 Löhne" und Konto „5000 Umsatzerlöse für eigene Erzeugnisse") entnehmen. Er weiß aber noch nicht:

Wie hoch sind die auf jeden Gehäusetyp entfallenden anteiligen Gemeinkosten?

Mit der Klärung dieser Frage ist es ihm möglich, die **Selbstkosten** und den **Betriebserfolg für jeden Gehäusetyp** zu errechnen.

Dieses Problem löst er über die **Kostenträgerrechnung**, die sich des **Kostenträgerblattes (BAB II)** als Hilfsmittel bedient (vgl. Kapitel 4.4).

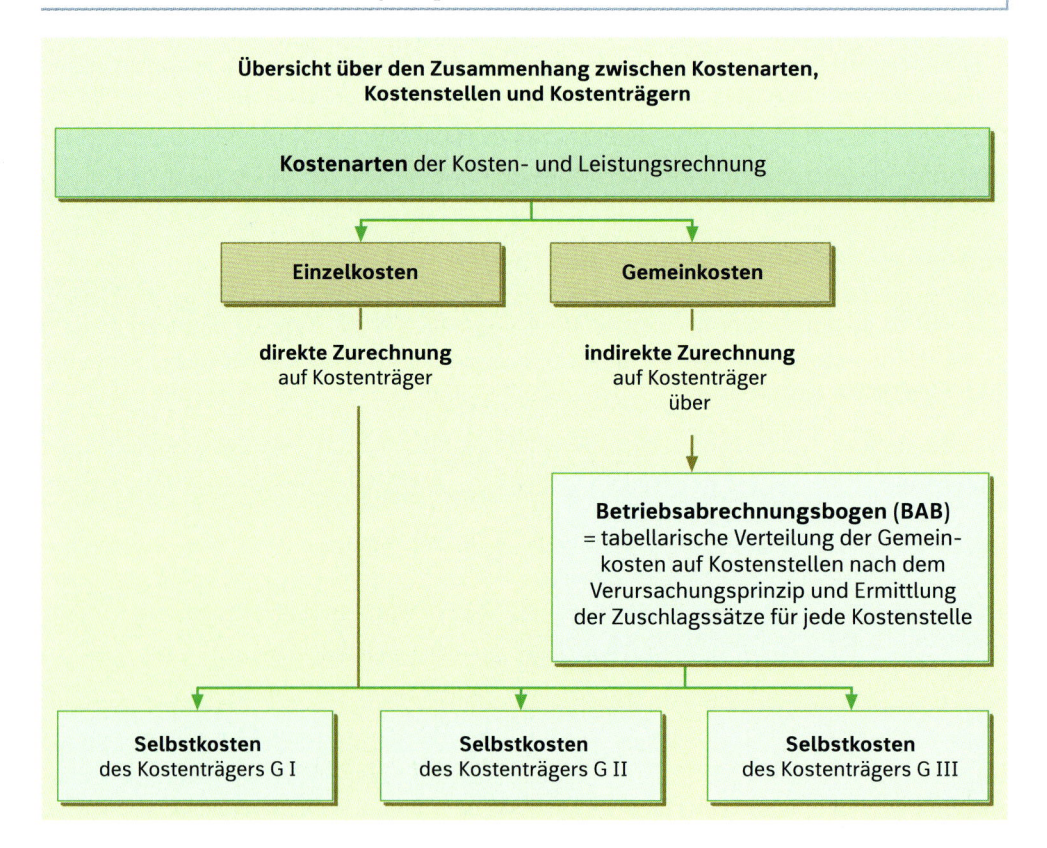

Übersicht über den Zusammenhang zwischen Kostenarten, Kostenstellen und Kostenträgern

Kostenarten der Kosten- und Leistungsrechnung
↓
Einzelkosten — direkte Zurechnung auf Kostenträger
Gemeinkosten — indirekte Zurechnung auf Kostenträger über
↓
Betriebsabrechnungsbogen (BAB)
= tabellarische Verteilung der Gemeinkosten auf Kostenstellen nach dem Verursachungsprinzip und Ermittlung der Zuschlagssätze für jede Kostenstelle
↓
- **Selbstkosten** des Kostenträgers G I
- **Selbstkosten** des Kostenträgers G II
- **Selbstkosten** des Kostenträgers G III

4.2 Kostenstellenrechnung in Betrieben mit Serienfertigung

Die Kostenstellenrechnung bildet nach der Kostenartenrechnung **die zweite Stufe** der KLR im Mehrproduktunternehmen mit **Serienfertigung**. Sie ist erforderlich, um die Gemeinkosten nach einem in der Praxis gebräuchlichen Verfahren anteilig den Kostenträgern (vgl. S. 387) zurechnen zu können. Dies geschieht auf dem Umweg über die **Kostenstellen** (vgl. S. 388, S. 390 f.).

Die Kostenstellenrechnung ist im Einzelnen auf folgende **Aufgaben** ausgerichtet:

- **Verteilung der Gemeinkosten auf die Kostenstellen des Betriebes.** Alle Kostenarten werden aus der Ergebnistabelle in die Kostenstellenrechnung übernommen. Die **Gemeinkosten** werden nach Belegen (= Kostenstellen-Einzelkosten) oder Verteilungsschlüsseln (= Kostenstellen-Gemeinkosten) anteilig und verursachungsgerecht den Abteilungen im Unternehmen zugewiesen, in denen sie entstanden sind (= Kostenstellen). Dies geschieht tabellarisch im **Betriebsabrechnungsbogen (BAB**, vgl. S. 392 f.).
- **Errechnung von Zuschlagsprozentsätzen** für jede Hauptkostenstelle (vgl. S. 395 f.). Aus den in den Kostenstellen ermittelten Gemeinkosten und aus geeigneten Zuschlagsgrundlagen (z. B. Einzelkosten) werden für jede Hauptkostenstelle Zuschlagsprozentsätze berechnet, die für die **anteilige Zuweisung der Gemeinkosten auf die Kostenträger** erforderlich sind.
- **Kontrolle der Kosten in den Kostenstellen.** Die Kostenstellenrechnung ermöglicht im **Zeitvergleich** oder im **Vergleich mit „normierten" Kosten** (vgl. S. 417 f.) eine Kontrolle des Kostenverbrauchs in den Kostenstellen.

Beispiel

Im Unternehmen Schmolmann KG gilt folgende Aufteilung der Kostenarten in Einzel- und Gemeinkosten:

Zurechnung auf Kostenträger	Kostenarten	Zurechnungsgrundlagen (Belege)
Einzelkosten (direkte Zurechnung)	Fertigungsmaterial	Aufzeichnungen in der FB, Materialentnahmescheine, Stücklisten und Konstruktionsunterlagen
	Fertigungslöhne	Auftragszettel, Laufzettel, Lohnlisten
	Sondereinzelkosten	Rechnungen und Auftragszettel
Gemeinkosten (indirekte Zurechnung)	Hilfs- und Betriebsstoffe	Materialentnahmescheine
	Gehälter, Hilfslöhne	Lohn- und Gehaltslisten
	Soziale Abgaben	Lohn- und Gehaltslisten
	Abschreibungen	Anlagenkartei/ -verzeichnis
	Büromaterial	Rechnungen und Verteilungsschlüssel
	Werbung	Rechnungen und Verteilungsschlüssel
	Betriebliche Steuern	Verteilungsschlüssel
	Kalkulatorische Kosten	Anlagewerte, Beschäftigtenzahlen

4.2.1 Gliederung des Unternehmens in Kostenstellen

Kostenbereiche nach Funktionen

Die Gliederung des Gesamtbetriebes in **vier Kostenbereiche**, die sich aus den **Funktionen des Betriebes** ableiten, ist die Grundlage für die Einrichtung von Kostenstellen:

I. Materialbereich
II. Fertigungsbereich
III. Verwaltungsbereich
IV. Vertriebsbereich

Kostenstellen nach Tätigkeiten

Für kleine Industriebetriebe genügt die Bildung **einer Kostenstelle für jeden Kostenbereich**. In größeren Betrieben wird jeder Kostenbereich in mehrere Kostenstellen (z. B. Abteilungen) aufgeteilt, die ihrerseits das Merkmal **einheitlicher Tätigkeit** aufweisen. Die Zahl der zu bildenden Kostenstellen je Kostenbereich hängt von der Art und Größe des Betriebes und dem angestrebten Genauigkeitsgrad der Kostenrechnung ab.

Kostenbereiche nach Funktionen	Kostenstellen nach Tätigkeiten
I. **Materialbereich:**	Werkstoffeinkauf, -prüfung, -verwaltung
II. **Fertigungsbereich:**	Fertigungsabteilungen, z. B. Mechanische Bearbeitung, Montage, Technische Betriebsleitung usw.
III. **Verwaltungsbereich:**	Kfm. Leitung, Finanzabteilung, Buchhaltung usw.
IV. **Vertriebsbereich:**	Werbung, Verkauf, Fertiglager, Versand usw.

Kostenstellen nach Verantwortung

Damit die Kostenstellenrechnung ihrer **Kontrollaufgabe** gerecht werden kann, ist es erforderlich, dass sich die nach einheitlichen Tätigkeitsmerkmalen gebildeten Kostenstellen **mit den Verantwortungsbereichen decken**. Praxisgerecht ist die Zusammenfassung mehrerer Kostenstellen zu einem **Verantwortungsbereich**: Der Meister ist verantwortlich für den Kostenverbrauch in seiner Fertigungsabteilung; der Betriebsleiter ist verantwortlich für den Kostenverbrauch des Fertigungsbetriebs, der mehrere Abteilungen umfasst.

Kostenstellen

Alle **Tätigkeits- und Verantwortungsbereiche** in einem Industriebetrieb, die eine **organisatorische Einheit** bilden und die in den Prozess der Leistungserstellung oder Leistungsverwertung eingegliedert sind, eignen sich als Kostenstellen. Je nach der Genauigkeit, mit der die Kostenstruktur eines Unternehmens aufgedeckt werden soll, sind die Tätigkeitsbereiche mehr oder weniger weit aufzugliedern. Die feinste Gliederung liegt dann vor, wenn die Arbeits- oder Maschinenplätze selbst die Kostenstellen bilden. In der Regel wird ein Industrieunternehmen mit der **Gliederung nach Abteilungen** auskommen.

Erweiterung der Kostenbereiche

Die **verfeinerte** Kostenstellenrechnung unterteilt den **Fertigungsbereich** in

- **Fertigungshauptstellen**, in denen **unmittelbar am Erzeugnis** gearbeitet wird (z. B. Stanzen/Schneiden, Pressen/Biegen, Bohren/Entgraten, Lackieren/Montieren), und

- **Fertigungshilfsstellen**, die **nicht direkt** an der Herstellung beteiligt sind, sondern der Aufrechterhaltung der Produktion dienen (z. B. technische Betriebsleitung, Arbeitsvorbereitung, Konstruktionsbüro, Reparaturabteilung).

Ein **Allgemeiner Bereich** kann den Kostenbereichen **vorgeschaltet** werden. In diesem Bereich werden Tätigkeiten für alle nachgeordneten Bereiche erbracht, sodass sich deren Kosten keiner der vier genannten Funktionen (Material, Fertigung, Verwaltung, Vertrieb) ausschließlich zuordnen lassen (z. B. **Energieversorgung, Sozialeinrichtungen, Fuhrpark, Werkschutz, Werkfeuerwehr**).

Kostenbereiche				
Allgemeiner Bereich	Material-bereich	Fertigungs-bereich	Verwaltungs-bereich	Vertriebs-bereich
Allgemeine Kostenstellen	Material-stellen	Fertigungs-hilfs-stellen / Fertigungs-haupt-stellen	Verwaltungs-stellen	Vertriebs-stellen

Nach der Zugehörigkeit der Gemeinkosten zu den einzelnen Kostenbereichen unterscheidet man:

- **Materialgemeinkosten (MGK)**
  Das sind Gemeinkosten, die im Zusammenhang mit der Annahme, Lagerung, Ausgabe und Versicherung der Werkstoffe entstehen.
- **Fertigungsgemeinkosten (FGK)**
  Dazu zählen alle Gemeinkosten, die im Produktionsprozess anfallen, wie Hilfslöhne, Gehälter für Meister und technische Angestellte, Verbrauch von Strom, Gas, Wasser in der Herstellung, Hilfs- und Betriebsstoffverbrauch, soweit er die Fertigung betrifft, Abschreibungen auf Maschinen und maschinelle Anlagen usw.
- **Verwaltungsgemeinkosten (VwGK)**
  Hierzu rechnen die Kosten für die Leitung und Verwaltung des Unternehmens, z. B. Gehälter für die Geschäftsleitung und die Angestellten der Verwaltungsabteilungen, Büromaterial, Abschreibungen auf die Geschäftsausstattung.
- **Vertriebsgemeinkosten (VtGK)**
  Darunter fallen alle Gemeinkosten, die mit dem Absatz der Erzeugnisse zusammenhängen, z. B. die Kosten für die Lagerung der fertigen Erzeugnisse, für das Verkaufsbüro, die Werbung, die Verpackung und den Versand, soweit Letztere nicht für das verkaufte Erzeugnis einzeln feststellbar sind (Sondereinzelkosten des Vertriebs!).

> **Merke**
> - Für jeden Kostenbereich ist mindestens eine Kostenstelle zu bilden.
> - Kostenstellen sind die Stellen im Unternehmen, an denen die Gemeinkosten entstehen. Betriebsabteilungen bilden in der Regel Kostenstellen.
> - Kostenstellen schaffen klare Verantwortungsbereiche zur Kontrolle der Wirtschaftlichkeit.

Aufgabe 473

1. *Was sind Kostenstellen?*
2. *Welche Aufgaben hat die Kostenstellenrechnung?*
3. *Unterscheiden Sie zwischen Kostenbereichen und Kostenstellen.*
4. *Weshalb ist die Einrichtung einer Allgemeinen Kostenstelle erforderlich?*
5. *Warum ist die Einrichtung von Fertigungshaupt- und Fertigungshilfsstellen zweckmäßig?*
6. *Nennen Sie Beispiele für Allgemeine Kostenstellen.*
7. *Begründen Sie, dass Industriebetriebe mit Serienfertigung auf die Einrichtung von Kostenbereichen und Kostenstellen nicht verzichten können.*

G Kosten- und Leistungsrechnung im Industriebetrieb

4.2.2 Betriebsabrechnungsbogen (BAB) als Hilfsmittel der Kostenstellenrechnung

4.2.2.1 Aufbau des Betriebsabrechnungsbogens

Situation
Fortsetzung von S. 388

Im Unternehmen Schmolmann KG wird zur Verteilung der Gemeinkosten auf die Kostenstellen der folgende vereinfachte Betriebsabrechnungsbogen verwendet:

Gemeinkostenarten	Zahlen der Betriebsergebnisrechnung	Verteilungsgrundlagen	Kostenbereiche			
			I Material	II Fertigung	III Verwaltung	IV Vertrieb
Summe der Gemeinkosten						

Tabelle: Betriebsabrechnungsbogen der Schmolmann KG, Leverkusen

Erläuterungen zum Betriebsabrechnungsbogen:

Der Betriebsabrechnungsbogen ist als **Tabelle** aufgebaut. In die ersten beiden Spalten werden alle **Kostenarten** mit ihren **Bezeichnungen** und ihren **€-Beträgen** aus der Betriebsergebnisrechnung (vgl. S. 382) übernommen. In der dritten Spalte wird vermerkt, wie die **Verteilung der Gemeinkosten** auf die nachfolgend aufgeführten Kostenstellen vorzunehmen ist. Diese Verteilung kann

Kostenstellen-Einzelkosten

- auf der Grundlage von **Belegen** erfolgen (z. B. Verteilung von Zeitlöhnen nach Lohnlisten). In diesem Fall kann die Kostenstelle direkt mit den von ihr verursachten Gemeinkosten belastet werden. Wir sprechen dann auch von den **direkten Kostenstellengemeinkosten** oder Kostenstelleneinzelkosten.

Kostenstellen-Gemeinkosten

- auf der Grundlage von **Bezugsgrößen** vorgenommen werden (z. B. Verteilung der Mietkosten nach den Raumgrößen der einzelnen Abteilungen in m²). In diesem Fall ist eine direkte Verteilung nicht möglich, weil mehrere Kostenstellen von der Kostenart gleichzeitig betroffen sind. Wir sprechen dann von **indirekten Kostenstellengemeinkosten** oder kurz Kostenstellengemeinkosten.

- auf der Grundlage von **Erfahrungswerten** erfolgen (z. B. Verteilung des kalkulatorischen Unternehmerlohns nach einem Verteilungsschlüssel).

In den nachfolgenden Spalten sind die **Kostenstellen** aufgeführt, die das Unternehmen eingerichtet hat. Im folgenden Beispiel sind zunächst nur die **vier Kostenbereiche** genannt. In den sich anschließenden Kapiteln wird der BAB schrittweise erweitert.

In der letzten **Zeile** des Betriebsabrechnungsbogens wird die Summe der Gemeinkosten für jede Kostenstelle gebildet. Diese Zahlen geben an, wie viel Euro Gemeinkosten jede Kostenstelle verursacht hat. Sie bilden im Vergleich mehrerer Monate oder Jahre die Grundlage einer Kostenkontrolle.

4.2.2.2 Verteilung der Gemeinkosten auf die Kostenstellen im Betriebsabrechnungsbogen

Situation

Das Unternehmen Schmolmann KG stellt Blechgehäuse in unterschiedlichen Größen und Ausstattungen her. Im abgelaufenen Geschäftsjahr wurden insgesamt 200 000 Gehäuse in drei Typen (G I, G II, G III) gefertigt. Die Produktionsanlagen werden von den Gehäusetypen unterschiedlich stark beansprucht; ebenso sind Material- und Lohnaufwand für die einzelnen Typen unterschiedlich hoch. Diese Unterschiede müssen in den Selbstkosten berücksichtigt werden. Um dies zu erreichen, stellt Herr Schmolmann den Betriebsabrechnungsbogen auf, in dem die **Gemeinkosten** auf vier Kostenbereiche verteilt sind, und ermittelt die **Gemeinkostenzuschlagssätze** für die nachfolgende **Selbstkostenkalkulation**.

Betriebsabrechnungsbogen der Schmolmann KG, Leverkusen

Gemeinkostenarten	Zahlen der Betriebsergebnisrechnung[1]	Verteilungsgrundlagen	Kostenbereiche			
			I Material	II Fertigung	III Verwaltung	IV Vertrieb
Hilfsstoffaufw.	795.000,00	Entnahmescheine	–	710.000,00	–	85.000,00
Betriebsstoffaufw.	35.000,00	Entnahmescheine	–	30.000,00	3.000,00	2.000,00
Gehälter	500.000,00	Gehaltslisten	60.000,00	100.000,00	290.000,00	50.000,00
AG-Anteil/SV	600.000,00	Gehaltslisten	10.000,00	450.000,00	130.000,00	10.000,00
Kalk. Abschr.	660.000,00	Anlagenkartei	40.000,00	510.000,00	70.000,00	40.000,00
Bürokosten	50.000,00	Schlüssel	–	20.000,00	30.000,00	–
Werbung	205.000,00	Rechnungen	–	30.000,00	122.000,00	53.000,00
Betriebl. Steuern	188.000,00	Anlagewerte	28.000,00	40.000,00	90.000,00	30.000,00
Kalk. Zinsen	1.035.000,00	Vermögenswerte	149.300,00	650.000,00	110.000,00	125.700,00
Kalk. U.-Lohn	300.000,00	Schätzung	–	100.000,00	200.000,00	–
Summe der Gemeinkosten	4.368.000,00	aufgeteilt:	287.300,00 MGK	2.640.000,00 FGK	1.045.000,00 VwGK	395.700,00 VtGK

Die Verteilung der Gemeinkosten auf die Kostenstellen (hier gleich Kostenbereiche) erfolgt nach den vorgegebenen Verteilungsgrundlagen. **Hilfsstoffaufwendungen, Betriebsstoffaufwendungen, Gehälter, Soziale Abgaben** und **Werbungskosten** können aufgrund der vorliegenden Belege **direkt** den verursachenden Kostenstellen zugerechnet werden. Die übrigen Gemeinkosten werden indirekt verteilt:

Die kalkulatorischen Abschreibungen werden nach den **Wiederbeschaffungskosten (WK)** der in den Kostenstellen investierten Anlagen verteilt. Die WK sollen insgesamt 7.300.000,00 € betragen. Hiervon entfallen auf die einzelnen Kostenstellen:

Materialstelle	Fertigungsstelle	Verwaltg.-Stelle	Vertriebsstelle	WK gesamt
442.500,00 €	5.641.000,00 €	774.000,00 €	442.500,00 €	7.300.000,00 €

Insgesamt sind 660.000,00 € kalkulatorische Abschreibungen auf insgesamt 7.300.000,00 € WK zu verteilen. Auf die Kostenstelle „Material" mit 442.500,00 € WK entfallen dann

$$\begin{array}{l} 7.300.000,00\ € \sim 660.000,00\ € \\ 442.500,00\ € \sim x\ € \end{array} \longrightarrow x\ € = \frac{660.000,00\ € \cdot 442.500,00\ €}{7.300.000,00\ €} \approx 40.000,00\ €$$

Die Kostenstelle „Material" hat also 40.000,00 € kalkulatorische Abschreibungen zu übernehmen. Nach der gleichen Rechnung lassen sich die Anteile der übrigen Kostenstellen an den kalkulatorischen Abschreibungen berechnen.

---
[1] Vgl. S. 382.

Für die Verteilung der **Bürokosten** wurde ein interner Verteilungsschlüssel (= Verhältniszahlen) von 0 : 2 : 3 : 0 festgelegt. Die Bürokosten von insgesamt 50.000,00 € sind also auf insgesamt fünf „Anteile" zu verteilen. Die Kostenstelle „Fertigung" hat hiervon zwei „Anteile" zu übernehmen, also

$$\frac{50.000{,}00\ \euro \cdot 2}{5} = 20.000{,}00\ \euro \text{ anteilige Bürokosten}$$

Entsprechend hoch ist der Anteil der Kostenstelle „Verwaltung":

$$\frac{50.000{,}00\ \euro \cdot 3}{5} = 30.000{,}00\ \euro \text{ anteilige Bürokosten}$$

Die Verteilung der **betrieblichen Steuern** wird nach einem intern ermittelten Verteilungsschlüssel vorgenommen, der auf investierten Anlagewerten beruht.

Aufgrund dieser Werte werden die im BAB aufgeführten Beträge ermittelt.

Die **kalkulatorischen Zinsen** werden nach dem betriebsnotwendigen Kapital (vgl. S. 372 f.) auf die Kostenstellen verteilt. Es wurde für die einzelnen Kostenstellen das folgende betriebsnotwendige Kapital ermittelt:

Materialstelle	Fertigungsstelle	Verwaltg.-Stelle	Vertriebsstelle	Kapital gesamt
1.658.900,00 €	7.222.200,00 €	1.222.200,00 €	1.396.700,00 €	11.500.000,00 €

Die kalkulatorischen Zinsen von insgesamt 1.035.000,00 € sind auf insgesamt 11.500.000,00 € betriebsnotwendiges Kapital zu verteilen. Auf die Kostenstelle „Material" entfallen hiervon:

$$\begin{array}{rcl} 11.500.000{,}00\ \euro & \sim & 1.035.000{,}00\ \euro \\ 1.658.900{,}00\ \euro & \sim & x\ \euro \end{array} \longrightarrow x\ \euro = \frac{1.035.000{,}00\ \euro \cdot 1.658.900{,}00\ \euro}{11.500.000{,}00\ \euro} \approx 149.300{,}00\ \euro$$

Der Anteil der Kostenstelle „Fertigung" beläuft sich auf:

$$\begin{array}{rcl} 11.500.000{,}00\ \euro & \sim & 1.035.000{,}00\ \euro \\ 7.222.200{,}00\ \euro & \sim & x\ \euro \end{array} \longrightarrow x\ \euro = \frac{1.035.000{,}00\ \euro \cdot 7.222.200{,}00\ \euro}{11.500.000{,}00\ \euro} = 649.998{,}00\ \euro$$
aufger. 650.000,00 €

Die Anteile der übrigen Kostenstellen lassen sich entsprechend berechnen.

Der **kalkulatorische Unternehmerlohn** wird nach Schätzung im Verhältnis 1 : 2 auf die beiden Kostenstellen „Fertigung" und „Verwaltung" verteilt.

Summe der Kostenstellen-Gemeinkosten

In der letzten **Zeile** des Betriebsabrechnungsbogens werden die durch die Kostenstellen **insgesamt** verursachten Gemeinkosten ausgewiesen: 287.300,00 € Materialgemeinkosten (**MGK**), 2.640.000,00 € Fertigungsgemeinkosten (**FGK**), 1.045.000,00 € Verwaltungsgemeinkosten (**VwGK**) und 395.700,00 € Vertriebsgemeinkosten (**VtGK**). Unterstellen wir annähernd gleiche Beschäftigung und unveränderte Verteilungsgrundlagen, so kann über diese Summen im **Zeitvergleich** der **Kostenverbrauch** in jeder Kostenstelle **kontrolliert** werden. Bei Abweichungen ist nach den Ursachen zu forschen (vgl. nähere Ausführungen auf S. 417 f.).

In der Praxis setzt sich die Kostensumme einer Kostenstelle aus Kostenstelleneinzelkosten, die über geeignete Messinstrumente ermittelt werden, z. B. Stromzähler, und Kostenstellengemeinkosten, die z. B. mittels Verteilungsschlüssel bestimmt werden, zusammen. Dadurch wird das Verursachungsprinzip der Kostenzurechnung besser erfüllt. Aus Vereinfachungsgründen wird hier auf eine Unterscheidung zwischen Kostenstelleneinzelkosten und Kostenstellengemeinkosten verzichtet. Die Kosten einer Kostenstelle werden daher vollständig als Kostenstellengemeinkosten definiert.

4.2.2.3 Berechnung der Zuschlagssätze (Istzuschläge) im Betriebsabrechnungsbogen

Situation

Mit den im BAB ermittelten Kostenstellengemeinkosten verfolgt Herr Schmolmann nicht nur die Absicht, den Kostenverbrauch in den Kostenstellen zu kontrollieren. Letztlich will er erreichen, diese Gemeinkosten den verschiedenen Erzeugnissen, die die Kostenstellen beansprucht haben, anteilig zuzurechnen. Um dieses Ziel zu erreichen, wählt er folgendes Vorgehen:

1. Er legt für die Gemeinkosten in jeder Kostenstelle eine geeignete **Zuschlagsgrundlage** fest, wobei er darauf achtet, dass zwischen der Zuschlagsgrundlage und den zu verrechnenden Stellengemeinkosten eine **Abhängigkeit** besteht. Folgende Zuschlagsgrundlagen sind in der Praxis üblich:

Kostenstellengemeinkosten	Zuschlagsgrundlage
Materialgemeinkosten (MGK)	Fertigungsmaterial
Fertigungsgemeinkosten (FGK)	Fertigungslöhne
Verwaltungsgemeinkosten (VwGK)	Herstellkosten des Umsatzes
Vertriebsgemeinkosten (VtGK)	Herstellkosten des Umsatzes

2. Aus den Kostenstellengemeinkosten und der Zuschlagsgrundlage berechnet Herr Schmolmann den Kostenstellenzuschlagssatz.
3. Zuschlagsgrundlagen und -sätze trägt Herr Schmolmann in den BAB ein.

Betriebsabrechnungsbogen
der Schmolmann KG, Leverkusen

Gemeinkostenarten	Zahlen der Betriebsergebnisrechnung	Verteilungsgrundlagen	Kostenbereiche			
			I Material	II Fertigung	III Verwaltung	IV Vertrieb
Hilfsstoffaufw.	795.000,00	Entnahmescheine	–	710.000,00	–	85.000,00
Betriebsstoffaufw.	35.000,00	Entnahmescheine	–	30.000,00	3.000,00	2.000,00
Gehälter	500.000,00	Gehaltslisten	60.000,00	100.000,00	290.000,00	50.000,00
AG-Anteil/SV	600.000,00	Gehaltslisten	10.000,00	450.000,00	130.000,00	10.000,00
Kalk. Abschr.	660.000,00	Anlagenkartei	40.000,00	510.000,00	70.000,00	40.000,00
Bürokosten	50.000,00	Schlüssel	–	20.000,00	30.000,00	–
Werbung	205.000,00	Rechnungen	–	30.000,00	122.000,00	53.000,00
Betriebl. Steuern	188.000,00	Anlagewerte	28.000,00	40.000,00	90.000,00	30.000,00
Kalk. Zinsen	1.035.000,00	Vermögenswerte	149.300,00	650.000,00	110.000,00	125.700,00
Kalk. U.-Lohn	300.000,00	Schätzung	–	100.000,00	200.000,00	–
Summe der Gemeinkosten	**4.368.000,00**	aufgeteilt:	287.300,00 MGK	2.640.000,00 FGK	1.045.000,00 VwGK	395.700,00 VtGK
		Zuschlagsgrundlagen	Fertigungsmaterial (FM) 2.940.000,00	Fertigungslöhne (FL) 2.400.000,00	Herstellkosten des Umsatzes (HK) 8.027.300,00[1]	
		Zuschlagssätze	9,77 %	110 %	13,02 %	4,93 %

Kostenstelle „Material"

Für die Materialgemeinkosten (MGK) bieten sich die **Einzelkosten** „Aufwendungen für Rohstoffe" (= **Fertigungsmaterial**, Kto. 6000) als geeignete Zuschlagsgrundlage an, wobei unterstellt wird, dass die Höhe der Materialgemeinkosten von den in der Abrechnungsperiode verbrauchten Rohstoffen abhängig ist.

---
[1] Berechnung siehe S. 397.

Berechnung des MGK-Zuschlagssatzes

$$\text{MGK-Zuschlagssatz} = \frac{\text{Materialgemeinkosten}}{\text{Fertigungsmaterial}} = \frac{287.300,00\ €}{2.940.000,00\ €} = 0,0977 = 9,77\ \%^{1}$$

Dieser Zuschlagssatz sagt aus, dass auf den gesamten Materialeinsatz ein **anteiliger Zuschlag für Materialgemeinkosten** von 9,77 % eingerechnet werden muss, um die gesamten Materialkosten zu erhalten:

Fertigungsmaterial (vgl. S. 381)	2.940.000,00 €
+ 9,77 % Materialgemeinkosten	287.300,00 €
= **Materialkosten** der Periode	**3.227.300,00 €**

Kostenstelle „Fertigung"

Für die Fertigungsgemeinkosten (FGK) bieten sich die **Einzelkosten Fertigungslöhne** (Konto 6200) als geeignete Zuschlagsgrundlage an, wobei unterstellt wird, dass die Höhe der Fertigungsgemeinkosten von den in der Abrechnungsperiode gezahlten Fertigungslöhnen abhängig ist.

Berechnung des FGK-Zuschlagssatzes

$$\text{FGK-Zuschlagssatz} = \frac{\text{Fertigungsgemeinkosten}}{\text{Fertigungslöhne}} = \frac{2.640.000,00\ €}{2.400.000,00\ €} = 1,1 = \mathbf{110\ \%}$$

Dieser Zuschlagssatz sagt aus, dass auf die gesamten Fertigungslöhne ein **anteiliger Zuschlag für Fertigungsgemeinkosten** von 110 % eingerechnet werden muss, um die gesamten Fertigungskosten zu erhalten:

Fertigungslöhne (vgl. S. 381)	2.400.000,00 €
+ 110 % Fertigungsgemeinkosten	2.640.000,00 €
= **Fertigungskosten** der Periode	**5.040.000,00 €**

Berechnung der Zuschlagssätze für Verwaltungs- und Vertriebsgemeinkosten

Herstellkosten als Zuschlagsgrundlage

Für die Verwaltungs- und Vertriebsgemeinkosten gelten die in einer Abrechnungsperiode angefallenen **Herstellkosten** als geeignete Zuschlagsgrundlage. Bei dieser Überlegung lässt man sich weniger von der sachlichen Logik als vielmehr von der zugrunde liegenden **Zuschlagskalkulation** leiten, die in ihrem **Aufbau der Gliederung des Betriebsabrechnungsbogens** entspricht (siehe S. 397).

Bei der Berechnung der Herstellkosten sind Bestandsveränderungen zu berücksichtigen. Sie ergeben sich, wenn Anfangs- und Endbestände an Erzeugnissen unterschiedlich hoch sind.

Fasst man die Materialkosten und die Fertigungskosten zusammen, erhält man die im Abrechnungszeitraum entstandenen **Herstellkosten der produzierten Erzeugnisse**, die auch als

Herstellkosten der Erzeugung

bezeichnet werden. Werden die Bestandsveränderungen (Mehr- oder Minderbestand) an unfertigen Erzeugnissen berücksichtigt, ergeben sich die

Herstellkosten der fertigen Erzeugnisse.

Werden anschließend die Bestandsveränderungen (Mehr- oder Minderbestand) an fertigen Erzeugnissen berücksichtigt, ergeben sich die

Herstellkosten des Umsatzes.

---
1 Prozentzahl ist auf zwei Stellen gerundet.

KOSTENSTELLENRECHNUNG G

Das Schema der Zuschlagskalkulation ist Grundlage zur Berechnung der Herstellkosten:

	Fertigungsmaterial	2.940.000,00 €	
+	Materialgemeinkosten	287.300,00 €	
=	**Materialkosten**		3.227.300,00 €
	Fertigungslöhne	2.400.000,00 €	
+	Fertigungsgemeinkosten	2.640.000,00 €	
=	**Fertigungskosten**		5.040.000,00 €
=	**Herstellkosten der Erzeugung**		8.267.300,00 €
+	Anfangsbestand unfertige Erzeugnisse	300.000,00 €	
−	Endbestand unfertige Erzeugnisse	300.000,00 €	0,00 €
=	**Herstellkosten der fertigen Erzeugnisse**		8.267.300,00 €
+	Anfangsbestand fertige Erzeugnisse	60.000,00 €	
−	Endbestand fertige Erzeugnisse	300.000,00 €	
=	**Herstellkosten des Umsatzes**		8.027.300,00 €

Bestandsveränderungen beeinflussen also die Höhe der Herstellkosten:

- Ist der Endbestand an unfertigen Erzeugnissen größer (kleiner) als der Anfangsbestand, hat sich der Bestand vermehrt (vermindert). Die Herstellkosten der Erzeugung sind größer (kleiner) als die Herstellkosten der fertigen Erzeugnisse.
- Ist der Endbestand an fertigen Erzeugnissen größer (kleiner) als der Anfangsbestand, hat sich der Bestand vermehrt (vermindert). Die Herstellkosten der fertigen Erzeugnisse sind größer (kleiner) als die Herstellkosten des Umsatzes.
- Bestandsveränderungen an unfertigen und fertigen Erzeugnissen können gegenläufig sein. Eine Bestandsminderung (-mehrung) an unfertigen Erzeugnissen kann einer Bestandsmehrung (-minderung) an fertigen Erzeugnissen gegenüberstehen. Sind die Werte der jeweiligen Bestandsveränderung nicht gleich groß, führt dies in der Summe entweder zu einer Bestandsmehrung oder zu einer Bestandsminderung der Erzeugnisse.

Bestandsveränderungen

Beispiel

In der **nachfolgenden Periode** liegen bei der Schmolmann KG Bestandsveränderungen vor.

	Herstellkosten der Erzeugung		12.632.000,00 €
+	Anfangsbestand unfertige Erzeugnisse	300.000,00 €	
−	Endbestand unfertige Erzeugnisse	900.000,00 €	− 600.000,00 €
=	**Herstellkosten der fertigen Erzeugnisse**		12.032.000,00 €
+	Anfangsbestand fertige Erzeugnisse	300.000,00 €	
−	Endbestand fertige Erzeugnisse	100.000,00 €	+ 200.000,00 €
=	**Herstellkosten des Umsatzes**		12.232.000,00 €

Die Herstellkosten des Umsatzes sind kleiner als die Herstellkosten der Erzeugung (Bestandsmehrung der Erzeugnisse um 400.000,00 €), da die Mehrung der unfertigen Erzeugnisse (600.000,00 €) die Minderung der fertigen Erzeugnisse (200.000,00 €) übersteigt.

Im Weiteren wird auf eine Differenzierung der Bestandsveränderungen in unfertige und fertige Erzeugnisse verzichtet. Bestandsveränderungen werden jeweils als Bestandsmehrung/-minderung der Erzeugnisse zusammenfassend angegeben.

Vertriebsgemeinkosten werden im Wesentlichen durch den Absatz verursacht. Die Herstellkosten des Umsatzes (= Wert der abgesetzten Erzeugnisse) sind die zu wählende Bezugsgröße.

Zuschlagsgrundlage für VtGK

Beispiel

Für den erweiterten BAB (siehe S. 395) ergibt sich folgender Zuschlagssatz:

$$\text{VtGK-Zuschlagssatz} = \frac{\text{Vertriebsgemeinkosten}}{\text{Herstellkosten des Umsatzes}} = \frac{395.700{,}00\ \text{€}}{8.027.300{,}00\ \text{€}} = 0{,}0493 = 4{,}93\ \%$$

G Kosten- und Leistungsrechnung im Industriebetrieb

Zuschlagsgrundlage für VwGK

Werden die Verwaltungsgemeinkosten hauptsächlich durch die betriebliche Leistungserstellung verursacht, sind die Herstellkosten der Erzeugung die zu wählende Bezugsgröße für die Ermittlung des Zuschlagssatzes, da diese dem Wert der in der Abrechnungsperiode hergestellten Erzeugnisse entsprechen. Da eine verursachungsgerechte Zuordnung der Verwaltungsgemeinkosten jedoch sehr schwierig ist, wird häufig unterstellt, dass sie vorwiegend durch den Absatz hervorgerufen werden. In diesem Fall stehen die Verwaltungsgemeinkosten in Abhängigkeit zu den Herstellkosten des Umsatzes.

Beispiel

Für den BAB (siehe S. 395) ergeben sich alternativ folgende Zuschlagssätze:

Bezugsgrundlage sind die **Herstellkosten der Erzeugung**:

$$\text{VwGK-Zuschlagssatz} = \frac{\text{Verwaltungsgemeinkosten}}{\text{Herstellkosten der Erzeugung}} = \frac{1.045.000,00\ €}{8.267.300,00\ €} = 0{,}1264 = 12{,}64\ \%$$

Bezugsgrundlage sind die **Herstellkosten des Umsatzes**:

$$\text{VwGK-Zuschlagssatz} = \frac{\text{Verwaltungsgemeinkosten}}{\text{Herstellkosten des Umsatzes}} = \frac{1.045.000,00\ €}{8.027.300,00\ €} = 0{,}1302 = 13{,}02\ \%$$

Es ist zu erkennen, dass Bestandsveränderungen die Höhe des VwGK-Zuschlagssatzes beeinflussen, wenn die Herstellkosten des Umsatzes die Bezugsgröße bilden: Bestandsmehrungen (Bestandsminderungen) erhöhen (senken) den VwGK-Zuschlagssatz.

In den weiteren Ausführungen sind (der gängigen Praxis folgend) die Herstellkosten des Umsatzes die Bezugsgrundlage für die Ermittlung des VwGK-Zuschlagssatzes.

Ist-Zuschlagssätze

Die zuvor errechneten Zuschlagssätze ergeben sich aus den tatsächlich angefallenen Einzelkosten und den im BAB errechneten Kostenstellengemeinkosten. Es sind sog. Istzuschlagssätze. Sie können erst nach Ablauf einer Abrechnungsperiode aufgrund der in der KLR ausgewiesenen Einzel- und Gemeinkosten ermittelt werden. **Istzuschlagssätze** werden daher in der Regel nur für die **Nachkalkulationen**, d. h. für Selbstkostenberechnungen nach Herstellung der Erzeugnisse verwendet.

Merke

- Die tabellarische Kostenstellenrechnung heißt **Betriebsabrechnungsbogen (BAB)**. Der BAB wird monatlich und jährlich aufgestellt. Er ist senkrecht nach Gemeinkostenarten und waagerecht nach Kostenstellen gegliedert.
- Der einfache BAB ist nach den Kostenbereichen „Material", „Fertigung", „Verwaltung" und „Vertrieb" gegliedert.
- Der BAB hat folgende Aufgaben:
  - Übernahme der Gemeinkosten aus der Betriebsergebnisrechnung der Ergebnistabelle und Verteilung dieser Gemeinkosten aufgrund von Belegen oder nach Schlüsseln auf die Kostenstellen, in denen sie entstanden sind.
  - Errechnung von Zuschlagssätzen für die Kostenträgerstück- und Kostenträgerzeitrechnung. Hierbei erhält jede Kostenstelle ihre besondere Zuschlagsgrundlage, auf die die Gemeinkosten dieser Stelle bezogen werden.
  - Überwachung der Gemeinkosten an den Stellen ihrer Entstehung (Kostenkontrolle und Kontrolle der Wirtschaftlichkeit).
- Die Herstellkosten der Erzeugung und die Herstellkosten des Umsatzes unterscheiden sich durch den Mehr- oder Minderbestand an fertigen und unfertigen Erzeugnissen voneinander:

Herstellkosten der Erzeugung
+ Bestandsminderungen an fertigen und unfertigen Erzeugnissen
− Bestandsmehrungen an fertigen und unfertigen Erzeugnissen
= **Herstellkosten des Umsatzes**

4.2.2.4 Berechnung der Selbstkosten des Umsatzes

Die Kostenrechnung hat auch die Aufgabe, die gesamten **Selbstkosten einer Abrechnungsperiode** auszuweisen. Die Selbstkosten ergeben sich, wenn man in die Herstellkosten des Umsatzes die **Verwaltungs- und Vertriebsgemeinkosten** laut BAB **einrechnet**.

Selbstkosten des Umsatzes

Beispiel

Aus den Zahlen des BAB von Seite 395 lassen sich die **Selbstkosten der verkauften Erzeugnisse**, die auch **Selbstkosten des Umsatzes** genannt werden, für das abgelaufene Geschäftsjahr wie folgt berechnen (= Gesamtkostenrechnung).

Pos.	Kalkulationsschema		
1.	Fertigungsmaterial (FM)	2.940.000,00 €	
2.	+ Materialgemeinkosten lt. BAB (9,77 %)	287.300,00 €	
3.	= **Materialkosten (MK) (1 + 2)**		3.227.300,00 €
4.	Fertigungslöhne (FL)	2.400.000,00 €	
5.	+ Fertigungsgemeinkosten lt. BAB (110 %)	2.640.000,00 €	
6.	= **Fertigungskosten (FK) (4 + 5)**		5.040.000,00 €
7.	= **Herstellkosten der Erzeugung (HK d. E.) (3 + 6)**		8.267.300,00 €
8.	− Mehrbestand an fertigen Erzeugnissen		240.000,00 €
9.	= **Herstellkosten des Umsatzes (HK d. U.)**		8.027.300,00 €
10.	+ Verwaltungsgemeinkosten lt. BAB (13,02 %)		1.045.000,00 €
11.	+ Vertriebsgemeinkosten lt. BAB (4,93 %)		395.700,00 €
12.	= **Selbstkosten des Umsatzes (SK)**		9.468.000,00 €

Die Selbstkosten der Erzeugung, also die bei der **Produktion** insgesamt angefallenen Selbstkosten, betragen 9.708.000,00 € (vgl. Ergebnistabelle S. 382) und sind damit um 240.000,00 € Mehrbestand höher als die Selbstkosten des Umsatzes.

Betriebsabrechnungsbogen eines Industrieunternehmens

Aufgabe 474

Kostenarten	Kosten insgesamt	I Material	II Fertigung	III Verwaltung	IV Vertrieb
EUR	194.144,00	8.600,00	132.750,00	33.939,00	18.855,00

Einzelkosten (Angaben in EUR)	Insgesamt
Fertigungsmaterial	172.000,00
Fertigungslöhne	73.750,00

Bestandsveränderungen (Angaben in EUR)	
Unfertige Erzeugnisse	
Anfangsbestand	140.000,00
Endbestand	130.000,00

Bestandsveränderungen (Angaben in EUR)	
Fertige Erzeugnisse	
Anfangsbestand	450.000,00
Endbestand	470.000,00

1. Ermitteln Sie die Ist-Zuschlagssätze und die Selbstkosten des Umsatzes.
2. Welche Auswirkungen haben 1. Bestandsmehrungen bzw. 2. Bestandsminderungen auf die Höhe
    a) der Herstellkosten des Umsatzes gegenüber den Herstellkosten der Erzeugung,
    b) der Istzuschlagssätze für Verwaltungsgemeinkosten und für Vertriebsgemeinkosten,
    c) der Selbstkosten des Umsatzes.

G Kosten- und Leistungsrechnung im Industriebetrieb

Aufgabe 475

Betriebsabrechnungsbogen

Kostenarten	Kosten insgesamt	I Material	II Fertigung	III Verwaltung	IV Vertrieb
insgesamt	276.000,00	24.500,00	168.000,00	51.000,00	32.500,00

Einzelkosten
Fertigungsmaterial .... 440.000,00 €
Fertigungslöhne .... 123.000,00 €

Bestandsveränderungen
Mehrbestand an unfertigen Erzeugnissen .... 40.000,00 €
Minderbestand an fertigen Erzeugnissen .... 15.000,00 €

1. Ermitteln Sie die Herstellkosten des Umsatzes.
2. Berechnen Sie die Ist-Zuschlagssätze.
3. Führen Sie eine Gesamtkalkulation durch.

Aufgabe 476

Die Betriebsergebnisrechnung eines Industriebetriebes weist für den Monat April folgende Kosten aus:

Fertigungsmaterial	49.600,00	Hilfsstoffe	11.500,00
Betriebsstoffe	2.600,00	Fertigungslöhne	61.000,00
Hilfslöhne	18.000,00	Gehälter	32.800,00
Soziale Abgaben	19.500,00	Abschreibungen	8.600,00
Betriebsteuern	4.400,00	Sonst. betriebl. Aufw.	10.700,00

Folgende Gemeinkosten wurden im Betriebsabrechnungsbogen (BAB) bereits verteilt:

Kostenart	I Material	II Fertigung	III Verwaltung	IV Vertrieb
Hilfsstoffe	200,00	10.700,00	–	600,00
Betriebsstoffe	240,00	1.820,00	360,00	180,00
Hilfslöhne	1.390,00	15.730,00	280,00	600,00
Gehälter	1.600,00	5.400,00	15.300,00	10.500,00
Soziale Abgaben	650,00	10.550,00	5.940,00	2.360,00
Sonstige Aufwendungen	1.260,00	2.240,00	5.300,00	1.900,00

Die übrigen Gemeinkosten müssen aufgrund folgender Verteilungsgrundlagen verteilt werden:

Kostenart	I Material	II Fertigung	III Verwaltung	IV Vertrieb
Abschreibungen (Anlagenwerte)	4.000.000,00	6.000.000,00	2.000.000,00	1.000.000,00
Betriebsteuern (Schlüssel)	–	3	:	1	–

1. Berechnen Sie die Herstellkosten des Umsatzes (Minderbestand an unfertigen Erzeugnissen 4.500,00 €, Mehrbestand an fertigen Erzeugnissen 6.200,00 €).
2. Berechnen Sie mithilfe des BAB die vier Gemeinkostenzuschlagssätze.
3. Ermitteln Sie die Selbstkosten des Umsatzes für den Abrechnungszeitraum.
4. Wie hoch ist das Betriebsergebnis für den Abrechnungszeitraum, wenn die Umsatzerlöse 250.000,00 € betragen?
5. Ermitteln Sie die Selbstkosten für je einen Kostenträger A und B. Die Einzelkosten betragen für Kostenträger A: Fertigungsmaterial 100,00 €, Fertigungslöhne 50,00 €; für Kostenträger B: Fertigungsmaterial 300,00 €, Fertigungslöhne 120,00 €.

Aufgabe 477

In die Kostenstellenrechnung eines Industriebetriebes gehen für den **Monat Dezember** folgende Zahlen aus der Betriebsergebnisrechnung (BER) ein:

Folgende Gemeinkosten wurden im Betriebsabrechnungsbogen (BAB) bereits verteilt:

Kostenarten	Zahlen der BER	I Material	II Fertigung	III Verwaltung	IV Vertrieb
Hilfsstoffe	162.500,00	3.500,00	145.200,00	4.500,00	9.300,00
Betriebsstoffe	17.650,00	2.800,00	9.000,00	4.200,00	1.650,00
Hilfslöhne	152.800,00	13.400,00	121.400,00	8.200,00	9.800,00
Gehälter	199.400,00	18.500,00	33.400,00	108.900,00	38.600,00
Soziale Abgaben	153.500,00	9.800,00	89.700,00	32.600,00	21.400,00
Betriebsteuern	90.500,00	–	71.600,00	18.900,00	–
Büro/Werbung	70.800,00	6.800,00	23.400,00	31.500,00	9.100,00

Die übrigen Gemeinkosten müssen aufgrund nachfolgender Daten im BAB verteilt werden:

Kostenarten	Verteilungs-grundlage	I Material	II Fertigung	III Verwaltung	IV Vertrieb
Kalk. Abschr.	Schlüssel	1	6	2	1
Kalk. Zinsen	Schlüssel	1,5	5	2	1,5
Miete	Fläche	200 m²	600 m²	120 m²	80 m²
Versicherungen	Anlagewert	200.000,00	1.200.000,00	400.000,00	200.000,00

Weitere Zahlen aus der BER:
Miete .... 120.000,00   Versicherungen 31.200,00

Kalk. Abschreibungen **je Jahr**:
  Betriebsgebäude: 1,5 % von Wiederbeschaffungskosten (WBK = 2.400.000,00)
  Technische Anlagen und Maschinen: 15 % von Wiederbeschaffungskosten (WBK = 1.000.000,00)
  Andere Anlagen: 10 % von Wiederbeschaffungskosten (WBK = 540.000,00)

Kalk. Zinsen **je Jahr**: 6 % vom betriebsnotwendigen Kapital (betriebsnotw. K. = 4.500.000,00)
Minderbestand an unfertigen Erzeugnissen 25.660,00
Mehrbestand an fertigen Erzeugnissen 31.405,00
Fertigungsmaterial 513.500,00
Fertigungslöhne 413.380,00

1. Vervollständigen Sie den Betriebsabrechnungsbogen.
2. Berechnen Sie die Herstellkosten des Umsatzes und die Selbstkosten des Abrechnungszeitraumes.
3. Ermitteln Sie die vier Gemeinkostenzuschlagssätze.

Aufgabe 478

1. Welche Aufgaben erfüllt der Betriebsabrechnungsbogen?
2. Wozu dient die Errechnung von Ist-Zuschlagssätzen?
3. Nach welchem Gesichtspunkt werden die Zuschlagsgrundlagen für die Stellengemeinkosten ausgewählt?
4. Wodurch unterscheiden sich die Herstellkosten der Erzeugung von den Herstellkosten des Umsatzes?
5. Begründen Sie, dass eine Bestandsmehrung von den Herstellkosten der Erzeugung abzuziehen, eine Bestandsminderung zu den Herstellkosten hinzuzurechnen ist.
6. Welche Aufgabe erfüllt die Gesamtkostenrechnung, die für eine zurückliegende Abrechnungsperiode aufgestellt wird?

4.3 Innerbetriebliche Leistungsverrechnung im erweiterten Betriebsabrechnungsbogen

4.3.1 Innerbetriebliche Leistungsverrechnung nach dem Stufenleiterverfahren

Beziehungen zwischen den Kostenstellen

Die innerbetriebliche Leistungsverrechnung ist immer dann erforderlich, wenn Kostenstellen in einem **internen Leistungsaustausch** stehen. Das ist vor allem dann der Fall, wenn in einem erweiterten Betriebsabrechnungsbogen allgemeine Kostenstellen und Hilfskostenstellen eingerichtet sind und diese Kostenstellen ihre Leistungen für andere Kostenstellen erbringen. Das geschieht z. B. in der Form, dass die Kostenstelle „Reparatur" eine bestimmte Leistungsmenge „Arbeitsstunden **h**" für die Kostenstelle „Fertigung" erbringt. Diese Leistungsmenge ist mit dem intern zu ermittelnden Leistungspreis „**q**" zu bewerten, um den **Wert der Leistung** (= **h · q**) bestimmen zu können. Um diesen Wert sind die Gemeinkosten (= primäre Stellenkosten) der abgebenden Kostenstelle „Reparatur" zu verringern und die Gemeinkosten der empfangenden Kostenstelle „Fertigung" zu erhöhen.

Struktur des Leistungsaustausches

Kostenstellen können ihre Leistungen **einseitig** oder **wechselseitig** austauschen.

Die Verrechnung der Leistungen gestaltet sich relativ einfach, wenn eine Kostenstelle ihre Leistungen nur **einseitig** an eine oder mehrere andere Kostenstellen abgibt, wie das in nachfolgendem BAB dargestellt ist (vgl. S. 403). Die folgenden drei Skizzen verdeutlichen diese Beziehungen:

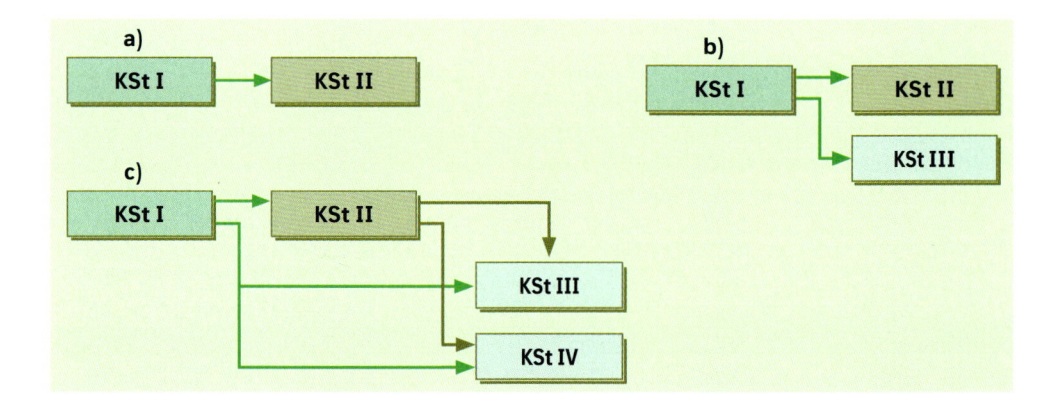

Schwieriger in der rechnerischen Umsetzung – aber dafür genauer – gestalten sich die **wechselseitigen** Leistungsabgaben mehrerer Kostenstellen:

Verfahren der Leistungsverrechnung

Unter den vielfältigen Verfahren, die zur innerbetrieblichen Leistungsverrechnung angewendet werden, kommen die folgenden zwei Verfahren häufig vor:

- das **Stufenleiterverfahren**, das sich für die Verrechnung **einseitiger** Leistungsabgaben gut eignet. Die nachfolgende Situation geht von dem oben skizzierten **Fall c)** aus. Es wird die Leistungsverrechnung von vorgelagerten Kostenstellen (Allgemeine Kostenstelle, Hilfskostenstelle) auf nachgelagerte Kostenstellen im BAB dargestellt.

- das **Gleichungsverfahren**, das sich für die Verrechnung **wechselseitiger** Leistungsabgaben eignet. Es wird an einem Beispiel und mehreren Übungen gezeigt (vgl. S. 411 f.).

Kostenstellenrechnung G

Situation

In der Schmolmann KG besteht mit der Aussagefähigkeit des Betriebsabrechnungsbogens in der einfachen Form Unzufriedenheit (vgl. S. 395). Zum einen weist der BAB nur einen Kostenbereich „Fertigung" aus, sodass der Gemeinkostenverbrauch einzelner Fertigungsabteilungen nicht erkennbar ist und gezielte **Kostenkontrollen** nicht möglich sind. Herr Schmolmann will daher die in seinem Unternehmen bestehenden Fertigungsabteilungen als **Fertigungshauptstellen (FHS,** vgl. S. 390) in den BAB einführen **(erweiterter BAB):**

| FHS I: | Stanzen/Pressen | FHS III: | Lackieren |
| FHS II: | Bohren/Entgraten | FHS IV: | Montieren/Verpacken |

Zum anderen will Herr Schmolmann die Abteilung „**Arbeitsvorbereitung**" als gesonderte **Fertigungshilfsstelle (HIKS,** vgl. S. 390) im BAB führen, da diese Abteilung die Fertigungsplanung und Fertigungssteuerung für alle Fertigungshauptstellen leistet.

Zusätzlich plant er den „**Fuhrpark**" zu einer selbstständigen Kostenstelle im BAB zu machen. Da diese Abteilung für alle anderen Abteilungen im Unternehmen Leistungen erbringt, wird sie im BAB als **Allgemeine Kostenstelle (AKS,** vgl. S. 391) geführt **(mehrstufiger BAB).**

Der so von Herrn Schmolmann gestaltete (erweiterte und mehrstufige) BAB hat das nachfolgende Aussehen. In diesem BAB wurden alle Gemeinkosten nach den vorliegenden Belegen und Schlüsseln bereits auf die Kostenstellen verteilt.

Erweiterter und mehrstufiger Betriebsabrechnungsbogen mit Istgemeinkosten und Istzuschlägen

Gemein-kosten-arten	Zahlen der BER	❸ AKS: Fuhr-park	Material-stelle	❷ HIKS: Arbeits-vorberei-tung	❶ Fertigungshauptstellen				Verwal-tungs-stelle	Vertriebs-stelle
					I Stanzen/Pressen	II Bohren/Entgraten	III Lackieren	IV Montie-ren/Verp.		
Hilfsstoffe	795.000	40.000	–	20.000	210.000	150.000	160.000	130.000	–	85.000
Betriebsstoffe	35.000	15.000	–	–	5.000	4.000	4.000	3.000	2.000	2.000
Gehälter	500.000	25.000	50.000	10.000	20.000	20.000	20.000	20.000	270.000	65.000
AG-Anteil/SV	600.000	30.000	10.000	15.000	135.000	95.000	105.000	85.000	115.000	10.000
Abschreibungen	660.000	50.000	35.000	20.000	150.000	100.000	110.000	95.000	65.000	35.000
Bürokosten	50.000	2.000	4.000	1.000	3.000	2.000	2.000	2.000	30.000	4.000
Werbung	205.000	5.000	–	10.000	7.000	4.000	4.000	5.000	140.000	30.000
Steuern	188.000	10.000	28.000	–	10.000	10.000	10.000	10.000	93.000	17.000
Zinsen	1.035.000	53.000	146.000	14.000	190.000	135.000	150.000	120.000	105.000	122.000
Untern.-Lohn	300.000	10.000	5.000	10.000	30.000	20.000	15.000	20.000	180.000	10.000
Summe	**4.368.000**	**240.000**	**278.000**	**100.000**	**760.000**	**540.000**	**580.000**	**490.000**	**1.000.000**	**380.000**
❹ Umlage: Fuhrpark			40.000	–	40.000	20.000	20.000	–	60.000	60.000
Zwischensumme			**318.000**	**100.000**	**800.000**	**560.000**	**600.000**	**490.000**	**1.060.000**	**440.000**
❺ Umlage: Arbeitsvorbereitung			–		30.000	30.000	20.000	20.000	–	–
Stellengemeinkosten			**318.000**	**–**	**830.000**	**590.000**	**620.000**	**510.000**	**1.060.000**	**440.000**
Zuschlagsgrundlagen:										
Fertigungsmaterial			2.940.000							
Fertigungslöhne					735.000	525.000	630.000	510.000		
Herstellkosten des Umsatzes									7.968.000	
Istzuschlagssätze (gerundet)			10,8 %		112,9 %	112,4 %	98,4 %	100 %	13,3 %	5,5 %

Erläuterungen zum obigen Betriebsabrechnungsbogen:

Fertigungs-hauptstellen

Im obigen BAB ist der Fertigungsbereich gegenüber dem BAB von Seite 395 nach den typischen Arbeitsvorgängen im Unternehmen Schmolmann KG in vier eigenständige Fertigungshauptstellen unterteilt worden. Dadurch hat Herr Schmolmann eine ausreichend tiefe Gliederung des Fertigungsprozesses erreicht, sodass aussagefähige **Kostenkontrollen im Zeitvergleich** möglich werden.

In Betrieben mit einem nach Abteilungen gegliederten Fertigungsprozess wird zweckmäßigerweise für jede Fertigungsabteilung eine besondere Kostenstelle im BAB eingerichtet, die sog. Fertigungshauptstelle. Jede Fertigungshauptstelle gilt als **selbstständige Kostenstelle mit eigener Zuschlagsgrundlage und eigenem Gemeinkostenzuschlagssatz (= erweiterter BAB)**. ❶

Fertigungshilfsstelle (= HIKS)

Im vorstehenden BAB ist die Arbeitsvorbereitung als Fertigungshilfsstelle eingerichtet. Das ist zweckmäßig, weil diese Stelle Aufgaben für alle Fertigungsabteilungen übernimmt. Die in ihr gesammelten Gemeinkosten lassen sich also nicht direkt einer der Fertigungshauptstellen zuweisen. Fertigungshilfsstellen sind den Fertigungshauptstellen vorgeordnet. Zu den Abteilungen, die Hilfsdienste für die Fertigung leisten, gehören z. B. die technische Betriebsleitung, die Arbeitsvorbereitung, das Konstruktionsbüro, die Reparaturwerkstatt, die Lehrwerkstatt. Die Fertigungshilfsstellen geben die bei ihnen erfassten Gemeinkosten nach einem intern ermittelten Verteilungsschlüssel an die Fertigungshauptstellen ab. ❷

Allgemeine Kostenstelle (= AKS)

Im vorstehenden BAB ist die Abteilung Fuhrpark als Allgemeine Kostenstelle eingerichtet. Dadurch kann Herr Schmolmann die durch diese Abteilung verursachten Kosten korrekt erfassen und entlastet zunächst die anderen Kostenstellen von abteilungsfremden Kosten.

Allgemeine Kostenstellen sind vorgeordnete Kostenstellen. Sie erfassen die Gemeinkosten, die das **Unternehmen insgesamt** betreffen, d. h., diese Kostenstellen erbringen für alle nachgeordneten Abteilungen des Unternehmens Leistungen. Die in ihnen erfassten Gemeinkosten sind also nach einem intern zu ermittelnden Verteilungsschlüssel auf alle Kostenstellen umzulegen, für die die Allgemeinen Kostenstellen Leistungen erbracht haben (= betriebsinterne Kostenverrechnung). Für folgende Betriebsabteilungen können Allgemeine Kostenstellen im BAB eingerichtet werden: Sozialeinrichtungen, Werkschutz, Fuhrpark, Energieversorgung u. a. ❸

Betriebsinterne Leistungsverrechnung

Mit der Erfassung von Gemeinkosten in den Allgemeinen Kostenstellen und den Hilfskostenstellen erreicht Herr Schmolmann vorrangig eine Kontrolle der Kosten. **Für Kalkulationszwecke legen diese Kostenstellen ihre Gemeinkosten auf die nachgeordneten Kostenstellen um**, die von den Allgemeinen Kostenstellen und den Hilfskostenstellen Leistungen empfangen haben **(= mehrstufiger BAB)**. Diese Umlage geschieht nach dem Umfang der beanspruchten Leistungen; sie wird im BAB nach einem verursachungsgerechten Schlüssel vorgenommen, und zwar nach dem Stufenleiterverfahren in der **Reihenfolge**:

Zunächst legen die Allgemeinen Kostenstellen ihre Gemeinkosten auf die nachgeordneten Kostenstellen um. ❹

Danach legen die Fertigungshilfsstellen ihre Gemeinkosten auf die Fertigungshauptstellen um. ❺

> **Beispiel**
>
> Im vorstehenden BAB wurden die Gemeinkosten der Allgemeinen Kostenstelle „Fuhrpark" nach dem Verteilungsschlüssel 2 : 0 : 2 : 1 : 1 : 0 : 3 : 3 auf alle nachgeordneten **Kostenstellen** verteilt. **Danach** erfolgte die Verteilung der Gemeinkosten der Hilfskostenstelle „**Arbeitsvorbereitung**" auf die vier nachgeordneten **Fertigungshauptstellen** nach dem Schlüssel 3 : 3 : 2 : 2.
>
> *Kontrollieren Sie die Verteilung im BAB (vgl. S. 403).*

Istzuschlagssätze im erweiterten BAB

Nachdem die interne Leistungsverrechnung abgeschlossen ist, zeigt der BAB die Stellengemeinkosten für die Materialstelle, die vier Fertigungshauptstellen sowie für die Verwaltungsstelle und die Vertriebsstelle. Zur Berechnung der Istzuschlagssätze stehen diesen Stellengemeinkosten folgende Zuschlagsgrundlagen zur Verfügung:

Kostenstellenrechnung

Materialstelle:	**Fertigungsmaterial** gemäß Betriebsergebnisrechnung
FHS „Stanzen/Pressen":	**Fertigungslöhne** gemäß Lohnzettel
FHS „Bohren/Entgraten":	**Fertigungslöhne** gemäß Lohnzettel
FHS „Lackieren":	**Fertigungslöhne** gemäß Lohnzettel
FHS „Montieren/Verpacken":	**Fertigungslöhne** gemäß Lohnzettel
Verwaltungsstelle:	**Herstellkosten des Umsatzes** gemäß Kalkulation
Vertriebsstelle:	**Herstellkosten des Umsatzes** gemäß Kalkulation

Berechnung der Herstellkosten des Umsatzes – als Zuschlagsgrundlage für die Verwaltungs- und Vertriebsgemeinkosten – und der **Selbstkosten des Umsatzes** aus den Zahlen des erweiterten BAB (vgl. S. 403). Das nachfolgende Beispiel zeigt, wie das Kalkulationsschema der **veränderten Struktur des Betriebsabrechnungsbogens angepasst** wird.

	Kalkulationsschema		
	Fertigungsmaterial	2.940.000,00 €	
+	Materialgemeinkosten	318.000,00 €	
=	**Materialkosten**		**3.258.000,00 €**
	Fertigungslöhne FHS I	735.000,00 €	
+	Fertigungsgemeinkosten FHS I	830.000,00 €	
=	**Fertigungskosten FHS I**		**1.565.000,00 €**
	Fertigungslöhne FHS II	525.000,00 €	
+	Fertigungsgemeinkosten FHS II	590.000,00 €	
=	**Fertigungskosten FHS II**		**1.115.000,00 €**
	Fertigungslöhne FHS III	630.000,00 €	
+	Fertigungsgemeinkosten FHS III	620.000,00 €	
=	**Fertigungskosten FHS III**		**1.250.000,00 €**
	Fertigungslöhne FHS IV	510.000,00 €	
+	Fertigungsgemeinkosten FHS IV	510.000,00 €	
=	**Fertigungskosten FHS IV**		**1.020.000,00 €**
=	**Herstellkosten der Erzeugung**		**8.208.000,00 €**
–	**Mehrbestand** an fertigen Erzeugnissen		240.000,00 €
=	**Herstellkosten des Umsatzes**		**7.968.000,00 €**
+	Verwaltungsgemeinkosten		1.060.000,00 €
+	Vertriebsgemeinkosten		440.000,00 €
=	**Selbstkosten des Umsatzes**		**9.468.000,00 €**

Auswertung: Im Vergleich zum BAB von Seite 395 zeigen die Istzuschlagssätze im vorstehenden BAB zum Teil erhebliche Abweichungen. Materialstelle und Vertriebsstelle haben mit 10,8 % bzw. 5,5 % erhöhte Zuschlagssätze, die Verwaltungsstelle hat mit 13,3 % gegenüber 13,02 % einen nur geringfügig abweichenden Zuschlagssatz. Hier haben die Umlagen der Gemeinkosten aus der Allgemeinen Kostenstelle und der Fertigungshilfsstelle zu erhöhten Stellengemeinkosten geführt. Besonders auffällig sind die Abweichungen im Fertigungsbereich: Gegenüber einem Gesamtzuschlagssatz von 110 % zeigen die Fertigungshauptstellen Zuschlagssätze zwischen 98,4 % und 112,9 %. Hier zeigt sich die **unterschiedliche Kostenstruktur** zwischen Einzelkosten (= Fertigungslöhnen) und Stellengemeinkosten in den Fertigungshauptstellen. Beispielsweise lässt sich der Zuschlagssatz von 98,4 % in der FHS „Lackieren" so interpretieren, dass in dieser Abteilung der Anteil der Fertigungslöhne im Verhältnis zu den Gemeinkosten sehr hoch ist; d. h., diese Abteilung ist wesentlich **lohnintensiver** als z. B. die FHS „Stanzen/Pressen" mit einem Zuschlagssatz von 112,9 %. Diese Unterschiede werden in den nachfolgenden Kalkulationen berücksichtigt (vgl. Kapitel „4.5 Kostenträgerstückrechnung", S. 426 f.).

G Kosten- und Leistungsrechnung im Industriebetrieb

Aufgabe 479

Die Kostenstellenrechnung eines Industriebetriebes enthält nach der Verteilung der Gemeinkosten folgende Zahlen:

Gemein-kostenarten	Material-stelle	Fertigungshauptstellen				Ver-waltungs-stelle	Vertriebs-stelle
		Dreherei	Bohrerei	Fräserei	Montage		
insgesamt	5.200,00	57.600,00	27.500,00	22.500,00	31.500,00	79.200,00	25.200,00
Zuschlags-grund-lagen	65.000,00	48.000,00	25.000,00	18.000,00	35.000,00	Herstellkosten des Umsatzes	

1. Errechnen Sie die Zuschlagssätze für jede Kostenstelle.
2. Ermitteln Sie die Selbstkosten des Abrechnungsmonats, wenn ein Minderbestand in Höhe von 24.700,00 € zu berücksichtigen ist.

Aufgabe 480

Folgende Gemeinkosten wurden im Betriebsabrechnungsbogen (BAB) bereits verteilt:

Kostenarten	Zahlen der BER	Material-stelle	Fertigungshauptst.		Ver-waltungs-stelle	Vertriebs-stelle
			I	II		
Hilfsstoffe	12.150,00	750,00	5.000,00	6.000,00	150,00	250,00
Hilfslöhne	70.400,00	1.500,00	32.900,00	34.500,00	1.000,00	500,00
Gehälter	180.700,00	4.700,00	38.000,00	25.000,00	92.000,00	21.000,00
Abschreibungen	78.000,00	2.000,00	33.500,00	28.000,00	8.000,00	6.500,00

Die übrigen Gemeinkosten (Soziale Abgaben: 80.000,00; Steuern: 110.000,00; übrige Kosten: 24.000,00) müssen aufgrund nachfolgender Daten im BAB verteilt werden:

Kostenarten	Verteilungs-grundlage	Material-stelle	Fertigungshauptst.		Ver-waltungs-stelle	Vertriebs-stelle
			I	II		
Soziale Abgaben	Löhne/Geh.	18.094,50	126.661,50	108.567,50	162.850,50	36.189,00
Steuern	Schlüssel	2	3	2	3	1
Übrige Kosten	Schlüssel	1	2	2	3	2
Fertigungsmaterial		290.800,00			Herstellkosten des Umsatzes	
Fertigungslöhne			114.825,00	86.437,50		

1. Vervollständigen Sie den BAB und errechnen Sie die Istzuschlagssätze.
2. Bestimmen Sie die Selbstkosten des Abrechnungsmonats (Mehrbestand: 30.912,50 €).

Aufgabe 481

1. Aus welchem Grund ist die Aufteilung des Fertigungsbereichs in Fertigungshauptstellen zweckmäßig?
2. Gegen welche Grundsätze darf bei der Einrichtung der Fertigungshauptstellen nicht verstoßen werden?
3. Berechnen Sie die Selbstkosten des Abrechnungsmonats.

Fertigungsmaterial	124.000,00	Materialgemeinkostenzuschlag	12 %
Fertigungslöhne I	86.500,00	Fertigungsgemeinkostenzuschlag I	110 %
Fertigungslöhne II	67.300,00	Fertigungsgemeinkostenzuschlag II	140 %
Fertigungslöhne III	78.400,00	Fertigungsgemeinkostenzuschlag III	90 %
Minderbest. unfertigen Erz.	48.000,00	Verwaltungsgemeinkostenzuschlag	24 %
Mehrbestand fertigen Erz.	83.500,00	Vertriebsgemeinkostenzuschlag	8 %

Kostenstellenrechnung

Aufgabe 482

Zur Aufstellung eines BAB werden folgende Zahlen der Ergebnistabelle entnommen:

Gemeinkostenarten	€	Verteilungsgrundlagen
1. Hilfsstoffaufwand	32.000,00	Rechnungen (direkt)
2. Hilfslöhne	157.000,00	Lohnlisten (direkt)
3. Soziale Abgaben	130.000,00	Lohn- und Gehaltslisten (direkt)
4. Instandhaltung	88.000,00	Kostenstellen (Schlüsselzahlen)
5. Reisekosten	45.000,00	Schätzung (Schlüsselzahlen)
6. Büromaterial	110.000,00	Rechnungen (direkt)
7. Gehälter	561.000,00	Gehaltslisten (direkt)
8. Betriebsteuern	36.000,00	Beschäftigtenzahl (s. u.)
9. Abschreibungen	151.500,00	Anlagenkartei (**Aufteilung nach Anlagewerten, s. u.**)

Der Betrieb hat nachstehende Kostenstellen eingerichtet:

Allg.	Hauptkostenstelle	Hilfskostenstelle	Hauptkostenstellen
I Wasserversorgung II Kraftzentrale	III Materialstelle	IV Fertigungshilfs- stelle	V Fertigungshauptstelle A VI Fertigungshauptstelle B VII Fertigungshauptstelle C VIII Verwaltungsstelle IX Vertriebsstelle

Folgende Gemeinkostenarten wurden im Betriebsabrechnungsbogen bereits verteilt:

GK	Kostenstellen								
	I	II	III	IV	V	VI	VII	VIII	IX
1.	4.000	5.000	4.000	2.000	5.000	6.000	3.000	1.000	2.000
2.	18.500	16.600	5.800	6.400	38.100	30.600	33.000	–	8.000
3.	7.300	5.200	11.200	7.500	10.900	18.200	21.400	23.700	24.600
6.	2.400	2.200	15.900	2.100	3.100	3.200	4.100	43.600	33.400
7.	34.100	24.900	54.800	34.800	52.200	76.100	89.900	93.200	101.000

Folgende Gemeinkostenarten müssen aufgrund nachfolgender Angaben noch verteilt werden

GK	Kostenstellen								
	I	II	III	IV	V	VI	VII	VIII	IX
4.	1 :	2 :	1 :	5 :	2 :	3 :	4 :	1 :	1
5.	3 :	2 :	1 :	2 :	1 :	2 :	2 :	1 :	1
8.	5 :	5 :	10 :	20 :	20 :	20 :	35 :	25 :	10
9.	238.500	58.500	46.500	33.000	511.500	654.000	499.500	198.000	33.000

2. Legen Sie die Gemeinkosten der Allgemeinen Kostenstelle „Wasserversorgung" auf die anderen Kostenstellen in folgendem Verhältnis um: 3 : 2 : 3 : 4 : 2 : 2 : 2 : 2
Anschließend verteilen Sie die Gemeinkosten der Allgemeinen Kostenstelle „Kraftzentrale" auf die restlichen Kostenstellen im Verhältnis: 1 : 2 : 3 : 3 : 3 : 2 : 1

3. Die Gemeinkosten der Fertigungshilfsstelle sind auf die drei Fertigungshauptstellen im Verhältnis 1 : 1 : 2 zu verteilen.

4. Errechnen Sie die Zuschlagssätze für die Gemeinkosten.
Fertigungsmaterial .... 300.000,00 €
Fertigungslöhne A .... 150.000,00 €
Fertigungslöhne B .... 180.000,00 €
Fertigungslöhne C .... 200.000,00 €
Bestandsveränderungen sind nicht zu berücksichtigen.

G Kosten- und Leistungsrechnung im Industriebetrieb

Aufgabe 483

Die Kostenartenrechnung für den Monat Juli weist folgende Kosten aus:

	Kostenarten	€
variable Kosten	1. Fertigungsmaterial	630.000,00
	2. Fertigungslöhne	480.000,00
teilfixe Kosten	3. Gemeinkostenmaterial	70.000,00
	4. Hilfslöhne	120.000,00
	5. Sozialkosten	175.000,00
	6. Strom, Gas, Wasser	30.000,00
	7. Reparaturen	80.000,00
	8. Bürokosten	60.000,00
	9. Werbung	40.000,00
fixe Kosten	10. Gehälter	180.000,00
	11. Gewerbesteuer	10.000,00
	12. Versicherungen	5.000,00
	13. Kalkulatorische Abschreibungen	95.000,00
	14. Kalkulatorische Zinsen	45.000,00
	15. Kalkulatorischer Unternehmerlohn	15.000,00

Im BAB werden folgende Kostenstellen geführt:

Allg. Kostenstellen: I   Grundstücke/Gebäude
                             II   Fuhrpark
Hauptkostenstelle: III   Materialstelle
Hilfskostenstellen: IV   Arbeitsvorbereitung
                             V   Entwicklung

Hauptkostenstellen: VI   Schweißerei
                              VII   Dreherei
                              VIII   Montage
                              IX   Verwaltungsstelle
                              X   Vertriebsstelle

1. Erstellen Sie den BAB und ermitteln Sie die Zuschlagssätze:

Kosten-	Kostenstellen									
art	I	II	III	IV	V	VI	VII	VIII	IX	X
1.			630.000							
2.						220.000	160.000	100.000		
3.	–	5.000	–	–	5.000	25.000	25.000	10.000	–	–
4.	–	20.000	10.000	5.000	5.000	35.000	20.000	15.000	–	10.000
5.	5.000	15.000	10.000	10.000	20.000	40.000	20.000	10.000	40.000	5.000
6.	5.000	2.000	1.000	1.000	2.000	10.000	5.000	2.000	1.000	1.000
7.	10.000	8.000	–	–	–	32.000	25.000	3.000	–	2.000
8.	–	–	4.000	9.000	3.000	–	–	–	44.000	–
9.	–	–	–	–	–	–	–	–	–	40.000
10.	–	5.000	15.000	25.000	15.000	13.000	15.000	10.000	60.000	22.000
11.	–	–	–	–	–	–	–	–	10.000	–
12.	3 :	–	1 :	–	–	1 :	–	–	–	–
13.	3 :	1 :	1 :	–	–	5 :	4 :	2 :	2 :	1
14.	2 :	–	1 :	–	1 :	2 :	1 :	1 :	1	
15.	–	–	–	–	–	–	–	–	4 :	1

Umlage Grundstücke/Gebäude: 1 : 1 : 0 : 0 : 2 : 1 : 1 : 1 : 1
Umlage Fuhrpark: 2 : 0 : 0 : 0 : 0 : 0 : 4 : 5
Umlage Arbeitsvorbereitung: 0 : 2 : 2 : 1 : 0 : 0
Umlage Entwicklung: 4 : 4 : 3 : 0 : 0

2. Bei einer Monatsproduktion von 18 000 Stück konnte das Produkt zu einem Preis von 120,00 € je Stück verkauft werden. Prüfen Sie, ob Gewinn erzielt wurde und wie hoch ggf. der Gewinn war.

3. Auf wie viel Euro je Stück könnte der Unternehmer den Preis senken, wenn er a) auf den Gewinn verzichtet (volle Kostendeckung), b) auf den Ersatz von 40 % der fixen Kosten verzichtet?

Aufgabe 484

Zur Aufstellung eines BAB werden folgende Kosten der Ergebnistabelle entnommen:

Gemeinkostenarten	€	Verteilungsgrundlagen
1. Hilfsstoffaufwand	43.000,00	Rechnungen (direkt)
2. Hilfslöhne	184.000,00	Lohnlisten (direkt)
3. Soziale Abgaben	210.000,00	Lohn- und Gehaltslisten (direkt)
4. Instandhaltung	87.500,00	Rechnungen (direkt)
5. Werbung	52.000,00	Rechnungen (Schlüsselzahlen)
6. Büromaterial	94.000,00	Rechnungen (direkt)
7. Gehälter	518.000,00	Gehaltslisten (direkt)
8. Betriebsteuern	48.000,00	Beschäftigtenzahl (s. u.)
9. Mieten	28.000,00	Raumgröße in m² (s. u.)
10. Kalk. Abschreibungen	165.000,00	Anlagenwerte (s. u.)
11. Kalk. Zinsen	116.000,00	Investitionen

Der Betrieb hat nachstehende Kostenstellen eingerichtet:

AKS	Hauptkostenstelle	Hilfskostenstelle	Hauptkostenstellen	
I Energie II Fuhrpark	III Materialstelle	IV HIKS Werkzeugbau	V FHS Dreherei VI FHS Fräserei	VII Verwaltungsstelle VIII Vertriebsstelle

Folgende Gemeinkostenarten wurden im Betriebsabrechnungsbogen bereits verteilt:

GK	Kostenstellen							
	I	II	III	IV	V	VI	VII	VIII
1.	6.000	4.000	5.000	3.000	12.000	10.000	2.000	1.000
2.	35.000	28.000	19.000	13.000	45.000	38.000	–	6.000
3.	32.000	17.000	25.000	8.000	36.000	31.000	46.000	15.000
4.	14.000	14.000	7.000	14.000	17.500	14.000	3.500	3.500
6.	9.000	8.000	7.000	5.000	12.000	11.000	24.000	18.000
7.	68.000	37.000	42.000	18.000	84.000	76.000	154.000	39.000
11.	34.000	12.000	2.000	8.000	27.000	25.000	6.000	2.000

Folgende Gemeinkostenarten müssen aufgrund nachfolgender Angaben noch verteilt werden:

GK	Kostenstellen							
	I	II	III	IV	V	VI	VII	VIII
5.	1 :	1 :	2 :	–	1 :	1 :	3 :	4
8.	8	8	16	16	16	16	32	16
9.	140	280	140	140	420	420	280	140
10.	300.000	200.000	100.000	100.000	300.000	300.000	100.000	100.000

2. Umlage „Energie": 1 : 1 : 3 : 6 : 5 : 3 : 1   Umlage „Fuhrpark":   4 : 2 : 3 : 2 : 5 : 6
   Die Gemeinkosten der Fertigungshilfsstelle sind im Verhältnis 3 : 2 auf die Fertigungshauptstellen Dreherei und Fräserei zu verteilen.

3. Errechnen Sie die Zuschlagssätze für die Stellengemeinkosten und bestimmen Sie die Selbstkosten der Abrechnungsperiode.
   Fertigungsmaterial .... 1.100.000,00 €
   Fertigungslöhne Dreherei .... 420.000,00 €
   Fertigungslöhne Fräserei .... 320.500,00 €
   Es sind Mehrbestände an fertigen und unfertigen Erzeugnissen von 156.000,00 € zu berücksichtigen.

G KOSTEN- UND LEISTUNGSRECHNUNG IM INDUSTRIEBETRIEB

Aufgabe 485

Im BAB eines Unternehmens soll die innerbetriebliche Leistungsverrechnung nach dem Stufenleiterverfahren zwischen zwei Hilfskostenstellen HI 1 und HI 2 sowie zwei Hauptkostenstellen HA 1 und HA 2 durchgeführt werden. Die primären Stellengemeinkosten liegen nach folgender Tabelle vor:

	HI 1	HI 2	HA 1	HA 2
Primäre Gemeinkosten	48.000,00 €	75.000,00 €	240.000,00 €	280.000,00 €

Zwischen den Kostenstellen bestehen folgende Leistungsbeziehungen in Stunden (h):

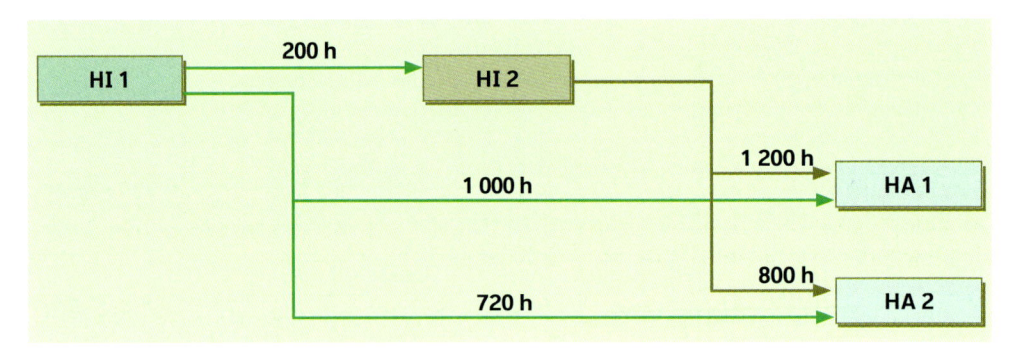

- HI 1 → HI 2: 200 h
- HI 1 → HA 1: 1 000 h
- HI 1 → HA 2: 720 h
- HI 2 → HA 1: 1 200 h
- HI 2 → HA 2: 800 h

Die Gemeinkosten der Hilfskostenstellen sind entsprechend der Leistungsabgaben auf die nachgelagerten Hauptkostenstellen umzulegen.

1. Berechnen Sie die Stellengemeinkosten für die beiden Hauptkostenstellen HA 1 und HA 2.
2. Den beiden Hauptkostenstellen sind Einzelkosten von 391.250,00 € (HA 1) bzw. 300.000,00 € (HA 2) zugeordnet.
   Berechnen Sie die Zuschlagssätze für die beiden Hauptkostenstellen.

Aufgabe 486

Im folgenden Auszug aus dem BAB eines Unternehmens sind die primären Gemeinkosten für fünf Kostenstellen ausgewiesen:

	HI 1	HI 2	HI 3	HA 1	HA 2
Primäre Gemeinkosten	25.200,00 €	20.000,00 €	30.000,00 €	110.000,00 €	140.000,00 €

Zwischen den Kostenstellen bestehen folgende Leistungsbeziehungen in Verrechnungseinheiten (VE):

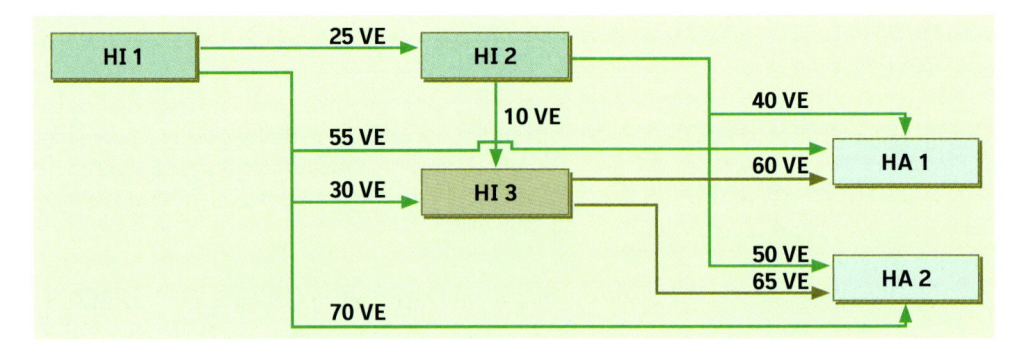

- HI 1 → HI 2: 25 VE
- HI 1 → HI 3: 30 VE
- HI 1 → HA 1: 55 VE
- HI 1 → HA 2: 70 VE
- HI 2 → HI 3: 10 VE
- HI 2 → HA 1: 40 VE
- HI 2 → HA 2: 50 VE
- HI 3 → HA 1: 60 VE
- HI 3 → HA 2: 65 VE

1. Berechnen Sie die Stellengemeinkosten für die beiden Hauptkostenstellen HA 1 und HA 2.
2. Den beiden Hauptkostenstellen sind Einzelkosten von 124.690,00 € (HA 1) bzw. 139.960,00 € (HA 2) zugeordnet.
   Berechnen Sie die Zuschlagssätze für die beiden Hauptkostenstellen.

4.3.2 Innerbetriebliche Leistungsverrechnung nach dem Gleichungsverfahren

Das Gleichungsverfahren geht von folgenden Voraussetzungen aus:

Voraussetzungen

- Die Gemeinkosten aus der Kostenartenrechnung sind auf die Kostenstellen verteilt; diese **Primärkosten** jeder Kostenstelle sind also bekannt.
- Die von den Kostenstellen abgegebenen und empfangenen **Leistungsmengen** sind bekannt.
- Die **Verrechnungspreise q** sind zu bestimmen, mit denen die abgebenden Kostenstellen ihre Leistungen bewerten.

Beispiel

Ein Unternehmen führt in seinem BAB zwei Fertigungshilfsstellen (Reparatur und Arbeitsvorbereitung) sowie zwei Fertigungshauptstellen (Mechanische Bearbeitung und Montage) mit den zugeordneten primären Gemeinkosten nach folgender Aufstellung:

	Fertigungshilfsstellen		Fertigungshauptstellen		Summe
	Reparatur (RP)	Arbeitsvorbereitung (AV)	Mechanische Bearbeitung (MB)	Montage (MT)	
Gemeinkosten	45.000,00	60.000,00	425.000,00	350.000,00	880.000,00

Die Kostenstellen haben untereinander die folgenden Arbeitsleistungen in Stunden (h) erbracht:

von \ nach	RP	AV	MB	MT	Summe
RP	0 h	150 h	1710 h	600 h	2460 h
AV	200 h	0 h	2250 h	550 h	3000 h
Summe					5460 h

Die Mengenbeziehungen in der obigen Tabelle zeigen, dass die Hilfskostenstellen wechselseitig Leistungen austauschen. Ein Eigenverbrauch innerhalb der Hilfskostenstelle findet nicht statt. Die Hauptkostenstellen tauschen untereinander keine Leistungen aus. Sie stellen auch keine Leistungen für die Hilfskostenstellen bereit. Ihre Leistungen gehen direkt in die zu fertigenden Produkte ein.

Die Hilfskostenstellen geben ihre Leistungen zu Preisen von **q1** und **q2** ab. Diese Preise sind über ein Gleichungssystem zu ermitteln, um den Werteabfluss dieser Kostenstellen errechnen zu können. Mithilfe von q1 und q2 lassen sich sodann auch die gesamten Gemeinkosten **Q3** und **Q4** in den Hauptkostenstellen feststellen.

Das zu entwickelnde Gleichungssystem erfasst auf den **linken Seiten** den **Gesamtwert der Leistungszuflüsse** für jede Kostenstelle, auf den **rechten Seiten** den **Gesamtwert der Leistungsabflüsse**. Für jede Kostenstelle gilt:

Merke

Gesamtwert der zufließenden Leistungen = Gesamtwert der abfließenden Leistungen

G Kosten- und Leistungsrechnung im Industriebetrieb

Beispiel Fortsetzung

Lösung

RP	$45.000 + 200 \cdot q_2$	$= 2460 \cdot q_1$
AV	$60.000 + 150 \cdot q_1$	$= 3000 \cdot q_2$
MB	$425.000 + 1710 \cdot q_1 + 2250 \cdot q_2 =$	Q3
MT	$350.000 + 600 \cdot q_1 + 550 \cdot q_2 =$	Q4

Die Variablen q_1 und q_2 sind gesucht. Das Gleichungssystem kann also mithilfe der ersten beiden Gleichungen gelöst werden. Die gesamten Gemeinkosten für Q3 und Q4 ergeben sich dann durch Einsetzen der Werte für q_1 und q_2 in die 3. bzw. 4. Gleichung.

RP	$2460 \cdot q_1 - 200 \cdot q_2 = 45.000$
AV	$150 \cdot q_1 - 3000 \cdot q_2 = -60.000$
RP	$200 \cdot q_2 = 2460 \cdot q_1 - 45000$
	$q_2 = 12,3 \cdot q_1 - 225$
AV	$150 \cdot q_1 - 3000 \cdot (12,3 \cdot q_1 - 225) = -60.000$
	$150 \cdot q_1 - 36900 \cdot q_1 + 675.000 = -60.000$
	$-36750 \cdot q_1 = -735.000$
	$q_1 = 20$
	$q_2 = 21$
MB	$425.000 + 1710 \cdot 20 + 2250 \cdot 21 = 506.450$
MT	$350.000 + 600 \cdot 20 + 550 \cdot 21 = 373.550$

Ergebnis:

Die **Reparaturabteilung** ist mit primären Gemeinkosten von 45.000,00 € belastet gewesen und hat zusätzlich Leistungen anderer Kostenstellen von 200 · 21,00 € = 4.200,00 € empfangen. Sie hat also insgesamt Gemeinkosten von **49.200,00 €** an die Hauptkostenstellen abgegeben.

Die **Arbeitsvorbereitung** ist mit primären Gemeinkosten von 60.000,00 € belastet gewesen und hat zusätzlich Leistungen anderer Kostenstellen von 150 · 20,00 € = 3.000,00 € empfangen. Sie hat also insgesamt Gemeinkosten von **63.000,00 €** an die Hauptkostenstellen abgegeben.

Die **Mechanische Bearbeitung** ist mit primären Gemeinkosten von 425.000,00 € belastet und hat zusätzlich Leistungen anderer Kostenstellen von (1710 · 20,00 € + 2250 · 21,00 €) = **81.450,00 €** empfangen. Sie hat also insgesamt Gemeinkosten von **506.450,00 €** zu tragen.

Die **Montage** ist mit primären Gemeinkosten von 350.000,00 € belastet und hat zusätzlich Leistungen anderer Kostenstellen von (600 · 20,00 € + 550 · 21,00 €) = **23.550,00 €** empfangen. Sie hat also insgesamt Gemeinkosten von **373.550,00 €** zu tragen.

Nach der innerbetrieblichen Leistungsverrechnung ergibt sich also folgende **Verteilung** der Gemeinkosten auf die Hauptkostenstellen:

	Fertigungshilfsstellen		Fertigungshauptstellen		Summe
	Reparatur (RP)	Arbeitsvorbereitung (AV)	Mechanische Bearbeitung (MB)	Montage (MT)	
Gemeinkosten	0,00	0,00	506.450,00	373.550,00	880.000,00

Aufgabe 487

Die Schmolmann KG liefert das PC-Gehäuse MAD 100 ausschließlich an den Kunden Spirion AG. Der Verkaufspreis je Gehäuse ist mit 20,00 € ausgehandelt. Im Monat Juni 02 lieferte die Schmolmann KG 25 000 Gehäuse an die Spirion AG. Für diese Produktion entstanden nach der getrennt durchgeführten Betriebsabrechnung die folgenden Einzel- und Gemeinkosten:

Kostenarten	Gemein-kosten	Verteilung		Hilfskostenstellen		Hauptkostenstellen			
				Entwick-lung	Arbeitsvor-bereitung	Material	Fertigung	Verwaltung	Vertrieb
6020	15.000	Belege;	€	500	500	0	14.000	0	0
6030	4.000	A.-Std.	h	10	30	10	360	70	20
6300	100.000	Liste;	h	20	90	20	470	170	30
6400	20.000	A.-Std.	h	20	90	10	570	70	40
Abschreib.	25.000	Verm.;	€	30.000	60.000	15.000	450.000	120.000	75.000
6700	6.000	Raum;	m²	100	150	250	1000	300	200
Summe	170.000								
Einzel-kosten						Material 104.425	Löhne 146.360		

1. Errechnen Sie mithilfe der vorgegebenen Verteilungsschlüssel die primären Gemeinkosten für jede Kostenstelle.

Zwischen den Kostenstellen sollen die folgenden Leistungsbeziehungen in Verrechnungseinheiten (VE) bestehen:

von \ nach	Entwick-lung	Arbeitsvor-bereitung	Material-stelle	Fertigungs-stelle	Verwal-tungsstelle	Vertriebs-stelle
Entwicklung	0	2	1	4	1	2
AV	4	0	2	3	2	1

2. Führen Sie die innerbetriebliche Leistungsverrechnung durch und geben Sie an, wie hoch die Stellengemeinkosten in den vier Hauptkostenstellen sind. Die Gemeinkosten sind jeweils auf ganze Euro zu runden.
3. Bestimmen Sie die Zuschlagssätze für die Hauptkostenstellen. Zuchlagsgrundlage für die Verwaltungs- und Vertriebsgemeinkosten sind die Herstellkosten der Erzeugung.
4. Errechnen Sie den Betriebserfolg. Bei der Berechnung der Selbstkosten sind keine Mehr- oder Minderbestände zu berücksichtigen.

Aufgabe 488

In einem Unternehmen weisen vier aus dem Betriebsabrechnungsbogen ausgewählte Kostenstellen folgende primäre Gemeinkosten auf:

	Hilfskostenstelle 1 (HI 1)	Hilfskostenstelle 2 (HI 2)	Hauptkosten-stelle 1 (HA 1)	Hauptkosten-stelle 2 (HA 2)
Primäre Gemeinkosten	297.000,00 €	261.000,00 €	225.000,00 €	180.000,00 €

Die Hilfskostenstellen tauschen ihre Leistungen untereinander aus und geben sie nach Verrechnungseinheiten (VE) an die Hauptkostenstellen ab. Die folgende Skizze verdeutlicht die Mengenbeziehungen:

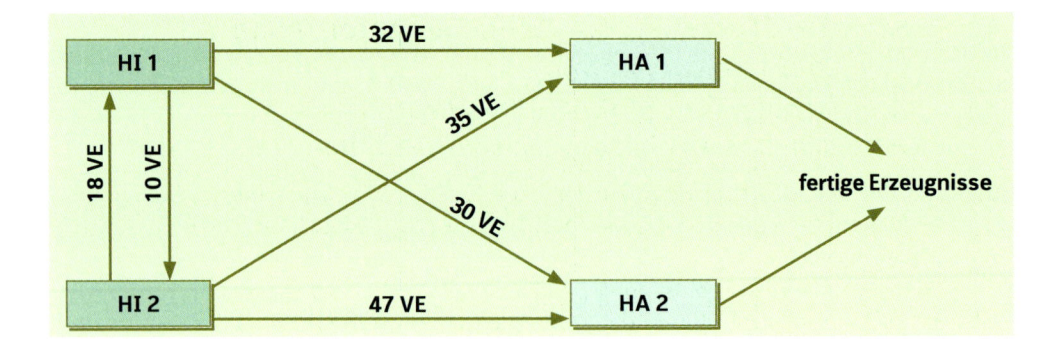

G Kosten- und Leistungsrechnung im Industriebetrieb

```
         32 VE
  HI 1 ─────────────→  HA 1
   ↑↓      ╲  35 VE  ╱
18VE 10VE   ╲       ╱         → fertige Erzeugnisse
             ╲ 30VE╱
  HI 2 ─────────────→  HA 2
         47 VE
```

1. Erläutern Sie die Beziehungen zwischen den Kostenstellen und legen Sie ein geeignetes Verrechnungsverfahren fest.
2. Führen Sie die innerbetriebliche Leistungsverrechnung durch und geben Sie an, wie hoch die Stellengemeinkosten in den beiden Hauptkostenstellen sind.

Aufgabe 489

Ein Unternehmen führt in seinem BAB u. a. die folgenden fünf Kostenstellen mit zum Teil bereits aufgeschlüsselten Gemeinkosten. Die Hilfslöhne und die kalkulatorischen Abschreibungen sind nach den angegebenen Verteilungsschlüsseln (Beschäftigtenzahl bzw. Anlagevermögen) noch zu verteilen.

Kostenarten	Gemein-kosten	Verteilungs-schlüssel	Allgemeine Kostenstellen			Hauptkostenstellen	
			Soziale Einrichtungen	Reparatur	Fuhrpark	Weberei	Färberei
diverse	440.000,00	–	20.000,00	40.000,00	80.000,00	180.000,00	120.000,00
Hilfslöhne	24.000,00	Beschäftigte	3	2	1	4	2
Kalk. Abschr.	40.000,00	Anl.-Verm.	25.000,00	25.000,00	50.000,00	200.000,00	100.000,00
Summe	504.000,00						

1. Berechnen Sie die primären Stellengemeinkosten für die fünf Kostenstellen.

Die fünf Kostenstellen stehen in folgenden Leistungsbeziehungen untereinander; die Zahlen geben den mengenmäßigen Austausch an:

von \ nach	Soziale Einrichtg.	Reparatur	Fuhrpark	Weberei	Färberei	Summe
Soz. Einrichtg.	0	10	10	50	30	100
Reparatur	0	0	10	40	30	80
Fuhrpark	10	20	0	60	30	120

2. Erläutern Sie die Beziehungen zwischen den Kostenstellen und legen Sie ein geeignetes Verrechnungsverfahren fest.
3. Führen Sie die innerbetriebliche Leistungsverrechnung durch und geben Sie an, wie hoch die Stellengemeinkosten in den beiden Hauptkostenstellen sind.

4.4 Kostenträgerzeitrechnung bei Serienfertigung (Gesamtkostenverfahren)
4.4.1 Kostenträgerblatt (BAB II) mit Istkosten als Hilfsmittel der Kostenträgerzeitrechnung

Situation

Aus den bisher aufgestellten Betriebsabrechnungsbögen hat Herr Schmolmann eine vorläufige Kostenkontrolle ableiten und kostenstellenbezogene **Istzuschlagssätze** berechnen können. Diese Istzuschlagssätze

- verwendet er in der **Nachkalkulation** (vgl. Kapitel 4.5.3),
- benutzt er für eine nach Kostenträgern **unterteilte Berechnung der Herstellkosten, der Selbstkosten und des Betriebsergebnisses**, die sog. **Kostenträgerzeitrechnung**. Auf der Basis der Vollkosten zeigt ihm diese Rechnung, wie viel Euro Kosten die Kostenträger verursacht und mit wie viel Euro sie zum Betriebserfolg beigetragen haben.

Für die Durchführung der Rechnung benötigt Herr Schmolmann folgende produktbezogene Angaben, die ihm aus der Finanzbuchhaltung sowie aus dem Produktions- und Vertriebsbereich vorliegen. Grundlage für die nachstehende Kostenträgerzeitrechnung ist der **erweiterte Betriebsabrechnungsbogen von Seite 403**.

	gesamt	Gehäuse G I	Gehäuse G II	Gehäuse G III
Fertigungsmaterial	2.940.000,00	1.225.000,00	750.000,00	965.000,00
Fertigungslöhne FHS I	735.000,00	321.500,00	191.400,00	222.100,00
Fertigungslöhne FHS II	525.000,00	229.700,00	136.700,00	158.600,00
Fertigungslöhne FHS III	630.000,00	275.600,00	164.100,00	190.300,00
Fertigungslöhne FHS IV	510.000,00	223.200,00	132.800,00	154.000,00
Mehrbestand an FE	240.000,00	84.785,00	18.150,00	137.065,00
Umsatzerlöse	10.520.000,00	4.696.820,00	2.384.460,00	3.438.720,00
Produktionsmenge	200 000 Stück	87 500 Stück	62 500 Stück	50 000 Stück
Absatzmenge	193 966 Stück	85 395 Stück	62 000 Stück	46 571 Stück

Kostenträgerblatt (BAB II) auf Istkostenbasis[1]

Kalkulationsschema	Istkosten insgesamt	Kostenträger Geh. G I	Geh. G II	Geh. G III
Fertigungsmaterial	2.940.000,00	1.225.000,00	750.000,00	965.000,00
+ 10,8 % Materialgemeinkosten	318.000,00	132.500,00	81.120,00	104.380,00
= **Materialkosten**	3.258.000,00	1.357.500,00	831.120,00	1.069.380,00
Fertigungslöhne FHS I	735.000,00	321.500,00	191.400,00	222.100,00
+ 112,9 % Fertigungsgemeinkosten	830.000,00	363.050,00	216.150,00	250.800,00
= **Fertigungskosten FHS I**	1.565.000,00	684.550,00	407.550,00	472.900,00
Fertigungslöhne FHS II	525.000,00	229.700,00	136.700,00	158.600,00
+ 112,4 % Fertigungsgemeinkosten	590.000,00	258.140,00	153.620,00	178.240,00
= **Fertigungskosten FHS II**	1.115.000,00	487.840,00	290.320,00	336.840,00
Fertigungslöhne FHS III	630.000,00	275.600,00	164.100,00	190.300,00
+ 98,4 % Fertigungsgemeinkosten	620.000,00	271.225,00	161.500,00	187.275,00
= **Fertigungskosten FHS III**	1.250.000,00	546.825,00	325.600,00	377.575,00
Fertigungslöhne FHS IV	510.000,00	223.200,00	132.800,00	154.000,00
+ 100 % Fertigungsgemeinkosten	510.000,00	223.200,00	132.800,00	154.000,00
= **Fertigungskosten FHS IV**	1.020.000,00	446.400,00	265.600,00	308.000,00
= **Herstellkosten der Erzeugung**	8.208.000,00	3.523.115,00	2.120.190,00	2.564.695,00
– Mehrbestand an fertigen Erzeugn.	240.000,00	84.115,00	18.190,00	137.695,00
= **Herstellkosten des Umsatzes**	7.968.000,00	3.439.000,00	2.102.000,00	2.427.000,00
+ 13,3 % Verwaltungsgemeinkosten	1.060.000,00	457.500,00	279.650,00	322.850,00
+ 5,5 % Vertriebsgemeinkosten	440.000,00	189.900,00	116.080,00	134.020,00
= **Selbstkosten des Umsatzes**	9.468.000,00	4.086.400,00	2.497.730,00	2.883.870,00
Umsatzerlöse	10.520.000,00	4.696.820,00	2.384.460,00	3.438.720,00
Betriebsergebnis	1.052.000,00	610.420,00	–113.270,00	554.850,00

[1] Die Gemeinkosten wurden mit den nicht gerundeten Zuschlagssätzen berechnet (vgl. BAB S. 403).

G Kosten- und Leistungsrechnung im Industriebetrieb

Erläuterungen zum Kostenträgerblatt:

Kostenträgerzeitrechnung
Die vorstehende, nach Kostenträgern durchgeführte Herstellkosten-, Selbstkosten- und Ergebnisrechnung ist für das Unternehmen wichtig, um die **Ertragskraft** der Erzeugnisse – gemessen am Betriebserfolg und an der Wirtschaftlichkeit – beurteilen zu können. Sie heißt Kostenträger**zeit**rechnung, da sie sich auf einen bestimmten Zeitraum (z. B. Monat oder Jahr) bezieht.

Kostenträgerblatt
Hilfsmittel der Kostenträgerzeitrechnung ist das Kostenträgerblatt, das senkrecht nach dem Schema der **Zuschlagskalkulation** (vgl. S. 426) aufgebaut und waagerecht nach den Kostenträgern gegliedert ist.

Erfassung der Einzelkosten je Kostenträger
Die Einzelkosten **Fertigungsmaterial** und **Fertigungslöhne** lassen sich anhand von Belegen für jeden Gehäusetyp genau erfassen. So wird der Verbrauch an Roh- und Hilfsstoffen aufgrund von Materialentnahmescheinen ermittelt und mit einem für die Kostenrechnung geeigneten Verrechnungspreis bewertet (vgl. S. 378). Die Fertigungslöhne lassen sich aufgrund von Auftrags- und Laufzetteln für jeden Gehäusetyp und jede Fertigungshauptstelle genau berechnen.

Anteilige Zurechnung der Gemeinkosten
Mithilfe der im BAB ausgewiesenen Istzuschlagssätze und der nach Gehäusetypen ermittelten Einzelkosten lassen sich die Stellengemeinkosten anteilig auf die Gehäusetypen verteilen. Auf diese Weise ist es möglich, für jeden Kostenträger die Selbstkosten des Umsatzes zu berechnen.

Selbstkosten
Im Ergebnis zeigt die Kostenträgerzeitrechnung, wie hoch die Selbstkosten – bezogen auf die verkauften Mengen – für jeden Gehäusetyp sind. Im Beispiel ist der Mehrbestand an fertigen Erzeugnissen überwiegend beim Gehäusetyp G III angefallen. Dieser Gehäusetyp ist mit 46 571 verkauften Einheiten der verkaufsschwächste Gehäusetyp.

Ergebnisrechnung
Das Kostenträgerblatt lässt sich durch die Aufnahme der Nettoumsatzerlöse aus der FB zu einer Ergebnisrechnung ausbauen. In der FB werden die Nettoumsatzerlöse für jeden Kostenträger ausgewiesen; sie können in das Kostenträgerblatt übernommen werden. Bildet man die Differenz zwischen den Selbstkosten des Umsatzes und den Nettoumsatzerlösen, erhält man das Betriebsergebnis insgesamt und für jeden Kostenträger. Damit ist das Kostenträgerblatt auch ein **Instrument zur kurzfristigen Erfolgsrechnung**. Im Beispiel zeigen sich deutliche Unterschiede im Erfolg. Gehäuse G I und G III erzielen hohe Gewinne, bei Gehäuse G II ist ein Verlust von 113.270,00 € eingetreten.

Die Ertragskraft der Gehäusetypen ergibt folgendes Bild:

	Gehäuse G I	Gehäuse G II	Gehäuse G III
Betriebserfolg in %	$\frac{610.420,00}{4.086.400,00} = 14{,}94\,\%$ Gewinn	$\frac{-113.270,00}{2.497.730,00} = -4{,}53\,\%$ Verlust	$\frac{554.850,00}{2.883.870,00} = 19{,}24\,\%$ Gewinn
Wirtschaftlichkeit	$\frac{4.696.820,00}{4.086.400,00} = 1{,}15$	$\frac{2.384.460,00}{2.497.730,00} = 0{,}95$	$\frac{3.438.720,00}{2.883.870,00} = 1{,}19$

Wie sich Unternehmer Schmolmann angesichts der Verlustsituation bei Gehäuse G II entscheidet, hängt zum einen von der genauen Kostenanalyse ab (vgl. Deckungsbeitragsrechnung, S. 453 f.). Zum anderen wird die Entscheidung vom Unternehmensziel beeinflusst. Sofern es sich bei Gehäuse G II um ein neu aufgenommenes Produkt handelt, das in der Anlaufphase erhöhte Kosten verursacht hat und von dem sich Herr Schmolmann in der Zukunft höhere Absatzzahlen verspricht, wird er den derzeitigen Verlust hinnehmen.

Merke
- Die Istkostenrechnung ist die Grundlage für Nachkalkulationen zum Abgleich mit den in der Vorkalkulation verwendeten Normalkosten.
- Die Istkostenrechnung eignet sich nicht für Kostenkontrollen und Angebotskalkulationen, weil sie mit Vergangenheitswerten und mit schwankenden Zuschlagssätzen arbeitet.

4.4.2 Kostenstellenrechnung und Kostenträgerzeitrechnung auf Normalkostenbasis

Bisher wurden die Kostenstellenrechnung und die Kostenträgerzeitrechnung auf der Basis der **Istkosten** (= nachträglich feststellbare tatsächliche Kosten) durchgeführt. Dieses Vorgehen ist zur Ermittlung der tatsächlich angefallenen Kosten je Kostenstelle unbedingt erforderlich. Andererseits haben die Istkosten – und damit die von ihnen abhängigen Istkostenzuschlagssätze – die Eigenschaft, dass sie von Monat zu Monat schwanken. Diese **Schwankungen** sind zurückzuführen auf:

- **Preisabweichungen.** So führen z. B. Preiserhöhungen bei Hilfs- und Betriebsstoffen oder Gehaltserhöhungen zu einer höheren Belastung der Kostenstellen mit Gemeinkosten und damit zu höheren Zuschlagssätzen. Ebenso wäre es denkbar, dass preisgünstigere Werkstoffe ein Sinken der Stellengemeinkosten und der Zuschlagssätze bewirken.

- **Beschäftigungsabweichungen.** So kann z. B. eine Produktionserhöhung zu **überhöhten** Stellengemeinkosten im Fertigungsbereich (Reparaturaufwand, Lohnzuschläge für Sonderschichten) und damit zu höheren Zuschlagssätzen beitragen. Ein Rückgang der Beschäftigung ist dagegen nicht unbedingt mit einem Sinken der Zuschlagssätze verbunden, da in diesem Fall zwar die variablen Einzelkosten (Werkstoffe, Akkordlöhne) sinken werden, nicht aber die fixen Gemeinkosten.

- **Verbrauchsabweichungen.** Es kann auch vorkommen, dass die geplanten Fertigungszeiten und Materialvorgaben über- oder unterschritten werden. Das führt zu steigenden oder fallenden Kosten und damit ebenfalls zu schwankenden Zuschlagssätzen. Während die Betriebsleiter Preis- und Beschäftigungsschwankungen nicht zu verantworten haben, sind sie bei Verbrauchsabweichungen gehalten, nach den Ursachen zu forschen.

Dadurch, dass Istkosten erst nach Abschluss des Produktionsprozesses vorliegen und dass sie Schwankungen unterworfen sind, eignen sie sich nicht für eine **planvolle, vorausschauende Kostenrechnung.** So können auf der Basis der Istkostenrechnung

- **keine zuverlässigen Kostenkontrollen** durchgeführt werden, da eine **feste Grundlage** für Vergleiche fehlt,
- **keine verbindlich festzulegenden Angebotspreise** kalkuliert werden, da keine für die Zukunft **konstant bleibenden Zuschlagssätze** zur Verfügung stehen.

Um also eine **zukunfts- und kontrollorientierte**, über einen längeren Zeitraum **konstante Kalkulation** aufstellen zu können, werden aus den Istzuschlagssätzen vergangener Betriebsabrechnungsbögen – unter Berücksichtigung der Kostenentwicklung – **Durchschnittsprozentsätze** (arithmetische Mittelwerte), die sog. **Normalzuschlagssätze**, gebildet.

Normalzuschlagssätze

Beispiel

Im BAB auf Seite 403 wurde der Istzuschlagssatz für die Materialgemeinkosten gerundet mit 10,8 % errechnet. In den zurückliegenden Monaten sollen die Gemeinkostenzuschläge in der Materialstelle 11,2 %, 10,9 %, 11,1 %, 10,9 %, 11,0 % und 10,8 % betragen haben. Herr Schmolmann legt aufgrund dieser Zahlen und der abzusehenden Kostenentwicklung für die Materialstelle folgenden **Normalzuschlagssatz** fest:

$$\frac{11,2\,\% + 10,9\,\% + 11,1\,\% + 10,9\,\% + 11,0\,\% + 10,8\,\%}{6} = \frac{65,9\,\%}{6} = 10,98\,\% \approx 11,0\,\%$$

Entsprechend verfährt Herr Schmolmann in den übrigen Kostenstellen und ermittelt aufgrund der Istzuschlagssätze aus den Betriebsabrechnungsbögen der Vergangenheit folgende **Normalzuschlagssätze**.

Materialgemeinkosten	11,0 %	Fertigungsgemeinkosten FHS IV	100,0 %
Fertigungsgemeinkosten FHS I	113,0 %	Verwaltungsgemeinkosten	13,5 %
Fertigungsgemeinkosten FHS II	112,0 %	Vertriebsgemeinkosten	5,5 %
Fertigungsgemeinkosten FHS III	98,0 %		

Mithilfe dieser **Normalzuschlagssätze** kann

- schon **im Voraus** – noch bevor alle tatsächlichen Zahlen einer abgeschlossenen Rechnungsperiode vorliegen – eine **Kostenträgerzeitrechnung** aufgestellt werden, um den **Betriebserfolg** abzuschätzen,

- ein Abgleich mit den „Normal"zahlen vorgenommen werden, sobald die Istzahlen aus dem BAB vorliegen. Hierdurch können **Abweichungen** aufgespürt und ggf. die Normalzuschlagssätze für die Zukunft korrigiert werden. Dieser Abgleich wird im BAB in Form von **Kostenüberdeckungen** und **Kostenunterdeckungen** durchgeführt (vgl. S. 419).

Auch bei den **Einzelkostenarten** „Fertigungsmaterial" und „Fertigungslöhne" werden auftretende Schwankungen ausgeschaltet, indem

- das **Material zu festen Verrechnungspreisen** bewertet wird (vgl. S. 378),
- die **Löhne mit festen Lohnsätzen** kalkuliert werden.

Beispiel

Der Rohstoffverbrauch (= Stahlblech einheitlicher Stärke) wird in der Kostenrechnung der Schmolmann KG zum festen Verrechnungspreis von 210,00 € je 100 kg angesetzt (vgl. S. 378). Dieser Verrechnungspreis wurde aus den Anschaffungskosten (AK) mehrerer Lieferungen als gewogener Durchschnitt berechnet:

	1. Lieferung	2. Lieferung	3. Lieferung	4. Lieferung	5. Lieferung
AK/100 kg	210,50 €	208,40 €	210,20 €	210,80 €	210,20 €
Menge in t	40	50	60	50	40

$$\frac{2.105 \cdot 40 + 2.084 \cdot 50 + 2.102 \cdot 60 + 2.108 \cdot 50 + 2.102 \cdot 40}{240} = 2.100,00 \text{ €/t oder}$$
$$= 210,00 \text{ €/100 kg}$$

Herr Schmolmann setzt den Verrechnungspreis auf **210,00 €/100 kg** fest.

Kritik an der Normalkostenrechnung

Die Normalkostenrechnung erfüllt ihren Zweck dort, wo es darum geht, monatlich schwankende Istzuschlagssätze für eine zukunftsorientierte Kalkulation auf eine feste Basis zu stellen. Sofern der Unternehmer das Ziel verfolgt, den Kostenverbrauch zu kontrollieren, sollte er sich vor Augen führen, dass die Normalkostenrechnung hierfür **keine** geeignete Grundlage darstellt:

- Die **Normalkostenrechnung verwendet** für ihre „genormten" Zuschlagssätze die **Istkosten der Vergangenheit**, ohne zu prüfen, inwieweit diese Vergangenheitswerte „Spiegelbilder" von Unwirtschaftlichkeiten sind. Was in der Vergangenheit an Materialvergeudung und an ungenauen Kostenaufteilungen auf die Kostenstellen passiert ist, wird nicht dadurch „geheilt", dass man Durchschnittswerte bildet. Für eine **Kostenkontrolle** ist eine **verlässliche Vergleichsbasis nötig**, die so nur die **Plankostenrechnung** (vgl. S. 492 ff.) liefern kann.

- Wegen der fehlenden Vergleichsbasis (= Plankosten) kann auf der Grundlage der Normalkostenrechnung auch nicht nachgeforscht werden, welche Ursache die Abweichungen zwischen Ist- und Normalkosten haben. Wer dennoch nach Ursachen forscht, wird mit großer Wahrscheinlichkeit Fehldeutungen vornehmen, die im ungünstigsten Fall die bestehenden Ungenauigkeiten vergrößern. Fraglich bleibt dann auch, ob eine Anpassung der Normalzuschlagssätze bei Kostenabweichungen die wirtschaftlich sinnvolle Maßnahme ist.

- Die Berechnung von Kostenstellenzuschlagssätzen – unabhängig, ob sie auf Istkosten, Normalkosten oder Plankosten basiert – unterstellt immer eine Abhängigkeit der Stellengemeinkosten von den gewählten Zuschlagsgrundlagen. Diese Unterstellung ist mehr als fraglich. Eine markt- oder kundenorientierte Kalkulation in Form der Deckungsbeitragsrechnung (vgl. S. 453 ff.) oder der Prozesskostenkalkulation (vgl. S. 512 ff.) löst die Kostenzurechnung der Gemeinkosten verursachungsgerechter.

KOSTENTRÄGERZEITRECHNUNG

4.4.3 Kostenüberdeckung und Kostenunterdeckung im BAB

Situation

Für den Unternehmer Schmolmann ist es wichtig festzustellen, ob die durch die Produktion **tatsächlich entstandenen Kosten** den in die Preise **eingerechneten** (vorkalkulierten) **Normalkosten** entsprechen. Insgesamt dürfen die Iststellengemeinkosten im BAB **nicht höher** ausfallen als die aus den **Zuschlagsgrundlagen** und den **Normalzuschlagssätzen** errechneten Normalgemeinkosten, weil dann die über die Umsatzerlöse erstatteten Normalgemeinkosten nicht mehr die tatsächlichen Kosten decken, was zu Gewinneinbußen oder sogar zu Verlusten führt. Um dies zu prüfen, ergänzt Herr Schmolmann den BAB (vgl. S. 403) um die Normalgemeinkosten und errechnet die Kostenüberdeckung oder Kostenunterdeckung.

Erweiterter und mehrstufiger Betriebsabrechnungsbogen mit Ist- und Normalgemeinkosten

Gemein-kosten-arten	Zahlen der BER	AKS: Fuhr-park	Material-stelle	HIKS: Arbeits-vorberei-tung	Fertigungshauptstellen I Stanzen/Pressen	II Bohren/Entgraten	III Lackie-ren	IV Montie-ren/Verp.	Verwal-tungs-stelle	Ver-triebs-stelle
Hilfsstoffe	795.000	40.000	–	20.000	210.000	150.000	160.000	130.000	–	85.000
Betriebsstoffe	35.000	15.000	–	–	5.000	4.000	4.000	3.000	2.000	2.000
Gehälter	500.000	25.000	50.000	10.000	20.000	20.000	20.000	20.000	270.000	65.000
AG-Anteil/SV	600.000	30.000	10.000	15.000	135.000	95.000	105.000	85.000	115.000	10.000
Abschreibungen	660.000	50.000	35.000	20.000	150.000	100.000	110.000	95.000	65.000	35.000
Bürokosten	50.000	2.000	4.000	1.000	3.000	2.000	2.000	2.000	30.000	4.000
Werbung	205.000	5.000	–	10.000	7.000	4.000	4.000	5.000	140.000	30.000
Steuern	188.000	10.000	28.000	–	10.000	10.000	10.000	10.000	93.000	17.000
Zinsen	1.035.000	53.000	146.000	14.000	190.000	135.000	150.000	120.000	105.000	122.000
Untern.-Lohn	300.000	10.000	5.000	10.000	30.000	20.000	15.000	20.000	180.000	10.000
Summe	**4.368.000**	**240.000**	**278.000**	**100.000**	**760.000**	**540.000**	**580.000**	**490.000**	**1.000.000**	**380.000**
1. Umlage: Fuhrpark		→	40.000	–	40.000	20.000	20.000	–	60.000	60.000
Zwischensumme			318.000	100.000	800.000	560.000	600.000	490.000	1.060.000	440.000
2. Umlage: Arbeitsvorbereitung			–	→	30.000	30.000	20.000	20.000	–	–
Stellengemeinkosten (Ist)			318.000	–	830.000	590.000	620.000	510.000	1.060.000	440.000
Zuschlagsgrundlagen			FM 2.940.000	–	FL 735.000	FL 525.000	FL 630.000	FL 510.000	HK des Umsatzes 7.968.000	
Istzuschlagssätze			10,8 %		112,9 %	112,4 %	98,4 %	100 %	13,3 %	5,5 %
Normalzuschlagssätze			11,0 %		113,0 %	112,0 %	98,0 %	100 %	13,5 %	5,5 %
Zuschlagsgrundlagen			FM 2.940.000		FL 735.000	FL 525.000	FL 630.000	FL 510.000	HK des Umsatzes (Normal) 7.969.350	
Normalgemeinkosten			323.400	–	830.550	588.000	617.400	510.000	1.075.862[1]	438.314[1]
Kostenüberdeckung (+)			5.400	–	550	–	–	–	15.862[1]	–
Kostenunterdeckung (–)			–	–	–	2.000	2.600	–	–	1.686[1]
Kostenüberdeckung insgesamt							15.526			

Kostenüberdeckung

Bei einer Kostenüberdeckung liegen die verrechneten Normalgemeinkosten **über** den Istgemeinkosten. Im obigen BAB ist das in den Kostenstellen Materialstelle, FHS I und Verwaltungsstelle der Fall. Auffallend ist die hohe Überdeckung im Verwaltungsbereich. Hier könnte evtl. der Normalzuschlagssatz gesenkt werden.

Kostenunterdeckung

Bei einer Kostenunterdeckung werden die tatsächlich angefallenen Istkosten **nicht** durch die vorkalkulierten Normalgemeinkosten gedeckt. Im obigen BAB ist das in den Kostenstellen FHS II, FHS III und in der Vertriebsstelle der Fall. Entscheidend ist, dass **insgesamt** eine Kostenüberdeckung erreicht wird.

> **Kostenüberdeckung** = Normalstellengemeinkosten > Iststellengemeinkosten
> **Kostenunterdeckung** = Normalstellengemeinkosten < Iststellengemeinkosten

[1] gerundete Zahlen

4.4.4 Kostenträgerblatt (BAB II) auf Normalkostenbasis

Situation

Bisher hat Herr Schmolmann die **Selbstkosten** und das **Betriebsergebnis für jeden Kostenträger** auf der Grundlage der Istkosten ermittelt (vgl. Kostenträgerzeitrechnung, S. 415). Diese Rechnung konnte er erst vornehmen, nachdem ihm alle Zahlen aus dem BAB vorlagen. Mithilfe der festgelegten Normalzuschlagssätze (vgl. S. 417) und der angefallenen Einzelkosten für die abgelaufene Rechnungsperiode (Fertigungsmaterial, Fertigungslöhne) ist er nunmehr in der Lage, die Selbstkosten auf Normalkostenbasis sehr viel schneller zu ermitteln. Außerdem kann er die Selbstkostenrechnung durch Übernahme der Umsatzerlöse aus der FB und der Kostenüberdeckung/Kostenunterdeckung aus dem BAB zu einer **Ergebnisrechnung** ausbauen.

Kostenträgerblatt (BAB II) auf Normalkostenbasis					
Kalkulationsschema		Normalkosten insgesamt	Kostenträger		
			Gehäuse G I	Gehäuse G II	Gehäuse G III
	Fertigungsmaterial	2.940.000,00	1.225.000,00	750.000,00	965.000,00
+	11 % Materialgemeinkosten	323.400,00	134.750,00	82.500,00	106.150,00
=	**Materialkosten**	3.263.400,00	1.359.750,00	832.500,00	1.071.150,00
	Fertigungslöhne FHS I	735.000,00	321.500,00	191.400,00	222.100,00
+	113 % Fertigungsgemeinkosten	830.550,00	363.295,00	216.282,00	250.973,00
=	**Fertigungskosten FHS I**	1.565.550,00	684.795,00	407.682,00	473.073,00
	Fertigungslöhne FHS II	525.000,00	229.700,00	136.700,00	158.600,00
+	112 % Fertigungsgemeinkosten	588.000,00	257.264,00	153.104,00	177.632,00
=	**Fertigungskosten FHS II**	1.113.000,00	486.964,00	289.804,00	336.232,00
	Fertigungslöhne FHS III	630.000,00	275.600,00	164.100,00	190.300,00
+	98 % Fertigungsgemeinkosten	617.400,00	270.088,00	160.818,00	186.494,00
=	**Fertigungskosten FHS III**	1.247.400,00	545.688,00	324.918,00	376.794,00
	Fertigungslöhne FHS IV	510.000,00	223.200,00	132.800,00	154.000,00
+	100 % Fertigungsgemeinkosten	510.000,00	223.200,00	132.800,00	154.000,00
=	**Fertigungskosten FHS IV**	1.020.000,00	446.400,00	265.600,00	308.000,00
=	**Herstellkosten der Erzeugung**	8.209.350,00	3.523.597,00	2.120.504,00	2.565.249,00
–	Mehrbestand an fertigen Erzeugn.	240.000,00	84.115,00	18.190,00	137.695,00
=	**Herstellkosten des Umsatzes**	7.969.350,00	3.439.482,00	2.102.314,00	2.427.554,00
+	13,5 % Verwaltungsgemeinkosten	1.075.862,25	464.330,05	283.812,40	327.719,80
+	5,5 % Vertriebsgemeinkosten	438.314,25	189.171,50	115.627,30	133.515,45
=	**Selbstkosten des Umsatzes**	9.483.526,50	4.092.983,55	2.501.753,70	2.888.789,25
	Nettoumsatzerlöse	10.520.000,00	4.696.820,00	2.384.460,00	3.438.720,00
	Umsatzergebnis	1.036.473,50	603.836,45	–117.293,70	549.930,75
+	Kostenüberdeckung (lt. BAB S. 419)	15.526,50	–	–	–
=	**Betriebsergebnis**	1.052.000,00			

Auswertung des Kostenträgerblattes:

Selbstkosten

Gegenüber dem Kostenträgerblatt auf Istkostenbasis (vgl. S. 415) sind die Selbstkosten auf Normalkostenbasis durchgehend bei allen Kostenträgern **höher**. Das weist darauf hin, dass in den Normalzuschlagssätzen insgesamt Reserven enthalten sind. Verglichen mit dem aktuellen BAB sind sie so hoch angesetzt, dass die Gefahr der Kostenunterdeckung nicht gegeben ist.

Umsatzergebnis

Als Umsatzergebnis bezeichnet man die Differenz aus **Nettoumsatzerlösen** (kalkuliert zu Normalkosten) **minus Normalselbstkosten**. Es besagt, wie hoch die Überschüsse oder Fehlbeträge auf der Grundlage geplanter Normalkosten sind, die die einzelnen Kostenträger erwirtschaftet haben. Damit ist das Kostenträgerblatt ein geeignetes **Instrument zur kurzfristigen und vorläufigen Erfolgsrechnung**.

Kostenträgerzeitrechnung G

Die **Umsatzergebnisse** zeigen im obigen Beispiel deutliche Unterschiede innerhalb der Gehäusetypen. Gehäusetyp G I weist einen Überschuss von 603.836,45 €, Gehäusetyp G III einen Überschuss von 549.930,75 € aus, während bei Gehäusetyp G II ein Fehlbetrag von 117.293,70 € eingetreten ist. In **Umsatzergebnisraten** ausgedrückt ergibt sich folgendes Bild:

	Gehäuse G I	Gehäuse G II	Gehäuse G III
Umsatzergebnisrate = $\dfrac{\text{Umsatzergebnis}}{\text{Umsatzerlöse}}$	Umsatzgewinnrate (+) 12,86 %	Umsatzverlustrate (−) 4,92 %	Umsatzgewinnrate (+) 15,99 %

Im Kostenträgerblatt lässt sich das Betriebsergebnis dadurch errechnen, dass man das Umsatzergebnis um die Kostenüberdeckung oder Kostenunterdeckung aus dem BAB berichtigt; dabei ist eine Kostenüberdeckung dem Umsatzergebnis hinzuzurechnen, eine Kostenunterdeckung zu subtrahieren:

Betriebsergebnis

> Umsatzergebnis + Kostenüberdeckung lt. BAB = Betriebsergebnis,
> Umsatzergebnis − Kostenunterdeckung lt. BAB = Betriebsergebnis.

Im Beispiel führt die Kostenüberdeckung von 15.526,50 € zu einer Erhöhung des Betriebsergebnisses auf **1.052.000,00 €**. Das Betriebsergebnis im Kostenträgerblatt stimmt mit dem Betriebsergebnis aus der Ergebnistabelle von Seite 382 überein.

Im obigen Beispiel wurden Mehrbestände an fertigen Erzeugnissen bei den einzelnen Gehäusetypen in Höhe von insgesamt 240.000,00 € unterstellt. Dieser Betrag kommt durch eine Bewertung der nicht verkauften zusätzlichen Produktion zustande. In diesem Wertansatz sind die Einzelkosten „Fertigungsmaterial" und „Fertigungslöhne" sowie anteilige Gemeinkosten – ohne kalkulatorische Kosten – enthalten. Auffallend ist, dass der Mehrbestand bei Gehäusetyp G II sehr niedrig ausfällt, was darauf schließen lässt, dass die produzierten Gehäuse fast ganz in den Verkauf gegangen sind. Zugleich erwirtschaftet dieser Gehäusetyp einen erheblichen Verlust. Ganz anders stellt sich die Situation bei Gehäusetyp G III dar: hoher Mehrbestand, zugleich hoher Gewinn.

Bestandsveränderungen im Kostenträgerblatt

In diesem Beispiel keine Bestandsveränderungen bei unfertigen Erzeugnissen berücksichtigt, obwohl solche Bestandsveränderungen in der Praxis regelmäßig vorkommen: Entweder wird zum Bewertungsstichtag (Monats- oder Jahresende) nicht die Gesamtheit der in die Produktion eingegangenen Werkstoffe, Löhne und Gemeinkosten auch als fertige Erzeugnisse an das Endlager ausgeliefert, dann steckt ein „Rest" noch in der Produktion (Mehrbestand), oder es werden Gehäuse mit höheren Selbstkosten ausgeliefert, als in die Produktion eingegangen sind, dann ist der Produktionsbestand abgebaut worden (= Minderbestand). Diese Bestandsveränderungen lassen sich mithilfe der Normalzuschlagssätze im Kostenträgerblatt errechnen.

Merke

> Mithilfe des Kostenträgerblattes können ermittelt werden:
> - der Anteil der verschiedenen Kostenträger an den gesamten Normalkosten der Abrechnungsperiode (= Kostenträger-Selbstkosten),
> - der Anteil jedes einzelnen Kostenträgers am Umsatzergebnis,
> - die Umsatzergebnisraten der Kostenträger und
> - unter Berücksichtigung der Kostenüberdeckung oder Kostenunterdeckung das monatliche Betriebsergebnis (= kurzfristige Erfolgsrechnung).

G Kosten- und Leistungsrechnung im Industriebetrieb

Aufgabe 490

Ein Industriebetrieb führt in seinem BAB für den Monat Januar folgende Gemeinkostenarten:

Kostenart	Zahlen der BER
Gemeinkostenmaterial	30.000,00 €
Aufwand für Energie	38.700,00 €
Gehälter	96.800,00 €
Soziale Abgaben	18.900,00 €
Steuern, Gebühren, Beiträge, Versicherungen	56.000,00 €
Verschiedene Kosten	98.000,00 €
Kalkulatorische Abschreibungen	(vgl. unten)
Kalkulatorische Zinsen	(vgl. unten)

Die **Einzelkosten** betragen: 6000 Fertigungsmaterial 290.000,00 €
 6200 Fertigungslöhne 219.400,00 €

Im BAB werden die **Kostenstellen** I Material, II Fertigung, III Verwaltung und IV Vertrieb geführt.

Der BAB ist nach folgenden Angaben aufzustellen:

1. Aufteilung des Gemeinkostenmaterials lt. Entnahmescheine auf Kostenstelle
   I 300,00 €, II 27.000,00 €, III 2.000,00 €, IV 700,00 €.
2. Für die Kostenstellen wurde folgender Stromverbrauch festgestellt:
   I 10 000 kWh, II 47 400 kWh, III 15 000 kWh, IV 5 000 kWh.
3. Aufteilung der Gehälter:
   I 14.800,00 €, II 28.500,00 €, III 31.900,00 €, IV 21.600,00 €.
4. Die Sozialen Abgaben verteilen sich im Verhältnis 2 : 9 : 3 : 1.
5. Steuern, Gebühren, Beiträge, Versicherungen sind wie folgt zu verteilen:
   1 : 15 : 6 : 3.
6. Die verschiedenen Kosten sind im Verhältnis 5 : 25 : 12 : 8 aufzuteilen.
7. Kalkulatorische Abschreibungen (jährlich):
   auf 0510 Gebäude: 25.000,00 €,
   auf 0700 Anlagen und Maschinen der Energieversorgung: 60.000,00 €,
   auf 0840 Fuhrpark: 40.000,00 €,
   auf 0870 Büromöbel und sonstige Geschäftsausstattung: 25.000,00 €.
   Die kalkulatorischen Abschreibungen sind im Verhältnis 2 : 10 : 2 : 1 aufzuteilen.
8. Kalkulatorische Zinsen (jährlich):
   7 % vom betriebsnotwendigen Kapital (K = 3.000.000,00 €).
   Die kalkulatorischen Zinsen sind im Verhältnis 2 : 8 : 3 : 1 den Kostenstellen zuzurechnen.

Der Betrieb hat in den vorhergehenden Abrechnungsperioden mit folgenden Normalzuschlagssätzen kalkuliert:
   I 9 %, II 110 %, III 15 %, IV 10 %.

1. Stellen Sie den BAB für den Monat Januar auf.
2. Ermitteln Sie die Istzuschlagssätze.
3. Führen Sie die Kostenrechnung mit Normalzuschlagssätzen durch.
4. Tragen Sie die verrechneten Normalgemeinkosten in den BAB ein und errechnen Sie die Kostenüber- oder -unterdeckungen in den einzelnen Kostenbereichen und insgesamt.

Aufgabe 491

Erstellen Sie auf der Grundlage der Aufgabe 483, Seite 408, das Kostenträgerblatt mit Normalkosten. Folgende Normalzuschlagssätze sind zu berücksichtigen:

Kostenstellen III 10 %, VI 110 %, VII 115 %, VIII 95 %, IX 11 %, X 6 %.

Errechnen Sie die Kostenüber-/-unterdeckung und beurteilen Sie die Situation.

Kostenträgerzeitrechnung

Aufgabe 492

Die Ergebnistabelle eines Industriebetriebes weist Ende Juli folgende Zahlen aus:

Kosten und Leistungen	€
Fertigungsmaterial	400.000,00
Fertigungslöhne	280.000,00
Verschiedene Gemeinkosten	720.000,00
Unfertige Erzeugnisse: Anfangsbestand	80.000,00
Endbestand	90.000,00
Fertige Erzeugnisse: Anfangsbestand	65.000,00
Endbestand	45.000,00
Nettoumsatzerlöse	1.540.000,00

Der BAB zeigt folgende Gemeinkostenverteilung:

	Material	Fertigung	Verwaltung	Vertrieb
Gemeinkosten	42.000,00	448.000,00	161.000,00	69.000,00
Normalzuschlagssätze	10 %	150 %	20 %	5 %

1. Stellen Sie das Kostenträgerblatt auf. (Eine Aufteilung der Kosten auf mehrere Kostenträger ist nicht erforderlich.)
2. Berechnen Sie die Kostenüber- oder -unterdeckung und das Betriebsergebnis des Monats.

Aufgabe 493

Aus der Ergebnistabelle erhalten wir folgende Zahlen und Angaben:

Kosten und Leistungen	insgesamt	Anteile der Erzeugnisse	
		A	B
Fertigungsmaterial	85.000,00	52.000,00	33.000,00
Fertigungslöhne	46.000,00	34.000,00	12.000,00
Verschiedene Gemeinkosten	127.910,00	–	–
Unfertige Erzeugnisse:			
Anfangsbestand	10.000,00	6.000,00	4.000,00
Endbestand	14.000,00	9.000,00	5.000,00
Fertige Erzeugnisse:			
Anfangsbestand	16.000,00	10.000,00	6.000,00
Endbestand	22.000,00	15.000,00	7.000,00
Nettoumsatzerlöse	289.600,00	188.400,00	101.200,00

Nach dem BAB entfallen auf die Kostenbereiche folgende Ist-Gemeinkosten:
I   Material .... 9.640,00 €
II Fertigung .... 88.450,00 €
III Verwaltung .... 21.340,00 €
IV Vertrieb .... 8.480,00 €

Im vergangenen Abrechnungszeitraum wurde mit folgenden Normalsätzen kalkuliert:
Materialgemeinkosten .... 11 %
Fertigungsgemeinkosten .... 200 %
Verwaltungsgemeinkosten .... 10 %
Vertriebsgemeinkosten .... 6 %

1. Erstellen Sie das Kostenträgerblatt nach dem Muster auf Seite 420.
2. Stellen Sie fest, in welcher Höhe die Kostenträger A und B am Umsatzergebnis beteiligt sind.
3. Errechnen Sie die Kostenüber- bzw. -unterdeckungen.
4. Ermitteln Sie die Umsatzergebnisse und die Umsatzergebnisraten für die Erzeugnisse A und B.
5. Ermitteln Sie das Betriebsergebnis und nehmen Sie Stellung zum Ausmaß der Abweichung zwischen Umsatzergebnis und Betriebsergebnis.

G Kosten- und Leistungsrechnung im Industriebetrieb

Aufgabe 494

Die Ergebnistabelle eines Betriebes liefert folgende Zahlen und Angaben:

Bezeichnung	insgesamt	Anteile der Erzeugnisse		
		A	B	C
Fertigungsmaterial	146.000,00	58.000,00	37.000,00	51.000,00
Fertigungslöhne	88.000,00	34.000,00	18.000,00	36.000,00
Versch. Gemeinkosten	221.060,00	–	–	–
Unfertige Erzeugnisse:				
Anfangsbestand	12.000,00	5.000,00	4.000,00	3.000,00
Endbestand	5.000,00	2.000,00	1.000,00	2.000,00
Fertige Erzeugnisse:				
Anfangsbestand	18.000,00	9.000,00	2.000,00	7.000,00
Endbestand	25.000,00	11.000,00	6.000,00	8.000,00
Nettoumsatzerlöse	434.800,00	198.600,00	144.500,00	91.700,00

Die Istgemeinkosten je Kostenbereich betragen lt. BAB:

Materialgemeinkosten .... 15.200,00 Verwaltungsgemeinkosten 52.890,00
Fertigungsgemeinkosten .... 128.500,00 Vertriebsgemeinkosten 24.470,00

Der Betrieb hat mit folgenden Normalzuschlägen gerechnet:

Materialgemeinkosten .... 10 % Verwaltungsgemeinkosten .... 15 %
Fertigungsgemeinkosten .... 150 % Vertriebsgemeinkosten .... 5 %

1. Stellen Sie das Kostenträgerblatt auf und erläutern Sie das Umsatzergebnis.
2. Berechnen Sie das Betriebsergebnis.

Aufgabe 495

Abgrenzungsrechnung mit BAB und Kostenträgerblatt

Die Ergebnistabelle der Körner KG weist folgende Aufwendungen und Erträge aus:

50..	Umsatzlöse für eigene Erzeugnisse u. andere Leistungen	880.000,00
5202	Erhöhung des Bestandes an fertigen Erzeugnissen	40.000,00
5410	Erlöse aus Anlagenabgängen	5.000,00
5431	Erträge aus Versicherungsentschädigungen	50.000,00
5480	Erträge aus der Herabsetzung von Rückstellungen	20.000,00
5500	Erträge aus Beteiligungen	20.000,00
5710	Zinserträge	15.000,00
6000	Aufwendungen für Rohstoffe	120.000,00
6020	Aufwendungen für Hilfsstoffe	25.000,00
6200	Löhne	220.000,00
6300	Gehälter	115.000,00
6400	Soziale Abgaben	52.000,00
6520	Abschreibungen auf Sachanlagen	80.000,00
6700	Miet- und Pachtaufwendungen	20.000,00
68..	Aufwendungen für Kommunikation	22.000,00
6900	Versicherungsbeiträge	3.000,00
6930	Verluste aus Schadensfällen	8.000,00
6979	Anlagenabgänge	10.000,00
70/77	Betriebliche Steuern	25.000,00
7510	Zinsaufwendungen	2.000,00
	Der Rohstoffverbrauch wird zu Verrechnungspreisen angesetzt	130.000,00

In den Umsatzerlösen sind Mieterträge in Höhe von 20.000,00 € enthalten. Der kalk. Unternehmerlohn beträgt 12.000,00 €. Die kalk. Zinsen für das betriebsnotwendige Kapital machen 20.000,00 € aus. Als kalk. Wagnisse werden 15.000,00 € in Ansatz gebracht. Von den Abschreibungen auf Sachanlagen entfallen 75.000,00 € auf kalk. Abschreibungen und 5.000,00 € auf Abschreibungen für ein vermietetes Gebäude.

Erstellen Sie die Ergebnistabelle.

Grundlagen zur Aufstellung des BAB:

Kostenart	I Material	II FHS A	III FHS B	IV Verwaltung	V Vertrieb
Fertigungsmaterial	130.000,00	–	–	–	–
Fertigungslöhne	–	120.000,00	100.000,00	–	–
Hilfsstoffe	3.000,00	11.000,00	9.000,00	–	2.000,00
Gehälter	5.000,00	8.000,00	7.000,00	85.000,00	10.000,00
Soziale Abgaben	2.000,00	14.000,00	11.000,00	22.000,00	3.000,00
Abschreibungen	5.000,00	30.000,00	25.000,00	10.000,00	5.000,00
Mieten/Pachten: Raumgröße	100 m²	350 m²	250 m²	200 m²	100 m²
Kommunikationsaufw.	1.000,00	3.000,00	2.000,00	12.000,00	4.000,00
Versicherungen: Vers.-Werte	1.000.000,00	1.750.000,00	1.250.000,00	2.000.000,00	–
Kalkulat. Wagnisse	2 :	2 :	2 :	1 :	3
Betriebssteuern	2 :	7 :	5 :	8 :	3
Kalkulat. Zinsen	2.000,00	7.000,00	8.000,00	2.000,00	1.000,00
Unternehmerlohn	1 :	1 :	1 :	2 :	1

1. Erstellen Sie nach obigen Angaben den BAB. 2. Errechnen Sie die Istzuschlagssätze.

Der Betrieb hat im gleichen Monat mit folgenden Normalzuschlagssätzen kalkuliert:

Materialgemeinkosten	15 %
Fertigungsgemeinkosten FHS A	80 %
Fertigungsgemeinkosten FHS B	75 %
Verwaltungsgemeinkosten	25 %
Vertriebsgemeinkosten	6 %

1. Führen Sie die Kostenrechnung mit Normalzuschlägen durch.
2. Tragen Sie die verrechneten Normalgemeinkosten in den BAB ein und ermitteln Sie die Kostenüber- bzw. -unterdeckungen in den einzelnen Kostenbereichen und insgesamt.

Aufstellung des Kostenträgerblattes nach folgenden Angaben:

Bezeichnung	insgesamt	Anteile der Erzeugnisse	
		X	Y
Fertigungsmaterial	130.000,00	80.000,00	50.000,00
Fertigungslöhne FHS A	120.000,00	70.000,00	50.000,00
Fertigungslöhne FHS B	100.000,00	60.000,00	40.000,00
Gemeinkosten	lt. BAB		
Unfertige Erzeugnisse:			
Anfangsbestand	120.000,00	80.000,00	40.000,00
Endbestand	150.000,00	100.000,00	50.000,00
Fertige Erzeugnisse:			
Anfangsbestand	160.000,00	100.000,00	60.000,00
Endbestand	170.000,00	120.000,00	50.000,00
Umsatzerlöse	860.000,00	540.000,00	320.000,00

1. Stellen Sie fest, in welcher Höhe die Erzeugnisgruppen X und Y am Umsatzergebnis beteiligt und wie hoch die Umsatzergebnisraten sind.
2. Ermitteln Sie im Kostenträgerblatt das Betriebsergebnis und stimmen Sie es mit dem in der Ergebnistabelle ausgewiesenen Betriebsergebnis ab.
3. Ermitteln Sie den Prozentanteil der Kostenträger X und Y am Umsatzergebnis.
4. Bestimmen Sie die Wirtschaftlichkeitskoeffizienten der einzelnen Kostenträger nach der Formel von Seite 416.
5. Bewerten Sie die Ergebnisse dieser Kostenrechnung.

4.5 Kostenträgerstückrechnung in Betrieben mit Serienfertigung

Aufgaben

Mithilfe der Kostenträgerstückrechnung, auch **Kalkulation** genannt, werden vor allem die **Selbstkosten** für einzelne Kostenträger (Erzeugnis, Serie oder Auftrag) berechnet. Im Einzelnen bedient sich der Unternehmer dieser Rechnung, um

- **Angebotspreise** für seine Erzeugnisse zu **berechnen. (Vorkalkulation)**
- zu prüfen, ob ein zu Normalkosten kalkulierter Auftrag im Rahmen dieser Kosten verwirklicht werden konnte. **(Nachkalkulation)**
- die **Annahme von Aufträgen** zu vorgegebenen Marktpreisen **entscheiden** zu können. In der Regel wird ein Auftrag nur angenommen, wenn der Preis wenigstens die variablen Kosten deckt (vgl. Kapitel „Deckungsbeitragsrechnung").
- die **liquiditätsorientierte Preisuntergrenze** bestimmen zu können. Bei angespannter Absatzlage ist für den Unternehmer die Kenntnis der Liquiditätspreisuntergrenze wichtig. Hierbei werden die Kosten im Hinblick auf ihre **Ausgabenwirksamkeit** in **stark und schwach ersatzbedürftig** unterteilt. Stark ersatzbedürftige Kosten (z. B. Gehälter, Löhne, Mieten, Steuern) führen kurzfristig zu Geldausgaben und müssen über die Umsatzerlöse „verdient" werden.

Arten

Produktionsprogramm und Fertigungsverfahren bestimmen das zweckmäßigste Kalkulationsverfahren. In der Praxis gebräuchlich sind **Zuschlagskalkulation**, **Divisionskalkulation** (vgl. S. 451) und **Äquivalenzziffernkalkulation** (vgl. S. 449).

4.5.1 Zuschlagskalkulation

Die Zuschlagskalkulation stellt in Betrieben mit **Serienfertigung** das geeignete Kalkulationsverfahren dar. Sie geht von den **Einzelkosten** des Kostenträgers (= **Fertigungsmaterial** und **Fertigungslöhne**) aus und führt durch **schrittweise Einrechnung** der anteiligen Gemeinkosten über **Gemeinkostenzuschlagssätze** (z. B. Normalzuschlagssätze, Istzuschlagssätze aus dem BAB) zu den **Selbstkosten**. In stark mechanisierten Betrieben wird sie durch die Maschinenstundensatzrechnung ergänzt.[1] Die Selbstkostenkalkulation für den einzelnen Kostenträger entspricht in ihrem Aufbau dem aus der **Kostenträgerzeitrechnung bekannten Schema**:[1]

Schema der Zuschlagskalkulation

	Kalkulationsschema	
1.		Fertigungsmaterial lt. Stückliste
2.	+	... % Materialgemeinkosten
3.	=	**Materialkosten (1. + 2.)**
4.		Fertigungslöhne lt. Arbeitsplan
5.	+	... % Fertigungsgemeinkosten
6.	+	Sondereinzelkosten der Fertigung
7.	=	**Fertigungskosten (4. + 5. + 6.)**
8.	=	**Herstellkosten (3. + 7.)**
9.	+	... % Verwaltungsgemeinkosten
10.	+	... % Vertriebsgemeinkosten
11.	+	Sondereinzelkosten des Vertriebs
12.	=	**Selbstkosten des Kostenträgers (8. + 9. + 10. + 11.)**

Der Vorteil der Zuschlagskalkulation gegenüber anderen Kalkulationsverfahren liegt darin, dass sie sich sehr leicht an den Produktionsaufbau anpassen lässt. Ist der Fertigungsbereich z. B. in mehrere Hauptkostenstellen mit jeweils eigenen Einzelkosten und Gemeinkostenzuschlägen aufgegliedert, so kann diese Aufgliederung auch im Kalkulationsschema dargestellt werden (siehe Beispiel S. 427).

---

[1] Zu den Einzelkosten werden auch die Sondereinzelkosten der Fertigung und des Vertriebs gerechnet. Während die Sondereinzelkosten des Vertriebs (Zölle, Frachten, Verpackung, Provisionen) den einzelnen Kostenträgern zurechenbar sind, ist dies bei den Sondereinzelkosten der Fertigung problematisch. Entwicklungs- und Forschungskosten z. B. lassen sich nur ungenau einem bestimmten Produkt zuordnen. Bei Kosten für Spezialwerkzeuge wäre dies möglich.

4.5.2 Zuschlagskalkulation als Angebotskalkulation

4.5.2.1 Vorwärtskalkulation

Die **Angebots- oder Vorkalkulation** soll bereits bei Abschluss eines Kaufvertrages eine **verbindliche Aussage über den Verkaufspreis** machen. Sie liegt also **zeitlich vor dem Produktionsprozess** und basiert auf **Normalkosten**. In einem ersten Schritt ermittelt sie die **Selbstkosten für den einzelnen Kostenträger**.

Selbstkostenkalkulation

> **Beispiel**
>
> In der Schmolmann KG wird der Selbstkostenpreis für ein Blechgehäuse des Typs G I nach folgenden Angaben kalkuliert (vgl. auch die Angaben von S. 415, angenommene Herstellungsmenge 87 500 Gehäuse):
>
> | | |
> |---|---:|
> | Fertigungsmaterial lt. Stückliste | 14,00 € |
> | Fertigungslöhne der Fertigungshauptstelle I (lt. Arbeitsplan) | 3,70 € |
> | Fertigungslöhne der Fertigungshauptstelle II (lt. Arbeitsplan) | 2,60 € |
> | Fertigungslöhne der Fertigungshauptstelle III (lt. Arbeitsplan) | 3,20 € |
> | Fertigungslöhne der Fertigungshauptstelle IV (lt. Arbeitsplan) | 2,50 € |
>
> Die **Normalzuschlagssätze** sind im Kalkulationsschema eingetragen.
>
> | Kalkulationsschema | | |
> |---|---:|---:|
> | Fertigungsmaterial | 14,00 € | |
> | + 11 % Materialgemeinkosten | 1,54 € | |
> | = **Materialkosten** | | 15,54 € |
> | Fertigungslöhne FHS I | 3,70 € | |
> | + 113 % Fertigungsgemeinkosten | 4,18 € | |
> | = **Fertigungskosten FHS I** | | 7,88 € |
> | Fertigungslöhne FHS II | 2,60 € | |
> | + 112 % Fertigungsgemeinkosten | 2,91 € | |
> | = **Fertigungskosten FHS II** | | 5,51 € |
> | Fertigungslöhne FHS III | 3,20 € | |
> | + 98 % Fertigungsgemeinkosten | 3,14 € | |
> | = **Fertigungskosten FHS III** | | 6,34 € |
> | Fertigungslöhne FHS IV | 2,50 € | |
> | + 100 % Fertigungsgemeinkosten | 2,50 € | |
> | = **Fertigungskosten FHS IV** | | 5,00 € |
> | = **Herstellkosten** | | 40,27 € |
> | + 13,5 % Verwaltungsgemeinkosten | | 5,44 € |
> | + 5,5 % Vertriebsgemeinkosten | | 2,21 € |
> | = **Selbstkosten für ein Gehäuse, Typ G I** | | 47,92 € |

Die Selbstkostenkalkulation wird durch **Einrechnung des Gewinns** sowie von **Skonto** (ggf. **Provision**) **und Rabatt** zur **Angebotskalkulation** erweitert. Durch Vorwärtskalkulation wird so der kostendeckende Verkaufspreis eines Kostenträgers ermittelt.

Angebotskalkulation als Vorwärtskalkulation

Der **Betriebsgewinn** muss so hoch ausfallen, dass er – nach Erstattung **aller Kosten** über die Umsatzerlöse – das **allgemeine Unternehmerrisiko abdeckt** und **Finanzmittel für zukünftige Neuinvestitionen** (vgl. S. 383) bereitstellt.

Gewinn

Einen angemessenen Gewinn erzielt man in der Kalkulation dadurch, dass man **den Selbstkosten einen Zuschlag** (in %) **für den Gewinn zurechnet**.

Gewinnzuschlagssatz

G Kosten- und Leistungsrechnung im Industriebetrieb

Situation

Aus dem Kostenträgerblatt der Schmolmann KG (vgl. S. 420) lassen sich folgende Zahlen für die Berechnung des durchschnittlichen Gewinnzuschlagssatzes entnehmen:

Umsatzergebnis (zu Normalkosten) .... 1.036.473,50 €,
Selbstkosten des Umsatzes (zu Normalkosten) .... 9.483.526,50 €.

$$\text{Gewinnzuschlagssatz} = \frac{\text{Umsatzergebnis}}{\text{Selbstkosten d. Umsatzes}} = \frac{1.036.473,50\ €}{9.483.526,50\ €} = 0{,}1093 = 10{,}93\ \% \approx 11{,}0\ \%$$

Angebotspreis

Nach Einrechnung der Zuschläge für Skonto (evtl. Provision) und Rabatt in den Barverkaufspreis ergibt sich der Angebotspreis des Kostenträgers.

Sondereinzelkosten des Vertriebs

Sofern beim Verkauf Nebenkosten entstehen, die sich **unmittelbar dem Kostenträger** zurechnen lassen (z. B. Transport- und Verpackungskosten, Provision), werden diese Nebenkosten in den Barverkaufspreis eingerechnet. In manchen Fällen sind die Nebenkosten zunächst aufgrund bestimmter Prozentsätze zu berechnen (z. B. Transportversicherung, Vertriebsprovision). Hierbei ist zu beachten, dass die Zuschlagsgrundlage (≙100 %) für diese Nebenkosten der **Zielverkaufspreis** ist, nicht der Barverkaufspreis.

Kundenskonto Kundenrabatt

Kundenskonto und Kundenrabatt sind im Angebotspreis enthalten. Sie kommen dem Kunden entweder für Zahlung innerhalb bestimmter Fristen (Kundenskonto) oder für die Abnahme bestimmter Mengen (Mengenrabatt) zugute. Kundenskonto wird in den Barverkaufspreis, Kundenrabatt in den Zielverkaufspreis eingerechnet. Hierbei ist zu beachten, dass die Zuschlagsgrundlage (≙100 %) für Kundenskonto der Zielverkaufspreis, für Kundenrabatt der Angebotspreis ist. Kundenrabatte werden bereits bei der Rechnungserstellung in Abzug gebracht.

Situation

In der Schmolmann KG wird der **Angebotspreis** für ein Blechgehäuse Typ G I – ausgehend von den Selbstkosten – aufgrund folgender Angaben kalkuliert:

Gewinnzuschlag	11 %	Vertriebsprovision	3 %
Kundenskonto	2 %	Kundenrabatt	12 %

	Selbstkosten für 1 Gehäuse (vgl. S. 427)	47,92 €		
+	11 % Gewinn	5,27 €		
=	**Barverkaufspreis**	53,19 €	≙	95 %
+	2 % Kundenskonto	1,12 €	≙	2 %
+	3 % Vertriebsprovision	1,68 €	≙	3 %
=	**Zielverkaufspreis** (= Rechnungspreis)	55,99 €	≙	100 % ≙ 88 %
+	12 % Kundenrabatt	7,64 €		≙ 12 %
=	**Angebotspreis** (= Listenpreis)	63,63 €		≙ 100 %

$$\text{Kundenskonto} = \frac{53{,}19\ € \cdot 2\ \%}{95\ \%} = 1{,}12\ €\qquad \text{Kundenrabatt} = \frac{55{,}99\ € \cdot 12\ \%}{88\ \%} = 7{,}64\ €$$

$$\text{Vertriebsprovision} = \frac{53{,}19\ € \cdot 3\ \%}{95\ \%} = 1{,}68\ €$$

Herr Schmolmann könnte den Angebotspreis für ein Gehäuse G I auf **63,60 €** festsetzen.

Merke

- Im kalkulatorischen Gewinn werden das allgemeine Unternehmerrisiko abgedeckt und Finanzmittel für zukünftige Neuinvestitionen bereitgestellt.
- Zuschlagsgrundlage für den Gewinn sind die Selbstkosten.
- Die Summe aus Selbstkosten und Gewinn ergibt den Barverkaufspreis.
- Zuschlagsgrundlage (= 100 %) für die Berechnung von Kundenskonto und Vertriebsprovision ist der Zielverkaufspreis (= Rechnungspreis). Zuschlagsgrundlage für die Berechnung von Kundenrabatt ist der Listenverkaufspreis (= Angebotspreis).

Aufgabe 496

Der BAB einer Möbelfabrik enthält für den Monat Mai folgende Angaben:

Materialgemeinkosten	36.850,00 €
Fertigungsgemeinkosten	716.880,00 €
Verwaltungsgemeinkosten	281.573,00 €
Vertriebsgemeinkosten	140.786,50 €

An Einzelkosten fallen an:

Fertigungsmaterial	670.000,00 €
Fertigungslöhne	477.920,00 €

1. Berechnen Sie die Istzuschlagssätze (ohne Bestandsveränderungen).
2. Das Unternehmen kalkuliert mit folgenden Normalzuschlagssätzen:
   Material 6 %, Fertigung 160 %, Verwaltung 15 %, Vertrieb 6 %.

   Errechnen Sie die Selbstkosten eines Auftrags, für den folgende Einzelkosten veranschlagt werden:

Fertigungsmaterial	650,00 €
Fertigungslöhne 21 Stunden zu je	42,00 €

Aufgabe 497

Eine Maschinenfabrik errechnet zur Abgabe eines Angebots für eine Abfüllmaschine den Listenverkaufspreis. Es wird mit folgenden Kosten kalkuliert:

Verbrauch Fertigungsmaterial	25.000,00 €
Fertigungslöhne	21.500,00 €
Sondereinzelkosten der Fertigung	1.700,00 €
Sondereinzelkosten des Vertriebs	1.040,00 €

Es gelten folgende Normalzuschlagssätze:
Material 8 %, Fertigung 120 %, Verwaltung 15 %, Vertrieb 6 %

Es gelten folgende Daten zur Angebotskalkulation:
Gewinnzuschlag 15 %, Vertriebsprovision 6 %, Einführungsrabatt 7 %, Skonto 2 %

Erstellen Sie die Vorkalkulation zur Abgabe des Angebots.

Aufgabe 498

Eine Schlösserfabrik will 50 000 Vorhängeschlösser eines bestimmten Typs in Fertigung geben. Es werden folgende Kosten geplant:

Fertigungsmaterial	32.000,00 €
Fertigungslöhne in Fertigungshauptstelle I	8.000,00 €
Fertigungslöhne in Fertigungshauptstelle II	5.800,00 €
Fertigungslöhne in Fertigungshauptstelle III	4.400,00 €

Die Normalzuschlagssätze betragen:

Material 5 %, Fertigung I 180 %, Fertigung II 200 %, Fertigung III 160 %, Verwaltung 15 %, Vertrieb 8 %, Gewinnzuschlag 18 %.

Berechnen Sie die geplanten Selbstkosten insgesamt und je Stück sowie den Barverkaufspreis für ein Schloss.

Aufgabe 499

Eine Werkzeugfabrik kalkuliert mit folgenden Normalzuschlagssätzen:

Material 12 %, Fertigung I 160 %, Fertigung II 200 %, Verwaltung 10 %, Vertrieb 8 %.

Für einen Auftrag über 500 Feilen wird mit einem Materialverbrauch von 750,00 € und einem Lohnaufwand von

7 Stunden zu je 42,50 € in Fertigungshauptstelle I und
9 Stunden zu je 40,50 € in Fertigungshauptstelle II gerechnet.

Gewinnzuschlag 15 %, Skonto 3 %, Vertriebsprovision 4 %.

Erstellen Sie die Vorkalkulation für eine Feile.

G Kosten- und Leistungsrechnung im Industriebetrieb

Aufgabe 500

Ein Wohnwagenhersteller errechnet zur Abgabe eines Angebots für einen Wohnwagen den Listenverkaufspreis. Es wird mit folgenden Daten kalkuliert:

Fertigungsmaterial	19.000,00
Fertigungslöhne	12.200,00
Sondereinzelkosten der Fertigung	1.400,00
Sondereinzelkosten des Vertriebs	890,00

Normalzuschlagssätze:

Material	9 %
Fertigung	110 %
Verwaltung	18 %
Vertrieb	6 %

Der Wohnwagen wird unter Einrechnung von 2 % Kundenskonto, 10 % Kundenrabatt, 7 % Vertriebsprovision und 15 % Gewinnzuschlag angeboten.

Erstellen Sie die Vorkalkulation zur Abgabe des Angebots.

Aufgabe 501

Die Kostenrechnungsabteilung eines Industriebetriebes kalkuliert den Listenpreis für ein Gerät, das neu in das Produktionsprogramm aufgenommen werden soll, aufgrund folgender Unterlagen:

Fertigungsmaterial lt. Stückliste:
Gehäuse   je Stück   4,00 €
Armatur   je Stück   12,00 €

Fertigungslöhne lt. Zeitvorgabe:
I.   Schneiden   je 100 Stück   450 Minuten
II. Schweißen   je   Stück   3 Minuten
III. Lackieren   je 100 Stück   270 Minuten
IV. Montieren   je   Stück   2 Minuten

Die Arbeitsstunde wird einheitlich mit 30,00 € verrechnet.

Die Normalzuschlagssätze betragen:
Material 5 %, Fertigung I 100 %, Fertigung II 140 %, Fertigung III 90 %, Fertigung IV 110 %, Verwaltung 20 %, Vertrieb 6 %.

Folgende Verkaufszuschläge sind zu berücksichtigen:
Gewinn 15 %, Skonto (i. H.) 2 %, Rabatt (i. H.) 10 %.

1. Wie viel Euro beträgt der Listenpreis je Gerät?

2. Das entsprechende Gerät wird von Konkurrenzunternehmen zum Barverkaufspreis von 43,00 € auf dem Markt angeboten.

   Lohnt sich die Produktion? Wie hoch wäre der tatsächliche Stückgewinn?

Aufgabe 502

Erstellen Sie die Vorkalkulation für einen Reparaturauftrag unter Berücksichtigung folgender Angaben:

Reparaturmaterial:	45,00 €,
Materialgemeinkostenzuschlag:	8 %,
Fertigungslöhne:	1,5 Stunden zu je 31,50 €,
Maschineneinsatz:	Bohren 0,25 Std.,
	Drehen 0,75 Std.,
	Fräsen 0,50 Std.

Der Maschineneinsatz wird mit 45,40 € je Stunde kalkuliert.

Verwaltungs- und Vertriebsgemeinkostenzuschlag: 20 %.

Gewinnzuschlag: 15 %.

4.5.2.2 Rückwärtskalkulation

Die Marktlage ist für Unternehmen in der Regel heutzutage dadurch gekennzeichnet, dass sie den Verkaufspreis ihrer Erzeugnisse und Handelswaren nicht frei festsetzen können. Die Konkurrenzsituation, die vom Markt vorgegebenen Richtpreise oder behördliche Preisvorgaben legen die Verkaufspreise nach oben fest. Eine Unterschreitung der Verkaufspreise ist nur bei besonders günstiger Kostenlage gegenüber der Konkurrenz oder durch Anwendung der Preisdifferenzierung (vgl. Kapitel „Deckungsbeitragsrechnung", S. 467 ff.) möglich.

Rückwärtsrechnung

Für den Unternehmer ergibt sich hieraus die Notwendigkeit, vor Abschluss eines Kaufvertrages zu prüfen, ob zu dem mit dem Kunden ausgehandelten Preis kostendeckend produziert werden kann, d. h. unter Berücksichtigung aller kalkulatorischen Zuschläge.

Bei der Durchführung dieser Kontrollrechnung werden in das Kalkulationsschema für die Zuschlagskalkulation zunächst der vorgegebene Verkaufspreis (z. B. Angebotspreis) und die innerbetrieblichen Kalkulationszuschläge eingetragen. Die Rechnung erfolgt dann stufenweise rückwärts. Sollte sich bei dieser Kontrollrechnung ergeben, dass die Kosten zu hoch sind, müssen gegebenenfalls geeignete Maßnahmen zur Kostensenkung ergriffen werden.

Beispiel

Ein bedeutender Konkurrent der Schmolmann KG bietet Blechgehäuse, die dem Typ G I ebenbürtig sind, zu einem Listenpreis von 62,00 € an. Herr Schmolmann möchte deshalb prüfen, wie hoch die Selbstkosten maximal sein dürfen, wenn die kalkulatorischen Zuschläge in voller Höhe eingepreist bleiben sollen.

Ausgehend von dem durch den Konkurrenten vorgegebenen Angebotspreis (= Listenpreis) ermittelt Herr Schmolmann aufgrund folgender Angaben die Selbstkosten je Blechgehäuse:

Gewinnzuschlag	11 %	Vertriebsprovision	3 %
Kundenskonto	2 %	Kundenrabatt	12 %

= Selbstkosten	46,69 €		100 %	
– 11 % Gewinn	5,14 €		– 11 %	
= Barverkaufspreis	51,83 €	95 %	111 %	
– 2 % Kundenskonto	1,09 €	– 2 %		
– 3 % Vertreterprovision	1,64 €	– 3 %		
= Zielverkaufspreis (= Rechnungspreis)	54,56 €	88 %	100 %	
– 12 % Kundenrabatt	7,44 €	– 12 %		
Angebotspreis (= Listenpreis)	62,00 €	100 %		

Berechnung der Selbstkosten:

Selbstkosten: 111 % ≙ 51,83 €
              100 % ≙ x

$$x\ € = \frac{(51{,}83\ € \cdot 100\ \%)}{(111\ \%)} = 46{,}69\ €$$

Die Schmolmann KG kann zu dem gewünschten Angebotspreis nicht kostendeckend produzieren. Die Selbstkosten müssten gegenüber der ursprünglichen Vorwärtskalkulation (siehe Seite 427) um 47,92 € – 46,69 € = 1,23 € gesenkt werden, um den Konkurrenzpreis anbieten zu können.

Die Rückwärtskalkulation rechnet vom Verkaufspreis ausgehend stufenweise auf die Kosten für das Fertigungsmaterial zurück: Vom bekannten Verkaufspreis werden zunächst die kalkulatorischen Zuschläge bis zu den Selbstkosten herausgerechnet (vgl. Seite 431). Anschließend wird mit den bekannten Zuschlagssätzen für Verwaltungs- und Vertriebsgemeinkosten auf die

Herstellkosten zurückgerechnet. Die Fertigungskosten werden mit ihren Daten (Eurobeträgen und Normalzuschlagssätzen) aus der Vorwärtskalkulation (vgl. Seite 427) in die Rückwärtskalkulation übernommen. Um die Höhe der Materialkosten ermitteln zu können, werden nun die Fertigungskosten summiert, um diese dann von den Herstellkosten zu subtrahieren. Die auf diese Weise berechneten Materialkosten sind dann der Ausgangspunkt, um die Kosten für das Fertigungsmaterial zu bestimmen.

Beispiel

Fortsetzung

Herr Schmolmann weiß, dass die Kostensenkungen im Wesentlichen durch das Fertigungsmaterial erreicht werden müssen, weil kurzfristig in der Fertigung und bei den Normalzuschlagssätzen keine Anpassungen bewirkt werden können. Es gelten daher weiterhin folgende Daten als Kalkulationsgrundlage:

Fertigungslöhne der Fertigungshauptstelle I (lt. Arbeitsplan)	3,70 €
Fertigungslöhne der Fertigungshauptstelle II (lt. Arbeitsplan)	2,60 €
Fertigungslöhne der Fertigungshauptstelle III (lt. Arbeitsplan)	3,20 €
Fertigungslöhne der Fertigungshauptstelle IV (lt. Arbeitsplan)	2,50 €

Die **Normalzuschlagssätze** sind im Kalkulationsschema eingetragen.

Um die Höhe der maximal zulässigen Kosten für das Fertigungsmaterial zu ermitteln, setzt Herr Schmolmann die Rückwärtskalkulation fort:

Fertigungsmaterial			13,07 €	100 %
11 % Materialgemeinkosten			- 1,44 €	- 11 %
Materialkosten			= 14,51 €	111 %
Fertigungslöhne FHS I	3,70 €	100 %		
113 % Fertigungsgemeinkosten	4,18 €	+ 113 %		
Fertigungskosten FHS I	7,88 €	213 %	- 7,88 €	
Fertigungslöhne FHS II	2,60 €	100 %		
112 % Fertigungsgemeinkosten	2,91 €	+ 112 %		
Fertigungskosten FHS II	5,51 €	212 %	- 5,51 €	
Fertigungslöhne FHS III	3,20 €	100 %		
98 % Fertigungsgemeinkosten	3,14 €	+ 98 %		
Fertigungskosten FHS III	6,34 €	198 %	- 6,34 €	
Fertigungslöhne FHS IV	2,50 €	100 %		
100 % Fertigungsgemeinkosten	2,50 €	+ 100 %		
Fertigungskosten FHS IV	5,00 €	200 %	- 5,00 €	
Herstellkosten	39,24 €	100,0 %	39,24 €	
13,5 % Verwaltungsgemeinkosten	5,30 €	- 13,5 %		
5,5 % Vertriebsgemeinkosten	2,16 €	- 5,5 %		
Selbstkosten	46,69 €	119,0 %		

Berechnung der Herstellkosten:

Herstellkosten: 119 % ≙ 46,69 €
                        100 % ≙ x

$$x\ € = \frac{46{,}69\ € \cdot 100\ \%}{119\ \%} = 39{,}24\ €$$

Berechnung der Kosten für das Fertigungsmaterial:

Fertigungsmaterial: 111 % ≙ 14,51 €
                            100 % ≙ x

$$x\ € = \frac{14{,}51\ € \cdot 100\ \%}{111\ \%} = 13{,}07\ €$$

Beispiel Fortsetzung

Um das Blechgehäuse Typ G1 zum Preis des Konkurrenten (62,00 €) anbieten zu können, dürfte das Fertigungsmaterial pro Blechgehäuse maximal 13,07 € kosten. Herr Schmolmann wird deshalb mit seinen Lieferanten über diesen maximalen Bezugspreis verhandeln.

Bei der Rückwärtskalkulation ist zu beachten, dass alle Zuschläge, die in der Vorwärtskalkulation vom verminderten Grundwert berechnet werden, nunmehr vom Grundwert zu berechnen sind. Alle in der Vorwärtskalkulation vom Grundwert zu berechnenden Zuschläge werden nun vom vermehrten Grundwert berechnet.

Merke

- Die Rückwärtskalkulation geht vom vorgegeben Angebotspreis aus und rechnet stufenweise auf die Selbstkosten und die Kosten für das Fertigungsmaterial zurück.
- Die in der Vorwärtskalkulation vom verminderten Grundwert berechneten Zuschläge werden nun bei der Rückwärtskalkulation vom Grundwert berechnet.
- Die in der Vorwärtskalkulation vom Grundwert berechneten Zuschläge werden nun bei der Rückwärtskalkulation vom vermehrten Grundwert berechnet.

Aufgabe 503

Aus Konkurrenzgründen muss ein Hausgerätehersteller den Angebotspreis für ein Küchengerät von 64,00 € auf 58,00 € senken.
Bisher wurde mit 10 % Rabatt, 4 % Provision, 3 % Verkaufsskonto und 8 % Gewinn kalkuliert.

1. Wie hoch dürfen die Selbstkosten für das Küchengerät nach der Preissenkung höchstens sein, wenn auch auf einen Gewinn verzichtet wird?
2. Ermitteln Sie den Kostenreduzierungsbedarf der Selbstkosten in € und in Prozent.

Aufgabe 504

Aufgrund des großen Wettbewerbsdrucks muss die Anlagentechnik Schittko GmbH eine Abfüllmaschine zum Listenpreis in Höhe von 79.480,00 EUR anbieten.

Branchenüblich gelten folgende Daten zur Angebotskalkulation:

Gewinn	15 %	Vertreterprovision	6 %
Kundenrabatt	10 %	Skonto	3 %

Das Rechnungswesen stellt folgende Daten zur Verfügung:

Fertigungslöhne	11.200,00 €
Sondereinzelkosten der Fertigung	400,00 €
Sondereinzelkosten des Vertriebs	630,00 €

Normal-Zuschlagssätze lt. BAB dieser Abrechnungsperiode:
MGKZ 9 %   FGKZ 125 %   VWGKZ 11 %   VTGKZ 6 %

Wie hoch dürfen die Kosten für das Fertigungsmaterial höchstens sein?

Aufgabe 505

Die Schlösserfabrik aus Aufgabe 498 hat eine Anfrage über 20 000 Vorhängeschlösser erhalten. Der Barverkaufspreis je Schloss darf maximal 2,30 € betragen. Für die Fertigungslöhne gilt:
Fertigungslöhne in Fertigungshauptstelle I .... 3.200,00 €
Fertigungslöhne in Fertigungshauptstelle II .... 2.320,00 €
Fertigungslöhne in Fertigungshauptstelle III .... 1.760,00 €
Im Übrigen gelten die Kalkulationsdaten aus Aufgabe 498.

Ermitteln Sie die maximal zulässigen Kosten für das Fertigungsmaterial insgesamt und je Schloss.

G KOSTEN- UND LEISTUNGSRECHNUNG IM INDUSTRIEBETRIEB

Aufgabe 506

Die Werkzeugfabrik aus Aufgabe 499 hat eine Anfrage über 500 Feilen unter der Bedingung erhalten, dass der Rechnungspreis (Zielverkaufspreis) 3.750,00 € betragen soll. Im übrigen gelten die Kalkulationsdaten aus Aufgabe 499.

1. Ermitteln Sie die maximal zulässige Höhe der Kosten für das Fertigungsmaterial insgesamt und je Feile.
2. Angenommen, die Werkzeugfabrik könnte die Kosten für das Fertigungsmaterial nicht unter 750,00 € senken. Erklären Sie alternative preiskalkulatorische Möglichkeiten, die die Werkzeugfabrik nutzen könnte, um den Rechnungspreis von 3.750,00 € anbieten zu können.

4.5.2.3 Differenzkalkulation

Die Kalkulationsfreiheit des Unternehmers wird durch die gleichzeitige Vorgabe der Kosten und des Verkaufspreises noch weitgehender eingeschränkt, als dies bei der Vorgabe des Verkaufspreises (vgl. Rückwärtskalkulation, S. 431 f.) bereits der Fall ist. In der Praxis sind z. B. aufgrund von Rahmenverträgen, Tarifverträgen etc. die Kosten kurzfristig nur bedingt änderbar; zugleich wird der Verkaufspreis aufgrund der Konkurrenzsituation nur in geringem Umfang beeinflussbar sein.

Erzielbarer Gewinn

In dieser Situation ist es Aufgabe der Kosten- und Leistungsrechnung, den tatsächlich erzielbaren Gewinn zu bestimmen. Hierzu werden zunächst im Schema der Zuschlagskalkulation die Selbstkosten des Erzeugnisses berechnet und danach – ausgehend vom Angebotspreis – durch Rückwärtskalkulation der Barverkaufspreis ermittelt. Die Differenz zwischen den Selbstkosten und dem Barverkaufspreis ergibt den Gewinn (Barverkaufspreis > Selbstkostenpreis) oder den Verlust (Barverkaufspreis < Selbstkostenpreis) beim Verkauf einer Erzeugniseinheit. Die Geschäftsleitung hat zu entscheiden, ob ein errechneter Gewinn angemessen ist, sodass z. B. das Erzeugnis neu am Markt angeboten oder eine Kundenanfrage angenommen werden kann.

Beispiel

Die Schmolmann KG möchte aufgrund der Konkurrenzsituation die Blechgehäuse vom Typ G I zum **Angebotspreis von 62,00 €** listen (siehe Beispiel Seite 431 f.). Die Preisverhandlungen mit den Lieferanten haben ergeben, dass der Lieferant mit dem besten Preis-Leistungsverhältnis für die **Materialien 13,50 € je Blechgehäuse** verlangt.

Es gelten weiterhin die Kalkulationsdaten von Seite 431 f.:

Kundenrabatt	12 %
Vertriebsprovision	3 %
Kundenskonto	2 %

Fertigungslöhne der Fertigungshauptstelle I (lt. Arbeitsplan)	3,70 €
Fertigungslöhne der Fertigungshauptstelle II (lt. Arbeitsplan)	2,60 €
Fertigungslöhne der Fertigungshauptstelle III (lt. Arbeitsplan)	3,20 €
Fertigungslöhne der Fertigungshauptstelle IV (lt. Arbeitsplan)	2,50 €
Die **Normalzuschlagssätze** sind im Kalkulationsschema eingetragen.	

Mithilfe der Differenzkalkulation will Herr Schmolmann nun feststellen, wie hoch der erzielbare Gewinn je Blechgehäuse vom Typ GI ist und ob sich dieser Angebotspreis für die Schmolmann KG lohnt:

Beispiel Fortsetzung

	Fertigungsmaterial	13,50 €	100 %
+	11 % Materialgemeinkosten	1,49 €	+ 11 %
=	**Materialkosten**	14,99 €	111 %
	Fertigungslöhne FHS I	3,70 €	100 %
+	113 % Fertigungsgemeinkosten	4,18 €	+ 113 %
=	**Fertigungskosten FHS I**	7,88 €	213 %
	Fertigungslöhne FHS II	2,60 €	100 %
+	112 % Fertigungsgemeinkosten	2,91 €	+ 112 %
=	**Fertigungskosten FHS II**	5,51 €	212 %
	Fertigungslöhne FHS III	3,20 €	100 %
+	98 % Fertigungsgemeinkosten	3,14 €	+ 98 %
=	**Fertigungskosten FHS III**	6,34 €	198 %
	Fertigungslöhne FHS IV	2,50 €	100 %
+	100 % Fertigungsgemeinkosten	2,50 €	+ 100 %
=	**Fertigungskosten FHS IV**	5,00 €	200 %
	Herstellkosten	39,72 €	100,0 %
+	13,5 % Verwaltungsgemeinkosten	5,36 €	+ 13,5 %
+	5,5 % Vertriebsgemeinkosten	2,18 €	+ 5,5 %
=	**Selbstkosten**	47,26 €	119,0 %
	Gewinn	*4,57 €*	*9,67 %*
=	**Barverkaufspreis**	51,83 €	95 %
–	2 % Kundenskonto	1,09 €	2 %
–	3 % Vertreterprovision	1,64 €	3 %
=	**Zielverkaufspreis (= Rechnungspreis)**	54,56 €	88 % / 100 %
–	12 % Kundenrabatt	7,44 €	– 12 %
	Angebotspreis (= Listenpreis)	62,00 €	100 %

Der Angebotspreis von 62,00 € je Blechgehäuse vom Typ G I empfiehlt sich für die Schmolmann KG, da ein Gewinn von 9,67 %, das entspricht 4,57 € je Blechgehäuse, erzielt werden kann. Dieser liegt zwar unterhalb des geplanten Gewinnzuschlags von 11 % (vgl. S. 428), jedoch ist entscheidend, dass der Auftrag alle Kosten – einschließlich der kalkulatorischen Kosten – deckt. Der darüber hinaus erzielte Gewinn deckt das allgemeine Unternehmerrisiko ab.

Merke
Stehen bei einem Erzeugnis die Kosten und der Verkaufspreis fest, so wird mithilfe der Differenzkalkulation der erzielbare Gewinn berechnet. Grundsätzlich lohnt sich die Annahme eines Auftrags, wenn durch ihn alle Kosten gedeckt werden.

Aufgabe 507

Ein Hersteller von Gartengeräten bietet eine Komfort-Schubkarre dem Einzelhandel zum Listenverkaufspreis von 49,99 € an. Grundlage der Angebotskalkulation sind folgende Daten:

Fertigungsmaterial	10,00 €			Fertigungslöhne	10,00 €		
MGKZ	15 %	FGKZ	35 %	VWGKZ	9 %	VTGKZ	7 %
Rabatt	15 %	Skonto	3 %	Vertriebsprovision	7 %		

1. Ermitteln Sie die Höhe des Gewinns in EUR und in Prozent, der aufgrund der vorliegenden Daten und nach Gewährung von Rabatt, Skonto und Provision erzielt wird.
2. Ein wichtiger Kunde fragt 500 Komfort-Schubkarren zum Preis von 35,00 € pro Stück an. Weisen Sie rechnerisch nach, ob sich die Auftragsannahme für den Gartengerätehersteller lohnt.

G Kosten- und Leistungsrechnung im Industriebetrieb

Aufgabe 508

Aufgrund des Käufermarktes im Segment Kleinelektronikgüter muss sich die Rupp Elektronik KG an den Marktbedingungen orientieren. Derzeit herrschen für ähnliche 2-TB-Festplatten folgende Konditionen:

Angebotspreis 79,00 €   Rabatt 10 %   Skonto 2 %   Provision 6 %

Für die Ermittlung der Selbstkosten gelten folgende Daten:

Fertigungsmaterial 17,00 €   Fertigungslöhne 15,00 €
MGKZ 8 %   FGKZ 135 %   VWGKZ 11 %   VTGKZ 8 %

1. Ermitteln Sie die Höhe des Gewinns in EUR und in Prozent, der aufgrund der vorliegenden Daten und nach Gewährung von Rabatt, Skonto und Provision erzielt wird.
2. Welche Maßnahmen könnte die Rupp Elektronik KG unter den gegebenen Bedingungen ergreifen, um den Gewinn je verkaufter Festplatte zu erhöhen?

Aufgabe 509, 510

Berechnen Sie den Gewinn in € und in Prozent.

	509	510
Fertigungsmaterial	800,00 €	3.000,00 €
Fertigungslöhne FHS I	80,00 €	240,00 €
Fertigungslöhne FHS II	100,00 €	350,00 €
Sondereinzelkosten der Fertigung	250,00 €	600,00 €
Sondereinzelkosten des Vertriebs	60,00 €	400,00 €
MGKZ	8 %	5 %
FGKZ in FHS I	160 %	140 %
FGKZ in FHS II	150 %	160 %
VWGKZ	9 %	12 %
VTGKZ	6 %	7 %
Rabatt	15 %	10 %
Skonto	2 %	3 %
Provision	6 %	5 %
Angebotspreis	2.500,00 €	9.000,00 €

Aufgabe 511

Für eine Werkzeugmaschine sind die Selbstkosten nach folgenden Angaben zu kalkulieren:

Fertigungsmaterial .... 12.500,00 €
Fertigungslöhne Dreherei .... 2.950,00 €
Fertigungslöhne Fräserei .... 1.410,00 €
Normalzuschlagsätze
Material .... 15 %
Fertigungshauptstelle Dreherei .... 115 %
Fertigungshauptstelle Fräserei .... 120 %
Verwaltung .... 15 %
Vertrieb .... 5 %

Das Erzeugnis wird unter Einrechnung von 3 % Kundenskonto und 8 % Kundenrabatt zum Preis von 38.660,00 € angeboten.

Ermitteln Sie die maximal zulässigen Kosten für das Fertigungsmaterial insgesamt und je Schloss.

4.5.3 Zuschlagskalkulation als Nachkalkulation

Die Nachkalkulation zeigt, ob der zu **Normalkosten kalkulierte** und angenommene Auftrag im Rahmen dieser Kosten verwirklicht werden konnte. Sie wird **nach Beendigung der Produktion** als Zuschlagskalkulation aufgrund der **tatsächlich entstandenen Einzelkosten** und der **Istzuschläge aus dem BAB** durchgeführt. Aus der Gegenüberstellung mit der Vorkalkulation werden Abweichungen ersichtlich.

Beispiel

Auf der Grundlage der Istzuschlagssätze (vgl. BAB, S. 403) und der Isteinzelkosten für Material und Löhne (vgl. S. 427) entsteht die folgende Nachkalkulation.

Fertigungsmaterial (Ist = Normal)	14,00 €
Fertigungslöhne FHS I	3,67 €
Fertigungslöhne FHS II	2,63 €
Fertigungslöhne FHS III	3,15 €
Fertigungslöhne FHS IV	2,55 €

Kalkulationsschema	Vorkalkulation		Nachkalkulation	
Fertigungsmaterial		14,00 €		14,00 €
+ Materialgemeinkosten	11,0 %	1,54 €	10,8 %	1,51 €
= **Materialkosten**		15,54 €		15,51 €
Fertigungslöhne FHS I		3,70 €		3,67 €
+ Fertigungsgemeinkosten	113,0 %	4,18 €	112,9 %	4,14 €
= **Fertigungskosten FHS I**		7,88 €		7,81 €
Fertigungslöhne FHS II		2,60 €		2,63 €
+ Fertigungsgemeinkosten	112,0 %	2,91 €	112,4 %	2,96 €
= **Fertigungskosten FHS II**		5,51 €		5,59 €
Fertigungslöhne FHS III		3,20 €		3,15 €
+ Fertigungsgemeinkosten	98,0 %	3,14 €	98,4 %	3,10 €
= **Fertigungskosten FHS III**		6,34 €		6,25 €
Fertigungslöhne FHS IV		2,50 €		2,55 €
+ Fertigungsgemeinkosten	100,0 %	2,50 €	100,0 %	2,55 €
= **Fertigungskosten FHS IV**		5,00 €		5,10 €
= **Herstellkosten**		40,27 €		40,26 €
+ Verwaltungsgemeinkosten	13,5 %	5,44 €	13,3 %	5,35 €
+ Vertriebsgemeinkosten	5,5 %	2,21 €	5,5 %	2,21 €
= **Selbstkosten** für ein Gehäuse		47,92 €		47,82 €
+ Gewinn	11,0 %	5,27 €	11,23 %	5,37 €
= **Barverkaufspreis**		53,19 €	→	53,19 €
+ Kundenskonto	2,0 %	1,12 €		
+ Vertriebsprovision	3,0 %	1,68 €		
= **Zielverkaufspreis**		55,99 €		
+ Kundenrabatt	12,0 %	7,64 €		
= **Angebotspreis**		63,63 €		

Auswertung der Nachkalkulation

Im obigen Beispiel **fallen** die tatsächlichen Selbstkosten um 0,10 € je Gehäuse **niedriger aus** als die vorkalkulierten Normalselbstkosten. Da der Angebotspreis verbindlich vorgegeben war, führt diese **Kostenüberdeckung** zu einem entsprechend höheren **Gewinn** um 0,10 € je Gehäuse. Eine genaue Analyse zeigt, dass die **Istgemeinkostenzuschläge** in der Fertigungshauptstelle II und in der Fertigungshauptstelle III **über den Normalzuschlagssätzen** liegen und hier somit **Kostenunterdeckungen** anzeigen. In der Materialstelle, in der Fertigungshauptstelle I und in der Verwaltungsstelle liegen die **Istgemeinkostenzuschläge unter den Normalzuschlägen**; sie zeigen hier **Kostenüberdeckungen** an.

G KOSTEN- UND LEISTUNGSRECHNUNG IM INDUSTRIEBETRIEB

Beschäftigungs-abweichung (vgl. S. 417)

Die eigentliche Abweichung (= Kostenüberdeckung) entsteht im **Verwaltungsbereich**. Hierbei handelt es sich offenbar um eine **Beschäftigungsabweichung**. Es ist zu erwarten, dass bei einer **Beschäftigungserhöhung** die **Istzuschlagssätze** in diesem Bereich weiter **zurückgehen** werden, weil die Verwaltungsgemeinkosten **überwiegend fixe Kosten** sind, die sich bei der Beschäftigungserhöhung nicht verändern und zu sinkenden Zuschlagssätzen führen. Eine umgekehrte Entwicklung wäre bei einem Beschäftigungsrückgang zu erwarten.

Preis- und Verbrauchsabweichungen (vgl. S. 417)

Gehen wir davon aus, dass keine Preisabweichungen vorliegen, da verstärkt mit kalkulatorischen Kosten und Verrechnungspreisen gearbeitet wird, dann sind **Verbrauchsabweichungen bei den Einzelkosten** mit die Ursache für die Kostenüberdeckung in der Nachkalkulation. Im Einzelnen ist festzustellen:

- Beim **Fertigungsmaterial** ergibt sich **keine Abweichung** zwischen Vor- und Nachkalkulation.
- Bei den **Fertigungslöhnen** sind sowohl **Über- als auch Unterdeckungen** in den einzelnen Fertigungshauptstellen feststellbar. Hier muss der Betriebsleiter nach den Ursachen forschen.

Merke

- Die Nachkalkulation ist eine Kontrollrechnung, die den Normalkosten der Vorkalkulation die tatsächlichen Kosten (Istkosten) gegenüberstellt.
- Die Nachkalkulation misst im Vergleich mit den Normalkosten der Vorkalkulation den tatsächlichen Erfolg eines Kostenträgers.
- Die Abweichungen zwischen Ist- und Normalkosten bedürfen einer Analyse:
  - Beschäftigungs- und Preisabweichungen lassen sich leicht ausschalten.
  - Verbrauchsabweichungen hat der Betriebsleiter zu verantworten.

Aufgabe 512

Zur Aufgabe 499, Seite 429, ist eine Nachkalkulation aufzustellen.

Nach Durchführung der Produktion steht fest, dass der Materialverbrauch eingehalten wurde, der Lohnaufwand betrug jedoch

in Fertigungshauptstelle I: 7,5 Stunden zu je 43,50 €,

in Fertigungshauptstelle II: 10 Stunden zu je 38,40 €.

Der BAB des Abrechnungsmonats weist folgende Istzuschlagssätze aus:

Material 10 %; Fertigung I 150 %; Fertigung II 180 %; Verwaltung 12,5 %; Vertrieb 10 %.

1. Welche Kostenarten und -stellen sind zu überprüfen?
2. Wie erklären Sie den erheblichen Unterschied zwischen normierter und verbrauchter Arbeitszeit in der Fertigungshauptstelle II?

Aufgabe 513

1. Worin unterscheiden sich Vor- und Nachkalkulation?
2. Wie werden Normalzuschlagssätze errechnet?
3. Die Zuschlagssätze für die Fertigungsgemeinkosten liegen in zwei aufeinander folgenden Betriebsabrechnungsbögen über dem Normalzuschlagssatz.

   Worauf kann das zurückzuführen sein? Was müsste ggf. veranlasst werden?

4.6 Maschinenstundensatzrechnung
4.6.1 Grundlagen der Maschinenstundensatzrechnung

> **Situation**
>
> Für das Geschäftsjahr 02 plant die Schmolmann KG die veraltete Lackier- und Trockeneinrichtung durch eine automatische Lackier- und Trockenanlage zu ersetzen. Diese **kapitalintensive Anlage** soll als **selbstständige Fertigungshauptstelle**, als sog. **Maschinenplatz**, eingerichtet werden. Durch diese Maßnahme verändern sich die Gemeinkosten gegenüber dem vorjährigen Betriebsabrechnungsbogen (vgl. BAB von S. 403 mit BAB von S. 442).

Von den Fertigungsgemeinkosten werden nur wenige **direkt von den Fertigungslöhnen beeinflusst**. Die meisten Fertigungsgemeinkosten weisen eine geringe oder gar keine Abhängigkeit von den Fertigungslöhnen auf. Sie werden vielmehr **durch den Einsatz von Maschinen verursacht** (z. B. Platzkosten, Abschreibungen, kalkulatorische Zinsen, Reparaturen) und **von der Maschinenlaufzeit beeinflusst** (z. B. Betriebsstoff- und Energiekosten). Allgemein gilt, dass

Gründe für die Einrichtung des Maschinenplatzes als Kostenstelle

- mit fortschreitender Mechanisierung und Automatisierung der Fertigungsprozesse die **Fertigungsgemeinkosten zunehmen**,
- der **Anteil der Fertigungslöhne** an den Fertigungskosten **ständig zurückgeht**. So ist es zu erklären, dass Industriebetriebe teilweise mit 300 % oder 400 % Zuschlag für die Fertigungsgemeinkosten auf die Fertigungslöhne rechnen müssen.
- die **Fertigungsgemeinkosten in Abhängigkeit zum Maschineneinsatz** geraten.

> **Merke**
>
> - Die Fertigungsgemeinkosten werden in zunehmendem Maße durch den Maschineneinsatz verursacht.
> - Je weniger die Fertigungslöhne Ursache für die Fertigungsgemeinkosten sind, umso ungeeigneter und ungenauer sind sie als Zuschlagsgrundlage für den Fertigungsgemeinkostenzuschlag.

In der Kostenrechnung geht man dazu über, den Standort einer **kostenintensiven** Maschine als **Fertigungshauptstelle** und die für diesen Maschinenplatz in einer Abrechnungsperiode anfallenden Fertigungsgemeinkosten genau zu erfassen.

Maschinenplatz als Fertigungshauptstelle

Da nicht alle für den Maschinenplatz ermittelten Gemeinkosten durch den Maschineneinsatz verursacht werden, ist es zweckmäßig, die **Fertigungsgemeinkosten aufzuteilen**:

Aufteilung der Fertigungsgemeinkosten

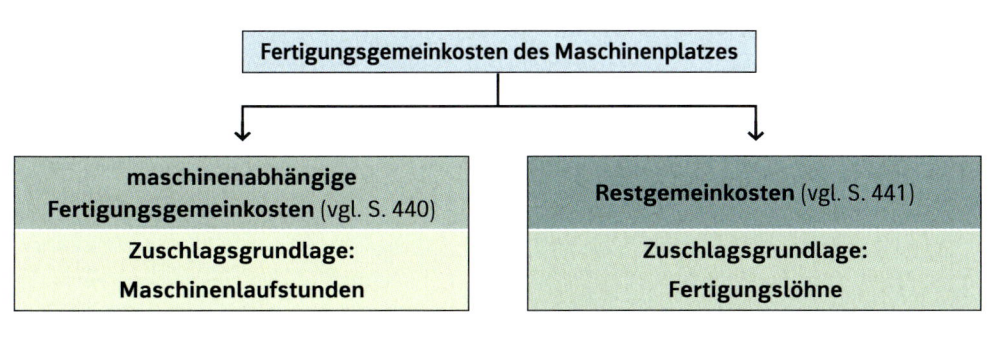

```
              Fertigungsgemeinkosten des Maschinenplatzes
                        ↓                    ↓
        maschinenabhängige          Restgemeinkosten (vgl. S. 441)
        Fertigungsgemeinkosten (vgl. S. 440)
        Zuschlagsgrundlage:          Zuschlagsgrundlage:
        Maschinenlaufstunden         Fertigungslöhne
```

> **Merke**
>
> - Die Fertigungsgemeinkosten, die durch den Maschineneinsatz verursacht werden und von der Maschinenlaufzeit abhängen, heißen maschinenabhängige Fertigungsgemeinkosten; sie werden den Maschinenlaufstunden zugerechnet.
> - Die nicht maschinenabhängigen Fertigungsgemeinkosten heißen Restgemeinkosten; sie werden den Fertigungslöhnen zugerechnet.

4.6.2 Maschinenabhängige Fertigungsgemeinkosten

Beispiel

In der Schmolmann KG wird ein Teil der **jährlichen** maschinenabhängigen Fertigungsgemeinkosten für die FHS „Lackierautomat" nach folgenden Angaben ermittelt. Die restlichen Gemeinkosten werden im Beispiel vorgegeben.

1. **Betriebsstoffe**: Maschinenleistung 20 kW, Arbeitspreis 0,24 €/kWh, Grundgebühr 80,00 €/Monat. Sonstige Betriebsstoffkosten je Monat 750,00 €. Davon sind 250,00 € fix.
2. **Abschreibung**: Anschaffungskosten (AK) 1.200.000,00 €; Wiederbeschaffungskosten 1.350.000,00 €; Nutzungsdauer 10 Jahre; lineare Abschreibung.
3. **Platzkosten**: Standfläche der Anlage 80 m²; kalkulatorische Gebäudeabschreibung 75,00 €/m² monatlich; Reparatur- und Wartungskosten jährlich 15.000,00 €; Werkzeugkosten jährlich 5.400,00 €.
4. **Zinsen**: 12 % jährliche kalkulatorische Verzinsung der AK. Um zu jährlich gleich hohen Zinskosten zu gelangen, werden die **halben AK** zugrunde gelegt.
5. **Maschinenlaufstunden**: In einer 40-stündigen Arbeitswoche läuft die Anlage durchschnittlich 37,5 Stunden; 2,5 Stunden sind erforderlich, um die Anlage umzurüsten und zu reinigen. 48 Wochen im Jahr wird die Anlage genutzt: 37,5 Std./Woche · 48 Wochen = **1 800 Laufstunden** pro Jahr.

Erfassung der maschinenabhängigen Fertigungsgemeinkosten, soweit sie direkt in der Kostenstelle „Lackierautomat" anfallen (**ohne Kostenumlage**, vgl. BAB S. 442):

maschinenabhängige Fertigungsgemeinkosten	Gemeinkosten insgesamt	variable[1] Gemeinkosten	fixe[1] Gemeinkosten
Hilfsstoffe	110.000,00 €	110.000,00 €	–
Betriebsstoffe	18.600,00 €	14.640,00 €	3.960,00 €
Hilfslöhne	66.000,00 €	30.000,00 €	36.000,00 €
Arbeitgeberanteil/SV	26.000,00 €	12.360,00 €	13.640,00 €
Kalkulatorische Abschreibungen:			
Lackierautomat	135.000,00 €	–	135.000,00 €
Platzkosten:			
Gebäudeabschreibung	72.000,00 €	–	72.000,00 €
Reparaturen/Wartung	15.000,00 €	–	15.000,00 €
Werkzeuge	5.400,00 €	–	5.400,00 €
Bürokosten	3.000,00 €	2.000,00 €	1.000,00 €
Werbung	2.000,00 €	1.000,00 €	1.000,00 €
Betriebliche Steuern	8.000,00 €	1.000,00 €	7.000,00 €
Kalkulatorische Zinsen			
Lackierautomat	72.000,00 €	–	72.000,00 €
sonstiges Kapital	50.000,00 €	–	50.000,00 €
Unternehmerlohn	11.000,00 €	–	11.000,00 €
Fertigungsgemeinkosten insges.	**594.000,00 €**	**171.000,00 €**	**423.000,00 €**

Bei der Erfassung der maschinenabhängigen Fertigungsgemeinkosten achtet der Unternehmer darauf, dass er sie nach variablen und fixen Gemeinkosten einteilt, weil er dann den Maschinenstundensatz flexibel an veränderte Beschäftigungen (= Laufstunden) anpassen kann (vgl. S. 443).

Merke

Die am Maschinenplatz anfallenden Fertigungsgemeinkosten werden so genau und vollständig wie möglich erfasst. Die Unterteilung in fixe und variable Fertigungsgemeinkosten ist zweckmäßig, um den Maschinenstundensatz an veränderte Beschäftigungsgrade anpassen zu können.

---

[1] Vgl. hierzu auch S. 450 f.

4.6.3 Restgemeinkosten

Situation

In der Fertigungshauptstelle „Lackierautomat" werden **zusätzlich** zu den maschinenabhängigen Fertigungsgemeinkosten folgende **lohnabhängige Fertigungsgemeinkosten** (= Restgemeinkosten) ermittelt (ohne Kostenumlage, vgl. BAB S. 442):

Gehälter	28.000,00 €
Arbeitgeberanteil/SV	49.000,00 €
Kalkulatorische Abschreibungen	15.000,00 €
Bürokosten	5.000,00 €
Werbung	5.000,00 €
Betriebliche Steuern	2.000,00 €
Unternehmerlohn (anteilig)	4.000,00 €
Restgemeinkosten insgesamt	**108.000,00 €**

Die **Fertigungslöhne** der Kostenstelle „Lackierautomat" betragen **448.000,00 €**; sie bilden die **Zuschlagsgrundlage für den Restgemeinkostenzuschlagssatz.**

$$\text{Zuschlagssatz für Restgemeinkosten} = \frac{\text{(Restgemeinkosten + Umlage}^1\text{)}}{\text{Fertigungslöhne}} = \frac{(108.000,00\ € + 4.000,00\ €)}{448.000,00\ €} = 0,25 = 25\ \%$$

4.6.4 Berechnung des Maschinenstundensatzes im BAB

Situation Fortsetzung

Der nebenstehende BAB zeigt, wie der **Maschinenplatz** „Lackierautomat" in die **Betriebsabrechnung** einbezogen wird, wie hoch der **Maschinenstundensatz** ist und welche **Veränderungen** sich in der **Kostenstruktur** ergeben.

Der Maschinenplatz wird als **Fertigungshauptstelle** im BAB, unterteilt in „maschinenabhängige Fertigungsgemeinkosten" sowie „Restgemeinkosten", geführt. **Er ersetzt die bisherige Fertigungshauptstelle „III Lackieren"** (vgl. BAB S. 403).

Die Fertigungskosten des Maschinenplatzes (mit Kostenumlage, vgl. BAB S. 442) setzen sich aus maschinenabhängigen FGK und lohnabhängigen Fertigungskosten zusammen:

Maschinenabhängige FGK, **variabel** (vgl. S. 440)	171.000,00 €	
+ Maschinenabhängige FGK, **fix** (vgl. BAB S. 442)	459.000,00 €	630.000,00 €
Fertigungslöhne (FL) d. Masch.-Pl. (vgl. obiges Beispiel)	448.000,00 €	
+ Restgemeinkosten (= 25 % d. FL, vgl. BAB S. 442)	112.000,00 €	560.000,00 €
= **Fertigungskosten des Maschinenplatzes**		**1.190.000,00 €**

Bei einer Beschäftigung von **1 800 Maschinenstunden im Jahr** beträgt der **Maschinenstundensatz**, d. h. der Geldbetrag, mit dem der **einstündige Betrieb** des Lackierautomaten in der Kalkulation berücksichtigt werden muss:

Maschinenstundensatz

$$\text{Maschinenstundensatz} = \frac{\text{maschinenabhängige FGK}}{\text{Maschinenstunden}} = \frac{630.000,00\ €}{1\ 800\ \text{Stunden}} = 350,00\ €/\text{Std.}$$

Zusätzlich zu den maschinenabhängigen FGK sind in der Kalkulation die **lohnabhängigen Fertigungskosten** zu berücksichtigen.

Lohnabhängige Fertigungskosten

Auswertung des BAB: Die Investition bedingt einen **höheren Einsatz** an Betriebsstoffen, Abschreibungen und Zinsen; sie verursacht **geringere** Hilfsstoffaufwendungen und Arbeitgeberanteile zur Sozialversicherung.

Bei den **Einzelkosten** fällt die deutliche **Verminderung der Fertigungslöhne** in der Kostenstelle „Lackierautomat" von 620.000,00 € auf 448.000,00 € auf. Dies ist auf die Reduzierung der Arbeitsplätze zurückzuführen. Insgesamt haben sich die Fertigungskosten in der Fertigungshauptstelle III **um 60.000,00 €** verringert.

---

1 Vgl. BAB S. 442.

G Kosten- und Leistungsrechnung im Industriebetrieb

Mehrstufiger Betriebsabrechnungsbogen mit Maschinenplatz als Kostenstelle

Gemein-kosten-arten	Zahlen der BER	AKS: Fuhr-park	Material-stelle	Arbeits-vorbe-reitung	Fertigungshauptstellen I	Fertigungshauptstellen II	III Lackierautomat masch.-abh. FGK variabel	III Lackierautomat masch.-abh. FGK fix	III Lackierautomat Rest-gemein-kosten	IV	Verwal-tungs-stelle	Ver-triebs-stelle
H.-Stoffe	745.000	40.000	–	20.000	210.000	150.000	110.000	–	–	130.000	–	85.000
B.-Stoffe	49.600	15.000	–	–	5.000	4.000	14.640	3.960	–	3.000	2.000	2.000
Hilfslöh.	66.000	–	–	–	–	–	30.000	36.000	–	–	–	–
Gehälter	508.000	25.000	50.000	10.000	20.000	20.000	–	–	28.000	20.000	270.000	65.000
AG-Ant.	570.000	30.000	10.000	15.000	135.000	95.000	12.360	13.640	49.000	85.000	115.000	10.000
Abschr.	700.000	50.000	35.000	20.000	150.000	100.000	–	135.000	15.000	95.000	65.000	35.000
Platzk.	92.400	–	–	–	–	–	–	92.400	–	–	–	–
Bürok.	56.000	2.000	4.000	1.000	3.000	2.000	2.000	1.000	5.000	2.000	30.000	4.000
Werbung	208.000	5.000	–	10.000	7.000	4.000	1.000	1.000	5.000	5.000	140.000	30.000
Steuern	188.000	10.000	28.000	–	10.000	10.000	1.000	7.000	2.000	10.000	93.000	17.000
Zins./A.	72.000	–	–	–	–	–	–	72.000	–	–	–	–
So. Zins.	935.000	53.000	146.000	14.000	190.000	135.000	–	50.000	–	120.000	105.000	122.000
U.-Lohn	300.000	10.000	5.000	10.000	30.000	20.000	–	11.000	4.000	20.000	180.000	10.000
Summe	**4.490.000**	**240.000**	**278.000**	**100.000**	**760.000**	**540.000**	**171.000**	**423.000**	**108.000**	**490.000**	**1.000.000**	**380.000**
Umlage: Fuhrpark		→	40.000	–	40.000	20.000	–	20.000	–	–	60.000	60.000
Zwischensumme			318.000	100.000	800.000	560.000	171.000	443.000	108.000	490.000	1.060.000	440.000
Umlage: Arbeitsvorbereitung			–	→	30.000	30.000	–	16.000	4.000	20.000	–	–
Stellengemeinkosten			318.000	–	830.000	590.000	171.000	459.000	112.000	510.000	1.060.000	440.000
Zuschlagsgrundlagen			2.940.000 FM		735.000 FL	525.000 FL	1800 Maschinen-stunden		448.000 FL	510.000 FL	7.908.000 Herstellkosten des Umsatzes	
Istzuschlagssätze			10,8 %		112,9 %	112,4 %	350,00 € Maschinen-stundensatz		25 %	100 %	13,4 %	5,6 %

Berechnung der Herstellkosten des Umsatzes als Zuschlagsgrundlage für die Verwaltungs- und Vertriebsgemeinkosten:

Kalkulationsschema		
	Fertigungsmaterial	2.940.000,00 €
+	Materialgemeinkosten (MGK)	318.000,00 €
=	**Materialkosten**	**3.258.000,00 €**
	Fertigungslöhne FHS I	735.000,00 €
+	Fertigungsgemeinkosten (FGK) I	830.000,00 €
=	**Fertigungskosten I**	**1.565.000,00 €**
	Fertigungslöhne FHS II	525.000,00 €
+	Fertigungsgemeinkosten (FGK) II	590.000,00 €
=	**Fertigungskosten II**	**1.115.000,00 €**
	Maschinenabhängige FGK	630.000,00 €
+	Fertigungslöhne des Maschinenplatzes	448.000,00 €
+	Restgemeinkosten	112.000,00 €
=	**Fertigungskosten III (Maschinenplatz)**	**1.190.000,00 €**
	Fertigungslöhne FHS IV	510.000,00 €
+	Fertigungsgemeinkosten (FGK) IV	510.000,00 €
=	**Fertigungskosten IV**	**1.020.000,00 €**
=	Herstellkosten der produzierten Menge (HK der Erzeugung)	8.148.000,00 €
–	Mehrbestand an fertigen Erzeugnissen	240.000,00 €
=	**Herstellkosten der abgesetzten Menge (HK des Umsatzes)**	**7.908.000,00 €**

4.6.5 Abhängigkeit des Maschinenstundensatzes von der Maschinenlaufzeit

Der Maschineneinsatz wird in einem Industriebetrieb so **geplant**, dass die Zahl der Ruhestunden **möglichst gering** ist. Von den **maximal** zur Verfügung stehenden Arbeitsstunden sind die Zeiten abzuziehen, in denen die Maschine **betriebsbedingt stillsteht**. Solche Ausfallzeiten können **maschinenbedingt** (Wartungs-, Reparaturzeiten), **auftragsbedingt** (Umrüst-, Einrichtzeiten) oder **personalbedingt** sein (Betriebsurlaub, Krankheit). Im obigen Beispiel wurden für betriebsbedingte Ausfallzeiten 2,5 Stunden pro Woche angesetzt; die Normalbeschäftigung beträgt damit 37,5 Stunden (von maximal 40 Stunden) ≙ 93,75 %.

Maschinenstunden bei Normalbeschäftigung

Abweichungen von der Normalbeschäftigung treten bei besonders günstiger oder ungünstiger wirtschaftlicher Lage auf. Die geplante Laufzeit wird dann über- oder unterschritten.

- Sie wird **überschritten** (z. B. durch Überstunden oder die Einrichtung einer zweiten Schicht), wenn die Auftragseingänge steigen.
- Sie wird **unterschritten** (z. B. durch Kurzarbeit), wenn in einer wirtschaftlichen Krise die Auftragseingänge rückläufig sind.

Weichen die **tatsächlichen** von den **geplanten** Maschinenlaufstunden ab, so hat das bei **vollem Kostenersatz** Auswirkungen auf die Höhe des Maschinenstundensatzes.

Folgende Fälle ergeben sich:

1. Fall: Geplante Maschinenlaufzeit 1 800 Stunden/Jahr:

Variable Maschinenkosten je Maschinenstunde (vgl. S. 440)	95,00 €
+ Fixe Maschinenkosten je Maschinenstunde, vgl. BAB S. 442 (459.000,00 : 1 800 =)	255,00 €
= **Maschinenstundensatz** (bei Normalbeschäftigung)	350,00 €

2. Fall: Tatsächliche Maschinenlaufzeit 3 600 Stunden/Jahr (zweite Schicht):

Variable Maschinenkosten je Maschinenstunde (siehe oben)	95,00 €
+ Fixe Maschinenkosten je Maschinenstunde (459.000,00 : 3 600 =)	127,50 €
= **Maschinenstundensatz** (bei Überbeschäftigung)	222,50 €

Das Sinken des Maschinenstundensatzes von 350,00 €/Std. auf 222,50 €/Std. ist darauf zurückzuführen, dass sich die fixen Maschinenkosten auf eine höhere Laufzeit verteilen.

3. Fall: Tatsächliche Maschinenlaufzeit 1 200 Stunden/Jahr (Kurzarbeit):

Variable Maschinenkosten je Maschinenstunde (siehe oben)	95,00 €
+ Fixe Maschinenkosten je Maschinenstunde (459.000,00 : 1 200 =)	382,50 €
= **Maschinenstundensatz** (bei Unterbeschäftigung)	477,50 €

Das Steigen des Maschinenstundensatzes von 350,00 €/Std. auf 477,50 €/Std. ist darauf zurückzuführen, dass sich die fixen Maschinenkosten auf eine niedrigere Laufzeit verteilen.

Merke

- Eine Erhöhung der Maschinenlaufzeit gegenüber der Normalbeschäftigung verringert den Maschinenstundensatz bei vollem Kostenersatz.
- Eine Verringerung der Maschinenstundenzahl gegenüber der Normalbeschäftigung erhöht den Maschinenstundensatz entsprechend.
- In Zeiten wirtschaftlicher Rezession ist zu prüfen, ob der Maschinenstundensatz unter Verzicht auf teilweisen Ersatz der fixen Kosten gesenkt werden soll, um die Wettbewerbsfähigkeit zu erhöhen.

G Kosten- und Leistungsrechnung im Industriebetrieb

Aufgabe 514

Die Fertigungshauptstelle „Drehautomat" wird neu eingerichtet:

Anschaffungskosten der Maschine 320.000,00 €, Wiederbeschaffungskosten 344.000,00 €; betriebsgewöhnliche Nutzungsdauer zwölf Jahre.

Kalkulatorische Zinsen 8 % von den halben Anschaffungskosten.

Für Instandhaltung und Wartung werden jährlich 12.000,00 € veranschlagt.

Die Platzkosten betragen 120,00 € je m² und Monat bei einer beanspruchten Fläche von 15 m².

Energiekosten: 50,00 € Grundgebühr je Monat; Maschinenleistung 32 kW zu je 0,25 €/kWh; Werkzeugkosten monatlich 600,00 €.

Die Kosten für Instandhaltung und Wartung sind bei einer Beschäftigung von 150 Std./Monat zu 30 % variabel; als variabel gelten auch die Kosten für den Stromverbrauch. Alle anderen Kosten sind fix.

1. Berechnen Sie die monatlichen fixen und variablen Maschinenkosten.
2. Berechnen Sie den Maschinenstundensatz bei einer Beschäftigung von 150 Stunden/Monat.
3. Die wirtschaftliche Rezession zwingt zu einer Verkürzung der Beschäftigung um 30 %. Mit welchem Maschinenstundensatz muss nun bei vollem Ersatz der fixen Kosten kalkuliert werden?
4. Gerade in der Rezessionsphase soll mit dem geplanten Maschinenstundensatz kalkuliert werden. Wie viel € fixe Kosten können dann nicht mehr ersetzt werden?
5. Wie hoch wäre der Maschinenstundensatz beim Zweischichtbetrieb mit 280 Stunden/Monat?

Aufgabe 515

In einem Industriebetrieb werden die Fertigungshauptstellen neu organisiert:

Es soll zusätzlich eine Kostenstelle für eine automatische Bandschneidemaschine eingerichtet werden. Die monatlichen Maschinenplatzkosten sind aus folgenden Angaben zu berechnen:

Anschaffungskosten der Maschinenanlage 520.000,00 €; Wiederbeschaffungskosten 710.000,00 €; betriebsgewöhnliche Nutzungsdauer zehn Jahre.

Die jährliche Nutzungszeit wird mit 1 920 Maschinenstunden angesetzt.

Die kalkulatorische Abschreibung ist linear von den Wiederbeschaffungskosten zu bestimmen.

Für die kalkulatorischen Zinsen sind 9 % von den halben Anschaffungskosten zugrunde zu legen.

Für Instandhaltung und Reparatur sind lt. Belegen 62.400,00 € im Jahr zu veranschlagen.

Der Platzbedarf der Maschine beträgt 30 m², der Raumkostensatz 102,00 € je m² im Jahr.

Die Leistung der Maschine beträgt 20 kW bei einem Strompreis von 0,25 € je kWh, an Grundgebühr fallen monatlich 80,00 € an.

Lohnabhängige Gemeinkosten der Kostenstelle im Abrechnungsmonat:
Hilfslöhne	18.000,00 €
Sozialkosten	8.000,00 €
Allgemeine Betriebskosten	14.000,00 €

Die Fertigungslöhne der Kostenstelle werden mit 30.000,00 € ermittelt.

1. Berechnen Sie die monatlichen Maschinenplatzkosten und den Maschinenstundensatz.
2. Die Kosten für Instandhaltung und Reparatur gelten zu 40 % als variabel; die Kosten des Stromverbrauchs sind in voller Höhe variabel. Alle anderen Platzkosten sind fix. Um in Zeiten wirtschaftlicher Rezession durch Zusatzaufträge die geplante Maschinenlaufzeit halten zu können, soll der Maschinenstundensatz unter Verzicht auf 40 % der fixen Kosten gesenkt werden. Berechnen Sie den Maschinenstundensatz.

Maschinenstundensatzrechnung G

Aufgabe 516

Der Betriebsabrechnungsbogen eines anlageintensiven Industriebetriebes weist nach der Verteilung der Gemeinkosten auf die Kostenstellen folgende Stellengemeinkosten aus:

Betriebsabrechnungsbogen					
Material-stelle	Fertigungshauptstellen			Verwaltungs-stelle	Vertriebs-stelle
	Maschine I	Maschine II	Übrige Fertig.-Stellen		
320.000,00	120.000,00	145.000,00	96.000,00	265.000,00	110.000,00

1. Berechnen Sie die Gemeinkostenzuschlagssätze und die Maschinenstundensätze nach folgenden Angaben:
   Materialstelle hat als Zuschlagsgrundlage: 800.000,00 € Fertigungsmaterial,
   FHS Maschine I hat als Zuschlagsgrundlage: 1 500 Maschinenstunden,
   FHS Maschine II hat als Zuschlagsgrundlage: 1 650 Maschinenstunden,
   übrige Fertigungsstellen haben als Zuschlagsgrundlage: 120.000,00 € Fertigungslöhne.
   Die Verwaltungs- und Vertriebsgemeinkosten werden auf die Herstellkosten des Umsatzes bezogen. Hierbei ist ein Mehrbestand von 24.000,00 € zu berücksichtigen.
2. Berechnen Sie die Selbstkosten der Abrechnungsperiode.
3. Der Beschäftigungsrückgang zwingt zu einer Verkürzung der Maschinenlaufzeit auf 1 200 Std. (Maschine I) und 1 500 Std. (Maschine II).
   Erläutern Sie die Auswirkungen auf die Maschinenstundensätze.

Aufgabe 517

Vervollständigen Sie den Betriebsabrechnungsbogen.

Kostenart	Zahlen der BER	Material-stelle	Abrichtanlage		Restge-mein-kosten	Übrige Fertig.-Stellen	Verwal-tungs-stelle	Ver-triebs-stelle
			Maschinenabhän-gige Fertigungsge-meinkosten					
			fix	variabel				
Allg. Betriebs-kosten	8.000,00	1 :			3 :	4		
Energie	3.000,00	300,00	80,00	600,00		1.400,00	500,00	120,00
Betr.-Stoffkosten	6.000,00			1.000,00		5.000,00		
Gehälter	20.000,00	2.000,00	2.500,00			4.500,00	11.000,00	
Hilfslöhne	35.000,00	3.000,00			7.000,00	21.500,00		3.500,00
Soz. Abgaben	19.000,00	1.200,00			3.000,00	9.400,00	4.000,00	1.400,00
Kalk. Zinsen	5.000,00	500,00	800,00			2.600,00	600,00	500,00
Abschreibg. auf Anlagen	9.000,00	200,00	2.500,00			5.500,00	500,00	300,00
Abschreibg. auf Gebäude	18.000,00	1.800,00	3.500,00			9.000,00	2.200,00	1.500,00
Reparaturkosten	6.500,00		770,00	1.200,00		4.200,00		330,00
Sonstige Kosten	7.000,00	2 :			8 :	3 :	1	
Fertigungslöhne					10.400,00	47.400,00		
Fertigungsmaterial		88.000,00						
Maschinenlaufstunden				250				

1. Berechnen Sie die Zuschlagssätze und den Maschinenstundensatz.
2. Ermitteln Sie die Selbstkosten der Abrechnungsperiode.
3. Mit welchem Maschinenstundensatz muss bei vollem Kostenersatz in Zukunft kalkuliert werden, wenn mit einem Beschäftigungsrückgang um 20 % gerechnet wird?
4. Wie viel Euro fixe Kosten könnten nicht ersetzt werden, wenn trotz Beschäftigungsrückgang mit dem unter 1. berechneten Maschinenstundensatz kalkuliert wird?

G Kosten- und Leistungsrechnung im Industriebetrieb

Aufgabe 518

In einem Industriebetrieb bilden drei Stanzen eine Fertigungshauptstelle. Für jede Stanze wird der Maschinenstundensatz nach folgenden Angaben gesondert berechnet:

	Stanze I	Stanze II	Stanze III
Anschaffungskosten	84.000,00 €	150.000,00 €	240.000,00 €
Betriebsübliche Nutzungsdauer	15 Jahre	14 Jahre	14 Jahre
Lineare Abschreibung von den Wiederbeschaffungskosten	105.000,00 €	175.000,00 €	280.000,00 €
Kalk. Zinsen auf halbe Anschaffungskosten	9 %	9 %	9 %
Maschinenleistung	8 kW	16 kW	32 kW
Strompreis je kWh	0,225 €	0,225 €	0,225 €
Grundgebühr monatlich	60,00 €	80,00 €	100,00 €
Kosten für Instandhaltung und Wartung pro Jahr	4.000,00 €	8.000,00 €	10.000,00 €
Stand- und Arbeitsfläche	20 m^2	25 m^2	30 m^2
Platzkosten je m^2	40,00 €	40,00 €	40,00 €
durchschnittl. Werkzeugkosten je Monat	150,00 €	200,00 €	400,00 €
Betriebsstoffkosten je Monat	40,00 €	50,00 €	70,00 €

Die maschinenunabhängigen Fertigungskosten werden für den Monat Oktober für die gesamte Kostenstelle in folgender Höhe ermittelt:

Fertigungslöhne	7.500,00 €
Hilfslöhne	8.000,00 €
Soziale Abgaben	3.500,00 €
Allgemeine Betriebskosten	2.000,00 €

1. Berechnen Sie die Maschinenstundensätze für jede Stanze bei geplanten Beschäftigungen je Monat von:

	Stanze I	Stanze II	Stanze III
Laufstunden	150 Stunden	120 Stunden	100 Stunden

2. Ermitteln Sie den Restgemeinkostenzuschlagssatz.

Aufgabe 519

In einem Industriebetrieb bildet die Reparaturwerkstatt mit einer Bohrmaschine, einer Drehmaschine und einer Fräsmaschine eine besondere Kostenstelle. Für jede Maschine wurde ein eigener Maschinenstundensatz errechnet, und zwar für

Bohrmaschine	45,00 €
Drehmaschine	68,00 €
Fräsmaschine	52,00 €

Zusätzlich fallen in dieser Kostenstelle maschinenunabhängige Fertigungsgemeinkosten für Reinigung, Montage und Kontrolle an:

Hilfslöhne	4.000,00 €
Gehälter	5.400,00 €
Soziale Abgaben	3.000,00 €
Allgemeine Betriebskosten	2.000,00 €

Die Fertigungslöhne betragen in der Abrechnungsperiode 12.000,00 €.

Berechnen Sie den Restgemeinkostenzuschlagssatz und die Periodenkosten für 150 Stunden.

Kostenträgerstückrechnung G

Aufgabe 520

In einer Weberei werden für den Monat September folgende Kosten ermittelt:

Kostenarten		€
variable Kosten	1. Fertigungsmaterial 2. Fertigungslöhne	400.000,00 200.000,00
teilfixe Kosten	3. Hilfsstoffaufwand 4. Hilfslöhne 5. Soziale Abgaben 6. Energieaufwand 7. Reparaturen	40.000,00 100.000,00 120.000,00 50.000,00 30.000,00
fixe Kosten	8. Gehälter 9. Kalkulatorischer Unternehmerlohn 10. Kalkulatorische Abschreibungen 11. Kalkulatorische Zinsen	160.000,00 20.000,00 100.000,00 60.000,00

Im BAB werden folgende **Kostenstellen** geführt:

I. Materiallager
II. Fertigungshauptstelle Webautomat
III. Fertigungshauptstelle Färberei
IV. Fertigungshauptstelle Veredlung
V. Verwaltung
VI. Vertrieb

Der Betriebsabrechnungsbogen ist nach folgenden Angaben zu erstellen:

Kosten- art	Material	Webautomat		Restgem.- Kosten	Färberei	Ver- edlung	Ver- waltung	Vertrieb
		Masch.-Gemeinkost.						
		fix	variabel					
1.	400.000							
2.				60.000	100.000	40.000		
3.	–	–	–	20.000	15.000	5.000	–	–
4.	15.000	–	–	25.000	40.000	20.000	–	–
5.	5.000	–	–	30.000	20.000	10.000	40.000	15.000
6.	–	5.000	25.000	–	10.000	5.000	5.000	–
7.	–	5.000	15.000	–	5.000	5.000	–	–
8.	10.000	10.000	–	–	–	–	100.000	40.000
9.	–	–	–	–	–	–	20.000	–
10.	2 :	6 :	–		4 :	3 :	3 :	2
11.	–	3 :	–		1 :	1 :	1 :	–

Zuschlagsgrundlagen:

Für Materialstelle → Fertigungsmaterial
Für Hauptstelle Webautomat:
    Maschinengemeinkosten → 480 Maschinenstunden (3-Schicht-Betrieb)
    Restgemeinkosten → Fertigungslöhne der Kostenstelle II
Für Hauptstelle Färberei → Fertigungslöhne der Kostenstelle III
Für Hauptstelle Veredlung → Fertigungslöhne der Kostenstelle IV
Für Verwaltungs- und Vertriebsstelle → Herstellkosten des Umsatzes

Bei der Berechnung der Herstellkosten des Umsatzes ist ein Mehrbestand von 25.000,00 € zu berücksichtigen. *Berechnen Sie die Zuschlagssätze und die Herstellkosten des Umsatzes.*

Aufgabe 521

In der Fertigungshauptstelle „Drehautomat" (vgl. Aufgabe 514, S. 444) werden zusätzlich folgende lohnabhängige Gemeinkosten ermittelt: Hilfslöhne 4.500,00 €, Lohnnebenkosten 6.300,00 €, Allgemeine Betriebskosten 3.450,00 €.

Die Fertigungslöhne betragen im Abrechnungsmonat 12.800,00 €.

1. Bestimmen Sie den Restgemeinkostenzuschlagssatz.
2. Ermitteln Sie die gesamten Fertigungskosten der Kostenstelle.
3. Für einen Auftrag werden 3,5 Maschinenstunden (vgl. Aufgabe 514, 2.) und 195,00 € Fertigungslöhne kalkuliert. *Berechnen Sie die Maschinenkosten.*

G KOSTEN- UND LEISTUNGSRECHNUNG IM INDUSTRIEBETRIEB

Aufgabe 522

Erstellen Sie die Vor- und Nachkalkulationen für folgenden Auftrag:

	Vorkalkulation	Nachkalkulation
Fertigungsmaterial	520,00 €	535,00 €
Materialgemeinkostenzuschlag	5,0 %	5,5 %
Maschinenkosten: Laufzeit	20 Stunden	19,5 Stunden
Stundensatz	24,75 €	25,20 €
Fertigungslöhne: Fertigungsstunden	22 Stunden	22 Stunden
Stundensatz	23,00 €	22,60 €
Verwaltungsgemeinkostenzuschlag	12,5 %	12,7 %
Vertriebsgemeinkostenzuschlag	8,0 %	7,6 %
Gewinnzuschlag	12,0 %	
Kundenskonto	3,0 %	
Kundenrabatt	6,0 %	

1. Errechnen Sie den tatsächlichen Gewinn.
2. Begründen Sie die Abweichungen.

Aufgabe 523

Kalkulieren Sie auf der Grundlage der Aufgabe 518, Seite 446, die Herstellkosten (gesamt und je Stück) für folgende Aufträge:

Auftrag A: Stanzen von 5 000 Behälterböden auf Stanze II.
Stahlblech: 1.100,00 €,
Materialgemeinkostenzuschlag: 4 %,
Fertigungslöhne: 70 Stunden zu je 24,50 €,
Maschinenstunden: 70 Stunden,
Sondereinzelkosten der Fertigung: 500,00 €.

Auftrag B: Stanzen von 8 000 Ventildeckeln auf Stanze I.
Stahlblech: 800,00 €,
Materialgemeinkostenzuschlag: 4 %,
Fertigungslöhne: 40 Stunden zu je 24,50 €,
Maschinenstunden: 40 Stunden,
Sondereinzelkosten der Fertigung: 200,00 €.

Auftrag C: Stanzen von 4 000 Mantelblechen auf Stanze III.
Stahlblech: 3.200,00 €,
Materialgemeinkostenzuschlag: 4 %,
Fertigungslöhne: 100 Stunden zu je 24,50 €,
Maschinenstunden: 100 Stunden,
Sondereinzelkosten der Fertigung: 400,00 €.

Nach Abschluss der Produktion zeigen sich folgende Abweichungen:

Auftrag A: Stahlblech: 10 %ige Erhöhung der Anschaffungskosten.
Fertigungslöhne: 73 Stunden zu je 24,50 €,
Maschinenstundensatz: 5 %ige Verringerung
gegenüber der Norm.

Auftrag B: Stahlblech: 70,00 € Mehrverbrauch,
Fertigungslöhne: 40 Stunden zu je 25,10 €,
Maschinenstundensatz: 3 %ige Erhöhung gegenüber der Norm.

Auftrag C: Materialgemeinkostenzuschlag: 4,3 %,
Sondereinzelkosten der Fertigung: 10 %ige Verringerung
gegenüber der Norm.

Stellen Sie die Nachkalkulationen auf.

4.7 Vollkostenrechnung in Betrieben mit Sortenfertigung (Äquivalenzziffernkalkulation)

Situation

Das Unternehmen Schmolmann KG möchte einen **schnellen Überblick** (ohne BAB und Kostenträgerblatt) über die **Selbstkosten jedes Gehäusetyps** mithilfe der **Äquivalenzziffernkalkulation** gewinnen.

Äquivalenzziffern

Unterschiede in den Selbstkosten je Erzeugniseinheit können nur dadurch verursacht werden, dass die einzelnen Erzeugnisgruppen die Produktionsstätten verschieden stark beanspruchen. Das **Kostenverhältnis**, das die unterschiedlich starke Beanspruchung angibt, wird durch Beobachtung und Messung festgestellt. Hierbei setzt man das **Haupterzeugnis gleich 1** und bringt die anderen Erzeugnisgruppen durch einen die Kostenverursachung ausdrückenden Zuschlag oder Abschlag in Beziehung zu 1. Die sich ergebenden Zahlen heißen **Äquivalenzziffern**.

Voraussetzungen für die Anwendung der Äquivalenzziffernrechnung:

- Die **Erzeugnisse** müssen **artgleich** sein (= Sorten; vgl. S. 387), z. B. Ziegel, Biersorten, Bausteine, Zigaretten usw.
- Die **Erzeugnisse** müssen **in einem festen Kostenverhältnis** zueinander stehen.

Es kann unterstellt werden, dass diese Bedingungen für die im Unternehmen Schmolmann KG produzierten Gehäusetypen im Wesentlichen erfüllt sind.

Situation Fortsetzung

Aufgrund der Arbeitspläne verschafft man sich in der Schmolmann KG einen Überblick darüber, in welchem Ausmaß die verschiedenen Gehäusetypen die Betriebsabteilungen belasten: Gehäusetyp G I wird in durchschnittlich 26,7 Minuten gefertigt, Gehäusetyp G II in 24 Minuten, Gehäusetyp G III in 35 Minuten. Zusätzlich wird das Verhältnis, in dem Material- und Lohneinsatz je Stück zueinander stehen, berücksichtigt, wobei aufgrund der **größten Produktionsmenge** das Gehäuse **Typ G I als Hauptsorte mit der Ziffer 1** festgesetzt wird. Die **Äquivalenzziffern** der Gehäusetypen G I, G II, G III mit **1 : 0,9 : 1,3** werden anschließend anhand der Fertigungszeiten je Stück ermittelt..

Aus dem Kostenträgerblatt von Seite 415 lassen sich die Selbstkosten des Umsatzes mit 9.468.000,00 € ablesen. Die Absatzmengen (vgl. S. 415) betrugen für Typ G I 85 395 Stück, für Typ G II 62 000 Stück und für Typ G III 46 571 Stück.

Typ	Absatzmengen	Äquivalenzziffern	Umrechnungszahlen	Selbstkosten je Gehäuse	Selbstkosten je Typ (gerundet)
G I	85 395 ·	1,0 =	85 395	46,93 €	4.007.800,00 €
G II	62 000 ·	0,9 =	55 800	42,24 €	2.618.900,00 €
G III	46 571 ·	1,3 =	60 542	61,01 €	2.841.300,00 €
			201 737		9.468.000,00 €
Berechnung der Selbstkosten je Gehäuse		9.468.000 € :	201 737 =	46,9324 € ≈	46,93 €
		0,9 ·	46,9324 € =	42,2392 € ≈	42,24 €
		1,3 ·	46,9324 € =	61,0121 € ≈	61,01 €
Berechnung der Selbstkosten je Typ	85 395 Stück	·		46,9324 =	4.007.800,00 €
	62 000 Stück	·		42,2392 =	2.618.900,00 €
	46 571 Stück	·		61,0121 =	2.841.300,00 €

Vergleichen Sie diese Ergebnisse mit denen im Kostenträgerblatt von Seite 415.

Merke

Die Äquivalenzziffernkalkulation ist bei Sortenfertigung anwendbar. Sie vereinfacht die verursachungsgerechte Zuordnung der Kosten zu den Kostenträgern.

G Kosten- und Leistungsrechnung im Industriebetrieb

Aufgabe 524

Die Novalux GmbH kalkuliert die Selbstkosten ihrer Energiesparlampen nach folgenden Angaben: Die Einzelkosten (Fertigungsmaterial, Fertigungslöhne) werden für jede Sorte getrennt erfasst, die Gemeinkosten in einer Summe.

Sorte	Produktions- menge	Fertigungs- material	Fertigungs- löhne	Äquivalenz- ziffern	Gemeinkosten
7 W	6 000 000	900.000,00 €	750.000,00 €	0,8	
11 W	8 000 000	1.100.000,00 €	1.300.000,00 €	1,0	5.148.000,00 €
15 W	2 000 000	350.000,00 €	400.000,00 €	1,4	

1. Berechnen Sie die Gemeinkosten je Stück, die Einzelkosten je Stück und die Stückkosten jeder Sorte.
2. Berechnen Sie die Selbstkosten jeder Sorte.

Aufgabe 525

Eine Ziegelei stellt vier Sorten Ziegel her.

Sorte	Äquivalenzziffern	Produktionsmenge	Gesamtkosten
I	0,75	400 000 Stück	
II	1,00	800 000 Stück	669.600,00 €
III	1,20	300 000 Stück	
IV	1,60	250 000 Stück	

1. Berechnen Sie die Stückkosten jeder Sorte.
2. Berechnen Sie die Selbstkosten jeder Sorte.

Aufgabe 526

Die Merkheimer OHG hat sich auf die Herstellung von hochwertigen Aktentaschen aus Leder spezialisiert. Sie stellt zurzeit drei Typen (A, B, C) von Aktentaschen her, die sich vor allem in der Größe und in der Innenausstattung voneinander unterscheiden. Eine durchgeführte Kostenanalyse hat ergeben, dass die Tasche Typ A als Hauptsorte einzustufen ist und dass zwischen den Sorten A, B und C ein Kostenverhältnis von 1 : 0,9 : 1,25 besteht.

Für den abgelaufenen Monat liegen folgende Zahlen vor:

Sorte	Produktionsmenge	gesamte Selbstkosten
A	4 000 Stück	
B	2 500 Stück	1.976.250,00 €
C	1 200 Stück	

Berechnen Sie aufgrund der Angaben die Selbstkosten je Stück und je Sorte.

Aufgabe 527

Die Pons GmbH stellt in einem Zweigwerk auf einer abgesonderten Fertigungsanlage Türbeschläge her. Für den Monat September liegen folgende Zahlen vor:

Typ	Produktionsmenge	Äquivalenzziffern	ges. Selbstkosten	Umsatzerlöse
I	15 000 Stück	0,9		270.000,00 €
II	20 000 Stück	1,0		400.000,00 €
III	12 500 Stück	0,8	1.581.602,00 €	312.500,00 €
IV	8 500 Stück	1,4		340.000,00 €
V	10 000 Stück	1,2		300.000,00 €

1. Bestimmen Sie die Selbstkosten je Stück und je Typ.
2. Berechnen Sie den Gewinn je Stück, je Typ und insgesamt.
3. Welche Schlussfolgerungen könnten aus der Gewinnsituation gezogen werden?

4.8 Vollkostenrechnung in Betrieben mit Massenfertigung (Divisionskalkulation)

Die Divisionskalkulation findet Anwendung in Unternehmungen, die ein **einheitliches** Produkt herstellen (Massenfertigung, vgl. S. 387). In diesen Unternehmungen gibt es kein verzweigtes Produktionsprogramm mit unterschiedlicher Belastung der Kostenstellen durch die Kostenträger. Somit entfällt bei Anwendung der Divisionskalkulation die Aufteilung der Kosten in Einzel- und Gemeinkosten und die umständliche Aufschlüsselung der Gemeinkosten auf die Kostenstellen.

Massenfertigung

Die Divisionskalkulation kann in folgenden Varianten angewandt werden:
- als **einfache** Divisionskalkulation,
- als **mehrfache** Divisionskalkulation.

Die einfache Divisionskalkulation ist anwendbar, wenn ein Unternehmen nur eine Erzeugnisart herstellt (z. B. Elektrizitätswerk, Ziegelei, Brauerei usw.). Die Selbstkosten für den einzelnen Kostenträger ergeben sich aus der Division der Gesamtkosten einer Abrechnungsperiode durch die Produktionsmenge der gleichen Periode.

Einfache Divisionskalkulation

$$\text{Selbstkosten des Kostenträgers} = \frac{\text{Gesamtkosten der Periode}}{\text{Produktionsmenge der Periode}}$$

Beispiel

Es soll angenommen werden, dass die Schmolmann KG nur **einen Gehäusetyp** fertigt. Im abgelaufenen Geschäftsjahr wurden 200 000 Gehäuse produziert, dabei entstanden Kosten in Höhe von 9.708.000,00 € (siehe Ergebnistabelle S. 382). Das Unternehmen kalkuliert mit einem Gewinnzuschlag von 11 % (siehe S. 428).

Selbstkosten je Gehäuse = $\frac{9.708.000,00\ €}{200\,000\ \text{Stück}}$ = ...	48,54 €
+ 11 % Gewinn	5,34 €
= Barverkaufspreis	53,88 €

Für die Angebotskalkulation werden bei diesem Verfahren **normierte Selbstkosten** verwendet, die man als **arithmetisches Mittel** aus den Stückselbstkosten vergangener Abrechnungsperioden berechnet.

Nicht immer wird ein Unternehmen alle in einer Abrechnungsperiode hergestellten Erzeugnisse auch in der gleichen Periode absetzen können. Am Ende der Abrechnungsperiode befindet sich ein Teil der Produktion vorübergehend im Lager. Unter dieser Bedingung führt die einfache Divisionskalkulation zu **nicht verursachungsgerechten Selbstkosten**, da sie auch die noch nicht verkauften Erzeugnisse mit anteiligen Vertriebskosten belastet. Um zu genauen Ergebnissen zu gelangen, teilt man zunächst die Gesamtkosten in **Herstellkosten und Vertriebskosten** auf. Die Herstellkosten werden dann auf die hergestellte Menge umgelegt, die Vertriebskosten nur auf die abgesetzte Menge. Die Selbstkosten je Kostenträger ergeben sich aus der Summe von Herstellkosten je Kostenträger und Vertriebskosten je Kostenträger.

Mehrfache Divisionskalkulation

$$\text{Selbstkosten je Kostenträger} = \frac{\text{Herstellkosten}}{\text{Produktionsmenge}} + \frac{\text{Vertriebskosten}}{\text{Absatzmenge}}$$

Verwaltungsgemeinkosten können in der mehrfachen Divisionskalkulation entweder den **Herstellkosten**, den **Vertriebskosten oder anteilig beiden Kostenbereichen** zugeordnet werden. Je nachdem, für welche Lösung man sich entscheidet, werden die Selbstkosten **unterschiedlich hoch** ausfallen.

Zuordnung der Verwaltungsgemeinkosten

G Kosten- und Leistungsrechnung im Industriebetrieb

Aufgabe 528

1. Unter welchen Produktionsbedingungen ist die einfache Divisionskalkulation anwendbar?
2. Worin unterscheidet sich die einfache Divisionskalkulation von der mehrfachen Divisionskalkulation?
3. Wie werden die Verwaltungskosten in der mehrfachen Divisionskalkulation behandelt?

Aufgabe 529

In einem Betrieb mit Massenfertigung entstanden im Monat März folgende Kosten:

Rohstoffverbrauch	380.000,00 €
Hilfsstoffverbrauch	165.000,00 €
Fertigungslöhne	357.000,00 €
Fertigungsgemeinkosten	734.000,00 €
Verwaltungskosten	422.000,00 €
Vertriebskosten	186.000,00 €

1. Wie hoch sind die Selbstkosten für eine Produktionseinheit bei einer Produktion von 336 000 Stück?
2. Errechnen Sie die Selbstkosten unter der Bedingung, dass ein Lagerbestand von 36 000 Stück verbleibt und die Verwaltungskosten im Verhältnis 3 : 1 den Herstell- und Vertriebskosten zugewiesen werden.
3. Wie hoch wären die Selbstkosten für den Fall, dass sich ein Minderbestand von 24 000 Stück ergibt und die Verwaltungskosten im Verhältnis 3 : 1 den Herstell- und Vertriebskosten zugewiesen werden?
4. Wie hoch sind die Selbstkosten, wenn man dazu übergeht, die Verwaltungskosten in voller Höhe dem Vertriebsbereich zuzuordnen?
   a) Es soll ein Mehrbestand von 36 000 Stück vorliegen.
   b) Es soll sich ein Minderbestand von 24 000 Stück ergeben.

Aufgabe 530

Eine Kiesgrube arbeitet monatlich mit folgenden Kosten:

Betriebsstoffkosten	8.420,00 €
Energiekosten	4.300,00 €
Lohnkosten	48.500,00 €
Abschreibungen	12.600,00 €
Verwaltungskosten	10.400,00 €
Vertriebskosten	9.800,00 €

Es wird eine Menge von 200 t Kies ständig im Vorratsbehälter gelagert, sodass die Fördermenge nicht der Absatzmenge entspricht. Die Förderung betrug 3 800 t, die Absatzmenge 3 600 t.

Wie hoch sind die Selbstkosten für 1 t, wenn die Verwaltungskosten
a) voll den Herstellkosten zugerechnet werden,
b) je zur Hälfte den Herstell- und Vertriebskosten zugerechnet werden?

Aufgabe 531

Ein Kunststeinwerk ermittelt die monatlichen Kosten mit:

Material	55.500,00 €
Löhne	96.800,00 €
Fertigungsgemeinkosten	140.200,00 €
Verwaltungskosten	81.600,00 €
Vertriebskosten	36.000,00 €

1. Errechnen Sie die Selbstkosten und den Nettoverkaufspreis für 1 000 Steine (Herstellmenge 800 000 Stück, Gewinnzuschlag 15 % auf die Selbstkosten).
2. Wie hoch sind die Selbstkosten und der Nettoverkaufspreis für 1 000 Steine, wenn 20 % der Produktion nicht im gleichen Monat abgesetzt werden konnten? Die Verwaltungskosten gelten in voller Höhe als Vertriebskosten.

5 Deckungsbeitragsrechnung als Teilkostenrechnung

5.1 Vergleich zwischen Vollkosten- und Teilkostenrechnung

Die **Vollkostenrechnung** erfasst **alle** Kostenarten **periodengerecht** und **weist sie den einzelnen Kostenträgern** zu. Ihre Aufgabe erfüllt sie gut, wenn auf dem Markt die mithilfe der Zuschlagskalkulation errechneten Preise akzeptiert werden.

Die Vollkostenrechnung kann **nicht** angewandt werden, wenn unternehmerische Entscheidungen zur **Verbesserung der Beschäftigung**[1] **oder des Betriebserfolgs** zu treffen sind. Im Einzelnen weist sie folgende **Nachteile** auf:

Nachteile der Vollkostenrechnung

- Die **Abhängigkeit der Gemeinkosten von der Beschäftigung** wird nicht untersucht (vgl. Situation S. 475): Zum Teil verhalten sich die Gemeinkosten bei Beschäftigungsänderungen fix, zum Teil variabel. Die Verteilung der fixen Kosten auf die Kostenstellen führt bei Beschäftigungsänderungen zu **nicht verursachungsgerechten** Kostenbelastungen (= Proportionalisierung der fixen Kosten über Gemeinkostenzuschlagssätze).
- Bei der Berechnung von **Zuschlagssätzen** für die Material-, Fertigungs-, Verwaltungs- und Vertriebsgemeinkosten wird unterstellt, dass zwischen den Gemeinkosten und der gewählten Zuschlagsgrundlage **eine Abhängigkeit besteht**. Das trifft aber nur bedingt zu, so hängt z. B. die Höhe der Fertigungsgemeinkosten nicht von der Höhe der Fertigungslöhne ab.

Zu den Nachteilen der Vollkostenrechnung kommt hinzu, dass Unternehmen aufgrund der Marktentwicklungen (Wandel von Verkäufermärkten zu Käufermärkten) gezwungen sind, sich den Bedingungen des Marktes anzupassen. So muss etwa bei fallenden Marktpreisen entschieden werden, ob auch noch zu einem nicht mehr kostendeckenden Preis produziert werden soll. Um derartige Entscheidungen treffen zu können, muss das Kostenrechnungssystem angepasst werden.

Verkäufermärkte (Angebotsmenge < Nachfragemenge)	Käufermärkte (Angebotsmenge > Nachfragemenge)
Verkäufer können hohe Preise gegenüber dem Käufer durchsetzen.	Käufer bewirken u. a. einen Preiswettbewerb der Verkäufer.
Die Kosten sind Grundlage der Kalkulation und bestimmen den Preis.	Der Marktpreis ist Grundlage der Kalkulation. Kosten müssen marktfähig differenziert werden.
System der Vollkostenrechnung	**System der Teilkostenrechnung**

Die Teilkostenrechnung ermöglicht marktorientierte Entscheidungen, weil nur die entscheidungsrelevanten Kosten berücksichtigt werden. Hierzu wird eine Kostenauflösung bezüglich des Verhaltens der Kosten bei Beschäftigungsschwankungen vorgenommen. D. h., es werden in der Teilkostenrechnung von den Umsatzerlösen der einzelnen Erzeugnisgruppen zunächst **nur die auf sie entfallenden variablen Kosten** (vgl. S. 456) abgezogen. Denn sie fallen für eine konkrete Unternehmensentscheidung kurzfristig zusätzlich an (z. B. Rohstoffkosten bei Annahme eines Zusatzauftrages). Die den Erzeugnisgruppen nicht direkt zurechenbaren Gemeinkosten (= **fixe Kosten**, vgl. S. 458) erfasst man gesondert in einem Block, weil sie unabhängig von einer kurzfristigen Unternehmensentscheidung anfallen (z. B. Monatsgehälter für angestelltes Personal).

Teilkostenrechnung

Merke

- Für kurzfristig zu treffende marktorientierte Entscheidungen liefert die Vollkostenrechnung keine geeigneten Unterlagen.
- Langfristig ist die Vollkostenrechnung die erforderliche Grundlage für die Kostenkontrolle und die Betriebsergebnisrechnung.
- Der Einsatz der Teilkostenrechnung im Rechnungswesen eines Industriebetriebes setzt voraus, dass eine Kostenauflösung in variable Kosten und fixe Kosten erfolgt.

---
[1] Definition siehe S. 448.

5.2 Abhängigkeit der Kosten von der Beschäftigung
– variable und fixe Kosten –

Beschäftigung

Beschäftigung ist die tatsächliche Ausnutzung des **Leistungsvermögens** – ausgedrückt in absoluten Produktionszahlen – **je Zeiteinheit** (z. B. Monat oder Jahr), das ein jedes Unternehmen aufgrund seines **Betriebsmittelbestandes** (= Maximalkapazität) hat.

Jede Produktionsanlage besitzt eine **technische Kapazität**, auf die sie **konstruktionsmäßig** ausgelegt ist, und eine **wirtschaftliche Kapazität**, die die **kostengünstigste Auslastung** angibt. In der Regel wird das Unternehmen die wirtschaftliche Kapazität anstreben und nicht die technische Kapazität.

Als **Beschäftigungsgrad** (= Kapazitätsausnutzungsgrad) wird das prozentuale Verhältnis aus **tatsächlicher Ausnutzung** der Kapazität und der **technischen Kapazität** bezeichnet:

$$\text{Beschäftigungsgrad} = \frac{\text{tatsächliche Produktion}}{\text{technische Maximalproduktion}}$$

Beispiel

Das Metallwerk Schmolmann KG rechnet aufgrund der guten Auftragslage im nächsten Jahr mit einer Zunahme der Absatzmenge. Im abgelaufenen Geschäftsjahr wurden insgesamt **200 000 Gehäuse** unterschiedlicher Größe und Form hergestellt. 193 966 Gehäuse wurden abgesetzt. Hierbei konnten die Arbeitskräfte und die technischen Anlagen zu **80 %** ausgelastet werden. Eine größere Produktionsmenge ist also ohne zusätzliche Investitionen und Neueinstellung von Arbeitskräften produzierbar.

Die Schmolmann KG plant die Produktion im nächsten Jahr auf insgesamt **225 000 Gehäuse** zu erhöhen.

Ist diese Produktion im Rahmen der bestehenden technischen Anlagen zu realisieren? Wie hoch werden die Kosten dieser Produktion sein?

Die technische Maximalkapazität beträgt im obigen Beispiel bei einer **tatsächlichen Produktion von 200 000 Gehäusen** und einem **Beschäftigungsgrad von 80 %**:

200 000 Gehäuse : 0,8 = 250 000 Gehäuse maximale Produktion/Jahr

Die geplante Produktion von 225 000 Gehäusen lässt sich also mit den vorhandenen Arbeitskräften und technischen Anlagen durchführen; diese Produktion würde den **Beschäftigungsgrad wie folgt erhöhen**:

$$\text{Beschäftigungsgrad für 225 000 Gehäuse} = \frac{225\,000 \text{ Gehäuse}}{250\,000 \text{ Gehäuse}} = 0{,}90 = 90\,\%$$

Kostenplanung auf der Grundlage von Durchschnittskosten

Die Frage nach den Kosten der erhöhten Produktion im nächsten Geschäftsjahr lässt sich **vereinfacht auf der Grundlage der Durchschnittskosten** beantworten:

1. Die Produktion von 200 000 Gehäusen verursachte Kosten von insgesamt 9.708.000,00 € (vgl. Ergebnistabelle S. 382); das sind pro Gehäuse:

    $$\text{Stückkosten} = \frac{9.708.000{,}00\,€}{200\,000 \text{ Gehäuse}} = 48{,}54\,€.$$

2. Die Kosten der geplanten Produktion von 225 000 Gehäusen betragen ca.:
    Kosten für 225 000 Gehäuse = 48,54 €/Stück · 225 000 = **10.921.500,00 €**.

Verhalten der Kosten bei Beschäftigungsänderung

Die obige Rechnung führt zu einem **nur näherungsweise richtigen Ergebnis**: Zwar werden die Kosten im kommenden Jahr wegen der steigenden Beschäftigung höher ausfallen müssen als im abgelaufenen Jahr; es ist aber zu prüfen, **ob sich alle Kosten bei dieser Beschäftigungsänderung proportional** – also im gleichen Verhältnis wie die Beschäftigung – **verändern**, wie es in der obigen Rechnung unterstellt worden ist.

Deckungsbeitragsrechnung

Am Beispiel der **kalkulatorischen Abschreibung** kann leicht eingesehen werden, dass sich diese Kostenart bei Änderung der Beschäftigung **nicht** verändert: In der Schmolmann KG beispielsweise wird sich im kommenden Jahr trotz der Produktionserhöhung der Bestand an technischen Anlagen nicht verändern, **sodass kein Anlass besteht, die kalkulatorischen Abschreibungen zu erhöhen.** Ebenso wenig werden sich die übrigen kalkulatorischen Kosten verändern. Kosten, die von **Beschäftigungsänderungen unbeeinflusst** bleiben, heißen **fixe Kosten** (= K_f).

Verhalten der fixen Kosten

Andere Kostenarten **verändern sich bei Beschäftigungsänderungen entweder proportional oder sogar progressiv.** Typische Beispiele hierfür sind die Roh- und Hilfsstoffe: Der Materialeinsatz kann als **proportional zur Produktionsmenge** angesehen werden. Kosten, die sich bei Änderung des Beschäftigungsgrades ebenfalls ändern, heißen **variable Kosten** (= K_v).

Verhalten der variablen Kosten

Eine Reihe von Kostenarten enthält **sowohl fixe als auch variable Kostenanteile.** Dies ist z. B. der Fall, wenn – wie beim Energieverbrauch – zusätzlich zu einer festen Grundgebühr verbrauchsabhängige Kosten anfallen. Kosten dieser Art heißen **Mischkosten**; sie sind in fixe und variable Kosten aufzuteilen.

Verhalten der Mischkosten

Die Gesamtkosten einer bestimmten Produktionsmenge (= Beschäftigung) setzen sich in der Regel aus **variablen und fixen Kosten** zusammen. Wird die Beschäftigung verändert, so verändern sich auch die Kosten. Welches **Ausmaß** diese Kostenänderung annimmt, hängt davon ab, wie hoch der **Anteil der variablen und der fixen Kosten an den Gesamtkosten** ist (vgl. S. 456). Diese **Abhängigkeit der Kosten von der Beschäftigung** lässt sich in Form der **linearen Kostenfunktion** wie folgt beschreiben:

Kostenfunktionen

$$K(x) = K_v + K_f$$

$K(x)$ bezeichnet die Gesamtkosten in Abhängigkeit von der Produktionsmenge x, K_v bezeichnet den Anteil der variablen Kosten, K_f bezeichnet den Anteil der fixen Kosten. Mithilfe dieser Rechenvorschrift lassen sich die Kosten für **unterschiedliche Produktionsmengen** bestimmen.

Beispiel

Unternehmer Schmolmann ermittelt die Kosten der gesamten Gehäuseproduktion in Abhängigkeit von der Beschäftigung nach folgender Gleichung. Er unterstellt dabei fixe Kosten in Höhe von 4.000.000,00 € sowie variable Kosten von insgesamt 5.708.000,00 € für 200 000 Gehäuse. Je Gehäuse betragen die variablen Kosten also 5.708.000 : 200 000 = 28,54 €.

$$K(x) = 28{,}54 \cdot x + 4.000.000$$

Kosten für die Produktionsmenge von 225 000 Gehäusen:

Durch die Funktionsvorschrift wird die Kostensituation wie folgt beschrieben: Für die Produktion sind **4.000.000,00 € fixe Kosten** aufzuwenden, die unabhängig von der Beschäftigung als Kosten der Betriebsbereitschaft anfallen. Zusätzlich entstehen **variable Kosten in Höhe von 28,54 € für jedes produzierte Gehäuse**.

$$K(225\,000) = 28{,}54 \cdot 225\,000 + 4.000.000 = \mathbf{10.421.500{,}00\ €}[1]$$

Beachten Sie den Unterschied zur groben Kostenschätzung von Seite 454.

Aufgabe 532

Bei der Fertigung eines Drehteils fallen monatlich 220.000,00 € fixe Kosten an. Zusätzlich entstehen proportionale Kosten von 3,20 € je Stück.

1. Geben Sie die Kostenfunktion an.
2. Berechnen Sie die Selbstkosten für eine Produktion von 50 000 Stück monatlich.
3. Der Unternehmer möchte erreichen, dass die Durchschnittskosten auf 7,00 € je Stück gesenkt werden. Die technische Kapazität der Drehmaschine beträgt 70 000 Stück/Monat. Wie viel Stück müssten monatlich gefertigt werden?

---

[1] Eine genauere Analyse folgt auf S. 462.

5.2.1 Abhängigkeit der variablen Kosten von der Beschäftigung

Auf Veränderungen der Marktlage muss ein Unternehmen – auch über die Preisfestsetzung – **flexibel reagieren** können. Das ist nur möglich, wenn darüber Kenntnis besteht, **welche Kosten** sich der veränderten Beschäftigung **anpassen** lassen und welche Kosten **konstant** bleiben.

Variable Kosten als proportionale Kosten

Beispiel

Für die Herstellung eines Gehäuses wird u. a. eine Platine im Wert von 10,00 € verwendet. Bei unterschiedlichen Produktionsmengen ergeben sich folgende **Materialkosten**:

Produktionsmenge in Stück	Proportionale Kosten in €	
	insgesamt	je Stück
0	0	0
1 000	10.000,00	10,00
2 000	20.000,00	10,00
3 000	30.000,00	10,00
4 000	40.000,00	10,00
5 000	50.000,00	10,00
6 000	60.000,00	10,00
.	.	.
.	.	.
.	.	.

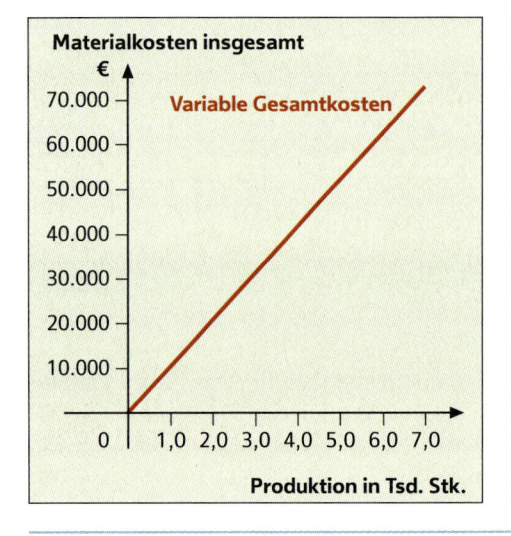

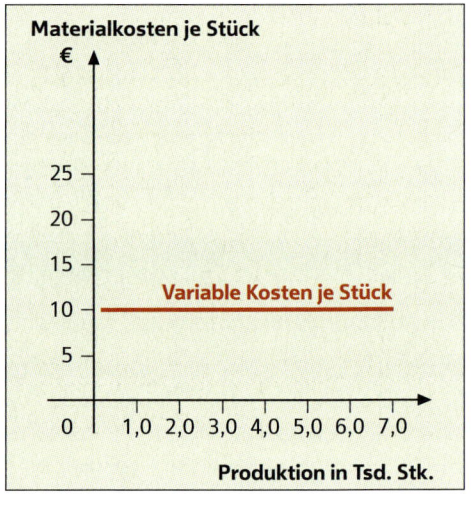

Neben dem Fertigungsmaterial sind auch die **Hilfsstoffe** und z. T. die **Fertigungslöhne** proportionale Kosten.

Merke

- Die gesamten Materialkosten nehmen mit steigender Produktionsmenge proportional, also im gleichen Verhältnis, zu. Sie verringern sich im gleichen Verhältnis, wie die Produktion zurückgeht.
- Die auf ein Stück umgerechneten Materialkosten bleiben bei schwankender Beschäftigung konstant.
- Einzelkosten sind variable Kosten.

Deckungsbeitragsrechnung G

Variable Kosten als progressive Kosten

Ein progressiver Kostenverlauf liegt dann vor, wenn die prozentuale Kostenänderung größer ist als die prozentuale Änderung der Beschäftigung, z. B. bewirkt eine 5 %ige Beschäftigungszunahme eine 10 %ige Kostenzunahme. Solche Situationen können eintreten, wenn Maschinen im Bereich ihrer Maximalkapazität genutzt werden, was zu erhöhten Reparaturkosten und zu vermehrtem Ausschuss führt, oder wenn bei den Fertigungslöhnen Überstunden- und Feiertagszuschläge gezahlt werden.

Beispiel

Auf einer Stanze werden Gehäuseaussparungen gestanzt. Bei einer wirtschaftlichen Kapazität von 75 % beträgt der Ausschuss 2 % der gefertigten Menge. Um 1 000 Gehäuse herzustellen, sind also rund 1 020 Rohlinge einzusetzen. Bei einem Einkaufspreis von 10,00 € je Rohling beträgt der Materialeinsatz 10.200,00 €. Würde man den Beschäftigungsgrad steigern, so würde der Materialeinsatz nach folgender Tabelle überproportional zunehmen:

Beschäftigungs-grad in %	Ausschuss in %	Materialeinsatz für 1 000 Gehäuse		
		in Stück	in € ges.	in €/Stück
75	2,0	1 020	10.200,00	10,20
80	3,8	1 040	10.400,00	10,40
85	6,5	1 070	10.700,00	10,70
90	9,9	1 110	11.100,00	11,10
95	13,8	1 160	11.600,00	11,60
100	18,0	1 220	12.200,00	12,20

In der folgenden Grafik ist die Abhängigkeit des Materialeinsatzes vom Beschäftigungsgrad dargestellt.

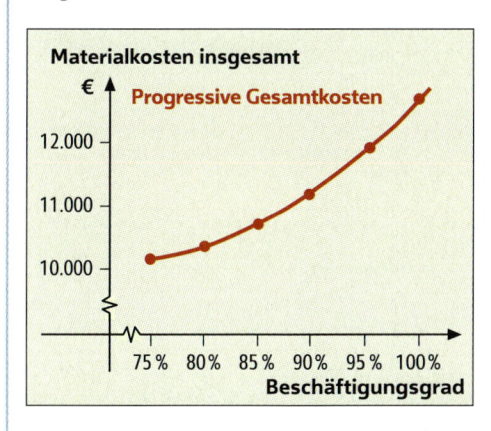

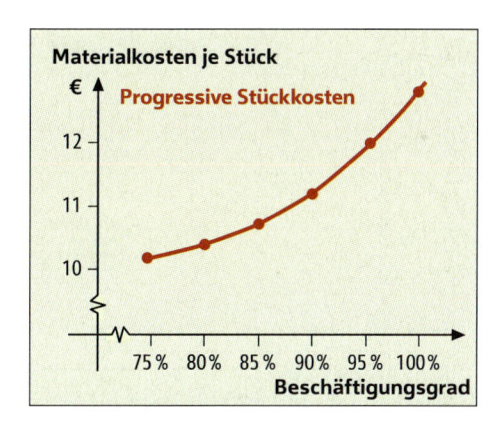

Merke

- Die Materialkosten nehmen mit steigendem Beschäftigungsgrad überproportional zu. Sie verringern sich entsprechend überproportional bei rückläufiger Produktion.
- Die auf ein fehlerfreies Stück umgerechneten Materialkosten verhalten sich bei schwankender Beschäftigung progressiv.

Aufgabe 533

Es gibt auch Vorgänge, die zu degressiven Kosten führen: Mit steigenden Bestellmengen für Rohstoffe (= steigende Beschäftigung) nehmen die Mengenrabatte zu, also die Bezugspreise ab.

Verdeutlichen Sie sich den Zusammenhang zwischen Bestellmengen und Bezugspreisen an einem selbst gewählten Beispiel.

G Kosten- und Leistungsrechnung im Industriebetrieb

5.2.2 Abhängigkeit der fixen Kosten von der Beschäftigung

Kosten der Betriebsbereitschaft

Alle Kosten, die von Abrechnungsperiode zu Abrechnungsperiode in annähernd gleicher Höhe **unabhängig von der Produktionsmenge** anfallen, heißen **fixe Kosten** oder **Kosten der Betriebsbereitschaft**.

Beispiel

Das Blech für ein Gehäuse wird auf einer Stanze ausgestanzt. Die monatlichen Abschreibungen dieser Maschine betragen 3.000,00 €. Dieser Betrag soll gleichmäßig auf die in einem Monat hergestellte Stückzahl verteilt werden.

Produktionsmenge in Stück	Fixe Kosten in €	
	insgesamt	je Stück
1	3.000,00	3.000,00
1 000	3.000,00	3,00
2 000	3.000,00	1,50
3 000	3.000,00	1,00
4 000	3.000,00	0,75
5 000	3.000,00	0,60
6 000	3.000,00	0,50
⋮	⋮	⋮

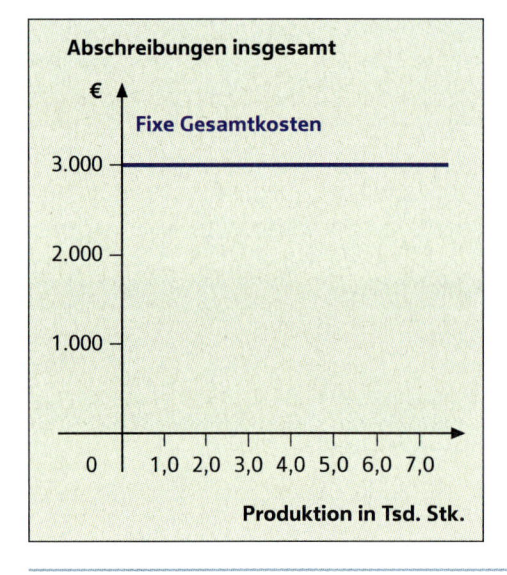

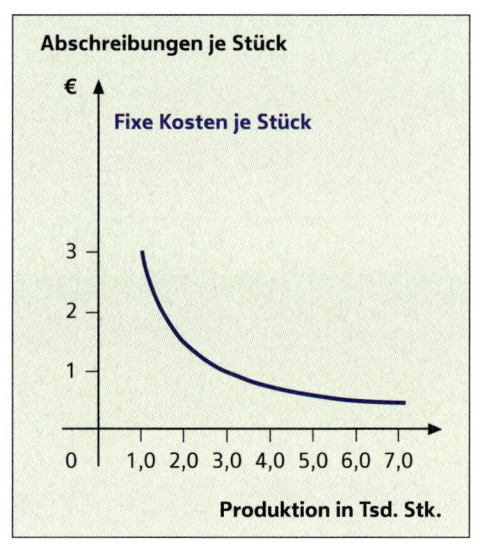

Außer Abschreibungen gelten z. B. Gehälter, Kfz.-Steuern, Beiträge, Miete als fixe Kosten.

Merke

- Die Abschreibungen verändern sich mit steigender oder sinkender Produktion nicht. Sie treten in jeder Abrechnungsperiode unverändert auf.
- Die auf ein Stück umgerechneten Abschreibungen verringern sich mit steigender Produktion und erhöhen sich bei rückläufiger Produktion.
- Gemeinkosten sind überwiegend fixe Kosten.

5.2.3 Abhängigkeit der Mischkosten von der Beschäftigung

Beispiel

Die für die Bearbeitung des Rohmaterials eingesetzte Stanze hat eine Maschinenleistung von 15 kW. Der Strompreis beträgt 0,24 € je kWh zuzüglich einer monatlichen Grundgebühr von 150,00 €. Bei unterschiedlichen Laufzeiten (= Beschäftigung) je Monat ergeben sich folgende Kosten:

Lauf-stunden je Monat	Fixe Kosten in €		Variable Kosten in €		Mischkosten in €	
	gesamt	je Std.	gesamt	je Std.	gesamt	je Std.
100	150,00	1,50	360,00	3,60	510,00	5,10
110	150,00	1,36	396,00	3,60	546,00	4,96
120	150,00	1,25	432,00	3,60	582,00	4,85
130	150,00	1,15	468,00	3,60	618,00	4,75
140	150,00	1,07	504,00	3,60	654,00	4,67
150	150,00	1,00	540,00	3,60	690,00	4,60
160	150,00	0,94	576,00	3,60	726,00	4,54
170	150,00	0,88	612,00	3,60	762,00	4,48

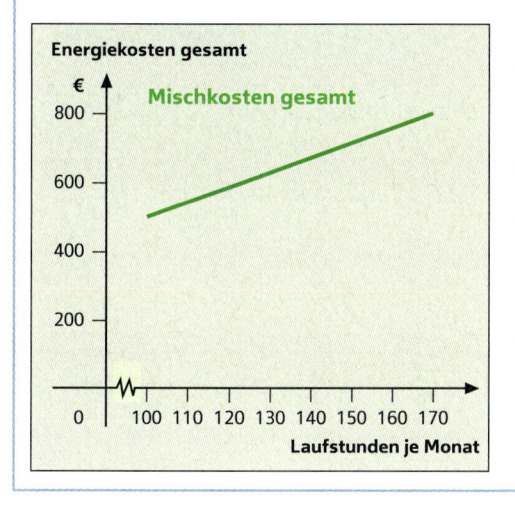

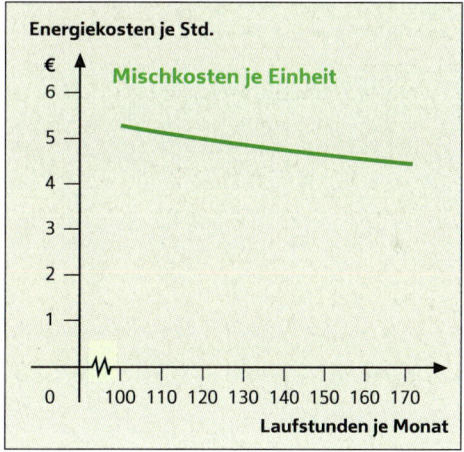

Energiekosten gesamt – Mischkosten gesamt (steigende Gerade von ca. 500 € bei 100 Std. auf ca. 800 € bei 170 Std.)

Energiekosten je Std. – Mischkosten je Einheit (fallende Gerade von ca. 5,10 € bei 100 Std. auf ca. 4,48 € bei 170 Std.)

Die für die Maschine aufzuwendenden **Energiekosten** enthalten sowohl **fixe** als auch **variable** Kostenanteile: Die Grundgebühr fällt in jedem Monat in gleicher Höhe an; sie stellt den Fixkostenanteil dar. Der Stromverbrauch der Maschine variiert mit der Laufzeit; die verbrauchsbedingten Stromkosten sind also variabel.

Merke

- Die Energiekosten nehmen mit steigender Produktion insgesamt proportional zu. Sie zeigen ein Verhalten wie die proportionalen Gesamtkosten (vgl. S. 456).
- Die auf eine Einheit (Stunde) umgerechneten Energiekosten verringern sich mit steigender Produktion (Stromverbrauch). Sie zeigen ein Verhalten wie die fixen Kosten je Stück.
- Ein Teil der Kostenarten enthält zugleich fixe und variable Kostenanteile.

G Kosten- und Leistungsrechnung im Industriebetrieb

Aufgabe 534

1. Unterscheiden Sie variable und fixe Kosten voneinander.
2. Warum ist es richtig, das Gehalt eines Meisters im Produktionsbetrieb als fixe Kosten zu betrachten?
3. Ordnen Sie folgende Kostenarten den variablen und/oder fixen Kosten zu:
   Kalkulatorische Abschreibungen, Gewerbesteuer, soziale Abgaben, Energiekosten, Entwicklungskosten, Transportkosten, Werbekosten, Sondereinzelkosten des Vertriebs.
4. Begründen Sie, warum Lohnkosten nicht eindeutig zu den variablen Kosten zu rechnen sind.
5. Wie verhalten sich die Durchschnittskosten $k = \dfrac{K(x)}{x}$ der Kostenfunktion $K(x) = 40 \cdot x + 50.000$ bei Beschäftigungszunahme von 1 000 Stück auf 1 500 Stück?

Aufgabe 535

Das Fertigungsmaterial soll in der Kostenrechnung zum festen Verrechnungspreis angesetzt werden. *Der Verrechnungspreis ist als gewogener Durchschnittspreis aus folgenden Lieferungen des vergangenen Quartals zu bestimmen:*

Lieferdatum	Liefermenge in kg	Bezugspreis je kg
..-01-15	12 500	80,00 €
..-01-23	8 500	76,00 €
..-02-18	10 000	82,00 €
..-03-05	7 000	85,00 €

Aufgabe 536

In einem Möbelwerk werden Tischplatten hergestellt. Zur Fertigung einer Tischplatte benötigt man 1 m² Spanplatten zum Bezugspreis von 75,00 €. In drei aufeinander folgenden Monaten werden unterschiedlich viele Platten hergestellt:

Monat	Beschäftigung in Stück
März	4 000
April	5 200
Mai	4 800

Bestimmen Sie die Kosten des eingesetzten Fertigungsmaterials und stellen Sie die Abhängigkeit der Materialkosten von der Stückzahl grafisch dar.

Aufgabe 537

1. Aus welchem Grund können die fixen Kosten nicht direkt auf das einzelne Erzeugnis umgerechnet werden?
2. Warum gehören die Sondereinzelkosten nicht eindeutig zu den variablen Kosten?
3. Erklären Sie das unterschiedliche Verhalten der Mischkosten bei Beschäftigungsänderungen: Die gesamten Mischkosten verhalten sich variabel, während sich die auf eine Einheit umgerechneten Mischkosten wie fixe Stückkosten verhalten.
4. Ein Betrieb mit hohem Anteil der variablen Kosten an den Gesamtkosten kann sich einer veränderten Beschäftigung leicht anpassen. Begründen Sie diese Aussage.
5. Warum wird ein Industriebetrieb mit hohem Anteil der fixen Kosten an den Gesamtkosten darauf achten, dass stets mit guter Auslastung der Anlagen gearbeitet wird?
6. Aus welchem Grund wird ein moderner Industriebetrieb einen relativ hohen Anteil fixer Kosten an den Gesamtkosten haben?
7. Begründen Sie, warum Wartungskosten, Energiekosten, Telekommunikationskosten typische Mischkosten sind.

Deckungsbeitragsrechnung

Aufgabe 538

Die Abschreibungen betragen in einem Industriebetrieb monatlich 36.000,00 €. Die Verteilung auf die Kostenträger soll so vorgenommen werden, dass auf jedes produzierte Stück der gleiche Kostenanteil entfällt:

Monat	Beschäftigung in Stück
August	32 000
September	30 000
Oktober	38 000

Bestimmen Sie den auf ein Stück entfallenden Abschreibungsbetrag und stellen Sie die Abhängigkeit der Abschreibung von der Beschäftigung grafisch dar.

Aufgabe 539

Ein Büromaschinenhersteller rechnet bei der Produktion des Druckers Typ „Profiprinter" mit fixen Kosten in Höhe von 120.000,00 € je Abrechnungsperiode. Die proportionalen Kosten belaufen sich auf 220,00 € je Drucker.

1. Errechnen Sie die Gesamt- und Stückkosten für die Produktionsmengen 500, 800, 1 000, 1 200 und 1 500. Stellen Sie die Ergebnisse tabellarisch nach folgendem Muster dar.

Produktions-menge	Fixe Kosten in €		Proport. Kosten in €		Gesamt-kosten	Stück-kosten
	gesamt	je Stück	gesamt	je Stück		

2. Stellen Sie die Ergebnisse grafisch dar.

Aufgabe 540

In einem Industriebetrieb mit Serienproduktion wird für eine bestimmte Serie mit fixen Kosten in Höhe von 42.000,00 € und mit proportionalen Kosten nach folgender Tabelle gerechnet:

Beschäftigung in Stück	10 000	12 000	14 000	16 000	18 000	20 000
Proportionale Kosten in €	55.000,00	62.400,00	70.000,00	80.000,00	95.400,00	116.000,00

1. Errechnen Sie die Gesamt- und Stückkosten für die einzelnen Produktionsmengen.
2. Stellen Sie die Gesamt- und Stückkosten jeweils in einem grafischen Bild dar und schildern Sie den Verlauf beider Kurven.

Aufgabe 541

Für die Ersatzinvestition einer Maschine liegen zwei Angebote vor. Die angebotenen Maschinen weisen unterschiedliche Kapazitäten und Kostenverläufe auf:

	Variable Kosten/Stück	Fixe Kosten/Monat	Maximalkapazität
Maschine I	41,00 €	4.400,00 €	200 Stück
Maschine II	54,00 €	2.450,00 €	250 Stück

1. Ab welcher Monatsproduktion wird sich der Unternehmer für die Maschine I entscheiden?
2. Wie viel Prozent beträgt der Beschäftigungsgrad beider Maschinen bei dieser Menge?

5.2.4 Kostenplanung bei linearem Kostenverlauf – Direkte Kostenauflösung –

Beispiel

Zur Beantwortung der Frage nach den geplanten Kosten für die erhöhte Produktionsmenge (vgl. Beispiel S. 454) erstellt Unternehmer Schmolmann aufgrund einer Kostenanalyse aus den Zahlen der Ergebnistabelle von Seite 382 folgende Übersicht über die variablen und fixen Kosten. Die Aufteilung der Mischkosten erfolgt direkt aufgrund von Berechnungen und Schätzungen. Alle variablen Kosten sollen **proportionale Kosten** sein. Die fixen Kosten verändern sich bis zur Erreichung der Maximalkapazität nicht (zur Aufteilung der Kosten vgl. auch S. 495).

Kostenart	Kostenbetrag	Mischkosten variabel/fix	Variable Kosten	Fixe Kosten
Rohstoffaufw.	2.940.000,00		2.940.000,00	
Hilfsstoffaufw.	795.000,00		795.000,00	
Betr.-Stoffaufw.	35.000,00		35.000,00	
Löhne	2.400.000,00	60 %/40 %	1.440.000,00	960.000,00
Gehälter	500.000,00			500.000,00
Arbeitgeberanteil	600.000,00	30 %/70 %	180.000,00	420.000,00
Abschreibungen	660.000,00			660.000,00
Büromaterial	50.000,00	40 %/60 %	20.000,00	30.000,00
Werbung	205.000,00	40 %/60 %	82.000,00	123.000,00
Betr. Steuern	188.000,00	60 %/40 %	113.000,00[1]	75.000,00[1]
Kalk. Zinsen	1.035.000,00			1.035.000,00
Unternehmerlohn	300.000,00			300.000,00
insgesamt	**9.708.000,00**	–	**5.605.000,00**	**4.103.000,00**

Variable Stückkosten

Bei einer Produktion von 200 000 Gehäusen entstehen 5.605.000,00 € variable Kosten. Auf ein Stück umgerechnet sind das

$$\frac{5.605.000,00 \ €}{200\,000 \ \text{Stück}} = 28,025 \ € \text{ variable Kosten je Gehäuse}$$

Die Gesamtkosten für die geplante Produktion von 225 000 Stück belaufen sich dann auf:

Variable Kosten (K_v) 225 000 Stück · 28,025 €/Stück	6.305.625,00 €
+ Fixe Kosten (K_f)	4.103.000,00 €
= Gesamtkosten (K_g) der geplanten Produktion	10.408.625,00 €

Kostenfunktion

Die Lösung ist einfacher mithilfe der Kostenfunktion $K(x) = K_v + K_f$ (vgl. S. 455) zu finden, wobei an die Stelle von x beliebige Mengen gesetzt werden können. Für das obige Beispiel ergibt sich die folgende Kostenfunktion:

$$K(x) = 28,025 \cdot x + 4.103.000$$

Hieraus lassen sich die Kosten für die Produktion von **225 000 Gehäusen** berechnen:

$$K(225\,000) = 28,025 \cdot 225\,000 + 4.103.000 = \mathbf{10.408.625}$$

Gegenüber der Kostenprognose von Seite 455 (= 10.421.500,00 €) ergibt sich ein um **12.875,00 € geringerer Kostenbetrag**, der auf die ungenaue Erfassung von variablen und fixen Kosten zurückzuführen ist.

Merke

- Eine genaue Kostenplanung in Abhängigkeit von der Beschäftigung setzt die Aufteilung der einzelnen Kostenarten in ihre variablen und fixen Kostenanteile voraus.
- Diese Aufteilung ermöglicht die Aufstellung von Kostenfunktionen zur schnellen Berechnung von Gesamtkosten für alternative Produktionsmengen.

[1] gerundete Zahlen

Beispiel

Um die Aussagefähigkeit der Rechnung zu erhöhen, sollen die Kostenfunktion K(x) und die Umsatzfunktion E(x) grafisch dargestellt werden.

Die Kostenfunktion lautet **K(x) = 28,025 · x + 4.103.000** (vgl. S. 462). Für die Aufstellung der Umsatzfunktion verwendet die Schmolmann KG den **Durchschnittspreis**, der sich aus den Umsatzerlösen (= 10.520.000,00 €) und der Absatzmenge (= 193 966 Stück) ergibt. Der Durchschnittspreis beträgt hiernach ca. 54,24 €; also lautet die Umsatzfunktion **E(x) = 54,24 · x**.

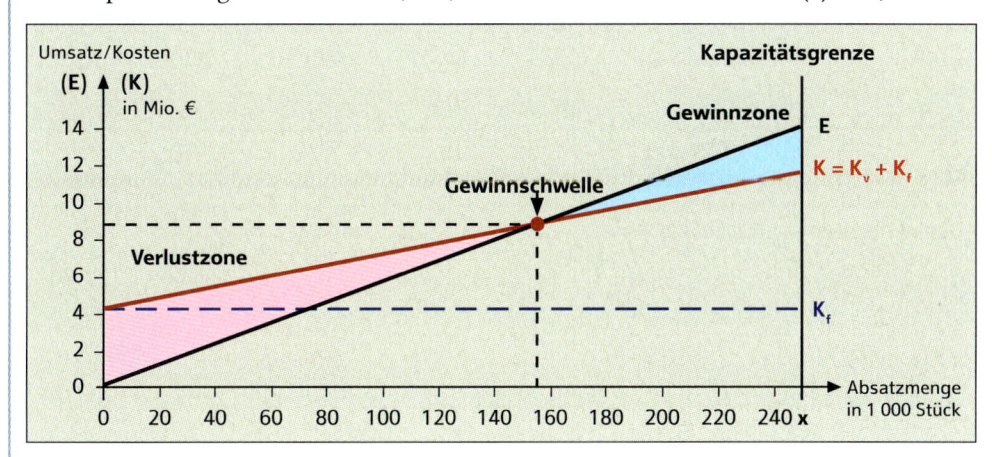

Erläuterung zur Grafik:

- Für den Fall, dass **kein Absatz** erzielt wird, fallen dennoch die fixen Kosten in Höhe von 4.103.000,00 € an (diese Kosten verändern sich über den gesamten Absatzbereich nicht). Die Kostenfunktion beginnt also an der Stelle x = 0 mit dem Wert 4.103.000. Für jedes abgesetzte Gehäuse beträgt der **Kostenzuwachs 28,025 €** variable Kosten (= Steigung der Kostenfunktion). Die Kostenfunktion verläuft also linear bis zur Kapazitätsgrenze (= 250 000 Gehäuse) mit der Steigung 28,025. — **Verlauf der Kostenfunktion**

- Der Durchschnittspreis von 54,24 € je Gehäuse wird als konstant über den gesamten Absatzbereich angenommen. Die Umsatzfunktion beginnt also bei einer Absatzmenge von x = 0 mit E = 0. Jedes verkaufte Gehäuse bringt einen **Erlöszuwachs von 54,24 €** (= Steigung der Umsatzfunktion). Die Umsatzfunktion verläuft also linear vom Ursprung bis zur Kapazitätsgrenze mit der Steigung 54,24. — **Verlauf der Umsatzfunktion**

- Der Schnittpunkt von Kosten- und Umsatzfunktion markiert diejenige Absatzmenge (ca. 156 514 Stück), bei der **Kosten und Umsatz gleich hoch** sind; bei dieser Absatzmenge wird also **kein Gewinn** erzielt. — **Gewinnschwelle (= Break-even-Point)**

- Ist die Absatzmenge geringer als 156 514 Stück, so decken die Umsatzerlöse nicht die Kosten; es entstehen Verluste. — **Verlustzone**

- Steigt die Absatzmenge über 156 514 Stück, so werden mehr Umsatzerlöse erzielt, als Kosten entstehen; das Unternehmen arbeitet mit Gewinn. — **Gewinnzone**

- Mit zunehmender Absatzmenge verbessert sich das Betriebsergebnis bis zum Auftreten sog. sprungfixer Kosten. Das wird aus dem sich vergrößernden Abstand zwischen Umsatz- und Kostenfunktion deutlich. An der **Kapazitätsgrenze** ist der Abstand zwischen Umsatz- und Kostenfunktion – und damit der **Betriebsgewinn – am größten**. — **Kapazitätsgrenze**

Merke

- Die Gewinnschwelle wird bei derjenigen Absatzmenge erreicht, bei der Umsatzerlöse gleich Gesamtkosten sind: E(x) = K(x).
- Die Verlustzone liegt im Bereich Umsatzerlöse kleiner als Gesamtkosten E(x) < K(x).
- Die Gewinnzone liegt im Bereich Umsatzerlöse größer als Gesamtkosten E(x) > K(x).
- Der Betriebsgewinn ist bei linearem Verlauf der Kosten- und Umsatzfunktion an der Kapazitätsgrenze am größten.

G — Kosten- und Leistungsrechnung im Industriebetrieb

Aufgabe 542

Ein Unternehmer kalkuliert mit variablen Kosten je Stück von 35,00 € und fixen Kosten von insgesamt 65.000,00 €/Periode.

Wie viel Stück muss er in einer Periode mindestens produzieren, um bei einem Verkaufspreis von 61,00 €/Stück keinen Verlust zu erleiden?

Aufgabe 543

Eine Maschinenanlage mit einer Maximalkapazität von jährlich 50 000 Mengeneinheiten verursacht fixe Kosten in Höhe von 400.000,00 €/Jahr. Die variablen Kosten belaufen sich auf 40,00 € je Mengeneinheit. Das auf der Maschinenanlage hergestellte Gut kann zu einem Stückpreis von 55,00 € verkauft werden.

Für das nächste Jahr rechnet der Unternehmer mit einer Auslastung der Anlage von 80 %.

Er kann einen zusätzlichen Auftrag über 5 000 Mengeneinheiten erhalten, wenn er bereit ist, den Preis auf 45,00 € je Mengeneinheit zu reduzieren. Durch den Zusatzauftrag würden sich die fixen Kosten nicht verändern.

1. *Berechnen Sie die Gesamtkosten, die Umsatzerlöse und den Gewinn ohne den Zusatzauftrag.*
2. *Weisen Sie nach, dass es für den Unternehmer günstiger ist, den Zusatzauftrag anzunehmen.*

Aufgabe 544

Aufgrund einer Marktanalyse ergibt sich, dass ein Unternehmer den Absatz eines Elektrogerätes deutlich erhöhen kann, wenn er den Preis geringfügig senkt. Den größeren Absatz kann er aber nur realisieren, wenn er eine Kapazitätserweiterung vornimmt. Dafür hat er zwei Alternativen:

Modernisierung und Erweiterung der bisherigen Werkstattfertigung oder Umstellung der Produktion auf die Fließfertigung. Die Entscheidung soll aufgrund folgender Daten getroffen werden:

	Variable Kosten	Fixe Kosten
Werkstattfertigung	540,00 € je Stück	4.000,00 €/Monat
Fließfertigung	480,00 € je Stück	16.000,00 €/Monat

Ab welcher Menge lohnt sich die Umstellung auf die Fließfertigung?

Aufgabe 545

Die Unternehmung Bottmer KG hat sich auf die Herstellung von Gartenmöbeln spezialisiert. Sie stellt in einer räumlich abgesonderten Werkstatt Gartenstühle des Typs „Markant" aus Stahlrohr her. Folgende Angaben liegen aus der Betriebsbuchhaltung und aus der Fertigungsplanung vor:

a) Für Roh-, Hilfs- und Betriebsstoffe sind aufgrund der Konstruktionszeichnung und der Stückliste für je einen Stuhl aufzuwenden:
3,20 m Rechteckrohr, 40 x 20 mm, Verrechnungspreis 1,50 € je m,
3,70 m Rundrohr, 20 mm Durchmesser, Verrechnungspreis 1,20 € je m.
Sitzfläche und Rückenlehne werden als Kunststoff-Fertigteile bezogen; Sitzfläche und Lehne kosten komplett für einen Stuhl im Einkauf 5,20 €.
Lack: 0,050 kg Grundierung für einen Stuhl zum Kilopreis von 3,00 €,
0,050 kg Weißlack für einen Stuhl zum Kilopreis von 4,00 €.

b) Aufgrund des Arbeitsplanes liegen die Arbeitsgänge mit den jeweiligen Arbeitszeiten zur Herstellung eines Stuhles fest:

I	Trennen nach Schablone	2,0 Min.	V	Entfetten	0,5 Min.
II	Biegen nach Schablone	1,5 Min.	VI	Lackieren	2,0 Min.
III	Entgraten	0,5 Min.	VII	Montieren	0,5 Min.
IV	Hartlöten	4,0 Min.	VIII	Verpacken	1,0 Min.

Die Arbeitsstunde – mit Nebenkosten – wird mit 40,00 € kalkuliert.

c) Zusätzlich zum Materialeinsatz und den Lohnkosten sollen folgende Kosten in der Kalkulation berücksichtigt werden:

Abschreibung auf Gebäude und Maschinen
(bezogen auf die Werkstatt) je Monat .... 3.000,00 €,
Zinsen für das durchschnittlich eingesetzte Kapital je Monat .... 1.000,00 €,
anteilige Kosten für Verwaltung und Vertrieb je Monat .... 500,00 €.

In der Werkstatt können monatlich maximal 2 500 Stühle hergestellt werden.

1. Bestimmen Sie die Kostenfunktion für diese Produktion.
2. Stellen Sie die Funktion bis zur Maximalkapazität grafisch dar.
3. Berechnen Sie die Gesamt- und Durchschnittskosten bei einem Beschäftigungsgrad von 80 %.

Aufgabe 546

In der Betriebsbuchhaltung einer Unternehmung werden die im Monat November angefallenen Produktionszahlen für elektronische Bohrmaschinen zusammengestellt:

Fertigungsmaterial (Rohstoffaufwendungen)	120.000,00 €
Fertigungslöhne	280.000,00 €
Gehälter für Meister und Vorarbeiter	90.000,00 €
Soziale Abgaben	112.000,00 €
Energiekosten	25.000,00 €
Wartungskosten	8.000,00 €
Kalkulatorische Zinsen	12.000,00 €
Kalkulatorische Abschreibungen	55.000,00 €

1. Entscheiden Sie, welche Kosten eindeutig variabel oder fix sind und bei welchen Kosten keine eindeutige Zuordnung getroffen werden kann.
2. Für die Kosten, die Sie nicht eindeutig zuordnen können, soll gelten, dass sie zu 40 % fix und zu 60 % variabel sind. *Stellen Sie unter dieser Bedingung fest, wie hoch die gesamten variablen und fixen Kosten der Produktion sind.*
3. Die Monatsproduktion betrug 4060 Stück, das entsprach einem Beschäftigungsgrad von 75 %.
   a) Wie hoch sind die Durchschnittskosten?
   b) Wie lautet die Kostenfunktion?
4. Für den kommenden Monat rechnet das Unternehmen mit einem Rückgang der Beschäftigung auf 60 %.
   a) Wie hoch sind dann die Durchschnittskosten?
   b) Welche Schlussfolgerungen ziehen Sie aus dieser Situation hinsichtlich der Preisgestaltung?

Aufgabe 547

In einem Zweigwerk produziert die Möbelbau AG Küchentische in Massenproduktion. Bei der Entscheidung über eine Reinvestition verbrauchter Anlagen stehen zwei neue Anlagen zur Wahl:

	Anlage A	Anlage B
Fixe Kosten/Monat	24.000,00 €	82.000,00 €
Variable Kosten je Stück	185,00 €	160,00 €

1. Stellen Sie die Kostenfunktionen auf.
2. Bestimmen Sie die Produktionsbereiche, in denen die Maschinenanlage A bzw. die Anlage B kostengünstiger arbeitet.
3. Die Geschäftsleitung rechnet für das Jahr der Ersatzinvestition mit einem Absatz von 2 200 Stück pro Monat und in den darauf folgenden Jahren mit Absatzsteigerungen um jeweils 10 %/Jahr.
   Für welche der Maschinenanlagen sollte sich die Geschäftsleitung entscheiden?

G Kosten- und Leistungsrechnung im Industriebetrieb

Aufgabe 548

Das mittelständische Industrieunternehmen Bergmeister GmbH produziert in einem angemieteten Gebäude elektronische Steuerungen für Industrieanlagen. Im vergangenen Monat wurden an einen Kunden 120 Steuerungen ausgeliefert. Die Abteilung war damit zu 70 % ausgelastet. Die Kostenrechnungsabteilung stellt die dabei angefallenen Kosten zusammen:

Rohstoffaufwendungen	130.000,00 €
Hilfsstoffaufwendungen	26.500,00 €
Betriebsstoffaufwendungen	4.500,00 €
Zeitlöhne	84.000,00 €
Gehälter für Angestellte und Meister	56.000,00 €
Soziale Abgaben	38.000,00 €
Mieten	25.000,00 €
Energiekosten	6.300,00 €
Aufwendungen für Kommunikation	2.700,00 €
Kalkulatorische Abschreibungen	12.400,00 €
Kalkulatorische Zinsen	6.700,00 €

1. Entscheiden Sie, welche Kosten eindeutig variabel oder fix sind und bei welchen Kosten keine eindeutige Zuordnung getroffen werden kann.
2. Für die Kosten, die Sie nicht eindeutig zuordnen können, soll gelten, dass sie zu 60 % fix und zu 40 % variabel sind.
   Stellen Sie unter dieser Bedingung fest, wie hoch die gesamten variablen und fixen Kosten der Produktion sind.
3. Berechnen Sie die Durchschnittskosten.
4. Für den kommenden Monat rechnet das Unternehmen mit einer Zunahme der Beschäftigung auf 85 %.
   Wie hoch sind dann die Durchschnittskosten? Welche Schlussfolgerung ziehen Sie aus dieser Situation – im Vergleich zu 3. – hinsichtlich der Preisgestaltung?

Aufgabe 549

Aufgrund einer Kostenanalyse hat ein Unternehmer für die Produktion eines Erzeugnisses folgende Kostensituation ermittelt:

Die fixen Kosten betragen je Abrechnungsperiode 10.000,00 €.

Die variablen Kosten entwickeln sich bei Beschäftigungsänderungen wie folgt:

Beschäftigung in Stück	500	600	700	800
Variable Kosten in €	15.000,00	18.000,00	21.000,00	24.000,00

1. Erläutern Sie die Kostenentwicklung in Abhängigkeit von der Beschäftigung.
2. Der Unternehmer kann das Erzeugnis zu einem Preis von 40,00 € je Stück absetzen.
   Welche Produktionsmenge muss er wählen, um Gewinn zu erzielen?

Aufgabe 550

Für den Monat Juli ermittelt ein Unternehmer, der Zubehörteile für den Fahrzeugbau herstellt, für die Produktion eines bestimmten Kühlergrilltyps folgende Zahlen:

produzierte und verkaufte Menge	110 000 Stück
fixe Kosten gesamt	1.538.500,00 €
proportionale Kosten gesamt	1.650.000,00 €
Umsatzerlöse	3.520.000,00 €

1. Geben Sie die Kostenfunktion an.
2. Geben Sie die Erlösfunktion $E = p \cdot x$ für den Fall konstanter Preise an.
3. Mit welchem Beschäftigungsgrad arbeitete der Betrieb im Monat Juli, wenn die technische Kapazität je Monat 135 000 Stück beträgt?
4. Bei welcher monatlichen Produktion decken die Erlöse gerade alle Kosten?
5. Der Unternehmer könnte bei einer Preissenkung um 1,00 € je Stück die Kapazität auf 130 000 Stück monatlich ausdehnen. Lohnt sich – gemessen am Gewinn – diese Maßnahme?

5.3 Deckungsbeitragsrechnung als Kostenträgerrechnung

Der Betriebserfolg wird entscheidend von den variablen Kosten (vgl. Kapitel 5.2.1) beeinflusst, da sie auf die Kostenhöhe i.d.R. proportional zur Beschäftigung einwirken. Die **fixen Kosten** sind in der Regel unvermeidbar. Sie fallen also auch dann an, wenn die Beschäftigung Schwankungen unterworfen ist oder der Betrieb gar nicht mehr produziert.

Maßgeblichkeit der variablen Kosten für den Betriebserfolg

Der Bruttoerfolg eines Kostenträgers (= Differenz der Umsatzerlöse des Kostenträgers und dessen variabler Kosten) zeigt die Beteiligung am Betriebserfolg und wird auch Deckungsbeitrag genannt. Er bestimmt den Beitrag zur Deckung der fixen Kosten.

Deckungsbeitrag

Umsatzerlöse
− variable Kosten
= **Bruttoerfolg = Deckungsbeitrag (DB)**

5.3.1 Deckungsbeitragsrechnung als Kostenträgerstückrechnung

Situation

Im Unternehmen Schmolmann KG wird das Ergebnis des Geschäftsjahres auf der Grundlage der Deckungsbeitragsrechnung analysiert. Hierfür verwendet Herr Schmolmann die Zahlen der Ergebnistabelle von Seite 382. Zusätzlich liegt ihm die Aufteilung der Produktionskosten in variable und fixe Kosten vor (vgl. Kapitel 5.2.4). Um die variablen und fixen Kosten der **verkauften** Erzeugnisse zu erhalten, zieht Herr Schmolmann von den Produktionskosten die Kosten des Mehrbestandes (240.000,00 €) ab. Folgende Kostenaufstellung fertigt er an:

	gesamt	variable Kosten	fixe Kosten
FM (200 000 Stück)	2.940.000,00 €	2.940.000,00 €	–
FL (200 000 Stück)	2.400.000,00 €	1.440.000,00 €	960.000,00 €
Gemeinkosten	4.368.000,00 €	1.225.000,00 €	3.143.000,00 €
Zwischensumme	9.708.000,00 €	5.605.000,00 €	4.103.000,00 €
Kosten des Mehrbestandes (6 034 St.)	240.000,00 €	137.000,00 €[1]	103.000,00 €[1]
Kosten der verkauften Erzeugnisse (193 966 Gehäuse)	9.468.000,00 €	5.468.000,00 €	4.000.000,00 €

Deckungsbeitrag je Stück (= db)

Umsatzerlös je Stück (= Preis, p)	10.520.000,00 : 193 966 = 54,24 €
− Variable Stückkosten (= k_v)	5.468.000,00 : 193 966 = 28,19 €
= **Stückdeckungsbeitrag (= db)**	5.052.000,00 : 193 966 = **26,05 €**

Der Deckungsbeitrag je Stück (= db) in Höhe von 26,05 € trägt zur Deckung der ohnehin anfallenden fixen Kosten bei oder führt zu Betriebsgewinnen, sobald die fixen Kosten gedeckt sind. Allgemein gilt: **Ein positiver Stückdeckungsbeitrag verbessert die Erfolgssituation.**

Bestimmung der Gewinnschwellenmenge (Break-even-Point) aus dem Stückdeckungsbeitrag

Gewinnschwellenmenge

Die Gewinnschwellenmenge kennzeichnet die Produktionsmenge, bei der die **Summe der Stückdeckungsbeiträge** (= DB) gerade zur Deckung der fixen Kosten (= K_f) ausreicht, d. h., der **Gewinn G** beträgt bei dieser Menge (x) 0 €, d. h. G(x) = 0. Übersteigt die Produktionsmenge diese **kritische Menge**, so ergibt sich ein Gewinn [G(x)>0], im umgekehrten Fall ein Verlust [G(x)<0]; allgemein gilt also die funktionale Beziehung (vgl. Grafik S. 468):

$$G(x) = db \cdot x - K_f \qquad \text{Für } G(x) = 0 \text{ gilt: } 0 = db \cdot x - K_f \quad <=> \quad x = \frac{K_f}{db}$$

---
[1] geschätzte Zahlen

Beispiel

Die Gewinnschwellenmenge ist bei einem Stückdeckungsbeitrag von 26,05 € und fixen Kosten von 4.000.000,00 € zu bestimmen. Für G(x) = 0 folgt

$$26{,}05\ € \cdot x = 4.000.000{,}00\ €$$

$$x = \frac{4.000.000{,}00}{26{,}05} \approx 153\,551\ \text{Stück}$$

Grafisch liegt die **Gewinnschwellenmenge** im **Schnittpunkt** der Gewinnfunktion G(x) = 26,05 · x – 4.000.000 mit der **X-Achse**.

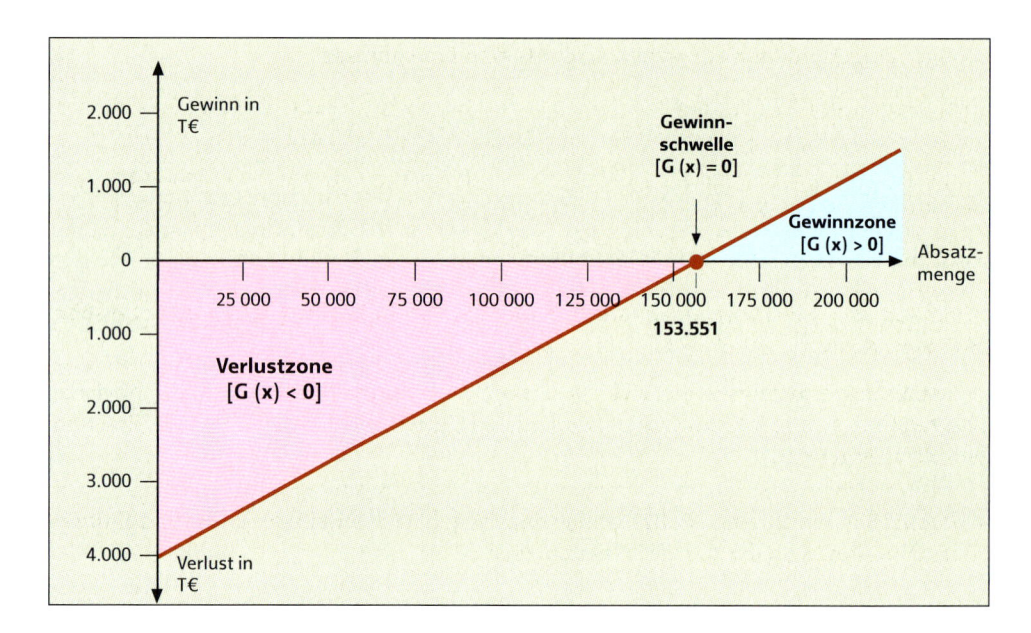

Allgemein gilt:

Gewinnschwellenmenge = K_f : db

Auswirkung von Preisänderungen

Preiserhöhungen bewirken bei unveränderter Kostenlage eine **Erhöhung des Stückdeckungsbeitrags**. Dadurch wird die Deckung der fixen Kosten bereits bei einer **geringeren Ausbringungsmenge** erreicht.

Der Verkaufspreis der Gehäuse wird von 54,24 € auf 55,69 €, also um 1,45 € je Gehäuse, erhöht. Der Stückdeckungsbeitrag beträgt nunmehr 27,50 €. Die Gewinnschwellenmenge wird erreicht bei

$$\frac{\text{fixe Kosten}}{\text{db}} = \frac{4.000.000{,}00\ €}{27{,}50\ €} = 145\,455\ \text{Stück Gewinnschwellenmenge}$$

In der grafischen Darstellung würde sich die Preiserhöhung durch einen **stärkeren Anstieg** der Gewinnfunktion bemerkbar machen. Das bewirkt bei unverändertem Kostenverlauf eine Verringerung der Gewinnschwellenmenge.

Merke

Durch eine Preiserhöhung (-senkung) wird die Gewinnschwellenmenge bei unveränderten Kosten verringert (erhöht).

5.3.2 Deckungsbeitragsrechnung als Kostenträgerzeitrechnung im Einproduktunternehmen

Um den Betriebserfolg im Einproduktunternehmen zu ermitteln, werden die **fixen Kosten** einer Periode **in einer Summe** vom gesamten Deckungsbeitrag subtrahiert.

Situation

Die Schmolmann KG analysiert das Ergebnis des Geschäftsjahres 01 auf der Grundlage der Deckungsbeitragsrechnung. Hierfür verwendet sie die Zahlen der Ergebnistabelle (vgl. S. 382) sowie die Ausführungen zu Kapitel 5.2.4 einschließlich der **grafischen Darstellung** des Kosten- und Umsatzverlaufs.

Deckungsbeitrag und Betriebsergebnis der Abrechnungsperiode

Umsatzerlöse der Periode (= E)	193 966 St. · 54,24 € ≈	10.520.000,00 €
− variable Kosten des Absatzes (= K_v)	193 966 St. · 28,19 € =	5.468.000,00 €
Deckungsbeitrag der Periode (= DB)	193 966 St. · 26,05 € ≈	**5.052.000,00 €**
− fixe Kosten der Periode (= K_f)		4.000.000,00 €
= **Betriebsgewinn (umsatzbezogen)**		**1.052.000,00 €**

Bestimmung der Gewinnschwellenmenge (Break-even-Point) aus den Gesamtgrößen „Erlös" und „Kosten", vgl. S. 467 f.

Die Gewinnschwellenmenge ergibt sich auch, wenn die Umsatzerlöse der Periode (= E) gleich den Kosten dieser Periode (= K) gesetzt werden. Das Unternehmen erzielt in dieser Situation **keinen Betriebsgewinn**.

Beispiel

Aus der obigen Berechnung des Betriebsgewinnes ergibt sich jeweils die **Erlös- und Kostenfunktion in Abhängigkeit von der Absatzmenge „x"**:

Für die **Erlösfunktion** gilt: $E(x) = \frac{10.520.000,00 €}{193\,966 \text{ Stück}} \cdot x = 54,24 \cdot x$

Für die variablen Kosten gilt: $K_v = 28,19 \cdot x$,
die fixen Kosten sind mit 4.000.000,00 € anzusetzen. Also lautet die **Gesamtkostenfunktion**:

$$K_g(x) = 28,19 \cdot x + 4.000.000$$

Unter der Bedingung, dass **Umsatzerlöse und Kosten gleich** sein sollen, folgt

$$54,24 \cdot x = 28,19 \cdot x + 4.000.000$$
$$26,05 \cdot x = 4.000.000$$
$$x \approx 153\,551$$

Die **Gewinnschwellenmenge** wird also bei einer Produktionsmenge von 153 551 Gehäusen erreicht.

Grafisch liegt die **Gewinnschwellenmenge** im **Schnittpunkt** von Erlös- und Gesamtkostengerade. Bei dieser Menge sind **Erlöse und Gesamtkosten gleich hoch** (vgl. S. 470):

   Erlöse = Kosten.

Produziert das Unternehmen **mehr** als 153 551 Gehäuse, so arbeitet es mit Gewinn: **Gewinnzone**

   Erlöse > Kosten.

Produziert das Unternehmen **weniger** als 153 551 Gehäuse, so gerät es in die Verlustzone: **Verlustzone**

   Erlöse < Kosten.

Aus der grafischen Darstellung (vgl. S. 470) geht anschaulich hervor, dass bei dem derzeitigen Absatz von 193 966 Gehäusen die Gewinnschwelle überschritten wurde. Eine Ausweitung der Produktion und des Absatzes vergrößert den Gewinn.

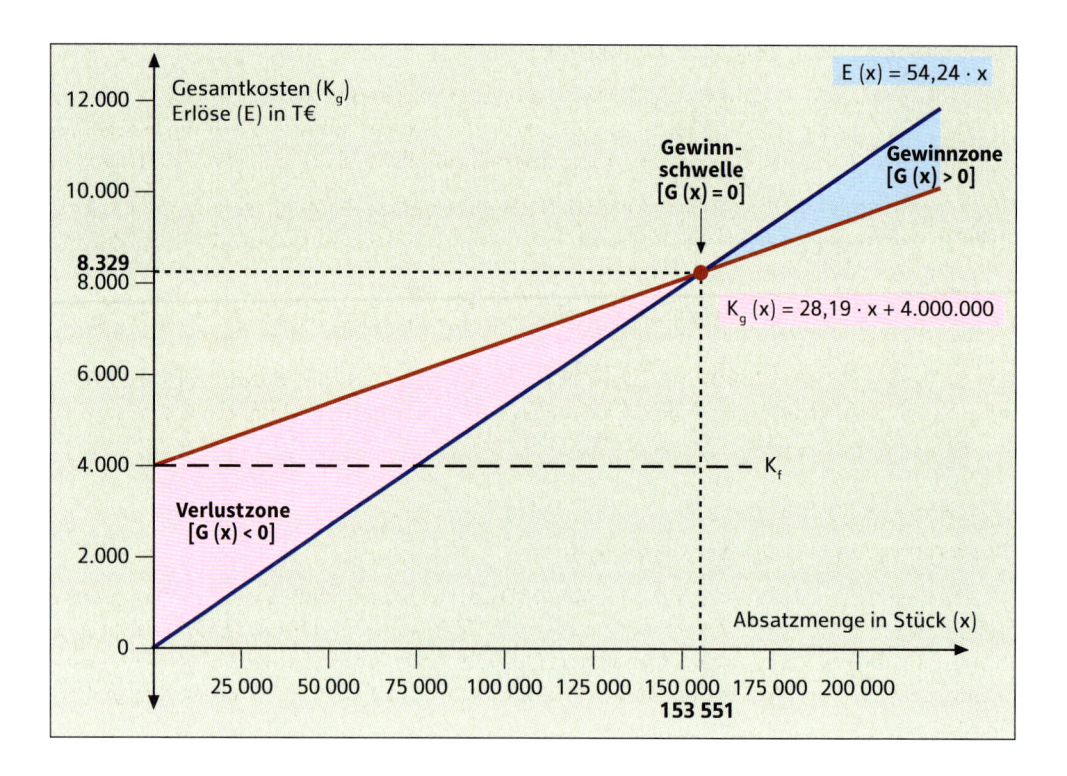

G Kosten- und Leistungsrechnung im Industriebetrieb

```
                                                              E(x) = 54,24 · x
12.000  Gesamtkosten (K_g)
        Erlöse (E) in T€
                                          Gewinn-
                                          schwelle                Gewinnzone
10.000                                    [G(x) = 0]              [G(x) > 0]

 8.329
 8.000                                                     K_g(x) = 28,19 · x + 4.000.000

 6.000

 4.000  ─────────────────────────────────────────────── K_f

        Verlustzone
 2.000  [G(x) < 0]

                                                        Absatzmenge in Stück (x)
    0
        25 000  50 000  75 000  100 000  125 000  150 000  175 000  200 000
                                                  153 551
```

Erläuterung zur Grafik:

Die variablen Kosten der Abrechnungsperiode (K_v) werden durch Multiplikation der variablen Stückkosten (k_v) mit der Produktionsmenge (x) errechnet. Da für jedes zusätzlich hergestellte Gehäuse der Kostenzuwachs im Beispiel 28,19 € beträgt, ergibt sich die Abhängigkeit der variablen Gesamtkosten von der Produktionsmenge nach der Funktionsgleichung:

$$K_v = k_v \cdot x = 28,19\, x$$

Die Gesamtkosten der Abrechnungsperiode (K_g) ergeben sich aus der Summe von variablen Kosten und fixen Kosten.

Gesamtkosten	=	variable Kosten	+	fixe Kosten
K_g	=	K_v	+	K_f

Unabhängig von der Produktionsmenge werden im Beispiel die variablen Kosten um jeweils 4.000.000,00 € fixe Kosten erhöht. In der Grafik verlaufen die fixen Kosten im Abstand 4.000.000 vom Ursprung parallel zur X-Achse. Die Gesamtkosten setzen im Abstand 4.000.000 an und steigen mit dem Ausmaß der variablen Stückkosten (= 28,19) linear an.

$$K_g(x) = 28,19\, x + 4.000.000$$

Die Erlösgerade (E) verdeutlicht die bei einer bestimmten Produktionsmenge erzielbaren Nettoumsatzerlöse. Sie sagt aus, dass für jedes produzierte Stück 54,24 € Erlöse entstehen. Bei einem Absatz von 10 000 Stück sind das 542.400,00 €, bei einem Absatz von 20 000 Stück entsprechend 1.084.800,00 € Erlöse usw., also

$$E = 54,24\, x$$

Der Graph dieser Funktion verläuft linear – vom Ursprung des Koordinatennetzes ausgehend – mit dem Anstieg m = 54,24.

Auswirkung von Erweiterungsinvestitionen

Wird eine Erweiterungsinvestition geplant, die zusätzliche fixe Kosten in Höhe von z. B. 312.600,00 € verursacht, so stellt sich für den Unternehmer die Frage, wie viele Gehäuse **zusätzlich produziert und verkauft** werden müssen, um das bisherige Ergebnis zu halten.

Die zusätzlichen fixen Kosten müssen durch die erwirtschafteten Stückdeckungsbeiträge gedeckt werden; also:

$$\frac{\text{zusätzliche fixe Kosten}}{\text{Stückdeckungsbeitrag}} = \frac{312.600,00\ €}{26,05\ €} = 12\,000\ \text{Gehäuse}$$

In der Grafik (S. 470) würde sich die Erhöhung der fixen Kosten durch eine Parallelverschiebung der Gesamtkosten bemerkbar machen; das hat eine Vergrößerung der Gewinnschwellenmenge zur Folge.

Auswirkung von Kostenänderungen

Erhöhen sich die variablen Kosten je Stück (z. B. durch Lohnerhöhung oder Preissteigerung beim Fertigungsmaterial) von bisher 28,19 € auf 29,20 €, so wird dadurch der Stückdeckungsbeitrag um diese Kostensteigerung verringert; er fällt also von 26,05 € auf 25,04 €. Die unverändert gebliebenen fixen Kosten können nur über eine größere Ausbringungsmenge gedeckt werden:

$$\frac{\text{fixe Kosten}}{\text{db}} = \frac{4.000.000,00\ €}{25,04\ €} = 159\,745\ \text{Stück Gewinnschwellenmenge}$$

Die **Verringerung** des Stückdeckungsbeitrags um ca. 3,9 % hat eine **Erhöhung** der Gewinnschwellenmenge um 4,0 % zur Folge. In der Grafik würde sich die Erhöhung der variablen Stückkosten durch einen stärkeren Anstieg der Gesamtkosten bemerkbar machen; das bedingt eine Vergrößerung der Gewinnschwellenmenge.

Merke

- Deckungsbeitrag > fixe Kosten = Betriebsgewinn
- Deckungsbeitrag < fixe Kosten = Betriebsverlust
- Die Erhöhung der fixen Kosten führt zu einer Vergrößerung der Gewinnschwellenmenge.
- Die Erhöhung der variablen Stückkosten hat eine Verringerung des Stückdeckungsbeitrags zur Folge. Die Deckung der fixen Kosten ist dann über eine Erhöhung der Gewinnschwellenmenge möglich.
- Eine Senkung der variablen Stückkosten hat die entgegengesetzte Wirkung auf den Stückdeckungsbeitrag und die Gewinnschwellenmenge.

Aufgabe 551

Beurteilen Sie die Erfolgssituation eines Industriebetriebes, dessen Teilkostenrechnung für ein bestimmtes Produkt folgende Ergebnisse ausweist:

1. Stückdeckungsbeitrag (= db) = 0,
2. Nettoverkaufspreis < variable Stückkosten,
3. Nettoverkaufspreis > variable Stückkosten,
4. Nettoverkaufspreis = variable Stückkosten.

G Kosten- und Leistungsrechnung im Industriebetrieb

Aufgabe 552

Die Baustoff-GmbH stellt in einem Zweigwerk Wandfliesen in vier unterschiedlichen Qualitäten A, B, C und D her. Aufgrund der starken Konkurrenz auf dem Baustoffmarkt will die Baustoff-GmbH durch eine aktive Preispolitik ihren Marktanteil verteidigen. Die hierzu erforderlichen Daten sollen mithilfe der Deckungsbeitragsrechnung ermittelt werden.

Für den Monat April lagen folgende Angaben vor:

	Fliese A	Fliese B	Fliese C	Fliese D	insgesamt
Verkaufspreis je Stück	2,20 €	2,45 €	3,10 €	3,80 €	
Variable Stückkosten	1,50 €	1,90 €	2,65 €	3,20 €	
Fixe Kosten insgesamt					286.000,00 €
Absatzmengen in Stück	80 000	110 000	145 000	65 000	

1. Berechnen Sie das Betriebsergebnis des Monats April für die abgesetzten Mengen.
2. Bestimmen Sie die Stückdeckungsbeiträge und geben Sie aufgrund dieser Zahlen eine Rangfolge der „erfolgreichen" und der „weniger erfolgreichen" Fliesensorten an.
3. Ermitteln Sie die (kurzfristige) Preisuntergrenze (vgl. S. 479) für jede Fliesensorte.
4. Zur Verbesserung der Erfolgssituation und zum Abbau freier Kapazitäten plant die Unternehmensleitung zusätzlich eine Bodenfliese mit monatlich 40 000 Stück zu produzieren. Diese Fliese würde zusätzlich 26.000,00 € fixe Kosten und 2,05 € variable Stückkosten verursachen. Sie ließe sich zu einem Preis von 2,65 € je Stück absetzen.

   Lohnt sich für das Unternehmen die Erweiterung der Produktion?

Aufgabe 553

In einem Zweigwerk der ELMO-AG werden elektrische Heizlüfter in vier unterschiedlichen Ausführungen (HL I, HL II, HL III, HL IV) gefertigt.

Für den zurückliegenden Monat wurden folgende Daten ermittelt:

	HL I	HL II	HL III	HL IV	insgesamt
Verkaufspreis je Stück	45,00 €	36,00 €	54,00 €	62,00 €	
Variable Stückkosten	24,75 €	21,00 €	30,50 €	35,10 €	
Fixe Kosten insgesamt					82.500,00 €
Absatzmenge in Stück	3 200	850	1 450	1 200	

1. Berechnen Sie den Betriebserfolg für den betreffenden Monat.
2. Bestimmen Sie die Stückdeckungsbeiträge je Kostenträger sowie die Preisuntergrenzen.
3. Zur Verbesserung der schlechten Absatzsituation bei dem Kostenträger HL II plant die Unternehmensleitung eine Preissenkung um 35 %.
   a) Leistet dieser Kostenträger dann noch einen Beitrag zur Deckung der fixen Kosten?
   b) Durch diese Maßnahme steigt der Absatz im kommenden Monat um 40 % (die Absatzsituation soll bei den anderen Kostenträgern als konstant angenommen werden).
      Wie wirkt sich diese Steigerung auf den Betriebserfolg aus?

Aufgabe 554

Die Bauelemente-AG stellt in einem Zweigwerk genormte Fenster aus Aluminium mit Doppelverglasung her. Der Wettbewerb zwingt zur Festsetzung des Verkaufspreises auf 750,00 € je Fenster. Die technische Kapazität beträgt 300 Fenster je Monat; sie ist zurzeit zu 70 % ausgelastet. Das Unternehmen ermittelt die variablen Stückkosten mit 400,00 € je Fenster und die fixen Kosten mit 80.000,00 € je Monat.

Werten Sie diese Situation hinsichtlich des Stückdeckungsbeitrags, der Preisuntergrenze (vgl. S. 479) und des Betriebserfolgs aus.

DECKUNGSBEITRAGSRECHNUNG G

Aufgabe 555

Verdeutlichen Sie die Auswirkungen von Kostensenkungen im Bereich der fixen und variablen Kosten sowie die Auswirkungen von Preissenkungen auf die Gewinnschwellenmenge an selbst gewählten Beispielen.

Aufgabe 556

Bei einer Produktion von 3 000 Stück, Gesamtkosten in Höhe von 75.000,00 €, darunter fixe Kosten in Höhe von 30.000,00 €, ergab sich in einem Unternehmen ein Verlust von 12.000,00 €.

Ermitteln Sie rechnerisch und grafisch die Gewinnschwelle.

Aufgabe 557

Aus den Zahlen der Kostenrechnung ergibt sich, dass für die Produktion des grafikfähigen Taschenrechners „Minitron" fixe Kosten in Höhe von 400.000,00 € je Rechnungsperiode anfallen und die variablen Kosten nach folgender Abhängigkeit von der Beschäftigung verlaufen.

Beschäftigung in Stück	Variable Kosten in €
5 000	125.000,00
6 000	150.000,00
7 000	175.000,00
8 000	200.000,00
9 000	225.000,00
10 000	250.000,00

1. *Errechnen Sie die Gesamt- und Stückkosten für die einzelnen Produktionsmengen.*
2. *Bestimmen Sie den Deckungsbeitrag und den Betriebserfolg für die unterschiedlichen Produktionsmengen bei einem Nettoverkaufspreis von 80,00 € je Stück.*
3. *Berechnen Sie die Gewinnschwellenmenge.*
4. *Stellen Sie die Gesamtkosten und die Umsatzerlöse in einem grafischen Bild dar.*
5. *Welche Auswirkung hat eine Preissenkung um 5,00 € je Stück auf die Gewinnschwellenmenge?*

Aufgabe 558

Die Kosten- und Leistungsrechnung eines Industrieunternehmens liefert folgende Zahlen:

Rechnungs-periode	Produktion in Stück	Gesamt-kosten	Variable Kosten je Stück	Netto-verkaufspreis
Oktober	20 000	700.000,00 €	25,00 €	40,00 €
November	24 000	800.000,00 €	25,00 €	40,00 €

1. *Berechnen Sie die variablen Gesamtkosten, die fixen Gesamtkosten und die fixen Stückkosten für die Monate Oktober und November.*
2. *Ermitteln Sie den Betriebserfolg für die Monate Oktober und November unter der Voraussetzung, dass die gesamte Produktion abgesetzt werden konnte.*
3. *Bestimmen Sie rechnerisch und grafisch die Gewinnschwelle.*
4. *Welche Auswirkung auf die Gewinnschwellenmenge hat eine Erhöhung der variablen Stückkosten auf 30,00 €?*
5. *Eine geplante Erweiterungsinvestition verursacht zusätzliche fixe Kosten in Höhe von 40.000,00 €.*

   Wie viele Erzeugnisse müssen zusätzlich produziert und abgesetzt werden, um bei 25,00 € variablen Stückkosten das Betriebsergebnis des Monats November zu halten?

G Kosten- und Leistungsrechnung im Industriebetrieb

Aufgabe 559

Eine Möbelfabrik stellt in einem Zweigwerk Bürostühle her. Im zurückliegenden Geschäftsjahr wurden 6 500 Stühle produziert und zum Stückpreis von 450,00 € verkauft. Die fixen Kosten beliefen sich auf 550.000,00 €, der Betriebsgewinn auf 425.000,00 € in der Periode.

1. Berechnen Sie die variablen Kosten insgesamt und je Stuhl.
2. Ermitteln Sie rechnerisch, bei welcher Menge die Gewinnschwelle erreicht wird?
3. Um sich gegen Konkurrenzprodukte behaupten zu können, soll der Verkaufspreis um 10 % gesenkt werden. Das Unternehmen rechnet aufgrund dieser Maßnahme mit einer Zunahme der Absatzmenge auf 7 000 Stühle.

   Welche Auswirkungen ergeben sich hieraus auf das Betriebsergebnis?

Aufgabe 560

Das Unternehmen „Wohnideal KG" stellt in einer Niederlassung Holzregale her. Die Kapazität beträgt 1 200 Regale je Monat. Die fixen Kosten belaufen sich auf monatlich 64.000,00 €, die variablen Kosten wurden mit 110,00 € je Stück ermittelt. Zurzeit wird für jedes Regal ein Nettoverkaufspreis von 180,00 € erzielt.

1. Bei welcher Monatsproduktion erreicht das Unternehmen die Gewinnschwelle?
2. Welchem Beschäftigungsgrad entspricht die Gewinnschwellenmenge?
3. Ermitteln Sie das Betriebsergebnis des Unternehmens, wenn bei einem Beschäftigungsgrad von 85 % gearbeitet wird.?

Aufgabe 561

Für das abgelaufene Geschäftsjahr hat ein Kunststoffverarbeitungsbetrieb für sein Produkt „Abfallsortierer" folgende Zahlen ermittelt:

Produktions-(= Absatz-)Menge	120 000 Stück
Variable Gesamtkosten (K_v)	900.000,00 €
Fixe Gesamtkosten (K_f)	340.000,00 €
Nettoverkaufspreis	12,00 €

1. Langfristig rechnet der Unternehmer mit einem Absatzrückgang um 25 %. Die Produktion soll unter dieser Bedingung nur aufrechterhalten werden, wenn der Stückgewinn mindestens 0,70 € beträgt.

   Untersuchen Sie die Situation daraufhin, ob die Bedingung eingehalten werden kann.

2. Bis zu welcher Menge ließen sich Produktion und Absatz zurückführen, um gerade noch volle Kostendeckung zu erreichen?
3. Aufgrund einer Marktuntersuchung erwägt der Unternehmer die Produktion rationeller zu gestalten, um die Produktionsmenge erhöhen und zugleich den Verkaufspreis senken zu können. Bei einem Preis von 9,50 € je Abfallsortierer könnte er den Absatz auf 160 000 Stück steigern. Die hierzu erforderliche Umstellung der Produktion würde die variablen Stückkosten auf 7,20 € verändern und die fixen Kosten um 25.000,00 € erhöhen.

   Weisen Sie rechnerisch nach, ob sich die Produktionsänderung für den Unternehmer lohnt.

Aufgabe 562

Begründen Sie, warum ein Industriebetrieb mit überwiegend variablen Kosten bei der kurzfristigen Preisgestaltung wenig Spielraum hat.

Aufgabe 563

Wie beurteilen Sie die Situation eines Betriebes, dessen Kostenrechnung folgende Ergebnisse ausweist:

1. Deckungsbeitrag > Fixe Kosten
2. 0 < Deckungsbeitrag < Fixe Kosten
3. Deckungsbeitrag < 0

G Deckungsbeitragsrechnung

5.3.3 Deckungsbeitragsrechnung als Kostenträgerzeitrechnung im Mehrproduktunternehmen

Situation

Aus den Zahlen von Seite 415 soll im Unternehmen Schmolmann KG entschieden werden, ob der Gehäusetyp G II wegen des Verlustes **von 113.270,00 €** im Produktionsprogramm bleibt oder (zur Gewinnsteigerung) herauszunehmen ist.

	Kostenträgerblatt (BAB II) auf Istkostenbasis				
	Kalkulationsschema	Istkosten insgesamt	Kostenträger		
			Geh. G I	Geh. G II	Geh. G III
	Fertigungsmaterial	2.940.000,00	1.225.000,00	750.000,00	965.000,00
+	10,8 % Materialgemeinkosten	318.000,00	132.500,00	81.120,00	104.380,00
=	**Materialkosten**	**3.258.000,00**	**1.357.500,00**	**831.120,00**	**1.069.380,00**
	Fertigungslöhne FHS I	735.000,00	321.500,00	191.400,00	222.100,00
+	112,9 % Fertigungsgemeinkosten	830.000,00	363.050,00	216.150,00	250.800,00
=	**Fertigungskosten FHS I**	**1.565.000,00**	**684.550,00**	**407.550,00**	**472.900,00**
	Fertigungslöhne FHS II	525.000,00	229.700,00	136.700,00	158.600,00
+	112,4 % Fertigungsgemeinkosten	590.000,00	258.140,00	153.620,00	178.240,00
=	**Fertigungskosten FHS II**	**1.115.000,00**	**487.840,00**	**290.320,00**	**336.840,00**
	Fertigungslöhne FHS III	630.000,00	275.600,00	164.100,00	190.300,00
+	98,4 % Fertigungsgemeinkosten	620.000,00	271.225,00	161.500,00	187.275,00
=	**Fertigungskosten FHS III**	**1.250.000,00**	**546.825,00**	**325.600,00**	**377.575,00**
	Fertigungslöhne FHS IV	510.000,00	223.200,00	132.800,00	154.000,00
+	100 % Fertigungsgemeinkosten	510.000,00	223.200,00	132.800,00	154.000,00
=	**Fertigungskosten FHS IV**	**1.020.000,00**	**446.400,00**	**265.600,00**	**308.000,00**
=	**Herstellkosten der Erzeugung**	**8.208.000,00**	**3.523.115,00**	**2.120.190,00**	**2.564.695,00**
−	Mehrbestand an fertigen Erzeugn.	240.000,00	84.115,00	18.190,00	137.695,00
=	**Herstellkosten des Umsatzes**	**7.968.000,00**	**3.439.000,00**	**2.102.000,00**	**2.427.000,00**
+	13,3 % Verwaltungsgemeinkosten	1.060.000,00	457.500,00	279.650,00	322.850,00
+	5,5 % Vertriebsgemeinkosten	440.000,00	189.900,00	116.080,00	134.020,00
=	**Selbstkosten des Umsatzes**	**9.468.000,00**	**4.086.400,00**	**2.497.730,00**	**2.883.870,00**
	Umsatzerlöse	10.520.000,00	4.696.820,00	2.384.460,00	3.438.720,00
	Betriebsergebnis	**1.052.000,00**	**610.420,00**	**−113.270,00**	**554.850,00**

Produktionsentscheidung auf der Basis der Vollkostenrechnung

Die Produktion des Gehäuses Typ G II wird eingestellt. Hierdurch würden sich die Kosten um 2.497.730,00 €, die Umsatzerlöse nur um 2.384.460,00 € verringern, sodass sich der Betriebsgewinn um 113.270,00 € erhöhen würde.

Die aufgrund der **Vollkostenrechnung** getroffene Maßnahme wäre **nur dann richtig, wenn alle Kosten variabel sind**. Die Einstellung der Produktion verringert dann die Selbstkosten um 2.497.730,00 €. Da die Vollkostenrechnung aber **keine Aussage über das Verhalten der Kosten bei Beschäftigungsänderungen macht**, lässt sie eine Entscheidung im obigen Sinn gar nicht zu.

Produktionsentscheidung auf der Basis der Deckungsbeitragsrechnung

In der Deckungsbeitragsrechnung werden die Kosten **sorgfältig in variable und fixe Kosten** unterteilt. Erst auf dieser Grundlage ist eine Produktionsentscheidung möglich.

Beispiel

Variable und fixe Kosten sollen sich für **alle** Gehäusetypen so zueinander verhalten, wie es in der Rechnung auf Seite 467 dargestellt ist. Danach fallen für den Absatz von insgesamt 193 966 Gehäusen 5.468.000,00 € variable Kosten und 4.000.000,00 € fixe Kosten an; 57,752 % der Gesamtkosten sind also variabel, 42,248 % sind fix.

Die **Selbstkosten des Gehäuses G II** wären danach **aufzuteilen** in

variable Selbstkosten = 57,752 % von 2.497.730,00 € ≈ **1.442.500,00 €** und
fixe Selbstkosten = 42,248 % von 2.497.730,00 € ≈ **1.055.230,00 €**.

G Kosten- und Leistungsrechnung im Industriebetrieb

Durch Produktionseinstellung könnten also **nur die variablen Kosten abgebaut** werden, die **fixen Kosten bleiben** in voller Höhe **bestehen**.

Beispiel *Fortsetzung*

Mithilfe der einstufigen Deckungsbeitragsrechnung berechnet Herr Schmolmann den Betriebserfolg für die beiden Fälle „a) Das Gehäuse G II scheidet aus der Produktion aus" und „b) Das Gehäuse G II scheidet nicht aus der Produktion aus". Es soll gelten, dass sich die Selbstkosten des Umsatzes von 9.468.000,00 € in 5.468.000,00 € (= 57,752 %) **variable Kosten** und 4.000.000,00 € (= 42,248 %) **fixe Kosten** aufteilen lassen.

a) Das Gehäuse G II scheidet aus der Produktion aus:

Ergebnisrechnung	Kostenträger insg.	Geh. Typ G I	Geh. Typ G II	Geh. Typ G III
Umsatzerlöse	8.135.540 €	4.696.820 €	–	3.438.720 €
– variable Kosten	4.025.500 €[1]	2.360.000 €[1]	–	1.665.500 €[1]
= Deckungsbeitrag	4.110.040 €	2.336.820 €	–	1.773.220 €
– fixe Kosten	4.000.000 €	–	–	–
= Betriebsgewinn	110.040 €			

Die Selbstkosten der Abrechnungsperiode können nur um die variablen Kosten des Gehäuses G II (= 1.442.500,00 €) verringert werden. Die fixen Kosten bleiben beim Ausscheiden des Gehäuses G II **in voller Höhe** bestehen und müssen nunmehr allein von den Deckungsbeiträgen der Gehäuse G I und G III getragen werden. Die verbliebenen Deckungsbeiträge reichen noch zur Erzielung eines Betriebsgewinnes aus, der jedoch deutlich niedriger ausfällt als in der ursprünglichen Situation (vgl. S. 475). Durch die Herausnahme des Gehäuses G II verschlechtert sich also die betriebliche Erfolgslage.

b) Das Gehäuse G II scheidet nicht aus der Produktion aus:

Ergebnisrechnung	Kostenträger insg.	Geh. Typ G I	Geh. Typ G II	Geh. Typ G III
Umsatzerlöse	10.520.000 €	4.696.820 €	2.384.460 €	3.438.720 €
– variable Kosten	5.468.000 €	2.360.000 €	1.442.500 €	1.665.500 €
= Deckungsbeitrag	5.052.000 €	2.336.820 €	941.960 €	1.773.220 €
– fixe Kosten	4.000.000 €	–	–	–
= Betriebsgewinn	1.052.000 €			

Die Umsatzerlöse von Gehäuse G II liegen um 941.960,00 € **über dessen variablen Kosten**. Dieser **Mehrbetrag** kann für die **Deckung der fixen Gesamtkosten** mit herangezogen werden. Es entsteht dadurch ein **Betriebsgewinn** in der ausgewiesenen Höhe von 1.052.000,00 €.

Produktionsentscheidung bei mehrstufiger Deckungsbeitragsrechnung

Deckungsbeitrag I (= DB I)

Das Beispiel verdeutlicht, dass die Produktionsentscheidung im Mehrproduktunternehmen von den Deckungsbeiträgen der einzelnen Kostenträger abhängt. Diese Deckungsbeiträge ergeben sich als **Differenz aus den Umsatzerlösen minus den variablen Kosten**, sie heißen **Deckungsbeitrag I**.

Erzeugnisfixe Kosten

Die fixen Kosten wurden im Beispiel keiner näheren Betrachtung unterzogen, sondern **als Block von der Summe der Deckungsbeiträge subtrahiert**. In der Praxis wird jedoch **ein Teil der fixen Kosten den einzelnen Kostenträgern direkt zurechenbar** sein; es handelt sich hierbei um die sog. **erzeugnisfixen Kosten**.

Beispiele: Kosten der Produktionsanlagen, die nur für bestimmte Erzeugnisse genutzt werden, Patente, Forschungs- und Entwicklungskosten, Werkzeugkosten.

Deckungsbeitrag II (= DB II)

Subtrahiert man von den Deckungsbeiträgen I der einzelnen Kostenträger deren erzeugnisfixe Kosten, erhält man den **Deckungsbeitrag II**. Er zeigt den Beitrag der Kostenträger zur Deckung der Restfixkosten an, die **nicht kostenträgerbezogen** sind.

---

[1] gerundete Zahlen

Deckungsbeitragsrechnung

Sofern fixe Kosten **nicht einem bestimmten Kostenträger**, sondern nur **mehreren Kostenträgern gemeinsam** zugerechnet werden können (z. B. Erzeugnisgruppe), spricht man von **erzeugnisgruppenfixen Kosten**.

Erzeugnisgruppenfixe Kosten

Subtrahiert man von den **gruppenweise** zusammengefassten Deckungsbeiträgen II die erzeugnisgruppenfixen Kosten, so erhält man den Deckungsbeitrag III. Er gibt die Fixkostendeckung durch die Erzeugnisgruppen an.

Deckungsbeitrag III (= DB III)

Unternehmensfixe Kosten bilden den restlichen Fixkostenblock, **der für das Unternehmen insgesamt** angefallen ist und nicht mehr verursachungsgerecht einem Kostenträger oder einer Kostenträgergruppe zugerechnet werden kann. **Beispiele**: Kosten der kaufmännischen und betrieblichen Verwaltung und der Unternehmensleitung. Unternehmensfixe Kosten werden von der Summe der Deckungsbeiträge III subtrahiert; die Differenz stellt das **Betriebsergebnis der Rechnungsperiode** dar.

Unternehmensfixe Kosten

Beispiel

Die fixen Kosten in Höhe von 4.000.000,00 € sollen wie folgt aufteilbar sein:

	Geh. Typ G I	Geh. Typ G II	Geh. Typ G III
Erzeugnisfixe Kosten	756.790,00 €	637.590,00 €	796.790,00 €
Erzeugnisgruppenfixe Kosten		598.850,00 €	
Unternehmensfixe Kosten		1.209.980,00 €	

Deckungsbeitragsrechnung mit stufenweiser Fixkostendeckung

Ergebnisrechnung	Gehäuse Typ G I	Gehäuse Typ G II	Gehäuse Typ G III	Kostenträger insgesamt
Umsatzerlöse	4.696.820 €	2.384.460 €	3.438.720 €	10.520.000 €
− variable Kosten	2.360.000 €	1.442.500 €	1.665.500 €	5.468.000 €
= Deckungsbeitrag I	2.336.820 €	941.960 €	1.773.220 €	5.052.000 €
− erzeugnisfixe Kosten	756.790 €	637.590 €	796.790 €	2.191.170 €
= Deckungsbeitrag II	1.580.030 €	304.370 €	976.430 €	2.860.830 €
− erzeugnisgruppenfixe K.		598.850 €	−	598.850 €
= Deckungsbeitrag III	1.285.550 €		976.430 €	2.261.980 €
− unternehmensfixe Kosten	−	−		1.209.980 €
= Betriebsgewinn				1.052.000 €

Auswertung: Es stellt sich die Frage, **ob das Gehäuse Typ G II zugunsten einer höheren Produktion der Gehäuse Typ G I und Typ G III aus der Produktion ausscheiden soll.** Dafür spricht dessen geringer DB II. Zudem wären **erzeugnisfixe Kosten** von 637.590,00 € abbaufähig. Der geringe DB II sagt aber nichts darüber aus, **wie viel Deckungsbeitrag das einzelne Gehäuse** erbringt. Erst diese Aussage ist für die Entscheidung maßgeblich:

DB je Stück	Gehäuse Typ G I	Gehäuse Typ G II	Gehäuse Typ G III
$\dfrac{\text{DB II}}{\text{Absatzmenge}} = db$	$\dfrac{1.580.030\ €}{85\,395\ \text{St.}} = 18,50\ €$	$\dfrac{304.370\ €}{62\,000\ \text{St.}} = 4,91\ €$	$\dfrac{976.430\ €}{46\,571\ \text{St.}} = 20,97\ €$

Nach dieser Rechnung hat das **Gehäuse G III Vorrang** vor den Gehäusen G I und G II. Gehäuse G II wird nur noch zur **Abrundung des Produktionsprogramms** weiterproduziert oder es befindet sich gerade in einer Anlauf- und Aufbauphase und verbleibt aus diesem Grund im Sortiment.

Merke

- Solange ein Kostenträger einen positiven Deckungsbeitrag erzielt, ist es unwirtschaftlich, diesen Kostenträger aus der Produktion herauszunehmen.
- Die Deckungsbeiträge II und III sind für Produktionsentscheidungen von großer Bedeutung, da sie Einblick in die abbaufähigen fixen Kosten geben.

G Kosten- und Leistungsrechnung im Industriebetrieb

Aufgabe 564

Die Kostenrechnung liefert für den Monat November folgende Zahlen:

	Erzeugnis A	Erzeugnis B
Produktions- und Absatzmenge	600 Stück	1 000 Stück
Preis je Stück	520,00 €	390,00 €
Variable Kosten je Stück	240,00 €	160,00 €
Erzeugnisfixe Kosten	80.000,00 €	120.000,00 €
Unternehmensfixe Kosten	130.000,00 €	

Bestimmen Sie die Deckungsbeiträge I und II sowie das Betriebsergebnis.

Aufgabe 565

Aus dem Vormonat stehen folgende Zahlen zur Verfügung:

	Erzeugnis A	Erzeugnis B	Erzeugnis C
Produktions- und Absatzmenge	4 000 Stück	2 400 Stück	8 000 Stück
Preis je Stück	105,00 €	80,00 €	45,00 €
Variable Kosten je Stück	53,00 €	61,00 €	24,00 €
Erzeugnisfixe Kosten	54.000,00 €	48.000,00 €	80.000,00 €
Erzeugnisgruppenfixe Kosten	41.000,00 €		
Unternehmensfixe Kosten	115.500,00 €		

1. Bestimmen Sie die Deckungsbeiträge I, II und III sowie das Betriebsergebnis.
2. Notieren Sie Vorschläge zur Verbesserung des Betriebsergebnisses.

Aufgabe 566

In einem Industriebetrieb werden vier Erzeugnisse A, B, C, D in zwei Produktionsstufen I und II hergestellt. Die Erzeugnisarten A und B durchlaufen beide Produktionsstufen, die Erzeugnisarten C und D durchlaufen nur die erste Produktionsstufe.

Die fixen Kosten betragen insgesamt 1.000.000,00 € je Rechnungsperiode und lassen sich wie folgt aufteilen:

	Erzeugnisarten			
	A	B	C	D
Erzeugnisfixe Kosten der Stufe I	125.000,00 €	140.000,00 €	80.000,00 €	105.000,00 €
Erzeugnisgruppenfixe Kosten der Stufe I	160.000,00 €		40.000,00 €	

Die fixen Kosten der Produktionsstufe II belaufen sich auf 130.000,00 € und gelten als erzeugnisgruppenfixe Kosten.
Die unternehmensfixen Kosten betragen 220.000,00 €.

Für die Betriebsergebnisrechnung liegen die folgenden Angaben vor:

	A	B	C	D
Verkaufspreis je Stück	150,00 €	220,00 €	180,00 €	200,00 €
Produktions- und Absatzmenge in Stück	4 000	3 500	3 200	3 000
Variable Kosten je Stück	80,00 €	140,00 €	110,00 €	120,00 €

1. Berechnen Sie die Deckungsbeiträge I, II und III sowie den Betriebserfolg.
2. Erläutern Sie Maßnahmen, durch die das Betriebsergebnis verbessert wird.

5.4 Deckungsbeitragsrechnung als Grundlage für marktorientierte Entscheidungen

5.4.1 Bestimmung der Preisuntergrenze

Die Preisuntergrenze gibt den Verkaufspreis an, den das Unternehmen für sein Erzeugnis fordern muss, um **kurzfristig** oder **langfristig** zu bestehen.

In wirtschaftlich schlechten Zeiten, die durch Absatzeinbußen gekennzeichnet sind, wird die Unternehmensleitung gezwungen sein, die Verkaufspreise zu senken, um den Absatzrückgang aufzuhalten. Man muss dann aber wissen, **in welchem Ausmaß** die Preissenkung vorgenommen werden kann, **ohne Verluste** zu erleiden.

Die langfristige Preisuntergrenze legt den Preis fest, der zu **kostendeckenden Erlösen** führt. Die Produktion kann in dieser Situation beständig fortgesetzt werden, da Ersatzinvestitionen durchführbar sind. Zur Erhaltung der Arbeitsplätze und zur Stabilisierung des Absatzes wird die Unternehmensleitung diese Preisuntergrenze möglichst nicht unterschreiten.

langfristige Preisuntergrenze

Beispiel

Es soll angenommen werden, dass der Absatz des Gehäuses Typ G II, von dem in der abgelaufenen Periode 62 000 Stück verkauft wurden, rückläufig ist. Bei den Gehäusen G I und G III sind keine Absatzeinbußen zu verzeichnen.

Um den Absatz bei Gehäuse Typ G II auf dem bisherigen Stand zu halten, soll **der Preis so weit gesenkt werden, dass der DB II dieses Gehäuses auf 0,00 € fällt**; die Umsatzerlöse sollen also die variablen Kosten und die erzeugnisfixen Kosten gerade noch decken.

Der DB II kann demnach **um 304.370,00 € niedriger** ausfallen (vgl. S. 477). Dies wird durch **Verminderung der Umsatzerlöse um den Betrag von 304.370,00 €** erreicht:

Früherer Nettoverkaufspreis von Gehäuse G II = (2.384.460 € : 62 000 St.)	= **38,46 €**
– **Preissenkung** bei Gehäuse G II = (304.370 € : 62 000 St.)	= **4,91 €**
= **Neuer Nettoverkaufspreis von Gehäuse G II**	= **33,55 €**

Ergebnisrechnung	Gehäuse Typ G I	Gehäuse Typ G II	Gehäuse Typ G III	Kostenträger insgesamt
Umsatzerlöse	4.696.820 €	2.080.090 €	3.438.720 €	10.215.630 €
– variable Kosten	2.360.000 €	1.442.500 €	1.665.500 €	5.468.000 €
= Deckungsbeitrag I	2.336.820 €	637.590 €	1.773.220 €	4.747.630 €
– erzeugnisfixe Kosten	756.790 €	637.590 €	796.790 €	2.191.170 €
= Deckungsbeitrag II	1.580.030 €	0 €	976.430 €	2.556.460 €
– erzeugnisgruppenfixe K.	598.850 €	–	–	598.850 €
= Deckungsbeitrag III	981.180 €	–	976.430 €	1.957.610 €
– unternehmensfixe Kosten	–	–	–	1.209.980 €
= Betriebsgewinn				747.630 €

Der Preis für das Gehäuse Typ G II wurde auf die **langfristige Preisuntergrenze** festgesetzt. Über die Umsatzerlöse fließen dem Unternehmen genau so viele Finanzmittel zu, dass die **variablen Kosten und die direkt zurechenbaren fixen Kosten** gedeckt werden. Der Kostenträger ist nicht mehr an der Deckung der erzeugnisgruppenfixen und der unternehmensfixen Kosten beteiligt. Die Deckung dieser Kosten wird von den übrigen Kostenträgern voll übernommen.

Die kurzfristige Preisuntergrenze (= **absolute Preisuntergrenze**) legt den Preis fest, der genau **die variablen Kosten** des Kostenträgers **deckt**. Der Verkaufspreis ist in diesem Fall also **gleich den variablen Stückkosten**. In Höhe der **gesamten fixen Kosten** (= Kosten der Betriebsbereitschaft) ergibt sich dann ein **Betriebsverlust**.

kurzfristige Preisuntergrenze

G Kosten- und Leistungsrechnung im Industriebetrieb

Beispiel

Die kurzfristigen Preisuntergrenzen für die Kostenträger lauten:

Kurzfristige Preisuntergrenze	Geh. Typ G I	Geh. Typ G II	Geh. Typ G III
Variable Kosten	2.360.000 €	1.442.500 €	1.665.500 €
Absatz (Stück)	85 395 Stück	62 000 Stück	46 571 Stück
	= 27,64 €	= 23,27 €	= 35,76 €

liquiditätsorientierte Preisuntergrenze

Die Ausrichtung der Verkaufspreise nach der kurzfristigen Preisuntergrenze kann ein Unternehmen in **Liquiditätsschwierigkeiten** bringen. Da in der kurzfristigen Preisuntergrenze nur die variablen Kosten erfasst werden, bleiben die fixen Kosten, **die kurzfristig zu Ausgaben führen**, unberücksichtigt; das sind insbesondere Mietaufwendungen, betriebliche Steuern, Gehälter, Zeitlöhne, Soziale Abgaben, Versicherungsbeiträge. Die liquiditätsorientierte Preisuntergrenze wird nach folgender Rechnung festgelegt:

$$\text{liquiditätsorientierte Preisuntergrenze} = \frac{\text{variable Kosten + ausgabewirksame fixe Kosten}}{\text{Absatzmenge}}$$

Merke

- Reichen die Umsatzerlöse insgesamt aus, um alle anfallenden Kosten zu decken, so hat der Verkaufspreis die langfristige Preisuntergrenze erreicht.
- Die kurzfristige oder absolute Preisuntergrenze ist erreicht, wenn der Nettoverkaufspreis gerade die variablen Stückkosten des Erzeugnisses deckt. Auf den Ersatz der ohnehin anfallenden fixen Kosten wird vorübergehend verzichtet.

Aufgabe 567

1. Definieren Sie die Begriffe kurzfristige, langfristige und liquiditätsorientierte Preisuntergrenze.
2. Begründen Sie, warum ein Industriebetrieb langfristig nicht existieren kann, wenn die Umsatzerlöse gerade die gesamten Kosten decken, er aber kurzfristig durchaus die liquiditätsorientierte Preisuntergrenze anstreben kann.

Aufgabe 568

In einem Industriebetrieb wird ein Erzeugnis zu variablen Stückkosten in Höhe von 45,00 € und fixen Kosten je Abrechnungsperiode in Höhe von 120.000,00 € produziert. Die monatliche Produktionsmenge beträgt 5 000 Stück.

Geben Sie die langfristige und kurzfristige Preisuntergrenze an.

Aufgabe 569

Ein Mehrproduktunternehmen fertigt drei Erzeugnisse. Die BER liefert folgende Unterlagen:

	Erzeugnis I	Erzeugnis II	Erzeugnis III
Verkaufspreis	62,50 €	36,00 €	40,00 €
Variable Stückkosten	40,00 €	20,00 €	25,00 €
Erzeugnisfixe Kosten	50.000,00 €	80.000,00 €	110.000,00 €
Unternehmensfixe Kosten		220.000,00 €	
Produktions- und Absatzmenge	8 000 Stück	10 000 Stück	20 000 Stück

1. Bestimmen Sie die Deckungsbeiträge I und II sowie das Betriebsergebnis.
2. Beim Produkt II liegen Absatzschwierigkeiten vor. Der Preis dieses Erzeugnisses soll so weit gesenkt werden, dass dessen Erlöse gerade noch die variablen Kosten und die erzeugnisfixen Kosten decken. *Zu welchem Preis muss das Erzeugnis angeboten werden?*
3. Der Unternehmer strebt an, den Preis für das Erzeugnis B vorübergehend so weit zu senken, dass der Betriebsgewinn auf Null fällt. Die Preise der übrigen Erzeugnisse sowie die Kostensituation insgesamt verändert sich nicht. *Zu welchem Preis kann das Erzeugnis B angeboten werden?*

Deckungsbeitragsrechnung

5.4.2 Annahme von Zusatzaufträgen

Situation

Im Unternehmen Schmolmann KG liegt für das abgelaufene Geschäftsjahr folgende Produktions- und Absatzsituation vor (vgl. auch S. 415/477/479):

	Gehäuse G I	Gehäuse G II	Gehäuse G III	insgesamt
Verkaufspreis	55,00 €	38,46 €	73,84 €	
Variable Stückkosten	27,64 €	23,27 €	35,76 €	
Erzeugnisfixe Kosten	756.790,00 €	637.590,00 €	796.790,00 €	
Erz.-gruppenfixe Kosten	598.850,00 €		–	
Unternehmensfixe Kosten				1.209.980,00 €
Absatzmenge	85 395 Stück	62 000 Stück	46 571 Stück	
Kapazität	105 000 Stück	80 000 Stück	65 000 Stück	

Im kommenden Geschäftsjahr rechnet Herr Schmolmann mit einer **unveränderten Produktions- und Absatzsituation**. Es besteht allerdings die Möglichkeit, einen **Zusatzauftrag** von einem bisher nicht belieferten Kunden über **10 000 Gehäuse Typ G II** zu erhalten, wenn ein Verkaufspreis von **30,00 €** je Gehäuse akzeptiert wird.

Welche Erfolgssituation ergibt sich für das Unternehmen Schmolmann KG ohne Berücksichtigung des Zusatzauftrags und einschließlich des Zusatzauftrags?

Zusatzaufträge

Alle Aufträge, die zu Preisen unterhalb der derzeitigen Verkaufspreise angenommen werden, heißen Zusatzaufträge. Durch Zusatzaufträge sollen

- die zurzeit nicht ausgelasteten **Produktionsanlagen optimal genutzt** und
- das **Betriebsergebnis verbessert** werden.

Auf dem Markt lässt sich diese Strategie nur durchsetzen, wenn sich die Abnehmer untereinander nicht kennen. Das ist auf den Gütermärkten in der Regel der Fall.

Ergebnisrechnung ohne Berücksichtigung des Zusatzauftrags (vgl. S. 477)

Ergebnisrechnung	Gehäuse Typ G I	Gehäuse Typ G II	Gehäuse Typ G III	Kostenträger insgesamt
Umsatzerlöse	4.696.820 €	2.384.460 €	3.438.720 €	10.520.000 €
– variable Kosten	2.360.000 €	1.442.500 €	1.665.500 €	5.468.000 €
= Deckungsbeitrag I	2.336.820 €	941.960 €	1.773.220 €	5.052.000 €
– erzeugnisfixe Kosten	756.790 €	637.590 €	796.790 €	2.191.170 €
= Deckungsbeitrag II	1.580.030 €	304.370 €	976.430 €	2.860.830 €
– erzeugnisgruppenfixe K.	598.850 €		–	598.850 €
= Deckungsbeitrag III	1.285.550 €		976.430 €	2.261.980 €
– unternehmensfixe Kosten	–	–	–	1.209.980 €
= Betriebsgewinn				1.052.000 €

Ergebnisrechnung einschließlich des Zusatzauftrags

Ergebnisrechnung	Gehäuse Typ G I	Gehäuse Typ G II	Gehäuse Typ G III	Kostenträger insgesamt
Umsatzerlöse aus laufender Produktion	4.696.820 €	2.384.460 €	3.438.720 €	10.520.000 €
+ Umsatzerlöse aus dem Zusatzauftrag	–	300.000 €	–	300.000 €

G Kosten- und Leistungsrechnung im Industriebetrieb

Umsatzerlöse insgesamt	4.696.820 €	2.684.460 €	3.438.720 €	10.820.000 €
− variable Kosten der laufenden Produktion	2.360.000 €	1.442.500 €	1.665.500 €	5.468.000 €
− variable Kosten des Zusatzauftrags	–	232.700 €	–	232.700 €
= Deckungsbeitrag I	2.336.820 €	1.009.260 €	1.773.220 €	5.119.300 €
− erzeugnisfixe Kosten	756.790 €	637.590 €	796.790 €	2.191.170 €
= Deckungsbeitrag II	1.580.030 €	371.670 €	976.430 €	2.928.130 €
− erzeugnisgruppenfixe K.		598.850 €	–	598.850 €
= Deckungsbeitrag III	1.352.850 €		976.430 €	2.329.280 €
− unternehmensfixe Kosten	–	–	–	1.209.980 €
= Betriebsgewinn				1.119.300 €

Die Annahme des Zusatzauftrags empfiehlt sich unbedingt: Der Zusatzauftrag erbringt einen positiven Stückdeckungsbeitrag von 30,00 € − 23,27 € = (+) 6,73 €. Jedes zusätzlich produzierte und verkaufte Gehäuse hilft also bei der Deckung der fixen Kosten bzw. erhöht den Betriebsgewinn um 6,73 €. Auch für den Fall eines vorher schon bestehenden Betriebsverlustes würde sich die Annahme dieses Zusatzauftrages lohnen, da der zusätzlich erzielbare Gewinn zur Verringerung des Betriebsverlustes beiträgt.

Merke
- Ein Zusatzauftrag liegt vor, wenn ein Auftrag zu Preisen unterhalb der derzeitigen Verkaufspreise angenommen wird.
- Die Annahme eines Zusatzauftrags empfiehlt sich immer dann, wenn sein Preis über den variablen Stückkosten liegt (positiver Deckungsbeitrag).

Aufgabe 570

Ein Unternehmen, das Spritzgussteile herstellt, ist auf eine Kapazität von 10 000 Stück je Monat ausgelegt. Die Kostenrechnung schloss im Monat Juni mit folgenden Zahlen ab:

Produktion	Variable Gesamtkosten	Fixe Gesamtkosten
8 400 Stück	126.000,00 €	84.000,00 €

Es wird damit gerechnet, dass in Zukunft eine Produktion von 7 500 Stück zum Preis von 30,00 € je Stück abgesetzt werden kann.
1. Errechnen Sie den Betriebserfolg bei der erwarteten Absatzlage.
2. Begründen Sie, ob sich die Hereinnahme eines Zusatzauftrags über 1 500 Stück lohnt, der zum Preis von 22,00 € je Stück abgerechnet werden muss?
3. Zu welchem kostendeckenden Preis könnten 7 500 Stück angeboten werden?
4. Wie hoch ist die absolute Preisuntergrenze?

Aufgabe 571

Ein Uhrenhersteller produziert zwei Uhren, Typ A und Typ B, unter folgenden Bedingungen:

Typ	Monatliche Produktion	Kapazitätsgrenze	Variable Stückkosten	Erzeugnisfixe Kosten	Untern.-fixe Kosten	Verkaufspreis
A	6 000	8 000	35,00 €	50.000,00 €	210.000,00 €	75,00 €
B	4 000	5 000	56,00 €	80.000,00 €		120,00 €

1. Errechnen Sie den Deckungsbeitrag I und II sowie den Betriebsgewinn.
2. Bestimmen Sie, ob sich die Annahme eines Zusatzauftrags über 500 Uhren vom Typ A zum Preis von 40,00 € je Uhr lohnt.
3. Um Absatzeinbußen bei der Uhr von Typ B zu vermeiden, will der Unternehmer den Betriebsgewinn vorübergehend auf 50.000,00 € senken. Ermitteln Sie den Verkaufspreis, zu dem eine Uhr unter dieser Bedingung angeboten werden kann.

5.4.3 Optimales Produktionsprogramm

Unter optimalem Produktionsprogramm versteht man die **Ausrichtung der Produktion** in einem Mehrproduktunternehmen **auf die rentabelsten Erzeugnisgruppen**, wobei sich die **Rangfolge**, in der die Erzeugnisse hergestellt werden, nach der Höhe der von ihnen erwirtschafteten **absoluten** oder **relativen Deckungsbeiträge** richtet.

Zweck

Produktionsprogramm nach absoluten Deckungsbeiträgen

Unter der Voraussetzung ausreichender Produktionskapazität hängt die Produktionsrangfolge **von der Höhe der Deckungsbeiträge je Stück ab.**

Beispiel 1

Es wird angenommen, dass das Unternehmen Schmolmann KG **vier** Gehäusetypen (G I, G II, G III, G IV) zu folgenden Bedingungen produziert (vgl. S. 481):

Gehäusetyp	Nettoverkaufspreis	Variable Stückkosten	Deckungsbeitrag je Stück
G I	55,00 €	27,64 €	27,36 €
G II	38,46 €	23,27 €	15,19 €
G III	73,84 €	35,76 €	38,08 €
G IV	44,50 €	27,80 €	16,70 €

Die Rangfolge, in der die einzelnen Gehäusetypen bei der Produktionsentscheidung berücksichtigt werden, lautet demnach:

G III – G I – G IV – G II

Produktionsprogramm nach relativen Deckungsbeiträgen

In der Praxis wird es in jedem Industriebetrieb **Engpässe** geben, die die Produktionsmenge in einer bestimmten Abteilung beschränken. Die Produktionsrangfolge wird dann von den **Produktionsbedingungen dieses Engpasses** bestimmt.

Im betrieblichen Engpass wird die Produktion vorrangig auf jene Produkte gelegt, die die höchsten Ertragszuwächse erbringen. Als Maßzahl für den Ertragszuwachs gelten die **Stückdeckungsbeiträge je Produktionsminute**, die auch relative Deckungsbeiträge genannt werden.

Relativer Deckungsbeitrag

Beispiel 2

Die vier Gehäusetypen G I, G II, G III und G IV durchlaufen die **gleiche Montageabteilung**. Diese Abteilung bildet mit **16 000 Stunden/Monat** den betrieblichen Engpass. Für die Montage der Gehäusetypen werden folgende Zeiten je Gehäuse aufgewendet:

	Typ G I	Typ G II	Typ G III	Typ G IV
Montagezeit in Minuten	5	3	6	4

Das Gehäuse G I hat einen **Deckungsbeitrag** von (55,00 € Verkaufspreis – 27,64 € variable Stückkosten =) 27,36 € je Stück erzielt. Es erfordert eine Montagezeit von **5 Minuten je Stück**. Auf eine Minute umgerechnet ergibt das einen relativen Deckungsbeitrag von:

$$\text{Relativer Deckungsbeitrag} = \frac{27{,}36\ €\ \text{Stückdeckungsbeitrag}}{5\ \text{Minuten Montagezeit}} = 5{,}472\ €/\text{min.}$$

Merke

- Die Rangfolge, in der die Erzeugnisgruppen produziert werden, richtet sich bei ausreichender Produktionskapazität nach der Höhe der erzielten (absoluten) Deckungsbeiträge je Stück und bei Engpässen nach der Höhe der relativen Deckungsbeiträge je Stück.
- Der auf eine Minute umgerechnete Stückdeckungsbeitrag heißt relativer Deckungsbeitrag.

In der folgenden Aufstellung sind für alle Gehäusetypen die relativen Deckungsbeiträge aufgeführt:

Gehäusetyp	Stückdeckungsbeitrag (db)	Montagezeit in Minuten	relativer Deckungsbeitrag (€/min.)
G I	27,36 €	5	5,472 €/min.
G II	15,19 €	3	5,063 €/min.
G III	38,08 €	6	6,347 €/min.
G IV	16,70 €	4	4,175 €/min.

Die Produktionsentscheidung richtet sich nunmehr nach der **Höhe der relativen Deckungsbeiträge**. Die vier Gehäusetypen werden in der Rangfolge

G III – G I – G II – G IV

produziert. Von der **Kapazität des Engpasses** und der **Absatzsituation** hängt es ab, ob **alle Gehäusetypen in den absetzbaren Mengen auch hergestellt werden**. Unter der Annahme bestimmter **monatlicher Absatzmengen** (vgl. nachfolgendes Beispiel und S. 415) wird folgende **Produktionsentscheidung** getroffen:

Rang	Gehäusetyp	absetzbare Menge	Montagezeit je Stück	Montagezeit insgesamt in Minuten	Montagezeit in Stunden
I	G III	46 571 Stück •	6 Minuten =	279 426 Min.	4 657,10 Std.
II	G I	85 395 Stück •	5 Minuten =	426 975 Min.	7 116,25 Std.
III	G II	62 000 Stück •	3 Minuten =	186 000 Min.	3 100,00 Std.
					14 873,35 Std.
IV	G IV	16 900 Stück •	4 Minuten =	67 599 Min. ←	1 126,65 Std.
					16 000,00 Std.

Auswertung und Erläuterung: Die auf den Rängen I bis III stehenden Gehäusetypen G III, G I und G II können im Umfang ihrer absetzbaren Mengen produziert werden. Im betrieblichen Engpass „Montage" werden hierfür insgesamt 14 873,35 Arbeitsstunden verbraucht. Für das im letzten Rang stehende Gehäuse G IV verbleiben noch 1 126,65 Montagestunden; diese Zeit entspricht 67 599 Montageminuten. Bei einer Montagezeit von 4 Minuten je Stück können somit innerhalb der verbleibenden Arbeitszeit (67 599 Minuten : 4 Minuten =) 16 900 Gehäuse G IV hergestellt werden.

Aufgabe 572

Errechnen Sie zu obigem Beispiel den gesamten Deckungsbeitrag und das Betriebsergebnis, wenn die fixen Kosten 4.000.000,00 € (vgl. S. 467) betragen.

Aufgabe 573

In einem Industrieunternehmen werden fünf unterschiedliche Erzeugnisse unter folgenden Bedingungen hergestellt:

Erzeugnisgruppe	Nettoumsatz je Stück	Variable Stückkosten	Fixe Gesamtkosten
A	3,50 €	1,90 €	
B	2,80 €	1,10 €	
C	5,20 €	3,10 €	52.200,00 €
D	7,40 €	3,80 €	
E	4,10 €	2,20 €	

In der gemeinsamen Engpassstufe können monatlich maximal 6 400 Fertigungsstunden geleistet werden.

Der Zeitbedarf in dieser Stufe beträgt je Stück:

A	B	C	D	E
10 Min.	5 Min.	12 Min.	15 Min.	10 Min.

Die absetzbare Stückzahl beträgt:

A	B	C	D	E
9 000	12 000	8 000	8 000	15 000

Ermitteln Sie das optimale Produktionsprogramm und berechnen Sie das Betriebsergebnis.

Aufgabe 574

Wie lautet die Lösung zu Aufgabe 573, wenn in der Engpassstufe nicht mit der maximalen Leistung von 6 400 Fertigungsstunden gearbeitet wird, sondern mit optimaler Leistung, die 90 % der maximalen Leistung beträgt?

Aufgabe 575

Ein Industrieunternehmen produziert drei verschiedenartige Erzeugnisse A, B und C unter folgenden Bedingungen:

Erzeugnisgruppe	Variable Stückkosten	Nettoumsatz je Stück	Fixe Gesamtkosten
A	124,00 €	165,00 €	
B	86,00 €	121,00 €	125.000,00 €
C	105,00 €	128,00 €	

1. *Wie hoch ist das Betriebsergebnis, wenn von jedem Produkt monatlich 2 000 Stück absetzbar sind und keine betrieblichen Engpässe vorliegen?*

2. *Ermitteln Sie das optimale Produktionsprogramm und das Betriebsergebnis, wenn auf einer gemeinsamen Fertigungsstufe ein Engpass mit monatlich 6 440 Fertigungsstunden vorliegt und die Fertigungszeiten in dieser Stufe bei Produkt A 1,5 Stunden, bei B 1,0 Stunde und bei C 1,2 Stunden betragen. Es sollen wiederum von jedem Produkt 2 000 Stück absetzbar sein.*

Aufgabe 576

Die Montageabteilung eines Industriebetriebes soll die Fertigung eines neuen Gerätes Typ G übernehmen, obwohl sie bereits an der Kapazitätsgrenze arbeitet. Bisher werden in dieser Abteilung drei Geräte montiert:

Gerät	Fertigungszeit Min./Stück	Deckungsbeitrag
Typ C	12 Min./Stück	25,00 €
Typ D	15 Min./Stück	31,00 €
Typ E	10 Min./Stück	19,00 €

Das Gerät Typ G benötigt eine Montagezeit von 7,5 Minuten je Stück, es kann zu einem Nettoverkaufspreis von 41,00 € abgesetzt werden und verursacht variable Stückkosten von 26,00 €.

Weisen Sie rechnerisch nach, ob Gerät Typ G in das Produktionsprogramm aufgenommen werden sollte. Geben Sie an, welches Gerät ggf. mit geringeren Stückzahlen produziert werden sollte.

Aufgabe 577

1. *Erklären Sie die Begriffe „absoluter Deckungsbeitrag" und „relativer Deckungsbeitrag".*
2. *Erklären Sie das Kriterium für die Produktionsentscheidung beim Kalkulieren mit relativen Deckungsbeiträgen.*

Kosten- und Leistungsrechnung im Industriebetrieb

Aufgabe 578

Ein Unternehmen stellt u. a. Graugussteile her. Die Kapazität ist auf 10 000 Stück je Monat ausgelegt.

Für den Monat März lieferte die Kostenrechnung folgende Zahlen:

Produktion	Variable Gesamtkosten	Fixe Gesamtkosten	Umsatzerlöse
8 500 Stück	244.800,00 €	180.200,00 €	510.000,00 €

1. Die Absatzentwicklung der letzten Monate lässt für den kommenden Monat einen Rückgang des Absatzes auf 7 500 Stück befürchten.

   a) *Zu welchem Preis müsste die Produktion bei unveränderten fixen Kosten abgesetzt werden? (unveränderter Gewinnzuschlag: 20 %)*

   b) *Welche Preisfestsetzungen könnte die Unternehmensleitung kurzfristig beschließen, wenn sich der unter a) errechnete Preis nicht auf dem Markt durchsetzen lässt?*

2. Besondere absatzpolitische Maßnahmen haben die unter 1. befürchtete Entwicklung nicht eintreten lassen. Die Unternehmensleitung rechnet nun für den Folgemonat mit Aufträgen über 8 000 Stück, die zum gleichen Preis abgesetzt werden können. Zusätzlich kann die Unternehmung einen Auftrag über 1 000 Stück erhalten, wenn ein Stückpreis von 30,00 € akzeptiert wird.

   a) *Untersuchen Sie, ob sich die Annahme des Zusatzauftrags lohnt.*

   b) *Welche Auswirkung auf das Betriebsergebnis ergäbe sich, wenn der Auftrag angenommen wird?*

3. Langfristig rechnet die Unternehmensleitung mit einem Rückgang des Absatzes auf 5 000 Stück. Unter dieser Annahme wird geplant, die Produktion der Graugussteile aus dem Produktionsprogramm zu streichen. Hierdurch könnten die Fixkosten um 40.000,00 € abgebaut werden.

   Lohnt sich die Herausnahme des Produktes aus dem Produktionsprogramm?

4. Wegen der schlechten Absatzlage bei Graugussteilen stellt das Unternehmen die Produktion auf Kunststoff-Spritzgussteile um. Drei Erzeugnisse werden unter folgenden Bedingungen produziert und angeboten:

Erzeugnis	Variable Stückkosten	Nettoverkaufspreis	Fixe Gesamtkosten (Monat)
A	2,40 €	2,70 €	
B	1,60 €	1,85 €	90.000,00 €
C	2,00 €	2,40 €	

   a) *Bestimmen Sie das Betriebsergebnis, wenn von A 150 000 Stück, von B 200 000 Stück und von C 120 000 Stück monatlich absetzbar sind und kein betrieblicher Engpass vorliegt.*

   b) Die Produkte werden in Serie auf getrennten Gussanlagen gefertigt; sie durchlaufen gemeinsam eine Kontroll-, Prüf- und Verpackungsabteilung, die mit 12 400 Stunden je Monat belastet werden kann. Für das Produkt A werden 2,4 Min./Stück, für B 1,5 Min./Stück und für C 1,8 Min./Stück verbraucht. *Bestimmen Sie unter den genannten Bedingungen das optimale Produktionsprogramm.*

Aufgabe 579

Ein Betrieb hatte in der vergangenen Abrechnungsperiode 2 000 Stück eines Erzeugnisses hergestellt. Die Gesamtkosten beliefen sich auf 124.000,00 €. In der laufenden Abrechnungsperiode werden 2 250 Stück zu Gesamtkosten von 135.250,00 € produziert.

1. Berechnen Sie bei proportionalem Verlauf der variablen Kosten die Fixkosten.
2. Mit welchen Gesamtkosten ist bei einer Produktion von 2 400 Stück zu rechnen? Stellen Sie den Kostenverlauf grafisch dar.

5.4.4 Eigenfertigung oder Fremdbezug

Die Frage, ob ein Produkt **selbst hergestellt** oder **von Zulieferern bezogen** werden soll, stellt sich aus **vielfältigen Gründen**, z. B. Kosten, Beschäftigungsgrad, Qualität, Know-how, Abhängigkeit von Zulieferern.

In den folgenden Ausführungen wird von der Annahme ausgegangen, dass nur die Aspekte „Kosten" und „Beschäftigungsgrad" entscheidungsrelevant sind.

In diesem Zusammenhang ist noch zu klären, ob es sich um eine langfristige, strategische Entscheidung (z. B. Produktion eines neuen Produktes) oder eine kurzfristige, operative Entscheidung (z. B. Vergabe eines Fertigungsauftrages der laufenden Produktion) handelt. Denn bei einer langfristigen Entscheidung müssen bei der Eigenfertigung auch fixe Kosten (z. B. anteilige Miete, Gehälter der Angestellten) beim Kostenvergleich berücksichtigt werden. Bei kurzfristigen Entscheidungen sind fixe Kosten nicht entscheidungsrelevant, weil sie auch ohne Eigenfertigung anfallen. Fixe Kosten bleiben dann unberücksichtigt.

Kurzfristige oder langfristige Entscheidungssituation

An dieser Stelle beschränken wir uns auf die kurzfristige Entscheidungssituation. Damit lassen sich die Überlegungen auf **zwei grundsätzliche Situationen** reduzieren:

Kurzfristige Entscheidungssituation

1. Das Unternehmen verfügt über freie Kapazitäten an Betriebsmitteln und Arbeitskräften und plant bisher fremdbezogene Erzeugnisse selbst herzustellen (vgl. **Beispiel 1**).
2. Das Unternehmen möchte Kapazitäten für andere Erzeugnisse frei machen und plant selbst hergestellte Erzeugnisse in Zukunft von Zulieferern zu beziehen (vgl. **Beispiel 2**).

Beispiel 1

Das Unternehmen Schmolmann KG kann von einem Zulieferer Blechgehäuse zu folgenden Bedingungen beziehen: Listeneinkaufspreis 45,00 € je Stück mit 10 % Rabatt. Zahlungsbedingungen: 10 Tage mit 2 % Skonto oder 30 Tage ohne Abzug. Die Bezugskosten werden mit 1 % des Bareinkaufspreises pauschal verrechnet.

Eigenfertigung: Fertigungsmaterial 5,50 €/Stück. Löhne für Stanzen, Pressen, Bohren, Lackieren und Montieren 18,00 €/Stück (die Facharbeiter sind bei **vollem Lohnausgleich** unterbeschäftigt).

An Gemeinkosten werden verrechnet:
Material 8 % (die Materialgemeinkosten sind **zu 25 % variabel**),
Fertigung 180 % (die Fertigungsgemeinkosten sind **zu 40 % variabel**).

Kalkulation des Fremdbezugs	
Listeneinkaufspreis	45,00 €
− 10 % Rabatt	4,50 €
= Rechnungspreis	40,50 €
− 2 % Skonto	0,81 €
= Bareinkaufspreis	39,69 €
+ 1 % Bezugskosten	0,40 €
= **Bezugspreis je Stück**	**40,09 €**

Kalkulation der Eigenfertigung auf Vollkostenbasis	
Fertigungsmaterial	5,50 €
+ 8 % Materialgemeinkosten	0,44 €
+ Fertigungslöhne	18,00 €
+ 180 % Fertigungsgemeink.	32,40 €
= **Herstellkosten je Stück**	**56,34 €**

Auf der Grundlage der **obigen** Vollkostenrechnung würde die Entscheidung **zugunsten des Fremdbezugs** ausfallen. Das ist **falsch**, weil in der Vollkostenkalkulation auch fixe Kosten angesetzt wurden, die durch die bisherige Beschäftigung bereits in voller Höhe erfasst waren. **Fixe Kosten bleiben unberücksichtigt**. Auch **Fertigungslöhne werden nicht eingerechnet**; sie sind in den bisherigen Fertigungskosten enthalten (vgl. Beispiel 1, voller Lohnausgleich).

Kalkulation der Eigenfertigung auf der Grundlage variabler Kosten	
Fertigungsmaterial	5,50 €
+ 2 % var. MGK (25 % v. 8 %)	0,11 €
+ 72 % var. FGK (v. 18,00 €)	12,96 €
= **variable Herstellkosten**	**18,57 €**

G Kosten- und Leistungsrechnung im Industriebetrieb

Beispiel 2

Das Unternehmen Schmolmann KG stellt Stahlblech**gehäuse** Typ G I selbst her, während es die Gehäuse**deckel** Typ G I von einem Zulieferer zum Bezugspreis von 6,50 €/Stück bezieht. Die Geschäftsleitung plant die Deckel Typ G I auf vorhandenen Stanzen und Pressen selbst herzustellen. Diese Maschinen sind derzeit mit der Produktion von Deckeln Typ G II ausgelastet. Die Deckel Typ G II haben einen (angenommenen) Verkaufspreis von 6,50 € je Stück.

Die **Fertigungsplanung** liefert folgende Zahlen:

Maschinenstundensätze:	Stanze (proportional)	25,00 €
	Presse (proportional)	31,00 €
einheitlicher **Lohnstundensatz** (proportional)		30,00 €
Fertigungsgemeinkostenzuschlag (proportional)		14 %
Deckel G I:	Fertigungsmaterial je Stück	1,40 €
	Materialgemeinkosten (proportional)	3,5 %
	Bearbeitungszeit **je Stück und Maschine**	1,2 Minuten
Deckel G II:	Fertigungsmaterial je Stück	1,73 €
	Materialgemeinkosten (proportional)	3,5 %
	Bearbeitungszeit **je Stück und Maschine**	1,5 Minuten

Opportunitätskosten

In diesem Fall konkurrieren Deckel Typ G I und Deckel Typ G II in der Produktion miteinander. Auf die Höhe der fixen Kosten hat dies keinen Einfluss; sie bleiben unberücksichtigt. Werden die Deckel Typ G I produziert, so entstehen zunächst die variablen (= proportionalen) Kosten dieser Produktion. **Zusätzlich** sind die durch diese Produktion verdrängten „Vorteile der Deckelproduktion Typ G II" (= Opportunitätskosten = **relativer Deckungsbeitrag**) einzurechnen.

Kosten der Eigenfertigung von Deckeln Typ G I:

1. Variable Kosten		Deckel Typ G I	Deckel Typ G II
	Fertigungsmaterial je Stück	1,40 €	1,73 €
+	3,5 % Materialgemeinkosten	0,05 €	0,06 €
+	proportionale Maschinenkosten: Stanze	0,50 €	0,63 €
	Presse	0,62 €	0,78 €
+	Fertigungslöhne je Stück	0,60 €	0,75 €
+	14 % proportionale Fertigungsgemeinkosten	0,08 €	0,11 €
=	**variable Herstellkosten je Stück**	**3,25 €**	**4,06 €**
2. Opportunitätskosten			
	Verkaufspreis (fiktiv)		6,50 €
–	variable Stückkosten		4,06 €
=	**Deckungsbeitrag je Stück**		**2,44 €**
	Deckungsbeitrag je Minute (2,44 : 1,5 Min.)		1,63 €
	Opportunitätskosten (1,63 · 1,2 Min.)	1,96 €	
3. **Gesamtkosten je Stück**		**5,21 €**	
4. Ergebnis der Entscheidung			
	Bezugspreis je Stück bei Fremdbezug	6,50 €	
–	Kosten der Eigenfertigung je Stück	5,21 €	
=	**Vorteil der Eigenfertigung je Stück**	**1,29 €**	

Merke

- Bei kurzfristigen Entscheidungen werden bei der Kalkulation der Eigenfertigung nur die variablen Kosten berücksichtigt.
- Bei ausgelasteter Kapazität müssen die variablen Kosten und die entgangenen Deckungsbeiträge der jeweils anderen Produktion (= Opprtunitätskosten) zu Grunde gelegt werden.

DECKUNGSBEITRAGSRECHNUNG G

Aufgabe 580

Ein Maschinenbauunternehmen hat bisher Messingventile, die in eigene Erzeugnisse eingebaut werden, zu folgenden Bedingungen fremdbezogen: Listeneinkaufspreis je Stück 52,00 €; bei Abnahme von mehr als 5 000 Stück werden 15 % Mengenrabatt gewährt. Zahlungsbedingungen: bei Zahlung innerhalb von 10 Tagen 2 % Skonto, innerhalb von 30 Tagen ohne Abzug. Die Bezugskosten (Fracht, Verpackung) werden mit 0,70 € je Stück kalkuliert.

Das Unternehmen hat freie Kapazitäten zur Verfügung, die es ihm gestatten, die Ventile unter folgenden Bedingungen selbst zu fertigen:

Fertigungsmaterial je Stück 9,50 €; Löhne für Schneiden, Drehen, Fräsen, Bohren und Gewindeschneiden je Stück 35,50 € (die Arbeiter sind bei vollem Lohnausgleich unterbeschäftigt). An Gemeinkosten werden verrechnet: 12 % Materialgemeinkosten, davon gelten 30 % als variabel; 220 % Fertigungsgemeinkosten, davon gelten 45 % als variabel.

Berechnen Sie, ob die Eigenfertigung kostengünstiger ist als der Fremdbezug.

Aufgabe 581

Ein Unternehmen, das Elektrogeräte herstellt, bezieht die Gehäuse für das Gerät „Maximus II" zum Bezugspreis von 64,50 € je Stück. Die technischen Einrichtungen des Unternehmens gestatten es, dieses Gehäuse selbst zu fertigen. Die Eigenfertigung würde folgende Kosten verursachen: Fertigungsmaterial je Gehäuse 17,20 €. Die Fertigungslöhne werden mit einem Stundensatz von 31,00 € verrechnet; die Fertigungszeit für ein Stück beträgt 24 Minuten. Da der Betrieb Kurzarbeit eingeführt hat, fallen bei Erhöhung des Beschäftigungsgrades die Fertigungslöhne als variable Kosten an. Die Materialgemeinkosten sind mit einem proportionalen Anteil von 4 %, die Fertigungsgemeinkosten mit einem proportionalen Anteil von 80 % zu berücksichtigen.

Untersuchen Sie, ob sich die Eigenfertigung aus Kostensicht lohnt.

Aufgabe 582

Ein Maschinenbauunternehmen bezieht einen stufenlosen elektronischen Regler von einem Zulieferer zum Bezugspreis von 102,50 € je Stück. Die Geschäftsleitung plant diesen Regler selbst herzustellen. Wegen der ausgelasteten Kapazität müsste aber die Produktion einer Schaltung eingestellt und diese Schaltung fremdbezogen werden. Die Schaltung hat einen (fiktiven) Verkaufspreis von 60,80 €.

Die Fertigungsplanung liefert folgende Zahlen:

Fertigungslöhne:	einheitlicher Lohnstundensatz (proportional)	27,50 €
	proportionale Fertigungsgemeinkosten	60 %
Regler:	Fertigungsmaterial	32,00 €
	proportionale Materialgemeinkosten	4 %
	Fertigungszeit je Regler	30 Minuten
Schaltung:	Fertigungsmaterial	18,00 €
	proportionale Materialgemeinkosten	4 %
	Fertigungszeit je Schaltung	20 Minuten

1. Entscheiden Sie auf Basis eines Kostenvergleiches, ob die Reglerproduktion zugunsten der Schalterproduktion aufgenommen werden soll.
2. Wie wäre zu entscheiden, wenn der fiktive Verkaufspreis für einen Schalter 70,00 € beträgt? Argumentieren Sie in diesem Fall nicht nur unter Kostengesichtspunkten.

Aufgabe 583

1. Begründen Sie, warum fixe Kosten bei der strategischen und operativen Entscheidung über Eigen- und Fremdfertigung unterschiedlich berücksichtigt werden.
2. Erläutern Sie den Begriff „Opportunitätskosten".

6 Controlling als Führungsinstrument im Industriebetrieb

6.1 Controlling ist etwas anderes als „Kontrolle"

Mit „Controlling" ist im Wesentlichen das gemeint, was der englische Wortstamm „to control" in der Übersetzung mit „steuern" oder „regeln" meint. Es geht um Kontrollen im Sinne von „Überprüfung des Istzustandes mit einem zuvor festgelegten Planzustand". Der Controller hat im modern organisierten Unternehmen bildhaft gesprochen die Funktion eines Bergführers in einer Bergsteigergruppe: Er wird engagiert, weil er das Umfeld gut kennt; er wirkt bei der Festlegung der Ziele mit, arbeitet die optimale Route aus, begleitet die Gruppe, stellt Abweichungen vom Kurs fest und schlägt Kurskorrekturen vor; zur Not muss er dafür sorgen, dass die Expedition abgebrochen wird.

Controller

> Der Controller liefert im Hinblick auf langfristige Unternehmensziele (z. B. Gewinnmaximierung) der Geschäftsführung das gesamte Instrumentarium an abgestimmten Plänen, Budgets, Abweichungsanalysen und -interpretationen sowie Vorschläge zur Korrektur, damit die Geschäftsführung in die Lage versetzt ist, die zuvor festgelegten Ziele ohne größere Störungen anzusteuern.

Das nachfolgende Bild verdeutlicht, in welchen monatlichen oder auch jährlichen Arbeitsrhythmus der Controller eingebunden ist.

Der Controller arbeitet an:

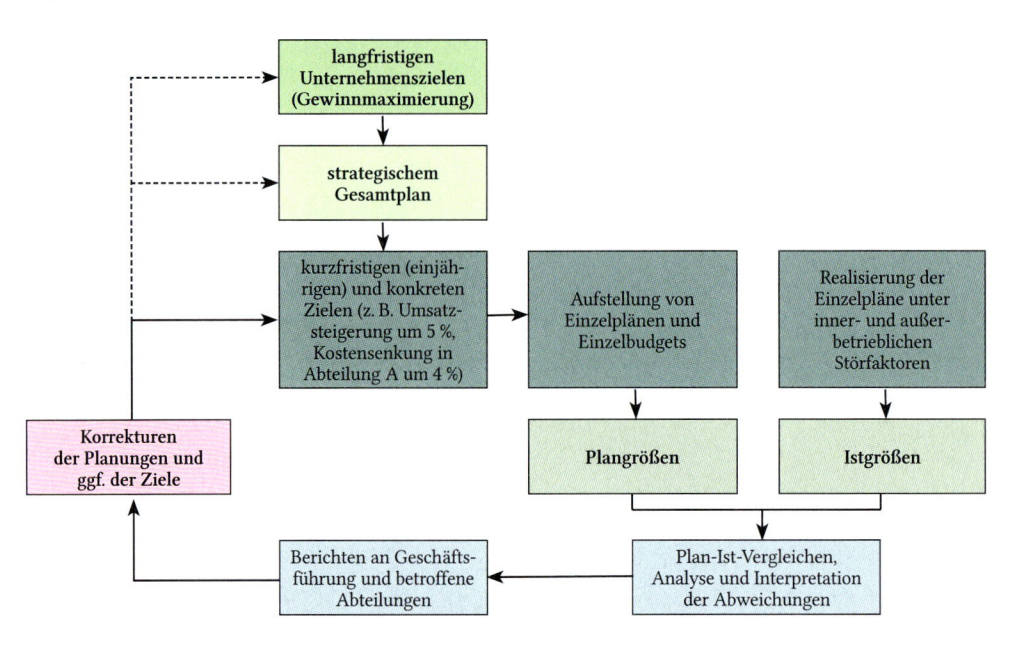

```
langfristigen Unternehmenszielen (Gewinnmaximierung)
        ↓
strategischem Gesamtplan
        ↓
kurzfristigen (einjährigen) und konkreten Zielen (z. B. Umsatzsteigerung um 5 %, Kostensenkung in Abteilung A um 4 %)
        ↓
Aufstellung von Einzelplänen und Einzelbudgets          Realisierung der Einzelpläne unter inner- und außerbetrieblichen Störfaktoren
        ↓                                                ↓
Plangrößen                                              Istgrößen
        ↓
Plan-Ist-Vergleichen, Analyse und Interpretation der Abweichungen
        ↓
Berichten an Geschäftsführung und betroffene Abteilungen
        ↓
Korrekturen der Planungen und ggf. der Ziele
```

Das Bild verdeutlicht, dass es **übergeordnete Aufgaben** gibt, die nicht monatlich oder jährlich neu anfallen und an deren Erfüllung der Controller mitwirkt, ohne sie zu entscheiden; dazu gehören z. B. die Festlegung langfristiger und strategischer Unternehmensziele. Sein **Hauptarbeitsgebiet** liegt darin, Einzelpläne aufzustellen und mit den beteiligten Abteilungen abzustimmen, aufgrund der Einzelpläne Budgetvorgaben zu machen, diese mit den Istgrößen abzugleichen, Plan-Ist-Abweichungen zu analysieren und zu interpretieren, der Geschäftsführung darüber zu berichten und Korrekturmaßnahmen vorzuschlagen.

6.2 Stellung des Controllings in der Aufbauorganisation

Für die Integration des Controllings in die Unternehmensorganisation sind unterschiedliche Organisationsformen denkbar. Bedeutende Einflussfaktoren sind:

- die **Unternehmensgröße**,
- die gewachsenen **Unternehmensstrukturen**,
- der **Aufgabenbereich des Controllers**.

So kann z. B. das Controlling als **eigenständige Linienstelle** (Hauptabteilung) direkt der Geschäftsführung unterstellt sein oder das Controlling kann als **Stabstelle** unmittelbar der Geschäftsführung zugeordnet sein.

Beispiel

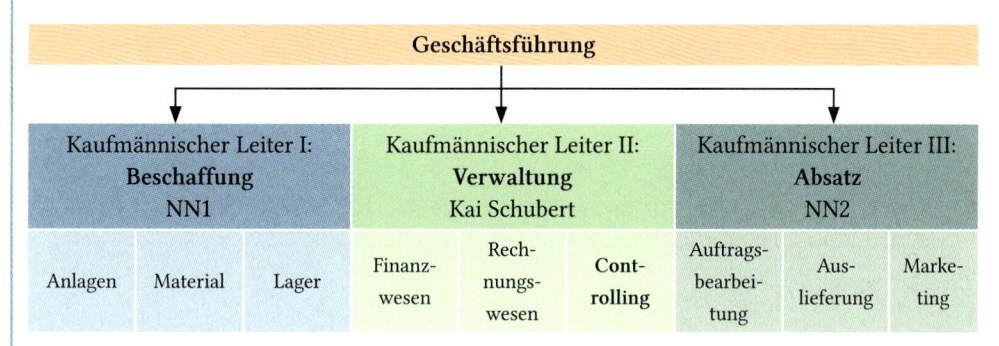

Für das **Unternehmen Schmolmann KG** soll im Verwaltungsbereich das folgende, kurz gefasste Organigramm gelten. Der hier nicht aufgeführte technische Bereich mit den Abteilungen „Arbeitsvorbereitung", „Produktion" und „Kontrolle/Fertiglager" wird von einem Diplomingenieur als Technischem Leiter geführt.

Geschäftsführung		
Kaufmännischer Leiter I: **Beschaffung** NN1	Kaufmännischer Leiter II: **Verwaltung** Kai Schubert	Kaufmännischer Leiter III: **Absatz** NN2
Anlagen / Material / Lager	Finanzwesen / Rechnungswesen / Controlling	Auftragsbearbeitung / Auslieferung / Marketing

Aus der Übersicht geht hervor, dass die kaufmännischen Leitungen unmittelbar der Geschäftsführung unterstellt und als Linienstellen organisiert sind.

Damit hat der Kaufmännische Leiter II als Controller eine große Machtfülle: Er ist nicht nur Informator und Berater der über- und untergeordneten Stellen, sondern er hat gegenüber dem Finanzbereich und dem Betrieblichen Rechnungswesen Weisungsbefugnis und er kann unmittelbar auf das Zahlenmaterial dieser Abteilungen zugreifen. Darüber hinaus wirkt er bei der Realisierung von Unternehmenszielen z. B. über die Erstellung von Absatz- und Beschaffungsplänen auch in die Beschaffungs- und Absatzbereiche hinein.

Eine solche Organisationsform erscheint für ein mittelständisches Unternehmen durchaus zweckmäßig, da sich ein solches Unternehmen nicht noch weitere, qualifizierte Fachkräfte sowohl für den Finanzbereich als auch für das Rechnungswesen und das Controlling leisten kann. In diesem Fall hat sich die Geschäftsführung entschlossen, bei der Stellenausschreibung das Schwergewicht auf die Controllertätigkeit zu legen. In den Fähigkeiten des Stelleninhabers werden die für den Finanzbereich und das Rechnungswesen erforderlichen Kompetenzen mit abgedeckt.

In größeren Unternehmen hat sich die Einbindung des Controllings als Stabstelle durchgesetzt, weil sich hier der Controller voll auf seine eigentlichen Tätigkeiten der Budgetierung, der Erstellung von Abweichungsanalysen und des Berichtswesens konzentrieren kann.

Von Nachteil ist die Konstruktion „Controlling als Stabstelle" wegen der recht schwachen Stellung des Controllers gegenüber den Linienabteilungen im oberen Management. Für die Arbeit des Controllers kann es nachteilig sein, dass er keinen unmittelbaren Zugriff auf die Daten des Rechnungswesens hat. Es empfiehlt sich daher unbedingt, das betriebliche Rechnungswesen dem Controlling zuzuordnen.

6.3 Plankostenrechnung als Controllinginstrument

Nachfolgend wird ein Einblick in die Grundlagen einer controllingorientierten Kostenrechnung gegeben. Am Beispiel einer stark vereinfachten flexiblen Plankostenrechnung wird aufgezeigt, mit welchen Berechnungen und Verfahren Soll-Ist-Kostenvergleiche ermöglicht werden.

6.3.1 Wesen der flexiblen Plankostenrechnung

Plankosten

Die Plankosten ermittelt der Controller auf **technischer Grundlage** unter Mitwirkung von Experten (z. B. REFA-Ingenieure, Leiter der Arbeitsvorbereitung, Konstrukteure). Plankosten sind – soweit keine einschneidenden technischen Änderungen eintreten – **zukunftsorientiert**.

Beispiel

Die Kostenstelle Dreherei der Schmolmann KG fertigt u. a. Metallfüße für Gehäuse.

1. Die Planung der anfallenden Fertigungslöhne basiert auf Arbeitszeitstudien. Sie zeigen, wie viel Zeit die Anfertigung eines Satzes (= vier Stück) Metallfüße erfordert:

Umrüstzeit je Satz	0,25 Min.
Einrichtzeit je Satz	0,50 Min.
Bearbeitungszeit je Satz	3,75 Min.
Gesamtzeit je Satz	4,50 Min.

Bei einem Lohnfaktor von 30,00 €/Std. ergeben sich **Lohnkosten je Satz** in Höhe von

$$\frac{30,00\ €}{60\ \text{Min.}} \cdot 4,5\ \text{Minuten} = 2,25\ €/\text{Satz}.$$

Bei einer monatlichen geplanten Produktion von 13 000 Sätzen betragen die **Planeinzelkosten für Fertigungslöhne**

$$2,25\ €/\text{Satz} \cdot 13\ 000\ \text{Sätze} = 29.250,00\ €.$$

2. Grundlage für die Planung der Gemeinkosten „Hilfsstoffverbrauch" sind die aus den Konstruktionsunterlagen erstellten **Stücklisten**. Die hierin aufgeführten Materialien werden bewertet und ergeben so die Plankosten.

Ziele der Plankostenrechnung

Die Plankostenrechnung ist ein Instrument zur Kostenkontrolle und auf folgende **betriebliche Ziele** ausgerichtet:

1. Ermittlung von Plankosten für jede Kostenstelle.
2. Vergleich von **Plankosten bei Istbeschäftigung** und **Istkosten** einer Abrechnungsperiode.
3. **Feststellung der Abweichungen** zwischen Plankosten bei Istbeschäftigung und Istkosten.
4. **Aufdeckung der Ursachen** für die Abweichungen.

Damit wird deutlich,

- dass in der Plankostenrechnung eine exakte Erfassung der **Istkosten** wichtig ist,
- dass von den Betriebsleitern nur reine **Verbrauchsabweichungen** zwischen Plan- und Istkosten zu verantworten sind (z. B. höherer Istverbrauch an Material gegenüber dem geplanten Verbrauch; höhere Istlöhne gegenüber den geplanten Löhnen). **Abweichungen in den Beschaffungspreisen** oder **Schwankungen in der Beschäftigung** sind nicht den Betriebsleitern anzulasten; sie sind aus den Plankosten auszuschalten.

Merke

- Für die Kostenkontrolle dürfen nur Verbrauchsabweichungen maßgeblich sein; deshalb sind Preis- und Beschäftigungsabweichungen auszuschalten.
- Preisabweichungen werden dadurch vermieden, dass die tatsächlichen Verbrauchsmengen zu festen Verrechnungspreisen bewertet werden.

6.3.2 Planung der Einzel- und Gemeinkosten

In der flexiblen Plankostenrechnung werden die Kostenbeträge aller Gemeinkostenarten durch eine **Kostenauflösung** in **fixe und variable (proportionale!) Bestandteile** zerlegt (vgl. S. 462/495). Dadurch ist es möglich, jeder Kostenstelle sowohl nach Kostenarten unterteilte feste **Plankosten** vorzugeben als auch diese Kostenvorgaben entsprechend der jeweiligen Istbeschäftigung abzuwandeln.

Variable und fixe Kosten als Grundlage der flexiblen Plankostenrechnung

Die Einzelkosten „Fertigungsmaterial", „Fertigungslöhne" und „Sondereinzelkosten" **gelten in voller Höhe als variabel**; bei ihnen entfällt das Problem der Kostenauflösung. Zum Teil werden sie um die Kostenstellen herumgeführt und den Kostenträgern direkt zugerechnet (z. B. Fertigungsmaterial, Sondereinzelkosten); zum Teil können sie in die Kostenstellenrechnung eingehen (z. B. Fertigungslöhne als variable Gemeinkosten).

Damit die Plankostenrechnung als Instrument zur **Kostenkontrolle** fungieren kann, ist folgender Aufbau unter Beachtung der wesentlichen Planungsgrößen erforderlich:

Aufbau der flexiblen Plankostenrechnung

1. Festlegung der **Bezugsgröße** für jede Kostenstelle (z. B. Fertigungsstunden, Maschinenstunden, Ausbringungsmengen),
2. Bestimmung der **Planbeschäftigung**,
3. Festlegung der **Verbrauchsmengen und -zeiten** für jede Kostenart in Bezug auf die Planbeschäftigung (vgl. Beispiel S. 492),
4. **Bewertung der Mengen oder Zeiten mit Festpreisen** und damit **Festlegung der Plankosten** für jede Kostenart innerhalb der Kostenstellen,
5. **Auflösung der Gemeinkosten** in fixe und variable Kostenvorgaben.

Die Planungsarbeiten enden mit der Aufstellung von **Kostenplänen für alle Kostenstellen**. Diese Pläne enthalten die Kostenvorgaben für die Gesamtplankosten sowie für die variablen und fixen Plankosten.

Kostenpläne

Plankosten sind durch methodisches Vorgehen im Voraus bestimmter, wertmäßiger Güter- und Dienstleistungsverzehr mit Vorgabecharakter. Die **gesamten** Plankosten ergeben sich aus der Summe aller variablen und fixen Plankosten einer Kostenstelle.

Die Planeinzel- und -gemeinkosten bilden die Grundlage für die **Plankalkulation** (vgl. S. 496) und für den **Soll-Ist-Kostenvergleich** zur **Ausweisung der Verbrauchsabweichungen** (vgl. S. 500). Unter **Istkosten** sind hierbei die zu **Festpreisen bewerteten tatsächlichen Verbrauchsmengen oder -zeiten** einer Abrechnungsperiode zu verstehen. Die Festpreisbewertung schaltet **Preisschwankungen** aus.

Anwendung

Merke

- Wesentliches Merkmal der flexiblen Plankostenrechnung ist die Auflösung der Gemeinkosten in fixe und variable Kostenvorgaben.
- Die Anwendung der Plankostenrechnung setzt eine sorgfältige Kostenstellengliederung des Betriebes und eine genaue Festlegung der Planungsgrößen voraus.
- Plankosten sind durch methodisches Vorgehen im Voraus bestimmte Kosten mit Vorgabecharakter.
- Durch die Planung der Einzel- und Gemeinkosten werden Grundlagen für die Ermittlung von Verbrauchsabweichungen und für die Plankalkulation geschaffen.

6.3.2.1 Bestimmung der Planbeschäftigung

Beispiel

In der Dreherei der Schmolmann KG werden Metallfüße gefertigt. Die folgende Übersicht verdeutlicht, welche Abteilungen (= Kostenstellen) das Produkt bis zum fertigen Satz (= vier Stück) durchlaufen muss und wie hoch die monatlichen Produktionsmengen (= Beschäftigung) in den einzelnen Abteilungen sind:

Beschäftigung (Sätze)	Kostenstellen			
	Abteilung Bohren	Abteilung Drehen	Abteilung Gewindeschneiden	Abteilung Montage
Maximalbeschäftigung	13 600	13 700	13 200	13 000
Normalbeschäftigung	13 200	13 500	12 800	12 500

Engpassorientierte Beschäftigung

Die Festlegung der Planbeschäftigung erfolgt nach den betrieblichen Erfordernissen. Hierbei kann sich die Geschäftsleitung von den **vorhandenen Kapazitäten**, den **Absatzerwartungen** oder den **zukünftig vermuteten Minimumsektoren** leiten lassen.

Die Ausrichtung der Planbeschäftigung auf den **derzeitigen Engpass** berücksichtigt die tatsächlichen Produktionsverhältnisse oder die bestehenden Schwierigkeiten im Finanzierungs- und Absatzbereich.

Im vorliegenden Beispiel könnte die Planbeschäftigung auf 13 000 Sätze je Monat festgelegt und damit der geringen Kapazität in der Montageabteilung Rechnung getragen werden.

6.3.2.2 Festlegung der Planeinzelkosten aufgrund fester Verrechnungspreise

Beispiel

Die Schmolmann KG bezieht die Rohlinge von einer Gießerei. Im laufenden Jahr sind vier Bestellungen erteilt worden, die zu folgenden Stückpreisen ausgeführt wurden:

Datum	Preis je Satz	Planpreis
..-02-05	2,30 €	**Planpreis** je Satz =
..-04-05	2,60 €	$\frac{2{,}3 + 2{,}6 + 2{,}4 + 2{,}7}{4} = 2{,}50\ €$
..-05-12	2,40 €	
..-07-24	2,70 €	

Verrechnungspreis

Für die Berechnung der Plankosten stellen schwankende Beschaffungspreise ein Hindernis dar. Ihrer Aufgabe können Plankosten nur gerecht werden, wenn sie auf einer festen Basis ermittelt werden. Zu diesem Zweck verwendet man in der Plankostenrechnung **feste Verrechnungspreise**. Sie werden z. B. als arithmetisches Mittel aus den Einzelwerten berechnet. Im obigen Beispiel wurde der einfache Durchschnitt aus vier Positionen gebildet. Der Verrechnungspreis (= Planpreis) wird auf **2,50 € je Satz** festgesetzt.

Berechnung der Planeinzelkosten

Die Plankosten für das monatlich zu verbrauchende Fertigungsmaterial betragen dann bei 13 000 Sätzen (siehe auch Beispiel auf S. 492):

Planeinzelkosten je Monat = **Planbeschäftigung · Verrechnungspreis**
Planeinzelkosten für Fertigungsmaterial „Metallfüße" = 13 000 Sätze · 2,50 € = **32.500,00 €**

Merke

- Als Planbeschäftigung eignet sich die engpassorientierte Beschäftigung.
- Planeinzelkosten sind die zu Planpreisen (feste Verrechnungspreise) bewerteten geplanten Verbrauchsmengen einer Abrechnungsperiode.

6.3.2.3 Festlegung der variablen und fixen Plangemeinkosten

Durch die Kostenauflösung wird erreicht, dass bei Beschäftigungsschwankungen **nur die variablen Gemeinkosten der vom Plan abweichenden Beschäftigungslage angepasst werden**, während die kurzfristig unvermeidbaren fixen Kosten in voller Höhe bestehen bleiben.

Die folgende Übersicht beinhaltet **einige Verfahren**, von denen hier nur die direkte Methode gezeigt wird.

Verfahren der Kostenauflösung

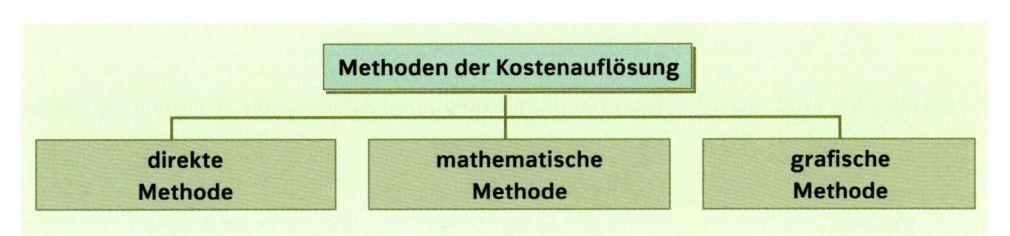

```
                Methoden der Kostenauflösung
           ┌───────────────┬───────────────┐
        direkte        mathematische    grafische
        Methode          Methode         Methode
```

Die Methoden der Kostenauflösung gehen in der Regel von den Voraussetzungen aus, dass sich die variablen Kostenanteile bei Beschäftigungsänderungen **proportional** verhalten und dass die **fixen Kostenanteile** während des Planungszeitraums **keinen Veränderungen** unterliegen.

Voraussetzungen

Die direkte Methode der Kostenauflösung beruht auf **Einzeluntersuchungen** innerhalb der Kostenstellen unter Zusammenarbeit der Abteilungen „Arbeitsvorbereitung" und „Kostenrechnung" (vgl. auch S. 462).

Beispiel

Aufgrund einer **Einzeluntersuchung** sind für die Kostenstelle „Dreherei" bei einer Beschäftigung von **1 400 Stunden/Monat** und einer entsprechenden Ausbringung von **12 133 Sätzen/Monat** folgende **Istgemeinkosten** ermittelt worden:

Kostenart	Gesamtkosten	fixe Kosten	variable Kosten
Gemeinkostenmaterial	4.000,00	2.000,00	2.000,00
Hilfslöhne	5.000,00	4.000,00	1.000,00
Soziale Abgaben	6.500,00	1.000,00	5.500,00
Abschreibungen	26.000,00	22.000,00	4.000,00
Sonstige Gemeinkosten	17.500,00	5.500,00	12.000,00
Gemeinkosten	**59.000,00**	**34.500,00**	**24.500,00**

Die Plankosten (= PK) ergeben sich bei einer **angenommenen Planbeschäftigung** von **1 500 Stunden/Monat** bzw. **13 000 Sätzen/Monat** nach folgender Rechnung:

		Dreherei
Die Planeinzelkosten für das **Fertigungsmaterial** werden **um die Kostenstelle herumgeführt** und in der Kalkulation dem Kostenträger direkt zugerechnet (vgl. S. 488):	$13\,000 \cdot 2{,}5 =$	32.500,00 € var. PK
Die Fertigungslöhne gehen hier in die **variablen** Plangemeinkosten der Kostenstelle ein (vgl. S. 486).		29.250,00 € var. PK
Die übrigen **variablen Gemeinkosten** sind auf die **Planbeschäftigung** umzurechnen (siehe oben):	$\dfrac{24.500 \cdot 1\,500}{1\,400} =$	26.250,00 € var. PK
Die **fixen Gemeinkosten** gehen in voller Höhe in die Plangemeinkosten der Kostenstelle ein (siehe oben):		34.500,00 € fixe PK
Gesamte Plangemeinkosten der Kostenstelle:		**90.000,00 €**

6.3.3 Zuschlagskalkulation mit Plankostenverrechnungssätzen

Plankalkulation

Für viele Industriebetriebe ist die **Einzel- oder Serienfertigung** unterschiedlicher Erzeugnisse der maßgebliche Produktionstyp. Diese Betriebe wenden zur Berechnung der **Planselbstkosten** das Verfahren der **Zuschlagskalkulation** an. Die Plan-Zuschlagskalkulation basiert auf Planeinzelkosten (z. B. Fertigungsmaterial) und auf **Plankostenverrechnungssätzen**, die in den einzelnen Kostenbereichen oder Kostenstellen ermittelt werden.

Der Plankostenverrechnungssatz gibt an, **wie viel Euro Plankosten auf eine Planbeschäftigungseinheit** (z. B. eine Stunde) entfallen. Mit diesem Satz wird die Planarbeitszeit für die Kostenträgereinheit (z. B. ein Satz) multipliziert und es ergeben sich die **Planfertigungskosten**, mit denen die Kostenstellen den Kostenträger belasten.

Beispiel

Das Beispiel auf Seite 495 weist für die Kostenstelle „Dreherei" gesamte Plangemeinkosten in Höhe von 90.000,00 € bei einer Planbeschäftigung von 1 500 Stunden/Monat aus. Daraus ergibt sich folgender Plankostenverrechnungssatz:

$$\text{Plankostenverrechnungssatz} = \frac{\text{Plangemeinkosten}}{\text{Planbeschäftigung}} = \frac{90.000,00\ €}{1\ 500\ \text{Std.}} = 60,00\ €/\text{Std.}$$

Beläuft sich die Arbeitszeit für einen Satz auf 4,5 Minuten,
so fallen folgende Planfertigungskosten an: $\frac{60,00\ €\cdot 4,5}{60} = 4,50\ €/\text{Satz}$

Planeinzelkosten

Die Planeinzelkosten für das **Fertigungsmaterial** werden dem Kostenträger direkt zugerechnet (vgl. S. 495). Für die Stückkalkulation ist lediglich die Umrechnung der Plankosten auf eine Mengeneinheit erforderlich.

Beispiel

Die Planeinzelkosten für das Fertigungsmaterial betragen 32.500,00 € bei einer Planbeschäftigung von 13 000 Sätzen (vgl. S. 494 f.).

Auf einen Satz entfallen Einzelmaterialkosten von $\frac{32.500,00\ €}{13\ 000\ \text{Sätze}} = 2,50\ €/\text{Satz}$

Zuschlagssätze

Für Material-, Verwaltungs- und Vertriebs**gemeinkosten** werden Planzuschlagssätze ermittelt und in die Kalkulation eingesetzt.

Beispiel

Stückkalkulation auf Plankostenbasis		
Fertigungsmaterial (siehe oben)	2,50 €	
+ Materialgemeinkosten 6 % (angenommen)	0,15 €	
= **Planmaterialkosten**		2,65 €
Planfertigungskosten „Bohren"	1,20 € (angen.)	
+ Planfertigungskosten „Drehen"	4,50 € (s. o.)	
+ Planfertigungskosten „Schneiden"	1,50 € (angen.)	
+ Planfertigungskosten „Montieren"	0,65 € (angen.)	
= gesamte **Planfertigungskosten**		7,85 €
= **Planherstellkosten**		10,50 €
+ Verwaltungsgemeinkosten 15 % (angenommen)		1,58 €
+ Vertriebsgemeinkosten 5 % (angenommen)		0,52 €
= **Planselbstkosten**		12,60 €

6.3.4 Sollkosten

Der Plankostenverrechnungssatz ist ein Vollkostensatz, d. h., er enthält neben den variablen Gemeinkosten **anteilige fixe Kosten**. Durch die **Proportionalisierung** der fixen Kosten werden die **gesamten Plangemeinkosten** in Abhängigkeit zur Beschäftigung gebracht. Die auf diese Weise in die Kalkulationen eingerechneten **Plangemeinkosten** (= verrechnete Plangemeinkosten) werden somit eine Funktion der Beschäftigung.

Plankostenverrechnungssatz bei unterschiedlichen Beschäftigungen

> **Verrechnete Plangemeinkosten = Plankostenverrechnungssatz · (Ist-)Beschäftigung**

Richtigerweise dürfen sich aber **nur die variablen Kosten proportional zur Beschäftigung** verändern, während **die fixen Kosten in ihrer Höhe unverändert** bestehen bleiben müssen. Die **Sollkosten** berücksichtigen für unterschiedliche Beschäftigungsgrade diese Eigenschaft der Plangemeinkosten: Sie enthalten die variablen Plangemeinkosten im Verhältnis des tatsächlichen Beschäftigungsgrades zum geplanten Beschäftigungsgrad und die fixen Kosten in voller Höhe. Damit eignen sie sich für den **Soll-Ist-Kostenvergleich zur Ausweisung von Verbrauchsabweichungen**. Sie lassen sich nach folgender Gleichung berechnen:

Sollkosten

$$\text{Sollkosten} = \frac{\text{variable Plangemeinkosten} \cdot \text{Istbeschäftigung}}{\text{Planbeschäftigung}} + \text{fixe Plangemeinkosten}$$

Beispiel

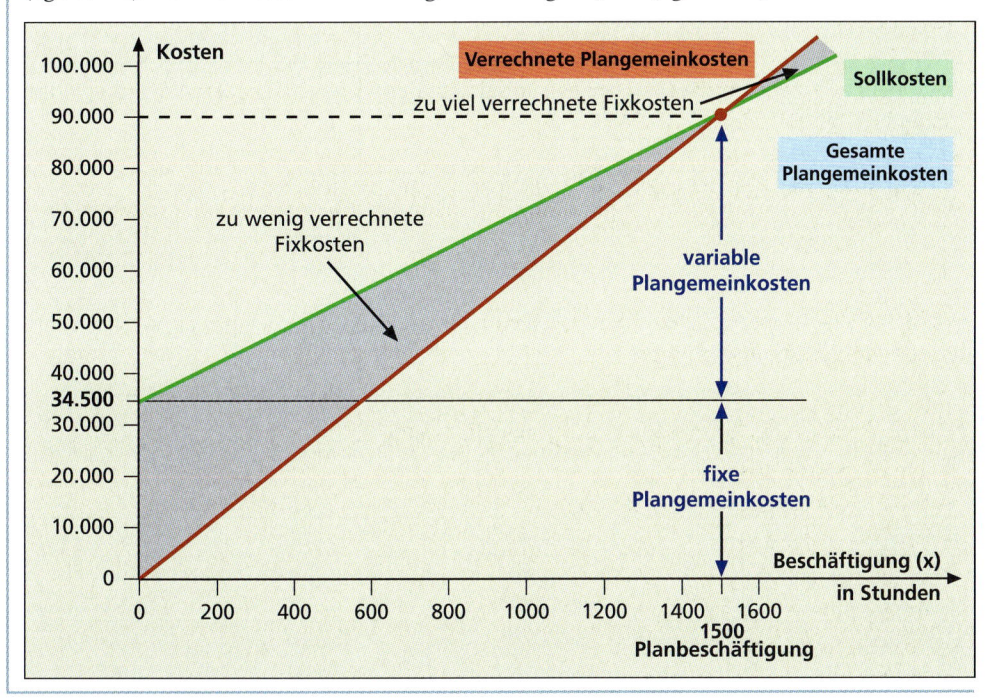

Bei einer Planbeschäftigung von 1 500 Stunden/Monat betragen die variablen Plangemeinkosten in der Dreherei 55.500,00 €. Die fixen Plangemeinkosten werden mit 34.500,00 € ermittelt (vgl. S. 495). Der Plankostenverrechnungssatz beträgt **60,00 €** (vgl. S. 496).

Merke

Sollkosten sind die auf einen bestimmten (Ist-)Beschäftigungsgrad umgerechneten gesamten Plangemeinkosten unter Berücksichtigung der vollen fixen Plangemeinkosten und der anteiligen variablen Plangemeinkosten. Sie sind Grundlage für den Soll-Ist-Kostenvergleich.

Erläuterung: **Die verrechneten Plangemeinkosten** werden nach der Vorschrift

> **Verrechnete Plangemeinkosten = Plankostenverrechnungssatz · x = 60 · x**

ermittelt, wobei x die **Variable für die Beschäftigung** ist. Da über den Plankostenverrechnungssatz die **fixen Kosten proportionalisiert** werden, geht der Graph dieser Funktion **durch den Ursprung**; d. h., bei der **Beschäftigung 0 werden keine fixen Kosten** verrechnet.

Für die Sollkosten gilt folgende Rechenvorschrift:

$$\text{Sollkosten} = \frac{\text{variable Plangemeinkosten} \cdot \text{Istbeschäftigung}}{\text{Planbeschäftigung}} + \text{fixe PGK} = \frac{55.500}{1500} \cdot x + 34.500 = 37 \cdot x + 34.500$$

In dieser Vorschrift hängen nur die variablen Plangemeinkosten von der Beschäftigung ab. Bei allen Beschäftigungsgraden werden fixe Kosten in Höhe von 34.500,00 € ausgewiesen. Die Istbeschäftigung wird in der obigen Funktionsgleichung als „x" angesetzt.

Die Plangemeinkosten bei Planbeschäftigung liegen **im Schnittpunkt von Sollkosten- und Plangemeinkostenfunktion**.

Auswertung:

1. **Istbeschäftigung = Planbeschäftigung:** In diesem Fall sind die verrechneten Plangemeinkosten **gleich** den Sollkosten.
2. **Istbeschäftigung < Planbeschäftigung:** In diesem Fall liegen die verrechneten Plangemeinkosten **unter** den Sollkosten. Ein Teil der fixen Kosten wird dann **nicht** verrechnet.
3. **Istbeschäftigung > Planbeschäftigung:** In diesem Fall liegen die verrechneten Plangemeinkosten **über** den Sollkosten. Es werden **mehr** fixe Kosten verrechnet als geplant.

Aufgabe 584

Für die Kostenstelle „Dreherei" werden bei einer Planbeschäftigung von 1 200 Stunden/Monat gesamte Plangemeinkosten in Höhe von 75.000,00 € ermittelt. Davon sind 45.000,00 € variable Plangemeinkosten und 30.000,00 € fixe Plangemeinkosten.

1. Berechnen Sie den Plankostenverrechnungssatz.
2. Bestimmen Sie die Sollkosten für eine Beschäftigungsabweichung auf 1 350 Stunden/Monat.
3. Stellen Sie den Verlauf der verrechneten Plangemeinkosten und der Sollkosten grafisch dar.

Aufgabe 585

In einer Kostenstelle werden bei einer Beschäftigung von 2 200 Stunden/Monat folgende Kosten ermittelt:

Kostenart	Gesamtkosten	Fixe Kosten	Variable Kosten
Gemeinkostenmaterial	7.000,00	2.500,00	4.500,00
Fertigungslöhne	65.000,00	–	65.000,00
Hilfslöhne	16.000,00	12.000,00	4.000,00
Soziale Abgaben	14.000,00	3.500,00	10.500,00
Abschreibungen	58.000,00	50.000,00	8.000,00
Sonstige Gemeinkosten	31.000,00	7.000,00	24.000,00

1. Bestimmen Sie die gesamten Plangemeinkosten bei 2 400 Stunden Planbeschäftigung.
2. Berechnen Sie die Sollkosten für eine Abweichung um ± 10 %.
3. Berechnen Sie den Plankostenverrechnungssatz.
4. Stellen Sie den Verlauf der Sollkosten und der verrechneten Plangemeinkosten grafisch dar.

G PLANKOSTENRECHNUNG

6.3.5 Soll-Ist-Kostenvergleich (Kostenkontrolle)

Ziel

Die nach Kostenstellen durchgeführte Kostenkontrolle verfolgt das Ziel, Abweichungen von Kostenvorgaben sichtbar zu machen, um dadurch Unwirtschaftlichkeiten im Betrieb aufdecken und beseitigen zu können. Sie wird grundsätzlich **mindestens einmal im Monat** für **alle Kostenarten** und **alle Kostenstellen** über den **Soll-Ist-Kostenvergleich** durchgeführt. **Störende Einflüsse durch Preis- und Beschäftigungsabweichungen** sind **vorher** auszuschalten.

Ausschaltung von Preisabweichungen

Dadurch, dass den Istkosten der Abrechnungsperiode die **gleichen Verrechnungspreise** zugrunde gelegt werden wie den Sollkosten, können Lohnsatz- und Preisschwankungen aus dem Soll-Ist-Kostenvergleich ferngehalten werden (vgl. S. 494).

Ausschaltung von Beschäftigungsabweichungen

Während der Abrechnungsperiode wird auf der Basis der **Plankostenverrechnungssätze** kalkuliert (vgl. S. 496). Weicht die Istbeschäftigung von der dem Plankostenverrechnungssatz zugrunde liegenden Planbeschäftigung ab – was in der Regel der Fall ist –, so treten zwischen den **nach Plan vorgesehenen Kosten (Sollkosten)** und den **verrechneten Plangemeinkosten Beschäftigungsabweichungen** auf. Die Beschäftigungsabweichungen sind von den Betriebsleitern **nicht** zu verantworten. Durch den **Vergleich der verrechneten Plangemeinkosten** mit den **Sollkosten bei Istbeschäftigung** lassen sich die Beschäftigungsabweichungen ermitteln und aus der Kostenkontrolle heraushalten.

Beispiel

In der Kostenstelle „Dreherei" wird mit einem Plankostenverrechnungssatz von 60,00 € kalkuliert. Die gesamten Plangemeinkosten machen bei einer Beschäftigung von 1 500 Stunden/Monat 90.000,00 € aus (vgl. S. 495).
Im Monat Juli wird eine Istbeschäftigung von 1 200 Stunden erreicht.
Wie groß ist die Beschäftigungsabweichung?

Die Istbeschäftigung beträgt in %: $\frac{1\,200}{1\,500} = 0{,}80 = 80\,\%$.

Die Planbeschäftigung wird also um **20 % unterschritten**.

Verrechnete Plangemeinkosten bei Istbeschäftigung	$60{,}00 \cdot 1\,200$	= 72.000,00 €
− **Sollkosten** (vgl. S. 492) bei Istbeschäftigung	$\frac{55.500}{1\,500} \cdot 1\,200 + 34.500$	= 78.900,00 €
= **Beschäftigungsabweichung**		= (−) 6.900,00 €

Gegenüber den Sollkosten sind bei der Istbeschäftigung von 1 200 Stunden **6.900,00 € fixe Kosten zu wenig verrechnet worden**. Die Grafik auf Seite 500 verdeutlicht den Zusammenhang.

Merke

- **Istkosten** sind die zu Planpreisen bewerteten tatsächlichen Verbrauchsmengen und -zeiten einer Abrechnungsperiode.
- Die **Beschäftigungsabweichung** ist der Kostenbetrag, der angibt, um wie viel Euro die verrechneten Plangemeinkosten die Sollkosten bei Istbeschäftigung **übersteigen (+)** oder **unterschreiten (−)**.

G Kosten- und Leistungsrechnung im Industriebetrieb

Beispiel

In der Kostenstelle „Dreherei" fallen gesamte Plangemeinkosten in Höhe von 90.000,00 € an (Planbeschäftigung 1 500 Stunden/Monat, vgl. S. 495). Im Monat Juli wird eine Istbeschäftigung von 1 200 Stunden erreicht (vgl. S. 499). Die Istkosten werden mit **85.000,00 €** ermittelt.

Wie groß ist die Verbrauchsabweichung?

Sollkosten bei Istbeschäftigung	$\frac{55.500}{1.500} \cdot 1\,200 + 34.500$	= 78.900,00 €
− Istkosten		= 85.000,00 €
= Verbrauchsabweichung		= (−) 6.100,00 €

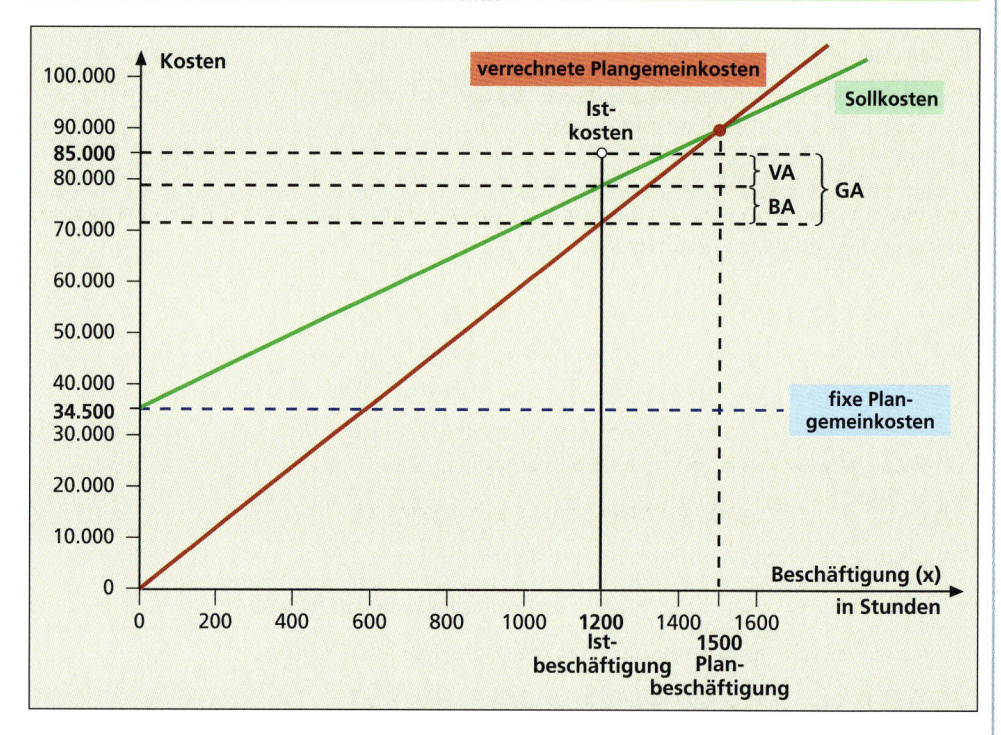

Erläuterung: Die obige Grafik zeigt den Verlauf der Sollkosten und der verrechneten Plangemeinkosten (vgl. auch S. 497) und weist bei einer Istbeschäftigung von 1 200 Stunden **Istkosten** in Höhe von **85.000,00 €** aus.

Die Abkürzungen bedeuten: **BA** = Beschäftigungsabweichung (vgl. S. 499),
 VA = Verbrauchsabweichung,
 GA = Gesamtabweichung.

Verbrauchsabweichungen

Der eigentliche Zweck der flexiblen Plankostenrechnung besteht in der **Ermittlung der Verbrauchsabweichungen**. Verbrauchsabweichungen zeigen den wertmäßigen Mehr- und Minderverbrauch an Gütern und Diensten gegenüber den Sollkosten an. **Der Mehrverbrauch ist von den Kostenstellenleitern zu verantworten**. Verbrauchsabweichungen werden ausgewiesen durch den **Vergleich der Sollkosten bei Istbeschäftigung mit den Istkosten**. Im obigen Beispiel übersteigen die Istkosten die Sollkosten um 6.100,00 €.

Merke

- Der eigentliche Zweck der flexiblen Plankostenrechnung besteht in der Ermittlung von Verbrauchsabweichungen.
- Die Verbrauchsabweichung ist der Kostenbetrag, der angibt, um wie viel Euro die Sollkosten die Istkosten übersteigen (+) oder unterschreiten (-).

Plankostenrechnung

Gesamtabweichung

Fasst man die **Beschäftigungsabweichung und die Verbrauchsabweichung** zusammen, so erhält man die Gesamtabweichung. Sie ergibt sich auch aus dem **Unterschied zwischen den verrechneten Plangemeinkosten bei Istbeschäftigung** und den **Istkosten**. Im vorhergehenden Beispiel beträgt die Gesamtabweichung:

	Verrechnete Plangemeinkosten (vgl. S. 499)	72.000,00 €
–	Istkosten	85.000,00 €
=	Gesamtabweichung	= (–) 13.000,00 €

oder

	Beschäftigungsabweichung (vgl. S. 499)	(–) 6.900,00 €
+	Verbrauchsabweichung (vgl. S. 500)	(–) 6.100,00 €
=	Gesamtabweichung	= (–) 13.000,00 €

Merke

Die Gesamtabweichung wird aus dem Unterschied zwischen verrechneten Plangemeinkosten bei Istbeschäftigung und Istkosten ermittelt.

Aufgabe 586

1. Welche Aufgaben hat die flexible Plankostenrechnung?
2. Wodurch ist die flexible Plankostenrechnung gekennzeichnet?
3. Wie werden Plankosten und Sollkosten definiert?
4. Wodurch unterscheiden sich Sollkosten und verrechnete Plangemeinkosten?
5. Wie ermittelt man den Plankostenverrechnungssatz und wozu dient er?
6. Welche Verfahren der Kostenauflösung sind Ihnen bekannt?
7. Erläutern Sie die Aussage: Bei Unterschreitung der Planbeschäftigung werden über den Plankostenverrechnungssatz zu wenig fixe Kosten verrechnet.
8. Wodurch unterscheiden sich Beschäftigungs- und Verbrauchsabweichungen?
9. Wie werden Beschäftigungsabweichungen ermittelt?
10. Wie gelingt es, Preisschwankungen aus der Kostenkontrolle herauszuhalten?
11. Welche Planungsgrößen sind bei der Kostenplanung zu beachten?
12. Die Beschäftigungsabweichung beträgt (+) 40.000,00 €, die Verbrauchsabweichung (–) 25.000,00 €. Wie groß ist die Gesamtabweichung?
13. Was bedeutet die Aussage: „Die Verbrauchsabweichung beträgt (+) 20.000,00 €"?

Aufgabe 587

Bestimmen Sie die Beschäftigungs- und Verbrauchsabweichungen (mit grafischer Darstellung):

Planbeschäftigung:	2 000 Stunden/Monat,
Istbeschäftigung:	1 200 Stunden/Monat,
gesamte Plangemeinkosten:	150.000,00 €, davon fix 60.000,00 €
Istkosten:	122.000,00 €

G KOSTEN- UND LEISTUNGSRECHNUNG IM INDUSTRIEBETRIEB

Aufgabe 588

In einer Kostenstelle wird mit einem Plankostenverrechnungssatz von 35,00 € je Stunde kalkuliert.

Die Planbeschäftigung beträgt 2 400 Stunden/Monat. 70 % der Plangemeinkosten sind variabel.

1. Wie hoch sind die gesamten Plangemeinkosten, die variablen Plangemeinkosten und die fixen Plangemeinkosten?
2. Wie hoch sind die Beschäftigungs- und die Verbrauchsabweichungen bei einer Istbeschäftigung von 1 920 Stunden/Monat und Istkosten von 65.400,00 €?
3. Wie hoch wären die Beschäftigungs- und Verbrauchsabweichung bei einer Istbeschäftigung von 2 760 Std./Monat und Istkosten von 98.500,00 €?
4. Stellen Sie die Ergebnisse zu 2. und 3. grafisch dar.

Aufgabe 589

In einem Betrieb wird ein Maschinenteil nach folgenden Vorgaben kalkuliert:
Einzelmaterial A   2,36 kg, Verrechnungspreis 2,15 €/kg
Einzelmaterial B   0,85 kg, Verrechnungspreis 6,40 €/kg
Materialgemeinkosten 5 %,
Fertigungsstelle I   0,25 Std./Stück, Plankostenverrechnungssatz 16,40 €,
Fertigungsstelle II   0,40 Std./Stück, Plankostenverrechnungssatz 24,60 €,
Fertigungsstelle III   0,35 Std./Stück, Plankostenverrechnungssatz 11,80 €.
Verwaltungs- und Vertriebsgemeinkosten 30 %.
Sondereinzelkosten des Vertriebs (Fracht, Provision) 1,80 €/Stück.

Berechnen Sie die Planselbstkosten für ein Stück.

Aufgabe 590

In der Kostenstelle „Pflanzenschutz PI" mit fünf gleichartigen Produktionsapparaturen werden bei einer Einzeluntersuchung folgende Kosten ermittelt (es lag eine Beschäftigung von 3 000 Stunden/Monat ≙ 5 000 Stück zugrunde):

Kostenart	Gesamtkosten	Variable Kosten	Fixe Kosten
Fertigungsmaterial	120.000,00 €	120.000,00 €	–
Gemeinkostenmaterial	46.000,00 €	30.000,00 €	16.000,00 €
Energie	32.000,00 €	24.000,00 €	8.000,00 €
Fertigungslöhne	184.000,00 €	184.000,00 €	–
Hilfslöhne	38.000,00 €	8.000,00 €	30.000,00 €
Soziale Abgaben	42.000,00 €	30.000,00 €	12.000,00 €
Abschreibungen	134.000,00 €	16.000,00 €	118.000,00 €
Sonstige Gemeinkosten	74.000,00 €	49.000,00 €	25.000,00 €

Das Fertigungsmaterial wird unmittelbar dem Kostenträger zugerechnet. Die Fertigungslöhne werden als variable Plangemeinkosten berücksichtigt.

1. Bestimmen Sie die gesamten Plangemeinkosten dieser Kostenstelle für eine Planbeschäftigung von 3 300 Stunden/Monat.
2. Berechnen Sie den Plankostenverrechnungssatz.
3. Kalkulieren Sie die Planherstellkosten für eine Einheit, wenn 6 % Materialgemeinkosten anfallen, die Produktionsdauer 0,6 Stunden/Einheit beträgt und mit einer Planbeschäftigung von 5 500 Stück/Monat gerechnet wird.
4. Stellen Sie die verrechneten Plangemeinkosten und die Sollkosten grafisch dar.
5. Bestimmen Sie die Beschäftigungs-, die Verbrauchs- und die Gesamtabweichung bei einer Istbeschäftigung von 85 % (Istkosten = 508.400,00 €). Stellen Sie die Ergebnisse grafisch dar.
6. Welche Sollkosten sind anzusetzen, wenn die Planbeschäftigung um 10 % überschritten würde? Wie groß wäre in diesem Fall die Beschäftigungsabweichung?

6.3.6 Kostenkontrolle im Betriebsabrechnungsbogen

Situation

Mit der Plankostenrechnung verfolgt der Unternehmer Schmolmann das Ziel, Plan- und Istkosten einer Abrechnungsperiode zu vergleichen. Zu diesem Zweck stellt er zunächst die Plankosten und den Anteil der darin enthaltenen variablen Kosten aller Kostenarten für alle Kostenstellen in einem so genannten **Vorgabeplan** zusammen. Dieser Vorgabeplan enthält also die **Budgetkosten** der einzelnen Kostenstellen. Am Ende jeder Rechnungsperiode rechnet er diese Budgetkosten auf der Grundlage der **Istbeschäftigung** in **Sollkosten** um und ermittelt und analysiert die Abweichungen zwischen Ist- und Sollkosten. Im nachfolgenden **Vorgabeplan** sind die Kostenarten aus dem BAB von Seite 395, die (angenommenen) Budgetkosten sowie der Anteil der variablen Kosten (vgl. S. 462) aufgeführt.

Vorgabeplan (Budgetkosten in T€)

Kostenarten	Material Budgetkosten	davon variabel	Fertigung Budgetkosten	davon variabel	Verwaltung Budgetkosten	davon variabel	Vertrieb Budgetkosten	davon variabel
Einzelkosten								
Fertigungsmaterial	2.940	100 %	–	–	–	–	–	–
Fertigungslöhne	–	–	2.300	60 %	–	–	–	–
Gemeinkosten								
Hilfsstoffe	–	–	700	100 %	–	–	90	100 %
Betriebsstoffe	–	–	30	100 %	4	100 %	2	100 %
Gehälter	58	0 %	95	0 %	300	0 %	48	0 %
Soziale Abgaben	10	35 %	460	40 %	120	20 %	10	40 %
Kalk. Abschreibg.	40	0 %	500	0 %	80	0 %	40	0 %
Bürokosten	2	40 %	20	40 %	30	40 %	2	40 %
Werbung	–	–	30	40 %	125	40 %	55	40 %
Betriebl. Steuern	20	60 %	40	60 %	95	60 %	30	60 %
Kalk. Zinsen	140	0 %	650	0 %	110	0 %	125	0 %
Unternehmerlohn	–	–	100	0 %	200	0 %	–	–

Der Betriebsabrechnungsbogen auf Seite 504 enthält die Istkosten, die Istbeschäftigung der einzelnen Kostenstellen sowie die aus den Budgetkosten des Vorgabeplans und der Istbeschäftigung errechneten Sollkosten (siehe nachfolgende Beispiele). Dieser BAB ist damit wichtige **Berichtsgrundlage** an die Entscheidungsträger im Unternehmen.

Beispiel 1

Die Kostenart „**Fertigungslöhne**" ist im Vorgabeplan in der Kostenstelle „Fertigung" mit 2.300.000,00 € zu 60 % variabel (und zu 40 % fix) geplant. Die Istbeschäftigung in dieser Kostenstelle beträgt 110 %; also belaufen sich die Sollkosten auf

Sollkosten = Budgetkosten · Besch.-Grad · variabler Anteil + Budgetkosten · fixer Anteil
Sollkosten = 2.300.000 · 1,1 · 0,6 + 2.300.000 · 0,4 = 2.438.000,00 €.
Diese Eintragung finden Sie im BAB.

Beispiel 2

Die Kostenart „**Hilfsstoffe**" ist im Vorgabeplan in der Kostenstelle „Vertrieb" mit 90.000,00 € zu 100 % variabel geplant. Die Istbeschäftigung beträgt in dieser Kostenstelle 90 %; also belaufen sich die Sollkosten im BAB auf

Sollkosten = 90.000,00 € · 0,9 = 81.000,00 €.
Diese Eintragung finden Sie im BAB.

Kontrollieren Sie anhand des Vorgabeplans die übrigen Eintragungen im BAB und bewerten Sie die Abweichungen.

G — Kosten- und Leistungsrechnung im Industriebetrieb

Die Kostenkontrolle im Betriebsabrechnungsbogen

Kostenarten	Material Beschäftigungsgrad 100 %			Fertigung Beschäftigungsgrad 110 %			Verwaltung Beschäftigungsgrad 95 %			Vertrieb Beschäftigungsgrad 90 %			Gesamtkosten		
	Soll-kosten T€	Ist-kosten T€	Abweichung T€	Soll-kosten T€	Ist-kosten T€	Abweichung T€	Soll-kosten T€	Ist-kosten T€	Abweichung T€	Soll-kosten T€	Ist-kosten T€	Abweichung T€	Soll-kosten T€	Ist-kosten T€	Abweichung T€
Einzelkosten															
Fertigungsmaterial	2.940	2.940	0	–	–	–	–	–	–	–	–	–	2.940	2.940	0
Fertigungslöhne	–	–	–	2.438	2.400	+38	–	–	–	–	–	–	2.438	2.400	+38
Gemeinkosten															
Hilfsstoffe	–	–	–	770	710	+60	–	–	–	81	85	–4	851	795	+56
Betriebsstoffe	–	–	–	33	30	+3	3,8	3	+0,8	1,8	2	–0,2	38,6	35	+3,6
Gehälter	58	60	–2	95	100	–5	300	290	+10	48	50	–2	501	500	+1
Soziale Abgaben	10	10	0	478,4	450	+28,4	118,8	130	–11,2	9,6	10	–0,4	616,8	600	+16,8
Abschreibungen	40	40	0	500	510	–10	80	70	+10	40	40	0	660	660	0
Bürokosten	2	0	+2	20,8	20	+0,8	29,4	30	–0,6	1,92	0	+1,92	54,12	50	+4,12
Werbung	–	–	–	31,2	30	+1,2	122,5	122	+0,5	52,8	53	–0,2	206,5	205	+1,5
Betriebsteuern	20	28	–8	42,4	40	+2,4	92,15	90	+2,15	28,2	30	–1,8	182,75	188	–5,25
Kalk. Zinsen	140	149,3	–9,3	650	650	0	110	110	0	125	125,7	–0,7	1.025	1.035	–10
Unternehmerlohn	–	–	–	100	100	0	200	200	0	–	–	–	300	300	0
Gesamt	3.210	3.227,3	–17,3	5.158,8	5.040	+118,8	1.056,65	1.045	+11,65	388,32	395,7	–7,38	9.813,77	9.708	+105,77

FINANZPLANUNG G

6.4 Finanzplanung als Controllinginstrument

Situation

Herr Schmolmann ist mit der Entwicklung, die sein Unternehmen in den beiden letzten Jahren genommen hat, sehr zufrieden. So hat sich z. B. die Umsatzrentabilität deutlich verbessert. Ähnlich günstig hat sich seine Eigenkapitalrentabilität entwickelt. Besonders stolz macht ihn, dass sich die Umsätze in den beiden Jahren von 7.500.000,00 € auf 10.520.000,00 € erhöht haben und dass sein Unternehmen zurzeit mit ca. 64 % Eigenkapital finanziert ist.

Diesen Wachstumsschub möchte Herr Schmolmann auch in den nächsten Jahren nutzen; und genau da liegt sein Problem: Mit der derzeitigen Ausstattung seines Unternehmens an Arbeitskräften und Betriebsmitteln stößt er jetzt bereits an die Kapazitätsgrenze. Wenn er das Wachstum als Unternehmensziel verfolgen will, wird er sein Unternehmen erweitern müssen: Eine neue Fabrikationshalle auf einem benachbarten (noch zu erwerbenden) Grundstück muss errichtet und mit Maschinen ausgestattet werden, zusätzliche Arbeitskräfte sind anzuwerben und ein zusätzlicher Bedarf an Werkstoffen wird anfallen. Sofort fallen ihm dazu die drei folgenden Fragen ein:

- Wie viel Kapital wird er benötigen, um die einmaligen Ausgaben (Investitionen) und den laufenden Aufwand bestreiten zu können?
- Wie wird er dieses Kapital aufbringen können?
- Wie bleibt auch bei Durchführung dieses Vorhabens die Liquidität seines Unternehmens gesichert?

Die letzte Frage ist ihm besonders wichtig, denn er will unbedingt vermeiden, dass der geplante Ausbau die Zahlungsfähigkeit seines Unternehmens gefährdet.

6.4.1 Kapitalbedarfsplan

Jede Investition bedarf der sorgfältigen Planung, bei der die folgenden **Grundsätze** zu beachten sind:

- Der **Kapitalbedarfsplan** ist ein notwendiges MUSS nicht nur vor jeder Unternehmensgründung, sondern auch bei jeder Ersatz- und Erweiterungsinvestition.
- Größere Investitionsvorhaben werden in der Regel über **Betriebsmittelkredite** durch Kreditinstitute fremdfinanziert.
- Der Kapitalbedarf soll eher **großzügig** berechnet werden, um finanzielle Engpässe zu vermeiden.
- Der Kapitalbedarfsplan muss sowohl die **einmaligen Ausgaben** als auch die **laufenden Ausgaben** – bezogen auf einen bestimmten Zeitraum – erfassen.

Vor dem Hintergrund dieser Überlegungen ergibt sich der folgende **Kapitalbedarfsplan** für die Erweiterungsinvestition.

Kapitalbedarfsplan „Erweiterungsinvestition"		
Position		**Betrag**
Einmalige Ausgaben		
Grundstück, einschließlich Nebenkosten		122.500,00 €
Bauliche Investition:	Fabrikhalle, einschließlich aller Installationen	386.500,00 €
	Zufahrt	24.500,00 €
Produktionsanlagen:	Technische Anlagen, Maschinen	214.000,00 €
	Transporteinrichtungen	36.000,00 €
Büroeinrichtung, einschließlich Computer, Telefonanlage, Kopierer		18.000,00 €
Mindestreserve im Roh-, Hilfs- und Betriebsstofflager		43.000,00 €
PR-Maßnahme: Einweihung mit Tag der offenen Tür		4.000,00 €
Gesamtbetrag der einmaligen Ausgaben		**848.500,00 €**

Fortsetzung auf S. 506

Position	Betrag
Laufende Ausgaben für drei Monate	
Ausgaben für Roh-, Hilfs- und Betriebsstoffe	125.000,00 €
Ausgaben für Personal, einschließlich Sozialabgaben	210.000,00 €
Ausgaben für Wartung und Reparatur	8.000,00 €
Ausgaben für Strom, Wasser, Abwassergebühren, Heizung	6.500,00 €
Ausgaben für Versicherungen (Haftpflicht, Feuer, Wasser, Sturm)	2.600,00 €
Ausgaben für Kommunikation	750,00 €
Ausgaben für Reinigung	1.450,00 €
Ausgaben für Kapitaldienst (Zinsen und Tilgung)	31.500,00 €
Ausgaben für anteiligen kalkulatorischen Unternehmerlohn	7.500,00 €
Gesamtbetrag der laufenden Ausgaben	**393.300,00 €**
Gesamter Kapitalbedarf der Erweiterungsinvestition	**1.241.800,00 €**

Die Höhe der laufenden Ausgaben erscheint mit ca. 46 % der eigentlichen Investition recht hoch. Dabei ist zu bedenken, dass diese Ausgaben zwar dadurch deutlich auf ein Drittel (= 131.100,00 €) gesenkt werden könnten, wenn sie nur für einen Monat berechnen würde. Das erscheint allerdings wegen des damit verbundenen Liquiditätsrisikos sehr gewagt, zumal in der Planungsphase noch unsicher ist, ob die neue Produktion reibungslos anlaufen wird und wie lange es dauert, bis sich der neue Betrieb eingespielt hat. Ebenso unsicher ist, ob der Absatz der zusätzlichen Produkte (Gehäuse) nach Plan laufen wird.

> **Merke**
> - Eine sorgfältige und differenzierte Kapitalbedarfsplanung ist notwendige Voraussetzung vor jeder Veränderung der Unternehmensgröße oder des Produktionsvolumens; sie wird sowohl bei der Gründung eines Unternehmens als auch bei Ersatz- und Erweiterungsinvestitionen durchgeführt.
> - Der Kapitalbedarfsplan weist sowohl die einmaligen Ausgaben als auch die laufenden Ausgaben – bezogen auf eine bestimmte Zeitspanne – aus. Die einmaligen Ausgaben geben den für die eigentliche Investition erforderlichen Kapitalbedarf an.

6.4.2 Statische Investitionsrechnungen

Situation

Herr Schmolmann weiß nun, dass er neben 393.300,00 € an laufenden Ausgaben vor allem 848.500,00 € als Investitionsbedarf aufbringen muss. Bevor er sich darum kümmert, wie er das erforderliche Kapital aufbringen kann, geht er der Frage nach, **welche Investition er bei mehreren Alternativen durchführen wird**. Er beschränkt seine Überlegungen

- auf den Posten „Produktionsanlagen" im Wert von 250.000,00 €,
- auf die sog. statischen Verfahren der Investitionsrechnung.

Für die statische Investitionsrechnung stehen ihm vier Verfahren zur Verfügung:

- die Kostenvergleichsrechnung,
- die Gewinnvergleichsrechnung,
- die Rentabilitätsvergleichsrechnung,
- die Amortisationsvergleichsrechnung.

Die **Gewinnvergleichsrechnung** bezieht neben den Kosten auch die Erlöse in die Entscheidung ein. Die Kostenvergleichsrechnung untersucht die Investition nur unter dem Gesichtspunkt der Kostenminimierung. Die Rentabilitätsvergleichsrechnung kann bei unterschiedlichen

Anschaffungskosten und unterschiedlicher Nutzungsdauer der Anlagen zu Fehlentscheidungen führen. Die Amortisationsvergleichsrechnung rückt den Aspekt der Liquidität in den Vordergrund und lässt z. B. die unterschiedliche Nutzungsdauer der Anlagen unberücksichtigt.

> **Beispiel**
>
> Für die Ausstattung der neuen Fabrikhalle mit technischen Anlagen, Maschinen und Transporteinrichtungen zur Herstellung der Gehäuse liegen Herrn Schmolmann zwei Angebote von Industrieanlagenherstellern vor. Diese Angebote prüft er auf der Basis der Gewinnvergleichsrechnung.
>
> | | Angebot (Investition) A | Angebot (Investition) B |
> |---|---|---|
> | Anschaffungskosten | 250.000,00 € | 280.000,00 € |
> | Nutzungsdauer | 15 Jahre | 12 Jahre |
> | technische Kapazität | 37 500 Gehäuse/Jahr | 42 000 Gehäuse/Jahr |
> | wirtschaftliche Kapazität | 35 000 Gehäuse/Jahr | 35 000 Gehäuse/Jahr |
>
> Der Berechnung der günstigeren Investition legt Herr Schmolmann folgende zusätzliche Angaben zugrunde:
>
> | | |
> |---|---|
> | Erlös je Gehäuse: | 54,24 € (vgl. S. 463), |
> | Variable Kosten je Gehäuse: Investition A | 34,00 € |
> | Variable Kosten je Gehäuse: Investition B | 30,50 € |
> | Fixe Kosten je Periode: Investition A | 395.000,00 € |
> | Fixe Kosten je Periode: Investition B | 515.000,00 € |
>
> Die Berechnung soll auf der Vergleichsbasis der wirtschaftlichen Kapazität von 35 000 Gehäusen und unter Zugrundelegung eines kalkulatorischen Zinssatzes von 10 % durchgeführt werden.
>
> Herr Schmolmann sucht unter den beiden Investitionsalternativen diejenige, die den **größeren Gewinn innerhalb eines Jahres** bringt.

1. Gewinnvergleichsrechnung

Der **Gewinn** wird wie folgt berechnet:

> **Gewinn = Erlöse − Kosten;**
> **G = E − K**

Den **Erlös** ermittelt man wie folgt:

> **Erlös = Preis · Menge;**
> **E = p · x**

Die **Kosten** enthalten folgende Bestandteile:

> **Fixe Kosten** K_f
> **variable Kosten** $K_v = k_v \cdot x$

Die variablen Kosten werden berechnet, indem man die variablen Stückkosten mit der Menge multipliziert.

Die **Kapitalkosten** enthalten:

Kapitalkosten der Investition

> **Tilgung T**
> T = Anschaffungskosten : Nutzungszeit
> **Zinsen Z**
> Z = halbe Anschaffungskosten · 0,1

Üblicherweise legt man für die Zinsberechnung die halben Anschaffungskosten zugrunde. Dadurch werden die von Jahr zu Jahr durch Tilgung geringer werdenden Restwerte gemittelt.

Werden diese Rechenvorschriften auf die Investitionen A und B angewandt, ergeben sich folgende Zahlen:

Rechenschema	Investition A	Investition B
Erlös	1.898.400,00 €	1.898.400,00 €
– fixe Kosten	395.000,00 €	515.000,00 €
– variable Kosten	1.190.000,00 €	1.067.500,00 €
– Tilgung	16.667,00 €	23.333,00 €
– Zinsen	12.500,00 €	14.000,00 €
= Gewinn	284.233,00 €	278.567,00 €

Nach dieser Rechnung wird sich Herr Schmolmann für die Investition A entscheiden. Er kann dann mit einem jährlichen Gewinn von durchschnittlich 284.233,00 € rechnen, gegenüber 278.567,00 € Gewinn bei der Investition B. Die Investition A hat zudem die geringeren Anschaffungskosten und die längere Nutzungsdauer. Sie wird eine Umsatzrentabilität von 14,97 %, also knapp 15 %, erbringen.

Diese Überlegungen bedürfen einer wichtigen Ergänzung: Die obige Rechnung basiert auf der Annahme, dass die jeweilige wirtschaftliche Kapazität von 35 000 Gehäusen im Jahr voll genutzt werden kann. Wie aber stellt sich die Rechnung dar, wenn die angenommenen Absatzzahlen nicht eingehalten werden können? Es ist also zweckmäßig, die obige Rechnung um die Berechnung der sog. **kritischen Menge** zu ergänzen. Die kritische Menge gibt in diesem Beispiel diejenige Absatzmenge an, **ab der die Investition B gewinnbringender wird als die Investition A.**

2. Bestimmung der kritischen Menge

Die Rechnung geht von der Überlegung aus, dass es eine bestimmte Absatzmenge x gibt, bei der der Gewinn der Investition A, also $G_A(x)$, gleich hoch ist wie der Gewinn der Investition B, also $G_B(x)$. Zu suchen ist also die **Menge x** unter der Bedingung

$$G_A(x) = G_B(x)$$

$$G_A(x) = p \cdot x - k_{vA} \cdot x - K_{fA} - T_A - Z_A \text{ und}$$
$$G_B(x) = p \cdot x - k_{vB} \cdot x - K_{fB} - T_B - Z_B$$
$$G_A(x) = 54{,}24 \cdot x - 34 \cdot x - 395.000 - 16.667 - 12.500 \text{ und}$$
$$G_B(x) = 54{,}24 \cdot x - 30{,}5 \cdot x - 515.000 - 23.333 - 14.000$$

Unter der obigen Bedingung, dass die Gewinne gleich hoch sein müssen, folgt

$$\begin{aligned} 54{,}24 \cdot x - 30{,}5 \cdot x - 552.333 &= 54{,}24 \cdot x - 34 \cdot x - 424.167 \\ 3{,}5 \cdot x &= 128\,166 \\ x &= 36\,619 \end{aligned}$$

Die Rechnung besagt, dass bei einer Absatzmenge von 36 619 Gehäusen beide Investitionen den gleichen Gewinn erbringen.

Fällt die Absatzmenge unter diese Größe, also z. B. auf 35 000 Gehäuse – wie im Beispiel angenommen –, erbringt die Investition A den größeren Gewinn gegenüber der Investition B.

Steigt die Absatzmenge auf längere Sicht über die Größe von 36 619 Gehäusen – also z. B. auf 37 000 Gehäuse –, dann wird die Investition B gewinnbringender.

Herr Schmolmann muss nun überlegen, ob er langfristig mit einer Absatzmenge über 36 619 Gehäusen rechnen kann. Dann muss er seine kurzfristige Entscheidung revidieren und die Investition B realisieren!

Aufgabe 591

Stellen Sie die obigen Gleichungen als Graphen im Koordinatensystem dar und markieren Sie die wirtschaftliche Kapazität sowie die kritische Menge.

Bestimmen Sie auch die Mengen, bei denen die beiden Investitionen keinen Gewinn erbringen, also die Bedingung G (x) = 0 gilt.

Aufgabe 592

Zwei alternative Investitionen können unter den folgenden Bedingungen realisiert werden:

	Investition A	Investition B
Kapazitäten	50 000 Stück/Jahr	75 000 Stück/Jahr
Erlöse	500,00 €/Stück	400,00 €/Stück
Fixe Kosten	750.000,00 €/Jahr	625.000,00 €/Jahr
Variable Kosten	300,00 €/Stuck	330,00 €/Stück

Welche Investition erbringt unter den gegebenen Bedingungen den größeren Gewinn? Interpretieren Sie die Lösung.

6.4.3 Finanzierung und Kreditsicherung

Situation

Herr Schmolmann geht anhand der folgenden Übersicht die Möglichkeiten der Kapitalaufbringung durch. Diese Übersicht ist auf die Möglichkeiten begrenzt, die für das Unternehmen Schmolmann KG infrage kommen können.

Finanzierungsarten	

Eigenfinanzierung
■ Beteiligungsfinanzierung
■ Selbstfinanzierung
■ Leasing
■ Factoring
	Fremdfinanzierung
	■ langfristige Fremdfinanzierung
	  – Darlehen
	■ kurzfristige Fremdfinanzierung
	  – Nutzung der Kreditlinie
	  – Lieferantenkredit

Beteiligungsfinanzierung z. B. durch Aufnahme eines zusätzlichen Gesellschafters scheidet für ihn und seinen Mitgesellschafter aus. Ebenso scheiden **Leasing** (= Finanzierung durch „Mieten" von Investitionsgütern) und **Factoring** (= Finanzierung durch Verkauf von Forderungen) aus.

Die **Selbstfinanzierung** aus erwirtschafteten Gewinnen und privaten Einlagen sowie aus Umschichtungen, z. B. aus der Finanzierung durch Abschreibungen (vgl. S. 371), betrachtet Herr Schmolmann näher: In den vergangenen Jahren hat Herr Schmolmann Vorsorge für die geplante Investition getroffen, indem er erwirtschaftete Gewinne weitgehend im Unternehmen belassen hat und selbst auch private Einlagen gemacht hat. Das hat dazu geführt, dass die Eigenkapitaldeckung des Vermögens mit 64,2 % ungewöhnlich hoch geworden ist und dass sich inzwischen ein Bankguthaben von ca. 1.500.000,00 € angesammelt hat (vgl. S. 354). Hier eröffnet sich ihm eine ergiebige Finanzierungsquelle, über die er die laufenden Ausgaben der Investition, die Büroeinrichtung, die Mindestreserve an Roh-, Hilfs- und Betriebsstoffen sowie die PR-Maßnahme finanzieren will. Insgesamt deckt er damit einen Kapitalbedarf von 458.300,00 € ab.

Den restlichen Kapitalbedarf für das Grundstück, das Gebäude und die Produktionsanlagen von insgesamt 783.500,00 € will er über ein **Darlehen** von seiner Bank fremdfinanzieren lassen. Die Sicherung dieses Darlehens durch **Grundpfandrechte** an betriebseigenen Grundstücken ist gewährleistet.

6.4.4 Cashflow-Planung zur Kreditsicherung[1]

Situation

Zur Vorbereitung des anstehenden Gesprächs mit dem Zweigstellenleiter seines Kreditinstituts legt Herr Schmolmann nicht nur den Jahresabschluss (Bilanz, Gewinn- und Verlustrechnung) bereit, sondern erstellt die folgende **Cashflow-Rechnung**, mit der er der Bank nachweisen kann, dass er durch selbst erwirtschaftete Mittel in der Lage ist, Zinsen und Tilgungen für den Kredit pünktlich zu zahlen.

Cashflow-Rechnung	
Rechenschema	**Betrag**
Gewinn lt. Investitionsrechnung (vor Steuern)	284.233,00 €
+ Abschreibungen:	
Fabrikationshalle 4 % auf 411.000,00 €	16.440,00 €
Produktionsanlagen 10 % auf 250.000,00 €	25.000,00 €
Büroeinrichtungen 20 % auf 18.000,00 €	3.600,00 €
+ Erhöhung von Rückstellungen	0,00 €
– Auflösung von Rückstellungen	0,00 €
– Betriebssteuern	162.000,00 €
= **Verfügbarer Cashflow**	**167.273,00 €**

Damit weist Herr Schmolmann nach, dass er über genügend Finanzmittel aus der geplanten Investition verfügen wird, um Zinsen und Tilgungen für den Kredit zu erwirtschaften.

Merke

- Bei der Kapitalaufbringung unterscheidet man zwischen der Eigenfinanzierung, also dem Mittelzufluss aus eigenen Quellen, und der Fremdfinanzierung, also z. B. der Nutzung von Betriebsmittelkrediten, die von Kreditinstituten zur Verfügung gestellt werden. Langfristige Bankkredite (Darlehen) werden durch Grundpfandrechte gesichert.
- Bei der Finanzierung ist die „goldene Finanzierungsregel" zu beachten: Langfristig gebundenes Vermögen (Anlagevermögen) ist aus Eigenkapital und/oder langfristigem Fremdkapital zu finanzieren.
- Der oberste Grundsatz bei der Finanzierung lautet: Zu jedem Zeitpunkt muss ein Unternehmen in der Lage sein, fällige Zahlungen zu leisten (Liquidität!).

6.4.5 Liquiditätsplan

Die auf Seite 505 genannten Grundsätze können nicht deutlich genug hervorgehoben werden. Viele neu gegründete Unternehmen werden nur deshalb bereits nach kurzer Zeit insolvent, weil sich die „Jungunternehmer" keinen genügenden finanziellen Spielraum für die ersten drei bis sechs Monate nach der Unternehmensgründung geschaffen haben. Hier bietet der **Liquiditätsplan** ein Instrument an, um finanzielle Engpässe sichtbar zu machen. Das versetzt den Unternehmer in die Lage, rechtzeitig korrigierende Maßnahmen zu ergreifen.

---

[1] Siehe auch S. 343.

Finanzplanung G

Situation

Herr Schmolmann will sich nicht von den bisher so optimistischen Zahlen blenden lassen und alle Ausgaben und Einnahmen – also alle Geldabflüsse und Geldzuflüsse – für die Anlaufzeit der geplanten Investition zusammenstellen. Nur so kann er sicher sein, dass die Investition sein Unternehmen nicht in einen Liquiditätsengpass bringt. Für die ersten drei Monate nach Anlaufen der neuen Produktion erstellt er folgenden Liquiditätsplan, in den er die bisherigen Planungszahlen einarbeitet.

Annahmen für den Liquiditätsplan:

Absatz im ersten Produktionsmonat: 2 000 Stück,
Absatz im zweiten Produktionsmonat: 2 500 Stück,
Absatz im dritten Produktionsmonat: 3 500 Stück.

Der laufende Aufwand aus dem Kapitalbedarfsplan kann mit geringen Modifikationen (Kapitaldienst) übernommen werden.

Zu berücksichtigen sind anteilige Privatentnahmen von 3.000,00 € je Monat (anstelle des kalkulatorischen Unternehmerlohns).

Die anteiligen Betriebsteuern für drei Monate betragen 20.500,00 €.

Liquiditätsplan[1]	
Position	**Drei-Monats-Werte**
Einnahmen aus Umsatzerlösen	433.920,00 €
− Ausgaben für Roh-, Hilfs- und Betriebsstoffe	125.000,00 €
− Ausgaben für Personal, einschließlich Sozialabgaben	210.000,00 €
− Ausgaben für Wartung und Reparatur	8.000,00 €
− Ausgaben für Strom, Wasser, Abwassergebühren, Heizung	6.500,00 €
− Ausgaben für Versicherungen	2.600,00 €
− Ausgaben für Kommunikation	750,00 €
− Ausgaben für Reinigung	1.450,00 €
− Ausgaben für Kapitaldienst (Zinsen und Tilgung)	24.800,00 €
− Ausgaben für Privatentnahmen	9.000,00 €
− Ausgaben für anteilige Betriebsteuern	20.500,00 €
− Ausgaben für PR-Maßnahme (Einweihung)	4.000,00 €
− Ausgaben für Mindestreserve an Roh-, Hilfs- und Betriebsstoffen	10.000,00 €
= **Überschuss** (frei verfügbare Mittel)	**11.320,00 €**

Herr Schmolmann ist mit dieser Rechnung zufrieden. Der Überschuss lässt ihm genügend Spielraum für unerwartete zusätzliche Ausgaben; und bei der Festlegung der Absatzzahlen hat er vorsichtig geschätzt, also die erwarteten Absätze eher pessimistisch angesetzt.

Merke

- Der Liquiditätsplan ist eine notwendige Ergänzung zum Kapitalbedarfsplan. In ihm zeigt sich, ob das Unternehmen bei der Realisierung der Investition zahlungsfähig bleibt.
- Der Liquiditätsplan ist mit großer Sorgfalt und so ausführlich wie möglich aufzustellen. Die Einnahmeposten sind eher pessimistisch nach unten anzusetzen, die Ausgabeposten eher optimistisch nach oben.
- Große Aufmerksamkeit ist den Forderungen, genauer gesagt, den pünktlichen Zahlungseingängen der Kunden zu widmen. Verspätete Zahlungen gefährden schnell die Liquidität.

---

1 Bei den nachfolgenden Zahlen handelt es sich um geplante Größen.

7 Grundlagen der Prozesskostenrechnung

7.1 Veränderte Kostenstrukturen erfordern Anpassung der Kalkulation

Situation

Herr Schmolmann hat an einer Fortbildungsveranstaltung zum Thema „Moderne Kostenrechnungssysteme" teilgenommen. Dort haben ihn folgende Aussagen nachdenklich gemacht:

„Die traditionellen Kostenrechnungssysteme ‚Vollkostenrechnung auf Kostenstellenbasis' oder ‚Flexible Plankostenrechnung' werden den Anforderungen an eine kundenorientierte Kalkulation aus folgenden Gründen nicht mehr gerecht:

- Die traditionellen Systeme sind zu stark auf den Produktionsbereich ausgerichtet und berücksichtigen nicht die steigende Bedeutung der sog. ‚**indirekten Bereiche**' (Forschung/Entwicklung, Produktionsplanung, Beschaffung, Vertrieb, Kundenservice, Logistik, Qualitätssicherung). Diese Entwicklung führt zu einer Kostenverschiebung von der Fertigung zu den vor- und nachgelagerten Bereichen.

- Die traditionellen Systeme legen die Gemeinkosten über Kostenstellenzuschlagssätze **proportional** auf die Einzelkosten um; das entspricht nicht der tatsächlichen Kostenverursachung eines Produktes oder einer Produktvariante; hier sind **neue Bezugsgrößen** – z. B. auftragsbezogene Tätigkeiten – notwendig.

- Verschärft wird dieses Problem noch durch eine veränderte **Kostenstruktur**. Die Gemeinkosten nehmen im Vergleich zu den Einzelkosten einen immer größer werdenden Anteil ein; inzwischen wird in der Wirtschaft – vor allem im Dienstleistungssektor – mit einem Anteil von 75 % der Gemeinkosten an den Gesamtkosten gerechnet. Die in den traditionellen Kostenrechnungssystemen vorherrschende Dominanz der Einzelkosten ist aufzugeben. An deren Stelle muss die Suche nach denjenigen **Prozessen** treten, die die Kostenverursachung aufdecken."

Herr Schmolmann findet diese Aussagen in seinem Unternehmen zum Teil bestätigt:

- Seine Kostenstellenrechnung (vgl. S. 403) ist mit vier Fertigungshauptstellen deutlich **fertigungsorientiert**, während die vor- und nachgelagerten Kostenstellen (Fuhrpark, Material, Verwaltungs-, Vertriebsstelle) keine Unterteilungen aufweisen.

- Selbstverständlich hat er die Gemeinkosten über Zuschlagssätze **proportional** den Einzelkosten eines Produktes zugerechnet (vgl. Angebotskalkulation S. 427 f.), ohne zu wissen, ob dadurch die einzelnen Produktvarianten (= Gehäuse G I, G II, G III) mit den Gemeinkosten belastet werden, die sie tatsächlich verursacht haben. Möglicherweise führt das dazu, dass Käufer eines bestimmten Gehäusetyps einen zu hohen Preis zahlen zugunsten von Käufern eines anderen Gehäusetyps. Angesichts der von ihm gewünschten Kundenorientierung macht ihn dieser Gedanke unruhig.

- Der Anteil der **Gemeinkosten** an den Gesamtkosten (= Selbstkosten des Umsatzes) hält sich in seinem Unternehmen mit ca. 46,1 % in Grenzen; das liegt wohl daran, dass er einen Fertigungs- und keinen Dienstleistungsbetrieb hat. Dennoch macht ihn der Betrag von 1.898.000,00 € Stellengemeinkosten in den Kostenstellen Fuhrpark, Material, Verwaltung und Vertrieb nachdenklich (vgl. BAB S. 403), zumal er nicht genau weiß, durch welche Tätigkeiten diese Kosten verursacht werden.

7.2 Aufbau einer Prozesskostenrechnung

Situation *Fortsetzung*

Herr Schmolmann will seine Kostenrechnung so umgestalten, dass die **Gemeinkosten** verursachungsgerechter den Produkten zugerechnet werden können. Er will dabei schrittweise vorgehen und die Erkenntnisse, die er über die **Prozesskostenrechnung** gewonnen hat, nutzen:

- Er behält die Kostenstellenstruktur seiner bisherigen Kostenrechnung bei (vgl. BAB S. 403).
- Den Fertigungsbereich tastet er in seiner jetzigen Struktur in vier Fertigungshauptstellen und in der bestehenden Verrechnungsform über Zuschlagssätze nicht an.
- Er konzentriert sich auf die **Gemeinkosten** in den **indirekten Bereichen** (Fuhrpark, Material, Verwaltung, Vertrieb), da diese nicht von den traditionellen Bezugsgrößen (Fertigungslöhne, Maschinenstunden), sondern von anderen Größen beeinflusst werden (Anzahl der Anfragen, Anzahl der Angebote, Anzahl der Lagerbewegungen, Anzahl der Materialeingänge, Anzahl der Lieferungen an Kunden, Anzahl der Kundenbestellungen, Anzahl der Reklamationen usw.).
- Die Allgemeine Kostenstelle „Fuhrpark" lässt er mit der Umlage auch zunächst so bestehen.
- In einem ersten Versuch will er den **Materialbereich** nach den Vorstellungen der Prozesskostenrechnung umbauen. Dabei legt er sich die folgenden strukturierenden **Fragen** vor:
  1. Welche **Teilprozesse** sind die Verursacher von Gemeinkosten im Materialbereich?
  2. Wie lassen sich die **Kosten eines jeden Teilprozesses** ermitteln?
  3. Welche **Maßgrößen** – auch Kostentreiber genannt – lassen sich passend zu den jeweiligen Teilprozessen festlegen?
  4. Wie lassen sich aus Prozesskosten und Maßgrößen verursachungsgerechte **Prozesskostensätze** errechnen, die dann die Grundlage einer prozessorientierten Kalkulation sind?
  5. Wie kann eine **prozessorientierte Kalkulation** aufgebaut werden?

7.2.1 Ermittlung der Teilprozesse über eine Tätigkeitsanalyse

Tätigkeiten

Die Prozesskostenrechnung geht in ihrem Ansatz davon aus, dass die in den Kostenstellen ausgeübten **Tätigkeiten** (= Aktivitäten) ursächlich für die Entstehung der Gemeinkosten sind. Mit Tätigkeit ist jede ausgeführte Arbeit in einer Kostenstelle gemeint, mit der ein bestimmtes Arbeitsergebnis erzielt wird.

Teilprozesse

Bei der Vielzahl unterschiedlicher Tätigkeiten in einer Kostenstelle ist es nicht sinnvoll und zweckmäßig, jeder Tätigkeit eine Maßgröße (=Kostentreiber) zuordnen zu wollen, zumal sich in der Regel mehreren Tätigkeiten die gleiche Maßgröße (=Kostentreiber) zuordnen lässt. Zur Vereinfachung der Kostenrechnung werden deshalb alle Tätigkeiten,

- die zu einem **gemeinsamen Arbeitsergebnis** führen und
- für die eine **gemeinsame Maßgröße** (Kostentreiber) gefunden werden kann,

zu einem **Teilprozess der Kostenstelle** zusammengefasst. In der Regel bilden mehrere unterschiedliche Teilprozesse **alle** Tätigkeiten in einer Kostenstelle ab.

Maßgröße (= Kostentreiber)

Eine Maßgröße wird in der Prozesskostenrechnung als Kostentreiber bezeichnet, weil die Kostentreiber die eigentlichen Bezugsgrößen für die Verrechnung der Gemeinkosten in den Kostenstellen darstellen. So ist ein Teil der Materialgemeinkosten nicht allein durch den Materialwert, sondern z. B. durch die Materialannahme entstanden. Die Bezeichnung der Maßgröße „Materialannahme" als Kostentreiber hebt hervor, dass die Anzahl der erforderlichen Prozesse (hier: Häufigkeit der Materialannahme) die Gemeinkostenentstehung bewirkt.

G KOSTEN- UND LEISTUNGSRECHNUNG IM INDUSTRIEBETRIEB

Situation

Fortsetzung von S. 513

Herr Schmolmann erfasst als Erstes die Tätigkeiten in der Kostenstelle „Material". Dies kann er auf der Basis der Unterlagen vornehmen, die ihm zur Verfügung stehen (Arbeitsplatzbeschreibungen, Ablaufdiagramme). Er kann auch vor Ort die Mitarbeiter interviewen. Seine Erhebung führt zu folgenden Tätigkeiten, die er zu **Teilprozessen** zusammenfasst:

Kostenstelle: Material	
Tätigkeiten	**Teilprozesse**
eingehende Werkstoffe in Empfang nehmen, Menge und Qualität anhand der Bestellkopien kontrollieren, Eingangsmeldungen an Einkaufsabteilung geben, beschädigte oder fehlerhafte Sendungen reklamieren, Unterlagen verwalten	Werkstoffe annehmen
Werkstoffeingänge auf Lagerkarte vermerken, Werkstoffe in Lager einsortieren, Werkstoffe pflegen, Lagerbestände kontrollieren	Werkstoffe einlagern
Werkstoffausgaben durch Materialentnahmescheine belegen, Werkstoffausgaben quittieren lassen, Materialentnahmescheine verwalten, Werkstoffausgaben auf Lagerkarten vermerken, auf Meldebestände achten und Einkaufsabteilung benachrichtigen	Werkstoffe ausgeben
disponieren, Engpässe aufspüren, Lagerhüter vermeiden, auf Wirtschaftlichkeit und Rentabilität achten, mit vor- und nachgelagerten Abteilungen zusammenarbeiten	Materialstelle leiten

Auf diese Weise ist es Herrn Schmolmann gelungen, alle Aktivitäten der Kostenstelle „Material" auf **vier Teilprozesse** zu reduzieren. Für diese Teilprozesse muss er nun geeignete **Maßgrößen** (Kostentreiber) festlegen.

Merke

- Die Prozesskostenrechnung basiert auf der Überlegung, dass Tätigkeiten (= Aktivitäten) Gemeinkosten verursachen.
- Tätigkeiten als kleinste Arbeitseinheiten werden in den Kostenstellen erhoben und zu Teilprozessen zusammengefasst.
- Teilprozesse sind dadurch gekennzeichnet, dass sie solche Tätigkeiten zusammenfassen, die einen Arbeitsablauf strukturieren.
- Mehrere unterschiedliche Teilprozesse bilden alle Tätigkeiten in einer Kostenstelle ab.

Aufgabe 593

Erstellen Sie nach Ihren eigenen Erfahrungen und Ihrem Wissen für die Abteilung „Einkauf" innerhalb der Kostenstelle „Verwaltung" eine Liste der (möglichen) Tätigkeiten und der zweckmäßigen Teilprozesse.

G GRUNDLAGEN DER PROZESSKOSTENRECHNUNG

7.2.2 Bestimmung der Gemeinkosten für jeden Teilprozess

Situation — Fortsetzung von S. 514

Im ersten Schritt zum Umbau der Kostenstelle „Material" hat Herr Schmolmann die Teilprozesse festgelegt. Als Nächstes berechnet er, wie viel Euro Gemeinkosten auf jeden Teilprozess entfallen. Hierzu verwendet er die Zahlen aus seinem bisherigen Betriebsabrechnungsbogen (vgl. S. 403) und gliedert sie um.

Auszug aus dem Betriebsabrechnungsbogen (vgl. S. 403)	
Gemeinkostenarten	Materialstelle
Hilfsstoffe	–
Betriebsstoffe	–
Gehälter	50.000,00
AG-Anteil zur SV	10.000,00
Abschreibungen	35.000,00
Bürokosten	4.000,00
Werbung	–
Steuern	28.000,00
Zinsen	146.000,00
Unternehmerlohn	5.000,00
Summe der primären Gemeinkosten	278.000,00
Umlage AKS Fuhrpark	40.000,00
Stellengemeinkosten	318.000,00

Für die Umgliederung der Gemeinkostenarten auf Teilprozesse verwendet Herr Schmolmann Belege der Finanzbuchhaltung (Gehaltslisten, Rechnungen) oder Schätzzahlen:

- Gehälter, soziale Abgaben und Bürokosten lassen sich als sog. direkte Gemeinkosten genau den Personen zuordnen, die bestimmte Tätigkeiten ausführen.
- Die übrigen Gemeinkosten werden aufgrund der Anlagewerte (siehe kalkulatorische Abschreibungen), aufgrund des investierten Kapitals (siehe kalkulatorische Zinsen) oder auf der Basis der dort beschäftigten Arbeitnehmer (siehe Steuern) umgeschlüsselt.
- Bei der „Umlage AKS Fuhrpark" erfolgt die Zuordnung zu 40 % auf den Teilprozess „Werkstoffe einlagern" und zu 60 % auf den Teilprozess „Werkstoffe ausgeben".

Nach der Umgliederung ergeben sich folgende **teilprozessorientierte Stellengemeinkosten**:

Kostenstelle: Material	
Teilprozesse	Teilprozesskosten
Werkstoffe annehmen	80.000,00
Werkstoffe einlagern	56.000,00
Werkstoffe ausgeben	104.000,00
Materialstelle leiten	78.000,00
Summe der Stellengemeinkosten	318.000,00

7.2.3 Festlegung von Maßgrößen (= Kostentreibern) für Teilprozesse

Beispiel

Die Notwendigkeit, Maßgrößen für Teilprozesse festzulegen, begründet Herr Schmolmann wie folgt:

> - „Wenn ich weiß, dass z. B. die Ausgabe von Werkstoffen **ein** Verursacher von Gemeinkosten in der Kostenstelle ‚Material' ist,
> - wenn ich weiterhin weiß, wie viel Euro an Gemeinkosten für diesen Teilprozess anfallen und
> - wenn ich schließlich auch noch weiß, **wie viele Werkstoffausgaben** im Abrechnungszeitraum von den Mitarbeitern vorgenommen wurden,
>
>   dann kann ich ausrechnen, **mit wie viel Euro ich eine Werkstoffausgabe für einen Kundenauftrag belasten muss.**"

Maßgröße (= Kostentreiber)

In der obigen Überlegung ist also die **Anzahl der Werkstoffausgaben** innerhalb eines Zeitraums eine geeignete **Maßgröße** bzw. ein geeigneter Kostentreiber, um einen Eurobetrag zu berechnen, mit dem **jede Werkstoffausgabe** in Kundenaufträge einkalkuliert wird. Dieser Eurobetrag, mit dem jeweils eine Werkstoffausgabe berechnet wird, heißt allgemein **Teilprozesskostensatz**. Werden z. B. für einen Kundenauftrag drei Werkstoffausgaben vorgenommen, so wird dieser Kundenauftrag mit dem Dreifachen dieses Teilprozesskostensatzes belastet.

Maßgrößen/Kostentreiber müssen folgende **Bedingungen** erfüllen:

- Sie sind **Mengengrößen**, so wie sie auch aus der traditionellen Kostenrechnung z. B. in Form der Maschinenstunden genutzt werden.
- Sie sind ein Maßstab für die **Kostenverursachung**.
- Sie sind ein Maßstab für die **Kostenzurechnung** auf die Kostenträger, also z. B. die Kundenaufträge oder die Selbstkosten der Produkte.

Situation

Fortsetzung von S. 515

Herrn Schmolmanns Aufgabe ist es nun, für jeden Teilprozess in der Materialstelle eine geeignete **Maßgröße** festzulegen und die jeweilige **Anzahl** der gezählten Aktivitäten (Teilprozessmenge) zu ermitteln. Im Beispiel beziehen sich die Maßgrößen auf jeweils 1 000 Erzeugniseinheiten. Er kommt zu folgendem Ergebnis:

Kostenstelle: Material			
Teilprozesse	Teilprozesskosten	Maßgrößen je 1 000 Erzeugniseinheiten	Teilprozessmenge
Werkstoffe annehmen	80.000,00	Anzahl der Anlieferungen	500
Werkstoffe einlagern	56.000,00	Anzahl der Einlagerungen	400
Werkstoffe ausgeben	104.000,00	Anzahl der Ausgaben	780
Materialstelle leiten	78.000,00	–	--
Summe der Stellengemeinkosten	318.000,00		

Beim letzten Teilprozess „Materialstelle leiten" zögert Herr Schmolmann. Er weiß, dass er für diesen Teilprozess keine Maßgröße finden wird, die den obigen Bedingungen entspricht; also entscheidet er, für diesen Teilprozess keine Maßgröße festzulegen. Die Kosten dieses Teilprozesses wird er im **Umlageverfahren** den anderen Teilprozessen zurechnen (vgl. S. 517).

7.2.4 Errechnung der Prozesskostensätze

Situation
Fortsetzung von S. 516

In einem letzten Schritt errechnet Herr Schmolmann für jeden Teilprozess einen zugehörigen **Teilprozesskostensatz (TPKS)**, mit dem er verursachungsgerechter als bisher eine kundenorientierte Kalkulation durchführen kann.

Für alle Teilprozesse, denen eine Maßgröße zugeordnet ist (es handelt sich um sog. **leistungsmengeninduzierte [lmi] Prozesse**), benutzt er dafür die folgende Rechenvorschrift:

$$\text{Teilprozesskostensatz TPKS für lmi-Prozesse} = \frac{\text{Teilprozesskosten}}{\text{Teilprozessmenge}}$$

Für die Teilprozesse, denen keine Maßgröße zugeordnet ist (es handelt sich um sog. **leistungsmengenneutrale [lmn] Prozesse**), benutzt er dafür einen Umlagesatz nach folgender Rechenvorschrift:

$$\text{Umlagesatz für lmn-Prozesse} = \frac{\text{Teilprozesskosten für lmn-Prozess}}{\text{Summe der Teilprozesskosten für lmi-Prozesse}} \cdot \text{TPKS}$$

Der gesamte Prozesskostensatz für einen Teilprozess setzt sich dann aus dem Teilprozesskostensatz und dem zugehörigen Umlagesatz zusammen:

Prozesskostensatz eines Teilprozesses = Teilprozesskostensatz + Umlagesatz

Beispiel

Der Teilprozesskostensatz für den Teilprozess „Werkstoffe annehmen" errechnet sich wie folgt:

$$\text{Teilprozesskostensatz} = \frac{80.000,00\ €}{500\ \text{Anlieferungen}} = 160,00\ €/\text{Anlieferung}$$

Der zugehörige Umlagesatz wird wie folgt berechnet:

$$\text{Umlagesatz} = \frac{78.000,00\ €}{240.000,00\ €} \cdot 160,00\ € = 52,00\ €/\text{Anlieferung}$$

Der **Prozesskostensatz** für den Teilprozess „Werkstoffe annehmen" beträgt dann **212,00 € je Anlieferung**, berechnet auf der Basis von 1000 Erzeugniseinheiten. Entsprechend sind die Prozesskostensätze für die übrigen Teilprozesse zu berechnen.

Kostenstelle: Material						
Teilprozesse	Teilprozesskosten	Maßgrößen je 1000 Erzeugniseinheiten	Teilprozessmengen	Teilprozesskostensatz	Umlagesatz	Gesamter Prozesskostensatz
Werkstoffe annehmen	80.000,00	Anzahl der Anlieferungen	500	160,00	52,00	212,00
Werkstoffe einlagern	56.000,00	Anzahl der Einlagerungen	400	140,00	45,50	185,50
Werkstoffe ausgeben	104.000,00	Anzahl der Ausgaben	780	133,33	43,33	176,66
Materialstelle leiten	78.000,00	–	–	–	–	–
Summe der Stellengemeinkosten	318.000,00					

Kontrollieren Sie die Eintragungen in der obigen Tabelle.

Aufgabe 594

7.3 Hauptprozesskostensätze als Grundlage der Prozesskostenkalkulation

Situation

Die errechneten Prozesskostensätze kann Herr Schmolmann nunmehr für Kalkulationszwecke verwenden. Zwei Fragen muss er zuvor aber noch klären:

1. Zum einen wird nicht jeder Prozesskostensatz in jede Kalkulation einfließen.
   a) Welcher Prozesskostensatz in einen Kundenauftrag eingerechnet wird, hängt davon ab, welche Leistungen der Kunde in Anspruch nimmt. Im obigen Kostenstellenplan (vgl. S. 517) ist z. B. die Anzahl der Einlagerungen deutlich geringer als die Zahl der Anlieferungen; d. h. dass Herr Schmolmann darauf achtet, die angelieferten Werkstoffe möglichst ohne Umweg über das Lager sofort in die Produktionsstätten zu geben (Just-in-time-Lieferung). Der Kunde kann in diesem Fall also auch nicht mit dem Prozesskostensatz für die Einlagerung belastet werden.
   b) Es kann auch sein, dass ein Teilprozess mehrfach für einen Auftrag in Anspruch genommen wird (z. B. mehrfache Werkstoffausgabe). Dann wird der Kunde auch mehrfach mit dem entsprechenden Prozesskostensatz belastet.
2. Zum anderen merkt Herr Schmolmann an folgendem Beispiel sehr schnell, dass er für die Kalkulation eines Kundenauftrags die Teilprozesse (und deren Prozesskosten) **der anderen indirekten Kostenstellen** mit berücksichtigen muss.

Beispiel

Für die Bearbeitung eines Kundenauftrags ermittelt Herr Schmolmann folgende Teilprozesse aus mehreren indirekten Kostenstellen:

Hauptprozess: Kundenauftrag – Inland – bearbeiten	
Teilprozesse	**Beteiligte indirekte Kostenstellen**
Auftragseingang bearbeiten	Verwaltungsstelle: Verkaufsabteilung
Werkstoffe einlagern/pflegen	Materialstelle
Werkstoffe ausgeben	Materialstelle
Fertigmeldung bearbeiten	Vertriebsstelle
Produkt zwischenlagern	Vertriebsstelle
Lieferschein erstellen	Verwaltungsstelle: Verkaufsabteilung
Produkt versandfertig machen	Vertriebsstelle: Versandabteilung
Spediteur beauftragen	Vertriebsstelle
Produkt übergeben/verladen	Vertriebsstelle

Es stellt sich für Herrn Schmolmann die Aufgabe,

- alle Teilprozesse für alle indirekten Kostenstellen nach dem oben durchgeführten Verfahren zu erfassen und zu bewerten, sowie
- kostenstellenübergreifend alle Teilprozesse für **typische betriebliche Abläufe** zu sog. **Hauptprozessen** zusammenzufassen. Der obige betriebliche Ablauf „Kundenauftrag - Inland - bearbeiten" ist ein solcher typischer **Hauptprozess**. Weitere Hauptprozesse können sein:
  – Kundenauftrag – Ausland – bearbeiten,
  – Kundenreklamation bearbeiten,
  – Kunden betreuen,
  – Bestellung von Werkstoffen bearbeiten,
  – Bestellung von Betriebsmitteln bearbeiten,
  – Mangelhafte Lieferung bearbeiten, usw.

GRUNDLAGEN DER PROZESSKOSTENRECHNUNG   G

Merke

- Die Anwendung der Prozesskostenrechnung erfordert, dass für alle Kostenstellen Teilprozesse erfasst und auf der Grundlage verursachungsgerechter Maßgrößen (Kostentreibern) bewertet werden.
- Für jeden Teilprozess ist ein Prozesskostensatz zu ermitteln.
- Alle Teilprozesse, die sich zu einem typischen betrieblichen Ablauf verknüpfen lassen, bilden einen Hauptprozess.
- Das gesamte betriebliche Geschehen wird in möglichst wenigen Hauptprozessen erfasst.
- Die Summe der im Hauptprozess zusammengefassten Teilprozesskostensätze bildet den Hauptprozesskostensatz.
- Hauptprozesskostensätze bilden die Grundlage einer vereinfachten und kundenorientierten Prozesskostenkalkulation.

Aufgabe 595

Erstellen Sie auf der Grundlage des Betriebsabrechnungsbogens von Seite 403 für die indirekte Kostenstelle „Verwaltung" nach dem zuvor dargestellten Verfahren selbstständig Teilprozesse und führen Sie diese zu typischen Hauptprozessen zusammen. Beachten Sie dabei, dass der Bereich „Verwaltung" mehrere Abteilungen umfasst, z. B. Personal, Einkauf, Verkauf, Buchhaltung, Zentralkorrespondenz, Export.

7.4 Beispiel einer Prozesskostenkalkulation

Situation

Angenommen, Herr Schmolmann hat für den Hauptprozess „**Kundenauftrag – Inland – bearbeiten**" (vgl. S. 518) den Hauptprozesskostensatz wie nachfolgend dargestellt ermittelt. Er unterscheidet dabei zwischen solchen Teilprozessen, die **je Kundenauftrag nur einmal** anfallen (unabhängig von der Auftragsmenge), und denjenigen Teilprozessen, deren Prozesskosten **für jeweils 1 000 Erzeugniseinheiten** (= Gehäuse) berechnet werden.

Hauptprozess: Kundenauftrag – Inland – bearbeiten		
Teilprozesse	Teilprozesskundensätze je Kundenauftrag	Teilprozesskostensätze je 1 000 Erzeugniseinheiten
Auftragseingang bearbeiten	208,30 €	
Werkstoffe annehmen		212,00 €
Werkstoffe einlagern		185,50 €
Werkstoffe ausgeben		176,66 €
Fertigmeldung bearbeiten	138,20 €	
Produkt(-serie) zwischenlagern		45,55 €
Lieferschein erstellen	22,72 €	
Produkt(-serie) versandfertig machen		38,68 €
Spediteur beauftragen	24,38 €	
Produkt übergeben/verladen		47,30 €
Hauptprozesskostensatz	**393,60 €**	**705,69 €**

G Kosten- und Leistungsrechnung im Industriebetrieb

Beispiel: Die Anfrage eines Kunden kalkuliert Herr Schmolmann alternativ für 100 und 1 000 Gehäuse Typ G I. Er verwendet dafür die Kalkulationsangaben für das Fertigungsmaterial und die Fertigungslöhne von Seite 427. Für die Abwicklung des Auftrags werden alle Teilprozesse des obigen Hauptprozesses in Anspruch genommen.

Kalkulation Gehäuse G I				
Kalkulationsschema	100 Gehäuse		1 000 Gehäuse	
Fertigungsmaterial 14,00 €/Gehäuse		1.400,00		14.000,00
Fertigungslöhne FHS I 3,70 €/Gehäuse	370,00		3.700,00	
+ 113 % Fertigungsgemeinkosten	418,10		4.181,00	
= Fertigungskosten FHS I		788,10		7.881,00
Fertigungslöhne FHS II 2,60 €/Gehäuse	260,00		2.600,00	
+ 112 % Fertigungsgemeinkosten	291,20		2.912,00	
= Fertigungskosten FHS II		551,20		5.512,00
Fertigungslöhne FHS III 3,20 €/Gehäuse	320,00		3.200,00	
+ 98 % Fertigungsgemeinkosten	313,60		3.136,00	
= Fertigungskosten FHS III		633,60		6.336,00
Fertigungslöhne FHS IV 2,50 €/Gehäuse	250,00		2.500,00	
+ 100 % Fertigungsgemeinkosten	250,00		2.500,00	
= Fertigungskosten FHS IV		500,00		5.000,00
+ Hauptprozesskostensatz je Kundenauftrag		393,60		393,60
+ Hauptprozesskostensatz (Basis: 1 000 Erzeugniseinheiten)		70,57		705,69
= Selbstkosten insgesamt		4.337,07		39.828,29
= Selbstkosten je Gehäuse		43,37		39,83

Erläuterungen: Das Ergebnis dieser Prozesskostenkalkulation verdeutlicht zweierlei:

- Zum einen sind die Selbstkosten für ein Gehäuse deutlich niedriger als in der Kalkulation auf Seite 427, in der die Gemeinkosten über Zuschlagssätze (für Materialgemeinkosten, Verwaltungs- und Vertriebsgemeinkosten) **proportionalisiert** wurden. In der Prozesskostenkalkulation werden dem Kundenauftrag tatsächlich nur diejenigen Gemeinkosten angelastet, die dieser Auftrag **verursacht** hat. Sie ist somit eine Kalkulationsform, die die Gemeinkosten gerechter verteilt, als dies die Vollkostenkalkulation mit proportionalisierten Zuschlagssätzen vermag.

- Zum anderen wird im obigen Beispiel deutlich, dass sich mit Veränderung der Absatzmenge der Stückpreis verändert (Degressionseffekt), was in der Selbstkostenkalkulation mit der proportionalen Zuteilung der Gemeinkosten über Gemeinkostenzuschlagssätze nicht der Fall ist, es sei denn, ein Kunde würde bei großer Absatzmenge einen Mengenrabatt aushandeln. Im obigen Beispiel ist die Verringerung des Stückpreises bei Abnahme von 1 000 Gehäusen gegenüber 100 Gehäusen darauf zurückzuführen, dass bestimmte Gemeinkosten **auftragsbezogen nur einmal anfallen**, und zwar unabhängig von der Bestellmenge. So verursacht z. B. der Teilprozess „Auftragseingang bearbeiten" auftragsbezogene Gemeinkosten unabhängig davon, ob 100 Gehäuse, 1 000 Gehäuse oder gar 10 000 Gehäuse bestellt werden.

Merke: In die Prozesskostenkalkulation fließen außer den Einzelkosten und den traditionellen Kostenstellen-Zuschlagssätzen – z. B. für die Fertigungsgemeinkosten in den Hauptkostenstellen des Fertigungsbereichs – vor allem Hauptprozesskostensätze ein. Diese Änderung der Kalkulationsform bedingt die kostenstellenübergreifende Betrachtung von Prozessen. Sie führt zur verursachungsgerechteren Verteilung der Gemeinkosten.

GRUNDLAGEN DER PROZESSKOSTENRECHNUNG

Aufgabe 596

In der traditionell geführten Kostenstellenrechnung (BAB) der Schmolmann KG weist die Kostenstelle „Vertrieb" Kostenstellengemeinkosten in Höhe von 440.000,00 € aus (vgl. BAB S. 419).

Nach Umgliederung dieser Gemeinkosten auf die in dieser Kostenstelle anfallenden Teilprozesse ergeben sich folgende teilprozessorientierte Stellengemeinkosten und Maßgrößen:

Teilprozesse „Vertrieb"	Teilprozesskosten	Maßgrößen
Fertigerzeugnisse übernehmen und einlagern	109.600,00	400 Anlieferungen
Versandpapiere erstellen	45.000,00	750 Vorgänge
Erzeugnisse auf Paletten versandfertig machen	92.800,00	4 000 Paletten
Zollpapiere für Auslandsaufträge erstellen	26.500,00	250 Vorgänge
Eigene Transportfahrzeuge ordern	53.000,00	650 Vorgänge
Spediteure beauftragen	41.100,00	280 Vorgänge
Abteilung leiten	72.000,00	–
Stellengemeinkosten	440.000,00	

Errechnen Sie die Teilprozesskostensätze, die Umlagesätze und die Gesamt-Prozesskostensätze für jeden Teilprozess.

Aufgabe 597

Die obigen Teilprozesse „Vertrieb" sind in den Hauptprozess „Kundenauftrag – Ausland – bearbeiten" eingebettet. Dieser Hauptprozess umfasst folgende Teilprozesse aus mehreren Kostenstellen:

Teilprozess	Teilprozess-kostensatz	Kostenstelle
1. Kundenbestellung bearbeiten	258,30	Verkauf
2. Fertigerzeugnisse übernehmen und lagern	vgl. Aufgabe 596	Vertrieb
3. Erzeugnisse auf Paletten versandfertig machen	vgl. Aufgabe 596	Vertrieb
4. Versandpapiere erstellen	vgl. Aufgabe 596	Vertrieb
5. Zollpapiere erstellen	vgl. Aufgabe 596	Vertrieb
6. Spediteur beauftragen	vgl. Aufgabe 596	Vertrieb

1. Kalkulieren Sie die Selbstkosten für den Kundenauftrag über 1 000 Gehäuse G II aufgrund folgender zusätzlicher Angaben:

Fertigungsmaterial je Gehäuse	9,45 €
Fertigungslöhne der FHS I je Gehäuse	3,60 €
Fertigungslöhne der FHS II je Gehäuse	2,80 €
Fertigungslöhne der FHS III je Gehäuse	4,05 €
Fertigungslöhne der FHS IV je Gehäuse	3,25 €

Die Normalzuschlagssätze sind dem BAB auf Seite 419 zu entnehmen. Die Teilprozesse – mit Ausnahme des 2. und 3. – sind auftragsbezogen. Der Teilprozesskostensatz des 2. Teilprozesses bezieht sich auf je 500 Gehäuse. Für den Kundenauftrag werden 20 Paletten benötigt (siehe 3. Teilprozess).

2. Wie verändern sich die Selbstkosten je Stück bei einem Auftrag über 2 000 Gehäuse G II?

8 Kostenmanagement durch Target costing

8.1 Ansatz und Vorgehen

Traditionelle Kostenrechnungssysteme (z. B. Vollkostenrechnung im Mehrproduktunternehmen, siehe S. 388 ff.) kalkulieren den Verkaufspreis auf Basis der Herstell- bzw. Selbstkosten erst nach Beginn der Produktion. Hierbei geht es vor allem um eine verursachungsgerechte Kostenverrechnung auf die Kostenträger. Bei einem derartigen Vorgehen werden zudem die Marktbedingungen (z. B. Verkaufspreisniveau von Konkurrenzprodukten) kaum berücksichtigt, da die Kostendeckung bei der Preisfestsetzung Priorität genießt.

Für ein erfolgreiches Kostenmanagement ist das traditionelle Vorgehen nicht mehr in jedem Fall hinreichend:

1. Käufermärkte (siehe S. 453) bewirken, dass Unternehmen Marktpreise und Kundenwünsche als Ausgangspunkte der Kalkulation wählen müssen, um wettbewerbsfähig zu sein. Anderenfalls drohen sich die Unternehmen durch ein ungünstiges Preis-Leistungsverhältnis aus dem Markt zu preisen.
2. Der überwiegende Teil der Herstellkosten (bis zu 80 %) wird bei der Produktentwicklung, also vor Beginn der eigentlichen Produktion, festgelegt. Die Beeinflussbarkeit der Herstellkosten (z. B. Kostenreduzierung) ist nach der Markteinführung des Produktes eher gering.

Aufgrund dieser Erkenntnisse wird das Vorgehen der Preiskalkulation mit Target costs (= Zielkosten) gegenüber traditionellen Kostenrechnungssystemen **umgekehrt**: Vor Beginn der Produktentwicklung werden die Kundenwünsche und die Akzeptanz des Preises durch die Kunden (Zielpreis) für das potenzielle Produkt erfasst. Diese Informationen bilden den Ausgangspunkt für die Kostenplanung des neuen Produktes.

Vorgehen Target costing Schematisch stellt sich das **Vorgehen** des Target costing wie folgt dar:

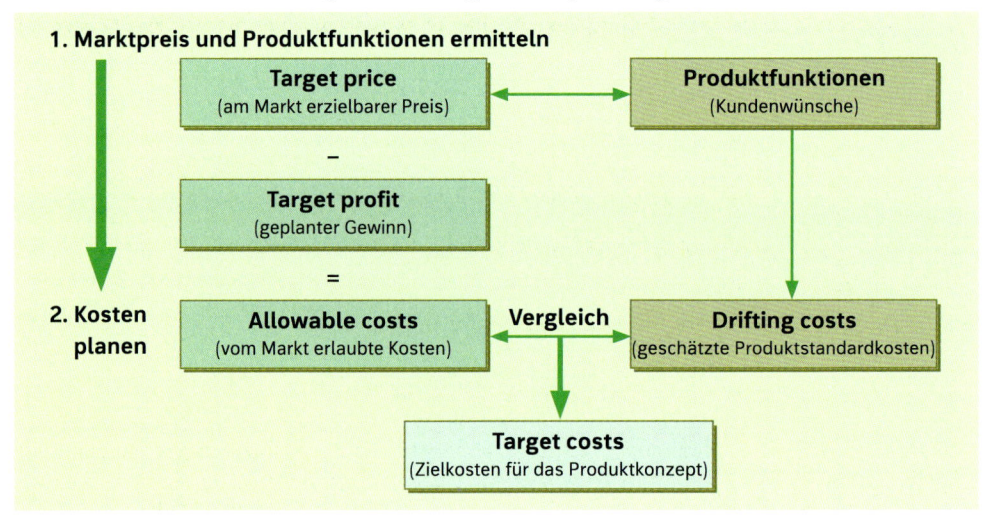

1. **Marktpreis und Produktfunktionen ermitteln**

Target price (am Markt erzielbarer Preis) ↔ **Produktfunktionen** (Kundenwünsche)

−

Target profit (geplanter Gewinn)

=

2. **Kosten planen**

Allowable costs (vom Markt erlaubte Kosten) ← Vergleich → **Drifting costs** (geschätzte Produktstandardkosten)

Target costs (Zielkosten für das Produktkonzept)

Target price Ausgehend vom **Zielpreis (Target price)** gelangt man zu den **vom Markt erlaubten Kosten (Allowable costs)**, indem man von dem geplanten Gesamtumsatz (Target price · geplante Absatzmenge) den **geplanten Gewinn (Target profit)** abzieht.

Allowable costs Die **Allowable costs** sind die höchst möglichen Gesamtkosten für das neue Produkt über den gesamten Produktlebenszyklus (siehe Kap. 8.2, S. 524). Sie werden anschließend mit den **ge-**

Drifting costs **schätzten Produktstandardkosten (Drifting costs)** verglichen (siehe Kap. 8.3, S. 526).

Die Allowable costs liegen in der Regel unterhalb der Drifting costs und sind aufgrund intern oder extern nicht änderbarer Bedingungen nur schwer erreichbar. Daher werden in einem ge-

Target costs wissen Umfang höhere Kosten toleriert. Die Geschäftsführung gibt deshalb **Zielkosten (Target**

costs) für die Entwicklung des Produktkonzeptes vor, die üblicherweise etwas über den Allowable costs, aber deutlich unterhalb der Drifting costs liegen. Auf diese Weise kann sichergestellt werden, dass das Produkt später zu einem wettbewerbsfähigen Preis am Markt angeboten werden kann (siehe Kap. 8.4, S. 527).

Das **Target costing** stellt demnach kein weiteres Kostenrechnungssystem (s. o.) dar, sondern ein **Konzept des Kostenmanagements**, das durch die Vorgabe von Zielkosten bereits in der Produktentwicklungsphase die Kostenplanung, -steuerung und -kontrolle übernimmt.

> **Merke**
>
> ■ Target costing kehrt das traditionelle Vorgehen der Preiskalkulation um, indem bereits vor der Produktentwicklung durch Marktforschung der erzielbare Absatzpreis ermittelt wird. Dieser bildet die Basis für die Kostenplanung.
> ■ Die vom Markt erlaubten Kosten (Allowable costs) sind die Referenzgröße für die Vorgabe von Zielkosten (Target costs), die durch den Vergleich mit den geschätzten Produktstandardkosten (Drifting costs) festgelegt werden.
> ■ Die Zielkosten lassen sich also wie folgt berechnen:
>
> Am Markt erzielbarer Preis (= Target price)
> – Angestrebter Gewinn (= Target profit)
> = Maximal erlaubte Kosten (= Allowable costs)
>
> Kostenlücke (= Target gap)   Zielkosten (= Target costs)
>
> Geschätzte Produktstandardkosten (= Drifting costs)
>
> ■ Target costing ist ein Kostenmanagementsystem, das auf die Kostenplanung, -steuerung und -kontrolle im Zuge der Entwicklung neuer Produkte abzielt.
> ■ Das Kostenmanagement wird im Wesentlichen über Kostenzielvorgaben (Target costs) geleistet.

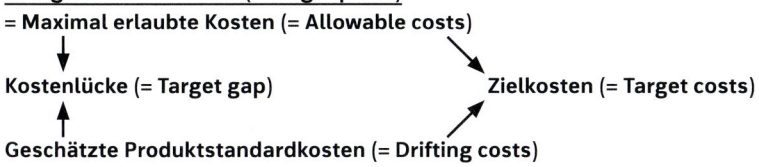

Aufgabe 598

1. Welche Erkenntnisse liegen dem Vorgehen beim Target costing zu Grunde?
2. Erläutern Sie anhand der grafischen Darstellung auf S. 522 das prinzipielle Vorgehen beim Target costing.
3. Nennen Sie Merkmale, von denen die Höhe des Target price abhängt.
4. Was versteht man unter Allowable costs, Drifting costs und Target costs.

Aufgabe 599

Die Kaffee & Mehr GmbH hat auf Grundlage umfangreicher Marktforschung einen am Markt erzielbaren Preis von 890,00 € für den neuartigen Kaffeevollautomaten „Der Alleskönner" festgestellt. Die Umsatzrendite des Unternehmens beläuft sich derzeit auf 13 %. Die Drifting costs für das Modell „Der Alleskönner" betragen laut Controlling-Abteilung 830,00 €. Nach Analyse der vorliegenden Unternehmenssituation beschließt die Geschäftsführung, dass die Target costs maximal 4,0 % über den Allowable costs liegen dürfen.

Ermitteln Sie unter Angabe des Target profit und der Allowable costs die Target costs.

G Kostenmanagement durch Target Costing

8.2 Produktfunktionen und Allowable costs

Produktfunktionen und Nutzenanteil

Vor Beginn der Produktentwicklung werden die Kunden mittels Marktforschung befragt, welche **Produktfunktionen** (= Produkteigenschaften) sie wünschen und wie sie deren Nutzen für sich prozentual gewichten (**= Nutzenanteil**). So soll gewährleistet werden, dass bei der Produktentwicklung die Kundenwünsche möglichst treffend umgesetzt werden. In der Summe ergeben die Nutzenanteile den Gesamtnutzen des Produktes von 100 %.

Beispiel

Herr Schmolmann plant die Ausweitung des Produktsortiments auf Blechgehäuse mit Eingabeeinheit, da diese aufgrund der Automatisierung vermehrt von Gewerbekunden angefragt werden. Eine in Auftrag gegebene Marktforschung liefert folgende Ergebnisse:

	Produktfunktionen	Nutzenanteile Kunden
F1	Chemikalien- und Temperaturbeständigkeit	11%
F2	Normierungsfähigkeit	25%
F3	Design	35%
F4	Haltbarkeit/Lebensdauer	3%
F5	Stabilität	10%
F6	Elektromagnetische Abschirmung	16%
		100%

Demnach sind Kunden bei einem Blechgehäuse mit Eingabeeinheit insbesondere das Design und die Normierungsfähigkeit wichtig.

Target price

Target profit

Allowable costs

Die Marktforschung liefert nicht nur die gewünschten Produktfunktionen, sondern auch die Preisakzeptanz der Kunden und die gesamte Absatzmenge für das neue Produkt. Auf diese Weise können der **Zielpreis (Target price)** und anhand der ermittelten Absatzmenge der geplante Umsatz für das neue Produkt bestimmt werden. Diese Plangrößen sind zugleich die Bezugsgrößen für den **geplanten Gewinn (Target profit)**, der durch das neue Produkt erzielt werden soll. Für die Ermittlung des geplanten Gewinns wird in der Regel die Umsatzrendite des Unternehmens (= Gewinn : Umsatz, siehe S. 342) zu Grunde gelegt. Nach Abzug des geplanten Gewinns von dem geplanten Umsatz ergeben sich die **vom Markt erlaubten Kosten (Allowable costs)**. Sie bilden die Grundlage für die Kostenplanung.

Beispiel

Die Marktstudie für die Neuentwicklung der Blechgehäuse mit Eingabeeinheit wurde von der Controlling-Abteilung ausgewertet. Für die Kostenplanung werden folgende Daten zu Grunde gelegt:

Zielpreis: 80,00 € je Gehäuse
Absatzmenge: 30 000 Stück/Jahr
geplanter Gewinn: 9,8 % auf Plan-Umsatz

Der Einfachheit halber wird die Zielkostenrechnung für das erste Jahr (und nicht für den Produktlebenszyklus) berechnet. Demnach gilt:

Geplante Umsatzerlöse (Zielpreis · geplante Absatzmenge)	80,00 · 30 000 =	2.400.000,00 €
– geplanter Gewinn (Umsatzrendite)	$\frac{9,8}{100}$ · 2.400.000,00 =	235.200,00 €
= vom Markt erlaubte Kosten (Allowable costs)	2.400.000,00 - 235.200,00 =	2.164.800,00 €

Für die weitere Kostenplanung geht die Controlling-Abteilung daher davon aus, dass der Markt für die Herstellung von 30 000 Blechgehäusen mit Eingabeeinheit pro Jahr maximal 2.164.800,00 € Kosten erlaubt. Pro Blechgehäuse dürfen die Selbstkosten 72,16 € nicht übersteigen (2.164.800,00 € : 30 000 Gehäuse = 72,16 €/Gehäuse).

Für die Kostenplanung muss der Kostenblock der Allowable costs aufgeteilt werden. Eine sinnvolle Aufteilung wird häufig anhand der Kostenstellen vorgenommen. Aus Vereinfachungsgründen erfolgt an dieser Stelle lediglich eine Aufteilung der Allowable costs in Herstellkosten sowie Verwaltungs- und Vertriebsgemeinkosten. Wie eine Aufspaltung der Herstellkosten erfolgen kann, wird bei der Schätzung der Produktstandardkosten (Drifting costs) dargestellt (siehe Kap. 8.3, S. 526).

Beispiel Fortsetzung

Für die Kostenplanung der Blechgehäuse mit Eingabeeinheit werden bei der Schmolmann KG pauschal 19 % für Verwaltungs- und Vertriebsgemeinkosten auf die Herstellkosten des Umsatzes berechnet. Vorgegeben sind die Allowable costs einschließlich der Verw.-/Vertr.-Gemeinkosten.

Allowable costs pro Jahr	2.164.800,00 €	119 %
– Verwaltungs-/Vertriebsgemeinkosten (auf Herstellkosten)	345.640,34 € =	19 %
= Erlaubte Herstellkosten	1.819.159,66 € =	100 %

Die Controlling-Abteilung hat dabei wie folgt gerechnet:

Erlaubte Herstellkosten pro Jahr = $\dfrac{\text{Allowable costs pro Jahr} \cdot 100\,\%}{119\,\%}$ = 1.819.159,66 €

Erlaubte Herstellkosten pro Blechgehäuse = $\dfrac{1.819.159,66\,€}{30\,000\;\text{Stück}}$ = 60,64 €.

Merke

- Ausgangspunkte des Target costing sind die beim Kunden mittels Marktforschung erhobenen Absatzpreise, Absatzmengen sowie gewünschten Produktfunktionen des neuen Produktes vor der Produktentwicklung.
- Die Allowable costs sind die maximal vom Markt erlaubten Gesamtkosten für das neue Produkt, die sich ausgehend vom geplanten Umsatz nach Abzug eines geplanten Gewinns ergeben. Sie sind die Basis für die Kostenplanung.
- Für die Kostenplanung ergeben sich die erlaubten Herstellkosten nach Abzug der Verwaltungs-/Vertriebsgemeinkosten von den Allowable costs.

Aufgabe 600

Für die Entwicklung eines neuartigen Staubsaugers hat die Clean KG ein Marktforschungsinstitut beauftragt, die vom Kunden gewünschten Produktfunktionen, sowie den Zielpreis und die möglichen Absatzmengen zu ermitteln. Folgende Informationen liegen nun vor:

Funktion 1	Funktion 2	Funktion 3	Funktion 4	Funktion 5
Saugleistung	Lautstärke	Einfache Aufbewahrung	Einfaches Entleeren	Vielseitige Einsetzbarkeit

Der Nutzen des Gesamtproduktes (= 100 %) verteilt sich auf die Produktfunktionen im Verhältnis 8 : 5 : 3 : 3 : 6.

Als realistischer Zielpreis am Markt gelten 250,00 € je Staubsauger. Zu diesem Preis können 15 000 Stück pro Jahr abgesetzt werden.

Intern kalkuliert die Clean KG mit einer Gewinnmarge von 7,5 %, sowie 7 % Vertriebsgemeinkostenzuschlagsatz und 11 % Verwaltungsgemeinkostenzuschlagssatz.

1. Ermitteln Sie die Nutzenanteile der Produktfunktionen in % und erläutern Sie, welche Produktfunktionen für den Kunden am wichtigsten sind.
2. Berechnen Sie die jährlichen Allowable costs insgesamt und die maximal zulässigen Herstellkosten je Staubsauger.

8.3 Produktkonzept und Drifting costs

Produktkonzept

Die von den Kunden gewünschten Produktfunktionen werden in der Produktentwicklung in ein **Produktkonzept** überführt, das in der Regel aus mehreren **Produktkomponenten** besteht. Die Produktkomponenten müssen den Nutzenanteil der Produktfunktionen erfüllen und nach Möglichkeit die erlaubten Herstellkosten einhalten.

Drifting costs

Da für das neue Produkt nur die erlaubten Herstellkosten bekannt sind, nicht aber die Kosten für einzelne Komponenten, werden in der Kostenplanung anhand von Erfahrungswerten vergleichbarer Produktkomponenten die **Produktstandardkosten** geschätzt (= **Drifting costs**).

Beispiel

Die Forschungs- und Entwicklungsabteilung der Schmolmann KG hat die von den Kunden formulierten Produktfunktionen auf technische Machbarkeit geprüft. Das Ergebnis des Entwicklungsprozesses liegt vor: Das Produktkonzept umfasst fünf Produktkomponenten, für die folgende Produktstandardkosten angenommen werden:

Produktkomponenten		Kosten/Stück	Kostenanteile
K1	Frontplatte	16,25 €	25 %
K2	Display/Touchscreen	13,00 €	20 %
K3	Frontfolientastatur	10,40 €	16 %
K4	Rückseitige Abdeckplatte	13,00 €	20 %
K5	Montage/Installation	12,35 €	19 %
		65,00 €	100 %

Insgesamt sind die Drifting costs bei der Schmolmann KG zu hoch, da sie um 4,36 €/Stück die erlaubten Herstellkosten in Höhe von 60,64 €/Stück übersteigen. Dies entspricht einer prozentualen Abweichung von ca. 7 %.

Merke

- Die Drifting costs sind die aufgrund von Erfahrungswerten vergleichbarer Produktkomponenten geschätzten Produktstandardkosten.
- Im Idealfall entsprechen die Drifting costs den vom Markt erlaubten Zielherstellkosten.

Aufgabe 601

Für die Entwicklung eines neuartigen Staubsaugers möchte die Clean KG (siehe Aufgabe 600, S. 525) für die weitere Kostenplanung den erlaubten Herstellkosten die Drifting costs gegenüberstellen. Daher hat die Entwicklungsabteilung die gewünschten Produktkomponenten mit den zugehörigen geschätzten Produktstandardkosten und den Kostenanteilen ermittelt. Aufgrund eines Serverausfalls sind leider einige Daten verloren gegangen, sodass nur noch folgende Werte vorliegen:

Produktkomponenten	Kostenanteil (€)	Kostenanteil (%)
Gehäuse		12 %
Deckel	11,25 €	
Räder	9,00 €	
Kabelrolle		9 %
Einsatz Staubraum		7 %
Geräuschfilter	45,00 €	
Elektr. Bauelemente		43 %
	225,00 €	

1. Ermitteln Sie die in der Tabelle fehlenden Kostenanteile in € und in Prozent.

2. Berechnen Sie die prozentuale Abweichung der Drifting costs zu den erlaubten Herstellkosten aus Aufgabe 600, S. 525 und interpretieren Sie ihr Ergebnis.

8.4 Zielkostenplanung

Mit Blick auf die erlaubten Herstellkosten und die geschätzten Produktstandardkosten bestimmt die Unternehmensführung die Höhe der **Zielkosten** (Target costs) für das Produkt.

> **Beispiel**
>
> Bei der Schmolmann KG wurde für das neue Produkt Blechgehäuse mit Eingabeeinheit bis dato eine Ziellücke (Target gap) in Höhe von 4,36 €/Stück festgestellt:
>
> | | |
> |---|---|
> | Erlaubte Herstellkosten | 60,64 € |
> | – Produktstandardkosten | 65,00 € |
> | = Ziellücke (Target gap) | – 4,36 € |
>
> **Target gap**
>
> Nach Rücksprache mit dem Betriebsleiter legt Herr Schmolmann die **Zielherstellkosten** in Höhe von **62,00 €/Stück** fest. In dieser Höhe sind die Zielherstellkosten realistisch erreichbar und für die Mitarbeiter motivierend. Herr Schmolmann verzichtet damit auf einen Teil seines Gewinns. Dennoch liegen die Zielherstellkosten fast 5 % unterhalb der geschätzten Produktstandardkosten. Folglich besteht ein Kostenreduzierungsbedarf. Fraglich ist nur, in welchen Bereichen eine Kostenreduzierung sinnvoll vorgenommen werden kann. Herr Schmolmann möchte deshalb die Zielherstellkosten aufspalten und je Produktkomponente ausweisen, damit er diese anschließend mit den Standardkosten je Produktkomponente vergleichen kann.

Die Zielherstellkosten sind zwar etwas oberhalb der erlaubten Herstellkosten angesetzt, liegen jedoch deutlich unter den geschätzten Produktstandardkosten, sodass bei der Konstruktion des Produktes ein Kostenreduzierungsbedarf besteht. Kostenreduzierungen dürfen nicht zu Lasten des Kundennutzens gehen. Daher wird eine differenzierte Bestimmung der Zielherstellkosten je Produktkomponente vorgenommen.

Zielherstellkosten sind die Kosten, die das Produkt bzw. die Produktkomponente in der Fertigung aufgrund des Kundenwunschs und der betrieblichen Situation kosten darf. Der Kundenwunsch drückt sich in den Nutzenanteilen je Produktkomponente aus. Um diesen Nutzenanteilen in der Produktentwicklung gerecht werden zu können, gilt bei der differenzierten Zuordnung der Zielherstellkosten je Produktkomponente folgendes Prinzip: **Zielherstellkosten**

Je nützlicher eine Produktkomponente für den Kunden ist, desto mehr Kostenanteile vom Gesamtprodukt dürfen auf diese Produktkomponente entfallen.

Deshalb müssen die Nutzenanteile der Produktfunktionen in die Nutzenanteile je Produktkomponente überführt werden. Anschließend können die Kostenanteile je Produktkomponente abgeleitet werden. **Nutzenanteil**

G Kostenmanagement durch Target Costing

Beispiel

Bis dato liegen bei der Schmolmann KG für das neue Produkt „Blechgehäuse mit Eingabeeinheit" lediglich die von den Kunden empfundenen Nutzenanteile für die Produktfunktionen (vgl. Kapitel 8.2, S. 525) und die Zielherstellkosten in Höhe von 62,00 € vor. Damit nun die Zielherstellkosten unter Berücksichtigung der gewünschten Produktfunktionen auf die einzelnen Komponenten verteilt werden können, schätzen die Konstrukteure der Forschungs- und Entwicklungsabteilung zunächst den prozentualen Beitrag, den die Produktkomponenten zur Erfüllung der von den Kunden gewünschten Produktfunktionen leisten:

		F1	F2	F3	F4	F5	F6
K1	Frontplatte	40 %	60 %	15 %	20 %	40 %	25 %
K2	Display/Touchscreen	10 %	5 %	45 %	25 %	5 %	15 %
K3	Frontfolientastatur	10 %	5 %	20 %	10 %	5 %	0 %
K4	Rückseitige Abdeckplatte	30 %	30 %	15 %	35 %	40 %	60 %
K5	Montage/Installation	10 %	0 %	5 %	10 %	10 %	0 %
		100 %	100 %	100 %	100 %	100 %	100 %

Die Einschätzung der Konstrukteure wird nun mit den Ergebnissen der Marktforschung verknüpft, sodass die Nutzenanteile der Kunden je Produktkomponente ausgewiesen werden können. Hierzu wird die Einschätzung der Konstrukteure mit dem Nutzenanteil der jeweiligen Funktion aus Kundensicht multipliziert. Für die Funktion F1 und die Produktkomponente „K1 Frontplatte" berechnet sich der Nutzenanteil der Funktion F1 an der Produktkomponente zum Beispiel so:

11 % · 40 % = 4,40 %.

Je Produktkomponente werden die neu berechneten Nutzenanteile je Funktion summiert, um den Nutzenanteil der Komponente zu erhalten.

Für das neue Produkt ergibt sich folgende Komponenten-/Funktionen-Matrix:

		F1	F2	F3	F4	F5	F6	Nutzen je Komponente
	Kundennutzen je Produktfunktion	*11 %*	*25 %*	*35 %*	*3 %*	*10 %*	*16 %*	
Produktkomponenten								
K1	Frontplatte	4,40 %	15,00 %	5,25 %	0,60 %	4,00 %	4,00 %	33,25 %
K2	Display/Touchscreen	1,10 %	1,25 %	15,75 %	0,75 %	0,50 %	2,40 %	21,75 %
K3	Frontfolientastatur	1,10 %	1,25 %	7,00 %	0,30 %	0,50 %	0,00 %	10,15 %
K4	Rückseitige Abdeckplatte	3,30 %	7,50 %	5,25 %	1,05 %	4,00 %	9,60 %	30,70 %
K5	Montage/Installation	1,10 %	0,00 %	1,75 %	0,30 %	1,00 %	0,00 %	4,15 %
		11,00 %	25,00 %	35,00 %	3,00 %	10,00 %	16,00 %	100,00 %

Es ist zu erkennen, dass die Produktkomponenten Frontplatte und rückseitige Abdeckplatte für den Kunden jeweils mit über 30 % Nutzenanteil für die Erfüllung der Kundenwünsche am wichtigsten sind. Dieses Ergebnis erfreut Herrn Schmolmann, schließlich zählt die Herstellung der Blechgehäuse zu den Kernkompetenzen der Schmolmann KG.

KOSTENMANAGEMENT DURCH TARGET COSTING

Mithilfe der nun vorliegenden Nutzenanteile je Produktkomponente können die Kostenanteile an den Zielherstellkosten je Produktkomponente berechnet werden:

Kostenanteil

Beispiel

Herr Schmolmann multipliziert hierzu den Nutzenanteil je Komponente mit den Zielherstellkosten in Höhe von 62,00 €/Stück.

Für die Produktkomponente „Frontplatte" ergibt sich der Kostenanteil wie folgt:

Zielherstellkosten Produkt · Nutzenanteil Produktkomponente = Herstellkostenanteil

62,00 € · 0,3325 = 20,62 € Herstellkostenanteil Komponente „K1 Frontplatte".

Bei den übrigen Produktkomponenten rechnet Herr Schmolmann auf gleiche Weise, sodass sich folgende Zielherstellkostenanteile ergeben:

		Nutzenanteil	Zielherstellkosten
K1	Frontplatte	33,25 %	20,62 €
K2	Display/Touchscreen	21,75 %	13,49 €
K3	Frontfolientastatur	10,15 %	6,29 €
K4	Rückseitige Abdeckplatte	30,70 %	19,03 €
K5	Montage/Installation	4,15 %	2,57 €
		100,00 %	62,00 €

Diese Zielkostenvorgaben sind für die Konstrukteure in der Forschungs- und Entwicklungsabteilung verbindlich einzuhalten. Demnach entfallen auf die Produktkomponenten Frontplatte und rückseitige Abdeckplatte fast zwei Drittel der gesamten Zielherstellkosten.

Wie bereits eingangs festgestellt, liegen die Zielherstellkosten um fast 5 % unterhalb der geschätzten Produktstandardkosten. Vor der Konstruktion des neuen Produktes werden deshalb die Zielherstellkosten je Produktkomponente mit den Produktstandardkosten je Produktkomponente verglichen (siehe unten), damit der Forschungs- und Entwicklungsabteilung **Handlungsempfehlungen** zur Erreichung der Zielherstellkosten mit auf den Weg gegeben werden können:

Handlungsempfehlungen

1.	Zielherstellkosten = Produktstandardkosten	Kein Handlungsbedarf
2.	Zielherstellkosten > Produktstandardkosten	Wertsteigerungsbedarf
3.	Zielherstellkosten < Produktstandardkosten	Kostenreduzierungsbedarf

1. Stimmen die Zielherstellkosten mit den geschätzten Produktstandardkosten überein, so besteht **kein Handlungsbedarf**. Die Produktkomponente wird in der vom Kunden gewünschten Qualität und mit angemessenen Kosten hergestellt.

2. Übersteigen die Zielherstellkosten die geschätzten Produktstandardkosten, so besteht ein **Wertsteigerungsbedarf**. D.h. die betroffene Produktkomponente kann aufgewertet werden, da sie für den Kunden für die Erfüllung der Produktfunktionen wichtig ist. In diese Produktkomponente sollte bei der Entwicklung mehr investiert werden, damit der Kundenwunsch angemessen befriedigt werden kann.

3. Übersteigen die geschätzten Produktstandardkosten die Zielherstellkosten, so besteht ein **Kostenreduzierungsbedarf**. Die Produktkomponente verursacht im Verhältnis zu dem Nutzenanteil des Kunden zu hohe Kosten. Im Zuge der Produktentwicklung sollten unbedingt Einsparpotenziale identifiziert und umgesetzt werden.

G Kostenmanagement durch Target Costing

Beispiel

Herr Schmolmann vergleicht die Kostenanteile der Zielherstellkosten (vgl. Seite 529) und der geschätzten Produktstandardkosten (vgl. Seite 526) für die Produktkomponenten der Blechgehäuse mit Eingabeeinheit.

		Kostenanteile Produktstandardkosten	Kostenanteile Zielherstellkosten
K1	Frontplatte	16,25 €	20,62 €
K2	Display/Touchscreen	13,00 €	13,49 €
K3	Frontfolientastatur	10,40 €	6,29 €
K4	Rückseitige Abdeckplatte	13,00 €	19,03 €
K5	Montage/Installation	12,35 €	2,57 €
		65,00 €	62,00 €

Es ist zu erkennen, dass vor allem bei den Produktkomponenten „K3 Frontfolientastatur" und „K5 Montage/Installation" Kostenreduzierungsbedarf besteht. Hingegen weisen die Produktkomponenten „K1 Frontplatte" und „K4 Rückseitige Abdeckplatte" einen Wertsteigerungsbedarf auf. Lediglich bei der Produktkomponente „K2 Display/Touchscreen" entspricht der Kostenanteil in etwa dem Nutzenanteil, sodass keine Handlungsempfehlung ausgesprochen werden muss.

Im Hinblick auf die Produktkomponenten, die einen Wertsteigerungsbedarf bzw. einen Kostenreduzierungsbedarf aufweisen, müssen in der Phase der Gestaltung der Entwicklungs- und Produktionsprozesse geeignete Maßnahmen abgeleitet werden. Ansatzpunkte für Kostenbeeinflussungen ergeben sich z. B. in folgenden Bereichen:

- **Produktdesign**: Bei der Konstruktion des Produktes werden frühzeitig Kostenstrukturen festgelegt, die am Kundennutzen auszurichten sind. So können etwa eine einfache Formgebung und/oder ein optimaler Materialeinsatz (wenig Ausschuss) erheblich zur Kosteneinsparung beitragen.

- **Beschaffung**: Durch die Zusammenarbeit mit Lieferanten (etwa Just-in-time-Lieferung) können die Logistikkosten gesenkt und gemeinsame Qualitätsstandards definiert werden.

- **Produktion**: Rationalisierung und die Umsetzung eines Qualitätsmanagements nach DIN ISO 9000 ff. bewirken eine effiziente Leistungserstellung, die einerseits Kosteneinsparungen (weniger Fehlerkosten) und andererseits Qualitätssteigerungen ermöglichen kann.

Merke

- Zielherstellkosten sind die Kosten, die das Produkt bzw. die Produktkomponente aufgrund des Kundenwunsches und unter Berücksichtigung der betrieblichen Situation kosten darf.

- Je nützlicher eine Produktkomponente für den Kunden ist, desto mehr Kostenanteile des Gesamtprodukts dürfen auf diese Produktkomponente entfallen.

- Für die Bestimmung des Anteils, den die Zielherstellkosten einer Produktkomponente an den gesamten Zielherstellkosten haben, wird der Nutzenanteil mit den Zielherstellkosten für das geplante Produkt multipliziert.

- Durch den Vergleich von Zielherstellkosten und geschätzten Produktstandardkosten werden für die Produktkomponenten Handlungsempfehlungen festgestellt:
  Zielherstellkosten = Produktstandardkosten => kein Handlungsbedarf,
  Zielherstellkosten > Produktstandardkosten => Wertsteigerungsbedarf,
  Zielherstellkosten < Produktstandardkosten => Kostenreduzierungsbedarf.

Aufgabe 602

Zur Festlegung der Zielherstellkosten und der Ableitung von Handlungsempfehlungen für die Entwicklung eines neuartigen Ampelschirms haben die Konstrukteure der Gartenparadies KG anhand der Nutzenanteile der Produktfunktionen aus Kundensicht und eigener Erfahrungen die Nutzenanteile der Produktkomponenten ermittelt und den geschätzten Produktstandardkosten gegenübergestellt:

	Nutzenanteil (%) Komponente	Kostenanteil (€) Produktstandardkosten
Schirm mit Drehfuß	60 %	360,00
Kurbel	5 %	55,00
Bindegurt	5 %	25,00
Schutzhülle	20 %	100,00
Abdeckung zu Drehfuß	10 %	45,00

Die Geschäftsführung legt die Zielherstellkosten für das neue Produkt in Höhe von 570,00 € fest.

1. Ermitteln Sie die Zielherstellkostenanteile je Produktkomponente.

2. Vergleichen Sie die Zielherstellkostenanteile mit den Produktstandardkosten je Produktkomponente und leiten Sie Handlungsempfehlungen für die Entwicklungsabteilung ab. Nennen Sie konkrete Beispiele, durch die Ihre Handlungsempfehlungen erfolgreich umgesetzt werden könnten.

3. Geben Sie den jährlichen Gewinn in € und die Umsatzrendite in Prozent an, wenn die Gartenparadies KG die Zielherstellkosten erreicht, für Verwaltungs- und Vetriebsgemeinkosten pauschal 9 % auf die Zielherstellkosten anfallen, ein Absatzpreis von 650,00 € und eine Absatzmenge von 7500 Stück pro Jahr erzielt werden können.

Aufgabe 603

Ein Hersteller von Kinderspielgeräten möchte eine Nestschaukel mit Gestell am Markt einführen. Die Auswertung der Zielkostenrechnung für die Produktkomponenten liegt der Forschungs- und Entwicklungsabteilung vor:

Nestschaukel	Handlungsempfehlung
Halterung für Schaukel	Wertsteigerungsbedarf
Holzgestell	Kostenreduzierungsbedarf
Bodenverankerung	Kein Handlungsbedarf

1. Welches Verhältnis liegt zwischen Zielherstellkostenanteil und Produktstandardkostenanteil für die einzelnen Produktkomponenten vor?

2. Nennen Sie konkrete Maßnahmen, durch die die geforderten Handlungsempfehlungen umgesetzt werden können.

8.5 Zielkostenindizes und Zielkostenkontrolldiagramm

Zielkostenindex

Liegen im Entwicklungsprozess Produktentwürfe vor, so muss laufend überprüft werden, ob die Zielkosten erreicht werden. Zu diesem Zweck wird für jede Produktkomponente der **Zielkostenindex** als Kennzahl ermittelt.

Der Zielkostenindex zeigt anschaulich das Verhältnis von Nutzen- zum Kostenanteil der geschätzten Produktstandardkosten. Ähnlich wie bei dem Vergleich von Zielherstellkosten und geschätzten Produktstandardkosten kann die Entwicklungsabteilung aus der Interpretation der Zielkostenindizes je Produktkomponente Maßnahmen für die Weiterentwicklung des neuen Produktes ableiten:

Zielkostenindex < 1: Nutzenanteil < Kostenanteil

Die Komponentenkosten sind im Vergleich zum Kundennutzen zu hoch. Maßnahmen zur Kostenreduzierung sind erforderlich, um die Zielkosten zu erreichen (**Kostenreduzierungsbedarf**).

Zielkostenindex = 1: Nutzenanteil = Kostenanteil

Bedeutung der Komponente für den Kunden und die Kostenverursachung sind deckungsgleich. Die Komponente sollte wie entwickelt in das Produkt eingehen. Es besteht **kein Handlungsbedarf**.

Zielkostenindex > 1: Nutzenanteil > Kostenanteil

Im Vergleich zum Kundennutzen verursacht die Komponente (zu) geringe Kosten. Zur Verbesserung der Funktion sollte in die Komponente investiert werden (**Wertsteigerungsbedarf**).

Beispiel

Herr Schmolmann bittet das Controlling für das neue Produkt „Blechgehäuse mit Eingabeeinheit" die Zielkostenindizes der Produktkomponenten zu ermitteln, damit er diese hinsichtlich folgender Fragestellungen analysieren kann:

1. Welche Produktkomponenten haben für den Kunden einen hohen Nutzen und sollten deshalb besonders hochwertig hergestellt werden?

2. Welche Produktkomponenten sind vergleichsweise kostenintensiv, aber dem Kunden nicht wichtig?

Für die Produktkomponente Frontfolientastatur rechnet das Controlling wie folgt (vgl. Seiten 526 und 528):

$$\text{Zielkostenindex Frontfolientastatur} = \frac{10{,}15\,\%}{16\,\%} = 0{,}63$$

Die weiteren Produktkomponenten werden entsprechend berechnet, sodass sich folgende Zielkostenindizes ergeben:

		Nutzenanteil	Kostenanteil	Zielkostenindex
K1	Frontplatte	33,25 %	25 %	1,33
K2	Display/Touchscreen	21,75 %	20 %	1,09
K3	Frontfolientastatur	10,15 %	16 %	0,63
K4	Rückseitige Abdeckplatte	30,70 %	20 %	1,54
K5	Montage/Installation	4,15 %	19 %	0,24

Wie bereits beim Vergleich der Zielherstellkosten mit den geschätzten Produktstandardkosten besteht bei den Produktkomponenten „K3 Frontfolientastatur" und „K5 Montage/Installation" erheblicher Kostenreduzierungsbedarf. Bei den übrigen Komponenten kann ein Wertsteigerungsbedarf abgeleitet werden.

Mithilfe der Zielkostenindizes kann also beurteilt werden, inwieweit die Zielkosten dem relativen Nutzen der Komponente aus Kundensicht entsprechen. Da eine Übereinstimmung von Kostenanteil und Nutzenanteil (Zielkostenindex = 1) aufgrund der Unsicherheit kaum zu erreichen ist, wird eine gewisse Abweichung toleriert. Dabei wird unterstellt, dass eine umso größere Abweichung akzeptiert werden kann, je unbedeutender die Komponente für die Erfüllung der Produktfunktionen aus Kundensicht ist. Mathematisch wird die tolerierte Abweichung mithilfe eines **Toleranzparameters q** berücksichtigt, sodass für die unterschiedlichen Nutzenanteile jeweils die obere und die untere Toleranzgrenze für Kostenabweichungen bestimmt werden kann.

Toleranzparameter

Beispiel

Herr Schmolmann geht davon aus, dass eine Abweichung vom Idealwert (Zielkostenindex = 1) von q = 10 % toleriert werden kann. Für die Bestimmung der oberen und der unteren Toleranzgrenzen rechnet er in Abhängigkeit der zunehmenden Nutzenanteile wie folgt:

x = Nutzenanteil, y_o = obere Toleranzgrenze, y_u = untere Toleranzgrenze,

q = tolerierte Abweichung (hier: 10 %)

obere Toleranzgrenze $y_o = \sqrt{x^2 + q^2}$ mit 0 < q < 1

untere Toleranzgrenze y_u $\sqrt{x^2 - q^2}$ mit 0 < q < 1

Nutzenanteil (x)	obere Toleranzgrenze (y_o)	untere Toleranzgrenze (y_u)
0 %	10 %	---
5 %	11 %	---
10 %	14 %	0 %
15 %	18 %	11 %
20 %	22 %	17 %
25 %	27 %	23 %
30 %	32 %	28 %
35 %	36 %	34 %
40 %	41 %	39 %
45 %	46 %	44 %
50 %	51 %	49 %

Am Beispiel des Nutzenanteils von 20 % verdeutlicht Herr Schmolmann die Berechnung der oberen Toleranzgrenze:

obere Toleranzgrenze $y_o = \sqrt{x^2 + q^2} = \sqrt{0{,}2^2 + 0{,}1^2} = 0{,}2236 \approx 22\,\%$

Die obere Toleranzgrenze von 22 % besagt, dass bei einer Produktkomponente, der aus Kundensicht ein Nutzenanteil von 20 % zugeschrieben wird, ein Zielkostenanteil von 22 % akzeptiert werden kann. Übersteigt der Zielkostenanteil die Toleranzgrenze von 22 %, besteht Kostenreduzierungsbedarf, weil die Produktkomponente im Verhältnis zum Nutzenanteil zu teuer hergestellt wird.

In Abhängigkeit der Variablen „Kostenanteil" und „Nutzenanteil" wird um die Ideallinie (Zielkostenindex = 1) ein Zielkorridor aufgespannt (siehe S. 534). Befinden sich die Zielkostenindizes der Produktkomponenten innerhalb dieses Zielkorridors, besteht kein Handlungsbedarf, da die Abweichung toleriert werden können.

Als Hilfsmittel zur Visualisierung des Zielkorridors und zur Überwachung der Zielkosten im Rahmen des Produktentwicklungsprozesses erfolgt eine grafische Darstellung der oben skizzierten Zusammenhänge in einem Zielkostenkontrolldiagramm.

G KOSTENMANAGEMENT DURCH TARGET COSTING

Zielkosten-kontrolldiagramm

In einem **Zielkostenkontrolldiagramm** werden die Nutzenanteile (x) den Zielkostenanteilen (y) gegenübergestellt und die Ideallinie (Zielkostenindex = 1), die Toleranzgrenzen und die Produktkomponenten eingetragen:

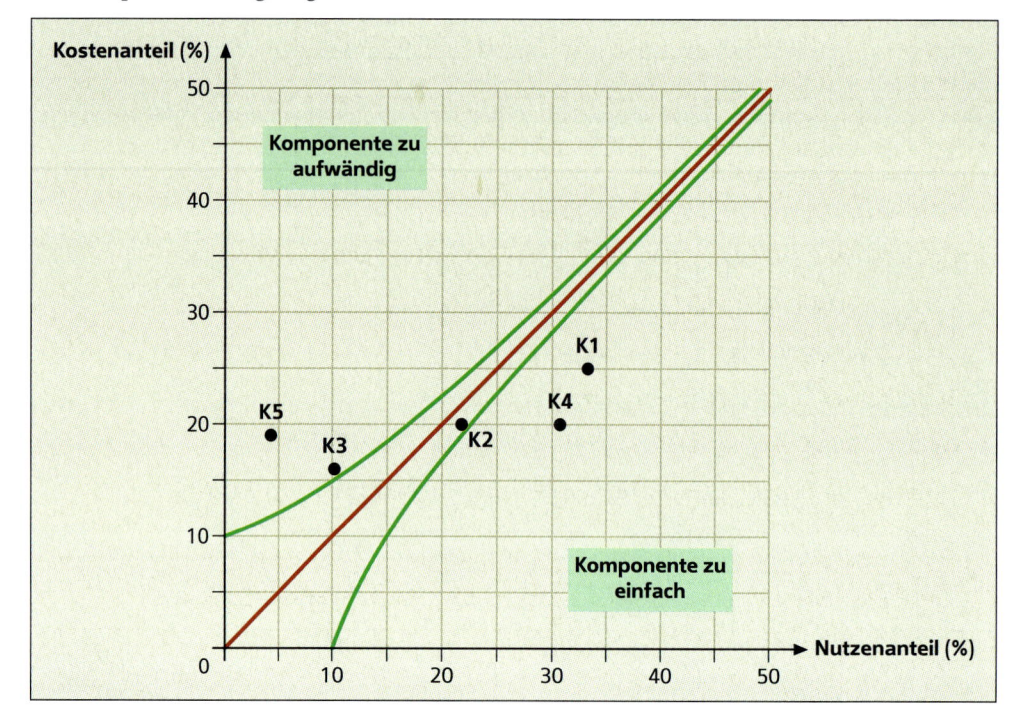

Auf diese Weise ist leicht zu erkennen, dass lediglich bei der Produktkomponente „K2 Display/Touchscreen" kein Handlungsbedarf besteht. Bei allen anderen Produktkomponenten müssen entweder wertsteigernde Maßnahmen („K1 Frontplatte", „K4 rückseitige Abdeckplatte") oder kostensenkende Maßnahmen („K3 Frontfolientastatur", „K5 Montage/Installation") ergriffen werden.

Merke

- Der Zielkostenindex zeigt anschaulich das Verhältnis von Nutzen- zum Kostenanteil der geschätzten Produktstandardkosten.
- Ist der Zielkostenindex größer 1 (kleiner 1), besteht Wertsteigerungsbedarf (Kostenreduzierungsbedarf). Entspricht der Zielkostenindex = 1, so besteht kein Handlungsbedarf.
- Da in der Realität ein Zielkostenindex von 1 bei einer Produktkomponente nur schwer vorherzusehen ist, definiert das Unternehmen eine tolerierte Abweichung je Nutzenanteil mit Hilfe eines Toleranzparameters.
- Das Zielkostenkontrolldiagramm zeigt in Abhängigkeit der Variablen „Nutzenanteil" und „Zielkostenanteil" den Zielkorridor für die Zielkostenindizes der Produktkomponenten. Liegen die Zielkostenindizes innerhalb des Zielkorridors, besteht kein Handlungsbedarf.

Aufgabe 604

1. Welche Informationen liefern folgende Kennzahlen

   Zielkostenindex = 1,

   Zielkostenindex > 1,

   Zielkostenindex < 1.

2. Begründen Sie, warum im Zielkostenkontrolldiagramm mithilfe eines Toleranzparameters Abweichungen von der Ziellinie (Zielkostenindex = 1) akzeptiert werden.

Kostenmanagement durch Target Costing

Aufgabe 605

Für eine Produktinnovation liegen in einem Industriebetrieb folgende Nutzenanteile und Produktstandardkostenanteile für die Produktkomponenten K1 bis K4 vor:

	Nutzenanteil (%)	Produktstandardkostenanteil (%)
K1	35 %	20 %
K2	40 %	36 %
K3	20 %	35 %
K4	5 %	9 %

Der Toleranzparameter für die Abweichung vom Idealwert beträgt $q = 15\,\%$

a. Berechnen Sie für die Produktkomponenten K1 bis K4:

   (1) die Zielkostenindizes,

   (2) die obere und untere Toleranzgrenze.

b. Stellen Sie Ihre Ergebnisse im Zielkostenkontrolldiagramm grafisch dar.

c. Leiten Sie Handlungsempfehlungen für die Produktkomponenten K1 bis K4 ab.

Aufgabe 606

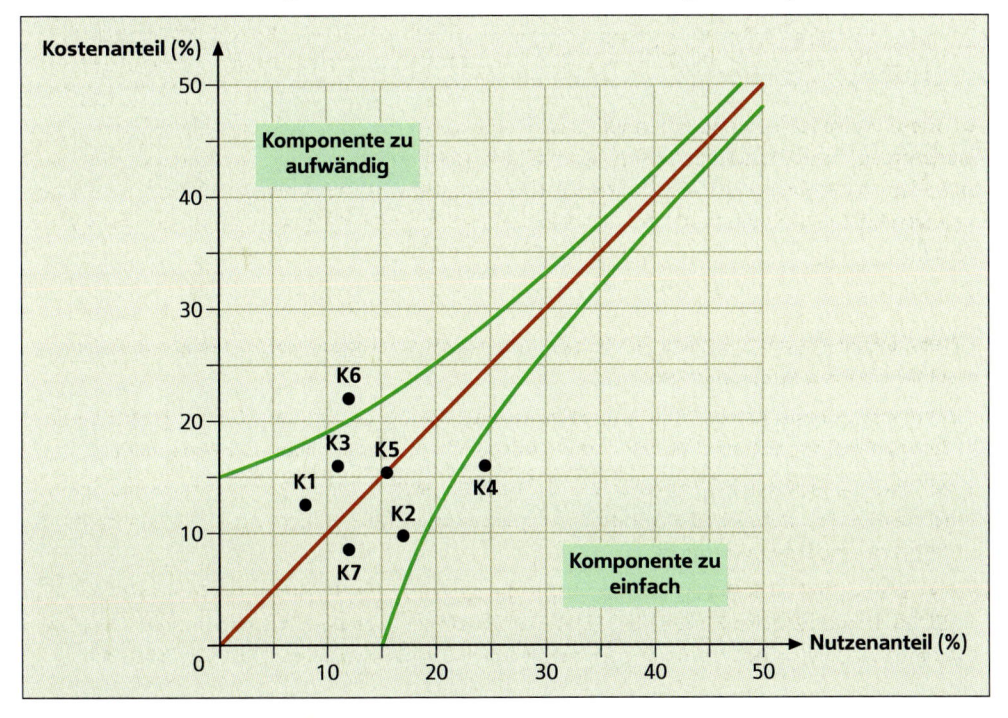

Das Zielkostenkontrolldiagramm für ein neues Produkt liefert folgendes Ergebnis:

Interpretieren Sie das Zielkostenkontrolldiagramm und leiten Sie notwendige Handlungsempfehlungen ab.

8.6 Kostenmanagement

Kostenmanagement

Durch Interpretation der Zielkostenindizes und des Zielkostenkontrolldiagramms liefert das Target costing zu einem frühen Zeitpunkt, i. d. R. vor der Produktentwicklung Ansatzpunkte für Kostensenkungen bzw. Wertsteigerungen bei einzelnen Produktkomponenten. Dadurch wird deutlich, dass das Target costing kein Kostenrechnungssystem, sondern ein Instrument zur Kostenplanung, -steuerung und –kontrolle (Kostenmanagement) darstellt.

Zielkostenvorgaben bewegen die Unternehmensführung dazu, bereits bei der Produktentwicklung Maßnahmen zu ergreifen, die zur Zielkostenerreichung beitragen können.

Folgende Maßnahmen könnte die Unternehmensführung zum Beispiel neben vielen anderen umsetzen:
- Bei Produktkomponenten mit Kostenreduzierungsbedarf werden Prozessabläufe optimiert oder es wird ein kostengünstigerer Teilelieferant ausgewählt. Im Extremfall könnte die Herstellung von Produktkomponenten insgesamt auf einen Zulieferer ausgelagert werden.
- Forschung und Entwicklung des neuen Produktes werden gemeinsam mit den Lieferanten betrieben, um den erforderlichen Abstimmungsbedarf frühzeitig zu erkennen und gemeinsam effiziente Lösungen zu entwickeln.

Ein **erfolgreiches Kostenmanagement** (= Zielkostenerreichung) bewirkt, dass das Unternehmen eine starke Marktorientierung mit höherer Produktrentabilität erreichen kann. Die Einbeziehung der Kundenpräferenzen erhöht die Marktchancen der jeweiligen Produkte. Ferner werden Kostensenkungen im Zusammenhang mit den Kundenanforderungen zielgerichtet eingeleitet. Im Ergebnis steigt die Wettbewerbsfähigkeit des Unternehmens, da das neue Produkt ein besseres Preis-Leistungs-Verhältnis aufweist.

Allerdings setzt dies voraus, dass die Marktforschung die Kundenanforderungen richtig erfasst und den jeweiligen Nutzen angemessen gewichtet hat. Dies ist insbesondere bei komplexen Produkten mit einer Vielzahl an Produktfunktionen und an Produktkomponenten anspruchsvoll. Sollten zum Beispiel geforderte Produktfunktionen nicht erfasst oder falsch gewichtet werden, kann dies zu Fehlentwicklungen beim Produkt und beim Kostenmanagement führen. Im schlimmsten Fall wäre das Preis-Leistungs-Verhältnis des neuen Produktes nicht marktfähig (Floprisiko).

Merke
- Target costing ist ein Instrument zur Kostenplanung, -steuerung und –kontrolle (Kostenmanagement).
- Durch die Zielkostenvorgabe können zielgerichtet inner- und überbetrieblich Maßnahmen bereits bei der Produktentwicklung ergriffen werden, die die Zielkostenerreichung ermöglichen.
- Die Erreichung der Zielkosten steigert die Wettbewerbsfähigkeit des Unternehmens, da ein besseres Preis-Leistungs-Verhältnis beim neuen Produkt bewirkt wird.
- Bei unzureichender Marktforschung (z. B. fehlerhafte Erfassung und Gewichtung der Produktfunktionen) kann das Target costing Fehlentwicklungen fördern.

Aufgabe 607

1. Warum ist das Target costing kein Kostenrechnungssystem sondern ist ein Instrument des Kostenmanagements?
2. Erklären Sie, warum Target costing insbesondere bei der Produktentwicklung effektiv eingesetzt werden kann.
3. Wovon hängt die Güte erfolgreichen Kostenmanagements ab?

Kostenstellenrechnung

Aufgabe 608

Ein Motorradhersteller beabsichtigt die Markteinführung eines Motorrades mit Elektroantrieb. Da auch Konkurrenzhersteller in den Markt für E-Motorräder einsteigen wollen, hat eine Marktstudie ergeben, dass von einem Target price von 14.500,00 € bei einer Absatzmenge von 350 Stück auszugehen ist. Derzeit erwirtschaftet das Unternehmen eine Umsatzrendite in Höhe von 9 %, die auch mit dem Verkauf der E-Motorräder erreicht werden soll. Die Verwaltungs- und Vertriebsgemeinkosten betragen jeweils 7,5 % der Herstellkosten.

Die Marktforschung hierzu hat ergeben, dass auch künftig das Fahrerlebnis durch folgende Produktfunktionen erfüllt werden muss, die nach Ansicht der Konstrukteure der Entwicklungsabteilung durch folgende Produktkomponenten erfüllt werden:

	F1 Motorleistung	F2 Design	F3 Zuverlässigkeit	F4 Werterhaltung	F5 Ausstattung
Bedeutung Kunde	30 %	20 %	15 %	15 %	20 %
K1 Motor	60 %	0 %	40 %	35 %	10 %
K2 Elektrik	10 %	5 %	30 %	15 %	35 %
K3 Karosserie	5 %	70 %	0 %	10 %	5 %
K4 Steuerung	5 %	20 %	10 %	10 %	35 %
K5 Antrieb	20 %	5 %	20 %	30 %	15 %

Die Produktstandardkosten werden geschätzt:

	Drifting costs
K1 Motor	4.200,00 €
K2 Elektrik	2.500,00 €
K3 Karosserie	2.200,00 €
K4 Steuerung	1.500,00 €
K5 Antrieb	2.600,00 €

1. Ermitteln Sie die Nutzenanteile der Produktkomponenten.

2. Ermitteln Sie den geplanten Gewinn, die Allowable costs und die Zielherstellkosten, wenn diese die erlaubten Herstellkosten um 5 % übersteigen dürfen.

3. Berechnen Sie die Zielkostenanteile und die Kostenanteile der Drifting costs für die Produktkomponenten. Schlagen Sie Handlungsempfehlungen vor.

4. Ermitteln Sie die Zielkostenindizes und die obere und untere Toleranzgrenze für die Produktkomponenten, wenn von einem Toleranzparameter von q = 4 % ausgegangen wird.

5. Stellen Sie Ihre Ergebnisse zu Nummer 4 im Zielkostenkontrolldiagramm grafisch dar und erläutern Sie, bei welchen Produktkomponenten Handlungsbedarf besteht.

6. Nennen Sie konkrete Maßnahmen, damit die Zielkosten erreicht werden können.

G Kosten- und Leistungsrechnung im Industriebetrieb

9 Zusammenfassende Aufgabe zur Kosten- und Leistungsrechnung

Aufgabe 609

Die Möbelfabrik Schneider OHG, Karlsruhe, unterhält seit Beginn des Jahres 01 in Pforzheim ein Zweigwerk, in dem ausschließlich Schreibtische für ein großes Versandhaus hergestellt werden. Dieses Zweigwerk führt eine eigene Betriebsabrechnung. Zum Ende des Geschäftsjahres 01 lagen folgende Angaben vor:

Im Geschäftsjahr hatte die Schneider OHG im Zweigwerk durchschnittlich **520.000,00 € Eigenkapital** gebunden.

Die **Jahresproduktion** betrug im Geschäftsjahr insgesamt 12 150 Schreibtische, das entsprach einem durchschnittlichen Beschäftigungsgrad von 82,5 %. Von den produzierten Schreibtischen konnten 10 700 Stück zu einem durchschnittlichen Preis von 120,00 €/Stück abgesetzt werden. 1 450 Schreibtische verblieben zu einem Wertansatz (= Herstellungskosten) von 80,00 €/Stück auf Lager.

Folgende Erträge und Aufwendungen wurden während der Abrechnungsperiode erfasst:

5000	Umsatzerlöse für eigene Erzeugnisse	?
5202	Mehrbestand an fertigen Erzeugnissen	?
5431	Erträge aus Versicherungsentschädigungen	4.000,00
5460	Erträge aus dem Abgang von Vermögensgegenständen	76.000,00
5490	Periodenfremde Erträge	30.000,00
6000	Aufwendungen für Rohstoffe	280.000,00
6020	Aufwendungen für Hilfsstoffe	30.000,00
6030	Aufwendungen für Betriebsstoffe	10.000,00
6160	Fremdinstandhaltung	17.000,00
6200	Löhne	380.000,00
6300	Gehälter	260.000,00
6400	Arbeitgeberanteil zur Sozialversicherung	140.000,00
6520	Abschreibungen auf Sachanlagen	60.000,00
66..	Sonstige Personalaufwendungen	10.000,00
6850	Reisekosten	12.000,00
6930	Verluste aus Schadensfällen	6.000,00
70/77	Betriebliche Steuern	45.000,00
7510	Zinsaufwendungen	10.000,00

Zur vollständigen Erfassung der Kosten sind folgende Angaben zu berücksichtigen:

1. Unter der Position „Gebäude" in der Bilanz befindet sich ein stillgelegtes Betriebsgebäude. Die Aufwendungen hierfür wurden über die FB abgewickelt und sind daher in der GuV-Rechnung enthalten. Im Einzelnen handelt es sich um folgende Posten:

Abschreibungen	10.000,00
Grundsteuer	5.000,00
Hausmeisterlohn	35.000,00
Arbeitgeberanteil zur Sozialversicherung	8.000,00
Malerarbeiten (vgl. Fremdinstandhaltung)	5.000,00

2. In der Position „Sonstige Personalaufwendungen" sind Nachzahlungen für das vergangene Geschäftsjahr enthalten ... 4.000,00

3. Die kalkulatorischen Zinsen sind aufgrund folgender Angaben zu berechnen:

Anlagevermögen (nach kalkulatorischen Restwerten) insgesamt	630.000,00
Kalkulatorischer Restwert des still gelegten Betriebsgebäudes	100.000,00
Umlaufvermögen (zu Mittelwerten)	310.000,00
In den Verbindlichkeiten a. LL sind zinslose Kredite enthalten	40.000,00

Der Zinssatz für das betriebsnotwendige Kapital beträgt 7,5 %.

4. Den kalkulatorischen Abschreibungen sind folgende Angaben zugrunde zu legen:
   Nutzungsdauer: Gebäude 25 Jahre, übriges Anlagevermögen zehn Jahre,
   Wiederbeschaffungskosten: Gebäude 500.000,00
                                       Maschinen 350.000,00
                                       Andere Sachanlagen 50.000,00
5. Der kalkulatorische Unternehmerlohn wird angesetzt mit 90.000,00

Eine im laufenden Geschäftsjahr durchgeführte Kostenanalyse ergab folgende Abhängigkeit der Kosten von der Beschäftigung:

Kostenart	Abhängigkeit von der Beschäftigung
Aufwendungen für Rohstoffe	variabel
Aufwendungen für Hilfsstoffe	variabel
Aufwendungen für Betriebsstoffe	variabel
Fremdinstandhaltung	60 % variabel/40 % fix
Löhne	60 % variabel/40 % fix
Gehälter	10 % variabel/90 % fix
Arbeitgeberanteil zur Sozialversicherung	30 % variabel/70 % fix
Kalkulatorische Abschreibungen	fix
Sonstige Personalaufwendungen	80 % variabel/20 % fix
Reisekosten	70 % variabel/30 % fix
Betriebliche Steuern	60 % variabel/40 % fix
Kalkulatorische Zinsen	fix
Kalkulatorischer Unternehmerlohn	fix

1. Die obigen Daten sind aufzubereiten, auszuwerten und zu analysieren. Folgende Fragen sollen hierfür Anhaltspunkte geben:
   a) Welche Kosten sind in welcher Höhe angefallen?
   b) Wie hoch war der Betriebsgewinn am Ende der Abrechnungsperiode?
   c) Hat sich für die Schneider OHG die Produktion im Zweigwerk Pforzheim – gemessen an der Rentabilität und der Wirtschaftlichkeit – gelohnt?
   d) Inwieweit ist im Zweigwerk die Gewinnschwelle bereits erreicht oder überschritten worden?
   e) Welchen Preisspielraum hätte das Unternehmen bei der derzeitigen Absatzlage aufgrund der Kosten- und Umsatzfunktion?
   f) Das Unternehmen plant nach der guten Absatzlage des abgelaufenen Jahres die Produktion auf durchschnittlich 90 % der Kapazitätsgrenze zu steigern. Welche Auswirkung hätte diese Maßnahme auf die Durchschnittskosten, auf die Gesamtkosten bei unveränderter Abhängigkeit der Kosten von der Beschäftigung und auf den Gewinn bei unverändertem Durchschnittspreis?
   g) Unterstützen Sie Ihre Analysen so weit wie möglich durch grafische Darstellungen.

Im Zweigwerk der Schneider OHG werden die **Kostenarten für die Betriebsabrechnung** in Einzel- und Gemeinkosten eingeteilt: Das Fertigungsmaterial und die Fertigungslöhne gelten hierbei als Einzelkosten, alle übrigen Kostenarten als Gemeinkosten. Um die verursachungsgerechte Verteilung der Kosten zu den Kostenstellen zu erreichen, führt der Kostenrechner eine Betriebsabrechnung mit folgenden **Kostenstellen** durch:

Allg. Kostenstelle: Fuhrpark
Hauptkostenstelle: Materiallager
Fertigungshilfsstelle: Arbeitsvorbereitung/Planung
Fertigungshauptstelle I: Zurichten/Sägen
Fertigungshauptstelle II: Bohren/Fräsen/Schleifen
Fertigungshauptstelle III: Montieren/Lackieren/Verpacken
Hauptkostenstelle: Verwaltung
Hauptkostenstelle: Vertrieb

Die für die einzelnen **Kostenarten** angefallenen Kosten werden vom Kostenrechner nach folgenden Schlüsseln **auf die Kostenstellen verteilt**:

6020	Belege	FHS I: 10.000,00 €; FHS II: 15.000,00 €; FHS III: 5.000,00 €
6030	Belege	Allg. KSt: 4.000,00 €; FHS I–III: je 2.000,00 €
6160	Belege	Allg. KSt: 5.800,00 €; FHS I: 4.000,00 €; Vertrieb: 2.200,00 €
6300	Gehaltsliste	Allg. KSt: 16.000,00 €; Mat.-St.: 16.500,00 €; F.-Hilfs-St.: 16.000,00 €; FHS I–III: je 32.500,00 €; Verw.-St.: 99.000,00 €; Vertr.-St.: 15.000,00 €
6400	Vert.-Schlüssel	3 : 2 : 2 : 6 : 6 : 5 : 4 : 2
6520	Anlagewerte	Allg. KSt: 180.000,00 €; Mat.-St.: 220.000,00 €; FHS I: 360.000,00 €; FHS II: 320.000,00; FHS III: 280.000,00 €; Verw.-St.: 100.000,00 €; Vertr.-St.: 40.000,00 €
66..	Vert.-Schlüssel	0 : 0 : 0 : 1 : 1 : 0 : 4 : 0
6850	Belege	F.-Hilfs-St.: 1.200,00 €; FHS III: 1.300,00 €; Verw.-St.: 6.900,00 €; Vertr.-St.: 2.600,00 €
70/77	Vert.-Schlüssel	1 : 2 : 0 : 1 : 1 : 1 : 4 : 0
7510	Betriebsnotw. Kapital	Allg. KSt: 120.000,00 €; Mat.-St.: 340.000,00 €; F.-Hilfs-St.: 40.000,00 €; FHS I: 240.000,00 €; FHS II: 220.000,00 €; FHS III: 240.000,00 €; Verw.-St.: 260.000,00 €; Vertr.-St.: 40.000,00 €
Untern.-Lohn	Vert.-Schlüssel	1 : 1 : 0 : 3 : 3 : 2 : 6 : 2

Die Allgemeine Kostenstelle gibt ihre Stellengemeinkosten nach dem Schlüssel 2 : 1 : 2 : 2 : 3 : 7 : 3 an die übrigen Kostenstellen ab.

Die Stellengemeinkosten der Fertigungshilfsstelle werden im Verhältnis 3 : 2 : 1 auf die Fertigungshauptstellen umgelegt.

Bei der **Berechnung der Zuschlagssätze für die Hauptkostenstellen** ist zu berücksichtigen, dass das Fertigungsmaterial die Zuschlagsgrundlage für die Materialgemeinkosten darstellt. Die Fertigungslöhne gelten als Zuschlagsgrundlage für die Fertigungshauptstellen. Für die einzelnen Fertigungshauptstellen wurden folgende Lohnanteile ermittelt:

Fertigungshauptstelle I .... 143.750,00 €
Fertigungshauptstelle II .... 115.000,00 €
Fertigungshauptstelle III .... 86.250,00 €

Als Grundlage für die Kalkulation verwendete der Kostenrechner folgende aus einer vorläufigen Kostenanalyse entstandene **Normalzuschlagssätze**:
Normalzuschlagssatz für die Materialgemeinkosten .... 25 %
Normalzuschlagssatz für die Fertigungsgemeinkosten der FHS I .... 100 %
Normalzuschlagssatz für die Fertigungsgemeinkosten der FHS II .... 115 %
Normalzuschlagssatz für die Fertigungsgemeinkosten der FHS III .... 125 %
Normalzuschlagssatz für die Verwaltungsgemeinkosten .... 20 %
Normalzuschlagssatz für die Vertriebsgemeinkosten .... 6 %

2. Erstellen Sie die Betriebsabrechnung im Betriebsabrechnungsbogen einschließlich des Ausweises von Kostenüberdeckungen und Kostenunterdeckungen. Werten Sie die Brauchbarkeit der Normalzuschlagssätze für zukünftige Kalkulationen.

ZUSAMMENFASSENDE AUFGABE G

Für eine differenzierte **Kostenträgerrechnung auf Ist- und Normalkostenbasis** berücksichtigt der Kostenrechner, dass im Zweigwerk Pforzheim drei Grundtypen von Schreibtischen gefertigt werden. Für diese drei Grundtypen liegen folgende Zahlen vor:

Grundtyp Daten	„Standard"	„Jugend"	„Luxus"
gefertigte Stückzahl	7 250 Stück	3 650 Stück	1 250 Stück
abgesetzte Stückzahl	6 500 Stück	3 250 Stück	950 Stück
die nicht verkauften Schreibtische werden zu Herstellkosten bewertet	70,00 €/Stück	38,75 €/Stück	160,00 €/Stück
Fertigungsmaterial nach Grundtypen	155.000,00 €	70.000,00 €	55.000,00 €
Fertigungslöhne nach Grundtypen: FHS I FHS II FHS III	80.000,00 € 65.000,00 € 45.250,00 €	30.750,00 € 25.000,00 € 20.000,00 €	33.000,00 € 25.000,00 € 21.000,00 €
tatsächlich erzielte Umsatzerlöse	767.000,00 €	296.400,00 €	220.600,00 €

3. Überprüfen Sie anhand der obigen Zahlen die Erfolgssituation der einzelnen Grundtypen.

Der Kostenrechner kalkulierte die Verkaufspreise auf der Grundlage der obigen Einzelkosten, der vorläufigen Normalzuschlagssätze und eines Gewinnzuschlags von 6 %.

4. Prüfen Sie, inwieweit die kalkulierten Preise im Vergleich zu den tatsächlich erzielten Umsatzerlösen eingehalten werden konnten, bei welchen Grundtypen es Abweichungen gab und wie diese Abweichungen zu deuten sind.

Der Kostenrechner ergänzt die obige Vollkostenrechnung um die einstufige Deckungsbeitragsrechnung auf der **Istkostenbasis**. Er übernimmt die in der Kostenanalyse ausgewiesene Abhängigkeit der Kosten von der Beschäftigung für alle drei Grundtypen.

5. Folgende Fragen leiten ihn bei der Aufstellung der Deckungsbeitragsrechnung:
   a) Wie hoch fallen die Deckungsbeiträge insgesamt und je Stück für die drei Grundtypen aus?
   b) Was bedeutet das insbesondere für den Grundtyp „Luxus" im Vergleich zur Erfolgssituation in der Vollkostenrechnung?
   c) Welche Preisspielräume – insbesondere im Hinblick auf die kurz- und langfristigen Preisuntergrenzen – kann der Unternehmer nutzen?
   d) Welche Rangfolge in der Produktion müsste der Unternehmer festlegen, wenn er plant, die Produktion der drei Grundtypen auf 90 % der Kapazitätsgrenze auszudehnen, in der Fertigungshauptstelle „Montieren/Lackieren/Verpacken" aber ein betrieblicher Engpass mit 28 800 Stunden/Jahr vorliegt und die Grundtypen diese Abteilung mit folgenden Fertigungszeiten belasten?
   Grundtyp „Standard" benötigt in FHS III insgesamt 144 Minuten Fertigungszeit/Stück.
   Grundtyp „Jugend"   benötigt in FHS III insgesamt 120 Minuten Fertigungszeit/Stück.
   Grundtyp „Luxus"   benötigt in FHS III insgesamt 180 Minuten Fertigungszeit/Stück.
   e) Mit welcher Erfolgssituation kann der Unternehmer rechnen, falls es ihm gelingt, die geplante Produktionserweiterung durchzuführen?

H Grundzüge der nationalen und internationalen Rechnungslegung

1 HGB-Bilanzrecht

1.1 Wesentliche Änderungen des HGB-Bilanzrechts durch BilRUG im Überblick

Mit dem **Gesetz zur Umsetzung der Bilanzrichtlinie 2013/34/EU (Bilanzrichtlinie-Umsetzungsgesetz – BilRUG)**, das am 23. Juli 2015 in Kraft getreten ist, sind nach der umfangreichen Reform des HGB-Bilanzrechts durch das Bilanzrechtsmodernisierungsgesetz[1] (BilMoG) aus dem Jahr 2009 sowie das Kleinstkapitalgesellschaften-Bilanzrechtsänderungsgesetz[1] (MicroBilG) aus dem Jahr 2012 erneut Änderungen bei den Rechnungslegungsvorschriften des HGB vorgenommen worden.

Die **Hauptziele** des BilRUG sind

- die Entlastung kleiner und mittelgroßer Unternehmen,
- die Harmonisierung von Abschlüssen, um eine bessere Vergleichbarkeit der Jahres- und Konzernabschlüsse von Kapitalgesellschaften und bestimmten Personenhandelsgesellschaften innerhalb der EU zu erreichen,
- die Festlegung von Transparenzanforderungen für Unternehmen im Rohstoffsektor sowie
- die Klärung von Zweifelsfragen und die Beseitigung redaktioneller Versehen aus früheren bilanzrechtlichen Änderungen, z. B. dem MicroBilG.

Das Bilanzrichtlinie-Umsetzungsgesetz ist **erstmals anwendbar für Geschäftsjahre, die nach dem 31. Dezember 2015 beginnen**.

§§ HGB	Auswahl wichtiger BilRUG-bedingter Vorschriften
§ 255 [1]	Die **Definition der Anschaffungskosten** wird im Satz 3 wie folgt präzisiert: „Anschaffungspreisminderungen, **die dem Vermögensgegenstand einzeln zugeordnet werden können**, sind abzusetzen."
§ 267	Die **Schwellenwerte Bilanzsumme und Umsatzerlöse für die Bestimmung der Größenklasse** sind angehoben worden. Kapitalgesellschaften und Personenhandelsgesellschaften ohne natürliche Person als Vollhafter (bestimmte Personenhandelsgesellschaften) gelten als kleine Gesellschaften, wenn sie 6 Mio. € Bilanzsumme und 12 Mio. € Umsatzerlöse nicht überschreiten. Für mittelgroße Gesellschaften gelten 20 Mio. € Bilanzsumme und 40 Mio. € Umsatzerlöse als Obergrenzen.
§ 268 [7]	Kapitalgesellschaften und bestimmte Personenhandelsgesellschaften weisen **nicht bilanzierte finanzielle Verpflichtungen, Garantien oder Eventualverbindlichkeiten künftig zwingend im Anhang** und nicht mehr unter der Bilanz aus.
§ 275	Im **Gliederungsschema der Gewinn- und Verlustrechnung** nach dem Gesamtkostenverfahren und nach dem Umsatzkostenverfahren entfällt der gesonderte Ausweis des Ergebnisses der gewöhnlichen Geschäftstätigkeit, der außerordentlichen Posten sowie des außerordentlichen Ergebnisses. Als Zwischensumme wird das **Ergebnis nach Steuern** eingefügt.
§ 277	**Umsatzerlöse** beinhalten nun Erlöse aus dem Verkauf und der Vermietung oder Verpachtung von Produkten sowie aus der Erbringung von Dienstleistungen. Das Kriterium der gewöhnlichen Geschäftstätigkeit entfällt für den Ausweis als Umsatzerlöse, so dass künftig auch geschäftsuntypische Erträge z. B. Erlöse aus der Vermietung und Verpachtung von Grundstücken, aus dem Betreiben von Kantinen, aus Schrottverkäufen, aus Verkäufen von RHB dazu gehören.

---

[1] Einen Überblick zu den wesentlichen Änderungen des HGB-Bilanzrechts durch das BilMoG und das MicroBilG finden Sie unter www.schmolke-deitermann.de Beiträge/Downloads.

§§ HGB	Auswahl wichtiger BilRUG-bedingter Vorschriften
§ 284 [3]	Der **Anlagenspiegel** ist künftig zwingend in den Anhang aufzunehmen. Das Wahlrecht des Ausweises in der Bilanz oder im Anhang ist durch das Aufheben des § 268 [2] entfallen.
§ 285	Als **zusätzliche Angaben im Anhang** wurden aufgenommen die Erläuterungen zu Erträgen und Aufwendungen von außergewöhnlicher Größenordnung oder außergewöhnlicher Bedeutung (Nr. 30), zu Aufwendungen und Erträgen, die einem anderen Geschäftsjahr zuzurechnen sind (Nr. 31), zu Vorgängen von besonderer Bedeutung nach dem Abschlussstichtag (Nr. 33) sowie zur Ergebnisverwendung (Nr. 34).
§ 288 [1]	Die **größenabhängigen Erleichterungen für die Anhangangaben** kleiner Gesellschaften wurden erweitert. Nicht mehr aufgeführt werden müssen z. B. der Anlagenspiegel, der Personalaufwand bei Anwendung des Umsatzkostenverfahrens, die Mitglieder der Geschäftsleitung und des Aufsichtsrats, der Anteilsbesitz, die Ergebnisverwendung usw.

1.2 Rechnungslegung nach HGB

Der Jahresabschluss deutscher Unternehmen ist nach den **Vorschriften des Handelsgesetzbuches (HGB)** aufzustellen, die durch das **Bilanzrechtsmodernisierungsgesetz (BilMoG)** vom 9. März 2009 umfangreich geändert wurden, um letztlich auch ein Abschlusssystem zu schaffen, das den international weit verbreiteten **IFRS (International Financial Reporting Standards)** gegenüber konkurrenzfähig ist. Die neuen HGB-Vorschriften traten grundsätzlich am 1. Januar 2010 in Kraft. Weitere Änderungen hat das HGB durch das **Kleinstkapitalgesellschaften-Bilanzrechtsänderungsgesetz (MicroBilG)** vom 20. Dezember 2012 erfahren, das im Wesentlichen eine Entlastung von Kleinstkapitalgesellschaften und -personengesellschaften von Rechnungslegungsanforderungen zum Ziel hat. Diese Vorschriften sind erstmals auf Einzelabschlüsse zum 31.12.2012 anwendbar. Die jüngste Änderung des HGB wurde durch das Gesetz zur Umsetzung der Bilanzrichtlinie **2013/34/EU (Bilanzrichtlinie-Umsetzungsgesetz – BilRUG)** vorgenommen, das am 23. Juli 2015 in Kraft getreten und auf nach dem 31.12.2015 beginnende Geschäftsjahre anzuwenden ist (siehe S. 536 f.).

HGB

Bei **Einzelkaufleuten**, sofern sie nicht nach § 242 [4] i. V. m. § 241a HGB von der Bilanzierung befreit sind, und **Personengesellschaften** (OHG, KG) besteht der Jahresabschluss lediglich aus der **Bilanz und der Gewinn- und Verlustrechnung** (§ 242 HGB, siehe auch S. 10 und S. 236).

§ 242

Bei **Kapitalgesellschaften** gehört zum Jahresabschluss noch der **Anhang**, der nach § 264 [1] HGB mit der Bilanz und der Gewinn- und Verlustrechnung eine Einheit bildet. Außerdem ist ein Lagebericht zu erstellen (siehe auch S. 291). Kleinstkapitalgesellschaften (§ 267a HGB) sind von der Aufstellung eines Anhangs befreit. Ein Lagebericht ist ebenso wie bei kleinen Kapitalgesellschaften (§ 267 [1] HGB) nicht erforderlich.

§ 264 [1]

Die gesetzlichen Vertreter einer **kapitalmarktorientierten Kapitalgesellschaft**, die nicht zur Aufstellung eines Konzernabschlusses verpflichtet ist, haben den Jahresabschluss noch um eine **Kapitalflussrechnung** und einen **Eigenkapitalspiegel** zu erweitern, die mit der Bilanz und Gewinn- und Verlustrechnung und dem Anhang eine **Einheit bilden**. Der Jahresabschluss kann auch noch durch eine **Segmentberichterstattung** ergänzt werden (§ 264 [1] Satz 2 HGB).

Der Jahresabschluss der Kapitalgesellschaft hat nach § 264 [2] HGB „unter Beachtung der Grundsätze ordnungsmäßiger Buchführung ein den tatsächlichen Verhältnissen entsprechendes **Bild der Vermögens-, Finanz- und Ertragslage** der Kapitalgesellschaft zu vermitteln", und zwar in erster Linie gegenüber den **Anteilseignern** und **Gläubigern** sowie auch **potenziellen Kapitalanlegern**.

§ 264 [2]

Der Jahresabschluss und der Lagebericht sind **von den gesetzlichen Vertretern** der Kapitalgesellschaft **in den ersten drei Monaten** des Geschäftsjahres für das **vergangene** Geschäftsjahr **aufzustellen** (§ 264 [1] Satz 3 HGB).

§ 264 [1]

Die dem Jahresabschluss deutscher Unternehmen zugrunde liegenden **handelsrechtlichen Vorschriften** dienen bekanntlich in erster Linie dem **Schutz der Gläubiger** und basieren deshalb auf dem **Prinzip der Vorsicht**, dem **obersten Bewertungsprinzip**. Vereinfacht ausgedrückt: „Man soll sich bei der Bewertung und Darstellung der Vermögensteile und Schulden sowie beim Gewinnausweis **eher ärmer als reicher** zeigen." **§ 252 [1] Nr. 4 HGB** konkretisiert diese Zielsetzung (siehe unten).

Börsennotierte Unternehmen, insbesondere europa- bzw. weltweit operierende **Konzerne**, benötigen für ihre Investitionen viel Kapital. Sie müssen deshalb ihren Jahresabschluss an den **globalen Börsen und Finanzmärkten** publizieren, um **Kapitalanbietern** optimale Anlageentscheidungen zu ermöglichen, ihr Geld als Eigen- oder Fremdkapital in diesen Unternehmen anzulegen. Das setzt aber voraus, dass die **Jahresabschlüsse** dieser kapitalmarktorientierten Unternehmen die **tatsächliche wirtschaftliche Lage** dieser Unternehmen widerspiegeln und vor allem **international verständlich und vergleichbar** sind.

Diese Unternehmen sind verpflichtet, ihre konsolidierten Abschlüsse aufgrund einer EU-Verordnung nach den International Accounting Standards (IAS) bzw. den International Financial Reporting Standards (IFRS) aufzustellen (siehe S. 539 ff.). Die nicht am Kapitalmarkt orientierten Unternehmen können ihre Abschlüsse – ergänzend zu den HGB-Abschlüssen – freiwillig nach IAS/IFRS aufstellen.

HGB: Dritter Titel. Bewertungsvorschriften

§ 252 Allgemeine Bewertungsgrundsätze. (1) Bei der Bewertung der im Jahresabschluss ausgewiesenen Vermögensgegenstände und Schulden gilt insbesondere Folgendes:
1. Die Wertansätze in der Eröffnungsbilanz des Geschäftsjahres müssen mit denen der Schlussbilanz des vorhergehenden Geschäftsjahres übereinstimmen.
2. Bei der Bewertung ist von der Fortführung der Unternehmenstätigkeit auszugehen, sofern dem nicht tatsächliche oder rechtliche Gegebenheiten entgegenstehen.
3. Die Vermögensgegenstände und Schulden sind zum Abschlussstichtag einzeln zu bewerten.
4. Es ist vorsichtig zu bewerten, namentlich sind alle vorhersehbaren Risiken und Verluste, die bis zum Abschlussstichtag entstanden sind, zu berücksichtigen, selbst wenn diese erst zwischen dem Abschlussstichtag und dem Tag der Aufstellung des Jahresabschlusses bekannt geworden sind; Gewinne sind nur zu berücksichtigen, wenn sie am Abschlussstichtag realisiert sind.
5. Aufwendungen und Erträge des Geschäftsjahres sind unabhängig von den Zeitpunkten der entsprechenden Zahlungen im Jahresabschluss zu berücksichtigen.
6. Die auf den vorhergehenden Jahresabschluss angewandten Bewertungsmethoden sind beizubehalten.

(2) Von den Grundsätzen des Absatzes 1 darf nur in begründeten Ausnahmefällen abgewichen werden.

Das **Imparitätsprinzip ist Ausdruck des Vorsichtsprinzips**, das die handelsrechtlichen Rechnungslegungsvorschriften deutscher Unternehmen prägt (siehe S. 261):

- Nicht realisierte Verluste müssen ausgewiesen werden.
- Nicht realisierte Gewinne dürfen nicht ausgewiesen werden; Ausnahme: kurzfristige Fremdwährungsgeschäfte (§ 256a HGB).
- Gewinne dürfen nur ausgewiesen werden, wenn sie realisiert sind (= Realisationsprinzip).

Die handelsrechtlichen Bewertungsprinzipien und das **Niederstwertprinzip** fördern die **Bildung stiller Reserven** und tragen damit im besonderen Maße zum **Schutz der Gläubiger** bei. Hinzu kommt, dass sich das **Maßgeblichkeitsprinzip** (Maßgeblichkeit der Handelsbilanz für die Steuerbilanz, siehe S. 253 f.) nicht mit der **Zielsetzung** internationaler Rechnungslegungsvorschriften (z. B. IFRS) vereinbaren lässt, die vor allem darin besteht, **Kapitalanlegern** mit der Veröffentlichung von Unternehmensabschlüssen **entscheidungsnützliche Informationen** zu liefern.

2 Internationale Rechnungslegung: Jahresabschluss gemäß IAS/IFRS

Deutsche börsennotierte Unternehmen, die an **internationalen Kapitalmärkten** Kapital zu günstigen Bedingungen nachfragen, müssen einen Jahresabschluss vorweisen, der **international verständlich** und vor allem auch **vergleichbar** ist. Seit über 20 Jahren haben bereits namhafte **deutsche Konzerne**, wie z. B. Bayer, Lufthansa und die Daimler AG, ihren **Jahresabschluss nach internationalen Rechnungslegungsvorschriften** erstellt. Dabei werden vor allem die

- „International Accounting Standards" (IAS) und
- „International Financial Reporting Standards" (IFRS)

angewendet, die grundsätzlich auch für nicht börsennotierte Unternehmen gelten.

Seit 1. Januar 2005 sind alle **börsennotierten Unternehmen der EU** aufgrund einer **EU-Verordnung verpflichtet**, ihren **Konzernabschluss** nach den Rechnungslegungsvorschriften **IAS/IFRS** zu erstellen.

Die verpflichtende Anwendung der IAS/IFRS ermöglicht die notwendige **Harmonisierung der Rechnungslegungsvorschriften** innerhalb der EU und trägt damit zu einem hohen Grad an **Vergleichbarkeit der Konzernabschlüsse** bei.

Die Internationalisierung der Rechnungslegung auf der Grundlage der IAS/IFRS **erhöht** die **Transparenz der EU-Kapitalmärkte** und erleichtert somit die **Kapitalbeschaffung** und die **Kapitalanlage** an den internationalen Wertpapierbörsen.

Nach der EU-Verordnung **dürfen** die Mitgliedstaaten der EU **seit 2005** die **IAS/IFRS** auch auf **nicht börsennotierte Unternehmen und Einzelabschlüsse** rechtlich ausweiten.

> **Merke**
> Der HGB-Abschluss deutscher Unternehmen ist von der starken Berücksichtigung des Vorsichtsprinzips und damit vorrangig des Gläubigerschutzes geprägt.

3 Wesentliche Abweichungen der IAS/IFRS zum deutschen Bilanzrecht (HGB)

Zielsetzung

Während der HGB-Rechnungslegung mehr der **Gläubigerschutz** und der **Maßgeblichkeitsgrundsatz** zugrunde liegen, besteht die **Zielsetzung der IAS/IFRS** insbesondere darin, potenziellen **Kapitalanlegern** durch höhere Verlässlichkeit, Transparenz und Vergleichbarkeit der Unternehmensabschlüsse möglichst **realistische und damit entscheidungsnützliche Informationen** über die **Vermögens-, Finanz- und Ertragslage** zu liefern.

Die unterschiedliche Zielsetzung beider Rechnungslegungen bedingt zwangsläufig trotz der vielen durch das Bilanzrechtsmodernisierungsgesetz erfolgten Änderungen erhebliche **Abweichungen** zwischen HGB und den IAS/IFRS.

3.1 Bestandteile des IAS-/IFRS-Jahresabschlusses

Der **IAS-/IFRS-Jahresabschluss** besteht im Vergleich zum HGB-Abschluss (siehe S. 291 oben) aus **fünf Teilen**, und zwar für **alle** Unternehmen, unabhängig von **Rechtsform, Größe und Börsennotierung**:

- **Bilanz** (balance sheet),
- **Gewinn- und Verlustrechnung** (income statement),
- **Eigenkapitalveränderungsrechnung** (statement of changes in equity),
- **Kapitalflussrechnung** (cashflow statement) und
- **Anhang** (notes).

3.1.1 Bilanz und Gewinn- und Verlustrechnung

Gliederung der Bilanz und der GuV-Rechnung

Im Vergleich zu § 266 und § 275 HGB schreiben die **IAS/IFRS** für die Bilanz und GuV-Rechnung **kein verbindliches Gliederungsschema**, sondern geben nur eine **Mindestgliederung** vor.

Die Bilanz muss lediglich die bekannten **Hauptposten** (z. B. Sachanlagen, Finanzanlagen, Vorräte u. a.) ausweisen, deren ausführliche **Untergliederung** dann im **Anhang** zu erfolgen hat. Vorgeschrieben werden allerdings Darstellungsstetigkeit, Zusammenfassung zu Hauptposten, Vorjahresvergleichszahlen u. a. m.

Für die **GuV-Rechnung** besteht wie im § 275 HGB ein **Wahlrecht** zwischen dem **Gesamtkosten-** und dem **Umsatzkostenverfahren**.

Für die **Bilanz** ist nach **IAS/IFRS** beispielsweise folgende **Mindestgliederung** möglich:

Mindestgliederung nach IAS/IFRS

Aktiva	Bilanz nach IAS/IFRS	Passiva
Anlagevermögen Immaterielle Werte Sachanlagen Finanzanlagen **Umlaufvermögen** Vorräte Forderungen a. LL Steuerliche Forderungsposten (latente Steuern) Flüssige Mittel		**Eigenkapital** Nominalkapital Kapitalrücklage Neubewertungsrücklage Gewinnrücklage Gewinnvortrag Jahresüberschuss **Langfristige Verbindlichkeiten** Finanzschulden Pensionsrückstellungen **Kurzfristige Verbindlichkeiten** Verbindlichkeiten a. LL Kurzfristige Rückstellungen

Für die **GuV-Rechnung** ergibt sich folgende **Mindestgliederung**:

Gesamtkostenverfahren	Umsatzkostenverfahren
Umsatzerlöse Bestandsveränderungen an Erzeugnissen Sonstige betriebliche Erträge Betriebliche Aufwendungen **Operatives Ergebnis** (Betriebsergebnis) Finanzergebnis **Ergebnis vor Steuern** Ertragsteuern **Jahresüberschuss/Jahresfehlbetrag**	**Umsatzerlöse** Herstellungskosten des Umsatzes **Bruttoergebnis vom Umsatz** Übrige betriebliche Aufwendungen Sonstige betriebliche Erträge **Operatives Ergebnis** (Betriebsergebnis) Finanzergebnis **Ergebnis vor Steuern** Ertragsteuern **Jahresüberschuss/Jahresfehlbetrag**

3.1.2 Eigenkapitalveränderungsrechnung

Die **Entwicklung der Eigenkapitalposten** soll im Einzelnen durch die „**Eigenkapitalveränderungsrechnung**" aufgezeigt und erläutert werden:

- **Nominalkapital** (z. B. Kapitalerhöhung),
- **Kapitalrücklagen** (z. B. Gewinnzuweisung),
- **Neubewertungsrücklage** (erfasst z. B. nicht realisierte Gewinne),
- **Gewinn-/Verlustvortrag**,
- **Jahresüberschuss/Jahresfehlbetrag**.

3.1.3 Kapitalflussrechnung

Während die Bilanz den erforderlichen Einblick in die **Vermögenslage** und die GuV-Rechnung in die **Ertragslage** vermittelt, soll die **Kapitalflussrechnung** die **Finanzlage** des Unternehmens deutlich machen. Sie analysiert den **Zahlungsmittelstrom** des Geschäftsjahres, indem sie **Veränderungen und deren Ursachen** aufdeckt. Nach § 297 [1] HGB sind **auch deutsche börsennotierte Konzerne** sowie kapitalmarktbezogene Kapitalgesellschaften (§ 264 [1] HGB) zur Erstellung und Veröffentlichung einer Kapitalflussrechnung verpflichtet. Der **Mittelzu-/-abfluss** wird als „**Cashflow**" bezeichnet (siehe auch „Cashflow-Analyse", S. 343, und „Bewegungsbilanz als Instrument zur Aufdeckung der Finanzierungs- und Investitionsvorgänge", S. 332 f.).

Analyse des Zahlungsmittelstroms

Die Grundstruktur der Kapitalflussrechnung besteht nach IAS/IFRS aus drei Teilen:

- **Cashflow aus laufender Geschäftstätigkeit:** Jahresüberschuss + Anlageabschreibung + Zuführung zu langfristigen Rückstellungen u. a. (siehe S. 343)
- **Cashflow aus Investitionstätigkeit:** Anschaffung/Veräußerung von Anlagen
- **Cashflow aus Finanzierungstätigkeit:** Aufnahme/Tilgung von Darlehen u. a.

Die **Summe** aus den drei Teilen der Kapitalflussrechnung weist die **Veränderung** des Zahlungsmittelbestandes im betreffenden Geschäftsjahr aus, die im Einzelnen zu erläutern ist.

3.1.4 Anhang (notes)

Der IAS-/IFRS-Anhang (notes) ist wesentlich **umfangreicher** als der nach § 284 HGB (siehe S. 291) und enthält alle **für Kapitalanleger relevanten Informationen** über das Unternehmen:

§ 284 HGB

- **Bilanz und GuV-Rechnung:** Beide werden im Anhang weiter aufgegliedert, wobei die Veränderungen zum Vorjahr ausführlich besprochen werden: z. B. Anlagenspiegel, Finanzanlagen, Umsatzerlöse, sonstige betriebliche Erträge, Steuern u. a. m.
- **Bilanzierungs- und Bewertungsmethoden:** Sie sollen insbesondere dazu beitragen, die **Informationen für Kapitalanleger realistisch** in Bezug auf die **tatsächliche** Vermögens-, Ertrags- und Finanzlage darzustellen. Im Gegensatz zum HGB-Abschluss
    - gibt es z. B. **keine** Übernahme höherer **steuerlicher Abschreibungen**,
    - werden z. B. kurzfristige **Wertpapiere** zum **höheren Stichtagswert**, der über den Anschaffungskosten liegt, angesetzt. Der **nicht realisierte Gewinn** ist **erfolgsneutral** auf dem Konto „**Neubewertungsrücklage**" gegenzubuchen. Das gilt grundsätzlich auch für jede **Neubewertung** bestimmter Vermögensteile (z. B. Grundstücke) und dient damit der **Auflösung stiller Reserven**.
- **Sonstige Angaben:**
    - Informationen über wichtige Ereignisse nach dem Bilanzstichtag
    - Eventualverbindlichkeiten (z. B. aus Bürgschaften u. a.)
    - Beteiligungsverhältnisse
    - Mitglieder und deren Bezüge im Vorstand und Aufsichtsrat

Merke

- Der IAS-/IFRS-Jahresabschluss besteht bei allen Unternehmen – unabhängig von Größe, Rechtsform und Börsennotierung – aus fünf Teilen.
- Den Bilanzierungs- und Bewertungswahlrechten liegt der Grundsatz des „true and fair view" zugrunde: Vermögens, Ertrags- und Finanzlage sind mit ihren tatsächlichen Verhältnissen auszuweisen, also u. U. auch mit ihren „noch nicht realisierten Gewinnen".
- **Die periodengerechte Erfolgsermittlung ist dominierendes Prinzip der IAS-/IFRS-Rechnungslegung.**

3.2 Übersicht: Wesentliche Bewertungsunterschiede zwischen HGB und IAS/IFRS

§ 264 [2] HGB

true and fair view/ fair presentation

Die **Unterschiede in der Bewertung** beruhen im Grunde genommen auf der **unterschiedlichen Zielsetzung** beider Rechnungslegungen. Während der HGB-Abschluss unter der Maxime des **Gläubigerschutzes** steht, soll der IAS-/IFRS-Abschluss vor allem einer „**true and fair view/fair presentation**" der Vermögens-, Ertrags- und Finanzlage des Unternehmens dienen, um Kapitalanlegern **entscheidungsrelevante Informationen** zu geben. So werden nach IAS/IFRS **handels- und steuerrechtliche Bewertung streng getrennt**, **veräußerbare Wertpapiere** zum **höheren Stichtagszeitwert** angesetzt, auch wenn dieser über den Anschaffungskosten liegt, wobei die nicht realisierten Gewinne, wie bereits oben erwähnt, **erfolgsneutral** der „**Neubewertungsrücklage**" zuzuführen sind, um den Eigenkapitalausweis zu erhöhen.

Forderungen und Verbindlichkeiten in fremder Währung werden zum **höheren bzw. niedrigeren Stichtagswert** bewertet, auch dann, wenn sie die Anschaffungskosten über- bzw. unterschreiten. Weiterhin dürfen nach IAS/IFRS **Rückstellungen nur für Zahlungsverpflichtungen** gegenüber Dritten gebildet werden. Außerdem sind für zeitliche Differenzen zwischen den Wertansätzen der Steuerbilanz und der Konzernbilanz aktive bzw. passive **latente Steuern in der Bilanz** auszuweisen.

Eine **Zusammenstellung der wichtigsten Abweichungen** zwischen HGB und IAS/IFRS zeigt die **folgende Übersicht:**

Kriterien	HGB	IAS/IFRS
Zielsetzung der Rechnungslegungen	Vorsichtige Ermittlung des auszuschüttenden Gewinns aus Gründen des Gläubigerschutzes	Bereitstellung entscheidungsnützlicher realistischer Informationen für Kapitalanleger
Vorherrschender Grundsatz	Vorsichtsprinzip	Periodengerechte Gewinnermittlung, true and fair view/fair presentation
Legung stiller Reserven	Ja (Gläubigerschutz!)	Nein (uneingeschränkt)
Anschaffungskostenprinzip	Strikte Wertobergrenze	Durchbrechung möglich bei bestimmten Neubewertungen und bei veräußerbaren Wertpapieren, d. h. über AK
Realisationsprinzip	Gewinnerfassung erst **nach** erfolgtem Umsatz	Gewinnerfassung auch **vor** erfolgtem Umsatz möglich (siehe Anschaffungskostenprinzip)
Imparitätsprinzip	Dominierendes Prinzip	Unbekannt
Derivativer Firmenwert	Aktivierungspflicht (§ 246 [1]), zeitlich begrenzt nutzbar	Aktivierungsgebot, nur außerplanmäßige Abschreibungen
Neubewertungen	Untersagt	Zulässig: erfolgsneutrale Erfassung über Neubewertungsrücklage
Gewinnrealisierung bei langfristiger Auftragsfertigung	Erst **nach Abschluss** des Fertigungsauftrags und erfolgtem Umsatz	Gewinnrealisierung **nach Fertigungsgrad** über GuV
Herstellungskosten	Vollkosten ohne Forschungs- und Vertriebskosten (§ 255 [2])	Nur Vollkosten
Veräußerbare Wertpapiere	Anschaffungskostenprinzip Strenges Niederstwertprinzip	Stichtagswert, auch höher als Anschaffungskosten. Bewertungsgewinn erfolgsneutral über Neubewertungsrücklage

Wesentliche Abweichungen der IAS/IFRS zum deutschen Bilanzrecht (HGB)

Kriterien	HGB	IAS/IFRS	
Pensionsrückstellungen	Bewertung auf der Basis der **aktuellen** Gehälter	Bewertung auf der Basis der **zukünftigen** Gehälter	
Langfristige Schulden	Passivierung zum Erfüllungsbetrag (siehe auch S. 281)	Passivierung zum vereinnahmten Betrag, d. h. Kürzung des Disagios	
Fremdwährungsforderungen	Anschaffungskostenprinzip, Devisenkassamittelkurs zum Abschlussstichtag	Stichtagszeitwert, auch wenn über Anschaffungskosten	**Währungsumrechnung (§ 256a HGB)**
Fremdwährungsverbindlichkeiten	Anschaffungskosten, Devisenkassamittelkurs zum Abschlussstichtag	Stichtagszeitwertprinzip: Zeitwert auch bei gesunkenem Kurs der Fremdwährung	

> **Merke**
> ■ Die IAS-/IFRS-Bewertung führt im Ergebnis grundsätzlich zu einem höheren Vermögen und zu geringeren Schulden und Rückstellungen als nach HGB.
> ■ Der IAS-/IFRS-Jahresabschluss weist somit ein höheres Eigenkapital aus als der HGB-Jahresabschluss.

Aufgabe 610

Am 15. Februar 03 werden X-Aktien für 8.000,00 € angeschafft. Zum 31. Dezember 03 haben die Aktien einen Marktwert von 10.000,00 €.

1. Begründen Sie Ihre Bewertungsentscheidung nach HGB.
2. Begründen Sie die Bewertung nach IAS/IFRS.
3. Begründen Sie die erforderliche Buchung.
4. Nennen Sie die jeweilige Auswirkung auf den Eigenkapitalausweis in der Bilanz.

Aufgabe 611

Ein Betriebsgrundstück, das mit seinen Anschaffungskosten von 200.000,00 € zu Buch steht, hat aufgrund der Verbesserung der Infrastruktur zum 31. Dezember 03 einen Stichtagswert von 250.000,00 €. Der Vorstand beschließt eine Neubewertung.

1. Beurteilen Sie den Fall nach HGB.
2. Begründen Sie Ihre Bewertungsentscheidung nach IAS/IFRS.
3. Nennen und begründen Sie gegebenenfalls die Buchung nach IAS/IFRS.
4. Nennen Sie die jeweilige Auswirkung auf den Eigenkapitalausweis in der Bilanz.

Aufgabe 612

Die Metallwerke AG nehmen ein Darlehen von 400.000,00 € mit einem Disagio von 5 % bei der X-Bank auf.

1. Begründen Sie Ihre Bewertung und Buchung nach HGB.
2. Begründen Sie Ihre Bewertung und Buchung nach IAS/IFRS.
3. Nennen Sie die jeweilige Auswirkung auf den Eigenkapitalausweis in der Bilanz.

Aufgabe 613

Erläutern Sie, ob eine Zuschreibung über die Anschaffungs- oder Herstellungskosten möglich ist, und zwar 1. nach HGB und 2. nach IAS/IFRS.

Aufgabe 614

Welche IAS-/IFRS-Bewertungen wirken sich im besonderen Maße positiv auf den Eigenkapitalausweis in der Bilanz aus?

Aufgabe 615

Nennen Sie die Bestandteile des IAS-/IFRS-Jahresabschlusses und geben Sie an, worin sich diese vom HGB-Abschluss 1. der Personengesellschaften, 2. der Kapitalgesellschaften, 3. der deutschen Konzerne unterscheiden.

I Aufgaben zur Wiederholung und Vertiefung

Aufgabe 616

Wonach werden im Inventar die Vermögensposten i. d. R. gegliedert?
Nach der a) Fälligkeit,
b) Größe der Posten,
c) Flüssigkeit oder
d) Fristigkeit?

Aufgabe 617

Erklären Sie den Inhalt der Passivseite der Bilanz:

a) Die Passivseite der Bilanz enthält das Anlage- und Umlaufvermögen.
b) Die Passivseite zeigt die Verwendung des Kapitals.
c) Die Passivseite zeigt die Herkunft des Kapitals.
d) Die Passivseite enthält das Gesamtvermögen abzüglich der Schulden.
e) Die Passivseite zeigt die Finanzierung des Vermögens.

Aufgabe 618

Bei welchem Geschäftsfall vermindert sich die Bilanzsumme?

a) Unsere Banküberweisung an einen Lieferanten.
b) Barabhebung vom Bankkonto.
c) Kauf von Betriebsstoffen.
d) Umwandlung einer Lieferantenschuld in eine Darlehensschuld.

Aufgabe 619

Wie verhalten sich die aktiven und passiven Bestandskonten?

a) Anfangsbestand und Mehrungen stehen bei Passivkonten auf der Sollseite.
b) Minderungen und Schlussbestand stehen bei Aktivkonten auf der Sollseite.
c) Minderungen und Schlussbestand stehen bei Passivkonten auf der Sollseite.
d) Anfangsbestand und Mehrungen stehen bei Aktivkonten auf der Habenseite.

Aufgabe 620

Welcher Geschäftsfall liegt dem Buchungssatz „Postbank an Forderungen a. LL" zugrunde?

a) Wir begleichen eine Rechnung.
b) Kunde begleicht eine Rechnung bar.
c) Lieferant begleicht Rechnung durch Postbanküberweisung.
d) Kunde begleicht Rechnung durch Postbanküberweisung.

Aufgabe 621

Worin unterscheiden sich Inventar und Bilanz? Nennen Sie mindestens drei Merkmale.

Aufgabe 622

Ergänzen Sie:

a) Erträge > Aufwendungen = ...
b) Vorsteuer > Umsatzsteuer = ...
c) Umsatzerlöse > Selbstkosten = ...
d) Aufwendungen > Erträge = ...
e) Umsatzsteuer > Vorsteuer = ...
f) Selbstkosten > Umsatzerlöse = ...
g) Herstellungsmenge > Absatzmenge = Gewinnauswirkung: + oder –?
h) Herstellungsmenge < Absatzmenge = Gewinnauswirkung: + oder –?

Aufgabe 623

Doppelte Buchführung bedeutet ... Ermittlung des Erfolges. Der Erfolg kann nämlich durch

a) Vergleich ... und
b) durch Gegenüberstellung der ... und ...

ermittelt werden. *Ergänzen Sie.*

Aufgaben zur Wiederholung und Vertiefung

Aufgabe 624

Welcher der nachstehenden Geschäftsfälle führt zu folgender Bilanzveränderung:
Aktivtausch (I), Passivtausch (II), Aktiv-Passivmehrung (III), Aktiv-Passivminderung (IV)

a) Rohstoffeinkauf auf Ziel
b) Unser Kunde überweist fälligen Rechnungsbetrag auf unser Bankkonto
c) Umwandlung einer Lieferantenverbindlichkeit in eine Darlehensschuld
d) Banklastschrift für Darlehenstilgung
e) Kauf von Handelswaren gegen Banküberweisung
f) Banküberweisung der Gehälter
g) Barentnahme durch den Geschäftsinhaber
h) Zinsgutschrift der Bank
i) Kapitaleinlage des Geschäftsinhabers durch Bankeinzahlung

Aufgabe 625

Bei den nachstehenden Geschäftsfällen ist zu prüfen, ob sie

(1) den Jahresgewinn erhöhen.
(2) den Jahresgewinn vermindern.
(3) den Jahresverlust erhöhen.
(4) den Jahresverlust vermindern.
(5) keinen Einfluss auf das Jahresergebnis haben.
(6) eine Bilanzverkürzung bewirken.
(7) eine Bilanzverlängerung bewirken.

Beachten Sie: Es können mehrere Ergebnisse zutreffen.

a) Kauf einer Maschine auf Ziel
b) Zahlung der Darlehenszinsen
c) Abschreibung auf Maschinen
d) Banküberweisung an den Lieferanten abzüglich Skonto
e) Aufnahme eines Darlehens bei der Bank
f) Lastschrift der Bank für Zinsen
g) Zinsgutschrift der Bank
h) Barentnahme aus der Geschäftskasse für Privatzwecke

Aufgabe 626

Nennen Sie die Buchungssätze:

a) Banküberweisung für Grundsteuer .... 800,00 €
                        Grunderwerbsteuer .... 4.000,00 €
                        Gewerbesteuer .... 5.000,00 €
b) Banküberweisung eines Einzelunternehmers für eine Spende .... 1.500,00 €
c) Brandschaden im Rohstofflager (kein Versicherungsanspruch) .... 3.500,00 €
d) Unser Kunde Schneider KG befindet sich in wirtschaftlichen Schwierigkeiten.
   Unsere Forderung beträgt .... 5.950,00 €
e) Entnahme v. Erzeugnissen f. Privatzwecke durch den Inhaber, Herstellwert .. 1.500,00 €
f) Im Fall d) rechnen wir zum 31. Dezember mit einem Verlust von 40 %.

Aufgabe 627

Die Anschaffungskosten eines Lkw betragen 120.000,00 €.

1. Wie hoch sind Abschreibungsbetrag und Buchwert am Ende des 2. Nutzungsjahres, wenn jährlich 20 % linear abgeschrieben werden?
2. Wie hoch sind Abschreibungsbetrag und Buchwert am Ende des 2. Jahres, wenn jährlich 25 % degressiv abgeschrieben werden?

I Aufgaben zur Wiederholung und Vertiefung

Aufgabe 628

Buchen Sie auf dem Konto „4210 Kurzfristige Bankverbindlichkeiten", das im Haben einen Saldovortrag von 6.834,00 € ausweist, die folgenden Geschäftsfälle und ermitteln Sie den neuen Saldo.

a)	Überweisung an Lieferanten	3.500,00 €
b)	Zinslastschrift	800,00 €
c)	Überweisungen der Kunden	2.800,00 €
d)	Bonus des Lieferanten	5.800,00 €
e)	Gutschrift nach Reklamation	2.280,00 €
f)	Darlehenstilgungsrate	2.800,00 €
g)	Inkasso eines Kundenschecks	1.725,00 €
h)	Lastschrift für Bankspesen	90,00 €
i)	Bareinzahlung	2.200,00 €

Aufgabe 629

Für einen schwebenden Prozess wurde zum 31. Dezember des abgelaufenen Geschäftsjahres eine Rückstellung in Höhe von 4.500,00 € gebildet. Im laufenden Geschäftsjahr endet der Prozess durch Vergleich. Unsere Kosten über 3.000,00 € zuzüglich Umsatzsteuer werden durch die Bank überwiesen. *Nennen Sie die Buchungssätze.*

Aufgabe 630

Eine zweifelhafte Forderung über 17.850,00 €, die bereits mit 5.000,00 € netto direkt abgeschrieben worden ist, wird in voller Höhe uneinbringlich.

1. *Mit welchem Wert steht die zweifelhafte Forderung zu Buch?*
2. *Wie lautet die Buchung bei voller Uneinbringlichkeit der Forderung?*

Aufgabe 631

Die Möbelwerke P. Schreiner e. K. haben von einer Geschäftsreise folgende Belege zu buchen:

```
HOTEL HUBERTUS     26160 Bad Zwischenahn-
Landhotel                         Dreibergen
                              Tel. 04403 8376
                              Fax 04403 8377
Beleg Nr. 167         Steuer-Nr. 065 113 22869

Rechnung 1 205           Datum: ..-06-28

4 Übernachtungen je 90,00 €  ........  360,00 €
+ 7 % Umsatzsteuer  .................   25,20 €
Rechnungsbetrag  ....................  385,20 €

Betrag durch Kreditkarte dankend erhalten.
```

```
TANK-STATION ILKA PETZOLD E. K.
RAIFFEISENSTR. 52, 26180 RASTEDE
          TEL. 04402 82545
       Steuer-Nr. 065 234 66257
Beleg Nr. 168
*SUPER E5           100,15 EUR  *
* ZP 2              77,0 1      *

ZWISCHENSUMME            100,15

UST-BRUTTOUMS.           100,15
19,00 % UST
BAR                      100,15

BON    DATUM       BED    KASS
0282   ..-06-29    0002   0001
```

Nennen Sie die erforderlichen Buchungen.

Aufgabe 632

Das Unternehmen Hans Lindner e. K. stellt Haushaltsgeräte her. Es hat zum 31. Dezember noch zwölf Kühlaggregate für Tiefkühltruhen auf Lager. Die Anschaffungskosten betrugen 150,00 €/Stück netto. Zum Jahresabschluss beträgt der Einstandswert je Aggregat gleicher Bauart

a) 130,00 € und b) 180,00 €.

Begründen Sie den Wertansatz für den Schlussbestand in den Fällen a) und b). Buchungssatz?

Aufgabe 633

Am 1. Juli eines Geschäftsjahres wurde ein Geschäfts-Pkw (Nutzungsdauer: fünf Jahre) angeschafft und durch Banküberweisung bzw. Lastschrifteinzug bezahlt. Im Einzelnen:

Listenpreis, brutto	35.700,00 €	Nummernschilder, brutto		29,75 €
abzüglich 10 % Rabatt		Kfz-Versicherung für ein Jahr		600,00 €
Überführungskosten, brutto	357,00 €	Kfz-Steuer		180,00 €
Zulassungskosten	40,00 €			

1. *Wie hoch sind die Anschaffungskosten des Pkw?*
2. *Ermitteln Sie den Buchwert des Pkw zum 31. Dezember.*
3. *Buchen Sie die Anschaffung des Pkw, die Kfz-Versicherung und -Steuer.*
4. *Welche Buchungen sind im Einzelnen zum 31. Dezember erforderlich?*

Aufgaben zur Wiederholung und Vertiefung

Aufgabe 634

1. Was haben Rückstellungen und sonstige Verbindlichkeiten gemeinsam?
2. Worin unterscheiden sich Rückstellungen von sonstigen Verbindlichkeiten?
3. Für welche Fälle müssen Rückstellungen gebildet werden? Nennen Sie mindestens zwei Arten passivierungspflichtiger Rückstellungen.
4. Welchen Einfluss haben Rückstellungen auf Gewinn und Ertragsteuern?
5. Inwiefern beeinflusst die Bildung von Rückstellungen auch die Liquidität des Unternehmens?
6. Worin unterscheiden sich Rückstellungen und Rücklagen?
7. Wodurch entstehen stille Rücklagen (stille Reserven)?

Aufgabe 635

1. Nennen Sie Steuerarten, die den Gewinn des Unternehmens vermindern.
2. Welche Steuern sind vom Gewinn (aus dem Gewinn) zu zahlen?
3. Welche Steuer ist Bestandteil der Anschaffungskosten?
4. Außer den „Lieferungen und Leistungen" und der „Einfuhr" unterliegt nach § 1 UStG auch die „unentgeltliche Entnahme" von Gegenständen und sonstigen Leistungen durch den Unternehmer der Umsatzsteuer. Nennen Sie die verschiedenen Möglichkeiten der umsatzsteuerpflichtigen Entnahme.
5. Der Unternehmer W. Peters verkauft seinen Privat-Pkw. Warum unterliegt dieser Umsatz nicht der Umsatzsteuer?
6. Unterscheiden Sie aktivierungspflichtige Steuern, abzugsfähige Steuern, nichtabzugsfähige Steuern und durchlaufende Steuern. Nennen Sie jeweils ein Beispiel.

Aufgabe 636

Bilden Sie für nachstehende Geschäftsfälle die Buchungssätze:

a) Die Darlehenszinsen für die Zeit vom 1. Mai bis 30. April sind am 30. April des nächsten Jahres fällig .... 4.800,00 €
b) Banklastschriften für Einkommensteuer .... 5.800,00 €
   Grundsteuer .... 1.200,00 €
   Umsatzsteuerzahllast .... 24.500,00 €
   Darlehenstilgung .... 5.000,00 €
   Überweisung an Lieferanten .... 3.480,00 €   39.980,00 €
c) Für eine im Januar des nächsten Jahres dringend durchzuführende Reparatur des Gebäudes beträgt der Kostenvoranschlag zum 31. Dez. .... 87.900,00 €
d) Der Gesamtbestand der Forderungen beträgt zum 31. Dez. 02   297.500,00 €
   Es ist eine Pauschalwertberichtigung in Höhe von 4 % zu bilden.
   Zum 31. Dez. 01 betrug die PWB 15.000,00 €.
e) Die Kfz-Steuer in Höhe von .... 1.800,00 €
   wurde am 1. April im Voraus eingezogen. Buchung zum 31. Dez.?
f) Den Wert einer zweifelhaften Forderung in Höhe von .... 238.000,00 €
   schätzen wir zum 31. Dezember auf 40 %.
g) SV-Bankeinzug durch gesetzliche Krankenkasse .... 1.870,00 €
h) Gehaltszahlung durch Banküberweisung:
   Bruttogehälter .... 4.800,00 €
   + Vermögenswirksame Leistungen des Arbeitgebers .... 39,00 €
   – SV-Vorauszahlung .... 960,00 €
   – Einbehaltene Lohn- und Kirchensteuer sowie SolZ .... 680,00 €
   – Vermögenswirksame Sparleistungen .... 78,00 €
     Banküberweisung (Nettogehälter) .... 3.121,00 €
     Arbeitgeberanteil zur Sozialversicherung .... 910,00 €
i) Wir haben einem Kunden den Umsatzbonus in Höhe von brutto .... 1.071,00 €
   noch nicht gutgeschrieben.
j) Zum Ausgleich einer Rechnung über 17.850,00 € werden überwiesen
   vom Bankkonto .... 12.000,00 €
   vom Postbankkonto .... 5.850,00 €
k) Der Forderungsbestand zum 31. Dezember beträgt .... 595.000,00 €
   Die bisherige Pauschalwertberichtigung beläuft sich auf .... 12.500,00 €
   Die Pauschalwertberichtigung ist auf 4 % zu erhöhen.
l) Die private Entnahme von Erzeugnissen des Unternehmers beträgt netto   4.500,00 €

I Aufgaben zur Wiederholung und Vertiefung

Aufgabe 637

Stellen Sie fest, ob es sich bei den unten stehenden Sachverhalten zum 31. Dez. jeweils um eine Aktive Rechnungsabgrenzung (I), Passive Rechnungsabgrenzung (II), Sonstige Forderung (III) oder Sonstige Verbindlichkeit (IV) handelt. Nennen Sie auch den entsprechenden Buchungssatz.

a) Die Miete für eine vermietete Lagerhalle steht am 31. Dezember noch aus: 2.500,00 €.
b) Die Kfz-Steuer wurde am 1. August für ein Jahr eingezogen: 480,00 €.
c) Die zugesicherte Provision haben wir noch nicht erhalten: 1.500,00 €.
d) Die Löhne für die Lohnwoche vom 28. Dezember bis 31. Dezember werden am 3. Januar nächsten Jahres überwiesen. Auf das alte Jahr entfallen 5.700,00 €.
e) Darlehenszinsen in Höhe von 4.800,00 € wurden von uns am 1. Dezember für drei Monate im Voraus überwiesen.
f) Die Dezembermiete für eine angemietete Lagerhalle wird erst am 2. Januar nächsten Jahres an den Vermieter überwiesen: 2.800,00 €.
g) Der Mieter unserer Werkshalle hatte mit der Dezembermiete am 1. Dezember auch bereits die Januarmiete überwiesen: insgesamt 6.000,00 €.

Aufgabe 638

Die Anschaffungskosten eines Schreibtischsessels betragen 480,00 €, die betriebsgewöhnliche Nutzungsdauer beträgt 13 Jahre.

Welche Aussage ist richtig?

a) Es ist eine Vollabschreibung im Anschaffungsjahr möglich.
b) Es ist lediglich eine Abschreibung nach der Nutzungsdauer möglich.
c) Der Schreibtischsessel kann 13 Jahre lang mit je 7,69 % linear abgeschrieben werden.
d) Die Abschreibung erhöht den Verlust.

Aufgabe 639

Welche Aussage kennzeichnet zutreffend die Folge einer nicht durchgeführten zeitlichen Abgrenzung in Form der „Aktiven Rechnungsabgrenzung"?

a) Die Erträge im alten Jahr sind zu niedrig.
b) Die Aufwendungen im alten Jahr sind zu niedrig.
c) Die Erträge im alten Jahr sind zu hoch.
d) Die Aufwendungen im alten Jahr sind zu hoch.

Aufgabe 640

Welche Geschäftsfälle wirken sich Gewinn erhöhend (I), Gewinn mindernd (II) und erfolgsneutral (III) aus?

a) Überweisung der Einkommensteuer an das Finanzamt.
b) Bildung einer Rückstellung für einen schwebenden Prozess.
c) Überweisung der Umsatzsteuerzahllast an das Finanzamt.
d) Verkauf eines nicht mehr benötigten Lkw zum Buchwert zuzüglich USt.
e) Bankgutschrift für Zinsen.
f) Die Entnahme von Erzeugnissen für Privatzwecke beträgt 1.800,00 €.
g) Eine Forderung über 5.000,00 € netto wird uneinbringlich.
h) Banküberweisung an den Lieferanten abzüglich Skonto.
i) Kunde überweist den Rechnungsbetrag abzüglich Skonto.
j) Auf eine im vergangenen Jahr abgeschriebene Forderung gehen unerwartet 595,00 € ein.
k) Überweisung der einbehaltenen Lohn- und Kirchensteuer und des Solidaritätszuschlags.
l) Abschreibung auf Maschinen.
m) Kauf eines Lieferwagens.
n) Herabsetzung der Pauschalwertberichtigung zu Forderungen.
o) Im Konto Mietaufwendungen wird eine aktive Rechnungsabgrenzung vorgenommen.

Aufgabe 641

Eine Verpackungsmaschine, deren Buchwert zum Zeitpunkt des Ausscheidens 5.000,00 € beträgt, wird gegen Banküberweisung verkauft für

    a) 5.000,00 € + USt,   b) 7.000,00 € + USt,   c) 4.000,00 € + USt.

Wie lauten die Buchungen?

Aufgaben zur Wiederholung und Vertiefung

Aufgabe 642

Anschaffung einer maschinellen Anlage: 200.000,00 € netto + USt, 2.000,00 € Fracht + USt, 15.000,00 € Fundamentierungskosten + USt, 5.000,00 € Montagekosten + USt. Rechnungen werden unter Abzug von 2 % Skonto durch Banküberweisungen beglichen.

1. Ermitteln Sie die Anschaffungskosten.
2. Nennen Sie die Buchungssätze.

Aufgabe 643

Bilden Sie die Buchungssätze:

a) Das GuV-Konto weist einen Verlust aus.
b) Auf dem Privatkonto überwiegen die Einlagen.
c) Die Umsatzsteuer ist größer als die Vorsteuer.
d) Die Pauschalwertberichtigung ist aufzustocken.
e) Eine Forderung wird uneinbringlich.
f) Die Rückstellung für einen Prozess erübrigt sich.
g) Der Lieferant gewährt uns einen Bonus.
h) Kunde erhält von uns Preisnachlass wegen Mängelrüge.
i) Rücksendung beschädigter Rohstoffe an unseren Lieferanten.
j) Nachzahlung der Gewerbesteuer aufgrund einer Betriebsprüfung.
k) Barauszahlung eines Gehaltsvorschusses.

Aufgabe 644

Auszug aus der Summenbilanz	Soll	Haben
Rohstoffe	450.000,00	–
Bezugskosten	25.000,00	–
Nachlässe, brutto	–	23.800,00
Vorsteuer	18.000,00	–

1. Ermitteln Sie die Steuerberichtigung.
2. Nennen Sie zu 1. den entsprechenden Buchungssatz.
3. Ermitteln Sie die Anschaffungskosten der Rohstoffe.

Aufgabe 645

Auszug aus der vorläufigen Saldenbilanz	Soll	Haben
Vorsteuer	76.000,00	–
Umsatzsteuer	–	20.000,00
Nachlässe für Rohstoffe (brutto)	–	16.660,00
Erlösberichtigungen für eigene Erzeugnisse (brutto)	20.230,00	–

1. Ermitteln Sie die Steuerberichtigungen.
2. Nennen Sie die Buchungssätze zu 1.
3. Wie hoch ist der Saldo nach Verrechnung der Beträge auf den Steuerkonten?
4. Wie lauten die Abschlussbuchungen für die Steuerkonten zum 31. Dezember?

Aufgabe 646

Ein Kunde überweist den Rechnungsbetrag in Höhe von 5.950,00 € unter Abzug von 2 % Skonto durch die Bank.

1. Nennen Sie den Buchungssatz bei Nettobuchung des Skontos.
2. Wie lautet die Buchung im Falle der Bruttobuchung?
3. Nennen Sie auch die Steuerberichtigungsbuchung im Fall 2.

Aufgabe 647

Der Bestand der Forderungen a. LL beträgt zum 31. Dezember 357.000,00 €. Das Konto „Pauschalwertberichtigung zu Forderungen" weist zum gleichen Zeitpunkt noch einen Bestand von 14.000,00 € aus. Die Pauschalabschreibung soll zum Bilanzstichtag 3 % betragen.

1. Ermitteln Sie die neue Pauschalwertberichtigung.
2. Welche Buchung ergibt sich zum 31. Dezember?

I Aufgaben zur Wiederholung und Vertiefung

Aufgabe 648

Auf welchen Konten werden die folgenden Geschäftsfälle im Haben gebucht?

a) Zielverkauf von eigenen Erzeugnissen.
b) Kunde erhält Preisnachlass wegen Mängelrüge.
c) Unser Kunde löst Barscheck für Umsatzbonus ein.
d) Lastschrift unseres Rohstofflieferanten wegen unberechtigten Skontoabzugs.
e) Unentgeltliche Entnahme von Erzeugnissen.
f) Rohstoffeinkauf auf Ziel.
g) Zum 31. Dezember ergibt sich ein Vorsteuerüberhang.
h) Unser Rohstofflieferant gewährt Preisnachlass wegen Mängelrüge.
i) Wir erhalten Provision durch Banküberweisung.
j) Zum 31. Dezember ergibt sich eine Umsatzsteuerzahllast.

Aufgabe 649

Wie wirkt sich eine „Passive Rechnungsabgrenzung" auf den Erfolg des Abschlussjahres aus?

a) Der Jahresgewinn erhöht sich.
b) Der Jahresgewinn wird vermindert.
c) Der Jahresverlust erhöht sich.
d) Der Jahresverlust wird vermindert.

Aufgabe 650

Beurteilen Sie folgende Aussagen auf ihre Richtigkeit:

a) Aufwendungen und Erträge, die wirtschaftlich das Abschlussjahr betreffen, die jedoch erst im neuen Jahr zu Ausgaben bzw. Einnahmen führen, sind zum Bilanzstichtag als „Sonstige Verbindlichkeiten" bzw. „Sonstige Forderungen" zu erfassen.
b) Aktive Rechnungsabgrenzungen sind erforderlich, wenn Einnahmen im neuen Jahr gebucht werden, die aber wirtschaftlich das Abschlussjahr betreffen.
c) Auf dem Konto „Passive Rechnungsabgrenzung" werden Erträge auf Erfolgskonten erfasst, die als Einnahmen erst im neuen Jahr gebucht werden.
d) Aufwendungen des Abschlussjahres, die im neuen Jahr zu Ausgaben führen, müssen bereits zum 31. Dezember gebucht werden.
e) Das Konto „Aktive Rechnungsabgrenzung" fordert zum Bilanzstichtag von allen Erfolgskonten die Aufwendungen an, die bereits als Ausgaben gebucht wurden, wirtschaftlich jedoch zur Erfolgsrechnung des neuen Jahres gehören.
f) Erträge, die im Abschlussjahr bereits als Einnahmen gebucht wurden, jedoch wirtschaftlich in die Erfolgsrechnung des neuen Jahres gehören, werden auf dem Konto „Passive Rechnungsabgrenzung" erfasst.

Aufgabe 651

1. Erläutern Sie den Begriff „Deckungsbeitrag".
2. Nennen Sie mindestens zwei Gründe für die Abschreibungen auf Anlagen.
3. Erläutern Sie die Begriffspaare
   a) Ausgaben – Einnahmen,
   b) Aufwand – Ertrag,
   c) Kosten – Leistung.
4. Nennen Sie jeweils ein Beispiel für 3. a) bis 3. c).
5. Unterscheiden Sie zwischen planmäßigen und außerplanmäßigen Abschreibungen.
6. Nennen Sie die drei Methoden der planmäßigen Abschreibung.

Aufgabe 652

1. Nennen Sie kalkulatorische Kostenarten.
2. Unterscheiden Sie zwischen Grundkosten und Zusatzkosten.
3. Nennen Sie Beispiele für Zusatzkosten.
4. Worin unterscheiden sich bilanzmäßige und kalkulatorische Abschreibungen?
5. Wie ermittelt man das betriebsnotwendige Kapital?
6. Welche kalkulatorischen Wagnisse gibt es?
7. Warum lässt sich das allgemeine Unternehmerwagnis nicht kalkulieren?
8. Welche Aufgabe hat die Abgrenzungsrechnung im Rahmen der Kosten- und Leistungsrechnung?

Aufgaben zur Wiederholung und Vertiefung

Aufgabe 653

Man unterscheidet Ausgaben, Aufwendungen und Kosten.

Nennen Sie je ein Beispiel für

a) Kosten, die kein Aufwand sind,
b) Ausgaben, die keine Kosten sind,
c) Ausgaben, die sowohl Aufwendungen als auch Kosten sind.

Aufgabe 654

1. Erläutern Sie, inwiefern die Deckungsbeitragsrechnung zur Sortimentgestaltung beitragen kann.
2. Begründen Sie, welche Auswirkungen die Verrechnung kalkulatorischer Kostenarten auf das Gesamtergebnis des Unternehmens hat.
3. Erläutern Sie kurz die Aufgaben der Kostenstellenrechnung und der Kostenträgerrechnung.

Aufgabe 655

1. Weshalb bildet man Pauschalwertberichtigungen auf Forderungen a. LL?
2. Warum darf bei Bildung der Pauschalwertberichtigung die Umsatzsteuer nicht berichtigt werden?
3. Warum werden steuerliche Höchstsätze für die jährliche AfA vorgeschrieben?
4. Welche Gründe könnten dafür sprechen, in der Handelsbilanz ein Anlagegut degressiv statt linear abzuschreiben?
5. Die Verkaufszahlen einer Handelsware gehen aufgrund einer schlechten konjunkturellen Lage zurück. Welche Auswirkung hat das auf den Handlungskostenzuschlag in der Kalkulation?

Aufgabe 656

Man unterscheidet Einnahmen, Erträge und Leistungen.

Nennen Sie je ein Beispiel für

a) Einnahmen, die sowohl Erträge als auch Leistungen darstellen,
b) Einnahmen, die weder Erträge noch Leistungen sind,
c) Erträge, die keine Leistungen darstellen.

Aufgabe 657

1. Welche Bedeutung hat die Abgrenzungsrechnung für die Kosten- und Leistungsrechnung?
2. Unterscheiden Sie:
   a) Gesamtergebnis,
   b) Neutrales Ergebnis,
   c) Betriebsergebnis.
3. Die Betriebsergebnisrechnung weist einen Verlust von 50.000,00 € aus, während die Gewinn- und Verlustrechnung der Finanzbuchhaltung einen Gesamtgewinn in Höhe von 120.000,00 € ausweist. Wie erklären Sie sich das?

Aufgabe 658

Ergänzen Sie:

1. Deckungsbeitrag je Stück > 0 = ...
2. Deckungsbeitrag je Stück = 0 = ...
3. Deckungsbeitrag je Stück < 0 = ...
4. Summe der Deckungsbeiträge > fixe Kosten = ...
5. Summe der Deckungsbeiträge < fixe Kosten = ...

Aufgabe 659

1. Unterscheiden Sie zwischen kurzfristiger und langfristiger Preisuntergrenze.
2. Erläutern Sie den „Break-even-Point".
3. Wie hoch ist die Gewinnschwellenmenge, wenn der Stückdeckungsbeitrag 200,00 € beträgt und die fixen Kosten insgesamt 300.000,00 € ausmachen?

Aufgabe 660

1. Unterscheiden Sie zwischen Wirtschaftlichkeit und Rentabilität.
2. Welcher Zusammenhang besteht zwischen Wirtschaftlichkeit und Rentabilität?

I Aufgaben zur Wiederholung und Vertiefung

Aufgabe 661

Der folgende Kontoauszug der Möbelwerke Peter Schreiner e. K. ist auszuwerten:

Kontoauszug — **Leverkusener Kreditbank KGaA**

Konto-Nr.	Datum	Ausz.-Nr.	Blatt	Buchungstag	PN-Nr.	Wert	Umsatz
119 233 815	..-12-30	68	1				

```
GUTSCHRIFT                             12-30   8744   12-30   9.621,15 H
STADTWERKE NÜRNBERG
RE 4 541 VOM 22. DEZ. .. - 2 % SKONTO
(KONTO 10 004)
```

Alter Saldo: H 259.019,80 EUR
Neuer Saldo: H 268.640,95 EUR

PETER SCHREINER E. K.
MÖBELWERKE
HERZOGSTRASSE 56
90451 NÜRNBERG

1. Ermitteln Sie aus dem Überweisungsbetrag den Rechnungsbetrag der Ausgangsrechnung sowie die Umsatzerlöse und die Umsatzsteuer.
2. Bilden Sie den Buchungssatz zur Erfassung der Ausgangsrechnung.
3. Ermitteln Sie die Steuerkorrektur aufgrund der Skontoausnutzung.
4. Buchen Sie die Bankgutschrift bei Nettobuchung des Skontos.

Aufgabe 662

Die Gehaltsliste der Möbelwerke Peter Schreiner e. K. weist für Januar folgende Summen aus:

Brutto-gehälter	Steuerabzüge	Sozial-versicherung	Verrechnete Vorschüsse	Auszahlung (Bank)	Arbeitgeber-anteil zur SV
17.897,00	2.467,89	3.245,67	800,00	11.383,44	3.135,67

Das Konto „2650 Forderungen an Mitarbeiter" weist einen Bestand von 4.800,00 € aus.

1. Bilden Sie die Buchungssätze
   a) für den SV-Bankeinzug durch die gesetzliche Krankenkasse,
   b) für die Zahlung der Gehälter durch Banküberweisung,
   c) für die Erfassung des Arbeitgeberanteils zur Sozialversicherung.
2. Ermitteln Sie die gesamten Personalkosten des Monats Januar.
3. Buchen Sie aufgrund des folgenden Belegs die Überweisung der einbehaltenen Lohnsteuer, Solidaritätszuschläge und Kirchensteuer.

Kontoauszug — **Nürnberger Kreditbank KGaA**

Konto-Nr.	Datum	Ausz.-Nr.	Blatt	Buchungstag	PN-Nr.	Wert	Umsatz
119 233 815	..-02-12	9	1				

```
FA NÜRNBERG,                           02-10   8744   02-10   2.467,89 S
STEUER-NR. 065 136 34887
LT. LST-ANMELDUNG JANUAR ..
```

Alter Saldo: H 214.966,40 EUR
Neuer Saldo: H 212.498,51 EUR

PETER SCHREINER E. K.
MÖBELWERKE
HERZOGSTRASSE 56
90451 NÜRNBERG

J HGB-Rechnungslegungsvorschriften

Das Handelsgesetzbuch enthält in seinem Dritten Buch „Handelsbücher" eine geschlossene Darstellung der handelsrechtlichen Rechnungslegungsvorschriften. Sie gliedern sich (siehe auch S. 10) in sechs Abschnitte:

- 1. Abschnitt: **Vorschriften für alle Kaufleute**: §§ 238 – 263 HGB
- 2. Abschnitt: **Vorschriften für Kapitalgesellschaften und bestimmte Personenhandelsgesellschaften**: §§ 264 – 335c HGB
- 3. Abschnitt: **Vorschriften für eingetragene Genossenschaften**: §§ 336 – 339 HGB
- 4. Abschnitt: **Vorschriften für Unternehmen bestimmter Geschäftszweige**: §§ 340 – 341y HGB
- 5. und 6. Abschnitt: **Privates Rechnungslegungsgremium; Rechnungslegungsbeirat; Prüfstelle für Rechnungslegung**: §§ 342 – 342e HGB

Wesentliche Vorschriften des ersten und zweiten Abschnitts, die im Lehrbuch in den entsprechenden Kapiteln zugrunde gelegt und auf den folgenden Seiten **zusammengestellt** werden, sollen den Lernerfolg mit dem Lehrbuch rechtlich noch vertiefen.[1]

Erster Abschnitt: Vorschriften für alle Kaufleute

§ 238 Buchführungspflicht

(1) Jeder Kaufmann ist verpflichtet, Bücher zu führen und in diesen seine Handelsgeschäfte und die Lage seines Vermögens nach den Grundsätzen ordnungsmäßiger Buchführung ersichtlich zu machen. Die Buchführung muss so beschaffen sein, dass sie einem sachverständigen Dritten innerhalb angemessener Zeit einen Überblick über die Geschäftsvorfälle und über die Lage des Unternehmens vermitteln kann. Die Geschäftsvorfälle müssen sich in ihrer Entstehung und Abwicklung verfolgen lassen.

(2) Der Kaufmann ist verpflichtet, eine mit der Urschrift übereinstimmende Wiedergabe der abgesandten Handelsbriefe (Kopie, Abdruck, Abschrift oder sonstige Wiedergabe des Wortlauts auf einem Schrift-, Bild- oder anderen Datenträger) zurückzubehalten.

§ 239 Führung der Handelsbücher

(1) Bei der Führung der Handelsbücher und bei den sonst erforderlichen Aufzeichnungen hat sich der Kaufmann einer lebenden Sprache zu bedienen. Werden Abkürzungen, Ziffern, Buchstaben oder Symbole verwendet, muss im Einzelfall deren Bedeutung eindeutig festliegen.

(2) Die Eintragungen in Büchern und die sonst erforderlichen Aufzeichnungen müssen vollständig, richtig, zeitgerecht und geordnet vorgenommen werden.

(3) Eine Eintragung oder eine Aufzeichnung darf nicht in einer Weise verändert werden, dass der ursprüngliche Inhalt nicht mehr feststellbar ist. Auch solche Veränderungen dürfen nicht vorgenommen werden, deren Beschaffenheit es ungewiss lässt, ob sie ursprünglich oder erst später gemacht worden sind.

(4) Die Handelsbücher und die sonst erforderlichen Aufzeichnungen können auch in der geordneten Ablage von Belegen bestehen oder auf Datenträgern geführt werden, soweit diese Formen der Buchführung einschließlich des dabei angewandten Verfahrens den Grundsätzen ordnungsmäßiger Buchführung entsprechen. Bei der Führung der Handelsbücher und der sonst erforderlichen Aufzeichnungen auf Datenträgern muss insbesondere sichergestellt sein, dass die Daten während der Dauer der Aufbewahrungsfrist verfügbar sind und jederzeit innerhalb angemessener Frist lesbar gemacht werden können. Absätze 1 bis 3 gelten sinngemäß.

§ 240 Inventar

(1) Jeder Kaufmann hat zu Beginn seines Handelsgewerbes seine Grundstücke, seine Forderungen und Schulden, den Betrag seines baren Geldes sowie seine sonstigen Vermögensgegenstände genau zu verzeichnen und dabei den Wert der einzelnen Vermögensgegenstände und Schulden anzugeben.

---

[1] Einige Vorschriften können aus Platzgründen nur gekürzt wiedergegeben werden. Empfehlung: Handelsgesetzbuch, Beck-Texte im dtv.

(2) Er hat demnächst für den Schluss eines jeden Geschäftsjahrs ein solches Inventar aufzustellen. Die Dauer des Geschäftsjahrs darf zwölf Monate nicht überschreiten. Die Aufstellung des Inventars ist innerhalb der einem ordnungsmäßigen Geschäftsgang entsprechenden Zeit zu bewirken.

[...]

(4) Gleichartige Vermögensgegenstände des Vorratsvermögens sowie andere gleichartige oder annähernd gleichwertige bewegliche Vermögensgegenstände und Schulden können jeweils zu einer Gruppe zusammengefasst und mit dem gewogenen Durchschnittswert angesetzt werden.

§ 241 Inventurvereinfachungsverfahren

(1) Bei der Aufstellung des Inventars darf der Bestand der Vermögensgegenstände nach Art, Menge und Wert auch mithilfe anerkannter mathematisch-statistischer Methoden aufgrund von Stichproben ermittelt werden. Das Verfahren muss den Grundsätzen ordnungsmäßiger Buchführung entsprechen. Der Aussagewert des auf diese Weise aufgestellten Inventars muss dem Aussagewert eines aufgrund einer körperlichen Bestandsaufnahme aufgestellten Inventars gleichkommen.

(2) Bei der Aufstellung des Inventars für den Schluss eines Geschäftsjahrs bedarf es einer körperlichen Bestandsaufnahme der Vermögensgegenstände für diesen Zeitpunkt nicht, soweit durch Anwendung eines den Grundsätzen ordnungsmäßiger Buchführung entsprechenden anderen Verfahrens gesichert ist, dass der Bestand der Vermögensgegenstände nach Art, Menge und Wert auch ohne die körperliche Bestandsaufnahme für diesen Zeitpunkt festgestellt werden kann.

(3) In dem Inventar für den Schluss eines Geschäftsjahrs brauchen Vermögensgegenstände nicht verzeichnet zu werden, wenn

1. der Kaufmann ihren Bestand aufgrund einer körperlichen Bestandsaufnahme oder aufgrund eines nach Absatz 2 zulässigen anderen Verfahrens nach Art, Menge und Wert in einem besonderen Inventar verzeichnet hat, das für einen Tag innerhalb der letzten drei Monate vor oder der ersten beiden Monate nach dem Schluss des Geschäftsjahrs aufgestellt ist, und

2. aufgrund des besonderen Inventars durch Anwendung eines den Grundsätzen ordnungsmäßiger Buchführung entsprechenden Fortschreibungs- oder Rückrechnungsverfahrens gesichert ist, dass der am Schluss des Geschäftsjahrs vorhandene Bestand der Vermögensgegenstände für diesen Zeitpunkt ordnungsgemäß bewertet werden kann.

§ 241a Befreiung von der Pflicht zur Buchführung und Erstellung eines Inventars

Einzelkaufleute, die an den Abschlussstichtagen von zwei aufeinander folgenden Geschäftsjahren nicht mehr als jeweils 600.000,00 Euro Umsatzerlöse und jeweils 60.000,00 Euro Jahresüberschuss aufweisen, brauchen die §§ 238 bis 241 nicht anzuwenden. Im Fall der Neugründung treten die Rechtsfolgen schon ein, wenn die Werte des Satzes 1 am ersten Abschlussstichtag nach der Neugründung nicht überschritten werden.

§ 242 Pflicht zur Aufstellung der Eröffnungsbilanz und des Jahresabschlusses

(1) Der Kaufmann hat zu Beginn seines Handelsgewerbes und für den Schluss eines jeden Geschäftsjahrs einen das Verhältnis seines Vermögens und seiner Schulden darstellenden Abschluss (Eröffnungsbilanz, Bilanz) aufzustellen. Auf die Eröffnungsbilanz sind die für den Jahresabschluss geltenden Vorschriften entsprechend anzuwenden, soweit sie sich auf die Bilanz beziehen.

(2) Er hat für den Schluss eines jeden Geschäftsjahrs eine Gegenüberstellung der Aufwendungen und Erträge des Geschäftsjahrs (Gewinn- und Verlustrechnung) aufzustellen.

(3) Die Bilanz und die Gewinn- und Verlustrechnung bilden den Jahresabschluss.

(4) Die Absätze 1 bis 3 sind auf Einzelkaufleute im Sinn des § 241a nicht anzuwenden. Im Fall der Neugründung treten die Rechtsfolgen nach Satz 1 schon ein, wenn die Werte des § 241a Satz 1 am ersten Abschlussstichtag nach der Neugründung nicht überschritten werden.

§ 243 Aufstellungsgrundsatz

(1) Der Jahresabschluss ist nach den Grundsätzen ordnungsmäßiger Buchführung aufzustellen.
(2) Er muss klar und übersichtlich sein.
(3) Der Jahresabschluss ist innerhalb der einem ordnungsmäßigen Geschäftsgang entsprechenden Zeit aufzustellen.

§ 244 Sprache. Währungseinheit

Der Jahresabschluss ist in deutscher Sprache und in Euro aufzustellen.

§ 245 Unterzeichnung

Der Jahresabschluss ist vom Kaufmann unter Angabe des Datums zu unterzeichnen. Sind mehrere persönlich haftende Gesellschafter vorhanden, so haben sie alle zu unterzeichnen.

§ 246 Vollständigkeit. Verrechnungsverbot

(1) Der Jahresabschluss hat sämtliche Vermögensgegenstände, Schulden, Rechnungsabgrenzungsposten sowie Aufwendungen und Erträge zu enthalten, soweit gesetzlich nichts anderes bestimmt ist. [...]
(2) Posten der Aktivseite dürfen nicht mit Posten der Passivseite, Aufwendungen nicht mit Erträgen, Grundstücksrechte nicht mit Grundstückslasten verrechnet werden. [...]

§ 247 Inhalt der Bilanz

(1) In der Bilanz sind das Anlage- und das Umlaufvermögen, das Eigenkapital, die Schulden sowie die Rechnungsabgrenzungsposten gesondert auszuweisen und hinreichend aufzugliedern.
(2) Beim Anlagevermögen sind nur die Gegenstände auszuweisen, die bestimmt sind, dauernd dem Geschäftsbetrieb zu dienen.

§ 249 Rückstellungen

(1) Rückstellungen sind für ungewisse Verbindlichkeiten und für drohende Verluste aus schwebenden Geschäften zu bilden. Ferner sind Rückstellungen zu bilden für
1. im Geschäftsjahr unterlassene Aufwendungen für Instandhaltung, die im folgenden Geschäftsjahr innerhalb von drei Monaten [...] nachgeholt werden,
2. Gewährleistungen, die ohne rechtliche Verpflichtung erbracht werden.
(2) Für andere als die in Absatz 1 bezeichneten Zwecke dürfen Rückstellungen nicht gebildet werden. Rückstellungen dürfen nur aufgelöst werden, soweit der Grund hierfür entfallen ist.

§ 250 Rechnungsabgrenzungsposten

(1) Als Rechnungsabgrenzungsposten sind auf der Aktivseite Ausgaben vor dem Abschlussstichtag auszuweisen, soweit sie Aufwand für eine bestimmte Zeit nach diesem Tag darstellen.
(2) Auf der Passivseite sind als Rechnungsabgrenzungsposten Einnahmen vor dem Abschlussstichtag auszuweisen, soweit sie Ertrag für eine bestimmte Zeit nach diesem Tag darstellen.
(3) Ist der Erfüllungsbetrag einer Verbindlichkeit höher als der Ausgabebetrag, so darf der Unterschiedsbetrag in den Rechnungsabgrenzungsposten auf der Aktivseite aufgenommen werden. Der Unterschiedsbetrag ist durch planmäßige jährliche Abschreibungen zu tilgen, die auf die gesamte Laufzeit der Verbindlichkeit verteilt werden können.

§ 251 Haftungsverhältnisse

Unter der Bilanz sind, sofern sie nicht auf der Passivseite auszuweisen sind, Verbindlichkeiten aus der Begebung und Übertragung von Wechseln, aus Bürgschaften, Wechsel- und Scheckbürgschaften und aus Gewährleistungsverträgen sowie Haftungsverhältnisse aus der Bestellung von Sicherheiten für fremde Verbindlichkeiten zu vermerken; sie dürfen in einem Betrag angegeben werden. [...]

§ 252 Allgemeine Bewertungsgrundsätze

(1) Bei der Bewertung der im Jahresabschluss ausgewiesenen Vermögensgegenstände und Schulden gilt insbesondere Folgendes:
1. Die Wertansätze in der Eröffnungsbilanz des Geschäftsjahrs müssen mit denen der Schlussbilanz des vorhergehenden Geschäftsjahrs übereinstimmen.
2. Bei der Bewertung ist von der Fortführung der Unternehmenstätigkeit auszugehen, sofern dem nicht tatsächliche oder rechtliche Gegebenheiten entgegenstehen.
3. Die Vermögensgegenstände und Schulden sind zum Abschlussstichtag einzeln zu bewerten.
4. Es ist vorsichtig zu bewerten, namentlich sind alle vorhersehbaren Risiken und Verluste, die bis zum Abschlussstichtag entstanden sind, zu berücksichtigen, selbst wenn diese erst zwischen dem Abschlussstichtag und dem Tag der Aufstellung des Jahresabschlusses bekannt geworden sind; Gewinne sind nur zu berücksichtigen, wenn sie am Abschlussstichtag realisiert sind.
5. Aufwendungen und Erträge des Geschäftsjahrs sind unabhängig von den Zeitpunkten der entsprechenden Zahlungen im Jahresabschluss zu berücksichtigen.
6. Die auf den vorhergehenden Jahresabschluss angewandten Bewertungsmethoden sollen beibehalten werden.

(2) Von den Grundsätzen des Absatzes 1 darf nur in begründeten Ausnahmefällen abgewichen werden.

§ 253 Zugangs- und Folgebewertung

(1) Vermögensgegenstände sind höchstens mit den Anschaffungs- oder Herstellungskosten, vermindert um die Abschreibungen nach den Absätzen 3 bis 5, anzusetzen. Verbindlichkeiten sind zu ihrem Erfüllungsbetrag und Rückstellungen in Höhe des nach vernünftiger kaufmännischer Beurteilung notwendigen Erfüllungsbetrages anzusetzen. [...]
(2) Rückstellungen mit einer Restlaufzeit von mehr als einem Jahr sind abzuzinsen mit dem ihrer Restlaufzeit entsprechenden durchschnittlichen Marktzinssatz, der sich im Falle von Rückstellungen für Altersversorgungsverpflichtungen aus den vergangenen zehn Geschäftsjahren und im Falle sonstiger Rückstellungen aus den vergangenen sieben Geschäftsjahren ergibt. Abweichend von Satz 1 dürfen Rückstellungen für Altersversorgungsverpflichtungen oder vergleichbare langfristig fällige Verpflichtungen pauschal mit dem durchschnittlichen Marktzinssatz abgezinst werden, der sich bei einer angenommenen Restlaufzeit von 15 Jahren ergibt. [...] Der nach den Sätzen 1 und 2 anzuwendende Abzinsungszinssatz wird von der Deutschen Bundesbank nach Maßgabe einer Rechtsverordnung ermittelt und monatlich bekannt gegeben. [...]
(3) Bei Vermögensgegenständen des Anlagevermögens, deren Nutzung zeitlich begrenzt ist, sind die Anschaffungs- oder die Herstellungskosten um planmäßige Abschreibungen zu vermindern. Der Plan muss die Anschaffungs- oder Herstellungskosten auf die Geschäftsjahre verteilen, in denen der Vermögensgegenstand voraussichtlich genutzt werden kann. [...] Ohne Rücksicht darauf, ob ihre Nutzung zeitlich begrenzt ist, sind bei Vermögensgegenständen des Anlagevermögens bei voraussichtlich dauernder Wertminderung außerplanmäßige Abschreibungen vorzunehmen, um diese mit dem niedrigeren Wert anzusetzen, der ihnen am Abschlussstichtag beizulegen ist. Bei Finanzanlagen können außerplanmäßige Abschreibungen auch bei voraussichtlich nicht dauernder Wertminderung vorgenommen werden.
(4) Bei Vermögensgegenständen des Umlaufvermögens sind Abschreibungen vorzunehmen, um diese mit einem niedrigeren Wert anzusetzen, der sich aus einem Börsen- oder Marktpreis am Abschlussstichtag ergibt. Ist ein Börsen- oder Marktpreis nicht festzustellen und übersteigen die Anschaffungs- oder Herstellungskosten den Wert, der den Vermögensgegenständen am Abschlussstichtag beizulegen ist, so ist auf diesen Wert abzuschreiben.
(5) Ein niedrigerer Wertansatz nach Absatz 3 Satz 5 oder 6 und Absatz 4 darf nicht beibehalten werden, wenn die Gründe dafür nicht mehr bestehen. Ein niedrigerer Wertansatz eines entgeltlich erworbenen Geschäfts- oder Firmenwertes ist beizubehalten.

§ 255 Bewertungsmaßstäbe

(1) Anschaffungskosten sind die Aufwendungen, die geleistet werden, um einen Vermögensgegenstand zu erwerben und ihn in einen betriebsbereiten Zustand zu versetzen, soweit sie dem Vermögensgegenstand einzeln zugeordnet werden können. Zu den Anschaffungskosten gehören auch die Nebenkosten sowie die nachträglichen Anschaffungskosten. Anschaffungspreisminderungen, die dem Vermögensgegenstand einzeln zugeordnet werden können, sind abzusetzen.

(2) Herstellungskosten sind die Aufwendungen, die durch den Verbrauch von Gütern und die Inanspruchnahme von Diensten für die Herstellung eines Vermögensgegenstands, seine Erweiterung oder für eine über seinen ursprünglichen Zustand hinausgehende wesentliche Verbesserung entstehen. Dazu gehören die Materialkosten, die Fertigungskosten und die Sonderkosten der Fertigung sowie angemessene Teile der Materialgemeinkosten, der Fertigungsgemeinkosten und des Werteverzehrs des Anlagevermögens, soweit dieser durch die Fertigung veranlasst ist. Bei der Berechnung der Herstellungskosten dürfen angemessene Teile der Kosten der allgemeinen Verwaltung sowie angemessene Aufwendungen für soziale Einrichtungen des Betriebs, für freiwillige soziale Leistungen und für die betriebliche Altersversorgung einbezogen werden, soweit diese auf den Zeitraum der Herstellung entfallen. Forschungs- und Vertriebskosten dürfen nicht einbezogen werden.

(2a) Herstellungskosten eines selbst geschaffenen immateriellen Vermögensgegenstands des Anlagevermögens sind die bei dessen Entwicklung anfallenden Aufwendungen nach Absatz 2. Entwicklung ist die Anwendung von Forschungsergebnissen oder von anderem Wissen für die Neuentwicklung von Gütern oder Verfahren oder die Weiterentwicklung von Gütern oder Verfahren mittels wesentlicher Änderungen. Forschung ist die eigenständige und planmäßige Suche nach neuen wissenschaftlichen oder technischen Erkenntnissen oder Erfahrungen allgemeiner Art, über deren technische Verwertbarkeit und wirtschaftliche Erfolgsaussichten grundsätzlich keine Aussagen gemacht werden können. Können Forschung und Entwicklung nicht verlässlich voneinander unterschieden werden, ist eine Aktivierung ausgeschlossen.

(3) Zinsen für Fremdkapital gehören nicht zu den Herstellungskosten. Zinsen für Fremdkapital, das zur Finanzierung der Herstellung eines Vermögensgegenstands verwendet wird, dürfen angesetzt werden, soweit sie auf den Zeitraum der Herstellung entfallen; in diesem Falle gelten sie als Herstellungskosten des Vermögensgegenstands.

(4) Der beizulegende Zeitwert entspricht dem Marktpreis. [...]

§ 256 Bewertungsvereinfachungsverfahren

Soweit es den Grundsätzen ordnungsmäßiger Buchführung entspricht, kann für den Wertansatz gleichartiger Vermögensgegenstände des Vorratsvermögens unterstellt werden, dass die zuerst oder dass die zuletzt angeschafften oder hergestellten Vermögensgegenstände zuerst verbraucht oder veräußert worden sind. § 240 Abs. 3 und 4 ist auch auf den Jahresabschluss anwendbar.

§ 256a Währungsumrechnung

Auf fremde Währung lautende Vermögensgegenstände und Verbindlichkeiten sind zum Devisenkassamittelkurs am Abschlussstichtag umzurechnen. Bei einer Restlaufzeit von einem Jahr oder weniger sind § 253 Abs. 1 Satz 1 und § 252 Abs. 1 Nr. 4 Halbsatz 2 nicht anzuwenden.

§ 257 Aufbewahrung von Unterlagen. Aufbewahrungsfristen

(1) Jeder Kaufmann ist verpflichtet, die folgenden Unterlagen geordnet aufzubewahren:
1. Handelsbücher, Inventare, Eröffnungsbilanzen, Jahresabschlüsse, Einzelabschlüsse nach § 325 Abs. 2a, Lageberichte, Konzernabschlüsse, Konzernlageberichte sowie die zu ihrem Verständnis erforderlichen Arbeitsanweisungen und sonstigen Organisationsunterlagen,
2. die empfangenen Handelsbriefe,
3. Wiedergaben der abgesandten Handelsbriefe,
4. Belege für Buchungen in den von ihm nach § 238 Abs. 1 zu führenden Büchern (Buchungsbelege).

(2) Handelsbriefe sind nur Schriftstücke, die ein Handelsgeschäft betreffen.

(3) Mit Ausnahme der Eröffnungsbilanzen und Abschlüsse können die in Absatz 1 aufgeführten Unterlagen auch als Wiedergabe auf einem Bildträger oder auf anderen Datenträgern aufbewahrt werden, wenn dies den Grundsätzen ordnungsmäßiger Buchführung entspricht und sichergestellt ist, dass die Wiedergabe oder die Daten

1. mit den empfangenen Handelsbriefen und den Buchungsbelegen bildlich und mit den anderen Unterlagen inhaltlich übereinstimmen, wenn sie lesbar gemacht werden,
2. während der Dauer der Aufbewahrungsfrist verfügbar sind und jederzeit innerhalb angemessener Frist lesbar gemacht werden können.

Sind Unterlagen aufgrund des § 239 Abs. 4 Satz 1 auf Datenträgern hergestellt worden, können statt des Datenträgers die Daten auch ausgedruckt aufbewahrt werden; die ausgedruckten Unterlagen können auch nach Satz 1 aufbewahrt werden.

(4) Die in Absatz 1 Nr. 1 und 4 aufgeführten Unterlagen sind zehn Jahre, die sonstigen in Absatz 1 aufgeführten Unterlagen sechs Jahre aufzubewahren.

(5) Die Aufbewahrungsfrist beginnt mit dem Schluss des Kalenderjahrs, in dem die letzte Eintragung in das Handelsbuch gemacht, das Inventar aufgestellt, die Eröffnungsbilanz oder der Jahresabschluss festgestellt, der Einzelabschluss nach § 325 Abs. 2a oder der Konzernabschluss aufgestellt, der Handelsbrief empfangen oder abgesandt worden oder der Buchungsbeleg entstanden ist.

Zweiter Abschnitt: Ergänzende Vorschriften für Kapitalgesellschaften sowie bestimmte Personenhandelsgesellschaften

§ 264 Pflicht zur Aufstellung; Befreiung

(1) Die gesetzlichen Vertreter einer Kapitalgesellschaft haben den Jahresabschluss (§ 242) um einen Anhang zu erweitern, der mit der Bilanz und der Gewinn- und Verlustrechnung eine Einheit bildet, sowie einen Lagebericht aufzustellen. Die gesetzlichen Vertreter einer kapitalmarktorientierten Kapitalgesellschaft, die nicht zur Aufstellung eines Konzernabschlusses verpflichtet ist, haben den Jahresabschluss um eine Kapitalflussrechnung und einen Eigenkapitalspiegel zu erweitern, die mit der Bilanz, Gewinn- und Verlustrechnung und dem Anhang eine Einheit bilden; sie können den Jahresabschluss um eine Segmentberichterstattung erweitern. Der Jahresabschluss und der Lagebericht sind von den gesetzlichen Vertretern in den ersten drei Monaten des Geschäftsjahrs für das vergangene Geschäftsjahr aufzustellen. Kleine Kapitalgesellschaften (§ 267 Abs. 1) brauchen den Lagebericht nicht aufzustellen; sie dürfen den Jahresabschluss auch später aufstellen, wenn dies einem ordnungsgemäßen Geschäftsgang entspricht; jedoch innerhalb der ersten sechs Monate des Geschäftsjahrs. Kleinstkapitalgesellschaften (§ 267a) brauchen den Jahresabschluss nicht um einen Anhang zu erweitern, wenn sie

1. die in § 268 Absatz 7 genannten Angaben,
2. die in § 285 Nummer 9 Buchstabe c genannten Angaben und
3. im Falle einer Aktiengesellschaft die in § 160 Absatz 3 Satz 2 des Aktiengesetzes genannten Angaben unter der Bilanz angeben. [...]

(2) Der Jahresabschluss der Kapitalgesellschaft hat unter Beachtung der Grundsätze ordnungsmäßiger Buchführung ein den tatsächlichen Verhältnissen entsprechendes Bild der Vermögens-, Finanz- und Ertragslage der Kapitalgesellschaft zu vermitteln. Führen besondere Umstände dazu, dass der Jahresabschluss ein den tatsächlichen Verhältnissen entsprechendes Bild im Sinne des Satzes 1 nicht vermittelt, so sind im Anhang zusätzliche Angaben zu machen. Macht eine Kleinstkapitalgesellschaft von der Erleichterung nach Absatz 1 Satz 5 Gebrauch, sind nach Satz 2 erforderliche zusätzliche Angaben unter der Bilanz zu machen. Es wird vermutet, dass ein unter Berücksichtigung der Erleichterungen für Kleinstkapitalgesellschaften aufgestellter Jahresabschluss den Erfordernissen des Satzes 1 entspricht. [...]

§ 265 Allgemeine Grundsätze für die Gliederung

(1) Die Form der Darstellung, insbesondere die Gliederung der aufeinander folgenden Bilanzen und Gewinn- und Verlustrechnungen, ist beizubehalten, soweit nicht in Ausnahmefällen wegen besonderer Umstände Abweichungen erforderlich sind. Die Abweichungen sind im Anhang anzugeben und zu begründen.

(2) In der Bilanz sowie in der Gewinn- und Verlustrechnung ist zu jedem Posten der entsprechende Betrag des vorhergehenden Geschäftsjahrs anzugeben. [...]

(5) Eine weitere Untergliederung der Posten und Zwischensummen ist zulässig; dabei ist jedoch die vorgeschriebene Gliederung zu beachten. Neue Posten und Zwischensummen dürfen hinzugefügt werden, wenn ihr Inhalt nicht von einem vorgeschriebenen Posten gedeckt wird.

§ 266 Gliederung der Bilanz

(1) Die Bilanz ist in Kontoform aufzustellen. Dabei haben mittelgroße und große Kapitalgesellschaften (§ 267 Abs. 2, 3) auf der Aktivseite die in Absatz 2 und auf der Passivseite die in Absatz 3 bezeichneten Posten gesondert und in der vorgeschriebenen Reihenfolge auszuweisen. Kleine Kapitalgesellschaften (§ 267 Abs. 1) brauchen nur eine verkürzte Bilanz aufzustellen, in die nur die in den Absätzen 2 und 3 mit Buchstaben und römischen Zahlen bezeichneten Posten gesondert und in der vorgeschriebenen Reihenfolge aufgenommen werden. Kleinstkapitalgesellschaften (§ 267a) brauchen nur eine verkürzte Bilanz aufzustellen, in die nur die in den Absätzen 2 und 3 mit Buchstaben bezeichneten Posten gesondert und in der vorgeschriebenen Reihenfolge aufgenommen werden.

(2) Gliederung der **Aktivseite** ⎱ siehe Rückseite des Kontenrahmens (Faltblatt).
(3) Gliederung der **Passivseite** ⎰

§ 267 Umschreibung der Größenklassen

(1) Kleine Kapitalgesellschaften sind solche, die mindestens zwei der drei nachstehenden Merkmale nicht überschreiten:

1. 6 000 000 Euro Bilanzsumme nach Abzug eines auf der Aktivseite ausgewiesenen Fehlbetrags (§ 268 Abs. 3).
2. 12 000 000 Euro Umsatzerlöse in den zwölf Monaten vor dem Abschlussstichtag.
3. Im Jahresdurchschnitt fünfzig Arbeitnehmer.

(2) Mittelgroße Kapitalgesellschaften sind solche, die mindestens zwei der drei in Absatz 1 bezeichneten Merkmale überschreiten und jeweils mindestens zwei der drei nachstehenden Merkmale nicht überschreiten:

1. 20 000 000 Euro Bilanzsumme nach Abzug eines auf der Aktivseite ausgewiesenen Fehlbetrags (§ 268 Abs. 3).
2. 40 000 000 Euro Umsatzerlöse in den zwölf Monaten vor dem Abschlussstichtag.
3. Im Jahresdurchschnitt zweihundertfünfzig Arbeitnehmer.

(3) Große Kapitalgesellschaften sind solche, die mindestens zwei der drei in Absatz 2 bezeichneten Merkmale überschreiten. Eine Kapitalgesellschaft im Sinn des § 264d gilt stets als große.

(4) Die Rechtsfolgen der Merkmale nach den Absätzen 1 bis 3 Satz 1 treten nur ein, wenn sie an den Abschlussstichtagen von zwei aufeinander folgenden Geschäftsjahren über- oder unterschritten werden. Im Falle der Umwandlung oder Neugründung treten die Rechtsfolgen schon ein, wenn die Voraussetzungen des Absatzes 1, 2 oder 3 am ersten Abschlussstichtag nach der Umwandlung oder Neugründung vorliegen. [...]

(4a) Die Bilanzsumme setzt sich aus den Posten zusammen, die in den Buchstaben A bis E des § 266 Absatz 2 aufgeführt sind. Ein auf der Aktivseite ausgewiesener Fehlbetrag (§ 268 Absatz 3) wird nicht in die Bilanzsumme einbezogen.

(5) Als durchschnittliche Zahl der Arbeitnehmer gilt der vierte Teil der Summe aus den Zahlen der jeweils am 31. März, 30. Juni, 30. September und 31. Dezember beschäftigten Arbeitnehmer einschließlich der im Ausland beschäftigten Arbeitnehmer, jedoch ohne die zu ihrer Berufsausbildung Beschäftigten.

[...]

§ 267a Kleinstkapitalgesellschaften

(1) Kleinstkapitalgesellschaften sind kleine Kapitalgesellschaften, die mindestens zwei der drei nachstehenden Merkmale nicht überschreiten:
1. 350 000 Euro Bilanzsumme
2. 700 000 Euro Umsatzerlöse in den zwölf Monaten vor dem Abschlussstichtag;
3. im Jahresdurchschnitt zehn Arbeitnehmer.

§ 267 Absatz 4 bis 6 gilt entsprechend.

(1a) In dem Jahresabschluss sind die Firma, der Sitz, das Registergericht und die Nummer, unter der die Gesellschaft in das Handelsregister eingetragen ist, anzugeben. Befindet sich die Gesellschaft in Liquidation oder Abwicklung, ist auch diese Tatsache anzugeben.

(2) Die in diesem Gesetz für kleine Kapitalgesellschaften (§ 267 Absatz 1) vorgesehenen besonderen Regelungen gelten für Kleinstkapitalgesellschaften entsprechend, soweit nichts anderes geregelt ist. [...]

§ 268 Vorschriften zu einzelnen Posten der Bilanz. Bilanzvermerke

(1) Die Bilanz darf auch unter Berücksichtigung der vollständigen oder teilweisen Verwendung des Jahresergebnisses aufgestellt werden. Wird die Bilanz unter Berücksichtigung der teilweisen Verwendung des Jahresergebnisses aufgestellt, so tritt an die Stelle der Posten „Jahresüberschuss/Jahresfehlbetrag" und „Gewinnvortrag/Verlustvortrag" der Posten „Bilanzgewinn/Bilanzverlust"; ein vorhandener Gewinn- oder Verlustvortrag ist in den Posten „Bilanzgewinn/Bilanzverlust" einzubeziehen und in der Bilanz gesondert anzugeben. Die Angabe kann auch im Anhang gemacht werden.

(3) Ist das Eigenkapital durch Verluste aufgebraucht und ergibt sich ein Überschuss der Passivposten über die Aktivposten, so ist dieser Betrag am Schluss der Bilanz auf der Aktivseite gesondert unter der Bezeichnung „Nicht durch Eigenkapital gedeckter Fehlbetrag" auszuweisen.

(4) Der Betrag der Forderungen mit einer Restlaufzeit von mehr als einem Jahr und der Betrag der Verbindlichkeiten mit einer Restlaufzeit von mehr als einem Jahr ist bei jedem gesondert ausgewiesenen Posten zu vermerken. Werden unter dem Posten „sonstige Vermögensgegenstände" Beträge für Vermögensgegenstände ausgewiesen, die erst nach dem Abschlussstichtag rechtlich entstehen, so müssen Beträge, die einen größeren Umfang haben, im Anhang erläutert werden.

(5) Der Betrag der Verbindlichkeiten mit einer Restlaufzeit bis zu einem Jahr und der Betrag der Verbindlichkeiten mit einer Restlaufzeit von mehr als einem Jahr sind bei jedem gesondert ausgewiesenen Posten zu vermerken. Erhaltene Anzahlungen auf Bestellungen sind, soweit Anzahlungen auf Vorräte nicht von dem Posten „Vorräte" offen abgesetzt werden, unter den Verbindlichkeiten gesondert auszuweisen. Sind unter dem Posten „Verbindlichkeiten" Beträge für Verbindlichkeiten ausgewiesen, die erst nach dem Abschlussstichtag rechtlich entstehen, so müssen Beträge, die einen größeren Umfang haben, im Anhang erläutert werden.

(6) Ein nach § 250 Abs. 3 in den Rechnungsabgrenzungsposten auf der Aktivseite aufgenommener Unterschiedsbetrag ist in der Bilanz gesondert auszuweisen oder im Anhang anzugeben.

(7) Für die in § 251 bezeichneten Haftungsverhältnisse sind
1. die Angaben zu nicht auf der Passivseite auszuweisenden Verbindlichkeiten und Haftungsverhältnissen im Anhang zu machen,

2. dabei die Haftungsverhältnisse jeweils gesondert unter Angabe der gewährten Pfandrechte und sonstigen Sicherheiten anzugeben und
3. dabei Verpflichtungen betreffend die Altersversorgung und Verpflichtungen gegenüber verbundenen oder assoziierten Unternehmen jeweils gesondert zu vermerken.

[...]

§ 270 Bildung bestimmter Posten

(2) Wird die Bilanz unter Berücksichtigung der vollständigen oder teilweisen Verwendung des Jahresergebnisses aufgestellt, so sind Entnahmen aus Gewinnrücklagen sowie Einstellungen in Gewinnrücklagen, die nach Gesetz, Gesellschaftsvertrag oder Satzung vorzunehmen sind oder aufgrund solcher Vorschriften beschlossen worden sind, bereits bei der Aufstellung der Bilanz zu berücksichtigen.

§ 271 Beteiligungen. Verbundene Unternehmen

(1) Beteiligungen sind Anteile an anderen Unternehmen, die bestimmt sind, dem eigenen Geschäftsbetrieb durch Herstellung einer dauernden Verbindung zu jenen Unternehmen zu dienen. Dabei ist es unerheblich, ob die Anteile in Wertpapieren verbrieft sind oder nicht. Als Beteiligung gelten im Zweifel Anteile an einer Kapitalgesellschaft, die insgesamt den fünften Teil des Nennkapitals dieser Gesellschaft überschreiten. [...]

§ 272 Eigenkapital

(1) Gezeichnetes Kapital ist das Kapital, auf das die Haftung der Gesellschafter für die Verbindlichkeiten der Kapitalgesellschaft gegenüber den Gläubigern beschränkt ist. Es ist mit dem Nennbetrag anzusetzen. Die nicht eingeforderten ausstehenden Einlagen auf das gezeichnete Kapital sind von dem Posten „Gezeichnetes Kapital" offen abzusetzen; der verbleibende Betrag ist als Posten „Eingefordertes Kapital" in der Hauptspalte der Passivseite auszuweisen; der eingeforderte, aber noch nicht eingezahlte Betrag ist unter den Forderungen gesondert auszuweisen und entsprechend zu bezeichnen.

(2) Als Kapitalrücklage sind auszuweisen
1. der Betrag, der bei der Ausgabe von Anteilen einschließlich von Bezugsanteilen über den Nennbetrag oder, falls ein Nennbetrag nicht vorhanden ist, über den rechnerischen Wert hinaus erzielt wird;
2. der Betrag, der bei der Ausgabe von Schuldverschreibungen für Wandlungsrechte und Optionsrechte zum Erwerb von Anteilen erzielt wird;
3. der Betrag von Zuzahlungen, die Gesellschafter gegen Gewährung eines Vorzugs für ihre Anteile leisten;
4. der Betrag von anderen Zuzahlungen, die Gesellschafter in das Eigenkapital leisten.

(3) Als Gewinnrücklagen dürfen nur Beträge ausgewiesen werden, die im Geschäftsjahr oder in einem früheren Geschäftsjahr aus dem Ergebnis gebildet worden sind. Dazu gehören aus dem Ergebnis zu bildende gesetzliche oder auf Gesellschaftsvertrag oder Satzung beruhende Rücklagen und andere Gewinnrücklagen.

(4) Für Anteile an einem herrschenden oder mit Mehrheit beteiligten Unternehmen ist eine Rücklage zu bilden. In die Rücklage ist ein Betrag einzustellen, der dem auf der Aktivseite der Bilanz für die Anteile an dem herrschenden oder mit Mehrheit beteiligten Unternehmen angesetzten Betrag entspricht. Die Rücklage, die bereits bei der Aufstellung der Bilanz zu bilden ist, darf aus vorhandenen frei verfügbaren Rücklagen gebildet werden. Die Rücklage ist aufzulösen, soweit die Anteile an dem herrschenden oder mit Mehrheit beteiligten Unternehmen veräußert, ausgegeben oder eingezogen werden oder auf der Aktivseite ein niedriger Betrag angesetzt wird. [...]

§ 275 Gliederung der Gewinn- und Verlustrechnung

(1) Die Gewinn- und Verlustrechnung ist in Staffelform nach dem Gesamtkostenverfahren oder dem Umsatzkostenverfahren aufzustellen. Dabei sind die in Absatz 2 oder 3 bezeichneten Posten in der angegebenen Reihenfolge gesondert auszuweisen.

(2) Gliederung nach dem **Gesamtkostenverfahren** ⎫ siehe Rückseite des Kontenrahmens
(3) Gliederung nach dem **Umsatzkostenverfahren** ⎭ (Faltblatt).
(4) Veränderungen der Kapital- und Gewinnrücklagen dürfen in der Gewinn- und Verlustrechnung erst nach dem Posten „Jahresüberschuss/Jahresfehlbetrag" ausgewiesen werden.
(5) Kleinstkapitalgesellschaften (§ 267a) können anstelle der Staffelungen nach den Absätzen 2 und 3 die Gewinn- und Verlustrechnung wie folgt darstellen:

1. Umsatzerlöse,
2. sonstige Erträge,
3. Materialaufwand,
4. Personalaufwand,
5. Abschreibungen,
6. sonstige Aufwendungen,
7. Steuern,
8. Jahresüberschuss/Jahresfehlbetrag.

§ 276 Größenabhängige Erleichterungen

Kleine und mittelgroße Kapitalgesellschaften (§ 267 Abs. 1, 2) dürfen die Posten § 275 Abs. 2 Nr. 1 bis 5 oder Abs. 3 Nr. 1 bis 3 und 6 zu einem Posten unter der Bezeichnung „Rohergebnis" zusammenfassen. [...]

§ 284 Anhang: Erläuterung der Bilanz und der Gewinn- und Verlustrechnung

(1) In den Anhang sind diejenigen Angaben aufzunehmen, die zu den einzelnen Posten der Bilanz oder der Gewinn- und Verlustrechnung vorgeschrieben sind; sie sind in der Reihenfolge der einzelnen Posten der Bilanz und der Gewinn- und Verlustrechnung darzustellen. Im Anhang sind auch die Angaben zu machen, die in Ausübung eines Wahlrechts nicht in die Bilanz oder in die Gewinn- und Verlustrechnung aufgenommen wurden.
(2) Im Anhang müssen
1. die auf die Posten der Bilanz und der Gewinn- und Verlustrechnung angewandten Bilanzierungs- und Bewertungsmethoden angegeben werden;
2. Abweichungen von Bilanzierungs- und Bewertungsmethoden angegeben und begründet werden; deren Einfluss auf die Vermögens-, Finanz- und Ertragslage ist gesondert darzustellen; [...]
4. Angaben über die Einbeziehung von Zinsen für Fremdkapital in die Herstellungskosten gemacht werden.

(3) Im Anhang ist die Entwicklung der einzelnen Posten des Anlagevermögens in einer gesonderten Aufgliederung darzustellen. Dabei sind, ausgehend von den gesamten Anschaffungs- und Herstellungskosten, die Zugänge, Abgänge, Umbuchungen und Zuschreibungen des Geschäftsjahrs sowie die Abschreibungen gesondert aufzuführen. Zu den Abschreibungen sind gesondert folgende Angaben zu machen:
1. die Abschreibungen in ihrer gesamten Höhe zu Beginn und Ende des Geschäftsjahrs,
2. die im Laufe des Geschäftsjahrs vorgenommenen Abschreibungen und
3. Änderungen in den Abschreibungen in ihrer gesamten Höhe im Zusammenhang mit Zu- und Abgängen sowie Umbuchungen im Laufe des Geschäftsjahrs.

Sind in die Herstellungskosten Zinsen für Fremdkapital einbezogen worden, ist für jeden Posten des Anlagevermögens anzugeben, welcher Betrag an Zinsen im Geschäftsjahr aktiviert worden ist.

§ 285 Sonstige Pflichtangaben im Anhang

Ferner sind im Anhang anzugeben:
1. zu den in der Bilanz ausgewiesenen Verbindlichkeiten
    a) der Gesamtbetrag der Verbindlichkeiten mit einer Restlaufzeit von mehr als fünf Jahren,
    b) der Gesamtbetrag der Verbindlichkeiten, die durch Pfandrechte oder ähnliche Rechte gesichert sind, unter Angabe von Art und Form der Sicherheiten;
8. bei Anwendung des Umsatzkostenverfahrens (§ 275 Abs. 3)
    a) der Materialaufwand des Geschäftsjahrs, gegliedert nach § 275 Abs. 2 Nr. 5,
    b) der Personalaufwand des Geschäftsjahrs, gegliedert nach § 275 Abs. 2 Nr. 6;
9. für die Mitglieder des Geschäftsführungsorgans, eines Aufsichtsrats, eines Beirats oder einer ähnlichen Einrichtung jeweils für jede Personengruppe

a) die für die Tätigkeit im Geschäftsjahr gewährten Gesamtbezüge (Gehälter, Gewinnbeteiligungen, Bezugsrechte und sonstige aktienbasierte Vergütungen, Aufwandsentschädigungen, Versicherungsentgelte, Provisionen und Nebenleistungen jeder Art). [...]
10. alle Mitglieder des Geschäftsführungsorgans und eines Aufsichtsrats mit dem Familiennamen und mindestens einem ausgeschriebenen Vornamen. [...] Der Vorsitzende eines Aufsichtsrats, seine Stellvertreter und ein etwaiger Vorsitzender des Geschäftsführungsorgans sind als solche zu bezeichnen;
11. Name und Sitz anderer Unternehmen, von denen die Kapitalgesellschaft oder eine für Rechnung der Kapitalgesellschaft handelnde Person mindestens den fünften Teil der Anteile besitzt; [...]
12. Rückstellungen, die in der Bilanz unter dem Posten „sonstige Rückstellungen" nicht gesondert ausgewiesen werden, sind zu erläutern, wenn sie einen nicht unerheblichen Umfang haben. [...]

§ 289 Inhalt des Lageberichts

(1) Im Lagebericht sind zumindest der Geschäftsverlauf [...] und die Lage der Kapitalgesellschaft so darzustellen, dass ein den tatsächlichen Verhältnissen entsprechendes Bild vermittelt wird. [...] Ferner ist im Lagebericht die voraussichtliche Entwicklung mit ihren wesentlichen Chancen und Risiken zu beurteilen und zu erläutern; zugrunde liegende Annahmen sind anzugeben. [...]

(2) Im Lagebericht ist einzugehen auf:
1. a) die Risikomanagementziele und -methoden der Gesellschaft [...], sowie
   b) die Preisänderungs-, Ausfall- und Liquiditätsrisiken sowie
      die Risiken aus Zahlungsstromschwankungen, denen die Gesellschaft ausgesetzt ist, jeweils in Bezug auf die Verwendung von Finanzinstrumenten durch die Gesellschaft und sofern dies für die Beurteilung der Lage oder der voraussichtlichen Entwicklung von Belang ist;
2. den Bereich Forschung und Entwicklung;
3. bestehende Zweigniederlassungen der Gesellschaft; [...]

§ 316 Pflicht zur Prüfung

(1) Der Jahresabschluss und der Lagebericht von Kapitalgesellschaften, die nicht kleine im Sinne des § 267 Abs. 1 sind, sind durch einen Abschlussprüfer zu prüfen. Hat keine Prüfung stattgefunden, so kann der Jahresabschluss nicht festgestellt werden. [...]

§ 318 Bestellung und Abberufung des Abschlussprüfers

(1) Der Abschlussprüfer des Jahresabschlusses wird von den Gesellschaftern gewählt; den Abschlussprüfer des Konzernabschlusses wählen die Gesellschafter des Mutterunternehmens. [...]

§ 322 Bestätigungsvermerk

(1) Der Abschlussprüfer hat das Ergebnis der Prüfung in einem Bestätigungsvermerk zum Jahresabschluss oder zum Konzernabschluss zusammenzufassen. Der Bestätigungsvermerk hat Gegenstand, Art und Umfang der Prüfung zu beschreiben und dabei die angewandten Rechnungslegungs- und Prüfungsgrundsätze anzugeben; er hat ferner eine Beurteilung des Prüfungsergebnisses zu enthalten. [...]

(2) Die Beurteilung des Prüfungsergebnisses muss zweifelsfrei ergeben, ob
1. ein uneingeschränkter Bestätigungsvermerk erteilt,
2. ein eingeschränkter Bestätigungsvermerk erteilt,
3. der Bestätigungsvermerk aufgrund von Einwendungen versagt oder
4. der Bestätigungsvermerk deshalb versagt wird, weil der Abschlussprüfer nicht in der Lage ist, ein Prüfungsurteil abzugeben.

Die Beurteilung des Prüfungsergebnisses soll allgemein verständlich und problemorientiert unter Berücksichtigung des Umstandes erfolgen, dass die gesetzlichen Vertreter den Abschluss zu verantworten haben. Auf Risiken, die den Fortbestand des Unternehmens oder eines Konzernunternehmens gefährden, ist gesondert einzugehen. [...]

(3) In einem uneingeschränkten Bestätigungsvermerk (Absatz 2 Satz 1 Nr. 1) hat der Abschlussprüfer zu erklären, dass die von ihm nach § 317 durchgeführte Prüfung zu keinen Einwendungen geführt hat und dass der von den gesetzlichen Vertretern der Gesellschaft aufgestellte Jahres- oder Konzernabschluss aufgrund der bei der Prüfung gewonnenen Erkenntnisse des Abschlussprüfers nach seiner Beurteilung den gesetzlichen Vorschriften entspricht und unter Beachtung der Grundsätze ordnungsmäßiger Buchführung oder sonstiger maßgeblicher Rechnungslegungsgrundsätze ein den tatsächlichen Verhältnissen entsprechendes Bild der Vermögens-, Finanz- und Ertragslage des Unternehmens oder des Konzerns vermittelt. [...]

(4) Sind Einwendungen zu erheben, so hat der Abschlussprüfer seine Erklärung nach Absatz 3 Satz 1 einzuschränken (Absatz 2 Satz 1 Nr. 2) oder zu versagen (Absatz 2 Satz 1 Nr. 3). [...]

§ 325 Offenlegung

(1) Die gesetzlichen Vertreter von Kapitalgesellschaften haben für diese den Jahresabschluss beim Betreiber des elektronischen Bundesanzeigers elektronisch einzureichen. Er ist unverzüglich nach seiner Vorlage an die Gesellschafter, jedoch spätestens vor Ablauf des zwölften Monats des dem Abschlussstichtag nachfolgenden Geschäftsjahrs, mit dem Bestätigungsvermerk oder dem Vermerk über dessen Versagung einzureichen. Gleichzeitig sind der Lagebericht, der Bericht des Aufsichtsrats, die nach § 161 des Aktiengesetzes vorgeschriebene Erklärung und, soweit sich dies aus dem eingereichten Jahresabschluss nicht ergibt, der Vorschlag für die Verwendung des Ergebnisses und der Beschluss über seine Verwendung unter Angabe des Jahresüberschusses oder Jahresfehlbetrags elektronisch einzureichen. [...]

§ 326 Größenabhängige Erleichterungen für kleine Kapitalgesellschaften und Kleinstkapitalgesellschaften bei der Offenlegung

(1) Auf kleine Kapitalgesellschaften (§ 267 Abs. 1) ist § 325 Abs. 1 mit der Maßgabe anzuwenden, dass die gesetzlichen Vertreter nur die Bilanz und den Anhang einzureichen haben. Der Anhang braucht die die Gewinn- und Verlustrechnung betreffenden Angaben nicht zu enthalten.

(2) Die gesetzlichen Vertreter von Kleinstkapitalgesellschaften (§ 267a) können ihre sich aus § 325 Absatz 1 bis 2 ergebenden Pflichten auch dadurch erfüllen, dass sie die Bilanz in elektronischer Form zur dauerhaften Hinterlegung beim Betreiber des Bundesanzeigers einreichen und einen Hinterlegungsauftrag erteilen. [...]

§ 327 Größenabhängige Erleichterungen für mittelgroße Kapitalgesellschaften bei der Offenlegung

Auf mittelgroße Kapitalgesellschaften (§ 267 Abs. 2) ist § 325 Abs. 1 mit der Maßgabe anzuwenden, dass [...]

1. die Bilanz nur in der für kleine Kapitalgesellschaften nach § 266 Abs. 1 Satz 3 vorgeschriebenen Form beim Betreiber des elektronischen Bundesanzeigers einreichen müssen. In der Bilanz oder im Anhang sind jedoch die folgenden Posten des § 266 Abs. 2 und 3 zusätzlich gesondert anzugeben:

   Auf der Aktivseite[1]:

   Geschäfts- oder Firmenwert; Grundstücke, grundstücksgleiche Rechte und Bauten einschließlich der Bauten auf fremden Grundstücken; technische Anlagen und Maschinen; Betriebs- und Geschäftsausstattung; geleistete Anzahlungen und Anlagen im Bau; Anteile an verbundenen Unternehmen; Ausleihungen an verbundene Unternehmen; Beteiligungen; Ausleihungen an beteiligte Unternehmen.

   Auf der Passivseite[1]:

   Verbindlichkeiten gegenüber Kreditinstituten; Verbindlichkeiten gegenüber verbundenen Unternehmen; Verbindlichkeiten gegenüber Unternehmen, mit denen ein Beteiligungsverhältnis besteht.

---

1 gekürzt

Sachregister

Abgeltungssteuer 202 f.
Abgrenzung, unternehmensbezogene 361 f.
Abgrenzungsrechnung 361 f.
Abhängigkeit der Kosten 454 f.
Abschluss der Erfolgskonten 45 f.
Abschreibungen 54, 219 f.
- Berechnungsmethoden 55, 222 f.
- planmäßige 219 f., 262
- außerplanmäßige 219 f., 262
- bilanzmäßige 219 f., 370
- direkte 270 f.
- kalkulatorische 369 f.

Abzugskapital 372
AG, Jahresabschluss 306
Abschreibungskreislauf 371
Agio 281, 294
Aktivkonten 26
Aktivierungspflichtige Leistungen 216
Allowable costs 522 ff., 537
Anderskosten 369 f.
Angebotskalkulation 427
Anhang 236, 291, 543, 545 f., 547, 564, 568 f.
Anlagegegenstände, Anschaffungen 214
Anlagen, Abgänge 229 f., 234
Anlagendeckung 326 f.
Anlagenkartei 12, 93, 213
Anlagenspiegel 234
Anlagevermögen, Bewertung 219 f., 262
Anleihen 202, 281
Anschaffungskosten 119 f., 214, 257, 369
Anzahlungen 192 f., Anhang (Bilanz)
Äquivalenzziffern 449
Äquivalenzziffernkalkulation 449
Arbeitsproduktivität 348
Aufbereitung von Bilanzen 322 f.
Aufgaben
- des Rechnungswesens 7 f.
- der Buchführung 7, 9
- der Kosten- und Leistungsrechnung 8, 351 f.

Aufgeld 281, 294
Aufwendungen 41, 351 f.
Ausgaben 355

BAB (Betriebsabrechnungsbogen) 392 f.
- erweiterter 402 f.
- mehrstufiger 403
- bei Maschinenstundensatzrechnung 439 f.

Belegorganisation 89 f.
Beschäftigung, Abhängigkeit der Kosten 454 f.
Beschäftigungsabweichung 417, 499
Beschäftigungsgrad 454

Bestandskonten 26 f.
Bestandsveränderungen 58 f.
Betriebsbezogene
- Aufwendungen 356
- Erträge 356

Betriebsergebnis 347, 351, 362, 382 f.
Betriebsnotwendiges Kapital 372
Bewegungsbilanz 332 f.
Bewertung des
- Anlagevermögens 219 f., 262
- der Forderungen 269 f.
- der Schulden 278 f.
- der Vorräte 264 f.

Bewertungsgrundsätze 255 f.
Bezugskosten 125 f.
Bilanz 20, 236, 291 f., Anhang
Bilanzgliederung 20, 292 f., Anhang
Bilanzkonten 38
Bilanzkritik 324 f.
Bilanzrichtlinie-Umsetzungsgesetz (BilRUG) 542 f.
Bilanzstruktur 21, 322 f.
Boni 134, 148
Break-even-Point 463, 467, 469
Bücher der Buchführung 91 f.
Buchungssätze
- einfache 32
- zusammengesetzte 36

Budgetkosten 503

Cashflow 343, 510, 547
Controlling 490 f.
- als Finanzplanung 505 f.
- als Plankostenrechnung 492 f.

Damnum 281
Darlehensaufnahme 194 f.
Deckungsbeitrag 453 f.
- I/II, III 476 f.
- absoluter 483
- relativer 483

Deckungsbeitragsrechnung 483 f.
- als Kostenträgerzeitrechnung 469, 475
- als Stückkostenrechnung 467 f.

Devisenkassamittelkurs 162 f., 278 f.
Differenzkalkulation 434 f.
Dialogbuchung 99
Disagio 281, 549
Divisionskalkulation 451
- mit Äquivalenzziffern 449

Drifting costs 522 ff., 526 ff.
Durchschnittsbewertung 265
EDV 91, 93, 97 f.
Eigenfertigung 216, 487

Sachregister

Eigenkapital 14, 18 f., 41, 294, 324 f.
Einfuhr 162 f.
Einkauf mit Umsatzsteuer 64 f.
Einnahmen 355
Einzelbewertung von Forderungen 270
Einzelkosten 388 f.
Entnahmen 77 f., 231, 358
Erfolgsermittlung durch Eigenkapital-
 vergleich 18 f.
Erfolgskonten 41 f.
Erfolgsrechnung 18, 41, 296 f., 337 f.,
 Anhang
Erfolgsstruktur 296, 347
Erfüllungsbetrag 194
Ergebnistabelle 361 f., 382 f.
Erinnerungswert 55, 295, 369
Erträge 41, 351, 355 f.
Erzeugnisse
 – fertige, unfertige 58
erzeugnisfixe Kosten 476 f.
erzeugnisgruppenfixe Kosten 477

Fertigungsgemeinkosten,
 maschinenabhängige 440 f.
Fertigungsverfahren 387
FIBU-Programm, Beispiele 100 f.
Fifo-Methode 266
Finanzierung 21, 54, 324 f.
 – aus Abschreibungsgegenwerten 369 f.
Finanzierungs-Leasing 197
Finanzplanung 505 f.
Fixe Kosten 458 f., 462
Forderungen
 – Umschlag 339
 – Ausweis in Bilanzen von
   Kapitalgesellschaften 276
 – Bewertung und Abschreibung 269 f.
 – Einzelbewertung 270 f.
 – Pauschalwertberichtigung 274 f.
 – Sonstige 238 f.
Fremdbezug 487

Gehälter 165 f.
Gemeinkosten 386, 389, 391
Geringwertige Wirtschaftsgüter 224
Gesamtergebnis 361 f., 382 f.
Gesamtkostenverfahren 296 f., 546, Anhang
Gesamtleistung 58, 337 f.
Gesetzliche Grundlagen der Buchführung 10
Gewerbesteuer 208
Gewinn 9 f., 19 f.
 – geplanter 522 ff
Gewinnermittlung 18, 45 f., 287 f., 296 f.
Gewinnschwelle 463, 467, 469
Gewinn- und Verlustrechnung
 18 f., 45 f., 296 f., Anhang

Gezeichnetes Kapital 294
Gleichungsverfahren 411 f.
GmbH, Jahresabschluss 294, 300 f.
GoB, GoBD 11
Grundbuch 33, 91
Grundkosten 369 f.
Gruppenbewertung 265 f.
Güterverkehr 159 f.
Gutschriften 132 f., 147 f.

Handelsbilanz 253
Handelswaren 123 f., 128 f.
Hauptbuch 92
Handlungsbedarf 529 ff.
Handlungsempfehlungen 529 ff.
Hauptprozesskostensatz 518 f.
Herstellkosten des Umsatzes 396 f.
Herstellungskosten 257
 – erlaubte 525 ff.
Hilfsstoffe 14, 42
Höchstwertprinzip 261, 278
Hypothekenschulden 15 f., 20, 281

IAS/IFRS 542 ff.
IKR 83 f.
Imparitätsprinzip 261
Innerbetriebliche Leistungen 216
Innerbetriebliche Leistungsverrechnung 402,
 411 f.
Inventur, Inventar 12 f.
Inventurdifferenzen 237
Investierung 326 f., 505 f.
Istzuschläge 397 f.

Jahresabschluss 236 f.
 – der AG 291 f., 306
 – der GmbH 291 f., 300 f.
 – der KG 289
 – der OHG 287
 – nach IAS 545 ff.
Just-in-time 139 f.

Kalkulationsarten 128 f., 388 f., 426 f.
Kalkulationsschema 128, 399, 405 f., 426 f.
Kalkulatorische Kosten 369 f.
Kapitalbedarfsplan 505 f.
Kapitalertragsteuer 202 f.
Kapitalflussrechnung 291, 543, 545, 547
Kapitalstruktur 21, 324 f.
Kapitalumschlag 339 f.
Kapitalvergleich, Erfolgsermittlung 18 f.
Kennzahlen, Rentabilität usw. 340 f., 383
Körperschaftsteuer 209, 295
Kommanditgesellschaft 289
Konstitution 327 f.
Kontenklassen 83 f.

Sachregister

Kontenplan 86
Kontenrahmen 83 f., 86
Kontokorrentbuchhaltung 93 f., 105 f., 308 f.
Konzernabschluss 545
Korrekturen, kostenrechnerische 367 f.
Kosten 351, 356, 369
    – Abhängigkeit von Beschäftigung 454 f.
    – fixe 458
    – progressive 457
    – variable 456
Kostenabgrenzung 367 f.
Kostenanteil 529 ff.
Kostenarten 386 f.
    – Vorsteuer 66 f.
Kostenartenrechnung 386 f.
Kostenauflösung 493
Kostenfunktion 462
Kostenmanagement 522 f., 536 f.
Kostenkontrolle 417 f., 490 f., 499 f.
Kostenplanung 462 f.
Kostenrechnerische Korrekturen 367 f.
    – durch kalk. Kosten 369 f.
    – durch Verrechnungspreise 379 f.
Kostenreduzierungsbedarf 529 ff.
Kostenstellenrechnung 389 f.
Kostenstruktur 348
Kostenträger 387
Kostenträgerblatt (BAB II) 415 f.
Kostenträgerstückrechnung 426 f.
Kostenträgerzeitrechnung 417 f.
Kostentreiber 516
Kostenüber- und -unterdeckung 419 f.
Kosten- und Leistungsrechnung 351 f.
Kostenverläufe 462 f.
    – lineare 462

Lagebericht 291
Lagerbuch 93
Lagerumschlag 338
Latente Steuern 292 f., 546, 548
Leasing 196 f.
    – Bilanzierung 197
Leistungen 351, 358
    – innerbetriebliche 216
Leistungsverrechnung, innerbetriebliche 402, 411 f.
Leverageeffekt 342
Lexware-Fibu 100 f.
Lifo-Methode 266
Liquidität 248, 329 f.
Liquiditätsplan 510 f.
Löhne 165 f.
Lohnformen 166 f.
Lohnsteuerklassen 172

Maschinenlaufzeit 439 f.

Maschinenstundensatz 440 f.
Maschinenstundensatzrechnung 439 f.
Maßgeblichkeitsprinzip 253 f.
Mehrwertsteuer 64 f.
Miete, kalkulatorische 377
Mischkosten 459
Mittelherkunft 21, 332 f.
Mittelverwendung 21, 332 f.

Nachkalkulation 437 f.
Nachlässe 134 f., 148 f., 428
Nebenbücher 93 f.
Neubewertungsrücklage 546 ff.
Neutrale Aufwendungen und Erträge 357 f.
Neutrales Ergebnis 361 f., 382 f.
Niederstwertprinzip 260 f.
Normalgemeinkosten 417 f.
Normalzuschläge 417 f.
Notes 545, 547
Nutzenanteil 527 ff.

Offene-Posten-Buchhaltung 93, 105 f., 308 f.
Offenlegungspflicht 291
Operating Leasing 196
Opportunitätskosten 488
Optimales Produktionsprogramm 483
Ordnungsmäßigkeit der Buchführung 11

Passivkonten 26
Pauschalwertberichtigung 274 f.
Personalkosten 165 f.
Planbeschäftigung 494 f.
Plankalkulation 493 f.
Plankosten 492 f.
Plankostenrechnung 492 f.
    – Aufbau 492 f.
    – flexible 493
Plankostenverrechnungssatz 496
Planungsrechnung 8
Preisabweichung 417
Preiskalkulation 145, 165, 375, 522 f.
Preisuntergrenze 479 f.
Privatkonto 76 f.
Produktkonzept 522 f., 526 ff.
Produktstandardkosten 522 ff., 526 ff., 537
Programmwahl 483
Progressive Kosten 457
Proportionale Kosten 456
Prozesskostenkalkulation 518 f.
Prozesskostenrechnung 512 f.
Prüfungspflicht 291

Realisationsprinzip 256, 544, 548
Rechnungsabgrenzungsposten 242 f.
Rechnungskreis I/II 83, 351 f.

Sachregister

Rentabilität 340 f., 383
Restgemeinkosten 441 f.
Return on Investment 345 f.
Rohstoffe 14, 42
ROI 345 f.
Rücklagen 294 f.
Rücksendungen 132 f., 147 f.
Rückstellungen 248 f.
Rückwärtskalkulation 431 f.

Saldenbilanz 119 f.
Sammelbewertung 265
Scheckverkehr 191
Schulden, Bewertung 278 f.
Schwebende Geschäfte 248, 250
Selbstfinanzierung 295, 343
Selbstkosten 296, 387
Skonti 137 f., 148 f.
Sofortrabatte 125
Soll-Ist-Kostenvergleich 499
Sollkosten 497
Sondereinzelkosten 386, 428
Sonstige Forderungen 238 f.
Sonstige Verbindlichkeiten 238 f.
Spezial-Leasing 196
Stapelbuchung 99
Steuerbilanz 253
Steuern 208 f., Anhang
Stückkosten 427 f.
  – fixe 458
  – variable 456
Stufenleiterverfahren 402

Tageswert 257 f.
Target costing 522 f.
Target costs 522 f., 527
Target gap 523, 527
Target price 524 ff., 537
Target profit 524 ff., 537
Tätigkeitsanalyse 513 f.
Teilkostenrechnung 453 f.
Teilprozesse 513 f.
Teilprozesskostensatz 517
Teilwert 257
Toleranzgrenze 533 ff.
Toleranzparameter 533 ff.

Umlagesatz 509
Umsatzkostenverfahren 296, 542 f., 546, Anhang
Umsatzrentabilität 342 f.
Umsatzsteuer 64 f., 77, 159 f., 210
Umsatzsteuer-Zahllast 65, 69
Unterkonten des Kapitalkontos 41, 76
Unternehmensbezogene
  – Abgrenzungen 361 f.
  – Aufwendungen 356 f.
  – Erträge 358 f.

Unternehmensfixe Kosten 477
Unternehmerlohn, kalkulatorischer 373 f.

Variable Kosten 456 f., 462
Verbindlichkeiten
  – Bewertung 278 f.
  – Sonstige 239 f.
Verbrauchsabweichungen 417, 500 f.
Verbrauchsfolgebewertung 266
Vermögensstruktur 21, 327 f.
Vermögenswirksame Leistungen 189 f.
Verrechnungspreise 377 f., 494
Vollkostenrechnung 388 f.
  – bei Sortenfertigung 449
  – im Mehrproduktunternehmen 388 f.
  – Nachteile 453
Vorkalkulation 427 f.
Vorratsvermögen
  – Bewertung 264 f.
  – Bewertungsverfahren 264 f.
Vorschüsse 180
Vorsichtsprinzip 253, 256, 260 f.
Vorsteuer 66 f.
Vorsteuer-Überhang 70
Vorwärtskalkulation 427 f.

Währungsverbindlichkeiten 162 f., 261, 278
Wagnisse, kalkulatorische 375 f.
Wertaufholungsgebot 261
Wertveränderungen in der Bilanz 24 f.
Wertberichtigung auf Forderungen 271 f.
Wertpapiere 202 f.
Wertsteigerungsbedarf 529 ff.
Wirtschaftlichkeit 338 f., 383
Wirtschaftsgüter, geringwertige 224

Zahllast 64 f.
Zahlungsfähigkeit 329 f.
Zeitliche Abgrenzungen 238 f.
Zielkosten 527 f.
Zielherstellkosten 527 ff.
Zielkostenerreichung 536
Zielkostenindizes 531 f.
Zielkostenkontrolldiagramm 531 f.
Zielkostenplanung 527
Zielkostenrechnung 522 f.
Zielkostenvorgaben 529
Zielpreis 522 ff.
Zinsen, kalkulatorische 372
Zurechnung der Kosten auf Kostenträger 387, 389 f.
Zusatzaufträge 481
Zusatzkosten 369, 373 f.
Zuschlagskalkulation 426 f.
Zuschlagssätze, Ermittlung 395 f.
Zweikreissystem 83, 351 f.